Schwerpunktbereich   Ruthig/Storr · Öffentliches Wirtschaftsrecht

Schwerpunkte

Eine systematische Darstellung der wichtigsten Rechtsgebiete anhand von Fällen
Begründet von Professor Dr. Harry Westermann †

Öffentliches Wirtschaftsrecht

von

Dr. Josef Ruthig

Univ.-Professor an der Johannes-Gutenberg-Universität Mainz

Dr. Stefan Storr

Univ.-Professor an der Karl-Franzens-Universität Graz
sowie apl. Professor an der Technischen Universität Dresden

4., neu bearbeitete Auflage

 C.F. Müller

Bibliografische Information der Deutschen Nationalbibliothek
Die Deutsche Nationalbibliothek verzeichnet diese Publikation in der Deutschen Nationalbibliografie; detaillierte bibliografische Daten sind im Internet über http://dnb.d-nb.de abrufbar.

ISBN 978-3-8114-7137-5

E-Mail: kundenservice@cfmueller.de
Telefon: +49 89 2183-7923
Telefax: +49 89 2183-7620

© 2015 C.F. Müller GmbH, Im Weiher 10, 69121 Heidelberg

www.cfmueller.de
www.cfmueller-campus.de

Satz: Textservice Zink, Schwarzach
Druck: CPI Clausen & Bosse, Leck

Vorwort

„Verfassungsrecht vergeht, Verwaltungsrecht besteht" lautet ein berühmtes Diktum *Otto Mayers* im Vorwort der dritten Auflage seines Buchs „Deutsches Verwaltungsrecht" (1924) und er stellt fest: *„So mußte ich denn doch noch einmal an diese Arbeit gehen!"*.

Leider gilt dieses berühmte Diktum für das Öffentliche Wirtschaftsrecht nicht. Seit der Veröffentlichung der Vorauflage vor vier Jahren waren der europäische Rechtsetzer und der deutsche Gesetzgeber sehr aktiv. Deshalb mussten auch wir *„noch einmal an diese Arbeit gehen"*. Weite Teile des Buches wurden grundlegend überarbeitet und wo möglich auch gekürzt, um trotz der Fülle neuer Entwicklungen den Umfang nicht weiter anschwellen zu lassen. Intensive Berücksichtigung fand die Europäische Bankenunion und das Beihilfenrecht.

Wir sehen eine große Stärke unseres Lehrbuchs in der engen Verknüpfung von theoretischem Stoff und Falllösung. Zusammen mit Prof. Dr. *Elke Gurlit* haben wir unserem Lehrbuch einen „Klausurenkurs im Öffentlichen Wirtschaftsrecht" zur Seite gestellt, der bereits 2012 erschienen ist und der zu allen Bereichen des Lehrbuchs Fälle und „klausurmäßig" ausformulierte Lösungsvorschläge auf Examensniveau enthält. Um das Lernen zu erleichtern, haben wir in diesem Buch einzelne Querverweise aufgenommen.

Wieder haben uns viele geholfen. Bedanken möchten wir uns vor allem bei Frau *Petra Michaela Kirchmayer* (Sekretariat Mainz), unseren Mitarbeiterinnen und Mitarbeitern in Mainz Frau Ass. iur. *Michaela Bierschenk* (Maître en droit Paris) und den Herren Ass. iur. *Christian Gerber, Christian Klein* und *Marcel Martin*, den Herren Ref. iur. *Sebastian Beckerle* und *Fabian Dechent* (Mag. iur.) sowie Herrn Stud. iur. *Sebastian Endres* und in Graz Herrn Mag. iur. *Daniel Heitzmann*.

Über Anregungen und Kritik freuen wir uns auch weiterhin und bitten, sie an folgende Anschriften zu richten:

Univ.-Prof. Dr. Josef Ruthig
Johannes-Gutenberg-Universität
Fachbereich 03
D-55099 Mainz
ruthig@uni-mainz.de

Univ.-Prof. Dr. Stefan Storr
Karl-Franzens-Universität Graz
Institut für Öffentliches Recht und Politikwissenschaft
Universitätsstrasse 15/C 3
A-8010 Graz
stefan.storr@uni-graz.at

Mainz/Graz im März 2015

Josef Ruthig
Stefan Storr

Vorwort zur ersten Auflage

Das öffentliche Wirtschaftsrecht befasst sich mit dem Einwirken des Staates und seiner Einrichtungen auf die Wirtschaft und ist insoweit genauso ein traditionelles wie ein modernes Rechtsgebiet. Längst ist es über das herkömmliche Wirtschaftsverwaltungsrecht hinausgewachsen. Es umfasst außer den klassischen Materien des Gewerbe-, Gaststätten- und Handwerksrechts das sog. Regulierungsrecht genauso wie das Recht der Auftragsvergabe, das Recht der öffentlichen Unternehmen und das Subventionsrecht. In allen Bereichen haben sich vor allem durch die Europäisierung, aber auch durch technische Neuerungen wie das Internet und gewandelte gesellschaftliche und gesetzgeberische Vorstellungen beachtliche Umwälzungen ergeben. Am novellierten Handwerksrecht, dem Telekommunikationsrecht, aber auch dem Spiel- und Wettrecht wird dies genauso deutlich wie am gewerbe- bzw. gaststättenrechtlichen Umgang mit dem „ältesten Gewerbe", der Prostitution. Diese Umbruchphase ist keineswegs abgeschlossen. Die Novellierung des Energiewirtschaftsgesetzes im Juli 2005 markierte lediglich den vorläufigen Endpunkt. Gleichzeitig hat sich das öffentliche Wirtschaftsrecht zum zentralen Referenzgebiet für das allgemeine Verwaltungsrecht sowie die Verzahnung von einfachem Recht mit Verfassungs- und Gemeinschaftsrecht entwickelt. Dies macht eine Darstellung des öffentlichen Wirtschaftsrechts zu einem genauso reizvollen wie schwierigen Unterfangen.

Das öffentliche Wirtschaftsrecht gehört zu den Wahlfach- bzw. Schwerpunktbereichen der Ausbildungs- und Prüfungsordnungen für Juristen. Seine Bedeutung wird durch die Aufwertung der Schwerpunktbereiche und vor allem den Bedarf der Praxis an Juristen mit Kenntnissen im öffentlichen Wirtschaftsrecht weiter zunehmen und den Prüfungsstoff über die klassischen Gebiete, vor allem des Gewerberechts, hinaus erweitern. Für diese veränderte Ausbildungs- und Prüfungssituation ist das Buch konzipiert. Ziel war eine umfassende Darstellung des examensrelevanten Stoffs, deren Umfang aber gleichzeitig ein vertretbares und im Rahmen der Examensvorbereitung zu bewältigendes Maß nicht überschreiten sollte.

Eine besondere Herausforderung stellt, wie die Erfahrungen der Autoren in Lehre und Staatsexamen belegen, die Verzahnung des öffentlichen Wirtschaftsrechts mit dem Gemeinschafts- und Verfassungsrecht, aber auch dem allgemeinen Verwaltungsrecht und Verwaltungsprozessrecht dar. Diese Bezüge zum Pflichtfachstoff und gleichermaßen die sich bei aller Diversifizierung des Rechtsgebietes entwickelnden allgemeinen Strukturen des öffentlichen Wirtschaftsrechts – einschließlich seiner ökonomischen und wirtschaftspolitischen Hintergründe – stehen daher im Zentrum der Darstellung. Es war unser didaktisches Anliegen, den Stoff so weit wie möglich „am Fall" zu vermitteln. Vorangestellte Fälle sollen aber auch der Lernkontrolle dienen und die praktische Umsetzung für Klausuren erleichtern. Sie wurden entweder der (aktuellen) Rechtsprechung entnommen oder entsprechen examensrelevanten Standardkonstellationen. Rechtsprechungs- und Literaturangaben sollen den Leser zum weiterführenden Studium ermuntern.

Die §§ 1–6 des Buches wurden von Prof. Dr. *Josef Ruthig* bearbeitet, die §§ 7–9 verantwortet Priv. Doz. Dr. *Stefan Storr.* Für ihre Unterstützung bei der Erstellung des Manuskripts zum ersten Teil (§§ 1 bis 6) ist den Mitarbeitern des Mainzer Lehrstuhles zu danken, den wissenschaftlichen Mitarbeitern Ass. iur. *Daniel Michel* und *Markus Wöll* sowie für die umsichtige und stets geduldige Bearbeitung der Entwürfe der Sekretärin, Frau *Petra Michaela Kirchmayer.* Wertvolle Anregungen und Verbesserungsvorschläge haben auch Mainzer Studierende der Wahlfachgruppe beigesteuert. Ein besonderer Dank aber gilt den studentischen Hilfskräften, Frau cand. iur. *Katja Lehr* und Herrn cand. iur. *Alexander Wirth* für ihren unermüdlichen und überobligatorischen Einsatz.

Das Öffentliche Wirtschaftsrecht wird weiter im Fluss sein, vor allem angesichts der Neustrukturierung der universitären Ausbildung. Über Anregungen und Kritik würden wir uns freuen. Sie werden an folgende Anschriften erbeten:
Prof. Dr. *Josef Ruthig,* Fachbereich 03, Lehrstuhl für Öffentliches Recht, Europarecht und Rechtsvergleichung, Johannes-Gutenberg-Universität, 55099 Mainz, ruthig@uni-mainz.de; Priv. Doz. Dr. *Stefan Storr,* Juristische Fakultät der TU Dresden, Lehrstuhl für Öffentliches Recht, insbesondere Staatsrecht, Umwelt- und Wirtschaftsrecht, Bergstraße 53, 01069 Dresden, storr@jura.tu-dresden.de.

Mainz und Dresden, August 2005
Josef Ruthig
Stefan Storr

Inhaltsverzeichnis

Abkürzungsverzeichnis

AEUV	Vertrag über die Arbeitsweise der Europäischen Union
ApG	Gesetz über das Apothekenwesen (Apothekengesetz)
BawüGO	Gemeindeordnung Baden-Württemberg
BayGO	Gemeindeordnung für den Freistaat Bayern
BbgKVerf	Kommunalverfassung des Landes Brandenburg
BGB	Bürgerliches Gesetzbuch
BImschG	Gesetz zum Schutz vor schädlichen Umwelteinwirkungen durch Luft-verunreinigungen, Geräusche, Erschütterungen und ähnliche Vorgänge (Bundes-Immissionsschutzgesetz)
BNetzA	Bundesnetzagentur
BO	Berufsordnung
BörsG	Börsengesetz
BRAO	Bundesrechtsanwaltsordnung
BRZ	Zeitschrift für Beihilfenrecht
EA	Vertrag zur Gründung der Europäischen Atomgemeinschaft (EURATOM)
EBA	European Banking Authority (Europäische Bankenaufsichtsbehörde)
EG	Europäische Gemeinschaft
EGStGB	Einführungsgesetz zum Strafgesetzbuch
EGV	Vertrag zur Gründung der Europäischen Gemeinschaft (aF bis Lissabonner Vertrag)
EnWG	Gesetz über die Elektrizitäts- und Gasversorgung (Energiewirtschaftsgesetz)
ERP	European Recovery Programme
EStG	Einkommensteuergesetz
EUV	Vertrag über die Europäischen Union (seit Lissabonner Vertrag)
EWR	Europäischer Wirtschaftsraum
EZB	Europäische Zentralbank
FinDAG	Gesetz über die Bundesanstalt für Finanzdienstleistungsaufsicht (Finanzdienstleistungsaufsichtsgesetz)
GA	Generalanwalt
GastG	Gaststättengesetz
GewO	Gewerbeordnung
GG	Grundgesetz
GO-NRW	Gemeindeordnung für das Land Nordrhein-Westfalen
GO-SH	Gemeindeordnung für Schleswig-Holstein
GVG	Gerichtsverfassungsgesetz
GWB	Gesetz gegen Wettbewerbsbeschränkungen (Kartellgesetz)
HeilmittelwerbeG	Gesetz über die Werbung auf dem Gebiete des Heilwesens (Heilmittel-werbegesetz)
HessGO	Hessische Gemeindeordnung
HGB	Handelsgesetzbuch
HGrG	Haushaltsgrundsätzegesetz

HwO	Handwerksordnung
IFG	Gesetz zur Regelung des Zugangs zu Informationen des Bundes (Informationsfreiheitsgesetz)
IHKG	Gesetz über die Industrie- und Handelskammern
JuSchG	Jugendschutzgesetz
KMU	Kleine und mittlere Unternehmen
KWG	Gesetz über das Kreditwesen
LadÖffnG	Ladenöffnungsgesetz
LFGB	Lebensmittel-, Bedarfsgegenstände- und Futtermittelgesetzbuch
LHO	Landeshaushaltsordnung
LSchlG	Ladenschlussgesetz
LVwVG	Landesverwaltungsvollstreckungsgesetz
MaBV	Verordnung über die Pflichten der Makler, Darlehensvermittler, Bauträger und Baubetreuer
MaRisk	Mindestanforderungen an das Risikomanagement
OWiG	Gesetz über Ordnungswidrigkeiten
ÖZW	Österreichische Zeitschrift für Wirtschaftsrecht
PartG	Parteiengesetz
PBefG	Personenbeförderungsgesetz
ProstG	Prostitutionsgesetz
prPVG	Preußisches Polizeiverwaltungsgesetz
RP-GO	Gemeindeordnung Rheinland-Pfalz
SRM-VO	Verordnung über den einheitlichen Bankenabwicklungsmechanismus (SRM)
SSM-Rahmen-VO	Rahmenverordnung über den einheitlichen Aufsichtsmechanismus (SSM)
SSM-VO	Verordnung über den einheitlichen Aufsichtsmechanismus (SSM)
StGB	Strafgesetzbuch
StPO	Strafprozessordnung
TEHG	Gesetz über den Handel mit Berechtigungen zur Emission von Treibhausgasen (Treibhausgas-Emissionshandelsgesetz)
ThürKO	Thüringer Kommunalordnung
ThürVerf	Verfassung des Freistaats Thüringen
TKG	Telekommunikationsgesetz
UIG	Umweltinformationsgesetz
UrhG	Gesetz über Urheberrecht und verwandte Schutzrechte (Urhebergesetz)
UWG	Gesetz gegen den unlauteren Wettbewerb
VerfRP	Verfassung für Rheinland-Pfalz
VergK	Vergabekammer
VergS	Vergabesenat

VgV	Vergabeverordnung
VIG	Gesetz zur Verbesserung der gesundheitsbezogenen Verbraucherinformation (Verbraucherinformationsgesetz)
VOB/A	Vergabe- und Vertragsordnung für Bauleistungen – Teil A
VOF	Verdingungsordnung für freiberufliche Leistungen
VOL/A	Verdingungsordnung für Leistungen – Teil A
VTabakG	Vorläufiges Tabakgesetz
VVDStRL	Veröffentlichung der Vereinigung der Deutschen Staatsrechtslehrer
VwGO	Verwaltungsgerichtsordnung
VwVfG	Verwaltungsverfahrensgesetz
WpHG	Gesetz über den Wertpapierhandel (Wertpapierhandelsgesetz)
WpÜG	Wertpapiererwerbs- und Übernahmegesetz
WRV	Weimarer Reichsverfassung
ZAG	Zahlungsdiensteaufsichtsgesetz
ZPO	Zivilprozessordnung

Verzeichnis abgekürzt zitierter Literatur

Arndt/Fetzer	*Arndt/Fetzer*, Wirtschaftsverwaltungsrecht, in: Steiner, Besonderes Verwaltungsrecht, 8. Aufl., 2006
Arndt/Fischer/Fetzer, Europarecht	*Arndt/Fischer/Fetzer*, Europarecht, 11. Aufl., 2015
Arndt/Fetzer/Scherer/ Graulich, TKG	*Arndt/Fetzer/Scherer/Graulich*, Telekommunikationsgesetz, Kommentar, 2. Aufl., 2015
Huber	*Huber*, Öffentliches Wirtschaftsrecht, in: Schoch, Besonderes Verwaltungsrecht, 15. Aufl., 2013
Beck'scher TKG-Kommentar	Beck'scher Telekommunikationsgesetz Kommentar, 4. Aufl., 2013
v. Bogdandy/Bast	*v. Bogdandy/Bast*, Europäisches Verfassungsrecht, 2. Aufl., 2009
Claussen, Bank- und Börsenrecht	*Claussen*, Bank- und Börsenrecht, 5. Aufl., 2014
Dreier, GG	*Dreier*, Grundgesetz, Band I, 3. Aufl., 2013
Erbs/Kohlhaas, GastG	*Erbs/Kohlhaas*, Strafrechtliche Nebengesetze, GastG, Kommentar (Loseblatt)
Erichsen/Ehlers, AVerwR	*Erichsen/Ehlers*, Allgemeines Verwaltungsrecht, 14. Aufl., 2010
Ehlers, Gaststättenrecht	*Ehlers*, Gaststättenrecht, in: ders./Fehling/Pünder, Besonderes Verwaltungsrecht, Bd. 1 Öffentliches Wirtschaftsrecht, 3. Aufl., 2012
Ehlers, Handwerksrecht	*Ehlers*, Handwerksrecht, in: ders./Fehling/Pünder, Besonderes Verwaltungsrecht, Bd. 1 Öffentliches Wirtschaftsrecht, 3. Aufl., 2012
Ehlers, Grundrechte und Grundfreiheiten	*Ehlers*, Europäische Grundrechte und Grundfreiheiten, 4. Aufl., 2014
Ehricke/Ekkenga/ Oechsler, WpÜG	*Ehricke/Ekkenga/Oechsler*, Wertpapiererwerbs- und Übernahmegesetz, Kommentar, 2013
Fehling/Kastner/Störmer, VerwR	*Fehling/Kastner/Störmer*, Verwaltungsrecht, 3. Aufl., 2013
Friauf	*Friauf*, Gewerbeordnung, Kommentar (Loseblatt)
Frotscher/Kramer	*Frotscher/Kramer*, Wirtschaftsverfassungs- und Wirtschaftsverwaltungsrecht, 6. Aufl., 2013
Gounalakis	*Gounalakis*, Rechtshandbuch Electronic Business, 2003
Gurlit/Ruthig/Storr	*Gurlit/Ruthig/Storr*, Klausurenkurs im Öffentlichen Wirtschaftsrecht, 2012
Herdegen, Europarecht	*Herdegen*, Europarecht, 16. Aufl., 2014
Hobe, Europarecht	*Hobe*, Europarecht, 8. Aufl., 2014
Holznagel/Enaux/ Nienhaus, Telekommunikationsrecht	*Holznagel/Enaux/Nienhaus*, Telekommunikationsrecht, 2. Aufl., 2006
Honig/Knörr, HwO	*Honig/Knörr*, Handwerksordnung, 4. Aufl., 2008
Huber, AVerwR	*Huber*, Allgemeines Verwaltungsrecht, 2. Aufl., 1997
Hufen, Verwaltungsprozessrecht	*Hufen*, Verwaltungsprozessrecht, 9. Aufl., 2013
Jarass	*Jarass*, Wirtschaftsverwaltungsrecht mit Wirtschaftsverfassungsrecht, 3. Aufl., 1997
Jarass/Beljin	*Jarass/Beljin*, Casebook Grundlagen des EG-Rechts, 2003

Jarass/Pieroth, GG	*Jarass/Pieroth*, Grundgesetz, Kommentar, 13. Aufl., 2014
Koenig/Kühling/Rasbach, Energierecht	*Koenig/Kühling/Rasbach*, Energierecht, 3. Aufl., 2012
Kopp/Ramsauer, VwVfG	*Kopp/Ramsauer*, VwVfG, 15. Aufl., 2014
Kopp/Schenke, VwGO	*Kopp/Schenke*, VwGO, 20. Aufl., 2014
Kölner Kommentar zum WpÜG	*Hirte/v. Bülow*, Kölner Kommentar zum WpÜG, 2. Aufl., 2010
Krümpel/Wittig, Bank- und Kapitalmarktrecht	*Krümpel/Wittig*, Bank- und Kapitalmarktrecht, 4. Aufl., 2011
Landmann/Rohmer	*Landmann/Rohmer*, Gewerbeordnung, Bd. I, Kommentar (Loseblatt)
Maurer, AVerwR	*Maurer*, Allgemeines Verwaltungsrecht, 18. Aufl., 2011
MDHS	*Maunz/Dürig/Herzog/Scholz/Herdegen/Klein*, Grundgesetz (Loseblatt)
Metzner, GastG	*Metzner*, Gaststättengesetz, Kommentar, 6. Aufl., 2001
Michel/Kienzle/Pauly	*Michel/Kienzle/Pauly*, Das Gaststättengesetz, Kommentar, 14. Aufl., 2003
MKS	*v. Mangoldt/Klein/Starck*, Grundgesetz, Bd. 1, 6. Aufl., 2010
MünchKomm(BGB)	Münchener Kommentar zum Bürgerlichen Gesetzbuch, Bd. 10 u. 11, 6. Aufl., 2015
Pöltl, GastG	*Pöltl*, Gaststättenrecht, Kommentar zum Gaststättengesetz, 5. Aufl., 2003
Rittner/Dreher	*Rittner/Dreher*, Europäisches und deutsches Wirtschaftsrecht, 3. Aufl., 2007
Robinski	*Robinski/Sprenger-Richter*, Gewerberecht, 2. Aufl., 2002
Ruthig	*Ruthig*, Polizei- und Ordnungsrecht, in: Hendler/Hufen/Jutzi, Landesrecht Rheinland-Pfalz, 7. Aufl., 2014
Sachs, GG	*Sachs*, Grundgesetz, 7. Aufl., 2014
Säcker, TKG	*Säcker*, TKG, 3. Aufl., 2013
SBS, VwVfG	*Stelkens/Bonk/Sachs*, VwVfG, 8. Aufl., 2014
Salje, EnWG	*Salje*, Energiewirtschaftsgesetz, 2006
Schenke, Verwaltungsprozessrecht	*Schenke*, Verwaltungsprozessrecht, 14. Aufl., 2014
Schenke, Polizei- und Ordnungsrecht	*Schenke*, Polizei- und Ordnungsrecht, 8. Aufl., 2013
Schimansky/Bunte/Lwowski, Bankrechts-Handbuch	*Schimansky/Bunte/Lwowski*, Bankrechts-Handbuch, 4. Aufl., 2011
Schliesky	*Schliesky*, Öffentliches Wirtschaftsrecht, 4. Aufl., 2014
Schmidt/Vollmöller	*Schmidt/Vollmöller*, Kompendium Öffentliches Wirtschaftsrecht, 3. Aufl., 2007
Schwark/Zimmer, Kapitalmarktrechts-Kommentar	*Schwark/Zimmer*, Kapitalmarktrechts-Kommentar, 4. Aufl., 2010
Schwerdtfeger/Schwerdtfeger	*Schwerdtfeger/Schwerdtfeger*, Öffentliches Recht in der Fallbearbeitung, 14. Aufl., 2012
Stober, HdBWUR	*Stober*, Handbuch des Wirtschaftsverwaltungs- und Umweltrechts, 1989
Stober, AT	*Stober*, Allgemeines Wirtschaftsverwaltungsrecht, 18. Aufl., 2014
Stober/Eisenmenger, BT	*Stober/Eisenmenger*, Besonderes Wirtschaftsverwaltungsrecht, 15. Aufl., 2011

Streinz, Europarecht	*Streinz*, Europarecht, 9. Aufl., 2012
Streinz, EUV/AEUV	*Streinz*, EUV/AEUV, Kommentar, 2. Aufl., 2012
Tettinger/Wank/Ennuschat, GewO	*Tettinger/Wank/Ennuschat*, Gewerbeordnung, Kommentar, 8. Aufl., 2011
Theobald/Theobald, Energiewirtschaftsrecht	*Theobald/Theobald*, Grundzüge des Energiewirtschaftsrechts, 3. Aufl., 2013
Trute/Spoerr/Bosch, TKG	*Trute/Spoerr/Bosch*, Telekommunikationsgesetz mit FTEG, 2001
Ule/Laubinger, VerwVerfR	*Ule/Laubinger*, Verwaltungsverfahrensrecht, 4. Aufl., 1995
Umbach/Clemens	*Umbach/Clemens*, Grundgesetz, Mitarbeiterkommentar und Handbuch, 2 Bde., 2002
v. d. Groeben/Schwarze	*v. d. Groeben/Schwarze*, EUV/EG-Vertrag, Vertrag über die Europäische Union und Vertrag zur Gründung der Europäischen Gemeinschaft, 6. Aufl., 2004
Wolff/Bachof/Stober, AVerwR	*Wolff/Bachof/Stober*, Allgemeines Verwaltungsrecht, Bd. 1, 12. Aufl., 2007
Ziekow	*Ziekow*, Öffentliches Wirtschaftsrecht, 3. Aufl., 2013

§ 1 Wirtschaft und Verwaltung

Fall 1: Angesichts der Finanzmarktkrise fürchtet die Bundesregierung um die Stabilität des 1
Finanzplatzes Deutschland und prüft mögliche Gegenmaßnahmen. Was halten Sie von folgenden Vorschlägen?

- Verstaatlichung/Gründung öffentlichrechtlicher Institute/Verweigerung weiterer Erlaubnisse für private Banken
- Verbot/Genehmigungspflicht für ausländische Kapitalbeteiligungen an deutschen Banken
- Gesetzliche Maßnahmen: Verbot der Kreditvergabe ins Ausland/Verschärfung der Prüfpflichten der Banken, insbesondere bei der Kreditvergabe
- Erweiterung der behördlichen Kontrollbefugnisse
- Einsetzung einer Kommission zur Erarbeitung verschärfter Verhaltenskodizes/Erarbeitung einer Selbstverpflichtungserklärung der deutschen Banken
- Anregung europäischer Maßnahmen/Schaffung einer europäischen Bankenaufsicht

Fall 2: A betreibt, ohne die handwerksrechtlichen Voraussetzungen zu erfüllen, eine Autoreparaturwerkstatt. Konkurrent K will ihm die Tätigkeit und die Werbung für seinen Betrieb in 2
der örtlichen Tageszeitung verbieten lassen. Ändert sich an der Beurteilung etwas, wenn die
Praxis der zuständigen Behörden und ihre Auslegung der HwO divergieren? Sind die zwischen
A und seinen Kunden geschlossenen Verträge nach § 134 BGB nichtig?

I. Gegenstand und Entwicklung des öffentlichen Wirtschaftsrechts

1. „Wirtschaftsordnung" im Unions- und Verfassungsrecht

Verwaltung und Verwaltungsrecht liegen „im Koordinatensystem von determinierender 3
Verfassung und prägender Umwelt"[1]. Dies gilt in besonderer Weise für das Verhältnis
von Staat und Wirtschaft[2]. Die Frage nach dem **Gegenstand des öffentlichen Wirtschaftsrechts**, also der Summe der staatsgerichteten Normen mit Wirtschaftsbezug,
kann folglich nur vor dem Hintergrund dieser einerseits ökonomischen, andererseits **verfassungs- und europarechtlichen Determinanten** beantwortet werden. Sie sind gleichzeitig das Produkt einer **historischen Entwicklung**. Das Koordinatensystem hängt entscheidend davon ab, inwieweit Unions- oder Verfassungsrecht eine Wirtschaftsordnung
vorgeben[3], die angesichts der Normenhierarchie sowohl den Gesetzgeber wie die Verwaltung binden, als auch unmittelbar die Normauslegung determinieren würde[4]. Beide

1 *Maurer*, AVerwR, § 2 Rn 2.
2 Zur „konstitutionellen Homogenität von Staatsverfassung und Wirtschaftsverfassung" s. *Karpen*, Jura
  1985, 188, 189 f; *Schmidt-Preuß*, DVBl 1993, 236, 240.
3 S. auch *Papier*, FS Selmer (2004), 459 ff.
4 Dieser These liegt ein formaler Verfassungsbegriff zugrunde (in Deutschland GG und ungeschriebenes
  Verfassungsrecht, für die EU das primäre Unionsrecht), s. zum Unionsrecht auch *Ruthig*, in: Beckmann/
  Dieringer/Hufeld, Eine Verfassung für Europa, 2. Aufl. 2005, S. 452, 454 f. Ausf zum Streit um den Begriff der Wirtschaftsverfassung *Rittner/Dreher*, § 2 Rn 9 ff.

haben allerdings bei näherer Betrachtung keine derartige „wirtschaftssystemkonstitu-ierende Gesamtentscheidung"[5] getroffen.

a) Die wirtschaftspolitische Neutralität des Grundgesetzes

4 Für das GG manifestierte sich dieser Standpunkt schon 1954 im sog. **Investitions-hilfe-Urteil des BVerfG**[6]. Das BVerfG trat der damals in der Literatur insbesondere von *Nipperdey*[7] vertretenen These entgegen, das GG lasse nur eine Wirtschaftsord-nung, die soziale Marktwirtschaft, zu und sah in der Frage nach der Wirtschaftsord-nung keine (verfassungs-)rechtliche, sondern eine politische Entscheidung. Die der-zeitige Wirtschaftsordnung sei „zwar eine nach dem Grundgesetz mögliche Ordnung, keineswegs aber die allein mögliche. Sie beruht auf einer vom Willen des Gesetzge-bers getragenen wirtschafts- und sozialpolitischen Entscheidung, die durch eine an-dere Entscheidung ersetzt oder durchbrochen werden kann"[8]. Mit dieser später wie-derholt aufgegriffenen Formel von der **wirtschaftspolitischen Neutralität des Grundgesetzes**[9] ließ das BVerfG dem Gesetzgeber weitgehend freie Hand und er-möglichte den bisherigen Regierungen eine durchaus unterschiedliche Wirtschaftspo-litik. Die „verfassungsrechtlichen Koordinaten"[10] schließen zwar extreme Wirt-schaftsmodelle und vor allem eine Planwirtschaft nach kommunistischem Vorbild[11] aus, gewähren aber weite Spielräume und verlangen insbesondere keine Wirtschafts-politik „aus einem Guss"[12]. Man kann diese Aussage gerade auch als bewusste Ab-sage an ökonomische Theorien als Grundlage verfassungsgerichtlicher Beurteilung interpretieren[13]. Die entscheidende Aufgabe, so das BVerfG im Mitbestimmungs-Ur-teil[14], besteht darin, „die grundsätzliche Freiheit wirtschafts- und sozialpolitischer Ge-staltung, die dem Gesetzgeber gewahrt bleiben muss, mit dem Freiheitsschutz zu ver-einen, auf den der einzelne Bürger gerade auch dem Gesetzgeber gegenüber einen

---

5 So die einprägsame Formulierung von *Papier*, Grundgesetz und Wirtschaftsverfassung, in: Benda/ Maihofer/Vogel (Hrsg.), Handbuch des Verfassungsrechts der Bundesrepublik Deutschland, 2. Aufl. 1994, S. 800. Ausf *Hecker*, Marktoptimierende Wirtschaftsaufsicht, 2007, S. 132 ff; zur Leistungsfä-higkeit einer Wirtschaftsverfassung *Ruffert*, AöR 134 (2009), 197 ff.

6 BVerfGE 4, 7. Bestätigt wurde diese Auffassung 1976 im Mitbestimmungsurteil, BVerfGE 50, 290. S. zum Folgenden auch *Frotscher/Kramer*, Rn 30 ff; *Schliesky*, S. 18 ff. Eine eindeutige Aussage fand sich lediglich in Art. 1 Abs. 3 des Vertrages über die Währungs-, Wirtschafts- und Sozialunion mit der ehemaligen DDR vom 18. Mai 1990, in dem die soziale Marktwirtschaft als Grundlage der Wirt-schaftsordnung des wiedervereinigten Deutschlands gesetzlich statuiert wird, s. unten Rn 701; *Schmidt-Preuß*, DVBl 1993, 236.

7 Grundlegend *Nipperdey*, Die soziale Marktwirtschaft in der Verfassung der Bundesrepublik, 1954; *ders.*, Soziale Marktwirtschaft und GG, 2. Aufl. 1961. In abgeschwächter Form auch *Rupp*, GG und „Wirtschaftsverfassung", 1974, S. 20 f; aus jüngerer Zeit *Bleckmann*, JuS 1991, 536, 539. *Sodan*, DÖV 2000, 361 will dem GG wenigstens in einer Gesamtschau einen „Vorrang der Privatheit" entnehmen.

8 BVerfGE 4, 7, 17 f.

9 BVerfGE 4, 7, 17 f; ähnlich BVerfGE 7, 377, 400; 50, 290, 338. Zum Begriff der wirtschaftspoliti-schen Neutralität ausf *Badura*, FS Stern (1997), 409, 415.

10 *Friauf*, DÖV 1976, 624.

11 Anders nur *Abendroth*, Das Grundgesetz, 6. Aufl. 1976, S. 69, der die Möglichkeit einer Umgestaltung im Sinne sozialistischer Planwirtschaft sogar zum Bestandteil des Art. 79 Abs. 3 GG erklären wollte.

12 S. auch *Frotscher/Kramer*, Rn 32.

13 Dazu *Hecker*, Marktoptimierende Wirtschaftsaufsicht, 2007, S. 140 f. Offen ausgesprochen wird dies in BVerfGE 7, 377, 400: Ein Gesetz dürfe nicht beanstandet werden, „weil es mit einer bestimmten … volkswirtschaftlichen Lehrmeinung nicht in Einklang steht".

14 BVerfGE 50, 290.

verfassungsrechtlichen Anspruch hat". Auch mit einer ausdrücklichen Entscheidung für „eine" soziale Marktwirtschaft, wie sie sich nicht nur im Einigungsvertrag, sondern auch in den Verfassungen von Rheinland-Pfalz (Art. 51 Verf. RP) und Thüringen (Art. 38 ThürVerf) findet (s. Rn 683), ist daher nicht viel gewonnen[15].

> Dies wird besonders deutlich an **Fall 1 (Rn 1)**. Selbst eine Verstaatlichung von Unternehmen   5
> scheidet nicht von vornherein aus. Allerdings wird Art. 15 GG von der hM so verstanden, dass
> er sich auf industrielle Anlagen beschränkt, also eine Verstaatlichung von Banken oder Versi-
> cherungen nicht zuließe[16]. Andererseits schließen die Grundrechte eine Bedürfnisprüfung
> grundsätzlich aus (s. Rn 39, 122, 410) und nehmen daher auch der Genehmigungspflicht für
> die Aufnahme eines Gewerbes die ihr klassisch zukommende steuernde Funktion. Eine Be-
> schränkung der Zahl der Banklizenzen wäre daher verfassungswidrig (s. aber die Anfänge des
> Regulierungsrechts, Rn 535). Innerhalb dieses Rahmens bleibt es aber zunächst einmal dem
> Gesetzgeber überlassen, inwieweit er stärker auf die Kräfte des Marktes oder stärker auf die
> staatliche Überwachung der Wirtschaft vertraut. Sowohl die Verschärfung der Aufsicht wie
> das Hinwirken auf Selbstverpflichtungserklärungen wären daher mit der Verfassung vereinbar.

b) Das offene Prinzip des Unionsrechts

Für das Unionsrecht gilt nichts anderes. Der bisherige Art. 4 Abs. 1 EG-Vertrag for-   6
derte eine Wirtschaftspolitik, die „dem Grundsatz einer offenen Marktwirtschaft mit freiem Wettbewerb verpflichtet ist". Art. 3 Abs. 3 UAbs. 1 EUV, der an dessen Stelle trat, spricht nun von einer „in hohem Maße wettbewerbsfähige[n] soziale[n] Marktwirtschaft, die auf Vollbeschäftigung und sozialen Fortschritt abzielt [...]" und scheint genauso wie die Formulierungen in den weiteren UAbs. und Abs. 5 eine Verschiebung hin zur sozialen Marktwirtschaft zu signalisieren. Dennoch bleibt die rechtliche Bedeutung der neuen Formulierung zweifelhaft[17]. Der EuGH hat es jedenfalls bisher ausdrücklich abgelehnt, diesen Grundsatz als rechtsverbindlichen Maßstab zu verstehen. Es seien „keine Bestimmungen, die den Mitgliedstaaten klare und unbedingte Verpflichtungen auferlegen, auf die sich die Einzelnen vor den nationalen Gerichten berufen können". Es handele sich vielmehr „nur um einen Grundsatz, dessen Anwendung komplexe wirtschaftliche Beurteilungen fordert", die jedenfalls nicht Sache der Rechtsprechung seien[18].

Trotz dieses eher präambelhaften Bekenntnisses zur Marktwirtschaft orientiert sich das Unionsrecht keinesfalls in allen Bereichen an diesem Modell, so dass nicht von „der" europäischen Wirtschaftsordnung gesprochen werden kann[19]. Zentrale wirtschaftspolitische Felder (insbes. Land-

---

15   Vgl *Rittner/Dreher*, § 2 Rn 48 ff; *Ziekow*, § 3 Rn 7 ff.
16   *Durner*, in: Maunz-Dürig, GG, Art. 15 GG Rn 17 ff, 28 ff. Die praktische Relevanz dieser Frage ten-
      diert schon dadurch gegen Null, dass auch im Fall einer „Sozialisierung" eine Entschädigungspflicht
      vorgesehen ist.
17   *Ruffert*, AöR 134 (2009), 197, 202 hält dies eher für rhetorische Verschiebungen. Gegen die in der Vor-
      aufl. geäußerten Zweifel am normativen Gehalt allerdings *Ziekow*, § 3 Rn 10.
18   EuGH v. 3.10.2000, Rs. C-9/99 – „*Échriolles*", Slg. 2000, I-8207, Rn 25; s. auch *Rittner/Dreher*, § 2
      Rn 38 ff halten die Festlegung auf eine Marktwirtschaft für grundsätzlich justiziabel, auch wenn sie
      keine subjektiven Rechte Einzelner begründe.
19   Hierzu und zu den Auswirkungen auf die nationale Wirtschaftsverfassung *Tettinger*, DVBl 1999
      S. 679, 680 f.

wirtschaft, Fischerei und Verkehrswesen) wurden einer ungleich stärkeren Kontrolle und Lenkung durch die Unionsorgane unterworfen, um (vermeintliche oder tatsächliche) Existenzprobleme für die heimische Wirtschaft zu vermeiden. Die einzelnen **Marktordnungen** unterscheiden sich erheblich, vor allem am Agrarmarkt zeigen sich alle Vor- und Nachteile eines Marktordnungsmodells[20].

7 Es bestätigt sich daher auch im Unionsrecht, dass sich „die" Wirtschaftsordnung weniger in derartigen Formeln als in den konkreten Regelungen für die wirtschaftliche Tätigkeit zeigt. Dies gilt für die Marktfreiheiten (s. Rn 46 ff), aber insbesondere auch für die Vorschriften, welche die staatliche Einflussnahme auf den Wettbewerb begrenzen, sei es, dass die staatliche Subventionierung wirtschaftlicher Betätigung geregelt wird (s. Rn 899 ff), sei es, dass auch öffentliche Unternehmen in Art. 106 AEUV grundsätzlich den Regeln des Wettbewerbsrechts unterworfen werden (s. Rn 650 ff). Darüber hinaus hat das sekundäre Unionsrecht bereichsspezifische Entscheidungen für bestimmte Wirtschaftszweige geschaffen (zu Finanzmarkt, Telekommunikation und Energie s. unten Rn 496 ff). Wenn dabei beispielsweise die Privatisierung bisheriger Staatsmonopole durchgesetzt wird, hat dies größere Auswirkungen als die konkretisierungsbedürftige Grundsatzentscheidung für die Marktwirtschaft. Damit wurde der nationale „wirtschaftspolitische" Spielraum immer mehr zu einem europäisch geprägten und schließlich gesamteuropäischen.

Der europäische Einfluss äußerte sich zunächst im Abbau nationaler Vorschriften (s. als besonders deutliches Beispiel das Handwerksrecht und dessen stark von Niederlassungs- und Dienstleistungsfreiheit geprägte Entwicklung bis hin zur faktischen Aufgabe des Meisterzwanges durch die Handwerksnovelle 2004, dazu Rn 125, 147, 459), aber zunehmend auch in der aktiven **Gestaltung ganzer Wirtschaftszweige durch Richtlinien** (s. zum Telekommunikations-, Energiewirtschafts- und Finanzdienstleistungsaufsichtsrecht Rn 496 ff). In **Fall 1** etwa ist das Bankrecht in einem Umfang harmonisiert, der eine nationale Verschärfung der Prüfpflichten ausschließen dürfte. In Europa hat man die Entscheidung zwischen Vertrauen in die Selbstregulierung des Marktes und staatlicher Aufsicht zugunsten der Letzteren entschieden und das öffentlichrechtliche Instrumentarium kontinuierlich ausgeweitet, so dass man von einer „Publifizierung" des europäischen Wirtschaftsrechts sprechen könnte (s. Rn 499). Gerade das europäische Bankrecht wurde schon früh als „Bankenaufsichtsrecht" bezeichnet[21]. Seit der Finanzkrise und vor allem mit dem Inkrafttreten der Bankenunion (vgl dazu Rn 182, 191 ff) verdient es diesen Namen erst recht. Europäisch hat man sich auf die Hochzonung zentraler Aufgaben zur EZB entschieden, was ohne die Finanzkrise sicherlich nicht denkbar gewesen wäre, denn vorher lehnten die Mitgliedstaaten entsprechende Kommissionsvorstöße ab. Insoweit wiederholt sich auch bei der daran geäußerten, tlw heftigen Kritik eine Diskussion, wie wir sie in Deutschland nach dem 2. Weltkrieg geführt hatten, wo die Installation einer Bundesbehörde für die Bankenaufsicht im föderalen System der jungen Bundesrepublik alles andere als selbstverständlich war. Erst als das BVerfG die verfassungsrechtlichen Fragen geklärt hatte, war der Weg zu einer bundeseinheitlichen Finanzmarktaufsicht frei. Auch in den USA waren die Entscheidungen des Supreme Court zum New Deal auch solche zu den Bundeskompetenzen auf dem Gebiet des Wirtschaftsrechts[22].

---

20 S. ausführlicher *Streinz*, Europarecht Rn 948 ff; *Oppermann/Classen/Nettesheim*, Europarecht, § 19 Rn 2 ff.

21 So schon *Claussen*, in: *ders.*, Bank- und Börsenrecht, 4. Aufl. 2008, § 1 Rn 98.

22 Ausf dazu mwN *Ruthig*, Finanz- und Wirtschaftskrise als juristisches Problem, in: Ziekow/Seok, Systemkrisen und Systemvertrauen, 2015 S. 9, 23 ff.

2. Historische Wurzeln

Der vor allem in den Anfangsjahren der Bundesrepublik ausgetragene Streit um die **8** Wirtschaftsverfassung zeigt die Zeitbedingtheit vieler ökonomischer und politischer Vorstellungen und wohl auch die Vergeblichkeit, ein einheitliches Modell staatlicher Einflussnahme auf die Wirtschaft zu entwickeln. Auch insoweit ist die heutige Gestalt der Wirtschaftsordnung das **Produkt einer historischen Entwicklung**, die mit der frühen Neuzeit einsetzt. An dieser lassen sich die Grundpositionen für das Verhältnis von Staat und Wirtschaft illustrieren, die bis heute nicht nur die politische Diskussion, sondern auch die Normen des öffentlichen Wirtschaftsrechts prägen. Wieder aufgelebt ist diese Diskussion im Regulierungsrecht, s. unten Rn 18, 23 ff.

a)　Merkantilismus und staatliche Lenkung der Wirtschaft

Zwischen dem 16. und 18. Jahrhundert nahmen die Staaten Europas massiven Einfluss **9** auf den Wirtschaftsprozess. Primäres Ziel war die Stärkung der Wirtschafts-, Handels- und Finanzkraft der absolutistischen Staaten, ohne dass dem eine in sich geschlossene wirtschaftspolitische Konzeption zugrunde gelegen hätte. Dieser sog. **Merkantilismus** bezeichnet also kein wirtschaftstheoretisches oder gar juristisches Lehrgebäude, sondern allenfalls ein Bündel wirtschaftspolitischer Maßnahmen, das sowohl in zeitlicher als auch in inhaltlicher Hinsicht markante länderspezifische Unterschiede aufwies. Während die meisten europäischen Staaten sich auf den Handel konzentrierten, lenkte der vor allem zu Beginn stark von der Wirtschaftsgesinnung des lutherischen Fürstenstaates[23] geprägte **deutsche Kameralismus** sein Augenmerk umfassender auf das Ganze des Staates. Sein Ziel war angesichts des gerade überstandenen Dreißigjährigen Krieges die Erhöhung der Bevölkerungszahl, aber auch die Wohlfahrt des absoluten Fürstenstaates beziehungsweise dessen Schatzkammer, der *camera*. Die Förderung von Handel und Gewerbe war freilich – neben einer umfassenden eigenen wirtschaftlichen Betätigung des Staates durch Staatsbetriebe – die Voraussetzung für eine Sanierung der Staatsfinanzen. Aufgabe des Staates war somit die Förderung einer umfassend verstandenen staatlichen Wohlfahrt[24].

Die eingesetzten Mittel unterschieden sich in den europäischen Staaten nur wenig. **10** Der Staat schützte die einheimische Wirtschaft durch Abschottung nach außen (Einfuhrzölle auf Fertigprodukte; Förderung des Exports), förderte bestimmte für den wirtschaftlichen Fortschritt wesentliche Wirtschaftszweige (v.a. Bergbau) durch **Monopole** und begrenzte durch den **Zunftzwang** (weiterhin) die Zahl der Gewerbetreibenden, mit den sogenannten „Staatsregalen" unterhielt er Infrastruktureinrichtungen in eigener Verantwortung".

Beim Zunftwesen handelte es sich freilich um eine deutlich ältere, sich seit dem 13. Jahrhundert entwickelnde **Form staatlich verfasster Selbstorganisation** der Wirtschaftstätigkeit. Sie ver-

---

23　Zum Zusammenhang der Entwicklung mit der lutherischen Lehre von der Obrigkeit *Maier*, Die ältere deutsche Polizeiwissenschaft, 1986 (Nachdruck der 2. Aufl. 1980), S. 159 ff.
24　Zu dem damit verbundenen weiten Polizeibegriff auch *Schenke*, Polizei- und Ordnungsrecht, Rn 2; zur Wirtschaftspolitik der Territorialstaaten *Ziekow*, § 2 Rn 7 ff.

fügte über eine eigene Zunftgerichtsbarkeit, regelte die Arbeitszeiten und bemühte sich um die Qualität „zünftiger" Leistungen und Produkte. Zünfte orientierten sich ferner an aristotelisch-scholastischen Vorstellungen vom „gerechten Preis", der keineswegs zwingend der Marktpreis war. Ergänzt wurde diese Entwicklung durch strenge Ausbildungsvorschriften (Lehrlings- und Gesellenzeit, Meisterstück) und eine umfassende „Zuverlässigkeitsprüfung" (Vermögensnachweis, guter Leumund). Nur Bürger konnten das Handwerk ausüben, das heißt, mit dem Meisterrecht musste auch das Bürgerrecht erworben werden. Das Zunftrecht diente also auch der Abschottung des Marktes nach außen. Erst die jüngsten Handwerksnovellen nahmen endgültig Abschied von solchen Vorstellungen und vollendeten die Öffnung für den europäischen Binnenmarkt (s. Rn 39, 125, 458 f).

b) Liberalismus und Gewerbefreiheit

11 Abgelöst wurden diese feudal-ständisch geprägten merkantilistischen Vorstellungen durch die bürgerliche ökonomische Liberalität. Der Liberalismus basierte auf einer strikten Dichotomie von Gesellschaft und Staat und führte zu den Reformen des 19. Jahrhunderts[25], insbesondere der Einführung der Gewerbefreiheit, als deren Gegenpol das Zunftwesen angesehen wurde. Der Idee der Freiheit von (staatlichem) Zwang entsprach im wirtschaftlichen Kontext das Prinzip des *Laissez-faire*. Die klassische Nationalökonomie *(Adam Smith, David Ricardo)* forderte das freie Spiel der Kräfte, das am besten in der Lage sei, die ökonomischen Probleme optimal zu lösen und bildete damit den Gegenpol zum merkantilistischen Ideal einer „allsorgenden bürokratischen Wirtschaftspolizei"[26]. Nach *Smith* lenkt in einer harmonischen, von der menschlichen Arbeitsteilung bestimmten Ordnung eine *invisible hand* die Individuen kraft ihrer natürlichen Eigeninteressen in die richtige Richtung. Der Staat sollte in wirtschaftlicher Hinsicht weitgehende Enthaltsamkeit üben, **wirtschaftliche Ordnung** sollte gerade **durch Freiheit** entstehen, **nicht durch Recht**. Rechtliche Konsequenz war die (einfachgesetzliche) Einführung der **Gewerbefreiheit**, die in dieser Phase weit effektiver war als die verfassungsrechtliche Garantie der Berufs- und Eigentumsfreiheit[27].

Gewerbefreiheit bedeutete zunächst **Gewerbezugangsfreiheit** als **Gegenmodell zum Zunftwesen**. Seit dem 15. Jahrhundert beschränkten die Zünfte als kartellartige Organisationen den Marktzutritt und verhinderten weitergehenden Wettbewerb, indem alle nicht einer Zunft angehörenden Handwerker als „Pfuscher" verfolgt wurden. Nach dem Dreißigjährigen Krieg erwies sich das Zunftwesen ungeachtet seiner hehren Ziele allerdings eher als Hemmschuh für die weitere Entwicklung. Beispielhaft zeigte der Kampf gegen die Bandmühle die Rückständigkeit der Zünfte. Mit Hilfe dieser Maschine konnte eine ungelernte Arbeitskraft ebenso viel produzieren wie 16 gelernte Handwerker. 1676 forderten die für textiles Knüpf- und Flechtwerk zuständigen Posamentierzünfte des Deutschen Reichs das Verbot dieser Maschinen, das 1685 durch kaiserli-

---

25 Sowohl die Abhängigkeit der Bauern vom Grund- oder Gutsherrn in den Formen der Leib- und Gerichtsherrschaft, die Verhinderung der freien Berufswahl durch Zünfte, die Privilegierung einiger Unternehmer durch den Staat oder die Verhinderung einer freien Konkurrenz infolge von Absprachen hemmten die Entwicklung einer „natürlichen" Ordnung im Sinne des Liberalismus.

26 S. dazu *Dietzel*, Staatswissenschaften (Volkswirtschaftslehre und Finanzwissenschaft), in: Die deutschen Universitäten, Berlin 1893, Bd. I S. 566 ff; zu dieser Ökonomisierung und ihren Auswirkungen auch auf das universitäre Studium *Maier*, Die ältere deutsche Polizeiwissenschaft, 1986 (Nachdruck der 2. Aufl. 1980), S. 195 ff.

27 *Wieland*, in: Dreier, GG, Art. 12 Rn 6; zum Ganzen *Stern*, Handbuch des Staatsrechts Bd. IV/1, S. 1776 ff; *Breuer*, in: Isensee/Kirchhof (Hrsg.), Handbuch des Staatsrechts VI/888 f.

chen Erlass ausgesprochen und 1719 erneuert wurde. Deshalb wanderte die fortschrittliche Technik nach Basel und ins Bergische Land ab. 1749 hob Friedrich der Große das Verbot der Bandmühle für Preußen mit folgender Begründung auf: „Wir halten es für einen dem gemeinen Wesen schädlichen Handwerksmissbrauch, diejenigen Mittel, die zur Erlangung eines wohlfeilen Preises der Ware gereichen, nicht zur Hand zu nehmen". Entscheidende Fortschritte waren in den deutschen Ländern im Gefolge der Französischen Revolution zu verzeichnen[28]. Die Entwicklung begann in den französisch beherrschten Territorien bereits in den 90er Jahren des 18. Jahrhunderts. 1808 folgten das Königreich Westfalen und 1809 das Großherzogtum Berg. In Preußen, das nach der Niederlage gegen Frankreich im Tilsiter Frieden von 1807 auf über die Hälfte seines Territoriums verzichten musste, verfügte das Oktoberedikt zur Bauernbefreiung des gleichen Jahres die Gewerbefreiheit im Grundsatz, nachdem die Aufhebung einzelner Zünfte bereits 1806 begonnen hatte. Das Gewerbesteueredikt von 1810 (PrGS 1810, S. 79) band die Ausübung eines Gewerbes nur noch an den Erwerb eines Gewerbescheins, wurde allerdings umgehend um das Gewerbepolizeigesetz von 1811 ergänzt[29]. Mit der allgemeinen preußischen Gewerbeordnung vom 17. Januar 1845 (PrGS 1845, S. 41) wurde das Gewerberecht in Preußen vereinheitlicht und die Gewerbefreiheit für das gesamte Staatsgebiet eingeführt[30]. Andere Länder folgten, so etwa Sachsen, Baden, Württemberg und Bayern in den 60er-Jahren des 19. Jahrhunderts.

Die zentrale Rolle bei der Vereinheitlichung der Wirtschafts- und Sozialpolitik spielte **12** der Norddeutsche Bund. Am 21. Juni 1869 schufen die Länder des Norddeutschen Bundes in Anlehnung an das preußische Vorbild aus dem Jahre 1845 eine einheitliche Gewerbeordnung. Sie wurde 1871/72 als **Reichsgewerbeordnung für das Deutsche Reich** übernommen und führte in allen Bundesstaaten die Gewerbefreiheit ein, die bis heute in § 1 GewO enthalten ist. Der Zunftzwang und die Abhängigkeit des Gewerbetreibenden von behördlicher Konzession wurden aufgehoben und es setzte sich im rechtsstaatlichen Denken des 19. Jahrhunderts die Beschränkung des (Gewerbe-)Polizeirechts auf die Abwehr von Gefahren durch. Die GewO wurde als „Sonderpolizeirecht" die bis heute in ihren Grundlinien unveränderte[31] Basis des Wirtschaftsaufsichtsrechts[32]. Gleichzeitig löste sich die Rechtswissenschaft von der ökonomisch dominierten Verwaltungslehre (Polizeiwissenschaft). Dies markierte zugleich den Beginn des modernen Verwaltungsrechts[33].

---

28 Bereits die Reichszunftordnung von 1731 erleichterte die Zulassung zum Gewerbe, ab Mitte des 18. Jahrhunderts begannen die der Aufklärung nahestehenden deutschen Länder mit der weiteren Lockerung des Zunftwesens. Allerdings erkannte auch das prALR von 1794 die Zünfte noch ausdrücklich an, vgl § 181 II 8 ALR; zur Entwicklung *Frotscher/Pieroth*, Verfassungsgeschichte Rn 218 ff.

29 Außerdem ließ schon das Gewerbesteueredikt von 1810 den Konzessionszwang für 34 enumerativ aufgeführte Gewerbe unangetastet, s. *Friauf*, in: Friauf, GewO, § 1 Rn 2a.

30 Zu den historischen Grundlagen *Ziekow*, GewArch. 1985, 313 m. umfangreichen Nachw.; s. auch zum Verhältnis zur Gefahrenabwehr *Mößle*, GewArch. 1984, 8.

31 Insgesamt gab es über 200 Änderungen der GewO. Neu gefasst wurde sie 1978 (BGBl. I S. 97), 1987 (BGBl. I S. 425) und 1999 (BGBl. I S. 202); umfassend zur Gesetzesentwicklung *Kahl*, in: Landmann/Rohmer, GewO, Einl Rn 14 ff.

32 S. hierzu nur *Gramlich*, VerwArch. 1997, 598, der seinen Beitrag zum damals neuen TKG mit einem Überblick über das Kontrollinstrumentarium der Gewerbeordnung beginnt.

33 Vgl nur die Definition der Kameralwissenschaften bei *Otto Mayer*, Deutsches Verwaltungsrecht I, S. 18: „Unter dem Namen Polizeiwissenschaft, Kameralwissenschaft brachte man alles, was da geschah, in eine übersichtliche, wohlgeordnete Darstellung und gab nützliche Belehrung, wie man es besser machen könnte. Was an Rechtsordnung daran zu bemerken war, erwähnte man nebenbei". Im modernen Verwaltungsrecht kehrte sich die Entwicklung um. Insbes *Forsthoff*, Verwaltung als Leistungsträger, 1938, S. 3 beklagte einen „verhängnisvollen Mangel an Empirie" in der Dogmatik des 19. Jahrhunderts. Die Positionen finden ihre Fortsetzung in der Diskussion um die Ökonomisierung des Verwaltungsrechts.

13 Dennoch widmete sich der Staat weiterhin solchen Wirtschaftszweigen in besonderer Weise, die er als lebenswichtig für das Funktionieren von Staat und Gesellschaft erachtete. Anders als im Bereich des sogenannten „Regulierungsrechts" (s. unten Rn 23, 496 ff) erbrachte der Staat allerdings die Leistungen in eigener Trägerschaft. Aus dem Modell der Staatsregale entwickelte sich das staatliche Monopol.

Dies galt nicht nur für die Verkehrsinfrastruktur (Straßen bzw Wasserstraßen), es passte sich dynamisch der technischen Entwicklung an. In Deutschland wurde neben den Eisenbahnen auch das Fernmeldewesen in staatlicher Trägerschaft errichtet. Das Fernmeldemonopol ging zurück auf § 1 des Gesetzes über das Telegraphenwesen des Deutschen Reiches[34], in dem das Fernmeldewesen seine erste grundlegende Kodifikation fand. Dort hieß es: „Das Recht, Telegraphenanlagen für die Vermittlung von Nachrichten zu errichten und zu betreiben, steht ausdrücklich dem Reich zu. Unter Telegraphenanlagen sind die Fernsprechanlagen mitbegriffen." Dieses Fernmeldemonopol wurde in § 1 des Gesetzes über Fernmeldeanlagen (FAG) übernommen, das in der Bundesrepublik Deutschland zusammen mit dem Telegraphenwegegesetz (TWG) den traditionellen Rechtsrahmen für Telephonie und Telegraphie bildete. Auch Wasser und Elektrizität wurden in Deutschland dem Bürger als staatliche Leistungen zur Verfügung gestellt, diese freilich regelmäßig in kommunaler Trägerschaft. Dass sich der Staat auch heute dieser Aufgabe nicht völlig entziehen kann, folgt entweder aus konkreten Verfassungsaufträgen wie in Art. 87f GG für die Telekommunikation oder letztlich aus dem Sozialstaatsprinzip. Nach dem BVerfG ist „das Interesse an der Stromversorgung ... heute so allgemein wie das Interesse am täglichen Brot"[35].

c) Vom Interventionismus zur sozialen Marktwirtschaft

14 Die Ausrichtung der Wirtschaft an den Ideen des Liberalismus ermöglichte zwar eine enorme Leistungssteigerung, sie führte aber auch – vor allem in Krisenzeiten – zu **sozialen Problemen**. Seit dem letzten Drittel des 19. Jahrhunderts spielte deswegen der sog. **Interventionismus** eine große Rolle. Auch darunter versteht man weniger eine wirtschaftswissenschaftliche Theorie als ein Bündel wirtschaftspolitischer Maßnahmen zur Beeinflussung volkswirtschaftlicher Globalgrößen (zB Beschäftigung, Einkommensverteilung, soziale Sicherung, Marktanteile, Strukturwandel). Anders als beim Dirigismus greift der Staat allerdings nur punktuell in den Wirtschaftsablauf ein[36]. Wichtigstes politisches Konzept in den Zwanzigerjahren des 20. Jahrhunderts war die Forderung nach Wirtschaftsdemokratie. Die Art. 151 ff WRV enthielten eine 15 Artikel umfassende „Regelung der Ordnung des Wirtschaftslebens"[37], die einen Ausgleich zwischen den gegenläufigen Strömungen versuchte. In dieser Zeit entstand auch der **Begriff des Wirtschaftsrechts** als Konsequenz auf die veränderte Haltung gegenüber der staatlichen Einflussnahme auf die Wirtschaft.

---

34 Gesetz v. 6.4.1892, RGBl. S. 467.
35 BVerfGE 91, 186, 206 – Kohlepfennig; s. auch schon BVerfGE 30, 292, 323 f – Erdölbevorratung. Ausf zu den unions- und verfassungsrechtlichen Rahmenbedingungen *Schmidt-Preuß*, in: Baur/Salje/ Schmidt-Preuß, Regulierung in der Energiewirtschaft, Kap. 10, S. 132 ff.
36 Beispiele sind vor allem die Sozialversicherungssysteme (1881) und aus der Weimarer Zeit die Kartellverordnung von 1923. Zu nennen ist ferner das kollektive Arbeitsrecht, das genauso wie Arbeitsschutz und betriebliche Sozialsysteme seinen Ausgangspunkt in der Gewerbeordnung nahm, vgl *Ziekow*, § 2 Rn 14 ff.
37 In diesem Abschnitt fanden sich einerseits liberale Grundrechte wie Vertragsfreiheit und Eigentum, aber auch die Einrichtung eines „Reichswirtschaftsrates", der auf rätestaatlichen Vorstellungen beruhte, jedoch nie praktische Bedeutung erlangte. Vgl *Frotscher/Kramer*, Rn 25 ff mit dem Hinweis, dass man manche dieser Vorschriften auf an den Gesetzgeber gerichtete Programmsätze reduzierte.

Die Zeit nach dem Zweiten Weltkrieg ist in Deutschland die **Zeit der sozialen**   **15**
Marktwirtschaft[38]. Die Koordination der arbeitsteilig aufeinander bezogenen Wirt-
schaftssubjekte vollzieht sich nach den Regeln des Marktes. **Vertragsfreiheit und**
Rechtsstaatlichkeit sind notwendige rechtliche Voraussetzungen, die Aufgabe der
Rechtsordnung besteht aber auch in der Unterbindung des Missbrauchs von Markt-
macht. Dementsprechend wird das öffentliche Wirtschaftsrecht auch unter dem GG
von dem skizzierten **Dualismus von staatlicher Intervention und wirtschaftlicher**
Freiheit geprägt. Besonders deutlich zeigt sich dies an denjenigen Bereichen des öffentlichen Wirtschaftsrechts, die sich als Folge der Privatisierung vormals staatlicher
Leistungserbringung (s. Rn 23) entwickelten.

d) Die Schaffung eines europäischen Binnenmarktes

In seiner ersten Phase trug das Europarecht stark zu einer Liberalisierung des nationa-   **16**
len Wirtschaftsrechts bei, indem die nationalen wirtschaftsrechtlichen Vorschriften
häufig als unverhältnismäßige Behinderung des Binnenmarktes eingestuft wurden[39].
Zunehmend gestaltete die EU aber auch aktiv ganze Sektoren um und öffnete sie für
den Binnenmarkt. Erst durch die Vorgaben aus Brüssel kam es auch zur Privatisierung
vormals staatlicher Monopole im Bereich der Daseinsvorsorge, beginnend mit der Telekommunikation[40]. Privatisierung bedeutete freilich auch aus unionsrechtlicher Sicht
nicht das Ende der staatlichen Verantwortung. Der zentrale Stellenwert dieser Dienste
der Daseinsvorsorge auch im Unionsrecht wird deutlich an der Einführung des Art. 16
EG durch den Vertrag von Amsterdam. Danach sind Union und Mitgliedstaaten zur
Gewährleistung funktionierender Grundstrukturen der Daseinsvorsorge verpflichtet[41].
Insoweit könnte man die Wirtschaftsregulierung als „kompensatorische Gegenbewegung zur Liberalisierungspolitik der EU"[42] verstehen.

Auch die Vollendung des Binnenmarktes lässt sich nicht nur mit dem politischen Ziel der Einigung
Europas, sondern ebenfalls mit gängigen ökonomischen Theorien und Vorstellungen begründen.
Der Gedanke, dass das grenzüberschreitend arbeitsteilige Wirtschaften für alle Beteiligten wirtschaftlich vorteilhaft ist, geht auf *Adam Smith* und *David Ricardo* zurück[43]. Gerade für den europäischen Kapitalmarkt haben aktuelle ökonomische Studien[44], die erheblichen Einfluss auf die Kon-

---

38 Zu den sie maßgeblich prägenden Vorstellungen des Ordoliberalismus s. *Böhm*, SJZ 1946, 144; vgl
    auch *Papier*, FS Selmer (2004), 459, 464. Welche Elemente – auf der Grundlage des in der Verfassung
    verankerten Sozialstaatsprinzips und stark geprägt von der katholischen Soziallehre – aus der „reinen"
    Marktwirtschaft eine „soziale" machen, kann hier nicht vertieft werden. Zur Wirtschaftspolitik nach
    1946 auch *v. Ebner*, GewArch. 1986, 209.
39 Insoweit lassen sich interessante Parallelen zur Lochner-Phase in den USA feststellen, s. *Lochner von*
    New York, 198 U.S. 45 (1905); zu dieser *Brugger*, Einführung in das öffentliche Recht der USA,
    2. Aufl. 2001, S. 107.
40 Zur historischen Entwicklung etwa *Holznagel/Enaux/Nienhaus*, Telekommunikationsrecht, § 2.
41 Dazu, dass Art. 14 AEUV selbst aber keine eigenständige Kompetenzgrundlage für die Gemeinschaft
    darstellt s. *Hatje*, in: Schwarze, EU-Kommentar, Art. 16 EGV Rn 8; *Nettesheim*, EWS 2002, 253
    (254); *Voßkuhle*, VVDStRL 62 (2003), 268 (289). Vgl zur Aufwertung des Art. 14 AEUV *Jung*, in:
    Calliess/Ruffert, EUV/AEUV, 4. Aufl. 2011, Art. 14 AEUV Rn 29.
42 *Döhler*, DV 2001, 59 (64).
43 S. dazu insbes das US-amerikanische Schrifttum zum Europarecht, insbes *Stephan/Parisi/Depoorter*,
    The Law and Economics of the European Union, 2003, S. 449 ff.
44 *Mügge*, Reordering the Marketplace: Competition Politics in European Finance, JCMS 2006, 991; *Pa-*
    doan/Mariani, Growth and Finance, European Integration and the Lisbon Strategy, JCMS 2006, 77.

zepte der Kommission haben, die Integration der nationalen Märkte als Wachstumsfaktor betont, nicht zuletzt als Voraussetzung für die Positionierung der europäischen Wirtschaft angesichts der Herausforderungen der Globalisierung. Bei näherer Betrachtung zeigt sich aber, dass auch die Auslegung von Marktfreiheiten und europäischem Wettbewerbsrecht stark von ökonomischen Vorstellungen geprägt ist, in denen sich letztlich das Ringen um den Ausgleich von wirtschaftlicher Freiheit des Einzelnen und staatlicher bzw europäischer Kontrolle wiederholt. Beschränkt sich aber auch das Unionsrecht insgesamt nicht auf eine („reine") Marktwirtschaft, so relativiert sich auch die Frage einer europarechtlichen Überformung der deutschen „Wirtschaftsverfassung"[45].

17 Auf europäischer Ebene ist diese Entwicklung eingebettet in die sog. **Lissabon-Strategie**. Der Europäische Rat hatte sich 2000 in Lissabon das ehrgeizige Ziel gesetzt, Europa innerhalb eines Jahrzehnts zur wettbewerbsstärksten und dynamischsten Wirtschaftsregion der Welt zu machen. Vor allem die elektronische Kommunikation und die Kapitalmärkte wurden als zentrale Aspekte dieser Entwicklung betrachtet, die die europäische Wirtschaft stärken und so auch den Lebensstandard der Bürger in Europa fördern sollte[46]. Die Lissabon-Strategie spiegelt auch insoweit die aktuelle internationale Diskussion wider, als zunehmend erkannt wird, dass die Ausgestaltung des Rechtsrahmens maßgeblich für die Innovationsfähigkeit der Wirtschaft ist. Innovationsanreize lassen sich allerdings – insbesondere nach Ansicht von Wirtschaftswissenschaftlern – nicht nur durch Regulierungsfreistellung[47], sondern auch umgekehrt durch zusätzliche, aber an ökonomischen Grundsätzen orientierte Regulierung schaffen.

3. Einflüsse von Wirtschaftswissenschaften und Rechtsvergleichung

18 Die Europäisierung des öffentlichen Wirtschaftsrechts und die Notwendigkeit einer Auseinandersetzung mit der Globalisierung öffnete auch die juristische Diskussion in Deutschland für Gedanken aus anderen Rechtsordnungen, vor allem auch dem US-amerikanischen Recht. Dies gilt nicht nur im Kartell- und Finanzmarktrecht, sondern wurde besonders deutlich an der Entwicklung des Telekommunikationsrechts, mündet aber ein in die allgemeine Diskussion um eine Ökonomisierung des Verwaltungsrechts[48].

Diese Entwicklung war kein Zufall. Die USA nahmen zum einen über die WTO[49], zum anderen aber auch direkt auf die europäische Normsetzung Einfluss. Im Ergebnis lassen deswegen das deutsche und das US-amerikanische Telekommunikationsrecht „Übereinstimmungen in einem Umfang erkennen, den man auf den ersten Blick wohl nicht erwartet hätte"[50]. Gerade in den USA

---

45 Dazu allerdings *Jungbluth*, EuR 2010, 471.
46 KOM (2003) 65 v. 11.2.2003; s. bereits Mitteilung der Kommission v. 24.11.1999 an das Europäische Parlament und den Rat, Die Strategie für den Europäischen Binnenmarkt Europäische KOM (1999) 624 endg.
47 S. den Aufsatztitel von *Holznagel*, MMR 2006, 661.
48 S. nur *Martini*, Der Markt als Instrument hoheitlicher Verteilungslenkung, 2008; vgl außerdem *Fehling*, VerwArch. 2004, 443; *Gröpl*, VerwArch. 2002, 459; *Peters*, DÖV 2001, 749; *Schneider*, Die Verwaltung 2001, 317.
49 Dazu *Schulz*, DV 2001, Beiheft 4, S. 101 (102); *Trute*, FS Brohm (2002), 169, 170.
50 *Windthorst*, CR 1998, 340, 341 f. Einen umfassenden (wenngleich mittlerweile weitgehend überholten) Rechtsvergleich liefert *Kress*, The 1996 Telekommunikationsgesetz and the Telecommunications Act of 1996: Toward More Competitive Markets in Telecommunications in Germany and the United States, Fed. Comm. L.J. 49 (1997), 551.

ist die Diskussion um das „Regulierungsrecht" aber eingebettet in das allgemeine Verwaltungsrecht, so dass nicht nur das Konzept der „independent regulatory agency" die europäische Entwicklung beeinflusste. Vor allem aber steht das Verwaltungsrecht von Anfang an unter starkem allgemeinen Rechtfertigungsdruck, so dass praktisch alle Lehrbücher zum allgemeinen Verwaltungsrecht mit der Frage nach der Rechtfertigung staatlicher „regulation" beginnen, genauso wie die Diskussion um das Regulierungsrecht in Deutschland. In der Sache wird die Diskussion dabei stark von wirtschaftstheoretischen Ansätzen geprägt. Am Beginn der neueren Entwicklung stand die *Chicago School of Economics*[51]. Diese ist gekennzeichnet durch ein Vertrauen in die – staatlicher Intervention grundsätzlich überlegenen – marktwirtschaftlichen Steuerungskräfte und prägte maßgeblich die Reagnomics, die wiederum auch die deutsche Deregulierungsdiskussion der 1980er und 1990er Jahre beeinflusste. Die damit beginnende Ausrichtung gerade auch des Verwaltungsrechts an ökonomischen Grundsätzen führte zum Entstehen von *law and economics*, der Hauptströmung des modernen US-amerikanischen Verwaltungsrechts, die mit der „ökonomischen Analyse des Rechts" in Deutschland nur sehr bedingt zu vergleichen ist und sich in der Zwischenzeit durch die Einbeziehung sozialwissenschaftlicher Ansätze erheblich weiterentwickelt hat[52]. Aus dem homo oeconomicus wurde vor allem unter dem Einfluss der sog. Spieltheorie ein gerade nicht in allen Fällen rational handelnder und auf Effizienz bedachter Akteur. Vor allem aber muss man sich hüten, diese Bewegung auf eine „Ökonomisierung" des Rechts oder gar einen „Terror der Ökonomie"[53] zu reduzieren. Im Kontext des Wirtschaftsrechts ist aber zu beachten, dass ungeachtet dieser vor allem deutschen Kritik der Einfluss der law and economics-Bewegung auf europäischer Ebene systemprägend ist[54].

Während die traditionelle Wohlfahrtsökonomik die Rechtfertigung staatlicher Eingriffe in den Markt insbesondere bei Monopolen bzw bei Oligopolen als Reaktion auf Marktversagen legitimierte[55], lieferte gerade die empirische Auseinandersetzung mit der staatlichen Verteilung von Frequenzen (dazu auch unten Rn 590 f) für *Coase* den Ausgangspunkt für seine Gegenthese. Effizienzprobleme entstünden nicht unbedingt aufgrund eines Versagens des Marktes, sondern auch aufgrund eines Versagens staatlicher Marktregulierung und der unzureichenden Ausgestaltung transaktionsfähiger Rechte (property rights). Das „Coase Theorem"[56] geht davon aus, dass die Betroffenen selbst durch Verhandlungen – sogar unabhängig von der Zuteilung der Eigentumsrechte – eine effiziente Lösung erzielen, wenn es keine Tranksaktionskosten gibt. Staatliche Eingriffe führen nach diesem Ansatz keinesfalls zu besseren, sondern häufig wegen ihres verengten Blickwinkels zu schlechteren Ergebnissen als der

19

---

51 S. dazu ausführlich *Martini*, Der Markt als Instrument hoheitlicher Verteilungslenkung, S. 153 ff sowie zu den philosophischen Wurzeln der Effizienzdiskussion *Martini*, S. 141 ff.

52 S. nur *Posner*, Economic Analysis of Law, 7. Aufl. 2007 sowie die exzellente Einführung von *Polinsky*, An Introduction to Law and Economics, 3. Aufl. 2003.

53 So der Titel von *Forrester*, Der Terror der Ökonomie, 2002. S. zur mE zu relativierenden Kritik an der ökonom. Analyse auch mwN *Martini*, Der Markt als Instrument hoheitlicher Verteilungslenkung, 2008, S. 166 f.

54 Dies gilt nicht nur für das richtliniengeprägte Telekommunikations-, Energie- und Bank(enaufsichts)recht, sondern auch allgemein für das „Recht auf gute Verwaltung", s. dazu mwN *Fehling*, VVDStRL 70 (2011), 278, 324 f; zu Art. 41 GRCh *Classen*, Gute Verwaltung im Recht der EU, 2008; *Jarass*, FS Schenke (2011).

55 Genauer betrachtet handelt es sich um Marktversagen, das durch die sog. externen Effekte bedingt ist, vgl dazu *Pigou*, The Economics of Welfare, 4. Aufl. 1932, S. 129 f.

56 *Coase*, The Problem of Social Cost, 3 (1960) J. Law & Econ., 1. S. nur die Zusammenfassung bei *Polinsky*, An Introduction to Law and Economics, 3. Aufl. 2003, S. 13 ff; *Posner*, Economic Analysis, S. 7, 50 ff.

Markt[57]. Da aber auch das Verhandlungsmodell daran krankt, dass die Transaktionskosten nur im Modell als Null angenommen werden können, entwickelte sich vor allem in den letzten Jahren ein weniger kritisches, aber durchaus differenziertes Verhältnis zwischen Ökonomie und öffentlichem Wirtschaftsrecht[58]. Andererseits provoziert gerade die starke Betonung des Effizienzprinzips jedenfalls in der deutschen Diskussion[59] den Vorwurf einer „Staatsromantik der Technokratie"[60]. Von besonderer Bedeutung erwies sich schließlich der ökonomische Ansatz in solchen Bereichen, die man als „natürliche Monopole" interpretieren kann, wo also ein einzelner Anbieter Leistungen billiger anbieten kann als der Wettbewerb (s. Rn 570 ff). Bereichert hat diese Bewegung aber auch den Kanon der Methoden für staatliche Verteilungsentscheidungen durch die Versteigerung (s. Rn 564 f)[61].

II. Öffentliches Wirtschafts- bzw Wirtschaftsverwaltungsrecht

1. Begriff und Gegenstand

20 Der **Begriff des öffentlichen Wirtschafts- bzw Wirtschaftsverwaltungsrechts** ist nicht abschließend definiert. Bezeichnete man das gesamte Recht der staatlichen Einwirkung auf gewerbsmäßige und geschäftsmäßige Tätigkeiten als Wirtschaftsrecht, wäre öffentliches Wirtschaftsrecht „das ordnende, gestaltende und leistende Einwirken des Staates auf das Wirtschaftsleben"[62]. Dieses wird traditionell und auch in den juristischen Prüfungsordnungen als **Wirtschaftsverwaltungsrecht** bezeichnet[63]. **Kernstück und zugleich historische Grundlage** des deutschen Wirtschaftsverwal-

---

57 Das am häufigsten angeführte Beispiel ist die Konzentration des Schadensersatz- und Umweltrechts auf den Schädiger; ein in den USA viel diskutiertes Beispiel ist die Frage nach der Effizienz der Finanzdienstleistungsaufsicht. S. auch dazu *Posner*, Economic Analysis S. 480 ff.

58 Der Staat kann nicht nur als Vermittler, durch die Bereithaltung entsprechender, die Transaktionskosten senkender Information, sondern auch durch aktive Gestaltung eines bestimmten Bereiches die Transaktionskosten senken.

59 S. zu *Eidenmüller*, Effizienz als Rechtsprinzip, S. 443 ff; umfangreiche wN bei *Martini*, Der Markt als Instrument hoheitlicher Verteilungslenkung, 2008, S. 196 f.

60 *Leisner*, Effizienz als Rechtsprinzip, 1971, S. 59.

61 Eingeführt wurde die „auction" in den USA durch eine Ergänzung des Communications Act von 1934 im Jahr 1993 (47 U.S.C. § 309j). Den Ausgangspunkt bildete jedoch ein Aufsatz aus dem Jahr 1951 von *Leo Herzel*, damals Jura-Student und später Professor, der für das seinerzeit den Supreme Court beschäftigende Problem, ob man Farbfernsehen einführen sollte, eine Versteigerung der entsprechenden Frequenzbänder vorschlug, s. *Herzel*, Public Interest and the Market in Color Television Regulation, U. Chi. L. Rev. 18 (1951), 802; außerdem *Coase*, The Federal Communications Commission, J. Law & Econ. 2 (1959), 1. Zur weiteren Entwicklung vgl *Herzel*, My 1951 Color Television Article, J. Law & Econ. 41 (1998), 523. Diesen Überlegungen lag ein ökonomisches Konzept der Eigentumsfähigkeit von Frequenzspektren zugrunde, das sich bis in die 20er Jahre zurückverfolgen lässt, s. *Hazlett*, The Rationality of U.S. Regulation of the Broadcast Spectrum, J. Law & Econ. 33 (1990), 133. Politisch setzte es sich unter *Ronald Reagan* durch, vgl *Fowler*, A Marketplace Approach to Broadcast Regulation, Tex. L. Rev. 60 (1982), 207; zu aktuellen Ansätzen *Spiller/Cardilli*, Towards a Property Rights Approach to Communications Spectrum, Yale J. on RegG. 16 (1999), 53; ablehnend *De Vany*, Implementing a Market-Based Spectrum Policy, J. Law & Econ. 41 (1998), 627.

62 *Tettinger*, in: Tettinger/Wank, GewO, Einl Rn 3; ähnlich *Frotscher/Kramer*, Rn 3 f.

63 Dies gilt in weitem Umfang auch noch für die universitäre Schwerpunktausbildung; s. etwa den Überblick bei *Ziekow*, § 1 Rn 3; *Rolfs/Rossi-Wilberg*, JuS 2007, 297 ff.

tungsrechts ist die Gewerbeordnung (**GewO**). Wichtige Materien finden sich in Sondergesetzen (sog. **Gewerbenebenrecht**), von denen vor allem das Handwerks- und das Gaststättenrecht zum Prüfungsstoff im Wirtschaftsverwaltungsrecht gehören. Mit der Bezeichnung als „Öffentliches Wirtschaftsrecht" wird einerseits die Selbstverständlichkeit zum Ausdruck gebracht, dass jenseits der verwaltungsrechtlichen auch verfassungs- und unionsrechtliche Fragestellungen einbezogen werden[64]. Andererseits kann dieser Begriff aber auch dafür stehen, dass der klassische („wirtschaftsverwaltungsrechtliche") Kanon von Gewerbe-, Gaststätten- und Handwerksrecht um weitere Bereiche erweitert wird. Insoweit hat sich mittlerweile jedenfalls **in der Lehrbuchliteratur zum öffentlichen Wirtschaftsrecht wieder ein weitgehend einheitlicher Fächerkanon** herausgebildet. Neben die genannten, klassischen Gebiete traten das Recht der öffentlichen Unternehmen bzw das öffentliche Wettbewerbsrecht sowie das Vergaberecht als Rechtsgebiete, die sich mit der Teilnahme des Staates am Wirtschaftsleben als Anbieter bzw Nachfrager von Leistungen beschäftigen, das Subventions- und Beihilferecht als spezifische Form des Eingriffes in den Wirtschaftsverkehr und – dies freilich mit unterschiedlicher Schwerpunktsetzung – das sog. Regulierungsrecht, insbesondere das Telekommunikations- und/oder Energiewirtschaftsrecht.

Die Begrifflichkeiten, mittels derer man die komplexe Rechtsmaterie des öffentlichen   **21** Wirtschaftsrechts zu ordnen versucht, ist demgegenüber schillernd. Dies hängt zum einen damit zusammen, dass die Begrifflichkeiten das jeweilige politische und ökonomische Vorverständnis reflektieren, zum anderen aber auch die Typisierung und Kategorisierung eines Rechtsgebietes leisten sollen, das sich angesichts seiner **Heterogenität und Dynamik** einer Typisierung zu entziehen scheint oder diese jedenfalls nur auf hohem Abstraktionsniveau ermöglicht. Umso vorsichtiger muss man sein, wenn aus Begriffsbildungen und Kategorisierungen praktische Folgerungen abgeleitet werden sollen. Besonders deutlich zeigt sich diese Problematik am Begriff der „Regulierung" (s. unten Rn 23).

2. Wirtschaftsaufsicht und Wirtschaftsregulierung

Ein genauso zentraler wie umstrittener Begriff des öffentlichen Wirtschaftsrechts ist   **22** derjenige der Wirtschaftsaufsicht. Sucht man nach den **zentralen Merkmalen der Wirtschaftsaufsicht**[65], so handelt es sich um **Verwaltungstätigkeit**[66] **zur Überwachung der für die selbstverantwortliche Teilnahme am privatrechtlichen Wirtschaftsverkehr geschaffenen Rechtsregeln**. Außer von Gewerbeaufsicht spricht man insbesondere von Banken-, Versicherungs- und Kapitalmarkt*aufsicht*, s. § 2 FinDAG. Schon diese Bereiche zeigen, dass der Begriff keineswegs homogen verwandt

---

64 S. zu den unterschiedlichen Terminologien auch *Frotscher/Kramer*, Rn 5 mwN.
65 Zum Folgenden ausführlich *Hecker*, Marktoptimierende Wirtschaftsaufsicht, 2007, S. 13 ff.
66 Anders, für eine Einbeziehung auch der Setzung verbindlicher Maßstäbe durch die Gerichte *Bullinger*, VVDStRL 22 (2965), 297 f; *Berringer*, Regulierung als Erscheinungsform der Wirtschaftsaufsicht, 2004, S. 3; zur Kritik *Hecker*, Marktoptimierende Wirtschaftsaufsicht, 2007, S. 13 f; *Gröschner*, Das Überwachungsrechtsverhältnis, 1992, S. 207.

wird und damit offen genug ist, um als **formaler Oberbegriff** für verschiedene, aber eben nicht überzeugend voneinander abgrenzbare Erscheinungsformen staatlicher Einflussnahme auf die Wirtschaft zu fungieren, der auch die vermeintlich modernen Erscheinungsformen umfasst.

Soweit man sich in der Literatur gegen den Aufsichtsbegriff ausspricht und diesen vor allem durch den Begriff der **Wirtschaftsüberwachung** ersetzt, so will man auf die Unterscheidung von der dem Innenbereich des Staates zuzuordnenden Rechts- und Fachaufsicht hinweisen[67] oder aber sich von der Tradition des wohlfahrtsstaatlichen Etatismus, aus dem der Aufsichtsbegriff stammt, abgrenzen[68]. In der Sache ist mit einem solchen Austausch der Begrifflichkeiten allerdings nicht viel gewonnen. Der Begriff der **Wirtschaftslenkung** indiziert mit deutlich unterschiedlichen Schwerpunkten eine stärker intervenistische oder aktiv gestaltende Einflussnahme wie man sie etwa im Energiewirtschaftsrecht, Telekommunikationsrecht, aber auch im Recht der Banken- und Versicherungsaufsicht findet[69]. Eine solche Abgrenzung ist aber weder trennscharf möglich noch lassen sich die beispielhaft genannten Teilbereiche einheitlich klassifizieren, stehen doch klassisch aufsichtsrechtliche und lenkende Erscheinungsformen häufig innerhalb eines Rechtsgebietes nebeneinander. Zum Teil bezieht sich der Begriff aber auch auf den Zusammenhang mit dem allgemeinen Verwaltungsrecht, wenn beispielsweise gefordert wird, die klassische Ordnungs- und Leistungsverwaltung um einen dritten Typus der „lenkenden" oder „vermittelnden Verwaltung" zu ergänzen[70]. Insoweit interpretiert man Regulierungsrecht als „moderne Form indirekter staatlicher Steuerung"[71], obwohl viele Varianten von Regulierung mit sehr direkten (und intensiven) staatlichen Eingriffen verbunden sind.

23 Neben diese Aufsichtsfunktion tritt klassischerweise die Aufgabe der **Daseinsvorsorge** (s. dazu und den „Dienstleistungen von allgemeinem wirtschaftlichen Interesse" unten Rn 736 ff), die traditionell jedenfalls in Deutschland (und den meisten europäischen Staaten) vor allem durch staatliche Monopole erbracht wurde[72]. Insoweit vollzog sich – besonders deutlich im Telekommunikationsrecht – ein **Paradigmenwechsel**. Infolge der Privatisierung der staatlichen Monopole wurde die staatliche Leistungserbringung ersetzt durch eine besondere, verfassungsrechtlich verankerte **Gewährleistungs- oder Infrastrukturverantwortung** des Staates[73]. Gleichzeitig wurde der Staat vom Leistungserbringer zur Regulierungsinstanz[74], im öffentlichen

---

67 *Schliesky* S. 122: Aufsicht als staatsinterne Kontrolle, Wirtschaftsüberwachung „gegenüber solchen Subjekten […], die eine (gewisse) gesellschaftliche und individuelle Freiheit vom Staat aufweisen.

68 So insbesondere *Gröschner*, Das Überwachungsrechtsverhältnis, 1992, S. 46 ff, 126.

69 *Scholz*, Wirtschaftsaufsicht und subjektiver Konkurrentenschutz, 1971, S. 21; *Tettinger*, Rechtsanwendung und gerichtliche Kontrolle im Wirtschaftsverwaltungsrecht, S. 252; s. auch mwN *Hecker*, Marktoptimierende Staatsaufsicht, 2007, S. 23 ff.

70 Dafür insbesondere *Schmidt-Aßmann*, Das Allgemeine Verwaltungsrecht als Ordnungsidee, 2. Aufl. 2006, Kap. 3 Rn 103 ff mwN.

71 *Bulla*, in: Schmidt/Vollmöller, § 11 Rn 5; *Bullinger*, DVBl 2003, 1355 (1357); *Masing*, DV 2003, 1 ff.

72 Dazu, dass dies häufig nicht in der Form öffentlicher Anstalten, sondern durch privatrechtliche Formen erfolgte, die sich mit dem Verwaltungsrecht Otto Mayers nur bedingt erklären ließen, s. *Rüfner*, Formen öffentlicher Verwaltung im Bereich der Wirtschaft, 1967, S. 105 ff.

73 Ausführlich *Hermes*, Staatliche Infrastrukturverantwortung, 1998, S. 336 ff; *Voßkuhle*, VVDStRL 62 (2003), 266, 307 ff.

74 Schon seit Anfang des 20. Jahrhunderts tauchten in der Diskussion um die Regulierung des Energiemarktes die beiden Alternativen staatliches Monopol oder staatliche Aufsicht auf, s. *Hermes*, Staatliche Infrastrukturverantwortung, 1998, S. 300 ff.

Wirtschaftsrecht tauchte der Begriff des **Regulierungsrechts**[75] auf. Für die klassische ökonomische Theorie umfasst Regulierung alle hoheitlichen Eingriffe in die Gewerbe- und Vertragsfreiheit, die nicht allein der Durchsetzung allgemein gültiger Spielregeln gelten[76]. Im juristischen Kontext tauchte der Regelungsbegriff in Deutschland erstmals im **Telekommunikationsrecht** auf und wurde damit zu einem in seiner Bedeutung freilich häufig überschätzten Rechtsbegriff[77]. Regulierung im Rechtssinn lässt sich als Verhaltenssteuerung von Wirtschaftssubjekten durch hoheitliche Ge- und Verbote – normativ oder im Einzelfall – insbesondere zur Sicherung von Gemeinwohlerfordernissen – des unverfälschten und funktionsfähigen Wettbewerbs sowie angemessener Leistungsbedingungen – verstehen[78]. Das Regulierungs(verwaltungs)-recht ist jedenfalls **Bestandteil des öffentlichen Wirtschaftsrechts bzw Wirtschaftsverwaltungsrechts**. Zu klären bleibt das Verhältnis zu dem oben als formalem Oberbegriff definierten Terminus der Wirtschaftsaufsicht. Teilweise sieht man in der Regulierung eine Form der eher indirekten Steuerung[79] oder ein Mittel zur Erreichung gesetzlich vorgegebener Zwecksetzungen[80], typischerweise der Beeinflussung der Marktstruktur sowie des Verhaltens der Wettbewerber am Markt[81]. Selbst wenn es solche Unterschiede gibt, machen sie den Begriff des Regulierungsrechts nicht zu einem Systembegriff. Seine primäre Aufgabe besteht in der staatlichen Aufsicht über die privaten Leistungserbringer. Regulierungsrecht ist damit eine **Erscheinungsform des Wirtschaftsaufsichtsrechts**[82].

---

75 Vgl zusammenfassend *Ruthig*, in Arndt/Fetzer/Scherer, TKG § 2 Rn 5 ff; umfassend Fehling/Ruffert, Regulierungsrecht; aus der Anfangszeit der Diskussion exemplarisch *Bullinger*, DVBl 2003, 1355; *v. Danwitz*, DÖV 2004, 977; *Ladeur*, K&R 1998, 479; *Masing*, AöR 128 (2003), 558; *Ruffert*, AöR 124 (1999), 237; *Trute*, FS Brohm (2002), 169. Umfassend *Hermes*, Staatliche Infrastrukturverwaltung, 1998; *Kühling*, Sektorspezifische Regulierung in den Netzwirtschaften, 2004; *Masing*, Soll das Recht der Regulierungsverwaltung übergreifend geregelt werden?, Verhandlungen des 66. Deutschen Juristentages, 2006, Bd. I, Gutachten D 9 ff. Zum 66. DJT auch *Burgi*, NJW 2006, 2439; *Storr*, DVBl 2006, 1017. Von diesem (juristisch-dogmatischen) Begriff zu unterscheiden ist der verwaltungswissenschaftliche Regulierungsbegriff, der sich um die Differenzierung unterschiedlicher Regulierungsformen bemüht, s. dazu *Ziekow*, § 13 Rn 6; ausf *Schuppert*, Verwaltungswissenschaft, 2000, S. 902.

76 Dazu *Leschke*, in: Fehling/Ruffert, Regulierungsrecht § 6 Rn 18.

77 § 3 Nr 13 TKG 1996 definierte den Begriff wie folgt: „Im Sinne dieses Gesetzes ... sind ‚Regulierung‘ die Maßnahmen, die zur Erreichung der in § 2 Abs. 2 genannten Ziele ergriffen werden und durch die das Verhalten von Telekommunikationsunternehmen beim Angebot von Telekommunikationsdienstleistungen, von Endeinrichtungen oder von Funkanlagen geregelt werden, sowie die Maßnahmen, die zur Sicherstellung einer effizienten und störungsfreien Nutzung von Frequenzen ergriffen werden“. Das TKG 2004 verzichtet allerdings auf eine Definition, verwendet den Begriff aber weiter, s. § 2 Abs. 1 TKG, § 1 PostG und § 1 Abs. 2 EnWG.

78 Auch aus der Sicht der neueren ökonomischen Theorie wird staatliche „Regulierung" keinesfalls mehr nur als Eingriff in den Markt verstanden, sondern ganz stark in seiner „Gewährleistungsfunktion" gesehen. Recht behindert also nicht das freie Spiel der Kräfte, es hilft auch nicht nur bei der Bekämpfung von Marktversagen (insbes Monopole oder Kartelle, aber auch mangelnde Transparenz), es gibt also ohne den rechtlichen Rahmen auch keinen (funktionierenden) Markt.

79 *Bulla*, in: Schmidt/Vollmöller, § 11 Rn 5; *Bullinger*, DVBl 2003, 1355; nach *Masing*, DV 36 (2003), 1 bringt dies bereits die Wortwahl – regulieren statt regeln – zum Ausdruck.

80 Dazu *Bullinger*, DVBl 2003, 1355, 1358 f; *von Danwitz*, DVBl 2004, 977, 981 f.

81 *Trute*, FS Brohm (2002), 169, 171. Von Struktursteuerung spricht *Hoffmann-Riem*, in: Hoffmann-Riem/Schmidt-Aßmann/Voßkuhle, Grundlagen § 33 Rn 94.

82 Ebenso *Ziekow*, § 5 Rn 6. Kritisch wird diese Entwicklung von zivil- bzw kartellrechtlicher Seite betrachtet; besonders deutlich die Kritik bei *Rittner/Dreher*, § 29 Rn 19: „eine fast ausschließlich von verwaltungsrechtlicher Seite betriebene Entwicklung".

Wirtschaftsregulierung in diesem Sinne überschneidet sich mit dem Begriff der Wirtschaftslenkung[83], soll sich aber insbesondere dadurch auszeichnen, dass „neuartige Aufgaben der Regulierung … mit zum Teil neuartigen"[84] und vor allem marktkonformen[85] Instrumenten bewältigt werden. Andererseits sei „der Begriff der Regulierung wie dessen Stellung im System des allgemeinen Verwaltungsrechts alles andere als klar"[86] bzw eine abschließende Definition nicht möglich[87]. Die weit verbreitete Charakterisierung als **Privatisierungsfolgenrecht**[88] war allenfalls für das deutsche Telekommunikationsrecht zutreffend, da es sich erst nach dem Abbau des staatlichen Monopols entwickelt hat. Diese Entwicklung fand aber etwa im Bereich der Energiewirtschaft so nie statt, so dass Regulierungsrecht keinesfalls notwendigerweise die Folge einer Privatisierung sein muss[89]. Erst recht ist es **kein Übergangsrecht**, das sich mit dem Herstellen von Wettbewerb sozusagen selbst überflüssig macht. Ganz im Gegenteil, je besser Wettbewerb funktioniert oder erkennbar wird, dass er – wie im Energiewirtschaftsrecht – ohne staatlichen Eingriff gerade nicht funktioniert, desto mehr **treten die „klassischen" Funktionen der Wirtschaftsaufsicht in den Vordergrund**[90]. Auch die Charakterisierung als **sektorspezifisches Wettbewerbs- bzw Kartellrecht** greift zu kurz, da trotz teilweise gleicher Ziele (Schaffung von Wettbewerb) das Instrumentarium erheblich divergiert[91]: Auf kartellrechtlicher Grundlage können Markteingriffe außer in der Fusionskontrolle nur nachträglich und bei nachgewiesenen Verstößen gegen bestimmte Verhaltenspflichten erfolgen, während das Wirtschaftsverwaltungsrecht primär der präventiven Kontrolle dient. Damit handelt es sich letztlich nicht so sehr um einen klar konturierten Rechtsbegriff als aus Sicht der modernen Verwaltungsrechtswissenschaft um einen „Kompass für die dogmatische Systembildung und Analyse"[92]. Aus historischem Blickwinkel zeigen sich erstaunliche Parallelen zur Entwicklung Anfang des 20. Jahrhunderts. Zwar systematisierend, aber eben außerhalb des herkömmlichen Systems der Unterscheidung von öffentlichem und Zivilrecht entwickelte Lehmann sein „Industrierecht", was verschiedenartige Rechtsmaterien unter diesem Oberbegriff zusammenfasst. Die meisten Zeitgenossen sahen es jedoch als temporäres und (als Antwort auf die Industrialisierung) zeitbedingtes Phänomen[93] an. Staatliche Eingriffe in die Wirtschaft konzentrierten sich aber von Anfang an auf die hier unter dem Begriff des Regulierungs-

---

83   Zu diesem Zusammenhang *Kühling*, Sektorspezifische Regulierung in den Netzwirtschaften, 2004, S. 15.
84   *Hoffmann-Riem*, in: Hoffmann-Riem/Schmidt-Aßmann/Voßkuhle, Grundlagen § 33 Rn 94.
85   *Bulla*, in: Schmidt/Vollmöller, § 11 Rn 5.
86   S. beispielhaft *Trute*, FS Brohm (2002), 169, 169 f.
87   Vgl *Storr*, DVBl 2006, 1017, 1017; *Voßkuhle*, VVDStRL 62 (2003), 266, 304.
88   Zu diesem Zusammenhang aber insbesondere *Bullinger*, DVBl 2003, 1355, 1357; *Ruffert*, AöR 124 (1999), 237, 246; *Stober*, FS Scholz (2007), 942; *Trute*, FS Brohm (2002), 169, 171; *Weiss*, Privatisierung und Staatsaufgaben, 2002, S. 303 f.
89   Dass aber auch für die Entwicklung des Telekommunikationsrechts dieser Zusammenhang nicht systembildend wirkt, zeigt die Entwicklung in den USA, wo ein Kartellgericht und nicht der Gesetzgeber den entscheidenden ersten Schritt zur Zerschlagung des außerdem privaten Monopols einleitete. Konsequent daher die Einbeziehung auch solcher Sektoren, in denen schon immer ein hoher Anteil an privater Leistungserbringung zu beobachten war und die stärkere Betonung der Gewährleistungsverantwortung bei *Britz*, DV 2004, 145, 141 ff.
90   Ebenso *Stober*, BT, S. 184.
91   S. auch *Schmidt-Aßmann*, Das allgemeine Verwaltungsrecht als Ordnungsidee, 2. Aufl. 2006, Kap. 3 Rn 48 ff. Zum Verhältnis von Regulierungs- und Kartellrecht am Beispiel des § 2 Abs. 3 TKG s. *Ruthig*, in: Arndt/Fetzer/Scherer, TKG, § 2 Rn 15 ff. S. aber auch zu Konvergenzen in umgekehrter Richtung und der Notwendigkeit einer stärkeren verwaltungs- und verwaltungsprozessrechtlichen Durchdringung des Kartellrechts *K. Schmidt*, FS Selmer (2004), 499.
92   *Fehling*, Regulierung als Staatsaufgabe im Gewährleistungsstaat Deutschland, in: Hill (Hrsg.), Die Zukunft des öffentlichen Sektors, 2006, S. 91.
93   S. dazu *Rittner/Dreher*, § 1 Rn 4: „Das herkömmliche System hatte in den Augen der meisten Zeitgenossen einen fast überzeitlichen Rang erlangt. Alles, was nicht hineinpasste, sahen sie daher leicht als zeitbedingt, als vorübergehendes Phänomen an". Zur Entwicklung des „Industrierechts" *Lehmann*, FS Zitelmann (1913), 1.

rechts zusammengefassten Materien. Auch die **Deutung des Regulierungsrechts als „Instrument politisch-gestaltender Wirtschaftslenkung"**[94] wiederholt allerdings nur die genauso wenig ergiebige kartellrechtliche Diskussion der 1960er-Jahre[95] und letztlich die Diskussion um die „Wirtschaftsverfassung des GG" (s. bereits Rn 3 ff).

Die **Wurzeln der aktuellen Regulierungsdiskussion** liegen im US-amerikanischen **24** Verwaltungsrecht[96] und dem dortigen, vor allem in den 1960er Jahren entwickelten **Konzept der „regulated industries"**, das zunächst das Telekommunikationsrecht beeinflusste[97]. Von dort stammt insbesondere das für das europäisierte Regulierungsrecht typische[98] Grundmodell der unabhängigen Regulierungsbehörde *(independent agency)*[99]. Gerade die Rechtsvergleichung kann helfen, **den „Mythos Regulierungsrecht" zu entzaubern**[100]. Nach amerikanischem Verständnis bedeutet *regulation* schlichtweg Regelung, ist also nicht mit der (vermeintlichen) Dichotomie von Regelung und Regulierung verbunden, wie sie im deutschen Verständnis teilweise behauptet wird[101]. Die weitreichende Autonomie der Verwaltungsbehörden genauso wie die besondere Betonung des Verwaltungsverfahrens sind kein Spezifikum der „regulated industries", sondern Grundentscheidungen des amerikanischen (allgemeinen) Verwaltungsrechts, als dessen Referenzgebiet insbesondere das Telekommunikationsrecht denn auch verstanden wird[102].

Trotz aller Begriffsunsicherheiten herrscht weitgehend **Einigkeit über den Gegen-** **25** **stand des Regulierungsrechts**. Zusammengefasst werden unter diesem Begriff mindestens die Bereiche, für die die Bundesnetzagentur zuständig ist, dh neben dem Telekommunikationsrecht, an dem man den juristischen Begriff des Regulierungsrechts zunächst zu entwickeln versuchte, auch das Energiewirtschafts- und das Eisenbahn- und Postrecht[103]. Aus diesem Blickwinkel scheint naheliegend, von Netzregulierung zu sprechen[104]. Zunehmend wird aber dieses Verständnis als zu eng erachtet. Aus ökonomischer Sicht, aber auch von denjenigen Autoren, die von Wirtschaftslenkung spre-

---

94   Dagegen mit Recht *v. Danwitz*, DÖV 2004, 977, 982.
95   Vgl insbes *Bullinger*, VVDStRL 22 (1965), 264, 293 ff und die Zusammenfassung bei *v. Danwitz*, DÖV 2004, 977, 982.
96   Umfassend *Lepsius*, in: Fehling/Ruffert, § 1 insbesondere auch zu den Anfängen im 19. Jahrhundert. Zur für das aktuelle Regulierungsrecht maßgeblichen „dritten Phase" aaO Rn 85 ff.
97   S. zu den Parallelen beispielhaft *Eisenblätter*, Regulierung in der Telekommunikation, 2000, S. 152 ff; *Ladeur*, K&R 1998, 479; *Masing*, AöR 128 (2003), 558; *Trute*, FS Brohm (2002), 169, 170. Vor allem *v. Danwitz*, DÖV 2004, 977, 978 meint allerdings, dass dem deutschen Regulierungsrecht ein „ausdrückliches Bekenntnis zur Regulierungskonzeption des amerikanischen Rechts ebenso wenig wie eine sachliche Übernahme ihrer wesensbestimmenden Schlüsselelemente" zugrunde liege.
98   Dazu, dass dies aber keine zwingende Notwendigkeit darstellt *Fehling*, in: Hill (Hrsg.), Die Zukunft des öffentlichen Sektors, 2006, S. 91, 106; *Ziekow*, § 13 Rn 12.
99   *Eisenblätter*, Regulierung in der Telekommunikation, 2000, 151 ff; *Ruthig*, Verhandlungslösungen im Verwaltungsrecht der Vereinigten Staaten, in: Riedel (Hrsg.), Die Bedeutung von Verhandlungslösungen im Verwaltungsverfahren, 2001, 152, 164 ff; *Schladebach/Schönrock*, VerwArch. 2002, 100, 127 f.
100 Dem zustimmend *Ziekow*, § 13 Rn 1 (zur 1. Aufl. Rn 384).
101 Ebenso *Masing*, Die Verwaltung 2003, 1, 2.
102 In der Lehrbuchliteratur grundlegend von *Breyer/Stewart/Sunstein/Spitzer*, Administrative Law and Regulatory Policy, 6. Aufl. 2006, S. 77 ff; s. auch *Breger/Edles*, Adm. L. Rev. 52 (2000), 1111; *Strauss*, Colum. L. Rev. 84 (1994), 573.
103 Zu dessen Entwicklung als „staatliches Unternehmen" s. unten Rn 673, 705.
104 S. insbesondere *Kühling*, Sektorspezifische Regulierung in den Netzwirtschaften, 2004.

chen, wird die Aufsicht über Finanzdienstleistungen einbezogen[105]; auch das Börsenrecht spricht seit 2007 vom „regulierten Markt". Angesichts der Lissabon-Strategie (s. bereits Rn 17) ist es daher auch kein Zufall, dass es sich gleichermaßen um die zentralen Bereiche des europäisierten Wirtschaftsrechts handelt. Was die wirkliche Bedeutung eines Regulierungsrechts ausmacht, wird sich nicht am Begriff, sondern erst anhand der Strukturen ermitteln lassen (s. näher Rn 496 ff).

Die Regelungsmuster lassen die gewerberechtlichen Wurzeln erkennen, auch die eingesetzten Handlungsformen sind nicht neu, gilt doch als typisches Instrument des Regulierungsrechts insbesondere der Verwaltungsakt. Allerdings macht das Regulierungsrecht deutlich, dass die **Intensität der Wirtschaftsaufsicht bzw -überwachung** variiert. Sie reicht von der mehr punktuellen gewerberechtlichen Überwachung bis hin zur Ausbildung von „Dauerrechtsverhältnissen", etwa in der Kapitalmarktaufsicht, von der bloßen Pflicht zur Anzeige eines Gewerbes bis zu unterschiedlichen Formen der Genehmigungspflicht, von einer Zuverlässigkeitsprüfung (s. zum Grundmodell der GewO Rn 250 ff) bis hin zu Sachkunde- und Solvabilitätsnachweisen (s. Rn 123, 263, 305). Aus diesem Blickwinkel könnte man die eher punktuelle Wirtschaftsüberwachung und die intensivere, dauerhaft angelegte Regulierungsüberwachung zu unterscheiden versuchen[106] bzw von Wirtschaftsaufsicht mit zusätzlichem Gestaltungsauftrag[107] sprechen. Bei näherer Hinsicht zeigt sich jedoch, dass selbst innerhalb der regulierten Bereiche – insbesondere im Bereich der Regulierung des Marktzutritts – unterschiedlich intensive Formen der Wirtschaftsaufsicht nebeneinander bestehen (s. unten Rn 511, 532 ff). Anderseits gleichen sich die eingesetzten Instrumente, die sich stark am Vorbild der **GewO als dem Grundmodell staatlicher Wirtschaftsaufsicht** orientieren[108].

26 Insgesamt lassen sich **drei Stufen der Wirtschaftsaufsicht** unterscheiden. Die **intensivste Form** findet sich dort, wo – wie besonders deutlich im Kapitalmarkt- und Versicherungsaufsichtsrecht – die Geschäftätigkeit im Einzelnen behördlich kontrolliert wird, was nach der hier vertretenen Auffassung den zentralen Aspekt des sog. Regulierungsrechts darstellt. Auf der **mittleren Stufe** stehen die „geregelten Berufe" wie das Handwerk, aber beispielsweise auch die Freien Berufe, bei denen allerdings auch die Möglichkeit einer Selbstregulierung durch Kammern im Zentrum steht. Die **geringste Regelungsdichte** findet sich im allgemeinen Gewerberecht, wo sich die Überwachung des nicht genehmigungspflichtigen Gewerbes auf nachträgliche Maßnahmen für den Fall der Unzuverlässigkeit beschränkt (s. Rn 250 ff, 280 ff). An dieser Trias orientiert sich auch das unionale Regelungsregime: Im Bereich der ersten, rege-

---

105 Dem hier schon seit der 1. Aufl. verfolgten Ansatz folgend insbes auch *Ziekow*, § 13 Rn 2. S. außerdem *Schmidt-Aßmann*, Das allgemeine Verwaltungsrecht als Ordnungsidee, 2. Aufl. 2006, Kap. 3 Rn 46; *Junker*, Gewährleistungsaufsicht über Wertpapierdienstleistungsunternehmen, 2003, S. 68 ff; *Pitschas*, FS Scholz (2007), 855. Vgl auch *Fehling*, Liber Amicorum G. Winter (2007), 171 für die Versicherungsaufsicht.

106 Dazu *Ziekow*, § 5 Rn 6; s. auch *Kühling*, Sektorspezifische Regulierung in den Netzwirtschaften, 2004, S. 13 mit Hinweisen auf die wirtschaftswissenschaftlichen Wurzeln dieses Regulierungsbegriffes.

107 So *Fehling*, Regulierung als Staatsaufgabe im Gewährleistungsstand Deutschland, in: Hill (Hrsg.), Die Zukunft des öffentlichen Sektors, 2006, S. 93; ähnlich *Röhl*, JZ 2006, 831 ff.

108 S. nur *Schuppert*, Staatsaufsicht im Wandel, DÖV 1998, 831, 837: „klassische Wirtschaftsaufsicht am Beispiel der Bankenaufsicht". Paradigmatisch auch *Gramlich*, Entwicklung der staatlichen Wirtschaftsaufsicht: Das Telekommunikationsrecht als Modell?, VerwArch. 88 (1997), 598, der seinen Beitrag mit einem Überblick über das Kontrollinstrumentarium der Gewerbeordnung beginnt. TK-rechtlich ist der Beitrag überholt, seit die Novellierung des TKG 2004 die Genehmigungsbedürftigkeit durch eine Anzeigepflicht nach dem Vorbild von § 14 GewO ersetzt hat, s. Rn 537.

lungsintensivsten Stufe erfolgte eine Sachrechtsangleichung auf der Grundlage von Richtlinien, auf der mittleren Ebene favorisiert das Europarecht das Modell der gegenseitigen Anerkennung, (nur) auf der untersten Stufe favorisiert man das Herkunftslandprinzip ohne Rechtsvereinheitlichung[109].

3. Wirtschaftslenkung und Marktteilnahme

Staatliche Marktteilnahme wird traditionell als Ausfluss der **Daseinsvorsorge**[110] verstanden. Diese motiviert sich weniger aus der Gewinnerzielungsabsicht als aus dem Bestreben, bestimmte Leistungen „allen Bürgern gleichmäßig und zu gleichen, billigen Bedingungen zuteil werden" zu lassen[111]. Der Übergang zur fiskalischen Tätigkeit ist freilich fließend[112]. Auch die Abgrenzung zur Wirtschaftsaufsicht hat sich verschoben, nachdem infolge der **Privatisierung** beispielsweise im Bereich der Telekommunikation aus der staatlichen Leistungserbringung eine **Gewährleistungsverantwortung** (s. Rn 23) und Wirtschaftsaufsicht wurde[113]. Insoweit wird also der Aspekt der Daseinsvorsorge keineswegs zurückgedrängt. Auch das Unionsrecht hat vor allem mit den „Dienstleistungen von allgemeinem wirtschaftlichen Interesse" (s. dazu unten Rn 736 ff) diesen Gedanken aufgegriffen; es handelt sich vor allem um solche Dienstleistungen, „die in den Augen des Staates auch dann erbracht werden müssen, wenn der Markt unter Umständen nicht genügend Anreize dafür gibt"[114], also Konstellationen außerökonomischen Marktversagens[115].   **27**

Gleichzeitig wurde immer deutlicher, dass staatliche Leistungen sich durchaus auch als Eingriff „in den Wettbewerb" erweisen oder sogar bewusst als Lenkungsmittel eingesetzt werden können. Als derartige „janusköpfige" Materien lassen sich das **Recht der öffentlichen Unternehmen** (§ 8), das **Subventionsrecht** (§ 9), aber beispielsweise auch das **Recht der Auftragsvergabe** (§ 10) verstehen, das außer seinem Hauptzweck des „günstigen Einkaufs" für den Staat zunehmend dem Schutz von Wirtschaftsteilnehmern[116] dient und sich unter bestimmten Voraussetzungen auch zur   **28**

---

109 Dieses folgt entweder aus der Anwendbarkeit der Dienstleistungsfreiheit oder aus dem Sekundärrecht, etwa der E-CommerceRL, dagegen wurde bei der DienstleistungsRL (s. Rn 68) auf die Einführung des Herkunftslandprinzips verzichtet, vgl *Ziekow*, GewArch. 2007, 179 ff, 217 ff.

110 Zu diesem Konzept näher *Hermes*, Staatliche Infrastrukturverantwortung, 1998, S. 94 ff. Der Begriff geht zurück auf *Forsthoff*, Deutsches Recht 1935, S. 331 ff; *ders.*, Rechtsfragen der leistenden Verwaltung, 1959.

111 Zu dieser Forderung schon *Fleiner*, Institutionen, 8. Aufl. 1928, S. 325. Dieses Ziel prägte die Definition der Daseinsvorsorge bei *Forsthoff*, Verwaltungsrecht I, 1950, S. 264 f; s. auch *ders.*, Rechtsfragen der leistenden Verwaltung, 1959, S. 12. S. zum Konzept der Daseinsvorsorge ausf *Hermes*, Staatliche Infrastrukturverantwortung, 1998, S. 94 ff.

112 S. schon zu den Abgrenzungsschwierigkeiten zwischen Verwaltungsprivatrecht und fiskalischem Handeln am Beispiel der Auftragsvergabe *Ruthig*, NZBau 2005, 497, 498 f.

113 S. beispielhaft zu diesem Rückzug des Staates aus der Erfüllungsverantwortung *Berringer*, Regulierung als Erscheinungsform der Wirtschaftsaufsicht, 2004, S. 70 ff; s. auch *Hermes*, Staatliche Infrastrukturverantwortung, 1998, S. 337; *Kämmerer*, NVwZ 2004, 28.

114 S. die Mitteilung der Kommission vom 20.9.2000, KOM (2000) 580 eng., ABl. EG 2001 Nr C 17 S. 7.

115 S. *Berringer*, Regulierung als Erscheinungsform der Wirtschaftsaufsicht, S. 70.

116 S. näher unter Rn 1027 ff; ausführlich zur Rechtslage außerhalb des europäischen Vergaberechts *Ruthig*, NZBau 2005, 497, 501 f mwN.

Durchführung von Sekundärzwecken, etwa der Mittelstandsförderung einsetzen lässt (s. dazu ausf unten Rn 1059 ff). Dadurch formt es einen wichtigen Teilbereich des privatrechtsförmigen Handelns um und ergänzt gleichzeitig das Spektrum der klassischen Verwaltungsverfahren[117].

4. Öffentliches und privates Wirtschaftsrecht

29 Das öffentliche Wirtschaftsrecht steht selbstständig neben dem privaten Wirtschaftsrecht, ohne dass die Abgrenzung in allen Fällen eindeutig möglich ist[118]. Wenn dennoch auch in der juristischen Ausbildung „Wirtschaftsrecht" nicht mehr ein einheitliches Prüfungsfach ist, ist das kein Rückfall „hinter den Stand am Anfang der Weimarer" Zeit[119], sondern Ausdruck einer Arbeitsteilung, die im deutschen Recht über den Rechtsweg entscheidet, aber vor allem dadurch begründet ist, dass das öffentliche Recht über eigene Organisations- und Handlungsformen verfügt und insbesondere mit den Grundrechten auch verfassungsrechtlichen Bindungen unterliegt, die für Private nicht in der gleichen Weise gelten. Zur Abgrenzung von öffentlichem und privatem Wirtschaftsrecht kann die sog. **modifizierte Subjektstheorie** herangezogen werden. Danach kommt es darauf an, ob die anzuwendenden Normen den Staat einseitig berechtigen oder verpflichten[120]. Dies ist insbesondere dann der Fall, wenn **Behörden** zur Überwachung der Einhaltung der Normen und deren Durchsetzung eingesetzt sind.

30 Die dogmatisch bedeutsame **Trennung zwischen privatem und öffentlichem Wirtschaftsrecht** wird **in einzelnen Gesetzen verwischt.** So enthalten vor allem die kapitalmarktrechtlichen Gesetze sowohl öffentlichrechtliche wie zivilrechtliche Vorschriften[121]; ebenfalls zivilrechtlich sind die Verbraucherschutzvorschriften des TKG. Diese vermögen allerdings den Charakter des Regulierungsrechts insgesamt nicht zu verändern. Strukturbildend sind die staatlichen Aufsichtsbehörden und ihr – öffentlichrechtliches – Handlungsinstrumentarium. Dies gilt umso mehr als die aktuelle Entwicklung sogar durch eine Ausweitung staatlicher Aufsicht gekennzeichnet ist. Gerade wenn man sich die regulierten Wirtschaftszweige in ihrer Gesamtheit betrachtet, lässt sich ein häufig als **„Re-Regulierung"** bezeichnetes Phänomen beobachten. Das Vertrauen in die Selbstregulierung des Marktes und der (allein) kartellrechtlichen Aufsicht ist ein allenfalls temporäres. Sofern nicht – wie im Telekommunikationsrecht – von Anfang an eine staatliche Regulierungsbehörde eingeschaltet wird, erfolgt dieser Schritt jedenfalls aufgrund der Erfahrungen mit kooperativen Strukturen und kartellrechtlicher Kontrolle (s. zum Energiewirtschaftsrecht Rn 499). Damit ist im Regulierungsrecht auch, „aber doch nicht nur eine **Rückkehr zur Gefahrenabwehr und dem alten Modell der Gewerbeordnung**"[122] zu beobachten.

---

117 S. auch *Schmidt-Aßmann*, Das allgemeine Verwaltungsrecht als Ordnungsidee, 2. Aufl. 2006, Kap. 3 Rn 46 ff.
118 Vgl dazu. *Ziekow*, § 3 Rn 1 ff.
119 So aber *Rittner/Dreher*, § 1 Rn 39.
120 *Schenke*, Verwaltungsprozessrecht, Rn 104.
121 S. auch *Bröcker*, in: Claussen, Bank- und Börsenrecht § 6 Rn 2.
122 *Masing*, Die Verwaltung 2003, 1, 31. Zur Funktion des Gewerberechts als „Wirtschaftsüberwachungsrecht" s. *Tettinger/Wank*, GewO, Einleitung, Rn 4.

Diese im öffentlichrechtlichen Schrifttum wohl einhellige Qualifikation des Regulierungsrechts als Teil des öffentlichen Wirtschaftsrechts wird von den Wettbewerbsrechtlern nicht uneingeschränkt geteilt. So werden von *Säcker*[123] die „privatrechtlichen Grundlagen der Netzinfrastrukturregulierung" betont, ohne dass allerdings aus diesem Ansatz Konsequenzen gezogen werden: An dieser Dominanz öffentlicher Strukturen scheitert letztlich auch der Versuch einen „Allgemeinen Teil des Besonderen Wirtschaftsrechts" zu entwickeln und diesen dem allgemeinen Wirtschaftsrecht gegenüber zu stellen[124], ohne das Verhältnis zum Wirtschaftsverwaltungsrecht bzw öffentlichen Wirtschaftsrecht und insbesondere dem (allgemeinen) Gewerberecht zu bestimmen. Zumindest missverständlich war die Bezeichnung der telekommunikationsrechtlichen Vorschriften als „sektorspezifische Regelungen als Ergänzung zum allgemeinen Wettbewerbsrecht"[125]. Dies darf angesichts der unterschiedlichen Instrumentarien nicht den Eindruck erwecken, dass das Telekommunikationsrecht bereichsspezifisch konkretisiertes, sozusagen besonderes Kartellrecht wäre.

Zu einer **Verzahnung zwischen dem öffentlichen und privaten Wirtschaftsrecht**   **31** kommt es bei der Frage, inwieweit der **Verstoß eines Privaten gegen öffentlichrechtliche Vorschriften zugleich einen Verstoß gegen das UWG** darstellen kann. Davon zu unterscheiden ist die später behandelte Problematik, inwieweit das UWG einer **staatlichen Teilnahme am Wettbewerb** Grenzen setzt (s. Rn 712). Aus dem Schutzzweck des UWG folgt, dass ein Normverstoß des Privaten nur dann wettbewerbsrechtlich als unlauter zu qualifizieren ist, wenn die Vorschrift zumindest auch zur **Regelung des Marktverhaltens** dient und so gleiche Voraussetzungen für die Wettbewerber schaffen soll[126]. Für die Klage eines Konkurrenten, der sich darauf beruft, dass ein (privater) Wirtschaftsteilnehmer öffentlichrechtliche Vorschriften verletzt hat, sind daher die Zivilgerichte zuständig, die vorfrageweise auch über die öffentlichrechtlichen Fragen entscheiden. Bedeutung erlangen in diesem Zusammenhang ua die Vorschriften der Handwerksordnung (Fall 2, Rn 2, 32), Bestimmungen des Jugendschutzes[127], des Ladenschlusses[128] und Nichtraucherschutzes, aber auch **produktbezogene Vorschriften** wie die Versandhandelsverbote für Arzneimittel[129]. Im Kontext der **staatlichen Auftragsvergabe** erlangen die privatrechtlichen Unterlassungsansprüche nach dem UWG gegen den Konkurrenten dagegen nur in den Fällen Bedeutung, in denen der rechtsschutzsuchende Anbieter positive Kenntnis von der wettbewerbswidrigen Angebotsgestaltung des Konkurrenten hat. Ist dies tatsächlich einmal der Fall, bietet ein Vorgehen gegen den öffentlichen Auftraggeber in der Regel effektiveren Rechtsschutz, da auf diese Weise nicht nur das

---

123 *Säcker*, in: Säcker, TKG, Einl I Rn 4 ff.
124 Für einen solchen allerdings *Rittner/Dreher*, § 29 Rn 10 ff. Von diesen wird zwischen Wirtschaftsrecht und Wirtschaftsverwaltungsrecht unterschieden, dh den „mehr oder weniger weitgehenden gewerberechtlichen Bestimmungen zur Abwehr spezieller Gefahren".
125 BT-Drucks. 13/3609, S. 34.
126 Zum UWG aF BGH, NJW 1993, 1010; NJW 2000, 3351; verneint beispielsweise bzgl Aufstellen eines Kfz-Anhängers mit Werbeschildern ohne Sondernutzungserlaubnis BGH, GewArch. 06, 496; auch die Zuwiderhandlung gegen eine verfassungs- und gemeinschaftsrechtswidrige Marktverhaltensregelung stellt keine unlautere Wettbewerbshandlung iSv §§ 3, 4 Nr 11 UWG dar, BGH v. 14.2.2008, Az. I ZR 207/05.
127 Siehe hierzu bzgl Versand bzw Vertrieb von Bildträgern im Internet: OLG Koblenz, GRUR 2005, 266 f; OLG München, GRUR 2004, 963 f.
128 Siehe dazu BGH, GRUR 1996, 786, 788; GRUR 1995, 601, 603; 1982, 615, 617.
129 Vgl BGH, GRUR 2010, 754 zu Medizinprodukten.

wettbewerbswidrige Handeln des Konkurrenten, sondern die Zuschlagserteilung verhindert werden kann[130].

32 In **Fall 2 (Rn 2)**[131] könnte K vor den Zivilgerichten einen wettbewerbsrechtlichen Unterlassungsanspruch nach §§ 3, 4 Nr 11, 8 Abs. 3 Nr 1 UWG iVm § 1 Abs. 1 HwO geltend machen. Nach § 4 Nr 11 UWG setzt dies voraus, dass die öffentlichrechtlichen Vorschriften der HwO nicht nur als Marktzutrittsregelungen, sondern auch als wettbewerbsbezogene Marktverhaltensregeln gedeutet werden können, was die Rechtsprechung bejaht[132]. Die Vorschriften der HwO stellten bestimmte Qualifikationsanforderungen an den Unternehmer und dienten daher jedenfalls auch dazu, im Interesse der Abnehmer von Handwerksleistungen einen gewissen Qualitäts- und Sicherheitsstandard zu garantieren. Angesichts des verbraucherschützenden Zweckes des Handwerksrechts (vgl zum Paradigmenwechsel der Neuregelung Rn 458 f) ist dem zuzustimmen. Den irreführenden Charakter seiner Werbung wird man aber wohl nur dann annehmen können, wenn die Voraussetzungen einer Eintragung in die Handwerksrolle nicht vorliegen[133]. Ebenso wird man dann nicht von einem Verstoß ausgehen können, wenn die zuständigen Stellen bzw auch der Bund-Länder-Ausschuss Gewerberecht in ihrer Auslegung divergieren[134]. Wer mit Leistungen wirbt, die Handwerksbetrieben vorbehalten sind, selbst aber nicht in die Handwerksrolle eingetragen ist, handelt außerdem unlauter iSd §§ 3, 5 Abs. 1 S. 2 Nr 3 UWG[135]. Ähnliche Grundsätze gelten für die Genehmigungserfordernisse nach der GewO[136].

33 Vorschriften des öffentlichen Wirtschaftsrechts können auch **Verbotsgesetze im Sinne von § 134 BGB** darstellen. Dazu gehören nicht nur gesetzliche Vorschriften, sondern auch die Satzungen von berufsständischen Kammern (vgl Rn 206)[137]. Daher sind Verträge zur Umgehung öffentlichrechtlicher Erlaubnispflichten grundsätzlich nichtig[138]. Trifft das Verbot allerdings nur einen Vertragspartner, wie es bei gewerberechtlichen Erlaubnispflichten der Fall ist, so folgt aus der Verletzung einseitiger Verbote nur dann die Nichtigkeit des Vertrages, wenn der Zweck des Gesetzes anders nicht zu erreichen ist und die durch das Rechtsgeschäft getroffene Regelung nicht hinge-

---

130 Da in den wenigsten Fällen in der Erteilung eines Zuschlags eine Wettbewerbshandlung des Auftraggebers gesehen werden kann, lässt sich ein Unterlassungsanspruch gegen den Auftraggeber nur selten auf die Vorschriften des UWG stützen. Ausnahmsweise kann dies einmal der Fall sein, wenn Auftraggeber und Auftragnehmer kollusiv zusammenwirken oder der Auftraggeber eingegangene Angebote vorzeitig einsieht, um einem favorisierten Bewerber zusätzliche Informationen zukommen zu lassen.

131 OLG Frankfurt, NJW-RR 2005, 1130.

132 OLG Frankfurt, NJW-RR 2005, 1130, vgl auch *Köhler*, GRUR-RR 2006, 33, 36; *Scherer*, WRP 2006, 401. S. aber auch schon OLG München, GewArch. 1995, 488 m. zust. Anm. Honig, WRP 1995, 871.

133 S. dazu schon *Bernreuther*, GewArch. 2001, 184.

134 S. zu § 1 UWG aF bereits *Ruthig*, in: Gounalakis, Electronic Business, § 14 Rn 49. Ein Wettbewerbsverstoß scheitert in solchen Fällen häufig daran, dass angesichts des Streits um die Anwendbarkeit der GewO die Vorwerfbarkeit fehlt, s. LG Hamburg, MMR 1999, 678, 680; *Welser*, ZUM 2000, 672, 674.

135 OLG Nürnberg GRUR-RR 2007, 45, 47; s. auch *Köhler*, in: Köhler/Bornkamm, UWG, 29. Aufl. 2011, § 5 Rn 11.79.

136 Zu § 34 Abs. 4 GewO BGH GRUR 2009, 886; zu § 55 GewO OLG Schleswig v. 24.4.2012 – 6 U 6/11.

137 BGH NJW 1986, 2360.

138 OLG Koblenz, NJW-RR 1994, 493 zu einem Gesellschaftsvertrag zur Umgehung der handwerksrechtlichen Eintragungserfordernisse; OLG Hamm, NJW 1986, 2440: Geldzahlung für die Beschaffung eines Strohmanns für eine Gaststättenkonzession.

nommen werden kann. Im Ergebnis wird die Nichtigkeitsfolge daher häufig verneint (vgl zB § 15 Abs. 5 KWG), soweit sie nicht ausdrücklich im Gesetz geregelt ist. Von der Qualifikation als Verbotsgesetz zu unterscheiden ist die Frage nach dem Charakter als **Schutzgesetz iSv § 823 Abs. 2 BGB**[139]. § 134 BGB soll einen bestimmten rechtsgeschäftlichen Erfolg wegen des „Wie" des Zustandekommens des Inhalts des Rechtsgeschäfts verhindern, § 823 Abs. 2 BGB dient dem Individualrechtsschutz.

Bei der Eintragung in die Handwerksrolle in **Fall 2 (Rn 2)** hielt der BGH die öffentlichrechtlichen Möglichkeiten des Einschreitens für ausreichend[140], so dass die fehlende Eintragung in die Handwerksrolle die Wirksamkeit der mit Kunden eingegangenen Verträge nicht beeinträchtigt. Allerdings ist auch das Schwarzarbeitsbekämpfungsgesetz Verbotsgesetz[141], so dass sich daraus eine Nichtigkeit des Vertrages ergeben kann. Bei den Erlaubnispflichten für das Reisegewerbes hielt der BGH die zivilrechtlichen Widerrufsmöglichkeiten bei Haustürgeschäften als ausreichend[142], Kontrovers und teilweise differenziert werden die Konsequenzen des Fehlens einer Bankerlaubnis nach § 32 KWG beurteilt[143]. Der Verstoß gegen Anordnungen der BaFin führt dagegen nicht zur Nichtigkeit entsprechender anordnungswidrig abgeschlossener Verträge[144].

III. Öffentliches Wirtschaftsrecht als Referenzgebiet des (allgemeinen) Verwaltungsrechts

1. Das öffentliche Wirtschaftsrecht als Motor einer Verwaltungsrechtsmodernisierung

Das Wirtschaftsverwaltungsrecht lässt sich in mehrfacher Hinsicht als „**Referenzge-**   **34**
biet" für das allgemeine Verwaltungsrecht und das Verfassungsrecht bezeichnen. Reformentwicklungen beginnen immer häufiger nicht mehr im Umwelt-, sondern im

---

139   Zum Schutzgesetzcharakter des § 32 Abs. 1 KWG trotz der Regelung des § 4 Abs. 4 FinDAG s. BGH, NJW 2005, 2703; NJW-RR 2006, 1713. VersR 2010, 910; NJW-RR 2011, 347. Grundlegend BGHZ 125, 366, 379; generell die Schutzgesetzqualität verneinend *Fischer*, in: Boos/Fischer/Schulte-Mattler, KWG, Einf Rn 67; *Canaris*, FS Larenz (1983), S 27, 44. Gegen den Schutzgesetzcharakter des Verbotes der Vermittlung von Darlehensverträgen im Reisegewerbe (§ 56 Abs. 1 Nr 6 GewO) BGHZ 93, 264.
140   BGHZ 88, 240; ausf *Armbrüster*, in: Münchener Kommentar(BGB) § 134 Rn 88 ff.
141   Gesetz v. 23.7.2004 (BGBl. I S. 1842); dazu *Armbrüster*, in: Münchener Kommentar(BGB) § 134 Rn 77.
142   BGHZ 131, 385, 389 f.
143   Hier die Nichtigkeit bejahend OLG Stuttgart WM 1989, 1723, 1724 für das ohne Erlaubnis betriebene Einlagengeschäft; verneinend VGH Kassel, WM 2009, 1889; OLG Karlsruhe, VersR 2007, 1514 sowie die überwiegende Kommentarliteratur zu § 32 KWG, s. *Fischer*, in: Boos/Fischer/Schulte-Mattler, KWG, § 32 Rn 16, § 37 Rn 10a; offengelassen bei BGH, NJW 2005, 1784, 1785; BVerwG, BKR 2011, 108. S. auch *Armbrüster*, in: Münchener Kommentar(BGB) § 134 Rn 69; *Tettinger*, DStR 2006, 903. Wie die verwaltungsgerichtlichen Fälle zeigen, wird die Frage der Nichtigkeit wiederum für das Bankaufsichtsrecht relevant: Während die Instanzgerichte die Verhältnismäßigkeit einer Anordnung nach § 37 KWG davon abhängig gemacht hatten, dass die zivilrechtlichen Verträge jedenfalls teilnichtig seien, trennte BVerwG, BKR 2011, 208 zwischen der öffentlichrechtlichen Rückzahlungsverpflichtung und den zivilrechtlichen Rechtsverhältnissen. S. dazu näher *Mai*, BKR 2011, 199.
144   BGH, NJW 1990, 1356 zu einem Kreditgewährungsverbot nach § 46 Abs. 1 KWG.

Wirtschaftsverwaltungsrecht. Dies zeigt sich an der Diskussion um **Privatisierung** und Deregulierung, um **neue Formen der Kooperation** von Staat und Privaten und vor allem am **Einsatz von Marktinstrumenten** als Ausdruck einer „Ökonomisierung" des Verwaltungsrechts[145]. Privatisierung darf also gerade nicht mit einem Abschied vom (Wirtschafts-)Verwaltungsrecht gleichgesetzt werden. Ganz im Gegenteil werden gerade durch die Privatisierung dem Wirtschaftsverwaltungsrecht neue, praktisch bedeutsame und auch aus anwaltlicher Sicht interessante Bereiche erschlossen.

Die Entstehung des **Telekommunikationsrechts** steht für den wohl wirtschaftlich bedeutsamsten Fall eines Abbaus staatlicher Monopole bzw. ihrer Überführung in einen privaten, aber eben staatlich beaufsichtigten Markt (s. Rn 23). Genauso anerkannt ist seine Bedeutung für die verwaltungsrechtliche Systembildung[146]. Aber auch über das Telekommunikations- bzw „Regulierungsrecht" hinaus stellt das öffentliche Wirtschaftsrecht das allgemeine Verwaltungsrecht vor neue dogmatische Herausforderungen. Dies gilt für die Public Private Partnership (s. Rn 622 ff) genauso wie für die rechtlichen Anforderungen an staatliche Allokationsentscheidungen, für die die Versteigerung nur das prominenteste und keinesfalls genuin „telekommunikationsrechtliche" Beispiel darstellt (s. unten Rn 557 ff). Dieser Einsatz von Marktmechanismen für staatlich gelenkte Verteilungsentscheidungen findet im Emissionshandel eine konsequente Fortsetzung. Insoweit muss auch das Verwaltungsverfahrensrecht auf die neuen Kooperations- und Handlungsformen reagieren, nicht zuletzt zur Verwirklichung des verfassungsrechtlich gebotenen „Grundrechtsschutzes durch Verfahren"[147].

35 Selbst „klassische" Materien des öffentlichen Wirtschaftsrechts sehen sich gezwungen, auf **technische Veränderungen** zu reagieren. Die Verbreitung des Internet verschärft viele traditionelle Probleme bis hinein in den Bereich des Datenschutzes. Die Gewerbetätigkeit mittels Internet, der **„Electronic Commerce"**, wirft nicht nur die Frage nach der Anwendung wirtschaftsverwaltungsrechtlicher Normen zB auf Internetversteigerungen, Internetglücksspiel etc. auf[148], sondern erweist sich zunehmend als **dogmatische Herausforderung** für das traditionell vom territorialen Denken geprägte öffentliche Recht. So bedarf es der Begründung, warum eine niederländische Internetapotheke an die deutschen Vorschriften über den Arzneimittelhandel gebunden sein soll. Diese Fragen setzen sich fort im Bereich der internationalen Wirtschaftsaufsicht, wo sich im Kapitalmarktrecht unter dem Einfluss des Europarechts ein „transnationales Verwaltungsrecht" entwickelt hat (s. Rn 501) und sich insbesondere im Telekommunikationsrecht Strukturen eines Kooperationsverwaltungsrechts herausbilden (s. Rn 182). Neben dem Umweltrecht ist damit das öffentliche Wirtschaftsrecht auch das wichtigste Referenzgebiet für die **Europäisierung** des Verwaltungsrechts. Es illustriert ferner die zunehmende Bedeutung der **Rechtsvergleichung** (s. Rn 18).

---

145 Weitergehend *Bullinger*, DVBl 2003, 1355: „Erprobungsraum für ein modernisiertes Verwaltungsrecht"; krit *Burgi*, NJW 2006, 2439; *Masing*, AöR 128 (2003), 558 ff.
146 *Masing*, Die Verwaltung 2003, 1; *Schmidt-Aßmann*, Das allgemeine Verwaltungsrecht als Ordnungsidee, 2. Aufl. 2006, Kap. 3, Rn 49 ff; *Trute*, FS Brohm (2002), 169 ff; *ders.*, FG BVerwG (2003), S. 857; *ders.*, FS Selmer (2004), 565.
147 *Schmidt-Aßmann*, NVwZ 2007, 40.
148 *Hösch*, GewArch. 2002, 257; *Merten*, GewArch. 2006, 55.

2. Das allgemeine Verwaltungsrecht als Schlüssel zur Strukturierung des öffentlichen Wirtschaftsrechts

Der Einfluss des Wirtschaftsrechts auf das allgemeine Verwaltungsrecht ist allerdings **36** keineswegs eine Einbahnstraße. So können die Strukturen des allgemeinen Verwaltungsrechts auch umgekehrt herangezogen werden, um neue rechtliche Herausforderungen auf dem Gebiet des öffentlichen Wirtschaftsrechts zu bewältigen. Dies gilt nicht nur für die Grundsätze des Verwaltungsverfahrens, sondern vor allem für die verwaltungsrechtliche Handlungsformenlehre, die gerade auch im öffentlichen Wirtschaftsrecht den Rahmen für die rechtliche Beurteilung eines Sachverhalts abgibt[149].

Diese ordnungsstiftende Funktion greift weit über das traditionelle Wirtschaftsver- **37** waltungsrecht und das sog. Regulierungsrecht (s. Rn 23 ff) hinaus. Die **materielle Publifizierung**[150] erfasst nicht nur die traditionell dem fiskalischen Handeln zugeordnete Auftragsvergabe[151], sondern auch das Kartellrecht, dessen (partielle) Zugehörigkeit zum öffentlichen Recht dadurch stärker ins Bewusstsein tritt[152].

---

149 Zu dieser Steuerungsfunktion von Handlungsformen und Verwaltungsverfahren *Schmidt-Aßmann*, Das allgemeine Verwaltungsrecht als Ordnungsidee, S. 297 ff.
150 Zum Begriff s. *Ruthig*, NZBau 2005, 497, 502. Er dient der Unterscheidung von der (außer bei Sonderzuweisungen über den Rechtweg entscheidenden) formellen Publifizierung.
151 Vgl *Kahl*, FS Zezschwitz (2005), 151; *Ziekow/Siegel*, ZfBR 2004, 30. Zum nicht europäisierten Vergaberecht s. *Ruthig*, NZBau 2005, 497.
152 Vgl insbesondere *K. Schmidt*, FS Selmer (2004), 499 mwN.

§ 2 Der unions- und verfassungsrechtliche Ordnungsrahmen

I. Grundlagen

38 Die wirtschaftliche Betätigung ist nicht nur von fundamentaler gesamtgesellschaftlicher Bedeutung, sondern auch die Lebensgrundlage für einen großen Teil der Bevölkerung. Schon deswegen ist sie der Gegenstand rechtlicher Regelungen. Gleichzeitig ist kaum ein Rechtsgebiet so sehr **konkretisiertes Verfassungs- und Unionsrecht** wie das öffentliche Wirtschaftsrecht. Auch wenn beide keine bestimmte Wirtschaftsordnung vorschreiben (s. bereits oben Rn 3 f), determinieren vor allem die Grundrechte und europäischen Marktfreiheiten in weitem Umfang die Auslegung und Anwendung wirtschaftsverwaltungsrechtlicher Normen. Je offener eine Wirtschaftsordnung ist, desto bedeutsamer werden nicht nur Strukturprinzipien, sondern vor allem die dem Einzelnen eingeräumten Rechtspositionen. Neben den – verfassungs- und unionsrechtlichen – Grundrechten sind dies vor allem die Grundfreiheiten des AEUV bzw ihre „Konkretisierungen" im Sekundärrecht.

1. Entwicklungsphasen

39 Hinsichtlich der **Einflüsse von Verfassungs- und primärem Unionsrecht auf das öffentliche Wirtschaftsrecht** lassen sich seit dem Inkrafttreten des Grundgesetzes **drei Phasen** unterscheiden[1]. Zunächst stand die **Verfassungskonkretisierung** im Verwaltungsrecht im Vordergrund, die mit einer Liberalisierung des Gewerberechts und zudem einer Expansion subjektiver Rechte einherging[2]. Bereichsspezifische **Sachkundenachweise**, etwa für den Einzelhandel, wurden anhand von Art. 12 GG auf ihre Erforderlichkeit und Verhältnismäßigkeit überprüft[3]. Mit dem **Abbau staatlicher Bedürfnisprüfungen** bei der Berufszulassung begann schon vor dem bundesverfassungsgerichtlichen „Apothekenurteil"[4] das Bundesverwaltungsgericht im Gaststättenrecht[5]. Die zweite Phase war von der **Europäisierung und Liberalisierung des öffentlichen Wirtschaftsrechts** geprägt. Das Nebeneinander von Grundfreiheiten und Verfassungsrecht führte im Ergebnis zu einer **Konvergenz der Prüfungsmaßstäbe** (s. vor allem das Kohärenzgebot am Beispiel der Bekämpfung des Glücksspiels, Rn 126, 175 ff)[6].

---

1 Vgl bereits *Wahl*, Der Staat 1999, 495, der nach damaligem Stand zwei Phasen unterschied.
2 Zur Verfassungskonkretisierung s. auch *Schmidt-Aßmann*, FS Winkler (1997), 995, 999; in der Subjektivierung des Verwaltungsrechts sieht *Ossenbühl*, DVBl 1993, 753, 756 die „kopernikanische Wende" des Verwaltungsrechts nach 1949.
3 Zum Warenautomatenaufsteller vgl BVerfGE 14, 19.
4 BVerfGE 7, 377.
5 BVerwGE 1, 48, 50 ff; 269, 272 ff. Die Argumentation entsprach im Wesentlichen dem späteren Apothekenurteil, erfasste allerdings nicht die Bedürfnisprüfung bei ausländischen Gastwirten (Art. 12 GG als Deutschengrundrecht!), die erst mit dem GastG 1970 entfiel.
6 Zu diesem europäischen „Verfassungsgerichtsverbund" *Voßkuhle*, NVwZ 2010, 1.

Diese Europäisierung zeigte sich besonders eindrucksvoll im Handwerksrecht, in dem sich lange das „zünftige" Denken gehalten hatte[7]. Ausgelöst wurde die Novellierung durch das Unionsrecht, wie **Fall 3 (Rn 45)** veranschaulicht. Während das BVerfG im Anschluss an seine ausführliche und sorgfältig begründete Entscheidung von 1960 über Jahrzehnte davon ausging, dass das Erfordernis der Meisterprüfung für die selbstständige Handwerksausübung mit dem Grundgesetz vereinbar ist[8], sah der EuGH darin einen Verstoß gegen die Grundfreiheiten[9]. Er verlangte die Anerkennung im Ausland erworbener Qualifikationen neben der Meisterprüfung und die Zulassung der vorübergehenden Ausübung handwerklicher Tätigkeiten im Inland ohne Eintragung in die Handwerksrolle (s. im Einzelnen unten Rn 80, 84). Mit der Handwerksnovelle 2004 vollzog der Gesetzgeber einen Paradigmenwechsel (ausf Rn 130, 466 ff). Aber auch das BVerfG änderte seine Auffassung und stützte sich dabei ausdrücklich darauf, dass angesichts der europäischen Entwicklung die nationalen Vorschriften zur Erreichung des (verfassungsrechtlich legitimen) Zieles nicht mehr geeignet seien (s. dazu unten Rn 130)[10].

Die dritte Phase führte zu einer **Renaissance des (nationalen) Verfassungsrechts.** **40** Im Rahmen der unionsrechtlich angestoßenen Deregulierung bzw des Monopolabbaus kam es zu „neuen" Berufen (vgl zum Telekommunikationsrecht Rn 20, 549), aber auch der Überprüfung der verbliebenen Monopole nicht nur am Unions-, sondern auch am Verfassungsrecht. Allerdings zeichnet sich auch in diesen Bereichen wieder eine Europäisierung der Maßstäbe ab.

Dies ist darauf zurückzuführen, dass auch auf europäischer Ebene die Bedeutung der Grundrechte und vor allem des Grundsatzes effektiven Rechtsschutzes durch das Inkrafttreten der GRCh gewachsen ist. Auch die Grundrechtecharta garantiert Berufsfreiheit (Art. 15 GrCh), unternehmerische Freiheit (Art. 16 GrCh) und das Eigentum (Art. 17 GrCh)[11]. Diese Gewährleistungen treten zwar hinter den Grundfreiheiten als Ausdruck der „besonderen Berufsfreiheit" der Marktbürger zurück[12], gleichwohl übernehmen die Grundrechte und insbesondere das europäische Gebot effektiven Rechtsschutzes zunehmend die lückenschließende Funktion, die traditionell dem nationalen Verfassungsrecht zukam[13]. Dies führt zu einer weiteren Hochzonung der „verfassungsrechtlichen" Maßstäbe, zugleich aber auch zu einer Dezentralisierung der Rechtsanwendung, wenn mitgliedstaatliche Gerichte selbst das Unionsrecht auslegen.

Davon zu unterscheiden ist eine weitere Entwicklungslinie. In zentralen Bereichen **41** wird das primäre Unionsrecht durch Sekundärrecht verdrängt. Schon vor 25 Jahren

---

7 Vgl auch *Honig*, NVwZ 2003, 172 mwN.
8 BVerfGE 13, 97 = NJW 1961, 2011. Bestätigt in GewArch. 1991, 137; NVwZ 2001, 187 f; 2001, 189 f.
9 EuGH v. 3.10.2000, Rs. C-58/98 – „*Josef Corsten*", Slg. 2000, I-7919 = EuZW 2000, 763.
10 Krit aus *Ruthig*, in: Ruffert, Europäisches Sektorales Wirtschaftsrecht, § 2 Rn 3; *Leisner*, GewArch. 2006, 393.
11 Als Beispiel aus der Rechtssprechung EuGH v. 6.9.2012, Rs. C – 544/10 – „*Deutsches Weintor eG/ Land Rheinland-Pfalz*"= NVwZ-RR 2012, 896 sowie BVerwG, NVwZ-RR 2011, 165 (Vorlageentscheidung); NVwZ-RR 2013, 508 (Abschluss des Verfahrens): Vorschriften über gesundheitsbezogene Angaben in einer Verordnung und ihre Vereinbarkeit mit der Berufsfreiheit einer Winzergenossenschaft.
12 So bereits EuGH v. 15.10.1987, Rs. 222/86 – „*Heylens*", Rn 14, Slg. 1987, 4097, 4117. Zum – im Einzelnen umstrittenen – Verhältnis zwischen Grundfreiheiten und europäischen Grundrechten *Bernsdorff*, in: Meyer, Europäische Grundrechtecharta, Art. 15 Rn 20 f; *Ruffert*, in: Callies/Ruffert, Art. 15 GrCh Rn 27 mwN.
13 Exemplarisch zum Schutz von Betriebs- und Geschäftsgeheimnissen im gerichtlichen Verfahren *Ruthig*, in: Baur/Salje/Schmidt-Preuß, Regulierung in der Energiewirtschaft, § 58 Rn 20 ff. Als Beispiel sieht aber auch der Gesetzgeber das neue Unbundling-Regime des EnWG 2011, s. die Regierungsbegründung zum EnWG, BT-Drucks. 17/6072 S. 99 ff. Ohne Problematisierung der europäischen Garantie effektiven Rechtsschutzes demgegenüber (zum TKG) BVerwG, NVwZ 2014, 1229.

stammten angeblich ca. **80% der für die Wirtschaft bedeutsamen Normen aus Brüssel**[14] und machte die Umsetzung europäischer Vorgaben die Hälfte der gesamten Gesetzgebungstätigkeit der Mitgliedstaaten aus[15]. Diese Quote hat mit der Verwirklichung des Binnenmarkts immer stärker auch das öffentliche Wirtschaftsrecht erfasst. Die Union begründet auch für den Einzelnen „Rechte und Pflichten, und zwar an den Staaten vorbei oder gewissermaßen durch sie hindurch"[16]. Die europäischen Regelungen sind längst nicht mehr punktuell. Sie prägen ganze Rechtsgebiete.

Die Richtlinien verfolgten zunächst vor allem das Prinzip einer (materiellen) Rechtsharmonisierung und füllten so häufig die Lücken, die das Primärrecht durch die Nichtanwendbarkeit nationaler Vorschriften schuf. Heute beruht in Teilen des europäischen Wirtschaftsrechts, vor allem im sog. Regulierungsrecht, also insbes. Telekommunikations-, Energie- und Kapitalmarktrecht, das gesamte Rechtsregime auf unionalen Vorgaben. Im Bereich der reglementierten Berufe ließ sich eine solche umfassende Rechtsharmonisierung nicht erreichen, so dass sich das Unionsrecht zunächst auf die Frage einer Anerkennung ausländischer Abschlüsse konzentrierte, bevor es zunehmend das Herkunftslandprinzip favorisierte. Diese Entwicklung manifestiert sich insbesondere in der Berufsanerkennungs- und der Dienstleistungsrichtlinie, die nicht nur das Handwerksrecht, sondern auch das Gewerberecht in massiver Weise umgestaltete (vgl Rn 237 ff). Zunehmend wird allerdings die Richtlinie auf europäischer Ebene durch die unmittelbar geltende Verordnung abgelöst. Aktuelle Beispiele liefert das Finanzmarkt(aufsichts)recht (vgl Rn 191 ff). Wirkliche Kompetenzverluste sind mit dem Austausch der Handlungsform nicht verbunden. Schließlich hängt die Frage mitgliedstaatlicher Spielräume gerade nicht von der auf europäischer Ebene gewählten Sekundärrechtsform ab. Auch das Instrument der Verordnung ließe zugunsten nationaler Spielräume „bewusste Regelungslücken" zu. Eine Harmonisierung der Rechtsanwendungspraxis ist auf der Grundlage unterschiedlicher nationaler Regelungsregime aber nur begrenzt zu verwirklichen. Daher spielt – nicht zuletzt in der Bankenunion – das Eigenverwaltungsrecht eine immer bedeutsamere Rolle. Mit der EZB übernimmt erstmals eine europäische Regulierungsagentur Aufgaben in einem Kernbereich des öffentlichen Wirtschaftsrechts.

2. Unmittelbare Anwendbarkeit und Vorrang des Unionsrechts

42 Unionsrecht und nationales Recht bilden zwei getrennte Rechtskreise, die von Anfang an keineswegs unverbunden nebeneinander standen. Die Bestimmung des Verhältnisses zwischen Unionsrecht und nationalem Recht erfolgt grundsätzlich durch das Unionsrecht, denn nur so lässt sich ein einheitlicher Vollzug des Unionsrechts durch die Mitgliedstaaten sicherstellen[17]. Nach einem ungeschriebenen Grundsatz des Unionsrechts, der durch das Gebot der Unionstreue nach Art. 4 Abs. 3 EUV bestätigt wird, geht jegliches Unionsrecht im Kollisionsfall entgegenstehenden nationalen Rechtsnormen vor, sofern es unmittelbar anwendbar ist. Die **unmittelbare An-**

---

14 Zu dem häufig *M. Bangemann* zugeschriebenen Zitat s. den Vortrag des Beschwerdeführers im Maastrichtverfahren BVerfGE 89, 155, 172 f; vgl auch *J. Delors* in einer Rede vor dem Europäischen Parlament am 4.7.1988, Bulletin der EG 1988, S. 124.
15 Zahlen nach *Klein*, ZG 1997, 214; s. auch hierzu schon BVerfGE 89, 155, 172 f.
16 *Everling*, ZfRV 1992, 241, 242.
17 Zum Verhältnis von Unionsrecht und nationalem Recht ausführlich: *Mayer/Wendel*, in: Hatje/Müller-Graff, Europäisches Organisations- und Verfassungsrecht (Enzyklopädie Europarecht Bd. 1), § 4 Rn 175 ff; *Jarass/Pieroth*, GG, Art. 23 Rn 44; *Herdegen*, Europarecht, § 10 Rn 1. Strittig ist, worauf dieser Vorrang beruht, vgl *Herdegen*, aaO und *Streinz*, Europarecht, Rn 197 ff.

wendbarkeit setzt voraus, dass die Norm rechtlich vollkommen und unbedingt ist, dh keines weiteren mitgliedstaatlichen Vollzugsakts bedarf. Bei den Grundfreiheiten ist die unmittelbare Wirkung immer gegeben, da sie Handlungs- und Unterlassungspflichten für die Mitgliedstaaten begründen und keiner weiteren Vollzugsmaßnahmen bedürfen[18].

Dies folgt letztlich aus dem **Verständnis der Grundfreiheiten als Eingriffsabwehrrechte** (s. dazu unten Rn 51) und bedarf mittlerweile in der Fallbearbeitung keiner ausführlichen Begründung mehr. Erst recht besteht bei Verordnungen kein Zweifel an der unmittelbaren Anwendbarkeit. Zu problematisieren ist sie bei den grundsätzlich nur staatengerichteten Richtlinien. Bei diesen ist sie nur ausnahmsweise gegeben, um den effet utile auch bei nicht fristgemäßer bzw unzulänglicher Umsetzung zu gewährleisten (s. unten Rn 100).

Für den Einzelnen bedeutet dies, dass er sich gegenüber nationalen Stellen und vor **43** Gericht **auf die Bestimmungen des Unionsrechts berufen** kann, sie ihm also **subjektive Rechte** gewähren[19]. Für die Grundfreiheiten hat sich der EuGH bereits 1963 ausdrücklich zum subjektivrechtlichen Ansatz bekannt. Obwohl sie sich vordergründig nur mit dem Zollrecht beschäftigte, markierte die Entscheidung *van Gend & Loos*[20] nicht nur eine Abkehr vom klassisch-völkerrechtlichen Verständnis des Gemeinschaftsrechts, sondern damit unmittelbar zusammenhängend die Entwicklung einer unionalen Konzeption des subjektiven öffentlichen Rechts. Aus der unmittelbaren Anwendbarkeit folgt im Fall einer Kollision mit nationalem Recht der **Anwendungsvorrang des Unionsrechts** gegenüber dem gesamten nationalen Recht einschließlich des Verfassungsrechts. Verfassungsrechtlich anerkannt wird dieser Vorrang in den Zustimmungsgesetzen zu den Unionsverträgen nach Art. 23 GG[21]. Im Zentrum der Rechte des Einzelnen stehen weiterhin die Grund- bzw Marktfreiheiten, die einen erheblichen Anteil an der Konturierung des europäisierten öffentlichen Wirtschaftsrechts hatten (s. bereits Rn 38 ff)[22]. In der Zwischenzeit werden viele Sachverhalte allerdings vom **Sekundärrecht** erfasst, für deren Auslegung jedoch regelmäßig die vom EuGH entwickelten Standards herangezogen werden können (s. zur „grundfreiheits- und grundrechtskonformen Auslegung" von Sekundärrecht Rn 91, 94). Immer häufiger reagiert bereits der nationale Gesetzgeber auf die unionsrechtlichen Vorgaben, so dass **Kollisionsfälle** gerade im öffentlichen Wirtschaftsrecht **seltener** werden. Das heutige Handwerksrecht verdankt seine Gestalt den europä-

---

18 *Streinz*, Europarecht, Rn 448. Grundlegend zur unmittelbaren Wirkung des primären Unionsrechts EuGH v. 5.2.1963, Rs. C-26/62 – „*Van Gend en Loos*", Rn 1 ff, Slg. 1963, 1; zur Warenverkehrsfreiheit EuGH v. 5.3.1996, Rs. C-46/93 und C-48/93 – „*Brasserie du Pêcheur*" und „*Factortame*", Rn 54, Slg. 1996, I-1029, 1150; EuGH v. 16.6.1966, Rs. C-57/65 – „*Lütticke*", Slg. 1966, 257; zur Dienstleistungsfreiheit EuGH v. 3.12.1974, Rs. C-33/74 – „*van Binsbergen*", Slg. 1974, 1299; zur Niederlassungsfreiheit EuGH v. 21.6.1974, Rs. C-2/74 – „*Reyners*", Slg. 1974, 631.

19 Vgl *Nettesheim*, AöR 2007, 333; *Ruthig*, in: Kluth/Rennert, Entwicklungen im Verwaltungsprozessrecht, 2008, S. 35, 41 ff.

20 EuGH v. 5.2.1963, Rs. C-26/62 – „*Algemene Transport*", Rn 13, Slg. 1963, 1. Fortgesetzt wurde die Entwicklung insbesondere in EuGH v. 15.7.1964, Rs. C-6/64 – „*Costa/ENEL*", Rn 91, Slg. 1964, 1251, 1269 und EuGH v. 9.3.1978, Rs. C-106/77 – „*Simmenthal*", Slg. 1978, 629.

21 BVerfGE 89, 155, 190; 123, 267, 396 ff; BVerfG, NJW 2010, 3422, 3423; s. dazu auch *Ruffert*, in: Calliess/Ruffert, Art. 1 AEUV Rn 17; *Nettesheim*, in: Grabitz/Hilf/Nettesheim, Art. 1 AEUV, Rn 71 ff.

22 Ausführlich zu den Grundfreiheiten: *Müller-Graff*, in: Hatje/Müller-Graff, Europäisches Organisations- und Verfassungsrecht (Enzyklopädie Europarecht Bd. 1), § 9 Rn 1 ff.

ischen Einflüssen. Gewerberechtliche Anforderungen erklärt bereits der Gesetzgeber in § 4 GewO für unanwendbar auf Dienstleister aus dem EU-Ausland (vgl näher Rn 232 ff).

3. Grundrechte und Grundfreiheiten im Verfassungsverbund

44 Der Anwendungsvorrang des Unionsrechts führt nicht zur Nichtigkeit entgegenstehender nationaler Bestimmungen (im Sinne eines Geltungsvorrangs), sondern zwingt (lediglich) dazu, sie insoweit nicht anzuwenden, als der Konflikt mit Unionsrecht auftritt (Anwendungsvorrang). Die aus dem Vorrang abgeleitete Nichtanwendungspflicht[23] trifft Gerichte wie Verwaltungsbehörden. Andererseits macht bereits der Begriff des Anwendungsvorrangs deutlich, dass Unionsgerichte gerade nicht unmittelbar über nationales Recht judizieren können[24].

Besonderheiten gelten aber auch für die Anwendbarkeit der Grundrechte auf **Akte der deutschen Staatsgewalt im Zusammenhang mit Unionsrecht**. Seit der Solange II-Entscheidung ist geklärt, dass Akte der Europäischen Union selbst nicht an den deutschen Grundrechten gemessen werden bzw jedenfalls das BVerfG seine entsprechende Prüfungskompetenz nicht ausübt. Unabhängig davon, ob die Richtlinie unmittelbare Wirkung entfaltet (dazu Rn 100), wird auch eine Umsetzungsvorschrift jedenfalls „insoweit nicht an den Grundrechten des Grundgesetzes gemessen, als das Gemeinschaftsrecht keinen Umsetzungsspielraum lässt, sondern zwingende Vorgaben macht"[25]. Daher ist die Möglichkeit einer Grundrechtsverletzung schon nicht gegeben. Dies ist im verfassungsgerichtlichen Verfahren wohl eine Frage der Beschwerdebefugnis. Zugleich sind diese Umsetzungsvorschriften dann an den unionalen Grundrechten zu messen, da es sich um „Durchführung des Rechts der Union" handelt (Art. 51 Abs. 1 S. 1 GrCh)[26]. Bestehen demgegenüber Umsetzungsspielräume, handelt es sich um einen nationalen Rechtsakt, der auch materiell am GG geprüft werden kann[27]. Allerdings stellt sich die Frage nach dem Verhältnis zu den europäischen Grundrechten auch in diesen Konstellationen. Das BVerfG führt insoweit in seiner Entscheidung zur Antiterrordatei bzgl der *Akerberg Fransson*-Entscheidung des EuGH[28] aus, Letztere dürfe nicht so verstanden werden, dass „für eine Bindung der Mitgliedstaaten durch die in der Grundrechte-Charta niedergelegten Grundrechte der Europäischen Union jeder sachliche Bezug zum bloß abstrakten Anwendungsbereich des Unionsrechts oder rein tatsächliche Auswirkungen" ausreichen könnten[29]. Wenn der EuGH davon ausgeht, dass „keine Fallgestaltungen denkbar [sind], die vom Unionsrecht nicht erfasst würden, ohne dass diese Grundrechte [der GrCH] anwendbar wären"[30], verlangt er einen „hinreichenden Zusammenhang" mit dem

---

23 Zur Unterscheidung von der Nichtigkeit ausdrücklich EuGH v. 22.10.1998, Rs. C-10/97 bis 22/97 – *„PPA"*, Rn 21, Slg. 1998, I-6307.
24 St. Rspr; s. nur EuGH v. 7.2.1984, Rs. C-237/82 – *„Jongeneel Kaas"*, Rn 6, Slg. 1984, 483. Dazu *Niedobitek*, VerwArch. 92 (2001), 58, 62.
25 BVerfGE 118, 79, 95 – Emissionshandel; 121, 1, 15 f – Vorratsdatenspeicherung; 129, 78, 90 f – Cassina; 133, 277, 313 f – Antiterrordatei; zuvor bereits die Kammerbeschlüsse BVerfG, NJW 2001, 1267, 1268; BVerfG, NVwZ 2004, 1346. S. auch *Masing*, NJW 2006, 264, 266; krit *Holz*, NVwZ 2007, 1153; *Weidemann*, NVwZ 2006, 623.
26 S. zur Reichweite des Art. 51 GrCh instruktiv *Ohler*, NVwZ 2013, 1433 mwN.
27 BVerfGE 121, 1, 15 – Vorratsdatenspeicherung. Dies gilt insbesondere auch, wenn eine Richtlinie, wie es im Telekommunikations- und Vergaberecht der Fall war, dem nationalen Gesetzgeber lediglich Optionen anbietet, aber beispielsweise die Einführung des Versteigerungsverfahrens nicht zwingend vorschreibt.
28 EuGH v. 26.2.2013, Rs. C-617/10 – *„Akerberg Fransson"*, NJW 2013, 1415.
29 BVerfGE 133, 277, 316.
30 EuGH v. 26.2.2013, Rs. C-617/10 – *„Akerberg Fransson"*, Rn 21, NJW 2013, 1415.

Unionsrecht[31], ohne dieses Erfordernis näher zu konkretisieren. In der Sache aber nähern sich die Prüfungsmaßstäbe von EuGH und BVerfG an, wie sich besonders deutlich im Zusammenhang mit dem Glücksspiel zeigte (s. Rn 158).

Der Anwendungsvorrang und die teilweise Unanwendbarkeit des Verfassungsrechts **45** haben Auswirkungen auf die **Prüfungsreihenfolge beim Zusammentreffen unionsrechtlicher und verfassungsrechtlicher Bedenken.** Treffen verfassungs- wie unionsrechtliche Bedenken zusammen und sind beide Fragen noch nicht geklärt, kommt entweder eine Vorlage nach Art. 100 GG zum BVerfG oder nach Art. 267 AEUV zum EuGH in Betracht, ohne dass es nach Ansicht des BVerfG eine zwingende Reihenfolge gibt[32]. Von dieser Gleichrangigkeit gibt es jedoch entscheidende Ausnahmen: Steht die Nichtanwendbarkeit der Norm *im konkreten Fall* fest, ist sie nicht mehr entscheidungserheblich iSv Art. 100 Abs. 1 S. 1 GG[33]. Die Klärung zwingender europarechtlicher Vorgaben – gegebenenfalls über eine Vorlage an den EuGH gem. Art. 267 AEUV – ist grundsätzlich Voraussetzung einer Vorlage an das BVerfG[34]. Zugleich sind die Fachgerichte verpflichtet, die unionsrechtlichen Vorgaben zu prüfen und ggf gemäß Art. 267 AEUV dem EuGH vorzulegen; die Verletzung der Vorlagepflicht bedeutet zugleich einen Verstoß gegen den gesetzlichen Richter iSv Art. 101 Abs. 1 S. 2 GG (ausführlich ▶ **Klausurenkurs Fall Nr 2**)[35].

II. Die Grundfreiheiten

Fall 3: Architekt A beauftragt im Rahmen eines Bauvorhabens in Deutschland den in den **46** Niederlanden ansässigen Unternehmer U mit Estricharbeiten. U führte zwar in den Niederlanden zulässigerweise solche Arbeiten aus, war aber in Deutschland nicht in die Handwerksrolle eingetragen. Die Beauftragung verstieß zum Zeitpunkt der Erbringung der Leistungen gegen deutsches Handwerksrecht und erfüllte zugleich den Tatbestand einer Ordnungswidrigkeit nach den Vorschriften zur Bekämpfung der Schwarzarbeit. Können U und A sich auf die Grundfreiheiten berufen? Ändert sich an dieser Beurteilung etwas, wenn U, nachdem die Aufträge aus Deutschland häufiger werden, seine deutschen Aufträge vom Grundstück des Bauunternehmers B aus organisiert, mit dem er jeweils nur für die Dauer der Arbeiten einen Mietvertrag abschließt?

---

31 EuGH v. 6.3.2014, Rs. C-206/13 – *„Siragusa"*, Rn 24, NVwZ 2014, 575; s. zum Ganzen *Thym*, DÖV 2014, 941 (mit Lösungsansätzen S. 944 f); s.a. *Ferdinand Kirchhof*, NVwZ 2014, 1537.
32 BVerfG, NJW 2003, 1232. Ohne Vorlage nach Art. 267 AEUV kann es dazu kommen, dass das BVerfG die Verfassungsmäßigkeit einer Norm prüft, die letztlich wegen des Anwendungsvorrangs des Unionsrechts nicht angewendet werden darf. Ohne Entscheidung über die verfassungsrechtlichen Fragen durch das BVerfG könnte andererseits der EuGH im Vorabentscheidungsverfahren nicht erkennen, ob es sich um eine entscheidungserhebliche Bestimmung handelt, BVerfG, NJW 2007, 51.
33 BVerfGE 85, 191, 203 ff; 106, 275, 295; BVerfGE 116, 202, 214; ferner *Streinz*, Europarecht, Rn 259.
34 BVerfGE 129, 186, 198 ff = NJW 2012, 45; NVwZ-RR 2015, 1.
35 Eine solche liegt nach der Rspr des BVerfG jedoch nur bei willkürlicher Verletzung der Vorlagepflicht vor, vgl BVerfG, NVwZ 1990, 53; 2005, 574; 2008, 780; NJW 2008, 211; NVwZ-RR 2008, 659; GewArch. 2012, 23; krit *Bäcker*, NJW 2011, 272; *Haensle*, DVBl 2011, 817 ff; *Roth*, NVwZ 2009, 349 ff; tlw auch *Michael*, JZ 2012, 870 ff.

47 **Fall 4:** F ist Finanzanlagenvermittler aus Frankreich, der seit vier Jahren seine Dienste in Deutschland anbietet und vorher fast 20 Jahre in Paris als erfolgreicher Vermittler tätig war. § 34f GewO hat mit Wirkung zum 1.1.2013 das Genehmigungserfordernis neu gefasst. Nunmehr ist ein Sachkundenachweis erforderlich, sofern nicht eine ununterbrochene siebenjährige Tätigkeit auf der Grundlage einer Genehmigung nach § 34c GewO nachgewiesen wird (vgl zu den Übergangsvorschriften § 157 Abs. 2 und 3 GewO). Diese Anforderungen erfüllt F nicht, da er zwar über eine deutsche Genehmigung verfügt, aber diese Tätigkeit erst seit vier Jahren in Deutschland ausübt.

a) F sieht in den deutschen Vorschriften eine unzulässige Diskriminierung und damit eine Verletzung seiner Grundfreiheiten. Das deutsche Recht erkenne weder einen ausländischen Sachkundenachweis an noch lasse es eine Berufstätigkeit im Ausland als Nachweis der Sachkunde genügen.

b) Würde sich an der Beurteilung etwas ändern, wenn F ausschließlich von einer Niederlassung in Frankreich aus tätig wird und über eine entsprechende französische Erlaubnis verfügt?

48 **Fall 5:** Die O-GmbH will in der deutschen Stadt B ein Laserdrome betreiben. In dieser Anlage tragen Spieler mit Sensoren versehene Westen und benutzen Laserzielgeräte, um sich gegenseitig „spielerisch zu töten". Darin sieht die Stadt eine Gefahr für die öffentliche Ordnung, weil die mit simulierten Tötungshandlungen einhergehende Verharmlosung von Gewalt gegen die grundlegenden Wertvorstellungen der Allgemeinheit verstoße. Als die Stadt gegen das Laserdrome einschreitet, macht O geltend, dass das Verbot gegen die Warenverkehrs- und Dienstleistungsfreiheit verstoße, da die Technik und Ausrüstung des Laserdrome von der britischen Gesellschaft P geliefert werde. In Großbritannien erbringt P aufgrund von Franchiseverträgen, wie sie auch mit der O-GmbH bestehen, vergleichbare Leistungen[36].

49 **Fall 6:** Belgien führte bei dem Gasversorgungsunternehmen Distrigaz eine dem Staat zustehende Sonderaktie ein, um eine Gefährdung der nationalen Gasversorgung zu vermeiden. Diese ermöglicht es dem Energieminister, jede Übertragung technischer Einrichtungen und bestimmte unternehmerische Entscheidungen zu verbieten, die die Versorgung Belgiens mit Erdgas gefährden könnten. Zusätzlich entsendet die Regierung zwei Mitglieder in den Verwaltungsrat des Unternehmens. Das Verfahren wurde detailliert geregelt, die Entscheidung des Ministers muss begründet und kann angefochten werden.

a) Ist eine solche Regelung gemeinschaftsrechtlich zulässig?

b) Wäre eine ähnliche Regelung für die Deutsche Post AG oder der DTAG zulässig, um die Aufrechterhaltung der Versorgung sicherzustellen? Was unterscheidet diese Fälle von einer „goldenen Aktie" bei VW?

1. Grundlagen

a) Allgemeine Grundsätze und Lehren

50 Die Verwirklichung des Binnenmarkts verlangt, dass außer den Waren auch die Produktionsfaktoren Arbeit und Dienstleistung frei, dh vor allem ohne Benachteiligung aufgrund der Staatsangehörigkeit verkehren können. Insofern konkretisieren sie das allgemeine Diskriminierungsverbot des Art. 18 Abs. 1 AEUV durch Statuierung eines

---

36 EuGH v. 14.10.2004, Rs. C-36/02 – „*Omega GmbH*", Slg. 2004, I-9609 = DVBl 2004, 1476. Diese Entscheidung erging auf Vorlage von BVerwG, NVwZ 2002, 598.

Grundsatzes der **Inländergleichbehandlung**. Sie verlangen aber darüber hinaus auch, dass die Beschränkungen durch öffentliche Interessen, die als Schranken der Marktfreiheiten fungieren, gerechtfertigt sind. Dazu übernehmen die Marktfreiheiten vergleichbare Funktionen wie die Grundrechte aus Art. 12 und 14 GG in den rein nationalen Sachverhalten. Die fast zwangsläufige Konsequenz dieser Funktion der Marktfreiheiten als Rechtspositionen des Einzelnen ist die **Entwicklung eines „Allgemeinen Teils"** gemeinsamer, für alle Marktfreiheiten geltender Grundsätze und damit verbunden auch eine starke Annäherung an die allgemeine Grundrechtsdogmatik in der Tradition „europäisch-amerikanischer Verfassungsstaatlichkeit"[37]. Dies erklärt, warum der EuGH trotz des unterschiedlichen Wortlauts der primärrechtlichen Bestimmungen seiner Prüfung ein **einheitliches Konzept und Prüfprogramm** zugrunde legt[38]. Auch wenn die **Entwicklung allgemeiner Lehren** keineswegs abgeschlossen ist, zeichnet sich eine Konvergenz mit der nationalen, aber auf der Grundlage der Grundrechtecharta (GrCh) zunehmend europäischen Grundrechtsdogmatik ab.

Wie die Grundrechte sind auch die **Grundfreiheiten in erster Linie (staatsgerich-**   **51** **tete) Eingriffsabwehrrechte** und fungieren als Beschränkungs- und nicht allein als Diskriminierungsverbote[39]. Außerdem können auch aus den Grundfreiheiten **staatliche Schutzpflichten** abgeleitet werden.

Die europäische Konzeption hat der EuGH in zwei Grundlagenentscheidungen entwickelt. Im Urteil vom 9.12.1997[40] entschied der EuGH, dass die Französische Republik gegen ihre Verpflichtungen aus Art. 34 iVm Art. 4 Abs. 3 AEUV (ex Art. 28 iVm Art. 10 EGV) verstoßen hat, indem sie „nicht alle Maßnahmen ergriffen hat, damit der freie Warenverkehr … nicht durch Handlungen von Privatpersonen beeinträchtigt wird". Offen blieb die Frage nach den Grenzen der staatlichen Handlungspflicht. Angesichts der Weite der *Dassonville*-Formel und damit des Grundfreiheitentatbestands kann jedenfalls nicht für jedes private Handeln mit Eingriffsqualität eine Handlungs-(und ggf dadurch eine Haftungs-)pflicht des Staates begründet werden[41]. Mit dieser Frage einer Rechtfertigung der Beeinträchtigung beschäftigte sich der EuGH in der zweiten Entscheidung v. 12.6.2003 zur Brenner-Blockade[42]. Grundrechte und Grundfreiheiten sind gleichermaßen vom Unionsrecht geschützte und damit von den Mitgliedstaaten zu beachtende Rechte, zwischen denen – ähnlich wie in der deutschen Grundrechtsdogmatik bei der Kollision zweier Grundrechte – „ein angemessener Ausgleich im Wege praktischer Konkordanz gesucht

---

37 Dazu insbes. *Brugger*, Der moderne Verfassungsstaat aus der Sicht der amerikanischen Verfassung und des Grundgesetzes, AöR 2001, 337; *Stern*, Grundideen europäisch-amerikanischer Verfassungsstaatlichkeit, 1984; ähnlich auch *Schliesky*, S. 26 f.

38 S. auch *Streinz*, Europarecht, Rn 789: Tendenz zur Vereinheitlichung und Vereinfachung des Prüfungsmaßstabs.

39 Grundlegend EuGH v. 20.2.1979, Rs. C-120/78 – „*Cassis de Dijon*", Slg. 1979, 649. S. *Ehlers*, in: ders. (Hrsg.), Europäische Grundrechte und Grundfreiheiten, § 7 Rn 28 f; zur Funktion der Grundfreiheiten als Leistungs- bzw Teilhaberechte, als Verfahrensrechte und als objektive Ordnung vgl *Ehlers*, aaO, Rn 32–39. Aus der Funktion als Diskriminierungsverbot allein ließe sich nur ein gleichheitsrechtliches Verständnis ableiten; für eine solche Interpretation *Kingreen*, Die Struktur der Grundfreiheiten des Europäischen Gemeinschaftsrechts, 1999, S. 115 ff.

40 EuGH v. 9.12.1997, Rs. C-265/95 – „*Kommission/Frankreich*", Rn 1, Slg. 1997, I-6959 = EuGRZ 1997, 620 = EuR 1998, 47 m. Anm. Schwarze.

41 *Kadelbach/Petersen*, EuGRZ 2002, 213, 214; *Schliesky*, Öffentliches Wirtschaftsrecht, S. 29 ff.

42 EuGH v. 12.6.2003, Rs. C-112/00 – „*Schmidberger*", Slg. 2003, I-5659 = DVBl 2003, 1200 = JuS 2004, 429 (Streinz).

werden muss"[43]. Mittlerweile hat sich die Problematik der Verkehrsblockaden ins sekundäre Unionsrecht verlagert[44].

52 Diese dogmatische Parallele spiegelt sich im **Prüfungsaufbau** wider. Wie in der Grundrechtsprüfung lassen sich Schutzbereich, Eingriff und Rechtfertigung unterscheiden (s. Rn 58 ff). Allerdings greifen die Marktfreiheiten nur dann ein, wenn es sich um eine „Teilnahme am Wirtschaftsleben" handelt und der erforderliche grenzüberschreitende Bezug gegeben ist. Außerdem muss das angegriffene Verhalten dem Mitgliedstaat zuzurechnen sein. Diese wurden – soweit der Sachverhalt dafür Anlass bietet – vorab geprüft.

b) Teilnahme am Wirtschaftsleben

53 Nach der Rechtsprechung des EuGH fallen sämtliche wirtschaftlichen, dh entgeltlichen Tätigkeiten in den Anwendungsbereich des Unionsrechts. Allerdings wird dieses Merkmal **weit verstanden**, so dass es den Anwendungsbereich kaum beschränkt. Ganz im Gegenteil hat der EuGH den Anwendungsbereich der Marktfreiheiten erheblich über das Wirtschaftsrecht im engeren Sinne hinaus ausgedehnt[45].

Die Qualifikation als Teilnahme am Wirtschaftsleben gilt unabhängig davon, wie ein Mitgliedstaat diese Bereiche regelt. Grundsätzlich sind auch Spielbanken, Sportwetten, Lotterien und ähnliche Veranstaltungen Bestandteil des Wirtschaftslebens, selbst wenn eine solche Veranstaltung von vornherein nur der öffentlichen Hand erlaubt ist (Staatsmonopol) oder dem Staat jedenfalls ein (beträchtlicher) Teil des Erlöses zufließt[46]. Entsprechendes gilt für die Prostitution, sofern sie in einem Mitgliedstaat zumindest partiell legal ausgeübt werden kann bzw staatlich reglementiert wird[47] (s. aber zur Berücksichtigung der nationalen Ordnungsinteressen unten Rn 68).

c) Grenzüberschreitender Bezug

54 Da die Beseitigung der Hindernisse für den freien Verkehr von Waren, Personen und Kapital der Verwirklichung des Binnenmarktes dient, greifen die Grundfreiheiten nur dann, wenn der Sachverhalt einen Bezug zum Binnenmarkt hat, also grenzüberschreitende Sachverhalte erfasst[48]. Daran fehlt es, wenn ein Staat nur das Verhalten seiner

---

43 *Streinz*, JuS 2004, 429, 431.
44 Verordnung (EG) Nr 2679/98 des Rates vom 7. Dezember 1998 über das Funktionieren des Binnenmarktes im Zusammenhang mit dem freien Warenverkehr zwischen den Mitgliedstaaten. In der Sache greift die VO die Rechtsprechung des EuGH zur Warenverkehrsfreiheit und der daraus abgeleiteten staatlichen Schutzpflicht auf und ergänzt das Instrumentarium um die Befugnis der Kommission zum Einschreiten gegenüber dem Mitgliedstaat: Stellt sie eine Behinderung in einem Mitgliedstaat Behinderungen fest, so richtet sie eine Entscheidung an diesen Mitgliedstaat, die ihn verpflichtet, die erforderlichen und angemessenen Maßnahmen zu treffen, um die Behinderungen innerhalb der von ihr festgesetzten Frist zu beseitigen. S. im Einzelnen Art. 3 ff der VO.
45 Nicht nur im Profisport (vgl EuGH v. 15.12.1995, Rs. C-415/93 – *„Bosman"*, Slg. 1995, I-4921), sondern auch beim Zugang zu öffentlichen Einrichtungen, etwa bei den Tarifen für öffentliche Museen, s. EuGH v. 16.1.2003, Rs. C-388/01 – *„Kommission/Italien"*, Slg. 2003, I-721.
46 EuGH v. 21.9.1999, Rs. C-124/97 – *„Läärä"*, Slg. 1999, I-6067; EuGH v. 24.3.1993, Rs. C-275/92 – *„Schindler"*, Rn 19, Slg. 1994 I-1078.
47 Vgl dazu unter anderem EuGH v. 27.9.2001, Rs. C-63/99 – *„Gloszczuk"*, Rn 1 ff, Slg. 2001, I-6369; EuGH v. 20.11.2001, Rs. C-268/99 – *„Jany"*, Rn 32 ff, Slg. 2001, I-8615; vgl dazu *Laskowski*, EuR 2003, 473; *Lenze*, EuGRZ 2002, 106. S. auch schon VGH Mannheim, NVwZ 2000, 1070, 1072.
48 Vgl EuGH, Urt. v. 5.5.2011, Rs. C-434/09– *„McCarthy"*, Rn 45, Slg. 2011, I-3375.

eigenen Bürger regelt (zu den Konsequenzen einer damit uU verbundenen Inländerdiskriminierung s. Rn 154). In neueren Entscheidungen wurde der Anwendungsbereich der Grundfreiheiten allerdings dadurch erheblich ausgedehnt, dass der EuGH uU einen hypothetischen grenzüberschreitenden Bezug genügen lässt[49]. Durch die damit verbundene Anwendung der Grundfreiheiten auf Sachverhalte ohne konkrete Beteiligung von Angehörigen anderer Mitgliedstaaten wird die Zahl der verbleibenden ausschließlich innerstaatlichen Sachverhalte erheblich eingeschränkt. Dennoch ist bei der Auslegung dieser Entscheidung Vorsicht geboten. So hat sich der EuGH in den Vorabentscheidungsverfahren zusätzlich darauf gestützt, dass die Auslegung der Grundfreiheiten auch dann von Relevanz ist, wenn das nationale Recht (anders als das deutsche) für Inländer die gleichen Grundsätze anlegt. Insoweit bedarf das Kriterium des hypothetischen Auslandsbezugs noch der Klärung.

d) Adressaten der Grundfreiheiten

Ähnlich wie die Grundrechte sind die Grundfreiheiten **staatsgerichtet** und eine un-   55
mittelbare Bindung Privater an die Grundfreiheiten (sog. unmittelbare Drittwirkung) kommt nur in Ausnahmefällen in Betracht[50]. Einbezogen werden allerdings öffentlichrechtlich organisierte Formen der **Selbstverwaltung** wie die Kammern, aber auch privatrechtliche Vereinigungen, soweit sie Verbandsvorschriften erlassen, die auf die grenzüberschreitende Betätigung Einfluss nehmen[51]. Von dieser Grundfreiheitenbindung Privater zu unterscheiden ist das dem Staat zurechenbare Verhalten in Privatrechtsform[52] und die Betätigung öffentlicher Unternehmen[53]. Die Verbindung zwischen privatrechtlicher Organisationsform und staatlichem Einfluss rechtfertigt ihre Bindung an die Grundfreiheiten, schließt aber umgekehrt nicht aus, dass sie sich selbst gegenüber staatlichen Maßnahmen auf diese berufen können (s. näher unten Rn 749 f)[54].

---

49   EuGH v. 19.7.2012, Rs. C-470/11 – *„Garkalns"*, Rn 20, NVwZ 2012, 1162; EuGH v. 8.5.2013, Rs. C-197/11, C-203/11 – *„Libert"*, Rn 33 ff, EuZW 2013, 507.
50   Die Frage der unmittelbaren Wirkung der Grundfreiheiten befindet sich noch im Fluss. Der EuGH hat mehrfach der Dienstleistungsfreiheit, dem allgemeinen Diskriminierungsverbot und der Arbeitnehmerfreizügigkeit eine unmittelbare Wirkung zwischen Privaten zugemessen, um Einzelne vor der Macht privater Verbände zu schützen, die durch ihre besondere Stellung Bereiche des Wirtschaftslebens autonom regeln. Vgl dazu *Kingreen*, in: von Bogdandy (Hrsg.), Europäisches Verfassungsrecht, S. 676 ff; *Streinz*, Europarecht, Rn 848 ff; *Müller-Graff*, EuR 2014, 3. Dogmatisch ist diese Konstruktion nicht überzeugend. Der Wortlaut der entsprechenden Bestimmungen des AEUV („zwischen den Mitgliedstaaten") und die Rechtfertigungsmöglichkeiten für Beschränkungen der Grundfreiheiten sind auf staatliche Tätigkeit zugeschnitten, so dass die Begründung mittels „staatlicher Schutzpflichten" vorzugswürdig ist, vgl *Ehlers*, in: ders. (Hrsg.), Europäische Grundrechte und Grundfreiheiten, § 7 Rn 48 f.
51   S. EuGH v. 12.12.1974, Rs. C-36/74 – *„UCI"*, Rn 4 ff, Slg. 1974, 1405, 1418 ff.
52   Vgl zu den Äußerungen des Irish Good Council EuGH v. 24.11.1982, Rs. C-249/81 – *„Buy Irish"*, Slg. 1982, 4005; s. auch EuGH v. 18.5.1989, Rs. C-266 u. 267/87 – *„Association of Pharmaceutical Importers"*, Rn 13 ff, Slg. 1989, 1295; EuGH v. 15.12.1993, Rs. C-292/92 – *„Hünermund u. a."*, Slg. 1993, I- 6767.
53   EuGH v. 30.4.1974, Rs. C-155/73 – *„Sacchi"*, Rn 14, Slg. 1974, 409; *Jung*, in: Calliess/Ruffert, Art. 106 AEUV Rn 3; *Weiß*, DVBl 2003, 165, 166; *Burgi*, EuR 1997, 261, 287.
54   *Burgi*, EuR 1997, 287; *Storr*, Der Staat als Unternehmer, S. 298 ff. Für die Niederlassungs- und Dienstleistungsfreiheit ergibt sich die Geltung auch für öffentliche Unternehmen schon aus Art. 54 Abs. 2 AEUV (ggf iVm Art. 62 AEUV), vgl *Weiß*, DVBl 2003, 169, 173.

e) Bereichsausnahmen für die öffentliche Gewalt

56 Nach Art. 51 AEUV sind die Niederlassungsfreiheit und über den Verweis in Art. 62 AEUV auch die Dienstleistungsfreiheit nicht anwendbar, wenn es sich bei der fraglichen Tätigkeit um die **Ausübung öffentlicher Gewalt** handelt; auch im Sekundärrecht – etwa für den Anwendungsbereich des Vergaberechts – wird die Bereichsausnahme relevant. Es handelt sich um einen unionsrechtlichen Begriff, der als Ausnahme von den Grundfreiheiten eng auszulegen ist[55]. Allerdings hat der EuGH bisher keine wirkliche Definition geliefert, so dass sich um die Anwendung regelmäßig Kontroversen entzünden. Eindeutige Fälle der Ausübung von öffentlicher Gewalt in diesem Sinne sind Justiz, Polizei und Militär. Zur öffentlichen Gewalt gehört aber auch die **staatliche Wirtschaftsaufsicht**. Problematisch wird die Bereichsausnahme immer dann, wenn Private in die Aufgabenerfüllung einbezogen werden. Nach dem EuGH werden allein solche Tätigkeiten erfasst, „die, in sich selbst betrachtet, eine *unmittelbare und spezifische* Teilnahme an der Ausübung öffentlicher Gewalt darstellen"[56]. Bei der Einschaltung Privater wird die fragliche Tätigkeit entweder als abtrennbar von der öffentlichen Gewalt oder, weil ihr untergeordnet, gar nicht unter den Tatbestand gefasst[57] oder die Berufung auf den Staatsangehörigkeitsvorbehalt als unverhältnismäßig angesehen, weil eine staatliche Kontrolle über die Privaten ausreichend (und regelmäßig aus anderen Gründen geboten) ist.

57 Bisher hat der EuGH daher in keinem einzigen Fall die Bereichsausnahme durchgreifen lassen: Die Tätigkeit der **Rechtsanwälte und Notare** fällt trotz des Bezuges zur Justiz schon gar nicht unter die Bereichsausnahme[58]. Erst recht stellt die **Tätigkeit privater Sicherheitsunternehmen**[59] keine öffentliche Gewalt dar. **Kfz-Überwachung**[60] und **Versicherungsaufsicht**[61] lassen sich dagegen als öffentliche Gewalt interpretieren. Dennoch greift im Ergebnis die Bereichsausnahme nicht. Bei der Übertragung der Kfz-Überwachung auf (beliehene) Private oder deren Einschaltung in die Versicherungsaufsicht genügt eine Überwachung dieser Tätigkeit durch den Staat. Sämtlichen Versuchen, diesen materiellen Begriff der öffentlichen Gewalt durch einen formellen Begriff zu ersetzen und an die Frage der Beleihung bzw die Befugnis zum Erlass von Verwaltungsakten anzuknüpfen, hat der EuGH eine klare Absage erteilt[62].

---

55 S. EuGH v. 15.3.1998, Rs. C-147/86 – „*Kommission/Griechenland*", Rn 7, Slg. 1998, 1637; EuGH v. 22.10.2009 – Rs. C-438/08 – „*Kommission/Portugal*", Rn 34, Slg. 2009, I-10219; *Burgi*, NVwZ 2007, 383, 386.

56 EuGH v. 21.6.1974, Rs. C-2/74 – „*Reyners*", Rn 44 f, Slg. 1974, 631; zuletzt EuGH v. 22.10.2009, Rs. C-438/08 – „*Kommission/Portugal*", Rn 34, Slg. 2009, I-10219. S. dazu auch *Ruthig*, DVBl 2010, 13, 20.

57 Danach wird die Tätigkeit Privater „unter der aktiven Überwachung der zuständigen Behörde, die letztlich für die Kontrollen und Entscheidungen der genannten Organisationen die Verantwortung trägt", nicht von Art. 51 AEUV erfasst, vgl EuGH v. 22.10.2009, Rs. C-438/08 – „*Kommission/Portugal*", Rn 37, Slg. 2009, I-10219, unter Berufung auf Urteile v. 12.7.2007, Rs. C-393/05 – „*Kommission/Österreich*", Rn 42, Slg. 2007, I-10195 und v. 29.11.2007, Rs. C-404/05 – „*Kommission/Deutschland*", Rn 44, Slg. 2007, I-10239.

58 Zum Rechtsanwalt schon EuGH v. 21.6.1974, Rs. C-2/74 – „*Reyners*", Rn 45, Slg. 1974, 631; zum Notariat EuGH v. 24.5 2011, Rs. C-54/08 – „*Kommission/Deutschland*", Slg. 2011, I-4355.

59 EuGH v. 29.10.1998, Rs. C-114/97 – „*Kommission/Spanien*", Slg. 1998, I-6717. EuGH v. 9.3.2000, Rs. C-355/98 – „*Kommission/Belgien*", Slg. 2000, I-1221; EuGH v. 29.5.2001, Rs. C-263/99 – „*Kommission/Italien*", Slg. 2001, I-4195.

60 EuGH v. 5.10.1994, Rs. C-55/93 – „*van Schaik*", Rn 16, Slg. 1994, I-4837.

61 EuGH v. 13.7.1993, Rs. C-42/92 – „*Thijssen*", Rn 22, Slg. 1993, I-4047.

62 Auch dazu ausf *Ruthig*, DVBl 2010, 13, 19.

2. Die Prüfung der Grundfreiheiten

a) Schutzbereich und Eingriff

Erfassen die Grundfreiheiten einen Sachverhalt (zu den allgemeinen Anforderungen   **58**
an die Eröffnung des Anwendungsbereiches Rn 52 ff, zu den im Einzeln geschützten
Sachverhalten unten Rn 72 ff), stellt sich die Frage, inwieweit sie einer Vorschrift des
nationalen öffentlichen Wirtschaftsrechts entgegenstehen. Trotz der unterschiedlichen
Formulierung geht man von einer einheitlichen Struktur der Grundfreiheiten aus[63].
Dabei lassen sich wie in der deutschen Grundrechtsdogmatik Schutzbereich, Eingriff
(Beschränkung) und Rechtfertigung unterscheiden.

Als **Eingriffsformen** sind die (offene oder versteckte) Diskriminierung und die   **59**
Maßnahmen gleicher Wirkung anerkannt. Neben der selten gewordenen **offenen
Diskriminierung**, bei der Vorschriften unmittelbar an die Staatsangehörigkeit anknüpfen, gibt es vor allem Fälle der **versteckten (faktischen bzw mittelbaren) Diskriminierung**, die zwar nicht ausdrücklich Binnenmarktsachverhalte regeln, aber in
ihren Auswirkungen EU-Ausländer typischerweise stärker betreffen als Inländer[64].
Da die meisten Vorschriften nicht zwischen In- und Ausländern differenzieren, handelt es sich idR um **Maßnahmen gleicher Wirkung**. Dieses Kriterium hat der
EuGH am Beispiel der Warenverkehrsfreiheit entwickelt, aber mittlerweile auf die
anderen Grundfreiheiten übertragen[65]. Verboten ist danach jede Maßnahme, die geeignet ist, „innergemeinschaftlichen Handel unmittelbar oder mittelbar, tatsächlich
oder potentiell zu behindern" (sog. **Dassonville-Formel**)[66]. Damit hat der EuGH die
zunächst als Diskriminierungsverbote verstandenen Grundfreiheiten zu allgemeinen
Beschränkungsverboten weiterentwickelt.

Für die Bestimmung des Eingriffes irrelevant ist die vom Staat gewählte **Handlungs-**   **60**
form und damit auch die Frage des „zwingenden Charakters" der Maßnahme. Die
Mitgliedstaaten sollen sich weder durch die Wahl der Handlungsform noch durch die
Qualifikation der betreffenden Handlung als privatrechtlich ihren unionsrechtlichen
Pflichten entziehen können (zur Frage der Adressateneigenschaft s. oben Rn 55).

Beispielsweise maß der EuGH eine staatliche *Werbekampagne* als Maßnahme gleicher Wirkung
an den Grundfreiheiten[67]. Äußerungen eines Beamten sind dem Staat zurechenbar, wenn die Emp-

---

63 S. dazu *Frotscher/Kramer*, Rn 217; *Ehlers*, Jura 2001, 266.
64 Zum Begriff der Diskriminierung *Müller-Graff*, in: Streinz, AEUV Art. 49 Rn 40 ff.
65 Zur Arbeitnehmerfreizügigkeit EuGH v. 27.1.2000, Rs. C-190/98 – „*Graf*", Slg. 2000, I-493; EuGH
    v. 15.9.2005, Rs. C-464/02 – *Kommission/Dänemark*", Slg. 2005, I-7929 mwN; zur Dienstleistungs-
    und Niederlassungsfreiheit EuGH v. 15.1.2002, Rs. C-439/99 – „*Kommission/Italien*", Slg. 2002,
    I-305; EuGH v. 13.12.2007, Rs. C-465/05 – „*Kommission/Italien*" Slg. 2007, I-11091 mwN. Die Ka-
    pitalverkehrsfreiheit wurde bereits nach ihrem eindeutigen Wortlaut als Beschränkungsverbot konzi-
    piert.
66 EuGH v. 11.7.1974, Rs. C-8/74 – „*Dassonville*", Rn 5, Slg. 1974, 837; *Leible/T. Streinz*, in: Grabitz/
    Hilf/Nettesheim, AEUV Art. 34 Rn 99 ff, 122. Im Einzelfall gestaltet sich deren Abgrenzung von den
    versteckten Diskriminierungen als schwierig, s. *Ehlers*, Jura 2001, 482, 485.
67 EuGH v. 24.11.1982. Rs C-249/81 – „*Buy Irish*", Slg. 1982, 4005; EuGH v. 13.12.1983, Rs. C-222/
    82 – „*Apple and Pear Development Council*", Slg. 1983, 4083; EuGH v. 5.11.2002, Rs. C-325/00 –
    „*CMA-Gütezeichen*", Slg. 2002, 9977; aus der Literatur *Epiney*, in: Ehlers (Hrsg.), Europäische
    Grundfreiheiten und Grundrechte, § 8 Rn 27; *Becker*, EuR 2002, 418 ff.

fänger dieser Äußerungen den Umständen nach annehmen dürfen, dass sich der Beamte mit Amtsautorität äußert[68].

61 Angesichts seines weiten Eingriffsbegriffes hat sich der EuGH mit der sog. **Keck-Rechtsprechung** um eine Begrenzung des Schutzbereiches bemüht. Danach fallen „bestimmte Verkaufsmodalitäten" dann nicht in den Schutzbereich der Warenverkehrsfreiheit, wenn sie für alle betroffenen Wirtschaftsteilnehmer gelten, die ihre Tätigkeit im Inland ausüben und außerdem den Absatz in- und ausländischer Waren in rechtlich wie tatsächlich gleicher Weise berühren[69].

Eine klare Definition existiert nicht, wohl aber eine **umfangreiche Kasuistik**. Neben den wettbewerbsrechtlichen Vorschriften[70] sind als öffentlichrechtliche Vorschriften das **Ladenöffnungsrecht und Sonntagsverkaufsverbot** zu nennen (s. unten Rn 83); Entsprechendes gilt für **Verkaufsbeschränkungen**, zB die Apothekenpflichtigkeit bestimmter Arzneimittel[71] sowie **produktbezogene Werbeverbote**, etwa für alkoholische Getränke[72] oder Arzneimittel. Inwieweit sich diese zur Warenverkehrsfreiheit entwickelten Grundsätze auf die Niederlassungs- und Dienstleistungsfreiheit übertragen lassen, wird kontrovers beurteilt. Obschon der EuGH dies nur für die Dienstleistungsfreiheit ausdrücklich entschieden hat[73], dürfte sich der Grundsatz auch auf die anderen Grundfreiheiten anwenden lassen, soweit es sich um nichtdiskriminierende und marktverhaltensbezogene Vorschriften handelt[74].

b) Die Rechtfertigung von Beschränkungen

62 Liegt eine Beeinträchtigung der Grundfreiheiten vor, so ist zunächst zu prüfen, inwieweit diese durch die **geschriebenen Schrankenregelungen** des AEUV gerechtfertigt werden kann. Hierzu gehören **Gründe der öffentlichen Ordnung, Sicherheit und Gesundheit**[75]. Dabei sind die entsprechenden Bestimmungen grundsätzlich eng auszulegen. So ist die öffentliche Ordnung nur dann betroffen, wenn eine tatsächliche und hinreichend schwere Gefährdung vorliegt, die ein Grundinteresse der

---

68 EuGH v. 17.4.2007, Rs. C-470/03 – „*A.G.M Hebebühnen*", Slg. 2007, 2749; dazu *Weiß*, EuZW 2008, 74.
69 EuGH v. 24.11.1993, Rs. C-268/91 – „*Keck*", Slg. I-1993, 6097; dazu *Epiney*, in: Ehlers (Hrsg.), Europäische Grundrechte und Grundfreiheiten, § 8 Rn 39 ff; *Kingreen*, in: Calliess/Ruffert, Art. 34–36 AEUV Rn 162 ff; *Schroeder*, in: Streinz, Art. 34 AEUV Rn 42 f.
70 In der Ausgangsentscheidung war es das Verbot des Verkaufs unter Einstandspreis, vgl EuGH v. 24.11.1993, Rs. C-268/91 – „*Keck*", Slg. 1993, I-6097.
71 EuGH v. 11.12.2003, Rs. C-322/01 – „*Doc Morris*", Slg. 2003, I-14887. S. auch *Frotscher/Kramer*, Rn 221. Ebenso sogar für ein Verkaufsmonopol von Apotheken für Babynahrung EuGH v. 29.6.1995, Rs. C-391/92 – „*Kommission/Griechenland*", Rn 11 ff, Slg. 1995, I-1621.
72 EuGH v. 8.3.2001, Rs. C-405/98 – „*Gourmet International*", Slg. 2001, I-1795 = EuZW 2001, 251.
73 EuGH v. 10.5.1995, Rs. C-384/93 – „*Alpine Investments*", Slg. 1995, I-1141; dazu unten Rn 78, 84. Zur Kapitalverkehrsfreiheit hat EuGH v. 13.5.2003, Rs. C-98/01 – „*Kommission/Großbritannien*", Rn 42 ff, Slg. 2003, I-4641 es abgelehnt, die Vorschriften über „goldene Aktien" als den Verkaufsmodalitäten der Keck-Rechtsprechung entsprechend zu qualifizieren, sich aber jedenfalls nicht grundsätzlich gegen eine Anwendung dieser Grundsätze ausgesprochen.
74 Dazu näher *Ehlers*, in: ders., Europäische Grundrechte und Grundfreiheiten, § 7 Rn 82. Zurückhaltender *Müller-Graff*, in: Streinz, Art. 49 AEUV Rn 62.
75 Diese gilt außer für die hier nicht behandelte Arbeitnehmerfreizügigkeit, bei der sie die größte Rolle spielt (Art. 45 Abs. 2 AEUV), für den freien Warenverkehr (Art. 33), die Niederlassungs- (Art. 52 Abs. 1) und die Dienstleistungsfreiheit (Art. 59 iVm Art. 52 Abs. 1).

Gesellschaft berührt[76]. Die **öffentliche Sicherheit** umfasst den Schutz vor Bedrohungen und Gefahren für die Existenz des Staates in seinen Grundlagen und Einrichtungen[77].

Gleichwohl spielen die geschriebenen Rechtfertigungsgründe im öffentlichen Wirtschaftsrecht aus verschiedenen Gründen kaum eine Rolle. So ließe sich die Unterbindung der Gewerbeausübung auf der Grundlage einer Verurteilung wegen Betäubungsmitteldelikten auf die öffentliche Ordnung stützen[78]. Der unionsrechtliche Begriff[79] erinnert an die polizeirechtliche Generalklausel und verlangt wie diese die Abwehr konkreter, von dem Betroffenen ausgehenden Gefahren[80]. Da Anzeige- und Genehmigungserfordernisse wie in den **Fällen 3** und **4 (Rn 46, 47)** aber lediglich der Abwehr abstrakter Gefahren dienen, lassen sie sich schon deswegen nicht auf Art. 52 iVm Art. 62 AEUV stützen. Ferner muss ein Mitgliedstaat entsprechende Sachverhalte von Inländern ebenfalls mit empfindlichen Sanktionen ahnden, so dass Sondervorschriften für Ausländer im Ergebnis ausscheiden. Auf diese Rechtfertigungsgründe ließen sich aber auch unterschiedslos wirkende Maßnahmen nur ausnahmsweise stützen (s. aber Rn 51 zur Brennerblockade und Rn 69 zum deutschen Verbot von Laserdromen).

Um den Gestaltungsspielraum der Mitgliedstaaten nicht zu stark einzuschränken, hat   63
der EuGH die strengen geschriebenen Rechtfertigungsgründe durch die flexibleren
„zwingenden Erfordernisse" als ungeschriebene Rechtfertigungsgründe ergänzt[81]. Ausgangspunkt war die **Cassis-Entscheidung**[82]. In der Rechtssache *Gebhard*
hat der EuGH diesen Prüfungsaufbau für die Einschränkungen von Grundfreiheiten
zusammengefasst[83]:

– Die Maßnahme muss in nichtdiskriminierender Weise angewendet werden, es darf sich also weder um eine offene noch eine versteckte Diskriminierung handeln.
– Für eine Maßnahme gleicher Wirkung müssen zwingende Gründe des Allgemeinwohls für die Maßnahme vorliegen, was immer dann zu bejahen ist, wenn die Maßnahme unionsrechtlich anerkannten Belangen zu dienen bestimmt ist (sog. Cassis-Formel).

---

76 EuGH v. 26.3.2009, Rs. C-326/07 – *„Kommission/Italien"*, Rn 70, Slg. 2009, I-2291; v. 14.3.2000, Rs. C-54/99 – *„Église de scientologie"*, Rn 17, Slg. 2000, I-1335; v. 17.7.2008, Rs. C-207/07 – *„Kommission/Spanien"*, Rn 47, Slg. 2008, I-111. Allerdings können hierzu auch Grundrechte (zB die Meinungs- bzw. Versammlungsfreiheit in den Brennerblockadefällen und die Menschenwürde im Fall Omega) gehören.
77 EuGH v. 10.7.1984, Rs. C-72/83 – *„Campus Oil"*, Rn 33 ff, Slg. 1984, 2727.
78 EuGH v. 10.2.2000, Rs. C-340/97 – *„Nazli"*, Rn 58, Slg. 2000, I-957.
79 Vgl *Bröhmer*, in: Calliess/Ruffert, Art. 52 AEUV Rn 4 ff; aA allerdings *Forsthoff*, in: Grabitz/Hilf/Nettesheim, Art. 52 AEUV Rn 23 ff. Die meisten Entscheidungen sind zu Art. 45 Abs. 3 AEUV ergangen.
80 Eine Berufung auf die öffentliche Ordnung ist nach der Rspr des EuGH nur möglich, wenn eine tatsächliche und hinreichend schwere Gefährdung vorliegt, die ein Grundinteresse der Gesellschaft berührt, vgl EuGH v. 14.3.2000, Rs. C-54/99 – *„Église de scientologie"*, Rn 17, Slg. 2000, I-1335; s. auch *Bröhmer*, in: Calliess/Ruffert, Art. 52 AEUV Rn 4.
81 Zur Qualifikation als Rechtfertigungsgrund *Schroeder*, in: Streinz, AEUV Art. 34 Rn 74 mwN; ausf *Ehlers*, in: ders. (Hrsg.), Europäische Grundrechte und Grundfreiheiten, § 7 Rn 101 ff.
82 EuGH v. 20.2.1979, Rs. C-120/78 – *„Cassis de Dijon"*, Rn 8, Slg. 1979, 649, 662; s. auch EuGH v. 26.6.1995, Rs. C-368/95 – *„Vereinigte Familiapress/Bauer Verlag"*, Rn 8, Slg. 1997, I-3689, 3713. Ausführlich zur Cassis-Rechtsprechung und den Reaktionen des Schrifttums *Kingreen*, in: Calliess/Ruffert, Art. 34–36 AEUV Rn 45 ff.
83 EuGH v. 30.11.1995, Rs. C-55/94 – *„Gebhard"*, Rn 37, Slg. 1995, I-4165, 4197.

– Die Maßnahme muss geeignet sein, die Verwirklichung des mit ihr verfolgten Ziels zu gewährleisten.

– Die Maßnahme darf nicht über das hinausgehen, was zur Zweckerreichung erforderlich ist.

64 Bereits die Formulierung der Cassis-Entscheidung lies erkennen, dass es **keinen abschließenden Katalog** der Rechtfertigungsgründe gibt. Sie speisen sich im Ergebnis aus drei Quellen: Zum einen beziehen sie ihre Legitimation aus der **Anerkennung in den Unionspolitiken und dem sonstigen Primärrecht**, zum zweiten aus der **Anerkennung im Sekundärrecht** und außerdem in gewissem Umfang aus dem **nationalen Recht** (s. auch Art. 6 Abs. 3 EUV zur Rücksicht auf die besonderen Traditionen der mitgliedstaatlichen Rechtsordnungen). Mit Ausnahme wirtschaftlich protektionistischer Zielsetzungen können daher sehr unterschiedliche Allgemeinwohlbelange verfolgt werden; selbst die Bekämpfung der missbräuchlichen Ausnutzung von Grundfreiheiten kann als Rechtfertigungsgrund genügen[84].

Primärrechtlich anerkannte Belange, die einen Eingriff in die Grundfreiheiten rechtfertigen können, sind daher beispielsweise der Verbraucherschutz (Art. 12, 169 AEUV) und der Umweltschutz (vgl Art. 11, 114 Abs. 4 AEUV)[85], Ziele der Kulturpolitik (Art. 167 AEUV)[86] und die Gewährleistung der Daseinsvorsorge[87]. Der EuGH hat insb Art. 106 Abs. 2 AEUV auch bei der Prüfung der Grundfreiheiten als Rechtfertigungsgrund herangezogen[88]. Auch sekundärrechtlich anerkannte Gemeinwohlbelange können selbstverständlich als Rechtfertigungsgrund fungieren[89]. Allerdings kann die Tatsache einer sekundärrechtlichen Regelung des Sachverhaltes auch zur Unverhältnismäßigkeit nationaler Maßnahmen führen. Vor allem dort, wo sekundärrechtliche Regelungen fehlen[90], hat der EuGH gerade in neueren Entscheidungen aber auch auf nationale Beweggründe abgestellt, etwa die Bekämpfung des Glücksspiels und die dahinter stehenden sittlichen, religiösen und kulturellen Erwägungen des einzelnen Mitgliedstaats (ausf dazu unten

---

84 EuGH v. 9.3.1999, Rs. C-212/97 – *„Centros"*, Rn 29, Slg. 1999 I-1459; EuGH v. 30.9.2003, Rs. C-167/01 – *„Inspire Art"*, Rn 136 ff, Slg. 2003 I-10155.

85 S. etwa EuGH v. 1.7.2014, Rs. C-573/12 – *„Ålands Vindkraft"*, ZUR 2014, 553 m. Anm. Kröger.

86 Vgl auch *Schroeder*, in: Streinz, Art. 36 AEUV Rn 46. EuGH v. 30.4.2009, Rs. C-531/07 – *„LIBRO"*, Rn 22, 34, Slg. 2009, I-3717. stützte sich allgemeiner auf den Schutz von Büchern als Kulturgut.

87 Dieser in Deutschland von *Forsthoff* geprägte Begriff wird im Primärrecht nicht ausdrücklich genannt. Art. 106 AEUV und Art. 36 GrCh sprechen von „Dienstleistungen von allgemeinem wirtschaftlichen Interesse", Art. 14 AEUV von „Diensten von allgemeinem wirtschaftlichem Interesse" und in Protokoll Nr. 26 zum Lissabonner Vertrag von „Dienste(n) von allgemeinem Interesse", Art. 34 GrCh von „Leistungen der sozialen Sicherheit" und „sozialen Diensten". Die Kommission hat demgegenüber den Begriff der Daseinsvorsorge von Anfang an verwendet, vgl Mitteilungen „Leistungen der Daseinsvorsorge in Europa", ABl. EG 1996 C 281/3 und KOM(2000) 580; „Grünbuch zu Dienstleistungen von allgemeinem Interesse", KOM (2003) 270; „Weißbuch zu Dienstleistungen von allgemeinem Interesse", KOM (2004) 374.

88 Als Beispiel EuGH v. 18.6.1998, Rs. C-266/96 – *„Corsica Ferries"*, Rn 59, Slg. 1998, I-3949. S. allerdings auch die Kritik von *Emmerich/Hoffmann*, in: Dauses, H 50, dass der EuGH in den Glücksspielfällen diese Bestimmung nicht herangezogen habe. Dies kann man auch damit erklären, dass der EuGH dort vorrangig die nationalen Rechtfertigungsgründe in den Blick nimmt.

89 Wenn sich eine Richtlinie auf bestimmte Erwägungen stützt, können diese in anderem Kontext nicht als illegitim angesehen werden; gleichwohl ermöglicht die Verhältnismäßigkeitsprüfung differenzierende Lösungen. Bisweilen bringen die Richtlinien eine ausdrückliche Anerkennung nationaler Regelungen zum Ausdruck und können so die Argumentation erleichtern, vgl zu nationalen Urheber- und Markenrechten *Schroeder*, in: Streinz, Art. 36 AEUV Rn 19. Richtlinien können allerdings auch den Schutz begrenzen und so außerhalb ihres Anwendungsbereiches eine Rechtfertigung ausschließen.

90 So zum Glücksspielrecht EuGH v. 8.9.2009, C-42/07 – *„Liga Portuguesa de Futebol Profissional"*, Rn 69, Slg. 2009, I-7533.

Rn 68 ff)[91]. Der EuGH sah aber beispielsweise auch in den Richtlinien zum Energiebinnenmarkt keine abschließende Anerkennung des Binnenmarkts, die eine nationale Förderung erneuerbarer Energien ausschlösse[92].

Als Korrektiv zur großzügigen Anerkennung von Rechtfertigungsgründen fungiert **65** der Grundsatz der Verhältnismäßigkeit[93]. Im Rahmen der **Verhältnismäßigkeit**, insbesondere von Residenz-, Erlaubnis- und Registrierungspflichten, bezieht der EuGH die Regelungen des Herkunftslandes ein und gelangt so zu einem **Verbot der Doppelkontrolle**[94]: Entweder genügt bereits eine (als gleichwertig anzusehende) Herkunftslandaufsicht, oder es sind jedenfalls materiell ausländische Befähigungsnachweise etc. anzuerkennen. Die meisten Fälle werden mittlerweile allerdings von der Dienstleistungs- bzw. der Berufsanerkennungsrichtlinie erfasst, deren Regelungen aber auf den vom EuGH entwickelten Prinzipien beruhen[95] (zu Ausnahmen s. unten Rn 238).

c) Das Verhältnis zwischen den Grundfreiheiten (Konkurrenzen)

Außer für das Verhältnis von Dienstleistungs- und Niederlassungsfreiheit (s. dazu **66** Rn 73) gibt es für das Verhältnis der Grundfreiheiten zueinander keine feste Regel. Obwohl dies die Formulierung des Art. 57 Abs. 2 AEUV nahe legen könnte, gilt dies auch für das Verhältnis von Kapitalverkehrs- und Dienstleistungsfreiheit nicht[96]. Soweit mehrere Grundfreiheiten einschlägig, aber die Einzelelemente zu einem untrennbaren Ganzen verbunden sind, stellt der EuGH auf den **Schwerpunkt** ab. Lassen sich die beiden Teile voneinander abschichten, werden die einzelnen Teile getrennt geprüft. Angesichts der starken Konvergenzen zwischen den Prüfungsmaßstäben (s. bereits Rn 58 ff) hat dies in den meisten Fällen kaum Konsequenzen für das Ergebnis. Bedeutsam wird es freilich wegen der Beschränkung der aktiven Dienstleistungsfreiheit auf Unionsbürger und vor allem wegen der Erstreckung der Kapitalverkehrsfreiheit auf Drittstaatssachverhalte (s. zur Abgrenzung der Kapitalverkehrsfreiheit von den anderen Grundfreiheiten Rn 88 f).

Daher ist die Versendung von Werbematerial oder Unterlagen durch einen ausländischen Dienstleistungsanbieter kein Selbstzweck, sondern dient der Durchführung einer Dienstleistung und wird anhand der Dienstleistungsfreiheit geprüft[97]. Umgekehrt sind Bestimmungen, welche den

---

91 Dass der EuGH ausdrücklich auf das Fehlen harmonisierter Rechtsvorschriften abstellt, muss nicht bedeuten, dass etwa auf der Grundlage von Art. 114 AEUV solche Vorschriften auch erlassen werden könnten; ablehnend für das Glücksspielrecht *Brüning*, NVwZ 2013, 23.
92 S. etwa EuGH v. 1.7.2014, Rs. C-573/12 – „*Ålands Vindkraft*", ZUR 2014, 553 m. Anm. Kröger; freilich ist außerdem der Beihilfetatbestand zu prüfen, s. dazu unten Rn 924; EuGH v. 13.3.2001, Rs. C-379/98 – „*PreussenElektra*", Slg. 2001, I-2099 = EuZW 2001, 242; EuGH v. 17.7.2008, Rs. C-206/06 – „*Essent*", Slg. 2008, I-5497; EuGH v. 19.12.2013, Rs. C-262/12 – „*Vent de Colère*", EuZW 2014, 115; zum Ganzen *Ludwigs*, EuZW 2014, 201; *Macht/Nebel*, NVwZ 2014, 765; *Palme*, NVwZ 2014, 559.
93 *Streinz*, Europarecht, Rn 844 f; *Ehlers*, in: ders. (Hrsg.), Europäische Grundrechte und Grundfreiheiten, § 7 Rn 109 f.
94 Ausf zur Dienstleistungsfreiheit *Kluth*, in: Callies/Ruffert, Art. 57 AEUV Rn 78 ff.
95 Näher zu dieser Entwicklung *Ruthig*, in: Ruffert, Europäisches Sektorales Wirtschaftsrecht, § 3 Rn 14 ff.
96 EuGH v. 3.10.2006, Rs. C-452/04 – „*Fidium Finanz*", Slg. 2006, I-9521 = EuZW 2006, 689.
97 EuGH v. 24.3.1994, Rs. C-275/92 – „*Schindler*", Rn 22 ff, Slg. 1994, I-1039 zum Versand von Wettunterlagen an die deutschen Interessenten per Post. Ausf *Müller-Graff*, in: Streinz, Art. 56 AEUV Rn 24 mwN.

Vertrieb von Waren beschränken, dann an der Warenverkehrsfreiheit zu messen, wenn die Dienstleistung einen untergeordneten Aspekt darstellt[98].

67   In **Fall 5 (Rn 48)** ist mit der Lieferung der Ausrüstung sowohl die Dienstleistungs- wie die Warenverkehrsfreiheit betroffen. Da die Einfuhr der Waren nur eine zwangsläufige Folge der von der P erbrachten Dienstleistung ist, tritt bei einem Franchisevertrag die Warenverkehrsfreiheit gegenüber der Dienstleistungsfreiheit als zweitrangig zurück[99]. Die Einfuhr von Geld- oder Spielautomaten wird nur an der Warenverkehrsfreiheit geprüft, selbst wenn die Einfuhr zum Zweck der Erbringung einer Dienstleistung geschieht[100]. Andererseits prüft der EuGH eine nationale Bestimmung nur anhand der Dienstleistungsfreiheit, wenn die Einfuhrbeschränkung sich auf die für eine bestimmte Spielart entwickelte Ausrüstung bezieht und sich so als zwangsläufige Folge des Verbots dieser Spielvariante darstellt[101].

d) Nationale Spielräume und Kohärenzgebot

68   Bei der Prüfung aller Marktfreiheiten stellt sich eine Frage, die aus dem nationalen Verfassungsrecht vertraut ist, in Europa aber eine besondere Dimension gewinnt. Es geht darum, inwieweit **sozial unerwünschte bzw verbotene Tätigkeiten** wie die Veranstaltung von Glücksspielen, die Ausübung der Prostitution oder gewaltverherrlichende Unterhaltungsangebote in den Schutzbereich der Marktfreiheiten einzubeziehen sind oder ihnen jedenfalls öffentliche Interessen bei der Schrankenprüfung entgegen gehalten werden können. Entscheidend ist vor allem, wessen Wertmaßstäbe zugrunde zu legen sind. So macht es durchaus einen Unterschied, ob man beispielsweise bei Wettveranstaltungen oder der Ausübung der Prostitution auf das Werturteil des konkret betroffenen Mitgliedstaates oder auf unionsweite Maßstäbe abstellt. Letzteres könnte leicht dazu führen, dass nationale Ordnungsvorstellungen nivelliert und durch einen europäischen Minimalkonsens ersetzt werden, da unionsweit einheitliche Rechtsüberzeugungen, die ein Verhalten in sämtlichen Mitgliedstaaten verbieten, jenseits der unproblematischen Fälle von Berufskillern und Drogenkurieren[102] selten gegeben sein werden. Allgemein stellt sich die Frage, inwieweit die Prüfung anhand der Marktfreiheiten **Raum für mitgliedstaatliche Besonderheiten** und unterschiedliche Rechtsüberzeugungen bietet, auch wenn sie den Gemeinsamen Markt behindern. Dies lässt der EuGH in weitem Umfang zu.

69   Danach haben die Mitgliedstaaten eine erhebliche Einschätzungsprärogative bei der Beurteilung der Frage, inwieweit bestimmte nationale Regelungen zum Erreichen der Ziele geeignet und erforderlich sind[103]. Aber auch bei der Ausfüllung der unbestimmten Rechtsbegriffe der geschriebenen Rechtfertigungsgründe, vor allem dem **Begriff der öffentlichen Ordnung**

---

98   EuGH v. 26.5.2005, Rs. C- 20/03 – *„Burmanjer"*, Rn 21 ff, 33 f, Slg. 2005, I-4233 = NJW 2005, 2977.

99   S. EuGH v. 14.10.2004, Rs. C-36/02 – *„Omega"*, Rn 26 f, Slg. 2004, I-9609.

100   EuGH v. 21.9.1999, Rs. C-124/97 – *„Läärä"*, Rn 22 ff, Slg. 1999, I-6067 = RIW 2000, 133 ff.

101   EuGH v. 14.10.2004, Rs. C-36/02 – *„Omega"*, Rn 28, 29, Slg. 2004, I-9609.

102   EuGH v. 28.2.1984, Rs. C-294/82 – *„Einberger/HZA Freiburg"*, Rn 19 f, Slg. 1984, 1177, 1188. S. auch *Streinz*, Europarecht, Rn 846 f.

103   S. nur EuGH v. 19.5.2009, Rs. C-171/07 u. C-172/07 – *„Apothekerkammer des Saarlandes ua/Saarland"*, Slg. 2009, I-4171 zum Fremdbesitzverbot bei Apotheken; krit dazu *Martini*, NJW 2009, 2112.

(s. Rn 62) erkennt der EuGH ausdrücklich an, dass „die konkreten Umstände, die möglicherweise die Berufung auf den Begriff der öffentlichen Ordnung rechtfertigen, von Land zu Land und im zeitlichen Wechsel verschieden sein" können und billigt insoweit den innerstaatlichen Behörden einen Beurteilungsspielraum zu[104]. So hat der EuGH im **Fall O-GmbH (Fall 5 Rn 48)** die deutschen Standards hinsichtlich der Menschenwürde und ihrer Konsequenzen akzeptiert. Selbst in den Sportwettenfällen stellte der EuGH keineswegs den mitgliedstaatlichen Spielraum in Frage, überprüfte aber die Wertentscheidungen des Gesetzgebers an den tatsächlichen Verhältnissen[105]. Jedenfalls dann, wenn der Gesetzgeber sein Ziel der Suchtprävention konsequent umsetzt, sind Beschränkungen in Gestalt von Genehmigungserfordernissen und dauernder Kontrolle „ohne weiteres" zulässig[106]. Auch in den **Prostitutionsfällen** hat der EuGH darauf hingewiesen, dass es nicht seine Aufgabe sei, „die Beurteilung der Gesetzgeber der Mitgliedstaaten, in denen eine angeblich unsittliche Tätigkeit rechtmäßig ausgeübt wird, durch seine eigene Beurteilung zu ersetzen". Im Zusammenhang mit der öffentlichen Sicherheit akzeptierte es der EuGH schließlich in einem Fall zur Warenverkehrsfreiheit, dass auch die **Sicherstellung der Versorgung** mit Erdölerzeugnissen für den Staat ein Ziel der öffentlichen Sicherheit darstellen kann, weil „nicht nur das Funktionieren seiner Wirtschaft, sondern vor allem auch das seiner Einrichtungen und seiner wichtigen öffentlichen Dienste und selbst das Überleben seiner Bevölkerung von ihnen abhängen"[107]. Besondere Bedeutung erlangte das Schutzgut der öffentlichen Sicherheit im Kontext der Kapitalverkehrsfreiheit; auch dort bleibt nach der Rechtsprechung Raum für die nationalen Ordnungsinteressen (s. unten Rn 87).

Andererseits sind die Anforderungen des EuGH an **Transparenz und Folgerichtig-** **70** **keit** der mitgliedstaatlichen Regelungen insbesondere dort sehr hoch, wo er solche Spielräume zunächst anerkennt. Der EuGH prüft die Argumentation der Mitgliedstaaten sehr genau auf ihre Kohärenz und Stichhaltigkeit[108]. Der Grad der Substantiierungspflicht hängt allerdings auch von der Intensität des Eingriffes ab[109].

So musste sich die Bundesregierung, die vor dem EuGH auf die vermeintlichen Gesundheitsgefahren von Sojawurst hingewiesen hatte, ihren eigenen Ernährungsbericht entgegenhalten lassen, der eine zu fettreiche Ernährung beklagte[110]. Am deutlichsten zeigte sich der Zusammenhang zwischen Anerkennung von Spielräumen und Kohärenzgebot im **Glücksspielrecht.** Im Grundsatz haben die Mitgliedstaaten zwar einen erheblichen Einschätzungsspielraum, auf welche Weise sie die Spielsucht und die sonstigen vom Glücksspiel ausgehenden Gefahren eindämmen wollen; ins-

---

104 EuGH v. 19.10.2004, Rs. C-36/02 – „*Omega*", Rn 31, Slg. 2004, I-9609 = DVBl 2004, 1476 und schon EuGH v. 27.10.1977, Rs. C-30/77 – „*Bouchereau*", Rn 34, Slg. 1977, 1999, 2013.
105 EuGH v. 6.11.2003, Rs. C-243/01 – „*Gambelli*", Slg. 2003, I-13031 = NJW 2004, 139; EuGH v. 6.3.2007, Rs. C-338/04, C-359/04 und C-360/04 – „*Placanica*", Slg. 2007, I-1891 = NJW 2007, 1515; dazu *Backu*, GewArch. 2007, 225.
106 EuGH v. 6.3.2007, Rs. C-338/04, C-359/04, C-360/04 – „*Placanica*", Rn 65, Slg. 2007, I-1891 = NJW 2007, 1515. Die deutschen Länder haben nach der Entscheidung BVerfGE 115, 276 mit dem Glücksspielstaatsvertrags 2007 die entsprechenden Vorgaben umzusetzen versucht, s. unten Rn 176. Vgl zur Unionsrechtswidrigkeit sogleich unter Rn 69.
107 EuGH v. 10.7.1984, Rs. 72/83 – „*Campus Oil*", Rn 7, Slg. 1984, 2727; s.a. EuGH v. 1.7.2014, Rs. C-573/12 – „*Ålands Vindkraft*", ZUR 2014, 553 m. Anm. *Kröger*.
108 S. etwa EuGH v. 11.12.2014, Rs. C-678/11 – „*Kommission/Spanien*", Rn 43: „Neben den Rechtfertigungsgründen, die ein Mitgliedstaat geltend machen kann, muss er daher eine Untersuchung zur Geeignetheit und Verhältnismäßigkeit der von ihm erlassenen Maßnahme vorlegen sowie genaue Angaben zur Stützung seines Vorbringens machen".
109 S. dazu auch *Kingreen*, in: Calliess/Ruffert, Art. 34–36 AEUV Rn 199.
110 EuGH v. 2.2.1989, Rs. C-274/87 – „*Kommission/Deutschland*", Rn 7 ff, Slg. 1989, 229.

besondere können sie diese gänzlich verbieten[111]. Sofern allerdings Glücksspiele teilweise erlaubt werden, untersucht der EuGH sehr genau die Motive des Gesetzgebers und die Kohärenz ihrer Umsetzung: Die Beschränkung muss die Verwirklichung des verfolgten Zieles gewährleisten, dh sie muss auch tatsächlich zur Begrenzung der Wetttätigkeit beitragen[112]. Damit gelangte der EuGH im Ergebnis regelmäßig zur Unionsrechtswidrigkeit staatlicher Monopole, die das Ziel einer Bekämpfung des Glücksspiels nicht konsequent verfolgten[113]. Insoweit zeigen sich deutliche Parallelen zum bundesverfassungsgerichtlichen Maßstab der Kohärenz und Systemgerechtigkeit, zumal sich das BVerfG auch inhaltlich an der EuGH-Judikatur orientierte (s. Rn 122). Grundsätzlich nimmt der EuGH die gesamte nationale Rechtsordnung in den Blick, lässt aber unterschiedliche Regelungen im Bundesstaat zu[114] (s. zum Spielrecht unten Rn 169).

71 Von der Frage nationaler Beurteilungsspielräume zu unterscheiden sind die **Anforderungen an die Ermittlung der tatsächlichen Grundlagen**. Die Frage, inwieweit eine Maßnahme ausländische Angebote diskriminiert, überlässt der EuGH in tatsächlicher Hinsicht der Überprüfung der mitgliedstaatlichen Gerichte[115]. Allerdings dürfen diese sich nicht auf bloße Vermutungen oder Behauptungen stützen[116], sondern müssen wissenschaftliche Erkenntnisse und anerkannte Standards zugrunde legen.

3. Die Niederlassungsfreiheit

72 Die massivste Öffnung eines nationalen Wirtschaftsraumes erfolgt auf der Grundlage der Niederlassungsfreiheit des Art. 49 AEUV. Ihr Schutzbereich erfasst die **dauerhafte Eingliederung** in das Wirtschaftsleben eines anderen Mitgliedslandes durch die Aufnahme und Ausübung einer **selbstständigen Erwerbstätigkeit**.

Unter *Erwerbstätigkeit* iS dieser Vorschrift versteht man das gesamte Spektrum wirtschaftlicher Tätigkeiten, also alle, die dem deutschen Gewerbebegriff (einschließlich des Handwerks) sowie der Urproduktion unterfallen, aber auch den Bereich der freien Berufe. Ausgenommen werden nach der Rechtsprechung nur die schlechthin *strafbaren Tätigkeiten*. Sowohl die Ausübung der

111 EuGH v. 6.11.2003, Rs. C-243/01 – „*Gambelli*", Rn 63, Slg. 2003, I-13031= NJW 2004, 139, 140. Grundsätzlich gelten bei den immanenten Schranken großzügigere Maßstäbe für den Einschätzungsspielraum der Mitgliedstaaten als bei den ausdrücklichen Schranken, s. *Streinz*, Europarecht, Rn 847 mwN.

112 EuGH v. 6.11.2003, Rs. C-243/01 – „*Gambelli*", Rn 65, 67, Slg. 2003, I-13031= NJW 2004, 139, 140: „Soweit nun aber die Behörden eines Mitgliedstaats die Verbraucher dazu anreizen und ermuntern, an Lotterien, Glücksspielen oder Wetten teilzunehmen, damit der Staatskasse daraus Einnahmen zufließen, können sich die Behörden dieses Staates nicht im Hinblick auf die Notwendigkeit, die Gelegenheiten zum Spiel zu vermindern, auf die öffentliche Sozialordnung berufen, um Maßnahmen wie die im Ausgangsverfahren in Rede stehenden zu rechtfertigen".

113 EuGH v. 8.9.2010, Rs. C-46/08 – „*Carmen Media Group Ltd/Schleswig-Holstein*", EuZW 2010, 759; EuGH v. 8.9.2010, Rs. C-409/06 – „*Winner Wetten GmbH/Stadt Bergheim*", Slg. 2010, I-8015; s. außerdem zum Lotteriestaatsvertrag 2004 (Sportwettenmonopol in Hessen und BW) EuGH v. 8.9.2010, Rs. C-316/07, C-358/07 bis 360/07, C-409/07 und C-410/07 – „*Stoß*", EuZW 2010, 760. Vgl andererseits zum portugiesischen Recht, das Online-Angebote der jahrhundertealten Santa Casa vorbehält, EuGH v. 8.9.2009, Rs. C-42/07 – „*Bwin/Santa Casa*", Slg. 2009, I-7633 = NJW 2009, 3221.

114 EuGH v. 12.6.2014, Rs. C-156/13 – „*Digibet und Albers*", NVwZ 2014, 1001; zum Kohärenzgebot auch *Ennuschat*, WRP 2014, 642, Rn 20 ff; *Hartmann*, EuZW 2014, 814.

115 S. etwa EuGH v. 23.2.2006, Rs. C-441/04 – „*A-Punkt Schmuckhandels GmbH/Claudia Schmid*", Slg. 2006, I-2093 = NJW 2006, 2540.

116 EuGH v. 25.5.1993, Rs. C-228/91 – „*Kommission/Italien*", Rn 28 ff, Slg. 1993, I-2701.

Prostitution wie die immerhin teilweise gestattungsfähige Durchführung von Wettveranstaltungen ist daher als vom Schutz der Niederlassungsfreiheit umfasste Erwerbstätigkeit zu qualifizieren (s. schon zum allgemeineren Begriff der Teilnahme am Wirtschaftsleben oben Rn 53). In Entsprechung zum deutschen Gewerbebegriff verlangt die Niederlassungsfreiheit eine selbstständige Tätigkeit. Das Merkmal der *Selbstständigkeit* dient der Abgrenzung von der Arbeitnehmerfreizügigkeit (Art. 45 ff AEUV), die sich auf die unselbstständige Tätigkeit bezieht und deshalb im Rahmen des Wirtschaftsverwaltungs- bzw Gewerberechts nicht relevant wird.

Das entscheidende Kriterium ist die **Dauerhaftigkeit** dieser Teilnahme am Wirt-   **73** schaftsleben eines anderen Mitgliedstaates. Hierbei kommt es auf eine Gesamtschau der in einem konkreten Fall relevanten Aspekte an. Dauerhaftigkeit ist vor allem dann gegeben, wenn ohne zeitliche Beschränkung eine Niederlassung gegründet wird[117]. Nach der Rechtsprechung des EuGH genügt es auch, wenn einzelne kurzfristige Tätigkeiten in einem anderen Mitgliedstaat regelmäßig ausgeübt werden und so zu einem Teil einer tatsächlich dauerhaften bzw schwerpunktmäßig auf dieses Land ausgerichteten Geschäftstätigkeit werden. Dies ist jedenfalls dann der Fall, wenn es mittels einer festen Einrichtung im Bestimmungsstaat geschieht[118]. Dennoch dürfen keine zu hohen Anforderungen gestellt werden. Der Begriff der Niederlassung ist „ein sehr weiter Begriff, der die Möglichkeit für einen Unionsangehörigen impliziert, in stabiler und kontinuierlicher Weise am Wirtschaftsleben eines anderen Mitgliedstaates als seines Herkunftsmitgliedstaates teilzunehmen und daraus Nutzen zu ziehen, wodurch die wirtschaftliche und soziale Verflechtung innerhalb der Europäischen Union im Bereich der selbstständigen Tätigkeiten gefördert wird"[119]. Andererseits führt allein die regelmäßige Wiederholung einer Tätigkeit noch nicht zur Anwendbarkeit der Niederlassungsfreiheit[120] und schließt der vorübergehende Charakter der Leistung keineswegs die Möglichkeit aus, sich im Aufnahmemitgliedstaat mit einer bestimmten Infrastruktur (einschließlich eines Büros, einer Praxis oder einer Kanzlei) auszustatten, soweit diese Infrastruktur für die Erbringung der fraglichen Leistung erforderlich ist[121]. Dieses Merkmal übernimmt also die **Abgrenzung von der Dienstleistungsfreiheit** des Art. 57 AEUV. Da Beschränkungen der Dienstleistungsfreiheit grundsätzlich schwieriger zu rechtfertigen sind, fasst der EuGH Grenzfälle unter die Dienstleistungsfreiheit.

---

117   EuGH v. 25.7.1991, Rs. C-221/89 – „*Factortame*", Rn 20, Slg. 1991, I-3956, 3965; ausführlich zu Grundfragen der Niederlassungs- und Dienstleistungsfreiheit *Frenz*, GewArch. 2007, 98. Zur Kritik an der Dauerhaftigkeit s. *Forsthoff*, in: Grabitz/Hilf/Nettesheim, Art. 49 AEUV Rn 31 ff.
118   EuGH v. 4.12.2004, Rs. C-205/84 – „*Kommission/Deutschland*", Rn 22, Slg. 1986, 3755. In der Literatur ist strittig, inwieweit eine Erstreckung des Art. 49 AEUV auf Tätigkeiten ohne feste Einrichtung möglich ist, s. *Müller-Graff*, in: Streinz, Art. 49 AEUV Rn 17 f.
119   EuGH v. 22.12.2008, Rs. C-161/07 – „*Kommission/Österreich*", Rn 24, Slg. 2008, I-10671.
120   Vgl zum Handwerksrecht EuGH v. 11.12.2003, Rs. C-215/01 – „*Bruno Schnitzer*", Rn 28, Slg. 2003, I-14847 = NJW 2004, 435. Durch diese Interpretation wird der Anwendungsbereich der Dienstleistungsfreiheit (die im Ergebnis häufig zur Anwendung des Herkunftslandsrechts führt) ausgeweitet, s. auch *Kugelmann*, EuZW 2005, 327, 328 f.
121   EuGH v. 11.12.2003, Rs. C-215/01 – „*Bruno Schnitzer*", Rn 28, Slg. 2003, I-14847 = NJW 2004, 435.

74 Im **Fall 4 (Rn 47)**[122] will F ausschließlich in Deutschland tätig werden, so dass der Anwendungsbereich der Niederlassungsfreiheit eröffnet ist. Diese wäre auch bei Gründung einer Zweigniederlassung einschlägig, nicht jedoch in der Variante, in der die Tätigkeit ausschließlich von einer ausländischen Niederlassung aus erbracht wird. Als problematisch erweist sich die Bestimmung der Niederlassung demgebenüber in der Variante von **Fall 3 (Rn 46)**. Während es im Ausgangsfall eindeutig an einer festen Niederlassung fehlt, könnte dies in der Variante anders zu beurteilen sein, weil U seine Leistungen regelmäßig in Deutschland anbietet und dafür immer die gleichen, angemieteten Räumlichkeiten nutzt[123]. Darin könnte man eine Niederlassung sehen. An einer solchen fehlt es nach der Rechtsprechung, solange ein Unternehmen „nicht über eine Infrastruktur verfügt, die es ihm erlauben würde, in stabiler und kontinuierlicher Weise einer Erwerbstätigkeit nachzugehen"[124]. Daran könnte man zweifeln, vor allem wenn er über diese Einrichtung nicht dauerhaft erreichbar ist. Das sporadische Anmieten der Räumlichkeiten genügt nicht, um eine hinreichend feste Verbindung zu Deutschland anzunehmen. Dass es dem EuGH gleichwohl weniger um die Infrastruktur als die Frage der dauerhaften Integration geht, zeigt sich daran, dass auch die Ausübung des Reisegewerbes unter die Niederlassungsfreiheit fallen kann, wenn sich der gesamte oder überwiegende Kundenstamm in einem Mitgliedstaat befindet, so dass die Tätigkeit ganz oder vorwiegend auf das Gebiet eines Mitgliedstaates ausgerichtet ist[125].

75 Sofern der Schutzbereich der Niederlassungsfreiheit eröffnet ist, ist das Vorliegen eines Eingriffs in diesen Schutzbereich zu prüfen. Art. 49 Abs. 2 AEUV ordnet sogar positiv eine **Inländergleichbehandlung** an. Aus diesem Grundsatz leitet der EuGH die **Pflicht zur Anerkennung äquivalenter, im Ausland erworbener Kenntnisse und Fähigkeiten** ab[126]. In Konsequenz dieses Grundsatzes wird beispielsweise im Handwerksrecht die Eintragung in die Handwerksrolle auch aufgrund einer im Ausland erworbenen Qualifikation ermöglicht (s. zu § 9 HwO ausführlich Rn 478 f). Der Schutz der Niederlassungsfreiheit geht aber über die Pflicht zur Inländergleichbehandlung hinaus. Als rechtfertigungsbedürftige (und damit vom EuGH auf ihre Angemessenheit überprüfbare) Eingriffe gestalten sich nach der Rechtsprechung des EuGH alle Maßnahmen, die die Ausübung der Niederlassungsfreiheit „unterbinden, behindern oder weniger attraktiv machen"[127].

76 Insbesondere **Anzeigepflichten** verfolgen den legitimen Zweck, der zuständigen Behörde im Interesse einer wirksamen Überwachungsmöglichkeit Aufschluss über

---

122 EuGH v. 13.12.2007, Rs. C-465/05, Slg 2007, I-11091; s. auch den Klausurfall v. *Ruthig/Lehr*, JuS 2007, 932. Zur Dienstleistungsfreiheit EuGH v. 29.4.2004, Rs. C-171/02 – *„Kommission/Portugal"*, Slg. 2004, I-5645; zu einem Fall, der sowohl Niederlassungs- wie Dienstleistungsfreiheit betraf EuGH v. 26.1.2006, Rs. C-514/03 – *„Kommission/Spanien"*, Slg. 2006, I-963.

123 Die erforderliche Kontinuität kann insbesondere bei einer Anmietung von Räumlichkeiten zur beruflichen Nutzung gegeben sein, vgl EuGH v. 18.6.1984, Rs. C-197/84 – *„Steinhauser"*, Rn 16, Slg. 1985, 1819.

124 EuGH v. 30.9.2003, Rs. C-224/01 – *„Köbler"*, Slg. 2003, I-10239.

125 EuGH v. 3.12.1974, Rs. C-33/74 – *„van Binsbergen"*, Rn 13, Slg. 1974, 1299, 1309; für die Tätigkeit von Rechtsanwälten s. EuGH v. 30.11.1995, Rs. C-55/94 – *„Gebhard"*, Rn 25, 28, Slg. 1995, I-4165.

126 EuGH v. 19.1.2006, Rs. C-330/03 – *„Colegio de Ingenieros"*, Slg. 2006, I-801 = NJW 2006, 1333 zur Anerkennung von Diplomen.

127 EuGH v. 15.2.2002, Rs. C-439/99 – *„Kommission/Italien"*, Rn 22, Slg. 2002, I-305; s. auch *Müller-Graff*, in: Streinz, Art. 49 AEUV Rn 39 mwN.

die Art und Zahl der in ihrem Bezirk tätigen Gewerbetreibenden zu verschaffen (s. näher Rn 272 ff). Sie stellen auch das mildeste Mittel zur Erreichung dieses Zweckes dar, vor allem im Vergleich zu Genehmigungserfordernissen[128]. Auch die Vorschriften über die Versagung oder Rücknahme einer gewerberechtlichen Genehmigung wegen persönlicher Unzuverlässigkeit stehen mit dem Unionsrecht in Einklang[129]. Demgegenüber sind **echte Erlaubnispflichten** in besonderer Weise rechtfertigungsbedürftig. Solche – vor allem mit dem Erfordernis von Sachkundenachweisen verknüpften – Genehmigungserfordernisse im nicht durch Richtlinien harmonisierten Bereich betreffen ua das Bewachungsgewerbe (§ 34a GewO), Versicherungsberater und – vermittler (§§ 34c, d GewO) sowie Finanzanlagenvermittler (§ 34f GewO).

In **Fall 4a (Rn 47)**[130] dient der Erlaubnisvorbehalt (§ 34f Abs. 1 S. 1 GewO) – genauso wie §32 KWG für Banken (**▶ Klausurenkurs Fall Nr 13**) – dem Schutz von Anlegern sowie der Integrität und Funktionsfähigkeit des Kapitalmarktes[131], es bedarf allerdings in Konsequenz des „Herkunftslandprinzips" einer Anerkennung ausländischer (vergleichbarer) Prüfungen, wie sie zB § 13c GewO für solche „reglementierten Berufe" auch vorsieht. Insoweit erweisen sich **Sachkundenachweise** als geeignet und verhältnismäßig. Im Fall geht es aber gerade nicht um die Anerkennung ausländischer Qualifikationen, sondern um die Nichtanerkennung ausländischer Berufserfahrung, wie sie sich aus der „Alte-Hasen-Regelung" in § 157 Abs. 3 S. 4 GewO[132] ergibt: Vom Erfordernis der Ablegung einer Sachkundeprüfung sind nämlich solche Personen befreit, die seit dem 1. Januar 2006 ununterbrochen unselbstständig oder selbstständig als Anlagevermittler oder Anlageberater gemäß § 34c Abs. 1 S. 1 Nr. 2 oder Nr. 3 GewO aF tätig waren (§ 157 Abs. 3 S. 4 GewO) und die ununterbrochene Tätigkeit durch Vorlage der erteilten Erlaubnis und die „lückenlose" Vorlage der Prüfungsberichte nach § 16 Abs. 1 S. 1 MaBV aF nachweisen können (§ 157 Abs. 3 S. 5 GewO)[133]. Diese Nachweise kann F nicht vorlegen, obwohl er über eine „gleichwertige" ausländische Berufserfahrung verfügt. Insoweit ist diese Regelung in der Tat unionsrechtswidrig.

77

4. Die Dienstleistungsfreiheit

Fehlt es an einer dauerhaften Eingliederung eines Unionsbürgers in das Wirtschaftsleben eines Mitgliedstaates, ist die Dienstleistungsfreiheit einschlägig. Sachlich schützt sie nach der Legaldefinition des Art. 57 Abs. 1 AEUV selbstständige Leistungen, die gegen Entgelt erbracht werden, insbesondere auch gewerbliche Tätigkeiten (vgl Art. 57 Abs. 2 AEUV), sofern sie nicht unter die spezielleren Freiheiten fallen. Es ge-

78

---

128 S. etwa zum früheren Anwaltsrecht EuGH v. 30.11.1995, Rs. C-55/94 – „*Gebhard*", Rn 36, Slg. 1995, I-4165.
129 BVerwG, GewArch. 1993, 323 (zu § 35 GewO); GewArch. 1996, 411 (zu § 15 GastG).
130 Zu den dort vorgesehenen Sachkundenachweisen *Schönleiter*, in: Landmann/Rohmer, GewO § 34f Rn 126 ff. Die Vorschrift geht zurück auf das Gesetz zur Neuregelung des Finanzanlagenvermittler- und Vermögensanlagenrechts vom 6.12.2011 (BGBl. I, S. 2481 ff); vgl BT-Drucks. 17/6051 S. 43 ff; *Glückert*, GewArch. 2012, 465; *Schulze-Werner*, GewArch. 2012, 102.
131 Vgl BT-Drucks. 17/6051 S. 1 f; *Schönleiter*, in: Landmann/Rohmer, GewO, § 34f Rn 1 ff.
132 Vgl zu dieser *Glückert*, GewArch. 2012, 465, 469 f; *Schönleiter*, in: Landmann/Rohmer, GewO, § 157 Rn 27 ff; *ders.*, GewArch. 2013, 392, 395; *ders.*, r+s 2014, 53.
133 Vgl ausführlich *Schönleiter*, in: Landmann/Rohmer, GewO, § 34f Rn 133 sowie § 157 Rn 4 und 27 ff.

nügt für den Binnenmarktbezug, wenn nur die Dienstleistungen die Grenze überschreiten. Art. 56 AEUV erfasst also auch solche Dienstleistungen, die der Leistungserbringer ohne Ortswechsel von dem Mitgliedstaat aus erbringt, in dem er ansässig ist (sog. **Korrespondenzdienstleistung**)[134]. Er schützt ferner die **passive Dienstleistungsfreiheit** der deutschen Leistungsempfänger, die ihnen erlaubt, von einem Leistungserbringer aus einem anderen Mitgliedsstaat angebotene Dienstleistungen zu empfangen oder in Anspruch zu nehmen[135].

79   Diese Voraussetzungen sind in den **Fällen 3–5 (Rn 46 ff)** erfüllt. Auch P in **Fall 5 (Rn 48)** erbringt mit dem Abschluss der Franchise-Verträge eine Dienstleistung (zur Abgrenzung von der Warenverkehrsfreiheit nach der Schwerpunktformel s. bereits Rn 66). Dafür spielt es selbstverständlich keine Rolle, ob die angebotene Dienstleistung auch in Deutschland angeboten werden kann; dies ist eine Frage der Rechtfertigung. Der Gewerbebegriff des Unionsrechts geht über denjenigen des deutschen Gewerberechts (s. dazu unten Rn 213 ff) hinaus. Nach Art. 57 Abs. 1 lit. d AEUV fallen auch freiberufliche Tätigkeiten, zB von Apothekern, Ärzten und Rechtsanwälten unter die Dienstleistungsfreiheit. **Fall 5 (Rn 48)** betrifft die passive Dienstleistungsfreiheit des deutschen Unternehmens, das mit einem britischen Unternehmen einen Franchisevertrag über den Betrieb eines Laserdromes abgeschlossen hatte. Eingriffe in die Dienstleistungsfreiheit werden nach den gleichen Grundsätzen wie bei den anderen Marktfreiheiten geprüft (s. schon oben Rn 58 ff). Vorschriften des öffentlichen Wirtschaftsrechts sind idR Maßnahmen gleicher Wirkung (s. oben Rn 59). Ebenfalls als Maßnahme gleicher Wirkung an der Dienstleistungsfreiheit zu messen ist die Bevorzugung Ortsansässiger (s. zu kommunalen Einrichtungen Rn 392).

80   Ein Eingriff in die Dienstleistungsfreiheit stellt sich jedoch nur dann als Verstoß dar, wenn er sich nicht rechtfertigen lässt. Hier sind zunächst die **ausdrücklichen Schranken** zu prüfen. Auch die Rechtfertigung aus zwingenden Gründen des Allgemeininteresses hat der EuGH für die Dienstleistungsfreiheit konkretisiert[136]. Der EuGH verlangt, dass die entsprechenden Vorschriften dem Allgemeininteresse dienen, für die Erreichung des verfolgten Zweckes geeignet und erforderlich sind, die entsprechenden Interessen nicht durch Vorschriften des Herkunftslandes geschützt werden und sich im Übrigen als verhältnismäßig erweisen. Im Ergebnis gelangt der EuGH auf diese Weise häufig zu einer Anwendung des **Rechts des Herkunftslandes**, weil die Kontrolle durch das Herkunftsland sich als ausreichend erweist. Damit ermöglicht der EuGH die grenzüberschreitende Dienstleistungserbringung auch in solchen Fällen, in denen das nationale Recht eine Niederlassung verlangt, da solche Niederlassungserfordernisse regelmäßig an der Dienstleistungsfreiheit scheitern.

---

134   EuGH v. 10.5.1995, Rs. C-384/93 – „*Alpine Investments*", Rn 22, Slg. 1995, I-1141; s. auch *Streinz*, Europarecht, Rn 913.

135   EuGH v. 6.11.2003, Rs. C-243/01 – „*Gambelli*", Rn 55, Slg. 2003, I-13031 = NJW 2004, 139, 140. Diese vom EuGH weniger aus dem Wortlaut als aus dem Zweck der Dienstleistungsfreiheit abgeleitete Variante wird vor allem im Zusammenhang mit den modernen Kommunikationsformen (einschließlich des Internets) relevant, dort greift allerdings häufig die E-CommerceRL, s. auch Rn 396 ff.

136   EuGH v. 10.5.1995, Rs. C-384/93 – „*Alpine Investment*", Rn 1, 44 ff, Slg. 1995, I-1141.

Den klassischen Anwendungsfall lieferte das deutsche Handwerksrecht, vgl **Fall 3 (Rn 46)**[137]:   81
Die Vorschriften des Handwerksrechts sichern die Qualität von Handwerksleistungen und liegen damit im Allgemeininteresse. Selbst wenn man die Eignung und Erforderlichkeit der Maßnahme bejaht, fehlt es nach der Rechtsprechung jedenfalls an der Verhältnismäßigkeit ieS. Von Handwerkern aus dem EU-Ausland kann daher die Ablegung einer Meisterprüfung nicht verlangt werden. Der EuGH hielt schon die bloße Pflicht zur Eintragung in die Handwerksrolle, die die Erbringung von Dienstleistungen im Aufnahmemitgliedstaat verzögert, erschwert oder (durch Verwaltungskosten und Beiträge für die Handwerkskammer) verteuert, für unverhältnismäßig. Dem trägt das geltende Recht Rechnung: § 9 Abs. 2 HwO nimmt die vorübergehende Erbringung von Handwerksleistungen von der Eintragungspflicht aus (s. unten Rn 479). Entsprechendes gilt für die allgemeinen gewerberechtlichen Anforderungen, die nach § 4 GewO in den Fällen grenzüberschreitender Dienstleistungserbringung nicht eingreifen (siehe Rn 238 ff). Die Frage nach der Unionsrechtskonformität nationaler Regelungen ist gleichwohl weiter von Relevanz, insbesondere bei solchen Genehmigungserfordernissen, die von § 4 GewO nicht erfasst werden. Dies zeigt **Fall 4b** (Rn 47). Wenn F von einer ausländischen Niederlassung aus tätig wird, ist die Dienstleistungsfreiheit einschlägig. Die Tätigkeit im Inland (zur Auslegung dieses Begriffes vgl zum KWG Rn 549) ist erlaubnispflichtig; ein Notifizierungsverfahren sieht § 34f GewO – anders als § 34d Abs. 5 und § 11a GewO – nicht vor. Dies ist in doppelter Hinsicht problematisch. Selbst wenn die Erlaubnispflicht nicht schon wegen vergleichbarer Standards im Herkunftsland ausscheidet, so ist es wohl unverhältnismäßig, eine solche auch bei nur gelegentlicher Tätigkeit zu verlangen. In jedem Fall ergibt sich auch hier die Unionsrechtswidrigkeit daraus, dass F die Voraussetzungen der Erlaubniserteilung nicht erfüllt und ihm auch die „Alte-Hasen-Regelung" vorenthalten wird (s. dazu schon oben Rn 77 zur Niederlassungsfreiheit).

5. Die Warenverkehrsfreiheit

Die **Warenverkehrsfreiheit** umfasst das Verbot mengenmäßiger Ein- und Ausfuhrbe-   82
schränkungen und Maßnahmen gleicher Wirkung nach Art. 34 ff AEUV. Es handelt sich um die **zentrale Vorschrift zur Gewährleistung des freien Warenverkehrs**, anhand derer die „allgemeinen Lehren der Grundfreiheiten" entwickelt wurden (s. Rn 50 ff). Sie spielte bisher **im Wirtschaftsverwaltungsrecht eine eher untergeordnete Rolle**. Dies hängt nicht zuletzt damit zusammen, dass der EuGH solche Maßnahmen, die sowohl den freien Dienstleistungsverkehr als auch den Warenverkehr beeinträchtigen, grundsätzlich nur an der Dienstleistungsfreiheit misst, wenn die Warenverkehrsfreiheit demgegenüber zweitrangig ist (s. bereits Rn 66 f). Nur dort, wo der Warenabsatz im Vordergrund steht, stellt der EuGH auf die Warenverkehrsfreiheit ab, beispielsweise bei **staatlichen Werbe- und Aufklärungskampagnen** mit Warenbezug[138] (s. auch zu Wettbewerbsbeschränkungen für Süßwaren ▶ **Klausurenkurs Fall Nr 1**).

---

137   EuGH v. 3.10.2000, Rs. C-58/98 – *„Josef Corsten"*, Slg. 2000, I-7919 = EuZW 2000, 763. S. dazu
      Ehlers, Jura 2001, 266, 269; *Michel/Lindenberger*, VR 2001, 253; *Kluth*, in: Calliess/Ruffert, Art. 56,
      57 AEUV Rn 82.
138   EuGH v. 17.6.1981, Rs. C-113/80 – *„Kommission/Irland"*, Slg. 1981, 1625. Zur Einbeziehung des
      informalen staatlichen Handelns schon oben Rn 60.

83 Außerdem sind die Vorschriften des öffentlichen Wirtschaftsrechts typischerweise gewerbebezogen und treffen in- und ausländische Produkte gleichermaßen, so dass sie unter die **Keck-Ausnahmen** fallen könnten. Dies ist für das **Ladenschlussrecht**[139] sowie Verkaufsbeschränkungen zB für **alkoholische Getränke**[140] bzw Verkaufsmonopole für **Apotheken**[141] ausdrücklich anerkannt, könnte aber auch **allgemein für gewerberechtliche Verkaufsbeschränkungen zB im Reisegewerbe** gelten, die es auch nach der Anpassung an die Dienstleistungsrichtlinie noch gibt. Voraussetzung für die Anwendung der Keck-Rechtsprechung ist allerdings, dass es sich um nicht diskriminierende Vorschriften handelt. Ob sich eine Maßnahme tatsächlich auf grenzüberschreitende Sachverhalte stärker auswirkt, haben die mitgliedstaatlichen Gerichte zu ermitteln[142].

Den diskriminierenden Charakter bejahte eine Entscheidung zum österreichischen Gewerberecht, das das Feilbieten von Waren im Umherziehen außerhalb einer ortsfesten Betriebsstätte begrenzte[143]. Während die österreichischen Gerichte darin eine Verkaufsmodalität im Sinne der Keck-Rechtsprechung sahen, qualifizierte sie der EuGH als verschleierte Beschränkung. Ausländische Gewerbetreibende seien nämlich gezwungen, in Österreich eine ortsfeste Betriebsstätte zu errichten, um dort Waren feilbieten zu können. Entsprechendes galt für Anforderungen des griechischen Gewerberechts zur Ausgestaltung von Bäckereien, die die Behörden auch auf das Aufbacken im Supermarkt erstreckten[144]. Die Anwendung der Keck-Grundsätze in diesem Zusammenhang wurde als inkonsequent kritisiert[145]. Die meisten Beispielsfälle werden aber nunmehr durch die Dienstleistungsrichtlinie erfasst (s. zu den Konsequenzen am Beispiel des Gewerberechts Rn 238 ff und ▶ **Klausurenkurs Fall Nr 5**).

6. Die Kapitalverkehrsfreiheit

84 Die Kapitalverkehrsfreiheit des Art. 63 AEUV ist die jüngste, erst 1993 mit dem Maastricht-Vertrag in das Primärrecht aufgenommene Grundfreiheit[146]. Als einzige

---

139 EuGH v. 2.6.1994, Rs. C-401/92, C-402/92 – *„Tankstation t'Heuske"*, Rn 12, Slg. 1994, I-2199, s. auch *Schroeder*, in: Streinz, Art. 34 AEUV Rn 45.

140 EuGH v. 31.3.1982, Rs. C- 75/81 – *„Blesgen"*, Rn 7 ff, Slg. 1982, 1211.

141 EuGH v. 29.6.1995, Rs. C-391/92 – *„Kommission/Griechenland"*, Slg. 1995, I-1621, s. auch *Streinz*, Rn 864a.

142 Vgl EuGH v. 23.2.2006, Rs. C-441/04 – *„A-Punkt Schmuckhandels GmbH/Claudia Schmidt"*, Slg. 2006, I-2093 = NJW 2006, 2540.

143 EuGH v. 13.1.2000, Rs. C-254/98 – *„TK-Heimdienst Sass"*, Slg. 2000, 151 = EuZW 2000, 206 m. Anm. *Gundel*. S. auch EuGH v. 26.5.2005, Rs. C-20/03 – *„Burmanjer"*, Rn 25 f, Slg. 2005, I-4133 = NJW 2005, 2977 zum Verbot des Zeitschriftenverkaufs im Reisegewerbe sowie EuGH v. 11.7.1990, Rs C-23/89 – *„Quietlynn und Richards/Southend Borough Council"*, Slg. 1990, I-3059: Konzessionserfordernis für den Verkauf von Sexartikeln.

144 EuGH v. 14.9.2006, Rs. C-159/04 – *„Alfa Vita Vassilopoulos AE/Elliniko Dimosio u.a"*, Slg. 2006, I-8156 = JuS 2008, 262 (Streinz); s. auch *Streinz*, Europarecht, Rn 881 ff.

145 S. etwa *Reich*, EuZW 2006, 304; *ders.*, CMLRev 1994, 459 [470]: „illusion of legal certainty". Den griechischen Backwarenfall könnte man allerdings auch als Rückausnahme rechtfertigen, vgl *Streinz*, Rn 881 ff.

146 Da die Vorgängervorschriften keine unmittelbare Anwendung beanspruchen konnten, vollzog sich die Harmonisierung im Bereich des Kapital- und Zahlungsverkehrs zuvor auf der Grundlage des Sekundärrechts; zur historischen Entwicklung *Bröhmer*, in: Calliess/Ruffert, Art. 63 AEUV Rn 1 f. Durch die Verträge von Nizza und Amsterdam ergaben sich materiell keine Änderungen. Auch sie ist uneingeschränkt unmittelbar anwendbar, s. EuGH v. 14.12.1995, Rs. C-163/94, C-165/94, C-250/94 – *„Sanz de Lera"*, Rn 34, Slg. 1995, I-4821; die unmittelbare Anwendbarkeit gilt auch im Verhältnis zu Drittstaaten, s. EuGH v. 18.12.2007, Rs. C-101/05 – *„Skatteverket"*, Rn 21 ff, Slg. 2007, I-11531 = EuZW 2008, 117.

der Grundfreiheiten gilt sie **auch im Verhältnis zu Drittstaaten**. Die wachsende Bedeutung der Kapitalverkehrsfreiheit auch für das öffentliche Wirtschaftsrecht[147] zeigte sich erst in der sprunghaft angestiegenen Zahl von Entscheidungen der jüngeren Zeit.

Da der AEU-Vertrag keine **Definition der Begriffe des Kapital- und Zahlungs-** **85** **verkehrs** und damit des Schutzbereiches dieser Grundfreiheit enthält, greift der EuGH auf die RL 88/361/EWG zurück, deren Anhang I einen umfangreichen, aber nicht abschließenden Katalog von Beispielsfällen enthält. In den **Schutzbereich** der Kapitalverkehrsfreiheit fallen außer dem Immobilien- und Grundstückserwerb, Versicherungsleistungen, den typischen Bank- und Kapitalmarktgeschäften, etwa der Vergabe von Krediten und dem Wertpapiergeschäft[148] als Kapitalanlage (sog. Portfolioinvestment), insbesondere Direktinvestitionen in Form von Unternehmensbeteiligungen durch den Erwerb von Aktien mit dem Ziel, sich tatsächlich an der Verwaltung und Kontrolle des Unternehmens zu beteiligen[149]. Art. 63 Abs. 2 AEUV hat den freien Zahlungsverkehr zum Gegenstand, also die grenzüberschreitende Erfüllung von Zahlungsverbindlichkeiten als Gegenleistung etwa einer Warenlieferung oder Dienstleistung. In **persönlicher Hinsicht** kommt es nicht auf die Staatsangehörigkeit und nach hM nicht einmal auf die Gebietsansässigkeit an[150], so dass sich auch die Angehörigen der Drittstaaten insoweit auf die Kapitalverkehrsfreiheit berufen können.

Nationale Maßnahmen sind als Beschränkungen iS von Art. 63 Abs. 1 AEUV anzuse- **86** hen, wenn sie geeignet sind, etwa den Erwerb von Aktien der betreffenden Unternehmen zu verhindern oder zu beschränken oder aber Investoren anderer Mitgliedstaaten davon abzuhalten, in das Kapital dieser Unternehmen zu investieren; es handelt sich auch dann um eine dem Staat zuzurechnende Maßnahme, wenn die Regelungen nicht als gesetzliche Regelung ergehen, sondern von den Gesellschaftsorganen beschlossen wurden[151]. Derartige staatliche Kontrollrechte wurden im Zusammenhang mit der Privatisierung vormals öffentlicher Unternehmen in verschiedenen Mitgliedstaaten eingeführt. Zulässig sind **Beschränkungen** der Kapitalverkehrsfreiheit nur aus den in Art. 65 AEUV aufgeführten Gründen, sowie aus der immanenten Schranke des zwingenden Allgemeininteresses und nur soweit keine gemeinschaftliche Harmonisierungsmaßnahme vorliegt, die bereits die zur Gewährleistung des Schutzes dieser Inte-

---

147 Entscheidungen betrafen außer dem Devisenrecht anfänglich vor allem den Grundstücksverkehr und die Zweitwohnungsbeschränkungen, s. insbes. EuGH v. 1.6.1999, Rs. C-302/97, – *„Konle"*, Slg. 1999, I-3099. Von besonderer Bedeutung ist die Kapitalverkehrsfreiheit für das Steuerrecht, s. etwa EuGH v. 6.12.2007, Rs. C-298/05 – *„Columbus Container Services"*, Slg. 2007, I-10451; EuGH v. 18.12.2007, Rs. C-101/05 – *„Skatteverket"*, Slg. 2007, I-11531, EuZW 2008, 117. Ausf Nachw. bei *Ress/Ukrow*, in: Grabitz/Hilf/Nettesheim, Art. 63 AEUV Rn 145 ff.

148 EuGH v. 16.3.1999, Rs. C-222/97 – *„Trummer und Mayer"*, Rn 21, Slg. 1999, I-1661.

149 EuGH v. 28.9.2006, Rs. C-282/04 ua – *„Kommission/Niederlande"*, Rn 19, Slg. 2006, I-9141 = EuZW 2006, 722.

150 *Ress/Ukrow*, in: Grabitz/Hilf/Nettesheim, Art. 63 Rn 120 f; aA *Bröhmer*, in: Calliess/Ruffert, Art. 63 AEUV Rn 7.

151 S. EuGH v. 28.9.2006, Rs. C-282/04 ua – *„Kommission/Niederlande"*, Rn 22, Slg. 2006, I-9141 = EuZW 2006, 722. Andernfalls ließe man eine „Flucht ins Privatrecht" zu, s. auch die Anm. v. *Pießkalla*, EuZW 2006, 724, 725.

ressen erforderlichen Maßnahmen vorsieht. Nachdem der EuGH schon in einer Entscheidung zur Warenverkehrsfreiheit im Kontext der Erdölversorgung einem Mitgliedstaat die Berufung auf die öffentliche Sicherheit gestattet hatte (s. schon Rn 69), gilt Entsprechendes für die Gasversorgung[152]. Aber auch das Interesse an einem funktionierenden Finanzmarkt[153] und der Versorgung der Bevölkerung mit Telekommunikations- und Postdienstleistungen[154] kann eine Beschränkung rechtfertigen. Damit handelt es sich um die Wirtschaftsbereiche, die von besonderer Bedeutung und gleichzeitig besonderer Sensibilität sind, so dass eine intensivere staatliche Aufsicht bzw „Regulierung" zulässig ist.

87 Im **Fall 6 (Rn 49)** stellen sowohl die Sicherstellung der Gasversorgung wie der Versorgung mit Telekommunikations- bzw Postdienstleistungen Gründe dar, die eine Beschränkung der Kapitalverkehrsfreiheit rechtfertigen könnten. Es spielt dabei auch keine Rolle, inwieweit man die öffentliche Sicherheit aus Art. 65 Abs. 1 lit. b) AEUV heranzieht oder sich auf den ungeschriebenen Rechtfertigungsgrund des zwingenden Allgemeininteresses stützt, weil man den Tatbestand der öffentlichen Sicherheit in jener Vorschrift auf die „Bekämpfung rechtswidriger Tätigkeiten, wie der Steuerhinterziehung, der Geldwäsche, des Drogenhandels und des Terrorismus" beschränkt[155]. Das eigentliche Problem ist allerdings die Verhältnismäßigkeit der damit verbundenen Beschränkung der Kapitalverkehrsfreiheit. Als unverhältnismäßig hat der EuGH starre Prozentgrenzen angesehen, die eine staatliche Intervention zuließen, ohne dass der Mitgliedstaat auch tatsächlich die (konkrete) Gefährdung des Allgemeininteresses dartun musste[156]. Die differenzierte belgische Regelung (**Fall 6a**) erachtete der EuGH dagegen als verhältnismäßig. Das Widerspruchsrecht bleibt in seiner Eingriffsintensität hinter einem generellen Genehmigungsvorbehalt zurück, ist auf ganz bestimmte, sachlich begründbare Aspekte beschränkt und unterliegt einer wirksamen gerichtlichen Kontrolle. Entsprechend sah der EuGH ein umfassendes Verbot der Privatisierung von Gas- und Stromverteilernetzen als gerechtfertigte Beschränkung der Kapitalverkehrsfreiheit an[157]. In **Fall 6b** besteht die Besonderheit, dass im Bereich der Telekommunikation das sekundäre Unionsrecht mit der Universaldienstverpflichtung bereits das Ziel der Sicherstellung der Versorgung mit Telekommunikationsdienstleistungen verfolgt (s. näher unten Rn 505). Damit dürfte eine zusätzliche gesellschaftsrechtliche Absicherung schon deswegen unverhältnismä-

---

152 EuGH v. 4.6.2002, Rs. C-503/99 – *„Kommission/Belgien"*, Rn 58–60, Slg. 2002, I-4809 = EuZW 2002, 429; s. auch *Ebke*, EWS 2002, 335; *Armbrüster*, JuS 2003, 224. Zur Erdölversorgung im Rahmen des Art. 63 AEUV EuGH v. 4.6.2002, Rs. C-483/99 – *„Elf Aquitaine"*, Rn 1, Slg. 2002, I-4781.

153 EuGH v. 10.5.1995, Rs. C 384/93 – *„Alpine Investments"*, Rn 42 ff, Slg. 1995, I-1141 = NJW 1995, 2541. Eine Entscheidung zu Art. 63 AEUV fehlt bisher. In EuGH v. 13.5.2003, Rs. C- 463/00 – *„Kommission/Spanien"*, Slg. 2003, I-4581= EuZW 03, 529 hielt der EuGH die spanische Regelung nur aus tatsächlichen Gründen für unvereinbar mit Art. 63 AEUV.

154 EuGH v. 20.6.2002, Rs. C-388/00 und C-429/00 – *„Radiosistemi"*, Rn 44, Slg. 2002, I-5845.

155 In dieser Richtung wohl *Bröhmer*, in: Calliess/Ruffert, Art. 63 AEUV Rn 61 ff; s. auch – allerdings nicht abschließend – EuGH v. 14.12.1995, Rs. C-163/94, C-165/94 und C-250/94 – *„Sanz de Lera"*, Rn 22, Slg 1995, I-4821.

156 EuGH v. 4.6.2002, Rs. C-483/99 – *„Kommission/Frankreich"*, Rn 50 ff, Slg. 2002, I-4781.

157 EuGH v. 4.6.2002, Rs. C-503/99 – *„Kommission/Belgien"*, Slg. 2002, I-4809 = EuZW 2002, 429. Hier liegen die Unterschiede zum spanischen Fall, s. EuGH v. 13.5.2003, Rs. C-463/00 – *„Kommission/Spanien"*, Rn 78–80, Slg. 2003, I-4581. Dort lehnte der EuGH präventive Kontrollbefugnisse als unverhältnismäßig ab, ließ angesichts der unklaren Kriterien die Regelung aber auch am Bestimmtheitserfordernis scheitern.

ßig sein[158]. Konsequenterweise scheidet daher im Bereich der Automobilindustrie eine entsprechende Regelung von vornherein aus. Dennoch hat der EuGH im VW-Urteil zwar weder den Schutz der Arbeitnehmer noch der Minderheitsaktionäre ausreichen lassen, aber zur Frage nicht abschließend Stellung genommen, ob die Sicherung von Arbeitsplätzen im Interesse des Gemeinwohls einen Rechtfertigungsgrund darstellen könne[159]. Insoweit hat der EuGH auch in diesem Kontext den nationalen Beurteilungsspielraum gewahrt (s. schon oben Rn 68 f), aber dem Mitgliedstaat eine entsprechende Darlegungslast aufgebürdet.

Gerade weil die Kapitalverkehrsfreiheit auch im Verhältnis zu Drittstaaten gilt, ist in **88** solchen Fällen die **Abgrenzung von den anderen Grundfreiheiten** von besonderer Bedeutung. Besondere Relevanz erhält diese bei der Tätigkeit von **Banken aus Nicht-EU-Staaten**. Obwohl Bankgeschäfte, insbesondere die Vergabe von Krediten, dem Art. 63 AEUV unterfallen (s. näher Rn 85), hat der EuGH seine „Schwerpunktformel" (s. Rn 66) dahin gehend konkretisiert, dass die Dienstleistungsfreiheit nicht nur solche Tätigkeiten erfasst, die die Bank im Umfeld der eigentlichen Kapitaltransaktion erbringt (insbes. die Vermittlungs- und Beratungstätigkeiten)[160], sondern auch die Kreditvergabe als solche. Damit konnte sich nach Ansicht des EuGH die *Fidium Finanz AG* aus der Schweiz, die über das Internet Konsumentenkredite insbesondere an Deutsche vergab, gegenüber dem Genehmigungserfordernis des deutschen KWG (s. dazu ausf Rn 549) nicht auf die Kapitalverkehrs-, aber als Bank aus einem Drittstaat eben auch nicht auf die Dienstleistungsfreiheit berufen[161]. Der EuGH bestimmt das Verhältnis abstrakt, dh unabhängig von der Frage, ob in einem konkreten Fall überhaupt beide Marktfreiheiten anwendbar sind.

Auch im **Verhältnis zur Niederlassungsfreiheit** ließ der EuGH die Kapitalverkehrsfreiheit **89** vor allem im steuerrechtlichen Kontext zurücktreten[162]. Anders verhält es sich allerdings dann, wenn sich die nachteiligen Auswirkungen auf die Niederlassungsfreiheit als „unmittelbare Folge der ... Hindernisse für den freien Kapitalverkehr, mit denen sie untrennbar verbunden sind"[163], darstellen. Daraus folgt im **Fall 6 (Rn 49)**, dass die Vorschriften über golden shares

---

158 EuGH v. 28.9.2006, Rs. C-282/04 ua – „*Kommission/Niederlande*", Rn 44, Slg. 2006, I-9141 = EuZW 2006, 722 begründete die Unverhältnismäßigkeit (nur) damit, dass die staatlichen Sonderrechte gerade nicht auf die Sicherstellung der Universaldiensterbringung beschränkt und insgesamt sehr vage gefasst waren.

159 EuGH v. 23.10.2007, Rs. C-112/05 – „*VW-Urteil*", Slg. 2007, I-8995 = NJW 2007, 3481 m. Bespr. *Teichmann/Heise*, BB 07, 2577; s. auch EuGH v. 6.12.2007, Rs. C 463/04 – „*Kommission/Spanien*", Slg. 2003, I-4581 = EuZW 2008, 51.

160 EuGH v. 10.5.1995, Rs. C-384/93 – „*Alpine Investments*", Rn 5, 15, Slg. 1995, I-1141 = NJW 1995, 2541.

161 EuGH v. 3.10.2006, Rs. C-452/04, – „*Fidium Finanz*", Rn 27 ff, 47 ff, Slg. 2006, I-9521 = EuZW 2006, 689 m. Anm. *Ohler*. Anders zuvor VG Frankfurt, ZIP 2004, 1259, 1263; WM 2005, 503, 514; krit zum EuGH *Hirsbrunner/Seidl*, EuR 2007, 503; *Dreher/Görner*, EWiR 2007, 43. Letztere mit Hinweisen zur neuen Rechtslage im Verhältnis zur Schweiz.

162 Vgl *Bröhmer*, in: Calliess/Ruffert, Art. 63 AEUV Rn 16 ff; s. auch EuGH v. 13.3.2007, Rs. C-524/04 – „*Thin Cap*", Rn 33 f, 101, Slg. 2007, I-2107; EuGH v. 6.11.2007, Rs. C-415/06 – „*Stahlwerk Ergste Westig*", Rn 15 f, Slg. 2007, I-151 = IStR 2008, 107.

163 Vgl EuGH v. 13.5.2003, Rs. C-463/00 – „*Kommission/Spanien*", Rn 86, Slg. 2003, I-4581; EuGH v. 28.9.2006, Rs. C-282/04 ua – „*Kommission/Niederlande*", Rn 43, Slg. 2006, I-9141 = EuZW 2006, 722.

und andere aktienrechtliche Vorschriften zugunsten der öffentlichen Hand nicht an der Niederlassungsfreiheit gemessen werden. Die **Warenverkehrsfreiheit** wird hinsichtlich der gesetzlichen Zahlungsmittel von der Kapital- und Zahlungsverkehrsfreiheit verdrängt, während in Bezug auf Edelmetalle angesichts der geringen geldpolitischen Bedeutung vorgeschlagen wird, sie unter Art. 34 AEUV zu subsumieren[164].

III. Sekundäres Unionsrecht

90 **Fall 7:** Spanier S bewirbt sich um einen Stand auf dem Weihnachtsmarkt und möchte dort traditionelle und für Deutschland typische Gebäck-Spezialitäten anbieten, vor allem „Lübecker Marzipan", „Aachener Printen", „Meißener Fummel" und „Nürnberger Lebkuchen". Sämtliche dieser Produkte werden in Spanien nach original deutschen Rezepturen produziert. Die Stadt Mainz begründet ihre Standplatzverweigerung mit einer drohenden „Irreführung der Verbraucher". Wer deutsche Spezialitäten kaufe, könne erwarten, dass diese auch in Deutschland hergestellt worden seien. Dies ergebe sich schon aus dem Gemeinschaftsrecht. Sämtliche Produkte seien „Geschützte geographische Angaben (g.g.A.)" iSd Verordnung (EG) Nr 510/2006, so dass mindestens eine der Produktionsstufen in Verbindung mit dem Herkunftsgebiet stehen muss. Die Begriffe seien gemäß Art. 13 Abs. 1 lit a) der Verordnung gegen jede direkte oder indirekte kommerzielle Verwendung geschützt. Ausländische Waren dürften daher unter diesen Namen nicht angeboten werden. S sieht in der VO eine unzulässige Behinderung des freien Warenverkehrs, wie der EuGH für vergleichbare nationale Regelungen in ständiger Rechtsprechung entschieden habe. Auf welche Weise könnte S eine gerichtliche Überprüfung der Verordnung vor Gemeinschaftsgerichten oder nationalen Gerichten erreichen?

91 Nicht nur das Primärrecht, sondern in großem Umfang auch das sekundäre Gemeinschaftsrecht beeinflussen das öffentliche Wirtschaftsrecht. Nach Art. 288 AEUV erlassen die Gemeinschaftsorgane Verordnungen, Richtlinien, Entscheidungen und Empfehlungen. Nach dem **Prinzip der begrenzten Einzelermächtigung** (Art. 5 Abs. 1 und 2 AEUV) wird die Union nur im Rahmen ihrer Zuständigkeit tätig (vgl ▶ **Klausurenkurs Fall Nr 1**). Das Sekundärrecht „verdrängt" insoweit in der Rechtspraxis zunehmend das primäre Unionsrecht. Davon zu unterscheiden ist die Frage nach dem **Rangverhältnis**. Ähnlich wie zwischen Verfassungs- und einfachem Recht ist auch im Unionsrecht der Grundsatz der Normhierarchie anerkannt. Das Primärrecht nimmt die oberste Rangstufe ein,[165] genießt also Vorrang vor dem sekundären Unionsrecht[166]. Nach der Rechtsprechung des EuGH[167] bildet es „Grundlage, Rahmen und Grenze" der von den Unionsorganen erlassenen Rechtsakte. Insoweit kann auch Sekundärrecht gegen die Grundfreiheiten verstoßen.

---

164 *Glaesner*, in: Schwarze, EU-Kommentar, Art. 63 AEUV Rn 10.
165 *Herdegen*, Europarecht, § 8 Rn 4.
166 *Ruffert*, in: Calliess/Ruffert, Art. 288 AEUV Rn 8; *Gaitanides*, in: v. d. Groeben/Schwarze, EUV/ EGV, 6. Aufl. 2003, Art. 220 Rn 17; *Nettesheim*, EuR 2006, 737 (746); *Nettesheim*, in: Grabitz/Hilf/ Nettesheim, Art. 288 AEUV Rn 226.
167 EuGH v. 12.10.1978, Rs. C-26/78 – „*Viola*", Rn 9 ff, Slg. 1978, 1771.

Davon zu unterscheiden sind die Konsequenzen für die **Prüfung der Vereinbarkeit nationalen Rechts mit dem Unionsrecht**. In der Literatur wird dem (spezielleren) ,Sekundärrecht Vorrang vor den Grundfreiheiten zugebilligt.[168] Daher sei schon der Tatbestand der Grundfreiheiten als nicht eröffnet anzusehen, da die Verbürgungen der Grundfreiheiten in konkrete, abgegrenzte Rechte und Pflichten ausformuliert und konturiert werden würden[169]. Der EuGH hat zu dieser Frage noch nicht abschließend und vor allem nicht mit der wünschenswerten dogmatischen Klarheit Stellung genommen[170]. In einigen Entscheidungen erachtet er den Anwendungsbereich der Grundfreiheit als eröffnet und berücksichtigt einschlägiges Sekundärrecht erst auf der Ebene der Rechtfertigung.[171] In anderen Fällen stellt er hingegen heraus, dass eine nationale Maßnahme, die den Mitgliedstaaten durch eine Richtlinie gestattet wird, schon tatbestandlich nicht gegen die Grundfreiheiten verstößt[172]. In denjenigen Fällen, in denen Grundfreiheiten und Richtlinien „gleichlaufen", prüft der EuGH entweder beide nebeneinander oder – insoweit dogmatisch nicht überzeugend – sogar allein die Grundfreiheiten[173].

1. Verordnungen

Verordnungen gelten gem. Art. 288 Abs. 2 AEUV allgemein und unmittelbar in je- 92
dem Mitgliedstaat und sind insoweit die „Gesetze" der EU[174]. Es bedarf daher keines Durchführungsaktes, wenn sich nicht aus der VO selbst die Erforderlichkeit eines weiteren Aktes, insbesondere einer Maßnahme gegenüber dem Einzelnen (VA, Realakt, etc), ergibt[175]. Sie begründen gegebenenfalls Rechte und Pflichten des Einzelnen, auf die er sich vor den nationalen Gerichten unmittelbar berufen kann. Aus der unmittelbaren Geltung leitet der EuGH eine **Anwendungssperre für entgegenstehendes nationales Recht** ab[176]. Inzident haben die nationalen Gerichte also auch die Möglichkeit einer Überprüfung der Verordnung. Es stellt sich aber auch die Frage nach einer **Klage vor europäischen Gerichten**.

---

168 *Kingreen*, in: Calliess/Ruffert, Art. 34–36 AEUV Rn 18; *Streinz/Leible*, in: Schlachter/Ohler, Europ. Dienstleistungsrichtlinie, Einleitung Rn 87. Eine ausschließliche Prüfung einer nationalen Maßnahme am Maßstab des Sekundärrechts setzt allerdings voraus, dass das Sekundärrecht gegenüber der nationalen Maßnahme tatsächlich eine speziellere und vor allem abschließende Regelung darstellt, was für jede Norm des Sekundärrechts gesondert zu prüfen ist. *Korte*, EWS 2007, 246 (253 f); *Streinz/Leible*, in: Schlachter/Ohler, Europ. Dienstleistungsrichtlinie, Einleitung Rn 88.
169 *Kingreen*, in: Calliess/Ruffert, Art. 34–36 AEUV Rn 18.
170 *Streinz/Leible*, in: Schlachter/Ohler, Europ. Dienstleistungsrichtlinie, Einleitung Rn 85 f.
171 EuGH v. 8.11.1979, Rs. C-251/78 – *„Denkavit"*, Rn 14, Slg. 1979, 3369.
172 EuGH v. 11.12.2003, Rs. C-322/01 – *„DocMorris"*, Rn 64, Slg. 2003, I-14887; v. 14.12.2004, Rs. C-463/01 – *„Kommission/Deutschland"*, Rn 55, Slg. 2004, I-11705.
173 Zu einem Beispiel s. EuGH v. 11.6.2009, Rs. C-564/07 – *„Kommission/Österreich"*, Slg. 2009, I-100 = Az: C-564/07, EuZW 2009, 493 (Anforderungen an die Erbringung von Dienstleistungen durch einen Patentanwalt); krit die Anm. *Mair*, ZESAR 2010, 127; *Storost*, EuZW 2009, 496.
174 Der Entwurf des EU-Verfassungsvertrages näherte sowohl die Terminologie als auch das „Gesetzgebungsverfahren" an das nationalstaatliche Vorbild an, s. dazu *Ruthig*, Gesetzgebung in Europa, in: Beckmann/Dieringer/Hufeld (Hrsg.), Eine Verfassung für Europa, 2. Aufl. 2005, S. 449 ff. Der AEUV hielt allerdings an der bisherigen Terminologie fest.
175 *Streinz*, Europarecht, Rn 467 ff.
176 EuGH v. 14.12.1971, Rs. C-43/71 – *„Polti/Finanzministerium der Italienischen Republik"*, Rn 9, Slg. 1971, I-1039, 1049. Unzulässig ist auch die Verabschiedung inhaltlich gleichlautender Regelungen durch den nationalen Gesetz- und Verordnungsgeber; vgl EuGH v. 10.10.1973, Rs. C-34/73 – *„Variola/Amministrazione Italiana delle Finanze"*, Rn 9 ff, Slg. 1973, I-981, 991.

93 In Betracht kommt eine Nichtigkeitsklage nach Art. 263 Abs. 4 AEUV vor dem EuG[177]. Tauglicher Klagegegenstand sind alle verbindlichen Rechtsakte der Gemeinschaft, also auch Verordnungen. Die Differenzierung zwischen „Rechtsakten mit Verordnungscharakter" und sonstige Handlungen der Union wird, wie sich aus dem ausdrücklichen Wortlaut des Art. 263 Abs. 4 ergibt, lediglich für die Frage der Klagebefugnis relevant[178]. Nach dieser Vorschrift ist die Klage eines nichtprivilegierten Klägers nach Art. 263 Abs. 4 AEUV nur zulässig, wenn dieser klagebefugt ist. Dabei unterscheidet der AEUV nunmehr zwischen drei Alternativen. Während beim Adressaten einer VO nach der 1. Alt. in jedem Fall die Klagebefugnis gegeben ist, kann sich der Kläger nach der 3. Alt. nur gegen solche „Rechtsakte mit Verordnungscharakter" zur Wehr setzen, die ihn „unmittelbar betreffen und keine Durchführungsmaßnahmen nach sich ziehen". In allen anderen Fällen muss er zusätzlich die individuelle Betroffenheit geltend machen. Nach der in ständiger Rechtsprechung vom EuGH zu Art. 230 Abs. 4 EGV entwickelten und auch bei Art. 263 Abs. 4 2. Alt. AEUV heranzuziehenden[179] **„Plaumann-Formel"** ist eine natürliche oder juristische Person nur dann von einer Maßnahme individuell betroffen, wenn diese sie „wegen bestimmter persönlicher Eigenschaften oder besonderer, sie aus dem Kreis aller übrigen Personen heraushebender Umstände berührt und sie daher in ähnlicher Weise individualisiert wie einen Adressaten"[180]. Da danach Rechtsschutz häufig nicht gewährt wird, kann man das unionsrechtliche Rechtsschutzsystem nur unter Einbeziehung der mitgliedstaatlichen Gerichte angemessen erfassen[181].

94 Damit käme auch in **Fall 7 (Rn 90)**[182] eine Nichtigkeitsklage in Betracht. Unmittelbar betroffen ist der Kläger nach der Rechtsprechung des EuGH dann, wenn die VO selbst und nicht erst eine in ihrer Folge hinzutretende Durchführungsmaßnahme in seinen Interessenkreis eingreift[183]. Dies ist der Fall. Es kommt daher entscheidend darauf an, ob S eine individuelle Betroffenheit geltend machen muss. Dies wäre dann zu verneinen, wenn es sich um einen „Rechtsakt mit Verordnungscharakter" im Sinne der 3. Alt. handeln würde. Allerdings wird im Vertragstext selbst dieser wenig glückliche Begriff nicht erläutert[184]. Auf den ersten Blick scheint es kaum sinnvoll, von Verordnungen ohne Verordnungscharakter zu sprechen, so dass

---

177 Die Zuständigkeitsverteilung ergibt sich aus Art. 256 Abs. 1 AEUV. Danach ist das Gericht erster Instanz für Klagen nach Art. 263 AEUV zuständig, soweit die Satzung eine solche Klage nicht dem EuGH vorbehält.

178 Teilweise wurden Klagegegenstand und Klagebefugnis früher als einheitliches Erfordernis der Klageberechtigung dargestellt. Der AEUV trennt diese nun deutlich.

179 Nicht überzeugend demgegenüber der Versuch von *Meyer*, AöR 129 (2004), 411, 427 f, allein aus dem begrifflichen Wechsel von Entscheidung zu Handlung einer Neuinterpretation der Vorschrift das Wort zu reden, s. *Cremer*, DÖV 2010, 58, 69.

180 St. Rspr seit EuGH v. 15.7.1963, Rs. C-25/62 – „*Plaumann*", Slg. 1963, 211, 238.

181 *Baumeister*, EuR 2005, 1. S. auch *Dervisopoulos*, in: Rengeling/Middeke/Gellermann, Rechtsschutz in der EU, 3. Aufl. 2014, § 7, Rn 49, 54 ff.

182 S. auch EuGH v. 25.10.2005, Rs. C-465/02 ua – „*Feta*", Slg. 2005, I-9115 = EuZW 2005, 762. Für den europäischen Schutz geografischer Herkunftsangaben und Ursprungsbezeichnungen wurde schon mit der Verordnung (EWG) Nr 2081/92 ein gemeinschaftsrechtliches Regelungsgefüge geschaffen und im Jahr 2006 durch die Verordnung (EG) Nr 510/2006 des Rates v. 20.3.2006 Schutz von geografischen Angaben und Ursprungsbezeichnungen für Agrarerzeugnisse und Lebensmittel, ABlEU 2006 Nr L 93, S. 12; zu einem Überblick s. *Obergfell*, GRUR 2010, 102.

183 S. auch *Ehricke*, in: Streinz, Art. 263 AEUV Rn 59 mwN.

184 Beispielhaft *Thiele*, EuR 2010, 30, 44.

alle Verordnungen im Sinne des Art. 288 AEUV unter Art. 263 Abs. 4 3. Alt. AEUV fallen würden und S eine individuelle Betroffenheit nicht nachweisen müsste. Eine solch umfassende Erweiterung sollte mit der Änderung des Wortlauts wohl nicht bezweckt werden[185]. Auch wenn dies vor allem während der Vorbereitung des Verfassungsvertrages gefordert worden war, hatte sich diese Auffassung nicht durchsetzen können. Das wirklich mit der Formulierung Gemeinte erschließt sich daher nur aus einem Vergleich mit dem Verfassungsvertrag. Nach diesem wurden Verordnungen des Rates und Richtlinien in „Gesetze" bzw „Rahmengesetze" umbenannt[186]. Von Verordnungen wurde nur noch bei solchen Rechtsakten gesprochen, die nicht in einem Gesetzgebungsverfahren erlassen worden sind[187]. Wenn also im Kontext der Klagebefugnis von „Verordnungscharakter" die Rede war, nahm dies die zu „Gesetzen" aufgewerteten Formen aus, hielt also insoweit an der strengeren (bisherigen) Fassung der Klagebefugnis fest. Bei der Formulierung des Lissabon-Vertrags wurde diese Frage nicht mehr aufgegriffen. Die Verwirrung ist darauf zurückzuführen, dass der Begriff des Gesetzes gestrichen und beide Varianten weiterhin als Verordnungen bezeichnet wurden. Beibehalten wurde allerdings der Begriff des Gesetzgebungsaktes. Er betrifft nach Art. 289 Abs. 3 AEUV solche Rechtsakte, die entweder im ordentlichen Gesetzgebungsverfahren (gemeinsamer Erlass durch Rat und Parlament, Art. 289 Abs. 1 AEUV) oder dem besonderen Gesetzgebungsverfahren (unter bloßer Beteiligung des Parlaments, Art. 289 Abs. 2 AEUV) erlassen worden sind. Damit handelt es sich nur dann um Rechtsakte „mit Verordnungscharakter" im Sinne der 3. Alternative des Art. 263 Abs. 4 AEUV, wenn diese keine Gesetzgebungsakte darstellen, also außerhalb dieser Gesetzgebungsverfahren erlassen werden[188]. Dies gilt insbesondere für von der Kommission allein erlassene delegierte Rechtsakte[189], die nach Art. 290 Abs. 1 AEUV ausdrücklich solche „ohne Gesetzescharakter" sind sowie die auf der Grundlage von Art. 291 Abs. 2 AEUV erlassenen Durchführungsrechtsakte. Da es sich im vorliegenden Fall um eine VO handelt, die im ordentlichen Gesetzgebungsverfahren erlassen wurde, ist Art. 263 Abs. 4 3. Alt. hier nicht anwendbar[190]. Im Rahmen der Begründetheit kommt es vor allem auf die Vereinbarkeit mit der Warenverkehrsfreiheit an. Nach Art. 36 Abs. 1 AEUV stehen die Bestimmungen des Art. 35 AEUV Beschränkungen nicht entgegen, die aus bestimmten Gründen, ua zum Schutze des gewerblichen und kommerziellen Eigentums, gerechtfertigt sind[191]. Dabei ist zu beachten, dass der EuGH bei der Verhältnismäßigkeitsprüfung den Schwerpunkt auf die Erforderlichkeit legt und die Angemessenheit einer Maßnahme idR nicht gesondert prüft[192]. Erforderlich ist sie insbesondere deswegen, weil der Markt allein die Sicherstellung von Qualitätsstandards für bestimmte traditionelle Produkte nicht erreichen konnte. Hierfür hielt der EuGH die Herstellung im Ursprungsland für erforderlich. Er erstreckte dies sogar auf Abfüllen/Verpacken und Zubereiten, worin der GA einen unverhältnismäßigen Eingriff in die Warenverkehrsfreiheit gesehen hatte, weil solche Standards überall eingehalten werden könnten und jedenfalls eine entsprechende Kennzeichnung genüge[193]. Mit entsprechender Begründung könnte man erst recht den

---

185 *Everling*, EuR Beiheft 1/2009, S. 71, 74; *Rabe*, NJW 2007, 3153, 3157.

186 Dazu schon *Ruthig*, in: Beckmann/Dieringer/Hufeld, Eine Verfassung für Europa, 2. Aufl. 2005, 449, 465 f.

187 *Ruthig*, in: Beckmann/Dieringer/Hufeld, Eine Verfassung für Europa, 2. Aufl. 2005, 449, 468 ff; *Streinz/Ohler/Hermann*, Der Vertrag von Lissabon zur Reform der Europäischen Union, 2008, S. 93 ff.

188 *Thiele*, EuR 2010, 30, 44; *Ehlers*, Nichtigkeitsklage, in: ders./Schoch, Rechtsschutz im Öffentlichen Recht, 2009, § 8 Rn 41.

189 S. dazu auch *v. Danwitz*, Europäisches Verwaltungsrecht, S. 271 f.

190 *Ehlers*, Nichtigkeitsklage, in: ders./Schoch, Rechtsschutz im Öffentlichen Recht, 2009, § 8 Rn 41; *Cremer*, DÖV 2010, 58, 62.

191 EuGH v. 20.5.2003, Rs. C- 108/01 – „*Prosciutto di Parma*", Rn 64, Slg. 2003, I-5121.

192 *Streinz*, Europarecht, Rn 845.

193 Dazu die unterhaltsame Glosse von *Geiger*, EuZW 2003, 545.

> Schutz von regionaltypischen Rezepturen in Frage stellen, würde aber spätestens damit eindeutig über die Anforderungen des EuGH hinausgehen. In einer neueren Entscheidung hat er eine Überprüfung der Verhältnismäßigkeit gegenüber Verordnungen allerdings ausgedehnt[194].

2. Richtlinien

95 Gemäß Art. 288 Abs. 3 AEUV ist die Richtlinie für die Mitgliedstaaten hinsichtlich des zu erreichenden Zieles verbindlich, überlässt diesen aber die Auswahl von Form und Mittel, die sie für die Erreichung des Zieles als geeignet ansehen[195]. Auch im Wirtschaftsrecht wird daher die Richtlinie immer dann eingesetzt, wenn die Besonderheiten des nationalen Rechts möglichst weitgehend gewahrt bleiben sollen. In einigen Fällen wurde aber auch mit dem Instrument der Richtlinie eine weitgehende Harmonisierung erreicht (s. zum Regulierungsrecht Rn 497).

96 Die **Umsetzung einer Richtlinie** durch die Mitgliedstaaten muss vollständig, genau und innerhalb der in der Richtlinie gesetzten Frist erfolgen. Sie muss es den Betroffenen ermöglichen, von ihren Rechten und Pflichten Kenntnis zu erlangen, um sie vor den nationalen Gerichten geltend machen zu können. Eine bloße innerstaatliche Verwaltungspraxis oder eine Umsetzung durch Verwaltungsvorschriften ohne Außenwirkung gegenüber dem Bürger genügt daher nicht[196]. Für den Fall, dass diese Anforderungen nicht eingehalten werden, hat der EuGH **drei Durchsetzungsmechanismen** entwickelt: Die unmittelbare Wirkung, die richtlinienkonforme Auslegung und die Staatshaftung[197].

a) Unmittelbare Anwendbarkeit von Richtlinienbestimmungen

97 Obwohl diese sich ihrem Wortlaut nach nur an die Mitgliedstaaten richten, leitet der EuGH auch aus Richtlinien unmittelbar wirkende Rechte Einzelner gegenüber einem Mitgliedstaat ab (vertikale Wirkung)[198]. Bei fehlender oder fehlerhafter Umsetzung kann sich der Einzelne auf eine einzelne Richtlinienbestimmung berufen, sofern sie „inhaltlich unbedingt und hinreichend genau" sind. Inhaltlich unbedingt ist eine Bestimmung, wenn sie vorbehaltlos und ohne Bedingung anwendbar ist und keiner weiteren Maßnahme seitens der Mitgliedstaaten oder der Union bedarf. Hinreichend genau ist sie, wenn sie unzweideutig eine Verpflichtung begründet, also rechtlich in

---

194 EuGH v. 9.11.2010, Rs. C-92/09 u. C-93/09 – *„Schecke und Eifert/Hessen"*, Slg. 2010, I-11063 = EuZW 2010, 939 m. Anm. *Guckelberger*; s. auch *dies.*, EuZW 2011, 126; *Schröder*, EuZW 2011, 462.

195 *Streinz*, Europarecht, Rn 474 ff.

196 Der EuGH fordert eine „unzweifelhaft verbindliche" Umsetzung, EuGH v. 8.10.1996, Rs. C-178/94 – *„Dillenkofer"*, Rn 47 ff, Slg. 1996, S. I-4845, 4884; v. 9.9.1999, Rs. C-217/97 – *„UIG"*, Slg. 1999, I-5087; *Pitschas*, DVBl 2000, 332. Diesen Anforderungen genügt beispielsweise die gaststättenrechtliche Praxis, Ausnahmen vom Erfordernis des Unterrichtungsnachweises in Verwaltungsvorschriften zuzulassen – vgl *Michel/Kienzle/Pauly*, GastG, § 9 Rn 71 – nicht.

197 Hierzu grundlegend EuGH v. 19.11.1991, Rs. C-6/90 – *„Francovich"*, Rn 35, Slg. 1991, I-5357; v. 8.10.1996, Rs. C-178/94, C-179/94 und C-188/94 bis C-190/94 – *„Dillenkofer ua"*, Rn 20, Slg. 1996, I-4845. Zuletzt EuGH v. 24.3.2009, Rs. C-445/06 – *„Danske Slagterier/BRD"*, Rn 19, Slg. 2009, I-2119.

198 Zur Begründung *Ruffert*, in: Calliess/Ruffert, Art. 288 AEUV Rn 47 ff.

sich abgeschlossen ist und als solche von jedem Gericht angewandt werden kann[199]. Liegen die Voraussetzungen einer unmittelbaren Anwendbarkeit vor, haben nicht nur die **nationalen Gerichte**, sondern **auch alle anderen staatlichen Stellen** diese trotz möglicherweise entgegenstehenden nationalen Rechts von Amts wegen anzuwenden.

Voraussetzung der unmittelbaren Anwendbarkeit ist außerdem der Ablauf der Umsetzungsfrist. Mögliche Wettbewerbsverzerrungen in den einzelnen Mitgliedstaaten, die aus einer zeitlich unterschiedlichen, aber fristgemäßen Umsetzung resultieren, sind hinzunehmen[200]. Die unmittelbare Wirkung beschränkt sich allerdings auf das Verhältnis zu den Mitgliedstaaten. Allerdings wird der Begriff der staatlichen Stellen dabei weit verstanden. Der Umstand, dass im Verhältnis zwischen Privaten eine sog. horizontale unmittelbare Richtlinienwirkung ausgeschlossen ist[201], bedeutet allerdings für das öffentliche Recht keineswegs, dass eine (mittelbare) Belastung Dritter ausgeschlossen ist, wenn sich ein Privater auf umwelt- oder wirtschaftsrechtliche Richtlinienbestimmungen beruft (sog. mittelbare Horizontalwirkung)[202].

b) Richtlinienkonforme Auslegung

Das vom EuGH entwickelte Instrument der richtlinienkonformen Auslegung ist fester Bestandteil der Durchsetzungsmechanismen des europäischen Rechts. Danach sind auch **unverändert gebliebene Vorschriften** des nationalen Rechts „im Lichte des Wortlauts und des Zwecks der Richtlinie auszulegen"[203]. Dieses Gebot gilt unabhängig von der Umsetzung ab Inkrafttreten der Richtlinie[204] und betrifft insbesondere die Generalklauseln.   **98**

Nach der Rechtsprechung des EuGH sind alle Träger öffentlicher Gewalt zur Durchsetzung der Ziele einer Richtlinie verpflichtet. Diese Auslegung ist unter voller Ausschöpfung des Beurteilungsspielraums, den das nationale Recht ihnen einräumt, in Übereinstimmung mit den Anforderungen des Unionsrechts vorzunehmen[205]. Grenzen findet die richtlinienkonforme Auslegung auf nationaler Ebene im eindeutig entgegenstehenden Wortlaut eines einschlägigen nationalen Gesetzes[206] und unionsrechtlich in den allgemeinen Rechtsgrundsätzen, insbesondere in den Grundsätzen von Rechtssicherheit und Rückwirkungsverbot[207].   **99**

---

199 Hierzu näher *Ruffert*, in: Calliess/Ruffert, Art. 288 AEUV Rn 53 ff mN aus der Rspr.
200 Dazu EuGH v. 5.4.1979, Rs. C-148/78 – „*Ratti*", Slg. 1979, 1629.
201 EuGH v. 14.7.1994, Rs. C-91/92 – „*Faccini Dori*", Rn 19 ff, Slg. 1994, I-3325, auch EuGH v. 22.11.2005, Rs. C-144/04, – „*Mangold*", Slg. 2005 I-9981 hat dies nicht in Frage gestellt, s. *Ruffert*, in: Calliess/Ruffert, Art. 288 AEUV Rn 57; *Herrmann*, EuZW 2006, 69; *Streinz*, JuS 2006, 357, 360; aA *Gas*, EuZW 2005, 737; *Bauer/Arnold*, NJW 2006, 6, 9.
202 Auch dazu ausf mwN *Ruffert*, in: Calliess/Ruffert, Art. 288 AEUV Rn 63 ff.
203 EuGH v. 10.4.1984, Rs. C-14/83 – „*von Colson und Kamann*", Rn 26, Slg. 1984, 1981; s. auch EuGH v. 8.10.1987, Rs. C-80/86 – „*Kolpinghus Nijmengen*", Slg. 1987, 3969; EuGH v. 13.11.1990, Rs. C-106/89 – „*Marleasing*", Rn 1 ff, Slg. 1990, I-4135.
204 Vgl BGH, EWS 1993, 386; *Streinz*, Europarecht, Rn 498 ff; *Lutter*, JZ 1992, 593, 605. Vor Ablauf der Umsetzungsfrist stellt sich allenfalls die – nach dem nationalen Recht zu beantwortende – Frage, ob der Richter bereits zu einer Rechtsprechungsänderung im Vorgriff auf die Richtlinie berechtigt ist, bejahend BGH, NJW 1998, 2208.
205 *Ruffert*, in: Calliess/Ruffert, Art. 288 AEUV Rn 77 mit Verweis auf die einschlägige EuGH-Rechtsprechung.
206 Zu verfassungsrechtlichen Grenzen der gemeinschaftsrechtskonformen Auslegung s. *Di Fabio*, NJW 1990, 947; *Nettesheim*, AöR 119 (1994), 261.
207 Der eindeutige Wortlaut muss schon deshalb die Grenze bilden, weil eine Auslegung stets auf vorhandenen Entscheidungsspielräumen aufbaut. Die Wortlautgrenze entspricht auch dem gemeinschafts-

IV. Verfassungsrechtliche Rahmenbedingungen: Grundrechtlicher Schutz wirtschaftlicher Betätigung

100   **Fall 8: a)** Apotheker A betreibt in Mannheim die W-Apotheke. Gegen A wurde ein berufsge-richtliches Verfahren durchgeführt. Ihm wurde zur Last gelegt, er habe seine Berufspflichten als Apotheker durch unzulässige Werbung verletzt, indem er Verkaufsschütten und Werbeta-feln aufgestellt und in der Nachbarschaft Werbezettel verteilt habe, mit denen er die Aufmerk-samkeit der Kunden auf sein nicht apothekenpflichtiges Nebensortiment (Säuglingsnahrung, Körperpflegeartikel sowie Frucht- und Gemüsesäfte) richten wollte. Wegen dieser Vorfälle ist der Beschwerdeführer durch Urteil des Berufsgerichts für Heilberufe zu einer Geldbuße von 15 000 € verurteilt worden. Die Werbung für das frei verkäufliche Apothekensortiment habe gegen die Berufsordnung verstoßen. Er habe durch sein Verhalten aber nicht nur gegen Rechts-vorschriften verstoßen, sondern auch andere Apotheker in Zugzwang gebracht und in Kauf ge-nommen, einen ruinösen und die Arzneimittelversorgung beeinträchtigenden Konkurrenz-kampf der Apothekeninhaber untereinander auszulösen. Nach Erschöpfung des Rechtswegs erhebt A Verfassungsbeschwerde. Wie wird das BVerfG entscheiden?

   b) A sieht sich auch durch das Verbot der Werbung für apothekenpflichtige Waren in seinen Grundrechten verletzt. Könnte er unmittelbar gegen § 10 HeilmittelwerbeG Verfassungsbe-schwerde erheben?

   c) Könnte er im Internet Informationen zu apothekenpflichtigen Arzneimitteln anbieten?

101   **Fall 9:** Bürger B hat trotz aller Anstrengungen der Politik zur Bewältigung der Finanzkrise das Vertrauen in die Bankenaufsicht verloren und will sich lieber selbst von der Bonität seines Kreditinstituts überzeugen. Er beantragt deshalb auf der Grundlage des IFG bei der BaFin Ein-sicht in die dort vorhandenen Unterlagen. Diese wird ihm mit der Begründung verweigert, eine Preisgabe dieser Informationen verstöße gegen die Verschwiegenheitspflicht der BaFin. Die Bundesanstalt dürfe daher die ihr und ihren Bediensteten bei ihrer Tätigkeit bekanntgeworde-nen Betriebs- und Geschäftsgeheimnisse und sonstige Tatsachen, deren Geheimhaltung im In-teresse des beaufsichtigten Instituts oder eines Dritten liege, nicht unbefugt offenbaren oder verwerten.

102   **Fall 10:** Bei einer Betriebskontrolle bei Bäcker B wurden gravierende Mängel festgestellt. Die Behörde will daher seinen Betrieb unter namentlicher Nennung auf eine Internetliste auf-nehmen, auf der sie die Liste ihrer Beanstandungen veröffentlicht.

103   **Fall 11:** Der Gesetzgeber beschließt formell ordnungsgemäß folgende Regelung: Die Gast-stättenerlaubnis ist zu versagen, „wenn der Antragsteller nicht durch eine Bescheinigung der Industrie- und Handelskammer nachweist, über die zum Betrieb einer Gaststätte erforderliche Sachkunde zu verfügen. Diese umfasst insbesondere die Kenntnis der lebensmittelrechtlichen Vorschriften sowie der betriebswirtschaftlichen und steuerrechtlichen Grundlagen. Der Nach-weis ist durch einen Lehrgang mit Abschlussprüfung zu erbringen"[208]. Ist das Gesetz verfas-sungsgemäß?

---

rechtlichen Gebot der Rechtssicherheit, da die Anwendung des Rechts vorhersehbar sein muss, vgl *Schroeder*, in: Streinz, EGV, Art. 249 Rn 128. Aus diesem Grund hat der EuGH etwa die Begründung strafrechtlicher Verantwortung durch richtlinienkonforme Auslegung abgelehnt, EuGH v. 8.10.1987, Rs. C-80/86 – *„Kolpinghuis Nijmengen"*, Rn 13, Slg. 1987, 3969, 3986.

208   Zur entsprechenden, seit Jahren andauernden Diskussion insbesondere *Michel/Kienzle/Pauly*, GastG § 4 Rn 69 mwN.

1. Die Funktion der Grundrechte

a) Grundrechte als Abwehrrechte

Um die Einwirkungen der Grundrechte auf das Wirtschaftsverwaltungsrecht ange- **104** messen verstehen zu können, empfiehlt es sich, ihre wesentlichen Funktionen in Erinnerung zu rufen. Freiheitsrechte fungieren primär als Abwehrrechte gegen staatliche Eingriffe[209], führen aber grundsätzlich nicht zu Leistungsansprüchen[210]. Die Vorschriften des öffentlichen Wirtschaftsrechts müssen sich also vor allem an den Grundrechten der Gewerbetreibenden messen lassen. Nach der allgemeinen Definition ist ein Eingriff **jedes staatliche Handeln**, das dem Einzelnen ein Verhalten, das in den Schutzbereich des konkreten Grundrechts fällt, ganz oder teilweise unmöglich macht[211]. Auf die vom Staat gewählte Handlungsform kommt es daher nicht an. Jeder Eingriff muss aber nicht nur den Anforderungen an das Verhältnismäßigkeitsprinzip genügen, sondern bedarf nach der **Lehre vom Vorbehalt des Gesetzes** einer gesetzlichen Grundlage. Als „vorverlagerte Verteidigungslinie der Grundrechte als Abwehrrechte"[212] verlangt dieses zentrale Element des Rechtsstaatsprinzips nicht nur, dass überhaupt eine gesetzliche Grundlage für einen Grundrechtseingriff vorhanden ist, sondern auch, dass die wesentlichen Entscheidungen durch den Gesetzgeber getroffen werden (sog. Parlamentsvorbehalt)[213]. Dies gilt insbesondere für intensive Eingriffe[214]. Dennoch zeigten gerade die Beispiele staatlicher Warnungen, dass die Grenzen des Gesetzesvorbehaltes noch keineswegs völlig ausgelotet sind.

b) Grundrechte und Schutzpflichten

Lediglich unter engen Voraussetzungen gewähren die Grundrechte auch einen **An- 105 spruch auf staatlichen Schutz bestimmter Freiheitsräume**[215]. Diese jedenfalls bei einzelnen Grundrechten ausdrücklich anerkannte Pflicht trifft nicht nur den Gesetzgeber, sondern auch Exekutive und Judikative. Dem **Gesetzgeber** steht allerdings bei der Erfüllung der Schutzpflicht eine **weite Einschätzungs-, Wertungs- und Gestaltungsfreiheit** zu, die auch Raum für die Berücksichtigung konkurrierender öffentli-

---

209 *Jarass*, in: Jarass/Pieroth, GG, Vorb. Art. 1 Rn 5. Besonders deutlich war dieses liberale Grundrechtsverständnis bereits in der Weimarer Zeit ausgeprägt bei *Carl Schmitt*, Verfassungslehre, 1928, S. 163 ff; 175 ff. Entgegengesetzt wurde ihm schon damals ein politisch-soziales Verständnis, das Grundrechte als Wertesystem begriff, insbesondere durch *Smend* und *Heller*. Zu dieser – für das öffentliche Wirtschaftsrecht allerdings kaum relevanten Diskussion *Michael/Morlok*, Grundrechte, § 3 Rn 20; *Böckenförde*, NJW 1974, 1529 ff.
210 Zu dieser Dimension insbesondere die „Numerus-clausus-Entscheidung" BVerfGE 33, 303, 330 ff; grundlegend *Häberle*, VVDStRL 30 (1972), 43, 69 f.
211 *Pieroth/Schlink/Kingreen/Poscher*, Grundrechte, Rn 253.
212 *Di Fabio*, JZ 1993, 689, 691; ebenso *Bethge*, VVDStRL 57 (1998), 10, 46; *Sachs*, JuS 1995, 303, 304: „vorausschauende Zulassung von Beeinträchtigungsakten".
213 BVerfGE 47, 46, 79 konkretisiert den Begriff der Wesentlichkeit als „wesentlich zur Verwirklichung der Grundrechte". Zur Wesentlichkeitstheorie insbes BVerfGE 49, 89, 126 f – *Kalkar I*; außerdem BVerfGE 95, 267, 307; 98, 218, 251; *Jarass*, in: Jarass/Pieroth, GG, Art. 20 Rn 53.
214 BVerfGE 38, 373, 381; 94, 372, 390.
215 S. hierzu *Jarass*, in: Jarass/Pieroth, GG, Vorb vor Art. 1 Rn 10 f; *Dreier*, in: Dreier, GG, Vorb Rn 101 ff; *Sachs*, in: Sachs, GG, Vor Art. 1 Rn 35 ff jeweils mwN.

cher oder privater Interessen lässt[216]. Konkrete Vorgaben dazu, wie diese staatliche Schutzpflicht im Einzelnen umzusetzen ist, sind der Verfassung nicht zu entnehmen. Für die **Exekutive** werden die Schutzpflichten im Zusammenhang mit der **Ermessensausübung** relevant, sie können jedoch **keine Eingriffskompetenzen** schaffen.

106 Im **öffentlichen Wirtschaftsrecht** spielen die Schutzpflichten herkömmlich nur eine untergeordnete Rolle. So ist noch nicht abschließend geklärt, inwiefern die hier primär einschlägigen Grundrechte der Art. 12 und 14 GG überhaupt Schutzpflichten begründen. Jedenfalls aber gewähren die Grundrechte (und insbesondere Art. 12 GG) **keinen Schutz vor der Konkurrenz Dritter**, auch nicht vor der Konkurrenz des Staates. Auch der **Schutz Dritter vor den Gefahren wirtschaftlicher Tätigkeit** dürfte angesichts des erreichten Niveaus kaum Ansprüche gegen den Gesetzgeber begründen[217]; am ehesten wäre ein Anspruch auf präventive Kontrolle bei besonders gefährlichen Tätigkeiten denkbar[218]. Allerdings kann sich ein Anspruch auf Einschreiten gegenüber der Aufsichtsbehörde ergeben (indem sich deren Ermessen auf Einschreiten reduziert).

107 Besondere Aufmerksamkeit bedarf die Frage von Schutzpflichten **im Zusammenhang mit dem Informationsverwaltungsrecht**. Gerade im öffentlichen Wirtschaftsrecht sehen sich Unternehmen vielfältigen staatlichen Auskunftsverlangen, aber auch den Informationsansprüchen nach IFG, UIG und VIG ausgesetzt, die jedenfalls die Gefahr eines Eingriffs in Betriebs- und Geschäftsgeheimnisse mit sich bringen. Richtigerweise liegt der (erste) Eingriff bereits in der Datenerhebung und nicht erst in der „Verbreitung" von Geschäftsgeheimnissen[219]. Da es verfassungsrechtlich allerdings keinen absoluten Schutz unternehmensbezogener Daten gibt[220], hat der Gesetzgeber einen erheblichen Gestaltungsspielraum bei der Ausgestaltung der Auskunftsansprüche[221]. Die Verfassung als Rahmenordnung determiniert gerade nicht die Feinjustierung des Verhältnisses zwischen Offenbarungspflichten und Geheimnisschutz.

---

216 Das Bundesverfassungsgericht kann eine Verletzung staatlicher Schutzpflichten daher nur feststellen, wenn die staatlichen Organe entweder gänzlich untätig geblieben oder wenn die bisher getroffenen Maßnahmen evident unzureichend sind, s. BVerfGE 56, 54, 80 f; 77, 170, 214 f; 79, 174, 201 f; 85, 191, 212 f; 92, 26, 46. Ausf hierzu *Hesse*, FS Mahrenholz (1994), S. 541 ff.

217 S. dazu am Beispiel des Handwerksrechts *Baumeister*, GewArch. 2007, 310, 314 ff.

218 Insoweit für handwerkliche Tätigkeiten verneinend *Baumeister*, GewArch. 2007, 310, 316. Ob es sich in anderen Bereichen, etwa bei Finanzdienstleistungen anders verhalten könnte, bedarf keiner Entscheidung, da dort unionsrechtlich bedingt Genehmigungserfordernisse nicht ab-, sondern ausgebaut werden.

219 Konsequenterweise qualifizierte daher auch das BVerwG in seiner „Transparenzlistenentscheidung" nicht erst die Veröffentlichung der Transparenzlisten, sondern schon das vorgeschaltete Auskunftsverfahren als Beeinträchtigung der unternehmerischen Betätigungsfreiheit, BVerwGE 71, 183, 189 und 197.

220 Anders beim absolut geschützten Kernbereich privater Lebensgestaltung, dazu *Ruthig*, FS Schenke (2011), 495 ff.

221 Dazu *Schoch*, IFG, Einl Rn 47. Insbesondere die Einführung voraussetzungsloser Ansprüche auf Zugang zu amtlichen Informationen ist – soweit dieser nicht unionsrechtlich determiniert ist – eine rechtspolitische Entscheidung. Das GG formt insbesondere auch keine übergreifende Informationsordnung, dazu *Kugelmann*, DÖV 2005, 851, 855.

Im **Fall 9 (Rn 101)**[222] hat B nach § 1 Abs. 1 IFG grundsätzlich einen Anspruch auf Zugang zu   **108**
amtlichen Informationen gegenüber Behörden des Bundes, zu denen unter Zugrundelegung
des funktionellen Behördenbegriffes auch die BaFin zu fassen ist[223]. Dieses Informationszu-
gangsrecht wird in §§ 3, 4 IFG bei besonderen öffentlichen Geheimhaltungsinteressen und in
§§ 5, 6 IFG zum Schutz Dritter ausgeschlossen. Im vorliegenden Fall stellt § 9 KWG eine
durch Rechtsvorschrift geregelte Geheimhaltungspflicht iSv. § 3 Nr. 4 IFG dar, die bei Vorliegen der Voraussetzungen des § 9 Abs. 1 KWG zum Ausschluss des Informationszugangs-
rechts führt[224]. Nach § 9 Abs. 1 S. 1 KWG dürfen die im Rahmen der Aufsicht bekanntgewor-
denen Betriebs- und Geschäftsgeheimnisse, deren Geheimhaltung im Interesse des Instituts
oder eines Dritten liegt, nicht unbefugt offenbart oder verwertet werden. Unter die Geschäfts-
und Betriebsgeheimnisse sind grundsätzlich auch die hier von B geforderten Unterlagen seines
Kreditinstituts zu fassen. Solche sind alle auf ein Unternehmen bezogenen Tatsachen und Vorgänge, die nicht offenkundig, sondern nur einem begrenzten Personenkreis zugänglich sind
und an deren Nichtverbreitung der Geheimnisinhaber ein berechtigtes Interesse hat.[225] Ausgeschlossen ist ein berechtigtes Interesse jedoch per se dann, wenn sich die Offenlegung auf
Rechtsverstöße des Geheimnisinhabers bezieht, weil ihm in diesen Fällen die Schutzwürdigkeit fehlt.[226] Abgesehen davon wird ein unbefugtes Offenbaren insbesondere in den Fällen des
§ 9 Abs. 1 S. 4 KWG ausgeschlossen. Jenseits der aufgezählten Fälle kommt es darauf an, ob
ein überragendes Interesse der Öffentlichkeit an der Offenlegung der Informationen besteht.[227]
Im Umkehrschluss zu § 9 Abs. 1 S. 4 Nr. 1 KWG wird jedoch geschlossen, dass die reine Verfolgung zivilrechtlicher Ansprüche kein Informationszugangsanspruch begründet, weil die
Vorschrift nur die Weitergabe an Strafgerichte ausdrücklich vorsieht[228]. In **Fall 10 (Rn 102)**[229]
ist daher ein grundsätzliches Interesse des Verbrauchers an Informationen anzuerkennen. Eine
Veröffentlichung bedarf jedoch einer gesetzlichen Grundlage. Die Informationsfreiheitsge-
setze verlangen einen Antrag und lassen sich wohl nicht für aktive Informationstätigkeiten des
Staates heranziehen[230]; jedenfalls wären sie insoweit zu unbestimmt. Als ausdrückliche
Rechtsgrundlage für die Informationstätigkeit der Behörde kommt § 40 Abs. 1 LFGB in Betracht, der jedoch wegen § 40 Abs. 2 LFGB nur subsidiär Anwendung findet. Neuerdings be-
schäftigen sich die Gerichte aber eingehend mit dem im Jahr 2012 neu eingeführten § 40
Abs. 1a LFGB, der unter bestimmten Voraussetzungen, insbesondere bei einem aufgrund der
Verstöße zu erwartenden Bußgeld von mehr als 350 €, eine neue Rechtsgrundlage für die Informationstätigkeit der Behörde darstellt. Das Hauptproblem stellt dann die ins einfache Recht
verlagerte Abwägung zwischen Informationsinteresse und Geschäftsgeheimnis dar. Gegen die
Vorschrift, die auf der VO 178/2002 basiert, werden europa- und verfassungsrechtliche Bedenken erhoben.[231] Die verfassungsrechtlichen Bedenken richten sich insbesondere gegen die in

---

222 Vgl VGH Kassel, NVwZ 2010, 1036; *Gurlit*, NZG 2014, 1161.
223 *Gurlit*, NZG 2014, 1161, 1162.
224 VGH Kassel, NZG 2014, 1036, 1044.
225 BVerwG, NVwZ 2011, 1012, 1014; *Gurlit*, NZG 2014, 1161, 1164. Neben den subjektiven Geheim-
    haltungswillen muss aber auch die Möglichkeit einer nachteiligen Beeinflussung der Wettbewerbs-
    position des Unternehmens treten, was im Einzelfall zu bestimmen ist.
226 *Gurlit*, NZG 2014, 1161, 1164 f.
227 BVerwG, NVwZ 2008, 554, 557; *Gurlit*, NZG 2014, 1161, 1165.
228 VGH Kassel, NZG 2014, 1036, 1044.
229 VG Saarlouis v. 24.8.2010 – 3 K 228/10; s. auch OVG Münster, NVwZ 2009, 1510 zur ungeschwärz-
    ten Veröffentlichung einer Untersuchung zu Chemikalienbestandteilen in Getränke-Kartonverpa-
    ckungen. Aus der Literatur *Albers/Ortler*, GewArch. 2009, 225; *Holzner*, NVwZ 2010, 489; *Schoch*,
    ZLR 2010, 121; *Wollenschläger*, VerwArch. 2011, 20.
230 Vgl *Holzner*, NVwZ 2010, 489, 491.
231 VGH München, Beschluss vom 18.3.2013 – 9 CE 12.2755, Rn 18 ff (juris); VGH Mannheim, NVwZ
    2013, 1022, 1023 ff mwN; keine diesbezüglichen Bedenken VG Trier, *Beschluss* vom 18.12.2012 –

§ 40 Abs. 1a LFGB vorgesehene zwingende Veröffentlichungspflicht als auch gegen die Bestimmtheit der Vorschrift im Hinblick auf die fehlenden transparenten Parameter für die Höhe des zu verhängenden Bußgeldes.[232] Insoweit ist jedoch zu beachten, dass nach der Rechtsprechung des BVerfG die Berufsfreiheit die Marktteilnehmer schon gar nicht vor der Verbreitung zutreffender und sachlich gehaltener Informationen am Markt schützen soll (s. unten Rn 119 f). Aber unabhängig davon überwiegt im Ergebnis wohl das Veröffentlichungsinteresse. Im gerichtlichen Verfahren geht die Regelung des § 99 VwGO dagegen typischerweise von einem Vorrang des Geheimnisschutzes aus. Daraus freilich ein Verwertungsverbot zu konstruieren[233], erweckt allerdings Bedenken im Hinblick auf die Garantie effektiven Rechtsschutzes (s. auch zum Energie- und TK-Recht unten Rn 531)[234].

c) Grundrechte als Teilhaberechte

109 Besonderheiten ergeben sich, wenn staatliche Genehmigungen sich ausnahmsweise als **Verteilungsentscheidungen in Knappheitssituationen** darstellen. Der aus Art. 12 GG abgeleitete Anspruch auf Lizenzierung und damit Marktzutritt wird in solchen Konkurrenzsituationen zum Anspruch auf Beteiligung an einem transparenten und nichtdiskriminierenden Vergabeverfahren.

Diese Grundsätze werden vor allem dann relevant, wenn sich staatliche Genehmigungen als Allokationsentscheidungen darstellen, wie es beispielsweise bei der Standplatzvergabe auf festgesetzten Märkten (s. Rn 378 ff), aber auch bei der Frequenzversteigerung im Telekommunikationsrecht (s. Rn 557 ff) der Fall ist[235]. Nach der auch im wirtschaftsverwaltungsrechtlichen Zusammenhang angeführten „Numerus clausus-Rechtsprechung"[236] müssen nichtdiskriminierende Vergabeverfahren vorgesehen und leistungsbezogene Verteilungskriterien angelegt werden. Den Anforderungen an ein **transparentes und diskriminierungsfreies Verfahren** genügt auf jeden Fall die Durchführung einer Ausschreibung nach klaren Vergabebedingungen, aber unter bestimmten Voraussetzungen auch eine Versteigerung (s. am Beispiel der Frequenzversteigerung

---

1   L 1543/12.TR, Rn 8 (juris), s. aber dazu OVG Koblenz, Beschluss vom 13.2.2013 – 6 B 10035/13, Rn 13 ff (juris) mwN; instruktiv *Möstl*, GewArch. 2015, 1. Insbesondere die auch § 40 Abs. 1 LFGB betreffende Frage, ob die in der Vorschrift genannten Veröffentlichungsrechte der Behörde bei Mängeln unterhalb der Schwelle zur Gesundheitsgefährdung mit der VO 178/2002 zu vereinbaren sind, war Gegenstand eines Vorlageverfahrens. Der EuGH hat die geäußerten europarechtlichen Bedenken verworfen und somit dem Verbraucherschutz den Vorrang eingeräumt, vgl EuGH v. 11.4.2013, Rs. C-636/11 – *„Berger"* = NVwZ 2013, 1002 auf Vorlage von LG München, Beschluss vom 5.12. 2011 – 15 O 9353/09.

232   S. hierzu ausführlich VGH Mannheim, NVwZ 2013, 1022, 1024 ff mwN; *Möstl*, GewArch. 2015, 1.

233   Nach § 99 VwGO begrenzt der Geheimnisschutz bereits die Vorlageverpflichtung der Behörde; die Berechtigung einer Zurückhaltung der Informationen wird im sog. in-camera-Verfahren, dh in einem Zwischenverfahren überprüft. Dieser Grundsatz gilt nach bisherigem Recht auch dann, wenn das Zwischenverfahren wie im Anwendungsbereich von TKG und EnWG abweichend von § 99 Abs. 2 VwGO nicht vor einem anderen Gericht geführt wird. Liegen also Betriebs- und Geschäftsgeheimnisse vor, unterfallen diese für das spätere Hauptsacheverfahren einem Verwertungsverbot, s. etwa § 84 Abs. 2 S. 3 EnWG. Anders nunmehr § 138 Abs. 2 TKG: vgl näher *Attendorn/Geppert*, in: Beck'scher TKG-Kommentar, § 138 Rn 20 ff.

234   Zu verfassungsrechtlichen Bedenken gegen § 99 VwGO s. bereits *Schenke*, in: Bonner Kommentar zum Grundgesetz, Art. 19 IV GG Rn 711 f. Ausführlich *ders.*, in: Kluth/Rennert, Entwicklungen im Verwaltungsprozess, 2008, S. 117 ff. Ausführlich zur unionsrechtlichen Dimension *Ruthig*, in: Baer/ Salje/Schmidt-Preuß, Regulierung in der Energiewirtschaft, § 58 Rn. 20 ff.

235   Ausf und mit weiteren Beispielen über das öffentliche Wirtschaftsrecht hinaus *Wollenschläger*, Verteilungsgerechtigkeit, 2010.

236   BVerfGE 33, 303, 338; 43, 291, 314, 324.

Rn 564 f). Die wichtigste Konkretisierung findet der Anspruch auf Verfahrensbeteiligung im Anhörungsrecht[237]. Dieses richtet sich unmittelbar gegen die Verwaltung, verlangt aber vom Gesetzgeber, das Verfahrensrecht so auszugestalten, dass eine echte Partizipation am Entscheidungsprozess überhaupt möglich ist. Im Interesse eines effektiven Rechtsschutzes umfasst der Teilhabeanspruch auch einen Anspruch auf Begründung (s. ausf Rn 383). Da allerdings auch **leistungsbezogene Kriterien** verlangt werden, genügen rein formale Auswahlkriterien diesen Vorgaben nicht. Dies gilt für das Prioritätsprinzip, ein starres „rollierendes System" und den Losentscheid (s. auch am Beispiel des Marktgewerbes Rn 380 f). Das aus Sicht der Verwaltung flexibelste ist das **vergleichende Auswahlverfahren (beauty contest)**[238], das einerseits wohl am besten in der Lage ist, die Qualitätsanforderungen zu überprüfen, andererseits aber sehr zeitaufwendig ist und vor allem bei mehreren und in ihrer Gewichtung schwierig einzuschätzenden Vergabekriterien mit dem „Nimbus der Willkürlichkeit und politischen Einflussnahme" behaftet ist[239]. Dies um so mehr, als hinsichtlich der Auswahlkriterien ein Beurteilungsspielraum der Verwaltung anzunehmen ist. Die offensichtlichen Schwierigkeiten, die materiell angemessenen Kriterien im Einzelfall zu bestimmen, erklären das von der ökonomischen Analyse des Rechts angestoßene Bestreben, Marktmechanismen zur Entscheidungsfindung heranzuziehen, wie es insbesondere beim Versteigerungsverfahren nach dem TKG geschieht (dazu ausf Rn 564 ff; zur Ökonomisierung des öffentlichen Wirtschaftsrechts bereits Rn 18 f). Umso mehr stellt sich dann auch die Frage nach der Reichweite des Gesetzesvorbehalts bzw von Notwendigkeit und Grenzen einer gesetzgeberischen Determination des Verwaltungsverfahrens (s. Rn 132 und zur „Unabhängigkeit" von Regulierungsbehörden Rn 185 ff).

d) Grundrechte als Auslegungsmaßstab

Grundrechte wirken im Wirtschaftsverwaltungsrecht in aller Regel normintern. Die **110** Fälle der Verfassungswidrigkeit wirtschaftsverwaltungsrechtlicher Normen sind selten, unbestimmte Rechtsbegriffe und Ermessensspielräume lassen ausreichend Raum für eine verfassungskonforme Auslegung der Vorschriften. Die **Bedeutung der norminternen Grundrechtswirkung** kann jedoch kaum überschätzt werden. So ergibt sich beim Vorliegen der entsprechenden Voraussetzungen einer berufsbezogenen Genehmigung grundsätzlich ein **Anspruch auf Erteilung dieser Genehmigung**. Dies gilt im klassischen Gewerberecht genauso wie beispielsweise im Telekommunikationsrecht.

Haben grundrechtlich geschützte Rechtsgüter eine verfassungsmäßige Konkretisierung in einfachgesetzlichen Rechtsvorschriften erfahren, sind diese im Zweifel verfassungskonform im Sinne subjektiver Rechte der Betroffenen auszulegen[240]. Gleichzeitig schließen solche einfachgesetzlichen Vorschriften wegen ihrer Spezialität einen unmittelbaren Rückgriff auf Grundrechte aus. Normextern wirken Grundrechte daher eher selten. Doch auch dann ist ihre Wirkung keines-

---

237 *Schmitz*, in: Stelkens/Bonk/Sachs, VwVfG, § 9 Rn 46 ff. Damit ist jedenfalls bei Grundrechtsrelevanz einer Maßnahme eine vorherige Anhörung geboten, vgl *Kallerhoff*, in: Stelkens/Bonk/Sachs, VwVfG, § 28 Rn 24; *Gusy*, NJW 2000, 977, 985. Auch nach der Rechtsprechung verlangt das Rechtsstaatsprinzip, allen Personen, gegen die belastende Maßnahmen getroffen werden sollen, grundsätzlich vorher rechtliches Gehör zu gewähren, s. etwa BVerwG, NVwZ 1998, 403, 404; NVwZ-RR 1998, 117.
238 Im ökonomischen Kontext spricht man häufig von Kriterienwettbewerb, in den USA von comparative hearing.
239 S. dazu im ökonomischen Kontext *Felder*, Frequenzallokation in der Telekommunikation, 2004, S. 117 f.
240 Dazu im verwaltungsprozessualen Kontext *Kopp/Schenke*, VwGO, § 42 Rn 83, 118; *Wahl/Schütz*, in: Schoch/Schneider/Bier, VwGO, § 42 Abs. 2 Rn 57 f; s. auch *Schliesky*, DVBl 1999, 85.

falls auf die mögliche Verfassungswidrigkeit einer Regelung beschränkt. Sie können auch für den Rechtsschutz relevant werden. Es liegt in der Logik des subjektiven Grundrechtsschutzes auch gegenüber dem Gesetzgeber, den Grundrechten dann eine normexterne Wirkung zuzubilligen, wenn der Gesetzgeber es versäumt hat, den grundrechtlich gebotenen Mindestschutz[241] durch unterverfassungsrechtliche Vorschriften zu gewährleisten[242].

e) Das Problem der Fiskalgeltung der Grundrechte

111   Vor allem im Zusammenhang mit der Beteiligung des Staates am Wirtschaftsleben stellt sich die Frage, inwieweit staatliche Stellen auch beim Handeln in Privatrechtsform an die Grundrechte gebunden sind. Grundrechte binden nach Art. 1 Abs. 3 GG die „öffentliche Gewalt". Dies umfasst nach Rechtsprechung und kaum noch bestrittener Lehre jedenfalls das so genannte **Verwaltungsprivatrecht**. Erstreckt man die unmittelbare Grundrechtsgeltung darüber hinaus auch auf die **Fiskalgeschäfte**[243], gibt es überhaupt kein grundrechtsfreies staatliches Handeln[244].

112   Die Bedeutung dieses Streites für die Praxis relativiert sich jedoch. Selbst wenn man von einer Grundrechtsgeltung ausgeht, beanspruchen jedenfalls die bereichsspezifischen Regelungen Vorrang. Dies gilt beispielsweise nicht nur für die Vorschriften über die Auftragsvergabe, die den Anspruch auf diskriminierungsfreie Vergabe weit deutlicher ausformen als etwaige grundrechtliche Vorgaben[245]. Aber selbst die allgemeinen Vorschriften über die Teilnahme am Wettbewerb (UWG und GWB) enthalten konkretere Vorgaben für das Verhalten (auch) des Staates im Wettbewerb als die Grundrechte; dies gilt insbesondere hinsichtlich ihrer verfahrensrechtlichen Dimension (dazu Rn 109). Man sollte daher nicht voreilig von einer „Flucht in das Privatrecht" sprechen.

113   Die Bedeutung des Streites wird dadurch weiter relativiert, dass die Grundrechtsgeltung nach der Rechtsprechung jedenfalls **nicht rechtswegbestimmend** ist. Eigentlich ist ein Sachverhalt nach der allgemein anerkannten Definition immer dann öffentlich-rechtlicher Natur, wenn er nicht „Rechtssätzen unterworfen ist, die für jedermann gelten", sondern „Sonderrecht des Staates, das im Interesse der Erfüllung öffentlicher Aufgaben das allgemeine (bürgerliche) Recht ... abändert"[246]. Deshalb müsste gerade

---

241   Zum sog. Untermaßverbot BVerfGE 88, 254.
242   Vgl näher im Zusammenhang mit der Klagebefugnis *Kopp/Schenke*, VwGO, § 42 Rn 121 f; aA *Wahl/Schütz*, in: Schoch/Schneider/Bier, VwGO, § 42 Abs. 2 Rn 58. S. auch *Hufen*, Die Verwaltung 1999, 535.
243   In seiner Entscheidung zum Vergaberecht hat das BVerfG diese Frage ausdrücklich offengelassen, s. BVerfG, NVwZ 2006, 1396. Hier für eine Grundrechtsbindung *Hesse*, Grundzüge des Verfassungsrechts der Bundesrepublik Deutschland, Rn 346 ff; *Ehlers*, Verwaltung in Privatrechtsform, S. 212 ff; *Jarass*, in: Jarass/Pieroth, GG, Art. 1 Rn 38 ff; *Höfling*, in: Sachs, GG, Art. 1 Rn 102 ff; *Schliesky*, Öffentliches Wettbewerbsrecht, S. 69 ff; *Stern*, Staatsrecht III/1 § 74 IV 5, S. 1416 ff; *Dreier*, in: Dreier, GG Art. 1 Abs. 3 Rn 66; ablehnend und nur eine mittelbare Drittwirkung annehmend BVerfGE 7, 198, 206 f; 73, 261, 269; BGHZ 36, 91; *Maurer*, AVerwR, § 3 Rn 18 ff; *Schenke*, Wi-Verw 1978, 226.
244   Gegen die Differenzierung zwischen Verwaltungsprivatrecht und Fiskalhandeln könnte man die Abgrenzungsschwierigkeiten anführen, s. zu diesen am Beispiel der Auftragsvergabe *Ruthig*, NZBau 2005, 497, 499 in Fn 19.
245   S. dazu näher *Ruthig*, NZBau 2005 497, 501 f.
246   S. zu dieser Definition mwN *Kopp/Schenke*, VwGO, § 40 Rn 11.

die Anwendbarkeit der Grundrechte als des Prototyps staatsgerichteter Normen einen Rechtsstreit zu einem öffentlichrechtlichen machen. Die Rechtsprechung jedenfalls folgt diesem Erklärungsmodell aber nicht und differenziert zwischen Rechtsweg und Grundrechtsgeltung.

Über die Grundrechtsbindung soll also nicht auf einer selbstständigen „ersten verwaltungsrechtlichen Stufe", sondern auf dem jeweils einschlägigen Rechtsweg zu entscheiden sein. Beim Verwaltungsprivatrecht entscheiden danach also die Zivilgerichte auch über die Grundrechtsfragen[247]. Anders verhält es sich nach der Rechtsprechung im Zusammenhang mit *einfachgesetzlichem Sonderrecht*, das den Rechtsstreit zu einem öffentlichrechtlichen mache, wenn beispielsweise Vorschriften dem Staat die Bevorzugung bestimmter Personen (sog. „normativ Begünstigter") vorschreiben[248] oder Ansprüche auf Zulassung etwa zu kommunalen Einrichtungen statuieren[249].

f)   Grundrechte und Gesetzesvorbehalt

Sofern Grundrechte einschlägig sind, bedürfen Eingriffe schon allein deswegen einer **114** gesetzlichen Grundlage, wie sie sich denn auch im Wirtschaftsverwaltungsrecht in großer Zahl finden. Umstritten ist die Reichweite des Gesetzesvorbehalts im Bereich der Leistungsverwaltung, wo diese Frage vor allem im Zusammenhang mit staatlichen Subventionen relevant wird (dazu unten Rn 782 ff). Einerseits hat das BVerfG zu Recht die Lehre vom Totalvorbehalt abgelehnt, so dass grundsätzlich die Aufnahme der Subventionsmittel in einen Haushaltsplan genügt[250]. Strengere Anforderungen sollen allerdings dann gelten, wenn die Subventionierung gleichzeitig in **Grundrechte der Konkurrenten** eingreift, insbesondere bei der **Pressesubvention**[251] bzw im **Schutzbereich des Art. 4 GG**[252]. Hier qualifiziert das BVerwG die Förderung als gezielte Beeinträchtigung der Grundrechte von Konkurrenten, mit der Folge, dass es sich um Eingriffe handelt und deswegen **immer eine gesetzliche Rechtsgrundlage erforderlich** ist. Nicht abschließend geklärt ist die Frage des Grundrechtsschutzes gegen sonstige Subventionen, die einen Wettbewerbsvorteil verschaffen. Das BVerfG tendiert zu einer Ausweitung des Gesetzesvorbehaltes. Dann nämlich, wenn der Gesetzgeber Vorteile im beruflichen Wettbewerb schafft, bedeutet die **Verweigerung des Vorteils** einen **Eingriff in die Berufsfreiheit**. Dies wiederum wird keinesfalls nur bei Subventionen, sondern beispielsweise auch bei der Bestellung zum Sachverständigen relevant[253].

---

247   GemS OBG BGHZ 97, 312, 317; zum Vereinsrecht BVerwG, DVBl 1995, 1087, 1088; BGHZ 91, 84, 96; aA insbesondere *Ehlers*, in: Schoch/Schneider/Bier, VwGO, § 40 Rn 296 mwN. Hierzu näher am Beispiel des Vergaberechts *Ruthig*, NZBau 2005, 497, 500.
248   Zu umfangreichen Beispielen *Ehlers*, in: Schoch/Schneider/Bier, VwGO, § 40 Rn 250; außerdem *Kopp/Schenke*, VwGO, § 40 Rn 25a; *Stern*, Verwaltungsprozessuale Probleme, Rn 20.
249   Vgl dazu näher *Ehlers*, in: Schoch/Schneider/Bier, VwGO, § 40 Rn 297; *Schenke*, Verwaltungsprozessrecht, Rn 122.
250   Dies sei ausreichend, da dem Parlamentsvorbehalt neben dem Gesetz „jede andere parlamentarische Willensäußerung, insbesondere die etatmäßige Bereitstellung der zur Subvention erforderlichen Mittel" genüge, s. BVerwGE 58, 45, 48; *Jarass/Pieroth*, GG, Art. 20 Rn 51.
251   BVerfGE 80, 124, 131 ff.
252   BVerwGE 90, 112 124; zu Krankenhaussubventionen BVerfGE 82, 223 f.
253   BVerfGE 86, 37.

2. Die Berufsfreiheit (Art. 12 GG)

115 Art. 12 GG sichert „die Freiheit des Bürgers, jede Betätigung, für die er sich geeignet glaubt, als Beruf zu ergreifen"[254] und schützt damit nach der Rechtsprechung ein **einheitliches Grundrecht der Berufsfreiheit**[255]. Träger des Grundrechts sind nach dem Wortlaut **alle Deutschen** (s. zu EU-Bürgern Rn 151 ff). Angesichts des weiten, nicht personal gebundenen Berufsbegriffes ist das Grundrecht gem. Art. 19 Abs. 3 GG auch auf **inländische juristische Personen des Privatrechts** anwendbar[256]. Nicht auf Art. 12 GG berufen können sich aber ausländische juristische Personen (zu solchen aus EU-Staaten Rn 157) sowie juristische Personen des öffentlichen Rechts, selbst wenn diese fiskalisch tätig sind[257].

a) Schutzbereich

116 **aa) Beruf und Gewerbe.** Die sachliche Reichweite dieses Schutzes wird durch den Begriff des Berufes bestimmt. Die Berufsfreiheit umfasst nach der Definition des Bundesverfassungsgerichts „jede Tätigkeit, die auf Dauer angelegt ist und der Schaffung und Aufrechterhaltung einer Lebensgrundlage dient"[258]. Angesichts der Weite dieses Begriffes ist insbesondere die Ausübung eines Gewerbes zentraler Bestandteil der Berufsfreiheit, wie das BVerfG im grundlegenden „Apothekenurteil" nachdrücklich betont hat[259]. Jedes Gewerbe ist damit auch ein Beruf im Sinne von Art. 12 GG. Auch die gewerbliche Betätigung innerhalb öffentlicher Einrichtungen wird erfasst[260].

Umgekehrt ist allerdings nicht jeder Beruf im Sinne des Art. 12 GG ein Gewerbe. Dies hängt einmal damit zusammen, dass das Gewerberecht sich auf die selbstständige Tätigkeit beschränkt und darüber hinaus bestimmte Berufe ausdrücklich ausklammert (zu den sog. negativen Merkmalen der Definition des Gewerbebegriffes s. Rn 226 ff). Selbstverständlich sind die staatlich gebundenen Berufe (Rechtsanwalt, Notar, Wirtschaftsprüfer, Ärzte und Apotheker) von Art. 12 GG erfasst. Die Garantie der Berufsfreiheit beschränkt sich auch nicht auf traditionell bzw **rechtlich fixierte, typische Berufe**, sondern überlässt es grundsätzlich der Dispositionsbefugnis des Grundrechtsträgers, sein Berufsbild selbst festzulegen[261]. Durch die Veränderung der rechtlichen Rahmenbedingungen können neue Berufe hinzukommen. Auch die Erbringung von Kommunikationsdienstleistungen ist eine Tätigkeit, die jedenfalls seit dem Abbau des staatlichen Monopols in den Schutzbereich des Art. 12 GG fällt[262].

117 Es stellt sich weitergehend die Frage, inwieweit **verbotene Tätigkeiten** in den Schutzbereich des Art. 12 GG fallen[263]. Während die ursprüngliche bundesverfassungsgerichtliche Definition der Berufsfreiheit nur solche Berufe einschloss, die

---

254 BVerfGE 30, 292, 334.
255 BVerfGE 7, 377, 402; 33, 303, 336; 103, 172, 183.
256 BVerfGE 50, 290, 363; 105, 252, 265; *Jarass*, in: Jarass/Pieroth, GG, Art. 12 Rn 13.
257 *Scholz*, in: Maunz/Dürig, GG, Art. 12 Rn 108 ff; *Jarass*, in: Jarass/Pieroth, GG, Art. 12 Rn 13.
258 BVerfGE 97, 228, 252; s. auch *Jarass*, in: Jarass/Pieroth, GG, Art. 12 Rn 5.
259 BVerfGE 7, 377.
260 OVG Koblenz, DÖV 2007, 708; VGH Mannheim, GewArch. 2008, 126; OVG Münster, DVBl 2011, 648 jeweils im Zusammenhang mit Friedhofssatzungen.
261 BVerfGE 7, 377, 397; 78, 179, 193.
262 So auch ausdrücklich die Begründung zum Gesetzentwurf der Fraktionen der CDU/CSU, SPD und FDP, BT-Drucks. 13/3609, S. 34. S. auch *Koenig*, K&R 2001, 41, 43 mwN.
263 Ausf *Voßkuhle*, FS R. Schmidt (2006), 609.

„nicht schlechthin verboten sind"[264], setzte sich zunehmend die Erkenntnis durch, dass es der verfassungsrechtlichen Systematik widerspräche, wollte man dem einfachen Gesetzgeber die Disposition des Schutzbereiches überlassen. Deswegen müssen sich die Verbotsnormen ihrerseits am Maßstab des Art. 12 GG messen lassen. Eine dogmatisch überzeugende Lösung setzt dabei voraus, dass man die fragliche Tätigkeit unter den Schutzbereich fasst[265] und erst im Rahmen der Rechtfertigungsprüfung prüft, ob ein staatliches Einschreiten (durch gesetzliche oder behördliche Verbote) gerechtfertigt ist.

Damit fällt nicht nur die **„Schwarzarbeit"** unter Art. 12 GG, sondern auch die **Prostitution**, die man jedenfalls angesichts des ProstG ebenfalls nicht mehr als „schlechthin verboten" ansehen kann[266]. Problematisch ist es, wenn man die „schlechterdings gemeinschädlichen" Berufe aus Art. 12 GG auszuklammern versucht[267]. Während dies bei Berufskillern und Drogenkurieren noch auf ungeteilte Zustimmung stoßen dürfte, erweist sich die Abgrenzung im Zusammenhang mit anderen strafrechtlichen Verbotstatbeständen als schwierig. Obwohl das **Glücksspiel** nach § 284 StGB verboten ist, wird die Veranstaltung von Spiel und Wetten von Art. 12 GG erfasst[268]. Auch bei der Sterbehilfe erscheint die Abgrenzung schwierig[269]. Selbst Tätigkeiten, die mit der Menschenwürde des Art. 1 Abs. 1 GG kollidieren, lassen sich nicht ohne weiteres aus ihrem Schutzbereich ausklammern. Sieht man mit dem BVerwG im **Betrieb von Laserdromen** einen Verstoß gegen die Menschenwürde[270], ist ihr völliges Verbot aber gerechtfertigt[271], da die Menschenwürde sich jeglicher Abwägung entzieht. Vorzugswürdiger ist jedoch die engere Auffassung, die in derartigen „spielerischen Tabubrüchen" nur dann einen Menschenwürdeverstoß sieht, wenn durch das Spiel eine schlechthin geächtete Emotion erzeugt werden soll oder wenn der Spielende die

---

264 BVerfGE 7, 377, 397; 14, 19, 22.
265 Dies entspricht der mittlerweile ganz hM, s. *Jarass*, in: Jarass/Pieroth, GG, Art. 12 Rn 9; *Wieland*, in: Dreier, GG, Art. 12 Rn 43; *Pieroth/Störmer*, GewArch. 1998, 177, 184; *Voßkuhle*, VerwArch. 1996, 395, 409.
266 BVerfG, NVwZ 2009, 905 misst deswegen die Ermächtigung zum Erlass von Sperrbezirksverordnungen in Art. 297 EGStGB ausdrücklich an Art. 12 GG. Dies gilt unabhängig vom weiterhin schwelenden Streit um das Fortbestehen des Sittenwidrigkeitsurteils, dazu *Armbrüster*, in: Münch-Komm(BGB), § 1 ProstG Rn 18 f; BSG, NJW 2010, 1627 (Ablehnung der Vermittlung von Prostituierten durch die Arbeitsagentur). Zur Anwendbarkeit des Art. 12 GG schon VG Berlin, NJW 2001, 983.
267 So in der bundesverfassungsgerichtlichen Judikatur BVerfGE 22, 286, 288; BVerfG, NJW 2000, 857; außerdem *Scholz*, in: Maunz/Dürig, GG, Art. 12 Rn 36.
268 BVerfGE 117, 276.
269 Dazu *D. Lorenz*, MedR 2010, 823.
270 BVerwGE 115, 189, 228 ff. Ein gewerbliches Unterhaltungsspiel, das den Spielern die lustvolle Teilnahme an derartigen – wenn auch nur fiktiven – Handlungen ermögliche, sei wegen der ihm innewohnenden Tendenz zur Bejahung oder zumindest Bagatellisierung der Gewalt und wegen der möglichen Auswirkungen auf die allgemeinen Wertvorstellungen und das Verhalten in der Gesellschaft mit der verfassungsrechtlichen Menschenwürdegarantie unvereinbar. Anders (zu § 118 OWiG) die Deutung des VGH München, NVwZ 1995, 32, 33: „Mit der Wirklichkeit, wie sie sich beim Augenschein darstellte, hat all das nichts zu tun. Zu einer realen Kriegs-, Bürgerkriegs- oder Bandenkampfsituation bietet der Vorgang bei sachlicher Betrachtung keinerlei Assoziation. ... unbeschadet der Verwendung neuartiger Lasertechnik im Spielgerät ist der Vorgang in seinem Kern noch am ehesten als eine Art Bewegungs- und Fangspiel zu charakterisieren". Kritik zum Menschenwürdeargument *Jarass*, in: Jarass/Pieroth, GG, Art. 1 Rn 16; *Aubel*, Jura 2004, 255; *Heckmann*, JuS 1999, 986, 990 ff; *Kempen*, NVwZ 1997, 243, 247 f.
271 So zu einem behördlichen Verbot nach der polizei- und ordnungsrechtlichen Generalklausel BVerwGE 115, 189, 228 ff = NVwZ 2002, 598; ausführlich zu öffentlich-rechtlichen Möglichkeiten des Einschreitens *Gröpl/Brandt*, VerwArch. 2004, 223.

Grenze zwischen „Spielwelt" und „Alltagswelt" überschreitet[272]. Da das vage Kriterium der „Gemeinschaftsschädlichkeit" also in den Problemfällen nicht weiterhilft, sollte man besser insgesamt darauf verzichten[273]. Insoweit unterscheidet sich Art. 12 GG vom Gewerbebegriff, bei dem das Tatbestandsmerkmal der Erlaubtheit weiterhin Sinn macht (s. Rn 216 ff), weil es den Anwendungsbereich von Gewerbe- und allgemeinem Polizei- und Ordnungsrecht abgrenzt (dazu unten Rn 322).

118 **bb) Wettbewerb.** Die Grundrechte schützen nach wohl allgemeiner Auffassung auch die Freiheit des Einzelnen vor staatlicher Behinderung oder Verzerrung des Wettbewerbs. Das Bundesverfassungsgericht und ihm folgend die überwiegende Literatur und Rechtsprechung verorten die Wettbewerbsfreiheit in Art. 12 GG[274], wofür der unmittelbare Zusammenhang mit der Berufsausübung spricht.

Staatliche Eingriffe in die Wettbewerbsfreiheit können sich im Zusammenhang mit staatlicher Informationstätigkeit ergeben, die Hinweise oder Warnungen bezüglich einzelner Grundrechtsträger oder Produkte enthält[275] (näher Rn 119), aber auch im Zusammenhang mit der Subventionierung eines Konkurrenten (s. Rn 791); diskutiert wird sie ferner im Zusammenhang mit der Auftragsvergabe und der wirtschaftlichen Betätigung des Staates; sofern man allerdings bei schlichthoheitlichem Handeln eine besondere Schwere des Eingriffs verlangt, ist ihr Anwendungsbereich gering. Die Bedeutung der Wettbewerbsfreiheit im klassischen Gewerbe-, aber auch Finanzdienstleistungsaufsichtsrecht ist von vornherein gering, da Konkurrenzschutz nicht Ziel der entsprechenden Regelungen ist. Ausdrücklich auf den Schutz des Wettbewerbs zielen jedoch viele Vorschriften des Telekommunikations- und Energiewirtschaftsrechts ab; dort sind allerdings die einfachgesetzlichen Schutznormen spezieller und verdrängen die verfassungsrechtliche Wettbewerbsfreiheit (s. Rn 571, 582; ensprechendes gilt bei kommunalwirtschaftlicher Betätigung).

b) Eingriff und Schutzbereichsbegrenzung

119 Angesichts des umfassenden Schutzes der Berufsfreiheit und des weiten Eingriffsbegriffs gerät grundsätzlich jedes staatliche Handeln mit Auswirkungen auf die wirtschaftliche Betätigung unter Rechtfertigungsdruck. Strukturiert werden Eingriff und Rechtfertigung durch die Dreistufentheorie bzw. das Verhältnismäßigkeitsprinzip (s. Rn 121 ff). Das Bundesverfassungsgericht hat aber auch darüber hinaus die Recht-

---

272 So VG Dresden, NVwZ-RR 2003, 848, 849 zum Paintball-Spiel; insofern die Frage ausdrücklich offen lassend und dem Antrag auf vorläufigen Rechtsschutz stattgebend VGH Mannheim, NVwZ-RR 2005, 472, 473 ff. Gegen das Menschenwürdeargument im Zusammenhang mit der regelkonformen Ausgestaltung von Paintball VGH München, GewArch. 2013, 218 (in baurechtlicher Einkleidung).

273 S. auch *Breuer*, in: Isensee/Kirchhof, Handbuch des Staatsrechts, § 171 Rn 68 ff; *Voßkuhle*, VerwArch. 1996, 395, 409.

274 BVerfGE 46, 120, 137 f; 86, 28, 37. Das BVerwG hat sie zunächst als Teil der „wirtschaftlichen Handlungsfreiheit" begriffen, (vgl etwa BVerwGE 30, 191, 198; 60, 154, 159 f; 65, 167, 174), hat sich aber später der Auffassung des BVerfG angeschlossen, vgl BVerwGE 71, 183, 189. Eine vermittelnde Ansicht hält Art. 12 GG bei Eingriffen mit berufsregelnder Tendenz für einschlägig und lässt ansonsten das Auffanggrundrecht des Art. 2 Abs. 1 GG eingreifen, vgl etwa *Di Fabio*, in: Maunz/Dürig, GG, Art. 2 Abs. 1 Rn 27; *Jarass*, in: Jarass/Pieroth, GG, Art. 12 Rn 20. Teilweise wird sie aus Art. 12 und 14 GG hergeleitet, s. etwa *Scholz*, in: Maunz/Dürig, GG, Art. 12 Rn 123 zur (allgemeinen) Wirtschaftsfreiheit bzw Freiheit der unternehmerischen Betätigung. Für eine Verortung in Art. 2 Abs. 1 GG *Schulte*, DVBl 1988, 512, 515; *Roßmann/Schimm*, TransportR 2001, 381, 382.

275 Dazu BVerfGE 105, 252, 265 ff. Dies hat Auswirkungen auf die Wettbewerbsfreiheit, s. *Lindner*, DÖV 2003, 185, 187 ff; *Jarass*, in: Jarass/Pieroth, GG, Art. 12 Rn 18.

fertigungserfordernisse begrenzt. Zum einen geschieht dies vor allem bei Rechtsnormen mittels des Erfordernisses einer **„objektiv-berufsregelnden Tendenz"**. Diese wird bejaht bei solchen Maßnahmen, die sich zwar nicht auf die Berufstätigkeit selbst beziehen, aber die Rahmenbedingungen der Berufsausübung verändern und in Folge ihrer Gestaltung in einem so engen Zusammenhang mit der Ausübung des Berufs stehen, dass sie objektiv eine berufsregelnde Tendenz haben[276]. Fehlt ein solcher Zusammenhang, etwa weil die Besteuerung von Kraftstoffen alle Verbraucher betrifft und die Regelung nicht bestimmte Berufe, sondern den Verbrauch an Biokraftstoff generell beeinflussen soll[277], so wird die Regelung nicht an Art. 12 GG gemessen[278] (zur Pflichtmitgliedschaft in berufsständischen Organisationen s. Rn 141). Während sich angesichts der weiten Interpretation jedenfalls in der neueren Judikatur aus diesem Merkmal kaum Begrenzungen ergeben, hat das BVerfG vor allem in den Entscheidungen zu staatlichen Produktinformationen[279] den **Gewährleistungsbereich des Art. 12 GG** beschränkt. Das Grundrecht der Berufsfreiheit gewähre keinen Schutz vor der Verbreitung zutreffender und sachlich gehaltener Informationen durch den Staat, so dass es nicht schon an der Einschlägigkeit des Schutzbereichs, wohl aber an einem Eingriff fehle[280]. Diese Rechtsprechung ist problematisch. Systematisch gehört die Frage nach Sachlichkeit und Richtigkeit der Informationen verfassungsrechtlich auf die Ebene der Eingriffsrechtfertigung[281].

Die objektiv-berufsregelnde Tendenz ist daher auch in **Fall 10 (Rn 101)** gegeben. Selbst wenn es dem Staat um Gesundheitsschutz geht, besteht jedenfalls bei der Veröffentlichung unternehmensbezogener Daten ein hinreichender Zusammenhang mit der beruflichen Betätigung. Dennoch wäre verfassungsrechtlich eine ausdrückliche Rechtsgrundlage für die Veröffentlichung nicht erforderlich, wenn man in der wahrheitsgemäßen staatlichen Information schon überhaupt keinen Grundrechtseingriff sieht. In der Praxis stellt sich dieses Problem allerdings angesichts der vielfältigen Rechtsgrundlagen für staatliches Informationshandeln kaum noch, so dass im konkreten Fall wegen des Vorrangs des Gesetzes die tatbestandlichen Voraussetzungen zu prüfen sind[282]. Auch die voraussetzungslosen Informationsansprüche bieten dann – etwa mittels der Berücksichtigung von Betriebs- und Geschäftsgeheimnissen – Raum, um die grund-

120

---

276 BVerfGE 13, 181, 186; 97, 228, 254; 111, 191, 213; aktuelle Beispiele, bei denen die objektiv-berufsregelnde Tendenz bejaht wurde, bei BVerfG, NVwZ 2009, 1486, 1487: Bestimmung eines Flughafens als Zollflugplatz; NVwZ 2011, 94: Vorschriften über den Umgang mit gentechnisch veränderten Produkten.
277 BVerfG, NVwZ 2007, 1168. Ähnlich OVG Münster, MWVBl 2001, 431: Keine objektiv berufsregelnde Tendenz für den Hersteller nicht umweltfreundlicher Stoffe bei Vergabe eines „Umweltengels" an bestimmte Produkte.
278 Krit zu dieser Rspr vor allem *Manssen*, in: v. Mangoldt/Klein/Starck, Art. 12 Rn 75 ff.
279 Zur Glykolwarnung BVerfGE 105, 252, 265; zum Vergaberecht BVerfGE 116, 135, 151 f; 116, 202, 221.
280 Zu dieser Interpretation *Murswiek*, NVwZ 2003, 1, 2; s. auch *Holzner*, NVwZ 2010, 489, 490; *Werner*, ZLR 2008 115, 120. Zur Frage der Anwendbarkeit des Rechts auf informationelle Selbstbestimmung neben Art. 12 GG *Wollenschläger*, VerwArch. 2011, 20, 45 f mwN.
281 S. auch *Ruffert*, in: Epping/Hillgruber, Art. 12 GG Rn 61; *Bethge*, Jura 2003, 327, 332; *Huber*, JZ 2003, 290, 292 f.
282 Zu § 5 Abs. 1 S. 2 VIG etwa OVG Saarlouis, NVwZ 2011, 632; s. auch *Albers/Ortler*, GewArch. 2009, 225; *Holzner*, NVwZ 2010, 489; *Schink*, DVBl 2011, 253; *Schoch*, ZLR 2010, 121, 136; *ders.*, NJW 2010, 2214, 2246; *Wollenschläger*, VerwArch. 102 (2011), 20.

rechtlichen Belange der betroffenen Unternehmen zu würdigen[283]. Die Verfassung als Rahmenordnung determiniert aber gerade nicht die Feinjustierung des Verhältnisses zwischen Offenbarungspflichten und Geheimnisschutz. Die konkrete Ausgestaltung der Schutzstandards ist also weniger „Verfassungsvollzug" als das Ergebnis einer rechtspolitischen Entscheidung[284].

c) Rechtfertigung: Die Drei-Stufen-Lehre als Konkretisierung des Verhältnismäßigkeitsprinzips

121 Der Gesetzesvorbehalt des Art. 12 Abs. 1 Satz 2 GG wird entgegen seinem Wortlaut auf die gesamte Berufsfreiheit erstreckt[285]. In materieller Hinsicht bestimmt das Bundesverfassungsgericht die Grenzen staatlicher Eingriffe in Art. 12 GG anhand seiner **Drei-Stufen-Lehre**, ohne dass es die genaue Abgrenzung dieser Stufen abschließend geklärt oder auch nur in allen Fällen überhaupt herangezogen hätte. Die Stufenlehre lässt sich am besten als konkretisierende Ausprägung des Verhältnismäßigkeitsprinzips begreifen, deren Raster vom *BVerfG* freilich keinesfalls sklavisch befolgt wird[286].

122 **aa) Beispiele für Beschränkungen der Berufswahl. Objektive Berufswahlbeschränkungen** sind „nur zulässig, wenn sie zur Abwehr nachweisbarer oder höchstwahrscheinlicher schwerer Gefahren für ein überragend wichtiges Gemeinschaftsgut zwingend geboten sind[287]. Da dies nur selten der Fall ist, sind objektive Berufswahlbeschränkungen meist unzulässig. Dies gilt insbes. für **Bedürfnisprüfungen**[288] und beschränkt auch **staatliche Monopole** auf Ausnahmefälle. Verfassungsrechtlich unproblematisch ist die Zulässigkeit eines generellen Verbotes bei solchen Tätigkeiten, die gegen die **Menschenwürde** verstoßen.

Staatliche Monopole, wie sie etwa das Glücksspielrecht[289] vorsieht, sind zum Schutz vor Ausbeutung der Spielleidenschaft grundsätzlich zulässig[290]; die konkrete Ausgestaltung wurde jedoch zum Musterbeispiel für die von den Gesetzgebern kaum zu bewältigenden Anforderungen an Kohärenz und Folgerichtigkeit der Regelung (s. zum Unionsrecht Rn 70; zum Verfassungsrecht Rn 146 ff; zur Gesetzgebungskompetenz Rn 169). Für die klassischen Monopole im Bereich der Daseinsvorsorge[291], insbes für Post- und Telekommunikationsdienstleistungen, hat der Verfas-

---

283 Vgl auch VG Stuttgart, GewArch. 2009, 459; zur Frage eines in camera-Verfahrens BVerwG, NVwZ 2011, 233.
284 *Schoch*, IFG, § 6 Rn 9; *Ruthig*, in: Baur/Salje/Schmidt-Preuß, Regulierung in der Energiewirtschaft, § 58 Rn 34.
285 BVerfGE 7, 377, 401 f; *Jarass*, in: Jarass/Pieroth, GG, Art. 12 Rn 27.
286 S. auch *Breuer*, in: Isensee/Kirchhof, Handbuch des Staatsrechts, § 171 Rn 14 ff; *Jarass*, in: Jarass/Pieroth, GG, Art. 12 Rn 33 ff; *Mann*, in: Sachs (Hrsg.), GG, Art. 12 Rn 125 ff; *Ipsen*, JuS 1990, 634.
287 BVerfGE 102, 197, 214.
288 S. bereits das Apothekenurteil BVerfGE 7, 377, 414 f, 431, 442 f.
289 Vgl dazu den Überblick bei *Ruthig*, in: Hendler/Hufen/Jutzi, Landesrecht RP § 6 Rn 23 ff mwN.
290 S. zum Verbot der gewerblichen Vermittlung von Lotterien über das Internet BVerfG, NVwZ 2008, 1338.
291 Die Diskussion um staatliche Leistungserbringung oder Gewährleistungsverantwortung durch Aufsicht war keineswegs auf das Telekommunikationsrecht beschränkt. Schon seit Anfang des 20. Jahrhunderts gab es eine entsprechende Diskussion um die Regulierung des Energiemarktes s. *Hermes*, Staatliche Infrastrukturverantwortung, 1998, S. 300 ff.

sungsgeber staatliche Monopole in Art. 87f Abs. 2 S. 2 GG ausgeschlossen[292] und als milderes Mittel die „Gewährleistungsverantwortung" für ausreichend erachtet (zum Regulierungsrecht Rn 23, 505). Während die **Bedürfnisprüfungen** bei Gaststätten (s. Rn 410) und Apotheken verfassungswidrig waren, ließ das Bundesverfassungsgericht sie beim Linien-[293] sowie dem Güterverkehr[294] und vor allem bei den staatlich gebundenen Berufen als Ausnahmen zu[295]. Auch ein staatliches Monopol für eine bestimmte berufliche bzw wirtschaftliche Tätigkeit stellt eine objektive Berufswahlbeschränkung dar und ist darum nur möglich, wenn die entsprechenden strengen Voraussetzungen vorliegen.

Subjektive Berufswahlbeschränkungen (zB Befähigungsnachweise, aber auch **123** ganz allgemein das Erfordernis einer Genehmigung zur Aufnahme einer beruflichen Tätigkeit) sind zum Schutz überragender Gemeinschaftsgüter grundsätzlich zulässig[296]. Die Genehmigungserfordernisse sind allerdings als „Kontrollerlaubnisse" (präventive Verbote mit Erlaubnisvorbehalt) auszugestalten: wenn die tatbestandlichen Voraussetzungen vorliegen, hat der Antragsteller einen Anspruch auf Genehmigung[297]. Auch hierbei überlässt es das Bundesverfassungsgericht dem Gesetzgeber, die Gemeinschaftsgüter nach seinen wirtschafts-, sozial- und gesellschaftspolitischen Vorstellungen zu konkretisieren. Von besonderer Relevanz wird diese zweite Stufe bei der gewerberechtlichen Zuverlässigkeitsprüfung (s. Rn 250 ff, 280 ff) und im Zusammenhang mit **Sachkundenachweisen**, also Kenntnissen und Fähigkeiten, die der Gesetzgeber als Voraussetzung für die Zulassung zu einem Beruf verlangt (zur Abgrenzung beider Varianten s. Rn 263).

Bei ärztlichen und pharmazeutischen Berufen sind Sachkundenachweise zum Schutz der Volksgesundheit grundsätzlich gerechtfertigt[298]. Entsprechendes gilt bei den Geschäftsleitern von Banken (s. Rn 545) und die Sachkundenachweise für das Bewachungsgewerbe nach § 34a Abs. 1 S. 5 GewO[299]. Problematisch sind undifferenzierte Sachkundenachweise im Einzelhandel[300].

In **Fall 11 (Rn 103)** stellt sich daher die Frage, ob die Einführung eines Sachkundenachweises **124** im Gaststättenrecht zulässig wäre. Der Gesundheitsschutz könnte ein legitimes Ziel darstellen. Da allerdings die bisherige Regelung nicht zu Gefahren für die Volksgesundheit geführt hat,

---

292 Telekommunikationsdienstleistungen sind nach Art. 87f Abs. 2 Satz 1 GG als privatwirtschaftliche Tätigkeiten zu erbringen. Dies verpflichtete nicht nur zur Umwandlung des unselbstständigen Sondervermögens „Deutsche Bundespost" in eine private Rechtsform (formelle Privatisierung, dazu Art. 143b Abs. 1 GG), sondern erforderte auch eine materielle Privatisierung (zu den Begriffen vgl Rn 624 ff, ausf *Gersdorf*, in: v. Mangoldt/Klein/Starck, Art. 143b Rn 2 ff; 17 ff.
293 BVerfGE 11, 168, 184 f.
294 BVerfGE 40, 196, 218 ff; BVerwGE 64, 70, 72 f.
295 Hierzu gehören etwa Notare, Schornsteinfeger, Technische Überwachungsvereine, Prüfingenieure. Vgl dazu *Jarass*, in: Jarass/Pieroth, GG, Art. 12 Rn 86.
296 BVerfGE 13, 97, 107; 103, 172, 183.
297 Dazu *Manssen*, in: v. Mangoldt/Klein/Starck, Art. 12 GG Rn 159 mwN; *Ossenbühl*, VerwArch. 1995, 187; 200 ff.
298 BVerfGE 80, 1, 24; BVerwGE 68, 69, 72.
299 Als Klausurfall *Ruthig/Lehr*, JuS 2007, 932. Diese bezieht sich allerdings auf das Bewachungspersonal, nicht den Gewerbetreibenden selbst, s. auch *Marcks*, in: Landmann/Rohmer, GewO, § 34a Rn 30; *Ennuschat*, in: Tettinger/Wank/Ennuschat, GewO, § 34a Rn 37 ff; *Schönleiter*, GewArch. 2003, 1, 3.
300 BVerfGE 13, 97, 117; 54, 301, 303.

bestehen Zweifel an der Erforderlichkeit[301]. Soweit man den Sachkundenachweis auf grundlegende betriebswirtschaftliche oder auch steuerrechtliche Kenntnisse ausweitet, diente er allenfalls dem Schutz der Gastwirte vor sich selbst. Deswegen wäre ein solcher Sachkundenachweis wohl verfassungswidrig. Der bisher in § 4 Abs. 1 Nr 4 GastG vorgesehene Unterrichtungsnachweis hat sich als ausreichend erwiesen, ist aber – als reine Teilnahmebestätigung („Sitzschein") – seinerseits als keineswegs übermäßig belastende Maßnahme mit Art. 12 GG vereinbar[302].

125 Eine Sonderstellung nimmt insoweit das **Handwerksrecht** ein. Das Bundesverfassungsgericht hielt über Jahrzehnte trotz der Gegenstimmen in der Literatur an der **Verfassungsmäßigkeit des großen Befähigungsnachweises** fest[303]. Es ging davon aus, dass der Meisterzwang als subjektive Zulassungsschranke im Interesse der Erhaltung des Leistungsstandes und der Leistungsfähigkeit des Handwerks und der Sicherung des Nachwuchses für die gesamte gewerbliche Wirtschaft als überragend wichtigen Gemeinschaftsgütern gerechtfertigt sei, sofern nur die Ausnahmetatbestände grundrechtsfreundlich und damit entsprechend großzügig gehandhabt würden. Mit der Handwerksnovelle 2004 hat der Gesetzgeber diese Begründung ausgewechselt, so dass der damit verbundene „Paradigmenwechsel"[304] die Frage aufwirft, ob die bisherige Begründung für die Verfassungsmäßigkeit des Meisterzwanges auch nach der Novelle noch überzeugen kann. Die erheblichen Zweifel, die das *BVerfG* formulierte[305], betrafen unmittelbar nur das frühere Recht. Die Forderung nach einer vollständigen Abschaffung des Meisterzwanges sind aber auch nach der Novelle keineswegs verstummt[306].

Die Frage, ob ein solcher Mittelstandsschutz mit dem Grundrecht der Berufsfreiheit vereinbar ist, stellt sich in dieser Form nicht mehr. In der Novelle begründet der Gesetzgeber die besonderen Zulassungserfordernisse des Handwerksrechts vorrangig mit den Gefahren für Dritte[307], allerdings auch mit der sozialpolitisch erwünschten Ausbildungsleistung des Handwerks[308]. Der Gesetzgeber schien also einem Verdikt des *BVerfG* zuvorgekommen zu sein[309]. Entsprechend sahen die Verwaltungsgerichte keine Anhaltspunkte für einen Verstoß der novellierten HwO gegen höherrangiges Recht[310]. Diese hat jedoch bei näherer Hinsicht zu neuen verfassungsrechtlichen Problemen geführt. Selbst wenn man beide Ziele – Gefahrenabwehr, aber durchaus auch die Ausbildungsleistung – als Rechtfertigungsgründe anerkennt, muss sich nunmehr jedes einzelne Hand-

---

301 S. dazu auch *Michel/Kienzle/Pauly*, GastG, § 9 Rn 69 mwN; *Stober*, GewArch. 1987, 225.
302 *Michel/Kienzle/Pauly*, GastG, § 9 Rn 69.
303 Grundlegend BVerfG 13, 97, 110 ff; bestätigend BVerfG GewArch. 1991, 137; NVwZ 2001, 187 f und 189 f. Außerdem BVerwGE 115, 70, 77 mwN; VGH Mannheim, GewArch. 2004, 21.
304 *Kormann/Hüpers*, GewArch. 2004, 353; s. auch BT-Drucks. 15/1206 S. 21 f; *Müller*, NVwZ 2004, 403. Allerdings ist der Wechsel nur teilweiser, da der Gesetzgeber neben der Gefährlichkeit bestimmter Tätigkeiten in der Tradition des bisherigen Handwerksrechts auch die Ausbildungsleistung des Handwerks als Grund für die Sonderregelung ansieht.
305 BVerfG, GewArch. 2006, 71 (72 f); dazu *Dürr*, GewArch. 2007, 18; *Leisner*, GewArch. 2006, 393; *Rieger*, DÖV 2006, 685.
306 Besonders deutlich das 16. Hauptgutachten der Monopolkommission, BT-Drucks., 16/2460 S. 87 ff.
307 So insbesondere der Entwurf der Regierungsfraktionen, s. BT-Drucks. 15/1206; vgl auch *Müller*, NVwZ 2004, 403, 404.
308 Zu statistischen Angaben BT-Drucks. 15/1206, S. 20.
309 BVerfG, GewArch. 2006, 71, 72 f.
310 VGH München v. 29.3.2006, 22 ZB 05.3069.

werk an diesen neuen gesetzgeberischen Maßstäben messen lassen. Außerdem wurde das neue Konzept keineswegs konsequent umgesetzt, was Bedenken unter dem Aspekt des Art. 3 GG provoziert (dazu unten Rn 147). Im Schrifttum wurde mit verfassungsrechtlichen Argumenten für eine Ausweitung des Anwendungsbereiches der HwO auf das Reisegewerbe[311] und eine einschränkende Auslegung der Ausnahmebestimmungen[312] plädiert. Hinsichtlich des geltenden Rechts geht die Rspr von der Verfassungsmäßigkeit der Regelungen aus (s. unten Rn 459). Das BVerfG prüfte in seiner Entscheidung zum früheren Recht unter dem Aspekt der Verhältnismäßigkeit im engeren Sinn viel grundsätzlicher die Frage, ob die HwO die gesetzgeberischen Ziele angesichts des Konkurrenzdrucks aus dem EU-Ausland überhaupt erreichen könne[313]. Damit wird die sonst unter dem Aspekt des Art. 3 Abs. 1 GG diskutierte Frage der „Inländerdiskriminierung" angesprochen, aber bei den Freiheitsgrundrechten verortet (s. dazu unten Rn 154).

bb) Beispiele für Beschränkungen der Berufsausübung. Reine **Berufsausübungs-** 126 **regelungen** als mildeste Form des Eingriffes lassen sich durch „vernünftige Erwägungen des Gemeinwohls" legitimieren[314]. Seinem sachlichen Umfang nach erstreckt sich der grundrechtliche Schutz „auf den Beruf in all seinen Aspekten"[315]. Die Zahl der Berufsausübungsregelungen ist immens. Der Gesetzgeber darf dabei Zweckmäßigkeitserwägungen anstellen und hat vor allem bei der Festlegung arbeits-, sozial- und wirtschaftspolitischer Ziele einen weiten Gestaltungsspielraum[316].

Die **Beispiele** reichen von **Ladenschlussvorschriften**[317], den Vorgaben des Lebensmittelrechts für den Lebensmitteleinzelhandel und Gaststätten bis hin zu den **Rauchverboten in Gaststätten** (ausführlich ▶ **Klausurenkurs Fall Nr 2**). Im Hinblick auf Art. 2 Abs. 2 GG sind diese jedenfalls auf gesetzlicher Grundlage zulässig[318]. Wird von der gesetzlichen Regelung der Nichtraucherschutz jedoch durch Ausnahmeregelungen relativiert, wie es in den meisten Bundesländern geschehen ist[319], muss sie diese Entscheidung auch folgerichtig weiterverfolgen (s. zum Gesichtspunkt der Systemgerechtigkeit Rn 146)[320]. Nachdem allerdings die Verfassungsgerichte unter deutlich stärkerer Betonung der gesetzgeberischen Einschätzungsprärogative Ausnahmeregelungen für Einraumgaststätten und die Zeltgastronomie ausdrücklich gebilligt und weitere Ausnah-

---

311 S. dazu schon die 1. Aufl. und ebenso *Laubinger*, FS Frotscher (2007), S. 497, 527. Den entsprechenden Änderungsvorschlag des Bundesrates während der Handwerksnovelle 2003 (vgl BT-Drucks. 15/1481 S. 10) hatte die damalige Bundesregierung nicht aufgegriffen, s. BT-Drucks. 15/1481, S. 19 f.
312 *Kormann/Hüpers*, GewArch. 2004, 353, 355; *Baumeister*, GewArch. 2007, 310.
313 Speziell zu diesem Aspekt der Entscheidung *Frenz*, JZ 2007, 343; *Gundel*, DVBl 2007, 269.
314 S. etwa BVerfGE 7, 377, 405 f; 93, 362, 369; 103, 1, 10.
315 BVerfGE 97, 228, 253.
316 BVerfGE 81, 156, 186.
317 Vgl dazu am Beispiel von Rheinland-Pfalz *Ruthig*, in: Hendler/Hufen/Jutzi, Landesrecht RP § 6 Rn 19 ff.
318 Anders verhielte es sich ohne eine ausdrückliche gesetzliche Regelung mit behördlichen Auflagen zum Schutz der Gäste nach § 5 Abs. 1 Nr 1 GastG (Schutz der Gesundheit), vgl *Metzner*, GastG § 5 Rn 35.
319 Lediglich Bayern hatte mit dem Gesundheitsschutzgesetz (GSG) v. 20.12.2007 (BayGVBl S. 919) ein striktes, vom BVerfG ausdrücklich gebilligtes (s. BVerfG, NJW 2008, 2701; dazu *Bäcker*, DVBl 2008, 1179), Rauchverbot eingeführt. Dieses wurde dann zunächst gelockert (zur Verfassungsmäßigkeit dieser Regelung BVerfG, NVwZ 2010, 38), anschließend jedoch in dem durch einen Volksentscheid beschlossenen neuen GSG v. 23.7.2010 (BayGVBl S. 314) wiederhergestellt; zu dessen Verfassungsmäßigkeit BVerfG, NVwZ 2010, 1289. Zur Verfassungskonformität des nunmehr strengeren Rauchverbotes im Saarland SaarlVerfGH, NVwZ-RR 2011, 517.
320 Im Zusammenhang mit den Einraumkneipen argumentierte BVerfG, NJW 2008, 2406 Rn 142 ff mit der Verhältnismäßigkeit, hinsichtlich der Unzulässigkeit von Raucherräumen in Diskotheken in BW mit Art. 3.

men für nicht verfassungsrechtlich gefordert erachtet haben[321], dürften die verfassungsrechtlichen Fragen für die Praxis geklärt sein[322].

127 Zur Freiheit der Berufsausübung gehört nicht nur die berufliche Praxis selbst, sondern auch jede Tätigkeit, die mit der Berufsausübung zusammenhängt und dieser dient. Die Berufsausübungsfreiheit schließt also auch die **Außendarstellung** von Gewerbetreibenden ein, soweit sie auf die Förderung des beruflichen Erfolges gerichtet ist. **Staatliche Werbebeschränkungen** sind also Eingriffe in die Freiheit der Berufsausübung[323].

Während sich **objektbezogene Werbebeschränkungen**, wie sie für jugendgefährdende Schriften bzw Medien, Heilmittel (§ 11 Nr 12 HwG) und Tabakwerbung (§ 22 Abs. 2 TabakG) gelten, in der Regel als unproblematisch darstellen, hat sich zu den **Grenzen der branchenspezifischen Werbebeschränkungen**, vor allem im Bereich der freien Berufe, eine umfangreiche Kasuistik entwickelt[324], die zwar Werbeverbote zur Sicherung der Integrität des Berufsstandes und des Vertrauens der Bevölkerung in die freien Berufe grundsätzlich für gerechtfertigt hält, aber in den konkreten Fällen zu einer zunehmenden Lockerung entsprechender Beschränkungen geführt hat. Die sich in einigen bundesverfassungsgerichtlichen Entscheidungen abzeichnende Differenzierung zwischen dem **Internetauftritt** und sonstigen Werbebeschränkungen[325] überzeugt dagegen nicht.

128 Häufig finden solche Berufsausübungsregelungen ihre Grundlage in den **Satzungen öffentlich-rechtlicher Berufsverbände**. Dagegen bestehen grundsätzlich keine verfassungsrechtlichen Bedenken[326]. Das zulässige Ausmaß von Beschränkungen hängt im Einzelnen von der Intensität des Eingriffs ab. Es muss den Berufsverbänden in der Ermächtigungsnorm umso deutlicher vorgegeben werden, je empfindlicher Berufsangehörige in ihrer freien beruflichen Betätigung beeinträchtigt werden. Gerade die her-

---

321 RhPfVerfGH, NVwZ 2010, 1095; zur zwischenzeitlichen bayerischen Regelung BVerfG, NVwZ 2010, 38; bestätigend BayVerfGH, NVwZ-RR 2011, 517. Zur Einbeziehung von Shisha-Kneipen und Erlebnisgastronomie in das Rauchverbot BVerfG, NVwZ 2011, 294; s. aber auch BerlVerfGH, GewArch. 2008, 410 f; SaarlVerfGH, NVwZ-RR 2010, 951, die das Rauchverbot im Rahmen einer Folgenabwägung vorläufig ausgesetzt hatten; anders insoweit BayVerfGH, NVwZ-RR 2010, 946.

322 SaarlVerfGH, NVwZ-RR 2011, 517. Allerdings ergeben sich zivilrechtliche Probleme. Vgl zum Schadenersatzanspruch des Pächters einer Gaststätte wegen Umsatzeinbußen BGH v. 13.7.2011 – XII ZR 189/09.

323 BVerfGE 85, 248, 256 mwN; 94, 372, 389; 95, 173, 181; *Ruthig*, in: Gounalakis (Hrsg.), Handbuch Electronic Business, § 5 Rn 52; *Mann*, in: Sachs, GG, Art. 12 Rn 79. Art. 5 GG wurde von BVerfG im Zusammenhang mit solchen berufsbezogenen Regelungen bisher nicht geprüft, s. BVerfGE 94, 372 ff; s. auch *Bethge*, in: Sachs, GG, Art. 5 Rn 25a. Anders für bestimmte „meinungsbildende" Formen der Wirtschaftswerbung in Zeitschriftenanzeigen BVerfGE 102, 347, 359; 107, 275, 280 und – selbstverständlich für die Anpreisung von Produkten in einem Buch, vgl BVerfG, NJW-RR 2007, 1680.

324 Vgl BVerfGE 85, 248; 94, 372; w.N. etwa bei *Ruffert*, in: Epping/Hillgruber, Art. 12 GG Rn 110 ff; *Mann*, in: Sachs, GG, Art. 12 Rn 72 ff.

325 BVerfG, NJW 2003, 2818 hatte eine fachgerichtliche Entscheidung zur ärztlichen Werbung deswegen aufgehoben, weil sie nicht ausreichend berücksichtige, „dass es sich ... um eine im Internet als passive Darstellungsplattform geschaltete Selbstpräsentation handelt. Internetwerbung wird typischerweise von solchen Patienten zur Kenntnis genommen, die nicht unaufgefordert durch Werbung beeinflusst werden, sondern sich selbst aktiv informieren". Ähnlich BVerfG, NJW 2003, 3470, wo es einem Zahnarzt gestattet wurde, nicht nur mit seinen Hobbies, sondern auch der Kenntnis des örtlichen Dialekts zu werben.

326 BVerfGE 71, 162, 172 f; *Jarass*, in: Jarass/Pieroth, GG, Art. 12 Rn 30 mwN. Auch diese müssen sich als Maßnahmen der öffentlichen Gewalt unmittelbar an den Grundrechten messen lassen.

kömmlichen Beschränkungen der Werbefreiheit sind aber nach Ansicht der Rechtsprechung für eine eigenverantwortliche Ordnung durch Berufsverbände geeignet, ohne dass es zusätzlicher inhaltlicher Vorgaben bedarf.

Daraus ergibt sich für die Lösung von **Fall 8 (Rn 100)**[327] Folgendes: Werbeverbote und Werbeeinschränkungen stellen auch für freie Berufe Berufsausübungsregelungen dar[328]. Sie sollen als Teil der Berufsordnung mit dazu beitragen, dass der Berufsstand seine Aufgaben ordnungsgemäß erfüllt. Dem Apotheker ist die Sicherstellung der Arzneimittelversorgung der Bevölkerung überantwortet (§ 1 Abs. 1 ApG). Die Bevölkerung soll darauf vertrauen dürfen, dass der Apotheker – obwohl auch Gewerbetreibender – sich nicht von Gewinnstreben beherrschen lässt, sondern seine Verantwortung im Rahmen der Gesundheitsberufe wahrnimmt. In diesem Sinne sollen die Werbeverbote dem Arzneimittelfehlgebrauch entgegenwirken und die ordnungsgemäße Berufsausübung stärken. Insbesondere soll das Vertrauen der Bevölkerung in die berufliche Integrität der Apotheker erhalten und gefördert werden. Die Werbeverbote für das verschreibungspflichtige Arzneimittel gem. § 10 HeilmittelwerbeG sind daher verfassungskonform. Die angeführten Gründe rechtfertigen aber nicht den Ausschluss der Werbung für das frei verkäufliche (nicht apothekengebundene) Sortiment. In seinen Werbemethoden lässt sich auch kein „unkollegiales Verhalten" sehen. Mit den entsprechenden Ausführungen hat das Landesberufsgericht die Tragweite von Art. 12 Abs. 1 Satz 1 GG verkannt. Konkurrenzschutz und Schutz vor Umsatzverlagerungen sind keine legitimen Zwecke, die Einschränkungen in der Berufsausübung rechtfertigen können. Weder genießen die sonstigen ortsansässigen Apotheker aus Art. 12 Abs. 1 GG Schutz vor den werbeaktiven Konkurrenten[329], noch darf dies aus dem herkömmlichen Berufsbild gefolgert werden, weil das Berufsbild des Apothekers nicht Selbstzweck ist, sondern nur zum Schutz der Volksgesundheit entwickelt und aufrechterhalten worden ist[330]. Damit steht das Verbot der Werbung für das frei verkäufliche Apothekensortiment nicht mit der Verfassung in Einklang. | **129**

Neue Rechtsprobleme stellten sich bei der **Übertragung weiterer (staatlicher) Aufgaben** auf die Selbstverwaltungsorgane, wie sie teilweise in der politischen Diskussion erwogen und in § 124b HwO[331] bundesgesetzlich zugelassen wird. Dies wäre nicht nur an der Selbstverwaltungsgarantie der Kammern[332], sondern vor allem auch am Erfordernis demokratischer Legitimation staatlicher Aufgabenerfüllung und den Grundrechten der betroffenen Mitglieder zu prüfen. Unproblematisch ist dagegen die bloße Entgegennahme von Anzeigen (vgl etwa § 1 Abs. 2 RP-ZuVO Gewerberecht). | **130**

An einem Eingriff in Art. 12 Abs. 1 GG fehlt es immer dann, wenn die Maßnahme keine objektiv berufsregelnde Tendenz aufweist[333]. Die **Pflichtmitgliedschaft in be-** | **131**

---

327 BVerfGE 94, 372.
328 Da sie die Aufnahme einer Tätigkeit nicht in Frage stellen, handelt es sich auch dann nicht um Berufswahlbeschränkungen, wenn sie in besonderer Weise die „Newcomer" betreffen, vgl *Frotscher/Kramer*, Rn 138.
329 BVerfGE 34, 252, 256; 55, 261, 269.
330 BVerfGE 34, 252, 256; 55, 261, 269.
331 Danach können die Länder die Entscheidung über die Zulassung zum Handwerk über die Altgesellenregelung und die übrigen Ausnahmetatbestände auch auf die Handwerkskammern übertragen.
332 Dazu am Beispiel Niedersachsens *Schwill/Schwill*, NdsVBl 2004, 91.
333 *Pieroth/Schlink/Kingreen/Poscher*, Grundrechte Rn 894 ff; BVerfGE 13, 181, 186; 97, 228, 253. Dies ist der Fall, wenn die betreffende Maßnahme weder auf eine Berufsregelung zielt, noch sich unmittelbar auf die berufliche Tätigkeit auswirkt, BVerfGE 13, 181, 186.

rufsständischen Organisationen[334] ist deswegen nach hM **nicht an Art. 12 GG zu messen**. Die Verbindung zum Beruf ist nach dem BVerfG also „nicht unmittelbar, sondern vielmehr nur locker und mittelbar"[335]. Damit kommt allenfalls ein – regelmäßig gerechtfertigter – Eingriff in die allgemeine Handlungsfreiheit (Art. 2 Abs. 1 GG) in Betracht (dazu unten Rn 141 ff).

d) Der Vorbehalt des Gesetzes und seine Reichweite

132 Leicht wird bei Art. 12 GG übersehen, dass vor der Verhältnismäßigkeitsprüfung geklärt werden muss, ob für eine Maßnahme eine hinreichende **Ermächtigungsgrundlage** gegeben ist (s. bereits Rn 114). Dies wird zum einen im Zusammenhang mit **staatlichen Realakten** (zB Warnungen und Empfehlungen)[336], aber auch bei der Frage relevant, inwieweit per Gesetz Regelungskompetenzen auf **öffentlichrechtliche Berufskammern** übertragen werden können[337]. Gegen Berufsausübungsregelungen in Gestalt von Satzungen öffentlichrechtlicher Berufsverbände bestehen grundsätzlich keine verfassungsrechtlichen Bedenken[338], solange diese Satzungen auf gesetzlicher Grundlage ergehen. In dieser muss das zulässige Ausmaß von Beschränkungen der Berufsausübungsfreiheit umso deutlicher vorgegeben werden, je empfindlicher Berufsangehörige in ihrer freien beruflichen Betätigung beeinträchtigt werden[339]. Auch für die **Ausgestaltung des Verwaltungsverfahrens** wird der Gesetzesvorbehalt relevant.

Dies zeigt sich zB am Versteigerungsverfahren. Der Gesetzesvorbehalt gebietet nicht nur, dass der Gesetzgeber ein Versteigerungsverfahren ausdrücklich vorsieht, sondern dass er auch das Verfahren näher ausgestaltet. Unter diesen Voraussetzungen ist das Versteigerungsverfahren im TKG mit Art. 12 GG vereinbar (s. Rn 565), es lässt sich allerdings angesichts des Vorbehalts des Gesetzes nicht ohne ausdrückliche gesetzliche Regelung auf andere Konstellationen – etwa die Standplatzvergabe im Marktrecht – übertragen.

133 In diesen Zusammenhang gehört auch die Frage, für welche Eingriffe **bereichsspezifische Ermächtigungsgrundlagen** geschaffen werden müssen. Dies wird relevant bei der Frage, ob ein Verbot bestimmter Erscheinungsformen beruflicher Betätigung, etwa von Laserdromen, auf die **polizei- und ordnungsrechtliche Generalklausel** gestützt werden kann oder ob dies einer ausdrücklichen Regelung bedarf. Die Generalklausel ist zwar grundsätzlich mit dem Gesetzesvorbehalt vereinbar, auch soweit sie im Ergebnis Eingriffe in die Berufsausübungsfreiheit legitimiert[340]. Dabei wird nach

---

334 Grundsätzlich zum Problem der Zwangsmitgliedschaften *Frotscher/Kramer*, Rn 715 mwN; *Jahn*, JuS 2000, 129 ff; *Kluth*, NVwZ 2002, 298 ff; allg. zum Kammerwesen *Stober*, GewArch. 2001, 393.
335 BVerfGE 10, 354, 363 zur Pflichtmitgliedschaft von Ärzten.
336 Wie das BVerwG in seiner Entscheidung zur Veröffentlichung von Warentests durch eine Landwirtschaftskammer ausdrücklich bekräftigt hat, gilt der Gesetzesvorbehalt jedenfalls für behördliche Maßnahmen ohne Einschränkung, BVerwG, NJW 1996, 3161; anders allerdings für Warnungen der Bundesregierung, die der staatsleitenden Tätigkeit zugeordnet wurde BVerwGE 82, 76, 79 ff. S. auch die Entscheidungen zur Warnung der Bundesregierung vor Jugendsekten, BVerfGE 105, 79 = NJW 2002, 2626 und vor glykolverseuchtem Wein, BVerfGE 105, 252 = NJW 2002, 2621.
337 Vgl BVerfGE 33, 125, 158 ff; 76, 171, 185; BVerwGE 72, 73, 76.
338 Vgl BVerfGE 71, 162, 172 f; *Jarass*, in: Jarass/Pieroth, GG, Art. 12 Rn 30 mwN.
339 BVerfGE, NJW 1996, 3067.
340 BVerwGE 115, 189 = NVwZ 2002, 598, 602 unter Berufung auf BVerfGE 54, 143; NJW 2001, 1409. S. auch *Ruthig/Hendler/Hufen/Jutzi*, Landesrecht RP § 4 Rn 38, 192 f.

der Rechtsprechung zwar nicht die Generalklausel selbst als Eingriff in Art. 12 GG betrachtet, da sie keine objektiv berufsregelnde Tendenz aufweise[341]. Dennoch sind selbstverständlich die auf ihrer Grundlage getroffenen Einzelmaßnahmen an den Vorgaben des Art. 12 GG zu messen. Der Vorbehalt des Gesetzes steht dem nicht entgegen, denn angesichts der „Vielgestaltigkeit aller Lebenserscheinungen kann und muss … auch die polizeiliche Generalklausel Geltung als ein die Berufsausübung regelndes Gesetz beanspruchen". Die Generalklausel kann allerdings nicht schlechthin als hinreichende Eingriffsgrundlage für berufsregelnde Maßnahmen interpretiert werden. Durch ihre Anwendung auf Einzelfälle darf nicht „der Sache nach das getan werden, was der Gesetzgeber hätte tun müssen, nämlich eine verbreitete neue Erscheinungsform der Berufsausübung zu regeln".

Beim Laserdrom (s. zum Sachverhalt schon **Fall 5 Rn 48**)[342] sah das BVerwG diese Voraussetzungen – anders als in dem ausdrücklich in Bezug genommenen älteren Fall zu den Kondomverkaufsautomaten[343] – noch nicht als gegeben an[344]. In seiner zweiten Entscheidung hat das BVerwG allerdings klargestellt, dass jedenfalls bei Verstößen gegen die Menschenwürde, wie es sie in diesem Fall bejahte (vgl Rn 117), ein Einschreiten auf der Grundlage der Generalklausel zulässig bleibt[345]. **134**

e) Art. 12 GG als Auslegungsmaßstab

Von Bedeutung sind die Grundsätze des Art. 12 GG vor allem normintern bei der Auslegung wirtschaftsverwaltungsrechtlicher Normen. Da der Zwang zur Einholung einer Erlaubnis in die Freiheit der Berufswahl eingreift, muss sie sich durch die besondere Gefährlichkeit rechtfertigen lassen[346]. Aber wenn das Genehmigungserfordernis als solches nicht zu beanstanden ist, wird Art. 12 GG bei der Anwendung der Vorschriften relevant. Liegen die tatbestandlichen Voraussetzungen einer Vorschrift vor, folgt aus Art. 12 GG ein Anspruch auf Genehmigungserteilung. **135**

Ferner sind die Tatbestandsmerkmale berufsbeschränkender Vorschriften im Lichte dieser Grundrechte auszulegen. So ist nach der Rechtsprechung das Prinzip der Verhältnismäßigkeit ein Ele-

---

341 BVerwG, NVwZ 2002, 598, 602. Diese Begründung ist nicht unproblematisch, da es ja hier nicht um bloße Nebenfolgen einer Maßnahme geht (bei der sonst die objektiv berufsregelnde Tendenz verneint wird), sondern um gezielte Eingriffe in die Berufsfreiheit, die einer objektiven Berufszulassungsschranke zumindest nahe kommen. Im Ergebnis spielte dies nach Ansicht des BVerwG keine Rolle. Denn auch wenn man die Generalklausel selbst an Art. 12 GG misst, würden identische Maßstäbe gelten (s. auch BVerwG, NVwZ 2002, 598, 601).

342 BVerwGE 115, 189 = NVwZ 2002, 598. S. auch OVG Koblenz, NVwZ-RR 95, 30; VGH München, NVwZ-RR 95, 32; VG Dresden, NVwZ-RR 2003, 848. Aus der Lit. eher krit *Fechner*, JuS 2003, 734, 736; *Heckmann*, JuS 1999, 986, 990 ff; *Kempen*, NVwZ 1997, 243, 247 f jeweils mwN.

343 BVerwGE 10, 164; s. auch OVG Münster, NJW 1988, 787.

344 Ob dies angesichts der Verbreitung dieser und ähnlicher Formen von „Unterhaltung" noch zutrifft, ist fraglich. Das BVerwG ist der Frage freilich ausgewichen, indem es die Frage der Vereinbarkeit des Verbots dem EuGH nach Art. 267 AEUV vorlegte. Indem der EuGH einen Verstoß gegen die Grundfreiheiten verneint hat (s. oben Rn 69), hat er die Problematik ins nationale Verfassungsrecht „zurückverwiesen".

345 BVerwG, GewArch. 2007, 247. S. auch *Schenke*, Polizei- und Ordnungsrecht, Rn 49; *Scheidler*, Jura 2009, 575 mwN. Der (Landes)Gesetzgeber sollte aber eine Regelung schaffen, wenn er am Verbot von Unterhaltungsformen festhalten will, die nicht eindeutig gegen die Menschenwürde verstoßen.

346 BVerfGE 20, 150, 155; 365, 373; s. auch *Czybulka*, NVwZ 1991, 145 ff.

ment des gewerberechtlichen Unzuverlässigkeitsbegriffs (dazu Rn 251 ff), der unter Beachtung des Grundrechts der Berufsfreiheit auszulegen ist[347]. Entsprechendes gilt zB beim Einschreiten gegen (formell) illegal betriebenes Gewerbe (s. Rn 318).

136 Da sich aus Art. 12 GG **kein Schutz vor Konkurrenz** ableiten lässt, sind die Vorschriften des Gewerberechts grundsätzlich auch nicht drittschützend. Auch gegen **staatliche Konkurrenz** schützen Grundrechte nur ausnahmsweise[348] (ausf. Rn 694 ff).

3. Die Eigentumsgarantie (Art. 14 GG)

137 Die Eigentumsgarantie ist neben der Berufsfreiheit die zweite „**wesentliche Grundentscheidung der Wirtschaftsverfassung**"[349]. Eigentum umfasst alles, was einfachrechtlich zu einem bestimmten Zeitpunkt als Eigentum definiert wird[350] und hierbei nicht nur das privatrechtliche Eigentum, sondern auch öffentlichrechtliche Rechtspositionen, wenn sie „auf nicht unerheblichen Eigenleistungen … beruhen und seiner Existenzsicherung dienen"[351]. Die Schutzbereiche von Art. 12 und 14 GG berühren sich. Nach der gängigen Abgrenzung schützt die Berufsfreiheit die berufliche Tätigkeit, also den Erwerb, Art. 14 GG demgegenüber das Erworbene. Überschneidungen ergeben sich vor allem wegen des ungeklärten Verhältnisses von Art. 12 GG und dem von Art. 14 GG nach der Rechtsprechung von BGH und BVerwG mitumfassten Recht am eingerichteten und ausgeübten Gewerbebetrieb[352].

138 Die Bedeutung des Art. 14 GG als Abwehrrecht ist im wirtschaftsverwaltungsrechtlichen Kontext freilich gering. Vielmehr werden gerade im Kontext des öffentlichen Wirtschaftsrechts die Grenzen des Eigentumsschutzes relevant. So schützt Art. 14 GG nicht die in der Zukunft liegenden (Umsatz- und Gewinn-)Chancen[353], erst recht nicht, wenn sie sich nur als mittelbare Folge einer bestehenden gesetzlichen Regelung ergeben[354]. Art. 14 GG gewährt ebenfalls **keinen Konkurrenzschutz**, also auch nicht im Verhältnis zum Staat. Auch bei der Netzregulierung wird vor allem die Gemeinwohlbindung des Eigentums relevant[355].

139 **Staatliche Genehmigungen** fallen nicht in den Schutzbereich des Art. 14 GG. Selbst wenn man sie als „öffentlichrechtliche Rechtspositionen" begreift, beruhen sie regelmäßig nicht auf eigener Leistung[356]. Daran ändern weder Gebühren (für die Erteilung einer Genehmigung) noch Abgaben (zB die Spielbankenabgabe) etwas. Lediglich bei der Zuteilung von Frequenznutzungsrechten (s. dazu Rn 559 ff) sind die Versteige-

---

347 BVerwG, GewArch. 1997, 242.
348 Zum Überblick über den Meinungsstand auch *Pieroth/Hartmann*, DVBl 2002, 421, 423.
349 *Schliesky*, S. 94. Ausf *Engel*, Eigentumsschutz für Unternehmen, AöR 118 (1993), 169.
350 BVerfGE 58, 300, 336; *Pieroth/Schlink/Kingreen/Poscher*, Grundrechte, Rn 977.
351 BVerfGE 97, 271, 284.
352 BGHZ 111, 349, 356; BVerwGE 95, 341, 351 ausdrücklich offen gelassen vom BVerfG, s. beispielsweise BVerfGE 51, 193, 221; BVerfG, GewArch. 2002, 372; vgl auch *Schliesky*, S. 96.
353 BVerfGE 102, 197, 211; *Wendt*, in: *Sachs*, GG, Art. 14 Rn 44.
354 BVerfG, NVwZ 2002, 1232 zum Verlust des faktischen Monopols des TÜV bei der Prüfung überwachungsbedürftiger Anlagen. Zu den Warnhinweisen auf Zigaretten BVerfGE 95, 173, 187 f.
355 S. zum früheren Energierecht *Papier*, FS Selmer (2004), 459 (474 ff).
356 BGHZ 108, 364, 371 zur Taxikonzession nach dem PBefG. S. auch *Schliesky*, S. 98.

rungserlöse nicht nur „Preis für Freiheitsausübung", sondern dienen der Ermittlung des leistungsfähigsten Bieters. Insoweit kann man sie als dessen Gegenleistung für die Einräumung eines (befristeten) Nutzungsrechts ansehen und – ähnlich wie die Rechtsposition eines Mieters oder Pächters – dem Eigentumsschutz der Verfassung unterwerfen[357]. Da Art. 14 GG nur solche öffentlichrechtlichen Positionen schützt, die auf eigener Leistung beruhen, fallen **Wirtschaftssubventionen**, die regelmäßig eine solche gerade ersetzen, nicht in den Schutzbereich des Art. 14 GG[358]. Umstritten ist allerdings, inwieweit sich aus den Grundrechten ein Schutz vor der Subventionierung von Konkurrenten ableiten lässt (s. näher Rn 791 ff).

4. Die allgemeine Handlungsfreiheit (Art. 2 Abs. 1 GG)

Neben den Grundrechten aus Art. 12 und 14 GG spielt das Auffanggrundrecht des **140** Art. 2 Abs. 1 GG nur ausnahmsweise eine Rolle. Es kommt zur Anwendung, wenn es an der berufsregelnden Tendenz einer Regelung fehlt, wie es die Rechtsprechung beispielsweise hinsichtlich der **Zwangsmitgliedschaft in einer Kammer** annimmt. Da die Schranke der „verfassungsmäßigen Ordnung" weite Einschränkungsmöglichkeiten eröffnet, ist das von Art. 2 Abs. 1 GG gewährte Schutzniveau regelmäßig erheblich geringer.

a) Die Pflichtmitgliedschaft in berufsständischen Organisationen

Art. 2 Abs. 1 GG wird nach der Rechtsprechung insbesondere im Zusammenhang mit **141** der Zwangsmitgliedschaft relevant, wie sie die berufsständischen Kammern vorsehen[359].

Das geltende Recht kennt neben den Industrie- und Handelskammern sowie den Handwerkskammern vor allem Kammern für die freien Berufe (s. näher unten Rn 205 ff). Zu diesen gehört auch der selbstständige Apotheker (s. **Fall 8 Rn 100**), obwohl er ein Handelsgewerbe (§ 1 Abs. 2 HGB) betreibt. A ist also aufgrund der einschlägigen gesetzlichen Vorschriften Pflichtmitglied in der Landesapothekerkammer, der auch die Überwachung des beruflichen Verhaltens der Mitglieder obliegt. Verstöße gegen Berufspflichten werden durch Berufsgerichte als Gerichte für besondere Sachgebiete im Sinne von Art. 101 Abs. 2 GG geahndet. Im berufsgerichtlichen Verfahren kann eine der gesetzlich vorgesehenen berufsgerichtlichen Maßnahmen verhängt werden. Im Zusammenhang mit einer solchen Pflichtmitgliedschaft sind nach der Rechtsprechung weder Art. 12 GG (dazu oben Rn 131) noch die Meinungsfreiheit des Art. 5 Abs. 1 GG[360] betroffen.

---

357 Dazu näher *Martini*, WiVerw 2011, 3, 19 ff mwN. Folgt man dem, stellt der Widerruf einer Frequenzzuteilung eine Inhalts- und Schrankenbestimmung dar, da die Zuteilung von vornherein mit der Pflicht zur gesetzeskonformen Nutzung verbunden ist. Zu den Emissionszertifikaten vgl *Burgi*, RdE 2004, 29 ff.

358 BVerfGE 72, 175, 195.

359 Zur Selbstverwaltung der Wirtschaft ausführlich *Kelber*, Grenzen des Aufgabenbereichs einer Körperschaft des öffentlichen Rechts unter verfassungsrechtlichen Gesichtspunkten am Beispiel der Handwerkskammer, 1998; *Kluth*, Funktionale Selbstverwaltung, 1997; *Tettinger*, Kammerrecht, 1997.

360 Das BVerwG prüfte bei der Frage der Verfassungsmäßigkeit von Pflichtmitgliedschaften die Meinungsfreiheit der Kammermitglieder, verneinte aber einen Eingriff, da es dem einzelnen Kammermitglied trotz der Zwangsmitgliedschaft jederzeit möglich sei, eine abweichende Meinung sowohl intern als auch nach außen zu äußern, BVerwG, NJW 1998, 3510.

Nach der wohl überwiegenden Meinung in Rechtsprechung und Literatur erfasst auch die negative Vereinigungsfreiheit des Art. 9 Abs. 1 GG öffentlichrechtliche Vereinigungen wie die Kammern nicht[361]. Damit bleibt nur die allgemeine Handlungsfreiheit (ausführlich ▶ **Klausurenkurs Fall Nr 3**).

142 Die allgemeine Handlungsfreiheit schützt im Rahmen des Rechts auf freie Entfaltung davor, ungerechtfertigt von Körperschaften in Anspruch genommen zu werden (status negativus)[362]. Eine Rechtfertigung ist nur aufgrund eines formell und materiell mit der Verfassung in Einklang stehenden Gesetzes möglich[363], so dass die Zwangsmitgliedschaft vor allem dem Verhältnismäßigkeitsgrundsatz entsprechen muss.

Dies ist im Einzelnen zu prüfen. In der „organisierten Beteiligung der sachnahen Betroffenen an den sie berührenden Entscheidungen"[364], liegt ein legitimer Zweck. Die Erforderlichkeit ist ebenfalls zu bejahen, da ein milderes Mittel wie zB die Vertretung durch Verbände nicht genauso effektiv ist. Aufgrund des relativ geringen Eingriffs für die betroffenen Mitglieder bestehen auch keine Zweifel an der Zumutbarkeit. Dies gilt nach der Rechtsprechung selbst in den Fällen der Doppelmitgliedschaft[365]. Problematisch ist es jedoch, wenn einer Zwangsmitgliedschaft gerade keine mitgliedschaftlichen Rechte korrespondieren. So unterliegen die sog. Kleinunternehmer zwar der Pflichtmitgliedschaft in der Handwerkskammer, sie haben aber weder das aktive noch das passive Wahlrecht zu den Kammervertretungen. Diesen Verstoß kann der Gesetzgeber entweder dadurch beheben, dass er den Kleinunternehmern das Wahlrecht zugesteht oder dass er ihre Mitgliedschaft als freiwillige ausgestaltet[366]. Im Übrigen dürfte die Pflichtmitgliedschaft in berufsständischen Kammern verfassungskonform sein. Bei der IHK stellt sich die Lage differenzierter dar. Dort handelt es sich vor dem Hintergrund der in § 1 IHKG genannten Aufgaben weniger um „berufsständische Selbstverwaltung" als um Wirtschaftsförderung und Interessenvertretung[367]. Gemeinsame Interessen vertritt die IHK angesichts ihrer heterogenen Mitgliederstruktur viel weniger als die Kammern für Handwerk und freie Berufe, was trotz der Einschätzungsprärogative des Gesetzgebers unter dem Gesichtspunkt der Verhältnismäßigkeit verfassungsrechtliche Bedenken aufwirft[368]. Jedenfalls muss mit der Pflichtmitgliedschaft nicht nur das „Recht des Mitglieds auf die Unterlassung von Aufgabenüberschreitungen"[369] sondern auch die „demokratische

---

361 BVerfGE 38, 281, 298; 50, 290, 353; BVerfG, NVwZ 2002, 335; BVerwGE 107, 169, 172; *Scholz*, in: Maunz/Dürig, GG, Art. 9 Abs. 1 Rn 73; aA *Pieroth/Schlink/Kingreen/Poscher*, Grundrechte, Rn 790 ff. Begründen lässt sich dies mit einem Vergleich zu der positiven Vereinigungsfreiheit. Art. 9 GG schützt in Form der positiven Vereinigungsfreiheit nur privatrechtliche Zusammenschlüsse, nicht aber die Gründung einer staatlichen Vereinigung. Insofern kann gerade die negative Vereinigungsfreiheit weiter gehen als die positive. Zu weiteren Argumenten wie die Entstehungsgeschichte und dem Element der Freiwilligkeit des Zusammenschlusses siehe *Kluth*, NVwZ 2002, 298, 299.

362 BVerfGE 38, 281, 298.

363 Vgl grundlegend zur Dogmatik des Art. 2 Abs. 1 GG das Elfes-Urteil, BVerfGE 6, 31, 37.

364 Zitat nach BVerfGE 107, 59, 92. Damit umschreibt es die Rechtfertigung jeglicher Form mittelbarer Staatsverwaltung; s. auch speziell zum Demokratieprinzip *Hendler*, Selbstverwaltung als Ordnungsprinzip, 1984, S. 302 ff; *Emde*, Die demokratische Legitimation der funktionalen Selbstverwaltung, 1991.

365 BVerwG, DVBl 2002, 206 f. Zu einer solchen Doppelmitgliedschaft kommt es insbesondere bei IHK und Handwerkskammern, s. dazu *Kormann/Hüpers*, GewArch. 2004, 353, 356.

366 S. dazu auch *Kormann/Hüpers*, GewArch. 2004, 353, 356.

367 Dazu zuletzt der ausführlich begründete Nichtannahmebeschluss BVerfG, NVwZ 2002, 335, 337. Zur Verortung in Art. 1 Abs. 1 GG BVerfGE 15, 235.

368 Das BVerfG hat daher zwei Verfassungsbeschwerden zur Entscheidung angenommen (Az. 1 BvR 1106/13). Allerdings hatte es die Notwendigkeit der Pflichtmitgliedschaft aller Gewerbetreibenden in BVerfGE 13, 235 damit begründet, dass nur mit der Erfassung „aller kaufmännischen Kreise" die zugewiesenen Aufgaben effektiv erledigt werden könnten.

369 BVerfG, NVwZ 2004, S. 93.

Binnenorganisation"[370] der Kammern korrespondieren. Insoweit bedarf es bei der IHK einer Ergänzung der rudimentären gesetzlichen Regelungen[371].

Aus Art. 2 Abs. 1 GG folgt auch ein **Anspruch** darauf, dass sich die entsprechenden **143** Organisationen auf ihren **gesetzlichen Aufgabenbereich** beschränken[372]. Dies schließt insbesondere ein allgemeinpolitisches Mandat aus und verlangt zugleich die Flankierung mit Mitgliedschaftsrechten, die dem „Zwangsmitglied" die Möglichkeit zur demoktratischen Partizipation an kammerinternen Entscheidungen geben. Satzungsmäßiges Kontrollorgan ist die Vollversammlung, das demokratisch legitimierte Hauptorgan der Kammer[373]. Der Gesetzgeber konnte diese zwar trotz des insoweit irreführenden Namens als Repräsentativorgan ausgestalten[374] und diesem die Kontrolle des Präsidiums übertragen. Grundsätzlich stehen daher auch die für die Kontrolle unerlässlichen Informationsrechte der Vollversammlung als Gesamtorgan zu[375]. Deren Befugnisse kann daher ein einzelnes Mitglied auch nicht im Wege der Prozessstandschaft geltend machen[376]. Diese gesetzliche Regelung ist nach der Rechtsprechung abschließend, was aber vor dem Hintergrund des Demokratieprinzips in doppelter Hinsicht problematisch ist[377]. Bereits bei der Vollversammlung überzeugt es nicht, dass nur das Gesamtorgan die entsprechenden Befugnisse geltend machen kann, da es gerade keine „Fraktionen" gibt und damit Minderheiten ihre Rechte nicht durchsetzen können. Zum Schutz der Minderheitsmeinung muss man daher jedenfalls den Mitgliedern der Vollversammlung die entsprechenden Befugnisse zuerkennen[378]. Schwieriger zu beantworten ist die Frage, ob dies für alle Mitglieder gelten muss. Insoweit leitet das BVerwG aus dem weiten gesetzgeberischen Spielraum bei der Ausgestaltung der funktionalen Selbstverwaltung ab, dass ohne ausdrückliche gesetzliche Regelung das einzelne **Mitglied keine organschaftlichen**

---

370 *Huster/Rux*, in: Epping/Hillgruber, GG, Art. 20 Rn 111.
371 Dies gilt insbesondere für die Wahl zur als Repräsentativorgan ausgestalteten „Vollversammlung", s. schon *Emde*, Die demokratische Legitimation der funktionalen Selbstverwaltung, 1991, S. 435 f.
372 BVerwGE 64, 115 (Steuerberaterkammer); 64, 298 (Ärztekammer); 74, 254 (Handwerkskammer) 107, 169; 112, 69 (IHK). S. auch *Schmidt*, Öffentliches Wirtschaftsrecht, in: Achterberg/Püttner/ Würtenberger (Hrsg.), Besonderes Verwaltungsrecht I, 2. Aufl. 2000, § 1 Rn 68.
373 S. zur IHK OVG Münster, NVwZ 2003, 1526.
374 Dazu *Groß*, in: Kluth, Handbuch des Kammerrechts, 2. Aufl., § 7 Rn 15. § 5 Abs. 3 S. 1 IHKG überlässt die Regelung im Einzelnen der Wahlordnung der IHK. Auch hier wäre der Gesetzgeber zu einer detaillierten Regelung aufgefordert, wie sie sogar landesrechtliche Vorläuferregelungen enthielten, dazu *Will*, Funktionale Selbstverwaltung der Wirtschaft, 2010, S. 418 f. Aus der Zusammenfassung in Wahlgruppen (vgl § 5 Abs. 3 S. 2 IHKG) folgt außerdem ein unterschiedlicher Erfolgswert der Stimmen bei der Wahl zur Vollversammlung, was ebenfalls mit den Anforderungen des Demokratieprinzips nicht vereinbar ist.
375 S. auch BVerwGE 120, 255.
376 Vgl BVerfGE 70, 324, 342 f für den Abgeordneten. Ausf *Groß*, Das Kollegialprinzip in der Verwaltungsorganisation, S. 319 mwN.
377 Zu dessen Bedeutung näher *Emde*, Die demokratische Legitimation funktionaler Selbstverwaltung, 1991. Dem steht nicht entgegen, dass BVerfGE 107, 59 davon ausgeht, dass das Demokratiegebot außerhalb der unmittelbaren Staatsverwaltung offen sei für andere, insbesondere vom Erfordernis lückenloser personeller demokratischer Legitimation aller Entscheidungsbefugten abweichende Formen der Organisation und Ausübung von Staatsgewalt.
378 Ebenso OVG Münster, NVwZ 2003, 1526; *Groß*, in: Kluth, Handbuch des Kammerrechts, 2. Aufl., § 7 Rn 101; aA BVerwGE 120, 255. Nicht ohne weiteres übertragbar die Entscheidung BGH, NJW-RR 2001, 996, 997 zur BRAO. Dort ist die erforderliche Unterrichtung und Information der Kammerversammlung zu erteilen (vgl § 73 Abs. 2 Nr 7 BRAO).

Befugnisse hat[379]. Überzeugender ist es jedoch, angesichts des verfassungsrechtlichen Junktims von Zwangsmitgliedschaft und Partizipationsbefugnissen jedenfalls bestimmte Mindestbefugnisse des einzelnen Mitglieds zu fordern bzw. eine Zwangsmitgliedschaft ohne jegliche Möglichkeit zur Partizipation an den Entscheidungsprozessen der Kammer als unverhältnismäßig anzusehen[380].

b)   Rechtspositionen Nichtgewerbetreibender

144   Ebenso kommt Art. 2 Abs. 1 GG im Zusammenhang mit den **Rechtspositionen Nichtgewerbetreibender** in Betracht. So liegt in den Ladenschlussvorschriften nicht nur ein Eingriff in die Berufsausübungsfreiheit der betroffenen Gewerbetreibenden, sondern auch eine Beeinträchtigung der allgemeinen Handlungsfreiheit der Kunden[381]. Davon zu unterscheiden ist die **Transformierung objektivrechtlicher Bestimmungen** wie des Rechtsstaats- und des Sozialstaatsprinzips in subjektivrechtliche Ansprüche des Bürgers, wie sie sich jedenfalls in Konsequenz der Elfes-Rechtsprechung ergibt[382]. Hierzu gehören beispielsweise das Bestimmtheitsgebot und vor allem der Grundsatz des Vertrauensschutzes. Dieser Aspekt spielt freilich im Wirtschaftsverwaltungsrecht keine besondere Rolle, da diese Prinzipien im Gewerbe- und vor allem dem allgemeinen Verwaltungsrecht näher konkretisiert wurden[383].

5.   Der Gleichheitssatz

145   Art. 3 Abs. 1 GG verbietet wesentlich Gleiches ungleich, und gebietet, wesentlich Ungleiches entsprechend seiner Eigenart ungleich zu behandeln. Grundsätzlich ist die Auswahl der Sachverhalte Sache des Gesetzgebers. Er muss aber eine sachgerechte Auswahl treffen. Sein Spielraum ist abhängig von „der Eigenart des konkreten Sachverhalts, der geregelt werden soll"[384]. Daraus folgt aber weder ein genereller Anspruch auf Chancengleichheit noch auf schematische Gleichbehandlung.

a)   Der Gesichtspunkt der Systemgerechtigkeit

146   Eine Ausprägung des Art. 3 GG ist der **Gesichtspunkt der Systemgerechtigkeit**. Dieser wird verstanden als Ausprägung der im Gleichheitssatz enthaltenen Verpflichtung auf Konsequenz, Folgerichtigkeit und Regelhaftigkeit einer vom Gesetzgeber getroffe-

---

379   BVerwGE 120, 255 = NVwZ 2004, 1253 zum Anspruch auf Einsichtnahme in die Rechnungsprüfung; aA die Vorinstanz OVG Münster, NVwZ 2003, 1526. Zum gesetzgeberischen Spielraum BVerfGE 107, 59.
380   Allgemein zur Bedeutung von Ausgleichsregelungen bei Freiheitsverkürzung durch staatlichen Zwang *Huster/Rux*, in: Epping/Hillgruber (Hrsg.), GG, 2. Aufl. 2013, Art. 20 Rn 197. S. zur Berücksichtigung von Mitwirkungsrechten bei der Prüfung der Verhältnismäßigkeit der Zwangsmitgliedschaft auch *Kluth*, Funktionale Selbstverwaltung, 1997, S. 456 f.
381   BVerfGE 13, 230, 233.
382   BVerfGE 6, 32, 37. Es ist allerdings umstritten, ob der im Zusammenhang mit rückwirkenden Regelungen zu gewährende Vertrauensschutz über Art. 2 Abs. 1 GG oder über die spezielleren Grundrechte der Art. 12 und 14 GG transformiert wird. Im praktischen Ergebnis macht dies keinen Unterschied.
383   Dies gilt insbesondere im Zusammenhang mit Rücknahme und Widerruf von Genehmigungen.
384   Beispielhaft BVerfGE 112, 314 ff.

nen Regelung[385]. Ausgangspunkt der verfassungsrechtlichen Beurteilung ist schon wegen den **funktionellen Grenzen der Verfassungsgerichtsbarkeit** das **vom Gesetzgeber gewählte (und innerhalb der verfassungsrechtlichen Wertungen frei wählbare) System**[386]. Auf dieser Grundlage ist zu prüfen, ob die gesetzliche Regelung in einem inneren Widerspruch zu der Gesamtkonzeption des Regelungssystems steht, dem sie angehört. Grundsätzlich hat der Gesetzgeber bei der Auswahl der Sachverhalte, an die er unterschiedliche Rechtsfolgen knüpft, einen großen Spielraum. Der Gesetzgeber kann also durch eine Regelung bestimmte Unterschiede erst schaffen. Hat er sich aber für ein bestimmtes System entschieden, wird die Kontrolle innerhalb des vom Gesetzgeber gewählten Systems intensiver[387]. Vor allem wird der Gesetzgeber verpflichtet, diejenigen Sachverhalte gleich zu behandeln, die sich nach den **Wertungen der betreffenden Grundkonzeption** als gleich darstellen[388], dh er muss innerhalb dieses Systems konsequent regeln[389] und Abweichungen jedenfalls sachlich begründen[390]. Dies gilt insbesondere dann, wenn nicht Untersysteme auf ihre Wertungskonsistenz mit einem Obersystem überprüft werden sollen und die Verfassungsgerichtsbarkeit zwangsläufig an ihre funktionellen Grenzen stößt, sondern wenn es sich um „**kleinräumige Binnenkritik**" handelt (vgl auch ▶ **Klausurenkurs Fall Nr 2**).

Die Rechtsprechung ist uneinheitlich. Das BVerfG hat mehrfach betont, dass eine solche Systemwidrigkeit als Durchbrechung des vom Gesetzgeber selbst statuierten Regelungssystems einen Verstoß gegen den Gleichheitssatz indizieren könne[391]. In der Entscheidung zum Rauchverbot in Gaststätten hat es die Verfassungswidrigkeit hinsichtlich der Regelung zu den Diskotheken in BW, die von der Lockerung des gaststättenrechtlichen Rauchverbotes ausgenommen waren, ausdrücklich auf Art. 3 GG gestützt[392]. In anderen Entscheidungen hat das BVerfG zwar nicht allein die Systemwidrigkeit als Indiz ausreichen lassen, aber jedenfalls verlangt, dass für die Durchbrechung des vom Gesetzgeber gewählten Systems plausible Gründe sprechen müssen bzw dass ein innerer Zusammenhang zwischen den vorgefundenen Verschiedenheiten und der differenzierenden Regelung besteht[393].

Ein gutes **Beispiel** zur Illustration liefert das novellierte **Handwerksrecht**. Der Gesetzgeber hat von seinem Gestaltungsspielraum Gebrauch gemacht und den Schutzzweck des Handwerksrechts erheblich modifiziert (s. bereits Rn 125), muss sich jetzt aber an diesem selbstgewählten System festhalten lassen. Werden die Zulassungsbe- **147**

---

385 Dazu *Starck*, in: v. Mangoldt/Klein/Starck, GG, Art. 3 Rn 44 ff; *Degenhart*, Systemgerechtigkeit und Selbstbindung des Gesetzgebers als Verfassungspostulat, 1976, 49 ff et passim; krit *Kischel*, AöR 124 (1999), 174 ff.
386 *Starck*, in: v. Mangoldt/Klein/Starck, GG, Art. 3 Rn 49.
387 S. insbesondere die Entscheidungen zum Nichtraucherschutz in Gaststätten, vgl BVerfG, NJW 2008, 2409; RhPfVerfGH, NVwZ 2009, 244. Vgl auch schon zu den Vorschriften über die Niederlassung von Rechtsanwälten BVerfG, NJ 1996, 195: Der Gesetzgeber hätte den Besonderheiten in den neuen Bundesländern, auf die er eine vorübergehende Ausnahmevorschrift gestützt hatte auch durch das mildere Mittel des Konkurrenzschutzes nur vor westdeutschen Anwälten Rechnung tragen können. S. zu den unterschiedlichen Maßstäben auch *Jarass*, in: Jarass/Pieroth, GG, Art. 3 Rn 18 ff.
388 *Degenhart*, Systemgerechtigkeit und Selbstbindung des Gesetzgebers als Verfassungspostulat, 1976, S. 52 f.
389 *Osterloh*, in: Sachs, GG, Art. 3 Rn 91.
390 BVerfG 20, 374, 377; *Heun*, in: Dreier, GG, Art. 3 Rn 37; *Osterloh*, in: Sachs, GG, Art. 3 Rn 103.
391 BVerfGE 34, 103, 115 mwN.
392 BVerfG, NJW 2008, 2409 Rn 142 ff.
393 BVerfGE 71, 39, 78.

schränkungen nunmehr vor allem mit den Gefahren für Dritte gerechtfertigt, müssen sich auch die einzelnen Regelungen an dieser Grundentscheidung messen lassen. Dies führt gleich in mehrfacher Hinsicht zu verfassungsrechtlichen Bedenken.

Zunächst könnte man die Unterscheidung des Gesetzgebers zwischen den besonders gefahrgeneigten Handwerken in Anlage A und den sonstigen Handwerken als eine unzulässige Typisierung ansehen, soweit bestimmte (ebenfalls gefahrgeneigte) Tätigkeiten in die Anlage B1 aufgenommen wurden[394]. Allerdings wird man dem Gesetzgeber noch einen weiten Gestaltungsspielraum zubilligen müssen. Dieser Gestaltungsspielraum ist auch insoweit nicht überschritten, als der Gesetzgeber auch am Ausbildungspotential des Handwerks als Rechtfertigungsgrund für subjektive Zulassungsvoraussetzungen grundsätzlich festgehalten und deswegen bestimmte Handwerke unabhängig von ihrer Gefährlichkeit als zulassungspflichtige Handwerke ausgestaltet hat. Deutlich geringer ist der gesetzgeberische Spielraum hinsichtlich der Regelungen für das (weiterhin dem Meisterzwang unterfallende) gefahrgeneigte Handwerk, also innerhalb des vom Gesetzgeber gewählten Systems. Es ist schwer nachvollziehbar, dass der Gesetzgeber einerseits wegen der Gefährlichkeit dieser Handwerke am Meisterzwang festhält, andererseits diese Regelung durch Ausnahmen verwässert und außerdem die bisherigen Vorschriften nicht dem neuen Regelungsziel anpasst. Verwässert wird der Regelungsansatz durch die sog. Altgesellenregelung in § 7b HwO[395]. Diese hebt in der Ausgestaltung, die sie im Gesetzgebungsverfahren gefunden hat[396], für die meisten Handwerke den eigentlich vom Gesetzgeber weiterhin für erforderlich gehaltenen Meisterzwang faktisch auf, was nicht nur die Geeignetheit der Regelung insgesamt zur Erreichung der vom Gesetzgeber erstrebten Zwecke in Frage stellt, sondern zusätzlich die Frage aufwirft, was es dann überhaupt rechtfertigt, bestimmte Handwerke wiederum aus der Altgesellenregelung auszunehmen (zu den Einzelheiten s. Rn 474 f). Soweit der Gesetzgeber (auch) auf die Ausbildungsleistung abgestellt hat, liegt ein Systembruch darin, dass Altgesellen zwar ein Handwerk betreiben, aber nur unter bestimmten Voraussetzungen ausbilden dürfen[397]. Vor allem aber ist die Beibehaltung einiger bisheriger Regelungen systemwidrig, da sie sich nur als Vorschriften zum Schutz des Berufsstandes der Handwerker verstehen lassen und damit im Widerspruch zu den veränderten Zielen des Gesetzgebers (insbesondere Kundenschutz) stehen. Dies gilt für die Freistellung bestimmter Nebenbetriebe (die bisher nur als unwesentliche Beeinträchtigung des Berufsstandes angesehen wurden)[398] und vor allem für die Beschränkung der Vorschriften auf das stehende Gewerbe, also die Freistellung vom Meisterzwang bei der Erbringung entsprechender Leistungen im Reisegewerbe. Hier führt die Beschränkung der HwO auf das stehende Gewerbe angesichts der großzügigen Auslegung des § 55 Abs. 1 Nr 1 GewO durch die Rechtsprechung (s. unten Rn 462) dazu, dass praktisch jedes Handwerk ohne Eintragung in die Handwerksrolle ausgeübt werden kann, wenn nur bestimmte Modalitäten der Vertragsanbahnung berücksichtigt werden. Diese Differenzierung ist mit dem primären Zweck der Handwerksordnung, die seit der Novellierung in erster Linie der Gefahrenabwehr dienen soll, nicht mehr zu vereinbaren[399].

148 Dennoch müssen, anders als es erste Stellungnahmen zur novellierten Handwerksordnung und die ersten Urteile zum Nichtraucherschutz nahe legten, solche **Systembrü-**

---

394 Zu Beispielen für entsprechende gefahrgeneigte Tätigkeiten *Müller*, NVwZ 2004, 403, 408.

395 Danach kann die Zulassungsprüfung durch eine mehrjährige Praxis ersetzt werden. Diese Ausnahme ist nur dann sachgerecht, wenn die bloße Praxiserfahrung eine hinreichend wirksame Gefahrenabwehr vermittelt, wie die bei der Meisterprüfung zusätzlich nachzuweisenden fundierten theoretischen Kenntnisse und die Ausbildungseignung; zweifelnd *Müller*, NVwZ 2004, 403, 410.

396 Vgl zur Entstehungsgeschichte der Vorschrift *Müller*, NVwZ 2004, 403, 410 mwN.

397 Zu den Befürchtungen, dass angesichts der Altgesellenregelung nur noch wenige Handwerker den großen Befähigungsnachweis ablegen, s. BT-Drucks. 15/1481, S. 9; außerdem *Stober*, GewArch. 2003, 292, 297 ff; *Müller*, NVwZ 2004, 403, 410.

398 S. auch (die Frage im Ergebnis offen lassend) *Kormann/Hüpers*, GewArch. 2004, 353, 362.

399 Kritisch dazu auch *Honig/Knörr*, HwO, § 1 Rn 27; *Hüpers*, GewArch. 2004, 230.

che keineswegs zwangsläufig zur Verfassungswidrigkeit führen. Angesichts des von der Rechtsprechung zu respektierenden Gestaltungsspielraums ist es dem Gesetzgeber nicht ohne weiteres verwehrt, von einem selbst normierten System abzuweichen. Andernfalls zwänge man den Gesetzgeber zu einem „Alles oder nichts" und verhindere differenzierte Lösungen[400]. Allerdings führt nach zutreffender Ansicht der Aspekt der Systemgerechtigkeit jedenfalls zu einer **Begründungspflicht** und daher im Ergebnis zur Umkehr der Argumentationslast[401].

Dabei ist das Begründungsgebot nach der Rechtsprechung des BVerfG[402] dann besonders gewichtig, wenn der Gesetzgeber von einem selbst gewählten Grundsatz abweicht. Diesen Anforderungen hat er im Handwerksrecht nicht genügt. Jedenfalls aber können die vom Gesetzgeber angeführten Begründungen in tatsächlicher Hinsicht überprüft werden, was vor allem den Ausschluss des „Reisehandwerks" betrifft. Diesen hatte die Bundesregierung in ihrer Gegenäußerung zu den Vorschlägen des Bundesrates damit begründet, dass im Reisegewerbe nur handwerklich wenig aufwendige Tätigkeiten ausgeübt würden[403], was aber nicht den tatsächlichen Verhältnissen entspricht[404]. Nimmt man deswegen einen Verfassungsverstoß an, ist zu beachten, dass dem Gesetzgeber regelmäßig mehrere Möglichkeiten offen stehen, um auf einen Gleichheitsverstoß zu reagieren. Das BVerfG beschränkt sich auf die Feststellung des Verfassungsverstoßes und verpflichtet den Gesetzgeber, diesen innerhalb einer gewissen Frist zu beseitigen.

b) Materielle Anforderungen

Die zentralen Aspekte der Anwendung des Art. 3 Abs. 1 GG im öffentlichen Wirt- **149** schaftsrecht lassen sich nach materiellen Anforderungen an den Inhalt einer Entscheidung und formellen Verfahrensanforderungen differenzieren. In materieller Hinsicht determiniert Art. 3 GG das der Verwaltung eingeräumte Ermessen, wird also als ermessensleitender Gesichtspunkt relevant[405]. Dies gilt nicht nur bei der Subventionsvergabe, sondern ganz allgemein beim Erlass von Verwaltungsakten. Bei eigener Teilnahme des Staates am Wettbewerb ergibt sich aus dem Gleichheitssatz lediglich ein Anspruch auf „hoheitliche Respektierung der wettbewerblichen Ausgangslage"[406], nicht auf ein bestimmtes Verhalten des sich am Wirtschaftsverkehr beteiligenden Staates.

---

400 Genau darin hatte das damalige Minderheitsvotum in der Entscheidung zum Nichtraucherschutz die Schwachstelle gesehen: Das Mehrheitsvotum versage dem Gesetzgeber einen ausbalancierten und differenzierten Nichtraucherschutz und zwinge mit dem absoluten Rauchverbot zu einer unverhältnismäßigen Extremlösung, die die Gefahr paternalistischer Bevormundung provoziere, s. auch *Gröschner*, ZG 2008, 400; *Ruthig*, in: Hendler/Hufen/Jutzi, Landesrecht RP § 6 Rn 6. Großzügiger die späteren Entscheidungen, die die derzeitigen Ausnahmeregelungen für verfassungskonform hielten, vgl RhPfVerfGH, NVwZ 2010, 1095; zur zwischenzeitlichen bayerischen Regelung BVerfG NVwZ 2010, 38. Zur Einziehung von Shisha-Kneipen und Erlebnisgastronomie in das Rauchverbot BVerfG NVwZ 2011, 294; s. aber auch BerlVerfGH, GewArch. 2008, 410 f; SaarlVerfGH, NVwZ-RR 2010, 951, die das Rauchverbot im Rahmen einer Folgenabwägung vorläufig ausgesetzt hatten; anders insoweit BayVerfGH, NVwZ-RR 2010, 946.

401 *Starck*, in: v. Mangoldt/Klein/Starck, GG, Art. 3 Rn 45; ähnlich *Pieroth*, Rückwirkung und Übergangsrecht. Verfassungsrechtliche Maßstäbe für intertemporale Gesetzgebung, 1981, S. 155. Vgl auch *Degenhart*, Systemgerechtigkeit, S. 23. Krit zu diesem Ansatz *Kischel*, AöR 124, 174 ff.

402 BVerfG 20, 374, 377; vgl auch *Dürig/Scholz*, in: Maunz/Dürig, GG, Art. 3 Rn 316 ff.

403 BT-Drucks. 15/1481, S. 19 f.

404 S. nur *Dürr*, GewArch. 2011, 8; *Laubinger*, FS Frotscher (2007), 497, 498.

405 BVerfGE 69, 161 (169).

406 *Ipsen*, VVDStRL 25 (1967), 257, 303; s. auch *Schliesky*, Öffentliches Wirtschaftsrecht, S. 103.

c) Anspruch auf diskriminierungsfreie Verfahrensgestaltung

150 Aus dem allgemeinen Gleichheitssatz des Art. 3 GG, aber beispielsweise auch aus der Auslegung des Art. 12 GG als Teilhaberecht, lässt sich ein Grundsatz auf diskriminierungsfreie Beteiligung an Verwaltungsverfahren zur Entscheidung von Knappheits- und damit auch Konkurrenzsituationen ableiten. Dies wird bei so unterschiedlichen Konstellationen relevant wie der Zulassung zu Märkten im Gewerberecht, im Telekommunikationsrecht aber auch der Subventionsvergabe und verpflichtet den Gesetzgeber zur Einführung entsprechender Verfahrensvorschriften.

Dabei darf nicht übersehen werden, dass dieser Anspruch häufig von unionsrechtlichen Diskriminierungsverboten überlagert wird, insbesondere bei Wirtschaftssubventionen sowie im europäisierten Regulierungsrecht. Dort ergibt sich ein durchaus konkreterer Anspruch auf diskriminierungsfreie Verfahrensgestaltung zB aus den TK-Richtlinien und den ihrer Umsetzung dienenden einfachgesetzlichen Vorschriften des TKG[407].

6. Besonderheiten in Fällen mit Bezügen zum Recht der Europäischen Union

a) Deutschengrundrechte und EU-Ausländer

151 Der verfassungsrechtliche Schutz von Ausländern reicht in mehrfacher Hinsicht weniger weit als derjenige von Deutschen. Schon nach ihrem Wortlaut sind bestimmte Grundrechte des GG als Deutschengrundrechte ausgestaltet, vor allem der im wirtschaftsrechtlichen Zusammenhang besonders wichtige Art. 12 GG[408]. Ferner sind die Grundrechte wegen Art. 19 Abs. 3 GG nicht auf **ausländische juristische Personen** anwendbar[409], selbst wenn sie im Inland anerkannt sind. Zu den von Art. 19 Abs. 3 GG erfassten juristischen Personen gehören aber auch die nach deutschem Recht gegründeten Töchter ausländischer Unternehmen[410], was die praktische Bedeutung der Einschränkung des Art. 19 Abs. 3 GG erheblich relativiert.

152 Angesichts der mit der beschränkten Grundrechtsgeltung verbundenen rechtlichen Benachteiligung ist fraglich, ob vor dem Hintergrund der **unionsrechtlichen Diskriminierungsverbote** die dargestellten Grundsätze auch für Bürger bzw juristische Personen aus dem Bereich der Europäischen Union gelten können (▶ **Klausurenkurs Fälle Nr 2, 3 und 4**)[411]. Denn indem Art. 12 Abs. 1 GG den persönlichen Schutzbereich der Berufsfreiheit auf deutsche Staatsangehörige beschränkt, würden EU-Aus-

---

407 S. näher *Ruthig*, in: Arndt/Scherer/Fetzer, TKG, § 61 Rn 1, 13 ff.
408 Ausländer können sich also nur auf die allgemeine Handlungsfreiheit berufen. Der Rückgriff auf das Auffanggrundrecht des Art. 2 Abs. 1 GG gewährt in der Sache allerdings lediglich einen abgeschwächten Schutz vor staatlichen Eingriffen, s. BVerfGE 78, 179, 196 f. In der Literatur wird allerdings teilweise bezweifelt, dass „jedenfalls in seinem negatorischen Gehalt" Art. 12 GG einen stärkeren Schutz als Art. 2 Abs. 1 GG bietet, s. *Schwabe*, NJW 1974, 1044; außerdem *ders.*, Probleme der Grundrechtsdogmatik, S. 31 ff; *Erichsen*, in: Isensee/Kirchhof (Hrsg.), Handbuch des Staatsrechts VI, § 152 Rn 47 ff.
409 BVerfGE 21, 207, 208 f; BFH, NJW 2001, 2199; *Jarass*, in: Jarass/Pieroth, GG, Art. 19 Rn 17, 21.
410 *Jarass*, in: Jarass/Pieroth, GG, Art. 19 Rn 22.
411 Zum Streitstand vgl *Bauer/Kahl*, JZ 1995, 1077 ff mwN; *Störmer*, AöR 123 (1998), 541, 542 ff mwN; *Wernsmann*, Jura 2000, 657; s. auch *Bauer*, öJBl 2000, 751, 758 f.

länder nicht in den Genuss der von der Rechtsprechung entwickelten besonders strengen Anforderungen zur Rechtfertigung eines Eingriffs in die Berufsfreiheit (Drei-Stufen-Test, s.u.) kommen. Bei **natürlichen Personen** ließe sich das Problem dadurch entschärfen, dass man ihnen zwar nur eine Berufung auf Art. 2 Abs. 1 GG gestattet, aber innerhalb dieses Grundrechtes Maßstäbe anlegt, die dem Schutzstandard der speziellen Grundrechte angenähert sind[412]. Bei den wegen Art. 19 Abs. 3 GG überhaupt nicht grundrechtsfähigen **juristischen Personen aus dem Bereich der EU** scheidet diese Lösung aus[413]. Das BVerfG hat die Grundrechtsfähigkeit von EU-ausländischen juristischen Personen unter Hinweis auf das allgemeine Diskriminierungsverbot aus Art. 18 AEUV bejaht. Allerdings lehnte das BVerfG eine erweiterte Auslegung des Begriffes „inländisch" ab, weil eine solche nicht mehr vom Wortlaut gedeckt sei, und begründete seine Entscheidung mit dem Anwendungsvorrang des Unionsrechts[414].

Offen blieb allerdings die Frage des Grundrechtsschutzes natürlicher Personen aus dem EU-Ausland. Die Lösung über Art. 2 Abs. 1 GG ist europarechtlich zulässig. Verbietet das Europarecht eine Diskriminierung, überlässt es nämlich regelmäßig dem nationalen Recht die Wahl der Mittel und „kontrolliert" nur das Ergebnis[415]. Gleichwohl erscheint es vor dem Hintergrund der Entscheidung zu Art. 19 Abs. 3 GG überzeugender, von dieser Behelfskonstruktion abzusehen und auch die Deutschengrundrechte unmittelbar auf EU-Ausländer anzuwenden.[416] **153**

b) Die sog. Inländerdiskriminierung

Die Einwirkungen des Unionsrechts auf das nationale Recht führen zu Folgeproblemen, wenn sich die unionsrechtlichen Vorschriften nur auf binnenmarktbezogene Sachverhalte beziehen, wie es bei den Marktfreiheiten regelmäßig der Fall ist. Im Ergebnis werden dann häufig Inländer strengeren Vorschriften unterworfen als EU-Ausländer. Es kommt zu einer sog. Inländerdiskriminierung[417]. Das **Unionsrecht** erfasst diese Konstellationen nicht[418]. **154**

---

412 So die wohl hM, s. *Dreier*, in: Dreier, GG, Vorb. Rn 116 mwN; s. hierzu insbes. auch *Bauer/Kahl*, JZ 1995, 1077, 1083.

413 In der Literatur findet sich deswegen überwiegend die These, solche Gesellschaften seien „kraft Unionsrechts wie inländische juristische Personen zu behandeln"; zum Streitstand *Dreier*, in: Dreier, GG, Art. 19 Abs. 3 Rn 84.

414 BVerfG, NJW 2011, 3428, 3430 f; vgl. hierzu *Dreier*, in: Dreier, GG, Art. 19 Abs. 3 Rn 83 ff.

415 S. zum entsprechenden Problem bei der unionsrechtlichen Fundierung der Klagebefugnis des § 42 Abs. 2 VwGO *Ruthig*, BayVBl 1997, 289, 291.

416 So auch *Jarass*, GG, Art. 19 Rn 12; offen gelassen von *Pieroth/Schlink/Kingreen/Poscher*, Grundrechte, Rn 131. Schon vor der Entscheidung *Breuer*, in: Isensee/Kirchhof (Hrsg.), Handbuch des Staatsrechts VI, § 147 Rn 21; *Giegerich*, Die Verfassungsbeschwerde an der Schnittstelle von deutschem, internationalem und supranationalem Recht, in: Grabenwarter ua (Hrsg.), Allgemeinheit der Grundrechte und Vielfalt der Gesellschaft, 1994, 101, 124 f.

417 *Weis*, NJW 83, 2721, 2725; *Bleckmann*, GRUR Int 86, 172, 182; *Spätgens*, FS v. Gamm (1990), 201; *König*, Das Problem der Inländerdiskriminierung, AöR 118, 591, 597; *Lackhoff/Raczinski*, Umgekehrte Diskriminierung, EWS 1997, 109, 116; speziell zum Handwerksrecht *Micker/Lindenberg*, VR 2001, 253.

418 EuGH v. 16.2.1995, Rs. C-29–35/94 – „*Aubertin*" ua, Slg. 1995, I-301 = GewArch. 1995, 195 zum Friseurhandwerk.

Fehlt es an einem grenzüberschreitenden Element, sind die Marktfreiheiten nicht anwendbar. Auch aus dem unionsrechtlichen Diskriminierungsverbot ergibt sich nach zutreffender Ansicht nichts anderes. Teile der Literatur sind der Ansicht, das allgemeine Diskriminierungsverbot des Art. 18 AEUV verbiete den Mitgliedstaaten eine Benachteiligung ihrer eigenen Staatsbürger wegen „der Staatsangehörigkeit". Der EuGH unterstützt demgegenüber die herrschende Meinung, die eine Inländerdiskriminierung als vom EU-Vertrag nicht erfasst ansieht, da die für Inländer nachteilige Situation eine interne Angelegenheit des betreffenden EU-Staates darstellt[419]. Es kommt auch nicht zu einer mittelbaren Erstreckung der unionsrechtlichen Maßstäbe, da die Unionsrechtswidrigkeit nicht zur Nichtigkeit der entsprechenden Vorschriften des nationalen Rechts, sondern lediglich zu deren Nichtanwendbarkeit in Fällen mit Unionsrechtsbezug führt, sie im Übrigen also unverändert bestehen lässt (s. oben Rn 44). Auch die Berufsanerkennungsrichtlinie greift diese Auffassung explizit auf[420].

155 Damit verlagert sich das Problem in das nationale Recht, es stellt sich die Frage der **Vereinbarkeit der Inländerdiskriminierung mit dem nationalen Verfassungsrecht**. Hier helfen die Freiheitsgrundrechte im Regelfall nicht weiter. Zwar müssen die entsprechenden Regelungen sich selbstverständlich auch an den Freiheitsgrundrechten messen lassen, die Inländerdiskriminierung beruht aber gerade darauf, dass die Maßstäbe des nationalen Verfassungsrechts und des Unionsrechts divergieren können.

Dies wurde nicht nur im (zivilen) Wettbewerbsrecht[421], sondern gerade auch im Handwerksrecht deutlich, wo das BVerfG primär auf Mittelstandsschutz abgestellt hatte, der aus Sicht des Unionsrechts nicht als Rechtfertigungsgrund taugt. Sobald sich allerdings die Maßstäbe annähern, wie es bei den Entscheidungen zu den Sportwetten und zum novellierten Handwerksrecht der Fall war, stellt sich diese Frage möglicherweise in einem anderen Licht (vgl unten Rn 157).

156 Somit könnte das **Diskriminierungsverbot des Art. 3 Abs. 1 GG** herangezogen werden. Den Verstoß gegen Art. 3 Abs. 1 GG könnte man darin sehen, dass die exakt gleichen Tätigkeiten ausgeübt, vom Gesetzgeber jedoch unterschiedlich behandelt werden[422]. Die hM in Deutschland lehnt dies ab, da man hinsichtlich des Vergleichsmaßstabes nur Vorschriften desselben Normgebers heranziehen könne[423]. Dieser – etwa im Verhältnis einzelner Landesgesetzgeber zueinander[424] – allgemein anerkannte Grundsatz sei auf den Fall übertragbar, dass derselbe Normgeber im einen

---

419 EuGH v. 27.10.1982, Rs. C-35 und 36/82 – „*Morson*", Rn 11 ff, Slg. 1982, 3723, 3735 f; vgl *Kewening*, JZ 1990, 20 ff; *Arndt*, Europarecht, S. 118.

420 Vgl Erwägungsgrund 12 der RL 2005/36/EG des Europäischen Parlaments und des Rates v. 7.9.2005 über die Anerkennung von Berufsqualifikationen, ABl. L 255, S. 22; s. auch *Frenz*, JZ 2007, 343, 345.

421 Dort beschäftigten sich die Zivilgerichte schon früh mit der Frage, inwieweit die Anwendung strengerer innerstaatlicher Grundsätze gegen Art. 3 GG verstößt, s. (verneinend) BGH, GRUR 1985, 886; offengelassen in BGH, WRP 96, 284, 285; s. auch *Baumbach/Hefermehl*, Einl. UWG Rn 629 zum UWG aF. Ob trotz des Ziels der Vollharmonisierung der RL 2005/29/EG des Europäischen Parlaments und des Rates v. 11.5.2005 über unlautere Geschäftspraktiken, ABl. L 149, S. 22, strengere nationale Regelungen zulässig sind, ist umstritten, *Ohly*, in: Piper/Ohly, UWG, Einf. C Rn 11, 43 ff; *Hoeren*, BB 2008, 1182; *Sosnitza*, WRP 2006, 1.

422 So für Österreich der östVerfGH, EuZW 2001, 219. Ausführlich hierzu und zum Vergleich mit dem deutschen Recht *Diefenbach*, GewArch. 2001, 353.

423 Zum Handwerksrecht s. schon BVerwG, GewArch. 1970, 129, 139; ferner BVerwG, NVwZ-RR 1999, 498, 499.

424 BVerfGE 10, 354, 371; *Heun*, in: Dreier, GG, Art. 3 Rn 57 f.

Fall „fremdbestimmt" handele, also nur Europäisches Recht umsetze, wozu er unionsrechtlich verpflichtet ist[425]. In einem solchen Fall liegt nicht einmal ein Gleichheitsverstoß darin, dass Deutsche in Sachverhalten mit Unionsrechtsbezug anders behandelt werden als in rein nationalen Sachverhalten[426]. Dieser Auffassung ist grundsätzlich zuzustimmen. Andernfalls räumt man im Ergebnis dem europäischen Normgeber eine Angleichungskompetenz ein, die weit über die vertraglich eingeräumten Kompetenzen der Union hinausreicht[427] und erstreckt auch die Kognitionsbefugnis des EuGH – bzw. spiegelbildlich die Vorlageverpflichtung nach Art. 267 Abs. 3 AEUV – auf diese Sachverhalte[428].

Allerdings können unabhängig von Art. 3 GG die **tatsächlichen Erfahrungen mit** 157 **dem Schutzniveau des Unionsrechts** dazu führen, dass Einschätzungsspielräume des Gesetzgebers sich verringern, weil auch für die rein nationalen Sachverhalte die Erforderlichkeit einer Regelung zweifelhaft wird. Dies gilt insbesondere dort, wo das BVerfG dem Gesetzgeber die Pflicht auferlegt, eine gesetzliche Regelung nach einem gewissen Zeitraum zu überprüfen. In diesem Zusammenhang spielt auch der **Gesichtspunkt der Systemgerechtigkeit** eine Rolle (dazu oben Rn 146 ff). Diese Grundsätze gelten auch dann, wenn der Gesetzgeber das System nicht mehr autonom, sondern unter Einbeziehung des Unionsrechts entwickelt. Bei einem solchen Ansatz ändert sich der Prüfungsmaßstab, es erhöht sich die Darlegungslast des Gesetzgebers, wenn er eine Ungleichbehandlung rechtfertigen will[429]. Allerdings verlagert sich die Argumentation dabei stärker auf Art. 12 GG. Die Verhältnismäßigkeit der Maßnahme wird angesichts der hohen Anforderungen an die Rechtfertigung subjektiver Zulassungsschranken dann fraglich, wenn sich die unionsrechtlich vorgegebene Regelung auch in der Praxis bewährt und sich die strengere Regelung der Binnensachverhalte als möglicherweise nicht erforderlich herausstellt[430].

Besonders deutlich zeigt sich dies am Recht der **Sportwetten**, wo das BVerfG einen zudem strafbewehrten Ausschluss gewerblicher Wettangebote durch private Wettanbieter nur dann als zumutbar ansah, wenn das bestehende Wettmonopol auch in seiner konkreten Ausgestaltung der Vermeidung und Abwehr von Spielsucht und problematischen Spielverhalten dient[431]. Allein die Etablierung eines staatlichen Wettmonopols sichert die Bekämpfung der Wettsucht und problematischer Spielverhalten dann nicht, wenn das tatsächliche Erscheinungsbild vielmehr dem der

---

425 *Fastenrath*, JZ 1987, 175; *Koenig*, AöR 118 (1993), 591, 599; *Papier*, JZ 1999, 260. Dies gelte auch bei einer Transformation von sekundärem Unionsrecht in deutsches Recht, vgl *Fastenrath*, JZ 1987, 177.
426 Es stellt also auch keine an Art. 3 GG zu messende Inländerdiskriminierung dar, wenn Deutsche, die ihre Berufsausbildung im Ausland erworben haben, anders behandelt werden als solche, die ihre Ausbildung in Deutschland absolviert haben, wie es im Handwerksrecht geschieht, s. VGH Mannheim, GewArch. 1993, 252; 1994, 68; VGH München, GewArch. 2001, 422; 2002, 431; *Honig/Knörr*, HwO, § 9 Rn 9 mwN.
427 VGH Mannheim, NJW 1996, 72, 74.
428 S. dazu mwN *Gundel*, DVBl 2007, 269, 274.
429 Dieser Argumentationslinie folgt auch – vor der Handwerksnovelle 2004 – VGH Mannheim, NVwZ-RR 1998, 646, 647: An den Zielsetzungen des Normgebers habe sich trotz der späteren Aufweichungen des Meisterzwanges nichts geändert. Seit der Novelle 2004 ist dies anders, so dass auch der VGH wohl zur Verfassungswidrigkeit gelangen müsste.
430 S. dazu schon Voraufl. Rn 125; ausführlich *Gundel*, DVBl 2007, 269, 274 ff.
431 BVerfGE 115, 276 = NJW 2006, 1261.

wirtschaftlich effektiven Vermarktung einer grundsätzlich unbedenklichen Freizeitbeschäftigung gleicht. Die breit angelegte Werbung und die über den Deutschen Lotto- und Totoblock bundesweit koordinierten Veranstaltungen von „Oddset" wurden den eigentlichen Zielvorgaben des staatlichen Wettmonopols daher nicht gerecht. Im Ergebnis prüfte das BVerfG also das Gesamtkonzept des Gesetzgebers auf seine Stimmigkeit bzw Systemgerechtigkeit. Ein weiteres Beispiel findet sich im **Handwerksrecht**. Je weiter aus unionsrechtlichen Gründen Ausbildung und Berufserfahrung im Ausland anerkannt wurden, desto häufiger wurde die Frage aufgeworfen, ob allein der Ausbildungsort eine solche Ungleichbehandlung rechtfertige[432]. Nachdem das BVerfG diese Frage in seiner Entscheidung von 2001 noch ausdrücklich offengelassen hatte[433], benannte es das seines Erachtens bestehende Problem in der Entscheidung von 2005 mit aller Deutlichkeit. „Die spürbare Konkurrenz aus dem EU-Ausland" lasse bereits an der Eignung der Maßnahme zweifeln, jedenfalls aber stehe die Zumutbarkeit der Maßnahme in Zweifel[434]. Mit dieser Aussage freilich ging es über den vorgestellten Ansatz hinaus. Hier ging es nicht um eine Binnenkritik des gesetzgeberischen Modells unter Einbeziehung der Erfahrungen mit unionsrechtlich überformten Sachverhalten, sondern um die Frage, ob sich der Sonderweg des nationalen Gesetzgebers angesichts der ausländischen Konkurrenz noch aufrechterhalten lasse. Das BVerfG lehnte zwar eine gesonderte Prüfung des Art. 3 Abs. 1 GG ausdrücklich ab[435], kam aber im Ergebnis zu exakt denselben Ergebnissen wie bei einer Anwendung des Art. 3 Abs. 1 GG auf die sogenannte Inländerdiskriminierung: Überall dort nämlich, wo es für Sachverhalte mit Binnenmarktrelevanz weniger belastende Regeln gibt, sind strengere nationale Anforderungen im Ergebnis unzumutbar; dass es jedenfalls nicht wirklich auf die tatsächlichen Auswirkungen der Konkurrenz ankommt, belegen die vagen Ausführungen, es stünden „zumindest in den grenznahen Gebieten deutsche Handwerker in ernsthafter Konkurrenz mit Handwerkern aus anderen EU-Staaten"[436]. Würde man diesen Ansatz konsequent weiterverfolgen, bliebe von den bisher zu Recht betonten Gestaltungsspielräumen des nationalen Gesetzgebers nichts mehr übrig. Eine solche Homogenisierung der rechtlichen Verhältnisse ist aber nicht Aufgabe des BVerfG. Selbstverständlich steht es dem Gesetzgeber aber frei, eine „Inländerdiskriminierung" zum **Anlass für Gesetzesänderungen** zu nehmen[437].

158 Zumeist reicht es aber schon aus, wenn das BVerfG sich wie die europäischen Gerichte[438] stärker mit den **tatsächlichen Verhältnissen und den Auswirkungen einer Regelung** als mit den in der Entstehungsgeschichte zum Ausdruck gebrachten Regelungsabsichten des Gesetzgebers beschäftigt. Der bislang deutlichste Fall ist die Entscheidung des BVerfG zu den Sportwetten[439], in der das BVerfG bis in die Einzelheiten der vom EuGH vorgezeichneten Argumentationslinie folgte.

---

432 S. etwa *Beaucamp*, DVBl 2004, 1458, 1462. Ähnlich auch *Schilling*, JZ 1994, 8, 14; *Früh*, GewArch. 2001, 58, 60; *Czybulka*, NVwZ 2003, 164, 170, 172; aA VGH Mannheim, GewArch. 2004, 21, 25; *Stober*, GewArch. 2003, 393, 399.
433 BVerfG, NVwZ 2001, 187.
434 BVerfG, GewArch. 2006, 71.
435 BVerfG, GewArch. 2006, 71.
436 BVerfG, GewArch. 2006, 71.
437 So ist im Handwerksrecht insbesondere die mit der Handwerksnovelle 2004 eingeführte sog. Altgesellenregelung die gesetzgeberische Reaktion auf die EuGH-Rechtsprechung zu den EU-Ausländern, s. BT-Drucks. 15/1206, S. 28 f.
438 S. zu dieser unterschiedlichen Haltung der deutschen und der europäischen Gerichte *Classen*, JZ 1996, 921, 924 ff. Man mag die Anknüpfung an die „Statistik als Auslegungsmethode" kritisieren, andererseits hat schon im Apothekenurteil auch das BVerfG im Wege der Beweiserhebung die Folgen einer Aufhebung der Bedürfnisprüfung untersucht, s. *Breuer*, in: Isensee/Kirchhof, Handbuch des Staatsrechts, § 171 Rn 24.
439 BVerfGE 115, 276 = NJW 2006, 1261.

Das BVerfG stellte im Zusammenhang mit den Sportwetten weniger auf die gesetzgeberischen Intentionen als darauf ab, inwieweit die gesetzlichen Regelungen tatsächlich zu einer Eindämmung der Spielsucht führten[440]. Diese Entwicklung hin zu einer stärkeren Einbeziehung der tatsächlichen Verhältnisse ist keineswegs neu. Ein frühes, auf die EMRK bezogenes Beispiel stellt der Umgang des BVerfG mit der Feuerwehrabgabe Baden-Württemberg (der wahrscheinlich einzigen männerdiskriminierenden Vorschrift) dar[441]. Um einen Widerspruch zwischen GG und EMRK zu vermeiden, folgte das BVerfG in seiner Argumentation und vor allem hinsichtlich der Einbeziehung statistischen Materials zur Überprüfung der Tatsachengrundlagen des gesetzgeberischen Konzepts der Entscheidung des EGMR[442] und gab gleichzeitig eine jahrzentelange Praxis der Vorprüfungsausschüsse auf. Spätere Fälle betreffen die faktische Diskriminierung von Frauen durch prima facie geschlechtsneutrale Regelungen[443]. Außerdem zieht das BVerfG die EMRK und die dazu ergangenen Entscheidungen des EGMR zur Konkretisierung des Rechtsstaatsprinzips oder Willkürverbotes heran[444].

c) **Der Anspruch auf den gesetzlichen Richter: Verzahnung von Verfassungs- und Unionsrecht im Verfassungsbeschwerdeverfahren**

Während die Verwaltungsgerichte auch das Unionsrecht zu prüfen haben, beschränkt   **159**
sich die verfassungsgerichtliche Prüfung auf die Bestimmungen des GG. Die Verletzung von Grundfreiheiten kann daher mit der Verfassungsbeschwerde nicht gerügt werden. Auf einem „Umweg" gelangt das BVerfG allerdings doch zu einer Inzidentprüfung. Art. 101 GG gewährt dem Einzelnen ein grundrechtsgleiches (vgl Art. 93 Abs. 1 Nr 4a GG) Recht auf einen gesetzlich zuständigen und mit hinreichender Unabhängigkeit ausgestatteten Richter. Seit der Solange II-Entscheidung ist anerkannt, dass **auch der EuGH gesetzlicher Richter** in diesem Sinne ist. Zum gesetzlichen Richter werde der EuGH durch die „funktionelle Verschränkung der Gerichtsbarkeit der Europäischen Gemeinschaften mit der Gerichtsbarkeit der Mitgliedstaaten zusammen mit dem Umstand, dass die Gemeinschaftsverträge kraft der durch die Zustimmungsgesetze gem. Art. 24 Abs. 1, 59 Abs. 2 S. 1 GG erteilten Rechtsanwendungsbefehle und das auf vertraglicher Grundlage erlassene abgeleitete Gemeinschaftsrecht Teil der innerstaatlich geltenden Rechtsordnung der Bundesrepublik Deutschland und von ihren Gerichten zu beachten, auszulegen und anzuwenden sind"[445]. Legen die mitgliedstaat-

---

440 BVerfGE 115, 276.

441 BVerfG, NJW 1995, 1733.

442 EGMR, VBlBW 1994, 402 ff m. Anm. *Olbrich*; s. dazu *Bleckmann*, EuGRZ 1995, 387; *Bausback*, BayVBl 1995, 737. Grundlegend zur (mittelbaren) Bedeutung von EMRK und der Rechtsprechung des EGMR für die Auslegung der Grundrechte BVerfG, NJW 2004, 3407.

443 Vgl *Jarass*, in: Jarass/Pieroth, GG, Art. 3 Rn 96. Dieses Konzept stammt aus dem Gemeinschaftsrecht und wird vom EuGH in ständiger Rechtsprechung zugrunde gelegt, s. *Lenz*, EGV-Kommentar, Art. 141 Rn 19 f mit zahlreichen Nachweisen zur Judikatur. Es hat Eingang in das Sekundärrecht gefunden. Vgl Art. 2 Abs. 2 der RL 97/80/EG über die Beweislast bei Diskriminierung aufgrund des Geschlechts, wonach eine mittelbare Diskriminierung vorliegt, „wenn dem Anschein nach neutrale Vorschriften, Kriterien oder Verfahren einen wesentlich höheren Anteil der Angehörigen eines Geschlechts benachteiligen, es sei denn, die betreffenden Vorschriften, Kriterien oder Verfahren sind angemessen und notwendig und sind durch nicht auf das Geschlecht bezogene sachliche Gründe gerechtfertigt." Auch die wichtige Gleichbehandlungsrichtlinie 2002/73/EG betr. die diskriminierungsfreie Einstellung und Beförderung umfasst das Verbot unmittelbarer und mittelbarer Diskriminierung.

444 BVerfGE 74, 358, 370; 111, 307, 317; dazu auch *Cremer*, EuGRZ 2004, 683, 686 ff; *Oeter*, VVDStRL 66 (2007), 361, 378 ff; *Papier*, EuGRZ 2006, 1, 2 f.

445 BVerfG, NJW 1987, 577, 578.

lichen Gerichte dem EuGH eine Frage also nicht vor, obwohl sie dazu verpflichtet sind, verletzen sie damit den Anspruch auf den gesetzlichen Richter. Diese Frage kann das BVerfG im Rahmen einer Urteilsverfassungsbeschwerde gegen die letztinstanzliche gerichtliche Entscheidung überprüfen. Damit muss es sich allerdings inzident mit den Grundfreiheiten auseinandersetzen (s. dazu ▶ **Klausurenkurs Fall Nr 2**).

Voraussetzung einer Verletzung des Anspruchs auf den gesetzlichen Richter ist jedoch, dass die Vorlage **willkürlich** unterblieb. Hierfür stellt das BVerfG nicht auf die – verfahrensrechtliche – Frage ab, ob die Prozessbeteiligten vor den Fachgerichten zur Frage der Vorlageverpflichtung substantiiert vorgetragen haben[446], sondern auf materielle Maßstäbe. Willkür liegt also vor, „wenn die Entscheidung sich bei der Anwendung und Auslegung von Zuständigkeitsnormen so weit von dem diese Normen bestimmenden Grundsatz des gesetzlichen Richters entfernt, dass die Gerichtsentscheidung nicht mehr zu rechtfertigen ist", dh „bei verständiger Würdigung der das Grundgesetz beherrschenden Gedanken nicht mehr verständlich erscheinen und offensichtlich unhaltbar sind"[447]. Beim Unterlassen der Vorlage zum EuGH hat das BVerfG dies in zwei Konstellationen angenommen: Willkür liege vor, wenn das Gericht die Vorlagepflicht grundsätzlich verkennt oder wenn es bewusst von der EuGH-Rechtsprechung zu entscheidungserheblichen Fragen abweicht[448]. Andernfalls genügte dem BVerfG die Vertretbarkeit der europarechtlichen Argumentation[449]. Da dies hinter den Anforderungen des EuGH an die Vorlagepflicht zurückblieb, wurde seit langem eine Anpassung an die Maßstäbe des EuGH gefordert[450]. In einer Kammerentscheidung scheint das BVerfG jetzt dieser Forderung nachgekommen zu sein. Nachdem es zunächst die EuGH-Rechtsprechung zu Vorlagepflicht und acte clair-Doktrin dargestellt hat, überträgt es diese auf seinen Willkürmaßstab[451].

160   Zu einer Verschränkung zwischen nationalem und europäischem Recht kommt es auch bei der Überprüfung nationaler Gesetze, die auf der Umsetzung von Richtlinien beruhen. Dabei liegt mit dem deutschen Gesetz offensichtlich ein tauglicher Beschwerdegegenstand vor. Sofern die Richtlinie keine Umsetzungsspielräume belässt, prüft sie das BVerfG grundsätzlich nicht[452]; da die Möglichkeit einer Grundrechtsverletzung fehlt, sind sie mangels Verfassungsbeschwerdebefugnis unzulässig. Verbleiben allerdings solche Spielräume, ist der Gesetzgeber bei deren Ausfüllung sehr wohl (auch) an die verfassungsrechtlichen Maßstäbe gebunden[453].

---

446   So aber zum Willkürmaßstab bei Art. 6 I EMRK EGMR v. 13.2.2007 – 15073/03, EuGRZ 2008, 274 (276) – *„John/Deutschland"*: keine Willkür der Nichtvorlage, wenn der Betroffene keinen hinreichend substantiierten Antrag stellt, dh die Vorlage weder ausdrücklich beantragt noch eine ausdrückliche und präzise Begründung für die behauptete Notwendigkeit einer Vorabentscheidung gibt.

447   BVerfG, NJW 1988, 1456 f unter Verweis auf die stRspr seit BVerfGE 29, 198, 207.

448   Dazu BVerfGE 82, 159, 195; BVerfG, NJW 2010, 1268, 1269.

449   BVerfGE 82, 159; darauf beziehen sich die Kammerentscheidungen BVerfG, NVwZ 2007, 197 Rn 36 ff; BVerfG, NJW 2008, 209 Rn 28.

450   Dazu ausf die Kritiker in der Literatur, s. etwa *Fastenrath*, NJW 2009, 272 ff; *Frenz*, VerwArch. 2010, 159; *Roth*, NVwZ 2009, 345 ff. S. bereits *Nicolaysen*, EuR 1985, S. 372; *Hilf*, EuGRZ 1987, 5 ff.

451   BVerfG NJW 2010, 1268 Rn 21. Dazu *Thüsing/Pötters/Traut*, NZA 2010, 930.

452   Vgl insbesondere die Entscheidung zum Emissionshandel, s. BVerfGE 118, 79; vgl auch jüngst *Augsberg*, DÖV 2010, 153.

453   BVerfGE 118, 79, 95; NVwZ 2007, 942 f.

7. Sonstige verfassungsrechtliche Bestimmungen

a) Die Unverletzlichkeit der Wohnung

Nach der Rechtsprechung des BVerfG und der hM schützt das Grundrecht des Art. 13   **161**
GG auch Betriebs- und Geschäftsräume, allerdings in abgeschwächter Form. Relevant
wird dies im Zusammenhang mit den behördlichen Betretungsrechten, wie sie § 29
GewO (s. Rn 336) und vergleichbare Vorschriften vorsehen. Im Interesse eines wirksamen Schutzes hat das Bundesverfassungsgericht den **Schutzbereich** des Art. 13 GG
auf **Arbeits-, Betriebs- und Geschäftsräume** erstreckt[454]; dennoch werden an die
Zulässigkeit von Eingriffen und Beschränkungen im Sinne des Art. 13 Abs. 1 GG je
nach der Nähe der Örtlichkeiten zur räumlichen Privatsphäre unterschiedlich hohe
Anforderungen gestellt. **Behördliche Befugnisse zum Betreten von Betriebsräu-**
men fallen daher zwar in den Schutzbereich des Art. 13 Abs. 1 GG, sind aber nach der
Rechtsprechung dann kein Fall des Art. 13 Abs. 7 GG[455], wenn sie auf einer gesetzlichen Grundlage beruhen, das Betreten einem erlaubten Zweck dient und für dessen
Erreichung erforderlich ist, das Gesetz Zweck, Gegenstand und Umfang des Betretens
erkennen lässt und das Betreten auf Zeiten beschränkt wird, in denen die Räume normalerweise für die betriebliche Nutzung zur Verfügung stehen[456]. Die Betretungsrechte bedürfen jedoch einer gesetzlichen Grundlage und sind aus verfassungsrechtlichen Gründen eng auszulegen[457].

Insoweit hat das BVerfG in seiner Kammerentscheidung zu § 17 Abs. 2 HwO den Grundrechtsschutz verstärkt. Auf Grundlage von § 17 Abs. 2 HwO dürfen die Handwerkskammern die Geschäftsräume nur zur Prüfung der Eintragungsvoraussetzungen betreten. „Einzutragende" Gewerbetreibende sind ausschließlich diejenigen, deren Eintragung in die Handwerksrolle auch
tatsächlich in Betracht kommt, weil sie sämtliche Eintragungsvoraussetzungen erfüllen können.
Steht also fest, dass eine Eintragung nicht in Betracht kommt, weil der Gewerbetreibende beispielsweise die persönlichen Voraussetzungen nicht erfüllt und auch keinen Antrag auf Erteilung
einer Ausnahmebewilligung nach §§ 8, 9 HwO gestellt hat, so besteht auch kein Betretungsrecht
nach dem „zu dem in Absatz 1 bezeichneten Zweck"[458].

---

454 Ständige Rechtsprechung seit BVerfGE 32, 54, 68 ff; s. auch BVerfG, NVwZ 2007, 1049 = GewArch.
2007, 206. Es handelt sich daher bei der Erforderlichkeit auch hier um einen voll gerichtlich überprüfbaren unbestimmten Rechtsbegriff, s. *Marcks*, in: Landmann/Rohmer, GewO, § 29 Rn 7; *Ennuschat*, in: Tettinger/Wank/Ennuschat, GewO, § 29 Rn 15 ff.

455 Am besten lässt sich dies damit erklären, dass der geringere Schutz von Geschäftsräumen gegen behördliche Kontrollen auf der Entscheidung des Wohnungsinhabers basiert, sie der Öffentlichkeit zugänglich zu machen und insoweit weniger an Privatsphäre in Anspruch zu nehmen, vgl *Ruthig*, JuS
1998, 506 (510); zustimmend *Jarass*, in: Jarass/Pieroth, GG, Art. 13 Rn 4. In der Literatur wird eine
Schutzbereichslösung allerdings überwiegend abgelehnt, s. etwa *Lübbe-Wolff*, DVBl 1993, 763, 764;
Voßkuhle, DVBl 1994, 611, 613; *Wolff*, GewArch. 2007, 231.

456 BVerfGE 97, 228, 266; NVwZ 2007, 1049.

457 Grundsätzlich zu den Voraussetzungen des Betretungsrechts BVerfGE 32, 54 Rn 53 ff; zu § 17
Abs. 2 HwO BVerfG, NVwZ 2007, 1049; dazu *Maiwald*, GewArch. 2007, 208; *Wolff*, GewArch.
2007, 231. Zu den Kontrollrechten zur Durchsetzung von Urheberrechten (§ 54g UrhG) BVerfG v.
10.4.2008 – 1 BvR 848/08; zu § 52 Abs. 2 BImSchG VG Ansbach, Urt. v. 17.1.2007 – 11 K
06.02673.

458 BVerfG, GewArch. 2007, 206 mwN zur bisherigen (weiteren) Auslegung der Vorschrift durch die
Verwaltungsgerichte; s. auch *Dürr*, DVBl 2008, 1356; *Schmitz*, GewArch. 2009, 237; *Wolff*, GewArch.
2007, 231.

b) Kommunale Selbstverwaltungsgarantie

162 Art. 28 Abs. 2 S. 1 GG gewährleistet den Gemeinden das Recht, sämtliche Angelegenheiten der örtlichen Gemeinschaft im Rahmen der Gesetze in eigener Verantwortung zu regeln. Nach dem Grundsatz der Allzuständigkeit besteht eine Vermutung für die Aufgabenzuständigkeit der Gemeinde[459]. Im Rahmen der Erfüllung dieser Aufgaben darf sich die Gemeinde daher auch wirtschaftlich und mit Gewinnerzielungsabsicht[460] betätigen (dazu unten Rn 689 ff). Nach überwiegender und zutreffender Ansicht[461] kann sie sich dabei aber gegenüber dem Staat nicht auf die Wirtschaftsgrundrechte der Art. 12 GG und Art. 14 GG berufen (zum Grundrechtsschutz öffentlicher und gemischt-wirtschaftlicher Unternehmen s. Rn 686 ff). Umgekehrt ist vielmehr die Gemeinde Adressat der Grundrechte, auch von wirtschaftlichen Konkurrenten (s Rn 711 zur von Art. 12 GG umfassten Wettbewerbsfreiheit). Art. 28 Abs. 2 GG begründet aber auch eine Verpflichtung zur Aufrechterhaltung und Wahrnehmung kommunaler Aufgaben[462]. Aus Art. 28 Abs. 2 GG lässt sich aber entgegen der Auffassung des BVerwG kein Verbot der Aufgabe bisheriger Aufgaben ableiten (zum Marktgewerbe Rn 386 f)[463].

Teilweise wird aus der Garantie der Befassung mit den Angelegenheiten der örtlichen Gemeinschaft auf eine entsprechende Beschränkung der wirtschaftlichen Tätigkeit auf den örtlichen Zuständigkeitsbereich geschlossen[464]. Eine gebietsüberschreitende kommunale Wirtschaftstätigkeit ist jedenfalls dann zulässig, wenn die Tätigkeit örtlich radiziert ist, sie also in den Worten des Bundesverfassungsgerichts in der örtlichen Gemeinschaft wurzelt oder auf sie einen spezifischen Bezug hat[465]. Außerdem müssen die berechtigten Interessen der von der Gebietsüberschreitung betroffenen Gemeinde gewahrt bleiben[466]. Soweit dafür eine gesetzliche Grundlage gefordert wird, sind solche Expansionsklauseln mittlerweile in das Gemeindewirtschaftsrecht mehrerer Länder aufgenommen worden[467] (s. auch Rn 707).

c) Infrastrukturgewährleistungen

163 Im Zusammenhang mit der Privatisierung früherer staatlicher Monopole im Eisenbahn- und Telekommunikationssektor wurden in den Art. 87e, f GG Grundentschei-

---

459 *Dreier*, in: Dreier, GG, Art. 28 Rn 104; *Schmidt-Aßmann*, FS Sendler (1991), S. 121, 130 f.

460 *Gern*, Deutsches Kommunalrecht, Rn 718; *Pagenkopf*, GewArch. 2000, 177 mwN *Michel*, Die Zulässigkeit überörtlicher kommunaler Wirtschaftstätigkeit im Bereich der Wasserversorgung, 2007 (Diss. Mainz 2006), S. 49. Als alleiniger oder dominierender Aspekt ist die Ausrichtung auf eine Gewinnerzielung allerdings nicht mit der verfassungsrechtlichen Aufgabenzuweisung an die Gemeinden vereinbar, s. nur BVerfGE 61, 82 (107); BVerwGE 39, 329 (334); VerfGH RP, NVwZ 2001, 801, 803.

461 Vgl etwa *Storr*, Der Staat als Unternehmer, S. 187; *Dreier*, in: Dreier, GG, Art. 28 Rn 82; *Schmidt-Aßmann*, FS Ulmer (1997), 1015, 1022. Deutlich *Berg*, GewArch. 1990, 225, 228: „Es gibt keine Gewerbefreiheit der öffentlichen Hand."

462 BVerfGE 79, 127 ff; BVerfG, NVwZ 2009, 1305; BVerwGE 123, 159, 165; *Katz*, NVwZ 2010, 405; *Tomerius/Breitkreuz*, DVBl 2003, 426, 428 f; *Winkler*, JZ 2009, 1169.

463 So aber am Beispiel der Privatisierung des Offenbacher Weihnachtsmarkts BVerwG, NVwZ 2009, 1305.

464 *Schliesky*, Öffentliches Wirtschaftsrecht, S. 114 f; *Ehlers*, DVBl 1998, 497, 504.

465 BVerfGE 79, 127, 152.

466 Vgl nur OLG Düsseldorf, NVwZ 2000, 714, 715; *Brüning*, DVBl 2004, 1451, 1452; *Sollondz*, LKV 2003, 297, 303; *Schulz*, BayVBl 1998, 449, 451; *Kühling*, NJW 2001, 177 ff; *Gern*, NJW 2002, 2593 ff; aA *Becker*, DÖV 2000, 1032 ff; *Heintzen*, NVwZ 2000, 743 ff.

467 Art. 87 Abs. 2 BayGO; § 107 Abs. 3 GO-NRW; § 116 Abs. 3 GO LSA; § 71 Abs. 4 ThürKO.

dungen aufgenommen. Über den Auftrag zur Privatisierung hinaus bedeutet dies auch die Zuweisung materieller Verwaltungskompetenzen, von denen der Bund durch die Einrichtung der Bundesnetzagentur Gebrauch gemacht hat (s. näher Rn 188). Vor allem aber wurde die Gewährleistungsverantwortung des Staates verfassungsrechtlich verankert. So hat er nach Art. 87f Abs. 1 flächendeckend angemessene und ausreichende Telekommunikationsdienstleistungen zur Verfügung zu stellen; da dieser Auftrag nicht nur Eingang in die Regulierungsziele des § 2 TKG, sondern auch der telekommunikationsrechtlichen Einzelregelungen, etwa im Bereich der Frequenzvergabe, gefunden hat, spielt Art. 87f GG in der Rechtsanwendung vor allem normintern bei der Auslegung der telekommunikationsrechtlichen Vorschriften eine Rolle. Die Gewährleistungsverantwortung legitimiert aber auch die besonderen Anforderungen des TKG an die Eignung und Sachkunde potentieller Anbieter[468].

8. Gesetzgebungszuständigkeiten im Bundesstaat

a) Das Recht der Wirtschaft seit der Föderalismusreform

Grundsätzlich haben die Länder das Recht der Gesetzgebung. Dem Bund stehen Gesetzgebungsbefugnisse nur zu, soweit das Grundgesetz sie ihm verleiht, Art. 70 Abs. 1 GG. Der Bund hat in weitem Umfang die konkurrierende Gesetzgebungskompetenz für das **Recht der Wirtschaft**, Art. 74 Abs. 1 Nr 11 GG. Der Begriff des „Rechts der Wirtschaft" ist weit auszulegen[469]. Einige zentrale Bereiche sind im Klammerzusatz beispielhaft genannt. Nicht zum Recht der Wirtschaft gezählt werden solche Bereiche, die unter andere Kompetenztitel des Art. 74 GG fallen (zB Art. 74 Abs. 1 Nr 1 GG für Rechtsanwälte, Art. 74 Abs. 1 Nr 19 GG für Heilberufe) oder einen näheren Bezug zu Landeskompetenzen aufweisen; Letzteres betrifft vor allem die Abgrenzung vom Recht der Gefahrenabwehr (s. auch Rn 161 ff)[470].

164

Das „Recht der Wirtschaft" erstreckt sich auf alle das wirtschaftliche Leben und die wirtschaftliche Betätigung regelnden Normen, insbesondere natürlich ihre klassische Ausprägung, das Gewerberecht[471]. Ebenfalls zum Recht der Wirtschaft gehören das ebenfalls im Klammerzusatz erwähnte Energiewirtschaftsrecht sowie das Bankrecht; für das **Telekommunikationsrecht** ist Art. 74 Abs. 1 Nr 7 GG die speziellere Regelung. Auch die Regelungsgegenstände werden weit gefasst. So können gefahrenabwehrrechtliche Vorschriften des Bundes auch dann auf Nr 11 (Recht der Wirtschaft) gestützt werden, wenn sie der Gefahrenabwehr bzw -vorsorge in spezifischen Wirtschaftsbereichen dienen[472]. Die Gesetzgebungsbefugnis des Bundes beschränkt sich allerdings nicht auf solche Gesetze, die die Rechtsbeziehungen der in Art. 74 Abs. 1 Nr 11 GG einzeln aufgeführten Wirtschaftszweige regeln. Vielmehr kann der Bund ganz allgemein Gesetze erlassen, die ordnend und lenkend in das Wirtschaftsleben eingreifen[473].

---

468   S. auch *Wollenschläger*, Verteilungsgerechtigkeit, 2010, S. 421 f.
469   BVerfGE 8, 143, 145; 28, 119, 146; 55, 274, 308. Auf dieses weite Verständnis stützt sich auch die Bundeskompetenz für das Vergaberecht, vgl BVerfGE 116, 202, 215 f.
470   S. auch *Seiler*, in: Epping/Hillgruber, GG, Art. 74 Rn 32.
471   Allerdings ist der verfassungsrechtliche Gewerbebegriff weiter als derjenige der GewO, so dass der Bund auch Regelungen für berufliche Tätigkeiten treffen kann, die nicht der GewO unterliegen, vgl *Maunz*, in: Maunz/Dürig, Art. 74 Rn 139 ff mwN.
472   *Degenhart*, in: Sachs, GG, Art. 74 Rn 52.
473   Vgl BVerfG, NJW 1981, 329, 332.

165 Die bisherige umfassende Bundeskompetenz für das Recht der Wirtschaft wurde mit der **Föderalismusreform** eingeschränkt, indem man Teilbereiche des Gewerberechts ausdrücklich in die **ausschließliche Zuständigkeit der Länder** überführt hat[474]. Dies gilt nach Art. 74 Abs. 1 Nr 11 GG nF für „das Recht des Ladenschlusses, der Gaststätten, der Spielhallen, der Schaustellung von Personen, der Messen, der Ausstellungen und der Märkte". Von diesen Kompetenzen haben die Länder teilweise Gebrauch gemacht (s. zum Gaststättenrecht Rn 410; zum Marktrecht Rn 349, 362). Bis zum Erlass von Landesgesetzen gelten die **bisherigen Regelungen als Bundesgesetze fort**, Art. 125a GG.

Diese scheinbar klare Regelung führt zu einigen Folgeproblemen. Ausgeschlossen ist zunächst die Änderung eines bisherigen Bundesgesetzes durch ein Land[475]. Die Länder könnten daher die bisherige bundesrechtliche Regelung nicht modifizieren, ohne sie – wenn auch möglicherweise weitgehend gleichlautend – neu zu erlassen[476]. Nicht davon erfasst werden allerdings solche Regelungen, die selbstständig neben die bisherigen Regelungen treten. Dies betrifft etwa die Vorschriften über Sperrzeiten sowie die in die Landesnichtraucherschutzgesetze aufgenommenen Rauchverbote, soweit man diese als gaststättenrechtliche Regelung ansieht. Allerdings ist auch der Bund nach der Rechtsprechung des BVerfG weiterhin in der Lage, die bisherige Regelung zu ändern; verwehrt ist ihm lediglich eine grundlegende Neukonzeption[477]. Problematisch wurde dies bei der Erstreckung der Genehmigungsfiktion (vgl § 6a Abs. 2 GewO) auf Verfahren nach § 33a Abs. 1, § 69 Abs. 1 und das GastG, solange keine landesrechtlichen Regelungen bestehen[478].

166 Im Wege der **Annexkompetenz** können mit wirtschaftsrechtlichen Vorschriften solche Normen verbunden werden, die der Aufrechterhaltung der öffentlichen Sicherheit und Ordnung dienen. Diese Annexkompetenz des Bundes gerät leicht in Konflikt mit der allgemeinen Gesetzgebungskompetenz der Länder aus Art. 70 Abs. 1 GG, die gerade das Recht der öffentlichen Sicherheit und Ordnung als eine ihrer wichtigsten Ausprägungen umfasst. Entsprechend stellt sich überall dort, wo nunmehr die Länder für wirtschaftsrechtliche Regelungen zuständig sind, die Frage nach der **Abgrenzung von speziellen bundesrechtlichen Gesetzgebungskompetenzen**. Dies betrifft zum einen die Abgrenzung zwischen dem Gaststättenrecht und dem in der konkurrierenden Gesetzgebungskompetenz verbliebenen Gewerberecht (s. dazu unten Rn 410), aber auch weiterer Bundeskompetenzen, insbesondere für den **Jugendschutz** (öffentliche Fürsorge iSv Art. 74 Nr 7 GG), **Arbeitsschutz** (Art. 74 Abs. 1 Nr 12 GG), **Gesundheitsschutz** und den **Lärmschutz** (Art. 74 Abs. 1 Nr 24 GG). In der Literatur wird eine enge Auslegung des Begriffes des Rechts der Gaststätten bzw des Ladenschlusses vorgeschlagen, vor allem um die Bundeskompetenz für das Arbeitsrecht

---

474 Vgl den Überblick bei *Höfling/Rixen*, GewArch. 2008, 1.
475 *Degenhart*, in: Sachs, GG, Art. 125a Rn 6.
476 *Degenhart*, in: Sachs, GG, Art. 125a Rn 6; s. auch schon BVerfGE 111, 10, 30 – Entscheidung zum Ladenschluss.
477 Zum Ladenschlussrecht BVerfG, NJW 2004, 2363, 2364; s. auch *Uhle*, in: Maunz/Dürig, GG (Stand: 05/2013), Art. 125a Rn 40 ff.
478 Für die Möglichkeit einer solchen Anpassung BT-Drucks. 16/13190, S. 5; *Jarass*, in: Jarass/Pieroth, GG, Art. 125 a Rn 7; *Ennuschat*, in: Tettinger/Wank/Ennuschat, § 6a Rn 13; dagegen *Storr*, in: Pielow, GewO, Komm., § 6a Rn 5; *Glaser*, DÖV 2013, 133; *Weißenberger*, DÖV 2012, 385. Krit zur Regelungssystematik des § 42a VwVfG, der die Genehmigungsfiktion nicht selbst anordne, sondern von einer gesetzlichen Regelung abhängig mache, *Abromeit/Droste*, DÖV 2013, 133.

nicht auszuhöhlen[479]. In dieser Allgemeinheit hilft ein solcher Ansatz aber genauso wenig weiter wie der Versuch, in erster Linie mit dem lokalen Charakter zu argumentieren[480]. Solange der Bund nicht von einer seiner konkurrierenden Kompetenzen abschließenden Gebrauch gemacht hat, wird man vielmehr – ähnlich wie es auch bisher für die Abgrenzung zwischen Recht der Wirtschaft und Gefahrenabwehr vertreten wurde – auch die Landeskompetenzen auf dem Gebiet des Rechts der Wirtschaft um Annexkompetenzen, vor allem für Jugendschutz und Suchtprävention ergänzen können.

Dies verdeutlicht das Beispiel der **Landesnichtraucherschutzgesetze**, soweit sie das Rauchen in Gaststätten verbieten[481]. Qualifiziert man ein solches Rauchverbot als wirtschaftsgestaltende und wirtschaftsregulierende Maßnahme[482], ist nunmehr das Land zuständig. Allerdings wird auch Art. 74 Abs. 1 Nr 19 GG für einschlägig gehalten. Diese Gesetzgebungskompetenz umfasst ua Maßnahmen gegen gemeingefährliche Krankheiten. Gemeingefährlich sind Krankheiten, die zu schwerer Gesundheitsbeschädigung oder zum Tod führen können und gleichzeitig weit verbreitet sind; Krebs ist damit einer der wichtigsten Fälle gemeingefährlicher Krankheiten[483]. Da Art. 74 Abs. 1 Nr 19 GG auch Präventionsmaßnahmen deckt, kann man allgemein gesetzliche Rauchverbote als Maßnahme zur Bekämpfung gemeingefährlicher Krankheiten ansehen und damit die Gesetzgebungskompetenz des Bundes bejahen, selbst wenn die Rauchverbote auch für Gaststätten gelten[484]. Allerdings kann diese Frage vorliegend offen bleiben, da der Bund in seinem NRSG jedenfalls von dieser (konkurrierenden) Kompetenz keinen Gebrauch gemacht, sondern die Regelung der Rauchverbote in Gaststätten ausdrücklich den Ländern überlassen hat. Selbst wenn man also Art. 74 Abs. 1 Nr 19 GG für einschlägig hielte, scheitert das Landesgesetz jedenfalls nicht an der Gesetzgebungskompetenz. Nach der Gegenauffassung folgt sie aus Art. 74 Abs. 1 Nr 11 GG nF; der Kompetenztitel des Bundes für das Arbeitsrecht steht einer solchen Regelung ebenfalls nicht entgegen, da die Maßnahme jedenfalls schwerpunktmäßig entweder dem Recht der Wirtschaft oder Art. 74 Abs. 1 Nr 19 GG zuzurechnen ist (s. auch ▶ **Klausurenkurs Fall Nr 2**). Vergleichbare Abgrenzungsfragen stellen sich bei Maßnahmen gegen Alkoholmissbrauch in einem LGastG[485]. Abgrenzungsschwierigkeiten wirft die Landeskompetenz für das Gaststättenrecht vor allem hinsichtlich der Abgrenzung vom Reisegewerbe auf; die beim Bund verbliebene Kompetenz für das Reisegewerbe schließt auch das Reisegaststättengewerbe ein (dazu Rn 410 ff)[486].

---

479 Für das Gaststättenrecht *Schmidt/Vollmöller*, § 10 Rn 3; s. auch für das Recht des Ladenschlusses *Kämmerer/Thüsing*, GewArch. 2006, 266.

480 Auch nach Ansicht des Verfassungsgebers sollten mit der Neuverteilung der Gesetzgebungszuständigkeit vor allem Materien mit besonderem Regionalbezug, welche eine bundeseinheitliche Gesetzgebung nicht erfordern, auf die Länder verlagert werden, s. auch *Hahn*, GewArch. 2007, 89. Dies bedeutet allerdings nicht, dass diese Motive auch bei der Auslegung der Begriffe die entscheidende Rolle spielen.

481 S. zu den möglichen Kompetenztiteln *Rossi/Lenski*, NJW 2006, 2657 ff; *Siekmann*, NJW 2006, 3382 ff. BayVerfGH, NVwZ 1999, 553 prüfte – angesichts des Gegenstandes des Popularklageverfahrens das Lebensmittelrecht. BVerfG, NJW 2008, 2409 Rn 97 ff.

482 So wohl die Auffassung der Bundesregierung, die deswegen Gaststätten aus ihrem Gesetzentwurf wieder herausgenommen hat. AA *Rossi/Lenski*, NJW 2006, 2657, 2659 f; *Siekmann*, NJW 2006, 3382, 3384.

483 S. mwN *Degenhart*, in: Sachs, GG, Art. 74 Rn 84.

484 So etwa ausdrücklich mit Bezug zum Rauchverbot *Degenhart*, in: Sachs, GG, Art. 74 Rn 85; *Siekmann*, NJW 2006, 3382, 3383 f; *Zuck*, DÖV 1993, 936, 939. Allgemein anerkannt ist jedenfalls, dass Nr 19 auch die Prävention erfasst, s. nur *Degenhart*, in: Sachs, GG, Art. 74 Rn 85 mwN.

485 Die insoweit nach § 5 Abs. 1 Nr. 1 GastG zulässigen Auflagen gegen „viel Alkohol für wenig Geld" (VGH Koblenz, NVwZ-RR 2011, 441) können daher genauso auf der Grundlage eines LGastG ergehen.

486 *Stenger*, GewArch. 2007, 448, 452.

b) Recht der Wirtschaft und Ordnungsrecht

167 Besonderer Aufmerksamkeit bedarf die Abgrenzung zwischen Recht der Wirtschaft und dem allgemeinen Gefahrenabwehrrecht der Länder. Selbst dann, wenn der Bund keine speziellen Regelungen erlassen hat, gilt der **Grundsatz der Gewerbefreiheit.** Wegen § 1 GewO kann der Zugang zum Gewerbe[487] aus kompetenzrechtlichen Gründen nur durch ein Bundesgesetz eingeschränkt werden. Die Landesgesetzgeber können folglich nur Genehmigungsvorbehalte einführen, soweit sie durch die GewO dazu ermächtigt werden (s. zB §§ 33b, 71a GewO). Infolge der Föderalismusreform ist allerdings die Reichweite dieses Grundsatzes problematisch geworden.

Dies zeigt sich zB am Beherbergungsbetrieb, der früher im GastG geregelt war, mit der Novelle 2005 allerdings herausgenommen wurde. Wenn man davon ausgeht, dass das Beherbergungsgewerbe damit nicht (mehr) zum Gaststättenrecht gehört und folglich auch nicht in die Gesetzgebungskompetenz der Länder übergegangen ist, hilft der „pragmatische" Hinweis auf die Tatsache, dass der Bund von seiner Regelungskompetenz keinen Gebrauch gemacht habe[488], gerade nicht weiter. In einem solchen Fall greift jedenfalls § 1 GewO, so dass landesrechtliche Genehmigungserfordernisse unabhängig von einer ausdrücklichen bundesrechtlichen Regelung unzulässig sind.

168 Erst recht könnten landesrechtliche Regelungen nicht auf die **polizei- und ordnungsrechtliche Generalklausel** gestützt werden, die auch unter kompetenzrechtlichen Gesichtspunkten relevant wird (zu den grundrechtlichen Fragen bereits Rn 133, zum Gewerberecht ausführlich unten Rn 320 ff). Eine Auslegung des Polizei- und Ordnungsrechts als generelle Zulassungsschranke verstieße gegen die bundesrechtliche Regelung des § 1 GewO[489]. Allerdings ist es den Ländern nicht verwehrt, die Art und Weise des Betriebes eines Gewerbes zu normieren, solange solche Regelungen nicht in Wirklichkeit einer generellen Zulassungsschranke oder Ermächtigung zur Gewerbeuntersagung gleichkommen[490]. Damit kann gegen **einzelne Formen der Gewerbeausübung** mit polizei- und ordnungsrechtlichen Mitteln vorgegangen werden, solange nicht die Ausübung des Gewerbes als solche in Frage gestellt, sondern lediglich die Art und Weise der Gewerbeausübung beschränkt wird[491]. Soweit allerdings die Gesetzgebungskompetenz für das Recht der Wirtschaft auf die Bundesländer übergegangen ist (s. zum Spielrecht Rn 169 f und zum Gaststättenrecht Rn 410) entschärft sich die Problematik, indem beispielsweise landesrechtliche Maßnahmen gegen den Alkoholmissbrauch in Gaststätten nunmehr unabhängig davon zulässig sind, ob man sie dem Gewerbe- oder dem Ordnungsrecht zuordnet[492].

169 Von besonderer Relevanz ist die Kompetenzabgrenzung zwischen Bund und Ländern im Bereich des **Glücksspielrechts.** Traditionell wurden zwei Materien unterschieden, das gewerberechtliche Spielrecht der §§ 33c ff GewO und das Recht der Spielbanken,

---

487 Gewerbefreiheit lässt sich daher präziser als Gewerbezulassungsfreiheit umschreiben, s. *Stober*, Besonderes Wirtschaftsverwaltungsrecht, S. 23; *Vollmöller*, in: Schmidt/Vollmöller, § 8 Rn 3.
488 Vgl *Schönleiter/Stenger*, GewArch. 2007, 320, 324; s. auch die berechtigte Kritik von *Höfling/Rixen*, GewArch. 2008, 1, 6.
489 S. OVG Weimar, LKV 2003, 191.
490 BVerwGE 38, 209, 213.
491 BVerwG, NJW 2002, 598, 601; BVerwGE 38, 209, 213; OVG Magdeburg v. 24.4.2006, 2 M 174/06; s. auch *Ruthig*, Landesrecht RP § 4 Rn 193.
492 S. auch *Höfling/Rixen*, GewArch. 2008, 1, 6.

Sportwetten und Lotterien. Die Unterscheidung, die der Bundesgesetzgeber in § 33h GewO zu konkretisieren versuchte, fußte im Wesentlichen darauf, dass man Erstere dem Kompetenztitel Art. 74 Abs. 1 Nr 11 GG (Recht der Wirtschaft) zuordnete, während Glücksspiel traditionell zur (polizei- und ordnungsrechtlichen) Gesetzgebungskompetenz der Länder gezählt wurde, weil es sich um eine „nicht erlaubte Tätigkeit" handelte[493].

Seit der Sportwetten-Entscheidung des BVerfG[494] wird auch das Sportwetten- und Lotterierecht[495] dem Recht der Wirtschaft zugeordnet[496]. Entsprechendes hat für das Spielbankrecht zu gelten[497]. Eine Länderkompetenz ergibt sich auf diesen Gebieten daraus, dass der Bund entsprechende Regelungen jedenfalls bisher nicht erlassen hat[498]. Die Vorschrift des § 33h GewO wird daher zur Öffnungsklausel: Die Länder können alle nicht von der GewO erfassten Formen des Spiels bzw Glücksspiels regeln. Sie haben von ihrer Gesetzgebungskompetenz vor allem durch den Glücksspielstaatsvertrag Gebrauch gemacht[499]. Dessen Regelungen waren wiederholt Gegenstand von Verfahren vor EuGH und BVerfG (dazu schon oben Rn 64, 70).

V. Organisation der Wirtschaftsverwaltung

Fall 12: Aus den Kreisen der Wirtschaft wird vorgeschlagen, die Aufsicht über Finanzdienstleistungen – genauso wie ihr Vorbild in Großbritannien – in eine privatrechtliche Organisation (AG) zu überführen. Das bisherige Modell einer rechtsfähigen bundesunmittelbaren Anstalt des öffentlichen Rechts im Geschäftsbereich des Bundesministeriums der Finanzen (BaFin) habe sich nicht bewährt. Wäre eine solche Privatisierung zulässig? Die Bundesbank wiederum schlägt vor, die Finanzdienstleistungsaufsicht bei ihr zu bündeln und die BaFin aufzulösen. **170**

Fall 13: Angesichts der Konsolidierung im deutschen Bankensektor wittert das Unternehmen U AG seine Chance als Newcomer und beantragt bei der BaFin die Erteilung einer Bankerlaubnis. **171**

a) Wie wird die BaFin verfahren, wenn sie die Erlaubnisvoraussetzungen als gegeben ansieht?
b) Was kann U unternehmen, wenn die BaFin den Antrag ablehnt?
c) Das Geschäft der U AG boomt, so dass sie bald durch Aufsichtsbeschluss der EZB als „bedeutendes Institut" eingestuft wird, das der „direkten Aufsicht" der EZB unterliegt. Als der EZB Zweifel an der ordnungsgemäßen Geschäftsführung kommen, weist sie die BaFin an, sich die Geschäftsräume der U AG einmal genauer anzuschauen. U steht auf dem Standpunkt, dass die EZB die Prüfungen nun schon selbst durchzuführen habe und nicht die BaFin vorschicken könne.

---

493 Vgl zum Spielbankrecht BVerfGE 28, 119; bestätigend BVerfGE 102, 197; krit zu dieser Argumentation *Pieroth/Störmer*, GewArch. 1998, 177, 178 f).
494 BVerfG, NJW 2006, 1261 – „Oddset". Krit zu dieser nicht näher begründeten und in ihrer Reichweite unklaren Rechtssprechungsänderung *Ennuschat*, in: Tettinger/Wank, GewO § 33h Rn 4 mwN.
495 Für Letzteres wohl BVerfG, GewArch. 2009, 26, 27.
496 *Ennuschat*, in: Pielow, GewO, § 33h, Rn 1, 6.
497 Vgl *Pieroth/Störmer*, GewArch. 1998, 177, 179 f; so schon *Voßkuhle/Bumke*, Rechtsfragen der Sportwette, 2002, S. 50; *Tettinger*, DVBl 2000, 868, 874; *Ennuschat*, in: Tettinger/Wank/Ennuschat, GewO, § 33h, Rn 4; aA *Dietlein*, in: Dietlein/Hecker/Ruttig, Glücksspielrecht, 2008, Art. 70 ff, 123 ff Rn 7: weiterhin originäre Landeskompetenz.
498 BVerfG, NJW 2006, 1261 (Rn 96).
499 Vgl dazu den Überblick bei *Ruthig*, in: Hendler/Hufen/Jutzi, Landesrecht RP § 6 Rn 23 ff.

172 **Fall 14:** Die EBA beobachtet schon seit einiger Zeit Missstände bei der deutschen Großbank D, die nicht nur in erheblicher Weise Grundsätze des europäischen Bankenrechts verletzen, sondern auch das ordnungsgemäße Funktionieren und die Integrität des Finanzsystems in der Union gefährden.

a) Nachdem die BaFin einer Empfehlung der EBA, in der die zu treffenden Maßnahmen zur Beseitigung der Missstände enthalten waren, nicht nachgekommen ist, erlässt die EBA eine Untersagungsverfügung gegenüber D.

b) Außerdem werden auf Vorschlag der EBA abstrakt-generell gefasste technische Standards in Form einer Verordnung erlassen, die die Arbeitsabläufe und Zusammenarbeit der zuständigen Behörden der Mitgliedstaaten und der EBA koordinieren. Hierin ist auch das Datenformat geregelt, in welchem die nationalen Behörden ihre Informationen an die EBA abzuliefern haben.

c) Welche Rechtsschutzmöglichkeiten haben D und BaFin gegen die beiden Maßnahmen?

173 Der **Vollzug der Normen des öffentlichen Wirtschaftsrechts** obliegt in den meisten Fällen staatlichen **Behörden** (vgl Rn 174 ff). Daneben gibt es Fälle der mittelbaren Staatsverwaltung, in denen die Aufgaben öffentlichrechtlich organisierten **Kammern** übertragen worden sind (Rn 205 ff). Die Gestaltungsbefugnisse der Gesetzgeber werden vor allem durch die Verfassung determiniert. Vor allem im Bereich des sog. Regulierungsrechts lässt sich die Verwaltung allerdings ohne **Einbeziehung der europäischen Ebene** nicht mehr angemessen umschreiben. Aufgrund der verfahrensrechtlichen Autonomie der Mitgliedstaaten greift das Unionsrecht zwar grundsätzlich nicht in die Verwaltungsorganisation ein; auch bei dem mittelbaren Vollzug von Unionsrecht bleibt es daher zunächst bei dieser Zuständigkeitsverteilung (s. aber zur **Überlagerung des Verwaltungsorganisationsrechts im Verwaltungsverbund** unten Rn 181 ff).

1. Verwaltungsorganisation in Deutschland

a) Grundsatz: Verwaltungszuständigkeit der Bundesländer

174 Aus der verfassungsrechtlichen Regelung der Verwaltungskompetenzen in den Art. 83 ff GG ergibt sich zunächst einmal, dass die **Zuständigkeit der Länder** sich nicht nur auf den **Vollzug ihrer eigenen Gesetze (Art. 30 GG)**, sondern grundsätzlich auch auf die **Ausführung der Bundesgesetze** erstreckt. Sofern also nicht einer der im GG enumerativ aufgezählten Fälle der sog. Bundesauftragsverwaltung vorliegt (s. zu Art. 85 GG unten Rn 175), vollziehen die Länder Bundesgesetze als **eigene Angelegenheit**, dh sie unterliegen lediglich einer Rechtsaufsicht des Bundes (Art. 84 Abs. 3 GG)[500]. Grundsätzlich regeln die Länder auch die **Einrichtung der Behörden und das Verwaltungsverfahren**, Art. 84 Abs. 1 S. 1 GG[501].

---

500 Zur Abgrenzung von Rechts- und Fachaufsicht s. *Maurer*, Staatsrecht I, § 18 Rn 12 ff; *Maurer*, AVerwR, § 22 Rn 44 ff, § 23 Rn 18 ff.

501 Seit der Föderalismusreform kann allerdings der Bund diese Fragen gem. Art. 84 Abs. 1 S. 2 GG ohne Zustimmung des Bundesrates regeln; die Länder haben nach Satz 3 und 4 das Recht zur Abweichungsgesetzgebung. Zu dieser *F. Kirchhof*, in: Maunz/Dürig, Art. 84 Rn 53 ff.

b) Die Bundesauftragsverwaltung

Auch die Bundesauftragsverwaltung ist Teil der Landesverwaltung. Die oberste Bun- **175**
desbehörde hat jedoch die **Rechts- und Fachaufsicht** (Art. 85 Abs. 4 GG) und nach
näherer Maßgabe des Art. 85 Abs. 3 GG auch ein **Weisungsrecht gegenüber dem
Land**[502]. Wichtigster Anwendungsfall der Bundesauftragsverwaltung im öffentlichen
Wirtschaftsrecht ist nach Art. 85 GG iVm Art. 104a Abs. 3 S. 2 GG die Vergabe überwiegend vom Bund finanzierter Subventionen.

c) Die unmittelbare und mittelbare Bundesverwaltung

Zur **unmittelbaren Bundesverwaltung** (Art. 86 GG) gehören außer den eher selte- **176**
nen Fällen, in denen die Bundesregierung bzw ein Minister Verwaltungsaufgaben
wahrnehmen, etwa über Bundessubventionen entscheiden (s. Rn 775), vor allem die
organisatorisch selbstständigen **Bundesoberbehörden**. Zu diesen zählen alle unmittelbar den Bundesministerien unterstellten Behörden ohne Verwaltungsunterbau und
mit örtlicher Zuständigkeit für das gesamte Bundesgebiet[503]. Der Bund kann durch die
Einrichtung einer solchen Behörde also eine eigene Verwaltungskompetenz begründen
und gleichzeitig die Verwaltungskompetenz der Länder ausschließen[504]. Wichtigstes
Beispiel hierfür sind im Bereich des öffentlichen Wirtschaftsrechts die Bundesnetzagentur (s. Rn 188 f) sowie das Bundesamt für Wirtschaft und Ausfuhrkontrolle
(BAFA), das außer für die außenwirtschaftlichen Aufgaben vor allem für bestimmte
Aufgaben der Wirtschafts- und Energieförderung zuständig ist[505]. Alternativ kann der
Bund **Körperschaften, Anstalten und Stiftungen des öffentlichen Rechts** als Träger der mittelbaren Bundesverwaltung errichten. Beispiel hierfür sind die Bundesbank, die Bundesanstalt für Finanzdienstleistungsaufsicht (s. Rn 197) sowie die
berufsständischen Kammern. Grundsätzlich kann der Bund zwischen beiden Organisationsformen wählen.

Die Einführung der Bundesverwaltung ist in einigen wenigen Fällen verfassungs- **177**
rechtlich vorgeschrieben (**obligatorische Bundesverwaltung**). Nach Art. 87f Abs. 2
S. 2 GG müssen die Hoheitsaufgaben des Bundes im Bereich des Postwesens und der
Telekommunikation in bundeseigener Verwaltung ausgeführt werden; eine ähnliche
Regelung findet sich in 87e Abs. 1 S. 1 GG für die Aufsicht über die Schienenwege.
In beiden Fällen war nach wohl herrschender Auffassung der einfache Gesetzgeber
verfassungsrechtlich auf den **Organisationstyp der selbstständigen Bundesoberbehörde** festgelegt. Aus dem Wortlaut der Art. 86 S. 1, 87 Abs. 3 S. 1 GG, die begriff-
lich zwischen bundeseigener Verwaltung und bundesunmittelbaren juristischen Perso-

---

502 Die Weisungsbefugnis im Rahmen der Auftragsverwaltung wird jedenfalls durch die entsprechende
      Gesetzgebungskompetenz des Bundes begrenzt, BVerfGE 102, 167; außerdem durch die Wahrneh-
      mungskompetenz der Länder, BVerfGE 104, 249; *Trute*, in: v. Mangoldt/Klein/Stark, GG, Art. 85
      Rn 21 ff.
503 BVerfGE 14, 197, 211; s. auch *Diederichsen*, in: Schmidt/Vollmöller § 3 Rn 39 ff. Verwaltungsbe-
      hörden mit eigenem Unterbau, die nach Art. 87 Abs. 3 S. 2 GG unter engen Voraussetzungen zuläs-
      sig sind, wurden bisher auf dem Gebiet des öffentlichen Wirtschaftsrechts nicht eingerichtet.
504 BVerfGE 14, 197, 210; 104, 238, 247.
505 Vgl dazu die Homepage www.bafa.de.

nen des öffentlichen Rechts unterscheiden, sei abzuleiten, dass „bundeseigene Verwaltung" keine rechtliche Verselbstständigung gestatte[506].

178 Soweit – wie für die Regulierung der Energiemärkte und die Finanzmarktaufsicht, aber auch andere Bereiche der Wirtschaftsaufsicht – eine solche spezielle Regelung fehlt, kann der Bund unter den Voraussetzungen des Art. 87 Abs. 3 GG (sog. **fakultative Bundesverwaltung**) eigene Behörden wie die BNetzA, aber auch eine Bundesanstalt wie diejenige für Finanzdienstleistungsaufsicht (BaFin) als Träger der mittelbaren Bundesverwaltung einrichten.

Dazu muss ihm die Gesetzgebungskompetenz zustehen. Sowohl für die Regulierung des Strom- und Gasmarktes als auch für die Finanzmarktaufsicht folgt eine solche aus Art. 74 Abs. 1 Nr 11 GG. Entsprechendes würde eigentlich auch für eine Gewerbeaufsichtsbehörde gelten. Aus dem Begriff der selbstständigen Bundesoberbehörde und einem Vergleich mit Art. 87 Abs. 2 und Abs. 1 GG leitet das BVerfG aber weiter ab, dass eine solche Behörde nur für Aufgaben errichtet werden darf, die der Sache nach für das ganze Bundesgebiet von einer Oberbehörde ohne Mittel- und Unterbau und ohne Inanspruchnahme der Länder – außer für reine Amtshilfe – wahrgenommen werden können[507]. Damit zieht Art. 87 Abs. 3 S. 1 GG der Begründung einer Verwaltungszuständigkeit auch insofern eine Grenze, als nur bestimmte Sachaufgaben zur zentralen Erledigung geeignet sind. Bei der Einführung einer bundeseinheitlichen Bankenaufsicht durch das KWG 1961 war diese Frage der Hauptstreitpunkt[508]. Während das BVerfG dies dort bejahte, wäre es bei der allgemeinen Gewerbeaufsicht sicherlich nicht der Fall. So ließe sich die Kontrolle vor Ort ohne einen Unterbau nicht effektiv wahrnehmen. Für die Beteiligung der Bundesbank an der Aufsicht ist Art. 88 GG, nicht Art. 83 Abs. 3 S. 1 GG einschlägig.

179 Davon zu unterscheiden ist die Frage, inwieweit der Bundesgesetzgeber auf die Organisationsformen des öffentlichen Rechts beschränkt ist. Dafür, dass auch eine **privatrechtliche Organisationsform** nicht von vornherein ausscheidet, spricht insbesondere Art. 87d Abs. 1 S. 2 GG, der „bundeseigene Verwaltung" auch in privatrechtlicher Form zulässt[509]. Dieser Vorschrift könnte man aber gerade auch in einem Umkehrschluss die Aussage entnehmen, dass eine Organisationsprivatisierung nur in den verfassungsrechtlich ausdrücklich zugelassenen Fällen möglich und damit angesichts des Wortlauts im Anwendungsbereich des Art. 87 Abs. 3 GG ausgeschlossen ist[510]. Allerdings sieht die wohl hM in der Literatur angesichts des weiten organisatorischen Spielraums des Bundes[511] in Art. 87 Abs. 3 GG lediglich eine beispielhafte Aufzählung der möglichen (öffentlichrechtlichen) Organisationsformen und geht von der

---

506 *Gersdorf*, in: v. Mangoldt/Klein/Starck, GG, Art. 87 Rn 102; *Uerpmann*, in: v. Münch/Kunig, GG, Bd. 3, Art. 87f Rn 13; *Lerche*, in: Maunz/Dürig, GG, Art. 87f Rn 100 f, 110; *Hermes*, in: Dreier, GG Bd. III, Art. 86 Rn 23, 25; *Ruffert*, in: Säcker, TKG, § 116 Rn 7; *Gramlich*, CR 1998, 463, 464; s. ferner *Windthorst*, CR 1998, 340, 342, der die Schaffung einer Obersten Bundesbehörde vorschlug.
507 Vgl zuletzt BVerfG, NJW 2009, 171 (atomrechtliches Standortzwischenlager).
508 Die Verfassungsmäßigkeit wurde von BVerfGE 14, 197 ff bejaht. Im Bereich der Versicherungsaufsicht wurde bereits 1901 das Kaiserliche Aufsichtsamt für Privatversicherung mit Sitz in Berlin geschaffen, ausf zur Geschichte *Langheid*, in: Münchener Kommentar zum VVG, 2010, Systematische Einführung in das Aufsichtsrecht, Rn 4 ff.
509 Anders die Deutung des Art. 87d Abs. 1 S. 2 GG bei *Horn*, in: v. Mangoldt/Klein/Starck, GG, Art. 87d Abs. 1 Rn 11, der entgegen dem Sprachgebrauch der hM die private Organisationsform nicht als Unterfall der Bundeseigenverwaltung, sondern als Alternative zu dieser begreift.
510 So auch das Ergebnis von *Sachs*, in: Sachs, GG, Art. 87 Rn 69.
511 BVerfGE 63, 1 (34).

grundsätzlichen Zulässigkeit einer solchen Organisationsprivatisierung aus[512]. Aus der Verfassung wird allerdings ein „Prinzip der quantitativen Begrenzung" entnommen, so dass die öffentlichrechtliche Organisationsform der Regelfall zu bleiben hat[513].

Im **Fall 12 (Rn 170)** würde eine Organisationsprivatisierung der BaFin nach britischem Vorbild also nach hM nicht an Art. 87 Abs. 3 GG scheitern. Selbstverständlich bedürfte diese einer gesetzlichen Grundlage; ein besonderer sachlicher Grund, der eine solche rechtfertigen würde, ist allerdings schwer vorstellbar, bietet doch gerade die gewählte Anstaltsform die notwendige Flexibilität (s. etwa zur Möglichkeit von Vergütungen außerhalb des für Behörden geltenden Besoldungsrechts § 10 Abs. 2 FinDAG). Sie wäre allerdings auch an den weiteren Vorgaben des Art. 87 Abs. 3 GG zu messen, so dass etwa ein organisatorischer „Unterbau" auch bei einer privatrechtlich organisierten Finanzdienstleistungsaufsicht ausgeschlossen wäre[514]. Ob die Eingliederung der Bankenaufsicht in die Bundesbank mit dem Grundgesetz vereinbar wäre, wäre ebenfalls nach Art. 87 Abs. 3 GG zu beurteilen. Denn Art. 88 GG ist Maßstab für die Übertragung zentralbankspezifischer Aufgaben; die Zuständigkeiten der Bankenaufsicht – insbesondere §§ 32 ff, 44 ff KWG – weisen keinen unmittelbaren Bezug zur Währungssicherung auf. Handelt es sich bei den Aufgaben um solche, die eine zentrale Behörde allein wahrnehmen kann, müssten die Voraussetzungen von Art. 87 Abs. 3 S. 1 GG erfüllt sein. Aus praktischen Erwägungen ist eher davon auszugehen, dass sich die Aufgaben der Bankenaufsicht nicht von einer zentralen Behörde ausführen lassen[515]. Daher ist Art. 87 Abs. 3 S. 2 GG als Prüfungsmaßstab heranzuziehen[516].

180

2. Unabhängige Regulierungsbehörden und -agenturen im Verwaltungsverbund

a) Vom mitgliedstaatlichen zum kooperativen Vollzug

Wie bereits angedeutet, werden die dargestellten Organisationsstrukturen des nationalen Rechts in zentralen Bereichen von europäischen Vorgaben überlagert. Die Referenzgebiete des Telekommunikations- und Energierechts, aber in der aktuellen Entwicklung vor allem auch das Bankaufsichtsrecht, sind hierfür anschauliche Beispiele. Zugleich sind Kommission und europäische Agenturen in vielfältiger Weise in die Verwaltungsorganisation eingebunden. Es ist traditionell vor allem die **Kommission**, die nach Art. 17 Abs. 1 S. 5 EUV auf europäischer Ebene exekutive Aufgaben wahrnimmt (zB in der Beihilfenkontrolle – s. Rn 963 ff, aber auch dem Telekommunikations- und Energierecht – s. Rn 183, 579), und insoweit einen kontinuierlichen Auf-

181

---

512 *Hermes*, in: Dreier, GG, Art. 87 Rn 79; *Ehlers*, Verwaltungshandeln in Privatrechtsform, S. 15 ff; *Ossenbühl*, VVDStRL 29 (1971), 137, 166 f; jedenfalls für eine analoge Anwendung *Lerche*, in: Maunz/Dürig, Art. 87 Rn 203 f. Stärker die Grenzen betonend *Burgi*, in: v. Mangoldt/Klein/Starck, GG, Art. 87 Abs. 3 Rn 106; *Pieroth*, in: Jarass/Pieroth, GG, Art. 87 Rn 2, 15.

513 Ausführlicher *Ehlers*, Verwaltung in Privatrechtsform, S. 117 f; *Burgi*, Funktionale Privatisierung, S. 212 ff mwN.

514 *Burgi*, in: v. Mangoldt/Klein/Starck, GG, Art. 87 Abs. 3 Rn 108.

515 Bei der BaFin wurde dieses Problem durch die Kooperation mit der Bundesbank nach § 7 KWG gelöst, die der BaFin bei der laufenden Überwachung den notwendigen Unterbau verschafft, s. dazu nur *Höfling*, Gutachten F zum 68. DJT, 2010, S. 47.

516 Ausführlich *Häde*, JZ 2001, 105, 109 ff auch zu weiteren Reformmodellen für die Bankenaufsicht.

gabenzuwachs zu verzeichnen hat[517]. Daneben treten unter unterschiedlicher Bezeichnung seit den 1970er Jahren Exekutivorgane (Agenturen) mit eigener Rechtspersönlichkeit, Leitung, Verwaltungspersonal und Haushalt unterhalb der Vertragsorgane. Die Kommission selbst unterscheidet zwischen den sog. **Exekutiv- und Regulierungsagenturen**[518].

182   Je stärker allerdings die europäische Ebene eigene Verwaltungskompetenzen erhält, desto stärker verschieben sich die Gewichte innerhalb des Verwaltungsverbundes. Im Telekommunikations-, aber auch im Energierecht entwickelten sich komplexe **Strukturen eines institutionalisierten Kooperationsverwaltungsrechts**. Diese Verbund- bzw Netzwerkstrukturen[519] lassen sich mit der traditionellen Unterscheidung zwischen direktem und indirektem Vollzug[520] kaum noch angemessen umschreiben[521] und verlagern die Entscheidungskompetenzen auch im Einzelfall zunehmend auf die europäische Ebene. Die Einbindung ausländischer nationaler Regulierungsbehörden und vor allem der Kommission (und europäischer Gremien bzw Agenturen) in das nationale Verwaltungsverfahren geht über Informations- und Beteiligungsrechte hinaus. Es entwickeln sich Einwirkungs- und Kontrollbefugnisse, die stark an die Rechts- oder gar Fachaufsicht erinnern, wie sie im Verhältnis der Behördenhierarchie nach deutschem Verwaltungsrecht zu beobachten ist. Sicherlich ist die Entwicklung noch nicht am Ende. Möglicherweise führen sie zu Formen der Mischverwaltung, die erst noch der dogmatischen Aufarbeitung bedürfen[522]. An die Spitze der Entwicklung hat sich das Bankaufsichtsrecht gestellt. Hier übernahm zunächst 2011 die EBA (European Banking Authority) Aufsichtsaufgaben (vgl Rn 198 ff), seit 2014 werden von der EZB (Europäischen Zentralbank) im Rahmen der Bankenunion originäre Aufsichtsaufgaben wahrgenommen[523].

Die **primärrechtliche Zulässigkeit** dieser Aufgabenübertragung wurde vor allem in der deutschen europarechtlichen Literatur problematisiert[524]. Als Gegenargument führt man insbesondere

---

517   Besonders deutlich bei der jüngsten Reform des europäischen Energie- und Telekommunikationsrechts, s. zum Energierecht *Ludwigs*, in: Baur/Salje/Schmidt-Preuß, Regulierung in der Energiewirtschaft, § 39 Rn 1 ff, zur Bewertung Rn 47 f.

518   S. den Überblick bei *Kirchhof*, in: Maunz/Dürig, GG, Art. 83 Rn 75 ff; *Ruffert*, in: Callies/Ruffert, AEUV Art. 298 Rn 3 ff. S. auch die Kommissionsmitteilung zu den Rahmenbedingungen für die europäischen Regulierungsagenturen, KOM(2002) 718 endg. grundlegend *Groß*, EuR 2005, 54 mit umfangreichen Beispielen zu den schon damals vorhandenen Regulierungsagenturen.

519   *Ruffert*, in: Fehling/Ruffert, Regulierungsrecht, § 3 Rn 44; *Pache*, VVDStRL 66 (2007), 106, 132 ff.

520   Näher dazu *Kirchhof*, in: Maunz/Düring, GG, Art 83 Rn 63 ff.

521   S. dazu am Beispiel des Energierechts *Weiß*, in: Baur/Salje/Schmidt-Preuß, Regulierung in der Energiewirtschaft, Kap. 40, Rn 1 ff; zum Telekommunikationsrecht *Britz*, EuR 2006, 46, 51 ff; *Ladeur/ Möllers*, DVBl 2005, 525.

522   Zu den problematischen Aspekten s. nur den Überblick bei *Britz*, in: Fehling/Ruffert, § 21 Rn 54 ff.

523   Diese unterscheidet sich von den Regulierungsagenturen ieS davon, dass sie selbst als Währungshüterin ein Primärorgan ist (vgl insbes Art. 13 Abs. 1 UAbs. 2, 6. Spstr. EUV sowie Art. 263 Abs. 1 S. 1 AEUV) und ihre (potentiellen) Aufgaben bereits primärrechtlich anerkannt sind, Art. 127 AEUV. Wird sie jedoch wie eine Regulierungsagentur mit weiteren Aufgaben betraut, gelten zumindest vergleichbare Grundsätze wie für Regulierungsagenturen; dazu ausf *Ruthig*, ZHR 178 (2014), 443 mwN.

524   *Wolfers/Voland*, BKR 2014, 177; *Dinov*, EuR 2013, 593; *Kämmerer*, NVwZ 2013, 830; *Sacarcelik*, BKR 2013, 353; *Schuster*, EuZW-Beilage 2014, 3; *Erikson*, Einheitlicher Bankenaufsichtsmechanismus (EAM), Wissenschaftlicher Dienst des Deutschen Bundestages, Infobrief PE 6–3010–005/13, S. 13 ff.

die Meroni-Rechtsprechung[525] an, in der sich der EuGH schon in den fünfziger Jahren mit europäischen Verwaltungskompetenzen befasst und einer Übertragung von Kompetenzen weg von der Kommission enge Grenzen gezogen habe. Im Ergebnis greifen diese Bedenken nicht. Seit dem Lissabonvertrag setzt das Primärrecht, insbesondere in Art. 263 Abs. 4 AEUV, die Existenz von „vom Unionsgesetzgeber geschaffenen Einrichtungen und sonstigen Stellen" voraus, „denen Befugnisse zum Erlass von für natürliche und für juristische Personen verbindlichen Rechtsakten auf spezifischen Gebieten eingeräumt wurden"[526]. Damit ist freilich noch nicht über die Zulässigkeit der Hochzonung auf die europäische Ebene entschieden. Anders als das deutsche Verfassungsrecht enthält der AEUV keine speziellen Vorgaben zu den Verwaltungskompetenzen. Der EuGH hat in der Leerverkaufsentscheidung ausführlich zur Zulässigkeit unionaler Verwaltungskompetenzen Stellung genommen[527]. Damit sind diese grundsätzlichen Fragen wohl auch für die Bankenunion geklärt.

In den anderen Referenzgebieten hatten die Mitgliedstaaten entsprechende Bestrebungen der Kommission noch verhindert. Für das Telekommunikationsrecht ist anstelle der zunächst geplanten Agentur lediglich ein beratendes **Gremium Europäischer Regulierungsstellen für elektronische Kommunikation (GEREK)** ohne eigene Rechtspersönlichkeit entstanden, das die European Regulators Group (ERG) ersetzen und die Arbeit der nationalen Regulierer besser koordinieren soll[528]. Gleichwohl übernahm dort vor allem die Kommission die entsprechenden Aufgaben. Das Herzstück der Kooperation zwischen Bundesnetzagentur und Kommission bzw. GEREK ist das **Konsolidierungsverfahren gem. § 12 Abs. 2 TKG** (dazu Rn 190, 579). Parallele Entwicklungen vollzogen sich im **Energierecht**. Dort wird die Zusammenarbeit nicht nur durch die **Europäische Energieagentur (ACER)**[529] institutionalisiert und in § 57 EnWG 2011 ausdrücklich geregelt. Diese hat außerhalb des Regimes für grenzüberschreitende Infrastrukturen kaum Entscheidungsbefugnisse[530], sondern kann lediglich

183

---

525 EuGH vom 13.6.1958, Rs. C-9/56 – „*Meroni I*", Slg. 1958, 1, 36 ff; EuGH vom 13.6.1958, Rs. C-10/56 – „*Meroni II*", Slg. 1958, 51, 75 ff; dazu auch *Callies*, in: Callies/Ruffert, Art. 13 EUV Rn 56 f; bzgl Regulierungsagenturen *Ruffert*, in: Callies/Ruffert Art. 298 AEUV Rn 5; zur europäischen Finanzmarktaufsicht *Ohler*, in: Ruffert, Europäisches Sektorales Wirtschaftsrecht § 10 Rn 105 f; zur weiterhin kontroversen Diskussion der Reichweite der Meroni-Doktrin insbes die Diskussion im Energierecht, vgl *Ludwigs*, in: Ruffert, Europäisches Sektorales Wirtschaftsrecht, § 5 Rn 134 ff mwN.

526 So die Formulierung in EuGH vom 22.1.2014, Rs. C-270/12 – „*Vereinigtes Königreich gegen EP und Rat*", Rn 81 = NJW 2014, 1359 („Leerverkaufsentscheidung").

527 Ausf dazu *Ruthig*, ZHR 178 (2014), 443. Diese Erwägungen aus der Leerverkaufsentscheidung lassen sich auf den neugeschaffenen Einheitlichen Abwicklungsmechanismus (SRM) übertragen, vgl dazu auch *Ferran*, European Banking Union: Imperfect, but it can work, University of Cambridge Legal Studies Research Paper Series No. 30/2014, S. 19 ff.

528 VO (EG) Nr 1211/2009 zur Errichtung des neuen Gremiums Europäischer Regulierungsstellen für elektronische Kommunikation (GEREK), ABl. EU v. 18.12.2009, L 337/1. Zu den weiter reichenden ursprünglichen Plänen Kommission, Vorschlag einer RL zur Änderung des EG-Rechtsrahmens zur elektronischen Kommunikation v. 13.11.2007, KOM(2007) 697 endg; in der Diskussion ist aber etwa eine Kompetenzerweiterung des GEREK zur Annahme der Anmeldung des Betreibens eines Telekommunikationsnetzes, s. das Gesetzgebungsverfahren 2013/0309/COD.

529 VO (EG) Nr 713/2009 des Europäischen Parlaments und des Rates v. 13.7.2009 zur Gründung einer Agentur für die Zusammenarbeit der Energieregulierungsbehörden, ABl. v. 4.8.2009, L 211/6. S. auch *Däuper*, in: Danner/Theobald, Energierecht, Einführung in das Europäische Energierecht Rn 55 ff; *Ludwigs*, in: Baur/Salje/Schmidt-Preuß, Regulierung in der Energiewirtschaft, § 39 Rn 39 ff; *Weiß*, in: Baur/Salje/Schmidt-Preuß, Regulierung in der Energiewirtschaft, § 40 Rn 42 ff.

530 S. aber Art. 7 Abs. 1 VO (EG) Nr 713/2009: „Die Agentur trifft Einzelfallentscheidungen in technischen Fragen, soweit dies in der Richtlinie 2009/72/EG, der Richtlinie 2009/73/EG, der Verordnung (EG) Nr 714/2009 oder der Verordnung (EG) Nr 715/2009 vorgesehen ist".

unverbindliche Stellungnahmen abgeben. Gestärkt wurde auch hier die Rolle der Kommission, die verbindliche Leitlinien für die Regulierung erlassen und deren Einhaltung in einem aufsichtsrechtlichen Kontrollverfahren durchsetzen kann[531]. Im Bereich der Telekommunikation waren die Bestrebungen der Kommission zur Gründung einer Agentur nicht erfolgreich; allerdings wurde auch dort die Rolle der Kommission gestärkt. Spätestens seit der Umsetzung von Basel II war auch die Bankenaufsicht von solchen Verbundstrukturen geprägt[532], die im einheitlichen Bankenaufsichtsmechanismus aber eine qualitativ neue Stufe erreicht haben. Die Funktion einer „Aufsicht über die Aufsicht" übernimmt dort anstelle der Kommission die EBA. Vor allem aber wird die EZB für bestimmte Bereiche zur europäischen Bankenaufsichtsbehörde (dazu näher Rn 191 ff). Gleichwohl bedeutet diese Entwicklung nicht zwangsläufig den Verlust nationalen Einflusses; in die internen Entscheidungsstrukturen sind nämlich die nationalen Behörden eingebunden.

184 Am deutlichsten zeigt sich dies bei der EBA. Deren zentrales Entscheidungsgremium ist der „Rat der Aufseher", in dem nur die Leiter der nationalen Bankaufsichtsbehörden stimmberechtigt sind (vgl Art. 40 Abs. 1 lit. b EBA-VO), während die „europäischen" Mitglieder – ein Vorsitzender und je ein Vertreter von EZB, ESRB, Europäischer Kommission und den beiden anderen Regulierungsagenturen ESMA und EIOPA – lediglich eine beratende Funktion haben. Insoweit wurde also die Organisation der Level 3-Ausschüsse auf die Agenturen übertragen[533]. Auch bei der EZB ist (als Konsequenz der primärrechtlichen Regelung der Organe in Art. 13 EUV, Art. 129 Abs. 1, 282 AEUV) Beschlussorgan der Rat, der sich aus dem Direktorium der EZB sowie den Präsidenten der nationalen Zentralbanken der Mitgliedstaaten zusammensetzt[534]. Intern ist jedoch zunächst das *Supervisory Board* zuständig, das als „Aufsichtsgremium"[535] die Planung und Ausführung der Aufsichtsaufgaben übernimmt. Es besteht aus einem Vorsitzenden, einem Stellvertretenden Vorsitzenden, der aus dem Kreis der Mitglieder des Direktoriums der EZB ausgewählt wird, vier Vertretern der EZB sowie Vertretern nationaler Aufsichtsbehörden[536]. Selbst die direkte Aufsicht der EZB (s. dazu unten Rn 193 f) obliegt nach Art. 3 SSM-Rahmen-VO „gemeinsamen Aufsichtsteams" unter Beteiligung der nationalen Aufsichtsbehörden.

---

531 Ausf *Weiß*, in: Baur/Salje/Schmidt-Preuß, Regulierung in der Energiewirtschaft, Kap. 40 Rn 45 ff.
532 *Höfling*, Gutachten F zum 68. DJT, 2010, S. 43 f; zu einem Überblick s. *Röhl*, in: Fehling/Ruffert, Regulierungsrecht, § 18 Rn 100 ff.
533 S. auch *Ruthig*, in: Ziekow/Seok, Der Staat als Wirtschaftssubjekt und Regulierer, 2013, 43 ff.
534 Art. 129 Abs. 1, 283 Abs. 1 AEUV, weiteres Beschlussorgan ist das Direktorium, die Beziehung zwischen beiden Beschlussorganen legt Art. 12 Protokoll (Nr. 4) über die Satzung des europäischen Systems der Zentralbanken und der Europäischen Zentralbank fest.
535 Vgl zum Aufsichtsgremium Art. 26 VO (EU) Nr. 1014/2013 des Rates vom 13.10.2013 zur Übertragung besonderer Aufgaben im Zusammenhang mit der Aufsicht über Kreditinstitute auf die Europäische Zentralbank, ABl. EU v. 29.10.2013, L 287/63 (SSM-VO); dieses Gremium dient auch der Trennung von der geldpolitischen Funktion; es kann ein Schlichtungsausschuss befasst werden, wenn die Trennung von Aufsichtsaufgaben und Geldpolitik in Frage steht, s. Art 25 SSM-VO.
536 Vgl Art. 26 Abs. 1 UAbs. 1 SSM-VO, die aktuelle Zusammensetzung ist abrufbar unter https://www.bankingsupervision.europa.eu/organisation/governance/html/index.de.html; handelt es sich bei der von einem Mitgliedstaat benannten nationalen Aufsichtsbehörde nicht um eine nationale Zentralbank, so kann der Vertreter dieser zuständigen Behörde in Begleitung eines Vertreters der jeweiligen Zentralbank teilnehmen, Art. 26 Abs. 1 UAbs. 2 SSM-VO.

b) Die „Unabhängigkeit" von Regulierungsbehörden als sektorübergreifendes unionsrechtliches Konzept?

Während die materiellen Bestimmungen des öffentlichen Wirtschaftsftsrechts vor al- **185**
lem in seinen Kerngebieten seit langem richtliniengeprägt sind, bedarf mittlerweile
auch die These von der verwaltungsverfahrensrechtlichen und verwaltungsorganisato-
rischen Autonomie der Mitgliedstaaten der Korrektur. Diese Entwicklung lässt sich
unter dem Begriff der „Unabhängigkeit" von Regulierungsbehörden zusammenfas-
sen. Allerdings enthalten die einschlägigen Richtlinien mittlerweile **klare unionsrechtliche Vorgaben**, die die Stellung der nationalen Regulierungsbehörde determinieren. Dies gilt auch für die Finanzmarktaufsicht[537], obwohl diese Fragen in
Deutschland bisher kaum erörtert wurden[538]. Ganz im Gegenteil war die Weisungsun-
abhängigkeit der Bundesbank ein zentrales Argument gegen die zeitweise erwogene
Übertragung der Finanzmarktaufsicht auf die Bundesbank[539].

Im Bereich der Netzregulierung ist es dagegen allgemein anerkannt, dass das Unions- **186**
recht dem **Modell einer unabhängigen, von ministeriellen Weisungen freigestell-
ten Verwaltungseinheit** folgt[540], das „in den Independent Agencies des US-amerikanischen Wirtschaftsregulierungsrechts seine klassische Ausprägung gefunden hat"[541].
Gleiches gilt für die unionale Ebene[542], wo das Modell einer „offenen, effizienten und
unabhängigen europäischen Verwaltung" (vgl Art. 298 Abs. 1 AEUV) seine ausdrückliche Anerkennung gefunden[543] hat. Im Primärrecht wird diese Unabhängigkeit nicht
definiert. Es lässt sich aber an die sekundärrechtlichen Maßstäbe anknüpfen[544]. Dabei
ist zwischen einer funktionellen und der sog. „politischen" Unabhängigkeit zu differenzieren.

Die **funktionelle Unabhängigkeit** verlangt die Trennung der Regulierung als staatlicher
Funktion von der Leistungserbringung bzw. der Unternehmensverwaltung in der Telekommu-

---

537 Vgl Art. 4 Abs. 4 der RL 2013/36/EU („CRD IV-Richtlinie") sowie Erwägungsgrund 41 VO
      Nr. 1093/2010 („EBA-VO") sowie Art. 19 VO Nr. 1024/2013 („SSM-VO").
538 S. allerdings *Höfling*, Gutachten F zum 68. DJT, 2010, S. 43 ff; *H. Schäfer*, Bankenaufsichtsrecht in
      Deutschland, dem Vereinigten Königreich und den Vereinigten Staaten, 2011, S. 130 ff. Vgl aber
      auch die politische Forderung nach „operativer Unabhängigkeit" gem. Grundsatz 2 des Baseler Aus-
      schusses für Bankenaufsicht, Grundsätze für eine wirksame Bankenaufsicht. Zur Entwicklung in
      Frankreich *Epron*, Le statut des autorités de régulation et la séparation des pouvoirs, RFDA 2011,
      1007.
539 *Höfling*, Gutachten F zum 68. DJT, 2010, S. 51 f mwN. Davon zu unterscheiden war die Frage, in-
      wieweit möglicherweise das Unionsrecht eine Freistellung der Bundesbank von zusätzlichen Aufga-
      ben fordert, s. dazu *Höfling*, Gutachten F zum 68. DJT, 2010, S. 49; *Seidel*, EuR 2000, 861, 877.
540 Vgl für die Telekommunikation Art. 3, 3a RahmenRL, für den Energiesektor Art. 35 Abs. 3 S. 2 RL
      2009/72/EG und Art. 39 Abs. 4 S. 2 RL 2009/73/EG; dazu jüngst *Bauer/Seckelmann*, DÖV 2014,
      951, 956 f mwN.
541 *Schneider*, ZHR 164 (2001), 513, 514. Zum Vergleich *Ludwigs*, DV 2011, 41 und schon zum alten
      Recht *Oertel*, Die Unabhängigkeit der Regulierungsbehörde nach §§ 66 ff TKG, S. 279 ff; *Ulmen/
      Gump*, CR 1997, 396, 398 ff.
542 Konzeptionell sind auch diese vom US-amerikanischen Vorbild geprägt. *Ruffert*, in: Callies/Ruffert,
      AEUV Art. 298 Rn 3; zum Einfluss der USA auf das gesamte Regulierungsrecht bereits Rn 24.
543 S. auch *Ruffert*, in: Callies/Ruffert, AEUV Art. 298 Rn 5. „Einrichtungen und sonstige Stellen" der
      EU werden mehrfach ausdrücklich genannt; ihre Maßnahmen können Gegenstand des Rechtsschut-
      zes sein.
544 Zum Ganzen ausf *Ruthig*, ZHR 178 (2014), 443, 466 ff.

nikation[545] sowie von den Stellen, die über Einsprüche gegen Entscheidungen der Regulierungsbehörden entscheiden[546]. Diese Vorgaben basieren auf den ursprünglichen Vorgaben in Art. 3 Abs. 2 S. 1 RahmenRL. Mit ihnen war keine Aussage zur Stellung der Regulierungsbehörde im allgemeinen Staatsgefüge verbunden[547]. Nach dem neueren Recht bedeutet sie außerdem, dass sie „unabhängig von allen politischen Stellen selbstständige Entscheidungen treffen kann"[548]. Diese **politische Unabhängigkeit** beschreibt die Entscheidungsautonomie der Behörde, dh die Frage der organisatorischen Abkopplung der Behörde von Exekutive und Legislative sowie damit einhergehend ihre Fähigkeit, eine eigene Regulierungspolitik zu entwickeln und durchzusetzen[549]. Damit werden ministerialfreie Räume geschaffen[550]. Eine weitreichende Autonomie von Verwaltungsbehörden als der „4. Gewalt" stellt seit seinen Anfängen das Charakteristikum des amerikanischen Verwaltungsrechts dar[551], das vor allem den Bereich des europäisierten Regulierungsrechts auch konzeptionell so stark geprägt hat, dass Teile der Literatur schon früh die Unabhängigkeit und damit zusammenhängend die Unzulässigkeit jedenfalls von Einzelweisungen geradezu als Charakteristikum des Regulierungsrechts betrachteten[552].

187 Die Stellung als unabhängige Behörde sieht sich in Deutschland erheblichen verfassungsrechtlichen Bedenken ausgesetzt. Weisungen, insbesondere Einzelweisungen nach dem Vorbild der „Ministererlaubnis" in § 42 GWB, sind nach herrschender Auffassung Ausfluss der verfassungsrechtlichen Vorgaben für eine demokratisch legitimierte Verwaltung, das zwingende **verwaltungsorganisatorische Korrelat parlamentarischer Demokratie**[553]. Stand dies auch bisher im klaren Widerspruch zur Rechts- und Verfassungslage, so setzen sich die europarechtlichen Vorgaben nunmehr auch gegen die bisherigen verfassungsrechtlichen Bedenken durch. Gleichwohl findet dies keinen Niederschlag in den bundesgesetzlichen Regelungen. Weder in den Einzelgesetzen noch im BNetzAG[554] wird dieser Aspekt der Unabhängigkeit thematisiert. Die Regelungen beschränken sich auf die haushaltsrechtliche Autonomie und die Stellung des Präsidenten. Die Zulässigkeit von Weisungen wird nur mittelbar angesprochen. § 61 EnWG und § 117 TKG stehen der Zulässigkeit von Weisungen nicht entgegen, sondern normieren lediglich für allgemeine bzw. sämtliche Weisungen Publikationspflichten[555]. Die Weisungsfreiheit der BNetzA ist in Art. 35 Abs. 3 S. 2 RL 2009/72/EG und Art. 39 Abs. 4 S. 2 RL 2009/73/EG für die Regulierung von Strom und Gas ausdrücklich vorgeschrieben; Entsprechendes gilt nach Art. 3 Abs. 3a

---

545 S. auch *Fetzer/Groß*, in: Arndt/Fetzer/Scherer, TKG, § 116 Rn 10.

546 Dies sind in Deutschland die Verwaltungsgerichte, so dass dieser Aspekt unproblematisch gewährleistet ist.

547 Zur gemeinschaftsrechtlichen Zulässigkeit der Weisungsgebundenheit auch *v. Danwitz*, DÖV 2004, 977, 979.

548 Zusätzlich werden Haushaltsautonomie und eine Begrenzung der Möglichkeit einer Amtsenthebung verlangt, vgl dazu die Neufassung des § 4 BNetzAG durch Art. 2 des G zur Neuregelung energiewirtschaftsrechtlicher Vorschriften, BT-Drucks. 17/6072.

549 Zu dieser Definition bereits *Trute*, in: Trute/Spoerr/Bosch, TKG § 66 Rn 11; *Oertel*, Die Unabhängigkeit der Regulierungsbehörde, S. 187; *Schmidt*, DÖV 2005, 1025 (1028).

550 *Ludwigs*, DV 2011, 41, 44.

551 S. auch *Eisenblätter*, Regulierung in der Telekommunikation, 2000, 151 ff; *Masing*, AöR 2003, 558, 584 ff; *Schladebach/Schönrock*, VerwArch. 2002, 100, 127 f. Aus dem US-amerikanischen Schrifttum *Breyer/Stewart/Sunstein/Spitzer*, Administrative Law and Regulatory Policy, S. 77 ff; *Breger/Edles*, Adm. L. Rev. 52 (2000), 1111; *Strauss*, Colum. L. Rev. 84 (1994), 573.

552 S. *Oertel*, Die Unabhängigkeit der Regulierungsbehörde nach §§ 66 ff TKG, S. 397 ff; *Franzius*, EuR 2002, 660, 682 in Fn 141; *Schneider*, ZHR 164 (2000), 513, 514.

553 S. *Pieroth*, JuS 2010, 473 und zu Möglichkeiten der Einschränkung bei der funktionalen Selbstverwaltung BVerfGE 107, 59.

554 Vgl Art. 2 des G zur Neuregelung energiewirtschaftsrechtlicher Vorschriften, BT-Drucks. 17/6072.

555 Dazu *Pielow*, DÖV 2005, 1017, 1019; aA *Neveling*, ZNER 2005, 263. Auch bei der gleichlautenden Regelung in § 52 GWB geht man von der Zulässigkeit von Einzelweisungen aus, s. *Nägele*, in: Frankfurter Kommentar zum Kartellrecht, § 51 Rn 5.

RahmenRL für das Telekommunikationsrecht. Insoweit ist von einer unmittelbaren Anwendbarkeit der entsprechenden Richtlinienbestimmungen auszugehen[556]. Davon zu unterscheiden, und von den Vorgaben der Richtlinie nicht erfasst, ist die Möglichkeit der Einflussnahme des Präsidenten auf die Entscheidung der Beschlusskammer. Keineswegs zulässig wäre eine „Ministererlaubnis" entsprechend § 42 GWB, um unmittelbar eine Entscheidung der Bundesnetzagentur zu korrigieren[557].

Mit der Weisungsfreiheit ist das „europäische Verständnis von Unabhängigkeit" aber keineswegs erschöpft. Wie die Entscheidung des EuGH zu § 9a TKG gezeigt hat,[558] betrifft das europäische Verständnis von Unabhängigkeit sehr wohl auch das **Verhältnis zwischen der Behörde und** der **Legislative**. So darf der Gesetzgeber zum einen keine der Behörde gem. Unionsrecht überlassenen Detailfragen regeln, muss an sie ggf aber auch – positiv – Standardisierungsspielräume delegieren, die die Behörde ihrerseits durch „rules" ausfüllen kann. Und schließlich wirft die Frage nach Unabhängigkeit aber immer auch die Frage nach der **gerichtlichen Kontrolldichte** auf (dazu näher im Zusammenhang mit dem sog. Regulierungsermessen Rn 530). Insgesamt wird die Diskussion um eine „politische" Unabhängigkeit zu einer solchen um die Neujustierung der Gewaltenteilung. Nach dem europäischen Konzept wird zwar die Steuerung der Behörde durch die gesetzlichen Vorgaben zurückgenommen; zugleich übernimmt das Parlament (angestelle der Regierung) aber zentrale Aufgaben der Überwachung der Behördentätigkeit.

3. Die Bundesnetzagentur

Vor allem im Energiewirtschafts- und Telekommunikationsrecht wurden die Aufgaben der Regulierung der **Bundesnetzagentur** für Elektrizität, Gas, Telekommunikation, Post und Eisenbahnen (BNetzA) zugewiesen. Diese Bundesoberbehörde im Geschäftsbereich des Bundesministeriums für Wirtschaft, § 1 S. 2 BNetzAG[559], nimmt gem. § 116 Abs. 1 S. 1 TKG bzw § 54 Abs. 1 EnWG die ihr ua nach diesen Gesetzen zugewiesenen Aufgaben wahr. Während das Telekommunikationsrecht uneingeschränkt in die Verwaltungskompetenz des Bundes fällt, bleiben im Energiewirtschaftsrecht bestimmte Aufgaben nach § 54 Abs. 2 EnWG den Landesregulierungsbehörden vorbehalten.

188

---

556 AA für das Telekommunikationsrecht *Gurlit*, in: Säcker, TKG, § 132 Rn 6: es habe mit einer „faktischen Unabhängigkeit" sein Bewenden.

557 *Fetzer/Groß*, in: Arndt/Fetzer/Scherer, TKG, § 116 Rn 7.

558 EuGH v. 3.12.2009, Rs. C-424/07 – „*Kommission/Deutschland*", Slg. 2009, I-11431 = NVwZ 2010, 370; dazu *Körber*, MMR 2010, 123; *Ufer*, K&R 2010, 100 ff.

559 Gesetz über die Bundesnetzagentur für Elektrizität, Gas, Telekommunikation, Post und Eisenbahnen (BEGTPG), das als Art. 2 des Zweiten Gesetzes zur Neuregelung des Energiewirtschaftsrechts v. 7.7.2005 (BGBl. I S. 1970) erlassen wurde. Mit Wirkung v. 13.7.2005 wurde dadurch die Regulierungsbehörde für Telekommunikation und Post (RegTP), die als Aufsichts- bzw Regulierungsbehörde mit Wirkung v. 1.1.1998 an die Stelle des aufgelösten Bundesministeriums für Post und Telekommunikation getreten war, in: Bundesnetzagentur für Elektrizität, Gas, Telekommunikation, Post und Eisenbahnen umgewandelt und ihre Zuständigkeit auf weitere Sektoren erstreckt. S. auch *Ruffert*, in: Säcker, TKG, § 117 Rn 5.

Wichtigstes Organ der BNetzA ist der Präsident, der gem. § 3 Abs. 1 BNetzAG die BNetzA leitet und nach außen vertritt[560]. Der Präsident erlässt die Geschäftsordnung, die der Bestätigung des Ministeriums bedarf. Der Präsident ist nicht nur Dienstvorgesetzter. Über seine Funktion als Behördenleiter hinaus hat ihn das TKG in bedenklicher Weise in die Entscheidungspraxis eingebunden, indem der Präsidentenkammer zentrale Aufgaben zugewiesen werden[561]. Weitere Organe sind der Beirat (§ 5 BNetzAG), der sich aus je 16 Vertretern von Bundestag und Bundesrat zusammensetzt und für den Bereich des Energierechts der Länderausschuss (§ 8 BNetzAG), der der Abstimmung zwischen BNetzA und den nach § 54 Abs. 2 EnWG partiell zuständigen Landesbehörden dient, s. § 60a EnWG. Insoweit sind die landesrechtlichen Regelungen teilweise besser an das Unionsrecht angepasst. In Rheinland-Pfalz etwa übt die sog. Regulierungskammer „ihre Tätigkeit im Rahmen der Gesetze unabhängig, insbesondere von allen politischen Stellen und in eigener Verantwortung aus"; ihre Mitglieder „entscheiden unabhängig und sind nur dem Gesetz unterworfen"[562]. Zudem ist es ihnen ausdrücklich untersagt, „Weisungen von Regierungsstellen oder anderen öffentlichen Einrichtungen einzuholen oder entgegenzunehmen"[563]. Der Landesgesetzgeber verweist dabei ausdrücklich auf die unionsrechtlichen Vorgaben, verbunden mit dem Hinweis, dass diese sowohl vom Bund als auch den Ländern umzusetzen seien[564].

189   Charakteristikum der BNetzA sind die nach kartellrechtlichem Vorbild eingerichteten **Beschlusskammern**, deren Zuständigkeit in den jeweiligen Einzelgesetzen geregelt ist. Ihre organisatorische Unabhängigkeit und das „justizähnlich ausgestaltete"[565] Verfahren gelten als „Baustein" eines Regulierungsverwaltungsrechts[566] und Umsetzung der unionsrechtlich geforderten „Unabhängigkeit". Sie entscheidet wie ein Gericht „auf Grund öffentlicher mündlicher Verhandlung", § 135 Abs. 3 S. 1 TKG[567]. Gleichwohl sind die gesetzlichen Regelungen rudimentär und bedürfen der Ergänzung durch das VwVfG[568]. Als unselbstständiger Bestandteil einer Behörde

---

560   Der Präsident und die beiden Vizepräsidenten als seine ständigen Vertreter (vgl § 3 Abs. 2 BNetzAG) werden auf Vorschlag des Beirates (vgl § 5 BNetzAG) von der Bundesregierung und vom Bundespräsidenten ernannt. Sie stehen in einem auf fünf Jahre befristeten öffentlichrechtlichen Amtsverhältnis zum Bund, das allerdings mehrfach verlängert werden kann (§§ 3, 4 BNetzAG). Inkompatibilitätsregeln (§ 5 BNetzAG) sollen für die personelle Unabhängigkeit sorgen. S. ausführlich *Geppert*, in: Beck'scher Kommentar zum TKG, § 116 Rn 26 ff; 33 ff.

561   Krit *Gurlit*, in: Säcker, TKG, § 132 Rn 15; *Heun*, CR 2003, 485, 496. Vergleichbare Aufgaben wurden ihm nach dem EnWG nicht übertragen. Auch das Bundeskartellamt, an dessen Beschlusskammerverfahren sich die Regelung des TKG orientierte, kennt keine vergleichbare Position.

562   § 2 Abs. 1 S. 1 bzw. 2 des Gesetzes zur Einrichtung einer Regulierungskammer Rheinland-Pfalz v. 16.10.2013, GVBl S. 355.

563   § 2 Abs. 2 des Gesetzes; zu ähnlichen Vorschriften aus anderen Bundesländern s. *Bauer/Seckelmann*, DÖV 2014, 951, 957.

564   LT-Drucks. 16/2433, S. 1, 7.

565   BR-Drucks. 80/96, S. 51; s. auch *Ulmen/Gump*, CR 1997, 401.

566   Dazu *Gurlit*, in: Säcker, TKG, vor § 132 Rn 1 ff.

567   S. auch *Attendorn/Geppert*, in: Beck'scher Kommentar zum TKG, § 135 Rn 17. Damit sei aber keine Bindung an das Ergebnis der mündlichen Verhandlung gemeint, sondern die Durchführung nachträglicher schriftlicher Anhörungen gestattet, vgl BVerwG, NVwZ 2010, 527 LS 1; *Gurlit*, in: Säcker, TKG, § 135 Rn 35.

568   Für die Verwaltungsverfahren gelten, soweit die Beschlusskammern gem. § 132 Abs. 1 S. 2 TKG durch Verwaltungsakt entscheiden, die §§ 9 ff VwVfG, soweit sich in den §§ 132 ff TKG keine spezielleren Regelungen finden. Vgl dazu *Gurlit*, in: Säcker, TKG, vor § 132 Rn 7 ff mit Beispielen zu den auf das Verfahren (direkt oder entsprechend) anwendbaren Bestimmungen des VwVfG: Befangenheitsvorschriften (§ 20 f VwVfG), Amtsermittlungsgrundsatz (§ 24 VwVfG), Akteneinsichtsrecht (§ 29 VwVfG).

sind sie **Ausschüsse iS von §§ 88 ff VwVfG**[569], die sich durch Willensbildung nach dem Kollegialprinzip, organisatorische Verfestigung und durch die Mindestzahl von drei Mitgliedern auszeichnen. Deshalb finden für ihr (Binnen-)Verfahren mangels eigenständiger Regelung in TKG und EnWG die §§ 89 ff VwVfG unmittelbare Anwendung[570].

Während nach § 59 EnWG Entscheidungen grundsätzlich von den Beschlusskammern getroffen werden, ergibt sich deren beschränkte Zuständigkeit im Telekommunikationsrecht aus der enumerativen und abschließenden Regelung des § 132 Abs. 1 TKG. Das TKG enthält eine weitere Besonderheit. Zentrale Kompetenzen werden der Beschlusskammer „in der Besetzung mit dem Präsidenten … und den beiden Vizepräsidenten" nach § 132 Abs. 3 TKG übertragen. Dies ist mit einer ungewöhnlichen Stärkung des Behördenleiters verbunden. Weitergehende Regelungen über Organisation und Geschäftsverteilung innerhalb der Beschlusskammern finden sich in EnWG und TKG nicht. Abgesehen von der gesetzlich begründeten Zuständigkeit der Präsidentenkammer entscheidet das Ministerium über die Bildung der Beschlusskammern, § 132 Abs. 3 TKG iVm § 3 Abs. 1 S. 3 BNetzAG. Über deren Zuständigkeiten wiederum entscheidet der Präsident durch die Geschäftsordnung, die gem. § 3 Abs. 1 S. 1 BNetzAG der Bestätigung durch das Bundesministerium bedarf[571]. Die Binnenstruktur der BNetzA folgt dem hierarchischen Aufbau, so dass die Umsetzung eines Mitgliedes der Beschlusskammer möglich ist. Grundsätzlich unterliegen Behördenmitarbeiter auch dem Weisungsrecht des Präsidenten (zu ministeriellen Weisungen s. Rn 187). Dieser muss allerdings die Zuständigkeiten der Beschlusskammern respektieren und darf Einzelweisungen nicht zum Inhalt einer Entscheidung erlassen, mit denen er diese faktisch an sich zieht[572]. Damit wäre beispielsweise eine Weisung des Präsidenten an die zuständige Beschlusskammer, durch Festlegung nach § 29 EnWG die Netzzugangsentgelte abzusenken, schon aus diesem Grund rechtswidrig. Für die gerichtliche Klärung solcher Fragen wird ein Organstreitverfahren in Betracht gezogen, in dem die Verletzung mitgliedschaftlicher Rechte gerügt werden kann[573].

Dass sich Telekommunikationsrecht im Verwaltungsverbund vollzieht, wird bereits, **190** wenn auch etwas versteckt, am Regulierungsziel des § 2 Abs. 2 Nr. 4 TKG deutlich, der in Umsetzung des Art. 7 Rahmenrichtlinie ein allgemeines **Kooperationsgebot** für die nationalen Regulierungsbehörden untereinander sowie mit der Kommission beinhaltet. Bei der letzten Novelle wurde dieser Verbund weiter verstärkt und institutionell um das 2009 neu geschaffene Gremium Europäischer Regulierungsstellen für elektronische Kommunikation (GEREK) ergänzt (s. Rn 183). GEREK besteht aus den Leitern oder einem hochrangigen Vertreter der nationalen Regulierungsbehörden und soll auf eine einheitliche Regulierungspraxis in ganz Europa hinarbeiten. Das Gremium fungiert weiter als Beratungs- und Diskussionsforum, erhielt aber auch die Möglichkeit, das nationale Marktregulierungsverfahren im Rahmen des Konsolidierungsverfahrens nach Art. 7 RahmenRL zu kommentieren (vgl zu den Aufgaben Art. 3 der VO). Das Herzstück dieser Kooperation ist das Konsolidierungsverfahren gem. § 12 Abs. 2 TKG[574], das auf das Berücksichtigungs- und das Vetoverfahren nach

---

569 *Ziekow*, VwVfG, § 14 Rn 16; *Fetzer/Groß*, in: Arndt/Fetzer/Scherer, TKG, § 132 Rn 9; *Gurlit*, in: Säcker, TKG, § 132 Rn 4.
570 *Gurlit*, in: Säcker, TKG, vor § 132 Rn 18 mwN.
571 Zu den Einzelheiten *Attendorn*, in: Beck'scher TKG-Kommentar, § 123 TKG Rn 6 ff.
572 Zum Parallelproblem im TK-Recht *Gurlit*, in: Säcker, TKG, § 132 Rn 7 mwN.
573 Ausführlich dazu *Groß*, Das Kollegialprinzip in der Verwaltungsorganisation, 1999, S. 315 ff.
574 Dazu *Geers*, in: Arndt/Fetzer/Scherer, JKG, § 12 Rn 14 ff.

Art. 7 RahmenRL zurückgeht[575]. Sein Anwendungsbereich wurde auf die Regulierungsverfügungen nach § 13 TKG erstreckt, um so den Bedenken der Kommission gegen die bisherige Ausgestaltung des Marktregulierungsverfahrens Rechnung zu tragen.

Die Kommission kann außerdem durch **allgemeine Harmonisierungsempfehlungen** auf der Grundlage von Art. 19 RahmenRL auf eine Vereinheitlichung der Regulierungspraxis in den verschiedenen Mitgliedstaaten hinwirken. Diese sind als Handlungsform rechtlich unverbindlich. Nach Art. 19 Abs. 2 UA 2 S. 2 RahmenRL ist ihnen „weitestgehend Rechnung [zu] tragen" und der EuGH zieht sie regelmäßig zur Auslegung der Richtlinien heran[576]. Beispiele sind die NGA-Empfehlung[577] und die Empfehlung zu den Terminierungsentgelten[578]. In eng begrenzten und als besonders harmonisierungsbedürftig angesehenen Bereichen wie der Nummerierung (vgl Art. 10 Abs. 4 RahmenRL) kommen auch **Harmonisierungsentscheidungen** (Beschlüsse iSv Art. 288 Abs. 4 AEUV) in Betracht[579].

4. Die Bankenaufsicht in der europäischen Bankenunion

a) Die EZB als Bankaufsichtsbehörde

191 Die Übertragung zentraler Aufsichtsaufgaben auf die EZB im Rahmen der Bankenunion[580] stellt den bisherigen Höhepunkt einer Aufgabenverlagerung auf die europäische Ebene dar. Art und Weise der Zusammenarbeit, Aufgaben- und Zuständigkeitsverteilungen ergeben sich für diese Mechanismen grundsätzlich aus einem Zusammenspiel der Art. 4 und 6 der SSM-VO[581], die durch eine RahmenVO der EZB auf der Grundlage von Art. 6 Abs. 7 SSM-VO ergänzt wird[582]. Diese komplizierte Regelung kann nicht verhehlen, dass sie das Ergebnis eines politischen Kompromisses ist. Art. 4 SSM-VO begründet eine umfassende Zuständigkeit der EZB für die Beaufsichtigung „*sämtlicher* in den teilnehmenden Mitgliedstaaten niedergelassenen Kreditinstitute". Diese Zuständigkeit beschränkt sich auf die im Einzelnen aufgezählten Aufgaben, die jedoch alle wesentlichen Bereiche erfassen[583]. Im Ergebnis lassen sich **drei Kooperationsformen** unterscheiden: **die direkte Aufsicht, die indirekte Auf-**

---

575 Ausf *Kühling*, in: Ruffert, Europäisches Sektorales Wirtschaftsrecht, § 4 Rn 64 ff.
576 Vgl EuGH v. 24.4.2008, Rs. C.55/06 – *„Arcor"*, Rn. 94, Slg. 2008, I-2931.
577 Empfehlung 2010/572/EU der Kommission v. 20.9.2010 über den regulierten Zugang zu Zugangsnetzen der nächsten Generation (NGA), ABl. L 251/35.
578 Empfehlung der Kommission vom 7.5.2009 über die Regulierung der Festnetz- und Mobilfunk-Zustellungsentgelte in der EU, ABl. L 124/67.
579 Dazu und zum Komitologieverfahren *Kühling*, in: Ruffert, Europäisches Sektorales Wirtschaftsrecht, § 4 Rn 77 ff.
580 Die Idee einer Bankenunion geht zurück auf den van-Rompuy-Bericht von 2012 und basiert auf den drei Säulen von einheitlicher Bankenaufsicht, Einlagensicherung und Restrukturierung. Zur Entwicklung *Binder*, ZBB 2013, 297.
581 Verordnung Nr. 1023/2014 des Rates v. 15.10.2013 zur Übertragung besonderer Aufgaben im Zusammenhang mit der Aufsicht über Kreditinstitute auf die Europäische Zentralbank, ABl. L 287/63.
582 Verordnung der Europäischen Zentralbank v. 16.4.2014 zur Einrichtung eines Rahmenwerks für die Zusammenarbeit zwischen der Europäischen Zentralbank und den nationalen zuständigen Behörden und den nationalen benannten Behörden innerhalb des einheitlichen Aufsichtsmechanismus, EZB/2014/17 (SSM-Rahmen VO).
583 Nach Erwägungsgrund (28) SSM-VO sind dies im Ergebnis die Überwachung der Zahlungsdienste, der Verbraucherschutz, die Geldwäschebekämpfung und die Aufsicht von Zweigstellen von Banken mit Sitz in Drittländern.

sicht sowie die sog. „gemeinsamen Verfahren". Letztere betreffen die Marktzu-gangskontrolle, dh Zulassungs- und Inhaberkontrollverfahren (vgl Art. 4 lit a und c iVm Titel V SSM-Rahmen-VO).

Dieses gemeinsame Verfahren illustriert **Fall 13a (Rn 171):** Nach Art. 4 Abs. 1 lit. a) SSM-VO ist ua die Zulassung eines Kreditinstituts Aufgabe der EZB; allerdings bleibt die nationale Behörde nach Maßgabe des Art. 14 SSM-VO in dieses „gemeinsame Verfahren" einbezogen. Danach wird der Antrag auf Zulassung bei der BaFin gestellt. Diese prüft ihn inhaltlich. Erfüllt der Antragsteller „alle Zulassungsbedingungen des einschlägigen nationalen Rechts", über-mittelt sie der EZB einen Beschlussentwurf. Die EZB wiederum erteilt als „zweite Stufe" des Verfahrens durch Beschluss die Zulassung[584]. Auch dieser wird dem Antragsteller von der na-tionalen Behörde mitgeteilt, Art. 14 Abs. 4 SSM-VO. Da es sich gleichwohl um einen europä-ischen Beschluss handelt, würde Rechtsschutz vor den europäischen Gerichten gewährt; aller-dings hat U als begünstigtes Unternehmen grundsätzlich keinen Anlass zur Klage[585]. Es bleibt abzuwarten, inwieweit die europäischen Gerichte eine Konkurrentenklage zulassen[586]. Im Er-gebnis wirft diese Form des „Entscheidungsverbunds" gleichwohl erhebliche und erst noch zu klärende Rechtsschutzprobleme auf. Dies gilt insbesondere dann, wenn die BaFin die Zulas-sungsvoraussetzungen als nicht gegeben ansieht und daher der EZB keinen Beschlussentwurf übermittelt, sondern selbst den Antrag nach Art. 14 Abs. 2 S. 2 SSM-VO ablehnt. In **Fall 13b (Rn 171)** stellt sich daher die Frage, was U in einem solchen Fall unternehmen kann. Es han-delt sich bei der Ablehnungsentscheidung um einen Verwaltungsakt der BaFin, gegen den nach allgemeinen Regeln Rechtsschutz vor den deutschen Verwaltungsgerichten eröffnet ist. Mit einer erfolgreichen Verpflichtungsklage[587] wäre allerdings nicht viel gewonnen, da die Entscheidung die EZB in keiner Weise bindet. Es droht daher eine erhebliche Verfahrensver-zögerung, wenn zunächst die BaFin zur Erstellung eines Beschlussentwurfes verurteilt werden müsste und danach ggf gegen den Ablehnungsbescheid der EZB vorzugehen wäre. Der Grund-satz der Rechtsschutzeffektivität spricht deswegen für europäischen Rechtsschutz[588]. Da es keine europäische „Verpflichtungsklage" gibt[589] und die EZB insoweit auch keine Ableh-

192

---

584 Vgl Art. 14 Abs. 2–4 SSM-VO sowie Art. 76–78 SSM-RahmenVO; s. demgegenüber *Neumann*, EuZW-Beilage 2014, 9, 11, die von einem Akt der nationalen Behörde ausgeht.

585 Denkbar ist allenfalls Rechtsschutz gegen aus Sicht des Unternehmens nicht berechtigte Nebenbe-stimmungen.

586 Ausf zur Frage des Drittschutzes im europäischen Finanzmarktaufsichtsrecht *Gerhardus*, Konkurren-tenschutz im europäischen und nationalen Bankaufsichtsrecht, 2013 (Diss. Mainz 2012), S. 57 ff.

587 Abhängig davon, ob man dem Beschlussentwurf Verwaltungsaktsqualität zuerkennt, ist auch an eine Leistungsklage zu denken.

588 Strukturell ist der Fall mit dem Rechtsschutz bei der Verweigerung der Zustimmung einer Drittbe-hörde zu einem beantragten Verwaltungsakt zu vergleichen. Sofern die zuständige Genehmigungs-behörde dieses nicht ersetzen kann, kann direkt auf Erteilung der das Verfahren abschließenden Maßnahme geklagt werden, vgl dazu *Kopp/Schenke*, VwGO, § 68 Rn 14. Dies lässt sich dogma-tisch wohl am überzeugendsten mit dem Gedanken des (im vorliegenden Fall jedenfalls nicht un-mittelbar anwendbaren) § 44a VwGO begründen; das BVerwG stützt seine Auffassung (den VA-Charakter der Verweigerung des kommunalen Einvernehmens nach § 36 BauGB abzulehnen) aber gerade auf den Grundsatz der Rechtsschutzeffektivität, s. dazu näher *Kopp/Schenke*, VwGO, Anh § 42 Rn 82.

589 Das Unionsrecht kennt in der Tradition des frz. Prozessrechts nur die „Anfechtung" der Ablehungs-entscheidung (Nichtigkeitsklage) und die Feststellung der Rechtswidrigkeit einer Unterlassung (Un-tätigkeitsklage), vgl *Dörr/Lenz*, Europäischer Verwaltungsrechtsschutz, 2006, Rn 89, 202. Die Unionsgerichte sind bei einer begründeten Nichtigkeitsklage auf die Kassation beschränkt, eine An-weisung zu bestimmten Maßnahmen ist nicht möglich, vgl *Dörr*, in: Grabitz/Hilf/Nettesheim, AEUV, Art. 263 Rn 197 ff sowie EuG v. 18.9.1996, Rs. T-22/96 – *„Langdon/Kommission"*, Rn 17, Slg. 1996, II-1009.

nungsentscheidung getroffen hätte, kommt nur eine Untätigkeitsklage in Betracht, mit der festgestellt wird, dass die EZB verpflichtet war, den Beschluss zu erlassen[590]. Jedenfalls steht die ablehnende Entscheidung der BaFin einer solchen Entscheidung nicht entgegen[591].

193 Bei der **(laufenden) Überwachung der Geschäftstätigkeit** lassen sich – abhängig von der Bedeutung der Institute – die direkte und die indirekte Aufsicht unterscheiden. Die EZB soll nur die „bedeutenden" Institute bzgl. dieser enumerativen Kompetenzen „direkt" beaufsichtigen[592], während für die „weniger bedeutenden" eine „indirekte Aufsicht" durch die EZB besteht, Art. 6 Abs. 5 SSM-VO. Für diese Einstufung liefert Art. 6 Abs. 4 SSM-VO materielle Kriterien. Entscheidend für die Frage, wer die Aufsicht im Einzelfall übernimmt, ist jedoch der „Aufsichtsbeschluss" der EZB nach Teil IV der SSM-Rahmen-VO, in dem die EZB das Institut als bedeutend einstuft. Für die **direkte Aufsicht** enthalten die Art. 9 ff der SSM-VO **umfangreiche Aufsichts- und Untersuchungsbefugnisse.**

194 In **Fall 13c (Rn 171)** hat die EZB nach Art. 12 SSM-VO die Befugnis zu einer Überprüfung vor Ort. Sie wird allerdings auch bei der direkten Aufsicht von den nationalen Behörden „unterstützt", Art. 6 Abs. 3 SSM-VO[593]. Fraglich ist jedoch, ob die Ausführung einer Maßnahme gänzlich den nationalen Behörden übertragen werden kann. Dies erscheint insofern problematisch, als Art. 6 Abs. 3 SSM-VO nur eine Unterstützung „gegebenenfalls und unbeschadet der Verantwortung und Rechenschaftspflicht der EZB für die ihr durch diese Verordnung übertragenen Aufgaben" zulässt. Daher ist in einem solchen Fall die BaFin nicht zu verbindlichen Maßnahmen im Außenverhältnis befugt[594]. Aus unionsrechtlicher Perspektive wäre eine solche Übertragung überdies wohl schwerlich mit den Meroni-Grundsätzen vereinbar[595].

---

590 Zur Sachentscheidung bei der Untätigkeitsklage *Dörr*, in: Sodan/Ziekow, EVR, Rn 98 mwN.

591 Ungeachtet der Frage, inwieweit europäische Gerichte an die Bestandskraft eines nationalen Verwaltungsakts gebunden sind, ergibt sich dies aus allgemeinen Grundsätzen und ist zB auch in der erwähnten baurechtlichen Konstellation anerkannt (wenn das kommunale Einvernehmen gegenüber dem Bauherrn durch VA verweigert wird), s. dazu *Söfker*, in: Ernst/Zinkahn/Bielenberg/Krautzberger, BauBG, § 36 Rn 25 mwN.

592 Dabei kann sich die EZB bei der Vorbereitung und Durchführung der Aufsichtsbeschlüsse der nationalen Behörden bedienen, vgl Art. 6 Abs. 3 SSM-VO sowie die Art. 6 Abs. 7 lit. b SSM-VO konkretisierenden Art. 90 ff SSM-VO.

593 Dies gilt auch für Prüfungen vor Ort, Art. 12 Abs. 4 SSM-VO, Art. 90 Abs. 1 lit. b) SSM-RahmenVO. Neben diese Unterstützung tritt die Durchführung von Vollstreckungsmaßnahmen, die nach Art. 12 Abs. 5 SSM-VO im Rahmen der Amtshilfe erfolgen. Sofern Maßnahmen nach nationalem Recht unter Richtervorbehalt stehen, dazu den Überblick bei *Lehmann/Manger-Nestler*, ZBB 2014, 2, 17 f; s. allgemein etwa *David*, Inspektionen im Europäischen Verwaltungsrecht, 2003 sowie die Übersicht im Kartellrecht bei *Rittner/Dreher/Kulka*, Wettbewerbs- und Kartellrecht, 8. Auflage 2014, Rn 1636 ff mwN.

594 Vgl den Regierungsentwurf zum BRRD-Umsetzungsgesetz , BT-Drs. 18/2575, S. 197: „Der neue Absatz 5a [des § 44 KWG] stellt klar, dass die Bundesanstalt und die Deutsche Bundesbank die Befugnisse des § 44 nur in den Fällen ausüben dürfen, in denen die Bundesanstalt Aufsichtsbehörde ist. Die EZB verfügt zur Wahrnehmung der ihr übertragenen Aufgaben nach Artikel 4 Absatz 1 der Verordnung (EU) Nr. 1024/2013 gegenüber CRR-Kreditinstitute gemäß Artikel 12 der Verordnung (EU) Nr. 1024/2013 über entsprechende eigene Befugnisse."

595 Dazu *Ferran/Babis*, The Single Supervisory Mechanism, Legal Studies Research Paper Series, University of Cambridge 10/2013, S. 11 Fn 54 unter Verweis auf EuGH v. 26.5.2005, Rs. C-301/02 – „*Tralli*", Slg. 2005, I-4071; *Wymeersch*, The European Banking Union, a first analysis, Financial Law Institute Ghent University Working Paper Series WP 2012-07, 11, Fn 35.

Bei der **indirekten Aufsicht** bleiben die nationalen Behörden „für die Annahme aller   **195**
einschlägigen Aufsichtsbeschlüsse[n] verantwortlich" (Art. 6 Abs. 6 SSM-VO). Sie
haben daher nach Art. 6 Abs. 6 UAbs. 2 die Befugnisse nach dem nationalen Aufsichtsrecht. Die EZB übt aber auch hier „die Aufsicht über das Funktionieren des Systems" (Art. 6 Abs. 5 lit. c SSM-VO) aus. Dazu kann sie nicht nur nach Art. 6 Abs. 5
lit. a (allgemeine oder einzelfallbezogene) Weisungen treffen und Informationen von
den nationalen Behörden anfordern (Art. 6 Abs. 5 lit. e). Sie verfügt vielmehr auch in
diesen Fällen über die Untersuchungsbefugnisse nach Art. 10 bis 13 SSM-VO (vgl
Art. 6 Abs. 5 lit. d und Art. 6 Abs. 6 UAbs. 2 SSM-VO).

Die SSM-VO regelt allerdings nicht die materiellrechtlichen Anforderungen an Auf-   **196**
sichtsmaßnahmen, also zB auch nicht die Frage, unter welchen Voraussetzungen eine
Bankerlaubnis zu erteilen ist (ausf dazu Rn 545 ff). Die meisten europäischen Vorgaben finden sich (noch) in Richtlinien, die sich nur an Mitgliedstaaten richten und daher auch von einer europäischen Behörde nicht angewandt werden können. Art. 4
Abs. 3 UAbs. 1 S. 2 SSM-VO sieht in diesem Fall daher die **Anwendung der nationalen Vorschriften durch die EZB** vor und bereichert das Kooperationsverwaltungsrecht um eine neue und erwartungsgemäß in der deutschen Diskussion als unions- und
verfassungswidrig eingestufte[596] Variante. Diese hat auch eine prozessuale Dimension, müssen doch auch die europäischen Gerichte bei der Überprüfung unionaler Beschlüsse das zugrunde liegende nationale Recht anwenden und auslegen.

b) Die Bundesanstalt für Finanzdienstleistungsaufsicht (BaFin)

Auch bei der Finanzdienstleistungsaufsicht steht eine Bundesbehörde im Mittelpunkt.   **197**
Organisatorisch ist die Bundesanstalt für Finanzdienstleistungsaufsicht (BaFin) eine
rechtsfähige Anstalt des öffentlichen Rechts, die der Rechts- und Fachaufsicht des
Bundesministeriums der Finanzen untersteht, § 2 FinDAG. Sie fasst seit 2002 die
„**Allfinanzaufsicht**" sektorenübergreifend unter einem Dach zusammen (s. unten
Rn 498)[597].

Organisatorisch ist die BaFin weit weniger selbstständig als es die Rechtsform der rechtsfähigen Anstalt hätte erwarten lassen[598]. Sie besitzt keine Satzungshoheit (vgl § 5 Abs. 3 Fin-
DAG), auch ihre Geschäftsordnung bedarf der Genehmigung (s. § 6 Abs. 2 S. 3 FinDAG). Die
sich kontinuierlich wandelnden Tätigkeitsschwerpunkte lassen sich den Tätigkeitsberichten
entnehmen[599]. **Organe** der BaFin sind nach § 5 ff FinDAG Präsident und Vizepräsident sowie
der Verwaltungsrat. Bei der Finanzdienstleistungsaufsicht kooperiert die BaFin mit der Bundesbank, s. §§ 7, 44 KWG[600]. Die Bankenaufsicht wurde durch die dargestellten Regelungen

---

596 Dazu *Peuker*, JZ 2014, 764, 771.
597 Vgl Gesetz über die Bundesanstalt für Finanzdienstleistungsaufsicht (Finanzdienstleistungsgesetz –
     FinDAG) idF der Bekanntmachung v. 22.4.2002, BGBl. I, S. 1310. Zur Allfinanzaufsicht und ihrem
     britischen Vorbild s. *Binder*, WM 2001, 2230; *Hagemeister*, WM 2002, 173; *Stern*, FS Selmer
     (2004), 519.
598 S. auch *Hagemeister*, WM 2002, 1773, 1775. Zum Begriff der Anstalt *Maurer*, AVerwR, § 23
     Rn 48 ff.
599 Abrufbar unter http://www.bafin.de.
600 S. dazu die Richtlinie zur Durchführung und Qualitätssicherung der laufenden Überwachung der
     Kredit- und Finanzdienstleistungsinstitute durch die Deutsche Bundesbank (AufsichtsRL) in der
     Fassung der Bekanntmachung v. 21.2.2008.

der SSM-VO überlagert. Das KWG wurde daher an die modifizierten Zuständigkeiten angepasst und spricht an den entscheidenden Stellen jetzt statt „Bundesanstalt" von „Aufsichtsbehörde"[601].

c)   Die EBA: „Aufsicht über die Aufsicht"

198   Seit dem 1.1.2011 gehört zu den sog. Regulierungsagenturen für den Bereich der *gesamteuropäischen* Bankenaufsicht die **EBA (European Banking Authority)**[602]. Mit dem europäischen System für Finanzaufsicht ESFS wurden auf Vorschlag des Larosière-Berichts die früheren Level 3-Ausschüsse des Lamfalussy-Verfahrens[603] durch europäische Regulierungsagenturen für die Banken-, Wertpapier- und Versicherungsaufsicht ersetzt. Für jede dieser Agenturen wurde eine eigene Verordnung erlassen, deren Regelungen sich allerdings bis in die Details hinein gleichen[604]. Sie sollen einen Beitrag zur Festlegung qualitativ hochwertiger gemeinsamer Regulierungs- und Aufsichtsstandards leisten[605]. Darüber hinaus ist sie aber auch in die Aufsichtsstrukturen eingebunden, gehört es doch nach Art. 21 Abs. 1 EBA-VO zu ihren Aufgaben, „zur Förderung und Überwachung eines effizienten, wirksamen und kohärenten Funktionierens der … Aufsichtskollegien" beizutragen und „die kohärente Anwendung des Unionsrechts in diesen Aufsichtkollegien" zu fördern. Insoweit hat sie nach Abs. 2 eine „führende Rolle". Diese Position wurde auch durch die Übertragung von Aufsichtsaufgaben auf die EZB formal nicht angetastet[606]. Sie beschränkt sich allerdings

---

601   Die Zuständigkeitsverteilung innerhalb des SSM wird in § 1 Abs. 5 KWG-E aufgegriffen, wobei jeweils die BaFin oder die EZB als „Aufsichtsbehörde" iSd KWG gilt.

602   Vgl die Verordnung (EU) Nr. 1093/2010 des Europäischen Parlaments und des Rates v. 24.11.2010 zur Errichtung einer Europäischen Aufsichtsbehörde (Europäische Bankaufsichtsbehörde), zur Änderung des Beschlusses Nr 716 und zur Aufhebung des Beschlusses 2009/78/EG der Kommission, ABl. L 331 v. 15.12.2010, S. 12 ff. Hinzu kommen vergleichbare Behörden für die Wertpapier- und Marktaufsicht („ESMA – European Securities and Markets Authority") sowie die Versicherungsaufsicht und betriebliche Altersvorsorge („EIOPA – European Insurance and Occupational Pensions Authority"); s. den Überblick *Baur/Boegl*, BKR 2011, 177; *Lehmann/Manger-Nestler*, EuZW 2010, 87, 88 ff.

603   Zu diesem Verfahren, das seit 2001 die Vorstellungen von Finanzmarktregulierung entscheidend prägte, *Ohler*, in: Ruffert, Europäisches Sektorales Wirtschaftsrecht, 2012, § 10 Rn 56 f: Selbstbeschränkung des EU-Gesetzgebers auf (ausfüllungsbedürftige) Rahmengesetzgebung auf der 1. Stufe, dann Konkretisierung durch die Kommission auf der 2. Stufe und auf der 3. Stufe Stellungnahmen und Empfehlungen „unabhängiger" Ausschüsse, in denen vor allem die nationalen Aufsichtsbehörden vertreten sind.

604   Diese wurden am 24.11.2010 in einer Sammelrichtlinie um gezielte Änderungen an den bestehenden Finanzdienstleistungsrichtlinien ergänzt, um ein reibungsloses Funktionieren der neuen Aufsichtsstrukturen zu gewährleisten, vgl Richtlinie 2010/78/EU des Europäischen Parlaments und des Rates v. 24.11.2010 zur Änderung der Richtlinien 98/26/EG, 2002/87/EG, 2003/6/EG, 2003/41/EG, 2003/71/EG, 2004/39/EG, 2004/109/EG, 2005/60/EG, 2006/48/EG, 2006/49/EG und 2009/65/EG im Hinblick auf die Befugnisse der Europäischen Aufsichtsbehörde (Europäische Bankaufsichtsbehörde), der Europäischen Aufsichtsbehörde (Europäische Aufsichtsbehörde für das Versicherungswesen und die betriebliche Altersversorgung) und der Europäischen Aufsichtsbehörde (Europäische Wertpapier- und Marktaufsichtsbehörde) – ABl. L 331/120 v. 15.12.2010; Grundlage war der Kommissionsvorschlag KOM(2009) 576 vom 26.10.2009.

605   Hierzu gibt sie Stellungnahmen für die Organe der Union ab, erlässt Leitlinien und Empfehlungen und arbeitet Entwürfe für technische Standards aus, die sich auf die in Art. 1 Abs. 2 EBA-VO genannten Gesetzgebungsakte stützen.

606   Indem die EZB nach der in der SSM-VO gewählten Konstruktion im Rahmen ihrer Zuständigkeit an die Stelle der nationalen Aufsichtsbehörden tritt, untersteht sie insoweit ebenfalls der „Aufsicht" durch die EBA. Auch deren Rolle als „Standard Setter" und für die Entwicklung des Single Rulebook

auf eine „Aufsicht über die Aufsicht"[607] mit eigenen Entscheidungsbefugnissen nach dem Vorbild eines aufsichtsbehördlichen Selbsteintrittsrechts[608].

Fall 14a (Rn 172): Die Rechtmäßigkeit der Untersagungsverfügung gegenüber D setzt zunächst eine Ermächtigungsgrundlage für die Maßnahme voraus. Eine solche ergibt sich aus Art. 8 Abs. 2 lit. f) EBA-VO, wonach die EBA die Befugnis zum Erlass von an Finanzinstitute gerichtete Beschlüssen hat, wenn Unionsrecht verletzt wird (Art. 17), als Maßnahme im Krisenfall (Art. 18) sowie im Fall der Streitschlichtung (Art. 19). Die BaFin hat es versäumt, gegenüber D entsprechende Maßnahmen zu erlassen, damit diese das unionale Finanzmarktaufsichtsrecht einhält. Dies stellt eine Verletzung des Unionsrechts dar, so dass die EBA Maßnahme nach Art. 17 Abs. 6 EBA-VO treffen kann[609]. Voraussetzung für eine solche Maßnahme ist jedoch, neben der Einhaltung der materiellrechtlichen Vorgaben (Erforderlichkeit der Maßnahme und unmittelbare Anwendbarkeit der verletzten Normen auf das Finanzinstitut), dass vor dem Erlass die Kommission gem. Art. 17 Abs. 4 EBA-VO eine förmliche Stellungnahme abgegeben hat, in der die zuständige Behörde aufgefordert wird, die zur Einhaltung des Unionsrechts erforderlichen Maßnahmen zu ergreifen. Da eine solche Stellungnahme der Kommission nicht vorliegt, ist die Untersagungsverfügung (formell) rechtswidrig[610]. Dieses Beispiel zeigt, dass ein Einschreiten der EBA angesichts seiner Voraussetzungen sogar ein schwerfälligeres Instrument darstellt als ein Vertragsverletzungsverfahren der Kommission.

199

Darüber hinaus erhält die EBA in Art. 8 Abs. 2 lit. a) EBA-VO die Befugnis zum **Entwurf technischer Regulierungsstandards** in den in Art. 10 EBA-VO genannten Fällen. Ziel dieser Standards ist die Harmonisierung des Rechtsstandes in Europa („single rule book")[611]. Bei technischen Regulierungsstandards handelt es sich um delegierte Rechtsakte („tertiäres Unionsrecht") der Kommission gem. Art. 290 AEUV, die die von Rat und Parlament erlassenen Rechtsakte mit Gesetzescharakter modifizieren oder ergänzen können. Erlassen werden sie jedoch von der Kommission, die EBA liefert lediglich einen Entwurf.

200

Rechtsgrundlage für den Entwurf von technischen Standards durch die EBA ist in **Fall 14b (Rn 172)** Art. 8 Abs. 2 lit. a) EBA-VO. Hierfür gibt es zunächst formelle Rechtmäßigkeitsanforderungen. So muss die EBA vor der Übermittlung ihrer Entwürfe an die Kommission grundsätzlich ein Anhörungsverfahren und eine Kosten-Nutzen-Analyse durchführen (Art. 10 Abs. 1 Unterabs. 3 S. 1 EBA-VO). Der Entwurf muss von der Kommission innerhalb von drei Monaten gebilligt, mittels Verordnung oder Beschluss von dieser angenommen und im Amtsblatt der Europäischen Union veröffentlicht werden (Art. 10 Abs. 4 EBA-VO). Darüber hinaus muss die Kommission dem Parlament und dem Rat den erlassenen technischen Regulierungs-

201

---

zuständige Behörde wurde nicht angetastet. Allerdings muss – wie schon im Verhältnis zu den nationalen Behörden – die Reichweite einer solchen „Aufsicht über die Aufsicht" erst noch geklärt werden. In der Praxis wird es kaum zu erwarten sein, dass sich das Kooperationsverhältnis zwischen EZB und EBA im Sinne einer strengen Behördenhierarchie entwickelt. Näher dazu *Gurlit*, EuZW-Beilage 2014, 14; *Ruthig*, ZHR 178 (2014), 443, 469 mwN.

607 Zum Begriff der „Aufsicht über die Aufsicht" *Walla*, BKR 2012, 265, 266.
608 Ausführlicher dazu *Ruthig*, in: Ziekow/Seok, Der Staat als Wirtschaftssubjekt und Regulierer, 2013, S. 45, 67.
609 Vgl hierzu auch *Lehmann/Manger-Nestler*, ZBB 2011, 2, 14.
610 Die EBA hat ausweislich Art. 17 Abs. 6, letzter HS EBA-VO auch die Befugnis zum Erlass von Untersagungsverfügungen.
611 *Baur/Boegl*, BKR 2011, 177, 182.

standard mitteilen, welche hiergegen Einwände erheben können (Art. 13 Abs. 1 EBA-VO). In materieller Hinsicht dürfen gem. Art. 290 Abs. 1 AEUV nur Rechtsakte ohne Gesetzescharakter mit allgemeiner Geltung zur Ergänzung oder Änderung bestimmter nicht wesentlicher Vorschriften des betreffenden Gesetzgebungsaktes erlassen werden. Sie sind ferner nur zulässig, wenn Ziele, Inhalt, Geltungsbereich und Dauer der Befugnisübertragung ausdrücklich im entsprechenden Gesetzgebungsakt festgelegt worden sind, Art. 290 Abs. 2 AEUV. Ähnlich wie im nationalen Recht gilt auf Unionsebene auch der Gedanke der Wesentlichkeitstheorie, wonach die wesentlichen Aspekte eines Bereichs dem Gesetzgebungsakt vorbehalten sind und eine Befugnisübertragung für sie deshalb ausgeschlossen ist (Art. 290 Abs. 2 S. 2 AEUV)[612]. Der von der EBA vorgelegte Entwurf umfasst die Arbeitsabläufe und Zusammenarbeit zwischen den zuständigen Behörden der Mitgliedstaaten und der EBA. Es werden somit vornehmlich Regelungen für den Ablauf der Arbeitsprozesse aufgestellt. Weiterhin werden Vorgaben gemacht, in welchem Datenformat die nationalen Behörden an die EBA die gesammelten Informationen abzuliefern haben. Da die in der Verordnung enthaltenen Regelungen somit rein technischer Art sind und die übrigen Voraussetzungen vorliegen, sind sowohl der Entwurf durch die EBA als auch die Verordnung selbst rechtmäßig.

202 Diese Kompetenzen werfen auch die Frage nach dem Rechtsschutz auf, bei dem das speziell in der VO geregelte Beschwerdeverfahren und die Klagemöglichkeiten vor dem EuG zusammen kommen[613]. Gegen die Untersagungsverfügung kann die D Bank Beschwerde gem. Art. 60 EBA-VO einlegen[614]. Über die zulässige Beschwerde entscheidet ein bei der EBA eingerichteter Beschwerdeausschuss (Art. 58 f EBA-VO) innerhalb von zwei Monaten nach deren Einreichung. Die Beschwerde hat gem. Art. 60 Abs. 3 EBA-VO keine aufschiebende Wirkung, der Beschwerdeausschuss kann aber den Vollzug vorübergehend aussetzen. Wird die Beschwerde der D Bank zurückgewiesen, so kann gegen den Beschluss des Beschwerdeausschusses gem. Art. 61 EBA-VO im Einklang mit Art. 263 AEUV Nichtigkeitsklage erhoben werden.

203 Auch in **Fall 14a (Rn 172)** hat D gegen die Anordnung der EBA zunächst Beschwerde zu erheben. Hält der Ausschuss die Beschwerde für begründet, wird er die Angelegenheit an die zuständige Stelle der EBA zurückverweisen. Diese ist an den Beschluss des Beschwerdeausschusses gebunden und trifft einen geänderten Beschluss zu der betreffenden Angelegenheit (Art. 60 Abs. 5 EBA-VO). Andernfalls kann gegen die Beschwerdeentscheidung Nichtigkeitsklage erhoben werden. Zuständig ist hierbei für Klagen natürlicher oder juristischer Personen das Gericht (Art. 256 Abs. 1 AEUV). D ist als juristische Person auch zur Klageerhebung iSd Art. 61 Abs. 2 EBA-VO iVm Art. 263 Abs. 4 AEUV berechtigt. Bei dem Beschluss des Be-

---

612 Diesen Anforderungen kommt die EBA-VO dadurch nach, dass sie in Art. 10 Abs. 1 Unterabs. 2 bestimmt, dass technische Regulierungsstandards ausschließlich technischer Art sind und keine strategischen oder politischen Entscheidungen beinhalten dürfen. Auch wird ihr Inhalt durch die Gesetzgebungsakte, auf denen sie beruhen, begrenzt.

613 Durch die Beschwerde wird eine Rechtsschutzlücke geschlossen, da bisher nicht ausreichend Rechtsschutz gegen Maßnahmen von Europäischen Agenturen vorhanden war. Vgl hierzu *Saurer*, EuR 2010, 51.

614 Diese ist statthaft, da es sich bei der Maßnahme um einen Beschluss der EBA handelt, der gemäß den Artikeln 17, 18 oder 19 erlassen worden ist. Die Beschwerde muss gem. Art. 60 Abs. 2 EBA-VO innerhalb von zwei Monaten nach dem Tag der Bekanntgabe des Beschlusses oder innerhalb von zwei Monaten ab dem Tag der Veröffentlichung, sofern eine Bekanntgabe nicht erfolgte, schriftlich bei der EBA eingelegt werden. Als juristische Person ist die D-Bank gem. Art. 60 Abs. 1 EBA-VO auch beteiligtenfähig.

schwerdeausschusses handelt es sich um eine Handlung einer „Einrichtung oder sonstigen Stelle" der Union, so dass die EBA selbst Klagegegner ist. D ist als Adressat der Untersagungsverfügung auch klagebefugt im Sinne des Art. 263 Abs. 4, 1. Alt. AEUV. Auch die BaFin kann gegen die an die D Bank gerichtete Untersagungsverfügung Beschwerde einlegen. Gem. Art. 60 Abs. 1 EBA-VO ist die Beschwerde der zuständigen Behörde statthaft, wenn sie sich „gegen einen gemäß den Artikeln 17, 18 und 19 getroffenen Beschluss der Behörde" richtet. Der Beschluss muss demnach nicht unmittelbar an die BaFin gerichtet sein, wie dies die zweite Variante des Art. 60 Abs. 1 EBA-VO voraussetzt[615]. Im Rahmen der ersten Variante ist auch nicht erforderlich, dass die BaFin unmittelbar und individuell von der Untersagungsverfügung betroffen ist. Den Beschluss des Beschwerdeausschusses kann auch die BaFin im Klageweg nach Art. 61 EBA-VO iVm Art. 263 AEUV anfechten[616]. Gegen die technischen Regulierungsstandards in **Fall 14b (Rn 172)** kann nur im Wege der Nichtigkeitsklage gem. Art. 263 EBA-VO vorgegangen werden, da es sich um Akte der Kommission und keine beschwerdefähigen Beschlüsse der EBA iSd Art. 60 Abs. 1 EBA-VO handelt. Im Rahmen der Klagebefugnis müssten die erhöhten Anforderungen des Art. 263 Abs. 4 AEUV erfüllt sein. In Betracht kommt die Einordnung von technischen Regulierungsstandards als „Rechtsakte mit Verordnungscharakter" iSd Art. 263 Abs. 4, 3. Var. AEUV[617], da die Verordnung nicht im Wege eines Gesetzgebungsverfahrens nach Art. 289 AEUV, sondern von der Kommission erlassen worden ist. Die Klagebefugnis ist jedoch für die D zu verneinen, da sie nicht unmittelbar von den technischen Regulierungsstandards betroffen ist. Diese richten sich unmittelbar nur an die BaFin. Anders könnte dies allerdings zu werten sein, falls auf europäischer Ebene unternehmensbezogene Pflichten, etwa nach dem Vorbild der MaRisk, erlassen würden.

d) Ausblick: Der Einheitliche Bankenabwicklungsmechanismus (SRM)

Als nächster Schritt in die Bankenunion der Eurozone wird ein **Einheitlicher Bankenabwicklungsmechanismus (Single Resolution Mechanism – SRM)** zur Koordinierung der Sanierung und Abwicklung von Kreditinstituten geschaffen[618]. Er knüpft an den SSM an und etabliert eine europäische Abwicklungsbehörde (Single Resolution Board – SRB), die Abwicklungspläne für die EZB-Institute und grenzüberschreitende Gruppen ausarbeitet und deren Abwicklungsfähigkeit bewertet. Das Abwicklungsverfahren wird ausgelöst, wenn nach Auffassung der EZB bzw. des SRB ein Institut ausfällt oder auszufallen droht und keine anderweitigen Abhilfemaßnahmen ersichtlich sind. Das SRB arbeitet dann ein Abwicklungskonzept aus und legt es der

204

---

615 Anders wohl *Lehmann/Manger-Nestler*, ZBB 2011, 2, 18.

616 Gem. § 1 Abs. 1 FinDAG handelt es sich bei der BaFin um eine rechtsfähige Anstalt des öffentlichen Rechts. Sie ist somit als juristische Person (des öffentlichen Rechts) und Adressat des gegen sie gerichteten Beschlusses des Beschwerdeausschusses auch parteifähig und klagebefugt iSd Art. 263 Abs. 4 AEUV.

617 Was unter „Rechtsakte mit Verordnungscharakter" zu verstehen ist, ist äußerst umstritten. Vgl hierzu *Cremer*, in: Calliess/Ruffert, EUV/AEUV, 4. Aufl. 2011, Art. 263 Rn 54 ff.

618 Verordnung (EU) Nr. 806/2014 des Europäischen Parlaments und des Rates vom 15.7.2014 zur Festlegung einheitlicher Vorschriften und eines einheitlichen Verfahrens für die Abwicklung von Kreditinstituten und bestimmten Wertpapierfirmen im Rahmen eines einheitlichen Abwicklungsmechanismus und eines einheitlichen Abwicklungsfonds sowie zur Änderung der Verordnung EU Nr. 1093/2010, ABl. L 225/1 v. 30.7.2014; auch diese Verordnung stützt sich auf Art. 114 AEUV, s. dazu und zur Bedeutung des „Leerverkauf-Urteils" bereits oben Fn. 528; instruktiv zum SRM *Ferran*, European Banking Union: Imperfect, but it can work, University of Cambridge Legal Studies Research Paper Series No. 30/2014, S. 11 ff (auch zur komplexen Zuständigkeits- und Verfahrensstruktur).

Kommission vor, die wiederum zusätzlich den Rat einschalten kann. Wird das Abwicklungskonzept gebilligt, weist das SRB die nationale Abwicklungsbehörde an, die im Abwicklungskonzept vorgesehenen Abwicklungsinstrumente anzuwenden[619]. Es bestehen entsprechende Überwachungsrechte des SRB und Berichtspflichten der nationalen Behörden; subsidär ein Selbsteintrittsrecht des SRB.[620] In organisationsrechtlicher Hinsicht stellt sich auch hier wieder die „Meroni-Frage", die mit dem Vetorecht der Kommission adressiert wird[621].

Im Übrigen koordiniert das SRB die Tätigkeiten der nationalen Abwicklungsbehörden. Nach den Plänen der Regierung soll diese Rolle künftig die im Zuge der Finanzkrise geschaffene Bundesanstalt für Finanzmarktstabilisierung (FSMA) übernehmen, die zu einem späteren Zeitpunkt als „Anstalt in der Anstalt" in die BaFin eingegliedert werden soll[622].

5. Selbstverwaltung der Wirtschaft durch Kammern

205   Zur **mittelbaren Staatsverwaltung** gehören die als Körperschaft des öffentlichen Rechts organisierten berufsständischen Kammern. Diese gibt es nicht nur für die freien Berufe (s. schon oben Rn 100, 128 f zur Apothekerkammer), sondern auch im Bereich des Handwerks- und Gewerberechts (Handwerks- sowie Industrie- und Handelskammern). Gemeinsam ist diesen die Pflichtmitgliedschaft (zur verfassungsrechtlichen Zulässigkeit Rn 141 ff)[623]. Die Einzelheiten, insbes zu den Aufgaben und Organen, ergeben sich aus den einschlägigen Gesetzen, zB IHKG und §§ 90 ff HwO.

Um **freiwillige Zusammenschlüsse** handelt es sich dagegen bei den sog. Handwerksinnungen (§§ 52 ff HwO), die der Aufsicht der Handwerkskammer unterstehen, § 75 S. 1 HwO. Zu ihren Pflichtaufgaben gehören die Mitwirkung an der Berufsausbildung, aber auch die Durchführung

---

619 Vgl zum Verfahren Art. 18, zu den Instrumenten Art. 22 ff Verordnung (EU) Nr. 806/2014 (SRM-VO) sowie die Richtlinie 2014/59/EU des Europäischen Parlaments und des Rates vom 15.5.2014 zur Festlegung eines Rahmens für die Sanierung und Abwicklung von Kreditinstituten und Wertpapierfirmen und zur Änderung der Richtlinie 82/891/EWG des Rates, der Richtlinien 2001/24/EG, 2002/47/EG, 2004/25/EG, 2005/56/EG, 2007/36/EG, 2011/35/EU, 2012/30/EU und 2013/36/EU sowie der Verordnungen (EU) Nr. 1093/2010 und (EU) Nr. 648/2012 des Europäischen Parlaments und des Rates, ABl. L 173/190 v. 12.6.2014 (BRRD).

620 Vgl Art. 29 SRM-VO.

621 Art. 18 Abs. 7 UAbs. 1 SRM-VO lautet: „Innerhalb von 24 Stunden ab Übermittlung des Abwicklungskonzepts durch den Ausschuss hat die Kommission das Abwicklungskonzept entweder zu billigen oder in den Fällen, die nicht unter Unterabsatz 3 dieses Absatzes fallen, hinsichtlich der Aspekte des Abwicklungskonzepts, bei denen ein Ermessensspielraum besteht, Einwände zu erheben." Dazu *Ferran*, European Banking Union: Imperfect, but it can work, University of Cambridge Legal Studies Research Paper Series Nr. 30/2014, S. 15, 22 f.

622 § 3 Entwurf des Gesetzes zur Sanierung und Abwicklung von Instituten und Finanzgruppen (SAG), s. Regierungsentwurf des Gesetzes zur Umsetzung der Richtlinie 2014/59/EU des Europäischen Parlaments und des Rates vom 15.5.2014 zur Festlegung eines Rahmens für die Sanierung und Abwicklung von Kreditinstituten und Wertpapierfirmen und zur Änderung der Richtlinie 82/891/EWG des Rates, der Richtlinien 2001/24/EG, 2002/47/EG, 2004/25/EG, 2005/56/EG, 2007/36/EG, 2011/35/EU, 2012/30/EU und 2013/36/EU sowie der Verordnungen (EU) Nr. 1093/2010 und (EU) Nr. 648/2012 des Europäischen Parlaments und des Rates (BRRD-Umsetzungsgesetz), BT-Drucks. 18/2575, S. 2, 145.

623 Zur Unionsrechtskonformität OVG Koblenz, LKRZ 2010, 477; OVG Lüneburg, GewArch. 2009, 370. Der EuGH misst die Regelungen der Kammern aber auch am europäischen Wettbewerbsrecht (Art. 101 AEUV), vgl EuGH v. 19.2.2002, Rs. C-309/99 – „*Wouters*", Slg. 2002, I-1577; s. auch *Breuer*, in: Isensee/Kirchhof, Handbuch des Staatsrechts, § 171 Rn 8.

der von der Handwerkskammer erlassenen Vorschriften und Anordnungen (s. im Einzelnen § 61 Abs. 2 HwO). Auch die Innungen nehmen diese Aufgaben in hoheitlicher Form wahr[624], so dass Streitigkeiten zwischen Innung und Handwerker ebenfalls von § 40 VwGO erfasst werden[625]. Auch die Innungen haben das Grundrecht des Art. 12 GG zu beachten. Problematisch ist bei den Innungen als öffentlichrechtlich ausgestalteten Rechtsträgern das Nebeneinander von öffentlichen Aufgaben und Interessenvertretung[626], das es so bei den anderen Berufsorganisationen nicht gibt. Rein privatrechtliche **Interessenvertretungen**, denen keine öffentlichen Aufgaben übertragen sind, stellen die Wirtschaftsverbände dar, zB der Bundesverband der deutschen Industrie und der Zentralverband des deutschen Handwerks.

Ausfluss des Selbstverwaltungsrechts ist die **Satzungshoheit**[627]. Die Mitglieder kön-   **206** nen sich gegenüber der Kammer auf ihre Grundrechte berufen; auch die Grundfreiheiten können einschlägig sein (s. dazu ▶ **Klausurenkurs Fall Nr 3**). Dabei folgt bereits aus dem Gesetzesvorbehalt, dass sie nur **innerhalb des gesetzlich festgelegten Aufgabenbereichs** tätig sein dürfen. Angesichts der weiten Formulierung (vgl zB „Belange der gewerblichen Wirtschaft" nach § 1 Abs. 1 IHGK) ergeben sich daraus aber jedenfalls für Stellungnahmen der Kammern kaum Grenzen. Auch allgemein wirtschaftspolitische Fragen gehören dazu, sofern diese einen hinreichenden örtlichen Bezug, dh nachvollziehbare Auswirkungen auf den Kammerbezirk haben[628].

Zentrale Aufgabe ist nicht nur die Beratung der Mitglieder[629], sondern auch die Interessenvertretung nach außen. Die Kammern sind nicht nur zur Abgabe von Stellungnahmen berechtigt, sondern können sich grundsätzlich auch an privatrechtlichen Dachverbänden[630] und privatrechtlichen Gesellschaften zur Förderung der örtlichen Wirtschaft beteiligen[631]. Eine wirtschaftliche Betätigung allein zur Erzielung von Einnahmen ist den Kammern dagegen nicht gestattet. Streitigkeiten zwischen einer Kammer und ihren Mitgliedern beschäftigen regelmäßig die Gerichte, vor allem hinsichtlich der Kammerbeiträge. Außerdem kann die Einhaltung der Aufgaben mittels einer Feststellungsklage überprüft werden[632]. Darüber hinausgehende Innenrechtsstreitigkeiten zwischen Mitgliedern und Kammerorganen sind nach der Rechtsprechung des BVerwG jedoch unzulässig[633]. Die Befugnisse beschränken sich grundsätzlich auf Mitglieder[634].

---

624 BVerfGE 68, 193, 208. Ausführlicher zu den Innungen *Frotscher/Kramer*, Rn 618 ff; *Detterbeck/ Will*, Die Handwerksinnungen in der staatlichen dualen Ordnung des Handwerks, 2003.
625 S. auch *Frotscher/Kramer*, Rn 629; *Honig/Knörr*, HwO, § 58 Rn 12. Wer die Aufnahmevoraussetzungen erfüllt, hat einen Anspruch auf Aufnahme, s. § 58 Abs. 3 HwO. Die Entscheidung über die Aufnahme in die Innung bzw deren Verweigerung stellt sich als Verwaltungsakt dar.
626 Vgl *Frotscher/Kramer*, Rn 622.
627 Zur Delegation von Rechtsetzungsbefugnissen (am Beispiel der Notarkassen) BVerfG, NJW 2005, 45.
628 BVerwG, NVwZ-RR 2010, 882 m. Aufs. *Möllering*. GewArch. 2011, 56; VGH Kassel, NVwZ-RR 2009, 469, 471 f; weiter noch die Formulierung in BVerwGE 112, 69, 74.
629 Zur Möglichkeit der Rechtsberatung s. *Schöbener*, GewArch. 2011, 49.
630 BVerwGE 74, 254 zur Mitgliedschaft der Handwerkskammern im „Deutscher Handwerkskammertag" und dem „Zentralverband des Deutschen Handwerks".
631 BVerwGE 112, 69, 76 f.
632 St. Rspr, vgl nur BVerwG, NVwZ-RR 2010, 882; OVG Koblenz, LKRZ 2010, 477; s. auch *Frotscher/Kramer*, Rn 26 ff. Da die Beitragspflicht der Mitglieder nicht von der Einhaltung dieser Grenzen abhängt (vgl OVG Koblenz, LKRZ 2010, 477), können diese Fragen nicht inzident gerügt werden, wenn sich ein Mitglied gegen den Beitragsbescheid wendet.
633 Zur Frage eines Einsichtsrechts in Unterlagen BVerwGE 120, 255; dazu *Rickert*, GewArch. 2004, 369; *Schöbener*, GewArch. 2008, 329.
634 Zur Ablehnung einer Auskunftpflicht, wenn die Voraussetzungen einer Eintragung in die Handwerksrolle offensichtlich fehlen BVerwG, NVwZ-RR 2011, 314.

§ 3 Das Gewerberecht

I. Grundstrukturen und Grundbegriffe

1. Gewerberecht als Grundmodell des öffentlichen Wirtschaftsrechts

207 § 1 Abs. 1 GewO stellt den Grundsatz der „Gewerbefreiheit" an den Beginn des Gesetzes. Die Zielrichtung der GewO war aber schon immer eine doppelte. Sie dient auch der Gefahrenabwehr. Das Gewerberecht ist **genauso traditionsreich** (zur historischen Entwicklung s. Rn 11 f) **wie aktuell.** Hier werden die **Einflüsse des Unions-, Verfassungs- wie des Allgemeinen Verwaltungsrechts** auf das öffentliche Wirtschaftsrecht besonders anschaulich. Dies betrifft zum einen die in § 2 vor die Klammer gezogenen Fragen der Vereinbarkeit gewerberechtlicher Vorschriften mit Verfassungs- und Unionsrecht und nicht zuletzt die Anpassung an die Dienstleistungsrichtlinie. Bei der **grenzüberschreitenden Erbringung von Dienstleistungen** wurde in § 4 GewO[1] die Anwendbarkeit der gewerberechtlichen Anzeige- und Genehmigungserfordernisse eingeschränkt. Insoweit haben sich die früheren Fälle (Unionsrechtskonformität bestimmter Anforderungen) bis auf wenige Ausnahmen ins einfache Recht verlagert (s. näher Rn 237 ff). Es gilt aber noch mehr für das gesamte abgestufte Eingriffsinstrumentarium und die gewerberechtlichen Grundbegriffe. Diese konkretisieren nicht nur das Verhältnismäßigkeitsprinzip. Das Gewerberecht übernimmt vielmehr zugleich die **Funktion eines „Allgemeinen Teils"** des öffentlichen Wirtschaftsrechts. Nicht nur im Gaststätten- und Handwerksrecht (dazu §§ 4–5), sondern auch im sog. Regulierungsrecht (§ 6) finden sich die aus der Gewerbeordnung vertrauten Grundstrukturen, etwa die Differenzierung zwischen anzeige- und genehmigungspflichtigem Gewerbe und gewerberechtliche Grundbegriffe wie Gewerbsmäßigkeit und Zuverlässigkeit.

208 Wichtiger als Detailwissen ist gerade in der juristischen Ausbildung die Kenntnis dieser Grundstrukturen, die – neben dem Prozessrecht – den **„Einstieg" in die Fallbearbeitung** liefern. Der Erfolg einer Klausur hängt maßgeblich davon ab, dass gewerberechtliche Grundbegriffe (insbes der Gewerbebegriff und die Unzuverlässigkeit) und die einschlägigen Ermächtigungsgrundlagen erkannt und die Schnittstellen zum allgemeinen Verwaltungsrecht (s. Rn 313 f, 355 f, 443 f), zum Verwaltungsvollstreckungsrecht (s. Rn 324 ff), aber auch zum Polizei- und Ordnungsrecht (s. Rn 320 ff) gesehen werden.

---

1 Dieser wurde eingefügt durch das Gesetz zur Umsetzung der Dienstleistungs-RL im Gewerberecht und in weiteren Rechtsvorschriften (DlRLUG) v. 17.7.2009, BGBl. I S. 2091 und ist seit dem 28.12.2009 in Kraft.

2. Das Regelungskonzept der GewO

a) Gewerbearten

Systematisch unterscheidet die GewO nach **Gewerbearten**. Die Einteilung in **stehen-** **209**
des, Reise- und Marktgewerbe (Titel II – IV) knüpft an die Art und Weise der Ausübung des Gewerbes an. Nach der Systematik der GewO enthält **jeder Titel eine in**
sich abgeschlossene Regelung, so dass Vorschriften in einem Titel nur für das entsprechende Gewerbe anwendbar sind, sofern das Gesetz nicht ausdrücklich etwas anderes bestimmt. So ist beispielsweise der Rückgriff auf die für den Titel II geltenden
zentralen Vorschriften der §§ 14, 35 GewO bei einem erlaubnisfreien Reisegewerbe
nicht möglich; es bedurfte paralleler Regelungen in §§ 55c, 59 GewO. Auch das
Marktgewerbe „dispensiert" von den meisten Vorschriften der Titel II und III. Regelungslücken sind dadurch ausgeschlossen, dass zum stehenden Gewerbe – im Wege
einer Negativabgrenzung – alle gewerblichen Tätigkeiten gehören, die nicht Reise-
oder Marktgewerbe sind.

b) Erlaubnisfreies und zulassungspflichtiges Gewerbe

§ 1 GewO geht davon aus, dass Aufnahme und Fortsetzung der gewerblichen Betätigung grund- **210**
sätzlich frei sind und keiner gesetzlichen Beschränkung unterliegen. Liegt also ein Gewerbe vor,
ist dessen Ausübung **ohne staatliche Genehmigung** gestattet, solange nicht ausdrücklich etwas
anderes bestimmt ist. **Gewerberechtliche Erlaubnispflichten sind allerdings trotz dieses Leit-**
bildes keineswegs die Ausnahme. Art. 12 GG (und der Grundsatz der Gewerbefreiheit nach § 1
GewO) verlangen jedoch, dass **Erlaubnispflichten ausdrücklich normiert** werden. Die Erlaubnispflicht besteht für bestimmte Formen des stehenden Gewerbes (**§§ 30–34e GewO**) und das
Reisegewerbe (**§§ 55 ff GewO**). Sie sind allerdings auch in Sondergesetzen enthalten[2]. Vom er-
laubnisbedürftigen **zu unterscheiden ist das sog. überwachungsbedürftige Gewerbe nach § 38**
GewO. Dort bleibt es bei der bloßen Anzeigepflicht nach § 14 GewO, allerdings prüft die Be-
hörde unverzüglich nach Eingang der Anzeige die Zuverlässigkeit des Gewerbetreibenden, § 38
Abs. 1 S. 1 GewO.

Die Gewerbefreiheit des § 1 GewO[3] beschränkt sich auf das „Ob", dh die Aufnahme der Tätigkeit
sowie die (Pflicht zur) Beendigung gewerberechtlicher Tätigkeit. Das „Wie", also die Art und
Weise der Betätigung, wird davon nicht erfasst (zu den Auswirkungen auf die Zulässigkeit poli-
zeirechtlicher Maßnahmen bzw landesrechtlicher Regelungen s. unten Rn 320 f). Von vornherein
nicht unter die Gewerbefreiheit fallen nach der Rechtsprechung strafrechtlich verbotene Tätigkeiten (dazu unten Rn 322 f).

Für die praktische Lösung eines Falles liegt nicht nur in der Klausur die **entschei-** **211**
dende Weichenstellung in der Zuordnung zum genehmigungsfreien oder genehm-
migungsbedürftigen Gewerbe, da von dieser das behördliche Handlungsinstrumentarium abhängt.

Beim erlaubnisfreien Gewerbe hat die Behörde – beim Vorliegen der Tatbestandsvoraussetzungen – die Möglichkeit einer **Untersagung der Ausübung des Gewerbes**

---

2 Außerhalb der GewO finden sich Erlaubnispflichten nicht nur im GastG und der HwO (dazu §§ 4, 5),
   dem Energie-, und Bankaufsichtsrecht (dazu § 6), sondern auch weiteren Spezialgesetzen.
3 Ausf *Ehlers*, in: Ehlers/Fehling/Pünder, § 17 Rn 29 ff.

wegen Unzuverlässigkeit, zB gem. § 35 GewO. Diese Untersagung ergeht durch Verwaltungsakt, gegen den sich der Betroffene mit Widerspruch bzw Anfechtungsklage wehren kann. Als Verwaltungsakt kann sie nach dem LVwVG vollstreckt werden. Wird eine **erforderliche Erlaubnis beantragt,** besteht schon aus verfassungsrechtlichen Gründen ein Anspruch auf eine solche Genehmigung, wenn die Voraussetzungen vorliegen (s. schon Rn 123). Entscheidet die Behörde nicht rechtzeitig über eine beantragte Genehmigung kann diese in den Fällen des § 6a GewO fingiert werden[4]. **Ohne Erlaubnis** dürfen genehmigungspflichtige Gewerbe nicht ausgeübt werden, so dass die Behörde zum Einschreiten berechtigt ist, zB zur Untersagung der Fortsetzung des Betriebes nach § 15 Abs. 2 GewO. Wurde eine Erlaubnis erteilt, muss diese aufgehoben werden, bevor gegen die weitere Ausübung des Gewerbes vorgegangen werden kann. Teilweise bestehen Sondervorschriften für **Rücknahme und Widerruf,** die die allgemeinen Vorschriften der §§ 48, 49 VwVfG ergänzen und tlw verdrängen. Eine Erlaubnis kann außerdem mit Nebenbestimmungen versehen werden, entweder aufgrund ausdrücklicher Regelung oder nach § 36 Abs. 1 LVwVfG[5].

c) Gewerberechtliche Schlüsselbegriffe

212 Schon dieser kurze Überblick ließ erkennen, dass gewerberechtliche Schlüsselbegriffe dieses Rechtsgebiet prägen. Der **Begriff des Gewerbes** entscheidet über die Anwendbarkeit der Gewerbeordnung, aber zugleich auch über die Abgrenzung zwischen Gewerbe- und Polizeirecht. **Gewerbetreibende** sind in der Praxis überwiegend juristische Personen. Die **Unzuverlässigkeit** entscheidet über die Zulässigkeit einer Gewerbeuntersagung (wegen Unzuverlässigkeit) zB nach § 35 GewO, ist aber auch der Hauptgrund für die Versagung einer Erlaubnis. Diese gewerberechtlichen Schlüsselbegriffe werden genauso wie zentrale Fragen des Verwaltungsverfahrens „vor die Klammer" gezogen.

3. Der Begriff des Gewerbes

213 **Fall 15:** Handelt es sich in den folgenden Fällen um Gewerbe iS von § 1 GewO?

a) K betreibt einen sog. „Swingerclub". Dieser soll grundsätzlich jedem interessierten Erwachsenen offen stehen. Auf die Altersgrenze und die Art des Clubs wird am Eingang deutlich hingewiesen.

b) Der gemeinnützige Touristenverein „Naturfreunde eV" betreibt ein Naturfreundehaus. Die Angebote vor allem zur Kinder- und Jugenderholung richten sich primär an sozial schwache Bevölkerungsgruppen und kinderreiche Familien. Speisen und Getränke werden zwar über dem Einkaufspreis, aber sehr günstig angeboten. Trotz erheblicher Landeszuschüsse macht das Haus Verluste.

c) S verkauft vor dem Stadion Eintrittskarten für ein Fußballspiel. Da sich das Zuschauerinteresse in Grenzen hält, verkauft er sie günstiger als an der Stadionkasse.

---

4 Dazu *Bernhardt*, GewArch. 2009, 100 ff; *Jäde*, UPR 2009, 169 ff.
5 Da es sich bei gewerberechtlichen Genehmigungen immer um gebundene Entscheidungen handelt, ist nur § 36 Abs. 1 LVwVfG einschlägig.

d) K vermietet auf einem ihm gehörenden, ca. 12 ha großen Freizeitplatz ca. 1200 Standplätze an Dauercamper. Die Standplätze werden nur für den Sommer zum Preis von 500 EUR vermietet. Jeder Standplatz hat Anschluss an die Strom- und Wasserversorgung, es gibt auf dem Gelände mehrere Dusch- und Toilettenanlagen sowie einen Verkaufskiosk[6].

e) K betreibt einen Hofladen, in dem er überwiegend ökologisch erzeugte landwirtschaftliche Produkte aus der Eigenproduktion verkauft. Sein Laden ist täglich 4 Stunden geöffnet.

f) K bietet eine Schülerbetreuung mit Hausaufgabenhilfe an. Die Eltern zahlen dafür pro Nachmittag 20 EUR.

g) S ist Diplom-Sozialpädagoge und betreibt ein Büro für soziale Dienstleistungen. In diesem Rahmen ist er hauptberuflich als sog. Berufsbetreuer für über 20 Personen aus allen Amtsgerichtsbezirken des Landkreises selbstständig tätig (zu den Aufgaben eines Betreuers vgl § 1901 BGB). Hierfür wird er nach dem Vormunds- und Betreuervergütungsgesetz vergütet (§ 1836 Abs. 1 S. 2, 3 BGB). Die zuständige Gewerbeaufsichtsbehörde ist der Auffassung, er müsse ein Gewerbe anmelden. Ist dies zutreffend? Ändert sich an der Beurteilung etwas, wenn es sich um den zugelassenen Rechtsanwalt R handelt?

h) K ist Eigentümer von sechs Ferienwohnungen mit 30 Betten in einem Ferienpark im Hunsrück. Die Wohnungen werden üblicherweise für mehrere Wochen angemietet. K wirbt für seine Wohnungen in einem Urlaubsprospekt.

Die Anwendbarkeit des Gewerberechts setzt voraus, dass die entsprechende Tätigkeit **214** gewerbsmäßig ausgeübt wird. Die **Definition** dieses gewerberechtlichen Schlüsselbegriffs wurde von der Rechtsprechung entwickelt. Gewerbe ist **jede erlaubte, auf Gewinnerzielung gerichtete, selbstständige und auf Dauer angelegte Tätigkeit, die nicht Urproduktion, freier Beruf oder die Verwaltung eigenen Vermögens ist**[7]. Es lassen sich also neben den vier **„positiven" Elementen der Gewerbsmäßigkeit** (Erlaubtheit, Gewinnerzielungsabsicht, Selbstständigkeit, Dauerhaftigkeit) drei **„negative" Merkmale der sog. Gewerbsfähigkeit** (Ausschluss von Urproduktion, freien Berufen und der Verwaltung eigenen Vermögens) unterscheiden[8]. Diese Merkmale müssen **kumulativ** vorliegen. Anders als im Handels- und Steuerrecht führt im Gewerberecht deswegen auch nicht allein die Größe oder die Rechtsform eines Unternehmens zur Bejahung der Gewerbsmäßigkeit[9]. Angesichts der Konkretisierungen durch die Rechtsprechung geht man einhellig davon aus, dass der Begriff den Anforderungen des Bestimmtheitsgrundsatzes genügt[10]. Verständlich wird die anhand einer Vielzahl von Fällen konkretisierte Definition des Gewerbebegriffes vor allem aus ihrer **Funktion** heraus, über die Anwendung des Gewerberechts zu entscheiden.

Als **unbestimmter (aber voll justitiabler) Rechtsbegriff** passt er sich dynamisch **215** den gesellschaftlichen und wirtschaftlichen Entwicklungen an. Der Begriff muss of-

---

6 BVerwG, NJW 1977, 772.
7 Vgl die grundlegende Entscheidung des BVerwG, NJW 1977, 772. So oder ähnlich die allgemeine Auffassung in Rechtsprechung und Literatur. S. dazu *Kahl*, in: Landmann/Rohmer, GewO, Einl. Rn 32; *Friauf*, in: Friauf, GewO, § 1 Rn 14a jeweils mwN.
8 *Ehlers,* in: Ehlers/Fehling/Pünder, § 18 Rn 12; s. auch *Frotscher/Kramer*, Rn 336 ff; *Schliesky,* S. 227 f.
9 Dazu *v. Ebner*, GewArch. 1977, 281; ausf zum steuerrechtlichen Begriff *Friauf*, in: Friauf, GewO, § 1 Rn 7c ff.
10 S. näher *Friauf*, in: Friauf, GewO, § 1 Rn 13 ff mwN auch zu den vereinzelten Gegenstimmen.

fen genug sein, um „die Vielgestaltigkeit der gewerblichen Entwicklung"[11] auch für die Zukunft zu erfassen und andererseits bestimmt genug, um – freilich aus ganz unterschiedlichen Gründen – bestimmte Tätigkeiten aus dem Anwendungsbereich des Gewerberechts herauszunehmen. Diese unterfallen entweder – wie die freien Berufe – einem eigenen Rechtsregime oder unterliegen – wie vor allem sämtliche als nicht erlaubt aus dem Gewerbebegriff ausgesonderten Tätigkeiten – der Kontrolle der allgemeinen Polizei- und Ordnungsbehörden (s. unten Rn 322 f). Gleichzeitig ist er flexibel genug, um den **Besonderheiten des Einzelfalles** Rechnung zu tragen, so dass vor einer allzu schematischen Anwendung der im Folgenden gelieferten Beispiele zu warnen ist. Gleichermaßen sind pauschale Hinweise auf den vermeintlichen „Typus" des Gewerbetreibenden abzulehnen. Vor allem beim Ausscheiden von Bagatellfällen, für den diese sog. Gesamtbildlehre entwickelt wurde[12], ist Vorsicht geboten; dafür sind die Einzelmerkmale maßgeblich. Vor allem Dauerhaftigkeit und Gewinnerzielungsabsicht werden sich in solchen Fällen regelmäßig verneinen lassen. Der Gewerbebegriff gilt nicht nur für die GewO und die gewerberechtlichen Nebengesetze (vor allem GastG und HwO)[13], sondern insbesondere auch für TKG und KWG (dazu unten Rn 538, 547); die handels- und steuerrechtlichen Begriffe sind teilweise weiter.

Über die Anwendbarkeit der Gewerbeordnung entscheidet allerdings nicht allein diese Definition des Gewerbes. In § 6 GewO hat der Gesetzgeber für eine Vielzahl äußerst heterogener Tätigkeiten ausdrücklich die (Nicht)Anwendbarkeit der GewO vorgeschrieben. Die Vorschrift, teilweise deklaratorisch[14], kann aber nicht pauschal zur Konturierung des Gewerbebegriffes herangezogen werden[15]. So wird die Anwendbarkeit der GewO ausdrücklich auf die Tätigkeit von (eigentlich zu den freien Berufen gehörenden) Apothekern erstreckt. Problematisch ist die Abgrenzung von Heil- und Pflegeberufen zu privaten Pflegediensten[16].

a) Erlaubtheit des Gewerbes

216 Erlaubt und damit grundsätzlich auch als Gewerbe ausübbar ist eine **Tätigkeit, die nicht generell gegen geltendes Verfassungsrecht oder Strafgesetze verstößt**[17]. Dieses Merkmal soll also bestimmte Verhaltensweisen aus dem Gewerberecht verbannen und gleichzeitig die Anwendbarkeit des allgemeinen Polizei- und Ordnungsrechts

---

11 So bereits die Entwurfsbegründung des Gesetzes von 1869; dazu BVerfG, NJW 1977, 772; s. auch *Kahl*, in: Landmann/Rohmer, GewO, Einl Rn 30 (mit Abdruck der Begründung); *Frotscher/Kramer*, Rn 332.

12 *Fröhler*, NJW 1963, 279, 281; *Ennuschat*, in: Tettinger/Wank/Ennuschat, GewO, § 1 Rn 3 f; krit im Hinblick auf die Bestimmtheit des Maßstabs auch *Kahl*, in: Landmann/Rohmer, GewO, Einl. Rn 52; *Frotscher/Kramer* Rn 347.

13 Zur Einheitlichkeit des gewerberechtlichen Begriffes s. *Friauf*, in: Friauf, GewO, § 1 Rn 15 ff. Der Gewerbebegriff findet auch außerhalb des Wirtschaftsverwaltungsrechts Verwendung, ohne dass dem notwendigerweise eine einheitliche Begriffsbestimmung zugrunde liegt (s. zur unterschiedlichen Funktion des Begriffes im Gewerbe- und im Steuerrecht BVerwG, NJW 1977, 772). Auch der bauplanungsrechtliche Gewerbebegriff ist nicht im Sinne der GewO auszulegen, s. *Battis/Krautzberger/Löhr*, BauGB, § 35 Rn 31. Die folgende Darstellung beschränkt sich auf das Gewerberecht.

14 S. *Friauf*, in: Friauf, GewO, § 1 Rn 4; ausf die Kommentierungen des § 6. § 6 sollte schon nach der Begründung zum Entwurf von 1869 nicht den Gewerbebegriff definieren, s. *Friauf*, in: Friauf, GewO, § 1 Rn 10b.

15 OVG Lüneburg, GewArch. 2013, 315; *Marcks*, in: Landmann/Rohmer, GewO, § 6 Rn 2.

16 Für eine Qualifikation als Gewerbe das BMWi, s. *Schönleiter*, GewArch. 2011, 67, 69.

17 Ausf *Kahl*, in: Landmann/Rohmer, GewO, Einl Rn 38 mwN.

eröffnen; schon wegen dieser Funktion ist es unverzichtbar[18]. Es ist gleichzeitig von Verboten in der GewO, etwa der Durchführung bestimmter Tätigkeiten als Reisegewerbe (dazu Rn 337 ff), zu unterscheiden. Während sich mittels dieses Kriteriums eindeutig strafbares Verhalten wie die „gewerbsmäßige" Hehlerei, aber auch die Ausübung verbotenen Glücksspiels (§ 284 StGB)[19] ohne Probleme aus dem Gewerbebegriff ausklammern und damit der Kontrolle der allgemeinen Gefahrenabwehrbehörden überstellen lassen, stellt sich immer wieder die Frage, inwieweit Tätigkeiten, die nicht ausdrücklich verboten sind, als **sozial unwertig** aus dem Gewerbebegriff herausfallen können. Dies soll dann der Fall sein, wenn sie „den allgemein anerkannten sittlichen und moralischen Wertvorstellungen zuwiderlaufen"[20]. Da diese nach Ansicht des BVerfG dem Schutz des Art. 12 GG unterfallen (s. bereits Rn 117) und die verfassungsrechtlichen Wertungen das Gewerberecht prägen, erscheint dies problematisch[21]. Da viele ursprünglich als sozial unwertig qualifizierte Tätigkeiten seit langem als Gewerbe anerkannt sind, wie etwa **Astrologie, Wahrsagerei** und ähnliche gegen Entgelt angebotene Tätigkeiten[22], ist die praktische Relevanz dieser Frage eher gering (s. zur Kommerzialisierung der Sexualität Rn 218 f). Es verbleiben lediglich die **Verstöße gegen die Menschenwürde des Art. 1 Abs. 1 GG**. Während dem dogmatischen Ansatz zuzustimmen ist, dass Betätigungen, die insgesamt gegen die Menschenwürde verstoßen (zum Zwergenweitwurf als Fall des § 33a GewO, s. Rn 305)[23], bereits aus dem Gewerbebegriff herausfallen und daher ein Einschreiten auf der Grundlage des Polizeirechts möglich ist, begegnet die Subsumtion der konkreten Fälle unter die Menschenwürde erheblichen Bedenken (zu Laserdromen Rn 117 und zu den Peep-Shows Rn 218)[24]. Wirklich überzeugend ist wohl nur die Einordnung der **kommerziellen Suizidbegleitung** als schlechthin verboten[25]. Über solche klaren Fälle hinaus ist es die Aufgabe des Gesetzgebers über Zulässigkeit oder Unzulässigkeit bestimmter Gewerbe, etwa von Samenbanken[26], zu entscheiden; der schillernde Begriff der sozialen Unwertigkeit kann dies nicht leisten, auch nicht, wenn man ihn mit zweifelhaften Menschenwürdeargumenten anreichert[27].

---

18 Für einen Verzicht auf dieses Tatbestandsmerkmal aber *Friauf*, in: Friauf, GewO, § 1 Rn 28.
19 Davon zu unterscheiden ist allerdings die Frage der Gewerbsmäßigkeit der Annahme von Sportwetten, die spätestens seit der Entscheidung EuGH, NVwZ 2010, 1409 zu bejahen ist, s. auch *Schönleiter*, GewArch. 2011, 67, 70.
20 BVerwG, GewArch. 1993, 196, 197; 1998, 41; *Ennuschat*, in: Tettinger/Wank/Ennuschat, GewO, § 1 Rn 41 ff; *Kahl*, in: Landmann/Rohmer, GewO, Einl. Rn 41, 46; *Ziekow*, § 10 Rn 8.
21 Dazu *Ehlers*, in: Ehlers/Fehling/Pünder, § 18 Rn 13; *Vollmöller*, in: Schmidt/Vollmöller, § 8 Rn 6.
22 BVerwGE 22, 286 gegen die frühere Rechtsprechung.
23 Im Fall des VG Neustadt, NVwZ 1993, 98 wurde der generelle Menschenwürdeverstoß verneint, so dass das Gericht die Untersagung der Ausübung einzelner nicht genehmigter Tätigkeiten nach § 15 Abs. 2 GewO prüfte. Demgegenüber wurde gegen die Laserdrome auf der Grundlage des Polizeirechts eingeschritten.
24 Zur Argumentation mit der Menschenwürde BVerwGE 64, 274, 279; mit tlw abweichender Begründung (vorherrschende Moralvorstellungen) BVerwGE 84, 314, 318. Ausdrücklich abweichend für großstädtische Vergnügungsviertel bereits OVG Hamburg, GewArch. 1987, 298.
25 VG Hamburg, Beschl. v. 6.2.2009 – 8 E 3301/08 vor allem mit Hinweis auf Art. 2 Abs. 2 GG.
26 *Ennuschat*, in: Tettinger/Wank/Ennuschat, GewO, § 1 Rn 44; aA *Stober*, NJW 1986, 2613, 2618.
27 Ebenso *Ehlers*, in: Ehlers/Fehling/Pünder, § 18 Rn 13. Gerade die Peep-Show-Entscheidung belegte, dass das Menschenwürdeargument (erst) dann auftauchte, als sich Moralvorstellungen diversifiziert hatten, s. dazu *Marcks*, in: Landmann/Rohmer, GewO, § 33a Rn 19 ff.

217 Besonders intensiv diskutiert wurde die Frage der „sozialen Unwertigkeit" im Zusammenhang mit der Kommerzialisierung der Sexualität, insb der **Prostitution**. Trotz einiger Gegenstimmen in der Literatur ist die Frage höchstrichterlich entschieden[28]. Der Begriff stellt keine moralische oder ethische Kategorie, sondern einen gefahrenabwehrrechtlichen Rechtsbegriff dar. Dieser sei, so das BVerwG, auszulegen vor dem Hintergrund grundrechtlicher Gewährleistungen sowie der gewandelten Moralvorstellungen der Allgemeinheit, wie sie sich insbesondere in Wertentscheidungen des Gesetzgebers – hier im ProstG – widerspiegeln (zum ProstG und seinen Konsequenzen für das öffentliche Recht auch Rn 117, 261, 436[29]): Die **Grenze** der Freiheitsausübung des Einzelnen sei erst erreicht, wenn „durch ein Verhalten, das nicht mit Strafe bedroht ist, **schutzwürdige Belange der Allgemeinheit** berührt werden, was insbesondere dann der Fall ist, wenn es nach außen in Erscheinung tritt" und dadurch Jugendliche in ihrer Entwicklung gestört oder Dritte belästigt werden[30]. Sofern ein solcher Öffentlichkeitsbezug fehlt, ist es nicht Aufgabe des Gewerberechts, die Sittlichkeit zu fördern oder den Einzelnen zu einem herrschenden Moralvorstellungen entsprechenden Verhalten zu erziehen[31]. Grundsätzlich scheitert die Einstufung der Prostitution als Gewerbe also nicht am Merkmal der Erlaubtheit[32]. Dies gilt umso mehr, als auch das Gesetz zwischen Gewerbsmäßigkeit und Unsittlichkeit differenziert und Letztere bei genehmigungsbedürftigen Gewerben als Versagungsgrund ausgestaltet ist (vgl zu § 33a Abs. 2 S. 1 GewO Rn 305; zu § 4 Abs. 1 Nr 1 GastG Rn 436)[33].

218 **Fall 15a (Rn 213)**[34]: Damit ist auch die kommerzielle Ausnutzung sexueller Bedürfnisse im Grundsatz nicht sozial verwerflich; auf die wenig überzeugende Abgrenzung von zulässigen „gewerblichen Nebenleistungen"[35] kann daher verzichtet werden. Damit liegt im Betreiben eines **Swingerclubs** ein erlaubtes Gewerbe, auf das GewO und beim Ausschank alkoholischer Getränke (vgl Rn 419) das GastG anwendbar sind. Erst wenn Jugendliche oder Erwachsene gegen ihren Willen mit Erscheinungsformen der Sexualität in Kontakt geraten, kann dies die Unsittlichkeit begründen. Im konkreten Fall ist dies aber durch die deutlichen Hinweise am Eingang und entsprechende Kontrollen ausgeschlossen. Vergleichbare Maßstäbe sind auch in

---

28 Vgl nur die Nichtannahmeentscheidung BVerwG, NVwZ 2009, 909; grundlegend die Entscheidung zum Swingerclub, BVerwG, NVwZ 2003, 603; außerdem mit ausf Darstellung des Meinungsstands und auch zu den Gegenstimmen *Gurlit*, VerwArch. 2006, 409, 425 f; *dies.*, GewArch. 2008, 426, 427; *Marcks*, in: Landmann/Rohmer, GewO, § 14 Rn 15d.

29 Den Aspekt der kommerziellen Ausnutzung des Sexualtriebs zentral betonend das 2. Peepshow-Urteil, BVerwGE 314, 318 f.

30 BVerwG, NVwZ 2003, 603, 604.

31 Gegen ein Abstellen auf demoskopische Umfragen (zu Peep-Shows) auch BVerwG, NJW 1996, 1423 (allerdings im revisionsrechtlichen Zusammenhang nur bedingt aussagekräftig).

32 *Marcks*, in: Landmann/Rohmer, GewO, § 14 Rn 15a; *Gurlit*, VerwArch. 97 (2006) 409, 423; *Pöltl*, VBlBW 2003, 181, 189. Im Ergebnis nehmen mittlerweile auch die meisten Bundesländer eine Gewerbeanzeige von Prostituierten entgegen, s. dazu *Martinez*, in: Pielow, GewO, § 14 Rn 8.

33 Dies betont auch BVerwG, NVwZ 2003, 603; s. ferner *Ennuschat*, in: Tettinger/Wank/Ennuschat, GewO, § 1 Rn 47. Zuvor wurde die Abgrenzung zwischen dem Gewerbebegriff und der „Unsittlichkeit" als Anknüpfungspunkt für eine gewerberechtliche Maßnahme von der Rspr häufig offengelassen, s. dazu mwN *Kahl*, in: Landmann/Rohmer, GewO, Einl Rn 39.

34 BVerwG, NVwZ 2003, 603; s. auch *Haferkorn*, GewArch. 2002, 145, 146 ff; *Pauly/Brehm*, GewArch. 2000, 50, 58 f.

35 Vgl nur BVerwG GewArch. 1974, 201 zum Betreiben eines „Dirnenwohnheims".

den übrigen Fällen anzulegen[36]. Noch nicht beantwortet ist damit die Frage, ob es Konstellationen geben kann, in denen zusätzliche Umstände, die über die (bloße) Kommerzialisierung des Sexuellen hinaus gehen, etwa bei sog. Flatrate-Bordellen[37], die soziale Unwertigkeit begründen können. Dies wird kaum der Fall sein. Genauso wie ein Verstoß gegen strafrechtliche Bestimmungen typischerweise nicht die Gewerbsmäßigkeit in Frage stellt, sondern zur Unzuverlässigkeit führt (s. unten Rn 257 ff), sind solche Umstände idR mit Auflagen zu bekämpfen.

b) Gewinnerzielungsabsicht

Gewinnerzielungsabsicht ist „das planmäßige Streben, mehr zu erwirtschaften, als   **219**
zur Deckung der betrieblichen Kosten erforderlich ist"[38]. Die Erzielung tatsächlichen Gewinns ist dafür also unerheblich, solange subjektiv ein solches Gewinnstreben vorhanden ist[39]. Zweck dieses Tatbestandsmerkmals ist die Ausklammerung gemeinnütziger Betätigung, aber auch bestimmter Bagatellfälle aus dem Gewerbebegriff. Im Regelfall reicht daher die bloße Kostendeckungsabsicht daher nicht[40]. Gewinn ist andererseits jeder wirtschaftliche Vorteil, der zu einem Überschuss über die eigenen Aufwendungen führt[41]. Gewinnerzielungsabsicht kann also auch bei isoliert betrachtet kostenlosen Angeboten vorliegen, wenn diese den Gewinn an anderer Stelle steigern[42].

Fall 15b/c (Rn 213)[43]: Deswegen fehlt dem Betrieb des Naturfreundehauses die Gewerbsmä-   **220**
ßigkeit, da es trotz staatlicher Zuschüsse noch defizitär arbeitet[44]. Ein Anhaltspunkt kann sich dabei auch aus einem Preisvergleich ergeben: Werden Speisen und Getränke günstiger als üblich angeboten, ist dies ein Indiz für die fehlende Gewinnerzielungsabsicht. Gewinnerzielungsabsicht kann aber angenommen werden, wenn das Geschäft der Vermeidung höherer Verluste dient, selbst wenn das Geschäft insgesamt defizitär ist. Deswegen hat die Rechtsprechung auch beim Eintrittskartenverkauf zu Schleuderpreisen die Gewinnerzielungsabsicht bejaht[45].

---

36 Vgl bereits zuvor zum Darkroom VG Stuttgart, GewArch. 1998, 291. Dies gilt auch für die Peep-Shows; insoweit aA *Pielow*, in: Pielow, GewO, § 1 Rn 167: es sei entscheidend, dass die Tänzerinnen durch die fehlende Interaktionsmöglichkeit mit den Gästen entpersonalisiert und zum bloßen „Schauobjekt" herabgewürdigt würden. Ob allerdings die alternativen Gestaltungsmöglichkeiten (dazu *Ennuschat*, in: Tettinger/Wank/Ennuschat, GewO, § 33a Rn 47 ff) wirklich im Interesse der Darstellerinnen sind, ist mehr als zweifelhaft. Letztlich handelt es sich hier (genauso wie in den Laserdrome-Fällen) um eine simplifizierte Interpretation der Objektformel.
37 Hier die Unsittlichkeit bejahend *Lehmann*, GewArch. 2010, 291.
38 *Sprenger-Richter*, in: Robinski, Gewerberecht, B Rn 13.
39 BVerwG, NVwZ 1986, 296.
40 *Kahl*, in: Landmann/Rohmer, GewO, Einl Rn 54.
41 VG Stuttgart, NVwZ-RR 2009, 560.
42 Etwa das kostenlose Zurverfügungstellen eines bewachten Parkplatzes für Kaufhauskunden, *Marcks*, in: Landmann/Rohmer, GewO, § 34 Rn 14.
43 Zum Naturfreundehaus AG Radolfzell, NVwZ-RR 1998, 233 f; zum Eintrittskartenverkauf OLG Hamm, GewArch. 1994, 168.
44 AG Radolfzell, NVwZ-RR 1998, 233, 234.
45 OLG Hamm, GewArch. 1994, 168; im Ergebnis führt die Qualifikation als gewerblich hier zur Unzulässigkeit des Verkaufs nach § 56 Abs. 1 Nr 1h GewO, da man Eintrittskarten als Wertpapier qualifiziert und deren Verkauf im Reisegewerbe verboten ist.

221 Die wohl hM stellt auch dann allein auf dieses Kriterium der Gewinnerzielungsabsicht ab, wenn zu einer **außerwirtschaftlichen Zwecksetzung** religiöser, sozialer oder sonst ideeller bzw gemeinnütziger Art die **Gewinnerzielungsabsicht als Nebenzweck** hinzutritt[46]. Umgekehrt führt die wohltätige Absicht nicht zum Entfallen der Gewerbsmäßigkeit, wenn die Tätigkeit gerade auf die Erzielung von Überschüssen gerichtet ist, die anschließend – mittelbar – zu gemeinnützigen Zwecken eingesetzt werden sollen. Für die Gewinnerzielungsabsicht ist der Verwendungszweck nicht relevant[47]. Keine Gewerbsmäßigkeit liegt bei **Tätigkeiten der öffentlichen Hand** vor, die diese im Rahmen der Leistungsverwaltung, also zur Erfüllung öffentlicher Aufgaben erbringt[48]; auch hier wird man regelmäßig davon ausgehen können, dass diese defizitär erfolgt. Andernfalls ist die Gewerbsmäßigkeit zu bejahen. Ausklammern lassen sich allerdings bestimmte Bagatellfälle, etwa die von einem kommunalen Eigenbetrieb betriebene „Wühlkiste", eines An- und Verkaufs für Hausrat[49].

c) Dauerhaftigkeit

222 Die Gewerbeordnung ist **nicht für Bagatellfälle** gedacht. Hierzu zählen nach hM **bloß gelegentlich ausgeübte Tätigkeiten**, bei denen noch keine solche Intensität erreicht wird, dass diese eine gewerberechtliche Überwachung rechtfertigen könnte[50]. Deswegen ist eine gewisse Nachhaltigkeit des Gewinnstrebens erforderlich, die natürlich bei einer dauerhaft ausgeübten Tätigkeit zu bejahen ist. Eine ununterbrochene Tätigkeit ist jedoch nicht erforderlich, es genügt vielmehr die **Wiederholungs- bzw Fortsetzungsabsicht**. Bei einmaligen Tätigkeiten hat man die Gewerbsmäßigkeit dann bejaht, wenn es sich um eine umfangreiche Tätigkeit handelt, etwa der Abwicklung eines industriellen Großvorhabens oder der Errichtung eines großen Gebäudes[51], aber auch bei großen Vereinsfesten[52]. Rechtfertigen lässt sich diese Differenzierung nur vor dem Hintergrund des Zweckes des Merkmals, dass (nur) Bagatellfälle ausscheiden sollen.

223 **Fall 15c/d (Rn 213):** Auch bei einem saisonal betriebenen Campingplatz liegt das Merkmal der Dauerhaftigkeit vor, wenn die Vermietung jährlich erfolgen soll[53]. Sogar die Vermietung von Liegestühlen, die sich auf Sommerwochenenden mit schönem Wetter beschränkt, ge-

---

46 Trotz eines anderweitigen Hauptzweckes liegt also immer ein Gewerbe vor, wenn die Gewinnerzielung zumindest einen Nebenzweck darstellt, s. *Ennuschat*, in: Tettinger/Wank/Ennuschat, GewO, § 1 Rn 18 f; aA *Kahl*, in: Landmann/Rohmer, GewO, Einl Rn 56. Dies wird relevant bei Scientology bzw Jugendsekten.
47 *Ennuschat*, in: Tettinger/Wank/Ennuschat, GewO, § 1 Rn 22.
48 *Sprenger-Richter*, in: Robinski, Gewerberecht, B Rn 16 ff; *Ennuschat*, in: Tettinger/Wank/Ennuschat, GewO, § 1 Rn 23. Anders verhält es sich bei der genuin erwerbswirtschaftlichen Betätigung, etwa staatlichen Brauereien, Weingütern oder Porzellanmanufakturen.
49 S. dazu *Heß*, in: Friauf, GewO, § 14 Rn 7; *Pfeifer/Fischer*, GewArch. 2002, 232, 233.
50 *Sprenger-Richter*, in: Robinski, Gewerberecht, B Rn 39.
51 BVerwG, NJW 1981, 1665, 1666.
52 *Michel/Kienzle*, GastG, § 1 Rn 12; aA *Friauf*, in: Friauf, GewO, § 1 Rn 67.
53 Dieser Fall ist gleichzeitig die Leitentscheidung des BVerwG, NJW 1977, 772; s. auch *Frotscher/Kramer*, Rn 340.

nügt[54]. Beim einmaligen Verkauf von Eintrittskarten vor einem Stadion fehlt dagegen eigentlich die Dauerhaftigkeit; trotzdem hat das OLG Hamm wegen des Umfangs der Verkäufe die Gewerbsmäßigkeit und damit inzident auch die Dauerhaftigkeit der Gewerbeausübung bejaht[55].

d) Selbstständigkeit

Grundsätzlich muss ein Gewerbetreibender selbstständig sein. Er wird also **auf eigene Rechnung**, in eigener Verantwortung und **unter eigenem Namen**[56] tätig. Dieses Kriterium[57] dient vor allem der Abgrenzung von Gehilfen und Stellvertretern[58]. Gewerbetreibende sind deswegen beispielsweise Pächter oder Franchisenehmer[59], die das unternehmerische Risiko tragen. Im Übrigen lässt sich die Frage nur anhand der konkreten Umstände des Einzelfalles beurteilen[60].

224

e) Keine Urproduktion

Die **Gewinnung roher Naturerzeugnisse** – Land- und Forstwirtschaft sowie Garten- und Weinbau – wird wegen der bestehenden Besonderheiten, aber wohl auch aus historischen Gründen aus dem Gewerbebegriff herausgenommen[61]. Abgrenzungsprobleme ergeben sich dann, wenn diese **Waren direkt vom Erzeuger** vermarktet werden.

225

Fall 15e (Rn 213): Als Annex zur Urproduktion wird auch der übliche Verkauf eigener Erzeugnisse grundsätzlich nicht als Gewerbeausübung qualifiziert, soweit er mit der Urproduktion nach der Verkehrsanschauung eine Einheit bildet[62]. Anders verhält es sich, wenn dieser Rahmen des Üblichen überschritten wird, was insbesondere dann der Fall ist, wenn die Erzeugnisse in einem Ladengeschäft verkauft werden, selbst wenn sich dieses auf dem Hof befindet („**Hofladen**")[63]. Auch die Lagerung von Obst über mehrere Monate und der anschließende Verkauf sind keine Urproduktion mehr[64]. Keine Urproduktion liegt bei solchen

226

---

54 BayObLG, GewArch. 1977, 194; *Ennuschat,* in: Tettinger/Wank/Ennuschat, GewO, § 1 Rn 10.
55 OLG Hamm, GewArch. 1994, 168, 169. Es ging um „eine größere Menge (bis zu 231)" von Eintrittskarten, deren Absatz wohl auch eine Tätigkeit von gewisser Dauer verlangt.
56 Maßgeblich sind die realen Betriebsverhältnisse, so dass ein Strohmann, der lediglich als Gewerbetreibender vorgeschoben wird, um die wahren Betriebsverhältnisse zu verschleiern, nicht Gewerbetreibender im Sinne des § 1 Abs. 1 GewO ist, s. dazu *Pielow,* in: Pielow, GewO, § 1 Rn 163. Davon zu unterscheiden ist die Frage von Maßnahmen (auch) gegen den Strohmann nach § 35 GewO (s. unten).
57 Dazu, dass die genannten Tatbestandsmerkmale im Einzelfall abzuwägen sind und es auf das „Gesamtbild" ankommt, s. *Kahl,* in: Landmann/Rohmer, GewO, Einl Rn 35.
58 *Friauf,* in: Friauf, GewO, § 1 Rn 70; *Kahl,* in: Landmann/Rohmer, GewO, Einl Rn 36.
59 BGH, GewArch. 2000, *Marcks,* in: Landmann/Rohmer, GewO, § 14 Rn 43.
60 *Kahl,* in: Landmann/Rohmer, GewO, Einl Rn 35. Exemplarisch die Diskussion um Tankstellenpächter *Friauf,* in: Friauf, GewO, § 1 Rn 75. Zur Frage der Scheinselbständigkeit *Paschke,* GewArch. 2003, 22.
61 *Kahl,* in: Landmann/Rohmer, GewO, Einl Rn 63.
62 Dies gilt auch für die Viehzucht, auf die sich allerdings gem. § 6 GewO einige Vorschriften der GewO erstrecken; so schränkt § 67 Abs. 1 Nr 3 GewO das zulässige Sortiment von Wochenmärkten ein. Zum Hintergrund der Regelung des § 6 *Marcks,* in: Landmann/Rohmer, § 6 Rn 70 ff.
63 VG Schleswig, NVwZ-RR 1999, 308. Entsprechendes gilt auch für Verkaufsstände, die jedenfalls dann Gewerbeausübung darstellen, wenn die Erzeugnisse von verschiedenen Produktionsorten an verschiedenen Verkaufsständen weiterverkauft werden, s. VG Schleswig, GewArch. 2001, 373.
64 OVG Koblenz, GewArch. 1991, 147, 148.

Tätigkeiten vor, die in keinem Zusammenhang mit der eigentlichen Urproduktion stehen, etwa der **Zimmervermietung auf dem Bauernhof** oder der Nutzung eines Wiesengrundstückes als **Campingplatz** (s. schon **Fall 15d**).

f) Kein freier Beruf

227 Ebenfalls nicht unter den Gewerbebegriff fallen die sog. **„freien Berufe"**. Diese werden weder in der GewO noch in anderen Gesetzen allgemein gültig definiert[65]. Nach der Rspr ist darauf abzustellen, ob es sich um eine **wissenschaftliche, künstlerische oder schriftstellerische Tätigkeit** höherer Art oder eine **Dienstleistung höherer Art** handelt, die eine höhere Bildung, dh grundsätzlich ein abgeschlossenes Hochschul- oder Fachhochschulstudium erfordert und die persönlich, eigenverantwortlich und fachlich unabhängig im Interesse des Auftraggebers und der Allgemeinheit erbracht wird[66]. Auf die Einschätzung des die Tätigkeit Ausübenden kommt es genauso wenig an wie auf besondere Fähigkeiten oder den „höchstpersönlichen Charakter" der Dienstleistung[67].

228 **Beispiele und Fall 15f/g (Rn 213):** Die **Unterrichtstätigkeit** stellt nur dann kein Gewerbe dar, wenn es sich um Dienstleistungen höherer Art handelt, die Ausübung also ein abgeschlossenes Universitäts- oder Fachhochschulstudium voraussetzt. Dies ist beispielsweise bei einem **Repetitorium**, das auf das Examen vorbereitet, der Fall[68], nicht dagegen bei der **Nachhilfe** für Schüler, selbst wenn der Lehrer besondere pädagogische oder sonstige Fähigkeiten behauptet (**Fall 15f**)[69]. Ebenso ist beispielsweise der Betrieb einer **Yogaschule**[70] ein Gewerbe. Ebenfalls keine höhere Ausbildung setzen die Tätigkeit eines **Softwareentwicklers**[71] oder eines **Unternehmensberaters**[72] voraus. **Kein Gewerbe** ist demgegenüber die Tätigkeit eines **Übersetzers**, die entweder als schriftstellerisch einzuordnen ist oder jedenfalls eine qualifizierte Ausbildung erfordert.[73] In einigen Fällen – insb bei **Rechtsanwälten, Ärzten und Wirtschaftsprüfern** – hat der Gesetzgeber selbst die Zuordnung geregelt[74]. Der Betrieb einer **Apotheke** ist dagegen eine (teilweise spezialgesetzlich geregelte) Gewerbetätigkeit[75]. Auch ein

---

65 Eine Definition findet sich in § 1 Abs. 2 PartGG sowie in § 18 Abs. 1 Nr 1 S. 2 EStG. Derartige Definitionen haben für das Gewerberecht allenfalls Indizfunktion, vgl OVG Lüneburg, GewArch. 2013, 315 mwN. In § 2 Abs. 2 BRAO und in § 2 Abs. 3 BNotO wird allerdings ausdrücklich geregelt, dass es sich nicht um eine gewerbliche Tätigkeit handelt.

66 BVerwG, GewArch. 2008, 301.

67 So aber der Bund-Länder-Ausschuss Gewerberecht für die Prostitution, vgl *Schönleiter/Stenger*, GewArch. 2007, 320, 322; dagegen mit Recht *Gurlit*, GewArch. 2008, 426, 428.

68 OVG Münster, GewArch. 1969, 181, 182.

69 OVG Lüneburg, GewArch. 2002, 293; VG Gelsenkirchen: Urteil vom 18.3.2011 – 7 K 1531/10. Dabei handelt es sich auch nicht um Unterrichtswesen iSv § 6 GewO, soweit es nicht landesrechtlich geregelt ist, BVerwGE 78, 6, 10; *Sydow*, in: Pielow, GewO, § 6 Rn 22 ff; aA *Repkewitz*, in: Friauf, GewO, § 6 Rn 58 ff.

70 OVG Münster, NVwZ-RR 2001, 737.

71 OVG Lüneburg, GewArch. 2012, 361; *Pielow*, in: Pielow, GewR, § 1 Rn 176.

72 VG Minden vom 4.3.2009 – 3 K 1892/08; *Pielow*, in: Pielow, GewR, § 1 Rn 176; aA *Haake*, GewArch. 2010, 60.

73 VG Darmstadt, GewArch. 1996, 476 f; *Ennuschat*, in: Tettinger/Wank/Ennuschat, GewO, § 1 Rn 67.

74 S. dazu m.w. Beispielen *Ennuschat*, in: Tettinger/Wank/Ennuschat, GewO, § 1 Rn 58.

75 Allerdings gelten dafür wegen der besonderen Überwachungsbedürftigkeit des Arzneimittelhandels tlw Spezialvorschriften, weshalb § 6 S. 1 GewO einen Teil der gewerberechtlichen Bestimmungen für nicht anwendbar erklärt, dazu ausf *Marcks*, in: Landmann/Rohmer, GewO, § 6 Rn 5 ff.

Berufsbetreuer iSd § 1897 Abs. 6 BGB übt keinen freien Beruf, sondern ein Gewerbe aus, da zwar wie bei den freien Berufen die persönliche Tätigkeit im Vordergrund steht, diese aber keine höhere Bildung erfordert **(Fall 15g)**[76]. Auch wenn diese Tätigkeit von einem zugelassenen Rechtsanwalt ausgeübt wird, ist sie von der Anwaltstätigkeit abtrennbar und als Gewerbe einzustufen[77].

g) Keine Verwaltung eigenen Vermögens

Auch die Verwaltung eigenen Vermögens wird nicht als Gewerbeausübung angese- **229** hen, soweit sie sich in einem angemessenen und üblichen Rahmen hält. Nach der Rechtsprechung sollen damit solche Betätigungen von der gewerberechtlichen Regulierung freigestellt werden, welche die Schutzzwecke der GewO nicht oder nur geringfügig berühren[78]. Je stärker und häufiger aber Dritte und Arbeitnehmer mit der auf Erwerb gerichteten Tätigkeit in Berührung kommen, desto eher besteht das Bedürfnis nach einer staatlichen Kontrolle der Zuverlässigkeit des Gewerbetreibenden.

Fall 15h (Rn 213): Entscheidend ist dabei für die Abgrenzung nicht eine formalistische Ka- **230** suistik, sondern das Gesamtbild der Tätigkeit. So ist die **Vermietung eigener Wohnungen** grundsätzlich die Verwaltung eigenen Vermögens, selbst wenn es sich um eine Vielzahl von Wohnungen handelt. Anders verhält es sich bei der kurzfristigen Vermietung von Ferienwohnungen, erst recht, wenn diese mit Zusatzleistungen (Strandkorb- und Schwimmbadnutzung) verbunden ist und eine dauernde Befassung mit dem Projekt erforderlich macht. Ein wichtiges Indiz für die Gewerbsmäßigkeit kann auch eine umfangreiche Werbung sein[79]. Auch wenn die Endreinigung von den Mietern vorzunehmen ist, erfordert die Instandhaltung der Wohnung doch regelmäßige Kontrollen und Reparaturen, die die Grenze des Unerheblichen deutlich überschreiten. Damit dürfte sich die Vermietung der sechs Ferienwohnungen als Gewerbe darstellen **(Fall 15h)**[80]. Angesichts des Umfangs der Tätigkeit ist auch der **Betrieb eines Campingplatzes** auf einem eigenen Grundstück mehr als nur die Verwaltung eigenen Vermögens **(Fall 15d)**. Entsprechend ist der **Ankauf von Wohnungen**, die anschließend renoviert und weitervermietet werden, jedenfalls dann als Gewerbe einzustufen, wenn zu diesem Zweck regelmäßig Arbeitnehmer beschäftigt werden[81]. Als Fall der Verwaltung eigenen Vermögens kann demgegenüber die Installation einer **Photovoltaikanlage** auf dem Dach eines selbst bewohnten oder vermieteten Hauses angesehen werden[82].

---

76 BVerwG, NJW 2008, 1974; OVG Lüneburg, GewArch. 2008, 34 ff; *Mann*, NJW 2008, 121 ff.
77 BVerwG, NJW 2013, 2214.
78 BVerwG, GewArch. 1993, 193, 197; s. auch VGH Mannheim, GewArch. 1995, 339; VG Schleswig, GewArch. 2002, 292, 293; *Frotscher/Kramer*, Rn 346.
79 Zu den genannten Kriterien im Einzelnen VG Schleswig, GewArch. 2002, 292, 293.
80 VG Schleswig, GewArch. 2002, 292.
81 VGH Mannheim, GewArch. 1995, 339.
82 *Schönleiter*, GewArch. 2011, 67, 69 unter Hinweis auf die Verwaltungspraxis in Rheinland-Pfalz.

4. Der Gewerbetreibende

a) Juristische Personen und Personengesellschaften als Gewerbetreibende

231 Die sich aus dem Gewerberecht ergebenden Pflichten, angefangen mit der Pflicht zur Anzeige des Gewerbes nach § 14 GewO, über die Pflicht, eine Genehmigung zu beantragen bis hin zur Verpflichtung, den Verfügungen der Aufsichtsbehörde Folge zu leisten, richten sich an denjenigen, der das Gewerbe betreibt. Dies können auch juristische Personen oder Personengesellschaften sein, sofern das Gesetz nicht ausdrücklich etwas anderes bestimmt. Damit sind diese selbst auch die Adressaten behördlicher Maßnahmen (s. aber auch zur Untersagung der Gewerbeausübung gegenüber Vertretungsberechtigten oder Betriebsleitern nach § 35 Abs. 7a GewO unten Rn 300 f).

Dass sich die Gewerbsfähigkeit nicht auf natürliche Personen beschränkt, zeigt sich an einzelnen Vorschriften. So nennt § 2 Abs. 2 S. 2 GastG ausdrücklich den nichtrechtsfähigen Verein als möglichen Inhaber einer Gaststättenerlaubnis, § 1 Abs. 1 S. 1 HwO gestattet das Betreiben eines Handwerks ausdrücklich natürlichen und juristischen Personen sowie (schon seit 1965) Personengesellschaften. Auch aus § 15 Abs. 2 S. 2 GewO, der die Verhinderung der Fortsetzung des Betriebs einer ausländischen juristischen Person zum Gegenstand hat, folgt im Umkehrschluss, dass die im Inland anerkannten juristischen Personen schon nach einfachem Recht selbstverständlich ein Gewerbe betreiben können[83]. Insofern kann nur der Gesetzgeber in den Grenzen des verfassungsrechtlich Zulässigen die Gewerbeausübung durch juristische Personen beschränken[84].

232 Keine Besonderheiten ergeben sich, wenn eine **juristische Person nach deutschem Recht** (GmbH, AG) oder eine **Europäische Aktiengesellschaft**[85] das Gewerbe betreibt. Gewerbetreibende ist die juristische Person[86], sie selbst ist zur Gewerbeanzeige nach § 14 GewO verpflichtet[87], muss ihr Gewerbe gegebenenfalls anmelden[88] und ist Adressatin einer Untersagungsverfügung[89]. Die Gewerbefreiheit des § 1 GewO gilt auch für ausländische juristische Personen[90].

Einer juristischen Person nach ausländischem Recht kann lediglich die Fortsetzung des Gewerbes untersagt werden, wenn ihre Rechtsfähigkeit im Inland nicht anerkannt wird, s. § 15 Abs. 2 S. 2

---

83 Auch die Sondervorschriften für Personengesellschaften in § 15a aF sind 2009 entfallen.

84 Während früher auch bestimmte Erlaubnisse ausdrücklich natürlichen Personen vorbehalten wurden (etwa vor der Novelle 1994 die Versteigerung nach § 34b GewO und bis zur Novelle 2007 die Reisegewerbekarte), wurden entsprechende Vorbehalte mittlerweile aufgehoben.

85 Die Verordnung über die Europäische Aktiengesellschaft (Societas Europaea, SE) v. 8.10.2001, Abl. EG Nr L 294, S. 1 trat am 8.10.2004 in Kraft. S. auch das SE-Ausführungsgesetz BGBl. I 2004, S. 3675.

86 Dass die juristische Person selbst und nicht ihre Organe das Gewerbe betreiben, entspricht der allg. Meinung, s. nur BVerwG, GewArch. 1977, 14; NJW 1993, 1346; *Marcks*, in: Landmann/Rohmer, GewO, § 35 Rn 65.

87 *Marcks*, in: Landmann/Rohmer, GewO, § 14 Rn 54.

88 *Heß*, in: Friauf, GewO, § 14 Rn 9. Es genügt daher auch nicht, wenn der Geschäftsführer einer GmbH selbst in Besitz einer Erlaubnis ist, s. OVG Hamburg, NVwZ-RR 2004, 744. Zur Erforderlichkeit einer neuen Erlaubnis nach der Umwandlung von Gesellschaften s. *Odenthal*, GewArch. 2005, 132.

89 *Heß*, in: Friauf, GewO, § 35 Rn 133. Zur davon zu unterscheidenden Frage der Zuverlässigkeitsprüfung bei juristischen Personen Rn 261 f, 289.

90 Die frühere Genehmigungspflicht wurde zum 1.10.1984 aufgehoben, s. *Kahl*, in: Landmann/Rohmer, GewO, § 1 Rn 34.

GewO. Unter Zugrundelegung der Rechtsprechung des EuGH[91] gilt dies auch für **Gesellschaften, die nach dem Recht eines anderen EU-Staates gegründet wurden**, selbst wenn sie in ihrem Heimatstaat keine Tätigkeit entfalten (sog. Scheinauslandsgesellschaft). Da sie in Deutschland anerkannt werden, liegen die Voraussetzungen einer Betriebsuntersagung nach § 15 Abs. 2 S. 2 GewO nicht vor[92].

Die dem englischen Recht unterfallende **private company limited by shares** kann damit Adressatin einer Gewerbeuntersagung sein, wenn sie eine Zweigniederlassung in der BRD betreibt. Rechts- und Parteifähigkeit bestimmen sich gemäß der Gründungstheorie des EuGH ausschließlich nach der heimischen Rechtsordnung. Auch im Übrigen bereitet die Anwendung des Gewerberechts auf die Limited keine Schwierigkeiten, sondern folgt den allgemeinen Grundsätzen. So kann etwa der Adressat einer Untersagungsverfügung wegen Unzuverlässigkeit auch nicht mehr mit der gleichen Tätigkeit Geschäftsführer („director") der deutschen Zweigniederlassung einer Limited sein[93]. Dem steht auch Unionsrecht, insbesondere die Niederlassungsfreiheit nicht entgegen, indem die Berufung auf Unionsrecht im Gegenteil als rechtsmissbräuchlich angesehen wird, wenn der Gewerbetreibende unter dem „Deckmantel" einer ausländischen Rechtsform das ihm untersagte Gewerbe im Inland weiter auszuüben versucht[94].

Über die Frage der Rechtsfähigkeit entscheidet nicht das Gewerbe-, sondern das Gesellschaftsrecht. Dies gilt **entgegen der hM**[95] **auch für Personengesellschaften** (OHG, KG, PartG, BGB-Außengesellschaft)[96]. Die bisherige Auffassung, nach der bei Personengesellschaften die einzelnen Gesellschafter als Gewerbetreibende anzu-   **233**

---

91 EuGH v. 9.3.1999, Rs. C-212/97 – „*Centros*", Slg. 1999 I-149 = NJW 1999, 2027; EuGH v. 5.11.2002, Rs. C-208/00 – „*Überseering*", Slg. 2002 I-9919 = GewArch. 2003, 28; EuGH v. 30.9.2003, Rs. C-167/01 – „*Inspire Art*", Slg. 2003 I-10155 = GewArch. 2003, 472.

92 Dem EuGH folgend *Marcks*, in: Landmann/Rohmer, GewO, § 15 Rn 25; *Schönleiter*, GewArch. 2004, 57; *Seifert*, GewArch. 2002, 393; 2003, 18. Skeptisch bis ablehnend und daher für die Beibehaltung der bisherigen Sitztheorie (vgl BGH, NJW 1970, 998) allerdings *Heß*, in: Friauf, GewO, § 15 Rn 45; *Seifert*, GewArch. 2002, 393, 398 f; *Frenz*, GewArch. 2003, 177. Freilich schließt dies keineswegs aus, aus weiteren Umständen auf die Unzuverlässigkeit zu schließen, s. schon VG Leipzig, GewArch. 1997, 149; auch der EuGH v. 5.11.2002, Rs. C-208/00 – „*Überseering*", Rn 92, Slg. 2002 I-9919 hält es ausdrücklich für zulässig, die Niederlassungsfreiheit infolge zwingender Gründe des Allgemeinwohls zu beschränken.

93 OLG Dresden, NStZ 2006, 533 mit Anmerkung *Mankowski*, EWiR 2006, 337.

94 *Knapp*, DNotZ 2003, 85, 89. Rechtsprechung und Literatur befinden sich diesbezüglich allerdings im Fluss. Unter Ablehnung des Missbrauchscharakters im Ergebnis ähnlich OLG Jena, GewArch. 2006, 259: „untragbar und mit dem Prinzip der Einheit der Rechtsordnung nicht vereinbar"; OVG Münster, BB 2005, 2259, 2260; *Seifert*, RIW 2001, 68, 69. *Marcks*, in: Landmann/Rohmer, GewO, § 35 Rn 75c weist zudem darauf hin, dass eine Lösung über § 35 GewO in Betracht komme, wenn ein „Vorschieben" der ausländischen Gesellschaftsform durch einen unzuverlässigen Gewerbetreibenden im Sinne der Strohmann-Problematik vorliege. AA OLG Oldenburg, GmbHR 2002, 29, das davon ausgeht, dass eine Gewerbeuntersagung gegenüber dem alleingeschäftsführungsbefugten Gesellschafter die Eintragung einer Zweigniederlassung nicht hindere; so auch *Wachter*, ZNotP 2005, 122, 130 f; *Just*, EWiR 2006, 17, 18.

95 Für diese *Ziekow*, § 10 Rn 55; *Marcks*, in: Landmann/Rohmer, GewO, § 14 Rn 55; *Heß*, in: Friauf, GewO, § 35 Rn 135; *Dickersbach*, WiVerw 1982, 65, 71; *Odenthal*, GewArch. 2005, 132, 133; *Laubinger*, VerwArch. 89 (1998), 145, 176. Eine Ausnahme gilt nach der hM nur dann, wenn gesetzliche Regelungen – wie die genannten gaststätten- und handwerksrechtlichen Bestimmungen – ausdrücklich etwas anderes vorsehen und damit die Fähigkeit der entsprechenden Personenvereinigungen, Träger von gewerberechtlichen Rechten und Pflichten zu sein, ausdrücklich anerkennen. Wie hier *Ehlers*, in: Ehlers/Fehling/Pünder, § 18 Rn 30.

96 Zur für das deutsche Recht zentralen Unterscheidung zwischen juristischer Person und Personengesellschaften *Ulmer*, in: MünchKomm (BGB), 4. Aufl. 2004, Vor § 705 Rn 12 f; tlw kritisch hierzu *Mülbert*, AcP 199 (1999), 38, 62 ff. Für die Abgrenzung von Handelsgesellschaften und der GbR ist auf die Definition des Ist-Kaufmanns in § 1 Abs. 2 HGB, also vor allem darauf abzustellen, ob das Un-

sehen waren, ist **dogmatisch überholt**. Sie basiert nicht auf gewerberechtlichen Besonderheiten, sondern auf der früheren gesellschaftsrechtlichen Konzeption, mit der der BGH in seiner Grundsatzentscheidung von 2001[97] gebrochen hat. Danach besitzt auch die Außengesellschaft bürgerlichen Rechts „Rechtsfähigkeit, soweit sie durch Teilnahme am Rechtsverkehr eigene Rechte und Pflichten begründet"[98]. Diese gesellschaftsrechtliche Aussage, dass „die Rechtsfähigkeit der OHG, der KG, der PartG, der EWIV und gerade auch der GbR als Grundmodell dieser Gesellschaftsformen (…) keine andere oder geringere als die Rechtsfähigkeit sämtlicher juristischer Personen" ist[99], gilt auch für das öffentliche Recht, soweit der Gesetzgeber nicht ausdrücklich etwas anderes vorsieht[100]. Damit gelten – **entgegen der gewerberechtlichen Rechtsprechung** – für Personengesellschaften (OHG, KG und BGB-Außengesellschaft) die gleichen Grundsätze wie für juristische Personen. Sie selbst sind die Gewerbetreibenden, die ihr Gewerbe anzeigen bzw anmelden müssen, die aber auch einen **verfassungsrechtlich garantierten Anspruch auf Erteilung** einer entsprechenden Erlaubnis haben[101]. Auch eine Untersagungsverfügung nach § 35 GewO ist nicht gegen die geschäftsführenden Gesellschafter, sondern gegen die Personengesellschaft selbst zu richten[102]. Der Vorteil dieser Lösung liegt beim genehmigungsbedürftigen Gewerbe für die Gesellschaft darin, dass ein neu eintretender Gesellschafter keine neue Erlaubnis beantragen muss, ihm also die Erlaubnis auch nicht aufgrund einer erneuten Prüfung der Genehmigungsvoraussetzungen versagt werden kann[103], während sie zugunsten der bisherigen Gesellschafter weiter besteht. Für die Behörde besteht der Vorteil darin, dass sie vor einer Maßnahme nicht den (möglicherweise nicht angezeig-

---

ternehmen nach Art und Umfang einen in kaufmännischer Weise eingerichteten Geschäftsbetrieb erfordert, vgl *Roth*, in: Koller/Roth/Morck, HGB, § 1 Rn 40 ff. Kleingewerbetreibende haben allerdings nach § 2 HGB die Möglichkeit, durch Eintragung in das Handelsregister die Anwendung der handelsrechtlichen Vorschriften zu erreichen; dies gilt auch für die Rechtsform der OHG, s. § 105 Abs. 2 HGB. Im Gewerberecht spielt aber die Einordnung keine Rolle, wenn man beiden Gesellschaftsformen die Gewerbetreibendeneigenschaft zubilligt.

97 BGHZ 146, 341 = NJW 2001, 1056; dazu *Ulmer*, in: MünchKomm (BGB), Vor § 705 Rn 9 ff; *Habersack*, BB 2001, 477; *Hadding*, ZGR 2001, 712; *Reiff*, VersR 2001, 515; *Wertenbruch*, NJW 2002, 324, 328 ff. S. auch schon *Mülbert*, AcP 199 (1999), 38, 43 ff.

98 BGHZ 146, 341 (LS a). Diese Formulierung ist insoweit missverständlich, als die (Außen-)GbR bereits mit ihrer Entstehung eigene Rechte hat, s. *Habermeier*, in: Staudinger, BGB, Vorbem. zu §§ 705–740, Rn 12.

99 So die Zusammenfassung bei *Hadding*, ZGR 2001, 712, 718.

100 S. auch zum Baurecht OVG Bautzen, NJW 2002, 1361. Für die Frage der Fähigkeit der BGB-Gesellschaft, selbst Trägerin von Rechten und Pflichten zu sein, kommt es „nicht darauf an, ob das maßgebliche materielle Recht – positiv – vorsieht, dass die Vereinigung Rechte und Pflichten begründen kann, sondern ob den materiellen Regelungen – negativ – entnehmen lässt, dass dies nicht der Fall sein soll". Zur BGB-Gesellschaft als Schuldnerin von Erschließungsbeiträgen VG Schleswig, NVwZ 2004, 372. Für die umgekehrte Lösung (ausnahmsweise Anerkennung nur dann, wenn – wie in § 1 Abs. 1 HwO – die Fähigkeit der Personengesellschaft, Trägerin gewerberechtlicher Rechte und Pflichten zu sein, ausdrücklich anerkannt ist), *Marcks*, in: Landmann/Rohmer, GewO, § 14 Rn 55a.

101 Dass ein solcher Anspruch aus Art. 12 GG folgt, ist unbestritten. Dass aber auch die GbR selbst nach Art. 19 Abs. 3 GG grundrechtsfähig ist, hat das BVerfG – mit Bezug auf Art. 14 GG – unter Bezugnahme auf die BGH-Rechtsprechung ausdrücklich anerkannt, s. BVerfG, NJW 2002, 3533.

102 Dazu (als Klausurfall) *Ruthig*, LKRZ 2014, 388; aA *Marcks*, in: Landmann/Rohmer, GewO, § 35 Rn 64 mwN. Ergeht dennoch ein Bescheid gegen die Gesellschaft kann sie diesen gerichtlich angreifen. Die Klage ist zugleich begründet, vgl VGH Mannheim, GewArch. 2014, 29.

103 AA bisher für die sachbezogenen Ablehnungsgründe des § 4 Abs. 1 Nr 3 GastG *Metzner*, GastG, § 2 Rn 20.

ten) aktuellen Bestand der Gesellschafter eruieren muss. Wenn außerdem im Schrifttum behauptet wird, dass die Frage, wer ein Gewerbe betreibt, praktisch vor allem für die Prüfung der Zuverlässigkeit relevant wird[104], spricht auch dies für die hier vertretene Lösung. Gerade bei der Zuverlässigkeitsprüfung zeigte sich schon bisher, dass es weniger auf die rechtliche Konstruktion als auf die tatsächlichen Verhältnisse ankommt[105]. Es besteht daher kein Anlass, bei der GbR beide Fragen miteinander zu verbinden.

Die nach der Grundsatzentscheidung des BGH ergangene **gewerberechtliche Rechtsprechung** hat eine Anknüpfung an die Entscheidung gleichwohl abgelehnt[106] und dies im Wesentlichen damit begründet, „dass die persönl. Zuverlässigkeit einer GbR nicht geprüft werden kann" als auch damit, „dass die GewO den Begriff des Gewerbetreibenden nicht durch eine entsprechende Aufzählung, wie sie zB in § 1 Abs. 1 HwO enthalten ist, auf Personengesellschaften erstreckt"[107]. Außerdem wurde aus der Fassung der Formulare für die Gewerbeanzeige abgeleitet, dass sie „den Inhalt der Anzeigepflicht nach § 14 GewO mit unmittelbarer Gesetzeskraft konkretisieren"[108]. Auch im **gewerberechtlichen Schrifttum** wurde diese Entscheidung entweder ignoriert[109] oder es wurde behauptet, sie bezöge „sich nur auf die zivilrechtlichen Aspekte der rechtlichen Einordnung der GbR und nicht auf die spezifischen Aspekte der Gefahrenabwehr, die für die Anwendung des Gewerberechts kennzeichnend sind", so dass es bei der bisherigen Auffassung zu bleiben habe[110]. Der Bund-Länder-Ausschuss lehnte die neue Rechtsprechung „von vornherein" ab und stützte sich im Wesentlichen darauf, dass „die personelle Zusammensetzung bei dieser Gesellschaftsform zu flüchtig" und „das Gewerberecht als Sonderpolizeirecht in hohem Maße von personenbezogenen Aspekten" geprägt sei[111]. Das erste Argument ist kein spezifisch gewerberechtliches und steht in klarem Widerspruch zur BGH-Entscheidung, auf deren Grundlage sich das Regel-Ausnahme-Verhältnis umgedreht hat. Die personenbezogenen Verhältnisse betreffen vor allem die Prüfung der Zuverlässigkeit. Dies wiederum ist kein Problem von Personengesellschaften, sondern in gleicher Weise auch der juristischen Personen. Auch bei denen muss die Zuverlässigkeitsprüfung jedenfalls teilweise an das Verhalten natürlicher Personen anknüpfen (vgl Rn 264 f). Insoweit zeigt auch die Neufassung des Reisegewerberechts, dass der Gesetzgeber

---

104 So schon *Odenthal*, GewArch. 1991, 206, 208.
105 S. bereits zum Kommanditisten BVerwG, GewArch. 1965, 269; *Laubinger*, GewArch. 1998, 146, 176.
106 So VGH München, GewArch. 2004, 479, 480; OVG Berlin-Brandenburg v. 26.6.2007, 1 B 14.05; OVG Lüneburg, NVwZ-RR 2009, 103; VGH Mannheim, VBlBW 2012, 472; GewArch. 2014, 29. Die faktische Gleichstellung der GbR mit juristischen Personen des Privatrechts ist auch in anderen Teilrechtsgebieten noch nicht abschließend anerkannt. Vgl etwa die kontroverse Rechtsprechung über die Frage der Grundbuchfähigkeit der GbR; dafür BGH, NJW 2009, 594, 595 f unter Verweis auf die dingliche Berechtigung der GbR, welche die Eintragungsfähigkeit zwingend zur Folge haben müsse; anders hingegen zuvor die hM, die vor allem darauf abstellte, dass die GbR aufgrund der nicht vorhandenen Registererfassung allgemein ein Rechtssubjekt ohne Publizität sei, etwa OLG Schleswig, NJW 2008, 306. Dazu, dass sich durch das Urteil des V. Zivilsenats und den sich anschließenden Erlass der §§ 899a BGB, 47 Abs. 2 GBO die Diskussion um die Behandlung der GbR im Grundbuch nicht erledigt hat, s. *Kesseler*, NJW 2011, 1909.
107 VGH Mannheim, GewArch. 2014, 29 bezeichnet die Frage deswegen als „in der gewerberechtlichen Rechtsprechung" geklärt.
108 So aber VGH München, GewArch. 2004, 479, 480.
109 *Marcks*, in: Landmann/Rohmer, GewO, § 14 Rn 55. Ebenso für das GastG *Metzger*, GastG, § 2 Rn 17; *Michel/Kienzle/Pauly*, GastG, § 2 Rn 24 ff.
110 *Heß*, in: Friauf, GewO, § 14 Rn 39 unter Berufung auf *v. Ebner*, GewArch. 1974, 213, der die Konstruktion einer eigenen Rechtspersönlichkeit für die Personengesellschaft im Gewerberecht für überflüssig und fehlerhaft hält. S. auch *Odenthal*, GewArch. 2005, 132, 133.
111 S. dazu *Schönleiter/Stenger/Zerbe*, GewArch. 2008, 242.

auch in anderen Fällen die personenbezogenen Aspekte nicht mehr für ausreichend erachtete, um diese Fälle abweichenden Regelungen zu unterwerfen[112].

234 Ausgenommen von diesen Grundsätzen ist die sog. **Innengesellschaft**. Eine bloße Innengesellschaft liegt idR dann vor, wenn ein Ehegatte im Gewerbebetrieb eines anderen mitarbeitet, ohne selbst nach außen aufzutreten[113]. Allerdings ist dann auch der mitarbeitende Ehegatte nicht selbst Gewerbetreibender[114], so dass lediglich der nach außen auftretende Ehegatte als Gewerbetreibender anzusehen ist. Auch ein **nicht-rechtsfähiger Verein** kann nur dann Gewerbetreibender sein, wenn das Gesetz es (wie § 2 Abs. 1 S. 2 GastG) ausdrücklich zulässt.

b) Stellvertretung im Gewerberecht

235 Seit ihrem In-Kraft-Treten enthält die Gewerbeordnung in den §§ 45 ff Bestimmungen, die die **Ausübung eines Gewerbes durch Stellvertreter** ermöglichen. Stellvertreter ist derjenige, der ein Gewerbe bzw einen Teil desselben im Namen und für Rechnung des Inhabers, aber im Übrigen im Außenverhältnis selbstständig betreibt[115]. Der Stellvertreter muss in seiner Person die materiellen Voraussetzungen des jeweiligen Gewerbes (insbes Zuverlässigkeit, gegebenenfalls aber auch Sachkundenachweise) erfüllen, nicht aber die formellen. Damit ist insbesondere keine neue Erlaubnis erforderlich.

Die §§ 45 ff GewO werden durch Spezialregelungen (zB §§ 9, 10 GastG) ergänzt bzw modifiziert[116]. Für die meisten nach der GewO zulassungspflichtigen Gewerbe enthält § 47 GewO eine Sonderregelung. Danach bedarf die Stellvertretung einer ausdrücklichen behördlichen Zulassung[117].

c) Die Strohmannproblematik

236 Von einem Strohmann spricht man im Gewerberecht dann, wenn der Gewerbetreibende zur Verschleierung der tatsächlichen Verhältnisse im Auftreten nach außen und gegenüber der Behörde einen anderen, den Strohmann, als „Aushängeschild" vorschiebt[118]. „Strohmann" kann auch eine juristische Person sein[119]. Der eigentlich ge-

---

112 Auch dort wurde nämlich die frühere Reisegewerbekartenpflicht von unselbstständig Tätigen gerade mit diesem höchstpersönlichen Aspekt begründet, s. VGH München, GewArch. 2005, 110; *Ennuschat*, in: Tettinger/Wank/Ennuschat, GewO, § 55 Rn 34.
113 Ausführlicher zur Abgrenzung *Schmidt*, Gesellschaftsrecht, S. 1284 ff.
114 *Marcks*, in: Landmann/Rohmer, GewO, § 14 Rn 57.
115 S. BVerwG, GewArch. 1961, 59; *Marcks*, in: Landmann/Rohmer, GewO, § 45 Rn 4.
116 Vgl *Marcks*, in: Landmann/Rohmer, GewO, § 45 Rn 2; zum GastG unten Rn 410 ff.
117 Diese steht im Ermessen der Behörde, die bei ihrer Entscheidung insbes Art. 12 GG zu berücksichtigen hat, s. *Ennuschat*, in: Tettinger/Wank/Ennuschat, GewO, § 47 Rn 10 f mwN.
118 BVerwGE 65, 12, 13; BVerwG, NJW 1977, 1250; NVwZ 2004, 103, 104; VGH München, GewArch. 2003, 120; *Marcks*, in: Landmann/Rohmer, GewO, § 35 Rn 71.
119 Ausf dazu *Marcks*, in: Landmann/Rohmer, GewO, § 35 Rn 73 ff. Auch wenn es sich um eine juristische Person aus der EU handelt, schließt die zitierte Rechtsprechung des EuGH – EuGH, Urt. v. 9.3.1999, Rs. C-212/97 – „*Centros*", Slg. 1999 I-149 = NJW 1999, 2027 – es nicht aus, „gegenüber der Gesellschaft selbst als auch gegenüber den Gesellschaftern" einzuschreiten, „wenn diese sich mittels der Errichtung der Gesellschaft ihren Verpflichtungen gegenüber inländischen privaten oder öffentlichen Gläubigern entziehen wollen". Zu Indizien für eine solche Scheingründung auch VG Leipzig, GewArch. 1997, 149, 150, allerdings noch auf der Grundlage der Sitztheorie.

werberechtlich Verantwortliche ist hier nicht der Strohmann, sondern der Hintermann. Nach der Rechtsprechung ist der Sinn dieser Konstruktion allerdings die Einbeziehung des Hintermannes in den gewerberechtlichen Ordnungsrahmen, nicht die Entlassung des Strohmannes[120]. Beide können also Adressat von Maßnahmen der Gewerbeaufsicht sein (zu einem Beispiel unten Rn 280, 288).

Abgrenzungsprobleme stellen sich vor allem im Zusammenhang mit der Einschaltung juristischer Personen[121]. Ob ein Strohmannverhältnis vorliegt oder vielmehr als „Minus" nur ein maßgeblicher Einfluss eines unzuverlässigen Dritten als Fallgruppe der Unzuverlässigkeit des Gewerbetreibenden, muss im Einzelfall unter sorgfältiger Ermittlung des gesamten Sachverhalts festgestellt werden, wobei konkrete Tatsachen und nicht bloße Zweifel und Vermutungen vorliegen müssen. Die Beweislast hierfür liegt bei der Behörde[122].

5. Die grenzüberschreitende Gewerbeausübung von EU-Ausländern

Fall 16: Der Österreicher Ö mit Wohnsitz in Graz zieht mit seinem umgebauten Bus durch **237** ganz Europa, um Altgold anzukaufen. Er verfügt weder über die nach österreichischem Recht erforderliche Genehmigung zum Ankauf von Gold, die man ihm entzogen hat, nachdem er mehrfach Kunden betrogen habe, noch hat er seine Tätigkeit in Deutschland angezeigt oder gar genehmigen lassen.

a) Kann gegen Ö eingeschritten werden, wenn er in Mainz Gold ankauft, ohne dass er dies angezeigt hat oder über eine (deutsche) Erlaubnis verfügt?

b) Ändert sich an der Beurteilung etwas, wenn er einmal im Monat in Mainz in den Geschäftsräumen des G tätig wird, der ihm gegen eine Miete von 50 EUR einen Tisch in seinem Versandhandelsshop zur Verfügung stellt?

c) Wie wäre der Fall zu beurteilen, wenn Ö auf ausdrücklichen Wunsch einiger Kunden nach Deutschland kommt, die im Urlaub seine Annonce in österreichischen Tageszeitungen gesehen hatten oder wenn ihm diese das Gold per Post nach Österreich schicken?

d) Würde sich an der Beurteilung etwas ändern, wenn es sich um den deutschen D handelte, der nur deswegen nach Österreich übersiedelte, weil ihm die deutschen Behörden die erforderliche Erlaubnis versagt hatten?

§ 4 GewO befreit die gewerbliche Tätigkeit von einer Erlaubnispflicht, Anzeige- **238** pflicht und anderen gewerberechtlichen Voraussetzungen, sofern es sich um Dienstleistungen handelt, die **von einer Niederlassung in einem anderen Mitgliedstaat der EU oder des EWR** erbracht werden. Die Vorschrift basiert auf der lange umstrittenen, während des Rechtssetzungsverfahrens aber maßgeblich modifizierten Dienstleistungsrichtlinie. Diese sollte auf sekundärrechtlicher Grundlage das Gebrauchmachen von den Grundfreiheiten erleichtern[123]. Selbstverständlich beschränkt sich § 4 GewO auf diejenigen Bereiche, für die eine Gesetzgebungskompetenz des Bundes besteht. Die in Art. 74 Abs. 1 Nr 11 GG ausgeklammerten Materien, also vor allem auch

---

120 BVerwGE 65, 12; BVerwG, NVwZ 2004, 103, 104.
121 Als Klausurfall s. *Ruthig/Wirth*, Jura 2007, 468, 472 f.
122 VGH München, GewArch. 2003, 120.
123 Überblick über das Gesetz bei *Schönleiter*, GewArch. 2009, 384. Infolge der Umsetzung bedarf es des unmittelbaren Rückgriffs auf die Grundfreiheiten nicht mehr (vgl zur Vereinbarkeit von Anzeigeerfordernissen nach § 14 GewO mit der Dienstleistungsfreiheit Voraufl Rn 258).

das gesamte Marktrecht des Titels IV, werden daher nicht erfasst[124]. Im Übrigen erklären sich „Lücken" des § 4 GewO daraus, dass Art. 2 Abs. 2 DLR selbst, auf den § 4 GewO ausdrücklich verweist, bestimmte Bereiche, etwa Finanzdienstleistungen, Glücksspiele und das Bewachungsgewerbe, ausnimmt[125]. Die Umsetzung in § 4 GewO war ganz offensichtlich von der Überlegung getragen, dass Rechtfertigungsversuche zur Beibehaltung generalpräventiver Regelungen der Gewerbeordnung einer Prüfung durch den EuGH nicht standhalten würden[126]. Eine differenzierte Lösung wurde daher gar nicht versucht.

239 In der **Fallbearbeitung** sind die Voraussetzungen des § 4 GewO vor denjenigen der möglicherweise verdrängten Bestimmungen zu prüfen, sofern der Sachverhalt dazu Anlass gibt (▶ s. **Klausurenkurs Fall Nr 5**). Zusätzlich ist zu beachten, dass § 4 GewO nur Ausnahmen normiert, also voraussetzt, dass die GewO auf die entsprechende Dienstleistung überhaupt anwendbar ist, vor allem aber, dass deutsche Gewerbeaufsichtsbehörden überhaupt zuständig sind. Gerade weil die Kontrollbefugnisse der Behörden im Tätigkeitsland eingeschränkt wurden, wird die Verwaltungskooperation zwischen den Mitgliedstaaten umso wichtiger sein; die §§ 8a ff VwVfG liefern dabei den auf Art. 21 und 28–35 DLR beruhenden, hier nicht näher darzustellenden rechtlichen Rahmen[127].

a) Einschränkung der Anzeige- und Genehmigungspflichten

240 Für das stehende Gewerbe entfällt das Erfordernis einer **Gewerbeanzeige** nach § 14 GewO[128]. Sie wird auch nicht durch andere Anzeigepflichten ersetzt; die spezielle Anzeigepflicht für grenzüberschreitende Dienstleistungen nach § 13a GewO betrifft nur solche reglementierten Berufe, für die Sachkundenachweise gefordert werden; im Bereich der GewO sind dies die Versicherungsvermittler und -berater sowie das private Sicherheitsgewerbe[129]. § 6c GewO begründet Auskunftspflichten nur gegenüber dem Dienstleistungsempfänger. Eingeschränkt werden aber vor allem die **Genehmigungs-**

---

124 Dort stellt sich gegebenenfalls die Frage nach einer unmittelbaren Anwendung der DLR, wenn die Länder deren Vorgaben nicht Rechnung getragen haben.
125 Weitere Einschränkungen ergeben sich aus dem Verweis auf Art. 17 DLR, dazu *Storr*, in: Pielow, GewO, § 4 Rn 27.
126 S. näher *Mann*, GewArch. 2010, 93, 94. Da der Gesetzgeber über die Richtlinie hinausgehen konnte, kommt es nunmehr auch nicht mehr darauf an, ob Art. 16 Abs. 2 DLR absolute Verbote enthält (so zB *Schmidt-Kessel*, in: Schlachter/Ohler, Europäische Dienstleistungsrichtlinie, Art. 16, Rn 52 und 54; *Calliess*, DVBl 2007, 336, 342 f; *Korte*, DVBl 2009, 489, 492 ff) oder lediglich die Vermutung aufstellt, dass eine Rechtfertigung nach Art. 16 Abs. 3 DLR zwar im Regelfall ausscheidet (vgl Europäische Kommission, Handbuch zur Umsetzung der Dienstleistungsrichtlinie, 2007, 7.1.3.4. und wohl auch die Begründung zum Gesetzentwurf, BT-Drucks. 16/12784, 11), aber im Einzelfall durchaus denkbar sein könnte.
127 Vgl *Schliesky/Schulz*, DVBl 2010, 601.
128 Insoweit war umstritten, ob dieses Erfordernis – das ja nach deutschem Recht nicht Voraussetzung der Aufnahme der Tätigkeit ist – überhaupt von der DLR erfasst wird; dies bejahend *Korte*, NVwZ 2007, 501, 507; *Mann*, GewArch. 2010, 93; aA *Schmidt-Kessel*, in: Schlachter/Ohler, Dienstleistungsrichtlinie, Art. 16 Rn 55. Die Bundesregierung stellte nur darauf ab, dass ein Verstoß gegen die „Anzeigepflicht" als OWi geahndet werden kann, s. dazu BT-Drucks. 16/13190; *Storr*, in: Pielow, GewO, § 4 Rn 23. Die Anzeigepflicht bleibt bestehen, soweit das Gewerbe unter Art. 2 Abs. 2 und Art. 17 DLR fällt, s. auch *Marcks*, in: Landmann/Rohmer, GewO, § 14 Rn 36.
129 *Schönleiter*, in: Landmann/Rohmer, GewO, § 13a Rn 2. Die Regelung geht nicht auf die DLR, sondern die BerufsqualifikationsRL zurück.

erfordernisse. Außer einigen Fällen des genehmigungsbedürftigen stehenden Gewerbes (insbes das Versteigerergewerbe nach § 34b GewO und das überwachungsbedürftige Gewerbe nach § 38 GewO) betrifft § 4 GewO vor allem das **Reisegewerbe (§ 55 GewO)**, bei dem er auch den größten praktischen Anwendungsbereich haben dürfte. Für dieses, das ja gerade nicht von einer Niederlassung aus erbracht wird, passt die Formulierung des § 4 GewO freilich nicht so recht. Hier wird man vor dem Hintergrund der Grundfreiheiten das Fehlen einer inländischen Niederlassung so zu interpretieren haben, dass der Betreffende jedenfalls nicht in das deutsche Wirtschaftsleben integriert ist (s. schon Rn 71 ff und näher ▶ **Klausurenkurs Fall Nr 5**).

Im Ergebnis bedarf Ö in der Ausgangskonstellation (**Fall 16a Rn 237**) keiner deutschen Erlaubnis. Es kommt insoweit auch nicht darauf an, ob er seine Tätigkeit in Österreich legal anbieten kann. Dabei erfasst die Freistellung im Ergebnis über den Wortlaut des § 4 GewO hinaus auch das Erfordernis einer Ausnahmegenehmigung nach § 56 GewO[130]. Irrelevant ist auch, inwieweit ihm diese Tätigkeit in seinem Herkunftsland gestattet ist. Eine Interpretation des § 4 GewO im Sinne eines Herkunftslandprinzips[131] scheitert am klaren Wortlaut, selbst wenn man Art. 16 DLR im Einklang mit den primärrechtlichen Grundsätzen des Herkunftslandprinzips dahingehend auslegen könnte, dass „es zwingende Voraussetzung des Art. 16 DLR sei, dass der Dienstleistungserbringer eine zumindest ähnliche Dienstleistung in seinem Herkunftsland rechtmäßig anbieten kann"[132]. Ö unterliegt auch nicht der Anzeigepflicht des § 55c GewO. Da seine Tätigkeit in **Fall 16c (Rn 237)** auf Veranlassung seiner deutschen Kunden jedenfalls nicht unter den Begriff des Reisegewerbes fällt (s. näher Rn 344 ff), käme allenfalls eine Gewerbeanzeige nach § 14 GewO in Betracht, die jedoch nach den dargelegten Bagatellgrenzen (vgl Rn 222) von der Praxis wohl nicht verlangt würde.

241

b) Umgehungsverbote

Um zu vermeiden, dass Gewerbetreibende nur deswegen von einem anderen Mitgliedstaat aus tätig werden, um sich der Anwendbarkeit des deutschen Gewerberechts zu entziehen, schränkt § 4 Abs. 2 GewO für den Fall der Umgehung die Anwendbarkeit des Abs. 1 ein[133]. Dies ist insbesondere der Fall, wenn sich die Niederlassung im Ausland befindet, die Tätigkeit aber vorwiegend in Deutschland ausgeübt wird, vgl § 4 Abs. 2 Satz 2 GewO.

242

Die Bedeutung der Umgehungsklausel wird wohl erst durch den EuGH abschließend zu klären sein[134]. Außer dem klaren **Fall 16d (Rn 237)**, dass ein deutscher Gewerbetreibender gerade deswegen ins Ausland „flüchtet", weil er bereits in Konflikt mit den deutschen Behörden geraten ist, sind angesichts der großzügigen EuGH-Rechtsprechung (vgl bereits oben zur Grün-

243

---

130 Art. 16 Abs. 2 lit. b DLR hat die Pflicht, im Aufnahmestaat eine Genehmigung einzuholen, ausdrücklich als unzulässig eingestuft, ohne hiervon Ausnahmen zuzulassen. Darauf, dass der EuGH primärrechtlich präventive Kontrollerlaubnisse dann für zulässig hielt, wenn sich eine laufende Überwachung im Hinblick auf schwerwiegende Schadensrisiken als ungeeignet erweisen würde (EuGH v. 3.10.2000, Rs. C-58/98 – *„Josef Corsten"*, Slg. 2000, I-7919 = EuZW 2000, 763), kommt es daher nicht an.

131 So aber VG Neustadt, GewArch. 2011, 117.

132 So die Begründung in VG Neustadt, GewArch. 2011, 117, 119.

133 Dazu *Storr*, in: Pielow, GewO, § 4 Rn 30 ff; *Schönleiter*, GewArch. 2009, 384, 386.

134 Vollzugsprobleme sieht auch *Storr*, in: Pielow, GewO, § 4 Rn 35.

dung von Gesellschaften nach ausländischem Recht Rn 232) deutliche Grenzen gezogen[135]. Verfügt also ein Unternehmen sowohl über inländische wie über ausländische Niederlassungen, ist allein die Abwicklung einer Leistung über die ausländische Niederlassung nicht rechtsmissbräuchlich, selbst wenn dies (nur) zu dem Zweck geschehen sollte, Anforderungen des deutschen Gewerberechts zu vermeiden.

c) Begriff der Niederlassung

244 Die Anwendbarkeit des § 4 GewO hängt entscheidend davon ab, ob der Gewerbetreibende über eine Niederlassung in Deutschland verfügt. Definiert wird der **Niederlassungsbegriff in § 4 Abs. 3 GewO** einheitlich für das gesamte Gewerberecht[136]. Dieser Begriff wurde dem Unionsrecht entnommen[137] und ist daher anhand der EuGH-Rechtsprechung zu konkretisieren, die im Übrigen auch für IPR[138] und internationales Prozessrecht[139] maßgeblich ist. Da der Begriff den bisherigen Niederlassungsbegriff in § 42 GewO aF ersetzt, ist er nicht nur im Rahmen des § 4 GewO, sondern auch in anderem Zusammenhang heranzuziehen, insbesondere zur Abgrenzung von Reise- und stehendem Gewerbe bei von einer (Zweig)Niederlassung aus erbrachten Leistungen (dazu Rn 345). Bei einem Rekurs auf die Rechtsprechung zum bisherigen gewerberechtlichen Niederlassungsbegriff ist Vorsicht geboten[140]. Durch eine restriktive Interpretation der Zweigniederlassung[141] gelangte die Rechtsprechung in den Grenzfällen zur Anwendung des Reisegewerberechts und damit der Genehmigungsbedürftigkeit. Im Anwendungsbereich des § 4 Abs. 1 GewO verschieben sich allerdings die Konsequenzen; eine großzügig(er)e Anerkennung von Zweigniederlassungen eröffnet hier den Anwendungsbereich des deutschen Gewerberechts. Verfügt der Gewerbetreibende nämlich (auch) über eine deutsche Niederlassung, handelt es sich um eine vom Inland aus erbrachte Dienstleistung, so dass die Voraussetzungen einer Einschränkung der Anzeigepflicht gem. § 4 Abs. 1 S. 2 GewO nicht vorliegen. Der Begriff ist jedenfalls richtlinienkonform nach den Maßstäben des EuGH auszulegen.

---

135 S. auch – unter Hinweis auf die Maßstäbe von EuGH v 3.12.1974 – Rs 33/74, Rn 13 – „*van Binsbergen*"; *Storr*, in: Pielow, GewO, § 4 Rn 31.

136 Bei der Novelle wurde die bisherige Legaldefinition der *gewerblichen Niederlassung* in § 42 Abs. 2 GewO aF aufgehoben.

137 § 4 Abs. 3 GewO nF übernimmt die Definition der *Niederlassung* aus Art. 4 Nr 5 Dienstleistungsrichtlinie, vgl BT-Drucks. 16/12784 S. 14.

138 In diesem Zusammenhang schon *Ruthig*, Vollmacht und Rechtsschein im IPR, 1996, S. 155.

139 Jedenfalls im internationalen Prozessrecht kann aber auch eine Scheinniederlassung den Niederlassungsgerichtsstand begründen, s. EuGH, v. 9.12.1987, Rs. C-218/86 – „*Schotte ./. Parfums Rothschild*", Slg 1987, 4905; s. auch *Ruthig*, Vollmacht und Rechtsschein im IPR, S. 187.

140 Für einen Rückgriff auf die bisherige Definition allerdings VG München v. 14.3.2011 – M 16 K 11.875, 16 K 11.875; *Schönleiter*, GewArch. 2009, 384, 386; zum alten Begriff der gewerblichen Niederlassung *Marcks*, in: Landmann/Rohmer, GewO, § 4 Rn 32 ff.

141 Dazu, dass eine nur gelegentliche Inanspruchnahme nicht genügt vgl *Marcks*, in: Landmann/Rohmer, GewO, § 42 Rn 6; *Ennuschat*, in: Tettinger/Wank/Ennuschat, GewO, § 4 Rn 20 f. Nach der (bisherigen) deutschen Judikatur war entscheidend darauf abzustellen, dass in den angemieteten Räumlichkeiten keine Betriebseinrichtung vorgehalten wird, s. insbesondere VG Meiningen Urteil v. 14.7.2009 – 5 K 196/09, Rn 31; s. auch OLG Hamm, GewArch. 1982, 130 für die regelmäßige Anmietung des Nebenzimmers einer Gaststätte in einem Kurort.

Eine Niederlassung liegt jedenfalls dann vor, wenn die Tätigkeit auf unbestimmte Zeit und **245** mittels einer festen Einrichtung ausgeübt wird. Allein die Kontinuität und regelmäßige Wiederholung einer Tätigkeit führen jedoch nach der Rechtsprechung des EuGH nicht zur Qualifizierung als Niederlassung[142]. Der EuGH hat sich zunehmend vom zeitlichen Moment entfernt und stellt – bezogen auf die Abgrenzung von Niederlassungs- und Dienstleistungsfreiheit (vgl schon Rn 73) – auf eine „Verwurzelung" des Gewerbetreibenden im Aufnahmestaat ab[143]. Dennoch ist die Konkretisierung nicht immer einfach, wie **Fall 16b (Rn 237)**[144] zeigt. Wenn ein Gewerbetreibender lediglich temporär fremde Geschäftsräume, oder dort gar wie hier nur kleine Verkaufsflächen anmietet, ist es fraglich, ob dies bereits zur „Verwurzelung" in dem betreffenden Land genügt. Hier verneinte die Rechtsprechung regelmäßig das Vorliegen einer Niederlassung mit der Begründung, dass in den angemieteten Räumlichkeiten keine Betriebseinrichtung vorgehalten wird[145]. Der EuGH stellt demgegenüber allgemeiner darauf ab, inwieweit der Gewerbetreibende „über eine Infrastruktur verfügt, die es ihm erlauben würde, in stabiler und kontinuierlicher Weise einer Erwerbstätigkeit nachzugehen"[146]. Im vorliegenden Zusammenhang würde aber wohl auch der EuGH berücksichtigen, dass ein zu weiter Niederlassungsbegriff dem Ö die Vorteile der europäischen Dienstleistungsfreiheit nehmen würde (s. dazu auch ▶ **Klausurenkurs Fall Nr 5**). Vergleichbare Schwierigkeiten stellen sich im **Baugewerbe**, wenn während der Tätigkeit für mehrere Monate oder gar Jahre auf der Baustelle Betriebseinrichtungen vorgehalten oder zB auch Subunternehmer beschäftigt werden; die Dauer der Tätigkeit allein führt hier nicht dazu, dass eine Niederlassung vorliegt[147].

d) Die Zuständigkeit deutscher Behörden für ein Einschreiten

Der Frage nach der Anwendbarkeit des deutschen Gewerberechts in Sachverhalten mit **246** grenzüberschreitendem Bezug ist eigentlich die Frage nach der Zuständigkeit vorgelagert. Diese Frage der internationalen örtlichen Zuständigkeit wird in der GewO nicht geregelt und in der deutschen gewerberechtlichen Diskussion typischerweise ausgeblendet[148]. Selbst die Umsetzung der DLR beschränkte sich auf Vorgaben zu den An-

---

142 EuGH v. 11.12.2003, Rs. C-215/01 – „*Bruno Schnitzer*", Rn 28, Slg. 2003, I-14847 = NJW 2004, 435; s. auch *Kugelmann*, EuZW 2005, 327, 328 f.
143 *Schönleiter*, GewArch. 2009, 384, 386.
144 Obergerichtliche Entscheidungen von OVG Lüneburg NVwZ-RR 2010, 971; OVG Magdeburg, NVwZ-RR 2011, 472; OVG Weimar GewArch. 2011, 127; s. auch OLG Frankfurt v. 26.11.2010 – 25 U 65/09. Aus der Fülle verwaltungsgerichtlicher Entscheidungen s. nur VG Düsseldorf v. 15.2.2011 – 3 K 6790/09; VG Minden v. 25.3.2009 – 3 K 224/09; VG München v. 14.3.2011 – M 16 K 11.875.
145 S. insbesondere VG Meiningen v. 14.7.2009 – 5 K 196/09, Rn 31.
146 EuGH v. 30.9.2003, Rs. C-224/01 – „*Köbler*", Slg. 2003, I-10239.
147 EuGH v. 25.10.2001, Rs. C-493/99 – „*Kommission/Deutschland*", Slg. 2001, I-8163 rekurrierte im Zusammenhang mit der Prüfung des Arbeitnehmerüberlassungsgesetzes, ohne näher auf die Abgrenzung einzugehen, auf die Dienstleistungsfreiheit. EuGH v. 11.12.2003, Rs. C-215/01 – „*Bruno Schnitzer*", GewArch. 2004, 62 Rn 30 f stufte ein Bauunternehmen, das über einen Zeitraum von 9 Monaten in Deutschland arbeitete, als Dienstleister ein und hielt sogar einen Zeitraum von mehreren Jahren für akzeptabel. Auch wenn der EuGH in anderen Fällen andere Maßstäbe angelegt hat (s. dazu BT-Drucks. 16/12 784 S. 14) dürfte beim Baugewerbe regelmäßig das Vorliegen einer Niederlassung zu verneinen sein; s. dazu auch *Marcks*, in: Landmann/Rohmer, GewO, § 4 Rn 38.
148 Hierzu *Ruthig*, in: Gounalakis, § 14 Rn 78. Als Ausnahme der Beitrag von *Eichler*, K&R 2001, 144, 146 f, der es zumindest für zweifelhaft hält, dass für die Tätigkeit der ausländischen Internet-Apotheke „die Vorschriften des AMG und des Heilmittelwerbegesetzes (HwG) nach den Grundsätzen des internationalen öffentlichen Rechts überhaupt zur Anwendung kommen dürfen". Insgesamt gilt die Problematik der staatlichen Regelungsmacht für Sachverhalte mit Auslandsberührung zu Recht als „wenig elaboriert", s. *Menzel*, Internationales Öffentliches Recht, 2010, S. 405.

zeige- und Genehmigungspflichten und äußerte sich zur Möglichkeit eines Einschreitens gegen unzuverlässige Gewerbetreibende etwa nach § 35 GewO nicht. Nach den allgemeinen Grundsätzen[149] sind deutsche Behörden jedenfalls dann nicht zuständig, wenn keine deutsche Behörde örtlich zuständig ist. Für das Wirtschaftsverwaltungsrecht knüpft die Zuständigkeit aber an den Ort der Niederlassung an. Bei ausländischen Niederlassungen lässt sich so eine Zuständigkeit deutscher Behörden also idR nicht begründen[150]. Dies gilt sowohl für die Grundnorm des § 3 Abs. 1 Nr 1–3 VwVfG wie auch die Zuständigkeit zur Erteilung einer Reisegewerbekarte nach § 61 GewO[151]. Soweit Niederlassung bzw gewöhnlicher Aufenthalt in Deutschland fehlen, könnte man daraus also bereits die Unzuständigkeit deutscher Behörden und die Unanwendbarkeit der GewO ableiten. Allerdings wird etwa in § 35 Abs. 7 S. 2 GewO und bei § 59 GewO lückenschließend auf den Ort rekurriert, wo die Tätigkeit (in Deutschland) regelmäßig ausgeübt wird. Aber auch dann sind jedenfalls Korrespondenzdienstleistungen nicht erfasst. Zieht man außerdem § 3 Abs. 1 Nr 4 VwVfG heran[152], lässt sich jegliche Gewerbeausübung mit Auswirkungen auf Deutschland erfassen[153].

247 Die Konsequenzen lassen sich anhand des Beispielsfalles illustrieren: In **Fall 16c (Rn 237)** wäre nach dieser weitesten Auffassung sogar eine Leistung auf Initiative deutscher Kunden erfasst, obwohl es gerade vor dem Hintergrund der Dienstleistungsfreiheit nicht ohne weiteres überzeugt, die Genehmigungsbedürfnisse auch darauf auszudehnen. Allerdings werden auch von der deutschen Praxis einmalige Dienstleistungen von kurzer Dauer sowie – als Ausfluss eines „ins Inland hineinwirkenden Gewerbebetriebes" – auch Werbemaßnahmen und Informationsgespräche, Warenauslieferung und Montagearbeiten als nicht „gewerbsmäßig" betrachtet, wenn sie im Verhältnis zur Gesamttätigkeit nur von untergeordneter Bedeutung sind[154]. Soweit § 4 GewO Genehmigungsbedürfnisse sowieso einschränkt, spielen diese Fragen keine Rolle mehr; sie bleiben jedoch für die nicht von § 4 GewO erfassten Bereiche, etwa das Sicherheitsgewerbe, relevant[155]. Auch in **Fall 16a (Rn 237)** beantwortet § 4 GewO nicht die Frage, ob und nach welchen Vorschriften gegen Ö eingeschritten werden kann, wenn etwa Anhaltspunkte für unlautere oder gar betrügerische Geschäftspraktiken bestehen. Allerdings hätte man hier einen Anhaltspunkt für eine Zuständigkeit am Ort, wo ein Einschreiten erforderlich ist, in § 61 GewO, der diese Fälle gerade nicht unter die örtliche Zuständigkeit am Ort der Gewerbeausübung fasst, so dass ein Einschreiten auch am Ort der Tätigkeit nach § 3 Abs. 1 Nr 2 VwVfG möglich wäre[156]. Allerdings müsste dies mit der DLR vereinbar sein.

---

149 Diese im Internationalen Privatrecht entwickelten Anknüpfungsgrundsätze lassen sich auch auf öffentlichrechtliche Konstellationen anwenden; ausführlicher *Ruthig*, in: Gounalakis, § 14 Rn 53 ff.
150 *Germann*, Gefahrenabwehr und Strafverfolgung im Internet, 2000, S. 365.
151 Diese verdrängt die § 3 VwVfG entsprechenden landesrechtlichen Vorschriften, also vor allem auch deren Abs. 1 Nr 4, s. auch *Marcks*, in: Landmann/Rohmer, GewO, § 35 Rn 187. Die sachliche Zuständigkeit wird gem. § 155 Abs. 2 GewO von den Ländern geregelt, vgl den Überblick bei *Marcks*, in: Landmann/Rohmer, GewO, § 35 Rn 185.
152 So *Schönleiter*, in: Landmann/Rohmer, GewO, § 61 Rn 6.
153 Der öOGH verlangt demgegenüber zu § 51 öGewO, dass relevante Teile der Gewerbetätigkeit einen Bezug zum Inland haben, s. OGH v. 25.2.1992 – 4 Ob 23/92; dazu und zu den Konsequenzen für den e-commerce s. *Traudtner/Hohn*, ecolex 2000, 480. In Deutschland spricht die systematische Zusammenschau der Zuständigkeitsvorschriften gerade wegen der ausdrücklichen Regelung einer Abweichung vom Niederlassungsprinzip in § 35 Abs. 7 S. 2 GewO allerdings systematisch gegen die ergänzende Heranziehung der allgemeinen Grundsätze.
154 *Marcks*, in: Landmann/Rohmer, GewO, § 14 Rn 35.
155 So auch BT-Drucks. 16/12784, S. 12 f.
156 S. auch *Schönleiter*, in: Landmann/Rohmer, GewO, § 61 Rn 2.

Soweit ein Einschreiten auf gewerberechtlicher Grundlage ausscheiden sollte, kann bei konkreten Gefahren **auf der Grundlage des allgemeinen Polizei- und Ordnungsrechts** eingeschritten werden (s. auch für die Fälle ohne Auslandsberührung Rn 320). Hier gilt für die örtliche Zuständigkeit das sog. **Auswirkungsprinzip**.   **248**

Maßgeblich war schon nach § 22 Abs. 1 S. 1 prPVG der Ort, „an dem die dem polizeilichen Schutz unterstellten Rechtsgüter verletzt oder gefährdet werden"[157], also wo die polizeiliche Aufgabe wahrzunehmen ist bzw wo der Anlass für die Amtshandlung auftritt, wie es § 3 Abs. 1 Nr 4 VwVfG formuliert[158]. Im Polizei- und Ordnungsrecht ist diese Zuständigkeit – anders als in der allgemeinen Vorschrift des § 3 VwVfG – nicht subsidiär.

Sofern man nicht schon eine gewerberechtliche Zuständigkeit bejaht, kann in **Fall 16a (Rn 237)** gegen Ö in Mainz jedenfalls aufgrund der allgemeinen polizei- und ordnungsrechtlichen Befugnisse eingeschritten werden, die im Einzelfall bis zur (vorläufigen) Untersagung der Tätigkeit reichen können (ausf ▶ **Klausurenkurs Fall Nr 5**). Lediglich dann, wenn Ö in Mainz Räumlichkeiten anmietet **(Fall 16b)**, könnte es sich um eine Niederlassung handeln (dazu Rn 244), so dass es sich um stehendes Gewerbe handeln würde, das dann nach § 14 GewO anzuzeigen wäre und nach § 35 Abs. 7 S. 1 GewO untersagt werden könnte[159]. Besondere Probleme ergeben sich gerade für dieses Auswirkungsprinzip bei Dienstleistungen über das Internet (s. Rn 396 ff).   **249**

6. Die gewerberechtliche Unzuverlässigkeit

a) Der Begriff und seine Funktion

Es gilt allgemein der Grundsatz, dass ein Gewerbetreibender die für sein Gewerbe erforderliche Zuverlässigkeit besitzen muss[160]. Der Begriff der Unzuverlässigkeit zieht sich als **gewerberechtlicher Schlüsselbegriff**[161] durch das gesamte Rechtsgebiet, findet sich aber auch in anderen Vorschriften. Unzuverlässig ist **derjenige Gewerbetreibende, der nach dem Gesamteindruck seines Verhaltens nicht die Gewähr dafür bietet, dass er sein Gewerbe künftig ordnungsgemäß betreiben wird**[162]. Diese Formulierung bringt zum Ausdruck, dass es auf das konkret ausgeübte Gewerbe („sein Gewerbe" – Grundsatz der **Gewerbespezifik**) und die **Umstände des konkreten Einzelfalles** ankommt. Bei einzelnen Vorschriften ist diese Grundformel durch Regelbeispiele ergänzt (vgl etwa §§ 33c Abs. 2 S. 2, 34b Abs. 6 Nr 1 GewO, § 4 Abs. 1 Nr 1 GastG). Vor allem bei der zentralen Vorschrift des § 35 GewO hat der Gesetzgeber angesichts der Fülle denkbarer Konstellationen auf Konkretisierungen verzichtet.   **250**

---

157 S. dazu schon PrOVGE 61, 145; *Drews/Wacke/Vogel/Martens*, Gefahrenabwehr, 9. Aufl. 1986, S. 106 f sowie mit Bezug zum Internet *Germann*, Gefahrenabwehr und Strafverfolgung im Internet, S. 366; *Ruthig*, in: Gounalakis, § 14 Rn 32 ff.

158 Zur identischen Auslegung dieser Begriffe s. *Drews/Wacke/Vogel/Martens*, Gefahrenabwehr, 9. Aufl. 1986, S. 107.

159 *Marcks*, in: Landmann/Rohmer, GewO, § 14 Rn 33; *Krajewski*, NVwZ 2009, 929, 930.

160 S. auch *Laubinger*, VerwArch. 89 (1998), 145, 146.

161 *Laubinger*, VerwArch. 89 (1998), 145, 148; *Leisner*, GewArch. 2008, 225.

162 BVerwGE 65, 1 = NVwZ 1982, 503, seitdem stRspr. Ebenso einhellig das Schrifttum, s. zB *Marcks*, in: Landmann/Rohmer, GewO, § 35 Rn 29. Näher zur Zuverlässigkeit *Laubinger*, VerwArch. 89 (1998), 146, 337, 609; *Eifert*, JuS 2004, 565; *Schaeffer*, WiVerw 1982, 100; *Hösch*, JA 1995, 148.

251 Wegen der Schwere der an das Unzuverlässigkeitsurteil anknüpfenden Folgen ist schon beim Begriff der Unzuverlässigkeit der **Zusammenhang mit Art. 12 GG** zu beachten. Die Eignung des Gewerbetreibenden ist nach dem Willen des Gesetzgebers die Voraussetzung dafür, dass er ein Gewerbe ausüben darf. Angesichts der an das Unzuverlässigkeitsurteil anknüpfenden Rechtsfolgen handelt es sich um eine subjektive Zulassungsschranke, die sich an den verfassungsrechtlichen Vorgaben (Erforderlichkeit zum Schutz besonders wichtiger Gemeinschaftsgüter, s. Rn 123) messen lassen muss[163]. Aus diesem Grund ist der Begriff der Zuverlässigkeit bereichsspezifisch, dh bezogen auf das konkrete Gewerbe, auszulegen[164].

252 Für die Auslegung des Begriffes der Unzuverlässigkeit spielt es keine Rolle, ob es sich um anzeige- oder genehmigungspflichtiges Gewerbe handelt. Es unterscheiden sich lediglich die **Konsequenzen aus der Unzuverlässigkeit**. Beim anzeigepflichtigen Gewerbe kann (nur) gegen unzuverlässige Gewerbetreibende mittels einer Gewerbeuntersagung eingeschritten werden (s. Rn 280 ff), beim genehmigungspflichtigen Gewerbe ist die Genehmigung bei Unzuverlässigkeit zu versagen oder – wenn der Betreffende unzuverlässig wird – nachträglich zu widerrufen (s. Rn 314). Mit dem Begriff der Unzuverlässigkeit sind gleichzeitig **zentrale verwaltungsprozessuale Weichenstellungen** verbunden. Diese hängen mit der Struktur des Begriffes zusammen. Wie die Definition zum Ausdruck bringt, wird aus den vorliegenden Tatsachen auf die künftige Eignung geschlossen; es handelt sich also um eine **Prognoseentscheidung**. Gleichzeitig können im Verlauf des Verfahrens tatsächliche Änderungen eintreten. Es stellt sich die Frage nach der **gerichtlichen Kontrolldichte** genauso wie die nach dem **maßgeblichen Zeitpunkt**. Hierauf ist im Zusammenhang mit den jeweiligen Einzelmaßnahmen zurückzukommen (s. ausf im Zusammenhang mit der Gewerbeuntersagung unten Rn 292 ff).

b) Allgemeine Grundsätze

253 Trotz der Gewerbetypik und des Einzelfallbezuges der Unzuverlässigkeitsprüfung lassen sich **allgemeine Grundsätze und Fallgruppen** unterscheiden, die es in der Fallbearbeitung auf den konkreten Sachverhalt anzuwenden gilt[165]. Abzustellen ist stets auf das **Gesamtbild** des Verhaltens[166], so dass häufig erst aus der Kombination mehrerer Umstände auf die Unzuverlässigkeit geschlossen werden kann und die Bedeutung eines einzelnen Aspektes (auch bei der Bewertung von Gerichtsurteilen) nicht überschätzt werden darf. Die in das Gesamtbild einfließenden Tatsachen müssen auch nicht notwendigerweise auf den konkreten Gewerbebetrieb bezogen sein[167]. Verfehlungen, aus denen die Unzuverlässigkeit abgeleitet werden soll, müssen nicht in

---

163 S. auch *Leisner*, GewArch. 2008, 225, 226 ff.
164 Ausf dazu *Laubinger*, VerwArch. 89 (1998), 145, 148 f.
165 S. dazu *Laubinger*, VerwArch. 89 (1998), 145 ff sowie die einschlägigen Kommentierungen zu den Einzelvorschriften.
166 VGH Kassel, GewArch. 1995, 158: Straftaten und Ordnungswidrigkeiten etwa können zeigen, dass er es mit der Wahrheit nicht so genau nimmt. Zum Pelztierhändler vgl VGH Kassel, GewArch. 1991, 28; *Laubinger*, VerwArch. 92 (2001), 165 f.
167 *Marcks*, in: Landmann/Rohmer, GewO, § 35 Rn 33; *Ennuschat*, in: Tettinger/Wank/Ennuschat, GewO, § 35 Rn 29.

Ausübung des bzw eines Gewerbes begangen worden sein. Es reicht, dass sie **Rückschlüsse auf das berufliche Verhalten** des Betreffenden im Zusammenhang mit dem konkret zu prüfenden Gewerbe zulassen[168].

Im Rahmen der Zuverlässigkeitsprüfung ist (wie bei der polizeirechtlichen Verantwortlichkeit) ein **Verschulden unerheblich**[169]. Es kann ihn also zB nicht entlasten, wenn ein Gewerbetreibender vorbringt, er sei infolge einer Erkrankung mit dem Abführen seiner Sozialbeiträge überfordert gewesen[170]. Teilweise enthält die GewO **Vermutungsregeln**, wonach insbesondere bei Wirtschaftsstraftaten die mangelnde Zuverlässigkeit vermutet wird (vgl unten Rn 258). Derartige Vermutungstatbestände **indizieren die Unzuverlässigkeit**; sie können nur (im konkreten Einzelfall) widerlegt werden, wenn besondere Umstände ein Abweichen von der Regelvermutung begründen[171]. Dies bedarf der besonderen Rechtfertigung. Solche Gründe können gegeben sein, wenn die Straftat aus einer besonderen, sich nicht wiederholenden Situation heraus begangen worden ist[172].

254

c) Unzuverlässigkeit beim Verstoß gegen gewerbebezogene Vorschriften

Zum ordnungsgemäßen Betreiben des Gewerbes gehört als Mindestvoraussetzung die Einhaltung der dafür einschlägigen Bestimmungen. Dies gilt insbesondere, wenn die Nichteinhaltung dieser Verpflichtungen straf- oder ordnungswidrigkeitenrechtlich sanktioniert ist. Die **illegale Beschäftigung von Ausländern** ohne Arbeitserlaubnis begründet stets die Unzuverlässigkeit[173]. Auch wiederholte Verstöße eines Gewerbetreibenden gegen **Vorschriften des Jugendschutzes**[174] bzw ein (kontinuierlicher) Verstoß gegen die Bestimmungen des **LadÖffnG**[175] können die Annahme der Unzuverlässigkeit rechtfertigen. Entsprechendes gilt für das **Betreiben eines Gewerbes ohne die erforderliche Genehmigung**. Aus einem **Verstoß gegen die Anzeigepflicht des § 14 GewO** folgt dagegen **nicht** die Unzuverlässigkeit.

255

Beispiel: G stellt in seinen Geschäftsräumen Spielautomaten mit Gewinnmöglichkeit auf, was erlaubnispflichtig ist (s. § 33c GewO), verstößt also gegen einschlägige Bestimmungen, wenn er eine solche Genehmigung nicht beantragt. Dies kann die Unzuverlässigkeit begründen. Allerdings hat in Konsequenz des Verhältnismäßigkeitsgrundsatzes die Behörde zunächst gem.

---

168 BVerwG, GewArch. 1961, 166.
169 Dazu ausf *Marcks*, in: Landmann/Rohmer, GewO, § 35 Rn 47 mwN; *Ennuschat, in:* Tettinger/Wank/ Ennuschat, GewO, § 35 Rn 34.
170 VGH Kassel, GewArch. 1995, 159, 160.
171 VGH München, GewArch. 2013, 35; *Ennuschat,* in: Tettinger/Wank/Ennuschat, GewO, § 34d Rn 63 f; *Schönleiter,* in: Landmann/Rohmer, GewO, § 34f Rn 99.
172 *Marcks,* in: Landmann/Rohmer, GewO, § 34c, Rn 78.
173 BVerwGE 42, 68; 61, 32. Dies gilt erst recht, wenn der Verdacht auf weitere Straftaten besteht, vor allem Zuhälterei und Menschenhandel, s. auch VGH München, GewArch. 2004, 491, 492.
174 VG Gießen, LKRZ 2013, 342: Tabakwarenabgabe unter Verstoß gegen § 10 Abs. 1 JuSchG; VG Neustadt, GewArch. 2007, 496.
175 S. auch OVG Hamburg, NVwZ-RR 1992, 234. Selbst wenn man die „Schaffung gesunder Wettbewerbsverhältnisse" als Hauptzweck des Gesetzes sieht (zum Zweck des LadÖffnG *Ruthig,* in: Landesrecht RP, § 6 Rn 11), schließt dies – anders als bei Vorschriften des privaten Wettbewerbsrechts (dazu *Marcks,* in: Landmann/Rohmer, GewO, § 35 Rn 62) – die Berücksichtigung im Rahmen des § 35 GewO nicht aus.

§ 25 VwVfG den G aufzufordern, eine Genehmigung zu beantragen[176]. Auf eine Verletzung zivilrechtlicher (und nicht straf- oder ordnungswidrigkeitenbewehrter) Vorschriften kann eine Gewerbeuntersagung dagegen nur gestützt werden, wenn sie so häufig auftreten, dass sie auf „charakterliche Mängel" schließen lassen[177].

256 Breiten Raum nehmen in der Praxis **Verstöße gegen steuer- und sozialversicherungsrechtliche Verpflichtungen** ein. Während das BVerwG die Unzuverlässigkeit zunächst allein aus der Tatsache ableitete, dass es dem Gewerbetreibenden „an dem für die Ausübung seines Gewerbes erforderlichen Willen fehlt, seine öffentlichen Berufspflichten zu erfüllen"[178], sieht es in entsprechenden Verstößen nur noch dann einen Fall der Unzuverlässigkeit, wenn sie sich über einen nicht unerheblichen Zeitraum erstrecken und eine nicht unerhebliche Summe umfassen[179]. Gleichwohl lässt die Rechtsprechung – in Abhängigkeit von der Betriebsgröße[180] – im Ergebnis relativ geringe Beträge genügen[181]. Außerdem genügt bereits die Nichtabgabe von Steuererklärungen zur Begründung der Unzuverlässigkeit[182]. Gerade hier droht die Gefahr, dass Gewerberecht zum Sanktionsinstrument mutiert[183].

d) Sonstige Verstöße gegen Strafvorschriften

257 Bei Straftaten ohne unmittelbaren Zusammenhang mit der Gewerbeausübung ist zu differenzieren. **Verfehlungen von geringerem Gewicht und ohne Tätigkeitsbezug** sind gerade angesichts der schweren Folgen entsprechender gewerbebehördlicher Maßnahmen vor dem Hintergrund des Art. 12 GG unbeachtlich[184]. **Straßenverkehrsdelikte** sind zB grundsätzlich nur für straßenverkehrsbezogene Gewerbe wie etwa das Taxengewerbe relevant[185].

258 Anders verhält es sich bei **Eigentums- und Vermögensdelikten**[186]. Diese lassen regelmäßig den Schluss zu, dass der Gewerbetreibende auch für das Betreiben eines Gewerbes nicht die erforderliche Zuverlässigkeit bietet. Dies wird teilweise in den Vorschriften ausdrücklich normiert. So enthalten die §§ 34c Abs. 2 Nr 1, 34d Abs. 2 Nr 1, 34f GewO eine **Regelvermutung**, wonach ua derjenige die erforderliche Zu-

---

176 Vgl *Hösch*, Fälle und Lösungen zum Wirtschaftsverwaltungsrecht, 2001, Fall 2.
177 BVerwG, GewArch. 1997, 68; *Ehlers*, in: Ehlers/Fehling/Pünder, § 18 Rn 56.
178 BVerwG, GewArch. 1963, 129, 131.
179 BVerwG, NVwZ 1988, 432; ausf *Laubinger*, VerwArch. 89 (1998), 145, 151 f.
180 *Heß*, in: Friauf, GewO, § 35 Rn 63; s. auch OVG Lüneburg, NVwZ-RR 2008, 142; *Hahn*, GewArch. 1999, 355, 358.
181 BVerwG, GewArch. 1999, 1 ließ dies bei Rückständen von umgerechnet ca. 2500 € offen; viele Verwaltungsvorschriften lassen eine entsprechende Summe ausreichen. Bejaht wurde die Unzuverlässigkeit bei Rückständen von umgerechnet 4500 €, s. VGH Kassel, GewArch. 1983, 263.
182 VGH München v. 18.2.2013 – 22 ZB 13.106.
183 Krit zur Rechtspraxis *Heß*, GewArch. 2009, 89.
184 Eine Vielzahl geringfügiger Delikte, zumal über einen relativ kurzen Tatzeitraum, sollen allerdings nach der Rspr in einer Gesamtschau eine solche nahe legen, s. VGH München, NJW 1986, 3221, 3222.
185 VGH Kassel, NJW 1982, 2459; *Ennuschat*, in: Tettinger/Wank/Ennuschat, GewO, § 35 Rn 38.
186 BVerwG, GewArch. 1972, 189: Diebstahl, Betrug, Unterschlagungen eines Antiquitätenhändlers; *Laubinger*, VerwArch. 89 (1998), 145, 150 mwN; krit zur Gefahr einer Überdehnung *Leisner*, GewArch. 2008, 225, 231. Zu den Korruptionsskandalen um Großunternehmen und möglichen gewerberechtlichen Konsequenzen *Scheidler*, GewArch. 2005, 445.

verlässigkeit idR nicht besitzt, der wegen Diebstahls, Unterschlagung, Erpressung, Betrugs, Untreue, Geldwäsche, Urkundenfälschung, Hehlerei, Wuchers oder einer Insolvenzstraftat rechtskräftig verurteilt worden ist. Entsprechendes gilt für **Drogendelikte**[187]. Schon die bloße **Duldung des Rauschgifthandels** in den Geschäftsräumen kann genügen, um die Unzuverlässigkeit zu begründen[188]. Der Verdacht muss sich dann jedoch auf konkrete Umstände stützen. Solange damit kein Verstoß gegen strafrechtliche Vorschriften verbunden ist, kann allein aus dem Umstand, dass ein Gewerbetreibender Utensilien anbietet, die zum Drogenkonsum benutzt werden können, nicht die Unzuverlässigkeit abgeleitet werden[189]. In diesem Zusammenhang ist auch zu beachten, dass der Eigenkonsum von Drogen in bestimmten Grenzen nicht strafbar ist[190].

Tatsachen aus **laufenden Strafverfahren** können bei der Prognoseentscheidung bereits berücksichtigt werden[191]. Bei abgeschlossenen Verfahren normiert § 35 Abs. 3 GewO eine Bindung der Gewerbeaufsichtsbehörden va hinsichtlich der Tatsachenfeststellungen und der Schuldfrage[192]: Die Bedeutung dieser Bindungswirkung ist allerdings begrenzt. Auch bei **rechtskräftigen Strafurteilen** muss die Behörde anhand der tatsächlichen Feststellungen des Strafgerichts eine eigene Entscheidung über die (künftige) Zuverlässigkeit treffen, kann sich also nicht allein auf den Urteilsspruch stützen[193]; Abweichungen zugunsten des Gewerbetreibenden sind unabhängig von § 35 Abs. 3 GewO zulässig[194]. Die Bindungswirkung beschränkt sich auf Strafurteile und die ihnen in der Norm gleichgestellten gerichtlichen Entscheidungen (insb Strafbefehl, §§ 407 ff StPO). Sonstige, nicht im Gesetz genannte Entscheidungen, haben keine Bindungswirkung. Dies gilt insbesondere für die **Einstellungsentscheidung der Staatsanwaltschaft nach §§ 153 ff und § 170 StPO**[195].

259

Maßgeblicher Zeitpunkt für die Einbeziehung der Straftaten in die Prognose ist der Zeitpunkt der Verurteilung, nicht derjenige der Tatbegehung. Die Annahme der Unzuverlässigkeit ist demnach nicht ausgeschlossen, wenn jene die Unzuverlässigkeit begründende Tathandlung bereits einige Jahre zurückliegt, selbst wenn keine Anhaltspunkte dafür vorliegen, dass der Betroffene in der Zwischenzeit erneut strafrechtlich

---

187   Am Beispiel eines Stehimbissbetreibers, der mit Heroin handelt, VG Gießen v. 18.1.2008, 8 E 314/ 07.
188   BVerwG, NJW 1979, 772.
189   VGH München, NVwZ-RR 1998, 233; s. auch als Klausurfall *Ruthig/Wirth*, Jura 2007, 468.
190   BVerwGE 90, 145.
191   VGH Kassel, GewArch. 1993, 157; *Marcks*, in: Landmann/Rohmer, GewO, § 35 Rn 42.
192   Nr 3 bindet die Behörde außerdem an die Prognoseentscheidung des Strafgerichts, ob eine Gewerbeuntersagung erforderlich ist, um die Begehung erheblicher rechtswidriger Taten iSd § 70 StGB durch den Gewerbetreibenden zu verhindern. Die praktische Bedeutung dürfte begrenzt sein, da der Schutz der Allgemeinheit iSd § 35 GewO schon unterhalb der strafrechtlich relevanten Ebene ansetzt, *Ennuschat, in:* Tettinger/Wank/Ennuschat, GewO, § 35 Rn 192.
193   BVerwG, GewArch. 1997, 242; *Marcks*, in: Landmann/Rohmer, GewO, § 35 Rn 37. Allerdings kann eine Strafaussetzung zur Bewährung Anhaltspunkte dafür bieten, dass aufgrund der günstigen strafrechtlichen Sozialprognose auch mit einer Unzuverlässigkeit im gewerberechtlichen Sinne zukünftig nicht zu rechnen ist, vgl BVerwG, GewArch. 1987, 352.
194   *Ennuschat, in:* Tettinger/Wank/Ennuschat, GewO, § 35 Rn 189.
195   *Marcks*, in: Landmann/Rohmer, GewO, § 35 Rn 148 mwN.

in Erscheinung getreten ist[196]. Allerdings sind die **Verwertungsfristen** nach § 51 BZRG zu beachten; § 153 Abs. 5 GewO[197].

e) Fehlende wirtschaftliche Leistungsfähigkeit

260 Eng mit der Nichterfüllung steuer- und sozialversicherungsrechtlicher Pflichten hängt die **allgemeine wirtschaftliche Leistungsfähigkeit** zusammen. Bei einzelnen, kapitalträchtigen Gewerben ist der Schluss von fehlender Finanzkraft auf die Unzuverlässigkeit **gesetzlich vorgesehen**[198]. Inwieweit wegen des Fehlens der erforderlichen Geldmittel auch bei anderen Gewerben die Gefahr besteht, dass der Gewerbetreibende nicht zu einer ordnungsgemäßen Betriebsführung in der Lage ist, ist umstritten[199]. Dies ist jedenfalls dann der Fall, wenn es keine Anzeichen für Besserung gibt und ein **Sanierungskonzept** fehlt[200]. Auf ein Verschulden oder einen „Charaktermangel"[201] kommt es nicht an.

Zur Frage, inwieweit das Vorlegen eines Sanierungskonzepts die Unzuverlässigkeit entfallen lässt (dies spielt insb im gerichtlichen Verfahren eine Rolle, s. Rn 292 ff), hat sich eine umfangreiche Kasuistik entwickelt[202]. Grundsätzlich setzt ein erfolgversprechendes Sanierungskonzept voraus, dass mit den Gläubigern eine Ratenzahlungsvereinbarung geschlossen und der Tilgungsplan eingehalten wird. Die bloße Bekundung der Bereitschaft, ein solches vorzulegen, genügt jedenfalls bei einem bereits lange dauernden steuerlichen Fehlverhalten nicht. In diesem Zusammenhang ist zu beachten, dass gem. § 12 GewO während eines laufenden Insolvenzverfahrens (selbstverständlich) eine Untersagung der Weiterführung des Betriebes aufgrund einer durch Überschuldung herbeigeführten Unzuverlässigkeit nicht in Betracht kommt[203].

f) Förderung der Unsittlichkeit

261 Zu den klassischen Unzuverlässigkeitsgründen gehört es, wenn der Gewerbetreibende der Unsittlichkeit Vorschub leistet; dies ist im GastG ausdrücklich normiert (s. zu § 4 Abs. 1 Nr 1 GastG Rn 435 f) und hat dort sicherlich den wichtigsten Anwendungsfall. Hinter diesem Begriff stehen „die dem geschichtlichen Wandel unterworfenen sozialethischen Wertvorstellungen, die in der Rechtsgemeinschaft als Ordnungsvorausset-

---

196 VG Gießen v. 18.1.2008, 8 E 314/07.
197 Maßgeblich ist der Zeitpunkt des Erlasses des Widerspruchsbescheides, nicht der (Berufungs-)Entscheidung, s. BVerwG, GewArch. 1995, 377; 1997, 242; *Marcks*, in: Landmann/Rohmer, GewO, § 35 Rn 41.
198 Für die wirtschaftliche Leistungsfähigkeit gibt es bei bestimmten anzeigepflichtigen Tätigkeiten ausdrückliche Regelungen, die die wirtschaftliche Leistungsfähigkeit zur Voraussetzung für die Gewerbeerteilung machen (vgl zB § 34 Abs. 1 S. 3 Nr 1, § 34a Abs. 1 S. 3 Nr 2, § 34b Abs. 4 Nr 2, § 34c Abs. 2 Nr 2 GewO).
199 Dazu, dass nicht bei allen Gewerben die fehlende finanzielle Absicherung eine Gefährdung der Allgemeinheit mit sich bringt, s. *Heß*, in: Friauf, GewO, § 35 Rn 62; *Ennuschat*, in: Tettinger/Wank/Ennuschat, GewO, § 35 Rn 63 ff; weitergehend *Marcks*, in: Landmann/Rohmer, GewO, § 35 Rn 48.
200 BVerwGE 65, 1, 4; *Laubinger*, VerwArch. 92 (2001), 153; ausf *Marcks*, in: Landmann/Rohmer, GewO, § 35 Rn 48.
201 OVG Weimar, GewArch. 2006, 472.
202 Zusammenfassend VGH München v. 25.6.2013 – 22 ZB 13.1102 Rn 18 mwN; NJW 2011, 2822, 2823.
203 Näher VGH München v. 3.4.2007 – 22 C 07.332. Zu § 12 S. 2 GewO s. VG Neustadt a.d. Weinstraße, Beschluss vom 15.1.2013 – 4 L 1076/12.NW.

zung anerkannt sind"[204]. Dieser Wandel lässt sich an den Aktivitäten des Gesetzgebers ablesen (zum ProstG Rn 117; zur Erlaubtheit des Gewerbes Rn 216 f). Diese Wertungen sind auch bei der Konkretisierung des „der Unsittlichkeit Vorschub leisten" zu berücksichtigen. Im Ergebnis wird das Merkmal der Unsittlichkeit zu einem Vehikel des Jugendschutzes bzw des Schutzes der Entscheidung des Einzelnen, mit entsprechenden Inhalten nicht gegen seinen Willen in Kontakt zu kommen[205]. Die Unzuverlässigkeit ist allerdings dann gegeben, wenn der Gesetzgeber bestimmte Erscheinungsformen weiterhin als Straftat oder Ordnungswidrigkeit verfolgt, wie es beispielsweise bei der ausländerrechtlich unzulässigen Prostitutionsausübung[206] oder bei der Prostitution im Sperrbezirk[207] der Fall ist. Die Unzuverlässigkeit kann auch dadurch begründet werden, dass sich der Gewerbetreibende selbst unsittlich verhält, wie etwa bei der sexuellen Belästigung von Kundinnen in dem von ihm betriebenen Fitnessstudio[208].

g) Sonstige Tatsachen

Auch aus sonstigen Tatsachen kann sich die Unzuverlässigkeit ergeben. Dies gilt insbesondere bei übermäßigem **Alkoholkonsum** (vgl zB § 4 Abs. 1 Nr 1 GastG; dazu Rn 435). Allerdings sind Sinn und Zweck der Gewerbeaufsicht zu beachten. Es kann, etwa bei der Frage, inwieweit die **Verbreitung neonazistischen Gedankenguts** die Unzuverlässigkeit begründet, nicht um eine Bestrafung der Gesinnung gehen, sondern allenfalls darum, drohende strafbare Handlungen zu verhindern, die sich etwa aus den einschlägigen Vorstrafen bzw laufenden Ermittlungen ergeben können[209].   **262**

h) Zuverlässigkeit und Sachkunde

Besondere Probleme ergeben sich bei der Frage, ob zur Zuverlässigkeit auch eine bestimmte **Sachkunde** bzw die intellektuelle oder physische Eignung für das betreffende Gewerbe gehört. Die Zuverlässigkeit umfasst zunächst alle persönlichen Voraussetzungen einschließlich hinreichender Sach- und Fachkunde sowie der kör-   **263**

---

204 BVerwGE 84, 314, 317 f zur Peepshow.
205 So auch *Ziekow*, § 10 Rn 8 mwN.
206 OVG Berlin, NVwZ-RR 2002, 739; VG Gießen, GewArch. 2004, 432.
207 BVerwG, NVwZ 2005, 597; zur Verfassungsmäßigkeit von Art. 297 EGStGB BVerfG, NVwZ 2009, 905; aA zuvor *Gurlit/Oster*, GewArch. 2006, 361. Auch das BVerfG hat allerdings eine einschränkende Auslegung für geboten erachtet. Die Ermächtigungsgrundlage kann eine SperrbezirksVO nur dann rechtfertigen, „wenn die Eigenart des betroffenen Gebietes durch eine besondere Schutzbedürftigkeit und Sensibilität, zB als Gebiet mit hohem Wohnanteil sowie Schulen, Kindergärten, Kirchen und sozialen Einrichtungen gekennzeichnet ist ... und wenn eine nach außen in Erscheinung tretende Ausübung der Prostitution typischerweise damit verbundene Belästigungen Unbeteiligter und ‚milieubedingte Unruhe', wie zum Beispiel das Werben von Freiern und anstößiges Verhalten gegenüber Passantinnen und Anwohnerinnen, befürchten lässt". VGH Kassel vom 31.1.2013 – 8 A 1245/12 ließ diese Betrachtung auf die Konsequenzen einer konkreten SperrbezirksVO durchschlagen: eine solche sei „bundesrechtskonform dahin auszulegen, dass die dort beschriebene Prostitutionsausübung außerhalb der Toleranzzonen nur noch dann verboten ist, wenn sie nach außen in Erscheinung tritt und eine ... „milieubedingte Unruhe" befürchten lässt"; dagegen wurde die Revision zugelassen, vgl BVerwG vom 26.9.2013 – 6 B 18.13.
208 Vgl VG München v. 12.3.2007, M 16 K 06.896.
209 VGH München, GewArch. 1994, 239; *Laubinger*, VerwArch. 89 (1998), 145, 157; s. auch VG Schleswig, NJW 2001, 387 (zum Gaststättenrecht).

perlichen und geistigen Eignung[210]. Allerdings kann sich aus der Systematik des jeweiligen Gesetzes etwas anderes ergeben, wenn die persönlichen Voraussetzungen der Tätigkeitsausübung näher ausdifferenziert sind und dabei zwischen Sachkunde und Zuverlässigkeit unterschieden wird. Verselbstständigte Elemente, insbesondere die persönliche Sachkunde, entfallen vor allem dann als Element der Zuverlässigkeitsprüfung, wenn sie durch spezielle Prüfungen nachgewiesen werden mussten[211]. Aber auch dann, wenn ausdrückliche Regelungen fehlen, darf über das Zuverlässigkeitserfordernis kein besonderer Sachkundenachweis eingeführt werden[212]. Dies gilt umso mehr, als Sachkundenachweise sich gerade beim Einzelhandel als verfassungswidrig erwiesen (dazu bereits oben Rn 123).

i) Vertiefung: Persönlicher Anknüpfungspunkt der Unzuverlässigkeitsprüfung

264   **Anknüpfungspunkt der Unzuverlässigkeitsprüfung** kann ein Verhalten des Gewerbetreibenden selbst, aber auch das Verhalten einer anderen Person sein, das dem Gewerbebetrieb zugerechnet wird. Dies sind **Betriebsleiter** und **Stellvertreter**[213], aber möglicherweise auch **sonstige Dritte**.

Gegen Vertretungsberechtigte bzw Betriebsleiter kann nach § 35 Abs. 7a GewO ein eigenes Untersagungsverfahren durchgeführt werden, das allerdings akzessorisch zum Hauptverfahren ist und eine Untersagung gegen den Gewerbetreibenden voraussetzt[214]. Bei sonstigen Dritten erfolgt keine Zurechnung deren Verhaltens; es kann sich jedoch die Unzuverlässigkeit des Gewerbetreibenden selbst daraus ergeben, dass er einem unzuverlässigen Dritten maßgeblichen Einfluss einräumt und nicht willens oder in der Lage ist, diesen Einfluss auszuschalten[215].

265   Diese Grundsätze gelten auch für die Prüfung der **Zuverlässigkeit juristischer Personen oder Personengesellschaften**. Diese ist selbst Gewerbetreibende und so sind die Unzuverlässigkeitsgründe ihr zuzurechnen (etwa Steuerschulden, Nichtabführen von Sozialversicherungsbeiträgen etc)[216]. Überall dort, wo Anknüpfungspunkt notwendigerweise das Verhalten natürlicher Personen ist (Beispiel Alkohol- oder Drogensucht), kommt es (nur) auf die Vertretungsberechtigten an, nicht auf die übrigen Gesellschafter, die nicht nach außen in Erscheinung treten. Deswegen spielt beispielsweise das Fehlverhalten eines nicht vertretungsberechtigten GmbH-Gesellschafters für die Frage der Zuverlässigkeit des Gewerbetreibenden keine Rolle (s. Rn 264, 288).

---

210   Daher muss zB ein Schwimmlehrer schwimmen können, s. BVerwG, NJW 1961, 1834.
211   Dazu *Eifert*, JuS 2004, 565, 567 mwN. Ausführlich *Marcks*, in: Landmann/Rohmer, GewO, § 35 Rn 58 ff; *Laubinger*, VerwArch. 89 (1998), 145, 155.
212   S. auch *Laubinger*, VerwArch. 89 (1998), 145, 155.
213   Dazu *Marcks*, in: Landmann/Rohmer, GewO, § 35 Rn 66 ff.
214   Zu den Einzelheiten *Marcks*, in: Landmann/Rohmer, GewO, § 35 Rn 191 ff.
215   Zu dieser Konstellation, die häufig zwischen Ehepartnern eintritt, zuletzt OVG Lüneburg, GewArch. 2008, 124. Siehe schon BVerwGE 9, 222; zu einem Beispiel (keine Zurechnung des Verhaltens von selbstständigen Zeitschriftenwerbern gegenüber dem Vertreiber) näher VGH Mannheim, GewArch. 1973, 286; ferner VGH München, GewArch. 2003, 120; 1965, 76. Ausführlich auch *Ruthig/Wirth*, Jura 2007, 468; *Dickersbach*, WiVerw 1982, 65, 72; *Marcks*, in: Landmann/Rohmer, GewO, § 35 Rn 71.
216   OVG Lüneburg, NVwZ-RR 2008, 142; *Ehlers*, in: Ehlers/Fehling/Pünder, § 18 Rn 57; *Marcks*, in: Landmann/Rohmer, GewO, § 35 Rn 65; aA VGH München, GewArch. 1975, 61; OVG Koblenz, GewArch. 1981, 333; *Dickersbach*, WiVerw 1982, 72, die immer auf natürliche Personen abstellen wollen.

Die Beurteilung hat aber nicht nur die rechtlichen, sondern auch die tatsächlichen Verhältnisse einzubeziehen. Ist eine GmbH beispielsweise so strukturiert, dass der unzuverlässige Alleingesellschafter maßgeblichen Einfluss auf die Geschäftsführung ausübt, begründet dies die gewerberechtliche Unzuverlässigkeit der juristischen Person, ohne dass es auf die Frage ankäme, ob der Geschäftsführer seinerseits unzuverlässig ist[217]. Allerdings ist davon wiederum die Frage zu unterscheiden, welche Konsequenzen aus dem persönlichen Fehlverhalten gezogen werden müssen[218]. Ob man der Gesellschaft das Verhalten ihrer Vertretungsberechtigten unmittelbar zurechnet oder Letztere als mit der Leitung beauftragte Personen ansieht, ist im Ergebnis irrelevant[219].

7. Zuständigkeit und Verfahren

a) Sachliche und örtliche Zuständigkeit

Soweit nichts anderes bestimmt ist, **entscheidet das Landesrecht über die Zustän-**   266
digkeiten, § 155 Abs. 2 GewO[220]. Handelt die sachlich unzuständige Behörde, ist der VA nach allgemeinen Grundsätzen rechtswidrig, aber nicht nichtig[221]. Aus der GewO ergibt sich allerdings teilweise die örtliche Zuständigkeit (vgl zB §§ 35 Abs. 7, 61 GewO). Zuständig ist nach gewerberechtlichen Grundsätzen regelmäßig die Behörde am Ort der Niederlassung oder – (nur) beim Fehlen einer solchen – die Behörde, in deren Bezirk das Gewerbe ausgeübt wird oder werden soll. Unterhält der Gewerbetreibende neben der Hauptniederlassung weitere Zweigniederlassungen oder Zweigstellen im Zuständigkeitsbereich anderer Behörden, so wird das Verhältnis dieser Zuständigkeiten zueinander in § 35 Abs. 7 GewO nicht geregelt; es gelten also die allgemeinen Vorschriften, insbesondere das Prinzip des ersten Aufgriffs, § 3 Abs. 2 VwVfG[222]. Fehler bei der örtlichen Zuständigkeit führen ebenfalls nur zur Rechtswidrigkeit; entsprechende Fehler können überdies nach § 46 VwVfG geheilt werden, wenn keine andere Entscheidung in der Sache hätte ergehen können[223]. Für die Vollstreckung ist nach § 35 Abs. 7 S. 3 GewO neben der Erlassbehörde auch jede (sachlich zuständige) Behörde zuständig, in deren Bezirk das Gewerbe ausgeübt wird oder werden soll[224]. Wenn die GewO – beispielsweise in § 14 GewO – keine eigenen Regelungen trifft, ergibt sich auch die örtliche Zuständigkeit aus dem Landesrecht[225].

---

217   So ist es durchaus denkbar, dass die Auswechslung eines vertretungsberechtigten Gesellschafters nicht ausreicht, um die Zuverlässigkeit der juristischen Person wieder herzustellen und somit eine Volluntersagung auszusprechen ist; vgl zum Gaststättenrecht VGH Mannheim v. 8.11.2004, 6 S 593/04.

218   VGH Mannheim, GewArch. 1974, 93; *Marcks*, in: Landmann/Rohmer, GewO, § 35 Rn 65.

219   *Ehlers*, § 18 Rn 57. Für Zurechnungslösung *Frotscher/Kramer*, Rn 367; *Marcks*, in: Landmann/Rohmer, GewO § 35 Rn 65, 67. Für die Qualifikation als Leiter *Laubinger*, VerwArch. 1998, 145, 162.

220   Regelmäßig sind daher die unteren Verwaltungsbehörden zuständig, teilweise neben der Gewerbeaufsichtsbehörde alternativ die IHK, s. *Stenger*, GewArch. 2007, 448, 452.

221   *Marcks*, in: Landmann/Rohmer, § 35 Rn 186,

222   Insbesondere kommt auch der Behörde am Sitz der Hauptniederlassung keine Priorität zu, vgl zum Ganzen *Marcks*, in: Landmann/Rohmer, § 35 Rn 187 mwN.

223   *Marcks*, in: Landmann/Rohmer, § 35 Rn 190.

224   *Marcks*, in: Landmann/Rohmer, § 35 Rn 188.

225   *Marcks*, in: Landmann/Rohmer, § 35 Rn 94; abweichend *Ennuschat*, in: Tettinger/Wank/Ennuschat, GewO § 14 Rn 70: Behörde, in deren Bezirk der anzeigepflichtige Vorgang stattfindet.

b)   Einheitliche Stelle

267   Zur Erleichterung des Kontakts mit den Gewerbeaufsichtsbehörden wird in § 6b GewO[226] die Möglichkeit eröffnet, den Kontakt mit Aufsichtsbehörden über eine sog. „einheitliche Stelle" abzuwickeln. Als Regelung des Verwaltungsverfahrens fällt die Umsetzung des § 6b GewO in die Zuständigkeit der Bundesländer (s. schon allgemein Rn 174), die dabei entgegen der ursprünglichen Absicht sehr heterogene Zuständigkeitskonzepte verfolgt haben[227]. Zuständig sind teilweise die Kommunen, aber auch Kammern, Landesmittelbehörden oder Ministerien sowie Anstalten und Private. Das Verfahrensrecht wurde in §§ 71a ff VwVfG zusammengefasst, die eine Modellfunktion auch für die im gewerberechtlichen Kontext einschlägigen Landesverwaltungsverfahrensgesetze übernahmen.

Dem Antragsteller bleibt überlassen, ob er sich an eine einheitliche Stelle wenden will. Ihre Einschaltung verschiebt nicht die Zuständigkeiten für die Entscheidung, sie nimmt lediglich Anträge entgegen und erteilt Auskunft über Zuständigkeiten und anwendbare Vorschriften (§ 71b Abs. 1 VwVfG)[228]. Die zuständige Behörde muss sich insoweit das Verhalten der einheitlichen Stelle zurechnen lassen, was insbesondere für den Fristlauf bei der Genehmigungsfiktion relevant wird (vgl näher ▶ **Klausurenkurs Fall Nr 5**).

c)   Genehmigungsfiktion

268   § 6a GewO normiert für verschiedene genehmigungsbedürftige Gewerbe, vor allem das Reisegewerbe (§ 55 Abs. 2 GewO)[229], eine **Genehmigungsfiktion**. Diese wurde im Zusammenhang mit der Umsetzung der Dienstleistungsrichtlinie eingeführt, gilt aber unterschiedslos **auch für inländische Gewerbetreibende**. Die Genehmigungsfiktion entfaltet die gleiche Wirkung wie eine Genehmigung. Der Antragsteller ist also so zu behandeln, als sei er im Besitz der entsprechenden Erlaubnis. Für Rücknahme und Widerruf gelten die allgemeinen Vorschriften.

Die Modalitäten der Genehmigungsfiktion ergeben sich aus § 42a VwVfG. Wird über einen Antrag auf Erteilung einer Erlaubnis nicht entschieden, gilt diese nach Ablauf von 3 Monaten als erteilt, vgl § 42a VwVfG[230]. Die Frist beginnt nach § 42a Abs. 1 S. 1 VwVfG mit Eingang der voll-

---

226   Eine parallele Vorschrift findet sich in § 5b HwO sowie für den Anwendungsbereich des GastG in den landesrechtlichen Zuständigkeitsverordnungen, vgl etwa für Bayern § 2 Abs. 3 GastV der VO v. 9.2.2010 (GVBl. S. 103).

227   S. näher *Luch/Schulz*, GewArch. 2010, 225; ausf zu den mit der Umsetzung verbundenen Rechtsfragen *Eisenmenger*, NVwZ 2008, 1191 ff; *Dürr*, GewArch. 2008, 25; *Hatje*, NJW 2007, 2357 ff; *Windoffer*, NVwZ 2007, 495; *Ziekow*, GewArch. 2007, 179, 181 f.

228   Dass es sich dabei nur um einen orientierenden Überblick handelt, ergibt sich aus § 71b Abs. 2 VwVfG, der die Auskunftspflicht der zuständigen Behörde regelt.

229   Erfasst werden außerdem das Versteigerergewerbe (§ 34b Abs. 1, 3, 4 GewO), das Immobilienmakler-, Bauträger- und Baubetreuergewerbe (§ 34c Abs. 1 S. 1 Nr 1 und 4 GewO). Problematisch ist die Bundesgesetzgebungskompetenz für die Einführung der Genehmigungsfiktion beim Gaststätten- und Marktgewerbe (dazu oben Rn 165).

230   § 42a regelt allgemein die Genehmigungsfiktion, überlässt die Entscheidung über ihre Anwendbarkeit aber dem jeweiligen besonderen Verwaltungsrecht; für das Gewerberecht entscheidet § 6a GewO über die Reichweite; vgl *Bernhardt*, GewArch. 2009, 100; *Cancik*, DÖV 2011, 1; *Guckelberger*, DÖV 2010, 109; *Uechtritz*, DVBl 2010, 684.

ständigen Unterlagen bzw der behördlichen Mitteilung über die Vollständigkeit[231] zu laufen und kann nach § 42a Abs. 2 S. 3 VwVfG einmal verlängert werden. Der Antragsteller hat demnach nicht nur Anspruch auf eine Bestätigung der Fiktionswirkung nach § 42a VwVfG, ihm ist vielmehr zB auch eine Reisegewerbekarte auszustellen. Nicht erfasst werden andere Erlaubnisse, etwa die Ausnahmeerlaubnis nach § 56 Abs. 2 S. 3 GewO (vgl zu beidem ▶ **Klausurenkurs Fall Nr 5**).

II. Die Kontrolle des stehenden Gewerbes

1. Anzeige der Aufnahme eines stehenden Gewerbes (§ 14 GewO)

Fall 17: Die „Scientology Kirche eV" wirbt für ihre Tätigkeit durch den Verkauf von Büchern und Broschüren und sogenannter Elektrometer. Außerdem veranstaltet sie Seminare zu deutlich die Selbstkosten übersteigenden Preisen. Die zuständige Behörde fordert die Gemeinschaft in einem mit Rechtsmittelbelehrung versehenen Bescheid auf, ihrer Anzeigepflicht nach §§ 1, 14 GewO nachzukommen. S ist dagegen der Auffassung, kein Gewerbe auszuüben. Der Verkauf ihrer Produkte und Dienstleistungen verfolge vielmehr den ausschließlichen Zweck, höhere Bewusstseins- und Erlösungsstufen zu erreichen[232]. Wie ist die Rechtslage?   **269**

Fall 18: P meldete in Mainz folgendes Gewerbe als Hauptniederlassung an: „Mobile Pkw- und Lkw-Aufbereitungstätigkeit, Waschservice sowie Fahrdienstleistungen". Überprüfungen ergaben, dass das Gebäude unter der angegebenen Anschrift eine einzige Baustelle war, so dass gewerbliche Tätigkeiten weder tatsächlich festzustellen, noch überhaupt möglich gewesen wären. Am 24.1.2006 nahm die Gewerbeaufsichtsbehörde daher von Amts wegen die Abmeldung des Gewerbes des P vor. P macht geltend, dass für seine gewerbliche Niederlassung ein Handy und die Anbringung eines Briefkastens für Posteingänge ausreichen würden. Ein solcher sei vorhanden gewesen. Wie wird das VG entscheiden?   **270**

Fall 19: Der Geschäftsführer der V GmbH zeigte bei der zuständigen Behörde die Tätigkeit „Vermittlung von Sportwetten an konzessionierte ausländische Wettanbieter (Primebet)" an. Primebet International Ltd. ist ein von der Gaming Authority of Malta lizenziertes Unternehmen. Noch am selben Tag schickte die Behörde die Gewerbeanmeldung unbestätigt zurück und begründete dies im Begleitschreiben damit, dass es sich bei Primebet um keinen im Bereich des Landes zugelassenen Veranstalter handele. Veranstaltung und Vermittlung von Wetten ohne behördliche (Landes-)Erlaubnis seien verboten und nach § 284 StGB strafbar. Ausländische Genehmigungen entfalteten in Deutschland keine Legitimationswirkung für Sportwettangebote, weder zugunsten des ausländischen Veranstalters selbst noch der im Inland für diesen tätigen Vermittler. Kann V gerichtlich einen „Gewerbeschein" erstreiten?   **271**

---

231 Zu den vollständigen Unterlagen gehört nach OVG Hamburg, GewArch. 2011, 120 nicht das polizeiliche Führungszeugnis, weil es nach § 30 Abs. 5 BZRG der Behörde unmittelbar übersandt wird: Bestätigt die Behörde die Vollständigkeit der Antragsunterlagen, kann sie fehlende Unterlagen zwar nachfordern, damit aber den Lauf der Frist nicht mehr beeinflussen, s. OVG Hamburg aaO.
232 BVerwG, GewArch. 1995, 152; s. auch BVerwG, GewArch. 1998, 416; OVG Hamburg, GewArch. 1994, 15; OVG Bremen, GewArch. 1997, 290. Zur richtigen Klageart OVG Bremen, NVwZ-RR 1997, 408; VGH Mannheim, GewArch. 1995, 339; OVG Hamburg, DVBl 1994, 413.

a) Umfang der Anzeigepflicht

272 Nach § 14 GewO muss derjenige, der den selbstständigen Betrieb eines stehenden Gewerbes oder den Betrieb einer Zweigniederlassung oder einer unselbstständigen Zweigstelle anfängt, diese der für den betreffenden Ort zuständigen Behörde anzeigen. Die Anzeigepflicht soll der zuständigen Behörde die **Überwachung** der Gewerbeausübung ermöglichen[233], sie dient aber auch **statistischen Zwecken**, vgl § 14 Abs. 6 GewO. Die **anzeigepflichtigen Umstände** ergeben sich aus § 14 Abs. 1 S. 2 Nr 1–3 GewO. Hierzu gehören insb Beginn und Aufgabe des Betriebes[234]. Die Anzeigepflicht des § 14 betrifft **nur das stehende Gewerbe** (zum Begriff des Gewerbes s. Rn 213 ff; zur Abgrenzung von anderen Gewerbeformen s. Rn 345 f), ist aber unabhängig von der Genehmigungsbedürftigkeit. Außerdem steht sie neben etwaigen Anzeigepflichten nach Spezialgesetzen, zB dem § 6 TKG (dazu unten Rn 537 ff).

Wichtige Neuerungen ergaben sich bei der Neufassung 2007[235]: Indem nach § 14 Abs. 6 S. 2 GewO der Zugang zu den Grunddaten (Name, betriebliche Anschrift und angezeigte Tätigkeit des Gewerbetreibenden) für jedermann eröffnet wird, wandelt sich insoweit das Gewerberegister in Richtung eines öffentlichen Registers. Seitdem regelt auch § 14 Abs. 7–10 GewO abschließend die Übermittlung der Daten an andere Behörden und entspricht nunmehr den Anforderungen des Rechts auf informationelle Selbstbestimmung.

273 Die **Gewerbeanzeige** ist eine **einseitig empfangsbedürftige Willenserklärung**[236], die gem. § 130 Abs. 3 BGB mit Zugang bei der Behörde wirksam wird. Innerhalb von drei Tagen muss die zuständige Behörde nach § 15 Abs. 1 GewO den Empfang der Anzeige bestätigen. Diese Bestätigung („Gewerbeschein") besteht lediglich aus einer Kopie der Anmeldung und macht keinerlei Aussagen über die Gewerbs- oder gar Rechtmäßigkeit der beantragten Gewerbeausübung. Mangels Regelungsgehalts handelt es sich daher nicht um einen Verwaltungsakt[237]. In der Praxis dient das Verfahren der Gewerbeanzeige vor allem der Klärung der Gewerbsmäßigkeit (insbes Selbstständigkeit[238]) der Tätigkeit. Typische Klausurkonstellationen sind die **Aufforderung zur Abgabe einer Gewerbeanzeige** (**Fall 17** und dazu Rn 276 f) und sozusagen spiegelbildlich der Streit um eine **Löschung von Amts wegen** (**Fall 18**). In jüngster Zeit spielte aber auch die Frage eine Rolle, inwieweit die Behörde zur **Verweigerung der Entgegennahme der Anzeige** berechtigt ist, wenn sie die Gewerbsmäßigkeit verneint (**Fall 19** und dazu Rn 279).

---

233 Zum bisherigen Recht *Frotscher*, NVwZ 1996, 33, 34 f.
234 Eingeschränkt wurden die Anzeigepflichten des Automatenaufstellers hinsichtlich einzelner Verkaufsautomaten. Nach einer zweifelhaften Ansicht soll dies allerdings nicht die Anzeigeerfordernisse hinsichtlich nach altem Recht angezeigter Automaten betreffen, s. AG Velbert, GewArch. 2013, 124.
235 Durch Art. 9 des Zweiten MittelstandsentlastungsG v. 7.9.2007, BGBl. I, S. 2246, s. hierzu *Stenger*, GewArch. 2007, 448.
236 OVG Münster, GewArch. 1964, 29; VGH München, GewArch. 1985, 298; *Marcks*, in: Landmann/Rohmer, GewO, § 14 Rn 61.
237 VGH Mannheim, VBlBW 2007, 471; VGH München, NVwZ-RR 2007, 388 f.
238 Dazu *Marcks*, in: Landmann/Rohmer, GewO, § 14 Rn 40.

Im Zentrum steht die Prüfung der Gewerbsmäßigkeit. Im **Fall 18 (Rn 270)**[239] könnte man an   274
der Gewerbsmäßigkeit zweifeln, weil die Vermittlung von Sportwetten für ausländische Anbieter sich möglicherweise als verbotene Tätigkeit darstellt. Da es sich aber beim Vermitteln
von Sportwetten jedenfalls nicht um eine schlechthin verbotene Tätigkeit handelt (s. zu diesem
Tatbestandsmerkmal bereits Rn 216), ist die Gewerbsmäßigkeit – unabhängig von der rechtlichen Beurteilung im Einzelnen – zu bejahen. Das Vermitteln der Wetten ist selbstverständlich
auch eine selbstständige Tätigkeit. In **Fall 19 (Rn 271)** fehlt es dagegen an einer gewerblichen
Betätigung. Die bloße Anbringung eines Briefkastens oder Schildes genügt nicht zur Begründung eines Gewerbes und ist demnach weder anzeigepflichtig noch anzeigetauglich[240]. Daher
kann die zuständige Behörde das Gewerbe von Amts wegen abmelden. Ändert sich dagegen
nur die rechtliche Beurteilung, etwa zur Gewerbsmäßigkeit von Photovoltaikanlagen (s. schon
Rn 230), ist eine Gewerbeabmeldung nicht erforderlich[241].

Sind juristische Personen Gewerbetreibende, sind sie selbst zur Anzeige verpflichtet,   275
die Vorstände und Geschäftsführer handeln lediglich als Vertreter[242]. Auch Minderjährige können entsprechend § 12 Nr 2 VwVfG iVm § 107 BGB die Anzeige wirksam
vornehmen[243].

b) Die Aufforderung zur Abgabe der Gewerbeanzeige

Die Behörde überwacht die Erfüllung der Anzeigepflicht, zB durch stichprobenweise   276
Überprüfung von Werbeanzeigen oder Mitteilungen über Handelsregistereintragun-
gen in den Tageszeitungen. Erlangt sie auf diese Weise Kenntnis von der Tätigkeit,
entbindet dies den Gewerbetreibenden nicht von der Anzeigepflicht. In der Praxis fordert die Behörde den Gewerbetreibenden zur Abgabe der Anzeige auf. Nach hM handelt es sich bei dieser **Aufforderung zur Gewerbeanzeige** um einen Verwaltungsakt[244]. Der Regelungsgehalt wird darin gesehen, dass die Aufforderung verbindlich
die Verpflichtung aus § 14 GewO konkretisiere. Dies scheint im Widerspruch zur allgemein anerkannten These zu stehen, dass es sich bei bloßen Hinweisen auf eine bestimmte Rechtslage nach allgemeinen Grundsätzen um Realakte handele[245]. Dennoch
sieht die Praxis ein Bedürfnis für diese Konstruktion. Die Annahme eines Verwaltungsakts ermöglicht dessen anschließende Vollstreckung, insbesondere die **Festsetzung von Zwangsgeldern** auf der Grundlage des LVwVG[246]. Der Erlass eines Ver-

---

239 Fall nach VG Bremen v. 18.12.2008 – 5 K 2267/05; s. auch VGH Mannheim, VBlBW 2007, 471;
    VGH München, NVwZ-RR 2007, 388; BVerwG v. 22.5.2007 – 6 B 17/07.
240 VGH München, GewArch. 2007, 158 f. Selbst wenn S tatsächlich einige Zeit lang ein Gewerbe be-
    trieben, dieses aber schließlich aufgegeben hätte, wäre er zur Anzeige der Betriebsaufgabe iSd § 14
    Abs. 1 S. 2 Nr 3 GewO verpflichtet gewesen, welche die Behörde bei Untätigbleiben bzw erfolgloser
    Aufforderung des S ebenfalls von Amts wegen hätte vornehmen können, sofern sie objektive An-
    haltspunkte für eine endgültige Gewerbebeendigung gehabt hätte.
241 Vgl auch *Schönleiter*, GewArch. 2011, 67, 69.
242 *Ennuschat*, in: Tettinger/Wank/Ennuschat, GewO, § 14 Rn 82.
243 *Ennuschat*, in: Tettinger/Wank/Ennuschat, GewO, § 14 Rn 76.
244 *Marcks*, in: Robinski, Gewerberecht, F Rn 16; *Ennuschat*, in: Tettinger/Wank/Ennuschat, GewO,
    § 14 Rn 88; *Frotscher/Kramer*, Rn 351; *Vollmöller*, in: Schmidt/Vollmöller, Öffentl. Wirtschafts-
    recht, § 8 Rn 20.
245 *P. Stelkens/U. Stelkens*, in: Stelkens/Bonk/Sachs, VwVfG, § 35 Rn 83.
246 Dazu *Heß*, in: Friauf, GewO, § 14 Rn 59. Allgemein zu dieser Titelfunktion *P. Stelkens/U. Stelkens*,
    in: Stelkens/Bonk/Sachs, VwVfG, § 35 Rn 39 f.

waltungsakts bedarf einer Ermächtigungsgrundlage. Diese wird aus Sinn und Zweck des § 14 GewO abgeleitet[247]. Ein Verstoß gegen die Anzeigepflichten stellt außerdem eine **Ordnungswidrigkeit** dar[248].

277 Die Behörde hat in **Fall 17 (Rn 269)** ausdrücklich durch VA entschieden, so dass es auf die allgemeine Frage, ob eine solche Aufforderung Regelungscharakter hat, nicht ankommt. Um zu vermeiden, dass die behördliche Aufforderung in Bestandskraft erwächst und auch im Rahmen einer Feststellungsklage Tatbestandswirkung entfaltet[249], muss Scientology die Aufforderung anfechten. Andernfalls kann die Behörde Vollstreckungsmaßnahmen zur Durchsetzung der Anmeldepflicht einleiten. Weitere gewerberechtliche Folgen hat die Weigerung allerdings nicht. Da es sich bei § 14 GewO um eine bloße Ordnungsvorschrift handelt und die Ausübung des Gewerbes gerade nicht von der Anzeigeerstattung abhängig ist, berechtigt ein Verstoß gegen § 14 GewO die Behörde nicht dazu, die weitere Ausübung des Gewerbes zu verhindern[250]; damit scheidet auch eine Gewerbeuntersagung wegen Unzuverlässigkeit aus. Will Scientology die Genehmigungsfreiheit feststellen lassen, müsste sie uU neben der Anfechtungs- eine Feststellungsklage erheben[251].

c) Verweigerung der Bestätigung der Gewerbeanzeige

278 Der „Gewerbeschein" nach § 15 Abs. 1 GewO ist lediglich eine Anmeldebestätigung, enthält also keine Aussage zur Rechtmäßigkeit der Tätigkeit oder gar eine Genehmigung. Es kann auch nicht Aufgabe der Behörde sein, innerhalb von 3 Tagen die für die Gewerbeausübung bestehenden Anforderungen zu prüfen. Ist die Anzeige allerdings unvollständig oder genügt sie den Erfordernissen des § 14 Abs. 4 GewO nicht, kann die Behörde sie zurückweisen und den Antragsteller zur Abgabe einer ordnungsgemäßen Anzeige auffordern[252]. Weitergehende „Versagungsgründe" enthält das Gesetz nicht, so dass die Behörde die Anmeldung eigentlich auch nicht zurückweisen darf, wenn nach ihrer Ansicht die Gewerbsmäßigkeit fehlt.[253] Dies schließt selbstverständ-

---

247 BVerwGE 78, 6, 7 f; BVerwG, NJW 1977, 772; NVwZ 1991, 267, 268; GewArch. 1993, 196, 197; OVG Hamburg, DVBl 1994, 413, 414; VGH Mannheim, GewArch. 1995, 339; OVG Münster, DÖV 1996, 520; OVG Bremen, NVwZ-RR 1997, 408.

248 § 146 Abs. 3 iVm § 146 Abs. 2 Nr 2 GewO; außerdem kommt eine Ordnungswidrigkeit nach § 8 Abs. 1 Nr 1 des G zur Bekämpfung der Schwarzarbeit und illegalen Beschäftigung vom 23. Juli 2004 (BGBl. I S. 1842) in Betracht.

249 *Kopp/Schenke*, VwGO, § 43 Rn 26. Dies übersieht VG Lüneburg, GewArch. 1998, 28 ff. Die – ohnehin angreifbare – „Ehrenmanntheorie" des BVerwG greift nicht. Sie ist auf das Verhältnis der Feststellungsklage zur allgemeinen Leistungsklage beschränkt und soll sich ua daraus rechtfertigen, dass eine Umgehung von Vorverfahren und Klagefristen nicht zu befürchten ist, dazu *Hufen*, Verwaltungsprozessrecht, § 18 Rn 10.

250 BGH, GewArch. 1964, 55; *Heß*, in: Friauf, GewO, § 14 Rn 59; *Marcks*, in: Landmann/Rohmer, GewO, § 14 Rn 9.

251 Es ist keinesfalls sicher, dass das Rechtsschutzziel – Feststellung der fehlenden Anzeigepflicht – allein mit der Anfechtungsklage erreicht werden kann: Möglicherweise hebt das VG die Aufforderung nur deshalb auf, weil sie an einem unheilbaren formellen Mangel leidet, ohne über das Bestehen der materiellen Anzeigepflicht zu entscheiden. Allg. zur Klage auf Feststellung der Verpflichtung zur Anzeige und dem Feststellungsinteresse wegen drohender Ordnungswidrigkeitenverfahren VG Lüneburg, NVwZ-RR 1998, 427.

252 *Marcks*, in: Landmann/Rohmer, GewO, § 15 Rn 6.

253 VGH München, NVwZ-RR 2007, 388: aA *Ennuschat*, in: Tettinger/Wank/Ennuschat, GewO, § 15 Rn 10. Für die Möglichkeit der Zurückweisung jedenfalls bei Offensichtlichkeit *Marcks*, in: Landmann/Rohmer, GewO, § 15 Rn 6.

lich die Möglichkeit nicht aus, dass die Behörde den Gewerbetreibenden in demselben Schreiben auf ihre Rechtsansicht hinweisen kann[254].

Selbst wenn also in **Fall 18 (Rn 270)** der Sachverhalt bereits zum Zeitpunkt der Anzeige bekannt gewesen wäre, hätte die Behörde die Gewerbeanzeige nach zutreffender Ansicht nicht zurückweisen können. In **Fall 19 (Rn 271)** ist zu fragen, wie der Anspruch auf Erteilung eines „Gewerbescheins" gerichtlich durchgesetzt werden kann. Da es sich nicht um einen VA handelt, ist die allgemeine Leistungsklage einschlägig[255]. Allerdings könnte das Rechtsschutzbedürfnis für eine solche Klage fehlen, weil angesichts der Rechtsauffassung der Behörde weder mit einem Ordnungswidrigkeiten- noch einem Verwaltungsverfahren auf Durchsetzung der Anzeigepflicht zu rechnen ist[256]. Begründet wäre die Klage, wenn V einen Anspruch auf die Bestätigung hat und dieser nicht bereits erfüllt worden ist. Der Anspruch ist gegeben, aber durch das Schreiben der Behörde bereits erfüllt, da – außer der Schriftform – keine weiteren Anforderungen an die Bestätigung gestellt werden. Das Schreiben lässt erkennen, dass eine Gewerbeanzeige eingegangen ist und auch, welchen Inhalt diese hatte. Damit ist den Anforderungen genügt[257]. Die rechtlich unzutreffende Würdigung des Sachverhalts durch die Behörde (vgl zu den Maßstäben Rn 277) spielt demgegenüber keine Rolle. Die Klage ist jedenfalls unbegründet.

279

2. Die Gewerbeuntersagung wegen Unzuverlässigkeit (§ 35 GewO)

Fall 20: Nachdem ihrem Ehemann M bestandskräftig die Ausübung seines Gewerbes untersagt worden war, zeigte F ihrerseits ein entsprechendes Gewerbe an, das ihr anschließend ebenfalls untersagt wurde. Während des Prozesses stellte sich heraus, dass F sich überhaupt nicht um das Geschäft gekümmert hatte. Dieses wurde vielmehr weiterhin von M geführt, der gegenüber den Kunden, aber auch im Verhältnis zu Behörden und Finanzamt unter eigenem Namen auftrat[258]. Ändert sich etwas an der Beurteilung, wenn F den Geschäftsleiter G mit der Führung der Geschäfte beauftragt, sich dieser ebenfalls als unzuverlässig erweist und während des gerichtlichen Verfahrens von F wieder entlassen wird?

280

Fall 21: T betreibt in Mainz eine Tankstelle. Von der zuständigen Behörde wird T das Führen seiner Tankstelle nach § 35 GewO untersagt.

281

a) Begründet wurde die Gewerbeuntersagung mit seinen kritischen Äußerungen zu den Zuständen im Mainzer Rathaus. Während des anschließenden gerichtlichen Verfahrens bringt die Stadt zutreffend vor, dass G bei der Ausübung seines Gewerbes seit vielen Jahren umfangreiche Betrügereien begangen hatte. Ist die Gewerbeuntersagung rechtmäßig?[259]

---

254 BVerwG v. 22.5.2007 – 6 B 17/07.
255 VGH Mannheim, VBlBW 2007, 471; VG Bremen v. 18.12.2008 – 5 K 2267/05; ausf VG Stuttgart v. 1.12.2005 – 4 K 3339/05 mit dem zutreffenden Hinweis, dass auch die Ablehnung keine Regelungsnatur hat; s. dazu auch *Kopp/Schenke*, VwGO, Anh. § 42 Rn 40 ff mwN; *Heß*, in: Friauf, GewO, § 15 Rn 4; aA (VA) *Marcks*, in: Landmann/Rohmer, GewO, § 15 Rn 7; differenzierend *Ennuschat*, in: Tettinger/Wank/Ennuschat, GewO, § 15 Rn 8: VA (nur) dann, wenn die Bestätigung unter Hinweis auf vermeintliche Versagungsgründe verweigert wird.
256 Dazu VGH München, NVwZ-RR 2007, 388; BVerwG v. 22.5.2007 – 6 B 17/07.
257 VGH München, NVwZ-RR 2007, 388 f.
258 BVerwG, NVwZ 2004, 103.
259 *Schenke*, Verwaltungsprozessrecht, Rn 727, 831.

b) Variante: Eine vorherige Anhörung des T fand im Verfahren bezüglich der Untersagungsverfügung nicht statt; auch die Gründe, wegen derer die zuständige Behörde – im Ergebnis zu Recht – von der Unzuverlässigkeit des T ausging, wurden ihm nicht mitgeteilt[260].

c) Ändert sich an der Beurteilung von Var. a) etwas, wenn sich die Betrugsfälle erst nach dem Abschluss des Verwaltungsverfahrens ereignet hätten[261]?

282   **Fall 22:** Das Gelände der Tankstelle des T hat sich zunehmend zu einem Treffpunkt für Jugendliche, aber leider auch zu einem Umschlagplatz für Drogen entwickelt. Als sich auch noch seine bisherige Lebensgefährtin von ihm getrennt hat, spricht T in zunehmendem Maße dem Alkohol zu und kümmert sich nicht um die „Geschäfte", die auf seinem Tankstellengelände abgewickelt wurden und ihn seiner Meinung nach auch nicht zu interessieren brauchten. Daraufhin wurde ihm der weitere Betrieb seines Gewerbes gem. § 35 GewO wegen Unzuverlässigkeit untersagt[262].

a) Zum Zeitpunkt der letzten mündlichen Verhandlung hatte T seine privaten Probleme wieder im Griff, woran seine neue Freundin, aktives Mitglied im „Bund gegen Alkohol" maßgeblichen Anteil hatte. Außerdem gelang es T, durch Überwachungskameras und regelmäßige Kontrollen den Drogenhandel zu unterbinden. Wie ist die Rechtslage?

b) Ändert sich an der Rechtslage dann etwas, wenn T schon vor der 13 Monate nach der Untersagungsverfügung stattfindenden verwaltungsgerichtlichen mündlichen Verhandlung bei der zuständigen Behörde beantragte, ihm die Ausübung seines Gewerbes wieder zu gestatten?

283   **Fall 23:** Gegen die Untersagung hat T keinen Widerspruch erhoben, er setzt allerdings seine Tätigkeit fort. Was kann die Behörde tun[263]?

284   Die Gewerbeuntersagung gem. § 35 GewO gehört zu den zentralen Vorschriften des Gewerberechts. Bei solchen Gewerben, die nach dem Grundmodell der GewO erlaubnisfrei ausgeübt werden dürfen und deswegen lediglich nach § 14 GewO angezeigt werden müssen, sieht § 35 GewO zwingend die Untersagung der weiteren Ausübung des Gewerbes vor, wenn der Gewerbetreibende unzuverlässig ist. Die Gewerbeuntersagung ist Verwaltungsakt. Die **Voraussetzungen einer schlichten Gewerbeuntersagung** sind also (a) die Ausübung eines bloß anzeigepflichtigen stehenden Gewerbes (zur Gewerbsmäßigkeit s. Rn 213 ff, zum Begriff des stehenden Gewerbes Rn 209, 272 ff, (b) die Unzuverlässigkeit des Gewerbetreibenden oder einer mit der Leitung des Betriebes beauftragten Person (dazu Rn 288 ff) und – selbstverständlich – (c) die Erforderlichkeit der Maßnahme. Obwohl die Gewerbeuntersagung dem Schutz der Allgemeinheit und der Beschäftigten dient, ist § 35 Abs. 1 S. 1 GewO **nicht drittschützend**[264]. Damit besteht weder ein Anspruch auf Einschreiten gegen den Gewerbetreibenden, noch kann eine Gewerbeuntersagung von Dritten angefochten werden.

---

260   Vgl *Schenke*, Verwaltungsprozessrecht, Rn 726, 830.
261   OVG Lüneburg, NVwZ 1985, 185 f; zustimmend *Laubinger*, VerwArch. 89 (1998), 145, 169; ablehnend *Mager* NVwZ 1996, 134; *Marcks*, in: Landmann/Rohmer, GewO, § 35 Rn 22.
262   Vgl BVerwG, NJW 1982, 503; *Schenke*, Verwaltungsprozessrecht, Rn 727 ff, 831 f.
263   *Marcks*, in: Landmann/Rohmer, GewO, § 35 Rn 171 f; *Ennuschat*, in: Tettinger/Wank/Ennuschat, GewO, § 35 Rn 199 f; *App*, GewArch. 1999, 55.
264   S. näher *Ennuschat*, in: Tettinger/Wank/Ennuschat, GewO, § 35 Rn 133 ff. Umstritten ist lediglich der Drittschutz zugunsten der Beschäftigten (*Ennuschat*, in: Tettinger/Wank/Ennuschat, GewO, § 35 Rn 135).

a) Ausübung eines erlaubnisfreien, stehenden Gewerbes

§ 35 GewO ist immer anwendbar, wenn ein **stehendes, nicht erlaubnispflichtiges** 285
Gewerbe ausgeübt wird.

Von entscheidender Bedeutung für den Anwendungsbereich der Vorschrift ist wie häufiger bei der GewO die Gesetzessystematik. § 35 GewO steht im Abschnitt über das stehende Gewerbe[265]. § 35 Abs. 8 S. 1 GewO macht ferner deutlich, dass sie zurücktritt, sofern besondere Untersagungs- und Rücknahmevorschriften bestehen. Verdrängt wird § 35 GewO daher durch die Vorschriften über Rücknahme und Widerruf[266], so dass ein genehmigtes Gewerbe nicht nach § 35 GewO untersagt werden kann (zum Verhältnis zu § 15 Abs. 2 GewO und § 16 Abs. 3 HwO s. Rn 315, 505; s. auch ▶ **Klausurenkurs Fall Nr 7**). Eine Verwechslung der entsprechenden Instrumentarien ist ein häufiger und schwerer Fehler in Klausuren.

Für die Gewerbeuntersagung ist ausreichend, wenn das Gewerbe zum **Zeitpunkt der** 286
Einleitung des Untersagungsverfahrens tatsächlich ausgeübt wird[267]. Aus § 35 Abs. 1 S. 3 GewO ergibt sich, dass ein Untersagungsverfahren fortgesetzt werden kann, wenn der Gewerbebetrieb nach seiner Einleitung aufgegeben wird. In einem solchen Fall kann allerdings uU die Erforderlichkeit der Untersagungsverfügung zweifelhaft sein[268]. Ob dieses Gewerbe ordnungsgemäß angezeigt worden ist, ist für die Gewerbeuntersagung unerheblich.

Fall 20 (Rn 280): Diese Fragen werden im Zusammenhang mit der sog. Strohmannproble- 287
matik relevant[269]. In einem solchen Fall kann eine Untersagungsverfügung auch an den Hintermann gerichtet werden. Dies macht aber daneben eine Untersagungsverfügung gegenüber dem
Strohmann nicht unzulässig. Der Sinn der rechtlichen Erfassung des Strohmannverhältnisses
liegt darin, den Hintermann in den gewerberechtlichen Ordnungsrahmen einzubeziehen, nicht
darin, den Strohmann daraus zu entlassen. Fraglich ist jedoch, ob es sich bei F überhaupt um
eine „Strohfrau" gehandelt hat. Wesentlich ist aber für die Annahme eines Strohmannverhältnisses die nach außen gerichtete Betätigung des Strohmanns, namentlich dadurch, dass die Geschäfte in seinem Namen abgewickelt werden und ihn rechtlich binden sollen. Ohne eine solche Betätigung liegt ein Strohmannverhältnis nicht vor. In **Fall 20** war deswegen die
Gewerbeuntersagung gegenüber F, die nicht als „Strohfrau" nach außen aufgetreten ist und
deswegen kein Gewerbe betrieben hat, rechtswidrig; die Tatsache, dass sie eine entsprechende
Gewerbeanmeldung abgegeben hatte, reicht nicht[270]. Die Untersagungsverfügung war nur gegen den tatsächlichen Inhaber zu richten. Demgegenüber ist sie in der **Variante zu Fall 20**
selbst Gewerbetreibende und muss sich das Verhalten ihres Betriebsleiters zurechnen lassen.

---

265 Damit ist selbstverständliche Voraussetzung, dass das fragliche Gewerbe überhaupt den Vorschriften
    der GewO unterliegt. S. zu Einzelfragen *Marcks*, in: Landmann/Rohmer, GewO, § 35 Rn 12 ff.
266 Dies erfasst die besonderen Vorschriften des Gewerberechts, aber auch die §§ 48, 49 VwVfG, s.
    Marcks, in: Landmann/Rohmer, GewO, § 35 Rn 195 mwN.
267 BVerwG, NJW 2004, 103; GewArch. 1995, 117; GewArch. 1982, 302; *Ennuschat*, in: Tettinger/
    Wank/Ennuschat, GewO, § 35 Rn 14 ff; *Marcks*, in: Landmann/Rohmer, GewO, § 35 Rn 25. Weiter-
    gehend OVG Münster, GewArch. 1991, 383; *Laubinger*, VerwArch. 89 (1998), 145, 160: Es reicht
    aus, wenn das Gewerbe zum Zeitpunkt des Erlasses des Widerspruchsbescheides ausgeübt wird.
    Nach Ansicht von BVerwG, NJW 1993, 1346 genügen konkrete Vorbereitungsmaßnahmen wie etwa
    Beschaffung von Betriebsräumen oder Einstellung von Personal.
268 *Laubinger*, VerwArch. 89 (1998), 145, 160.
269 Dazu BVerwG, NVwZ 2004, 103. S. schon oben Rn 269.
270 BVerwG, NJW 2004, 103, 104.

b) Tatsachen, die die Unzuverlässigkeit des Gewerbetreibenden oder eines Betriebsleiters begründen

288 § 35 Abs. 1 S. 1 GewO setzt ferner voraus, dass Tatsachen vorliegen, aus denen sich die Unzuverlässigkeit des Gewerbetreibenden oder einer mit der Leitung des Gewerbebetriebes beauftragten Person ergibt. Eine Definition enthält § 35 GewO genauso wenig wie Regeltatbestände, bei denen von der Unzuverlässigkeit auszugehen ist. **Unzuverlässig** ist nach der bereits vorgestellten, allgemein anerkannten und auch für § 35 GewO geltenden Formel der Rechtsprechung derjenige Gewerbetreibende, der nach dem Gesamteindruck seines Verhaltens nicht die Gewähr dafür bietet, dass er sein Gewerbe künftig ordnungsgemäß betreiben wird (s. ausführlich Rn 250 ff). Die die Unzuverlässigkeit begründenden Umstände müssen entweder **in der Person des Gewerbetreibenden**[271] **oder eines Betriebsleiters** vorliegen. Betriebsleiter ist derjenige, der einen Betrieb aufgrund seiner Stellung im Betrieb tatsächlich leitet. Aus dem Verhalten Dritter kann nur dann auf die Unzuverlässigkeit geschlossen werden, wenn der Gewerbetreibende einem unzuverlässigen Dritten maßgeblichen Einfluss auf die Geschäftsführung einräumt oder jedenfalls nicht willens oder in der Lage ist, einen solchen Einfluss zu unterbinden, so dass er sich selbst als unzuverlässig erweist (s. schon Rn 264 f).

289 Bei der Unzuverlässigkeit handelt es sich um einen unbestimmten Rechtsbegriff, der als solcher der **vollen gerichtlichen Überprüfung** unterliegt[272]; die Behörde hat keinen Beurteilungsspielraum. Im Zusammenhang mit seiner gerichtlichen Überprüfung stellen sich häufig allgemeine Probleme des Verwaltungs- und Verwaltungsprozessrechts.

290 **Fall 21a (Rn 281):** Da die Kritik des Gewerbetreibenden an der Stadtverwaltung nicht die Unzuverlässigkeit begründet, war die ursprüngliche Gewerbeuntersagung rechtswidrig, da die Begründung den Tenor (Gewerbeuntersagung) nicht rechtfertigen konnte. Auf eine entsprechende Anfechtungsklage hin wäre sie aufzuheben. Allerdings wird die Behörde regelmäßig versuchen, weitere Tatsachen nachzutragen, aus denen sich die Unzuverlässigkeit ergibt (s. **Fall 21a**). Hier spricht man vom **Nachschieben von Gründen**[273]. Nach hM ist ein solches Nachschieben nur zulässig, solange es einen VA nicht „in seinem Wesen" verändert oder die Rechtstellung des Betroffenen beeinträchtigt. Von einer solchen Wesensänderung wird allerdings ausgegangen, wenn die Gründe, auf die eine gewerberechtliche Untersagungsverfügung gestützt ist, nachträglich völlig ausgewechselt werden[274]. Dennoch steht bei gebundenen Entscheidungen der dolo agit-Grundsatz der Aufhebung eines Verwaltungsakts entgegen, bei dem feststeht, dass er im Ergebnis nicht zu beanstanden ist[275]. In **Fall 21a** wird es daher nicht zu ei-

---

271 Bei juristischen Personen werden diesen die Umstände in der Person ihrer gesetzlichen Vertreter direkt zugerechnet, s. für die allg. Meinung BVerwG, NJW 1993, 1346; *Marcks*, in: Landmann/Rohmer, GewO, § 35 Rn 65 mwN; *Scheidler*, GewArch. 2005, 445 ff.
272 *Schenke*, Verwaltungsprozessrecht, Rn 751, 769 mwN; *Marcks*, in: Landmann/Rohmer, GewO, § 35 Rn 29 mwN; *Laubinger*, VerwArch. 89 (1998), 145, 158.
273 In diesem Fall liegt also eine den Anforderungen des § 39 VwVfG genügende Begründung vor, die lediglich in der Sache unzutreffend ist, s. *Schenke*, Verwaltungsprozessrecht, Rn 811.
274 S. dazu *Kopp/Schenke*, VwGO, § 113 Rn 65 f.
275 *Kopp/Schenke*, VwGO, § 113 Rn 77. Das ändert aber nichts daran, dass ein Verwaltungsakt mit einer inhaltlich fehlerhaften Begründung jedenfalls so lange rechtswidrig ist, bis die Verwaltung eine fehlerfreie rechtliche Begründung nachgeschoben hat und diese bis dahin bestehende Rechtswidrigkeit gem. § 113 Abs. 1 S. 4 VwGO bei berechtigtem Interesse gerichtlich festgestellt werden kann.

ner gerichtlichen Aufhebung des Verwaltungsaktes kommen. Dies erscheint auch sachgerecht, da die Behörde jederzeit das Gewerbe wegen Unzuverlässigkeit untersagen könnte und somit G nicht schutzwürdig ist.

Fall 21b (Rn 281): Davon zu unterscheiden ist das **Nachholen einer fehlenden Begrün-**   **291** **dung**, das neben der unterlassenen Anhörung (§ 28 VwVfG) den wichtigsten Fall einer formell rechtswidrigen Untersagungsverfügung darstellt. Bei formellen Fehlern ist zunächst die Heilungsmöglichkeit nach § 45 VwVfG zu prüfen, die noch bis zum Abschluss der letzten Tatsacheninstanz erfolgen kann. Selbst dann, wenn es nicht zu einer Heilung gekommen ist, schließt § 46 VwVfG bei verfahrensfehlerhaften Verwaltungsakten den Beseitigungsanspruch aus[276]. Damit scheidet in **Fall 21b** eine Aufhebung der Gewerbeuntersagung aus, wenn T tatsächlich unzuverlässig war.

Die Zuverlässigkeitsprüfung stellt eine **Prognoseentscheidung** dar, die auf Tatsachen   **292** beruht, die sich während des Verfahrens ändern können. In fast allen Fällen, mit denen sich die Gerichte zu beschäftigen hatten[277], stellte sich daher die Frage, inwieweit eine dem Gewerbetreibenden **günstige Veränderung der tatsächlichen Verhältnisse** im gerichtlichen Verfahren zu berücksichtigen ist. Die Beantwortung dieser Frage führt aus dem Gewerberecht heraus zu dem im verwaltungsprozessrechtlichen Kontext erörterten **Problem des sog. maßgeblichen Zeitpunkts**[278].

Folgt man der gefestigten Rechtsprechung des Bundesverwaltungsgerichts[279], handelt es sich nicht um eine prozessrechtliche Frage, sondern um eine solche des materiellen Rechts[280]. Sofern das materielle Recht keine ausdrücklich abweichende Regelung enthält, ist das zum Zeitpunkt der letzten Behördenentscheidung geltende Recht maßgeblich[281]. Von diesem Grundsatz wird allerdings bei den sogenannten Verwaltungsakten mit Dauerwirkung, zu denen auch die Gewerbeuntersagung gehört[282], eine Ausnahme gemacht. Bei diesen sind spätere Veränderungen der Sach- und Rechtslage grundsätzlich zu berücksichtigen, können also zur Rechtswidrigkeit des ursprünglich rechtmäßig erlassenen Verwaltungsakts führen. Im vorliegenden Fall weicht **§ 35 Abs. 6**

---

276 S. *Maurer*, AVerwR, § 10 Rn 41 ff; *Kopp/Schenke*, VwGO, § 113 Rn 55 ff. Nach hM kann bei berechtigtem Interesse allerdings die Rechtswidrigkeit des ursprünglichen Verwaltungsakts festgestellt werden, s. *Schenke*, DÖV 1986, 317; *Kopp/Schenke*, VwGO, § 113 Rn 108; dem folgend *Hufen*, DVBl 1988, 75; *Ule/Laubinger*, VerwVerfR, § 58 Rn 25.

277 *Laubinger*, VerwArch. 89 (1998), 145, 163.

278 Zu dieser Problematik ausf *Schenke*, Verwaltungsprozessrecht, Rn 782 ff; s. auch *Hufen*, Verwaltungsprozessrecht, § 24 Rn 7 ff; *Ule/Laubinger*, VerwVerfR, § 61 Rn 20 ff; *Laubinger*, VerwArch. 89 (1998), 145, 194.

279 Besonders deutlich bereits BVerwG, NVwZ 1991, 360: „§ 113 Abs. 1 S. 1 VwGO gibt für die Beantwortung nach dem anzuwendenden Recht, dh genauer: der Frage, ob die Rechtmäßigkeit des angefochtenen Verwaltungsakts nach der Rechtslage zum Zeitpunkt der letzten Verwaltungsentscheidung oder nach der Rechtslage im Zeitpunkt der gerichtlichen Entscheidung zu beurteilen ist, Durchgreifendes nicht her. Er setzt dieser Frage vielmehr nur den prozessualen Rahmen."

280 Dazu und zu den Gegenauffassungen *Schenke*, Verwaltungsprozessrecht, Rn 784 ff; *Ehlers*, in: Ehlers/Schoch, Rechtsschutz im Öffentlichen Recht, § 22 Rn 88; aA insb *Hufen*, Verwaltungsprozessrecht, § 24 Rn 7, der zwar dem materiellen Recht Vorrang einräumt, aber in den Fällen, in denen es an einer ausdrücklichen Regelung fehlt, eine „prozessuale Faustregel" annimmt.

281 S. auch BVerfG, NVwZ 2004, 103. Für diesen Fall kommen daher fast alle Auffassungen zum gleichen Ergebnis, s. nur *Hufen*, Verwaltungsprozessrecht, § 24 Rn 8.

282 Zur aktuellen Gesetzesfassung BVerwG, GewArch. 1991, 110; *Ehlers*, in: Ehlers/Fehling/Pünder, § 18 Rn 67; *Hess*, in: Friauf, GewO, § 35 Rn 152; aA *Mager*, Der maßgebliche Zeitpunkt für die Beurteilung der Rechtswidrigkeit von Verwaltungsakten, 1994, S. 108 f.

GewO von dieser Grundregel ab und macht die Wiedergestattung der Gewerbeausübung von einem an die Behörde zu richtenden schriftlichen Antrag abhängig[283]; es handelt sich dabei um eine – deswegen auch nicht analogiefähige – Ausnahme[284]. Sofern die Gewerbeuntersagung nicht angegriffen wurde oder das entsprechende Verfahren bereits abgeschlossen ist, ist der Antrag auf **Wiedergestattung** mit der Verpflichtungsklage zu verfolgen[285]. Die (umstrittene) Auslegung des § 35 Abs. 6 GewO entscheidet aber auch über die **Konsequenzen der Einführung des Wiedergestattungsverfahrens für den Rechtsschutz gegen die Gewerbeuntersagung**[286].

293   Sofern der Gewerbetreibende keinen Antrag nach § 35 Abs. 6 GewO gestellt hat (und ursprünglich unzuverlässig war), ist seine Anfechtungsklage deswegen abzuweisen, weil die tatbestandlichen Voraussetzungen einer Wiedererteilung nicht gegeben sind **(Fall 22a Rn 282)**[287]. Fraglich ist, ob dies auch dann gilt, wenn ein solcher Antrag vorliegt und der Gewerbetreibende tatsächlich mittlerweile wieder zuverlässig geworden ist. § 35 Abs. 6 GewO regelt diesen Fall nicht ausdrücklich[288]. Wenn man die Vorschrift als Regelung des maßgeblichen Zeitpunkts[289] oder als verfahrensrechtliche Regelung versteht, die neben dem Antrag auch die Durchführung eines Verwaltungsverfahrens zur Voraussetzung der Wiedergestattung macht, ist auch in **Fall 22b (Rn 282)** die Anfechtungsklage abzuweisen[290]. Überzeugender ist es allerdings, in diesem Fall davon auszugehen, dass das Gesetz lediglich ein Antragserfordernis statuieren wollte, um der Behörde eine dauernde Überprüfung ihrer einmal ausgesprochenen Gewerbeuntersagung zu ersparen, wie dies bei Dauerverwaltungsakten eigentlich erforderlich ist[291]. Bei einer solchen Interpretation können die neu aufgetauchten Tatsachen **entgegen der Rechtsprechung des BVerwG** noch im Rahmen der Anfechtungsklage berücksichtigt werden[292]; nach dieser Auffassung ist die Anfechtungsklage also begründet. Dies ist insofern sachgerecht, als § 35 Abs. 6 GewO nicht das Gericht, sondern die Behörde entlasten soll, indem sie ihre Gewerbeuntersagung nicht von Amts wegen einer laufenden Überprüfung zu unterziehen hat. Der Entlastung dient es auch, wenn auf Antrag des Gewerbetreibenden nach der Jahresfrist des Abs. 6 das Gericht im Ausgangsverfahren über die Wiederaufnahme mitent-

---

283 Der Gesetzgeber wollte keine materielle Regelung treffen, insbesondere muss die Behörde beweisen, dass der Betreffende noch unzuverlässig ist, vgl BT-Drucks. 7/111, 6; OVG Lüneburg NVwZ-RR 2011, 31.

284 Daraus folgt insbesondere, dass sich die folgenden Überlegungen nicht auf § 15 Abs. 2 GewO übertragen lassen; ebenso *Ehlers*, in: Ehlers/Fehling/Pünder, § 18 Rn 67; aA lediglich *Aßfalg*, GewArch. 1988, 219, 220 f. Auf die Fälle eines Antrags auf Neuerteilung einer Erlaubnis nach deren Rücknahme oder Widerruf ist § 35 GewO (und damit auch Abs. 6) ebenfalls nicht anzuwenden, s. auch *Ehlers*, in: Ehlers/Fehling/Pünder, § 18 Rn 54.

285 VGH München, NJW 2011, 2822; s. auch *Hufen*, Verwaltungsprozessrecht, § 24 Rn 11.

286 Ausf *Kopp/Schenke*, VwGO, § 113 Rn 44.

287 Gerade dieser Fall bestätigt daher die Ausgangsthese, dass die Entscheidung vom materiellen Recht und nicht (abstrakt) vom Prozessrecht getroffen wird.

288 S. aber VGH München, NVwZ 2011, 613: Verpflichtungsklage auf Wiedergestattung. Diese hätte dann in der Tat Auswirkungen auf einen (prozessual verstandenen) maßgeblichen Zeitpunkt, s. *Hufen*, Verwaltungsprozessrecht, § 24 Rn 11.

289 So *Ehlers*, in: Ehlers/Fehling/Pünder, § 18 Rn 67: der Vorschrift sei jedenfalls der Rechtsgedanke zu entnehmen, dass es auf den Zeitpunkt der letzten behördlichen Entscheidung ankomme und die laufende Sachaufklärung jedenfalls nicht dem Gericht aufgebürdet werden solle. Anders VGH München, NJW 2011, 2822, 2823: letzte mdl Verhandlung.

290 So BVerwG, NVwZ 1982, 503; NVwZ-RR 2007, 621; s. auch Scheidler, VBlBW 2010, 271. Keine verfassungsrechtlichen Bedenken sah BVerfG-K GewArch. 1995, 242 f.

291 Dies folgt bereits aus dem verfassungsrechtlichen Übermaßverbot, das wiederum nicht ausschließt, dass der Gesetzgeber diesen Anspruch auf Aufhebung beschränkt, s. *Kopp/Schenke*, VwGO § 113, Rn 44; *Käß*, BayVBl. 2009, 681.

292 Dazu ausf *Schenke*, WiVerw 1988, 145, 166 ff; zusammenfassend *Schenke*, Verwaltungsprozessrecht, Rn 801; *Kopp/Schenke*, VwGO, § 113 Rn 44 mwN zum Streitstand.

scheiden kann. Hinzu kommt, dass aus verfassungsrechtlichen Gründen einem Antrag beim Vorliegen besonderer Gründe auch schon vor Ablauf der Jahresfrist stattzugeben ist[293]. Es stünde dazu in einem wertungsmäßigen Widerspruch, dem Gewerbetreibenden gleichwohl die Durchführung eines erneuten Verwaltungsverfahrens zuzumuten.

War die ursprüngliche Gewerbeuntersagung rechtswidrig, stellt sich die Frage, ob   **294** auch **für den Gewerbetreibenden ungünstige Veränderungen** noch nachträglich angeführt werden können.

Fall 21c (Rn 281): Von der Rechtsprechung wurde dies unter teilweise heftiger Kritik der Li-   **295** teratur bejaht[294]. Das Gericht zog seine allgemeinen Grundsätze für Dauerverwaltungsakte heran. Die Literatur kritisierte daran, dass der Grundsatz der Waffengleichheit verletzt werde, indem dem Betroffenen die Anführung der für ihn günstigen Tatsachen verwehrt, andererseits aber der Behörde die Beibringung weiterer ungünstiger Tatsachen erlaubt werde. Diese Kritik trifft die hier vertretene Auffassung (die die Berücksichtigung sämtlicher späterer Veränderungen erlaubt) nicht, ist aber auch vom gegenteiligen Standpunkt der Rechtsprechung aus nicht überzeugend. Genau wie in den Fällen des Nachschiebens von Gründen wird hier in Wahrheit ein neuer Verwaltungsakt erlassen, der unter erleichterten Voraussetzungen zum Gegenstand des gerichtlichen Verfahrens wird, so dass der Gewerbetreibende nicht schutzwürdig ist[295]. Der Rechtsgedanke des § 35 Abs. 6 GewO greift hier nicht ein.

c)   Verhältnismäßigkeit der Maßnahme

Nach § 35 Abs. 1 S. 1 GewO setzt die Gewerbeuntersagung voraus, dass sie zum   **296** **Schutz der Allgemeinheit oder der im Betrieb Beschäftigten** erforderlich ist. Diese Regelung ist Ausfluss des Verhältnismäßigkeitsgrundsatzes[296]. Die Behörden müssen deswegen prüfen, ob die Rechtsgütergefährdung nicht durch andere, den Gewerbetreibenden **weniger belastende Maßnahmen** abgewehrt werden kann. Zu denken ist an Abmahnungen, Auflagen, Kontrollen und vor allem Teiluntersagungen (s. auch ▶ **Klausurenkurs Fall Nr 7**). Für diese Abwägung gelten identische Grundsätze wie im allgemeinen Polizeirecht[297]. Die Entscheidung muss ferner dem Grundsatz der Verhältnismäßigkeit im engeren Sinn Rechnung tragen. Selbst wenn andere Möglichkeiten zur Beseitigung der Gefährdung nicht gegeben sind, darf eine Gewerbeuntersagung nicht ausgesprochen werden, wenn die Maßnahme außer Verhältnis zum angestrebten Erfolg stünde. Da aber in der Regel der Schutzzweck des § 35 Abs. 1 S. 1 GewO dem Interesse des Gewerbetreibenden an der Betriebsfortführung vorgeht,

---

293   BVerfG-K, GewArch. 1995, 242 f; BVerwG, GewArch. 1991, 110, 111; *Ehlers*, § 18 Rn 67.
294   OVG Lüneburg, NVwZ 1985, 185; s. auch VGH Kassel, DÖV 1998, 394; zustimmend *Laubinger*, VerwArch. 89 (1998), 145, 169; ablehnend *Mager*, NVwZ 1996, 134; *Marcks*, in: Landmann/Rohmer, GewO, § 35 Rn 22. Siehe ferner *Scheidler*, GewArch. 2007, 135 ff.
295   OVG Lüneburg, GewArch. 1994, 110, 111. S. dazu ausf *Laubinger*, VerwArch. 89 (1998), 145, 169. Dem Gewerbetreibenden bleibt hier allerdings die Möglichkeit, analog § 113 Abs. 1 S. 4 VwGO gerichtlich feststellen zu lassen, dass die Untersagungsverfügung bis zum Eintritt der Unzuverlässigkeit rechtswidrig gewesen ist.
296   *Marcks*, in: Landmann/Rohmer, GewO, § 35 Rn 78.
297   BVerwGE 23, 280; *Marcks*, in: Landmann/Rohmer, GewO, § 35 Rn 78.

scheitert eine Gewerbeuntersagung regelmäßig nicht an der Verhältnismäßigkeit im engeren Sinne[298].

d) Rechtsfolgen

297 Zwingende Rechtsfolge der Unzuverlässigkeit ist nach dem Wortlaut des **§ 35 Abs. 1 S. 1 GewO die (vollständige oder teilweise) Untersagung des ausgeübten Gewerbes**[299]. Bei dieser handelt es sich um einen Verwaltungsakt, der nach den allgemeinen Regeln vollstreckt werden kann (s. Rn 324 ff).

298 Wenn also im **Fall 23 (Rn 283)** T das Gewerbe trotz einer Untersagungsverfügung weiterführt, kann die Behörde ihren Verwaltungsakt nach den Vorschriften des Landesverwaltungsvollstreckungsrechts vollstrecken. Die Untersagung nach Abs. 1 stellt dabei den notwendigen Grundverwaltungsakt dar[300]. Dieser muss vollziehbar sein; indem T auf die Einlegung des Widerspruchs verzichtet hat, wurde der VA nach einem Monat gem. § 70 VwGO bestandskräftig. Wenn der Gewerbebetrieb während des laufenden Verfahrens aufgegeben wird, kann das Verfahren fortgesetzt werden, § 35 Abs. 1 S. 3 GewO.

299 Daneben besteht die Möglichkeit einer **Ausweitung der Untersagung gem. § 35 Abs. 1 S. 2 GewO.** Maßnahmen nach Satz 2 setzen angesichts der systematischen Stellung dieser Vorschrift immer voraus, dass dem Betreffenden in demselben Verfahren zumindest „auch" ein tatsächlich betriebenes Gewerbe nach Maßgabe des Satzes 1 untersagt wird[301]. Zur Verhinderung einer Umgehung[302] kann die Gewerbeuntersagung auch auf die **Tätigkeit als Vertretungsberechtigter** erstreckt werden, § 35 Abs. 1 S. 2 GewO. Als besonders problematisch stellt sich angesichts der Intensität des damit verbundenen Eingriffes in Art. 12 GG die Ausweitung der Untersagung gem. § 35 Abs. 1 S. 2 GewO auf **andere bzw sämtliche Gewerbe dar.** Das verfassungsrechtlich erforderliche Korrektiv besteht hier aber nicht allein in einer entsprechend restriktiven Auslegung des Verhältnismäßigkeitsgrundsatzes auf der

---

298 Zwischen der Auffassung, die eine solche separate Prüfung der Verhältnismäßigkeit im engeren Sinne ausschließt – BVerwG, GewArch. 1982, 303, 304; 1991, 226; 1995, 114; *Heß*, in: Friauf, GewO, § 35 Rn 44 f – und der Gegenauffassung in der Literatur – *Ennuschat*, in: Tettinger/Wank/Ennuschat, GewO, § 35 Rn 122 – bestehen Unterschiede allenfalls in krassen Ausnahmefällen. S. dazu *Marcks*, in: Landmann/Rohmer, GewO, § 35 Rn 79; *Vollmöller*, in: Schmidt/Vollmöller, § 8 Rn 31.

299 BVerwGE 23, 280, 286 f; *Ehlers*, in: Ehlers/Fehling/Pünder, § 18 Rn 61. S. auch *Dickersbach*, WiVerw 1982, 68; zu Verfahrensfragen *Barbey*, WiVerw 1982, 28.

300 Dies war früher streitig, als § 35 Abs. 5 GewO aF die Verhinderung der Gewerbeausübung durch geeignete Maßnahmen ermöglichte. Es war umstritten, ob diese Schließungsverfügung nach Abs. 5 bereits eine Vollstreckungsmaßnahme oder erst der Grundverwaltungsakt war, s. näher *Ehlers*, in: Ehlers/Fehling/Pünder, § 18 Rn 65; *Ennuschat*, in: Tettinger/Wank/Ennuschat, GewO, § 35 Rn 199. Diese Unklarheiten hat der Gesetzgeber durch die Streichung beseitigt (s. auch BT-Drucks. 13/9109, S. 15.

301 *Heß*, in: Friauf, GewO, § 35 Rn 87; *Marcks*, in: Landmann/Rohmer, GewO, § 35 Rn 87; *Ennuschat*, in: Tettinger/Wank/Ennuschat, GewO, § 35 Rn 149. Nach *Dickersbach*, WiVerw 1982, 79 soll allerdings ausnahmsweise eine isolierte Gewerbeuntersagung gem. § 35 Abs. 1 S. 2 GewO zulässig sein, wenn der Gewerbetreibende das bisherige Gewerbe ernsthaft und endgültig aufgegeben hat, aber auch in Bezug auf andere Gewerbe unzuverlässig ist; dagegen *Marcks*, in: Landmann/Rohmer, GewO, § 35 Rn 89.

302 Vgl die Begründung BT-Drucks. 7/111, S. 5; s. auch *Marcks*, in: Landmann/Rohmer, GewO, § 35 Rn 85.

Rechtsfolgenseite[303], sondern in dem Umstand, dass für diese weiteren Gewerbe eine eigenständige Unzuverlässigkeitsprognose zu treffen ist[304]. Im Ergebnis allerdings ist die Rechtsprechung gleichwohl verfassungsrechtlich problematisch. Sie verlangt keine Anhaltspunkte dafür, dass der Gewerbetreibende diese Gewerbe in Zukunft auch tatsächlich auszuüben beabsichtigt[305] und schließt insbes bei der Verletzung steuerlicher oder sozialversicherungsrechtlicher Pflichten und einschlägiger Straftaten (insbes Vermögensdelikte und Insolvenzstraftaten) auf die generelle Unzuverlässigkeit[306].

e) Die Gewerbeuntersagung gegenüber Vertretungsberechtigten bzw Betriebsleitern

Wurde gegenüber dem Gewerbetreibenden eine Untersagung ausgesprochen, kann eine **eigenständige Untersagung nach § 35 Abs. 7a GewO gegenüber Vertretungsberechtigten bzw Betriebsleitern** erfolgen; diese kann sich sowohl auf selbstständige wie unselbstständige künftige Tätigkeiten erstrecken. Dieses Verfahren ist akzessorisch, setzt also jedenfalls voraus, dass gegenüber dem Gewerbetreibenden selbst ebenfalls ein Verfahren geführt wird[307]. Es kann allerdings unabhängig vom Ausgang dieses Verfahrens fortgesetzt werden. Über den Verweis auf Abs. 1 S. 3 kann es auch dann fortgesetzt werden, wenn die Tätigkeit als Geschäftsleiter nach Einleitung des Verfahrens beendet wird.

300

In der **Variante zu Fall 20**[308] **(Rn 280)** könnte daher außer gegenüber F auch ein Verfahren gegenüber G eingeleitet werden. Die Vorschrift wurde gerade auf den Fall zugeschnitten, dass dem Gewerbetreibenden die Unzuverlässigkeit eines Dritten zugerechnet wird und zu befürchten ist, dass dieser seine unselbstständige Tätigkeit fortsetzen wird[309]. Fraglich ist, ob es auch nach seinem Ausscheiden fortgesetzt werden kann. Wird die Tätigkeit erst nach Abschluss des Verwaltungsverfahrens aufgegeben, greift § 35 Abs. 7a S. 3 iVm Abs. 1 S. 3 GewO nicht ein[310]. Es gilt dann der Grundsatz, dass, wenn die Gewerbeuntersagungsbehörde von einer Aufgabe des Betriebs des Gewerbes oder der Geschäftsführertätigkeit erst im Gerichtsverfahren Kenntnis erhält, eine auf das Untersagungsverfahren bezogene „Fortsetzungsentscheidung" im Sinne des § 35 Abs. 1 S. 3 GewO nicht mehr möglich ist; an deren Stelle tritt dann im Gerichtsverfahren als zulässige behördliche Entscheidung die ausdrückliche oder konkludente Bekundung, an der bereits erlassenen Gewerbeuntersagungsverfügung in der Fassung des Widerspruchsbescheides festhalten zu wollen[311].

301

---

303 Auf diesen Umstand aber zu Recht hinweisend OVG Münster, GewArch. 1978, 162; 1981, 165; *Ziekow*, § 10 Rn 94.
304 *Marcks*, in: Landmann/Rohmer, GewO, § 35 Rn 90 ff.
305 BVerwG, NVwZ 1997, 278; s. auch mwN *Marcks*, in: Landmann/Rohmer, GewO, § 35 Rn 92.
306 S. die N bei *Marcks*, in: Landmann/Rohmer, GewO, § 35 Rn 95.
307 BVerwGE 100, 187, 191 f; OVG Münster, GewArch. 1998, 113; *Ehlers*, in: Ehlers/Fehling/Pünder, § 18 Rn 62. Nach der Rspr kann es aber auch dann noch eingeleitet werden, wenn der Gewerbetreibende selbst seine Tätigkeit schon aufgegeben hat, aA *Ehlers*, in: Ehlers/Fehling/Pünder, § 18 Rn 62.
308 Vgl den gaststättenrechtlich eingekleideten Klausurfall *Ruthig/Wirth*, Jura 2007, 468, 471 ff.
309 Vgl den gaststättenrechtlich eingekleideten Klausurfall *Ruthig/Wirth*, Jura 2007, 468, 471 ff.
310 BVerwG, GewArch. 1982, 301; mit ausführlicher Begr. *Marcks*, in: Landmann/Rohmer, GewO, § 35 Rn 98.
311 VGH Kassel, GewArch. 2004, 303.

3. Die Zulassung (erlaubnispflichtiger) gewerblicher Tätigkeiten (§§ 30–34e GewO)

302 **Fall 24:** A entdeckt die Marktlücke des Homesittings als neue Verdienstquelle und möchte in seiner Freizeit die leerstehenden Villen reicher Stadtbewohner bewachen. Er ist sich jedoch nicht sicher, ob er hierzu einer Genehmigung bedarf. Was ist ihm zu raten? Welche Möglichkeiten hätte die Behörde, wenn sie von der Genehmigungsbedürftigkeit ausgeht?

303 **Fall 25:** I betreibt ein Internetcafé. Dazu hat er einen abgedunkelten Raum eingerichtet, in dem sein Kumpel K Computer aufstellt. Diese verfügen über einen Internetzugang und werden, wie mehrfache Kontrollen ergeben haben, von den Kunden fast ausschließlich für Online-Spiele genutzt, darunter vor allem auch solche mit Gewinnmöglichkeit.

a) Beispiele für erlaubnispflichtige Gewerbe

304 Die GewO statuiert Erlaubnisvorbehalte für bestimmte Formen des stehenden Gewerbes, um dadurch Gefahren für die Allgemeinheit abzuwehren. Diese können nicht nur von der Person des Gewerbetreibenden, etwa seiner Unzuverlässigkeit, ausgehen, sondern uU auch von der örtlichen Lage bzw räumlichen Beschaffenheit des Gewerbebetriebes. Während beispielsweise die Erlaubnis des Bewachungsgewerbes nach § 34a GewO oder für Makler, Bauträger und Baubetreuer nach § 34c GewO eine reine Personalkonzession ist, handelt es sich in anderen Fällen um „gemischte Konzessionen" bzw sachgebundene Personalerlaubnisse, wenn die Genehmigungstatbestände auch auf räumliche Aspekte abstellen (zu den Konsequenzen unten Rn 312). Solche Erlaubnispflichten müssen schon aus verfassungsrechtlichen Gründen ausdrücklich normiert werden.

305 Im Rahmen der **gewerberechtlichen Deregulierung** sind traditionelle Erlaubnispflichten entweder völlig entfallen oder enger gefasst worden, wie sich besonders deutlich am **Zurschaustellen von Personen (§ 33a GewO)** zeigt. Nach § 33a Abs. 2 Nr 2 GewO ist die Erlaubnis insbesondere dann zu versagen, wenn die Schaustellungen den guten Sitten zuwiderlaufen[312]; zu den Maßstäben für die Sittenwidrigkeit ausführlich im Zusammenhang mit dem Gaststättenrecht unten Rn 436; zur Abgrenzung vom Gewerbebegriff oben Rn 216 ff). Allerdings ging insoweit – genauso wie für das **Recht der Spielhallen (§ 33i GewO)**[313] – die Gesetzgebungskompetenz auf die Länder über (s. dazu und zur Fortgeltung der bisherigen Regelung Rn 165). Für andere Gewerbe wiederum hat der Gesetzgeber die Erlaubnispflicht neu begründet oder ausgedehnt.

So hat man beim **Bewachungsgewerbe** (§ 34a GewO) die Erlaubnispflicht ständig verschärft und nunmehr an einen Unterrichtungsnachweis bzw in bestimmten Fällen eine Sachkundeprüfung ge-

---

312 Zur Erlaubnisbedürftigkeit und -fähigkeit von Stripteaseveranstaltungen s. BVerwGE 71, 29; NVwZ 1990, 668. Zu den sog. Erotikmessen VG Karlsruhe, Urteil vom 12. September 2013 – 3 K 496/12 –, juris.

313 Daneben wurde in § 24 GlüV eine glücksspielrechtliche Erlaubnispflicht eingeführt. Über das Verhältnis beider zueinander entscheidet das Landesrecht; vgl für RP (Konzentrationswirkung der gewerberechtlichen Erlaubnis nach § 33i GewO) *Ruthig*, in: Hendler/Hufen/Jutzi, § 6 Rn 29; ohne die Anordnung einer Konzentrationswirkung ergehen zwei neben einander tretende Erlaubnisse, vgl dazu zur Rechtslage in Bayern VGH München v. 26.3.2014 – 22 ZB 14.221.

knüpft (§ 34a Abs. 1 S. 3 Nr 3 GewO; zur Sachkundeprüfung § 34a Abs. 1 S. 6 GewO). Ebenfalls erlaubnispflichtig ist die Tätigkeit des Versteigerers (§ 34b GewO), der Makler, Bauträger und Baubetreuer (§ 34c GewO). Neu aufgenommen wurden **Versicherungsvermittler** (§ 34d GewO)[314], **Finanzanlagevermittler** (§ 34f GewO)[315] und (seit 1.8.2014) **Honorar-Finanzanlagenberater** (§ 34h GewO)[316]. Es handelt sich häufig um Tätigkeiten, die nicht der Dienstleistungsrichtlinie unterfallen. Die Erteilung der Erlaubnis setzt außer der **Zuverlässigkeit des Antragstellers**, geordnete Vermögensverhältnisse, den Abschluss einer Berufshaftpflichtversicherung und teilweise einen Sachkundenachweis voraus. Diese Erlaubnispflichten sind daher weniger gewerbe- als unions- und verfassungsrechtlich problematisch[317]. Dies gilt ins besondere für die Sachkundeerfordernisse sowie die Frage der Anerkennung ausländischer Nachweise (s. schon oben Rn 75 zum Finanzanlagevermittler).

In **Fall 24 (Rn 302)** hängt also die Erlaubnispflicht von der Frage ab, was die von § 34a   306
GewO erfasste Bewachungstätigkeit ausmacht. Nach der gesetzlichen Definition handelt es sich um das gewerbsmäßige Bewachen von Leben oder Eigentum, etwa durch Wach- und Schließgesellschaften[318]. Nicht erfasst werden solche Konstellationen, bei denen eine kontinuierliche Überwachung nicht geschuldet ist. Dies gilt für Parkhäuser[319], sog. Haushüter-Agenturen[320] und das sog. „Homesitting". Also bedarf A keiner Erlaubnis. Zum Bewachungsgewerbe gehören dagegen Detektive, deren Tätigkeit sich nicht auf die passive Beobachtung beschränkt, sondern dem aktiven Schutz des Eigentums des Auftraggebers vor dem Abhandenkommen durch Diebstahl dient[321]. Sofern nach § 34a Abs. 1 S. 5 GewO Nachweise erbracht werden müssen, kann dies gem. § 13b GewO auch durch Nachweise aus dem EU-Ausland erfolgen.

Weitere Erlaubnispflichten betreffen die **Spielgeräte und Spiele mit Gewinnmög-**   307
lichkeit, die erlaubnisbedürftig, aber auch erlaubnisfähig sind, soweit sie nicht § 284 StGB unterfallen (dazu bereits Rn 117)[322]. Das Gesetz unterscheidet das **Aufstellen**

---

314 Zum Gesetz zur Neuregelung des Versicherungsvermittlerrechts v. 19.12.2006, BGBl. I, S. 3232 s. *Schönleiter*, GewArch. 2007, 265, der dies als die „umfangreichste und einschneidenste gewerberechtliche Neuregelung der letzten Jahrzehnte nach Einführung des Gaststättengesetzes" einordnet (aaO, S. 266). Zur Verfassungsmäßigkeit von § 34e GewO BVerfG, NJW 2007, 2537.
315 Dazu *Glückert*, GewArch. 2012, 465; *Schulze-Werner*, GewArch. 2012, 102.
316 Zum Hintergrund der Regelung *Schönleiter*, in: Landmann-Rohmer, GewO, § 34h Rn 3 f.
317 S. als Klausurfall *Ruthig/Lehr*, JuS 2007, 932 ff; zur Neufassung des § 34a GewO *Ennuschat*, in: Tettinger/Wank/Ennuschat, GewO, § 34a Rn 1 ff; *Schönleiter*, GewArch. 2003, 1. Zum Unterrichtsnachweis aus *Marcks*, in: Landmann/Rohmer, GewO, § 34a Rn 26 ff. Zur Vereinbarkeit der Erlaubnispflicht mit Art. 12 GG OLG Düsseldorf, GewArch. 1998, 199; zur Unvereinbarkeit eines generellen Sachkundenachweises mit Art. 12 GG s. *Ehlers*, in: Ehlers/Fehling/Pünder, § 18 Rn 45 sowie oben Rn 128.
318 *Marcks*, in: Landmann/Rohmer, GewO, § 34a Rn 11.
319 Dort wird regelmäßig eine Haftung für Schäden und Verlust ausgeschlossen, also ein reiner Einstellvertrag geschlossen. S. *Marcks*, in: Landmann/Rohmer, GewO, § 34a Rn 11; *Ennuschat*, in: Tettinger/Wank/Ennuschat, GewO, § 34a Rn 15.
320 Diese sind nicht zu einer dauernden Kontrolle verpflichtet, sondern suchen ein Grundstück nur für kurze Zeit auf, um Briefkästen zu leeren etc, s. *Ennuschat*, in: Tettinger/Wank/Ennuschat, GewO, § 34a Rn 16; aA *Stollmann*, NWVBl. 1992, 421, 423.
321 S. dazu BVerwG, NVwZ-RR 2000, 424; OVG Lüneburg, GewArch. 1999, 415; OLG Köln, NVwZ-RR 1994, 390; BayObLG, GewArch. 1982, 128; *Marcks*, in: Landmann-Rohmer, GewO, § 34a Rn 8.
322 Ausführlich *Hahn*, GewArch. 2007, 89. Von vornherein nicht erlaubnispflichtig sind der Systematik der GewO entsprechend schon solche Spielmöglichkeiten, die nicht gewerbmäßig eröffnet werden. Am Beispiel eines Vereinsheimes, in welchem Spielgeräte zur Unterhaltung der Mitglieder aufgestellt werden, s. VG Hannover, v. 23.1.2008, 11 A 4135/06.

von Spielgeräten (§ 33c GewO) und anderen Spielen (§ 33d GewO) mit Gewinnmöglichkeit. Internetspiele mit Gewinnmöglichkeit („virtuelle Spielothek") können nicht nach § 33c GewO zugelassen werden, da es sich nicht um Spielgeräte handelt[323]. Von der an den Aufsteller adressierten Erlaubnis ist die Bauartzulassung bzw
Unbedenklichkeitsbescheinigung nach § 33e GewO zu unterscheiden[324].

§ 33c GewO betrifft „Spielgeräte, die mit einer den Spielausgang beeinflussenden technischen
Vorrichtung ausgestattet sind und die die Möglichkeit eines Gewinnes bieten". Diese muss einen
für den Spielausgang ausschlaggebenden Einfluss auf den Spielerfolg ausüben, also mit einem
Zufallsgenerator ausgestattet sein[325]. Andere Spiele iS des § 33d GewO sind daher solche, die dieses Merkmal nicht aufweisen, dh vor allem Geschicklichkeitsspiele und solche Glücksspiele, die
nicht unter § 284 StGB fallen[326]. § 33d GewO kann daher neben den nicht technisch ausgerüsteten
Spielen (zB Dartspiele, Kartenspiele) auch Spielautomaten mit technischen Einrichtungen erfassen, deren Selbstlauf aber durch den Spieler überwunden werden kann[327]. Unter dem Begriff
„Fun Games"[328] werden Spielgeräte mit schnellen Spielabläufen zusammengefasst, bei denen
hohe Einsätze erbracht werden müssen, aber auch hohe Gewinnaussichten bestehen, so dass ein
starker Spielanreiz entsteht. Mittlerweile haben diese Geräte durch Änderung des Spielablaufes,
wie etwa die Ausdehnung der Spielfrequenzen und die Einrichtung einer „Pausenfunktion", ihren
bloßen Unterhaltungscharakter verloren und müssen daher als Geldspielgeräte und somit genehmigungspflichtig nach § 33c Abs. 1 S. 1, 2 GewO angesehen werden[329]. Der Gesetzgeber hat ferner angesichts der Gefahren, die von diesen Geräten ausgehen, reagiert und in § 6a SpielV[330] solche Spiele verboten, die „als Gewinn Berechtigungen zum Weiterspielen sowie sonstige
Gewinnberechtigungen oder Chancenerhöhungen anbieten" oder nach dem jeweiligen Spieler-
gebnis „Gewinne ausgegeben, ausgezahlt, auf Konten, Geldkarten oder ähnliche zur Geldauszah-
lung benutzbare Speichermedien aufgebucht" werden. Darunter fallen auch solche Fun Games,
die mit gegen Geld zu erwerbenden Spielmarken, sog. Token[331], bespielt werden bzw solche als
„Gewinn" ausschütten.

308 **Unterhaltungsspiele ohne Gewinnmöglichkeit,** also zB Tischfußballautomaten,
Flipper und andere Spielautomaten[332], sind als solche nicht erlaubnispflichtig, konn-

---

323 VG Halle v. 4.8.2004, 1 B 25/04.
324 Fehlt eine solche, sind die entsprechenden Geräte von vornherein nicht erlaubnisfähig, s. auch VGH
    München, GewArch. 2005, 119.
325 BVerwGE 115, 179, 181 f. Nicht tatbestandsmäßig sind solche Geräte, die den erspielten Gewinn nur
    anzeigen, nicht aber selbsttätig ausschütten, so dass sie vom Gewerbetreibenden selbst in bar ausge-
    zahlt werden müssen, vgl OVG Bautzen v. 4.10.2007, 3 BS 128/06.
326 Vgl auch § 33h Nr 3 GewO. Diese betreffen geringwertige Gegenstände. Einen unangemessen hohen
    Verlust im Sinne von § 33e Abs. 1 S. 1 GewO wird man jedenfalls bei mehr als 100 EUR pro Stunde
    annehmen können, s. auch *Ennuschat*, in: Tettinger/Wank/Ennuschat, GewO, § 33e Rn 12 mwN.
327 BVerwGE 115, 179, 182.
328 Siehe näher BR-Drucks. 655/05 v. 30.8.2005; VG Stuttgart v. 19.3.2007, 18 K 2541/07. Ferner *Wal-
    lau*, GewArch. 2004, 301. Zu Münzschiebern („Twistern") näher OVG Hamburg, GewArch. 2005,
    82.
329 Dies gilt umso mehr, wenn der Spielablauf die Möglichkeit bietet, die bisher erbrachten Einsätze in
    weiteren Spielen zurückzugewinnen (sog. „Punktespeicherfunktion"), s. OVG Hamburg, GewArch.
    2005, 252. Hierdurch werden Spielanreiz und Risikobereitschaft gerade noch besonders gesteigert.
330 Die Verordnung über Spielgeräte und andere Spiele mit Gewinnmöglichkeiten (Spielverordnung), v.
    6.2.1962, neugefasst zum 27.1.2006, BGBl. I, S. 280, beruht auf § 33f Abs. 1 GewO. Dazu *Hahn*,
    GewArch. 2007, 89, 89 ff; *Kim*, ZfWG 2006, 1 ff; zu § 6a SpielV s. auch OVG Münster, GewArch.
    2007, 386; VGH Kassel, GewArch. 2007, 290.
331 Mit der Umrüstung der Geräte auf die Bespielbarkeit mit Geldersatzmarken versuchten die Betreiber,
    den Charakter als Geldspielgeräte und damit die Erlaubnispflichtigkeit zu umgehen. Die Rspr hat
332 *Ennuschat*, in: Tettinger/Wank/Ennuschat, GewO, § 33i Rn 29 f; *Liesching/Knupfer*, MMR 2003,
    439, 440.

ten aber nach früherem Recht dazu führen, dass es sich um eine nach § 33i Abs. 1 S. 1 GewO **erlaubnispflichtige Spielhalle** oder ein ähnliches Unternehmen handelt[333]. Eine solche Erlaubnispflicht für solche Betriebe, die nur Spiele ohne Gewinnmöglichkeit aufstellten, stellte nach Ansicht der EU-Kommission einen unverhältnismäßigen Eingriff in Art. 9 DLR dar[334]. Nunmehr beschränkt sich der Spielhallenbegriff auf das Aufstellen von Spielgeräten iSv § 33c Abs. 1 S. 1 GewO und die Veranstaltung anderer Spiele iSv § 33d Abs. 1 S. 1 GewO. Eine Einrichtung wird durch die Aufstellung von Spielgeräten immer dann zur Spielhalle, wenn die Bewirtung der Gäste in den Hintergrund gedrängt[335] und der Raum von den Spielgeräten bzw. anderen Spielen geprägt wird und dadurch eine typische Spielhallenatmosphäre entsteht[336]. Ein weiteres aktuelles Beispiel aus dem Umfeld des Spielrechts liefern Laserdrome und Paintball. Sofern man dieses Spiel nicht von vornherein als gegen die Menschenwürde verstoßend aus dem Gewerberecht ausklammert (s. schon Rn 216), handelt es sich um die (gewerberechtlich nicht erlaubnispflichtige) Veranstaltung **anderer Spiele ohne Gewinnmöglichkeit**[337]; zu den auf die Länder übergegangenen Gesetzgebungskompetenzen vgl Rn 164 ff.

Hinweise zu Fall 25 (Rn 303)[338]: Bei dem Internetcafé des I könnte es sich um eine Spielhalle handeln. Dies setzt zum einen voraus, dass die Räumlichkeiten ausschließlich bzw überwiegend der Aufstellung von Spielgeräten oder der Veranstaltung anderer Spiele dienen und eine typische Spielhallenatmosphäre aufweisen. Die Spielhallenatmosphäre kann man angesichts der Abdunkelung wohl bejahen. Allerdings besteht das Charakteristikum eines Internetcafés gerade darin, dass die aufgestellten Computer keinem bestimmten Zweck eindeutig zugeordnet werden können. Zudem hat der Gesetzgeber bei der Neuregelung explizit Internetcafés aus § 33i GewO herausnehmen wollen[339]. Aus der Sicht eines Nutzers und damit auch nach Sinn und Zweck des § 33i GewO – Vermeidung einer übermäßigen Ausnutzung des Spieltriebs – 309

---

333 § 33i Abs. 1 S. 1 Alt. 3 GewO aF. Der Anwendungsbereich der Vorschrift wurde in Reaktion auf ein Vertragsverletzungsverfahren der Kommission reduziert. Nicht mehr erfasst sind Spiele ohne Gewinnmöglichkeit. Außerdem ist zu beachten, dass auch insoweit die Gesetzgebungskompetenz auf die Bundesländer übergegangen ist, vgl. BT-Drucks. 17/10961, S. 12 f; *Reeckmann*, in: Pielow, GewO, § 33i Rn 17; *Schramm*, GewArch. 2013, 244.
334 Dazu BT-Drucks. 17/10961, S. 12; *Reeckmann*, in: Pielow, GewO, § 33i Rn 17.
335 Zur rechtlichen „Aufspaltung" von Mischbetrieben in zwei selbstständig zu betrachtende Betriebe s. BayObLG, GewArch. 1992, 231. Gerade bei Gaststätten fehlt der Spielhallencharakter, wenn sie lediglich einzelne Spielgeräte zur Unterhaltung ihrer Gäste aufgestellt haben, vgl OVG Koblenz, GewArch. 1968, 277. Andererseits lassen ergänzende gastronomische Angebote (unentgeltlicher Begrüßungskeks, Kaffee zum Selbstkostenpreis) den Spielhallencharakter nicht entfallen, OVG Hamburg, GewArch. 2005, 255.
336 *Buchholz*, GewArch. 2000, 457, 458; s. auch schon BVerwG, GewArch. 1983, 135; *Orlob*, GewArch. 1884, 255. Dies kann immer nur anhand der konkreten Umstände des Einzelfalles beurteilt werden, VGH Mannheim, GewArch. 1986, 160; *Buchholz*, GewArch. 2000, 457, 459.
337 Insbesondere lassen sie sich nicht als Spielgerät im Sinne von § 33c GewO einordnen, s. zu den Laserdromen OVG Koblenz, NVwZ-RR 1995, 30, 31; aA LG Stuttgart, NJW-RR 1994, 427, 428 mit der die Wortlautgrenze überschreitenden Auslegung, dass Aufstellen im Sinne der Vorschrift keine feste Verankerung erfordere, sondern es zulasse, dass die Spielgeräte im „Umhergehen" benutzt werden.
338 BVerwG, NVwZ 2005, 961; als Vorinstanzen OVG Berlin, MMR 2003, 204; VG Berlin, GewArch. 2002, 427; vgl auch *Hahn*, GewArch. 2007, 89, 93 f; *Liesching/Knupfer*, MMR 2003, 439; *Lober*, MMR 2002, 730; *Schönleiter*, GewArch. 2005, 413, 414.
339 Dazu BT-Drucks. 17/10961, S. 12; *Reeckmann*, in: Pielow, GewO, § 33i Rn 17.

macht es jedoch andererseits keinen Unterschied, ob es sich um einen nur zum Spielen geeigneten Automaten oder um einen multifunktionellen PC handelt[340]. Gleichwohl müssen nach dem Wortlaut Spielgeräte „aufgestellt" bzw andere Spiele „veranstaltet" werden, so dass es – auch für eine Erlaubnispflicht des K nach § 33c oder § 33d GewO – nicht ausreichen kann, wenn sich Nutzer übers Internet in solche Spiele einloggen können. Das Ergebnis folgt im Übrigen auch daraus, dass sowohl nach den einschlägigen Vorschriften des TelemedienG sowie nach den allgemeinen Grundsätzen des Polizei- und Ordnungsrechts derjenige, der lediglich den Zugang zu Internetinhalten vermittelt, nicht für rechtswidrige Internetinhalte verantwortlich gemacht werden kann[341]. Das Risiko, dass andere die Einrichtung rechtswidrig nutzen, hat er nicht zu tragen[342]. Dies wäre ansonsten eine auch vor dem Hintergrund der Berufsfreiheit (Art. 12 GG) unangemessene Ausdehnung seiner gewerberechtlichen Verantwortlichkeit. Für denjenigen, der sogar nur ein Café betreibt, in der ein anderer einen Computer zum Einloggen zur Verfügung stellt, kann erst recht nichts anderes gelten. Dies gilt ungeachtet der speziellen Vorschriften des TelemedienG umso mehr, als nicht notwendigerweise der Betreiber der Spielhalle iSd § 33i GewO auch Aufsteller bzw Veranstalter sein muss[343], sodass ein weiterer Gewerbetreibender (§§ 33c, 33d GewO) dazwischentritt und potentiell – etwa bei jugendgefährdenden Inhalten auf den PCs – auch erfolgsversprechender belangt werden könnte.

b) Die gewerberechtliche Erlaubnis

310 Der verfassungsrechtliche Hintergrund prägt die Auslegung all dieser Vorschriften über Erlaubnispflichten (s. Rn 135). Es sind **regelmäßig „gebundene" Erlaubnisse**, die Behörde ist also zur Erlaubniserteilung verpflichtet, wenn die gesetzlichen Voraussetzungen vorliegen. Rechtsschutz erlangt der Betroffene über eine Verpflichtungsklage bzw einen Verpflichtungswiderspruch. Im Zentrum der Prüfung steht regelmäßig auch beim genehmigungspflichtigen Gewerbe die **Zuverlässigkeit** des Gewerbetreibenden (s. zB § 33i Abs. 2 Nr 1 GewO). Bei Unzuverlässigkeit ist die Genehmigung zwingend zu versagen.

Teilweise wird die Zuverlässigkeitsprüfung in den jeweiligen Vorschriften näher konkretisiert. Ausdrücklich erwähnt werden beispielsweise die wirtschaftlichen Verhältnisse bei Pfandleihern, Versteigerern und Baubetreuern. Die Erlaubnisse sind also zu versagen, wenn die erforderlichen Mittel nicht vorhanden sind oder der Betreffende in ungeordneten Vermögensverhältnissen lebt. Aus verfassungsrechtlichen Gründen darf es allerdings keine Bedürfnisprüfung geben. **Sachkundenachweise** sind auf das Erforderliche zu beschränken (s. schon oben Rn 122 f), werden aber insb für das Bewachungs- und Versicherungsgewerbe gesetzlich gefordert.

---

340 S. auch *Tappe/Glaser*, Jura 2007, 456, 460. Auch die Rechtsprechung geht davon aus, dass bei normzweckorientierter Betrachtungsweise schon auf Grund der bloßen Nutzungsmöglichkeit von Computerspielen ein Gefahrpotential ausgeht, weil diese Computerspiele vor allem auf Minderjährige eine gewisse Anziehungskraft ausüben, s. BVerwG, NVwZ 2005, 961; OVG Berlin, MMR 2003, 204, 205; MMR 2004, 707; zustimmend *Liesching/Knupfer*, MMR 2003, 439, 442; auch nach der Novelle noch *Reeckmann*, in: Pielow, GewO, § 33i Rn 17; enger demgegenüber VG Berlin, MMR 2002, 767.

341 S. dazu den Überblick über die Verantwortlichkeit von Providern bei *Schenke*, Polizei- und Ordnungsrecht, Rn 393 ff.

342 Auch dazu im allgemeinen polizei- und ordnungsrechtlichen Kontext *Schenke*, Polizei- und Ordnungsrecht, Rn 247.

343 *Reeckmann*, in: Pielow, GewO, § 33i Rn 18.

Auch die Spielhallenerlaubnis in **Fall 25 (Rn 303)** kann also nur versagt werden, wenn einer   311
der in § 33i Abs. 2 Nr 1–3 GewO genannten Gründe gegeben ist[344]. Da keine Anhaltspunkte
für die Unzuverlässigkeit des I vorliegen, kommt vorliegend § 33i Abs. 2 Nr 3 GewO in Betracht. Danach darf eine Erlaubnis dann nicht erteilt werden, wenn der Betrieb des Gewerbes
eine Gefährdung der Jugend befürchten lässt. Gem. § 6 Abs. 1 JuSchG darf Personen unter 18
Jahren die Anwesenheit in öffentlichen Spielhallen oder ähnlichen, vorwiegend dem Spielbetrieb dienenden Räumen nicht gestattet werden[345]. Dieses Aufenthaltsverbot greift unabhängig
von der Art der angebotenen Computerspiele. Allerdings kann auf Nr 3 die Verweigerung der
Genehmigung nur dann gestützt werden, wenn Auflagen (etwa die Durchführung entsprechender Kontrollen[346]) nicht ausreichen. Solange keine Anhaltspunkte vorliegen, dass entsprechende Auflagen beim Betrieb der Spielhalle nicht beachtet werden, wäre eine Versagung der
Erlaubnis unverhältnismäßig[347].

Teilweise handelt es sich um **raumgebundene** Erlaubnisse, weil sie Anforderungen   312
an die Betriebsräume statuieren (so zB § 33 i Abs. 2 Nr 2 GewO für die Spielhalle;
s. auch zur gaststättenrechtlichen Erlaubnis Rn 437 ff). Das **Kriterium der Beschaffenheit der Räume** zielt auf die Sicherheit von Besuchern und Personal ab, betrifft
also insbesondere feuerpolizeiliche Anforderungen, sanitäre Einrichtungen, Belüf-
tung etc. Daneben ist allerdings auch die Versagung der Spielhallenerlaubnis im Hinblick auf die **Lage der Räume** möglich. Die Lage der Räume betrifft die Anforderungen an die Gewerberäume im Hinblick auf ihre Umgebung[348].

Solche Gefahren sind dann gegeben, wenn nach den Erfahrungen der für die öffentliche Sicherheit und Ordnung zuständigen Stellen die örtliche Lage des Betriebes geeignet ist, die Begehung
strafbarer Handlungen zu fördern[349]. Diese Prognose kann aber nicht allein auf ein „kriminalitäts-
geneigtes Umfeld" gestützt werden. Genauso wie im vergleichbaren Fall des § 4 Abs. 1 Nr 3
GastG erstreckt sich die Prüfung nicht auf die Umgebung, sondern beschränkt sich auf den Betrieb und die dafür vorgesehenen Räume. Der Versagungsgrund liegt also nur vor, wenn aufgrund
des polizeiwidrigen Umfelds auch die Betriebsräume selbst nicht den polizeilichen Anforderungen entsprechen[350]. Hinsichtlich der Anforderungen an die Lage der Räume stellt sich regelmäßig
die Frage nach dem Verhältnis zur Baugenehmigung. So kann eine Spielhalle die ausgewogene
gewerbliche Nutzungsstruktur der Umgebung beeinträchtigen[351]. Nach der Rechtsprechung entfaltet die in einer Baugenehmigung enthaltene Feststellung der Vereinbarkeit des Vorhabens
einschließlich der genehmigten Nutzung mit den öffentlichrechtlichen Vorschriften insofern Bindungswirkung, als es um Rechtsfragen geht, deren Beurteilung in die originäre Regelungskom-

344 BVerwG, NVwZ 2003, 602.
345 Näher zu den jugendschutzrechtlichen Fragen des Betriebs von Internetcafés *Liesching/Knupfer*,
      MMR 2003, 439, 443 ff und – noch zur Vorgängervorschrift des § 8 JÖSchG – *Lober*, MMR 2002,
      730, 731 ff.
346 Vgl zB BVerwG, GewArch. 1995, 473, 474; OVG Münster, GewArch. 1994, 166; OVG Koblenz,
      GewArch. 1991, 108; *Marcks*, in: Landmann/Rohmer, GewO, § 33i Rn 28.
347 VGH München, GewArch. 2002, 471, 473.
348 VG Düsseldorf, GewArch. 1982, 331; *Ennuschat*, in: Tettinger/Wank/Ennuschat, GewO, § 33i Rn 55.
349 BVerwG, NVwZ 2003, 602; VGH München, GewArch. 2002, 471.
350 BVerwG, NVwZ 2003, 602; tlw anders die Vorinstanz VGH München, GewArch. 2002, 471.
351 Auch solche Aspekte können grundsätzlich für § 33i Abs. 2 Nr 2 GewO von Bedeutung sein, s.
      BVerwG, GewArch. 1993, 374, 375; *Ennuschat*, in: Tettinger/Wank/Ennuschat, GewO, § 33i Rn 62
      mwN. Zu den baurechtlichen Grenzen von Spielhallen, die Vergnügungsstätten im Sinne der
      BauNVO darstellen und daher von vornherein dort ausgeschlossen sind, wo die einzelnen Baugebiete
      der BauNVO Vergnügungsstätten nicht erwähnen, s. *Ennuschat*, in: Tettinger/Wank/Ennuschat,
      GewO, Vor §§ 33c Rn 15 ff mwN.

petenz der Bauaufsichtsbehörde fällt oder zumindest zu ihr den stärkeren Bezug hat[352]. Wurde eine Baugenehmigung (häufig in Gestalt einer Nutzungsänderung) also erteilt, können bauplanungs- und bauordnungsrechtliche Gründe auf der Grundlage des § 33i Abs. 2 Nr 2 GewO dem Antragsteller nicht (noch einmal) entgegengehalten werden[353].

313 Eine Erlaubnis kann mit **Nebenbestimmungen** versehen werden, wenn dies durch die speziellen Vorschriften (vgl etwa §§ 33a Abs. 1 S. 1, 33c Abs. 1 S. 3, 33i Abs. 1 S. 2 GewO) oder § 36 Abs. 1 LVwVfG zugelassen ist[354]. Aus dem Umstand, dass spezialgesetzlich nur Auflage und Befristung genannt sind, wird geschlossen, dass hinsichtlich anderer Nebenbestimmungen § 36 Abs. 1 LVwVfG anwendbar ist[355]. Folgt man hM und BVerwG[356] ist gegen Nebenbestimmungen grundsätzlich die Anfechtungsklage die einschlägige Klageart.

c) Erlöschen der Erlaubnis, insbesondere durch Widerruf

314 Als Verwaltungsakt ist die Erlaubnis so lange die Grundlage für die Ausübung des Gewerbes, bis sie erloschen ist oder widerrufen wurde. Eine **Gewerbeerlaubnis** ist regelmäßig **personengebunden**. Daraus folgt, dass die Erlaubnis nicht übertragbar ist, sondern mit dem Tod des Inhabers bzw der Auflösung der juristischen Person[357] erlischt. Weitere Erlöschensgründe sind Rücknahme und Widerruf sowie Verzicht[358]. **Raumgebundene Erlaubnisse** (wie etwa die Spielhallenerlaubnis) erlöschen auch bei wesentlichen Veränderungen der genehmigten Räumlichkeiten oder einem Wechsel der Betriebsstätte. Für den Widerruf gelten die allgemeinen Vorschriften der §§ 48 f VwVfG. Der Widerruf der Erlaubnis ist als solcher nicht vollstreckungsbedürftig, sondern verlangt vom Gewerbetreibenden die Einstellung seines nicht (mehr) genehmigten Betriebes. Er ist allerdings auch nicht mit Zwangsmitteln durchsetzbar, sondern ermächtigt die Behörde dazu, einen Gewerbebetrieb, der dann ohne die erforderliche Genehmigung betrieben wird, auf der Grundlage von § 15 Abs. 2 GewO zu schließen (s. Rn 315).

Beispiel: Betreibt A mit der erforderlichen Erlaubnis nach § 33i GewO eine Spielhalle und duldet er in seinen Räumen den Vertrieb von Betäubungsmitteln, kann eine Untersagung nicht auf § 35 GewO gestützt werden, s. § 35 Abs. 8 S. 1 GewO. Die Behörde muss vielmehr die Spielhallenerlaubnis widerrufen. Da es in § 33i GewO keine Spezialregelung gibt, sind die allgemeinen Vorschriften anwendbar, konkret der Widerrufsgrund des § 49 Abs. 2 S. 1 Nr 3 VwVfG[359]; gem. § 49 Abs. 2 S. 2 VwVfG gilt auch die Frist des § 48 Abs. 4 VwVfG[360]. Die Behörde entzieht die

---

352 BVerwG, GewArch. 1996, 240, 241; VGH München, GewArch. 2002, 471.
353 Ebenso VGH München, GewArch. 2002, 471.
354 Ausführlich *Schulze-Werner*, GewArch. 2004, 9. S. auch *Marcks*, in: Landmann/Rohmer, GewO, § 33a Rn 10 ff; § 33i Rn 21 ff.
355 *Marcks*, in: Landmann/Rohmer, GewO, § 33a Rn 13.
356 BVerwGE 60, 269; NVwZ 2001, 429; *Schenke*, Verwaltungsprozessrecht, Rn 287 ff mwN.
357 Zur Erlaubnispflicht bei der Umgründung von Gesellschaften *Odenthal*, GewArch. 2005, 132. Für Stellvertretung und Fortführung des Gewerbes gibt es in den §§ 45–47 GewO spezielle Regelungen.
358 Kein Verzicht auf eine Erlaubnis liegt in der Gewerbeanmeldung, s. OVG Koblenz v. 5.7.2005, GB 10673/05.
359 Dieser setzt voraus, dass die Unzuverlässigkeitsgründe, auf die sich die Untersagung stützt, nachträglich eingetreten sind, vgl VGH Mannheim, GewArch. 1989, 166; *Ehlers*, in: Ehlers/Fehling/Pünder, § 18 Rn 75.
360 Zu den dortigen Problemen siehe *Kopp/Ramsauer*, VwVfG, § 48 Rn 146 ff.

Genehmigung, wenn sie diese nach der jetzigen Sachlage gem. § 33i Abs. 2 Nr 1 iVm § 33c Abs. 2 GewO wegen Unzuverlässigkeit des A nicht hätte erteilen dürfen. Ein Widerruf der Erlaubnis ist nur möglich, wenn mildere Mittel wie Auflagen nicht ausreichen. Gegen einzelne Verstöße, etwa die Duldung Jugendlicher unter Verstoß gegen § 6 Abs. 1 JuSchG, kann auf der Grundlage des POG eingeschritten werden (s. unten Rn 321).

d) Einschreiten gegen nicht erlaubte (aber erlaubnispflichtige) Betriebe

Wird ein Gewerbe ohne die erforderliche Erlaubnis betrieben, kann die **Fortsetzung des Betriebes gem. § 15 Abs. 2 GewO untersagt** werden[361]. Die Vorschrift setzt also die Genehmigungsbedürftigkeit des ausgeübten Gewerbes voraus; bei bloß anzeigepflichtigen Gewerben kommt eine Verhinderung der Fortsetzung des Betriebes nach § 15 Abs. 2 GewO nicht in Betracht. Maßgeblicher Zeitpunkt für die Beurteilung der Rechtmäßigkeit eines Einschreitens gem. § 15 Abs. 2 S. 1 GewO ist die letzte mündliche Tatsachenverhandlung und nicht die Sach- und Rechtslage im Zeitpunkt der letzten Behördenentscheidung[362] (zu den Gründen für die Abweichung von § 35 GewO s. Rn 292 ff).

315

§ 15 Abs. 2 GewO ist nicht nur auf das **nach den Vorschriften der GewO genehmigungsbedürftige (stehende) Gewerbe** anwendbar[363], sondern auch in allen Fällen, in denen Spezialgesetze keine Vorschriften zur Gewerbeuntersagung enthalten. Dies betrifft verschiedenste Spezialmaterien[364] und vor allem auch das GastG, so dass die Fortsetzung des Betriebes gem. § 31 GastG iVm § 15 Abs. 2 GewO verhindert werden kann (s. Rn 454). Eigene Vorschriften enthalten dagegen nicht nur die HwO, sondern auch das – aus der GewO „herausgewanderte" – BImSchG in § 20. Keine Vorschriften finden sich im Heilpraktikergesetz[365]. Selbstverständlich setzt aber die (analoge) Anwendung voraus, dass es sich um eine gewerbliche Tätigkeit handelt. Sieht man im Betreiben einer Fahrschule eine gewerbliche Tätigkeit, erfolgt die Untersagung des Betriebes einer Fahrschule (nach dem Widerruf der entsprechenden Erlaubnis nach dem Fahrlehrergesetz) auf der Grundlage des § 15 Abs. 2 GewO[366], würde man sie dem Unterrichtswesen zurechnen[367] und

---

361 Auf § 15 Abs. 2 GewO ist demnach auch die Entfernung von einzelnen Spielgeräten zu stützen, die von einem Gewerbetreibenden aufgestellt und betrieben werden, ohne dass sie von seiner Gewerbeerlaubnis nach §§ 33c ff GewO umfasst sind. Es handelt sich insoweit um eine teilweise Untersagung des Gewerbes, so dass die Anwendbarkeit des allgemeinen Polizei- und Ordnungsrechtes gesperrt ist; vgl VG Stuttgart v. 19.3.2007, 18 K 2541/07; OVG Koblenz, GewArch. 2007, 38; VGH Kassel, GewArch. 2005, 255.

362 BVerwG, NVwZ 2005, 961; *Marcks*, in: Landmann/Rohmer, GewO, § 15 Rn 17; *Ennuschat*, in: Tettinger/Wank/Ennuschat, GewO, § 15 Rn 35; *Diefenbach*, GewArch. 1991, 281; *Hahn*, GewArch. 2005, 393; aA *Aßfalg*, GewArch. 1988, 219, 220 f.

363 Dies folgt aus der systematischen Stellung in Titel II. Für das Reisegewerbe gilt § 60d GewO, für das Marktgewerbe § 70a GewO.

364 Dies gilt insbesondere für das Personenbeförderungsrecht: VGH Mannheim, DÖV 1993, 438 zur Mitnahme von Begleitpersonen bei Tiertransporten nach dem PBefG; OVG Lüneburg, NVwZ-RR 1996, 371 zur geschäftsmäßigen Beförderung von Patienten zwischen Wohnung und Arzt; OVG Weimar, LKV 2003, 191.

365 Vgl zum Piercing VG Gießen, GewArch. 1999, 164 f; VGH Kassel, GewArch. 2000, 198 f; *Schliesky*, S. 251. Ist für das Piercing eine Heilpraktikererlaubnis erforderlich, könnte beim Fehlen einer solchen eine Untersagung nach § 15 Abs. 2 GewO in Betracht kommen (so das VG). Überzeugender ist es freilich, in der Heilpraktikererlaubnis keine gewerbliche, sondern eine heilkundliche Tätigkeit zu sehen, für die dann nicht § 15 Abs. 2 S. 1 GewO einschlägig ist, sondern das allgemeine Polizei- und Ordnungsrecht, s. auch *Jahn*, JuS 2002, 173.

366 So VGH Mannheim, VBlBW 2004, 306.

367 Dafür nur *Repkewitz*, in: Friauf, GewO, § 6 Rn 63; aA *Marcks*, in: Landmann/Rohmer, GewO, § 6 Rn 20 f; *Ennuschat*, in: Tettinger/Wank/Ennuschat, GewO, § 6 Rn 20.

aus dem Anwendungsbereich der GewO herausnehmen, nach dem allgemeinen Polizei- und Ordnungsrecht.

316 Bei der Schließungsverfügung ist vor allem der **Grundsatz der Verhältnismäßigkeit** zu beachten, so dass eine völlige Schließung nur als ultima ratio in Betracht kommt. Milderes Mittel kann eine **Teilschließung** sein, die ebenfalls auf § 15 Abs. 2 S. 1 GewO gestützt werden kann. Beide setzen voraus, dass **Auflagen** nicht ausreichen. Eine Betriebsuntersagung wäre unter diesen Umständen nur dann rechtmäßig, wenn konkrete Anhaltspunkte dafür erkennbar sind, dass Auflagen nicht ausreichend sind, zB weil der Antragsteller angekündigt hat, sie nicht einzuhalten.

317 Damit sind die gewerberechtlichen Spezifika bereits erschöpfend dargestellt. Die weiteren Fragen ergeben sich aus den **allgemeinen Grundsätzen des Verwaltungs-, Verwaltungsprozess- und Verwaltungsvollstreckungsrechts**[368]. Die Entscheidung nach § 15 Abs. 2 S. 1 GewO ist ein **Verwaltungsakt**, für den hinsichtlich Rechtsschutz und Vollstreckung die allgemeinen Grundsätze gelten.

§ 15 Abs. 2 GewO ist damit nur die Rechtsgrundlage für eine Schließungsverfügung und nicht für Vollstreckungsmaßnahmen[369]. Widerspruch und Anfechtungsklage haben deswegen gem. § 80 Abs. 1 VwGO aufschiebende Wirkung. Die Behörde müsste also gem. § 80 Abs. 2 S. 1 Nr 4 VwGO die sofortige Vollziehung anordnen[370], um zu verhindern, dass während der Dauer des Rechtsstreits der Betrieb fortgesetzt wird. Diese Schließungsverfügung ist auch noch keine Maßnahme der Verwaltungsvollstreckung, sondern erst der zu vollstreckende Grundverwaltungsakt[371]. Wird der auf § 15 Abs. 2 GewO gestützte Verwaltungsakt nicht befolgt, kann er **auf der Grundlage des LVwVG vollstreckt** werden (dazu Rn 324 ff).

e) Sonderfall: Zulässigkeit einer Maßnahme nach § 15 Abs. 2 GewO bei bloß formeller Illegalität?

318 Häufig stellt sich auch in der Praxis das Problem, ob es für das behördliche Vorgehen eine Rolle spielt, wenn ein Gewerbe zwar **ohne die erforderliche Erlaubnis** betrieben wird (also formell illegal ist), die materiellen Genehmigungsvoraussetzungen aber vorliegen[372]. Nach dem Wortlaut des § 15 Abs. 2 S. 1 GewO ist einzige Voraussetzung der Betrieb eines zulassungspflichtigen Gewerbes ohne die erforderliche Zulassung. Allerdings handelt es sich um eine Ermessensentscheidung, bei der insbesondere der Grundsatz der Verhältnismäßigkeit zu beachten ist. Die Lösung dieses Problems ist deswegen **umstritten**. Nach einer Ansicht genügt die formelle Illegalität für ein auf § 15 Abs. 2 GewO gestütztes Einschreiten[373]. Die wohl überwiegende Rechtsprechung und Literatur halten bei der nur formalen Rechtswidrigkeit eine Stilllegungsverfügung jedenfalls dann für unzulässig, wenn die Genehmigung entweder schon beantragt ist oder alsbald beantragt werden wird und ausreichende Wahrschein-

---

368 Als Klausurfall vgl *Tappe/Glaser*, Jura 2007, 456.
369 S. dazu *Marcks*, in: Landmann/Rohmer, GewO, § 15 Rn 18 mwN.
370 S. dazu VGH Kassel, GewArch. 1994, 116; VGH Mannheim, GewArch. 1990, 253, 254.
371 *Ennuschat*, in: Tettinger/Wank/Ennuschat, GewO, § 15 Rn 33.
372 Dieses Problem stellt sich nicht nur in der Gewerbeordnung, sondern auch in anderen Rechtsgebieten wie zB bei Abrissverfügungen im Baurecht, wird aber nicht einheitlich gelöst. Zum Versuch der Entwicklung einheitlicher Kriterien *Kischel*, DVBl 1996, 185.
373 VGH Kassel, GewArch. 1997, 76; *Heß*, in: Friauf, GewO, § 15 Rn 27; *Kischel*, DVBl 1996, 185.

lichkeit besteht, dass die Voraussetzungen für die Erteilung der Erlaubnis vorliegen bzw dem Antrag mit Sicherheit stattgegeben werden müsste[374]. Entsprechendes soll gelten, wenn der Gewerbetreibende einen Antrag auf Genehmigung gestellt hatte, dieser aber nicht beschieden oder erkennbar zu Unrecht abgelehnt wurde[375]. Wenn ein Gewerbetreibender sich allerdings dauerhaft weigert, eine nach Ansicht der Behörde erforderliche Genehmigung zu beantragen, ist die Schließungsverfügung die einzige Möglichkeit der Behörde, eine Klärung des Sachverhaltes zu erreichen[376]. In einem solchen Fall kann eine Schließungsverfügung also auch dann ergehen, wenn es sich um ein bloß formell illegales Gewerbe handelt. Im Übrigen wären Schließungsverfügungen bei bloß formeller Illegalität nach Auffassung der Rechtsprechung jedoch unverhältnismäßig und damit rechtswidrig.

Diese differenzierte Sicht verdient angesichts des Art. 12 GG Zustimmung. Der Verhältnismäßigkeitsgrundsatz verlangt also ein gestuftes Vorgehen: Zunächst ist der Gewerbetreibende dazu aufzufordern, einen Antrag zu stellen. Erst wenn dieser weiterhin ausbleibt, ist die Behörde als ultima ratio zum Einschreiten nach § 15 Abs. 2 GewO berechtigt. Zu weitgehend erscheint es allerdings, von der Behörde zu verlangen, dass sie sogar mit einem Bußgeldverfahren auf das Stellen eines Genehmigungsantrags hinwirkt[377].

f)   Feststellende Verwaltungsakte

Im Zusammenhang mit dem Streit um die gewerberechtliche Genehmigungspflicht   **319** bedienen sich die Behörden häufig auch des **feststellenden Verwaltungsakts**. Auch dieser bedarf einer Rechtsgrundlage[378]. Angesichts der nur rudimentären Regelung des Verwaltungsverfahrens im Zusammenhang mit dem genehmigungsbedürftigen Gewerbe sieht die Rechtsprechung in den Vorschriften über die Genehmigungsbedürftigkeit zugleich die gesetzliche Grundlage für einen feststellenden Verwaltungsakt des Inhalts, dass eine konkrete Tätigkeit genehmigungsbedürftig ist.

Der Vorteil dieser Lösung besteht darin, dass der Gewerbetreibende sich auf diese Situation einstellen kann, indem er sein Vorhaben aufgibt, einen Genehmigungsantrag einreicht oder den Rechtsweg beschreitet. Die Behörde ist also nicht darauf verwiesen, erst nach Beginn der Gewerbetätigkeit Konsequenzen in Form einer Einstellungsverfügung nach § 15 Abs. 2 GewO oder eines Bußgeldverfahrens (§ 144 Abs. 1 Nr 1h GewO) zu ziehen.

---

374   S. *Marcks*, in: Landmann/Rohmer, GewO, § 15 Rn 15 mwN; ähnlich im Ergebnis auch *Laubinger/Repkewitz*, VerwArch. 89 (1998), 337, 357 f.

375   VGH München, GewArch. 1986, 65, 66.

376   S. näher *Laubinger/Repkewitz*, VerwArch. 89 (1998), 337, 357 f. S. aber auch zur Möglichkeit eines feststellenden Verwaltungsakts hinsichtlich der Genehmigungsbedürftigkeit *Metzner*, GastG, § 31 Rn 18.

377   So aber *Marcks*, in: Landmann/Rohmer, GewO, § 15 Rn 15; wie hier VGH Mannheim, GewArch. 1993, 203, 204; *Ennuschat*, in: Tettinger/Wank/Ennuschat, GewO, § 15 Rn 26.

378   Grundlegend BVerwGE 72, 265; s. auch BVerwG, NVwZ 1991, 267 zu § 34c Abs. 1 Nr 1 GewO.

4. Gewerberecht und allgemeines Polizeirecht am Beispiel des genehmigungsbedürftigen Gewerbes

a) Einschreiten gegen einzelne Formen der Gewerbeausübung

320 Das Verhältnis von Gewerberecht und allg. Ordnungsrecht wird bei der Fallbearbeitung in mehrfacher Hinsicht relevant und hat einen verfassungsrechtlichen Hintergrund. Zunächst handelt es sich um ein **Problem der Gesetzgebungszuständigkeit**[379]. Eine Auslegung des Polizei- und Ordnungsrechts als generelle Zulassungsschranke verstieße gegen die bundesrechtliche Regelung des § 1 GewO[380]. Vor allem bei der Anwendung der Generalklausel stellt sich aber auch die Frage der Vereinbarkeit mit dem **grundrechtlichen Gesetzesvorbehalt**. Durch ihre Anwendung auf Einzelfälle darf daher nicht „der Sache nach das getan werden, was der Gesetzgeber hätte tun müssen, nämlich eine verbreitete neue Erscheinungsform der Berufsausübung zu regeln", was das BVerwG bei den Laserdromen (noch) verneinte[381]. Damit kann die Ausübung eines Gewerbes nicht auf der Grundlage der polizeirechtlichen Generalklausel untersagt werden. Selbstverständlich steht das Gewerberecht einem Einschreiten gegen Dritte auf polizeilicher Grundlage (zB Personenkontrolle in den Geschäftsräumen) nicht entgegen[382].

321 Ohne Verstoß gegen § 1 GewO kann auf der Grundlage des Polizei- und Ordnungsrechts gegen **einzelne Erscheinungsformen der Gewerbeausübung** vorgegangen werden, solange diese nicht die Ausübung des Gewerbes als solche in Frage stellen, sondern lediglich die Art und Weise der Gewerbeausübung beschränken[383].

Insofern fungiert das Polizeirecht insbesondere als „verlängerter Arm" solcher öffentlichrechtlichen Vorschriften, die keine eigenständigen Befugnisse zum Einschreiten vermitteln. Dies gilt insb für den **Jugendschutz**. Gem. § 6 Abs. 1 JuSchG darf Personen unter 18 Jahren die Anwesenheit in öffentlichen Spielhallen oder ähnlichen, vorwiegend dem Spielbetrieb dienenden Räumen nicht gestattet werden[384]. Hier kann zunächst auch auf der Grundlage des POG (Verstoß gegen JuSchG als Verstoß gegen die öffentliche Sicherheit) gegen einzelne Verstöße vorgegangen, aber die Spielhalle nicht geschlossen werden. Dies würde zunächst einen Widerruf der Spielhallenerlaubnis nach der GewO voraussetzen (s. Rn 314). Gleichwohl bedarf dieser Ansatz der Konkretisierung. Die bundesverwaltungsgerichtliche Rechtsprechung lässt ein Einschreiten auf der Grundlage der polizeirechtlichen Generalklausel auch dann zu, wenn das entsprechende Verhalten zum Gegenstand von Auflagen gemacht werden kann[385]. Demgegenüber wird (im gaststättenrechtlichen Kontext) die **Durchsetzung von Rauchverboten** nach Landesnichtraucherschutzgesetzen mit der polizeirechtlichen Generalklausel abgelehnt. Dem Betreiber könnten auf der Grundlage von § 5 Abs. 1 Satz 1 Nr 1 GastG nachträgliche Auflagen erteilt werden; was den Rückgriff auf

---

379   Dieses stellt sich allerdings nicht soweit die Gesetzgebungskompetenz für das Recht der Wirtschaft auf die Länder übergegangen ist (s. Rn 174).

380   S. zuletzt OVG Weimar, LKV 2003, 191. Zur kompetenzrechtlichen Bedeutung der Abgrenzung schon Rn 170.

381   Der Bund-Länder-Ausschuss hält auch weiterhin die polizeirechtliche Generalklausel für anwendbar, weil es insgesamt in der Bundesrepublik nur eine sehr kleine Zahl solcher Angebote gebe, s. *Schönleiter/Stenger*, GewArch. 2007, 320.

382   S. dazu BVerwGE 121, 345 = JZ 2005, 458 mit Anm. *Herme*.

383   BVerwGE 38, 209, 213; BVerwG, NJW 2002, 598, 601;NVwZ-RR 2010, 636.

384   Näher zu den jugendschutzrechtlichen Fragen des Betriebs von Internetcafés *Liesching/Knupfer*, MMR 2003, 439, 443 ff. Der Begriff der Spielhalle nach dem JuSchG und § 33i GewO ist identisch.

385   Zu § 33i GewO BVerwG, GewArch. 1995, 111; s. auch NVwZ-RR 2010, 636.

die polizeirechtliche Generalklausel versperre[386]. Hier ist daher zu differenzieren. Der Polizei sind lediglich vorläufige Maßnahmen zu gestatten, wenn sie etwa bei einer Kontrolle auf Verstöße gegen die entsprechenden Vorschriften stößt. Diese kann nicht nur die konkreten Verstöße abstellen, sondern (soweit dies erforderlich ist) auch eine vorläufige Schließung anordnen[387]. Endgültige Maßnahmen können demgegenüber nur auf der Grundlage des Gewerberechts getroffen werden.

b) Einschreiten gegen gewerberechtlich unzulässige Tätigkeiten

Die kompetenzrechtlichen Bedenken stellen sich nicht beim Einschreiten gegen solche **Tätigkeiten, die aus dem Anwendungsbereich des Gewerberechts herausfallen**, vor allem weil sie "schlechthin verboten" sind (dazu Rn 217 ff). Gegen diese kann daher auf der Grundlage der polizeirechtlichen Generalklausel eingeschritten werden.   322

Dies gilt beispielsweise auf der Grundlage der Rechtsprechung des BVerwG für die Laserdrome[388]. Eine Ordnungswidrigkeit (und damit ein eindeutiger Verstoß gegen die öffentliche Sicherheit) liegt nicht vor[389]. Bejaht man allerdings einen Menschenwürdeverstoß (s. oben Rn 218) und nimmt man außerdem an, dass Art. 1 Abs. 1 GG unmittelbare Drittwirkung zukommt, unterfällt sie dem Tatbestand der öffentlichen Sicherheit (Verstoß gegen Art. 1 Abs. 1 GG als Teil der Rechtsordnung)[390]. Sofern die gewerberechtlich unzulässige Tätigkeit allerdings nicht die gesamte Tätigkeit ausmacht, sich beispielsweise die Zurschaustellung von Personen nicht auf den „Zwergenweitwurf" beschränkt, kann hiergegen auf gewerberechtlicher Grundlage vorgegangen werden[391].

Auch in diesen Konstellationen sind selbstverständlich die **allgemein anerkannten Grenzen** der Anwendbarkeit der polizeirechtlichen Generalklausel, vor allem hinsichtlich des Tatbestandes der öffentlichen Ordnung zu beachten (s. dazu ausführlicher im Zusammenhang mit dem Gaststättenrecht Rn 436).   323

Beispiel: Nachdem die Vorschrift der GewO aufgehoben worden war, die den Verkauf von Kondomen durch Automaten als erlaubnispflichtige Tätigkeit qualifizierte, ließ sich ein Verbot eines solchen Automaten nicht mehr ohne weiteres auf die polizeiliche Generalklausel stützen. In der Aufhebung der früheren Vorschriften kommt auch zum Ausdruck, dass es an einem allgemeinen Unwerturteil fehlt, soweit keine Ordnungswidrigkeit vorliegt[392]. Damit kann nur noch aufgrund der Besonderheiten des Einzelfalles (insbesondere zum Schutz der Jugend) eingeschritten werden.

---

386 VGH Kassel, DÖV 2012, 609; VGH Mannheim, GewArch. 2013, 217; VG Regensburg vom 19.12.2013 – Rn 5 S 13.1958 –, juris. Als Klausurfall (Hessen) *Krausnick/Schnitzer*, LKRZ 2013, 218.

387 OVG Koblenz, NVwZ-RR 1999, 244.

388 BVerwG, GewArch. 2007, 247 als abschließende Entscheidung zur auf die polizeiliche Generalklausel gestützten Untersagungsverfügung. S. auch *Marcks*, in: Landmann/Rohmer, GewO § 33i Rn 12a.

389 Nach § 118 OWiG handelt ordnungswidrig, wer eine grob ungehörige Handlung vornimmt, die geeignet ist, die Allgemeinheit zu belästigen oder zu gefährden und die öffentliche Ordnung zu beeinträchtigen. Selbst wenn man den Betrieb eines Laserdromes als ungehörige Handlung einordnen wollte (so VG München, GewArch. 1994, 332, 333; aA zu Recht VGH München, NVwZ-RR 1995, 32, 33), fehlte es an einer Belästigung der Allgemeinheit. Die Eignung zur Belästigung der Allgemeinheit setzt nämlich voraus, dass die Handlung von der Allgemeinheit überhaupt unmittelbar wahrgenommen werden kann (dazu *Heckmann*, JuS 1999, 986, 990 f).

390 So BVerwGE 115, 189, 199; *Ruthig*, Landesrecht RP, § 4 Rn 31; *Schenke*, Polizei- und Ordnungsrecht Rn 59a. Auf eine Verletzung der öffentlichen Ordnung stellen dagegen ab OVG Münster, DÖV 2001, 217 als Vorinstanz zu BVerwGE 115, 189; OVG Koblenz, NVwZ-RR 1995, 30; ausf *Aubel*, Jura 2004, 255.

391 VG Neustadt, NVwZ 1993, 98, 100.

392 OVG Münster, NJW 1988, 787.

5. Die Vollstreckung von Gewerbeuntersagung (§ 35 Abs. 1 GewO) und Stilllegungsverfügung (§ 15 Abs. 2 GewO)

324 **Fall 26:** Nachdem am Tag zuvor ein polizeibekannter Dealer mit 40 g Heroin auf dem Weg in die Spielhalle des K festgenommen worden war, wurde bei der anschließenden Durchsuchung durch Beamte des zuständigen Gewerbeaufsichtsamts auf der Toilette der Spielhalle ein 23jähriger Deutscher angetroffen, der sich gerade eine Heroinspritze setzen wollte. Er gab an, in den letzten 3 Wochen mehrfach Heroin in den Geschäftsräumen des K gekauft zu haben, wobei die Übergabe des Rauschgifts überwiegend in der Toilette erfolgt sei. Die Bediensteten widerriefen daraufhin mündlich die Spielhallenerlaubnis des K. Als dieser sie beschimpfte und zu erkennen gab, dass er sich nicht um den Widerruf kümmern werde, ließen die Beamten das Schloss der Eingangstür durch einen Schlüsseldienst auswechseln. War dies rechtmäßig?

325 Gewerbeuntersagung und Stilllegungsverfügung sind Verwaltungsakte. Es stellt sich daher die Frage, was die Behörde im Fall der **Nichtbefolgung durch den Bürger** unternehmen kann[393]. Unter dem Gesichtspunkt des **Verhältnismäßigkeitsprinzips** beständen Bedenken, wollte man den Gewerbetreibenden in all diesen Fällen durch die unvermittelte Betriebsschließung vor vollendete Tatsachen stellen. Andererseits kann es durchaus Fälle geben, in denen der Schutz der Allgemeinheit eine solche unmittelbare Konsequenz erfordert. Die Austarierung dieser Belange wird nicht im Gewerberecht vorgenommen. Dieses liefert vielmehr lediglich die Grundlage für eine daran anschließende **Verwaltungsvollstreckung**, die auf der Grundlage des jeweiligen **LVwVG** zu erfolgen hat. Zwangsmittel sind Zwangsgeld (mit evtl. anschließender Zwangshaft), Ersatzvornahme und unmittelbarer Zwang[394].

Die Vollstreckung bedarf grundsätzlich einer (vollstreckungsfähigen) Grundverfügung, die in der Stilllegungsverfügung nach § 15 Abs. 2 GewO bzw der Gewerbeuntersagung nach § 35 Abs. 1 GewO[395] zu sehen ist (zur sofortigen Vollziehung s. unten Rn 329). Die Anwendung von Zwangsmitteln liegt im Ermessen der Behörde. Auch die Vollstreckungsmaßnahmen dürfen sich nur gegen den nicht genehmigten Betriebsteil richten[396]. Zwangsmittel sind keine Strafen, sondern Beugemittel. § 62 Abs. 3 rh.-pf. LVwVG bestimmt daher – in Übereinstimmung mit den allgemeinen Regeln des Vollstreckungsrechts –, dass Zwangsmittel neben einer etwaigen Strafe oder Geldbuße angewandt werden können und so lange wiederholt und gewechselt werden können, bis der Verwaltungsakt befolgt worden ist[397].

---

393 Dazu *App*, GewArch. 1999, 55. Näher zum Vollstreckungsrecht *Maurer*, AVerwR, § 20; s. auch *Horn*, Jura 2004, 447 ff; 597 ff; *Werner*, JA 2000, 902.

394 S. beispielsweise § 62 rh-pf. VwVG; ebenso § 9 BVwVG. Zu den im Wesentlichen inhaltsgleichen Vorschriften der anderen Bundesländer s. *Engelhardt/App*, VwVG, § 9 Rn 5.

395 Nachdem die frühere Vorschrift des § 35 Abs. 5 GewO aufgehoben wurde, stellt sich auch dort nicht mehr das Problem der Einordnung einer gewerberechtlichen „Betriebsschließung". Zur früheren Rechtslage vgl *Fischer*, NVwZ 1987, 1050.

396 VGH München, BayVBl. 1987, 437; *Ennuschat*, in: Tettinger/Wank/Ennuschat, GewO, § 15 Rn 33.

397 S. dazu näher *Ruthig*, Landesrecht RP, § 4 Rn 184 ff. Eine erneute Festsetzung eines Zwangsgeldes ist allerdings dann unzulässig, wenn keine Wiederholungsgefahr besteht (s. VGH Kassel, NVwZ-RR 1996, 361; aA *Engelhardt/App*, VwVG, § 15 Rn 14) oder sie sich als unzweckmäßig darstellt, weil schon zuvor mehrere Zwangsgelder keinen Erfolg hatten.

a) Überblick über die Zwangsmittel nach dem LVwVG

Zwangsgeld – die im Gewerberecht häufigste Form der Vollstreckung – ist die Aufer- 326
legung einer Zahlungsverpflichtung, um den Vollstreckungsschuldner zu dem ge-
wünschten Verhalten zu bewegen[398]. Die Verhängung eines Zwangsgeldes bedarf gemäß § 64 Abs. 2 rh.-pf. LVwVG und den vergleichbaren Vorschriften einer
(ausdrücklichen) schriftlichen Festsetzung als gesonderter Vollstreckungsakt (mit
Einräumung einer Zahlungsfrist). In die Bemessung der konkreten Höhe fließen die
Wichtigkeit des von der Verwaltung verfolgten Zweckes, die Intensität des Widerstan-
des des Betroffenen und seine wirtschaftliche Lage bzw seine wirtschaftlichen Interessen an einem rechtswidrigen Zustand ein[399]. **Ersatzvornahme** ist die Vornahme einer vertretbaren Handlung durch die Behörde (sog. Selbstvornahme) oder durch einen
mit der Ausführung Beauftragten (sog. Fremdvornahme)[400] anstelle und auf Kosten
des an sich zur Vornahme der Handlung Verpflichteten[401]. **Unmittelbarer Zwang** ist
die Einwirkung auf Personen oder Sachen durch körperliche Gewalt, sonstige Hilfs-
mittel oder auch Waffen. Die Anwendung von unmittelbarem Zwang setzt voraus,
dass Ersatzvornahme oder Zwangsgeld nicht zum Ziel führen oder untunlich sind,
§ 65 Abs. 1 rh.-pf. LVwVG. Damit scheidet diese Form der Vollstreckung im Wirtschaftsverwaltungsrecht regelmäßig aus.

Die Vollstreckung erfolgt regelmäßig in einem mehraktigen (gestreckten) Vollstre- 327
ckungsverfahren[402]. Dem vollstreckbaren Grundverwaltungsakt (§§ 2, 61 Abs. 1 rh.-
pf. LVwVG) folgt die **Androhung** eines Zwangsmittels[403], seine **Festsetzung**[404] und
abschließend seine **Anwendung**. Die Androhung eines Zwangsmittels ist Verwaltungsakt[405] und damit mit den allgemeinen Rechtsmitteln angreifbar[406]. Widerspruch
und Anfechtungsklage haben auch bei der Androhung keine aufschiebende Wir-

---

398 Vgl § 64 rh.-pf. VwVG, wo nicht zwischen der Vollstreckung vertretbarer und unvertretbarer Handlungen unterschieden wird. Zu den tlw divergierenden Regelungen der anderen Bundesländer s. den
Überblick bei *Engelhardt/App*, VwVG, § 11 Rn 11.
399 *Engelhardt/App*, VwVG, § 11 Rn 8 mwN.
400 Der Private wird seinerseits auf der Grundlage eines privatrechtlichen Vertrages (idR Werkvertrag)
tätig, s. *Maurer*, AVerwR, § 20 Rn 14; anders nur *Burmeister*, JuS 1989, 256: Indienstnahme des Privaten durch zustimmungsbedürftigen Verwaltungsakt.
401 S. beispielsweise § 63 rh.-pf. VwVG.
402 Dazu *App*, JuS 2004, 786.
403 Diese erfolgt grds. mit Fristsetzung und kann mit dem Verwaltungsakt verbunden werden, s. § 66
rh.-pf. VwVG.
404 Das rh.-pf. VwVG erwähnt nur im Falle der Verhängung eines Zwangsgeldes ausdrücklich die Festsetzung als gesonderten Teil des Vollstreckungsverfahrens (§ 64 Abs. 2 S. 1 rh.-pf. VwVG). Daraus
kann jedoch nach hM nicht der Schluss gezogen werden, dass bei den übrigen Zwangsmitteln (Ersatzvornahme und unmittelbarer Zwang) eine vorherige Festsetzung unzulässig wäre (vgl OVG Koblenz, NVwZ 1986, 762; NVwZ 1994, 715). Im Interesse der Rechtsklarheit steht es der Behörde frei,
auch hier eine gesonderte ausdrückliche Festsetzung vorzunehmen, die dann den Charakter eines
feststellenden Verwaltungsakts hat. Eine von der Androhung abweichende Festsetzung ist rechtswidrig, *Maurer*, AVerwR, § 20 Rn 22.
405 BVerwG, NVwZ 1998, 393, 394; *Kopp/Schenke*, VwGO, Anh § 42 Rn 32; *Erichsen/Rauschenberg*,
Jura 1998, 31, 38.
406 Zum Vorrang der §§ 42 f VwGO vor § 767 ZPO s. BVerwGE 27, 141; VGH Kassel, NVwZ-RR
1989, 507.

kung[407]. Damit kommt für den Rechtsschutz regelmäßig ein **Antrag auf Anordnung der aufschiebenden Wirkung** (§ 80 Abs. 5 S. 1 VwGO) in Betracht.

b) Das Verhältnis von Zwangsvollstreckung und Grundverfügung

328 Nach allgemeinen Grundsätzen des Vollstreckungsrechts[408] kann ein Verwaltungsakt nur dann zwangsweise durchgesetzt werden, wenn er unanfechtbar ist, ein Rechtsbehelf keine aufschiebende Wirkung hat oder wenn die sofortige Vollziehung angeordnet ist. Damit setzt die Vollstreckung also im Regelfall eine Grundverfügung voraus, die aber im Vollstreckungsverfahren nicht noch einmal gerichtlich überprüft wird.

Die **Rechtmäßigkeit des Grundverwaltungsaktes** ist damit keine Voraussetzung für die Rechtmäßigkeit des Zwangsmittels. Das Verwaltungsvollstreckungsrecht wird vielmehr von dem Grundsatz beherrscht, dass Rechtsfehler des Grundverwaltungsaktes unbeachtlich sind, soweit sie nicht zu dessen Nichtigkeit führen oder der Verwaltungsakt aufgrund der Rechtswidrigkeit aufgehoben wurde. Der gerichtliche **Prüfungsrahmen** ist daher beschränkt: Es können nur solche Einwendungen berücksichtigt werden, die sich gegen die Art und Weise der Vollstreckung richten. Einwendungen, die die Grundverfügung betreffen, können nur im direkten (Anfechtungs-)Verfahren gegen diese geltend gemacht werden. Ansonsten bestünde nämlich die Gefahr, dass auch eine mittlerweile bestandskräftige Grundverfügung vom Vollstreckungsschuldner (unzulässigerweise) immer wieder zum Gegenstand eines gerichtlichen Verfahrens gemacht wird. Dieser Grundsatz des Verwaltungsvollstreckungsrechts hat Auswirkungen auf die Anfechtbarkeit des Grundverwaltungsaktes. Rechtswidrig ist die Verwaltungsvollstreckung nicht schon dann, wenn die Grundverfügung rechtswidrig ist, sondern erst, wenn diese Grundverfügung rückwirkend gemäß § 113 Abs. 1 S. 1 VwGO aufgehoben wurde. Damit liegt in der Vollstreckung eines Verwaltungsaktes keine Erledigung des Grundverwaltungsakts.

c) Die Vollstreckung ohne zugrundeliegende Grundverfügung (sofortiger Vollzug)

329 Neben diesem mehraktigen Verfahren gibt es in allen Vollstreckungsgesetzen den **sofortigen Vollzug**[409]. Dabei wird ein Zwangsmittel zur Durchsetzung der Herausgabe einer Sache oder einer Handlung, Duldung oder eines Unterlassens eingesetzt, ohne dass diesem Einsatz ein Grundverwaltungsakt vorausgegangen ist[410].

330 Im **Fall 26 (Rn 324)** handelt es sich um sofortigen Vollzug. Die Schließung wurde ohne vorhergehenden Grundverwaltungsakt vorgenommen, der nicht schon im Widerruf der Spielhallenerlaubnis, sondern erst in der Untersagungsverfügung zu sehen wäre (s. Rn 314). Es fehlten im Übrigen auch die Androhung mit Fristsetzung sowie eine ausdrückliche Festsetzung des Zwangsmittels. Die Rechtmäßigkeit des sofortigen Vollzugs hängt zum einen davon ab, ob die

---

407 Vgl § 80 Abs. 2 S. 1 Nr 3 VwGO iVm § 20 rh.-pf. AGVwGO; dazu OVG Koblenz, GewArch. 1996, 489.

408 S. zB § 2 LVwVG Rh.-Pf.

409 Die Terminologie des VwVG, der LVwVG und der polizeirechtlichen Vorschriften ist in diesem Bereich nicht einheitlich, so dass Vorsicht bei der Verwendung des Begriffes angebracht ist, *Engelhardt/App*, VwVG, § 6 Rn 22; *Maurer*, AVerwR, § 20 Rn 25.

410 So § 6 Abs. 2 VwVG und weitgehend wortgleich die LVwVG; § 61 Abs. 2 rh.-pf. LVwVG schließt jedoch das Zwangsgeld aus.

gesetzlichen Voraussetzungen gegeben sind[411], zum anderen aber von der Rechtmäßigkeit der sog. hypothetischen Grundverfügung, hier also der Betriebsschließung gem. § 15 Abs. 2 GewO. Diese wiederum setzt voraus, dass der Betrieb ohne die erforderliche Genehmigung betrieben wurde, was angesichts der zuvor vorhandenen Erlaubnis nur dann der Fall ist, wenn die Spielhallenerlaubnis in rechtmäßiger Weise zurückgenommen wurde und die Rücknahmeentscheidung zumindest sofort vollziehbar ist. Davon ist nach dem Sachverhalt auszugehen; insbesondere bedurfte der Sofortvollzug des Widerrufs gem. § 80 Abs. 3 S. 2 VwGO keiner besonderen Begründung. Grundsätzlich kann beim Widerruf einer Erlaubnis eine Schließungsverfügung erst ergehen, wenn der Betrieb trotz Widerruf der Erlaubnis aufrechterhalten wird. Es wird aber für zulässig gehalten, in der Widerrufsverfügung zugleich die sofortige Schließung des Betriebes anzuordnen[412].

Die **Rechtsnatur** des sofortigen Vollzugs ist umstritten. Für die Annahme eines Verwaltungsaktes könnte der Umstand sprechen, dass beim sofortigen Vollzug alle Vollstreckungsakte – auch jene, die für sich genommen unstreitig den Charakter eines Verwaltungsaktes hätten – zeitlich in einem Akt zusammenfallen. Auch hat der sofortige Vollzug gegenüber dem Betroffenen willensbeugenden oder willensbrechenden, mithin zumindest konkludent befehlenden Charakter. Gegen die Annahme eines Verwaltungsaktes spricht jedoch der Umstand, dass in den Fällen, in denen der Betroffene nicht erreichbar ist, eine Bekanntgabe nicht erfolgen kann, mithin ein adressatenloser Verwaltungsakt „konstruiert" werden müsste, was den allgemeinen Regeln des Verwaltungsverfahrensrechts (§ 41 VwVfG) zuwiderläuft[413]. Hier macht – anders als bei den polizei- und ordnungsrechtlichen Standardmaßnahmen – die Annahme einer mit der Ausübung tatsächlicher Gewalt einhergehenden Duldungsverfügung vollstreckungsrechtlich gerade keinen Sinn[414]. **331**

Das sofortige Eingreifen muss zur Verhinderung einer rechtswidrigen Tat, die einen Straf- oder Bußgeldtatbestand erfüllt, oder zur Abwehr einer gegenwärtigen Gefahr notwendig sein und die Behörde muss innerhalb ihrer gesetzlichen Befugnisse handeln. Die Notwendigkeit des Eingreifens setzt die überwiegende Wahrscheinlichkeit voraus, dass der Zweck der Maßnahme auf normalem Wege, dh bei Durchlaufen des mehraktigen Verfahrens, nicht erreicht werden könnte[415]. Die Behörde hat bei ihrer Einschätzung keinen Beurteilungsspielraum und der Begriff ist verwaltungsgerichtlich voll überprüfbar[416]. **332**

---

411 S. für Rheinland-Pfalz des § 61 Abs. 2 VwVG.
412 Zum Parallelproblem im Gaststättenrecht s. *Metzner*, GastG, § 15 Rn 66.
413 Dies wird daran deutlich, dass die Vertreter der Gegenauffassung behaupten müssen, man habe für den „sondertypischen Verwaltungsakt" etwa der unmittelbaren Ausführung die Vorschriften über die Wirksamkeit des Verwaltungsakts „so zu lesen, dass ‚bekanntgegeben' durch ‚vorgenommen' ersetzt wird", s. *Köhler*, BayVBl. 1999, 582, 584. Zur herrschenden Meinung auch *Maurer*, AVerwR, § 20 Rn 26; *Schenke*, Polizei- und Ordnungsrecht, Rn 566 f.
414 Zu dieser Titelfunktion des Verwaltungsakts *Stelkens/Stelkens*, in: Stelkens/Bonk/Sachs, VwVfG, § 35 Rn 39 f.
415 *Engelhardt/App*, VwZG, § 6 Rn 24.
416 OVG Münster, DÖV 1964, 682; OVG Berlin, NVwZ-RR 2000, 649; *Engelhardt/App*, VwVG, § 6 Rn 24.

333 Diese Voraussetzungen lagen im **Fall 26 (Rn 324)** vor. Eine gegenwärtige Gefahr ist gegeben, wenn die Einwirkung des schädigenden Ereignisses bereits begonnen hat. Außerdem verwirklicht sowohl Duldung des Rauschgifthandels als auch Weiterführen der Spielhalle ohne die erforderliche Genehmigung zumindest den Tatbestand einer Ordnungswidrigkeit. Erforderlich ist weiter, dass die Behörde Anhaltspunkte dafür hatte, dass K dem Widerruf der Spielhallenerlaubnis nicht Folge leisten würde. Auch dies ist der Fall. Damit hat K zwar die Möglichkeit, beide Maßnahmen, dh sowohl den Widerruf der Gewerbeerlaubnis als auch die Schließungsverfügung, anzugreifen und prozessual beide Anträge im Wege einer objektiven Klagehäufung in Form der sog. Stufenklage zu verbinden[417]. Das Gericht wird hier aber sowohl den Widerruf der Erlaubnis als auch die Zwangsschließung als rechtmäßig ansehen.

6. Auskunft und Nachschau (§ 29 GewO)

334 Insbesondere in all den Fällen, in denen eine Gewerbetätigkeit nicht genehmigungsbedürftig ist, ist die Behörde darauf angewiesen, sich die Informationen, die vom Betroffenen ja nicht in einem Antragsverfahren vorgelegt werden müssen, selbst zu besorgen. Seit 1998 enthält § 29 GewO eine gesetzliche Vorschrift, die die bisherigen in Durchführungsverordnungen enthaltenen Auskunftspflichten und Nachschaurechte zusammenfasst und gleichzeitig auf eine gesetzliche Grundlage stellt[418].

Die zur Auskunft Verpflichteten werden in § 29 Abs. 1 GewO aufgezählt. Es handelt sich um das erlaubnispflichtige Gewerbe, das überwachungsbedürftige Gewerbe nach § 38 GewO und vor allem auch diejenigen, gegen die ein Untersagungsverfahren nach § 35 GewO eröffnet wurde. Gem. § 61a Abs. 1 GewO gilt diese Vorschrift für das Reise- und gemäß § 71b Abs. 1 GewO auch für das Marktgewerbe. § 29 Abs. 4 GewO erstreckt sie auch auf solche Personen, bei denen Tatsachen die Annahme rechtfertigen, dass ein erlaubnispflichtiges, überwachungsbedürftiges oder untersagtes Gewerbe ausgeübt wird. Auf § 29 GewO gestützte Anordnungen können ebenfalls mit den Mitteln des Verwaltungszwanges vollstreckt werden.

a) Auskunft

335 Das Auskunftsverlangen erstreckt sich auf die zur Überwachung erforderlichen mündlichen oder schriftlichen Auskünfte, die im Übrigen unentgeltlich zu erfolgen haben. Die Erforderlichkeit der Auskunft hängt vom jeweiligen Auskunftszweck ab[419]. Während sich aus dem Auskunftszweck ergibt, dass in den Fällen des Abs. 1 Nr 1–3 GewO Auskünfte auch dann zulässig sind, wenn es keine konkreten Anhaltspunkte für ein Fehlverhalten gibt, sind beim bloß anzeigepflichtigen Gewerbe Auskünfte „ins Blaue" hinein weiterhin unzulässig[420], weil ein Untersagungsverfahren bereits eröffnet sein muss. Eine Beschränkung der Auskünfte auf den Gewerbebetrieb ergibt sich aus dem Wortlaut der Vorschrift nicht[421].

---

417 Zur Stufenklage als Unterfall des § 44 VwGO s. *Kopp/Schenke*, VwGO, § 44 Rn 1.
418 *Schliesky*, S. 235 f; *Thiel*, GewArch. 2001, 403.
419 Es handelt sich daher bei der Erforderlichkeit auch hier um einen voll gerichtlich überprüfbaren unbestimmten Rechtsbegriff, s. *Marcks*, in: Landmann/Rohmer, GewO, § 29 Rn 7; *Ennuschat*, in: Tettinger/Wank/Ennuschat, GewO, § 29 Rn 15 ff.
420 S. *Ennuschat*, in: Tettinger/Wank/Ennuschat, GewO, § 29 Rn 19.
421 S. auch *Ennuschat*, in: Tettinger/Wank/Ennuschat, GewO, § 29 Rn 15.

b) Nachschaurechte

§ 29 Abs. 2 S. 1 GewO räumt den Behörden das Recht zum Betreten der Geschäfts- **336** räume während der Geschäftsöffnungszeiten ein, um dort Prüfungen und Besichtigungen vorzunehmen. Dabei ist den verfassungsrechtlichen Vorgaben, vor allem des Art. 13 GG, Rechnung zu tragen (s. schon Rn 161). Nicht auf § 29 Abs. 2 S. 1 GewO zu stützen (und kein Eingriff in Art. 13 GG) sind behördliche Kontrollen der vom Gewerbetreibenden angebotenen Waren[422].

III. Das Reisegewerbe (§§ 55 ff GewO)

Fall 27: Studentin S, die an der Johannes Gutenberg-Universität in Mainz Jura studiert, **337** braucht Geld für ihre Weihnachtsgeschenke und ist deswegen sehr erfinderisch. Bedürfte S für die folgenden Tätigkeiten einer Genehmigung? Was könnte die Behörde tun, wenn sie eine solche benötigt, aber nicht hat?

a) Sie geht wie seit Jahren regelmäßig mit ihrer Frauen-Combo auf Tournee und spielt auf Weihnachtsfeiern und anderen Veranstaltungen.
b) Sie verkauft in Mainz verschiedene Zeitschriften sowie Lotterielose, die sie ihren Kunden an der Haustür anbietet. Würde sich etwas an der Beurteilung ändern, wenn sie als Angestellte der Z-GmbH arbeitet?
c) Sie wird Tupper-Beraterin.
d) Sie mietet sich einen Verkaufsstand, den sie jeden Tag auf dem Campus der Uni aufstellt. Ihre Wraps sind bald der Renner für die Mittagspause.
e) Sie überlegt sich, ob sie nicht besser ihren Verkaufsstand auf die Adventszeit beschränken und dafür neben den Wraps auch Glühwein verkaufen sollte. Alternativ überlegt sie, dieses Angebot auf den nach dem rheinland-pfälzischen Landesrecht festgesetzten Weihnachtsmarkt zu verlagern. Ändert sich etwas an der Beurteilung, wenn der Markt nicht festgesetzt wurde, sondern als kommunale Einrichtung betrieben wird?

Fall 28: S entschließt sich, für die Zeitschriftenwerbung eine Reisegewerbekarte zu beantra- **338** gen. Diese wird ihr verweigert. Indem sie zunächst ohne die erforderliche Erlaubnis tätig geworden sei, habe sie sich als unzuverlässig erwiesen. War die Verweigerung rechtmäßig?

Fall 29: Nachdem S die Reisegewerbekarte für die Zeitschriftenwerbung bekommen hat, fei- **339** ert sie dieses Ereignis ausgiebig, wird freilich bei einer Verkehrskontrolle erwischt und anschließend rechtskräftig wegen einer Trunkenheitsfahrt verurteilt. Darauf widerruft die Behörde ihre Reisegewerbekarte.

a) Was kann S dagegen tun? Könnte sie gerichtliche Hilfe in Anspruch nehmen, da sie auf die Einnahmen dringend angewiesen ist und gerade jetzt vor Weihnachten die Leute besonders gerne Abos abschließen?
b) Nachdem die Behörde erfahren hat, dass S jetzt Staubsauger verkaufen möchte, aber diese überhaupt nicht bedienen kann, untersagt sie ihr gestützt auf § 35 Abs. 1 S. 2 GewO die Ausübung jeglicher Gewerbe.

---

422 *Kunig*, Jura 1992, 476, 481. Werden bei behördlichen Kontrollen Beschlagnahmen durchgeführt, greifen diese erst recht nicht in den Schutzbereich des Art. 13 GG ein, s. BVerfG, NJW 1995, 2839 ff.

1. Erscheinungsformen des Reisegewerbes

a) Die gesetzliche Definition

340 Nach der **Legaldefinition des § 55 Abs. 1 GewO** betreibt ein Reisegewerbe, wer gewerbsmäßig[423] ohne vorhergehende Bestellung außerhalb seiner gewerblichen Niederlassung oder, ohne eine solche zu haben, eine der in den Nrn. 1 und 2 genannten Tätigkeiten ausübt. Das Reisegewerbe ist – anders als das stehende Gewerbe – nach § 55 Abs. 2 GewO grundsätzlich genehmigungspflichtig; in der Terminologie der GewO wird die Erlaubnis als Reisegewerbekarte bezeichnet.

Die Genehmigungspflicht ist auf das höhere Schutzbedürfnis der Verbraucher aufgrund der „Flüchtigkeit" der Geschäftskontakte mit den Gewerbetreibenden zurückzuführen (s. dazu ausf die Erläuterungen zu den Tatbestandsmerkmalen in Rn 344 ff). In §§ 55a, 55b GewO werden bestimmte Tätigkeiten von der Reisegewerbekartenpflicht befreit und umgekehrt in § 56 GewO bestimmte Formen des Reisegewerbes ausdrücklich ausgeschlossen. Auch diese Vorschriften spiegeln im Rückblick die gewandelten tatsächlichen Verhältnisse und gesetzgeberischen Konzepte wider.

341 Die häufigste Variante des Reisegewerbes besteht im (gewerblichen) **Anbieten von Waren und Dienstleistungen**. Waren sind alle beweglichen Sachen, die geeignet sind, zum Gegenstand des Handelsverkehrs zu werden. Außer dem Verkauf wird auch der Ankauf erfasst. Einen typischen Anwendungsfall stellt die Leitung einer **Verkaufspräsentation** in wechselnden Räumlichkeiten dar, bei der die Gäste zum Vertragsabschluss aufgefordert und entsprechende Angebote entgegen genommen werden[424].

342 Angesichts des weiten Warenbegriffes wird auch der Vertrieb von Presseerzeugnissen (Zeitschriften) an der Haustür erfasst **(Fall 27b**, Rn 337), obwohl es sich um eine Beschränkung der Pressefreiheit handelt[425]. Dies ergibt sich jedenfalls im Umkehrschluss aus § 55a Abs. 1 Nr 10 GewO, der nur das Feilbieten auf öffentlichen Straßen, Wegen oder Plätzen von der Reisegewerbekartenpflicht ausnimmt[426]. Bestimmte Waren und Dienstleistungen dürfen im Reisegewerbe nicht angeboten werden. Dies gilt etwa für Lotterielose (§ 56 Abs. 1 Nr 1 lit. h GewO) Eintrittskarten für Sport- oder Musikveranstaltungen (kleine Inhaberpapiere nach § 807

---

423 Die Frage der Gewerbsmäßigkeit beurteilt sich nach den allgemeinen Grundsätzen, gilt also insbes nur für die selbstständige Tätigkeit. Durch das 2. MittelstandsEntlastungsG wurde die Reisegewerbekartenpflicht für unselbstständig Tätige 2007 abgeschafft.

424 Der Inhaber der Räumlichkeiten betreibt daher jedenfalls kein Reisegewerbe, kann aber – etwa der Veranstalter eines nicht nach § 69 GewO bzw § 11 LMAMG festgesetzten Flohmarkts – der Anzeigepflicht nach § 14 GewO unterliegen, s. auch VGH Mannheim, GewArch. 1994, 473; *Marcks*, in: Landmann/Rohmer, GewO § 14, Rn 39.

425 *Schönleiter*, in: Landmann/Rohmer, GewO, § 55 Rn 61; ausführlich (noch nach altem Recht) *Gatawis*, GewArch. 2002, 400; zu den Grenzen dieser Privilegierung vgl LG Berlin, BeckRS 2014, 08806 (Anbringen von Siegeln auf Schriftstücken als Dienstleistung und nicht mehr Feilbieten von Druckerzeugnissen).

426 Das Feilbieten auf öffentlichen Straßen fällt nicht unter den Gemeingebrauch, weil kein Fall von „Verkehr" vorliegt; auch aus den Grundrechten (Stichwort: kommunikativer Gemeingebrauch) ergibt sich nichts anderes, VG Karlsruhe, NJW 2002, 160 zur Pressefreiheit; ausf *Steiner*, in: Steiner, Besonderes Verwaltungsrecht, V 130 ff.

BGB)[427] und den Handel mit Edelmetallen (Nr 2 lit. a). Nach Sinn und Zweck der Vorschriften des Reisegewerberechts muss sich die Tätigkeit auch auf ein bestimmtes Gebiet erstrecken. Deswegen ist gem. der Ausnahmevorschrift in § 55a Abs. 1 Nr 3 GewO keine Reisegewerbekarte erforderlich, wenn der Gewerbetreibende seine Tätigkeit in der Gemeinde seines Wohnsitzes (oder seiner gewerblichen Niederlassung) beschränkt und die Gemeinde nicht mehr als 10 000 Einwohner zählt; in **Fall 27b** greift diese Ausnahmevorschrift nicht. Erfasst ist aber nur noch die selbstständige Ausübung des Reisegewerbes, so dass S in der **Variante von Fall 27b** keine Reisegewerbekarte benötigt. Allerdings bedarf Z einer Reisegewerbekarte; S muss lediglich eine Abschrift mitführen, § 60c Abs. 2 GewO.

In Nr 2 regelt § 55 Abs. 1 GewO die Reisegewerbeeigenschaft des sog. Schausteller- **343** gewerbes. Sie soll nach der Gesetzesbegründung vor allem solche Tätigkeiten erfassen, die Schausteller auf Volksfesten oder ähnlichen Veranstaltungen anbieten[428]. Sofern eine Tätigkeit diese Anforderungen nicht erfüllt, ist sie von der Reisegewerbekartenpflicht freigestellt; insbesondere kann dann die Erlaubnispflicht nicht als Anbieten von Dienstleistungen unter Nr 1 gefasst werden[429].

Tätigkeiten, die weder § 55 Abs. 1 Nr 1 noch Nr 2 GewO unterfallen, gelten nicht als Reisegewerbe[430]. Dies gilt beispielsweise für **Unterhaltungsmusik**, die grundsätzlich nicht als künstlerische Betätigung eingestuft wird und daher dem Gewerbebegriff unterfällt. Gleichwohl handelt es sich nicht um ein Reisegewerbe, da es sich um eine unterhaltende Tätigkeit iSv Nr 2 handelt, die jedoch nicht nach Schaustellerart erbracht wird (**Fall 27a**, Rn 337)[431]. Der Gewerbebegriff und vor allem die **Abgrenzung zur Kunst** werden auch in anderen Fällen relevant. Wenn ein Künstler gelegentlich im Atelier entstandene Werke an der Haustür verkauft, muss dies als Annex zu seiner künstlerischen Betätigung angesehen werden, so dass kein Reisegewerbe vorliegt[432].

b) Ohne vorhergehende Bestellung

Erforderlich ist außerdem, dass der Gewerbetreibende **ohne vorherige Bestellung** tä- **344** tig wird. Davon ist immer dann auszugehen, wenn **er unangemeldet zum Kunden und nicht der Kunde zu ihm** kommt[433]. Dennoch bereitet gerade dieses Merkmal häufig Abgrenzungsschwierigkeiten. Seine Auslegung hat sich am Gesetzeszweck zu orientieren. Das Gesetz will mit der Erlaubnispflicht nach § 55 Abs. 2 GewO und der präventiven Kontrolle der Zuverlässigkeit des Reisegewerbetreibenden nach § 57 GewO den Kunden in einer als für das Reisegewerbe spezifisch erachteten typischen Gefährdungslage schützen, die in einer möglichen Beeinträchtigung der rechtsgeschäftlichen Entschließungsfreiheit des (potentiellen) Kunden liegt, der überrumpelt

---

427 OVG Münster, NJW 2006, 2137; *Ennuschat*, in: Tettinger/Wank/Ennuschat, GewO, § 56 Rn 11 mwN; *Scheidler*, DÖV 2010, 1018. Zulässig ist allerdings der Vertrieb von Lotterielosen zu gemeinnützigen Zwecken an allgemein zugänglichen Orten (zB Bahnhof oder auch Gaststätte).
428 BT-Drucks. 10/1125, S. 17.
429 *Schönleiter*, in: Landmann/Rohmer, GewO, § 55 Rn 75.
430 Solche Tätigkeiten können bei Unzuverlässigkeit dann auch nicht nach § 59 GewO untersagt werden.
431 *Schönleiter*, in: Landmann/Rohmer, GewO, § 55 Rn 24.
432 Zu diesem Fall *Ehlers*, in: Ehlers/Fehling/Pünder, § 18 Rn 73; *Schönleiter*, in: Landmann/Rohmer, GewO, § 55 Rn 22 mit näheren Ausführungen. AA *Frotscher/Kramer*, § 13 Rn 325: keine Anwendung der negativen Gewerbemerkmale auf das Reisegewerbe.
433 VGH Mannheim GewArch. 1995, 159, 160.

wird und möglicherweise ungünstige Geschäfte abschließt. Daher wird auch eine sogenannte **provozierte Bestellung** nicht als vorherige Bestellung des Kunden gewertet, weil auch in diesem Fall die Initiative zum Vertragsschluss vom Gewerbetreibenden ausgehe[434].

Verschiedene Entscheidungen sahen eine provozierte Bestellung bereits in einem **Zeitungsinserat**[435]; s. auch ▶ **Klausurenkurs Fall Nr 5**. Die Gefahr einer Überrumpelung lässt sich in einem solchen Fall aber wohl nicht annehmen[436]. Allerdings beschränkt sich der Schutzzweck der Vorschriften über das Reisegewerbe keineswegs auf den Schutz vor Überrumpelung, die angesichts der zivilrechtlichen Widerrufsmöglichkeiten auch nicht mehr die gleichen gravierenden Folgen nach sich zieht. Entscheidend dürfte letztlich sein, ob man in derartigen Fällen die Wertung des § 56 GewO bei der Auslegung des § 55 GewO und damit der Abgrenzung von stehendem und Reisegewerbe zu berücksichtigen hat, nach der etwa An- und Verkaufsstellen wertvoller Edelmetalle wegen deren erhöhtem Gefahrenpotential nur im stehenden Gewerbe und unter der besonderen Kontrolle der §§ 29 und 38 GewO zulässig sein sollen[437]. Das dahinter stehende öffentliche bzw generalpräventive Interesse würde dann letztlich in den Schutzzweck des Tatbestandsmerkmals „ohne vorherige Bestellung" einfließen. Dieser Ansicht lassen sich allerdings systematische Argumente entgegenhalten[438].

c) Außerhalb der Niederlassung

345 Nach Sinn und Zweck ist eine gewisse Mobilität Voraussetzung des Reisegewerbes und Hintergrund der Genehmigungspflicht[439]. Um Reisegewerbe handelt es sich also nur, wenn die Leistungen **außerhalb der eigenen Niederlassung bzw ohne eine solche zu haben** angeboten werden; ob es also eine Niederlassung gibt, ist ohne Bedeutung[440]. Dieses Merkmal dient der **Abgrenzung zum stehenden Gewerbe**[441]. Zu dieser Abgrenzung hat sich deswegen ausgehend von der Definition der Niederlassung bzw Zweigniederlassung eine umfangreiche Kasuistik entwickelt, die allerdings auf ihre Vereinbarkeit mit dem neuen, unionsrechtlichen Niederlassungsbegriff des § 4 Abs. 3 GewO überprüft werden muss (s. schon oben Rn 244).

Beispiele: Anhand einiger typischer Konstellationen kann man sich Sinn und Zweck der Abgrenzung vergegenwärtigen. Bei einem Verkaufsstand bzw einem Imbisswagen, der über einen längeren Zeitraum an Ort und Stelle bleibt, handelt es sich, anders als bei einem Verkaufswagen, der ständig bestimmte Orte nach festem Zeitplan aufsucht und an den Halteplätzen jeweils kurzfristig verweilt, daher um stehendes Gewerbe (**Fall 27d**, Rn 337); wird der Stand allerdings nur für ein

---

434 *Ennuschat*, in: Tettinger/Wank/Ennuschat, GewO, § 55 Rn 25 ff. S. auch BVerfG, GewArch. 2007, 294.
435 VG Weimar v. 19.4.2010 – 5 E 310/10; VG Berlin v. 6.11.2009 – 4 L 360/09; OVG Lüneburg, GewArch. 2009, 415; zuvor aus OLG Frankfurt NJW 1992, 246, 247; aA BGH GewArch. 1990, 97; *Ennuschat*, in: Tettinger/Wank/Ennuschat, GewO, § 55 Rn 27.
436 In dieser Richtung OVG Lüneburg NVwZ-RR 2010, 971, das allerdings wegen des mit dem Verbot des Edelmetallhandels im Reisegewerbe verbundenen öffentlichen Interesses diesen Aspekt als nicht entscheidend ansieht.
437 So zuletzt OVG Lüneburg NVwZ-RR, 2010, 971; OVG Berlin-Brandenburg, GewArch. 2010, 248.
438 Vgl OVG Weimar, GewArch. 2011, 127.
439 *Schönleiter*, in: Landmann/Rohmer, GewO, § 55 Rn 50.
440 Vgl auch *Ennuschat*, in: Tettinger/Wank/Ennuschat, GewO, § 55 Rn 28.
441 Nach § 41 Abs. 1 GewO wird das Reisegewerbe „unbeschadet der Vorschriften des Titels III" ausgeübt; wer Waren sowohl von einer Niederlassung aus wie im Reisegewerbe vertreibt, bedarf daher ebenfalls einer Reisegewerbekarte.

paar Wochen betrieben (**Fall 27e**, Rn 337) handelt es sich wiederum um Reisegewerbe. Auch bei den sog. Wanderlagern (dem vorübergehenden Vertrieb von einer festen Verkaufsstelle) gehen die Behörden davon aus, dass bis zu einer Dauer von 6 Wochen noch keine feste Niederlassung vorliegt[442]. Als besonders problematisch erwies sich die Frage der Niederlassung beim Goldankauf von kleinen, in fremden Geschäftsräumen angemieteten Verkaufsflächen[443]. Hier verneinte die Rechtsprechung regelmäßig das Vorliegen einer Niederlassung mit der Begründung, dass in den angemieteten Räumlichkeiten keine Betriebseinrichtung vorgehalten werde[444] (s. dazu auch ▶ **Klausurenkurs Fall Nr 5**). Wenn der Gewerbetreibende seine **Leistungen ausschließlich beim Kunden**, aber auf vorhergehende Bestellung erbringt, sind an die „Niederlassung" keine besonderen Anforderungen zu stellen. So soll selbst die Angabe einer Mobilfunknummer als „geschäftlicher Mittelpunkt" genügen[445]. Besondere Probleme wirft die Abgrenzung vom Handwerk auf, die nach der verfassungsgerichtlichen Rechtsprechung maßgeblich auf diesem Kriterium basiert[446]; es kommt darauf an, ob die Ausführung einer Leistung auch dann noch Reisegewerbe darstellt, wenn erhebliche Vorarbeiten in einer Niederlassung erforderlich sind (s. dazu Rn 462). Keinen Zweifeln unterliegt es, dass die Tupperberaterin (**Fall 27c, Rn 337**)[447] außerhalb einer gewerblichen Niederlassung tätig wird; die Wohnung der jeweiligen Gastgeberin, in der die Heimvorführungen stattfinden, kann nicht etwa als gewerbliche Niederlassung gelten. Es kommt also entscheidend darauf an, ob S ohne vorhergehende Bestellung (§ 55 Abs. 1 Nr 1 GewO) tätig wird. Dies ist zu verneinen (s. Rn 344), so dass keine Reisegewerbekartenpflicht besteht[448].

d) Reisegewerbekartenfreie Tätigkeiten

Der Gesetzgeber hat in den §§ 55a, 55b GewO aus ganz unterschiedlichen rechtspolitischen Motiven Ausnahmen von der Genehmigungspflicht vorgesehen. Dies betrifft den Vertrieb bestimmter Produkte (§ 55a Abs. 1 Nr 2, 5, 10 für bestimmte Eigenerzeugnisse, Milch und Zeitschriften) und gegenüber solchen Kunden, die „im Rahmen ihres Geschäftsbetriebes" aufgesucht werden (§ 55b Abs. 1 GewO), aber mit den „rollenden Läden" (nicht ortsfesten Verkaufsstellen) nach § 55a Abs. 1 Nr 9 GewO) auch die Versorgung vor allem der ländlichen Bevölkerung mit Lebensmitteln[449]. **346**

Auch in **Fall 27d**, Rn 337 kommt eine Reisegewerbekartenfreiheit in Betracht. § 55a Abs. 1 Nr 9 GewO erfasst nach seinem Wortlaut auch Verkaufsstände, die regelmäßig (an bestimmten Wochentagen oder auch täglich) am gleichen Ort zum Verkauf von Lebensmitteln und anderen **347**

442 *Schönleiter*, in: Landmann/Rohmer, GewO, § 55 Rn 46.
443 Obergerichtliche Entscheidungen von OVG Lüneburg NVwZ-RR 2010, 971; OVG Magdeburg, NVwZ-RR 2011, 472; OVG Weimar GewArch. 2011, 127; s. auch OLG Frankfurt v. 26.11.2010 – 25 U 65/09. Aus der Fülle verwaltungsgerichtlicher Entscheidungen s. nur VG Düsseldorf v. 15.2.2011 – 3 K 6790/09; VG Minden v. 25.3.2009 – 3 K 224/09; VG München v. 14.3.2011 – M 16 K 11.875.
444 S. OLG Schleswig v. 24.4.2012 – 6 U 6/11; VG Meiningen v. 14.7.2009 – 5 K 196/09, Rn 31.
445 S. OVG Lüneburg, GewArch. 2004, 32 = NVwZ-RR 2004, 27 (ohne SV); *Honig/Knörr*, HwO, § 1 Rn 23.
446 BVerfG, NVwZ 2001, 189. Dort hat sie allerdings eine ganz andere Funktion, s. Rn 462.
447 VGH Mannheim, NVwZ-RR 1997, 702.
448 VGH Mannheim, NVwZ-RR 1997, 702; aA unter Berufung auf den Schutzzweck der Norm *Ziekow*, § 10 Rn 73; *Ennuschat*, in: Tettinger/Wank/Ennuschat, GewO, § 55 Rn 18 f.
449 Vgl zu den gesetzgeberischen Motiven BT-Drucks. 10/1125, S. 1. Das Sortiment entspricht demjenigen eines Wochenmarktes. Die Definition der Lebensmittel ergibt sich aus § 2 Abs. 2 LFGB iVm Art. 2 VO (EG) 178/2002. Waren des täglichen Bedarfs sind Gegenstände des regelmäßig wiederkehrenden Bedarfs, bei denen ein sich ständig erneuerndes Anschaffungsbedürfnis besteht (zB Haushaltswaren, Alltagskleidung), vgl *Ennuschat*, in: Tettinger/Wank/Ennuschat, GewO, § 67 Rn 19.

Waren des täglichen Bedarfs aufgeschlagen werden. Fasst man darunter der Systematik des Hs. 2 entsprechend auch den offenen Ausschank von Alkohol[450], hat der Gesetzgeber die Regelung offensichtlich nicht mit § 1 Abs. 2 GastG abgestimmt, der bestimmte Reisegaststätten der Erlaubnispflicht unterwirft.

348 Weitere Fälle dienen der **Vermeidung von Mehrfachkontrollen**. Ist eine gewerberechtliche **Erlaubnis für das stehende Gewerbe** erteilt worden und wurde in diesem Verfahren die Zuverlässigkeit geprüft, kann grundsätzlich auch für den nichtstationären Bereich von der Zuverlässigkeit ausgegangen werden[451]. Insoweit wird nach § 55a Abs. 1 Nr 7 GewO auf eine Duplizierung der Zuverlässigkeitsprüfung verzichtet.

Die Regelungen sind unübersichtlich. Sie erfassen insb die Erlaubnispflichten der §§ 34d ff GewO; entsprechendes gilt unter den im Gesetz genannten Voraussetzungen für Vermittlung und den Abschluss von Versicherungs- und Bausparverträgen (Nr 6) sowie die gebundenen Finanzanlagenvermittler und -berater (Nr 8), die gerade keiner Erlaubnis für das stehende Gewerbe bedürfen[452]. Ein weiterer Anwendungsfall für Nr 7, das Anbieten typisch gaststättenrechtlicher Leistungen, die nach der Regelungssystematik der GewO von Titel III erfasst werden (zur Beschränkung der auf die Länder übergegangenen Gesetzgebungskompetenz für das Gaststättenrecht auf das stehende Gewerbe bereits Rn 165)[453]. Reisegaststätten sind in der Bundeskompetenz verblieben, so dass weiterhin nach § 1 Abs. 2 GastG iVm § 12 GastG eine Gestattung erteilt werden kann. Im Ergebnis ist also der genehmigte Betrieb einer Reisegaststätte reisegewerbekartenfrei (§ 55a Abs. 1 Nr 7 GewO)[454], allerdings nur im Rahmen des § 56 Abs. 1 Nr 3 b) Hs. 2 GewO erlaubt. Die Abgabe von Alkohol zum Verzehr im Weitergehen ist also nicht zulässig. Nicht von der Ausnahmeregelung der Nr 7 erfasst ist der Fall, dass die Tätigkeit zwar im Umherziehen, aber in den Räumlichkeiten eines Dritten ausgeübt wird, der dafür einer Erlaubnis bedarf, etwa zur **Schaustellung von Personen nach § 33a GewO**. Daher können beide Vorschriften nebeneinander zur Anwendung kommen[455].

349 Besonderer Aufmerksamkeit bedarf bei der **Teilnahme an Messen, Ausstellungen und Märkten** iSd Titels IV das Verhältnis von Reisegewerbekarte und den sog. „Marktprivilegien" (s. dazu Rn 368 f). Schon aufgrund der Systematik der GewO hat die Festsetzung einer solchen Veranstaltung ua zur Folge, dass die Vorschriften des Titels III keine Anwendung finden[456]. Danach entfällt bei einer Teilnahme an einem nach Titel IV festgesetzten Markt die Reisegewerbekartenpflicht (s. auch Rn 369).

---

450 *Schönleiter*, in: Landmann/Rohmer, GewO, § 55a Rn 58.
451 S. auch *Stenger*, GewArch. 2007, 488, 450.
452 Zum systematischen Verhältnis der Nr 7 zu Nr 6 und 8 s. *Schönleiter*, in: Landmann/Rohmer, GewO, § 55a Rn 37, 54a.
453 Die frühere Regelung des § 13 GastG, die die Anwendbarkeit des Titels III auf Reisegaststätten ausschloss ist aufgehoben worden. Sofern das Landesrecht allerdings auf eine Erlaubnis verzichtet, bleibt es bei der Reisegewerbekartenpflicht, vgl *Stollenwerk*, GewArch. 2011, 186 mwN. Dies gilt auch dann, wenn nach Landesrecht aufgrund einer Anzeige eine Zuverlässigkeitsprüfung erfolgt (aA Stollenwerk, aaO, S. 187 für die Regelung in Thüringen).
454 Ausdrücklich auch die Gesetzesbegründung, BT-Drucks. 16/4391 S. 38.
455 *Schönleiter*, in: Landmann/Rohmer, GewO, § 55 Rn 98. Da jedoch in seiner heutigen Fassung § 33a GewO an geschlechtsspezifische Schaustellungen anknüpft und § 55 Abs. 1 Nr 2 GewO die Reisegewerbekartenpflicht auf schaustellerische Angebote beschränkt, dürfte sich der Anwendungsbereich beider Vorschriften kaum überschneiden, s. auch *Marcks*, in: Landmann/Rohmer, GewO, § 33a Rn 7.
456 Ein „Verwandter" der Veranstaltungen des Titels IV, das Volksfest (§ 60b GewO), wurde genau aus diesem Grund außerhalb des Marktrechts geregelt. Es bleibt bei der Reisegewerbekartenpflicht, auch

Dies gilt für gaststättenspezifische Leistungen nur eingeschränkt. Speisen und alkoholfreie Getränke können zum Verzehr an Ort und Stelle auf festgesetzten Märkten nach § 68a GewO ohne Reisegewerbekarte angeboten werden[457]; in den anderen Fällen, also vor allem für den Alkoholausschank, gelten die allgemeinen (gaststättenrechtlichen) Vorschriften; nach § 1 Abs. 2 GastG unterliegt der Alkoholausschank im Reisegewerbe also weiterhin dem GastG[458]. Es stellt sich allerdings in **Fall 27e**, Rn 337 die Frage, welche Auswirkungen das Inkrafttreten des rheinland-pfälzischen LMAMG[459] hat. Geht man davon aus, dass ein Landesmarktgesetz diese Folge nicht auslösen kann[460], läge ein Fall des Reisegewerbes vor. Überzeugender ist jedoch die gegenteilige Auffassung. Wenn aufgrund der Föderalismusreform das bisher „einfachgesetzliche Trennungsprinzip" der GewO „Verfassungsrang" erhielt und über die Gesetzgebungskompetenz entscheidet, sollte es damit sicherlich nicht seiner praktischen Bedeutung beraubt werden. Für diese Auffassung sprechen aber auch systematische Gründe. Das Marktrecht ist gerade keine Spezialform des Reisegewerbes, sondern eine eigenständige Form der Gewerbeausübung. Auch die Schutzbedürfnisse unterscheiden sich. Wer den Markt gezielt aufsucht, rechnet mit der Kontaktaufnahme durch die Gewerbetreibenden. Daher bedarf im Ergebnis auch die Teilnahme an landesrechtlich festgesetzten Märkten keiner Reisegewerbekarte. Fehlt es wie in der **Variante von Fall 27e**, Rn 337 an jeglicher Festsetzung, wird der Fall komplizierter. § 55a Abs. 1 Nr 9 GewO (s. oben Rn 346) ist für diesen Fall jedenfalls nicht gedacht. Auch § 55a Abs. 1 Nr 7 GewO fände keine Anwendung, da die marktrechtliche Zulassung durch den Veranstalter gerade keine Erlaubnis in diesem Sinne darstellt[461]. Es greift allenfalls die Ausnahmeregelung des § 55a Abs. 1 Nr 1 GewO[462], die das Feilbieten von Waren „gelegentlich der Veranstaltung von Messen, Ausstellungen, öffentlichen Festen oder aus besonderem Anlass mit Erlaubnis der zuständigen Behörde" von der Erlaubnispflicht freistellt, sofern sie vom festgelegten Gegenstand der Veranstaltung umfasst werden. Diese erwähnt Märkte gerade nicht, so dass man den Weihnachtsmarkt als „öffentliches Fest" qualifizieren könnte. Diese dienen „der allgemeinen Verlustierung"[463], was eher für das Münchener Oktoberfest als den Weihnachtsmarkt passt. Möglich bleibt die Freistellung nach § 55a Abs. 2 GewO, die insbes auf nicht festgesetzte Veranstaltungen abzielt und nicht nur die einzelnen Beschicker erfasst[464]. Indes könnte die Reisegewerbekartenpflicht unter der Voraussetzung der Nr 7 entfallen, soweit eine gaststättenrechtliche Erlaubnis besteht, wie sie für den Alkoholausschank bundesrechtlich möglich ist (s. auch Rn 410). Insgesamt zeigt dieser tatsächlich einfach gelagerte Fall besonders anschaulich den systematisch wenig befriedigenden Regelungszustand des Reisegewerberechts.

---

wenn § 60b Abs. 2 GewO bestimmte Vorschriften des Titel IV für anwendbar erklärt. Auch bei unterhaltenden Tätigkeiten auf Spezial- und Jahrmärkten bleibt die Reisegewerbekartenpflicht unberührt, § 68 Abs. 3 2. Hs GewO.

457 Sofern Speisen im Weitergehen verzehrt werden, greift die Sonderregelung des § 68a GewO nicht, so dass sie (soweit sie von der Festsetzung des Marktes erfasst sind) von den Marktprivilegien erfasst werden.

458 S. bereits *Metzner*, GastG § 1 Rn 140.

459 Landesgesetz über Messen, Ausstellungen und Märkte (LMAMG) v. 3.4.2014, GVBl 2014, S. 40.

460 So *Bickenbach*, LKRZ 2014, 265, 268.

461 S. zur Beschränkung des Anwendungsbereichs auf Erlaubnisse für das stehende Gewerbe auch *Schönleiter*, in: Landmann/Rohmer, GewO, § 55 Rn 43.

462 Dies war bisher der eigentliche Anwendungsfall der Nr 1, s. dazu *Schönleiter*, in: Landmann/Rohmer, GewO, § 55 Rn 8.

463 Gemeint sind zB Schützenfeste, Jubiläumsfeste und Kirchweihen, vgl *Schönleiter*, in: Landmann/Rohmer, GewO, § 55a Rn 9.

464 Vgl *Schönleiter*, in: Landmann/Rohmer, GewO, § 55a Rn 61 ff.

2. Die Reisegewerbekarte

a) Allgemeines

350 Die Reisegewerbekarte benötigt derjenige, der ein Reisegewerbe (s. Rn 340 ff) ausübt, sofern dieses nicht ausnahmsweise von der Erlaubnispflicht freigestellt ist (Rn 346). Nach allgemeinen Grundsätzen (s. Rn 231 ff) können auch juristische Personen und Personengesellschaften ein Reisegewerbe betreiben[465]. Bei der Reisegewerbekarte handelt es sich um die Erlaubnis zur Ausübung des Reisegewerbes, also einen Verwaltungsakt, der nach § 55 Abs. 3 GewO mit Nebenbestimmungen versehen werden kann. Nach § 60c Abs. 1 GewO ist die Reisegewerbekarte (zur Vorlagepflicht abhängig Beschäftigter Abs. 2) mitzuführen; andernfalls kann trotz Vorliegens einer Reisegewerbekarte nach § 60c Abs. 1 S. 1 GewO die vorläufige Einstellung der Gewerbetätigkeit verlangt werden. Die Reisegewerbekarte wird durch die Behörde am Wohnsitz des Gewerbetreibenden erteilt und gilt für das gesamte Bundesgebiet, sofern sie nicht durch Auflagen gem. § 55 Abs. 3 GewO räumlich beschränkt wird.

351 Sofern die Erlaubnispflicht nicht gegeben ist, unterliegt die Tätigkeit nach § 55c GewO der Anzeigepflicht. Für sog. **Wanderlager** wird in § 56a GewO eine zusätzliche Anzeigepflicht statuiert, die eine Reisegewerbekarte aber nicht entbehrlich macht[466].

b) Die Erteilung der Reisegewerbekarte

352 Voraussetzung für die Erteilung der Erlaubnis ist die persönliche **Zuverlässigkeit** des Antragstellers, § 57 GewO. Für diese gelten die allgemeinen Grundsätze (Rn 250 ff); da die Mobilität des Reisegewerbetreibenden sowohl die behördliche Überwachung als auch der Durchsetzung von (Verbraucher-)Ansprüchen erschwert, ist nach der Rspr ein im Vergleich zum stehenden Gewerbe **strengerer Maßstab** anzulegen[467].

So ist insbesondere die **Täuschung über den Warenwert** im Reisegewerbe ein möglicher Unzuverlässigkeitsgrund[468]. Die Unzuverlässigkeit kann sich aber nicht daraus ergeben, dass der Betreffende zunächst ein **Reisegewerbe ohne die erforderliche Erlaubnis betrieben** hat[469]. Für die Zuverlässigkeitsprognose kommt es nämlich nicht auf Verstöße in der Vergangenheit als solche an, sondern allenfalls darauf, ob die Verstöße in der Vergangenheit auch für die Zukunft ein ähnliches Verhalten erwarten lassen (Prognosecharakter). Derjenige, der sich – wenngleich hier auf dringendes Anraten seines Rechtsanwalts – auf seine Rechtstreue besonnen und einen Erlaubnisantrag gestellt hat, bringt deswegen sogar eher zum Ausdruck, dass er aufgrund dieses Gesinnungswandels in Zukunft die erforderliche Zuverlässigkeit besitzt (s. **Fall 28** Rn 338). Im Übri-

---

465 Seit der Änderung durch das 2. Mittelstandsentlastungsgesetz v. 7.9.2007 (BGBl. I S. 2246) beschränkt sich die Reisegewerbekartenpflicht im Einklang mit dem Gewerbebegriff auf die selbstständige Tätigkeit.

466 S. dazu *Schönleiter*, in: Landmann/Rohmer, GewO § 56a Rn 49. Die dortigen Ausführungen zur Veranstaltung von Wanderlagern durch juristische Personen sind durch die Gesetzesnovelle überholt.

467 *Schönleiter*, in: Landmann/Rohmer, GewO, § 57 Rn 5; VG Neustadt, GewArch. 2012, 317, 318.

468 *Rossi*, in: Pielow, GewO § 57 Rn 2.

469 AA zum Betrieb einer Spielhalle ohne erforderliche Erlaubnis OVG Hamburg, GewArch. 1992, 424, 425.

gen gelten die allgemeinen Grundsätze. Insbesondere hinsichtlich der **Sachkunde** dürfen keine allzu großen Anforderungen gestellt werden (s. **Fall 29b** Rn 339[470]: Es ist unerheblich, ob S den Staubsauger bedienen kann).

Die **Zulässigkeit von inhaltlichen Beschränkungen und Nebenbestimmungen** (Auflagen, Befristungen) beurteilt sich nach § 55 Abs. 3 GewO. Danach müssen sie zum Schutz von Allgemeinheit und Verbrauchern erforderlich sein. Erforderlich sind sie nur dann, wenn ansonsten die Erlaubnis versagt werden müsste[471]. Ein Beispiel könnte die Auflage darstellen, bei der Veranstaltung von Bungee-Jumping und anderen gefährlichen Fun-Sportarten im Reisegewerbe regelmäßig ein Prüfgutachten vorzulegen[472]. Sofern durch Nebenbestimmungen nach § 55 Abs. 3 GewO der Schutz der Allgemeinheit und Verbraucher gewahrt werden kann, wäre eine Versagung der Erlaubnis rechtswidrig. Unzulässig wäre demgegenüber eine Verwaltungspraxis, die Reisegewerbekarte generell zu befristen[473]. **353**

Eine inhaltliche Beschränkung kann sich auf den Ort der Tätigkeit oder auf Art oder Umfang der von § 55 Abs. 1 Nr 1 und Nr 2 GewO erfassten Tätigkeiten beziehen. Allerdings wird die Reisegewerbekarte gerade nicht für bestimmte, konkret bezeichnete Waren erteilt. In **Fall 27e**, Rn 337 ist es daher der S überlassen, das konkrete Warensortiment festzulegen. Die Grenzen des Angebotes ergeben sich allerdings aus dem Gesetz.

Von den Verboten des § 56 GewO können Rechtsverordnungen von Bundes- und Landesregierung Ausnahmen vorsehen. Vor allem aber eröffnet § 56 Abs. 2 S. 3 GewO die Erteilung einer **Befreiung**, wenn „sich aus der Person des Antragstellers oder aus sonstigen Umständen keine Bedenken ergeben". Dies wird allgemein unter Berufung auf den Wortlaut („kann") als Ermessensentscheidung interpretiert[474]. Da mit einem solchen Verbot jedoch erheblich in die Berufsfreiheit des Art. 12 GG eingegriffen wird, müssen derartige Ausnahmevorschriften grundsätzlich großzügig ausgelegt werden. Daher hat ein zuverlässiger Gewerbetreibender grundsätzlich einen Anspruch auf Erteilung einer Ausnahmegenehmigung, die ihm nicht allein aus generalpräventiven Gründen verweigert werden darf. (▶ **Klausurenkurs Fall Nr 5**). **354**

c) Widerruf

Für den Widerruf einer Reisegewerbekarte enthält die GewO keine speziellen Vorschriften, so dass die **§§ 48, 49 VwVfG** zur Anwendung kommen. Häufig ist die einschlägige Vorschrift § 49 Abs. 2 S. 1 Nr 3 VwVfG, indem es sich um **nachträglich eingetretene Tatsachen** handelt, aufgrund derer die Behörde berechtigt wäre, die Genehmigung nicht zu erteilen. Außerdem muss ohne den Widerruf das öffentliche Interesse gefährdet sein. **355**

---

470 BVerwG, GewArch. 1982, 298; Examensklausur BY, BayVBl. 1995, 702.
471 S. auch *Schönleiter*, GewArch. 1984, 317, 319.
472 VGH Mannheim, GewArch. 1994, 421; *Schönleiter*, in: Landmann/Rohmer, GewO, § 55 Rn 113; *Kempen*, NVwZ 2000, 1115.
473 *Schönleiter*, in: Landmann/Rohmer, GewO, § 55 Rn 6. Dies gilt umso mehr, als der Gesetzgeber 1984 die generelle Befristung von Reisegewerbekarten aufgehoben hat.
474 S. nur *Schönleiter*, in: Landmann/Rohmer, § 56 GewO Rn 110; *Rossi*, in: Pielow, GewO § 56 Rn 21.

Hierfür reicht es nicht aus, dass der Widerruf im öffentlichen Interesse liegt, vielmehr muss er zur Abwehr einer Gefährdung des öffentlichen Interesses, dh zur Beseitigung oder Verhinderung eines sonst unmittelbar drohenden Schadens für den Staat, die Allgemeinheit oder für wichtige Gemeinschaftsgüter erforderlich sein[475]. Eine solche konkrete Gefährdung bejaht die Rspr angesichts der Schutzwecke des Reisegewerbes regelmäßig.

356 Eine andere häufige Konstellation ist der **Verstoß gegen eine rechtswidrige, aber bestandskräftige Auflage** (§ 49 Abs. 2 S. 1 Nr 2 VwVfG). Die Lösung ist umstritten. Nach der einen Auffassung darf nur eine auch inhaltlich rechtmäßige Auflage zur Begründung eines Widerrufs herangezogen werden[476]. Nach der Gegenauffassung kann wegen der Bestandskraft die Rechtswidrigkeit der Auflage nicht mehr geltend gemacht werden[477]; auch nach dieser Auffassung ist aber die Rechtswidrigkeit bei der Ermessensausübung zu berücksichtigen. Beide Auffassungen kommen deswegen zumeist zum gleichen Ergebnis.

357 Widerspruch bzw Klage gegen den Widerruf haben aufschiebende Wirkung, so dass ohne Anordnung des sofortigen Vollzuges der Betreffende sein Gewerbe zunächst weiter ausüben kann (siehe **Fall 29a**, Rn 339).

d) Betreiben eines Gewerbes ohne die erforderliche Reisegewerbekarte

358 Die Ausübung eines Reisegewerbes ohne die erforderliche Erlaubnis kann von der Behörde untersagt werden. **§ 60d GewO** enthält die Parallelvorschrift zu § 15 Abs. 2 GewO, so dass sich auch hier das Problem der bloß formellen Illegalität stellt (s. **Fall 28**, Rn 338; ▶ **Klausurenkurs Fall Nr 5**)[478]. Außerdem besteht auch hier die Möglichkeit feststellender Verwaltungsakte (s. bereits zum stehenden Gewerbe Rn 319). Mit dem Hinweis, dass mit dem Reisegewerberecht ein „generelles Schutzziel verfolgt, nicht aber der einzelne Verbraucher geschützt" wird, wird ein Anspruch auf Einschreiten von der wohl hM abgelehnt[479]. Keine Ansprüche auf Einschreiten bestehen für Konkurrenten.

---

475 BVerwG, NVwZ 1984, 102; VGH Mannheim, NVwZ-RR 1989, 540.
476 *Erichsen/Brügge*, Jura 1999, 496, 498.
477 OVG Münster, NVwZ 2012, 671, 672, 675; Kopp/Ramsauer, VwVfG, § 49 Rn 38a; *Sachs*, in: Stelkens/Bonk/Sachs, VwVfG, § 49 Rn 49.
478 Da nach § 60c Abs. 1 S. 1 GewO sogar beim Vorliegen einer Reisegewerbekarte die vorläufige Einstellung der Gewerbetätigkeit bis zum Herbeischaffen der Reisegewerbekarte verlangt werden, kann man wohl erst recht beim Fehlen einer Reisegewerbekarte eine (vorläufige) Einstellung der Tätigkeit verlangen.
479 *Schönleiter*, in: Landmann/Rohmer, GewO, § 60d Rn 10. Diese Differenzierung zwischen dem Schutz des Einzelnen und der Allgemeinheit ist abzulehnen. Allerdings besteht lediglich ein formell subjektives öffentliches Recht auf fehlerfreie Ermessensausübung: eine ausnahmsweise Ermessensreduktion auf Null halten daher auch für denkbar *Rossi*, in: Pielow, GewO, § 60d Rn 5; *Ennuschat*, in: Tettinger/Wank/Ennuschat, GewO, § 60d Rn 10 f.

IV. Die Zulassung von Märkten (§§ 64 ff GewO)

Fall 30: Die kath. Pfarrjugend möchte wie jedes Jahr ihr traditionelles Sommerfest durchfüh-   **359**
ren, um die chronisch leere Jugendkasse etwas aufzufüllen. Dazu werden auf den Straßen um
die Kirche Tische und Bänke aufgestellt, Speisen und Getränke zum Selbstkostenpreis verabreicht sowie kleine, selbstgebastelte Geschenkartikel verkauft. Verschiedene Gruppen präsen-
tieren Bühnenshows, bei denen jedoch die pfarreieigene Verstärkeranlage nicht eingesetzt
werden kann, da sie gerade defekt ist. Nachdem die protestantische und für ihre Sittenstrenge
bekannte Juraprofessorin P in der Nachbarschaft eingezogen ist, will man dieses Jahr aber auf
Nummer sicher gehen und fragt den Jurastudenten S, ob man für diese Veranstaltung irgendwelche Genehmigungen brauche.

Fall 31: Z möchte an Allerheiligen eine „Dessous- und Erotikmesse" durchführen, bei der im   **360**
Rahmenprogramm Models die neuesten Modelle vorführen sollen. Die Veranstaltung soll in
einer Messehalle in Mainz stattfinden.

a) Welche Genehmigungen muss Z einholen?
b) Die zuständige Behörde lehnt die Zulassung dieser Veranstaltung zum einen ab, weil es Z
   wegen seiner rechtskräftigen Verurteilung als Zuhälter an der nötigen Zuverlässigkeit fehle,
   zum anderen, weil eine solche Veranstaltung dem Charakter des Feiertags nicht entspreche.
   Ist dies rechtmäßig?

Fall 32: Schausteller S möchte mit seinem Glühweinstand am „Christkindlmarkt" teilneh-   **361**
men, der vom 1. bis 23.12. von der Gemeinde G veranstaltet wird und als Markt gem. § 69
Abs. 1 GewO festgesetzt ist. G hat die Anbieter in Gruppen aufgeteilt und dabei 5 Glühweinstände vorgesehen. 3 Monate vor der Durchführung des Marktes teilt ihm die Gemeinde mit,
es hätten sich mehr Bewerber gemeldet, als Standplätze zur Verfügung stehen. Den Zuschlag
habe Mitbewerber M bekommen, der schon seit 20 Jahren am Christkindlmarkt teilnehme
und deshalb seit Generationen seine Fans in der Gemeinde habe. Nach erfolglosem Widerspruchsverfahren erhebt S drei Wochen vor dem Markt Klage beim zuständigen VG.

a) Wie wird das Gericht entscheiden, wenn der Markt in der Zwischenzeit bereits stattgefun-
   den hat?
b) Als sich abzeichnet, dass sein Antrag abgelehnt werden wird, stellt S Antrag auf vorläufigen Rechtsschutz. Das Gericht führt aus, dass im Rahmen der hier gebotenen summari-
   schen Prüfung allein maßgeblich sei, dass freie Stellplätze nicht vorhanden seien. Die
   Frage, inwieweit dem S ein Zulassungsanspruch zustehen könnte, müsse dem Hauptsacheverfahren vorbehalten bleiben[480].
c) S führt während des Verfahrens an, dass er sich auch mit einem „halben" Stand zufrieden
   gebe. Die Gemeinde müsse die Standfläche aller Anbieter entsprechend reduzieren und so
   der doppelten Anzahl von Glühweinständen eine Zulassung ermöglichen. Hat S damit
   Recht[481]?
d) Könnte S in dem Verfahren geltend machen, dass er als Einwohner nach den Vorschriften
   des Kommunalrechts bevorzugt zu berücksichtigen sei? Könnte sich der französische
   Schausteller F auf seine Dienstleistungsfreiheit berufen[482]?

---

480 BVerfG, NJW 2002, 3691.
481 VGH München, NVwZ-RR 2003, 837.
482 VGH Mannheim, GewArch. 2001, 420; *Hösch*, GewArch. 1996, 402, 406; *Frotscher/Kramer*,
     Rn 348.

e) Gem. ihrer Marktsatzung ist der Christkindlsmarkt der Gemeinde G als gewerberechtliche Veranstaltung festzusetzen. Gleichwohl betreibt G den Christkindlsmarkt als kommunale Einrichtung. S ist Gemeindefremder und besitzt zudem keine Reisegewerbekarte, weswegen man ihm die Zulassung verweigert. Hat S einen Anspruch auf Festsetzung des Marktes?

f) Die Gemeinde G überträgt durch eine zeitlich unbeschränkte Verfügung die Durchführung des Christkindlsmarkts auf die neu gegründete Christkindlsmarkt-Kommission e.V. Dieser gehören neben Vertretern der Gemeindeverwaltung und dem Vorstand der örtlichen Vereine die Gemeindepfarrer beider großen Konfessionen sowie zwei Vertreter des Schaustellergewerbes an, die sich auch selbst um die Zulassung bewerben. Gegenüber wem müsste S seinen Anspruch auf Zulassung geltend machen? Könnte er gegen die Beteiligung der Schaustellerkollegen an der Kommission vorgehen[483]?

1. Anwendungsbereich der Vorschriften

362 Titel IV der GewO behandelt mit Messen, Ausstellungen und Märkten den dritten Regelungskomplex der Gewerbeordnung. Historisch geht er zurück auf die Marktregale, die es den Städten im Mittelalter erlaubten, Märkte zu veranstalten, über die sie ihre Gerichtsbarkeit ausübten und für die sie Steuern erheben konnten, für die sie aber auch den Beschickern die sogenannte „Marktfreiheit", dh Teilnahmefreiheit, gewährten. Zu dieser historischen Dimension kommt die Einschätzung des Gesetzgebers, der von einer geringeren Überwachungsbedürftigkeit derartiger Veranstaltungen ausging, da die Veranstaltung jedenfalls für einen gewissen Zeitraum ortsfest und von einem Veranstalter koordiniert wird, an dessen Zuverlässigkeit besondere Anforderungen gestellt werden können, sofern es sich nicht ohnehin um eine Gemeinde handelt. Ist aus historischem Blickwinkel diese „Marktfreiheit" eine eher fortschrittliche Konkretisierung der Berufsfreiheit[484], so sieht sich ihre eher rudimentäre gesetzliche Ausgestaltung zunehmend verfassungs- und europarechtlichen Einwänden ausgesetzt (s. vor allem zu den Zulassungsentscheidungen Rn 377 ff).

Mit der Föderalismusreform ist auch die Zuständigkeit für das Marktgewerbe auf die Länder übergegangen. Bisher hat allerdings nur Rheinland-Pfalz ein eigenes Gesetz erlassen[485], das im Wesentlichen dem bundesrechtlichen Vorbild folgt. Allerdings ist der Landesgesetzgeber dabei nicht streng an die etablierten Veranstaltungen gebunden und kann weitere Veranstaltungen festsetzungsfähig machen[486].

---

483   OVG Koblenz, NVwZ 1982, 379; VGH Mannheim, GewArch. 2001, 420, VG Freiburg, NVwZ-RR 2002, 139; VGH München, NVwZ-RR 1999, 197; VG Stuttgart, GewArch. 2002, 200.

484   Bei näherer Betrachtung gilt dies aber erst seit der Novellierung 1976. Vorher stand die Zulassung im Ermessen der Behörde. Auch das Institut der behördlichen Festsetzungsentscheidung (gegen die der Rechtsschutz ausgeschlossen war) sollte vor allem die Abwicklung der historisch überkommenen Marktrechte erleichtern; ausf dazu *Schönleiter*, in: Landmann/Rohmer, GewO, § 69 Rn 1 f.

485   Landesgesetz über Messen, Ausstellungen und Märkte (LMAMG) v. 3.4.2014, GVBl 2014, S. 40.

486   So etwa der rheinland-pfälzische Gesetzgeber in § 8 LMAMG (Floh- und Trödelmärkte); zur Einstufung dieser Märkte als Spezialmarkt s. *Ennuschat*, in: Tettinger/Wank/Ennuschat, GewO, § 68 Rn 21.

a) Festsetzungsfähige Veranstaltungen

Die §§ 64 ff GewO enthalten einen abschließenden Katalog der festsetzungsfähigen   **363**
Veranstaltungen und konkretisieren diesen im Interesse der Rechtsklarheit durch
entsprechende Legaldefinitionen. Traditionell dienen Märkte der **Versorgung mit
Gütern**, nicht Unterhaltungszwecken. Es lassen sich ferner solche Veranstaltungen
unterscheiden, die sich an gewerbliche Interessenten richten und solche, die überwiegend auf private Kunden abzielen. Gemeinsam ist allen erfassten Veranstaltungen, dass es nicht nur einen Veranstalter, sondern außerdem eine **„Vielzahl" von
Anbietern** bzw Ausstellern gibt, die jedenfalls überwiegend Gewerbetreibende sein
müssen.

An gewerbliche Verbraucher richten sich Messen (§ 64 GewO) und Großmärkte (§ 66 GewO),
während sich die sonstigen Marktformen (Ausstellung, Wochenmarkt, Spezial- und Jahrmarkt
gem. §§ 65, 67 f GewO) an private Endverbraucher richten. Andererseits war es gerade das Bestreben des Gesetzgebers, durch die Typisierung auch die Entwicklung neuer Marktformen nicht
zu behindern. Eine gewisse Auffangfunktion nehmen deswegen der Begriff des Spezialmarktes
und vor allem derjenige des Jahrmarktes ein[487]. Die Definitionsmerkmale ergeben sich aus den jeweiligen Legaldefinitionen, die freilich immer nach Sinn und Zweck des Marktrechts zu interpretieren sind. Deswegen lässt sich beispielsweise auch bei einer „Regionalausstellung", die die in
einem Wirtschaftsgebiet vorhandenen Angebote widerspiegeln soll, eine Beschränkung auf nur
örtliche Anbieter nicht rechtfertigen[488]. Märkte mit einer begrenzten Angebotspalette (zB Brief-
marken, Antiquitäten oder auch Gebrauchtwagen) werden häufig als Spezialmärkte festgesetzt;
auch eine „Erotikmesse" (**Fall 31** Rn 360) stellt einen solchen Spezialmarkt dar[489]. Eine Sonderstellung nehmen die Volksfeste iSv § 60b GewO ein, bei denen – anders als auf traditionellen
Märkten – unterhaltende Angebote einer Vielzahl von Anbietern im Vordergrund stehen[490]. Volksfeste sind im Titel III geregelt, können nach § 60b Abs. 2 GewO aber festgesetzt werden. Umgekehrt gelten für Unterhaltungsangebote auf Spezial- und Jahrmärkten nach § 68 Abs. 3 GewO bestimmte Vorschriften des Reisegewerbes[491].

Vom Marktgewerbe zu unterscheiden sind **private gewerbliche Veranstaltungen**,   **364**
selbst wenn Veranstalter für diese häufig Bezeichnungen wie Messe, Ausstellung oder
Markt verwenden; diese sind gesetzlich nicht geschützt und damit nicht den nach
§§ 64 ff GewO abgehaltenen Veranstaltungen vorbehalten. Da ihnen die Marktprivilegien nicht zugute kommen, finden die Vorschriften über das Reisegewerbe Anwendung (s. Rn 209). Ebenfalls nicht erfasst werden von der GewO sämtliche **nichtgewerblichen Veranstaltungen** wie private Floh- oder Gebrauchtwagenmärkte, für die

---

487 S. dazu *Schönleiter*, in: Landmann/Rohmer, GewO, § 68 Rn 1.
488 Vgl BVerwG, GewArch. 1987, 124; enger *Schönleiter*, in: Landmann/Rohmer, GewO, § 65 Rn 5b.
     Der Streit um die Zuordnung zu einer bestimmten Marktform hängt häufig damit zusammen, dass –
     anders als auf Jahrmärkten und Messen – auf Jahrmärkten nach § 71 GewO kein Eintrittsgeld erho-
     ben werden darf.
489 VG Stuttgart, GewArch. 1998, 115.
490 Vgl *Schönleiter*, in: Landmann/Rohmer, GewO, § 68 Rn 4 ff. Auf einem festgesetzten Volksfest dür-
     fen daher nur volksfesttypische Waren angeboten werden; andere gewerbliche Leistungen iSv § 55
     Abs. 1 Nr 1 GewO sind unzulässig.
491 Die entsprechende Tätigkeit bedarf also der Reisegewerbekarte und insbesondere der Erlaubnis für
     Spielgeräte und Spielhallen im Reisegewerbe nach § 60a Abs. 2 und 3 GewO; s. auch *Schönleiter*, in:
     Landmann/Rohmer, GewO, § 68 Rn 22. Der Grund hierfür liegt in der besonderen Überwachungsbe-
     dürftigkeit solcher Einrichtungen.

deswegen lediglich die allgemeinen Vorschriften des Polizei- und Ordnungsrechts und die Sonn- und Feiertagsgesetze der Länder gelten[492].

365   **Hinweise zu Fall 30 (Rn 359):** Bei der Veranstaltung der kath. Pfarrgemeinde könnte es sich um einen Jahrmarkt handeln. Voraussetzung dafür ist allerdings nach § 68 Abs. 2 GewO, dass eine Vielzahl von Anbietern Waren feilbietet, was hier nicht der Fall ist. Ebenso wenig wird die Legaldefinition des Volksfestes (§ 60b Abs. 1 GewO) erfüllt. Eine Festsetzung nach § 69 GewO scheidet damit aus. Dies macht die Durchführung aber selbstverständlich nicht unzulässig. Zu prüfen wäre vielmehr, inwieweit andere gewerberechtliche Erlaubnisse erforderlich sind. So wäre an eine gaststättenrechtliche Erlaubnis zu denken. Auch diese setzt aber die Gewerbsmäßigkeit voraus, an der es wohl fehlt[493]. Eine Genehmigungsbedürftigkeit könnte sich allerdings aus dem Straßenrecht ergeben, wonach der Gebrauch der Straße über den Gemeingebrauch hinaus der Erlaubnis bedarf[494].

b) Veranstalter

366   Jeder Markt hat einen Veranstalter, der seine Festsetzung zu beantragen hat, anschließend aber auch eine diskriminierungsfreie Teilnahme der Marktbeschicker ermöglichen muss (zu § 70 GewO unten Rn 377 ff). Dieser muss – anders als jedenfalls die Mehrzahl der Marktbeschicker – kein Gewerbetreibender sein[495]. In vielen Fällen treten **Kommunen als Veranstalter** traditioneller Märkte auf, vor allem der Wochenmärkte und Jahrmärkte, zu denen auch die Weihnachtsmärkte gehören können[496] (s. **Fall 32** Rn 361). Sofern Veranstalter eines Marktes oder Volksfestes eine Gemeinde ist, hat sie ein Wahlrecht zwischen der behördlichen Festsetzung nach § 69 GewO und der Widmung zur kommunalen Einrichtung (s. Rn 391 ff).

367   Auch **Private** können solche Märkte veranstalten, wie es zB bei der Frankfurter Buchmesse[497] der Fall ist. Ebenso ist eine „Privatisierung" vormals durch die Kommune veranstalteter Märkte denkbar (zur Frage möglicher Grenzen Rn 394). Ein Privater ist allerdings keineswegs zwangsläufig der Veranstalter. Häufig schaltet die Gemeinde Private bei der Vorbereitung oder Durchführung ein, tritt aber im Außenverhältnis selbst als Veranstalter auf. Die rechtlichen Anforderungen an die Einschaltung eines solchen Verwaltungshelfers beurteilen sich einerseits nach kommunalrechtlichen, andererseits aber auch nach unionsrechtlichen Grundsätzen (s. Rn 384, 394).

---

492   Grundlegend die Entscheidung BVerwGE 79, 118 zu privaten Automärkten; s. auch *Schönleiter*, in: Landmann/Rohmer, GewO, vor § 64 Rn 7a.
493   Wenn das Fest nur einmal im Jahr durchgeführt wird, fehlt es wohl an der Dauerhaftigkeit (s. aber zum Erfordernis einer Gestattung nach § 12 GastG für den Ausschank alkoholischer Getränke unten Rn 420), außerdem am Merkmal der Gewinnerzielungsabsicht, da die Speisen und Getränke zum Selbstkostenpreis angeboten werden sollen. Der Umstand, dass die Gewinne einem „guten Zweck" (hier der Jugendkasse) zufließen sollen, würde jedenfalls die Gewerbsmäßigkeit nicht ausschließen.
494   S. als Beispiel § 4 Abs. 1 S. 1 LStrG RP.
495   S. auch *Schönleiter*, in: Landmann/Rohmer, GewO, § 69 Rn 8.
496   *Ennuschat*, in: Tettinger/Wank/Ennuschat, § 68 Rn 18; ebenso käme allerdings eine Festsetzung als Spezialmarkt in Betracht, s. *Koopmann/Schmidt*, in: Pielow, GewO, § 68 Rn 11; *Schönleiter*, in: Landmann/Rohmer, GewO, § 68 Rn 9. In Rheinland-Pfalz dürfen nur als Spezialmärkte festgesetzte Weihnachtsmärkte an den Adventssonntagen geöffnet haben (vgl § 12 iVm § 6 LMAMG).
497   *Schönleiter*, in: Landmann/Rohmer, GewO, § 64 Rn 1.

c) Die Marktprivilegien

Die Festsetzung befugt den Veranstalter zur Durchführung und befreit – soweit nichts 368
anderes bestimmt ist – Veranstalter und Marktbeschicker zugleich von den Vorschriften des Titels II sowie des Titels III (Reisegewerbe); s. aber zum Warenvertrieb auf Volksfesten schon oben Rn 343. Dies folgt aus dem der GewO zugrunde liegenden „Trennungsprinzip" (dazu oben Rn 209). Die Festsetzung ersetzt daher nicht sonstige Anzeige- oder Genehmigungserfordernisse[498], insbesondere des Feiertagsrechts, des Straßen- und Wegerechts sowie des Baurechts; selbstverständlich kann das sonstige Recht an die Festsetzung des Marktes anknüpfen.

Im **Fall 31a (Rn 360)** bedürfen daher weder die Marktteilnehmer noch der Veranstalter einer 369
Erlaubnis nach § 33a GewO für die Schaustellung von Personen[499]; anderes gilt wegen § 70b
Abs. 3 GewO nur für die Erlaubnispflicht des Versteigerers nach § 34b GewO. In den Fällen
des § 70b Abs. 2 wird nur auf die entsprechenden Versagungsgründe verwiesen, aber gerade
nicht an eine vorhandene Erlaubnis angeknüpft[500]. Eine straßenrechtliche Erlaubnis ist schon
wegen des Veranstaltungsortes nicht erforderlich. Allerdings bedürfte die Erotikmesse einer
Erlaubnis nach dem Sonn- und Feiertagsrecht. Aus kompetenzrechtlichen Gründen muss der
Landesgesetzgeber selbst eine Regelung treffen und kann die Befreiung auch nicht ohne Konkretisierung der für Ausnahmen geltenden Maßstäbe auf die für die Festsetzung nach § 69a
Abs. 1 Nr 3 GewO zuständige Behörde übertragen; daher verbietet sich eine Auslegung der
Festsetzung als landesrechtliches Marktprivileg[501]. Wenn das Landesrecht eine Befreiung nicht
zulässt, kann ein Markt daher nicht festgesetzt werden (dazu unten Rn 376). Problematisch ist
das **Verhältnis zum Gaststättenrecht**. Die Regelung des § 68a GewO zur Verabreichung von
Speisen und alkoholfreien Getränken auf Märkten läuft weitgehend leer, seit sich die Genehmigungspflicht nach GastG auf den Alkoholausschank beschränkt[502]. Ihre eigentliche Funktion besteht darin, dass § 68a GewO eine Erweiterung des Angebotes der primär auf Warenabsatz ausgerichteten Märkte gestattet. Der Alkoholausschank zeigt aber gerade die Grenze der
„Marktprivilegien", denn „[i]m Übrigen" (also auch für Alkoholika) verweist § 68a S. 2
GewO auf die „allgemeinen Vorschriften". Es bedarf der Alkoholausschank also iE auch auf
einem festgesetzten Markt einer gaststättenrechtlichen Gestaltung (s. Rn 410).

---

498 *Ennuschat*, in: Tettinger/Wank/Ennuschat, GewO, § 69 Rn 12.
499 Da jedenfalls die Marktbeschicker keiner Genehmigung nach § 33a GewO bedürften (vgl *Schönlei-
     ter*, in: Landmann/Rohmer, GewO, § 69 Rn 33; s. auch Rn 355), erscheinen weitergehende Genehmi-
     gungserfordernisse für den Veranstalter jedenfalls zweifelhaft, vgl auch *Schönleiter*, in: Landmann/
     Rohmer, GewO, § 69 Rn 22; *Ennuschat*, in: Tettinger/Wank/Ennuschat, GewO, § 69 Rn 32; anders
     Schliesky, S. 260.
500 Diese Prüfung erfolgt nicht separat, sondern im Rahmen der Entscheidung über die Zulassung, s.
     Storr, in: Pielow, GewO § 70a Rn 19. Allerdings wird nach dem Wortlaut auch eine vorhandene Er-
     laubnis für das stehende Gewerbe nicht auf die Tätigkeit auf einem festgesetzten Markt erstreckt
     (hier für eine korrigierende Auslegung *Schönleiter*, in: Landmann/Rohmer, GewO, § 70a Rn 6).
501 BVerwG, NVwZ 1991, 1079; GewArch. 1995, 117; OVG Weimar, DÖV 1996, 965; OVG Hamburg,
     DÖV 1992, 220; VGH Kassel, GewArch. 1998, 242; OVG Koblenz, LKRZ 2012, 65; VG Gießen,
     GewArch. 2012, 262; aA OVG Münster, GewArch. 1990, 279; *Schönleiter*, in: Landmann/Rohmer,
     GewO, § 69a Rn 4a; *Ennuschat*, in: Tettinger/Wank/Ennuschat, GewO, § 69a Rn 33. Darauf rea-
     gierte der Landesgesetzgeber in Rheinland-Pfalz mit einem landesrechtlichen Marktprivileg in § 12
     Abs. 2 LMAMG. Dieses hätte allerdings kein eigenes Marktgesetz verlangt, sondern sich in das Fei-
     ertG integrieren lassen, s. dazu *Bickenbach*, LKRZ 2014, 265, 269 f.
502 Sie erfasst insoweit nur noch die entgeltliche Abgabe von Kostproben alkoholischer Getränke, s. *En-
     nuschat*, in: Tettinger/Wank/Ennuschat, GewO, § 68a Rn 2, 12.

2. Die Festsetzung eines Marktes

a) Rechtsnatur der Festsetzung und Rechtsschutz

370 Nach Maßgabe der §§ 69 Abs. 1, 69a Abs. 1 GewO hat der Veranstalter einen **Rechtsanspruch auf Festsetzung**, wenn die Veranstaltung einer der in §§ 64–68, 60b GewO[503] bestimmten Definitionen entspricht, öffentliche Interessen nicht entgegenstehen und der Veranstalter zuverlässig ist, s. § 69a GewO[504]. Die Festsetzung nach § 69 Abs. 1 GewO ist ein **Verwaltungsakt**[505]. Sie darf nach § 69a Abs. 2 1. Hs. GewO mit **Auflagen** verbunden werden, soweit dies zum Schutz von Veranstaltungsteilnehmern oder zur Abwehr von erheblichen Gefahren für die öffentliche Sicherheit und Ordnung erforderlich ist. Unzulässig ist deswegen beispielsweise die Auflage, vor der Veranstaltung ein Teilnehmerverzeichnis vorzulegen[506]. Umgekehrt wird der Veranstalter durch die Festsetzung eines Marktes zur Durchführung dieser Veranstaltung verpflichtet (§ 69 Abs. 2 GewO). Will er einen festgesetzten Markt nicht mehr durchführen, muss er dies anzeigen (§ 69 Abs. 3 GewO). Er darf grundsätzlich **keine Eintrittsgelder** für den Besuch von Volksfesten, Wochen- und Jahrmärkten verlangen (vgl § 71 GewO).

371 Ein Veranstalter kann seinen Festsetzungsanspruch mit der Verpflichtungsklage durchsetzen. Problematisch ist dagegen der **Rechtschutz Dritter, insbesondere von Anbietern und Ausstellern**. Nach einer ersten Auffassung liegt lediglich gegenüber dem Veranstalter ein begünstigender Verwaltungsakt vor, während im Verhältnis zur Allgemeinheit nur ein Organisationsakt angenommen wird[507]. Nach der zutreffenden Gegenansicht ist die Rechtsnatur einer Maßnahme nicht relativ, sondern absolut zu bestimmen. Deshalb liegt (auch gegenüber den Teilnehmern) ein Verwaltungsakt vor[508]. Im Ergebnis scheidet eine Verpflichtungsklage von potentiellen Teilnehmern gegen die Ablehnung einer Festsetzung dennoch aus. Da ihnen die Marktprivilegien nur reflexartig zugute kommen, fehlt ihnen die Klagebefugnis gem. § 42 Abs. 2 VwGO. Jedoch verleiht § 69 Abs. 2 GewO den potentiellen Beschickern ein subjektives Recht auf Durchführung gegen den Veranstalter[509].

---

503 Die Festsetzungsfähigkeit des Volksfestes ergibt sich aus dem Verweis in § 60b Abs. 2 GewO. Hinter der Regelung standen weniger verbraucher- als standespolitische Interessen (vgl BT-Drucks. 7/4846 S. 3). Der entscheidende Unterschied ist die grundsätzliche Reisegewerbekartenpflicht auf Volksfesten (mit Ausnahme der Privilegierung nach § 55a Abs. 1 Nr 1 GewO; s. auch *Rossi*, in: Pielow, GewO § 60b Rn 13).

504 BVerwG, GewArch. 1987, 124; OVG Hamburg, GewArch. 1986, 129; für Rheinland-Pfalz vgl §§ 11, 13 LMAMG.

505 Dies gilt auch dann, wenn eine Gemeinde selbst Veranstalter ist und nach Landesrecht eine kommunale Behörde für die Festsetzung zuständig ist, s. VGH Kassel, GewArch. 2003, 426; *Frotscher/Kramer*, Rn 427.

506 OVG Koblenz, NVwZ 1988, 1148.

507 *Fuchs*, in: Robinski, L Rn 34; *Schönleiter*, in: Landmann/Rohmer, GewO, § 69 Rn 25 ff.

508 *Maurer*, AVerwR, § 21 Rn 69; *Frotscher/Kramer*, Rn 427; *Ehlers*, in: Ehlers/Fehling/Pünder, § 18 Rn 76; für Allgemeinverfügung *Ennuschat*, in: Tettinger/Wank/Ennuschat, GewO, § 69 Rn 25; *Wirth*, GewArch. 1986, 46, 48 f.

509 *Pielow*, in: Pielow, GewO, § 69 Rn 49.

Potentiellen Marktbeschickern steht gegenüber einer Gemeinde kein subjektives öffentliches Recht darauf zu, dass sie einen Markt veranstaltet bzw eine entsprechende Festsetzung beantragt[510]. Ungeachtet der Frage, ob dem BVerwG zu folgen ist, wenn es aus Art. 28 Abs. 2 GG einen Anspruch auf Fortführung kommunaler Einrichtungen entnimmt, lässt sich dieser Gedanke jedenfalls nicht auf die Festsetzung von Märkten übertragen[511]. Lediglich Nachbarn können im Wege der Anfechtungsklage gegen die Festsetzung eines Marktes vorgehen, wenn sie geltend machen, durch den von der Veranstaltung ausgehenden Lärm in ihren Rechten betroffen zu sein; insoweit kommt § 69a Abs. 1 Nr 3 GewO drittschützende Wirkung zu[512]. Jedenfalls soweit der „Schutz der Veranstaltungsteilnehmer vor Gefahren für Leben und Gesundheit" betroffen ist, entfaltet die Regelung Drittschutz. Daher kann die Festsetzung aus diesen Gründen angegriffen bzw eine Verbindung mit Auflagen (§ 69a Abs. 2 GewO) begehrt werden[513]. Damit gibt es nur wenige gerichtliche Entscheidungen, die sich mit der Festsetzung eines Marktes befassen.

Davon zu unterscheiden ist der **Rechtsschutz von Konkurrenten** des Veranstalters. Nach herkömmlicher Auffassung fehlt ihnen im Ergebnis die Klagebefugnis, da die Festsetzung nicht in ihre Rechte eingreift. Dabei wird man allerdings zu unterscheiden haben. Ist die Gemeinde selbst Veranstalterin, kann sich ein Anspruch aus dem kommunalen Wirtschaftsrecht ergeben[514]. Jedenfalls dann, wenn der Markt zugunsten eines privaten Veranstalters festgesetzt wird, handelt es sich um eine sog. Dienstleistungskonzession (dazu allg. Rn 1049)[515]. Hier ergibt sich nach bisherigem Recht die Klagebefugnis aus den Grundfreiheiten. Mit der Umsetzung der Konzessionsrichtlinie wird der Vergaberechtsschutz (dazu Rn 1100 ff) auf diese Konstellationen erstreckt werden[516]. | 372

b) Versagungsgründe

Die Versagungsgründe entsprechen dem vertrauten Schema des Gewerberechts. Insbesondere muss der Antragsteller die **erforderliche Zuverlässigkeit** besitzen (§ 69a Abs. 1 Nr 2 GewO). Diese fehlt, wenn hinreichende Anhaltspunkte dafür bestehen, dass der Gewerbetreibende nach dem Gesamteindruck seines bisherigen Verhaltens bei der Durchführung der Veranstaltung die öffentliche Sicherheit oder Ordnung verletzen, namentlich Rechtsgüter der Allgemeinheit oder Einzelner gefährden wird[517]. | 373

Im **Fall 31b (Rn 360)** ist angesichts der einschlägigen rechtskräftigen Verurteilung von der Unzuverlässigkeit auszugehen[518]. Allerdings ist diese Bestimmung – wie auch sonst – nicht drittschützend, so dass eine auf die Unzuverlässigkeit gestützte Konkurrentenklage unzulässig ist[519]. | 374

---

510   OVG Koblenz, GewArch. 1992, 237.
511   Dazu VG Wiesbaden v. 25.11.2011 – 7 K 239/11.WI mit dem Hinweis, dass im konkreten Fall der Antragsteller auch gar nicht zum Kreis der privilegierten Einwohner gehörte.
512   BVerwG, DÖV 1987, 539; OVG Hamburg, DÖV 1992, 220; *Schönleiter*, in: Landmann/Rohmer, GewO, § 69 Rn 30; *Ennuschat*, in: Tettinger/Wank/Ennuschat, GewO, § 69a Rn 24.
513   *Ennuschat*, in: Tettinger/Wank/Ennuschat, GewO, § 69a Rn 17.
514   S. zu einer auf die kommunalwirtschaftsrechtliche Subsidiaritätsklausel gestützten Konkurrentenklage bei Festsetzung zugunsten einer Gemeinde OVG Magdeburg v. 19.5.2005 – 1 L 40/04.
515   Zu dieser Qualifikation bereits OLG Naumburg, NZBau 2002, 235; *Ehlers*, in: Ehlers/Fehling/Pünder, § 18 Rn 77.
516   Vgl die RiL 2014/23/EU über die Konzessionsvergabe (Konzessions-Richtlinie), ABl. L 94 v. 28.3.2014, 1 ff. Zum novellierten europäischen Rechtsrahmen und insbesondere zur Neuregelung für Dienstleistungskonzessionen *Knauff/Badenhausen*, NZBau 2014, 395; *Neun/Otting*, EuZW 2014, 446; *Opitz*, NVwZ 2014, 753; *Wagner/Pfohl*, ZfBR 2014, 745.
517   BVerwGE 36, 288; NVwZ 1982, 503.
518   VG Stuttgart, GewArch. 1998, 115.
519   OVG Münster, GewArch. 1985, 382, 383.

375 Außerdem darf die Festsetzung **öffentlichen Interessen nicht widersprechen** (§ 69a Abs. 1 Nr 3 GewO). Der Begriff des öffentlichen Interesses wird in dieser Vorschrift im Sinne des Polizeirechts konkretisiert. Zunächst geht es um den **Schutz von Teilnehmern** vor (konkreten und unmittelbar drohenden) Gefahren für Leben und Gesundheit, soweit hierfür nicht Auflagen ausreichen. Wichtiger ist die „sonstige erhebliche **Störung der öffentlichen Sicherheit oder Ordnung**". Dieser Begriff deckt sich mit dem allgemeinen Polizeirecht[520] und umfasst deswegen ua und vor allem die geschriebene Rechtsordnung. Praktisch relevant werden die Lärmschutzvorschriften aber auch marktrechtliche Bestimmungen. Soll die festzusetzende Veranstaltung an einem Ort stattfinden, der gleichzeitig eine öffentliche Einrichtung im Sinne des Kommunalrechts ist, etwa ein Marktplatz oder eine Festwiese[521], kann die Veranstaltung nur festgesetzt werden, wenn sie ihrer Art nach von der kommunalrechtlichen Widmung erfasst wird. Der Begriff „öffentliches Interesse" wird durch die beiden Beispiele in Nr 3 konkretisiert, aber nicht abschließend umschrieben. Insbesondere lässt sich in Nr 3 auch das Erfordernis einer Auswahlentscheidung verorten: Die Festsetzung kann gegen das öffentliche Interesse verstoßen, wenn der vorgesehene Ort zum fraglichen Zeitpunkt von einem anderen Veranstalter (Gemeinde oder Privater) bereits genutzt wird[522]. Dem öffentlichen Interesse widerspricht auch eine Festsetzung zugunsten eines bestimmten Veranstalters für einen längeren Zeitraum oder gar auf Dauer, da diesem ansonsten eine monopolähnliche Stellung gegenüber konkurrierenden anderen Veranstaltern eingeräumt würde[523]. Zusätzliche Probleme treten auf, wenn verschiedene Bewerber im Zusammenhang mit der Festsetzung eines Marktes konkurrieren[524].

376 Im **Fall 31b (Rn 360)** könnte ein Verstoß gegen das allgemeine Arbeitsverbot nach dem einschlägigen **FeiertagsG** gegeben sein. Unabhängig vom konkreten Charakter der angebotenen Waren und Leistungen liegt bei einem begriffsnotwendig auf Warenumsatz gerichteten Markt eine typisch werktägliche Veranstaltung vor; dies gilt auch für Trödel-, Gebrauchtwagen- und Sammlermärkte[525]. Ohne landesrechtliche Ausnahmeregelung sind daher Märkte an Sonntagen unzulässig; die Festsetzung als Markt kann diese nicht ersetzen (s. schon Rn 369). Die Erotikmesse **(Fall 31)** verstößt allerdings nicht generell gegen die öffentliche Ordnung. Dies folgt bereits daraus, dass sie nicht generell als „unsittlich" eingestuft werden kann (zu diesem Tatbestandsmerkmal des Gewerbebegriffes Rn 261) und jedenfalls daraus, dass die Norm einen „erheblichen" Verstoß verlangt[526].

---

520 OVG Münster, GewArch. 1984, 24; *Ennuschat*, in: Tettinger/Wank/Ennuschat, GewO, § 69a Rn 18 mwN.
521 Beispiele (mit kommunalem Veranstalter) bei VG Karlsruhe, GewArch. 2004, 417; VG Mainz, GewArch. 2004, 418; VG Oldenburg, GewArch. 2004, 419. S. auch *Ennuschat*, in: Tettinger/Wank/ Ennuschat, GewO, § 69 Rn 3 f.
522 BVerwG, GewArch. 2006, 164; OVG Lüneburg, NVwZ-RR 2008, 776.
523 OVG Koblenz, GewArch. 1987, 338.
524 S. auch VG Augsburg, GewArch. 2005, 83; VG Frankfurt v. 11.5.2005, 7 E 1325/02M. Zur Zulässigkeit einer Kommunalisierung auch VG Minden v. 26.4.2007, 3 K 660/06.
525 Zum Flohmarkt BVerwG, GewArch. 1991, 302; VG Neustadt, LKRZ 2010, 25, 26 f; OVG Koblenz, LKRZ 2012, 65 f. Zur Erotikmesse VG Stuttgart, GewArch. 1998, 115. An dieser Beurteilung ändert sich nichts, wenn die Veranstaltung in einer Halle durchgeführt wird, s. VG Hannover, GewArch. 1995, 341, 342.
526 VG Stuttgart, GewArch. 1998, 115.

3. Das Recht auf Teilnahme an festgesetzten Veranstaltungen

Wird ein Markt festgesetzt, besteht „Marktfreiheit". Jeder, der zum Teilnehmerkreis   **377**
einer festgesetzten Veranstaltung gehört, hat nach § 70 Abs. 1 GewO ein Recht auf
Teilnahme und kann im Einzelfall nur aus sachlichen Gründen ausgeschlossen werden. Der Teilnehmerkreis kann durch **Teilnahmebestimmungen** konkretisiert werden
(s. Abs. 2)[527], die ihrerseits diskriminierungsfrei sein müssen[528]. Vor allem aber kann
ein einzelner Bewerber (der eigentlich zum Teilnehmerkreis gehört) **aus sachlich gerechtfertigten Gründen ausgeschlossen** werden, § 70 Abs. 3 GewO. Hierbei handelt
es sich um eine Ermessensentscheidung, die einer Begründung bedarf, um dem Betroffenen einen angemessenen Rechtsschutz zu gewährleisten[529] (s. ausf am Beispiel
eines Weihnachtsmarktes ▶ **Klausurenkurs Fall Nr 6**). Die weitaus meisten Entscheidungen zum Marktgewerbe betreffen die Frage nach den Grenzen des Teilnah-
meanspruchs. Damit wird das Marktgewerbe zu einem gesetzlich ausgestalteten
Verteilungsverfahren[530]. Die unbestreitbare grundrechtliche Relevanz solcher Verteilungsverfahren verlangt „eine dem Grundrechtsschutz angemessene Verfahrensgestaltung"[531]. Dies beeinflusst die Vergabekriterien (s. ausf ▶ **Klausurenkurs Fall Nr 6**),
bedingt aber vor allem auch ein für alle Bewerber einheitliches, vorher festgelegtes
und deshalb gerichtlich überprüfbares Verfahren.

a) Vergabekriterien in Knappheitssituationen

In der Praxis wird die Entscheidung über die Vergabe von Standplätzen regelmäßig zu   **378**
einem Beispielsfall einer **staatlichen Verteilungsentscheidung in Knappheitssituationen** (s. Rn 109). Dies ist vor allem darauf zurückzuführen, dass es – ganz im Einklang mit der Rechtsprechung des BVerfG etwa zu Studienplätzen – einen grundrechtlichen Anspruch auf Kapazitätserweiterung auch im Marktrecht nicht gibt[532], sich
damit aber zugleich der Zulassungsanspruch in einen Anspruch auf Teilhabe an einem
transparenten und diskriminierungsfreien Vergabeverfahren wandelt.

In **Fall 32a (Rn 361)**[533] besteht daher kein Anspruch auf Erweiterung des Festplatzes. Der   **379**
Platzmangel ist als Grenze des Teilnahmeanspruches ausdrücklich geregelt. § 70 Abs. 3 GewO
ist eine Berufsausübungsregel, die in ihrer Wirkung sogar partiell einer Berufswahlbeschrän-

---

527 Zum fließenden Übergang zwischen Abs. 1 und 2 s. *Ennuschat*, in: Tettinger/Wank/Ennuschat,
      GewO, § 70 Rn 14 f.
528 Insoweit übernimmt § 70 Abs. 2 GewO die Funktion des kartellrechtlichen Diskriminierungsverbots
      des § 26 Abs. 2 GWB, dazu *Schönleiter*, in: Landmann/Rohmer, GewO, § 70 Rn 9. Dazu, dass die
      Veranstalter von Märkten bzw Messen ihrerseits an § 26 Abs. 2 GWB gebunden sein können s. OLG
      Koblenz, GewArch. 1989, 346 (Dürkheimer Wurstmarkt) sowie OLG Düsseldorf, WRP 1987, 734
      (Art Cologne).
529 Zu treffen ist die Auswahlentscheidung durch den Veranstalter, zu dessen Gunsten der Markt festge-
      setzt wurde, s. VG Stuttgart, NVwZ 2007, 614.
530 Zum Begriff des Verteilungsverfahrens ausf *Wollenschläger*, Verteilungsverfahren, 2010, 2 ff.
531 BVerfG, NJW-RR 2003, 203 zur Ausschreibung von Notarstellen.
532 OVG Hamburg, GewArch. 1987, 303, 305.
533 Zum Sachverhalt s. VGH München, NVwZ-RR 2003, 837; grundlegend BVerwG, NVwZ 1984, 585
      = GewArch. 1984, 265; s. auch OVG Lüneburg, GewArch. 2002, 428; VG Schleswig, NVwZ-RR
      1999, 308.

kung gleichkommt, soweit Kommunen für bestimmte Marktformen ein Veranstaltungsmonopol besitzen. Da der generalklauselartige Begriff des „sachlichen Grundes" durch eine jahrzehntelange Rechtsprechung konkretisiert wurde, liegt darin nach üM kein Verstoß gegen das Bestimmtheitsgebot[534]. Aus systematischen Gründen ist dieser Tatbestand allerdings eng auszulegen; er modifiziert zwar den Grundsatz der Marktfreiheit, hebt ihn jedoch nicht auf[535]. Der Veranstalter hat aber auch hinsichtlich der Verteilung der Standplätze auf verschiedene Arten von Bewerbern einen Gestaltungsspielraum. Deswegen ist es nicht zu beanstanden, wenn beispielsweise bei einem kleineren Jahrmarkt nur ein Autoskooter zugelassen wird[536]. Es ist aber genauso zulässig, dass der Veranstalter dadurch auf die Ausgewogenheit der Angebote achtet, dass er bei den Kontingenten nach Angebotsgruppen differenziert und zB die Zahl der Glühweinstände beschränkt[537] (auch dazu näher ▶ **Klausurenkurs Fall Nr 6**).

380   Das Gesetz nennt allerdings keine Kriterien für die Auswahlentscheidung. Denkbar sind ganz unterschiedliche **Auswahlkriterien**, die allerdings nicht ohne weiteres den Anforderungen an ein transparentes und diskriminierungsfreies Verfahren[538] gerecht werden:

- Prioritätsgrundsatz
- Losentscheid
- rollierendes System
- Ortsansässigkeit
- Keine Zulassung zweier Ehegatten
- „bekannt und bewährt"
- Attraktivität des Angebots für das Publikum

381   Unzulässig sind rein „formelle" Ansätze: Der **Prioritätsgrundsatz** überzeugt nicht, weil er die Chancengleichheit nicht sicherstellt und bei begrenzten Kontingenten dem Teilhabeanspruch nicht gerecht wird[539]. Dem **Losentscheid** fehlt die Ausrichtung am Kriterium inhaltlicher Gerechtigkeit[540]. Das **„rollierende System"** führt jedenfalls dann, wenn der Kreis der Bewerber nicht auf Jahre gleich bleibt, ebenfalls zu Problemen[541]. Deswegen können verfahrensrechtliche Kriterien allenfalls ergänzend neben den materiellen Auswahlkriterien zur Anwendung kommen[542].

---

534   VGH Mannheim, GewArch. 1979, 335; *Schönleiter*, in: Landmann/Rohmer, GewO, § 70 Rn 12; *Ennuschat*, in: Tettinger/Wank/Ennuschat, GewO, § 70 Rn 26; aA *Roth*, WuV 1985, 56, 57 f.
535   BVerwG, NVwZ 1984, 585.
536   OVG Lüneburg, NJW 2003, 531.
537   VGH München, NVwZ-RR 2003, 837.
538   Zu dieser Forderung bereits *Schmitz*, GewArch. 1977, 76, 79.
539   Jedenfalls darf der Prioritätsgrundsatz nicht zum alleinigen Kriterium werden, s. VGH Mannheim, GewArch. 1979, 335. Für eine Anwendung des Prioritätsgrundsatzes allerdings VGH München, GewArch. 1982, 236; auch die amtl. Begründung stellte auf dieses Merkmal ab, s. BT-Drucks. 7/3859, S. 16.
540   Zu Recht ablehnend deswegen *Ennuschat*, in: Tettinger/Wank/Ennuschat, GewO, § 70 Rn 52 f; *Schönleiter*, in: Landmann/Rohmer, GewO, § 70 Rn 23; aA allerdings OVG Lüneburg, NVwZ-RR 2006, 177 sowie im Nachgang BVerwG, NVwZ-RR 2006, 786.
541   VGH Mannheim, GewArch. 1979, 335, 336.
542   Dazu auch *Heitsch*, GewArch. 2004, 225, 229.

Auch die angesprochenen materiellen Kriterien begegnen Bedenken. Weder die **Orts-** **382**
ansässigkeit[543] noch der Umstand, dass bereits ein **Ehegatte** zugelassen wurde[544],
können sachgerechte Kriterien darstellen. „**Bekannt und bewährt**" ist genauso wie
„**Attraktivität**" ein grundsätzlich sachbezogenes Kriterium, das freilich in seiner
konkreten Anwendung die Chancengleichheit von Alt- und Neubewerbern sicherstellen muss, so dass nicht ausschließlich auf das Merkmal „bekannt und bewährt" abgestellt werden kann, da es Neubewerber, die sich diesen Status erst verdienen müssten,
ausschließt. Die Rechtsprechung verlangt daher, dass Neubewerbern jedenfalls „in einem erkennbaren zeitlichen Turnus" eine Zulassungschance eingeräumt wird[545]. Gerade das **Merkmal der Attraktivität** zeigt die Problematik inhaltlicher Kriterien. In
bestimmten Bereichen, etwa bei Fahrgeschäften, haben sich bestimmte Standards entwickelt, die es schwer machen, das attraktivere Angebot herauszufinden. Außerdem
kommt es für die Attraktivität eines Angebots auf das Urteil der Besucher an, so dass
dem Veranstalter jedenfalls ein gewisser Beurteilungsspielraum eingeräumt werden
muss. Deswegen kommt in der Praxis häufig eine **Kombination** verschiedener Kriterien zum Einsatz. Dennoch lässt sich auch so keine völlige Gleichbehandlung erreichen. Bekannte Bewerber werden dadurch bevorzugt, dass lediglich ein bestimmter
Anteil an Plätzen für Newcomer reserviert wird[546] oder zwischen diesen eine Rang-
liste erstellt wird, die für die Reihenfolge auf der „Nachrückerliste" auf die Zahl der
vergeblichen Bewerbungen in den Vorjahren abstellt[547]. Feste Grundsätze haben sich
in der Rechtsprechung freilich bisher nicht entwickelt, die Praxis bevorzugt weiterhin
in weitem Umfang die Stammbeschicker.

b) Konsequenzen für das Verwaltungsverfahren

Die grundrechtliche Relevanz verlangt „eine dem Grundrechtsschutz angemessene **383**
Verfahrensgestaltung", dh ein für alle Bewerber „einheitliches, willkürfreies und nach-
vollziehbares Auswahlverfahren"[548]. Gleichwohl hat das der Auswahlentscheidung
vorgelagerte „Vergabeverfahren" bisher noch nicht die gebührende Aufmerksamkeit
gefunden[549]. Schon im Vorfeld muss ein Vergabekonzept entwickelt[550] und bekannt gemacht werden. Empfehlenswert, wenngleich weder gewerberechtlich noch (bei kommunalen Veranstaltern) kommunalrechtlich geboten, ist die Aufstellung schriftlicher

---

543 VGH Mannheim, GewArch. 2001, 420. Das Merkmal der Ortsansässigkeit kann auch nicht aus der
    GemO abgeleitet werden, deren Anwendung im Zusammenhang mit einem nach der GewO festge-
    setzten Markt bereits an Art. 31 GG scheitert.
544 BVerwG, NVwZ 1984, 585, 586.
545 Grundlegend BVerwG, NVwZ 1984, 585; s. auch OVG Lüneburg, NJW 2003, 531; VG Schleswig,
    NVwZ-RR 1999, 308. Dazu muss auch ein Stammbeschicker mit dem Risiko der Nichtzulassung be-
    lastet werden, s. VG Gießen, GewArch. 2005, 340.
546 Zu einem Beispiel OVG Münster, GewArch. 1991, 229.
547 Dazu VGH München, NVwZ-RR 2003, 837.
548 OVG Rheinland-Pfalz, Beschluss v. 26.8.2008 – 6 B 10876/08.OVG.
549 S. aber VGH München, NVwZ-RR 2003, 771; *Kupfer*, Staatliche Verteilungslenkung, S. 227 f; *Wol-
    lenschläger*, Verteilungsverfahren, 2010, S. 335 ff.
550 S. dazu OVG Lüneburg NVwZ-RR 2006, 177, 178; VG Oldenburg, NVwZ-RR 2005, 127; *Wagner*,
    in: Friauf, GewO, § 70 Rn 53; verneinend OVG Koblenz, LKRZ 2008, 477; VGH München,
    GewArch. 1996, 477, 478.

Vergaberegeln[551]. Erforderlich ist jedenfalls eine vorherige Ausschreibung[552] und damit verbunden die Bekanntgabe der beabsichtigten Vergabekriterien. Abzuleiten sind diese Ansprüche aus Art. 12 GG und Art. 3 GG[553] sowie dem Unionsrecht. Die Rechtsprechung geht davon aus, dass unterlegene Bewerber jedenfalls einen Anspruch auf Bescheidung haben[554]. Als belastender Verwaltungsakt bedarf eine solche Ablehnungsentscheidung auch der **Begründung** (s. § 39 Abs. 1 VwVfG)[555]. Diese muss insbesondere erkennen lassen, nach welchen Gesichtspunkten die Auswahl erfolgt ist und auf welche tatsächlichen und rechtlichen Überlegungen die Behörde ihre Ermessensentscheidung gestützt hat. Ansonsten ist die Ablehnung rechtswidrig[556].

384   Die unionsrechtlichen Anforderungen werden in **Fall 32d** (Rn 361) relevant. Nach bisherigem Recht ist insbesondere die Dienstleistungsfreiheit einschlägig. Diese kann im Rahmen der Verteilungsentscheidung berücksichtigt werden. Soweit ausländische Anbieter nicht wegen ihrer Herkunft ausgeschlossen werden, begegnet es auch keinen Bedenken, wenn sie bei der Verteilung knapper Ressourcen diskriminierungsfrei, aber eben nicht bevorzugt berücksichtigt werden. Damit entsprechen die Voraussetzungen denjenigen des § 70 Abs. 3 GewO, der eine Anknüpfung an den Wohnsitz nicht zulässt. Die Dienstleistungsfreiheit vermittelt genauso wenig wie die Grundrechte einen Anspruch auf Kapazitätserweiterung[557]. § 70 Abs. 3 GewO ist damit unionsrechtskonform. Die Beschränkung auf lokale Anbieter ist im Marktrecht grundsätzlich nicht zulässig.

c) Rechtsschutzfragen

385   aa) **Rechtsnatur der Rechtsbeziehungen zwischen Veranstalter und Marktteilnehmer und Rechtsweg.** Besondere Schwierigkeiten kann der **Rechtsschutz der nicht zugelassenen Bewerber** bereiten. Da Veranstalter eines Marktes nicht notwendigerweise ein Hoheitsträger ist, stellt sich die Frage nach der Einordnung der entsprechenden Rechtsbeziehungen, die gleichzeitig über den Rechtsweg entscheiden. Die Zulassungsentscheidung ist vom Veranstalter zu treffen, zu dessen Gunsten die Festsetzung erfolgt ist[558]; damit richtet sich auch der Zulassungsanspruch immer gegen den Veranstalter. Andererseits machen die §§ 69 f GewO das Verfahren nicht notwendigerweise zu einem öffentlichrechtlichen[559]. Sofern es sich bei dem Veranstalter um einen Ho-

---

551   OVG Lüneburg, NVwZ 1983, 49, 51; VGH Mannheim, NVwZ-RR 2001, 159, 160; VG Mainz, GewArch. 2004, 418, 419.
552   VG Köln, NVwZ-RR 2009, 327; *Braun*, NVwZ 2009, 747, 748 mit europarechtlicher Begründung (Dienstleistungskonzession); allgemeiner *Dornhauser*, NVwZ 2010, 931, 934.
553   S. auch *Wollenschläger*, Verteilungsverfahren, 2010, 324 ff.
554   Vgl VG Mainz, GewArch. 2004, 418.
555   VGH München, NVwZ-RR 2003, 837; *Frotscher/Kramer*, Rn 435. Der Begründungsmangel kann nach § 45 Abs. 1 Nr 2, Abs. 2 VwVfG geheilt werden.
556   VGH München, NVwZ-RR 2003, 837; VG Neustadt, GewArch. 2003, 339.
557   *Becker*, JuS 2000, 348, 351.
558   VG Stuttgart, NVwZ 2007, 614.
559   VG Neustadt, GewArch. 2008, 361, vor allem auch mit dem Hinweis auf das vergaberechtliche Parallelproblem, s. BVerwG, NVwZ 2007, 820; insbesondere ist in der Festsetzung keine Beleihung zu sehen, vgl *Hilderscheid*, GewArch. 2008, 54; aA *Hösch*, GewArch. 1996, 402, 405. Für eine solche Beleihung fehlen aber die rechtlichen Voraussetzungen (insbesondere eine Rechtsgrundlage) und außerdem das Bedürfnis, da es auch sonst nichts Ungewöhnliches ist, dass in einem Rechtsstreit rechtswegfremde Vorfragen zu entscheiden sind.

heitsträger handelt, stellen sich die Rechtsbeziehungen grundsätzlich als öffentlich-rechtlich dar, es sei denn, dieser gestaltet sie ausdrücklich privatrechtlich aus. Bei einem **privaten Veranstalter** stellen sich – trotz des gewerberechtlichen Teilnahme-anspruches aus § 70 GewO, der auch den privaten Veranstalter verpflichtet – die Rechtsbeziehungen zwischen Veranstalter und Marktteilnehmer als privatrechtlich dar[560]. Besondere Probleme wirft damit die Veranstaltung des Marktes **durch einen Hoheitsträger mit den Mitteln des Privatrechts** auf.

Die hM legt dabei die Zweistufentheorie zugrunde. Auch bei privatrechtlicher Abwicklung des Leistungsverhältnisses (etwa dann, wenn mit den Marktbeschickern privatrechtliche Verträge abgeschlossen werden), soll sich die Zulassungsentscheidung (das „Ob") nach dem öffentlichen Recht richten, so dass der Verwaltungsrechtsweg gegeben ist[561]. Damit ist auch in **Fall 32a–d (Rn 361)** der Anspruch auf Teilnahme an einem festgesetzten Markt, der sich gegen eine Gemeinde als Veranstalter richtet, vor den Verwaltungsgerichten geltend zu machen. Fehlt es an einer ausdrücklichen Entscheidung über das „Ob" und werden von der Gemeinde lediglich privatrechtliche Verträge abgeschlossen, so ist zu differenzieren. In der Tat ist dann eine Klage vor dem VG auf Abschluss eines entsprechenden Vertrages nicht möglich[562]; möglich bleibt jedoch eine entsprechende Feststellungsklage. Davon wiederum ist die materiell-rechtliche Frage zu unterscheiden, inwieweit der Veranstalter die Zuteilungsentscheidung auf einen Dritten übertragen darf. Wird die Durchführung des Marktes wie in **Fall 32e (Rn 361)** auf eine Kommission bzw eine Veranstaltungs-GmbH übertragen, muss zunächst diese „Einschaltung" rechtlich qualifiziert werden[563]. Fungiert die Gemeinde dagegen weiterhin als Veranstalter, so kann sie sich eines Privaten als Verwaltungshelfer bedienen[564]; allerdings darf diesem die Entscheidung über die Vergabe nicht übertragen werden[565]. Insoweit muss auf der Grundlage der hM die Vergabe zwingend zweistufig ausgestaltet werden[566]. Allenfalls dann, wenn die Gemeinde weiterhin bestimmenden Einfluss auf die Durchführung des Festes hat, kann ein vor den Verwaltungsgerichten zu verfolgender „Verschaffungsanspruch" gegenüber der Gemeinde angenommen werden. Bei einer echten (materiellen) Privatisierung, besteht lediglich ein Anspruch gegenüber dem Privaten, der dann auf dem Zivilrechtsweg zu verfolgen wäre. | 386

bb) Die in Betracht kommenden Klagearten. Die Zulassung eines Teilnehmers durch einen hoheitlich handelnden Veranstalter stellt einen Verwaltungsakt dar. Damit ist im Falle der Ablehnung Verpflichtungsklage zu erheben. Erledigt sich der Antrag durch das Verstreichen des Termins, ist die Fortsetzungsfeststellungsklage einschlägig. Besonderheiten ergeben sich, falls (aus Raumgründen oder wegen des Konzeptes | 387

---

560 Ebenso *Schönleiter*, in: Landmann/Rohmer, GewO, § 70 Rn 27; *Wagner*, in: Friauf, GewO, § 70 Rn 61.
561 VGH Mannheim, GewArch. 1979, 335; VGH Kassel, NVwZ-RR 1994, 650, 651; *Schönleiter*, in: Landmann/Rohmer, GewO, § 70 Rn 27; aA OVG Koblenz, NVwZ 1987, 519; ausf *Hilderscheid*, GewArch. 2008, 54, 61.
562 VG Neustadt, GewArch. 2008, 361; dazu schon vorher *Ruthig*, NZBau 2005, 497 ff.
563 S. hierzu näher *Frotscher/Kramer*, Rn 461 f; *Hösch*, GewArch. 1996, 402; *Lässig*, NVwZ 1983, 18.
564 BVerwG, NVwZ 1991, 59; VGH Mannheim, DÖV 2010, 147 (Leitsatz); VGH München, GewArch. 1999, 197 f; VG Augsburg, GewArch. 2000, 200.
565 VG Stuttgart, GewArch. 2008, 302.
566 *Ennuschat*, in: Tettinger/Wank/Ennuschat, GewO, § 70 Rn 65 f; *Schalt*, GewArch. 1991, 409; krit dazu *Hilderscheid*, GewArch. 2008, 54, 61.

des Veranstalters) eine Zulassung des abgelehnten Bewerbers voraussetzt, dass ein anderer Teilnehmer ausgeschlossen wird.

388   Im **Fall 32a (Rn 361)** ist daher die Fortsetzungsfeststellungsklage statthaft[567]. Dies gilt unabhängig davon, ob Rechtsschutz vor Erledigung durch eine Verpflichtungsklage oder möglicherweise durch eine Kombination von Anfechtungs- und Verpflichtungsklage gewährt wird. Diese Frage ist umstritten. Für die Fälle der Konkurrentenverdrängungsklage (Mitbewerberklage), in denen also mehr Anträge gestellt wurden als Standplätze zur Verfügung stehen[568], hält die hM die Verpflichtungsklage für nicht ausreichend, sondern verlangt zusätzlich die Anfechtung der Genehmigung eines Konkurrenten[569]. Selbst dann, wenn die Zahl der Konkurrenten überschaubar und dem unterlegenen Antragsteller bekannt ist, stößt diese Forderung auf Bedenken, da offen und für den unterlegenen Antragsteller irrelevant ist, welcher der positiv beschiedenen Konkurrenten an seiner Stelle weichen muss. Erst recht gilt dies, wenn – wie bei den Glühweinständen – dem unterlegenen Bewerber nicht einmal bekannt ist, ob nicht möglicherweise doch ein weiterer Glühweinstand zugelassen werden kann[570]. Sofern allerdings die Entscheidungen mitgeteilt wurden, ist eine Anfechtung erforderlich, um die formelle Bestandskraft dieser Verwaltungsakte zu vermeiden[571]. Auch die Nichteinhaltung der Zuständigkeiten innerhalb der Gemeinde kann gerügt werden[572]. Leidet die Verteilungsentscheidung an einem Begründungsmangel (s. zu den Begründungspflichten oben Rn 383), hat der unterlegene Mitbewerber jedenfalls einen Anspruch auf erneute Verbescheidung[573].

389   Aus Zeitgründen werden viele Rechtsstreitigkeiten im **Verfahren des vorläufigen Rechtsschutzes** ausgetragen, da eine Entscheidung in der Hauptsache häufig zu spät käme. Da Rechtsschutz in der Hauptsache über eine Verpflichtungsklage gewährt wird, handelt es sich um ein Verfahren nach § 123 VwGO. Der Rechtsschutz scheitert angesichts des Art. 19 Abs. 4 GG nicht schon daran, dass die Kapazitäten erschöpft sind[574] (s. auch ▶ **Klausurenkurs Fall Nr 6**).

390   In **Fall 32b (Rn 361)** kann das Gericht daher nicht allein auf die Erschöpfung der Platzkapazität abstellen. Auch im Verfahren des vorläufigen Rechtsschutzes ist deswegen eine entsprechende Verpflichtung des Veranstalters auszusprechen. Dem stehen weder gewerberechtliche Gründe noch das sog. Verbot der Vorwegnahme der Hauptsache entgegen[575].

---

567   S. auch OVG Lüneburg, NVwZ 2003, 531 zu einem Autoskooter auf einem Volksfest.

568   Zu den verschiedenen Fallgruppen von Konkurrentenklagen und der Terminologie m. umfangreichen N. zum Meinungsstand s. *Kopp/Schenke*, VwGO, § 42 Rn 45 ff; s. auch *Schenke*, Verwaltungsprozessrecht, Rn 276.

569   BVerwG, DVBl 2000, 1614; OVG Berlin, DVBl 1991, 1266; OVG Magdeburg, DVBl 1996, 162; VGH Mannheim, NVwZ-RR 1993, 291.

570   Zu dem hier dem Veranstalter eingeräumten Gestaltungsspielraum s. VGH München, NVwZ-RR 2003, 837.

571   S. näher *Kopp/Schenke*, VwGO, § 42 Rn 48; zu dem Versuch, einen einheitlichen „Verteilungsverwaltungsakt" zu konstruieren s. *Pöcker*, DÖV 2003, 193.

572   VGH München, NVwZ-RR 2003, 771; VGH Mannheim, NVwZ-RR 1992, 90.

573   S. auch VG Mainz, GewArch. 2004, 418.

574   BVerfG, NJW 2002, 3691, 3692. Anders zuvor beispielsweise OVG Bautzen, NVwZ-RR 1999, 500.

575   VG Gelsenkirchen v. 27.7.2007, 7 L 776/07; v. 19.6.2007, 7 L 340/07; bestätigt von OVG Münster v. 13.7.2007, 4 B 1001/07.

4. Märkte und Volksfeste als kommunale Einrichtungen

Die Gemeinde kann einen Markt auch als kommunale Einrichtung nach der Gemein- **391** deordnung betreiben (zB das Münchener Oktoberfest[576]) oder sich sogar auf die Erteilung von Sondernutzungserlaubnissen nach dem Landesstraßenrecht beschränken[577]. Das Marktrecht und das Recht der kommunalen Einrichtungen unterscheiden sich in einem wesentlichen Punkt. Während § 70 GewO eine diskriminierungsfreie Vergabe der Standplätze fordert und dabei eine Berücksichtigung der Ortsansässigkeit gerade ausschließt, räumen die Gemeindeordnungen aller Bundesländer den Gemeindebürgern und bestimmten gleichgestellten Gewerbetreibenden bzw juristischen Personen einen Bevorzugungsanspruch ein[578]. Dieser kann – soweit ihn die Gemeinde bei der konkreten Widmung überhaupt gewährt – mit den gewerberechtlichen Grundsätzen der Teilnahmefreiheit kollidieren. Das Verhältnis beider stellt sich wie folgt dar: Soweit es sich um einen **festgesetzten Markt** handelt, verdrängt § 70 GewO die landesrechtlichen Bestimmungen über die Zulassung zu kommunalen Einrichtungen[579]. An diesem Verhältnis ändert sich grds. (also vorbehaltlich expliziter Konkurrenzregelungen) auch nichts, wenn die Länder von ihrer Gesetzgebungskompetenz im Marktgewerbe Gebrauch machen[580]. Damit kommt ungeachtet der Ausgestaltung der Widmung der kommunalrechtliche Bevorzugungsanspruch nicht zur Anwendung. Verzichtet die Gemeinde auf eine gewerberechtliche Festsetzung des Marktes wird das Kommunalrecht selbstverständlich nicht durch das Gewerberecht überlagert[581]. In diesem Fall greift der Bevorzugungsanspruch, sofern sich nicht aus der Ausgestaltung der Widmung ergibt, dass die Gemeinde auch Nichteinwohner in gleicher Weise in den Kreis der Nutzungsberechtigten einbezieht[582].

In **Fall 32d (Rn 361)** kann sich S nicht auf einen kommunalrechtlichen Zulassungs- bzw Be- **392** vorzugungsanspruch berufen, da dieser nur dann eingreift, wenn Märkte als kommunale Einrichtung betrieben und nicht nach der GewO festgesetzt werden. Allerdings muss auch dann die Gemeinde nicht nur die kommunalrechtlichen Vorgaben einhalten, sondern bei der Gestaltung der Auswahlkriterien auch den grundrechtlichen Vorgaben genügen[583]. Im Ergebnis haben sich die gewerberechtlichen und die kommunalrechtlichen Vergabegrundsätze aneinander angenähert. Dies gilt beispielsweise für die Zuverlässigkeit[584], aber auch hinsichtlich verfah-

---

576 VGH München, NVwZ 1982 120; NVwZ-RR 1999, 574 f; NVwZ-RR 2000, 779.
577 S. dazu *Heitsch*, GewArch. 2004, 225, 230; *Meßmer*, GewArch. 2002, 409. Dabei lassen sich zwei Modelle unterscheiden. Entweder erteilen die Kommunen jedem einzelnen Bewerber für einen Standplatz eine Sondernutzungserlaubnis, oder sie erteilen dem Veranstalter eine Sondernutzungserlaubnis, der dann seinerseits aufgrund privater Verträge die Teilnehmer „zulässt". Krit insbesondere zur letzten Variante *Schalt*, GewArch. 2002, 137, 139 ff.
578 Dazu beispielsweise Art. 21 BayGO, § 10 GemO BW; § 14 GemO RP.
579 OVG Lüneburg, GewArch. 2005, 258; VGH Mannheim, GewArch. 2001, 420; *Hösch*, GewArch. 1996, 402, 406.
580 Für Rheinland-Pfalz bedeutet dies etwa, dass bei Beantragung einer Festsetzung nach LMAMG das aus der Festsetzung nach § 11 LMAMG folgende Teilnahmerecht (§ 15 LMAMG) entscheidet.
581 *Frotscher/Kramer*, Rn 459 f; *Becker/Sichert*, JuS 2000, 144, 145; aA *Pitschas*, BayVBl. 1982, 641, 644; im Ergebnis ähnlich *Fastenrath*, NWVBl. 1992, 51, 54.
582 S. auch *Spannowsky*, GewArch. 1995, 265, 268.
583 VGH München, NVwZ-RR 1999, 574 mN zur stRspr zum Oktoberfest.
584 Zum Erfordernis der Zuverlässigkeit VGH München, NVwZ-RR 1999, 574.

rensrechtlicher Anforderungen. So ist es nicht nur zulässig, sondern zur Sicherstellung der Chancengleichheit von Bewerbern geboten, dass ein zweistufiges Vergabeverfahren durchgeführt wird, also zunächst interessierte Gewerbetreibende dazu aufgefordert werden, sich innerhalb einer bestimmten (Ausschluss-)Frist zu bewerben, bevor dann aus dem Kreis der Bewerber die zuzulassenden Beschicker ausgewählt werden[585]. Vor allem stellt sich bei kommunalen Einrichtungen die Frage, inwieweit das **Einwohnerprivileg der Gemeindeordnungen** europarechtskonform ist[586]. Der EuGH sieht in allen nationalen Vorschriften, die eine Residenzpflicht als Voraussetzung für die Aufnahme einer selbstständigen Tätigkeit begründen, eine Beschränkung der Dienstleistungsfreiheit[587]. Sie ist nur zu rechtfertigen, wenn sich der mit dem Einwohnerprivileg verfolgte Zweck als „zwingender Grund des Allgemeininteresses" und als verhältnismäßig erweist[588]. Ein derartiges Allgemeininteresse kann allenfalls angenommen werden, wenn die **kommunale Einrichtung einen besonderen Ortsbezug** aufweist, indem etwa durch eine Ausstellung des lokalen Kunsthandwerks die örtliche Wirtschaft gefördert oder speziell die Einwohnerschaft als Besucherkreis angesprochen werden soll. Bei Großveranstaltungen wie dem Münchener Oktoberfest ist dieser Ortsbezug zweifelhaft[589].

393 Aus dem Marktrecht folgt grds. kein Anspruch darauf, dass eine Veranstaltung auch nach der GewO festgesetzt wird. Ein solcher Anspruch kann auch nicht damit begründet werden, dass nur bei einer solchen Festsetzung die Marktprivilegien greifen und zB die Reisegewerbekartenpflicht entfallen lassen (s. schon oben Rn 368). Dies gilt grundsätzlich auch in **Fall 32e** (Rn 361). Allerdings besteht die Besonderheit darin, dass sich die Gemeinde in ihrer Satzung selbst zur Festsetzung verpflichtet hat. Insoweit könnte man aus der Satzung einen Anspruch auf Festsetzung ableiten.

394 Die (internen) Zuständigkeiten ergeben sich bei der **Gemeinde als Veranstalterin** selbst dann aus dem Kommunalrecht, wenn es sich (auch) um einen nach § 69 GewO festgesetzten Markt handelt.

Daher ist davon auszugehen, dass die Festlegung der allgemeinen Vergaberichtlinien nach Organzuständigkeiten dem Gemeinde- bzw Stadtrat obliegt, während die konkrete Vergabe eine **Angelegenheit der „laufenden Verwaltung"** darstellt und daher der Bürgermeister zuständig ist, was eine Delegation an einen Ausschuss nicht ausschließt (siehe auch Rn 395 zu **Fall 32e**)[590]. Allerdings wäre eine völlige Übertragung der Kompetenzen auf einen Beirat, der sich ausschließlich aus Nicht-Gemeinderatsmitgliedern zusammensetzt und auf die die Gemeinde durch Richtlinien oder Weisungen keinen Einfluss mehr hat, unzulässig, da es der Gemeinde verwehrt ist, „neben den gesetzlich vorgesehenen Organen weitere Entscheidungsträger zu schaffen"[591]. Ein Verstoß gegen diese sachliche Zuständigkeitsverteilung ist daher auch nicht gem. §§ 45, 46 VwVfG heil-

---

585 VGH München, NVwZ-RR 2000, 779.

586 Ausführlich zu dieser Frage *Spannowsky*, GewArch. 1995, 265 ff; *Fastenrath*, NWVBl. 1992, 51 ff. Da das Kriterium der Ortsansässigkeit nicht nach der Staatsangehörigkeit differenziert, handelt es sich nicht um eine Diskriminierung, sondern um eine Maßnahme gleicher Wirkung, s. Rn 59.

587 EuGH v. 3.12.1974, Rs. 33/74 – *„van Binsbergen"*, Slg. 1974, 1299, 1309; dazu *Fastenrath*, NWVBl. 1992, 51, 55; *Donhauser*, NVwZ 2010, 931, 936. S. auch zu differenzierenden Gebühren EuGH v. 16.1.2003, Rs. C-388/01 – *„Kommission/Italien"*, Slg. 2003, I-721 = NVwZ 2003, 459; *Behr*, LKV 2005, 104.

588 EuGH v. 3.12.1974, Rs. 33/74 – *„van Binsbergen"*, Slg. 1974, 1299, 1309.

589 *Becker*, JuS 2000, 348, 351; *Fastenrath*, NWVBl. 1992, 51, 56; *Spannowsky*, GewArch. 1995, 265, 273.

590 OVG Saarlouis, NVwZ-RR 2010, 972; VG Neustadt v. 31.8.2009 – 4 L 857/09; VG Oldenburg, NVwZ-RR 2005, 127.

591 VGH München, NVwZ-RR 2004, 599, 600; NVwZ 1999, 1122 ff.

bar, da sich die Heilung gem. § 45 Abs. 1 Nr 4, 5 VwVfG ebenso wie die Unbeachtlichkeit nach § 46 VwVfG nur auf die örtliche Zuständigkeit bezieht. Soweit die Gemeinde weiterhin maßgeblichen Einfluss im Sinne von Mitwirkungs- und Weisungsrechten hat, handelt es sich weiterhin um eine öffentliche Einrichtung, so dass der Anspruch auf Zulassung gegen die Gemeinde zu richten ist[592]. Da allerdings auf die Beibehaltung einer öffentlichen Einrichtung kein Anspruch besteht, kann eine Gemeinde die Durchführung eines bisher als öffentliche Einrichtung durchgeführten Volksfestes grundsätzlich auch privatisieren[593].

In **Fall 32e** (**Rn 361**) bedeutet allein die Übertragung auf eine Kommission noch keine Privatisierung, sofern die Kommission die Aufgaben der Gemeinde zwar als rechtlich selbstständige, faktisch aber abhängige natürliche oder juristische Person vornimmt und damit als bloße Verwaltungshelferin einzuordnen ist[594]. Davon ist zB dann auszugehen, wenn die Gemeinde normativ die wesentlichen Grundsätze der Vergabe festlegt und die Kommission bloßes Ausführungsorgan ist, nicht aber, wenn die Kommission über die Zulassung selbstständig entscheidet. Für die Selbstständigkeit könnte vorliegend sprechen, dass eine zeitlich unbeschränkte Übertragung erfolgt ist und sich die Gemeinde damit ihrer Aufgabe und damit auch ihrer Grundrechtsbindung langfristig entledigen will. Allerdings bedürfte es ungeachtet der Frage der Grenzen der Privatisierung jedenfalls deutlicher Anhaltspunkte, dass die Gemeinde eine Privatisierung des Weihnachtsmarktes vornehmen will, die vorliegend in der bloßen Übertragung der Durchführung nicht zu sehen sind. Die Verpflichtungsklage auf Zulassung ist daher gegen die Gemeinde G zu richten, die passivlegitimiert ist. Die Zusammensetzung der Kommission und damit der Ablauf des konkreten Vergabeverfahrens verstoßen aber gegen § 20 Abs. 1 Nr 1 LVwVfG. Nach dieser Vorschrift darf in einem Verwaltungsverfahren nach § 9 LVwVfG nicht für eine Behörde tätig werden, wer selbst Beteiligter des Verwaltungsverfahrens ist. Auch bei der Vergabeentscheidung handelt es sich um ein Verwaltungsverfahren im Sinne des § 9 LVwVfG, da das Verfahren auf den Erlass eines VA, nämlich die Zulassung oder Ablehnung zum Weihnachtsmarkt, gerichtet ist, so dass § 20 LVwVfG im Fall Anwendung findet. Die Unparteilichkeit wird durch die Zusammensetzung der Kommission gerade nicht gewahrt, wenn zwei Vertreter des Schaustellergewerbes, die gem. § 13 Abs. 1 Nr 1 Alt. 1 LVwVfG Beteiligte sind, „mit am Entscheidungstisch sitzen"[595]. Ein solcher Verfahrensfehler führt gem. § 44 Abs. 3 Nr 2 LVwVfG nicht zur Nichtigkeit des erlassenen Bescheids, bedingt aber möglicherweise die Rechtswidrigkeit gem. § 46 LVwVfG, da nicht offensichtlich ist, dass die Verletzung der Verfahrensvorschrift die Entscheidung in der Sache nicht beeinflusst hat.

395

---

592   VGH Mannheim, GewArch. 2001, 420; OVG Koblenz, NVwZ 1982, 379, 380 f.
593   VG Freiburg, NVwZ-RR 2002, 139; VGH Kassel, DÖV 2008, 607. Zu weitgehend das aus Art. 28 Abs. 2 GG abgeleitete Privatisierungsverbot für einen „kulturell, sozial und traditionsmäßig bedeutsamen" Weihnachtsmarkt, dazu BVerwG, NVwZ 2009, 1305; krit dazu *Donhauser*, NVwZ 2010, 931, 933 f; *Kahl/Weißenberger*, LKRZ 2010, 81; *Schoch*, DVBl 2009, 1533; zu Grenzen der Privatisierung von Volksfesten allerdings auch schon vorher einzelne Stimmen in der Literatur, s. *Gröpl*, GewArch. 1995, 367; *Hösch*, GewArch. 1996, 402; *Schalt*, GewArch. 2002, 137, 140.
594   VG Freiburg, NVwZ-RR 2002, 139.
595   VG Stuttgart, GewArch. 2002, 200.

V. Gewerbeordnung und E-Commerce

1. Anwendbarkeit deutschen Gewerberechts auf in- und ausländische Gewerbetreibende

396 Das Internet bietet neue Möglichkeiten für die Gewerbetätigkeit. Waren und Dienstleistungen können im virtuellen „Raum ohne Grenzen" angeboten und bestellt werden. Zivilrecht und Internationales Privatrecht haben mittlerweile die Grundlagen geklärt: Wann nämlich ein Vertrag abgeschlossen wird (Willenserklärung per „Mausklick") und welchem Recht er dann unterliegt, wenn Leistungserbringer und -empfänger sich nicht in demselben Staat aufhalten. Das Internet unterliegt allerdings nicht nur den Vorschriften des Zivilrechts, sondern auch dem öffentlichen Recht. Man könnte also geneigt sein, für das „Internetgewerbe" der **Gewerbeordnung** einen „**Titel V**" anzufügen[596]. Nach § 4 TMG, der insoweit die E-Commerce-Richtlinie umsetzt, sind allerdings Teledienste **im Rahmen der Gesetze zulassungs- und anmeldefrei**. Dies bedeutet, dass es für die Wirtschaftstätigkeit im Internet keine besondere Genehmigungspflicht geben darf, dass andererseits das Unionsrecht aber nicht der Anwendung der allgemeinen (gewerberechtlichen) Vorschriften entgegensteht[597]. Gerade der offene Gewerbebegriff der GewO ist in der Lage, auf neue Entwicklungen zu reagieren und erfasst deswegen auch „virtuelle" Formen der Gewerbeausübung. Eine Erstreckung der gewerberechtlichen Anzeigepflicht nach § 14 GewO ist also genauso zulässig wie die Anwendung allgemeiner Genehmigungserfordernisse und der Ermächtigungsgrundlagen für ein behördliches Einschreiten.

397 Außerdem gelten für alle Rechtsmaterien, die für den elektronischen Rechtsverkehr relevant werden und damit auch das Gewerberecht, die **Vorschriften des Telemediengesetzes (TMG)**[598].

Die Informationspflichten der Diensteanbieter sind jetzt in § 5 TMG geregelt[599], beschränken sich allerdings auf die geschäftsmäßigen Telemedien, dh solche, die in der Regel gegen Entgelt angeboten werden. Sie gelten daher selbstverständlich für den elektronischen Handel. Darüber hinaus enthält das TMG Vorschriften für die Verantwortlichkeit von Anbietern. Erfasst werden vom Telemediengesetz unter dem neuen Begriff der Telemedien alle Informations- und Kommunikationsdienste, die nicht ausschließlich Telekommunikation oder Rundfunk sind; es gilt nach Maßgabe des § 1 Abs. 1 S. 2 TMG für alle Diensteanbieter, unabhängig davon, ob der Diensteanbieter die Nutzung seiner Angebote ganz oder teilweise unentgeltlich oder gegen Entgelt ermöglicht[600]. Telemedien sind danach beispielsweise Online-Angebote von Waren oder Dienstleistungen mit sofortiger Bestellmöglichkeit (zB Angebot von Verkehrs-, Wetter-, Umwelt- oder Börsendaten, Newsgroups, Chatrooms, elektronische Presse, Fernseh-/Radiotext, Teleshopping, Video-Abruf),

---

596 S. zu entsprechenden Forderungen *Schönleiter*, in: Robinski, K Rn 5.
597 *Höfling*, in: Friauf, GewO, § 34b Rn 11h mwN, insbesondere auch die amtl. Begründung zum TDG, BT-Drucks. 13/7385, S. 19. Ferner *Wimmer-Leonhardt*, JR 2005, 353, 354 mwN.
598 Zu diesem den Überblick bei *Holznagel*, NJW 2007, 743; *Hoeren*, NJW 2007, 801. Es wurde am 14.6.2007 als Hauptbestandteil des elektronischen Geschäftsverkehr-Vereinheitlichungsgesetzes (ElGVG) beschlossen. Das ElGVG und der 9. Rundfunkänderungsstaatsvertrag (RfÄStV) traten zeitgleich in Kraft. Damit finden Teledienstegesetz (TDG), Teledienstedatenschutzgesetz (TDDSG) und Mediendienste-Staatsvertrag (MDStV) keine Anwendung mehr.
599 Zu den Anforderungen nach dem bisherigen § 6 TDG s. BGH, NJW 2006, 3633.
600 BT-Drucks. 16/3078, S. 13 f.

wenn es sich nicht um einen Fernsehdienst handelt, Online-Dienste wie Internet-Suchmaschinen sowie die kommerzielle Verbreitung von Informationen über Waren und Dienstleistungen mit Hilfe von elektronischer Post.

Dennoch kann man die **Anwendbarkeit des deutschen Gewerberechts** nicht einfach   **398** unterstellen. Vielmehr sind zwei Fragen zu unterscheiden. Zunächst ist zu untersuchen, inwieweit eine gewerberechtliche Vorschrift überhaupt **auf das konkrete Internetangebot** anwendbar ist. Anschließend ist zu untersuchen, ob das deutsche Gewerberecht **auf die Internettätigkeit ausländischer Anbieter** zu erstrecken ist.

2. GewO und Internetsachverhalte am Beispiel von § 34b GewO und Internetauktionen

Ein anschauliches und viel diskutiertes Beispiel sind die Online-Auktionen, die sich   **399** mittlerweile weltweit zu einem der wichtigsten Märkte für Gebraucht-, aber auch einem wichtigen Absatzmarkt für Neuwaren entwickelt haben. Entsprechend wurden die Internetauktionen auch für das Gewerberecht „entdeckt"[601]. Spezielle Vorschriften gibt es für Internetversteigerungen bisher nicht, es könnten aber die allgemeinen Regelungen für Versteigerungen anwendbar sein, die sich in § 34b GewO und in der VerstV[602] finden. Vor allem aber ist es dem Versteigerer nach § 34b Abs. 6 Nr 4 GewO verboten, bewegliche Sachen aus dem Kreis der Waren zu versteigern, die er in seinem Handelsgeschäft führt, sofern dies nicht üblich ist. Weiterhin ist es ihm gem. § 34b Abs. 6 Nr 5b) GewO verwehrt, Neuwaren zu versteigern, die in offenen Verkaufsstellen angeboten werden.

In der Literatur wird häufig die Auffassung vertreten, Internetversteigerungen seien   **400** aus dem Versteigerungsbegriff der GewO herauszunehmen[603]. Teilweise wird behauptet, die entsprechenden Vorschriften „passen einfach nicht für Versteigerungen im Internet"[604]. Auch der Verordnungsgeber war anlässlich der Novellierung der VerstV der Ansicht, dass „[das] auf regionalen Strukturen aufbauende gewerberechtliche Instrumentarium der Versteigererverordnung … grundsätzlich nicht geeignet [erscheint],

---

601   Eingehend *Merten*, GewArch. 2006, 55 ff; *Wimmer-Leonhardt*, JR 2005, 353 ff jeweils mwN.
602   Verordnung über gewerbsmäßige Versteigerungen v. 24.3.2003 (BGBl. I, S. 547).
603   Vgl zu den Internetauktionen *Schönleiter*, in: Landmann/Rohmer, GewO, § 34b Rn 60. Vgl auch *Ennuschat*, in: Tettinger/Wank/Ennuschat, GewO, § 34b Rn 7. Ebenso allerdings die mittlerweile ganz hM, s. *Höfling*, in: Friauf, GewO, § 34b Rn 11b ff (Stand März 2001); *Fuchs/Demmer*, GewArch. 1997, 60, 63; *Bullinger*, WRP 2000, 253, 254 f; *Hösch*, GewArch. 2002, 257; *Huppertz*, MMR 2000, 65; *Merten*, GewArch. 2006, 55, 57; *Rüßmann/Reich*, K&R 2000, 116; *Schönleiter*, GewArch. 2000, 49 f; *Stögmüller*, K&R 1999, 391; aA *Höfling*, in: Friauf, GewO, § 34b Rn 16 ff; *Gaul*, WM 2000, 1783, 1786 f; *Klinger*, DVBl 2002, 814.
604   *Schönleiter*, in: Landmann/Rohmer, GewO, § 34b Rn 60; *Wimmer-Leonhardt*, JR 2005, 353, 353 (Fn 10); *Rüßmann/Reich*, K&R 2000, 116. Als Beleg wurde angeführt, dass sich insbesondere die Vorgaben der VerstV, etwa die Pflicht aus § 4 VerstV, eine Besichtigung der Ware zu ermöglichen und das Versteigerungsverbot an Sonn- und Feiertagen nach § 5 VerstV gar nicht einhalten ließen bzw keinen Sinn machten. Zu nennen wäre außerdem die Pflicht zur Anzeige von Versteigerungen gegenüber der zuständigen Behörde spätestens zwei Wochen vor dem Versteigerungsbeginn nach § 3 Abs. 1 S. 1 VerstV. Daneben enthält die VerstV detaillierte Vorgaben über den Ablauf einer Versteigerung (etwa nach §§ 7, 8 VerstV). Ein besonders schönes Beispiel lieferte § 14 VerstV aF, wonach während der Versteigerung keine geistigen Getränke verabreicht werden durften; zur Novellierung *Kopp*, GewArch. 2003, 400.

um auf einem räumlich nicht fassbaren grenzüberschreitenden Gebiet wie dem Internet durch Gewerbeämter vollziehbare Regelungen zu schaffen"[605]. Derartige pauschale Urteile lassen sich weder mit historischen noch teleologischen Erwägungen rechtfertigen.

401 Die **historische Argumentation**, insbesondere der Hinweis darauf, dass dem Gesetzgeber „seinerzeit das Phänomen der Internetauktionen nicht bekannt" war[606], ist genauso offensichtlich wie irrelevant, da es gerade die Aufgabe des Rechts ist, auf solche Konstellationen zu reagieren, die der historische Gesetzgeber nicht im Blick hatte. Auch die Einschätzung des Verordnungsgebers bei der Novellierung der VerstV ist allenfalls ein sekundäres Argument. Insbesondere das KG ergänzte die historischen daher um **teleologische Argumente**, die es der gewerberechtlichen Literatur entnahm[607]. Zum gewerberechtlichen Auktionsbegriff gehöre neben dem Höchstgebotsprinzip auch das typische „Hochschaukeln" der Angebote durch gegenseitiges Überbieten, das den Versteigerungsteilnehmer in mancher Hinsicht, insbesondere wegen des Zeitdrucks, unter dem die Gebote in klassischen Versteigerungen abgegeben werden, als besonders schutzbedürftig ... erscheinen lässt". Genau daran fehle es, so das KG, aber bei den Internetversteigerungen[608]. Die Schutzbedürfnisse dürften allerdings im Zusammenhang mit den Online-Auktionen jedenfalls angesichts schneller und dauerhafter Internetverbindungen kaum geringer sein als bei den „klassischen" Versteigerungen. Daran ändert sich auch dadurch nichts, dass es an einem „persönlichen" Eingreifen des Auktionators fehlt[609]. Umgekehrt begründet die Internetauktion durch die fehlende unmittelbare Inspektionsmöglichkeit und die Anonymität des virtuellen Raumes sogar besondere Gefahren[610]. Allerdings könnten teleologische Gründe den Versteigerungsbegriff auch nicht erweitern.

402 Die Frage ist daher entscheidend anhand des **Wortlauts der Vorschrift** zu beantworten. § 34b GewO verzichtet allerdings auf eine Definition der Versteigerung und die gewerberechtliche Literatur schenkte dieser Frage angesichts der recht klaren Situation bei herkömmlichen Präsenzversteigerungen bisher wenig Aufmerksamkeit. Folgt man dem Bundesgerichtshof, dann heißt Versteigern im Sinne von § 156 BGB, „(a) innerhalb einer zeitlich und örtlich begrenzten Veranstaltung (b) eine Mehrzahl von Personen auffordern, (c) eine Sache oder ein Recht in der Weise zu erwerben, dass diese Personen im gegenseitigen Wettbewerb, ausgehend von einem Mindestgebot, Vertragsangebote (Preisangebote) in Form des Überbietens dem Versteigerer gegen-

---

605 BR-Drucks. 147/03, S. 13 f.
606 KG, NJW 2001, 3271, 3272 f; ebenso *Schönleiter*, in: Landmann/Rohmer, GewO, § 34b Rn 60. Eingeführt wurde sie mit dem Gesetz zur Beseitigung der Missstände im Versteigerergewerbe v. 7.8.1933 (RGBl. I, S. 974).
607 Siehe auch *Ennuschat*, in: Tettinger/Wank/Ennuschat, GewO, § 34b Rn 1 f.
608 KG, NJW 2001, 3271, 3272 f: „Lebensnah ist ... davon auszugehen, dass es sich für die Mehrzahl der Bieter angesichts der Telefongebühren und des damit verbundenen Zeitaufwandes verbieten dürfte, die Abgabe von Angeboten anderer Bieter ständig zu überprüfen und darauf prompt zu reagieren. Damit findet schon kein auf augenblicks- und situationsbedingten Entschlüssen der Bieter beruhendes direktes Überbieten statt, das aber den praktischen Ablauf von Versteigerungen charakterisiert ...". Schon damals war diese Argumentation des KG alles andere als lebensnah.
609 So aber *Martini*, in: Pielow, GewO, § 34b Rn 22.
610 Vgl *Lindenberg*, Internetauktionen im Gewerbe- und Lauterkeitsrecht, 2007, S. 60 ff.

über abgeben, (d) der das höchste Gebot im eigenen oder fremden Namen annimmt"[611]. Der charakteristische Unterschied zum normalen Vertragsschluss liegt also darin, dass eine Mehrheit von Personen vorhanden ist, die durch gegenseitiges Überbieten einen bestimmten Gegenstand oder ein bestimmtes Recht erwerben wollen[612]. Nicht entscheidend ist es dagegen, dass dies in einem engen räumlichen Zusammenhang, dh bei gleichzeitiger Anwesenheit an einem bestimmten Ort, geschieht[613]. Außerdem muss der **Vertragsschluss durch Zuschlag** des Versteigerers[614] erfolgen. Ob diese Voraussetzungen gegeben sind, hängt entscheidend von der konkreten Gestaltung der „Online-Auktionen" ab.

Während die Landgerichte Hamburg und Wiesbaden in den gängigen Formen der Online-Auktionen zunächst eine Versteigerung im Sinne des § 34b GewO sahen[615], hat der BGH für eBay das Vorliegen einer Versteigerung verneint[616]. Ein Zuschlag nach § 156 BGB sei nicht vorgesehen, es handele sich vielmehr lediglich um eine vom Anbieter gesetzte Frist gem. § 148 BGB für die Annahme des Angebots durch den Meistbietenden. Der Vertrag komme somit nicht durch „einen Zuschlag, unmittelbar durch Zeitablauf, zu Stande, sondern durch die Abgabe des Höchstgebots, mit dem der Bekl. das befristete Angebot des Kl. annahm"[617]. Bei einer solchen Interpretation fallen Angebote bei eBay auch nicht unter § 24b GewO[618]. Anders könnte man Varianten von Internetversteigerungen beurteilen, bei der sich das Laufzeitende durch jedes Gebot, das kurz vor Ablauf eingeht, um eine im Voraus bestimmte Zeitspanne (sog. Countdownphase) verlängert[619], was eine Annäherung an § 7 VerstV bedeutet, so dass auch die Anbieter in den AGB von „Zuschlag" sprechen. Zusätzlich tritt auch hier die Internetplattform als Verkäufer auf, so dass der Vertragsschluss jedenfalls nicht mit einem Dritten zustande kommt. Selbst wenn man aber auch in der zweiten Variante die Anwendbarkeit des § 34b GewO verneint[620], schließt dies nicht die Anwendbarkeit des Gewerberechts insgesamt aus[621].

Unabhängig von diesem Ergebnis illustriert die Diskussion die rechtliche Problematik **403** elektronischer Erscheinungsformen altbekannter Phänomene. Genauso wie elektronische Handelssysteme eine Herausforderung für den klassischen Börsenbegriff darstellten (s. aber jetzt die gesetzliche Definition in § 2 Abs. 1 BörsG), ist es bei Internetauktionen der Fall. Allzu schnell werden Internetsachverhalte als aliud akzeptiert

---

611   Zu dieser Definition s. BGHZ 138, 339, 342 = NJW 1998, 2350; KG, NJW 2001, 3272; *Schönleiter*, in: Landmann/Rohmer, GewO, § 34b Rn 6a.
612   *Schönleiter*, in: Landmann/Rohmer, GewO, § 34b Rn 6a; s. auch OLG Oldenburg, GewArch. 1990, 171.
613   Dazu *Höfling*, in: Friauf, GewO, § 34b Rn 11d. Jedenfalls wäre im „virtuellen Raum" des Internet die Interessenlage vergleichbar, s. auch LG Hamburg, MMR 1999, 678, 679.
614   BGHZ 138, 339, 342 = NJW 1998, 2350. Der Zuschlag ist die Willenserklärung des Auktionators, mit der dieser das Gebot eines Bieters annimmt. Nach § 7 VerstV darf dieser Zuschlag erst nach dreimaligem Wiederholen der Höchstgebots erteilt werden.
615   LG Hamburg, MMR 1999, 678, 679; LG Wiesbaden, GewArch. 2000, 253. Konsequenterweise auch für eine Anwendung des Gewerberechts *Krugmann*, NVwZ 2001, 651, 654.
616   BGH, NJW 2005, 52. Zivilrechtlich steht die Entscheidung im Gegensatz zur bisherigen Auffassung zum Anwendungsbereich des Widerrufsrechts des § 312d Abs. 4 Nr 5 BGB, s. dazu die Anmerkung von *Spindler*, MMR 2005, 40 mwN. Kritisch auch *Ruzik*, ZGS 2005, 14; *Kurz*, Verbraucherschutz beim Internethandel in der Europäischen Union, 2010, S. 103 ff.
617   BGH, NJW 2005, 52, 54; s. auch *Merten*, GewArch. 2006, 55, 57 f.
618   S. auch *Arndt/Fetzer*, Recht des Internet, Rn 313.
619   Dazu *Fritzsche*, WRP 2008, 22.
620   So mit problematischer Begründung *Fritzsche*, WRP 2008, 22.
621   So zu §§ 14, 35 GewO auch *Martini*, in: Pielow, GewO, § 34b, Rn 22e; *Hösch*, GewArch. 2002, 257, 262.

und von der Anwendung der allgemeinen Regeln ausgenommen. Würde ein Versteigerer versuchen, für eine herkömmliche Präsenzversteigerung die allgemeinen Geschäftsbedingungen von eBay zu kopieren und einen Geschäftsschluss unmittelbar zwischen Anbieter und Ersteigerer zu konstruieren (sozusagen die Sanduhr statt des Hammers), würde man dies sicherlich nicht mit der gleichen Selbstverständlichkeit hinnehmen, wie es der BGH im Fall von eBay getan hat. Jedenfalls wäre es in solchen Grenzfällen die genuine Aufgabe des Gesetzgebers, die zumindest „versteigerungsähnlichen" Erscheinungsformen der Internetauktionen bei der Gestaltung der Regelungen zu berücksichtigen, wie es etwa im Wertpapierhandel geschehen ist. Im Rahmen einer gesetzlichen Regelung mag er dann auch das Verbraucherschutzregime des Fernabsatzrechts für ausreichend oder vorzugswürdig halten[622]. Verfassungsrechtliche Argumente ließen sich gegen die Erstreckung des Gewerberechts auf Internetsachverhalte jedenfalls nicht anführen[623], allenfalls ein *rechtspolitisches*: Die Befürchtung, dass sich das Gewerberecht als Bremse für den Fortschritt und Nachteil für den Wirtschaftsstandort Deutschland erweist. Solche Bedenken beschränken sich aber gerade nicht auf den Electronic Commerce. So findet sich in der einschlägigen Kommentarliteratur auch der Hinweis, man solle prüfen, ob man § 34b GewO nicht ersatzlos streichen könne[624]. Damit mündet die Diskussion ein in die allgemeine, rechtspolitische Frage einer Deregulierung des Gewerberechts. Das Internet gab hierzu lediglich den Anstoß. Je stärker das Zivilrecht den Verbraucher schützt, desto weniger lassen sich gewerberechtliche Kontrollen mit Verbraucherschutz als erforderliche (und verhältnismäßige) Eingriffe in die Berufsfreiheit legitimieren. Zivil- und öffentliches Recht fungieren insoweit in der Tat als „wechselseitige Auffangordnungen".

3. Einbeziehung ausländischer Online-Angebote?

404 Von der soeben gestellten Frage, inwieweit einzelne Online-Angebote von speziellen gewerberechtlichen Erlaubnistatbeständen überhaupt erfasst werden, ist die weitere zu unterscheiden, ob und welche Verbindungen es zum deutschen Gewerberecht geben muss. Im Regelfall wird diese im öffentlichen Recht durch die Begründung einer behördlichen Zuständigkeit vermittelt. Grundsätzlich ist diese jedenfalls immer dann gegeben, wenn der Gewerbetreibende in Deutschland über eine Niederlassung verfügt (s. schon Rn 246). Auch für die „virtuellen" Internetangebote gilt dieser Grundsatz, wie § 3 Abs. 1 TMG nF ausdrücklich bestätigt.

Jedenfalls kommt es für die „Lokalisierung" eines Internetauftritts auf die technischen Ressourcen und insbesondere den **Serverstandort** oder den Ort, an dem ein Angebot ins Internet eingespeist wird, nicht an[625]. Erst recht spielen solche „räumlichen" Verbindungen keine Rolle, die

---

622 Zu diesem Aspekt zu Recht *Merten*, GewArch. 2006, 55, 58.
623 AA allerdings *Stögmüller*, K&R 1999, 391, 393. Die Anwendung der Versteigerungsvorschriften auf Internetangebote führe zu einem Verstoß gegen Art. 3 GG, da sie gegenüber anderen Absatzformen des Internet benachteiligt werden. Die sachlichen Gründe, die diese unterschiedliche Behandlung rechtfertigen, sind aber die Gleichen wie bei den nichtvirtuellen Absatzformen.
624 *Schönleiter*, in: Landmann/Rohmer, GewO, § 34b Rn 60; s. auch *Heiderhoff*, MMR 2001, 640; *Krugmann*, NVwZ 2001, 651. Deutlich zurückhaltender *Höfling* in: Friauf, GewO, § 34b Rn 11k.
625 Teilweise abweichend *Arndt/Köhler*, EWS 2001, 102, 105 mwN.

beim **Speichern von Internet-Inhalten** regelmäßig ohne Wissen des Anbieters hergestellt werden. Eine **Internetdomain unter dem Top-Level „.de"** kann allerdings ein Anhaltspunkt für eine (Schein)Niederlassung sein[626].

Das die Zuständigkeit begründende **Recht am Ort der Niederlassung** entscheidet **405** dann auch über die anzuwendenden materiellen Vorschriften. Nimmt man die Tatsache ernst, dass gerade die E-Commerce-RL es vermeiden wollte, dass sich ein Anbieter dem Einfluss unterschiedlichster Rechtsordnungen ausgesetzt sieht[627], dürfte eigentlich auch die Tatsache, dass das Angebot von einer ausländischen Niederlassung aus auf den deutschen Markt abzielt, das Niederlassungsrecht nicht verdrängen. Damit würden aus dem Ausland stammende Angebote regelmäßig nicht vom deutschen Gewerberecht erfasst.

Allerdings hat mittlerweile auch das Unionsrecht den Verbraucherschutz stärker in den Vordergrund gerückt und dessen Position im internationalen Zivilprozessrecht und im internationalen Privatrecht deutlich gestärkt[628]. Der EuGH hat am Tatbestandsmerkmal des „Ausrichtens" einer Webseite in diesem Zusammenhang auch das Auswirkungsprinzip konkretisiert bzw. erheblich ausgedehnt. Er hielt Sprache und Währung für geeignete Anhaltspunkte, um ein Ausrichten auf andere Mitgliedstaaten zu bejahen[629]. Aber gerade diese zivilrechtlichen Absicherungen machen behördliches Einschreiten eher entbehrlich, rechtfertigen also insbesondere keine aus teleologischen Gründen vermeintlich erforderliche Erweiterung der Zuständigkeiten. Anders ist selbstverständlich zu entscheiden, wenn ein Abweichen von der Niederlassungsanknüpfung ausdrücklich vorgesehen ist (s. schon Rn 246 f). Soweit nach § 3 Abs. 5 TMG zum Schutz der öffentlichen Sicherheit und Ordnung sowie aus Gründen des Gesundheits- und Verbraucherschutzes auch gegenüber nicht im Inland ansässigen Anbietern eingeschritten werden kann, folgt auch das TMG polizeirechtlichen Grundsätzen. Auch der Rundfunkstaatsvertrag (RStV) folgt diesem Konzept und sieht in § 59 Abs. 6 S. 2 RStV bei Anbietern von Mediendiensten ohne Sitz in der Bundesrepublik eine Zuständigkeit derjenigen Aufsichtsbehörde vor, „in deren Bezirk der Anlass für die Amtshandlung hervortritt". Diese Tatbestandsmerkmale kann man auch mittels der EuGH-Grundsätze zum Ausrichten einer Webseite auslegen.

---

626 S. auch *Leible/Müller*, NJW 2011, 495.
627 Um nicht zusätzliche Hürden aufzubauen und die Einschränkungen für die Dienstleistungsfreiheit möglichst gering zu halten, sollen die Telemediendienste grundsätzlich nur dem Anforderungsniveau eines Mitgliedstaates unterworfen werden, und zwar demjenigen des Herkunftsstaates, s. *Glöckner*, WRP 2005, 795 mwN; *Pfeiffer*, JuS 2004, 282, 284; vgl auch Erwägungsgrund 22 zur RL 2000/31/EG.
628 Ausf zum Verhältnis von Binnenmarkt und Verbraucherschutz *Leible*, JZ 2010, 272.
629 EuGH v. 7.12.2010 – Rs C-585/08, C-144/09 – *„Peter Pammer/Reederei Karl Schlüter GmbH & Co. KG"* und *„Hotel Alpenhof GesmbH/Oliver Heller"*, EuZW 2011, 98; s. auch teilweise kritisch zu den Beispielen *Leible/Müller*, NJW 2011, 495, 496 f; *Wilke*, EuZW 2015, 13.

§ 4 Das Gaststättenrecht

406 **Fall 33:** P betreibt ein sog. Partybike. Während die Fahrgäste auf den Außenseiten des Gefährts sitzen und es durch die Betätigung der Pedale gemeinschaftlich in Bewegung setzen, schenkt P über die in der Mitte angebrachte Theke alkoholische Getränke, vor allem in Form von Bier aus. Bedarf er einer gaststättenrechtlichen Genehmigung?

407 **Fall 34:** Die siebzehnjährige G erbt von ihrem Vater V die Schank- und Speisewirtschaft „Zum goldenen Lamm", ein gut-bürgerliches Lokal mit Alkoholausschank, welches über einen angrenzenden Saal verfügt, den ihr Vater höchstens einmal im Monat für Auftritte einer Rentner-Combo genutzt hatte. Die Gaststätte liegt in einem allgemeinen Wohngebiet, Parkplätze sind auf dem Grundstück nicht vorhanden. Testamentarisch hatte V die befreundete T als Testamentsvollstreckerin eingesetzt. T führt die Gaststätte nach dem Tod des V weiter, ohne irgendwelche Genehmigungen zu beantragen. Wie ist die Rechtslage?

408 **Fall 35:** Nachdem sie volljährig geworden ist, übernimmt G selbst die Leitung der Gaststätte und erhält dafür auch eine eigene Erlaubnis zum Betrieb einer Schank- und Speisewirtschaft ohne Betriebseigentümlichkeiten.

a) Nach einigen Wochen bringt G frischen Wind in die Gaststätte und zielt auf ein deutlich jüngeres Publikum ab. Sie ändert die Speisekarte und führt wöchentlich Partyveranstaltungen in dem Saal durch, die sich bis 1.00 Uhr nachts hinziehen und wegen des Andrangs zunehmend zu Parkplatzproblemen führen. Den alten Tanzsaal gestaltet sie mit einer neuen Beleuchtung und Lichtorgel nach dem Geschmack ihres Publikums um. Die zuständige Behörde widerruft daraufhin die Gaststättenerlaubnis nach § 15 Abs. 3 Nr 1 GastG. War dies rechtmäßig? Spielt es eine Rolle, wenn die Behörde zunächst über ein Jahr lang das neue Konzept duldet, weil sie davon ausgeht, die Änderung sei gaststättenrechtlich irrelevant?

b) **Variante 1:** Die Behörde erteilt auf Antrag der G eine neue Erlaubnis für das geänderte Betriebskonzept und stuft die Gaststätte als Diskothek ein. Nachbar N ist über den Lärm entsetzt und klagt gegen die neue Gaststättenerlaubnis. Würde es für seine Klage eine Rolle spielen, wenn die G auch eine Baugenehmigung erhalten hätte, die ihr die Nutzung der Räumlichkeiten als Vergnügungsstätte erlaubt?

c) **Variante 2:** G beschränkt sich wieder auf den typischen Gaststättenbetrieb. Auf erneute Beschwerde des N hin wird durch eine Auflage zur Gaststättenerlaubnis die Betriebszeit auf 20.00 Uhr beschränkt. G hält ihre Gaststätte trotzdem weiterhin bis 22.00 Uhr offen, weil sie davon ausgeht, die zeitliche Begrenzung werde nicht durch öffentliche Bedürfnisse gerechtfertigt und sei deswegen rechtswidrig. Außerdem verletze es sie in ihren Grundrechten, wenn sie auf das lukrative Abendgeschäft verzichten müsse. Wie ist die Rechtslage?

409 **Fall 36:** M eröffnet in der Stadt S ein muslimisches Restaurant und verzichtet aus religiösen Gründen auf den Ausschank alkoholischer Getränke. Einige Wochen nach Eröffnung erhält er einen schriftlichen, ordnungsgemäß begründeten Bescheid der zuständigen Stadtverwaltung, in dem ihm die Weiterführung der Gaststätte untersagt wird. Zur Begründung wird angeführt, dass M schon deswegen nicht die erforderliche Zuverlässigkeit besitze, weil er sich um die gewerberechtlichen Vorschriften nicht gekümmert und den Betrieb nicht ordnungsgemäß angezeigt habe. Außerdem habe M ohne gaststättenrechtliche Erlaubnis alkoholische Getränke verkauft. Zwar werde im Lokal kein Alkohol ausgeschenkt, er verkaufe aber Bier in Flaschen an solche Kunden, die seine Speisen mit nach Hause nehmen. Ist der Bescheid rechtmäßig?

I. Gaststättenrecht als Gewerberecht

Das Gaststättenrecht gehört zu den traditionell bedeutsamsten gewerberechtlichen **410** Nebengesetzen. Ursprünglich war es als erlaubnispflichtiges (stehendes) Gewerbe in § 33 GewO 1869 geregelt, hat sich aber mit dem GastG 1930 (RGBl. I S. 146) aus der GewO „herausentwickelt". Die darin zur Bekämpfung des Alkoholismus vorgesehene Bedürfnisprüfung[1] war nicht mit der Berufsfreiheit des Art. 12 GG vereinbar (s. schon oben Rn 122)[2]. Gleichwohl konnte sich der Bundestag über mehrere Legislaturperioden nicht auf eine Neukonzeption verständigen[3]. Erst 1970 fand man einen Kompromiss „zwischen gewerbepolizeilichen Erwägungen einerseits und marktwirtschaftlichen Überlegungen andererseits"[4]. Neben die Bekämpfung des Alkoholmissbrauchs trat der Schutz der Gäste und Beschäftigten gegen Ausbeutung, Gefahren für Leben, Gesundheit und Sittlichkeit sowie der Schutz von Umwelt und Allgemeinheit vor den von einem Gaststättenbetrieb ausgehenden Gefahren und Belästigungen[5]. Mit der Novelle 2005[6] trat die klassische Funktion der Bekämpfung des Alkoholmissbrauchs wieder in den Vordergrund, indem die Erlaubnisbedürftigkeit nur noch an den Alkoholausschank anknüpft (s. Rn 419). Seit der Föderalismusreform fällt es in die **Zuständigkeit der Länder**[7]. Diese machen zunehmend von dieser Kompetenz Gebrauch und ersetzen dabei teilweise das Gestattungsmodell des GastG durch Anzeigeverfahren[8]. Soweit die Länder keine eigenen Gesetze erlassen haben, gilt das **GastG als Bundesgesetz** fort, Art. 125a GG (s. dazu schon oben Rn 165). Nur dieses wird im Folgenden dargestellt.

Da das GastG über das stehende Gewerbe hinaus in § 1 Abs. 2 GastG auch zentrale Formen der „Reisegaststätten" regelt und sich die Landeskompetenz auf das stehende Gaststättengewerbe be-

---

1 Die GewO-Novelle v. 23.7.1879 (RGBl. S. 267) ermächtigte die Landesregierungen, die Erlaubniserteilung von einer Bedürfnisprüfung abhängig zu machen. Durch Notgesetz v. 24.2.1923 (RGBl. S. 146) wurden der Nachweis eines Bedürfnisses für eine Gaststätte und die Zuverlässigkeitsprüfung als Voraussetzungen für die Erteilung einer Gaststättenerlaubnis eingeführt. Diese Anforderungen wurden durch das GastG 1930 weiter verschärft. Ausführlich zum GastG 1930 *Müller*, GewArch. 1970, 241.

2 BVerwGE 1, 48, 50 ff; 269, 272 ff. Die Argumentation des Bundesverwaltungsgerichts entsprach im Wesentlichen der späteren des Bundesverfassungsgerichts, erfasste allerdings nicht die Bedürfnisprüfung bei ausländischen Gastwirten (Art. 12 GG als Deutschengrundrecht!), die erst mit dem GastG 1970 entfiel; vgl auch *Frotscher/Kramer*, Rn 493; *Michel/Kienzle/Pauly*, GastG, Einl Rn 1, 13.

3 Zur weiteren Entwicklung *Michel/Kienzle/Pauly*, GastG, Einl Rn 4 ff.

4 *Müller*, GewArch. 1970, 241.

5 Vgl dazu *Michel/Kienzle/Pauly*, GastG, Einl Rn 13; *Diederichsen*, in: Schmidt/Vollmöller, § 10 Rn 1.

6 Gesetz zur Umsetzung von Vorschlägen zu Bürokratieabbau und Deregulierung aus den Regionen v. 21.6.2005, BGBl. I 2005, S. 1666; s. hierzu *Dübbers/Jo*, NVwZ 2006, 301. Mit dem Zweiten Gesetz zum Abbau bürokratischer Hemmnisse, insbesondere in der mittelständischen Wirtschaft v. 7.9.2007, BGBl. I 2007, 2246 wurden weitere Vorschriften aufgehoben. Zur umfassenden Novellierung des Bundesgesetzes kam es infolge des Wegfalls der Bundesgesetzgebungskompetenz nicht mehr; zum Entwurf *Böhme*, GewArch. 2006, 185 ff.

7 Dogmatisch handelt es sich um einen nur teilweise spezialgesetzlich geregelten Fall des stehenden Gewerbes. Dies ist deshalb von Bedeutung, weil sich auch die Länderkompetenz nur auf das stehende Gewerbe erstreckt. Auch wenn die meisten Landesgesetze auf das Definitionsmerkmal des „stehenden" Gewerbes verzichten (anders § 1 Abs. 1 GastG Saar), verweisen sie für Reisegaststätten auf Titel III der Gewerbeordnung.

8 Ein eigenes LGastG haben Brandenburg, Bremen, Baden-Württemberg, Hessen, Niedersachsen, Saarland, Sachsen, Sachsen-Anhalt und Thüringen. Zu Anzeigeverfahren vgl § 2 Abs. 1 BbgGastG; § 3 SaarlGastG; § 2 Abs. 1 ThürGastG.

schränkt, behält das GastG – was der Gesetzgeber, als er nur § 13 GastG aufgehoben hat, offensichtlich nicht bedacht hat[9] – dauerhaft einen Anwendungsbereich. Auf seiner Grundlage haben Gastwirte daher selbst in den Ländern mit eigenem Gaststättengesetz einen Anspruch auf Gestattung nach § 1 Abs. 2 GastG iVm § 12 GastG, die eine Reisegewebekarte entbehrlich macht (s. bereits zum Reisegewerbe oben Rn 349). Da diese aber gerade nicht alle Fälle des Reisegewerbes erfasst und die Abgrenzung nicht immer einfach ist, sollte der Gesetzgeber besser eine einheitliche Regelung für „Reisegaststätten" in der GewO treffen.

II. Die Anwendbarkeit des GastG – Der Gaststättenbegriff

411 Nach § 1 Abs. 1 GastG unterhält ein Gaststättengewerbe, wer **im stehenden Gewerbe** (vgl Rn 414 f) eine **Schank- oder Speisewirtschaft** betreibt. Auf ein solches ist das GastG anwendbar, das dann weiter zwischen genehmigungs- und nicht genehmigungsbedürftigem Gastgewerbe differenziert (s. Rn 419 ff). Auch um die Voraussetzungen der Anwendbarkeit des GastG prüfen zu können, kann die Behörde nach § 22 Abs. 1 GastG die erforderlichen Auskünfte verlangen[10].

1. Gewerbsmäßigkeit und die Ausnahmen

412 Voraussetzung ist grundsätzlich die **Gewerbsmäßigkeit** der Tätigkeit, die nach allgemeinen Grundsätzen zu beurteilen ist (s. ausf Rn 213 ff). Die Gewerbsmäßigkeit fehlt also insbesondere dann, wenn der Betrieb nicht mit **Gewinnerzielungsabsicht** erfolgt[11]. Dabei ist unerheblich, ob ein solcher Gewinn unmittelbar oder nur mittelbar erzielt wird[12]. Gegen die Gewinnerzielungsabsicht spricht deswegen nicht, dass Speisen und Getränke auf einer Werbeveranstaltung zur Gewinnung von Kunden unentgeltlich verabreicht werden[13]. Auch die Verwendung des Gewinns für gemeinnützige Zwecke ändert daran nichts (s. auch schon Rn 221). An der Gewerbsmäßigkeit fehlt es, wenn der (entgeltliche) Ausschank im Zusammenhang mit der Urproduktion steht, etwa bei selbst erzeugten Weinen[14] oder Branntweinen.

413 Auf das Erfordernis der Gewerbsmäßigkeit wird in § 23 GastG verzichtet und der Anwendungsbereich des GastG auf den **Ausschank alkoholischer Getränke durch Vereine und Gesellschaften** ausgedehnt, die kein Gewerbe betreiben. Diese Vorschrift lässt sich nur vor dem Hintergrund des traditionell zentralen Schutzzweckes des Gesetzes (Schutz vor Alkoholmissbrauch) verstehen. Umgekehrt wird die Anwendbarkeit des GastG in § 25 unabhängig von der Gewerbsmäßigkeit bei bestimmten Erscheinungsformen ausgeschlossen. Hierzu gehören **Betriebskantinen**, Einrich-

---

9 Vgl BT-Drucks. 16/4391 S. 38.
10 VG München v. 11.11.2010 – M 16 K 10.2563.
11 Zu diesem Merkmal BayObLG, BayVBl. 1995, 121, 122.
12 BVerwG, GewArch. 1962, 212; s. auch VGH Mannheim, GewArch. 2000, 33.
13 OVG Münster, GewArch. 1961, 212, 213; *Ehlers*, in: Ehlers/Fehling/Pünder, § 20 Rn 12.
14 VGH Mannheim, VBlBW 1989, 107; NuR 1996, 601. Der Zukauf von mehr als 10% fremden Weines und die gleichzeitige Abgabe von Speisen führen allerdings zur Gewerbsmäßigkeit, s. auch *Metzner*, GastG, § 1 Rn 8; *v. Ebner*, GewArch. 1990, 366.

tungen von Militär, Bundespolizei und Polizei[15] sowie gastgewerblichen Leistungen, die „anlässlich" der **Beförderung von Reisenden** in Luftfahrzeugen, Bahnen, Schiffen und Reisebussen erbracht werden.

2. Stehendes Gewerbe

§ 1 Abs. 1 GastG setzt ferner die **Ausübung eines stehenden Gewerbes** iS des Titels II der GewO voraus. Allerdings erweitert § 1 Abs. 2 GastG den Anwendungsbereich der Vorschriften auf das **Reisegewerbe mit ortsfester Betriebsstätte**, die auf gewisse Dauer benutzt wird, da sich solche Einrichtungen nicht wesentlich von stehenden Gewerbebetrieben unterscheiden. Eine Betriebsstätte ist ortsfest, wenn sie zumindest zeitweise mit Grund und Boden verbunden ist bzw trotz Fortbestehens der Beweglichkeit jedenfalls für eine gewisse Dauer am selben Platz steht[16].   **414**

Es fehlt dagegen an der Ortsfestigkeit, wenn das Fahrzeug ständig zwischen mehreren Orten pendelt und am jeweiligen Aufenthaltsort nur für kurze Zeit verbleibt (zB Eisverkäufer, „Bauchladenhändler"[17]). Erfasst werden demgegenüber Bierzelte, aber auch fahrbare Imbissbuden, die regelmäßig an einem bestimmten Platz aufgestellt werden. Wegen § 1 Abs. 2 GastG bleibt in diesen Fällen das GastG anwendbar. Dies ist auch sachgerecht. Typischerweise werden solche Fälle über die Gestattung nach § 12 GastG abgewickelt[18], was diesen Konstellationen besser gerecht wird als das Reisegewerberecht. Dieses kommt daher nur beim Fehlen einer ortsfesten Betriebsstätte zur Anwendung[19].

In **Fall 33 (Rn 406)**[20] bestehen an der Gewerbsmäßigkeit keine Zweifel. Es könnte sich jedoch um Reisegewerbe handeln. Das Partybike wird von dem Betreiber an seiner gewerblichen Niederlassung zur Vermietung vorgehalten, eine Bewirtung der Fahrgäste erfolgt indes erst während der Fahrt, also gerade nicht von einer ortsfesten Betriebsstätte iSv § 1 Abs. 2 GastG aus. Gegen die Einordnung als Reisegewerbe spricht jedoch, dass auf die Niederlassung abzustellen ist, an der die Leistung insgesamt angeboten wird[21] und dass die Leistung jedenfalls auf vorhergehende Bestellung erfolgt (Rn 344); damit handelt es sich um stehendes Gewerbe[22]. Allerdings könnte die Privilegierung des § 25 GastG greifen (s. Rn 413). Die Besonderheit der Party-Bikes besteht jedoch darin, dass hier nicht die Beförderungsleistung, sondern eindeutig   **415**

---

15   Vgl *Pöltl*, GewArch. 2004, 184, 185.
16   Insofern weist der Begriff Parallelen zum bauordnungsrechtlichen Begriff der baulichen Anlage auf, s. etwa zur baurechtlichen Genehmigungspflicht für eine „Gulaschkanone" VG Dessau, LKV 2002, 589.
17   OVG Lüneburg, NdsVBl. 1997, 158; OLG Köln, NVwZ 1992, 100.
18   S. auch *Stollenwerk*, GewArch. 2011, 186.
19   Zum Verhältnis VG Braunschweig, GewArch. 2011, 315; *Schönleiter*, in: Landmann/Rohmer, GewO § 56 Rn 77a. Eine Reisegewerbekarte ist nach § 55a Abs. 1 Nr 7 GewO dann nicht erforderlich, wenn bereits eine anderweitige Ausübungserlaubnis für das Gewerbe vorliegt. Eine solche Erlaubnis kann dann auch eine nach dem GastG bzw nach Landesrecht erteilte Gaststättenerlaubnis bzw Gestattung sein. Wenn das Landesrecht eine solche nicht vorsieht, bleibt es bei der Reisegewerbekartenpflicht, s. auch *Stollenwerk*, GewArch. 2011, 186, 187. Für diesen Fall lässt seit 2009 § 56 Abs. 1 Nr 3b GewO den Ausschank alkoholischer Getränke (insbesondere auf Volksfesten und Weihnachtsmärkten) zu, vgl *Schönleiter*, in: Landmann/Rohmer, GewO, § 56 Rn 77b.
20   Vgl hierzu den Sachverhalt von OVG Münster v. 15.12.2009 – 11 B 1616/09; außerdem *Klenner*, NZV 2011, 234.
21   *Rossi*, in: Pielow, GewO § 55 Rn 10.
22   Ebenso *Klenner*, NZV 2011, 234, 236.

der Alkoholausschank im Vordergrund steht, so dass man angesichts des Schutzzweckes des GastG eine teleologische Reduktion des § 25 GastG erwägen könnte. Allerdings führte dies zu erheblichen Abgrenzungsschwierigkeiten, so dass im Interesse der Rechtssicherheit eine einheitliche Auslegung geboten ist. Daher ist wegen § 25 GastG im vorliegenden Fall eine gaststättenrechtliche Genehmigung nicht erforderlich. P bedarf daher keiner Genehmigung nach dem GastG, wohl aber einer straßenrechtlichen Sondernutzungserlaubnis[23].

3. Allgemeine Zugänglichkeit des Betriebes

416 Voraussetzung für die Anwendbarkeit des GastG ist außerdem die **Zugänglichkeit des Betriebes für „jedermann oder bestimmte Personenkreise"**, wie sich aus § 1 Abs. 1 und 2 GastG entnehmen lässt. Die Zugänglichkeit ist dann gegeben, wenn für den angesprochenen Personenkreis die Möglichkeit besteht, Zutritt zum Betrieb zu erlangen, selbst wenn dafür Eintrittsgelder oder Eingangskontrollen vorgesehen sind. Allgemein zugänglich ist ein Gewerbebetrieb deswegen auch dann, wenn ausschließlich Angehörige einer bestimmten, aber zahlenmäßig nicht überschaubaren Personengruppe (etwa Vereinsmitglieder, Fahrgäste, Theater- oder Kinobesucher etc) Zutritt haben[24].

Um Gaststättengewerbe handelt es sich daher auch bei einem „Raucherclub"[25] oder wenn lediglich „Freunde" bewirtet werden, sich die Zugänglichkeit aber nicht auf ganz bestimmte Einzelpersonen beschränkt[26]. Mit diesem Kriterium sollen lediglich rein private Geselligkeiten aus dem Anwendungsbereich des GastG genommen werden, wie beispielsweise Hochzeits- oder Geburtstagsfeiern, aber beispielsweise auch ein Staatsempfang[27].

4. Betriebstypen

417 Eine **Gaststätte** muss sich einem der in § 1 Abs. 1 Nr 1 und 2 GastG genannten Betriebstypen zuordnen lassen (zur Abgrenzung von der Betriebsart Rn 428 f). Das Gesetz unterscheidet die Schankwirtschaft (Nr 1) und die Speisewirtschaft (Nr 2)[28]. Ein Betrieb kann durchaus mehreren Betriebstypen angehören, etwa als Schank- und Speisewirtschaft. Eine **Schankwirtschaft** ist dadurch gekennzeichnet, dass Getränke, eine **Speisewirtschaft** dadurch, dass Speisen zum Verzehr an Ort und Stelle verabreicht werden. Dieses Kriterium dient der **Abgrenzung vom Lebensmittelverkauf**, bei dem die erworbenen Speisen und Getränke gerade nicht an Ort und Stelle verzehrt werden.

---

23 BVerwG, NVwZ 2012, 1623. Insoweit zweifelnd *Siegel*, NVwZ 2013, 479, 480.
24 *Metzner*, GastG, § 1 Rn 68.
25 VG München, GewArch. 2008, 258.
26 VGH München, BayVBl. 2004, 565; *Metzner*, GastG, § 1 Rn 67 mwN.
27 BayObLG, NVwZ-RR 1993, 244.
28 2005 wurde § 1 Abs. 1 Nr 3 GastG aF gestrichen, der die Erlaubnispflichtigkeit von Beherbergungsbetrieben regelte. Es ist umstritten, ob die Landesgesetzgeber einen solchen Typus wieder einführen dürften. Dies wird man zu vermeiden haben, so ua der Bund-Länder-Ausschuss, s. *Schönleiter/Stenger*, GewArch. 2007, 320, 324; aA *Höfling/Rixen*, GewArch. 2008, 1.

An einer Abgabe zum Verzehr an Ort und Stelle fehlt es zum Beispiel bei Tankstellen, selbst wenn einzelne Kraftfahrer die Zeit des Auftankens dazu nutzen, ein an der Tankstelle erworbenes Getränk oder Brötchen an Ort und Stelle zu verzehren[29]. Bei Imbissständen, die keine Stehtische aufgestellt haben, hängt das Vorliegen einer Gaststätte nach der Rechtsprechung vom Sortiment ab. Danach sollen Speiseeis[30] und Käsebrötchen[31] üblicherweise im Weitergehen, Fischbrötchen dagegen an Ort und Stelle verzehrt werden[32].

III. Die Erlaubnispflicht

Nach § 2 Abs. 1 S. 1 GastG erfordert der Betrieb einer Gaststätte grundsätzlich eine   **418**
Erlaubnis. Vor dem Hintergrund des Art. 12 GG ist die Gaststättenerlaubnis als **präventives Verbot mit Erlaubnisvorbehalt** zu interpretieren (s. bereits oben Rn 123). Daher darf eine Erlaubnis nur aus den in § 4 GastG abschließend genannten Gründen versagt werden. Die Gaststättenerlaubnis wird gem. § 3 Abs. 1 GastG für bestimmte Betriebsarten (Rn 428 ff) und nur für bestimmte Räume erteilt. Die Erlaubnis bedarf nach § 3 Abs. 1 S. 2 GastG der Schriftform; eine mündlich erteilte Erlaubnis wäre nach § 44 Abs. 1 VwVfG nichtig. Sofern von ihr nicht Gebrauch gemacht wird, erlischt sie nach näherer Maßgabe des § 8 GastG[33].

1. Reichweite der Erlaubnispflicht

a) Die Abgrenzung von erlaubnisfreiem und erlaubnispflichtigem Gaststättengewerbe

Obwohl nach § 2 Abs. 1 GastG zum Betrieb einer Gaststätte weiterhin **grundsätzlich**   **419**
eine Erlaubnis erforderlich ist, wurde mit der Novelle 2005 der Umfang der Erlaubnisfreiheit deutlich reduziert. Im Ergebnis bedürfen damit im Umkehrschluss zu § 2 Abs. 2 Nr 1 GastG nF nur noch **Schank- und Speisegaststätten, die alkoholische Getränke verabreichen**, einer Erlaubnis. Vom Ausschank alkoholfreier Getränke gehen demgegenüber nach Einschätzung des Gesetzgebers keine besonderen gaststättenrechtlichen Gefahren, insbesondere hinsichtlich des Jugendschutzes, aus[34]. Entsprechendes gilt nach **§ 2 Abs. 2 Nr 3 GastG** für die Abgabe von Speisen, da der lebensmittelrechtliche Hygieneschutz auch ohne eine solche gewährleistet werden kann[35]. Gem. **§ 2 Abs. 2 Nr 2 GastG** ist auch das unentgeltliche Verabreichen von Kostproben erlaubnisfrei; dies erfasst auch alkoholische Getränke. **Historisch ge-**

---

29 *Metzner*, GastG, § 1 Rn 46. S. auch BayObLG, DÖV 1998, 161.
30 *Michel/Kienzle/Pauly*, GastG, § 1 Rn 57.
31 VG Würzburg, GewArch. 1997, 164.
32 OVG Münster, GewArch. 1984, 130. S. auch VG Weimar, ThürVBl. 2003, 63 zum Verkauf von Brötchen mit Thüringer Bratwurst und Klopsen: keine Gaststätte.
33 BVerwG, NVwZ 1987, 1081. Zur Vereinbarkeit solcher Vorschriften mit Art. 12 GG bereits BVerwGE 40, 153.
34 BT-Drucks. 15/4231, S. 34; vgl auch *Dübbers/Jo*, NVwZ 2006, 301, 302.
35 *Pöltl*, GewArch. 2005, 353, 356; BT-Drucks. 15/4231, S. 34.

wachsene Ausnahmen vom Erfordernis einer Erlaubnis trotz Alkoholausschankes gibt es in §§ 14, 26 GastG für **Straußwirtschaften**[36].

420   In **Fall 36 (Rn 409)**[37] könnte es sich um ein erlaubnisfreies Gaststättengewerbe handeln. M bietet grundsätzlich nur Speisen und alkoholfreie Getränke zum unmittelbaren Verzehr an (§ 2 Abs. 2 Nr 1, 3 GastG). Fraglich ist aber, ob die Abgabe alkoholischer Getränke in Form von Flaschenbier auf die Erlaubnisfreiheit gem. § 2 Abs. 2 Nr 1 GastG Auswirkungen hat. Dazu müsste es sich bei dem Verkauf der alkoholischen Getränke um ein – weiterhin erlaubnispflichtiges – „Verabreichen" im Sinne des § 1 GastG handeln. Ein solches setzt aber voraus, dass der Wirt die entsprechenden Speisen und Getränke zum Verzehr an Ort und Stelle abgibt. Dies ist jedoch gerade nicht der Fall, da die alkoholischen Getränke ausnahmslos an Kunden verkauft werden, die zu Hause essen möchten. Das Gesetz differenziert klar zwischen der Abgabe im Sinne von § 7 Abs. 2 GastG und dem Verabreichen. Diese Form des „Gassenschankes" führt daher nicht zur Genehmigungspflicht[38].

b) Gaststättenrechtliches Nebengewerbe

421   Für die Erlaubnispflicht nach dem GastG ist es grundsätzlich unerheblich, ob es sich um ein Haupt- oder **Nebengewerbe** handelt[39]. Auch ein Nebengewerbe bedarf unabhängig von der Tätigkeit im Hauptbetrieb (und deren etwaiger Erlaubnispflicht nach anderen Vorschriften) einer Erlaubnis nach § 1 Abs. 1 GastG.

Werden also beispielsweise in einer Spielhalle alkoholische Getränke ausgeschenkt, ist hierfür neben der Genehmigung nach § 33i GewO eine gaststättenrechtlichen Erlaubnis erforderlich, selbst wenn der Getränkeausschank lediglich eine untergeordnete Rolle spielt. Die gaststättenrechtliche Genehmigung kann aber auch nicht wegen des Spielhallencharakters verweigert werden. Dass Beherbergungsbetriebe selbst nicht mehr genehmigungsbedürftig sind, ließ daher nicht die Erlaubnispflicht der Abgabe von Speisen und Getränken entfallen; insoweit ist aber auch der Ausschank alkoholischer Getränke nach § 2 Abs. 2 Nr 4 GastG erlaubnisfrei.

c) Vorläufige und vorübergehende Ausübung des Gaststättengewerbes

422   Als **Sonderformen der Erlaubnis** kennt das Gesetz die vorläufige Gaststättenerlaubnis nach § 11 GastG und die sog. Gestattung nach § 12 GastG. Die vorläufige Erlaubnis nach § 11 GastG soll eine möglichst nahtlose Übernahme einer Gaststätte ermöglichen[40]. Soll ein genehmigungsbedürftiges Gaststättengewerbe aus besonderem Anlass und nur vorübergehend ausgeübt werden, bietet **§ 12 GastG** die Möglichkeit, dies unter – gegenüber den Regelungen des § 2 GastG – erleichterten Voraussetzungen auf Widerruf zu gestatten. Insofern handelt es sich bei der Gestattung nach § 12

---

36   In den Strauß- oder Besenwirtschaften kommen selbst erzeugte Weine und Apfelweine zum Ausschank, vgl *Gornig/Deutsch*, GewArch. 1997, 8.

37   Vgl die Fallbesprechung von *Ruthig/Wirth*, Jura 2007, 468.

38   Dazu näher *Ruthig/Wirth*, Jura 2007, 468, 469; aA *Pöltl*, GewArch. 2005, 353, 356. Mit der Aufweichung des Begriffs des „Verabreichens" wäre andernfalls auch die gaststättenrechtliche Erlaubnispflicht von Kiosken und Tankstellen verbunden, die ebenfalls alkoholische Getränke zum Mitnehmen verkaufen.

39   *Metzner*, GastG, § 1 Rn 82.

40   Sie steht im pflichtgemäßen Ermessen der Behörde, kann also davon abhängig gemacht werden, dass die Erteilung der endgültigen Erlaubnis wahrscheinlich ist, s. VGH Mannheim, NVwZ-RR 1991, 64.

GastG im Rechtssinn um nichts anderes als um eine **Erlaubnis** nach § 2 GastG, die lediglich unter **vereinfachten Voraussetzungen** und **mit zeitlich begrenzter Wirkung** erteilt wird. Diese besonderen Anlässe sind nicht primär gastronomischer Art, sondern Annex zu Tagungen, Sport- oder sonstigen Festveranstaltungen.

Beispiele sind Kirchweih[41], Karnevalsveranstaltungen[42], Vereinsfeste[43], aber auch das Weinfest eines Winzers[44]. Die Erleichterungen können auch die Anforderungen zum Schutz der Allgemeinheit betreffen. Dies gilt nach der Rechtsprechung insbesondere bei Veranstaltungen, die „wegen ihrer Herkömmlichkeit, ihrer Bedeutung für die örtliche Gemeinschaft oder ihrer sozialen Adäquanz" eine Sonderstellung einnehmen[45].

2. Gaststättengenehmigung als personengebundene Erlaubnis

Wer ein Gaststättengewerbe betreiben will, bedarf nach § 2 Abs. 1 S. 1 GastG der Erlaubnis. **Träger einer gaststättenrechtlichen Erlaubnis** können neben natürlichen Personen ebenso juristische Personen sein (s. zum allgemeinen Gewerberecht bereits Rn 231 ff). Als personengebundene Erlaubnis ist sie **an die Person des antragstellenden Gewerbetreibenden gebunden**, kann also nicht auf einen Dritten übertragen werden. Wird durch einen Dritten eine Erlaubnis für die Weiterführung einer Gaststätte beantragt, sind die Erteilungsvoraussetzungen insgesamt, auch hinsichtlich der Anforderungen an die sachlichen Gegebenheiten, neu zu überprüfen. Die frühere Genehmigung entfaltet insoweit auch hinsichtlich der räumlichen Verhältnisse keine Bindungswirkung[46]. Allerdings macht § 10 GastG für die **Weiterführung einer Gaststätte nach dem Tod des Inhabers** hiervon Ausnahmen.

423

Im **Fall 34 (Rn 407)** bedürfte daher G eigentlich einer neuen (weil personengebundenen) Erlaubnis, da die ihrem Vater erteilte Erlaubnis mit dessen Tod erloschen ist. Für den Erbfall gelten allerdings Besonderheiten: Nach § 10 GastG dürfen bestimmte Personen **ohne eine neue Konzessionierung** eine Gaststätte nach dem Tod des Inhabers weiterführen[47]. Dies gilt außer für **Ehegatten** und **Lebenspartner**[48] auch für **minderjährige Erben, Nachlassverwalter und Testamentsvollstrecker**. Nach § 10 S. 3 GastG ist der Erlaubnisbehörde die Weiterführung des Gaststättengewerbes unverzüglich anzuzeigen. G hatte daher als minderjährige Erbin das Recht, die Gaststätte nach § 10 GastG weiterzuführen; es muss lediglich innerhalb einer

424

41 VG Bayreuth v. 2.2.2012 – B 2 K 11.482.
42 OVG Koblenz, NVwZ-RR 2004, 485.
43 OVG Koblenz, NJW 1982, 1301; VGH München v. 24.3.2011 – 22 ZB 10.3014.
44 OVG Koblenz, GewArch. 1982, 33: jedenfalls dann, wenn es primär um den Absatz von Flaschenweinen und nicht die Förderung des Weinkonsums innerhalb der Betriebsräume geht.
45 Zu einer als „sehr selten" eingestuften und aus dem Anwendungsbereich der Freizeitlärm-Richtlinie herausgenommenen Karnevalsveranstaltung im Rheinland OVG Koblenz, NVwZ-RR 2004, 485; zur Kirchweih VG Bayreuth v. 2.2.2012 – B 2 K 11.482.
46 *Metzner*, GastG, § 4 Rn 2.
47 Ausführlich *Schildmann*, GewArch. 1996, 366; zur umstrittenen rechtsdogmatischen Einordnung der Weiterführung *Metzner*, GastG, § 10 Rn 4 ff.
48 Voraussetzung ist lediglich, dass Ehe oder Lebenspartnerschaft zum Zeitpunkt des Todes noch bestehen. Weder ein Getrenntleben oder Scheidungsverfahren etc noch der Güterstand oder die erbrechtliche Stellung des Ehegatten spielen eine Rolle. Auch eine spätere Wiederverheiratung oder neue Verpartnerung hat auf das Weiterführungsrecht keinen Einfluss, vgl *Michel/Kienzle/Pauly*, GastG, § 10 Rn 4.

Frist von 6 Monaten der Unterrichtungsnachweis nach § 4 Abs. 1 Nr 4 GastG erbracht werden, sonst ist die Erlaubnis nach § 15 Abs. 3 Nr 7 GastG zu widerrufen. Sobald G volljährig wird, bedarf sie einer eigenen gaststättenrechtlichen Genehmigung, wie sie in **Fall 35 (Rn 408)** auch beantragt und erteilt worden ist. Auf das Weiterführungsrecht der G kommt es in **Fall 34** nicht an, da gleichzeitig Testamentsvollstreckung angeordnet wurde, für die § 10 GastG gem. S. 2 unabhängig von der Minderjährigkeit der Erbin eingreift. Die Gaststätte durfte daher durch den Testamentsvollstrecker als Stellvertreter für die G weitergeführt werden (nach § 10 S. 2 GastG sogar über einen Zeitraum von zehn Jahren). Voraussetzung für die erleichterte Weiterführung eines Gaststättengewerbes nach § 10 GastG ist allerdings, dass dem Erblasser eine Genehmigung erteilt und diese nicht bestandskräftig zurückgenommen oder widerrufen worden ist[49]. Ist zum Zeitpunkt des Todes des Betreibers ein Widerrufsverfahren anhängig, können die in § 10 GastG genannten Personen in dieses Verfahren eintreten bzw die Widerrufsverfügung auch noch selbst während der Rechtsmittelfristen anfechten[50].

a) Der Betreiber als grundsätzlich Erlaubnispflichtiger

425 Der Erlaubnispflicht unterliegt der **Betreiber einer Gaststätte**. Dies ist bei einer Schank- bzw Speisewirtschaft derjenige, der Getränke bzw Speisen im Sinne des § 1 Abs. 1 Nr 1 u 2 GastG verabreicht. Das Verabreichen wird hierbei demjenigen zugerechnet, der hinsichtlich dieser Tätigkeit als Gewerbetreibender anzusehen ist[51], was in bestimmten Konstellationen nicht einfach zu bestimmen ist, sich aber danach richtet, wer diese Tätigkeit selbstständig ausübt. Bei Franchise-Unternehmen ist dies der Franchise-Nehmer[52]. Bei einem Seminarhaus[53] bedarf demgegenüber der Betreiber der Erlaubnis, auch wenn die Küche von einem Fremdunternehmen betrieben wird.

b) Die Stellvertretung

426 Der Inhaber der gaststättenrechtlichen Genehmigung hat daher die Gaststätte auch selbst zu betreiben. Andernfalls bedarf er nach § 9 GastG einer **Stellvertretungserlaubnis**. Dem Inhaber (also nicht dem Stellvertreter) wird die Erlaubnis erteilt, den Betrieb durch einen bestimmten, konkret zu bezeichnenden Stellvertreter zu führen[54]. Sie ist akzessorisch zur Inhabererlaubnis, erlischt also mit Letzterer. Für den Stellvertreter begründet die Stellvertretungserlaubnis eine öffentlich-rechtliche Rechtsstellung. Er ist gegenüber der Behörde für die ordnungsgemäße Führung des Betriebs

---

49 Nicht erforderlich ist also die Aufnahme des Betriebes durch den Erblasser.
50 BVerwG, NJW 1983, 776; VGH Mannheim, GewArch. 1987, 63. Zum Verhältnis von bisheriger Erlaubnis und Weiterführungsbefugnis s. *Metzner*, GastG, § 10 Rn 16 f.
51 *Michel/Kienzle/Pauly*, GastG, § 1 Rn 43.
52 Dem Franchise-Geber, der nicht nach außen in Erscheinung tritt, kann deswegen auch keine Erlaubnis erteilt werden, s. *Michel/Kienzle/Pauly*, GastG, § 1 Rn 20; *Pinegger*, GewArch. 1999, 463.
53 *Pauly/Brehm*, GewArch. 2000, 50, 58. Die „Mietköchin" wird aufgrund eines zivilrechtlichen Vertrages mit dem Seminarhausbetreiber tätig, ist also idR keine Arbeitnehmerin. Dennoch erbringt sie ihre Leistungen nach dem Gesamtbild ihrer Tätigkeit nicht selbstständig, s. auch *Michel/Kienzle/Pauly*, GastG, § 1 Rn 20.
54 Allerdings muss der Gaststätteninhaber auch für eine sorgfältige Auswahl und Überwachung des Stellvertreters einstehen. Eine Verletzung dieser Pflicht ist auch für die Beurteilung seiner eigenen Zuverlässigkeit von Bedeutung, VGH Mannheim, GewArch. 1978, 32; *Michel/Kienzle/Pauly*, GastG, § 9 Rn 6.

verantwortlich[55] und kann auch die erforderlichen Erklärungen abgeben bzw Rechtshandlungen vornehmen. Auch juristische Personen können Stellvertreter sein[56], nicht jedoch die (gesetzlichen) Vertreter bzw Organe einer juristischen Person, die selbst Gaststätteninhaberin ist[57]. Auch **Insolvenz- und Nachlassverwalter** sowie **Testamentsvollstrecker** können Stellvertreter iSv § 9 GastG sein[58].

Im **Fall 34 (Rn 407)** betreibt also T als Testamentsvollstreckerin die Gaststätte. Sie tut dies in fremdem Namen und auf fremde Rechnung, ist also Stellvertreterin im Sinne von § 9 GastG. Da das Gesetz ihr die Weiterführung gestattet (s. oben Rn 426), ist sie jedoch vom Erfordernis der Stellvertretungserlaubnis befreit, da sich diese Rechtsposition schon aus dem Gesetz ergibt[59].   **427**

3. Gaststättenerlaubnis als betriebsartbezogene Genehmigung

Die Gaststättenerlaubnis bezieht sich ferner (nur) auf eine bestimmte Betriebsart. Die **428** Betriebsart bestimmt sich nicht nur nach dem Betriebstypus im Sinne von § 1 Abs. 1 GastG, sondern differenziert weiter nach der Art und Weise der Betriebsgestaltung. Die Bindung der gaststättenrechtlichen Erlaubnis an eine bestimmte Betriebsart beruht vor allem auf der Erwägung, dass je nach Betriebsart die nach § 4 Abs. 1 S. 1 Nr 1 bis 3 GastG zu stellenden Anforderungen unterschiedlich sein können[60]. Eine solche besondere (und damit genehmigungsbedürftige) Betriebsart liegt also dann vor, wenn sie vom Normaltyp oder dem ursprünglich genehmigten Fall in einer Art und Weise abweicht, die unter dem Gesichtspunkt der Erlaubnisvoraussetzungen des § 4 GastG relevant ist, etwa weil sie erhebliche Belästigungen der Nachbarn erwarten lässt, § 4 Abs. 1 S. 1 Nr 3 GastG[61].

Da das GastG keine Regelungen über Betriebsarten enthält, haben sich in der Verwal- **429** tungspraxis eine Reihe von **Typisierungen** entwickelt[62]. Neben der „Schank- und Speisewirtschaft ohne Betriebseigentümlichkeit" werden nach dem Gesamtgepräge des jeweiligen Betriebes beispielsweise Trinkhalle, Eiscafé[63] oder Diskothek unterschieden. Da es keinen Typenzwang gibt, ist auch eine Kombination verschiedener Betriebsarten möglich. Bedeutsam wird die genaue Definition der Betriebsart bei Veränderungen der Gaststätte nach Genehmigungserteilung. Eine Änderung der Betriebsart ist nicht mehr von der bisherigen Genehmigung gedeckt, so dass der Inhaber eine

---

55 OVG Koblenz, GewArch. 1983, 31; *Metzner*, GastG, § 9 Rn 16.
56 *Michel/Kienzle/Pauly*, GastG, § 9 Rn 4.
57 *Metzner*, GastG, § 9 Rn 19.
58 *Metzner*, GastG, § 9 Rn 11; *Michel/Kienzle/Pauly*, GastG, § 9 Rn 3; s. auch BVerwGE 32, 316, 320.
59 *Michel/Kienzle/Pauly*, GastG, § 9 Rn 5.
60 BVerwG, NVwZ-RR 2003, 603; *Metzner*, GastG, § 3 Rn 5.
61 *Diederichsen*, in: Schmidt/Vollmöller, § 10 Rn 19; *Diefenbach*, GewArch. 1992, 249.
62 Ausführlicher Katalog bei *Michel/Kienzle/Pauly*, GastG, § 3 Rn 15.
63 BVerwG, GewArch. 1987, 333. In einem Eiscafé dürfen keine warmen Speisen abgegeben werden. Wird eine Speisegaststätte ohne Betriebseigentümlichkeiten in ein Eiscafé umgewandelt, handelt es sich nicht nur um eine Reduktion des bisherigen Betriebes (und damit ein partielles Nichtausnutzen der Genehmigung), sondern um eine erlaubnisbedürftige Änderung der Betriebsart, s. *Michel/Kienzle/Pauly*, GastG, § 3 Rn 15; aA VGH Mannheim, GewArch. 1974, 92.

neue Gaststättenerlaubnis beantragen muss, wenn sich der Charakter seiner Einrichtung wandelt. Unterlässt er dies, kann die Behörde unmittelbar mittels einer Betriebsschließung vorgehen (s. unten Rn 454).

430 Ein Beispiel für die Änderung der Betriebsart liefert **Fall 35a (Rn 408)**. Während es sich ursprünglich um eine „Schank- und Speisewirtschaft ohne Betriebseigentümlichkeiten handelte"[64], hat die Gaststätte durch die veränderte Einrichtung und das Unterhaltungsprogramm den Charakter einer Diskothek angenommen. Dies berechtigt die Behörde grundsätzlich zum Widerruf der Erlaubnis nach § 15 Abs. 3 Nr 1 GastG. Im Einzelnen hat sich dazu eine umfangreiche Kasuistik entwickelt. Bei Tanzveranstaltungen kommt es auf die Häufigkeit an; bei einer Gaststätte ohne besondere Betriebseigentümlichkeit ist nach der Rechtsprechung die Durchführung von jährlich nicht mehr als 12 Tanz-/Musikveranstaltungen im größten Gaststättenraum durch die Erlaubnis gedeckt[65]. Auch in einem Swingerclub sieht das BVerwG eine besondere Betriebsart[66]. Entsprechendes gilt für sog. „Dunkelraum"-Restaurants[67]. Bezeichnungen wie Künstler-Café, Club oder auch Nachtlokal weisen dagegen keine Besonderheiten auf, die eine Einstufung als besondere Betriebsart rechtfertigen würden.

4. Der Raumbezug der Gaststättenerlaubnis

431 Aus § 3 Abs. 1 GastG folgt, dass sich eine Gaststättenerlaubnis nur auf konkrete, in der Genehmigung genau und einzeln bezeichnete Räume bezieht. Damit kann raumbezogenen Besonderheiten in der Genehmigung Rechnung getragen werden (s. Rn 437 ff).

IV. Die Versagung einer Gaststättenerlaubnis

432 Auf die Erteilung einer Gaststättenerlaubnis besteht ein Anspruch, sofern kein Versagungsgrund nach § 4 GastG vorliegt. Gleichzeitig hat ein Antragsteller einen Anspruch auf Verbescheidung. An diesem Bescheidungsinteresse fehlt es allenfalls dann, wenn feststeht, dass der Gewerbetreibende von der Genehmigung aus tatsächlichen oder rechtlichen Gründen keinen Gebrauch machen kann[68].

1. Der Versagungsgrund der persönlichen Unzuverlässigkeit (§ 4 Abs. 1 S. 1 Nr 1 GastG)

433 Die Erlaubnis muss versagt werden, wenn Tatsachen die Annahme rechtfertigen, dass der Antragsteller nicht zuverlässig ist. Unzuverlässig ist ein Gewerbetreibender, der nach dem Gesamteindruck seines Verhaltens nicht die Gewähr dafür bietet, dass er

---

64 Daran ändert sich auch dann nichts, wenn gelegentlich Tanzveranstaltungen durchgeführt werden, s. KreisG Gera, DÖV 1991, 702; *Kienzle*, GewArch. 1992, 111.
65 BVerwG, NVwZ-RR 1989, 14, 15.
66 BVerwG, NVwZ 2003, 603.
67 Dazu näher *Pöltl*, NVwZ 2004, 831.
68 VGH München, GewArch. 2004, 491; *Metzner*, GastG, § 4 Rn 6. In einem solchen Fall ist die Behörde befugt, aber nicht verpflichtet, einen Antrag abzulehnen, vgl BVerwGE 42, 115.

sein Gewerbe künftig ordnungsgemäß betreiben wird. In § 4 Abs. 1 S. 1 Nr 1 GastG wurde diese **Grunddefinition des Gewerberechts** (s. Rn 250 ff) um **Regelbeispiele bzw Fallgruppen** ergänzt. Die Beispiele des § 4 Abs. 1 S. 1 Nr 1 GastG sind nicht abschließend, es gelten im Übrigen die zu § 35 GewO entwickelten Fallgruppen mit einigen gaststättentypischen Besonderheiten.

Dabei ist zu berücksichtigen, dass nach der bundesverwaltungsgerichtlichen Rechtsprechung hinsichtlich der Zuverlässigkeitsprüfung auch zwischen den einzelnen Betriebsarten[69] und der konkreten Lage des Betriebes[70] differenziert wird. Gerade bei Gaststätten dürfen freilich keine zu hohen Anforderungen an die „Betriebsbezogenheit" von Straftaten gestellt werden[71]. So führt die Ausbeutung Unerfahrener, Leichtsinniger oder Willensschwacher im Interesse eines eigenen Vermögensvorteils, etwa durch Lockpreise in einem Animierbetrieb[72], zur Unzuverlässigkeit[73]. Auch beharrliche Verstöße gegen ein für Gaststätten geltendes Rauchverbot[74] können die Unzuverlässigkeit begründen. Die Möglichkeit der Versagung der Erlaubnis nach § 4 Abs. 1 S. 1 Nr 1 GastG begründet außerdem für Dritte kein subjektives Abwehrrecht[75].

Der Gastwirt ist auch dann nicht zuverlässig, wenn **unzuverlässigen Dritten Einfluss auf die Führung des Betriebs** eingeräumt oder ein solcher nicht unterbunden wird; er erweist sich damit persönlich als nicht willens oder in der Lage, alle Voraussetzungen für eine einwandfreie Betriebsführung zu schaffen[76]. So muss er sich insbesondere auch eine in Auftrag gegebene Werbung Dritter für eine Veranstaltung zurechnen lassen[77]. Außerdem nimmt das GastG den Wirt in mehrfacher Hinsicht für das **Verhalten seiner Gäste** in die Pflicht. Die Rechtsprechung verlangt zur Unterbindung krimineller Handlungen Dritter massive Anstrengungen des Gastwirts[78] und eine intensive Zusammenarbeit mit der Polizei[79] bis hin zu einer Schließung des Betriebes[80]. Ferner lässt das Gesetz mit Blick auf Alkoholmissbrauch, Glücksspiel, Hehlerei und Unsittlichkeit ein „Vorschubleisten" genügen. Der Wirt muss also nicht gezielt ein entsprechendes Verhalten der Gäste fördern. Es reicht, wenn er ein **günstiges Umfeld** für das missbilligte Verhalten schafft[81].

434

69   BVerwG, DÖV 1973, 822; GewArch. 1975, 388; anders noch BVerwGE 10, 338.
70   BVerwG, GewArch. 1975, 132; s. auch OVG Hamburg, NVwZ-RR 1992, 245 („St. Pauli").
71   VG Gießen, GewArch. 2004, 432 zur Hehlerei, wenn ein Gastwirt diese Straftat nicht in seiner Gaststätte beging, sondern die Verurteilung deshalb erfolgte, weil er die Gegenstände in seinem Privathaus einlagerte.
72   OVG Hamburg, GewArch. 1987, 65: Lockpreis von 3 DM, wenn sonst Getränkepreise von bis zu 800 DM verlangt werden.
73   *Michel/Kienzle/Pauly*, GastG, § 4 Rn 13 mwN aus der – überwiegend älteren – Rechtsprechung.
74   S. auch VG Sigmaringen, NVwZ-RR 2008, 613 = GewArch. 2009, 373.
75   BVerwGE 80, 259, 260; GewArch. 1998, 254, 354.
76   BVerwG, GewArch. 1966, 124.
77   VG Augsburg v. 2.3.2012 – Au 5 S 12.306.
78   Die Rspr verlangt beispielsweise die Einschaltung eines Sicherheitsdienstes, wenn eigenes Personal eines Problems nicht mehr Herr werden kann (OVG Koblenz, GewArch. 1996, 489), sowie Erkundigungen über eingestellte Aushilfskräfte auch bei deren früheren Arbeitgeber (VGH München, GewArch. 2001, 172).
79   VGH München, GewArch. 2001, 374.
80   OVG Koblenz, NVwZ-RR 1997, 223 (Drogenhandel in Diskothek); VGH Mannheim, GewArch. 1993, 335.
81   Zur Zuverlässigkeitsprüfung bei juristischen Personen schon oben Rn 265. Auch das Vorliegen eines Strohmannverhältnisses (s. schon Rn 236) begründet die Unzuverlässigkeit des Hintermannes, s. VG Gießen, NJOZ 2005, 2121; offengelassen bei BVerwG, NJW 1982, 559.

a) Alkoholmissbrauch

435 Angesichts der ordnungspolitischen Zielsetzungen des GastG ist es geradezu selbstverständlich, dass **Alkoholismus** bei einem Gastwirt[82] ebenso die persönliche Unzuverlässigkeit begründet wie vor allem auch das Ausnutzen der Alkoholsucht oder auch nur die Steigerung des Alkoholkonsums von Gästen. Unzuverlässig kann also auch ein Gastwirt sein, der mit Partykonzepten wirbt, die auf einen ungehemmten Alkoholkonsum abzielen[83]. Zur Möglichkeit der Erteilung von Auflagen gem. § 5 Abs. 1 Nr 1 GastG (zB Untersagung der Ballermannparties) siehe Rn 445.

b) Der Unsittlichkeit Vorschub leisten

436 Ein weiterer, praktisch häufiger Versagungsgrund ist nach § 4 Abs. 1 S. 1 Nr 1 GastG dann gegeben, wenn der Gewerbetreibende befürchten lässt, er werde der Unsittlichkeit Vorschub leisten. Maßstab für die Auslegung des Tatbestandsmerkmals sind „die dem geschichtlichen Wandel unterworfenen sozialethischen Wertvorstellungen, die in der Rechtsgemeinschaft als Ordnungsvorstellungen anerkannt sind"[84]. Dabei ist zwischen der Frage der Gewerbsmäßigkeit und der Unsittlichkeit zu unterscheiden (s. dazu ausf Rn 261).

Das wichtigste Beispiel betrifft die Neufassung des Tatbestandes der **Förderung der Prostitution** durch das ProstG 2001[85], die auch Auswirkungen auf die Auslegung des § 4 Abs. 1 S. 1 Nr 1 GastG hat[86]. Über die seit langem als nicht sittenwidrig angesehenen Stripteaseveranstaltungen[87] oder Pornofilmvorführungen[88] hinaus ergeben sich Änderungen nicht nur im Zusammenhang mit der Duldung der Ausübung der Prostitution in einer Gaststätte[89], sondern „erst recht" hinsichtlich der Ermöglichung konsensualer sexueller Kontakte[90], sofern ausgeschlossen ist, dass Unbeteiligte gegen ihren Willen damit konfrontiert werden. Im Ergebnis reicht es bei Gaststätten regelmäßig aus, den Zutritt von Jugendlichen durch entsprechende Kontrollen zu verhindern und schon im Eingangsbereich so eindeutig auf den Charakter der Gaststätte hinzuweisen, dass verhindert wird, dass sich Dritte ohne Kenntnisse der Örtlichkeit in die Gaststätte begeben. Diese

---

82 Vereinzelte Fälle übermäßigen Alkoholgenusses seitens des Gastwirtes stellen noch keine Trunksucht dar, wohl aber regelmäßiges Trinken oder Trinken in relativ oft wiederkehrenden Konfliktsituationen, *Michel/Kienzle/Pauly*, GastG, § 4 Rn 12.
83 Vgl VGH München, NVwZ-RR 2008, 26; *Guckelberger*, LKV 2008, 385; *Korden*, GewArch. 2000, 11.
84 *Diefenbach*, GewArch. 1992, 249, 252.
85 Vgl dazu *Fischer*, StGB, 61. Aufl. 2014, § 180a Rn 1. § 180a Abs. 1 Nr 2 StGB, der die Förderung der Prostitution unter Strafe stellte, wurde mit der Verabschiedung des ProstG gestrichen, § 180a StGB nF bestraft im Wesentlichen nur noch die ausbeuterische Förderung der Prostitution.
86 Für die Praxis ist der Streit um die Ausstrahlungswirkung des ProstG, das unmittelbar nur die zivilrechtlichen Rechtsverhältnisse der Prostituierten regelt und gewerberechtliche Fragen ausdrücklich ausklammert, entschieden, s. BVerwG, NVwZ-RR 2003, 603, 604; ebenso *Metzner*, GastG, § 4 Rn 78a; *Armbrüster*, NJW 2002, 2763, 2764; *Caspar*, NVwZ 2002, 1322, 1324 f; ausführlicher zu den gesetzgeberischen Intentionen, *Pöltl*, VBlBW 2003, 181, 186 f. Eine solche Ausstrahlungswirkung ablehnend *Michel/Kienzle/Pauly*, GastG, § 4 Rn 16d; *Pauly*, GewArch. 2002, 217; s. auch VG Weimar, GewArch. 2002, 298.
87 BVerwGE 64, 274; *Metzner*, GastG, § 4 Rn 86.
88 BVerwGE 71, 34; VGH München, GewArch. 1986, 25.
89 BVerwG, NVwZ 2009, 909 m. Bespr. *Lehmann*, NVwZ 2009, 888.
90 Zu Swingerclubs BVerwG, NVwZ 2003, 603; VGH München, NVwZ 2002, 1393, 1394 f; zu Darkrooms VG Stuttgart, GewArch. 1998, 291, 292; zu Saunen VGH München, GewArch. 2004, 491; VGH Kassel, NVwZ-RR 2003, 720.

Anforderungen können mittels Auflagen durchgesetzt werden[91]. Die Verweigerung der Gaststättenerlaubnis wegen Förderung der Unsittlichkeit wird sich (außer bei beharrlichen Verstößen) kaum rechtfertigen lassen.

2. Raumbezogene Versagungsgründe

Die gaststättenrechtliche Erlaubnis kann außerdem aus raumbezogenen Gründen verweigert werden. Während § 4 Abs. 1 S. 1 Nr 2 GastG die (ordnungsrechtlichen) Anforderungen an Betriebs- und Arbeitnehmerräume enthält, betrifft Nr 3 die Nutzung der Räume im Hinblick auf ihre Lage und auf die Verwendung der Räume für die Zwecke des Gaststättengewerbes. Erstere werden vor allem durch die auf der Grundlage von Abs. 3 zu erlassenden Rechtsverordnungen konkretisiert. Die Anforderungen nach Nr 3 zum Schutz der Umgebung und der Allgemeinheit korrespondieren mit den bauplanungsrechtlichen Anforderungen[92]. **437**

a) Eignung der Räumlichkeiten

Im Rahmen der Nr 2 können alle Bestimmungen des besonderen Ordnungsrechts relevant werden, einschließlich der bauordnungsrechtlichen oder gesundheitspolizeilichen Vorschriften, sofern sie sich nur auf den beabsichtigten Gewerbebetrieb beziehen. Erforderlich ist eine normative Regelung, so dass die zuständigen Behörden nicht in der Lage sind, unter Rückgriff auf den Tatbestand der öffentlichen Sicherheit und Ordnung eigenständige Anforderungen aufzustellen. Ebenfalls in diesen Zusammenhang gehören die besonderen **Anforderungen an einen barrierefreien Zugang** in Nr 2a[93]. **438**

b) Anforderungen zum Schutz der Allgemeinheit

Raumbezogene Versagungsgründe können sich einerseits aus den bauplanungsrechtlichen, vor allem aber den immissionsschutzrechtlichen Anforderungen ergeben. Mit dem Verweis auf das BImSchG knüpfen § 4 Abs. 1 S. 1 Nr 3 und § 5 Abs. 1 Nr 3 GastG an die **schädlichen Umwelteinwirkungen** des § 3 Abs. 1 BImSchG an. Allerdings dürfen beispielsweise die Regelungen der TA-Lärm auf Freiluftgaststätten nicht schematisch angewendet werden[94]. Da der Begriff der schädlichen Umwelteinwirkungen im Sinne des BImSchG auch auf den Schutz der Nachbarschaft abzielt[95], begründet er die Klagebefugnis für Dritte. **439**

---

91 S. auch *Caspar*, NVwZ 2002, 1322, 1327.
92 S. auch *Michel/Kienzle/Pauly*, GastG, § 4 Rn 1.
93 Diese wurden durch das Gesetz zur Gleichstellung behinderter Menschen und zur Änderung anderer Gesetze (BGG), BGBl. I 2002, 1467 eingeführt, s. dazu auch *Pöltl*, GewArch. 2003, 231. Im Zusammenhang mit dem barrierefreien Zugang wurde durch § 13 Abs. 1 S. 1 Nr 2 BGG ein Verbandsklagerecht eingeführt; vgl zu den Bedenken des Bundesrates BR-Drucks. 928/01 (Beschluss), S. 7 f.
94 VG Stuttgart, GewArch. 2001, 299.
95 VGH Kassel, NVwZ-RR 1997, 159; OVG Koblenz, GewArch. 1998, 209. Ausführlich zum gaststättenrechtlichen Nachbarschutz *Metzner*, GastG, § 4 Rn 334 ff mwN; *Kopp/Schenke*, VwGO, § 42 Rn 108.

Allerdings kommt in solchen Fällen, in denen eine volle Betriebszeit mit den in § 4 Abs. 1 S. 1 Nr 3 GastG geschützten Belangen nicht vereinbar ist, nicht ohne weiteres die Verweigerung der Erlaubnis in Betracht. Es kann und muss vielmehr die **Betriebszeit verkürzt** werden. Dies ergibt sich daraus, dass die Gaststättenerlaubnis ua für eine bestimmte Betriebsart zu erteilen ist (§ 3 Abs. 1 S. 1 GastG) und sich diese Betriebsart ua nach den Betriebszeiten bestimmt (§ 3 Abs. 1 S. 2 GastG)[96].

c) Das Verhältnis von baurechtlichem und gaststättenrechtlichem Verfahren

440 Das vorhaben- und grundstücksbezogene Prüfprogramm des baurechtlichen Verfahrens überschneidet sich mit den Versagungsgründen nach § 4 Abs. 1 S. 1 Nr 2 und Nr 3 GastG, die an die **Lage und Beschaffenheit der Räumlichkeiten** anknüpfen. Es bedarf im Interesse der **Widerspruchsfreiheit** und Verlässlichkeit der Rechtsordnung der **Abstimmung** beider Entscheidungen. Dabei ist zu differenzieren: Wird – wie es in der Praxis wohl der Regelfall sein dürfte – zuerst eine baurechtliche Genehmigung erteilt, stellt sich die Frage nach deren Bindungswirkung für das gaststättenrechtliche Verfahren im Zusammenhang mit den Versagungsgründen nach § 4 Abs. 1 Nr 2 und 3 GastG. Die Baugenehmigung enthält ua die verbindliche Feststellung, dass – neben der Errichtung – die bestimmungsgemäße Nutzung des Vorhabens rechtmäßig ist[97]. Nach gefestigter Rechtsprechung ist die Entscheidung der Baurechtsbehörde insoweit bindend, als es um Rechtsfragen geht, deren Beantwortung in deren originäre Zuständigkeit fällt oder zumindest zu dieser den stärkeren Bezug hat. Damit hat sich vor allem die Frage der bauplanungsrechtlichen Zulässigkeit einer Gaststätte praktisch ins Baurecht verlagert[98]. Der Vorrang der Baubehörde besteht allerdings nicht im gesamten Anwendungsbereich des § 4 Abs. 1 Nr 3 GastG, sondern steht spezifisch gewerberechtlichen Erwägungen nicht entgegen[99]. Dabei ist auch die Reichweite der Prüfungskompetenz der Baurechtsbehörde zu beachten, die sich nicht auf gewerberechtliche Fragen erstreckt[100].

441 Ebenso ist im gaststättenrechtlichen Konzessionsverfahren die behördliche Prüfung (nur) dann auf die genuin gaststättenrechtliche Frage beschränkt, wenn die Bauaufsichtsbehörde über die maßgebliche bauordnungsrechtliche Frage bereits bestandskräftig entschieden hat[101].

---

96   VGH München, GewArch. 2013, 132.
97   Vgl BVerwGE 80, 259, 261; 84, 11, 13 f. Zur Rechtslage vor Erteilung der Baugenehmigung, OVG Berlin-Brandenburg, NJOZ 2012, 629.
98   Ist eine Baugenehmigung für eine Gaststätte erteilt worden, so kann die Versagung der Gaststättenerlaubnis im Hinblick auf die örtliche Lage nur noch auf solche grundstücksbezogenen Umstände gestützt werden, die nicht bereits im Baugenehmigungsverfahren zu prüfen waren, s. auch OVG Koblenz, NVwZ 1982, 122.
99   VGH Mannheim, GewArch. 2001, 432.
100   Die Reichweite der Entscheidungsbefugnis der Bauaufsichtsbehörde bestimmt sich nach der jeweiligen Landesbauordnung; vgl BVerwGE 85, 251, 258 ff; 74, 315, 324 ff; VGH München, NVwZ 1994, 304. Steht allerdings fest, dass eine gaststättenrechtliche Erlaubnis nicht erteilt werden kann, fehlt für die Baugenehmigung das Sachbescheidungsinteresse, s. VGH München, NVwZ 1994, 304.
101   VG Darmstadt, GewArch. 2002, 435.

In **Fall 35b** (**Rn 408**) steht also mit der für die Errichtung eines Bauvorhabens (hier: Disko- **442**
thek) erteilten Baugenehmigung bindend fest, dass sich die von der bestimmungsgemäßen
Nutzung des Bauvorhabens typischerweise ausgehenden Immissionen im Rahmen der § 4
Abs. 1 Nrn 2, 3 GastG halten[102]. Nachbar N müsste sich also (auch) gegen die Baugenehmigung wenden, sofern diese nicht bereits bestandskräftig geworden ist. Gegen die gaststättenrechtliche Genehmigung könnte dies nicht geltend gemacht werden.

V. Nebenbestimmungen zur Erlaubnis

1. Gesetzliche Vorbehalte für Nebenbestimmungen

Als gebundener Verwaltungsakt kann die Gaststättenerlaubnis gem. § 36 Abs. 1 LVw- **443**
VfG mit Nebenbestimmungen versehen werden, soweit dies gesetzlich zugelassen ist.
Darüber hinaus kann bei behebbaren Mängeln der Verhältnismäßigkeitsgrundsatz es
gebieten, eine beantragte Erlaubnis nicht zu versagen, sondern beispielsweise unter
der (aufschiebenden) Bedingung der Mängelbeseitigung zu erteilen[103]. In bestimmten
Konstellationen ist eine Befristung zulässig (§§ 3 Abs. 2, 9, 11 Abs. 1 S. 2, 12 Abs. 1
GastG). § 8 GastG enthält einen Fall einer auflösenden Bedingung; die Erlaubnis er-
lischt, wenn von ihr nicht innerhalb eines Jahres Gebrauch gemacht worden ist. Unter
Widerrufsvorbehalt steht zum einen die zudem befristete **vorläufige Erlaubnis**
(**§ 11 GastG**) sowie die **vorübergehende Gestattung** (**§ 12 GastG**) (s. bereits oben
Rn 422).

2. Insbesondere Auflagen

Besondere Relevanz kommt der Möglichkeit zu, „jederzeit" also sowohl bei Geneh- **444**
migungserteilung wie auch nachträglich Auflagen zu erteilen. § 5 GastG ist insoweit **lex specialis gegenüber § 36 Abs. 2 Nr 4 LVwVfG**. Solche Maßnahmen
haben grundsätzlich Vorrang vor Rücknahme und Widerruf einer Erlaubnis, beispielsweise auch zur Durchsetzung der Nichtraucherschutzgesetze[104]. Die Möglichkeit zur „Auflagenerteilung" besteht auch bei solchen Gaststättenbetrieben, die keiner Erlaubnis bedürfen (§ 5 Abs. 2 GastG). Technisch handelt es sich dann
allerdings nicht um Nebenbestimmungen, sondern um eigenständige (belastende)
Verwaltungsakte.

Auflagen dienen entweder dem (internen) **Schutz von Gästen und Beschäftigten** **445**
(§ 5 Abs. 1 Nr 1–2 GastG) oder dem externen **Schutz der Nachbarschaft**, zum einen
vor schädlichen Umwelteinwirkungen und zum anderen vor sonstigen erheblichen

---

102   VG Gießen, NVwZ-RR 2001, 739; BVerwGE 80, 259; s. auch BVerwG, NVwZ 1992, 569; *Winkler,*
      Jura 2006, 276.
103   Vgl auch BVerwG, NVwZ-RR 1997, 222.
104   Zu einem Beispiel VG München, GewArch. 2008, 258: Anordnung von Hinweisen auf das Rauchver-
      bot und der Entfernung von Aschenbechern. S. auch VGH Mannheim, ESVGH 63, 154 (= GewArch.
      2013, 217).

Nachteilen, Gefahren oder Belästigungen. In allen Fällen verlangen sie das Vorliegen einer konkreten Gefahr[105] für die im Einzelnen genannten Rechtsgüter[106].

Dies gilt zB für Auflagen zur **Eindämmung des Alkoholkonsums**. Eine Gefährdung der Gäste im Sinne von § 5 Abs. 1 Nr 1 GastG ist auch dann gegeben, wenn der Gaststättenbetreiber dem Alkoholmissbrauch Vorschub leistet. Dies ist nicht nur der Fall, wenn gegen gesetzliche Verbote für besondere Fallkonstellationen verstoßen wird (zB § 6, § 20 Nr 2 GastG, § 9 Abs. 1 Nr 1, 2 JuSchG), sondern unter bestimmten Voraussetzungen auch bei grundsätzlich erlaubtem Alkoholgenuss. Allein aus dem Bestreben, den Gewinn einer Bar zu steigern, kann auch bei bestimmten Partykonzepten (zB Flatratepartys[107] oder Partys mit nicht kostendeckenden Preisen[108]) noch nicht ohne weiteres der Schluss auf ein Vorschubleisten des Alkoholmissbrauchs gezogen werden. Hinzukommen müssen konkrete Anhaltspunkte, die eine Gefahrenprognose rechtfertigen[109]. Einer an einem Fußballstadion gelegenen Gaststätte kann die Auflage erteilt werden, im Umfeld eines Spieles alkoholische Getränke nur bis zu 3% Alkoholgehalt (Leichtbier) auszuschenken, wenn tatsächliche Anhaltspunkte dafür bestehen, dass alkoholisierte Fußballfans Straftaten begehen oder Passanten oder Anwohner anpöbeln[110].

446   Als Rechtsgrundlage für eine solche Auflage kommt in **Fall 35c (Rn 408)** § 5 Abs. 1 Nr 3 GastG in Betracht. Auszugehen ist davon, dass jede Gaststätte mit unvermeidbarem Lärm verbunden ist. Ein Einschreiten der Behörde setzt daher voraus, dass der Lärm bei Berücksichtigung aller Umstände des Einzelfalls das den Anwohnern zumutbare Maß übersteigt[111]. Es genügt aber nicht jede Belästigung, sondern es muss sich vielmehr um erhebliche Nachteile handeln[112]. Ist dies der Fall, begründet § 5 Abs. 1 Nr 3 GastG dem geschützten Personenkreis gegenüber eine Amtspflicht der Behörde zum Einschreiten[113]. Dies erscheint im **Fall 35c** eher zweifelhaft, so dass gerade auch aufgrund des erheblichen Eingriffs in die Grundrechte des G (Art. 12, 14 GG) von der Rechtswidrigkeit der nachträglichen Auflage auszugehen ist.

---

105   BVerwG, GewArch. 1995, 34; *Ehlers*, in: Ehlers/Fehling/Pünder, § 20 Rn 47.
106   Insoweit unterscheiden sich diese Fälle von Anträgen auf Sperrzeitverkürzung nach § 18 GastG iVm den landesrechtlichen Vorschriften. Dabei handelt es sich um echte Ausnahmevorschriften, so dass nicht die Ablehnung der Sperrzeitverkürzung mit konkreten Gefahren zu rechtfertigen ist, sondern ein öffentliches Bedürfnis für Sperrzeitverkürzung dargetan werden muss, vgl VG Neustadt (Weinstraße), GewArch. 2011, 413; s. auch BVerwGE 101, 157.
107   VGH München, NVwZ-RR 2008, 26.
108   Vgl VG Hannover GewArch. 2007, 388: 10 Cent pro Wodka; einschränkend VG Neustadt (Weinstraße), GewArch. 2013, 169.
109   S. zum Erfordernis tatsächlicher Anhaltspunkte VGH Kassel, GewArch. 2009, 253 (Preiskonzept allein genügt nicht); s. auch *Guckelberger*, LKV 2008, 386, 389 f; *Schröder/Führ*, NVwZ 2008, 145.
110   VGH Mannheim, NJW 2005, 238 insbes zur Gefahrenprognose; VG Stuttgart, GewArch. 2003, 430.
111   OVG Koblenz, GewArch. 1983, 98. Zur Bestimmtheit der Auflage OVG Münster, NVwZ-RR 2014, 38.
112   VGH Kassel, GewArch. 1979, 24.
113   BVerwGE 11, 331. Die Pflicht zum Einschreiten setzt keine Gefahr im polizeilichen Sinne voraus; es genügt, dass durch den Gaststättenbetrieb eine erhebliche Beeinträchtigung des Wohlbefindens des geschützten Personenkreis verursacht wird, BVerwGE 31, 15, 19.

VI. Rücknahme und Widerruf einer Gaststättenerlaubnis (§ 15 GastG)

447

1. Die gaststättenrechtliche Regelung in § 15 GastG

Nach § 15 Abs. 1 GastG ist die Gaststättenerlaubnis zurückzunehmen, wenn nachträglich bekannt wird, dass bei ihrer Erteilung Versagungsgründe im Sinne von § 4 Abs. 1 Nr 1 GastG vorlagen, nach § 15 Abs. 2 GastG ist sie zu widerrufen, wenn solche Versagungsgründe nachträglich auftreten. Damit sind die Rechtsfolgen zwingend. Im Falle der nachträglichen Feststellung der Unzuverlässigkeit bietet das Gesetz keine Handhabe für mildere Maßnahmen[114]. Außerdem kann die Behörde nach § 15 Abs. 3 GastG die Erlaubnis in den dort genannten Fällen widerrufen. Dies betrifft nicht nur die unbefugte Änderung der Betriebsart, die Verwendung anderer als der zugelassenen Räumlichkeiten und die Nichteinhaltung sonstiger inhaltlicher Beschränkungen der Erlaubnis, sondern gem. § 15 Abs. 3 Nr 2 GastG insbesondere auch den Verstoß gegen Auflagen.

448

Für das Verwaltungsverfahren gelten ergänzend die §§ 9 ff LVwVfG[115]. Dies gilt insbesondere für die Anhörung (§ 28 LVwVfG) und die Begründungspflicht aus § 39 LVwVfG. Soweit ein Verfahren anhängig ist, können Weiterführungsberechtigte (s. § 10 GastG) in das Verfahren eintreten, s. Rn 320. Auch der Widerruf muss schriftlich erfolgen[116].

2. Die Anwendbarkeit der allgemeinen Vorschriften

Die §§ 48, 49 LVwVfG sind nach allgemeinen Grundsätzen anwendbar, soweit die speziellere Regelung des § 15 Abs. 1 GastG nicht abschließend ist. **§ 49 LVwVfG** wird durch die Vorschriften des § 15 Abs. 2 und 3 GastG **insgesamt verdrängt**[117], **bei § 48 LVwVfG ist zu differenzieren**. Hinsichtlich der Unzuverlässigkeit (§ 4 Abs. 1 Nr 1 GastG) schließt § 15 Abs. 1 GastG die Rücknahme nach § 48 LVwVfG aus. Allerdings lässt § 15 Abs. 1 GastG die sonstigen Rücknahmegründe unberührt. Diese unterliegen daher § 48 LVwVfG[118].

449

Daher soll § 48 LVwVfG bei Unzuverlässigkeit des Gastwirts dann anwendbar sein, wenn die Versagungsgründe nach § 4 Abs. 1 Nr 1 GastG bereits bei Erlaubniserteilung bekannt waren, die Behörde hieraus jedoch zu Unrecht die Zuverlässigkeit des Gastwirts abgeleitet hat[119]. Die Anwendung des § 48 LVwVfG wird weiterhin für den Fall vertreten, dass sich ein Weiterführungsberechtigter (s. Rn 423 f) als unzuverlässig erweist[120]. Jedenfalls besteht dann für eine

450

---

114 S. auch VG Schleswig, NJW 2001, 387.
115 *Michel/Kienzle/Pauly*, GastG, § 4 Rn 93.
116 Ein solches Schriftformerfordernis kann sich aus dem Landesrecht ergeben (zB § 20 OBG NW). Jedenfalls bedürfte der Widerruf wegen des Urkundserfordernisses für die Erlaubnis (§ 3 Abs. 1 GastG, Gaststättenverordnungen der Länder) als actus contrarius ebenfalls der Schriftform.
117 BVerfG, NVwZ-RR 1994, 880; GewArch. 1998, 254; BVerwGE 81, 74; VGH Mannheim, GewArch. 1987, 132. S. aber zum Rückgriff auf § 49 VwVfG infolge der Neuregelung durch das LGastG VG Gießen, NVwZ-RR 2014, 267.
118 VGH München, GewArch. 80, 303; *Metzner*, GastG, § 15 Rn 39.
119 *Kienzle*, GewArch. 1983, 281, 284.
120 *Metzner*, GastG, § 10 Rn 15.

analoge Anwendung des § 15 Abs. 1 GastG[121] kein Bedürfnis, zumal für diese Konstellation auch noch der Widerruf nach § 15 Abs. 2 GastG möglich ist[122]. Die Jahresfrist des § 48 Abs. 4 LVwVfG gilt nicht bei Rücknahme und Widerruf nach § 15 Abs. 1 und 2 GastG, wohl aber beim Widerruf nach § 15 Abs. 3 GastG[123]. In **Fall 35a (Rn 408)** stellt sich somit das allgemeine verwaltungsrechtliche Problem des Beginnes dieser Jahresfrist. Stellt man auf die bloße Tatsachenkenntnis ab, so wäre die Jahresfrist abgelaufen und ein Widerruf nicht mehr möglich. Für eine solche Auslegung spricht vor allem der Wortlaut des § 48 Abs. 4 LVwVfG. Gleichwohl muss nach der Rspr die Behörde auch Kenntnis von der Rechtswidrigkeit und den für den Widerruf relevanten Tatsachen haben[124].

VII. Das Einschreiten gegen das erlaubnisfreie Gaststättengewerbe

451 Im Rahmen des erlaubnisfreien Gaststättengewerbes gem. § 2 Abs. 2 GastG verlagert sich die Aufgabe der Gewerbeaufsicht auf eine repressive Kontrolle. Die Freistellung von der Gaststättenerlaubnis befreit aber weder von der Einhaltung der sonstigen gewerberechtlichen Vorschriften noch von der Anzeigepflicht gem. § 14 GewO. Die Verweisung des § 31 GastG führt zu den Vorschriften des anzeigepflichtigen (stehenden) Gewerbes in der GewO und damit zur **Gewerbeuntersagung wegen Unzuverlässigkeit** (§ 31 GastG iVm § 35 GewO). Ein milderes Mittel im Vergleich zur Untersagung des Gaststättengewerbes gem. § 31 GastG iVm § 35 GewO stellt die **Möglichkeit des Erlasses von Auflagen nach § 5 Abs. 2 GastG** dar[125]. Auch die Auskunfts- und Nachschaurechte gem. § 22 GastG finden auf das erlaubnisfreie Gaststättengewerbe Anwendung[126].

452 In **Fall 36 (Rn 409)** handelt es sich um ein erlaubnisfreies Gaststättengewerbe. Rechtsgrundlage für den Bescheid könnte daher § 31 GastG iVm § 35 GewO sein. Voraussetzung hierfür wäre, dass M unzuverlässig ist. Eine Unzuverlässigkeit des M ergibt sich im vorliegenden Fall allerdings nicht bereits aus einem Verstoß gegen die Anzeigepflicht aus § 14 GewO. Diese Anzeige dient nämlich allein gewerbepolizeilichen Gründen der Überwachung (§ 14 Abs. 1 S. 3 GewO), die als „Korrelat zur Gewerbefreiheit" das subjektiv-öffentliche Recht auf Zulassung und Fortsetzung des Gewerbes nicht beschränkt[127]. Daher handelt sich bei § 14 GewO nur um eine sog. „wertneutrale Ordnungsvorschrift", deren Verletzung allein ohne weitere (Begleit-) Umstände nicht zur Unzuverlässigkeit des Gewerbetreibenden führt (s. schon Rn 255). Da M nicht unzuverlässig ist, ist die Untersagung rechtswidrig.

453 Während beim erlaubnispflichtigen Gaststättengewerbe nach § 4 Abs. 1 Nr 2, 3 GastG über die Baugenehmigung hinaus **raumbezogene Anforderungen** gestellt

---

121 So aber *Frotscher/Kramer*, Rn 514 ff.
122 Zum Ganzen *Metzner*, GastG, § 10 Rn 15 ff.
123 *Metzner*, GastG, § 15 Rn 49.
124 BVerwGE 70, 356; differenzierend *Kopp/Ramsauer*, VwVfG, § 48 Rn 152 ff.
125 VGH München, GewArch. 2011, 85: Untersagung des Verkaufs über die Straße während der Nachtzeit.
126 BT-Drucks. 15/4231, S. 35.
127 S. auch *Marcks*, in: Landmann/Rohmer, GewO, § 14 Rn 8.

werden können (s. oben Rn 437 ff), besteht diese Möglichkeit beim erlaubnisfreien Gewerbe nicht. Der Gesetzgeber hat dies mit der Deregulierung bewusst in Kauf genommen[128].

VIII. Die Schließung einer Gaststätte

Wird ein Gaststättengewerbe ohne die erforderliche Erlaubnis betrieben, kann die **454** **Fortsetzung des Betriebes durch § 31 GastG iVm § 15 Abs. 2 GewO verhindert** werden. Ohne Erlaubnis wird eine Gaststätte betrieben, wenn der Betrieb ohne eine solche aufgenommen wurde, die Erlaubnis widerrufen wurde, diese erloschen ist[129] oder der Betrieb so umgestaltet wird, dass er nach § 3 Abs. 1 GastG einer neuen Erlaubnis bedarf. Ist eine Erlaubnis nicht erforderlich (s. oben Rn 418 ff), kann unter den Voraussetzungen des § 31 GastG iVm § 35 GewO die **Gewerbeausübung wegen Unzuverlässigkeit untersagt** werden.

Besonders relevant ist die Frage der **Gaststättenschließung im Zusammenhang mit dem Widerruf der Gaststättenerlaubnis.** Dieser ist als solcher nicht vollstreckungsbedürftig, sondern verlangt vom Gaststättenbetreiber die Einstellung seines nicht (mehr) genehmigten Betriebes. Er ist allerdings auch nicht mit Zwangsmitteln durchsetzbar[130]. Für die zwangsweise Durchsetzung gelten die allgemeinen gewerberechtlichen Grundsätze (näher Rn 325 ff). Nach dem Widerruf der Genehmigung kann die Behörde eine Gaststätte, die dann ohne Genehmigung betrieben wird, auf der Grundlage von § 31 GastG iVm § 15 Abs. 2 GewO schließen. Diese Untersagungsverfügung ist keine Maßnahme der Verwaltungsvollstreckung, sondern der zu vollstreckende Grundverwaltungsakt[131]. Sie kann aber bereits mit der Widerrufsverfügung verbunden werden[132]. In einem solchen Fall muss der Gastwirt beide Maßnahmen angreifen und kann beide Anträge im Wege einer objektiven Klagehäufung gem. § 44 VwGO in Form der sog. Stufenklage verbinden.

---

128 *Pöltl*, GewArch. 2005, 353, 359.
129 Sie erlischt durch Nichtausübung (§ 8 GastG), Fristablauf oder den Tod des Berechtigten sowie Rücknahme und Widerruf.
130 *Michel/Kienzle/Pauly*, GastG, § 15 Rn 21.
131 BVerwG, GewArch. 1982, 201; VGH Mannheim, GewArch. 1986, 163; *Metzner*, GastG, § 31 Rn 19.
132 *Metzner*, GastG, § 15 Rn 66. Da diese Rechtsfolge (Anordnung der sofortigen Betriebseinstellung) die regelmäßige Folge eines Widerrufs der Erlaubnis darstellt, ist sie nach § 39 Abs. 2 Nr 2 VwVfG nicht zu begründen, so auch VGH Mannheim, GewArch. 1992, 81. VGH Kassel, DÖV 1996, 973 sieht hierin einen Fall des intendierten Ermessens.

§ 5 Das Handwerksrecht

455 **Fall 39:** H will von seinem Vater einen Betrieb des Installateur- und Heizungsbauerhandwerks übernehmen, in dem er schon seit fünf Jahren als Geselle mitgearbeitet hat.

a) H ist mehrfach an der Meisterprüfung wegen fehlender Kenntnisse im Bereich „Gasinstallation" gescheitert. Gibt es für ihn eine Möglichkeit, doch noch den Betrieb seines Vaters fortzuführen, der mittlerweile schon 70 geworden ist und sich gerne zur Ruhe setzen möchte?

b) Sein Vater hat nur eine kleine Rente und er selbst würde ansonsten arbeitslos. H beschließt schließlich den Betrieb einfach im bisherigen Umfang weiterzuführen, ohne sich weiter um den lästigen Behördenkram zu kümmern. Was wird die Behörde tun?

c) H hat einen qualifizierten Betriebsleiter eingestellt. Allerdings läuft sein Betrieb weiterhin nicht sehr gut und es fallen erhebliche Schulden an. Er führt dann auch keine Kammerbeiträge mehr ab. Die Handwerkskammer hält ihn deswegen für unzuverlässig und nicht mehr geeignet, den Betrieb weiterzuführen. Was wird sie veranlassen?

d) Aufgrund dieser Entwicklung hatte die Handwerkskammer dem H die Löschung aus der Handwerksrolle angekündigt. H unternahm zunächst nichts, nach Eintritt der Unanfechtbarkeit besserte sich seine Situation allerdings überraschend. Er konnte dank einiger Großaufträge und des großen Engagements seines Betriebsleiters seine Schulden abtragen. Kann er gegen die Löschung vorgehen?

456 **Fall 40:** Das Unternehmen U bietet im Internet Reifen an. Wenn sich ein Kunde zum Kauf entschließt, kann er einen bestimmten Händler H in seiner Nähe anklicken, an den dann die Reifen geliefert werden. Das Vertragsverhältnis kommt allerdings mit U zustande. H tritt beim Verkauf als Vertreter des U auf und übernimmt das Aufziehen des Reifens auf die Felge und Montage der Räder am Auto, ohne in die Handwerksrolle eingetragen zu sein, obwohl Anlage A zur Handwerksordnung in Nr 41 den Reifenmechaniker aufführt. Mit der Durchführung beauftragt H zwei Vollzeitangestellte, die innerhalb von einer Woche eingearbeitet werden. Für die Kunden fallen für das Aufziehen der Reifen keine separaten Kosten an. Die Handwerkskammer ist der Auffassung, H müsse sich eintragen lassen. Wie ist die Rechtslage?

457 **Fall 41:** Gastwirt G wirbt damit, in seinem Restaurant nur Würste und Pasteten aus eigener Produktion anzubieten. Er könne deswegen für Herkunft des Fleisches und Qualität der Produkte garantieren. Die zuständige Handwerkskammer hält dies für die Ausübung eines Handwerks.

I. Die Entwicklung der HwO bis zur Reform von 2004

458 Das Handwerksrecht gehört zu den traditionsreichsten Bereichen des deutschen Gewerberechts[1]. Die Anfänge gehen zurück auf das mittelalterliche Zunftwesen. Zünfte verstanden sich in der ständischen Gesellschaft als universelle Lebensgemeinschaften, geleitet von den Grundsätzen der Solidarität und Gleichheit. Vor allem in den freien Reichsstädten übernahmen sie zunehmend öffentliche Aufgaben und waren so

---

1 Ausführlicher zur historischen Entwicklung *Ruthig*, in: Ruffert, Europäisches Sektorales Wirtschaftsrecht, § 3 Rn 4 ff mwN.

im städtischen Gemeinwesen schließlich unentbehrlich. Die rechtliche Konsequenz war im 12. bzw 13. Jhdt die hoheitliche Einführung des Zunftzwangs. Mit den sog. Zunftrollen entwickelten die Zünfte ein umfassendes und autonomes Binnenrecht, das die Einkaufs-, Produktions- und Verkaufsbedingungen erfasste. Handwerk war ein stark, aber autonom reglementierter Beruf. Diese Schranken fielen zwar zunächst mit dem Ende des Alten Reiches, es begann aber ein langer und schließlich erfolgreicher Kampf des Handwerks um die Wiederherstellung des früheren Zustandes. Selbst die Gewerbefreiheits-Direktiven der Besatzungsmächte nach dem Zweiten Weltkrieg verhinderten nicht, dass der Deutsche Bundestag 1953 über alle Parteigrenzen hinweg das Handwerksrecht wieder aus der GewO herauslöste und in der Handwerksordnung (HwO) am sogenannten Großen Befähigungsnachweis festhielt, obwohl Teile der Literatur darin schon damals eine „recht unverhohlene Erlaubnis zur Beschränkung des Wettbewerbs"[2] sahen. In der Folgezeit schlug das Pendel in umgekehrter Richtung aus, auch wenn den Empfehlungen der Deregulierungskommission aus dem Jahr 1991, den Meisterbrief nur noch als Voraussetzung für die Lehrlingsausbildung beizubehalten[3], nicht gefolgt wurde. In den 1990er Jahren wurde die Möglichkeit zur Erbringung von Leistungen in anderen Handwerken und zur Erlangung einer Ausnahmebewilligung erweitert[4]. Bei der Novelle 1998[5] wurde die Zahl der Handwerke von 127 auf 94 reduziert. Mit der („großen und kleinen") **Handwerksnovelle 2004**[6] sind die massivsten Veränderungen des deutschen Handwerksrechts seit 1953 erfolgt. Diese Novelle war eine Reaktion auf unions- und verfassungsrechtliche Vorgaben (s. ausf Rn 39, 125, 458 ff), aber vor allem auch eine wirtschaftspolitische Entscheidung zur Liberalisierung des Handwerksrechts. Der Gesetzgeber hat die Zahl der zulassungspflichtigen Handwerke auf nur noch 41 reduziert, was die Zahl der Handwerke zwar nochmals halbierte, aber tatsächlich nur von geringer Auswirkung war[7].

Erheblich größere Veränderungen ergaben sich hinsichtlich des Handwerksrechts in persönlicher Hinsicht. Nach der seit 1935 bestehenden Konzeption des Handwerksrechts durfte nur derjenige in die Handwerksrolle eingetragen werden, der selbst den sogenannten „Großen Befähigungsnachweis", die Meisterprüfung, erfolgreich abgelegt hatte. Insoweit hat sich jedoch, trotz aller gegenteiligen Beteuerungen, eine völ-

459

---

2 Vgl *Basedow*, EuZW 2001, 97.
3 Vgl den Zweiten Bericht der Deregulierungskommission, GewArch. 1991, 296, 298; *Hufen*, NJW 1994, 2913, 2921.
4 Vgl das Gesetz zur Änderung der Handwerksordnung, anderer handwerksrechtlicher Vorschriften und des Berufsbildungsgesetzes (BGBl. I 1993, S. 2256). Dazu *Honig*, GewArch. 1994, 227; *Schwappach*, GewArch. 1993, 441.
5 Zweites Gesetz zur Änderung der Handwerksordnung und anderer handwerksrechtlicher Vorschriften v. 25.3.1998 (BGBl. I 1998, S. 596); daraufhin erfolgte die Bekanntmachung der Neufassung v. 24.9.1998 (BGBl. I 1998, S. 3074); zur Novelle 1998 *Czybulka*, NVwZ 1998, 136; *Kolb*, GewArch. 1998, 217; *Schwanneke/Heck*, GewArch. 1998, 305.
6 Am 30.12.2003 ist das Gesetz zur Änderung der Handwerksordnung und zur Förderung von Kleinunternehmen v. 24.12.2003 (BGBl. I 2003, S. 2933) und am 1.1.2004 das Dritte Gesetz zur Änderung der Handwerksordnung und anderer handwerksrechtlicher Vorschriften v. 24.12.2003 (BGBl. I 2003, S. 2934) in Kraft getreten. Dazu *Kormann/Hüpers*, GewArch. 2004, 353, 404; *Schwanecke/Heck*, GewArch. 2004, 129; *Stober*, GewArch. 2003, 393.
7 Diese machen aber weiterhin rund 90% der Betriebe, 83% der Beschäftigten und 90% der Lehrlinge aus, so dass die tatsächlichen Verschiebungen wenig gravierend sind, s. *Kormann/Hüpers*, GewArch. 2004, 353.

lige **Abkehr vom traditionellen Typus des Handwerksmeisters** vollzogen. Zumindest faktisch wurde der Meisterzwang auch für das weiterhin zulassungspflichtige Handwerk beseitigt.

Dies ergibt sich durch das Zusammenspiel verschiedener Regelungen. Nachdem schon vorher juristischen Personen der Betrieb eines Handwerks gestattet war, hat die Novelle 2004 in konsequenter Fortführung dieser Entwicklung das **Inhaberprinzip aufgegeben** (dazu unten Rn 472 ff). Damit kann praktisch jedermann in die Handwerksrolle eingetragen werden, wenn er nur einen Betriebsleiter beschäftigt, der den Befähigungsnachweis erbracht hat. Es besteht also nur noch ein mittelbarer Zusammenhang zwischen Meisterprüfung und der Eintragung in die Handwerksrolle. Gleichzeitig wurde der Zusammenhang zwischen Meisterprüfung und Handwerksausübung durch die nicht nur EU-Ausländern (dazu schon oben Rn 478 f), sondern zunehmend auch Deutschen eingeräumte **Möglichkeit zu Ausnahmebewilligungen** (§§ 8, 9 HwO), die in der sog. **Altgesellenregelung** des § 7b HwO ihren Abschluss fand, vollends gelockert. Obwohl der Gesetzgeber auch in der Altgesellenregelung einen Anwendungsfall der Ausnahmebewilligung sieht, ging angesichts der geringen Anforderungen, die diese Vorschrift aufstellt, der Ausnahmecharakter verloren[8]. Wirklich dem Meisterzwang unterworfen bleiben nur sechs Handwerksberufe (Schornsteinfeger sowie Gesundheitshandwerke), die insgesamt weniger als 5% der Handwerksbetriebe ausmachen[9]. Auch bei diesen genügt allerdings die Einstellung eines entsprechend qualifizierten Betriebsleiters. Aus rechtlicher Sicht überzeugt die novellierte HwO nicht (dazu, dass die bisherigen verfassungsrechtlichen Bedenken gegen die HwO nicht beseitigt, ihnen vielmehr eine ganze Reihe weiterer hinzugefügt wurden, ausf Rn 125, 147 f; zum Kammerrecht Rn 141 f). Indem das BVerfG fast ein Jahr nach ihrer Abschaffung im Dezember 2005 erhebliche Bedenken an der Verfassungsmäßigkeit der Altregelung äußerte, ohne eindeutig erkennen zu lassen, wie es vor diesem Hintergrund die Neuregelung beurteilte, hat es keinesfalls dazu beigetragen, die verfassungsrechtlichen Grundsatzfragen zu klären[10]. BVerwG[11] und Oberverwaltungsgerichte[12] gehen in Anlehnung an die alten Judikate des Bundesverfassungsgerichts von der Verfassungsmäßigkeit der novellierten Handwerksordnung aus. Die tatsächlichen Auswirkungen[13] sind jedenfalls nicht zu übersehen.

II. Das zulassungspflichtige Handwerk (Anlage A)

1. Die Eintragung in die Handwerksrolle

460   Kernstück des Handwerksrechts ist in rechtlicher Hinsicht weiterhin die sog. Handwerksrolle. Die **Handwerksrolle** nach § 6 Abs. 1 HwO ist das von der zuständigen Handwerkskammer geführte Verzeichnis, in das die selbstständigen Handwerker eines Bezirks mit dem von ihnen zu betreibenden Handwerk eingetragen sind. Über die Eintragung wird eine Bescheinigung, die sog. Handwerkskarte (§ 10 Abs. 2 HwO),

---

8   *Honig/Knörr*, HwO, § 7b Rn 2.
9   Zu den Zahlen vgl http://www.zdh.de.
10   BVerfG, GewArch. 2006, 71, 72 f. Die Entscheidung muss nach *Dürr*, GewArch. 2007, 18 „mehr als rechtspolitischer Versuchsballon denn als Beitrag zur Rechtsklarheit aufgefasst werden".
11   BVerwG, GewArch. 2004, 488, 489; GewArch. 2012, 39.
12   VGH München, GewArch. 2007, 125 mwN; OVG Koblenz, GewArch. 2013, 126; OVG Münster, GewArch. 2010, 250.
13   Eine ausführliche Evaluation findet sich bei *Kormann/Hüpers*, Zur Abgrenzung des Vollhandwerks, Band II: Ein Programm, 2007 S. 81 ff. Zahlen der Bundesregierung im Rahmen einer kleinen Anfrage, BT-Drucks. 17/3373 v. 25.10.2010. Ausführliche Statistiken online unter http://www.zdh-statistik.de/application/index.php. Zur Verfassungsmäßigkeit der Neuregelung *Bulla*, GewArch. 2012, 470 ff.

ausgestellt. Die Eintragung hat konstitutive Wirkung[14]. Gemäß § 1 Abs. 1 HwO ist nur den in der Handwerksrolle Eingetragenen der **selbstständige Betrieb eines zulassungspflichtigen Handwerks** gestattet. Die Erlaubnis erstreckt sich nach § 5 HwO auf bestimmte **Leistungen in anderen Handwerken** und vor allem auf die **Ausübung verwandter zulassungspflichtiger Handwerke** (§ 7 Abs. 1 S. 2 HwO). Sie ist auch nach der Handwerksnovelle personen-, nicht betriebsbezogen[15].

Die Inhaber eines Handwerksbetriebes (oder eines handwerksähnlichen Gewerbes) sowie Gesellen, Arbeitnehmer mit abgeschlossener Berufsausbildung und Lehrlinge gehören nach § 90 Abs. 2 HwO einer der örtlichen **Handwerkskammern** an (zu den Aufgaben vgl § 91 HwO; allg zu den berufsständigen Kammern oben Rn 141 ff). Verfassungsrechtlich bedenklich ist die Einbeziehung der Kleinunternehmer in die Zwangsmitgliedschaft ohne die Einräumung von Mitwirkungsrechten[16]. Von den Handwerkskammern zu unterscheiden sind die **Handwerksinnungen** (§§ 52 ff HwO)[17].

2. Die sachlichen Voraussetzungen der Eintragung (Eintragungsbedürftigkeit)

a) Stehendes Gewerbe

Gemäß § 1 Abs. 1 HwO setzt die Eintragungsbedürftigkeit voraus, dass es sich um ein stehendes Gewerbe handelt. Der **Gewerbebegriff** des § 1 Abs. 1 HwO ist mit demjenigen der GewO identisch (dazu oben Rn 214 ff), die ausdrückliche Nennung der Selbstständigkeit in § 1 Abs. 1 HwO[18] also rein deklaratorisch.   **461**

Ein Gewerbe muss daher vor allem auch mit Gewinnerzielungsabsicht betrieben werden. Daran fehlt es idR bei sozialen Einrichtungen wie Behindertenwerkstätten oder Arbeitsloseneinrichtungen[19]. Abgrenzungsprobleme zur freiberuflichen Tätigkeit stellen sich insbesondere beim Kunsthandwerk[20], das aber fast vollständig aus der Anlage A herausgenommen wurde, also nicht mehr dem Meisterzwang unterliegt. Auch Unternehmen der öffentlichen Hand können der HwO unterfallen, sofern sie sich gewerblich betätigen[21]. Keinen Einfluss auf die Einordnung als selbstständige Tätigkeit hat der Umstand, dass der Handwerker als Subunternehmer auftritt (s. auch **Fall 40 [Rn 465]**)[22].

Es muss sich außerdem um ein **stehendes Gewerbe** handeln, so dass auch nach der Novelle weiterhin nicht nur das Markt-, sondern vor allem auch das **Reisegewerbe**   **462**

---

14 Die Eintragung in die Handwerksrolle entfaltet auch über das Handwerksrecht hinaus Tatbestandswirkung, etwa für die Sozialversicherungsträger, s. BSG, GewArch. 1967, 60; GewArch. 1968, 278; vgl auch *Honig/Knörr*, HwO, § 6 Rn 4; *Falk*, KrV 1990, 59.
15 So zum früheren Recht auch VGH Mannheim, NVwZ-RR 2002, 113. Damit kommt eine Löschung in der Handwerksrolle im Hinblick auf eine einzelne Betriebsstätte nicht in Betracht.
16 Diese gehören zwar auch der Handwerkskammer an, haben dort aber (vgl §§ 96 f HwO) weder das aktive noch das passive Wahlrecht, s. auch *Schwannecke/Heck*, GewArch. 2004, 129, 140. Zu den daraus resultierenden verfassungsrechtlichen Bedenken schon Rn 146.
17 Vgl schon oben Rn 97 und ausführlich *Frotscher/Kramer*, Rn 743 ff.
18 Dazu und zur Abgrenzung von der Scheinselbstständigkeit s. *Honig/Knörr*, HwO, § 1 Rn 30 ff.
19 S. auch *Honig/Knörr*, HwO, § 1 Rn 13 f.
20 Ausf BSG, NJW 1999, 1990; *Honig/Knörr*, HwO, § 1 Rn 16 ff; *Ehlers*, in: Ehlers/Fehling/Pünder, § 19 Rn 16.
21 Die Vorschrift des § 2 Nr 1 HwO ist deklaratorisch, s. auch *Honig/Knörr*, HwO, § 2 Rn 2.
22 *Honig/Knörr*, HwO, § 1 Rn 40.

ausgenommen sind, obwohl Letzteres verfassungsrechtlich nicht haltbar ist (s. zum Gleichheitsverstoß schon oben Rn 147) und überdies zu Vollzugsproblemen führt[23].

Reisegewerbe liegt dann vor, wenn die Leistung außerhalb einer gewerblichen Niederlassung und ohne vorhergehende Bestellung des Kunden erbracht wird (s. auch schon oben Rn 340 ff). An das Erfordernis der Niederlassung sind zwar keine allzu hohen Anforderungen zu stellen, sogar ein (mobiler) Telefonanschluss kann genügen[24], aber die praktisch größere Bedeutung hat sowieso die zweite Variante, die Leistungserbringung ohne vorhergehende Bestellung[25]. Folgt man insoweit der großzügigen Auslegung des BVerfG und lässt auch eine spätere Erbringung der Leistung zu, sofern nur der erste Kontakt auf Initiative des Handwerkers zustande kam[26], kann praktisch jedes Handwerk als Reisegewerbe und damit ohne Befähigungsnachweis erbracht werden[27] (▶ **Klausurenkurs Fall Nr 8**). Da die HwO nur auf das stehende Handwerk anwendbar ist, hat hier die großzügige Interpretation des § 55 Abs. 1 Nr 1 GewO – anders als bei der Abgrenzung von Reisegewerbe und bloß nach § 14 GewO anzeigepflichtigem stehenden Gewerbe – keine Ausdehnung des Verbraucherschutzes, sondern eine Aushöhlung des Meisterprinzips und damit eine Beseitigung des vom Gesetzgeber weiterhin für erforderlich erachteten Schutzes vor den von der Erbringung solcher Leistungen ausgehenden Gefahren zur Folge, die nicht dadurch geringer werden, dass sie im Reisegewerbe erbracht werden[28]. Dies spräche für eine Erstreckung der HwO auf das Reisegewerbe (zu den verfassungsrechtlichen Bedenken schon Rn 147).

b) Zulassungspflichtiges Handwerk

463 Eintragungspflichtig sind nur die in Anlage A aufgeführten Handwerke, bei denen der Gesetzgeber annimmt, dass von ihrer Ausübung besondere Gefahren für die Gesundheit oder das Leben Dritter ausgehen[29]. Diese **Positivliste** hat abschließenden Charakter, andere als die genannten Handwerke können nicht in die Handwerksrolle eingetragen werden[30]. Mit der Novelle 2004 wurde eine Vielzahl von Handwerksberufen

---

23 Zur Nichteinbeziehung des Reisegewerbes kritisch *Schwannecke/Heck*, GewArch. 2004, 129, 134 und die Stellungnahme der Bundesländer im Gesetzgebungsverfahren, s. BR-Drucks. 382/1/03, S. 8; zweifelnd auch OLG Jena, NJW-RR 2009, 975; aA OVG Münster, GewArch. 2010, 249. Zu Abgrenzungsschwierigkeiten und den damit zusammenhängenden Vollzugsproblemen *Dürr*, GewArch. 2011, 8.

24 OVG Lüneburg, GewArch. 2004, 32 = NVwZ-RR 2004, 27 (ohne SV); BVerfG, NVwZ 2001, 189.

25 Vgl *Hüpers*, GewArch. 2004, 230, 231.

26 Vgl BVerfG, NVwZ 2001, 189, 190: Es entspreche „weder dem Zweck des § 55 Abs. 1 Nr 1 GewO noch vernünftigen Gründen des Gemeinwohls, diese Vorschrift derart restriktiv auszulegen, dass ein Aufsuchen einer Bestellung auf Leistung nicht anzunehmen ist, wenn die Leistung erst zu einem späteren Zeitpunkt erbracht wird". Zuvor hatte sich vor allem der VGH Mannheim um eine restriktivere Interpretation bemüht, s. GewArch. 1995, 159; 475 unter ausdrücklicher Aufgabe von ders., GewArch. 1973, 159.

27 Zum Zimmererhandwerk OVG Münster, GewArch. 2004, 32. Kritisch dazu *Honig/Knörr*, HwO, § 1 Rn 27; *Hüpers*, GewArch. 2004, 230. Zu Versuchen einer einschränkenden Auslegung *Korte*, GewArch. 2010, 265.

28 Zutreffend deswegen die Abgrenzungsversuche von VGH Mannheim, GewArch. 1995, 159 (dann kein Reisegewerbe, wenn die entscheidenden Vorarbeiten – im konkreten Fall die Herstellung eines kompletten Dachstuhles – an einer Niederlassung erbracht werden). S. auch *Laubinger*, FS Frotscher (2007), 497.

29 Allerdings wurde die Orientierung an der Gefahrgeneigtheit im Gesetzgebungsverfahren wieder gelockert und entgegen ursprünglicher Pläne auch das Bäcker- und das Friseurhandwerk in der Anlage A belassen. Diese Handwerke sind sicherlich nicht in der gleichen Weise gefahrgeneigt, allerdings können sie überdurchschnittliche Ausbildungszahlen vorweisen. S. auch *Frotscher/Kramer*, Rn 534: „gute Lobbyarbeit".

30 Nach § 1 Abs. 3 HwO kann die Anlage A durch den Verordnungsgeber umgestaltet werden, die Neuaufnahme weiterer Gewerbe in die Anlage A bedürfte allerdings (anders als ihre Streichung) der Entscheidung des Gesetzgebers, s. schon BVerwG, GewArch. 1994, 199, 200.

aus der Anlage A in die neue Anlage B1 der sog. zulassungsfreien Handwerke überführt (zum zulassungsfreien Handwerk und dem handwerksähnlichen Gewerbe s. unten Rn 494 f).

Im **Fall 39 (Rn 455)** möchte H ein grundsätzlich eintragungspflichtiges Gewerbe betreiben (Anl. A Ziff. 24). Entsprechendes gilt für die Tätigkeit eines Reifenmechanikers (**Fall 40, Rn 456**) und Fleischers (**Fall 41, Rn 457**). Damit sind in allen drei Fällen die weiteren Eintragungsvoraussetzungen zu prüfen.   464

c) Wesentliche Tätigkeit

Wie sich aus § 1 Abs. 2 HwO ergibt, besteht die Eintragungspflicht auch dann, wenn   465
nicht ein komplettes Handwerk nach der Anlage ausgeübt wird, sofern es sich um **wesentliche Tätigkeiten** handelt (s. näher ▶ **Klausurenkurs Fall Nr 7**). Wesentliche Tätigkeiten sind solche, die nicht nur fachlich zu dem betreffenden Handwerk gehören, sondern gerade den Kernbereich dieses Handwerks ausmachen und ihm sein essentielles Gepräge verleihen. Die als unwesentliche Tätigkeiten aus der Eintragungspflicht herausgenommenen Formen der Handwerksausübung werden in § 1 Abs. 2 S. 2–3 HwO näher konkretisiert[31]. Dadurch wird die positive Definition des S. 1 um eine – nicht abschließende – Negativliste ergänzt[32]. Liegen diese Negativkriterien (Anlernzeit, Nebensächlichkeit) vor, spricht man vom sog. Minderhandwerk, das weder dem Meisterzwang noch der Eintragungspflicht unterliegt, also lediglich in den Anwendungsbereich der GewO fällt.

Nach diesen Grundsätzen stellt etwa das Verlegen von Dachsteinen und Dachziegeln eine we   466
sentliche Leistung des Dachdeckers dar[33]. Entsprechendes gilt im **Fall 41 (Rn 457)** für die Herstellung von Würsten und Pasteten[34]. Auch das Aufbringen von Farben, Lacken und Lasuren gehört zum Kernbereich des Maler- und Lackiererhandwerks und stellt somit eine wesentliche Tätigkeit dar[35]. Als nicht wesentliche Tätigkeiten wurden demgegenüber das Aufstellen von Grabmalen im Verhältnis zum Handwerk eines Steinmetzes[36] sowie die Installation von Satellitenempfangsanlagen oder das Anbringen verkaufter Beleuchtungskörper[37] angesehen. Keine Rolle spielt es, wenn die Tätigkeit nicht nur ein Handwerk, sondern auch eine andere berufliche Tätigkeit prägt, so lange sie im konkreten Fall handwerksmäßig betrieben wird[38]. Auch in **Fall 40 (Rn 456)**[39] ist § 1 Abs. 2 HwO zu prüfen. H lernt seine Mitarbeiter in einer Woche an, so dass die zeitliche Grenze der Nr 1 nicht überschritten wird. Da das Reifenaufzie

---

31 Dazu *Honig/Knörr*, HwO, § 1 Rn 48 ff; *Schulze*, GewArch. 2003, 283. Sie kodifizieren maßgeblich die Ausführungen von BVerfG, NVwZ 2001, 187; dazu *Mirbach*, NVwZ 2001, 161.
32 Dazu näher *Kormann/Hüpers*, GewArch. 2004, 353, 354 f.
33 OVG Münster, GewArch. 2010, 249; s. auch OVG Lüneburg, NVwZ-RR 2005, 173 (Autolackiererei); VG Bremen, GewArch. 2011, 83 (Friseur).
34 Zur Herstellung von Fladenbrot als wesentliche Tätigkeit des Bäckerhandwerks VG Saarland, GewArch. 2005, 157.
35 BVerwG, NVwZ 2014, 1241.
36 OVG Lüneburg, NVwZ-RR 2010, 639.
37 BVerfG, NVwZ 2001, 187.
38 VG Sigmaringen, GewArch. 2009, 38.
39 OLG Bamberg, GewArch. 2009, 39; LG Itzehoe, GewArch. 2008, 40. Ausf *Baumeister*, GewArch. 2007, 310 ff.

hen auch nicht das durchaus komplexe Berufsbild eines Vulkaniseurmeisters wesentlich prägt (vgl § 1 Abs. 2 S. 2 Nr 2 HwO), handelt es sich nach der gesetzlichen Regelung ebenfalls nicht um eine wesentliche Tätigkeit. Allerdings könnte vor dem Hintergrund des Paradigmenwechsels im Handwerksrecht eine teleologische Reduktion des § 1 Abs. 2 S. 2 HwO bei gefährlichen Minderhandwerken in Betracht kommen[40]. Beim Reifenaufziehen könnte man ein besonderes Gefährdungspotential angesichts der betroffenen Rechtgüter Leben und Gesundheit in Verbindung mit den Gefahren des Straßenverkehrs bejahen[41], während es sich andererseits beim Reifenaufziehen um eine Tätigkeit handelt, die viele Autofahrer selbst vornehmen, ohne dass es zu Problemen kommt. Die oberverwaltungsgerichtliche Rechtsprechung[42] lehnte eine solche teleologische Reduktion allerdings ab, weil der Gesetzgeber verschiedene Gesetzeszwecke verfolgt habe und mit dem Kriterium der Gefahrgeneigtheit keine Ausdehnung der Zulassungspflicht auf bisher zulassungsfreie Minderhandwerke verbinden wollte, um das Ziel der Deregulierung und Entbürokratisierung nicht zu entwerten. In der Tat ist dem Gesetzgeber insoweit ein Beurteilungs- und Gestaltungsspielraum zuzugestehen, der im Ergebnis durch die Beibehaltung des § 1 Abs. 2 S. 2 HwO wohl noch nicht überschritten ist.

467 Die **Kumulation** mehrerer, bei isolierter Betrachtung unwesentlicher Tätigkeiten ist nach § 1 Abs. 2 S. 3 HwO nur zulässig, solange sie nicht insgesamt für das betreffende Handwerk wesentlich werden[43]. Angesichts der verfassungsrechtlichen Bedenken gegen die Herauslösung gefahrengeneigter „Nebentätigkeiten" aus dem Handwerksrecht (dazu oben Rn 147) muss man diese Kriterien wohl verfassungskonform so auslegen, dass es sich bei solchen Leistungen, die gerade die „Gefährlichkeit" des entsprechenden Handwerks begründen, nicht um Minderhandwerk handelt[44].

d) Handwerksmäßiger Betrieb

468 Weiter ist erforderlich, dass der Gewerbebetrieb handwerksmäßig betrieben wird, s. § 1 Abs. 2 HwO. Dieses Merkmal wurde vom Gesetzgeber bewusst nicht näher konkretisiert, der „dynamische Handwerksbegriff" sollte offen für neue wirtschaftliche und technische Entwicklungen bleiben[45]. Es dient seit der Konturierung des Merkmals der wesentlichen Tätigkeit vor allem der Abgrenzung vom **Industriebetrieb**[46], die allerdings angesichts des Paradigmenwechsels keineswegs mehr unumstritten ist[47].

---

40 Dafür vor allem *Kormann/Hüpers*, GewArch. 2004, 353, 355; demgegenüber sieht zwar auch *M. Müller*, NVwZ 2004, 403, 409, „erhebliche Bedenken" gegenüber der Neuregelung des § 1 Abs. 2 S. 2 HwO, bezieht diese aber auf die Notwendigkeit der Regelung und die Unbestimmtheit der einzelnen Regelbeispiele. Entsprechende Bedenken werden auch für die gesetzlichen Regelungen über die unerheblichen Nebenbetriebe – *Kormann/Hüpers*, GewArch. 2004, 353, 361 f – und die Hilfsbetriebe – *dies.*, GewArch. 2004, 353, 362; *M. Müller*, NVwZ 2004, 403, 409, der Bedenken wohl nur gegenüber § 3 Abs. 3 HwO anmeldet – erhoben. Krit dazu *Baumeister*, GewArch. 2007, 310.

41 Anders für das Steinmetzhandwerk unter Hinweis auf den Entstehungsprozess der Novelle 2004 OVG Lüneburg, NVwZ-RR 2010, 639.

42 OVG Lüneburg, NVwZ-RR 2010, 639; VGH Mannheim, GewArch. 2006, 126, 128.

43 Zu dieser im Vermittlungsausschuss eingefügten Vorschrift s. *Kormann/Hüpers*, GewArch. 2004, 353, 354.

44 Gegen eine solche Lösung allerdings *Baumeister*, GewArch. 2007, 310, 320.

45 *Frotscher/Kramer*, Rn 546; *Honig/Knörr*, HwO, § 1 Rn 43 mwN. Zum dynamischen Charakter des Handwerksbegriffs schon *Fröhler*, GewArch. 1964, 145.

46 Vgl zur kaum überschaubaren Kasuistik *Honig/Knörr*, HwO, § 1 Rn 64 ff.

47 *Ziekow*, § 11 Rn 6 sieht bereits in der Unterscheidung zwischen handwerklicher und industrieller Produktion einen Verstoß gegen Art. 3 Abs. 1 GG: „Gefahr ist Gefahr".

Diese erfordert nach der Rechtsprechung eine umfassende Betrachtung der Gesamtstruktur des Unternehmens[48], die sich angesichts der fließenden Übergänge immer schwieriger gestaltet. Anhaltspunkte für eine industrielle Betriebsweise sind weder die Betriebsgröße[49] noch die fehlende persönliche Mitarbeit des Inhabers oder Betriebsleiters oder der Einsatz von Maschinen[50], sondern vor allem die Frage der Arbeitsteilung. Wenn der Produktionsvorgang in viele Einzelschritte zerlegt wird, die jeweils schnell erlernt werden können oder überhaupt keine Ausbildung erfordern, spricht dies für die industrielle Fertigung[51]. Damit werden weiterhin vor allem Kleinbetriebe als nichtindustriell eingestuft[52].

e) Die erfassten Betriebsformen (Haupt-, Neben-, Hilfsbetrieb)

Im Normalfall wird ein Handwerk in Form eines Hauptbetriebes ausgeübt[53]. Die Eintragungspflicht wird aber in § 2 Nr 2–3 HwO auch auf bestimmte sog. Nebenbetriebe ausgeweitet. Ein **Nebenbetrieb**, der einem gewerblichen oder nichtgewerblichen Hauptbetrieb zugeordnet sein kann (s. § 2 Nr 3 HwO), zeichnet sich dadurch aus, dass er gegenüber dem Hauptbetrieb eine abgrenzbare Einheit bildet und auch nach außen (Absatz an Dritte) ein gewisses Maß an Selbstständigkeit besitzt[54]. Auch die Nebenbetriebe sind in die Handwerksrolle einzutragen, es sei denn, es handelt sich um einen unerheblichen Nebenbetrieb. Die Erheblichkeit ist nach den Vorgaben des § 3 Abs. 2 HwO zu beurteilen. Abzustellen ist allein auf die durchschnittliche Arbeitszeit[55]. **469**

Entsprechendes gilt für die sogenannten **Hilfsbetriebe**, die im Unterschied zu den Nebenbetrieben nicht selbstständig gegenüber dem Kunden auftreten. Praktisch bedeutsam wird dies insbesondere bei der Durchführung von Reparaturarbeiten, für die deswegen § 3 Abs. 3 Nr 2 b–c HwO nähere Vorgaben macht. **470**

Zugelassen werden vor allem unentgeltliche Reparatur- und Installationsarbeiten, was insbesondere die pauschal abgegoltenen Wartungsverträge erfasst[56]. Im **Fall 41 (Rn 457)**[57] handelt es sich, solange G seine Produkte nur in der Gastwirtschaft verwendet und nicht auch an Kunden verkauft, um einen Hilfsbetrieb im Sinne von § 3 Abs. 3 Nr 1 HwO. Dieser ist von der Eintragungspflicht ausgenommen, ohne dass es auf den Umfang der Tätigkeit ankommt. Entsprechendes würde auch für die landwirtschaftliche Direktvermarktung gelten, solange dort nicht die handwerkliche Tätigkeit den Unternehmensschwerpunkt bildet[58] (s. auch ▶ **Klausurenkurs Fall Nr 7**). **471**

---

48 S. etwa BVerwG, GewArch. 1994, 474.
49 Vgl BVerwG, GewArch. 2003, 79; *Honig/Knörr*, HwO, § 1 Rn 65.
50 Am Beispiel des Maschineneinsatzes in einer Großbäckerei s. etwa VG Halle, GewArch. 2001, 421.
51 Lediglich ein Indiz stellt der Maschineneinsatz dar, der sich auch im Handwerk zunehmend verbreitet hat, s. VGH Mannheim, GewArch. 1993, 418; *Honig/Knörr*, HwO, § 1 Rn 69. Tlw. überholt BVerwGE 58, 217, 225.
52 S. auch den Beispielsfall bei *Frotscher/Kramer*, Rn 554 f.
53 Zur Problematik der selbstständig arbeitenden und eintragungspflichtigen Zweigbetriebe s. *Honig/Knörr*, HwO, § 6 Rn 14 ff; *Fiege*, GewArch. 2001, 409.
54 Grundlegend BVerwGE 58, 93. S. auch *Honig/Knörr*, HwO, § 3 Rn 13.
55 S. näher *Schwannecke/Heck*, GewArch. 2004, 129, 135. Die durchschnittliche Jahresarbeitszeit beträgt bei Handwerkern ca. 1664 Stunden. Erheblich ist stets ein Nebenbetrieb mit zwei Vollzeitbeschäftigten. Der bisherige zusätzliche Umsatzbezug entfiel bei der Novellierung.
56 *Honig/Knörr*, HwO, § 3 Rn 28.
57 OLG Koblenz, GewArch. 1981, 14.
58 *Honig/Knörr*, HwO, § 3 Rn 33. Die Weiterverarbeitung seiner Erzeugnisse durch den Landwirt ist nicht mehr Urproduktion und damit nicht generell von der GewO ausgenommen.

3. Die persönliche Eintragungsfähigkeit

a) Eintragung mit qualifizierter Betriebsleitung

472 Handelt es sich nach diesen Grundsätzen um ein eintragungsbedürftiges Handwerk, stellt sich die Frage nach der Eintragungsfähigkeit. Der „Inhaber eines Betriebes eines zulassungspflichtigen Handwerks" wird nach § 7 Abs. 1 S. 1 HwO dann in die Handwerksrolle eingetragen, „wenn der Betriebsleiter die Voraussetzungen für die Eintragung in die Handwerksrolle erfüllt". Betriebsleiter ist derjenige, der in einem Handwerksbetrieb für die fachliche Ausgestaltung und im technischen Ablauf die Verantwortung trägt[59]. Eintragungsvoraussetzung in der Person des Betriebsleiters ist – wie bisher – vor allem das Ablegen der Meisterprüfung in dem zu betreibenden oder einem verwandten Handwerk, § 7 Abs. 1a HwO.

Das herkömmliche Handwerksrecht sah die Eintragung des Handwerksmeisters vor, also des Inhabers des sog. Großen Befähigungsnachweises. Formell hat sich § 7 Abs. 1 HwO von diesem Inhabergrundsatz verabschiedet, indem hinsichtlich der persönlichen Qualifikation nunmehr auf den „Betriebsführer" abgestellt wird. Dies schließt aber selbstverständlich nicht aus, dass der Inhaber als „Betriebsleiter" die Eintragungsvoraussetzungen in eigener Person erfüllt[60]. An die Stelle der Meisterprüfung können aber auch andere, nach Abs. 2 oder Abs. 2a als gleichwertig anerkannte Prüfungen treten, insbesondere Ingenieursabschlüsse und solche aus dem Bereich des EWR, die durch Rechtsverordnung als gleichwertig anerkannt wurden.

473 Wenn ein entsprechender Betriebsleiter vorhanden ist, kann **jede natürliche oder juristische Person oder Personengesellschaft** als Inhaber des Handwerksbetriebes in die Handwerksrolle eingetragen werden.

Auch bei den Personengesellschaften sind also Zuordnungssubjekt nicht (mehr) die haftenden Gesellschafter, sondern die Personengesellschaft als solche[61], die deshalb auch eingetragen wird[62]. Trotzdem sind nicht alle Fragen der Handwerkstätigkeit von Personengesellschaften geklärt. Wenn sich mehrere Handwerksbetriebe zu einer Arbeitsgemeinschaft zusammenschließen, handelt es sich um eine GbR, die eintragungsfähig ist, soweit es sich um eine Außengesellschaft handelt. Es ist aber zu fragen, ob diese auch eingetragen werden muss, wenn die einzelnen Gesellschafter ihrerseits in die Handwerksrolle eingetragen sind.

b) Die Eintragung von Altgesellen (§ 7b HwO)

474 In fast allen zulassungspflichtigen Handwerken[63] ist die Eintragung in die Handwerksrolle nach § 7 Abs. 7 iVm § 7b HwO auch ohne einen als Meister qualifizierten Betriebsleiter erreichbar. Voraussetzung ist nach der sog. Altgesellenregelung die **Gesellenprüfung** oder eine entsprechende Facharbeiterprüfung in dem angestrebten

---

59 Der Betriebsleiter muss den gleichen Einfluss haben wie im traditionellen Handwerksrecht der selbstständige Handwerksmeister, also insbesondere ein Weisungsrecht gegenüber den Beschäftigten, s. auch *Honig/Knörr*, HwO, § 7 Rn 26 ff.
60 *Honig/Knörr*, HwO, § 7 Rn 4.
61 Dies ergibt sich aus der BGH-Rechtsprechung zur Teilrechtsfähigkeit von Personengesellschaften. Ungenau daher *Honig/Knörr*, HwO, § 7 Rn 9.
62 So auch – abweichend von der früheren Rechtslage – die Anlage D I Nr 3; vgl auch VGH Mannheim, NVwZ-RR 2002, 113; *Marcks*, in: Landmann/Rohmer, GewO, § 14 Rn 55a.
63 Ausgenommen sind nach § 7b Abs. 1 HwO nur die Schornsteinfeger und die Gesundheitshandwerke nach Nr 12, 33–37 der Anlage A zur HwO.

Handwerk sowie eine anschließende, mindestens **sechsjährige Berufspraxis** (davon mindestens vier Jahre in leitender Stellung). Die „leitende Stellung" (zur Legaldefinition s. § 7b Abs. 1 Nr 2 HwO[64]) wird durch Arbeitszeugnisse, Stellenbeschreibungen oder Ähnliches nachgewiesen. Sie muss sich qualitativ deutlich von den Tätigkeiten von Durchschnittsgesellen abheben.[65] Es wird vermutet, dass sie auch die erforderlichen betriebswirtschaftlichen, kaufmännischen und rechtlichen Kenntnisse vermittelt, § 7b Abs. 1a HwO[66]. Altgesellen dürfen nicht automatisch, sondern nach § 22b Abs. 2 Nr 2 lit b) iVm § 45 Abs. 3 HwO nur dann **Lehrlinge ausbilden**, wenn sie zusätzlich durch Teil IV der Meisterprüfung die erforderlichen arbeits- und berufspädagogischen Fähigkeiten nachgewiesen haben. Das Verfahren entspricht demjenigen der Ausnahmebewilligung nach § 8 HwO.

Keine Aussage macht die HwO dazu, ob sich auf diese Altgesellenregelung auch derjenige berufen kann, der sich erfolglos an einer Meisterprüfung versucht hat. In **Fall 39a** (**Rn 455**) scheitert die Eintragung (noch) an der fehlenden sechsjährigen Berufserfahrung, so dass auch der Nachweis der entsprechenden leitenden Stellung (durch ein Zeugnis seines Vaters) nicht ausreicht. An dieser Regelung zeigt sich aber das Paradox der Novelle. Ginge man davon aus, dass H durch das Nichtbestehen der Meisterprüfung unter Beweis gestellt hat, dass er die erforderlichen Kenntnisse nicht besitzt, müsste man ihm eigentlich die Eintragung als Altgeselle verweigern. Andererseits werden dadurch solche Gesellen begünstigt, die sich schon gar nicht um eine Fortbildung zum Meister bemühen. Man wird die Vorschrift also wohl so interpretieren müssen, dass die Eintragung als Altgeselle geringere Anforderungen als die Meisterprüfung stellt und damit das Nichtbestehen der Prüfung der Eintragung nicht ohne weiteres entgegensteht[67].

475

c) Ausnahmebewilligungen (§ 8 HwO)

Die Eintragung in die Handwerksrolle kann auch aufgrund einer Ausnahmebewilligung erfolgen, wenn die Ablegung der Meisterprüfung zum Zeitpunkt der Antragstellung oder danach eine **unzumutbare Härte** darstellen würde, der Antragsteller aber die notwendigen Kenntnisse und Fertigkeiten nachweisen kann. Das BVerwG hat in ständiger Rechtsprechung[68] betont, dass es nicht darum gehen dürfe, unqualifizierten Bewerbern allein aus sozialen oder wirtschaftlichen Gründen den Zugang zur selbstständigen Handwerksausübung zu gewährleisten. Durch die weitgehende Aufweichung des Meisterzwanges hat diese Ausnahmebewilligung freilich jegliche Berechtigung verloren. Zusätzlich wird in der Literatur die These vertreten, dass zwar vor dem Hintergrund des alten Schutzzweckes (Schutz des Mittelstandes) eine großzü-

476

---

64 S. dazu näher *Schwannecke/Heck*, GewArch. 2004, 129, 133 f.
65 VGH München, GewArch. 2014, 315.
66 Dabei handelt es sich nicht um eine gesetzliche Fiktion, sondern um eine widerlegbare Vermutung, so dass die zuständige Behörde zur Überprüfung berechtigt ist und den Antragsteller eine Darlegungslast trifft, s. auch *Schwannecke/Heck*, GewArch. 2004, 129, 133. Zu den Nachweisproblemen VG Ansbach, GewArch. 2005, 346; krit dazu *Sydow*, GewArch. 2005, 346.
67 So auch *Günther*, GewArch. 2011, 189, 191, der sogar bei mehrfachem Nichtbestehen von einer Verpflichtung der Behörde zur Erteilung einer Ausübungsberechtigung ausgeht. AA dagegen *Schwannecke/Heck*, GewArch. 2004, 129, 135.
68 S. schon BVerwG, NJW 1959, 1698; s. auch *Honig/Knörr*, HwO, § 8 Rn 9.

gige Handhabung der Ausnahmeregelung angezeigt gewesen sein mochte, dass aber das nunmehr maßgebliche Ziel der Gefahrenabwehr eine enge Auslegung der Ausnahmevorschrift des § 8 HwO erfordere, „um den Schutz Dritter vor Gefahren durch unqualifizierte Handwerker so effektiv wie möglich zu gestalten"[69].

477 Dies zeigt sich auch an **Fall 39a (Rn 455)**: Hat jemand einen Gesellenbrief im entsprechenden Handwerk, kann er jedenfalls über die Altgesellenregelung ohne das komplizierte Verfahren des § 8 Abs. 3 HwO seine Eintragung erreichen[70]. Außerdem könnte H durch die Einstellung eines qualifizierten Betriebsleiters die Fortführung des Unternehmens sichern, nachdem das Inhaberprinzip gefallen ist. Er müsste also gar nicht mehr eine Meisterprüfung ablegen, so dass sich die Frage nach der Zumutbarkeit eigentlich gar nicht mehr stellt. Allerdings wäre dem H unabhängig von diesen Alternativen eine Ausnahmebewilligung zu verweigern: Die Rechtsprechung geht davon aus, dass das Nichtbestehen der Meisterprüfung einer Ausnahmebewilligung nach § 8 HwO entgegensteht[71]. Modifiziert wurde bei der Novelle das Ehegatten- bzw Erbenprivileg des § 7 Abs. 8 aF HwO, das zunächst gestrichen werden sollte, aber im Vermittlungsausschuss wieder in § 4 HwO nF aufgenommen wurde und die Weiterführung eines Betriebes zulässt, wenn „unverzüglich" ein entsprechend qualifizierter Betriebsleiter eingestellt wird (zur entsprechenden Regelung im Gaststättenrecht oben Rn 423 f).

d) Besonderheiten für EU-Ausländer (§ 9 HwO)

478 Die **Auswirkungen der Niederlassungsfreiheit** auf das deutsche Handwerksrecht (s. schon Rn 75) zeigen sich besonders deutlich an der Ausnahmebewilligung für EU-Ausländer, die sich in Deutschland als Handwerker niederlassen und ein zulassungspflichtiges Handwerk ausüben wollen. Die Regelungen finden sich in § 2 ff EU/EWR HwV. Wer seine Fähigkeit zur verantwortlichen Führung eines Handwerksbetriebes in einem anderen Mitgliedstaat unter Beweis gestellt hat, erhält eine **Ausnahmebewilligung zur Eintragung in die Handwerksrolle**. Diese Regelung knüpft allein an den Ausbildungsort an, sie erfasst also auch „Ausbildungsausländer" deutscher Staatsangehörigkeit[72], nicht jedoch EU-Ausländer, die ihre Qualifikation in Deutschland erworben haben[73]. Auch diese Regelung gilt für juristische Personen[74].

Die Gründe für eine Anerkennung sind Berufserfahrung (§ 2 EU/EWR HwV) sowie ausländische Ausbildungs- und Befähigungsnachweise (§§ 3 f EU/EWR HwV)[75]. Die erforderliche Bescheinigung wird gem. § 9 Abs. 1 S. 2 iVm § 8 Abs. 4 HwO auf Antrag von der höheren Verwaltungsbehörde erteilt. Die Einzelheiten hinsichtlich der Qualifikationsvoraussetzungen ergeben sich aus

---

69 *Ziekow*, § 11 Rn 4. Vgl zu der gebotenen Einhaltung der Voraussetzungen der Ausnahmebewilligung auch VGH München v. 2.2.2006, 22 ZB 05.2111; zur Verfassungsmäßigkeit VGH Mannheim, NVwZ-RR 2013, 309.

70 Dazu, dass allein der Gesellenbrief zum Nachweis der für eine Ausnahmebewilligung erforderlichen Kenntnisse nicht ausreicht, s. VGH München, GewArch. 2004, 259.

71 Grundlegend VGH München, GewArch. 1962, 176; s. auch VG Stuttgart, GewArch. 2004, 35; *Honig/Knörr*, HwO, § 8 Rn 25 f.

72 BVerwG, GewArch. 1998, 470; *Honig/Knörr*, HwO, § 9 Rn 10 ff; *Beaucamp*, DVBl 2004, 1458, 1460; *Honig*, NVwZ 2003, 172, 175.

73 OVG Lüneburg, GewArch. 1999, 79; *Honig*, NVwZ 2003, 172, 175.

74 Auf der Grundlage der EuGH-Rechtsprechung müssen sich diese Unternehmen nicht umgründen, es genügt vielmehr, wenn sie nach der Rechtslage im Gründungsstaat Rechtsfähigkeit aufweisen. Allgemein zu juristischen Personen als Gewerbetreibende s. Rn 181 ff.

75 Ausf dazu *Ruthig*, in: Ruffert, Europäisches sektorales Wirtschaftsrecht, § 3 Rn 67 ff.

der EU/EWR-HandwerksVO[76]. Allerdings bleibt diese Vorschrift insoweit hinter der Berufsanerkennungsrichtlinie zurück, als sie eine Bescheinigung nur bei selbstständiger Tätigkeit ermöglicht. Insoweit kommt allerdings eine unmittelbare Anwendung der Richtlinie in Betracht[77] (s. dazu auch ▶ **Klausurenkurs Fall Nr 8**).

Die **grenzüberschreitende Dienstleistungserbringung** regelt der Abschnitt 2 der   **479**
EU/EWR HwV (§§ 7–9). Diese Vorschriften beruhen auf Titel II der Berufsanerkennungsrichtlinie[78]. Es erfolgt **keine Eintragung in die Handwerksrolle**. Die Dienstleistungserbringung ist dem Aufnahmestaat anzuzeigen und diese Anzeige jährlich zu erneuern (vgl § 8 EU/EWR HwV). Auf die Anzeige hin wird lediglich die Anwendbarkeit der Regelungen und das Vorliegen der erforderlichen Bescheinigungen geprüft[79]. Gegen ausländische Dienstleistungshandwerker kann auch nicht auf der Grundlage der HwO eingeschritten werden[80].

Besonders relevant ist daher die Abgrenzung zwischen Dienstleistungsfreiheit und Niederlassung. Nach Art. 5 Abs. 2 UA 2 BerufsanerkennungsRL[81] wird „der vorübergehende und gelegentliche Charakter der Erbringung von Dienstleistungen … im Einzelfall beurteilt, insbesondere anhand der Dauer, der Häufigkeit, der regelmäßigen Wiederkehr und der Kontinuität der Dienstleistung". Diese Kriterien stammen erkennbar aus der Rechtsprechung des EuGH zur Dienstleistungsfreiheit, so dass an diese angeknüpft werden kann[82]. Es kommt also – genauso wie nach Art. 4 Nr 5 DienstleistungsRL[83], der in § 4 Abs. 3 GewO umgesetzt wurde[84] – auf das Vorhandensein einer inländischen Niederlassung an. Dabei wird eher im Sinne einer Gesamtbetrachtung auf die „Verwurzelung" des Gewerbetreibenden im Aufnahmestaat abgestellt.[85] Abzustellen ist auf den tatsächlichen geschäftlichen Mittelpunkt. Wird die berufliche Tätigkeit insgesamt überwiegend im Inland erbracht, sind die Niederlassungsregeln anzuwenden, selbst wenn der Dienstleister formal im Ausland residiert[86].

---

76 EU/EWR Handwerks-Verordnung v. 20.12.2007, BGBl. I, S. 3075; s. dazu ausführlich *Stork*, GewArch. 2008, 177. Es liegt kein Verstoß gegen Art. 3 Abs. 1 GG vor, soweit sich Anforderungen in vergleichbaren Fällen für Deutsche nach § 7b HwO richten, BVerwGE 140, 276; BVerwG, NVwZ 2014, 1241.

77 Dazu VG Mainz, GewArch. 2009, 167.

78 Diese erfasst nicht nur die Niederlassung und verdrängt in ihrem Anwendungsbereich die Dienstleistungsrichtlinie, vgl näher *Ruthig*, in: Ruffert, Europäisches sektorales Wirtschaftsrecht, § 3 Rn 45 mwN.

79 Näher zum Ganzen *Ruthig*, in: Ruffert, Europäisches sektorales Wirtschaftsrecht, § 3 Rn 50 ff. Anders nur bei den sog. Gesundheitshandwerken (aaO Rn 56).

80 Vgl näher *Ruthig*, in: Ruffert, Europäisches sektorales Wirtschaftsrecht, § 3 Rn 57 ff. Es kommt lediglich im Einzelfall ein Einschreiten auf der Grundlage des allgemeinen Polizei- und Ordnungsrechts in Betracht.

81 RL 2005/36/EG vom 7.9.2005 über die Anerkennung von Berufsqualifikationen, ABl. L 255, 22.

82 *Stork*, GewArch. 2011, 291.

83 RL 2006/123/EG vom 12.12.2006 über Dienstleistungen im Binnenmarkt, Abl. L 376, 36.

84 Dazu vgl BT-Drucks. 16/12784, S. 14; s. schon Rn 239.

85 *Schönleiter*, GewArch. 2009, 384, 386.

86 EuGH v. 17.6.1997, Rs. 70/95 („Sodemare"), Slg. 1997, S. I-3395; EuGH v. 2.12.1974, Rs. 33/74 („van Binsbergen"), Slg. 1974, S. 1299.

III.   Die Überwachung des zulassungspflichtigen Handwerks

1.   Die Zuständigkeitsverteilung zwischen Handwerkskammer und Verwaltungsbehörde

480   Gewerbetreibende, die in die Handwerksrolle eingetragen sind oder eingetragen werden müssen, unterliegen der Betriebsüberwachung und sind zur Erteilung von Auskünften und zur Duldung von Überprüfungen verpflichtet (s. § 17 HwO)[87]. Bei der Aufsicht über das zulassungspflichtige Handwerk wirken Handwerkskammer und die nach Landesrecht zuständige Verwaltungsbehörde zusammen. Da die Handwerkskammer die Handwerksrolle führt, kommt ihr im Zusammenhang mit Eintragung und Löschung die Verfahrensleitung zu. Einem Eintragungs- bzw Löschungsverfahren kann der Bürger genauso wie einem Bußgeldverfahren[88] mittels eines **Feststellungsantrages** zuvorkommen. Auch in einem solchen Fall ist die **Handwerkskammer** die **richtige Beklagte**, jedenfalls bei einem Streit um die Eintragungsfähigkeit eines Betriebsinhabers in die Handwerksrolle (§ 7 HwO) oder um das Bestehen der Löschungsvoraussetzungen (§ 13 HwO)[89]. Auch die Erteilung von **Ausnahmegenehmigungen nach §§ 7b, 8, 9 HwO** wurde in allen Bundesländern auf die Handwerkskammern übertragen[90]. Nach § 5b HwO können sämtliche Verfahren nach der HwO über eine **einheitliche Stelle** abgewickelt werden (s. schon oben Rn 267).

481   Die **Untersagung eines Betriebes** nach § 16 Abs. 3 S. 1 HwO erfolgt demgegenüber durch die nach Landesrecht zuständige Verwaltungsbehörde. Allerdings ist die Handwerkskammer zwingend anzuhören, vgl § 16 Abs. 3 S. 2 HwO[91] (s. auch ▶ **Klausurenkurs Fall Nr 8**). Bei Meinungsverschiedenheiten entscheidet die zuständige Behörde in eigener Verantwortung, so dass deren Rechtsträger auch Adressat eines entsprechenden Feststellungsantrags ist[92].

2.   Die Eintragung

a)   Das Verfahren der Eintragung

482   Entscheidend für die Berechtigung zum Ausüben eines zulassungspflichtigen Handwerks ist also der Eintrag in die Handwerksrolle. Dieser erfolgt durch die Hand-

---

87   S. VG Würzburg, GewArch. 2005, 259. Diese Befugnisse entsprechen dem allgemeinen Gewerberecht (s. Rn 250 ff).

88   Zur verfassungsrechtlich geforderten Zulässigkeit des Feststellungsantrages trotz angekündigten Bußgeldverfahrens BVerfG, NVwZ 2003, 856. Ausgeschlossen ist die Feststellungsklage nach allgemeinen Grundsätzen nur, wenn sie dem Betreffenden keinen Vorteil mehr bringt. Dies ist erst nach dem rechtskräftigen Abschluss eines Bußgeldverfahrens hinsichtlich der Feststellung für die Vergangenheit der Fall, s. OVG Lüneburg, NVwZ-RR 2005, 173. Zur Zulässigkeit der Feststellungsklage während eines laufenden OWi-Verfahrens auch VG Hamburg, GewArch. 2004, 307.

89   VGH Mannheim, GewArch. 2004, 430. Zur Klage (auch) gegen den Träger der Verwaltungsbehörde OVG Lüneburg, GewArch. 2009, 212.

90   Die Befugnis hierfür ergibt sich aus § 124b S. 1 HwO. Davon haben mittlerweile alle Bundesländer Gebrauch gemacht, vgl auch die Antwort der Bundesregierung BT-Drucks. 17/7279, 43.

91   Zu den Konsequenzen (Rechtswidrigkeit der Untersagung) VG Arnsberg, GewArch. 2007, 426; VG Stuttgart v. 20.7.2005 – 4 K 2096/05; offengelassen von VGH Mannheim, GewArch. 2006, 126.

92   VGH Mannheim, GewArch. 2004, 430; VGH Kassel, GewArch. 1990, 412. Offengelassen von BVerwG, GewArch. 1981, 166; aA VG Hamburg, GewArch. 2004, 307.

werkskammer auf Antrag oder von Amts wegen. Die Eintragung ist personenbezogen, es erfolgt also keine erneute Eintragung, wenn im Bezirk derselben Kammer eine weitere Betriebsstätte desselben Handwerks eröffnet wird[93]. Geprüft werden nur die handwerksrechtlichen Voraussetzungen, insbes nicht die Zuverlässigkeit (zu den Konsequenzen s. Rn 492 f). Liegen die Eintragungsvoraussetzungen zum Zeitpunkt der Antragstellung vor, besteht ein **Anspruch auf Eintragung.** Die Handwerkskammer darf diese auch nicht gestützt auf eine Prognose über die künftige Entwicklung verweigern[94].

Eingeleitet wird das Eintragungsverfahren im Regelfall durch die Anzeige nach § 16 **483** Abs. 2 HwO. Das Verfahren ist **zweistufig** ausgestaltet[95], der eigentlichen Eintragung geht nach § 11 HwO zwingend[96] die **Mitteilung über die Eintragungsabsicht** voraus. Diese Mitteilung enthält die rechtsverbindliche Entscheidung über die Eintragungsbedürftigkeit und ist deswegen selbst Verwaltungsakt[97]. Anschließend erfolgt die eigentliche **Eintragung.** Auch diese ist ein Verwaltungsakt, dessen Regelungswirkung in der Gestattung des selbstständigen Betriebes eines zulassungspflichtigen Handwerks (vgl § 1 Abs. 1 HwO) und der Begründung der Mitgliedschaft in der Handwerkskammer (§ 90 Abs. 2 HwO) liegt[98].

Beide Maßnahmen und die Ablehnung der Eintragung können auf dem Verwaltungsrechtsweg angegriffen werden. Lässt der Gewerbetreibende die Mitteilung nach § 11 HwO bestandskräftig werden, fehlt es für eine Klage gegen die Eintragung regelmäßig an der Klagebefugnis[99]. Ist der Gewerbetreibende Mitglied einer Industrie- und Handelskammer, steht auch dieser ein Anfechtungsrecht zu (§ 12 HwO), nicht jedoch etwaigen Konkurrenten, da die Vorschriften der HwO nicht dem Schutz anderer Handwerker dienen[100]. Wurde ein Antrag bestandskräftig abgelehnt, kann nach § 15 HwO erst nach Ablauf eines Jahres und nur im Falle einer wesentlichen Änderung der Voraussetzungen ein erneuter Antrag gestellt werden[101].

b) Maßnahmen der höheren Verwaltungsbehörde bei Unterlassen der Anmeldung

Gegen einen nicht eingetragenen, aber eintragungspflichtigen Handwerksbetrieb kann **484** entweder ein Bußgeldverfahren oder ein Verfahren auf Betriebsuntersagung nach § 16 Abs. 3 HwO eingeleitet werden[102]. Beim Streit um die Eintragungsbedürftigkeit muss

---

93 BVerwG, GewArch. 1988, 96.
94 Für eine solche „vorbeugende Nichteintragung" besteht keine Rechtsgrundlage, s. BVerwG, GewArch. 1995, 164; *Honig/Knörr,* HwO, § 6 Rn 6.
95 Vgl *Ehlers,* in: Ehlers/Fehling/Pünder, § 19 Rn 66 ff.
96 Nach der hM muss diese Mitteilung nur bei einer Eintragung von Amts wegen erfolgen, s. *Honig/ Knörr,* HwO, § 11 Rn 4; aA *Ehlers,* in: Ehlers/Fehling/Pünder, § 19 Rn 66.
97 Allgemeine Auffassung, s. BVerwGE 12, 75; *Honig/Knörr,* HwO, § 12 Rn 3. Wegen dieser Bedeutung muss sie nach § 11 1. Hs. HwO gegen Empfangsbescheinigung erfolgen.
98 *Ehlers,* in: Ehlers/Fehling/Pünder, § 19 Rn 67. Zur konstitutiven Wirkung der Eintragung bereits oben Rn 331.
99 *Ehlers,* in: Ehlers/Fehling/Pünder, § 19 Rn 68.
100 AA hinsichtlich der Gewerbezulassung *Meier,* in: Schmidt/Vollmöller, § 11 Rn 95 f; *Miebach,* JuS 1987, 956, 957.
101 Diese Vorschrift ist verfassungsrechtlich bedenklich (s. *Ehlers,* in: Ehlers/Fehling/Pünder, § 19 Rn 64), hat aber in der Praxis anscheinend keine Bedeutung, vgl *Honig/Knörr,* HwO, § 15 Rn 4.
102 Eine zwingende Rangfolge gibt es nicht, s. VGH Kassel, GewArch. 1985, 67.

der Betroffene auch hier nicht den Erlass eines Bußgeldbescheides oder ein Untersagungsverfahren abwarten, sondern kann schon vorher Feststellungsklage erheben[103].

3. Löschung aus der Handwerksrolle

485 Liegen die Eintragungsvoraussetzungen nicht vor, kann die Eintragung durch die Handwerkskammer von Amts wegen oder auf Antrag gelöscht werden, § 13 Abs. 1 HwO. Den Antrag kann der Handwerker bzw für den Fall, dass das Handwerk nicht handwerksmäßig betrieben wird, auch die Industrie- und Handelskammer stellen. Außerdem muss die Handwerksrolleneintragung auch gelöscht werden, wenn eine auf das betreffende Handwerk gerichtete **Gewerbeuntersagung** nach § 35 GewO ausgesprochen wurde[104]. Deren Bestandskraft braucht dabei nicht abgewartet zu werden; vorläufige Vollziehbarkeit genügt[105]. Das Verfahren der Löschung aus der Handwerksrolle ist angesichts der damit verbundenen einschneidenden Folgen streng formalisiert. Die Löschung erfolgt grundsätzlich wie die Eintragung **zweistufig**. Zunächst erfolgt die **Mitteilung der beabsichtigten Löschung** (§ 13 Abs. 3 HwO), anschließend die **Löschung** selbst.

486 Schon die **Ankündigung** ist wegen der mit der späteren Löschung verbundenen Konsequenzen **Verwaltungsakt**[106], obwohl nach allgemeinen Grundsätzen die Ankündigung eines Verwaltungsakts mangels Regelungswirkung gerade keinen Verwaltungsakt darstellt[107]. Der Sinn dieser Konstruktion besteht im Handwerksrecht darin, die rechtliche Auseinandersetzung um die von der Handwerkskammer beabsichtigte Löschung dem tatsächlichen Löschungsvorgang vorzuschalten, so dass die Gefahr vermieden wird, Löschungen aufgrund von Einwendungen des Betreffenden wieder rückgängig machen zu müssen. Damit wird die Verlässlichkeit der in der Handwerksrolle vorgenommenen Eintragungen und Löschungen gewährleistet[108]. Allerdings erwächst die Löschungsankündigung nicht in materieller Bestandskraft. Eine unanfechtbar gewordene Löschungsankündigung steht beim Vorliegen der Voraussetzungen der Wiedereintragung des Betreffenden in die Handwerksrolle also nicht im Wege[109].

Der maßgebliche Zeitpunkt für die Beurteilung der Rechtmäßigkeit dieser Mitteilung (als materiellrechtliche Frage s. oben Rn 292) folgt daraus, dass sich die Ankündigung auf eine zukünftige Maßnahme bezieht. Daher kommt es für die Entscheidung grundsätzlich auf die tatsächlichen Verhältnisse im Zeitpunkt der letzten mündlichen Verhandlung vor dem Tatsachengericht an[110]. Dies ist letztlich Ausfluss der Berufsfreiheit, die auch die Verwaltungspraxis zu § 13 HwO maßgeblich prägt. Eine Löschung von Amts wegen scheidet wegen der schwierigen Abgrenzung regelmäßig aus, wenn sich ein Unternehmen zum Industriebetrieb ge-

---

103 *Honig/Knörr*, HwO, § 16 Rn 32 ff. S. auch BVerfG, NVwZ 2003, 856 zur Zulässigkeit einer vorläufigen Feststellung im Verfahren nach § 123 VwGO.
104 BVerwG, NVwZ-RR 1992, 547; VG Schleswig, NVwZ-RR 2000, 19.
105 VG Ansbach, GewArch. 1976, 227.
106 BVerwGE 88, 122; VGH Mannheim, NVwZ-RR 2002, 113; aA Wehr, BayVBl 2000, 197, 203 f; hinterfragend auch *Maurer*, AVerwR, § 9 Rn 8.
107 *Schenke*, VerwArch. 72 (1981), 185, 194, 200; *Schwarz*, in: Fehling/Kastner/Störmer, VwVfG, § 35 Rn 95.
108 BVerwG, NVwZ 1983, 673.
109 OVG Münster, BB 1956, 670; *Honig/Knörr*, HwO, § 13 Rn 21.
110 BVerwG, NVwZ 1983, 673; s. auch zur Mitteilung nach § 11 HwO BVerwGE 34, 56, 59.

wandelt hat[111]. Kein Löschungsantrag ist erforderlich, wenn ein Handwerk generell aus der Anlage A gestrichen wurde. Es wird von Amts wegen in das Verzeichnis nach § 19 HwO übernommen, wenn es in die Anlage B aufgenommen wurde.

Verwaltungsakt ist auch die in Vollzug einer Löschungsankündigung erfolgte **Löschung** **487** **aus der Handwerksrolle**[112], genauso wie die **Aufforderung zur Rückgabe** der Handwerkskarte. Obwohl sich die entsprechende Pflicht als automatische Folge der Löschung schon aus § 13 Abs. 4 HwO ergibt, macht die Annahme eines Verwaltungsakts hier deswegen Sinn, weil dieser Grundlage der Verwaltungsvollstreckung sein kann[113].

Im **Fall 39d (Rn 455)**[114] kann H daher auch gegen die Löschung mit Widerspruch und Anfech- **488** tungsklage vorgehen[115]. Im Verhältnis zur Löschungsankündigung nach § 13 HwO stellt die Löschung selbst, insoweit vergleichbar einer Vollstreckungsmaßnahme, lediglich eine Vollzugsmaßnahme dar. Gegen die Löschung können deswegen nur noch nachträglich entstandene Umstände vorgebracht werden[116]. H kann also geltend machen, dass die Voraussetzungen einer Eintragung in die Handwerksrolle wieder vorliegen. Eine Löschung wäre daher rechtswidrig, seine Klage begründet.

4. Betriebsuntersagung

Wird der selbstständige Betrieb eines Handwerks entgegen den Vorschriften der HwO **489** ausgeübt, weil der Inhaber nicht in die Handwerksrolle eingetragen ist oder der Betrieb nicht vorschriftsgemäß geleitet wird, kann die nach Landesrecht zuständige Behörde von Amts wegen oder auf Antrag der Handwerkskammer dem Handwerker die Fortsetzung des Betriebes nach § 16 Abs. 3 HwO untersagen. Diese Entscheidung steht nach dem Wortlaut der Vorschrift im Ermessen der Behörde. Bei bloß formeller Rechtswidrigkeit, wenn also die Eintragungsvoraussetzungen vorliegen, wäre eine Untersagungsverfügung allerdings unverhältnismäßig und rechtswidrig (ausf ▶ **Klausurenkurs Fall Nr 8**). Fehlen jedoch die sachlichen Voraussetzungen für die Eintragung (materielle Rechtswidrigkeit), ist das Ermessen in der Regel auf Null reduziert, der Betrieb soll untersagt werden[117]. Untersagt wird allerdings nur die Ausübung eines konkreten Handwerksbetriebes, nicht die Ausübung des Handwerks schlechthin[118] (zur Möglichkeit der Gewerbeuntersagung unten Rn 492).

---

111 VG Köln, GewArch. 2002, 483; *Honig/Knörr*, HwO, § 13 Rn 6.
112 VGH Mannheim, NVwZ-RR 1992, 473, 474; *Ehlers*, Handwerksrecht, Rn 79; differenzierend danach, ob die Löschung vorher angekündigt worden ist, *Kopp/Ramsauer*, VwVfG, § 35 Rn 103 mwN.
113 VGH Mannheim, GewArch. 1965, 248.
114 VGH Mannheim, GewArch. 1992, 66.
115 Das Ergebnis – Angreifbarkeit – ist unstreitig, nicht dagegen der prozessuale Lösungsweg. Nach einer Ansicht handelt es sich um eine Vollstreckungsgegenklage nach § 173 S. 1 VwGO iVm § 767 ZPO, s. *Honig/Knörr*, HwO, § 13 Rn 17 mwN. Diese Auffassung übersieht jedoch, dass im Verwaltungsprozessrecht bei Klagen gegen Verwaltungsakte sowie deren Vollstreckung keine Lücken bestehen, die unter Rückgriff auf die zivilprozessualen Klagen im Zusammenhang mit der Vollstreckung von Urteilen zu schließen wären, s. näher *Kopp/Schenke*, VwGO, § 167 Rn 14 ff mwN. Entsprechendes gilt auch für die „vollstreckungsähnliche" Löschung. Vor der Löschung ist nach *Ehlers*, in: Ehlers/Fehling/Pünder, § 19 Rn 79, Fn 325 die Leistungs- bzw. Feststellungsklage statthaft.
116 VGH Mannheim, GewArch. 1992, 66, 67.
117 *Ehlers*, In: Ehlers/Fehling/Pünder, § 19 Rn 72; *Frotscher/Kramer*, Rn 551.
118 BVerwG, GewArch. 1993, 117.

490 Auch in **Fall 39b (Rn 455)**[119] wird die Behörde eine Betriebsuntersagung in Betracht ziehen. Diese ist allerdings nur dann rechtmäßig, wenn die Eintragungsvoraussetzungen in der Person des H nicht vorliegen. Die alleinige Verfahrensherrschaft liegt bei der Behörde (vgl § 16 Abs. 7 HwO; s. auch ▶ **Klausurenkurs Fall Nr 7**), auch das bisherige Antragsrecht der Handwerkskammer wurde beseitigt[120]. Allerdings wurde in der Sache die Position der Handwerkskammer im Verwaltungsverfahren gestärkt[121]. Handwerkskammern sowie Industrie- und Handelskammern sind nach § 16 Abs. 3 HwO bereits im behördlichen Untersagungsverfahren zu beteiligen. Die Untersagung ist also nur rechtmäßig, wenn Handwerkskammer und IHK in einer gemeinsamen Erklärung[122] mitgeteilt haben, dass sie die Voraussetzungen einer Untersagung für gegeben erachten. Können Handwerkskammer und IHK sich nicht einigen, sieht Abs. 4 ein Schlichtungsverfahren vor. Als Rechtsbehelf gegen die gemeinsame Erklärung oder gegen die Entscheidung der Schlichtungskommission kann die Behörde die Entscheidung der obersten Landesbehörde herbeiführen (Abs. 7), ebenso kann die Behörde bei noch ausstehender Erklärung oder Entscheidung bei Gefahr im Verzug eine vorläufige Untersagung aussprechen (Abs. 8).

5. Betriebsschließung

491 Als Verwaltungsakt kann die Betriebsuntersagung zwangsweise durchgesetzt werden, wenn der Gewerbetreibende sie nicht beachtet. Hier gelten also entsprechende Grundsätze wie bei einer Gewerbeuntersagung nach der Gewerbeordnung (s. oben Rn 325 ff)[123]. Außer der **Versiegelung** der Betriebsstätte kommen „andere geeignete Maßnahmen", insbesondere die Verhängung eines **Zwangsgeldes** in Betracht[124].

6. Die ergänzende Anwendung des Gewerberechts

492 Da auch das Handwerk stehendes Gewerbe ist, sind ergänzend Vorschriften der GewO anwendbar. Dies gilt insbesondere für die Pflicht zur **Gewerbeanzeige nach § 14 GewO**, die neben die Pflicht zur Anzeige bei der zuständigen Handwerkskammer nach § 16 Abs. 2 HwO tritt[125]. Die Handwerksordnung enthält keine spezielle Regelung für den Fall der Unzuverlässigkeit von Handwerker oder Betriebsleiter. Damit ist

---

119 VG Sigmaringen, GewArch. 1992, 340.
120 Vgl VGH Mannheim, GewArch. 2004, 430; *Honig/Knörr*, HwO, § 16 Rn 17 f.
121 VGH Mannheim, GewArch. 2004, 430; *Müller*, NVwZ 2004, 403, 406.
122 S. dazu VG Arnsberg, GewArch. 2005, 486. Zum Schlichtungsverfahren bei gegenläufigen Erklärungen *Detterbeck*, HwO, § 16 Rn 9 ff.
123 Aus dem Umstand, dass in § 16 Abs. 9 HwO die dem § 35 Abs. 5 GewO aF entsprechende „Betriebsschließung" beibehalten wurde, ergibt sich nichts Anderes. Die Betriebsschließung ist lediglich eine Maßnahme der Vollstreckung. Es ist also neben der Betriebsuntersagung nicht ein weiterer (dann nach dem einschlägigen LVwVG zu vollstreckender) Verwaltungsakt, die Betriebsschließung, erforderlich. Dies war auch schon die hM zu § 35 Abs. 5 GewO aF, welcher sich der Gesetzgeber durch seine Streichung angeschlossen hat, s. auch *Marcks*, in: Landmann/Rohmer, GewO, § 35 Rn 171 f.
124 *Honig/Knörr*, HwO, § 16 Rn 37. Sofern das Landesverwaltungsvollstreckungsrecht dies zulässt, kann schon die Betriebsuntersagung mit der Androhung eines Zwangsgeldes verbunden werden, VG Chemnitz, GewArch. 1999, 250.
125 Bei der Gewerbeanmeldung ist auch die Handwerkskarte vorzulegen, § 16 Abs. 1 HwO. Dabei handelt es sich aber lediglich um eine Ordnungsvorschrift, an deren Verletzung keine rechtlichen Konsequenzen geknüpft sind, s. *Honig/Knörr*, HwO, § 16 Rn 10.

§ 16 Abs. 3 HwO keine Sondervorschrift iSd § 35 Abs. 8 GewO[126], eine **Untersagung nach § 35 GewO** also neben der Betriebsuntersagung nach § 16 Abs. 3 HwO möglich[127]. Nach hM führt die Gewerbeuntersagung nach § 35 GewO auch zur Löschung in der Handwerksrolle[128], da diese den Zweck hat, jederzeit Auskunft über die tatsächlich ein Handwerk ausübenden selbstständigen Betriebe zu geben[129]. Allerdings beeinflusst sie die persönlichen Voraussetzungen zur Eintragung in die Handwerksrolle nicht. Nach einer Wiedergestattung des Gewerbes (§ 35 Abs. 6 GewO) ist der Betreffende also wieder in die Handwerksrolle einzutragen.

Im **Fall 39c (Rn 455)**[130] kommt eine Gewerbeuntersagung nach § 35 Abs. 1 S. 1 GewO in Betracht, weil ungeordnete Vermögensverhältnisse den H als ungeeignet erscheinen lassen. Die Handwerkskammer ist hierfür nicht zuständig, sie kann ein solches Verfahren lediglich anregen[131] (s. auch ▶ **Klausurenkurs Fall 7**).   493

IV. Zulassungsfreies Handwerk und handwerksähnliche Gewerbe (Anlage B)

Auch das Betreiben eines zulassungsfreien Handwerks nach Anlage B1 oder eines handwerksähnlichen Gewerbes (Anlage B2) als stehendes Gewerbe ist der zuständigen Handwerkskammer anzuzeigen, § 18 HwO[132]. Hierfür wird neben der Handwerksrolle ein weiteres Verzeichnis geführt (§ 19 HwO). Für Eintragung und Löschung gelten nach § 20 HwO die Vorschriften über die Handwerksrolle entsprechend. Allerdings hat die Eintragung keine konstitutive Wirkung. Die Zulässigkeit der Ausübung einer nicht zulassungspflichtigen Tätigkeit ist daher nicht von der Eintragung abhängig. Deswegen ist eine Untersagung des Betriebes nach § 16 HwO ausgeschlossen, da diese Vorschrift nicht in § 20 HwO genannt ist[133].   494

Bei zulassungsfreien Handwerken können nicht nur die bisher erworbenen Meistertitel weitergeführt werden. Es kann weiterhin auf freiwilliger Basis der Meistertitel erworben und als Qualitätssiegel geführt werden. Diese Möglichkeit wurde sogar auf das handwerksähnliche Gewerbe ausgeweitet, dem bisher der Zugang zum Meisterbrief verschlossen war. Dennoch sind weder Meister- noch Gesellenprüfung Berufszugangsvoraussetzung. Diese Berufe können vielmehr von jedermann ohne den Nachweis einer entsprechenden Ausbildung ausgeführt werden[134].   495

---

126 S. auch *Ehlers*, in: Ehlers/Fehling/Pünder, § 19 Rn 74, der allerdings (unzutreffend) auf den Mangel einer dem § 35 Abs. 8 GewO vergleichbaren Vorschrift im Handwerksrecht abstellt.
127 So auch, aber ohne nähere Begründung *Honig/Knörr*, HwO, § 16 Rn 39 f mwN.
128 BVerwG, NVwZ-RR 1992, 547; *Ehlers*, in: Ehlers/Fehling/Pünder, § 19 Rn 76.
129 BVerwGE 34, 56, 62; BVerwG, NVwZ-RR 1992, 547.
130 BVerwG, GewArch. 1992, 339.
131 *Honig/Knörr*, HwO, § 16 Rn 27; die Behörde hat dieser Anregung nicht zu folgen, die Handwerkskammer ist weder klagebefugt, noch hat sie einen Anspruch auf Beiladung.
132 S. auch zum Erfordernis der handwerklichen Betriebsform VGH Mannheim, GewArch. 2008, 249; *Mirbach*, GewArch. 2005, 366.
133 *Honig/Knörr*, HwO, § 19 Rn 2.
134 S. auch *Kormann/Hüpers*, GewArch. 2004, 404.

§ 6 Grundzüge einer sektorenspezifischen Regulierung

I. Einführung

1. Referenzgebiete und Rechtsgrundlagen

496 Bestimmte wirtschaftliche Betätigungen unterliegen einem intensiveren staatlichen Zugriff als das sonstige „Gewerbe". Dies gilt insbesondere für die hier behandelten Referenzgebiete **Telekommunikation, Energie und Finanz- bzw Bankdienstleistungen.** Diese „exekutivische Aufrüstung"[1] rechtfertigt sich durch ein besonderes öffentliches Interesse an der Funktionsfähigkeit dieser Wirtschaftszweige bzw ökonomisch betrachtet, durch die erhöhte Gefahr von Marktversagen (s. schon oben Rn 19, 86 f im Zusammenhang mit der Kapitalverkehrsfreiheit). Auch wenn der Begriff des Regulierungsrechts weiterhin umstritten ist und in seiner systembildenden Kraft nicht überschätzt werden darf, so gibt es gleichwohl sektorübergreifende **gemeinsame Grundgedanken und Strukturen**[2], die das Regulierungsrecht wohl insgesamt stärker prägen als die sektorenspezifischen Besonderheiten.

Die **Auswahl der drei Referenzgebiete** ist nicht nur der aus Raumgründen notwendigen Beschränkung geschuldet, sondern inhaltlich zu rechtfertigen. Die ausgeklammerten Teilbereiche des Post-, Eisenbahn- und Verkehrsrechts sind stark vom Vorbild des Telekommunikationsrechts geprägt oder noch wenig entwickelt und eignen sich deswegen weniger als Referenzgebiete. Im Gegensatz dazu steht das immer umfassendere Finanzmarktaufsichtsrecht, aus dem vorliegend nur die Bankenaufsicht dargestellt wird. Die Hauptziele der Bankenaufsicht sind in § 6 Abs. 2 KWG zusammengefasst. Sie soll Missständen im Kreditwesen entgegenwirken, die die Sicherheit der den Instituten anvertrauten Vermögenswerte gefährden, die ordnungsgemäße Durchführung der Bankgeschäfte beeinträchtigen oder erhebliche Nachteile für die Gesamtwirtschaft nach sich ziehen können. Infolge der Schlüsselfunktion der Finanzwirtschaft als wesentlicher Bedingung für die Funktionsfähigkeit einer modernen Volkswirtschaft[3] geht es also nicht nur um eine spezielle Gewerbeaufsicht über Banken (s. dazu die Generalklausel in § 6 Abs. 3 KWG), sondern auch um die Stabilität des Finanzsystems. Ob die dadurch legitimierte „erhöhte" Überwachungsintensität das Bankaufsichtsrecht zu einem Teil des Regulierungsrechts macht, ist umstritten[4]. Die Einbeziehung des Bankaufsichtsrechts als des zentralen Bausteins der Finanzmarktaufsicht erscheint aber gerade dann besonders reizvoll, wenn man die Unterschiede zu den „Netzwirtschaften" betont[5]. Im Interesse der Funktionsfähigkeit der Finanzmärkte greift auch die Bankenaufsicht immer stärker

---

1 So treffend der Begriff bei *Durner*, VVDStRL 70 (2011), 398, 413 in Fn 66.
2 So der Titel des Abschnitts bei *Ziekow*, § 13; s. auch *Berringer*, Regulierung als Erscheinungsform der Wirtschaftsaufsicht, S. 81 f.
3 S. nur *Fischer*, in: Boos/Fischer/Schulte-Mattler, KWG, Einl Rn 62.
4 Diese vor allem in Deutschland intensiv betriebene und in ihrer Bedeutung häufig überschätzte (öffentlichrechtliche) Diskussion um Regulierungsrecht und die Einbeziehung des Finanzmarktaufsichtsrechts darf allerdings nicht mit der bankrechtlichen Diskussion um die Differenzierung zwischen „Regulation" und „Supervision" gleichgesetzt werden; dazu ausf *Ruthig*, in: Ziekow/Seok, Der Staat als Wirtschaftssubjekt und -regulierer, 2013, S. 43, 53 f.
5 Auch *Röhl*, in: Fehling/Ruffert, Regulierungsrecht, § 18 Rn 42 f erkennt trotz der Betonung der Unterschiede und der Ablehnung des hier vertretenen (weiten Regulierungsbegriffs) ausdrücklich den Beitrag an, den das Finanzmarktrecht zur Weiterentwicklung des „eigentlichen" Regulierungsrechts liefern kann.

auch in die unternehmerische Organisation und die laufende Geschäftstätigkeit ein[6], selbst wenn die Entgeltregulierung in der Tat nicht zum aktuellen Rechtsregime des Bankenaufsichtsrechts gehört. Es gibt aber nicht nur mit der Zinsregulierung ein historisches Beispiel[7], mit dem sog. „Jedermann-Konto" ist auch die Angemessenheit der Entgelte zu sichern[8]. Dies lässt sich auch nicht in einen Gegensatz zur „Netzregulierung als Wettbewerbsregulierung" stellen. Schon das KWG 1961 basierte ganz maßgeblich auf dem Gedanken der Wettbewerbssicherung[9], erst recht ist das europäische Recht ganz von der Öffnung der (nationalen) Märkte aber auch der Stabilisierung der Finanzmärkte[10] beherrscht. Spätestens mit der Finanzkrise wurde das Bankaufsichtsrecht zur erheblich über die klassische Gewerbeaufsicht hinausreichenden Systemkontrolle[11].

a) Regulierungsrecht als richtliniengeprägtes Recht

Gemeinsamkeiten zwischen den Referenzgebieten sind nicht zuletzt auf die **systembildenden europäischen Einflüsse** zurückzuführen; für alle Sektoren geben europäische Richtlinien den rechtlichen Rahmen vor. Gerade die Einbeziehung des Finanzmarktrechts macht deutlich, dass es sich keineswegs um ein Sonderrecht für die sog. Netzregulierung handelt, sondern dass in den Richtlinien europäische Konzepte verwirklicht werden, die jedenfalls nach Vorstellung der Kommission zum „Standardmodell europäischer Verwaltung" werden[12]. **497**

Der für das **Telekommunikationsrecht** maßgebliche EU-Rechtsrahmen für elektronische Kommunikation von 2002 besteht aus fünf Richtlinien[13]. Die Rahmenrichtlinie sollte einen einheitli-

---

6 S. *Röhl*, in: Fehling/Ruffert, Regulierungsrecht, § 18 Rn 53 ff.

7 Vgl aber die Ermächtigung in § 23 KWG 1961 zur Zinsregulierung; die letzte Zinsverordnung wurde erst 1967 aufgehoben, vgl die Verordnung über die Aufhebung der Zinsverordnung und von Bestimmungen über die Kosten für Teilzahlungsfinanzierungskredite und Kleinkredite v. 21.3.1967, BGBl. I S. 352; dazu *Fischer*, in: Boos/Fischer/Schulte-Mattler, KWG, Einf. Rn 13. Außerdem liefern Börsenund Wertpapierhandelsrecht den öffentlichrechtlichen Rahmen für die Preisbildung an einer Börse. Dies geschieht vor allem durch die Statuierung (öffentlichrechtlicher) Verhaltenspflichten – dazu *Bumke*, Die Verwaltung 2008, 227, 243 –, aber zunehmend auch durch eine staatliche Aufsicht über den Handel.

8 Vgl Art. 18 der RL 2014/92/EU v. 23.7.2014 über die Vergleichbarkeit von Zahlungskontoentgelten, den Wechsel von Zahlungskonten und den Zugang zu Zahlungskonten mit grundlegenden Funktionen, ABl. L 257 v. 28.8.2014, die ein Recht auf Zugang zu einem „Zahlungskonto mit grundlegenden Funktionen" begründet. In der Diskussion ist auch die Deckelung der Gebühren für Überziehungskredite („Dispozinsen"), vgl befürwortend *Köndgen*, ZBB 2014, 153.

9 Vgl nur *Fischer*, in: Boos/Fischer/Schulte-Mattler, KWG, Einf. Rn 14 f und insbesondere den Bericht der Wettbewerbs-Enquête, BT-Drucks. V/3500, S. 1. Insofern liegt bei aller Unterschiedlichkeit der Instrumente auch der von *Röhl*, in: Fehling/Ruffert, Regulierungsrecht, § 18 Rn 35 als konstitutiv für den Regulierungsbegriff geforderte Wettbewerbsbezug vor; s. auch *Fehling/Ruffert*, in: dies., Regulierungsrecht, § 23 Rn 11; *Bartsch*, ZRP 2009, 101; *Pitschas*, FS Frotscher (2007), 855, 858.

10 S. dazu, dass die Funktionsfähigkeit des Kapitalmarkts neben dem Anlegerschutz das zentrale Anliegen des Kapitalmarktrechts und der dazu ergangenen Richtlinien ist, auch *Bumke*, Die Verwaltung 2008, 235 mwN.

11 So zutreffend *Röhl*, in: Fehling/Ruffert, Regulierungsrecht, § 18 Rn 56. Der unionsweite Rechtsrahmen (sog. „level playing field") mit den entsprechenden Eingriffsbefugnissen unionaler Behörden wurde gerade geschaffen, um Marktversagen durch Aufsichtsarbitrage, Fehlanreize durch implizite Staatsgarantien und „parteiische" Entscheidungen der nationalen Aufsichtsbehörden zu verhindern, vgl Erwägungsgrund (9) KapitaladäquanzVO. Letzteres wurde gerade bei den sog. „bail-outs" offenbar. Das neugeschaffene Abwicklungsregime fungiert somit auch zugleich als besonderes Beihilfenaufsichtsrecht.

12 In diese Richtung schon *Durner*, VVDStRL 70 (2011), 398, 413.

13 RL 2002/21/EG v. 7.3.2002 über einen gemeinsamen Rechtsrahmen für elektronische Kommunikationsnetze und -dienste (Rahmenrichtlinie), ABl. EG L 108 v. 24.4.2002, S. 33; RL 2002/19/EG v. 7.3.2002 über den Zugang zu elektronischen Kommunikationsnetzen und zugehörigen Einrichtungen

chen, inhaltlich geschlossenen und systematisch aufgebauten Rechtsrahmen für alle elektronischen Kommunikationsdienste und -netze aufstellen. Die in diesem „allgemeinen Teil" enthaltenen Grundsätze wurden in den anderen vier Richtlinien in umfangreiche Detailregelungen umgesetzt. Die Kernpunkte des Richtlinienpaketes sind sein **technologieneutraler Ansatz**[14] sowie die **Flexibilisierung der Regulierung**, insbesondere durch die Beschränkung auf einzelne Märkte und die marktmächtigen Unternehmen (sektorspezifische und asymmetrische Regulierung, s. dazu unten Rn 577). Das **Reformpaket vom 25.11.2009** umfasst drei Rechtsakte, zwei **Änderungsrichtlinien**[15] sowie die VO (EG) Nr 1211/2009 zur Errichtung des neuen Gremiums Europäischer Regulierungsstellen für elektronische Kommunikation **(GEREK)**. Die Änderungsrichtlinien halten am ursprünglichen Ansatz fest, modifizieren vor allem das Frequenznutzungsregime und die Kompetenzen der Regulierungsbehörden vor allem im Zusammenhang mit dem Netzausbau.

Für das **Energiewirtschaftsrecht** finden sich die wesentlichen unionsrechtlichen Vorgaben in den „Beschleunigungsrichtlinien", der **Elektrizitätsrichtlinie** 2003/54/EG sowie der **Gasrichtlinie** 2003/55/EG[16]. Auch dieser Rechtsrahmen wurde 2009 durch das Dritte Binnenmarktpaket Energie mit der Änderung der beiden Richtlinien, zwei Verordnungen zum Elektrizitäts- bzw Erdgasbinnenmarkt sowie einer neuen Verordnung zur Gründung einer Agentur für die Zusammenarbeit der Regulierungsbehörden **(ACER)** umfangreich geändert[17]. Dessen Vorgaben betrafen neben der

---

sowie deren Zusammenschaltung (Zugangsrichtlinie), ABl. EG L 108 v. 24.4.2002, S. 7, RL 2002/20/EG v. 7.3.2002 über die Genehmigung elektronischer Kommunikationsnetze und -dienste (Genehmigungsrichtlinie), ABl. EG L 108 v. 24.4.2002, S. 21, RL 2002/22/EG v. 7.3.2002 über den Universaldienst und Nutzerrechte bei elektronischen Kommunikationsnetzen und -diensten (Universaldienstrichtlinie), ABl. EG L 108 v. 24.4.2002, S. 51 und RL 2002/58/EG v. 12.7.2002 über die Verarbeitung personenbezogener Daten und den Schutz der Privatsphäre in der elektronischen Kommunikation (Datenschutzrichtlinie für elektronische Kommunikation), ABl. EG L 201 v. 31.7.2002, S. 37; geändert durch RL 2009/140/EG v. 25.11.2009 zur Änderung der Richtlinie 2002/21/EG über einen gemeinsamen Rechtsrahmen für elektronische Kommunikationsnetze und -dienste, der Richtlinie 2002/19/EG über den Zugang zu elektronischen Kommunikationsnetzen und zugehörigen Einrichtungen sowie deren Zusammenschaltung und der Richtlinie 2002/20/EG über die Genehmigung elektronischer Kommunikationsnetze und –dienste, Abl. EU L 337/37 v. 18.12.2009.

14 Vgl Art. 2 lit. a der RahmenRL sowie ihren Erwägungsgrund 5: Angesichts der Verschmelzung von Telekommunikation, Medien und Informationstechnologien sollte für alle Übertragungsnetze und -dienste ein einheitlicher Rechtsrahmen gelten.

15 Die Richtlinie „Better Regulation"-Richtlinie (RL 2009/140/EG, ABl. EU 2009 Nr L 337, S. 37 zur Änderung der Rahmen-, Zugangs- und Genehmigungsrichtlinie und „Citizens Rights"-Richtlinie (RL 2009/136/EG, ABl. EU 2009 Nr L 337, S. 11) zur Änderung der Universaldienst- und Datenschutzrichtlinie. Zu diesem Änderungspakt vgl den Kommissionsbericht KOM 2010 253 endg sowie als Überblick über Gesetzgebungsverfahren und wesentliche Inhalte der Neuregelung bei *Klotz/Brandenberg*, MMR 2010, 147.

16 RL 2003/54/EG v. 26.6.2003 über gemeinsame Vorschriften für den Elektrizitätsbinnenmarkt und zur Aufhebung der Richtlinie 96/92/EG – Erklärungen zu Stilllegungen und Abfallbewirtschaftungsmaßnahmen, ABl. EG L 176 v. 15.7.2003, S. 37; RL 2003/55/EG v. 26.6.2003 über gemeinsame Vorschriften für den Erdgasbinnenmarkt und zur Aufhebung der Richtlinie 98/30/EG, ABl. EG L 176 v. 15.7.2003, S. 57; s. außerdem RL 2004/67/EG v. 26.4.2004 über Maßnahmen zur Gewährleistung der sicheren Erdgasversorgung, ABl. EG L 127 v. 29.4.2004, S. 92; VO (EG) Nr 1228/2003 v. 26.6.2003 über die Netzzugangsbedingungen für den grenzüberschreitenden Stromhandel, ABl. EG L 176 v. 15.7.2003, S. 1.

17 RL 2009/72/EG des Europäischen Parlaments und der Rates vom 13. Juli 2009 über gemeinsame Vorschriften für den Elektrizitätsbinnenmarkt und zur Aufhebung der Richtlinie 2003/54/EG, ABl. L 211 vom 14.8.2009, S. 55, Richtlinie 2009/73/EG des Europäischen Parlaments und des Rates vom 13. Juli 2009 über gemeinsame Vorschriften für den Erdgasbinnenmarkt und zur Aufhebung der Richtlinie 2003/55/EG, ABl. L 211 vom 14.8.2009, S. 94; Verordnung (EG) Nr 715/2009 über die Bedingungen für den Zugang zu den Erdgasfernleitungsnetzen und zur Aufhebung der Verordnung (EG) Nr 1775/2005; Verordnung (EG) Nr 714/2009 über die Netzzugangsbedingungen für den grenzüberschreitenden Stromhandel und zur Aufhebung der Verordnung (EG) Nr 1228/2003; Verordnung (EG) Nr 713/2009 des Europäischen Parlamentes und des Rates zur Gründung einer Agentur für die Zusammenarbeit der Energieregulierungsbehörden (ACER).

Entflechtung vor allem Vorschriften zur Gewährleistung der Versorgungssicherheit und des Netzausbaus.

Kaum noch überschaubar sind die gemeinschafts- bzw unionsrechtlichen Richtlinien zur **Bankenaufsicht**[18]. Bis heute prägend wirkte die 2. Bankrechtskoordinierungsrichtlinie[19], die ab 1992 den „Europäischen Pass" einführte[20], der von Vorgaben zur Kooperation zwischen den Aufsichtsbehörden und zur Mindestharmonisierung (insbes bei der Eigenkapitalausstattung der Institute) flankiert wurde[21]. Mit der Umsetzung von Basel III und der Schaffung des neuen Aufsichtsrechts nach der Krise trat neben eine Konsolidierungsrichtlinie (KapitaladäquanzRL bzw Capital Requirements Directive, „CRD IV"[22]) erstmals eine Verordnung (KapitaladäquanzVO bzw Capital Requirements Regulation, „CRR"[23]), was zumindest einen partiellen Abschied vom Umsetzungsinstrument der Richtlinie bedeutet. Diese Rechtsakte bilden neben dem Tertiärrecht und den Guidelines der ESAs nun den Kern des materiellen Aufsichtsrechts. Die Einführung der Bankenunion betraf nicht das materielle Bankaufsichtsrecht, bedeutete aber gleichwohl einen aufsichtsrechtlichen Paradigmenwechsel[24].

b) Rechtsgrundlagen des nationalen Regulierungsrechts

Soweit noch keine Vereinheitlichung durch europäische Verordnungen erfolgt ist, steht im Mittelpunkt aller drei Rechtsgebiete jeweils ein zentrales Bundesgesetz. Für das Telekommunikationsrecht ist dies das **Telekommunikationsgesetz (TKG)**[25]. Die zentralen Vorschriften des Energierechts im engeren Sinne[26] finden sich im **Energiewirtschaftsgesetz (EnWG)**[27]. Für die Bankenaufsicht steht das **Kreditwesengesetz**

498

---

18 S. den Überblick bei *Kilian*, Europäisches Wirtschaftsrecht, 2010, Rn 730 ff, insb. die Übersicht über die BankRL in Rn 734.

19 Zweite RL 89/646/EWG v. 15.12.1989 zur Koordinierung der Rechts- und Verwaltungsvorschriften über die Aufnahme und Ausübung der Tätigkeit der Kreditinstitute und zur Änderung der Richtlinie 77/780/EWG, ABl. EG L 386 v. 30.12.1989, S. 1.

20 Vgl Art. 18 der 2. BKRiL sowie deren Erwägungsgrund 20.

21 S. dazu und den Entwicklungsstufen näher *Fischer*, in: Boos/Fischer/Schulte-Mattler, KWG, Einf. Rn 29 ff; *Waschbusch*, Bankenaufsicht, 2000, S. 45 ff.

22 RL 2013/36/EU v. 26.6.2013 über den Zugang und die Tätigkeit von Kreditinstituten und die Beaufsichtigung von Kreditinstituten und Wertpapierfirmen, zur Änderung der Richtlinie 2002/97/EG und zur Aufhebung der Richtlinien 2006/48/EG und 2006/49/EG, ABl. L 176 v. 27.6.2013, S. 338.

23 VO 575/2013 v. 26.6.2013 über Aufsichtsanforderungen an Kreditinstitute und Wertpapierfirmen und zur Änderung der Verordnung (EU) Nr 646/2012, ABl. L 176 v. 27.6.2013, S. 1; dazu Erwägungsgrund 8: „Die Richtlinien (…) haben zwar zu einer gewissen Harmonisierung der Aufsichtsvorschriften der Mitgliedstaaten geführt, bieten aber den Mitgliedstaaten zahlreiche Optionen und Möglichkeiten, strengere Vorschriften als die jener Richtlinien vorzusehen. Daraus ergeben sich Divergenzen zwischen nationalen Rechtsvorschriften, die die grenzüberschreitende Erbringung von Dienstleistungen und der Niederlassungsfreiheit beeinträchtigen können und so das reibungslose Funktionieren des Binnenmarkts behindern".

24 Näher dazu *Ruthig*, ZHR 178 (2014), 443.

25 Auch hier wird jedoch in Zukunft verstärkt auf eine Harmonisierung mittels Verordnung gesetzt, s. dazu das laufende Gesetzgebungsverfahren 2013/0309(COD) zum Vorschlag der Kommission für eine Verordnung über Maßnahmen zum europäischen Binnenmarkt der elektronischen Kommunikation und zur Verwirklichung des vernetzten Kontinents („Single Market-VO"), COM(2013) 627 final; dazu *Mantz/Sassenberg*, CR 2014, 370.

26 Zur Differenzierung und den Gegenständen des Energierechts im weiteren Sinne *Rittner/Dreher*, § 34 Rn 1, 4. Der verfassungsrechtliche Begriff des Energiewirtschaftsrechts umfasst den gesamten Bereich der Herstellung und Verteilung von Energie, einschließlich der Maßnahmen zur Energieeinsparung und Versorgungssicherheit. Die (engere) gesetzliche Definition des Energiewirtschaftsrechts ergibt sich aus der Regelungssystematik des Gesetzes.

27 Das EnWG wurde 2011 aufgrund des Dritten Binnenmarktpakets Energie novelliert, vgl das Gesetz zur Neuregelung energiewirtschaftsrechtlicher Vorschriften vom 28.7.2011 (BGBl. I 2011, S. 1554).

(**KWG**) im Zentrum, das allerdings durch die europäische KapitaladäquanzVO er-gänzt wurde. Diese Gesetze definieren ihren **Anwendungsbereich**.

Im Einklang mit dem verfassungsrechtlichen Begriff (vgl Art. 73 Nr 7 GG)[28] definiert § 3 Nr 22 TKG **Telekommunikation** als den technischen Vorgang des Aussendens, Übermittelns und Emp-fangens von Signalen mittels Telekommunikationsanlagen. Diese Definition ist offen genug, um die Einbeziehung neuer technischer Übertragungswege zu ermöglichen; auch „das Internet" ist ein Telekommunikationsnetz nach § 3 Nr 27 TKG[29]. Nicht Gegenstand des TKG sind die Kom-munikationsinhalte.

Nach § 1 EnWG beschränkt sich das **Energiewirtschaftsrecht** auf die „leitungsgebundene Ver-sorgung mit Elektrizität und Gas". Die Versorgung umfasst drei Stufen (vgl § 3 Nr 36 EnWG): Energieerzeugung[30], Netzbetrieb und der Vertrieb an den Kunden. Im Hinblick auf die Errichtung bzw Zulassung von Energieanlagen (zum Begriff § 3 Nr 15 EnWG) verzahnen sich die Vorgaben des EnWG mit dem allgemeinen Planungs- und Anlagenzulassungsrecht[31]; aber auch das Ener-giewirtschaftsrecht selbst hat die Planung der Netzinfrastruktur seit der letzten Novelle näher ge-regelt (dazu Rn 506).

Die **normative Dreigliedrigkeit der Finanzmarktaufsicht** blieb trotz der Schaffung einer ein-heitlichen Aufsichtsbehörde (zur BaFin bereits oben Rn 197) erhalten. Das KWG knüpft an das Betreiben von „Bankgeschäften" an. Eine im Vergleich zum KWG abgestufte Aufsicht übt die BaFin über für das Wirtschaftsleben zunehmend bedeutende Zahlungs- und E-Geld-Institute nach dem Zahlungsdiensteaufsichtsgesetz (ZAG) aus. Dies lehnt sich strukturell stark an das KWG an und kennt ebenso Erlaubnis-, Kapitalausstattungs- und Organisationspflichten, die aufgrund spe-zieller Ermächtigungsrundlagen und einer Generalklausel durchgesetzt werden können[32]. Zum Aufgabenbereich der BaFin gehört außerdem die **Versicherungsaufsicht** nach dem VAG und die **Wertpapieraufsicht**; bei der BörsenG, WpHG und WpÜG ineinander greifen: Der organisatori-sche Rahmen für den Börsenhandel mit Wertpapieren einschließlich der Vorschriften über die Börse findet sich im **BörsenG**. Demgegenüber statuiert das **WpHG** umfangreiche Verhaltens-pflichten von Emittenten, Wertpapierdienstleistern und Anlegern, die als öffentlichrechtlich qua-lifiziert[33] und gem. § 4 WpHG von der BaFin überwacht werden. Der Gesetzgeber hatte sich das Ziel gesetzt, ein faires und geordnetes Angebotsverfahren zu schaffen, um dadurch die Informa-tion der Wertpapierinhaber und Arbeitnehmer zu verbessern und die rechtliche Stellung von Min-derheitsaktionären bei Unternehmensübernahmen zu stärken. Das **WpÜG** (Wertpapiererwerbs-

---

28 Bereits im ersten Fernsehurteil (BVerfGE 12, 205, 225 ff) hat das Bundesverfassungsgericht den da-maligen Begriff des Fernmeldewesens als „die der Übermittlung von Signalen dienenden funktechni-schen Vorgänge" definiert. Diesen Begriff griff das Bundesverfassungsgericht im sog. Gebühren-schluss (BVerfGE 28, 66 ff) auf und erstreckte ihn auf den Bereich der Individualkommunikation; vgl außerdem die Direktrufentscheidung BVerfGE 46, 120 ff.

29 Zur Definition der „elektronischen Kommunikationsnetze Art. 2 lit. a RahmenRL; s. auch BT-Drucks. 15/2316 S. 58.

30 Hierzu gehören zB die Kraftwerke mit ihren der Erzeugung unmittelbar gewidmeten Anlageteilen (Turbinen, Generatoren), aber auch die Nebenanlagen, zB Kesseleinrichtungen, Maschinenanlagen, Transport-/Vorratseinrichtungen, Kühlanlagen, vgl *Hellermann*, in: Britz/Hellermann/Hermes, EuWG, § 3 Rn 59. Die Einordnung als Energieanlage wird hinsichtlich der technischen Anforderungen rele-vant: § 49 EnWG enthält Mindestanforderungen an die Anlagensicherheit, die auf der Grundlage des § 65 EnWG durchgesetzt werden können.

31 Für die Planfeststellung von Hochspannungsleitungen enthalten die §§ 43–45b EnWG spezielle Vor-schriften, die neben die §§ 71 ff VwVfG treten. Für den Ausbau der Höchstspannungsleitungen wur-den im Zuge des Atomausstiegs spezielle Vorschriften im Netzausbaubeschleunigungsgesetz (NA-BEG) erlassen; näher zur Planfeststellung von Energieanlagen *Hermes/Kupfer*, in: Britz/Hellermann/ Hermes, EuWG, § 43 Rn 2 ff, 10 ff; *Appel*, UPR 2011, 406; *Kment*, UPR 2014, 81.

32 Vgl dazu nur den Überblick bei *Capser/Terlau*, ZAG-Kommentar, Einleitung, Rn 12 ff.

33 S. *Eisele*, in: Schimansky/Bunte/Lwowski, Bankrechts-Handbuch, § 109 Rn 9.

und Übernahmegesetz)[34] soll Rahmenbedingungen für öffentliche Übernahmeangebote und andere öffentliche Angebote zum Erwerb von Wertpapieren von Aktiengesellschaften mit Sitz in Deutschland und Börsennotierung schaffen[35]. Auch diese werden von der BaFin überwacht, § 4 Abs. 1 WpÜG.

2. Europäisierte Wirtschaftsregulierung

a) Europäisierung als Publifizierung

In allen Referenzgebieten erwies sich **Europäisierung als Publifizierung**. Der europäische Gesetzgeber reagierte mit der **Schaffung oder Verstärkung aufsichtsrechtlicher Befugnisse** nicht nur auf ein Versagen des Marktes, sondern auch der Selbstregulierung. Diese wird durch eine staatliche Aufsicht jedenfalls überformt (regulierte Selbstregulierung). Eingriffe in die privaten Rechtsbeziehungen können klassisch-ordnungsrechtlich mittels privatrechtsgestaltenden Verwaltungsakts geschehen[36]. Dennoch ist es gerade der „Mix der Regulierungsstrategien"[37], der das Spezifikum des Regulierungsrechts ausmacht. Kooperative Elemente und die weiche Steuerung über sog „soft law", an dessen Entstehung die betroffenen Unternehmen beteiligt sind, spielen daher eine immer größere Rolle (dazu unten Rn 516 ff).

499

Konnte man das TKG, das sich mit der Abschaffung des staatlichen Fernmeldemonopols etablierte, zunächst noch als Privatisierungsfolgenrecht interpretieren, so waren die anderen Bereiche schon immer privatrechtlich organisiert. Während das EnWG 1998/2003 durch kooperative Strukturen und deren Kontrolle durch das BKartA geprägt war, wurde mit den Beschleunigungsrichtlinien für den Elektrizitäts- und den Erdgasbinnenmarkt das in Deutschland favorisierte Modell der Selbstregulierung (verhandelter Netzzugang nach § 6 EnWG 1998 und Verbändevereinbarungen[38]) durch den staatlich geregelten Netzzugang ersetzt und damit das **EnWG 2005** auf ein neues Konzept umgestellt[39]. Die Aufsichtsbefugnisse werden im EnWG 2011 weiter gestärkt[40]. In ähnlicher Weise wurde im hier nicht näher behandelten Börsenrecht „die nahezu hundertjährige Selbstverwaltungsautonomie der Börsen ... zunehmend überlagert bzw verdrängt"[41]. Demgegenüber folgt das Bankenaufsichtsrecht dem Aufsichtsmodell schon seit dem als Reaktion auf die Bankenkrise 1931 geschaffenen KWG 1934, so dass die Europäisierung der Bankenaufsicht eher das deutsche Modell nach Europa exportierte und deswegen in Deutschland zu Beginn fast unbemerkt blieb. Durch die kontinuierliche Erweiterung der Aufsichtsbefugnisse wurde **europäisches Bankrecht zu einem Synonym für „Bankenaufsichtsrecht"**[42]. Die Finanzmarktkrise hat das

---

34 BGBl. I 2001, S. 3822.
35 Zum ökonomischen Hintergrund s. *Ekkenga/Schulz*, in: Ehricke/Ekkenga/Oechsler, WpÜG, Einf. Rn 29 ff. Der Gesetzgeber hatte sich das Ziel gesetzt, ein faires und geordnetes Angebotsverfahren zu schaffen, um dadurch die Information der Wertpapierinhaber und Arbeitnehmer zu verbessern und die rechtliche Stellung von Minderheitsaktionären bei Unternehmensübernahmen zu stärken. „Auslöser" dieser gesetzlichen Initiative war die publikumswirksame Übernahme der Mannesmann AG durch Vodafone im Jahre 2000.
36 S. schon zu § 37 Abs. 1 S. 1 TKG aF BVerwGE 120, 263 = NVwZ 2004, 1365.
37 So *Bumke*, Die Verwaltung 2008, 227, 241 zur Kapitalmarktregulierung mit Beispielen.
38 Dazu §§ 6, 6a EnWG 2003, s. auch *Kühne/Brodowski*, NVwZ 2003, 769.
39 BGBl. I S. 1970, s. auch den Regierungsentwurf, BT-Drucks. 15/3917. Ausführlicher Überblick über die historische Entwicklung und den Einfluss des Unionsrechts bei *Theobald/Theobald*, Energiewirtschaftsrecht, S. 20 ff. S. auch *Breuer*, NVwZ 2004, 520; *Britz*, FS Zezschwitz (2005), 374 ff; *Kühne/Brodowski*, NVwZ 2005, 849; *Säcker*, N&R 2004, 46.
40 S. dazu *Weis*, in: Baur/Salje/Schmidt-Preuß, Regulierung in der Energiewirtschaft, Kap. 40 Rn 41.
41 *Pitschas*, FS Scholz (2007), 855, 875.
42 *Claussen*, in: ders., Bank- und Börsenrecht, § 1 Rn 98.

europäische Vertrauen in eine staatliche, aber zunehmend europäische und jedenfalls „öffentlich-rechtliche" Aufsicht weiter gestärkt. Je dichter das Netz der Aufsichtsnormen gestrickt wird, desto mehr lenkt diese Publifizierung den Blick auf die Grundrechtsbindung des Regulierungsrechts. Soweit es – etwa im neuen Unbundling-Regime des EnWG – an Umsetzungsspielräumen fehlt (oder der unionale Gesetzgeber wie insbes im Bankenaufsichtsrecht auf Verordnungen zurückgreift oder eine Eigenverwaltung etabliert), werden die europäischen Grundrechte relevant[43], bei Umsetzungsspielräumen kann daneben auch (weiterhin) das deutsche Verfassungsrecht herangezogen werden (s. dazu schon allgemein Rn 44). Eng mit dem Instrumentarium hängt die Frage nach der **Rechtsstellung der Behörden** zusammen, bei der sich das europäische Verständnis einer „unabhängigen Regulierungsbehörde" durchgesetzt hat (s. zur Verwaltungsorganisation schon Rn 185 ff)[44].

b) Europäisierung als Ökonomisierung

500 Ein weiteres gemeinsames Charakteristikum ist neben der Tatsache, dass Regulierung sich auch ökonomisch rechtfertigen muss[45], vor allem die **Ökonomisierung des Lenkungsinstrumentariums** (s. bereits Rn 18 f). So orientiert sich die Preisregulierung zunehmend an effizienzorientierten Regulierungsansätzen (s. zur Anreizregulierung näher unten Rn 585, 589). Die Regulierungsbehörde nutzt auch **Marktmechanismen als Steuerungsmittel**, zB Frequenzversteigerung und -handel als Allokations- bzw Preisbildungsinstrumente. Auch diese Entwicklung geht auf die USA zurück, wo bereits seit den 1960er Jahren die Law and Economics-Bewegung sich mit dem (allgemeinen) Verwaltungsrecht befasste (s. oben Rn 18).

Die Entwicklung beschränkt sich aber nicht auf diese prominenten Beispiele. In der Bankenabwicklung kommt das Instrument der Unternehmensveräußerung zur Anwendung, bei dem (überlebensfähige und –würdige) Teile eines abzuwickelnden Instituts unter „kommerziellen Bedingungen" in einem „Vermarktungsprozess" durch die Abwicklungsbehörde auf andere Marktteilnehmer übertragen werden sollen (dazu unten Rn 511).

c) Europäisierung und Zuständigkeiten: Vom europäischen Pass zur Zentralisierung

501 Das gesamte europäische bzw europäisierte Wirtschaftsrecht ist durch das **Spannungsverhältnis** zwischen der Schaffung eines einheitlichen Binnenmarktes und der parallelen Zuständigkeit nationaler Behörden gekennzeichnet. Im Interesse des Binnenmarktes verlangt das Unionsrecht gerade im Recht der Wirtschaftsaufsicht die gegenseitige **Anerkennung von Hoheitsakten**. Europäisierung des Wirtschaftsrechts führte daher zwangsläufig zur Ausbildung eines Verwaltungsverbunds[46]. Die Reform des jeweiligen Rechtsrahmens bedeutet dabei immer auch eine Stärkung dieses Ver-

---

43 S. auch die Regierungsbegründung zum EnWG, BT-Drucks. 17/6072 S. 99 ff.
44 Vgl nur zur BNetzA *Ludwigs*, DV 2011, 41. Bei der Finanzmarktaufsicht war die verfassungsrechtlich abgesicherte Unabhängigkeit der Bundesbank bisher ein zentrales Argument gegen die Integrierung der Finanzmarktaufsicht in diese, s. nur *Höhns*, Aufsicht über Finanzdienstleister, 2002, S. 276 ff.
45 Grundlegend etwa zur Regulierung von Energienetzen *Bettzüge/Kesting*, in: Baur/Salje/Schmidt-Preuß, Regulierung in der Energiewirtschaft, Kap. 4 Rn 3 ff.
46 Zu dieser Entwicklung *Ruffert*, DÖV 2007, 761 ff; zum Begriff vor allem *Schmidt-Aßmann*, in: *ders./* Schöne-Haubold, Der Europäische Verwaltungsverbund – Formen und Verfahren der Verwaltungszusammenarbeit in der EU, 2005, S. 1 ff; ausf – allerdings ohne Einbeziehung der im Folgenden behandelten Referenzgebiete – *Siegel*, Entscheidungsfindung im Verwaltungsverbund, 2009, S. 223 ff.

bundes in den jeweiligen Sektoren[47]. Dies zeigte sich besonders deutlich und frühzeitig im Bankenaufsichtsrecht. Mit der Zulassung grenzüberschreitender Bankdienstleistungen wurden schnell die **Grenzen einer rein nationalen Wirtschaftsaufsicht** und der Zwang zur internationalen Kooperation deutlich[48]. Mit dem Europäischen Pass (s. näher unten Rn 555) wurde deswegen nicht nur der „**transnationale Verwaltungsakt**" aus der Taufe gehoben[49], sondern zugleich **grenzüberschreitende Verwaltungsbefugnisse** eingeführt, die als unerlässliche Voraussetzung für die notwendige staatliche Aufsicht auch über die grenzüberschreitende Bankentätigkeit angesehen wurden. Bis heute hat diese Modellcharakter[50] und steht für eine Entwicklung, die mittlerweile das allgemeine Gewerberecht erreicht hat (s. schon Rn 246 ff).

Seit der Schaffung des Europäischen Binnenmarktes zum 1.1.1993 können **Banken aus dem EWR** europaweit tätig werden. Durch den „**europäischen Pass**" (single licence) werden die Wirkungen der ausländischen Erlaubnis auf das Inland erstreckt. Es gilt das in § 53b KWG umgesetzte **Herkunftslandprinzip**. Die nationale Erlaubnis zum Betreiben von Bankgeschäften für die von den Richtlinien bestimmten Tätigkeiten berechtigt ein CRR-Kreditinstitut (§ 1 Abs. 3d S. 1 KWG) oder ein Wertpapierhandelsunternehmen (§ 1 Abs. 3d S. 4 KWG) dazu, „ohne Erlaubnis durch die Bundesanstalt über eine Zweigniederlassung oder im Wege des grenzüberschreitenden Dienstleistungsverkehrs im Inland Bankgeschäfte [zu] betreiben oder Finanzdienstleistungen zu erbringen, wenn das Unternehmen von den zuständigen Stellen des Herkunftsstaats zugelassen worden ist, die Geschäfte durch die Zulassung abgedeckt sind und das Unternehmen von den zuständigen Stellen nach den Vorgaben der Richtlinien beaufsichtigt wird" (§ 53b Abs. 1 S. 1 KWG). Grundlage war die 2. Bankrechtskoordinierungsrichtlinie, die als „EG-Grundgesetz der Banken" bezeichnet wurde[51]. Die Anerkennung des ausländischen Aufsichtsrechts war möglich, weil Mindeststandards durch Richtlinien (bzw schon damals den Baseler Prozess) festgesetzt und die Kooperation zwischen nationalen Bankaufsichtsbehörden intensiviert wurden. Zwar bleibt die Entscheidung eine nationale, ihre „grenzüberschreitenden Wirkungen im gesamten unionalen Verwaltungsraum"[52] gehen aber einher mit einer Verwaltungskooperation im Vorfeld der Entscheidung unter Beteiligung von Kommission bzw europäischen Agenturen[53].

Diese Kooperation wurde in §§ 7a ff KWG auf eine gesetzliche Grundlage gestellt[54]. Sie erfolgt innerhalb des Europäischen Systems der Finanzaufsicht (ESFS) für die Bankenaufsicht maßgeblich unter der Koordinierung der EBA (vgl nur Art. 8 EBA-VO). Damit tritt auch auf horizontaler

---

47 Über den Bereich der einzelnen Sektoren hinaus geht die Zusammenarbeit von Kartell-, Regulierungs- und Verbraucherschutzbehörden im „Europäischen Wettbewerbsnetz" auf der Grundlage der VO 1/ 2003, dazu *Kahl*, DV 2009, 463, 466 ff; *Kersten*, VVDStRL 69 (2010), 288, 303 f mwN. Auch steht dort die Kommission als zentrale Hüterin des Wettbewerbs im Zentrum.

48 S. nur *Schmidt-Aßmann*, EuR 1996, 270, 300 f.

49 Zu diesem Begriff *Neßler*, Europäisches Richtlinienrecht wandelt deutsches Verwaltungsrecht, 1994; *ders.*, NVwZ 1995, 863; *Schmidt-Aßmann*, EuR 1996, 270, 300 ff; *Wenander*, ZaöRV 2011, 755; s. auch *Sydow*, Verwaltungskooperation in der Europäischen Union, 2004, S. 138 ff; *Ruffert*, DV 2001, 435; krit *Becker*, Debil 2001, 855.

50 So schon *Schlag*, Grenzüberschreitende Verwaltungsbefugnisse im EG-Binnenmarkt, 1998. S. 250.

51 RiL des Rates zur Koordinierung der Rechts- und Verwaltungsvorschriften über die Aufnahme und Ausübung der Tätigkeit der Kreditinstitute v. 15.12.1989, ABl. EG v. 30.12.1989 Nr. L 386. Näher zum europäischen Pass *Royla*, Grenzüberschreitende Finanzmarktaufsicht in der EG, 2000, S. 49 f; *Schnyder*, Europäisches Banken- und Versicherungsrecht, Rn 84; zu den von der RL 2000/12/EG bestimmten Tätigkeiten *Marwede*, in: Boos/Fischer/Schulte-Mattler, KWG, § 53b Rn 21 ff; *Schnyder*, Europäisches Banken- und Versicherungsrecht, Rn 95.

52 *Ruffert*, in: Fehling/Ruffert, Regulierungsrecht, § 3 Rn 38.

53 S. vor allem *Sydow*, Verwaltungskooperation in der Europäischen Union, 2004, S. 150 ff; s. auch *Menzel*, Internationales Öffentliches Recht, 2010, S. 406 f.

54 Dazu *Lindemann*, in: Boos/Fischer/Schulte-Mattler, KWG, § 8 Rn 13 ff.

Ebene eine immer stärkere Verflechtung der nationalen Behörden im Verwaltungsverbund ein, deren Kooperation über einzelne Amtshilfemaßnahmen deutlich hinausgeht (neben einer Aufsicht auf zusammengefasster Basis ist etwa die gänzliche Übertragung der individuellen Aufsicht eines Instituts auf eine Aufsichtsbehörde im EU-Ausland möglich, Art. 8c Abs. 3 KWG, 28 EBA-VO)[55]. Auch in der laufenden Aufsicht findet sich der transnationale Verwaltungsakt (Art. 113 Abs. 4 KapitaladäquanzRL, s. auch § 8a Abs. 3 S. 1 KWG)[56].

502 Soweit künftig die EZB für die Erlaubniserteilung zuständig ist (zu den Kompetenzen der EZB bereits oben Rn 191 f), wird die Rechtsfigur des transnationalen Verwaltungsakts insofern keine Rolle mehr spielen, als ein EU-Beschluss ohnehin unionsweit gilt (zu den Auswirkungen auf das Konzept des europäischen Passes s. unten Rn 555). Das KWG bleibt aber auch im Rahmen der Bankenunion für die Beaufsichtigung von Instituten mit Sitz in Deutschland maßgeblich, da es auch von der EZB anzuwenden ist. Lediglich die Zuständigkeiten waren an den „einheitlichen Aufsichtsmechanismus" anzupassen. In Konsequenz dessen spricht das novellierte KWG[57] nicht mehr von der Bundesanstalt, sondern von Aufsichtsbehörde und verweist in § 1 Abs. 5 KWG nF auf die Zuständigkeitsabgrenzung nach der SSM-VO.

Allerdings ist sehr wohl eine **Tendenz zur Zentralisierung von Aufgaben bei europäischen Behörden** zu beobachten. Dies gilt im Bereich der *Bankenaufsicht* schon jetzt nicht nur für Zulassung und Inhaberkontrollverfahren, sondern auch für die laufende Aufsicht über bedeutende Kreditinstitute durch die EZB (s. Rn 193 f), für die die EZB über eigene Handlungsbefugnisse verfügt, die die Regelungen des KWG verdrängen. Ob sich entsprechende Tendenzen auch im **Energie- und Telekommunikationsrecht** verstärken, bleibt abzuwarten. Die Kommission verfolgt dieses Ziel insbesondere bei der anstehenden Reform des Frequenznutzungsregimes weiter: Das GEREK (und nicht mehr die nationalen Behörden) soll nach den Plänen der Kommission als Empfänger der Anzeige nach Art. 3 GenehmigungsRL fungieren. Auf Grundlage dieser Anzeige sollen dann im gesamten Unionsraum Kommunikationsnetze betrieben und -dienste angeboten werden können[58].

3. Ziele staatlicher Regulierung

503 Traditionell wird die Schaffung von Wettbewerb als zentrale Aufgabe des Regulierungsrechts gesehen. Gleichwohl lässt es sich nicht auf diese Aufgabe verkürzen. Gerade der US-amerikanische Regulierungsbegriff macht deutlich, dass es nicht nur um staatliche Intervention bei **Marktversagen** (economic regulation), sondern auch die Verwirklichung anderer Ziele, etwa den **Verbraucher- und Umweltschutz** geht (social regulation)[59]. Diese sehr wohl divergierenden Regulierungsziele finden sich auch im deutschen Recht, wie etwa am Regulierungsziel des § 2 Abs. 2 Nr 1 TKG deutlich

---

55 *Lindemann*, in: Boos/Fischer/Schulte-Mattler, KWG, § 8 Rn 10 f bezeichnet dies als „aufsichtsrechtlich geradezu revolutionär".
56 Dazu *Lindemann*, in: Boos/Fischer/Schulte-Mattler, KWG, § 8a Rn 16.
57 IdF des BRRD-Umsetzungsgesetzes v. 10.12.2014 (BGBl. I S. 2091), das das KWG auch an die SSM-VO anpasste, vgl BT-Drucks. 18/2575 S. 141, 194.
58 S. Art. 34 Nr 1 lit. a Single-Market-VO-E; zudem gerät das Anzeigeerfordernis selbst unter Druck, da die Mitgliedstaaten ein solches künftig zu begründen haben, was nach lit. c von der Kommission überprüft werden können soll.
59 Als Einführung in die Grundlagen der „economic regulation" s. *Viscusi/Vernon/Harrington*, Economics of Regulation and Antitrust, 4. Aufl., 2005, S. 295 ff.

wird[60]. Sie lassen sich auch nicht als Gegensätze begreifen; so hängen Wettbewerbs- und Verbraucherschutz eng miteinander zusammen. Wenn dagegen vor allem der Zusammenhang zwischen Regulierungs- und Kartellrecht betont wird[61], so basiert dies auf einem ordoliberalen Vorverständnis von Funktion und Grenzen staatlicher Intervention in bestimmte Märkte, das in dieser Form weder TKG noch EnWG zugrunde liegt.

a) Schaffung von Wettbewerb

Die Schaffung von Wettbewerb als Grundvoraussetzung des Funktionierens von Märkten wird in § 2 Abs. 2 Nr 2 TKG[62] und § 1 Abs. 2 EnWG ausdrücklich als Regulierungsziel formuliert, gilt aber auch für das Finanzmarktrecht, wobei stets von „chancengleichem" bzw „wirksamem" und „unverfälschtem" Wettbewerb die Rede ist. Funktionierender Wettbewerb verlangt aber daneben auch die **Schaffung von Transparenz** als Grundvoraussetzung des Marktes. In der Schaffung von Transparenz besteht das zentrale Anliegen des Kapitalmarktrechts[63]. Die Durchsetzung dieser Pflichten ist auch zentrales Anliegen einer „marktoptimierenden Wirtschaftsaufsicht"[64].

504

Die zu diesem Zweck eingesetzten Instrumentarien unterscheiden sich allerdings in den verschiedenen Sektoren. Im leitungsgebundenen Telekommunikations- und Energiewirtschaftsrecht stellt die Netzzugangsregulierung das zentrale Instrument zur Herstellung von Wettbewerb dar (siehe hierzu unten Rn 572 ff). Eine ähnliche Figur findet sich mit dem für den Marktzutritt von Zahlungsinstituten essentiellen Zugang zu Zahlungssystemen in § 7 ZAG[65] auch im Finanzaufsichtsrecht. Die Schaffung von Transparenz ist sicherlich das zentrale Ziel auch des Bankaufsichtsrechts. So bestehen zahlreiche sich bereits unmittelbar aus dem Gesetz ergebende Anzeige-, Melde- und Berichtspflichten zur Nachvollziehbarkeit der Einhaltung der aufsichtsrechtlichen Vorschriften durch die Institute, die durch entsprechende Informationsrechte der BaFin bzw der EZB ergänzt werden (dazu unten Rn 512). Zu unterscheiden sind turnusmäßige (monatsweise bzw viertel-, halb- oder ganzjährige) Informationspflichten wie etwa Eigenkapital- (Art. 99 KapitaladäquanzVO) und Liquiditätsmeldungen (Art. 415 KapitaladäquanzVO) sowie ad-hoc-Meldepflichten (s. insbes den zentralen § 24 KWG oder Art. 395 Abs. 5 aE KapitaladäquanzVO bei Überschreiten der Großkreditobergrenze)[66]. Der Schaffung von Transparenz dienen aber auch als „formelles Seitenstück der Zugangsregulierung"[67] die Vorschriften über die Entflechtung (sog. Unbundling) in den §§ 6–10 EnWG[68] und §§ 40 f TKG. Vertikal integrierte Energieversorgungsunternehmen, also solche, die kumulativ mit dem Netzbetrieb entweder eine Tätigkeit auf dem

---

60 S. zum Telekommunikationsrecht *Ruthig*, in: Arndt/Fetzer/Scherer, TKG, § 2 Rn 6; zum Kapitalmarktrecht *Bumke*, Die Verwaltung 2008, 227, 235.
61 S. auch *Kühling*, Sektorspezifische Regulierung in den Netzwirtschaften, S. 20.
62 Dazu *Ruthig*, in: Arndt/Fetzer/Scherer, TKG, § 2 Rn 7.
63 Zu diesem Regelungsansatz etwa *Hecker*, Marktoptimierende Wirtschaftsaufsicht, 2007, S. 69 ff.
64 Zum Kapitalmarktrecht *Hecker*, Marktoptimierende Wirtschaftsaufsicht, 2007, S. 75 f. S. auch *Rittner/Dreher*, § 33 Rn 62 ff.
65 Dazu *Zahrte*, in: Casper/Terlau, ZAG, § 7 Rn 1 ff.
66 Die Einzelheiten sind in nationalen und unionalen untergesetzlichen Normen geregelt, s. zudem den Überblick bei *Braun*, in: Boos/Fischer/Schulte-Mattler, KWG, § 44 Rn 1 ff sowie § 24 Rn 12 ff.
67 *Kühling*, Sektorspezifische Regulierung in den Netzwirtschaften, 2004, S. 337; *Frotscher/Kramer*, § 19 Rn 508 ff.
68 S. dazu *Storr*, in: Baur/Salje/Schmidt-Preuß, Regulierung in der Energiewirtschaft, Kap. 86. Durch das Dritte Binnenmarktpaket werden diese noch einmal verschärft, vgl dazu §§ 8 ff EnWG 2011.

Gebiet der Energieerzeugung oder des Energievertriebes wahrnehmen (s. zur Definition § 3 Nr 38 EnWG), müssen nach § 7 Abs. 1 EnWG ihren Netzbetrieb in eine rechtlich selbstständige Gesellschaft ausgliedern[69]. Zulässig ist aber die Zusammenfassung der verselbstständigten Bereiche unter dem gesellschaftsrechtlichen Dach eines Konzerns oder einer Holding. Zusätzlich fordern die §§ 8 ff EnWG die operationelle, informationelle und buchhalterische Entflechtung[70]. Mit § 40 TKG besitzt die BNetzA auch für den Bereich der Telekommunikation eine Rechtsgrundlage für die Entflechtung für eine funktionelle Trennung verschiedener Geschäftsbereiche; diese ist bei der Kommission zu beantragen und als ultima ratio auf die Fälle beschränkt, in denen mit dem „normalen" Regulierungsinstrumentarium wirksamer Wettbewerb nicht hergestellt werden konnte. Während sich Entflechtungsvorschriften auf vertikal integrierte Unternehmen beziehen, soll die strukturelle Separierung nach § 7 TKG[71] verhindern, dass Unternehmen, die auf einem anderen Sektor tätig werden, wo sie „besondere oder ausschließliche Rechte ... besitzen", die damit verbundene Marktmacht für einen Einstieg in den Telekommunikationssektor nutzen[72]. Auch im Bankrecht wurden mit dem „Trennbankengesetz"[73] Entflechtungsvorschriften für bedeutende Kreditinstitute geschaffen. Danach sind besonders risikoanfällige Geschäfte in ein wirtschaftlich, organisatorisch und rechtlich eigenständiges „Finanzhandelsinstitut" (§ 25f Abs. 1 KWG) auszugliedern (vgl § 3 Abs. 2–4 KWG)[74]. Dies ist die gesetzgeberische Reaktion auf das „too-big-to-fail"-Problem; systemrelevante Banken können aufgrund ihrer Bedeutung für die Volkswirtschaften auf staatliche Rettung hoffen. Sie stellen dadurch nicht nur ein Risiko für den Staatshaushalt dar, sondern haben zugleich einen Wettbewerbsvorteil gegenüber anderen Instituten. Dass Förderung von Wettbewerb und Verbraucherschutz keineswegs einen Gegensatz darstellen, zeigt sich auch im Bankaufsichtsrecht: Erweiterte Transparenzpflichten bei Kontoführungsentgelten und Überziehungskrediten (als typische Verbraucherschutzvorschriften) sollen zu einem verbesserten Wettbewerb auf dem Privatkundenmarkt führen[75].

b) Sicherstellung der Versorgung

505 Im Rahmen der privatisierten **Daseinsvorsorge** hat der Staat eine Gewährleistungsverantwortung und kann private Anbieter zur Sicherstellung der Grundversorgung mit bestimmten, gemeinwohlorientierten Dienstleistungen verpflichten. Für die Energiewirtschaft hat er dies mit der **Grundversorgungspflicht nach §§ 36 ff EnWG**

---

69 Vertikal integrierte Energieversorgungsunternehmen, an deren Elektrizitätsversorgungsnetz weniger als 100 000 Kunden unmittelbar oder mittelbar angeschlossen sind, sind hinsichtlich der Betreiber von Elektrizitätsverteilernetzen, die mit ihnen im Sinne von § 3 Nr 38 EnWG verbunden sind, gem. § 7 Abs. 2 EnWG von dieser Verpflichtung ausgenommen.

70 Ausführlich zur Entflechtung *Koenig/Kühling/Rasbach*, Energierecht, S. 113 ff; *Frotscher/Kramer*, Rn 508 ff.

71 Ein solches Unternehmen muss entweder seine Telekommunikationssparte in eine rechtlich selbstständige Gesellschaft ausgliedern (§ 7 Nr 1 TKG) oder jedenfalls getrennt Buch führen (§ 7 Nr 2 TKG). Für vertikal integrierte Unternehmen enthält § 24 TKG die Befugnis der BNetzA, für bestimmte Tätigkeiten im Zusammenhang mit Zugangsleistungen die getrennte Rechnungsführung; zu den Einzelheiten *Scherer*, in: Arndt/Fetzer/Scherer, TKG, § 24 Rn 5 ff. Die entsprechenden Pflichten lassen sich mit einer auf die Generalklausel des § 65 Abs. 1 EnWG bzw § 126 TKG gestützten Verfügung durchsetzen.

72 Als Beispiel galten gerade die Energieversorgungsunternehmen, bei denen allerdings solche Sonderrechte zunehmend abgebaut wurden, vgl *Fetzer*, in: Arndt/Fetzer/Scherer, TKG, § 7 Rn 12. Weitere Beispiele sind Rundfunk, Schienenverkehr und kommunale Unternehmen.

73 Gesetz zur Abschirmung von Risiken und zur Planung und Sanierung und Abwicklung von Kreditinstituten und Finanzgruppen v. 7.8.2013, BGBl. I, 3090; s. auch den Vorschlag der Kommission für eine VO über strukturelle Maßnahmen zur Erhöhung der Widerstandsfähigkeit von Kreditinstituten in der Union, COM(2014) 43 final.

74 Dazu *Möslein*, BKR 2013, 397; *van Kann/Rosak*, NZG 2013, 572.

75 S. Erwägungsgrund 4 RL 2014/92/EU.

getan. Danach wird für jedes Netzgebiet ein Grundversorger bestimmt, der gem. § 36 Abs. 1 S. 1 EnWG zur Versorgung von Haushaltskunden auf der Grundlage vorher veröffentlichter Allgemeiner Bedingungen verpflichtet ist. Eine vergleichbare Funktion übernimmt das **Universaldienstemodell der §§ 78 ff TKG**[76], das auf der Überlegung basiert, dass die Grundversorgung in der Regel durch den Markt erbracht wird und erst bei einem Versagen des Marktes regulatorisch eingegriffen werden muss.

Universaldienstleistungen sind nach der gesetzlichen Definition in § 78 Abs. 1 TKG ein Mindestangebot an Telekommunikationsdienstleistungen „für die Öffentlichkeit, für die eine bestimmte Qualität festgelegt ist und zu denen alle Endnutzer unabhängig von ihrem Wohn- und Geschäftsort zu einem erschwinglichen Preis Zugang haben müssen und deren Erbringung für die Öffentlichkeit als Grundversorgung unabdingbar geworden ist"[77]. Unabdingbar sind solche Telekommunikationsdienstleistungen, die für eine Vielzahl von Bürgern bereits selbstverständlich sind; eine Optimalversorgung ist nicht geboten[78]. § 78 Abs. 2 TKG enthält einen abschließenden Katalog, der mit dem TKG 2011 um einen leistungsfähigen Internetzugang ergänzt wurde. Eine deutliche Ähnlichkeit weist das Konzept des „Jedermann-Kontos" im Bankrecht (dazu oben Rn 496) auf.

Darüber hinaus nimmt das Regulierungsrecht aber zunehmend auch den **Ausbau der** 506 **Infrastruktur** in den Blick. Gerade wegen der Eröffnung des Zugangs zu fremder Infrastruktur und des erhöhten Wettbewerbsdrucks, aber vor allem auch angesichts der immensen damit verbundenen Kosten lässt sich ein solcher Ausbau allein durch den Wettbewerb nicht mehr erreichen. Damit rechtfertigt die staatliche Gewährleistungsverantwortung einen regulatorischen Zugriff auf den Netzausbau, der freilich auch die grundrechtliche Position der Infrastrukturbetreiber berücksichtigen muss und vor allem angesichts des Gesetzesvorbehalts eine ausdrückliche Rechtsgrundlage fordert[79] (s. auch ▶ **Klausurenkurs Fall Nr 11**).

Mit dem Netzausbauplan (§§ 12a ff EnWG 2011) hat das Energierecht ein solches differenziertes Instrumentarium geschaffen. Für den Bereich der Telekommunikation hatte der Gesetzgeber mit den „Regulierungsferien" des § 9a TKG aF einen Anreiz für den Ausbau des von der Deutschen Telekom AG (DTAG) geplanten Hochgeschwindigkeitsglasfasernetzes (VDSL) schaffen wollen, aber dadurch gegen Gemeinschaftsrecht verstoßen, dass die Abwägung zwischen den verschiedenen Regulierungszielen dem Gesetzgeber und nicht der Regulierungsbehörde übertra-

---

76 S. dazu insbes. *Voßkuhle*, VVDStRL 62 (2003), 266, 287. Kritisch zu Bedeutung und Praxistauglichkeit *Fischer*, in: Arndt/Fetzer/Scherer, TKG, Vor § 75 ff Rn 4. Das Modell basiert auf dem „common carrier"-Prinzip des britischen Common Law, das beispielsweise bei Fähren bestimmten Anbietern die Pflicht zur diskriminierungsfreien Zugangsgewährung auferlegte und sie dafür mit Haftungserleichterungen entschädigte, s. auch *Kress*, Fed. Comm. L.J. 49 (1997), 551, 585 f; zu Inhalt und Herkunft dieses Begriffes s. ausführlich *Pohl*, Universaldienst in der Telekommunikation, 1998, 35 ff; *Windthorst*, Der Universaldienst im Bereich der Telekommunikation, 1998; *ders.*, CR 1998, 340, 343 ff mwN; s. ferner *Kubicek*, CR 1997, 1. In den USA ist es seit 1934 in § 1 des Communication Act enthalten, geht aber insofern über das europäische Universaldienstemodell hinaus, als es nicht nur eine flächendeckende Versorgung garantiert, sondern auch die Berücksichtigung sozialer bzw öffentlicher Belange ermöglicht.

77 *Koenig/Kühling/Rasbach*, Energierecht, S. 139 ff. S. auch zur sog. Ersatzversorgung gem. § 38 EnWG, aaO S. 144 f.

78 Vgl *Cornils*, in: BeckOK TKG, § 78 Rn 18 ff.

79 Näher dazu am Beispiel des Netzausbaus (schon zum bisherigen Recht) *Ruthig*, in: Baur/Salje/Schmidt-Preuß, Regulierung in der Energiewirtschaft, Kap. 91 Rn 11 ff; 52 ff.

gen wurde[80]. Nunmehr betont § 2 Abs. 2 Nr 5 TKG die Bedeutung von Investitionen und von Investitionssicherheit für das Funktionieren von Telekommunikationsmärkten und erhebt dies zum Regulierungsgrundsatz. Dieser erlaubt die Berücksichtigung des Investitionsrisikos bei der Ausgestaltung der Zugangsverpflichtungen und durch angemessene Risikoprämien in der Entgeltregulierung; zu diesem Zweck kann die BNetzA nach § 15a Abs. 2 TKG in Form von Verwaltungsvorschriften Risikobeteiligungsmodelle entwickeln[81]. Ein weiterer Anreiz zum Ausbau digitaler Infrastruktur stellt etwa die geplante Privilegierung sog. WLAN-Hotspots zur Entlastung der Mobilfunknetze durch die Single-Market-VO dar[82].

c) Verbraucher- bzw Kundenschutz

507 Auch der Verbraucherschutz hat sich als, in der Diskussion allerdings eher vernachlässigtes[83], Regulierungsziel etabliert. Er findet sich als Regulierungsziel ausdrücklich in § 1 Abs. 1 EnWG und § 2 Abs. 1 Nr 1 TKG, lässt sich aber der Aufgabenbeschreibung des § 6 KWG (insbes Anlegerschutz) entnehmen[84].

Aus einem Regulierungsziel lassen sich allerdings noch keine konkreten Aufgaben oder gar Befugnisse herauslesen. Solche Befugnisse finden sich zB auf europäischer Ebene, indem die EBA nach Art. 9 Abs. 3 EBA-VO Verbraucherwarnungen herausgeben kann (s. auch Art. 1 Abs. 5 lit. f EBA-VO). Auf nationaler Ebene enthalten insbesondere TKG und EnWG eine Fülle konkreter Vorgaben zum Verbraucherschutz und zu seiner Institutionalisierung (zu Schlichtungsstellen für Verbraucherbeschwerden s. §§ 111a ff EnWG; nunmehr sieht auch § 4b FinDAG ein allgemeines Beschwerderecht für Kunden und Verbraucherverbände vor). Während das EnWG den Kundenschutz grundsätzlich dem UWG überlässt, enthält das TKG in den §§ 43a ff und §§ 66a ff umfangreiche Einzelvorschriften zum Kundenschutz, die bei der Novelle 2011 erneut erweitert wurden[85]. Diese liefern ein gutes Beispiel für das Aufbrechen der traditionellen Rechtsweggrenzen im „modernen" Regulierungsrecht. Bei näherer Betrachtung ergibt sich hieraus allerdings eine deutliche Aufwertung des öffentlichen Rechts, so dass zu Recht von der „privatrechtsgestaltenden Bedeutung des Regulierungsrechts" gesprochen wird[86]. § 44 Abs. 1 gewährt bei Verletzungen des TKG einen (zivilrechtlichen) Schadensersatzanspruch, Abs. 2 eröffnet die Möglichkeit einer Verbandsklage. Für das öffentliche Recht stellt sich die Frage, inwieweit solche Verbraucherschutzvorschriften (auch) von der Regulierungsbehörde durchgesetzt werden können (zur Bedeutung der Generalklauseln unten Rn 596).

---

80 EuGH v. 3.12.2009 – C-424/07 *„Kommission/Deutschland"*, NVwZ 2010, 370. Dazu *Körber*, MMR 2010, 123; *Ufer*, K&R 2010, 100. Die Entscheidung betraf also nur die Kompetenzfrage. § 9a TKG wurde deswegen aufgehoben. Daher wurde an der Entscheidung auch kritisiert, dass die Freistellung der BNetzA von einer Bevormundung des Gesetzgebers vor allem auch die Einflussnahmemöglichkeiten der Kommission wahre, *Körber*, MMR 2010, 123. Dies trifft im Ergebnis zu, ist aber nicht Ergebnis der EuGH-Entscheidung, sondern liegt in der Konsequenz der Ausgestaltung des Telekommunikationsrechts als „Kooperationsverwaltungsrecht".
81 Überblick über die Förderung des Ausbaus neuer Infrastrukturen im Rahmen der TKG-Novelle bei *Körber*, MMR 2011, 215.
82 Dazu *Mantz/Sassenberg*, CR 2014, 370.
83 So *Hellermann*, VVDStRL 70 (2011), 366, 368.
84 Auch die BaFin hat diesen Aspekt seit den 1970er Jahren berücksichtigt, vgl *Fischer*, in: Boos/Fischer/Schulte-Mattler, KWG, Einf Rn 64 ff; s. dazu *Reifner*, VuR 2011, 410.
85 Dazu *Schmitz*, CR 2011, 291.
86 *Säcker*, in: Säcker, TKG Einl I Rn 6 in Fn 19.

d) Die rechtliche Bedeutung von Regulierungszielen und -grundsätzen

Die aus dem Unionsrecht stammenden Rechtsfiguren der Regulierungsziele und **508**
-grundsätze bereitet der deutschen Dogmatik nicht unerhebliche Schwierigkeiten[87].
Regulierungsziele prägen maßgeblich die Auslegung der einzelnen Bestimmungen
des TKG. Ihre Bedeutung wird vor allem deswegen zunehmen, weil das neue TKG
der BNetzA erhebliche Spielräume einräumt, die gesetzlichen Vorgaben also weniger
konkret und damit auslegungsbedürftig sind. Dies hat **Konsequenzen für die Entscheidungspraxis**: Die BNetzA muss in der Begründung der konkreten Maßnahme
deren Übereinstimmung mit den Regulierungszielen darlegen, ohne sich auf allgemeine Hinweise auf die mit einem bestimmten Instrumentarium generell verfolgten
Regulierungsziele beschränken zu können. Indem allerdings häufig die möglicherweise widerstreitenden Regulierungsziele zum Ausgleich gebracht werden müssen,[88]
handelt es sich um eine Abwägungsentscheidung[89], die ähnlich wie im Bau- und Umweltrecht der gerichtlichen Kontrolle nur bedingt zugänglich ist. Allerdings beweist
gerade diese Parallele den Ansatzpunkt für die gerichtliche Kontrolle, die sich keinesfalls auf eine bloße Evidenzkontrolle beschränken darf.[90] Insbesondere gilt auch der
Grundsatz der Konfliktbewältigung. Die BNetzA muss daher die widerstreitenden
Regulierungsziele und Interessen im Verfahren durch Anwendung der Regulierungsgrundsätze zu einem gerechten Ausgleich bringen (s. unten zum sog. Regulierungsermessen Rn 530).

Regulierungsgrundsätze sollen demgegenüber „normativ fixieren, wie diese Ziele erreicht werden sollen".[91] Der entscheidende Unterschied zwischen beiden wird also darin gesehen, dass der
BNetzA vom Gesetzgeber bei den Regulierungsgrundsätzen auch vorgegeben wird, *wie sie umzusetzen* sind.[92] Insoweit wird die gesetzliche Steuerung des Verwaltungshandelns ausgebaut und
zugleich in ihrem Wesen verändert. Daher darf die Bedeutung von Regulierungsgrundsätzen,
auch im Rahmen der gerichtlichen Kontrolle von Regulierungsverfügungen nicht unterschätzt
werden. In jedem Fall erhöht sich durch die normative Festlegung solcher Regulierungsgrundsätze die **Darlegungslast der BNetzA**. Denkt man die neuere, an planungsrechtlichen Grundsätzen orientierte Rechtsprechung des BVerwG konsequent zu Ende, ist wohl künftig jede Regulierungsverfügung, die sich mit den einschlägigen Regulierungsgrundsätzen nicht auseinander setzt,
schon deswegen rechtswidrig. Zugleich folgt aus einer möglichen Verletzung von Regulierungsgrundsätzen die **Klagebefugnis** des jeweils geschützten Personenkreises.

---

87 Ausführlicher zum Folgenden *Ruthig*, in: Arndt/Fetzer/Scherer, TKG § 2, Rn 19 f.
88 So ausdrücklich auch das BVerwG, vgl grundlegend BVerwGE 130, 39 Rn 28; s. ferner BVerwG v.
  11.12.2013 – 6 C 23.12 Rn 15.
89 So auch die Steuerungswirkung der „regulatory objectives" im britischen Finanzmarktaufsichtsrecht,
  vgl FSMA explanatory note 35: „the objectives do not in themselves impose specific statutory duties
  or functions on the Authority. Rather (…) to carry out its general functions insofar as possible in a way
  which is compatible with the objectives and which, taking into account any need to balance the objectives as a whole, it considers most appropriate to their fulfilment".
90 In diese Richtung aber OVG Münster, Az: 13 B 69/01, MMR 2001, 548 (551); siehe auch *Trute*, in:
  Festgabe BVerwG, S. 857 (867).
91 *Säcker*, in: Säcker, Berliner Kommentar zum TKG, § 2 Rn 17a.
92 Dazu BT-Drucks. 17/5707 S. 83.

II. Verwaltungs- und verwaltungsprozessuale Grundlagen

509 **Fall 42:** Da die Bankenkrise vor allem durch die laxe Kreditvergabepraxis US-amerikanischer Banken verursacht wurde, möchte die BaFin in Deutschland ähnliche Probleme von vornherein ausschließen.

a) Sie veröffentlicht ein Rundschreiben über die Mindestanforderungen an das Risikomanagement (MaRisk) mit sehr detaillierten Vorgaben zur ordnungsgemäßen Geschäftsorganisation iSv § 25a Abs. 1 KWG. In dem Rundschreiben heißt es weiter: „Die Anforderungen des Rundschreibens sind von allen Instituten im Sinne von § 1 Abs. 1b KWG beziehungsweise im Sinne von § 53 Abs. 1 KWG zu beachten". Ferner soll dem Rundschreiben bei Prüfungen „Rechnung getragen werden" (Rn 1.5). Das Rundschreiben wurde auf der Homepage der BaFin veröffentlicht und außerdem mit einem Anschreiben an sämtliche Kreditinstitute verschickt. Im Anschreiben heißt es: „Die neuen Anforderungen der MaRisk treten zum 1.10.2014 in Kraft". Die B-Bank ist der Auffassung, dass diese Anforderungen völlig überzogen seien und möchte von Ihnen wissen, ob sie hiergegen rechtliche Schritte unternehmen könne.

b) Die BaFin beauftragt die Bundesbank mit einer Betriebsprüfung bei der kleinen genossenschaftlichen G-Bank auf der Grundlage der MaRisk nach § 44 Abs. 1 S. 2 KWG. Sie soll sich auf die Ordnungsmäßigkeit der Geschäftsorganisation beziehen, insbesondere auf die Aufbau- und Ablauforganisation des Kreditgeschäfts. Für den Fall, dass Mängel der Organisation festgestellt werden sollten, sollte die Prüfung sich weiterhin darauf beziehen, ob die G bereits Maßnahmen zur Beseitigung dieser Mängel eingeleitet hat und ob diese Maßnahmen geeignet sind, die Mängel auszuräumen. Die G-Bank hält dies für Schikane, da es nach der Finanzkrise wohl Wichtigeres gebe, als eine kleine Bank zu beaufsichtigen.

c) Da die B-Bank das Rundschreiben als unverbindlich betrachtet, werden die entsprechenden Vorgaben nicht eingehalten. Die BaFin erlässt eine Anordnung nach § 25b IV 1 KWG, in der der Bank aufgegeben wird, künftig die (näher bezeichneten) Vorgaben der MaRisk einzuhalten. Könnte die BaFin in dieser Anordnung auch über die Anforderungen der MaRisk hinausgehen?

d) Da die B-Bank die MaRisk offensichtlich ignoriert, wird der Geschäftsleiterin G der B-Bank ein als „Bescheid" tituliertes Schreiben übersandt, in dem ihr angedroht wird, man werde nach § 36 II 1 KWG ihre Abberufung als Geschäftsleiterin verlangen, wenn nicht umgehend die erforderlichen Maßnahmen zur Verbesserung der Risikokontrolle getroffen würden. G fragt Rechtsanwalt R, ob und wie sie gegen dieses Schreiben vorgehen solle.

510 **Fall 43:** Die Beschlusskammer 7 der BNetzA legte, gestützt auf § 29 EnWG, Rahmenbedingungen für Ausgleichsleistungen im Gassektor fest (GABi Gas). Danach waren die Marktgebietsverantwortlichen (bisher: Bilanzkreisnetzbetreiber) verpflichtet, in die Bilanzkreisverträge bestimmte, in der Anlage 1 zur Festlegung aufgenommene Bedingungen aufzunehmen. Im Verlauf dieses Verfahrens, in dem die Bundesnetzagentur ihre Vorstellungen zu einem Grundmodell im Internet zur Stellungnahme veröffentlichte, äußerte sich auch das Unternehmen U, das selbst kein Bilanznetzbetreiber war. U möchte anschließend gegen die Festlegung gerichtlich vorgehen, insbesondere gegen das in der Festlegung beschriebene Modell einer zentralen Beschaffung der Regelenergie, die in den Gasmarkt eingreife und ihr die Grundlage ihres Geschäftsmodells entziehe, da die von ihr angebotenen Leistungen künftig ausschließlich den Marktgebietsverantwortlichen vorbehalten würden, was dazu führe, dass die von ihr getätigten Investitionen in Speicheranlagen im Nachhinein entwertet würden. Prüfen Sie die Zulässigkeit eines Rechtsmittels!

1. Gegenstände und Instrumente

a) Präventive Kontrolle von Marktzutritt, Marktverhalten und Organisation

„Regulierungsrecht" erscheint häufig vor allem als Ausdruck einer durchaus kritisch **511** zu betrachtenden **„Sektoralisierung des Wirtschaftsrechts"**[93]. Die von *Masing* auf dem 66. DJT erhobene Forderung nach einem Netzregulierungsgesetz des Bundes stieß in der Literatur zu Recht auf Ablehnung[94]. Umso dringlicher ist also die genuine Aufgabe der Rechtswissenschaft, gemeinsame Strukturen dieser sektorenspezifischen Regulierung herauszuarbeiten und in das System von Wirtschaftsaufsichts- und allgemeinem Verwaltungsrecht zu integrieren, ohne selbstverständlich die bereichsspezifischen Besonderheiten zu ignorieren. Versteht man unter Regulierung eine **dauerhaft angelegte staatliche Marktintervention** (s. schon oben Rn 24), so lassen sich die Kontrolle des Marktzutritts und des Marktverhaltens unterscheiden. Zu den traditionellen Instrumentarien gehört die **Marktzugangskontrolle** durch Anzeige- und vor allem Genehmigungsverfahren, die **Preisregulierung als klassisches Herzstück einer Marktverhaltenskontrolle**[95] und das **Konzept der Universaldienstleistungen**[96]. Ergänzt bzw zunehmend verdrängt wird die Entgeltregulierung durch die Zugangsregulierung. Neuere Regulierungsansätze befassen sich weniger mit konkreten Geschäften als mit der **Geschäftsorganisation**. Im KWG etwa gibt es Vorschriften für das Kreditgeschäft und insbesondere Großkredite (s. §§ 13 ff KWG), vor allem aber erlauben es die §§ 25a ff KWG, die als Pflicht des Kreditinstituts ausgestalteten Anforderungen an eine ordnungsgemäße Geschäftsorganisation gegenüber einem einzelnen Unternehmen durchzusetzen. Diese allgemeinen Organisationspflichten wurden in den MaRisk konkretisiert (zu einem Beispiel ▶ **Klausurenkurs Fall Nr 14**).

Diese Kontrolle ist wie im sonstigen öffentlichen Wirtschafsrecht grundsätzlich eine präventive. Dies gilt nicht nur für das Institut der „Kontrollerlaubnis", sondern erst recht für einzelne Maßnahmen. Die Eingriffsbefugnisse vor allem im Rahmen der Marktverhaltensaufsicht knüpfen daher typischerweise an (konkrete) Gefahren an (s. insb zu den Generalklauseln unten Rn 596 ff). Dieser „polizeirechtliche" Ansatz wird bisweilen durch die Regelungstechnik verdeckt; so wird – nach dem Vorbild des Umweltrechts – vor allem beim EnWG mit Betreiber – oder Verhaltenspflichten gearbeitet[97], ohne dass sich dadurch an der Struktur etwas ändert. Selbstverständlich ist der Gesetzgeber innerhalb der von der Verfassung gesetzten Grenzen auch zu Vorsorgemaßnahmen berechtigt, etwa zu Vorkehrungen für die Versorgungssicherheit im EnWG[98]. Das Regulierungsrecht befasst sich aber auch mit dem Marktaustritt. So ist teilweise mit Genehmigungen

93 *Rittner/Dreher*, § 29 Rn 15; s. auch schon *Schneider*, ZHR 164 (2001), 513, 514; *ders.*, Liberalisierung der Stromwirtschaft durch regulative Marktorganisation, 1999, S. 475, 536 ff.
94 *Ziekow*, 2007, § 13 Rn 1; *Burgi*, DVBl 2006, 2439; *Storr*, DVBl 2006, 1017.
95 Vgl *Pierce/Gellhorn*, Regulated Industries, S. 99 ff; zur Herausbildung der Entgeltregulierung im Telekommunikationsrecht s. ausführlich *Gramlich*, in: Heun (Hrsg.), Handbuch Telekommunikationsrecht, I Rz 1 ff.
96 *Kahn*, The Economics of Regulation: Principles and Institutions, 1970, S. 2 f; s. auch *Breyer/Stewart/Sunstein/Spitzer*, Administrative Law and Regulatory Policy, 5. Aufl. 2002, S. 13.
97 Auch dazu *Ruthig*, in: Baur/Salje/Schmidt-Preuß, Regulierung in der Energiewirtschaft, Kap. 91 Rn 23 ff; zur Interpretation der Pflichten im Finanzmarktaufsichtsrecht s. Rn 615.
98 Näher dazu *Ruthig*, in: Baur/Salje/Schmidt-Preuß, Regulierung in der Energiewirtschaft, Kap. 91 Rn 14 ff zum Begriff der Sicherheitsvorsorge.

eine Betriebspflicht verbunden (vgl § 11 EnWG)[99], die einen „unkontrollierten" Marktaustritt verhindert. Das Bankaufsichtsrecht sieht spezielle Regelungen vor, indem die Insolvenz systemrelevanter Banken nicht mehr den allgemeinen zivilrechtlichen Vorschriften, sondern vielmehr im Sanierungs- und Abwicklungsgesetz (SAG)[100] einem speziellen Abwicklungsregime mit entsprechenden Behördenbefugnissen (zum SRM bereits oben Rn 204) unterworfen wird[101].

b) Informationsgenerierung

512 Wirtschaftsaufsicht setzt voraus, dass die Behörde über die entsprechenden Informationen verfügt[102]. Regulierungsrecht ist daher auch „Informationsverwaltungsrecht". Neben gesetzlichen Anzeige-, Melde- und Berichtspflichten, wie sie insbesondere für das KWG kennzeichnend sind[103], bestehen Ermächtigungsgrundlagen der Aufsichtsbehörden, um eine weitergehende Sachverhaltsaufklärung zu ermöglichen. Diese erfassen insbesondere das Auskunftsverlangen, zudem bestehen aber Nachschau- und Betretungsrechte[104], wie sie bereits aus der GewO bekannt sind (oben Rn 204). Dies schließt allerdings – wie in **Fall 42b** (Rn 509)[105] nicht grundsätzlich aus, dass anlasslose Routineprüfungen auch bei kleineren Unternehmen durchgeführt werden; dies gilt auch für das allgemeine Auskunftsrecht nach § 127 TKG[106]. Aufgrund der ständig steigenden Komplexität der regulierungsrechtlichen Regelungsmaterien stellt sich zunehmend auch die Frage, inwiefern die zuständige Behörde auf Dritte (Verwaltungshelfer, Beliehene) oder andere Behörden im Verwaltungsverbund zurückgreifen kann. Bereits etabliert hat sich hingegen die Zusammenarbeit der BaFin mit der Bundesbank (§ 7 KWG) und die Beauftragung von Wirtschaftsprüfern zur Vornahme von Prüfungen nach § 44 ff KWG. Stärkere Aufmerksamkeit müssen künftig auch die Regelungen zum Datenaustausch mit anderen Behörden, insbesondere auch den Kartell- und Strafverfolgungsbehörden finden.

2. Handlungsformen

513 Die regulierungsrechtlichen Handlungsformen sind überwiegend bereits aus dem allgemeinen Gewerberecht vertraut. Zum einen ist es die Genehmigung als Verwaltungsakt, die auch über die Möglichkeiten der Behörde zu einem Einschreiten (durch Auflagen, Rücknahme und Widerruf bzw das Einschreiten gegen nicht genehmigte Tätigkeiten) determiniert (s. bereits zum Gewerberecht Rn 211). Daneben gibt es Einzelfallanordnungen, die selbstverständlich einer Rechtsgrundlage bedürfen, die sich

---

99   Dazu *Ruthig*, in: Baur/Salje/Schmidt-Preuß, Regulierung in der Energiewirtschaft, Kap. 91 Rn 34.
100 Gesetz zur Sanierung und Abwicklung von Instituten und Finanzgruppen v. 10.12.2014, BGBl. I S. 2091. Dies geht zurück auf die RL 2014/59/EU v. 15.5.2014 zur Festlegung eines Rahmens für die Sanierung und Abwicklung von Kreditinstituten und Wertpapierfirmen, ABl. L 173 v. 12.6.2014, S. 190.
101 S. dazu den Überblick bei *Wojcik/Ceyssens*, EuZW 2014, 893.
102 S. dazu ausf *Fehling*, in: ders./Ruffert, Regulierungsrecht, § 20 Rn 117 ff.
103 S. den Überblick über Berichtspflichten der Institute und Informationsbeschaffungsbefugnisse der BaFin bei *Braun*, in: Boos/Fischer/Schulte-Mattler, § 44 Rn 1 ff.
104 Vgl etwa § 115 Abs. 1 S. 3 TKG, § 69 EnWG, § 44 Abs. 1 S. 3 KWG.
105 VG Frankfurt, Urt. v. 29.10.2009 – 1 K 704/09.
106 *Meyer-Sebastian*, in: Beck'scher TKG-Kommentar, § 127 Rn 14.

in Generalklauseln und Spezialermächtigungen finden. Auch schlichtes Verwaltungshandeln spielt eine erhebliche Rolle, genauso wie der gesamte Bereich der „Normsetzung" von untergesetzlichen Rechtsvorschriften bis hin zu Verwaltungsvorschriften. Insoweit lässt sich ein Bedeutungszuwachs generell-abstrakter Handlungsformen beobachten. Dies ist im Regulierungsrecht kein Zufall, sondern die Konsequenz aus der veränderten Rechtsstellung „unabhängiger" Regulierungsbehörden, die ihrer Steuerung durch den Gesetzgeber Grenzen setzt. Einzelfallentscheidungen sind weniger gesetzlich determinierbar als nach unserem Verständnis, wie besonders deutlich die EuGH-Entscheidung zu den telekommunikationsrechtlichen „Regulierungsferien" (§ 9a TKG aF)[107] zeigte. Den entscheidenden Verstoß gegen das Unionsrecht sah der EuGH darin, dass die Abwägung zwischen den verschiedenen Regulierungszielen dem Gesetzgeber und nicht der Regulierungsbehörde übertragen worden war[108]. **Notwendiges Korrelat von Entscheidungsspielräumen** ist die Schaffung von **Transparenz und Vorhersehbarkeit der Regulierung**. Die mit der Einräumung von „Normsetzungskompetenzen" einhergehende Unabhängigkeit führt gleichzeitig zu einer Selbstbindung. Dieses „rulemaking" dient allerdings nicht nur der behördlichen Entscheidungsstufung, sondern auch der Legitimation eines auf Wissens- und Maßstabsgenerierung angelegten Verfahrens durch Partizipation[109].

a) Verwaltungsakte

Das im jeweiligen Referenzgebiet eingesetzte Instrumentarium wird stark vom Gesetzgeber determiniert. So ist das Beschlusskammerverfahren nach dem TKG von einem **Verwaltungsaktsgebot** geprägt und daher der Verwaltungsakt das bisher wichtigste Instrument. § 15a TKG hat allerdings mit dem Regulierungskonzept eine weitere Form von Verwaltungsvorschriften neben dem Frequenzplan des § 54 TKG vorgesehen (s. Rn 516). Auch im EnWG steht der VA im Mittelpunkt. Der im EnWG verwendete Begriff der Entscheidung entspricht dem Verfügungsbegriff des § 63 GWB, welcher sich mit dem des Verwaltungsakts iSv § 35 VwVfG deckt[110]. In vielen Fällen ist die Rechtsnatur einer Maßnahme nicht ohne weiteres klar, lässt sich aber nach allgemeinen Grundsätzen bestimmen.

514

107 Mittels dieser hatte der Gesetzgeber einen Anreiz für den Ausbau des von der Deutschen Telekom AG (DTAG) geplanten Hochgeschwindigkeitsglasfasernetzes (VDSL) schaffen wollen. Der (infolge der Unionsrechtswidrigkeit sowieso nicht mehr anwendbare) § 9a TKG wurde im TKG 2012 wieder gestrichen.

108 EuGH v. 3.12.2009 – C-424/07 *„Kommission/Deutschland"*, NVwZ 2010, 370. Dazu *Körber*, MMR 2010, 123; *Ufer*, K&R 2010, 100.

109 Kennzeichnend ist in allen Referenzgebieten die Beteiligung der Öffentlichkeit im Verfahren des rulemaking, s. dazu *Neshkova*, Public Administration Review 2014, 64 ff; zu den Konsequenzen für den Rechtsschutz (Verfahrenskontrolle des rulemaking-Prozesses) *Seidenfeld*, Texas LR 90 (2011), 332; *Türk*, ELJ 2013, 126. Ausf zur EU-Ebene die auf Veranlassung von Parlament und Kommission erstellte Studie *Senden/Brink*, Checks and Balances of Soft EU-Rule-Making, 2012 sowie *Curtin/Hofmann/Mendes*, ELJ 2013, 1.

110 BGH, NVwZ-RR 2008, 315, Rn 22; *Storr*, in: Loewenheim/Meessen/Riesenkampff, Kartellrecht Bd. 2 GWB, 2006, § 63 Rn 5.

515 Erfasst sind also beispielsweise **Auskunftsverlangen** nach § 69 EnWG, die ausdrücklich als VA ergehen[111], aber auch die sog. **Festlegung nach § 29 EnWG.** Nach dieser Vorschrift trifft die Regulierungsbehörde Entscheidungen über die Bedingungen und Methoden für den Netzanschluss oder den Netzzugang durch Genehmigung gegenüber einem einzelnen Unternehmen oder durch Festlegung gegenüber einem Netzbetreiber, einer Gruppe von oder allen Netzbetreibern. Diese beanspruchen Verbindlichkeit, können jedoch nicht als Rechtsnorm qualifiziert werden und sind daher Allgemeinverfügung[112]. Auch im **Fall 43 (Rn 510)**[113] erließ die BNetzA eine solche Festlegung. Problematisch war hier allerdings die Frage nach der Reichweite der Regelungswirkung. Obwohl die Maßnahme einheitlich als Festlegung erging, differenzierte das OVG und lehnte die Regelungswirkung hinsichtlich der Anlage 2 ab, da die BNetzA schon in ihrer Begründung deutlich gemacht habe, dass dieses Modell keine Rechtsverbindlichkeit beanspruche. Lediglich faktisch werde dies dazu führen, dass mittelbar auch U betroffen sei. Der BGH sah dies in einer Gesamtschau der GaBi Gas anders. Jedenfalls aber sei für die Auslegung von Willensäußerungen der Verwaltung gemäß der im öffentlichen Recht entsprechend anwendbaren Auslegungsregel des § 133 BGB nicht der innere, sondern allein der erklärte Wille maßgebend, wie ihn der Empfänger bei objektiver Würdigung verstehen konnte[114]. In der Sache nahm der BGH also einen einheitlichen VA an und qualifizierte die Frage einer (mittelbar-faktischen?) Betroffenheit des U zutreffend als Frage der Klagebefugnis, nicht jedoch der Rechtsnatur (zum Rechtsschutz vgl Rn 529).

b) Administrative Normsetzung und Verwaltungsvorschriften

516 **Befugnisse zum Erlass von Rechtsverordnungen** durch die Regulierungsbehörde[115] finden sich mittlerweile in allen Referenzgebieten. Dies gilt auch für das TKG, dem sie bisher fremd waren (§§ 41a, 45n TKG). Behördliches „rulemaking" vollzieht sich allerdings nicht nur in Form der Verordnung. Dass gerade das Regulierungsrecht die **Verwaltungsvorschrift als Handlungsform** entdeckt, ist kein Zufall. Hat man Verwaltungsvorschriften für die herkömmliche Steuerung der Verwaltung zu Recht als „Notkompetenz"[116] bezeichnet, so wird sie immer häufiger zum unverzichtbaren Standardinstrument. Damit ist der behördliche Beurteilungsspielraum nicht nur die Grundlage normkonkretisierender Verwaltungsvorschriften[117], er bedarf zu seiner Ausfüllung einer „gestuften" Herangehensweise. Die normkonkretisierende Verwaltungsvorschrift ist also „kein Bastard in der seriösen Familie der Rechtsquellen, sondern legitimes Kind der dogmatischen Figur des Beurteilungsspielraums"[118]. Zugleich

---

111 BGHZ 172, 368 = NVwZ-RR 2008, 315 m. zust. Anm. *Rottnauer*, EWiR 2008, 305; BGH N&R 2008, 36 m. Anm. *Blohm*; dazu auch *Ruthig*, ZWeR 2010, 219.

112 BGH NVwZ 2009, 195; *Burgi*, DVBl 2006, 269, 274; aA zuvor vor allem *Britz*, in: dies./Hellermann, EnWG, § 29 Rn 10, 12 f; *dies.*, RdE 2006, 1, 4 f.

113 BGH v. 5.10.2010 – EnVR 52/09, RdE 2011, 59; Vorinstanz OLG Düsseldorf v. 23.9.2009 – VI-3 Kart 25/08 (V), 3 Kart 25/08.

114 BGH v. 5.10.2010 – EnVR 52/09 Rn 12 unter Verweis auf BVerwGE 41, 305, 306; 60, 223, 228 f.

115 Das KWG ermächtigt in den meisten Fällen Bundesregierung oder Bundesfinanzministerium, allerdings ermöglicht eine Verordnung auf der Grundlage des Art. 80 Abs.1 S. 4 eine Subdelegation auf die BaFin, von der in weitem Umfang Gebrauch gemacht wurde, s. die Verordnung zur Übertragung von Befugnissen zum Erlass von Rechtsverordnungen auf die Bundesanstalt für Finanzdienstleistungsaufsicht v. 13.12.2002, BGBl. I S. 3 (BAFinBefuGV) idF des G v. 7.8.2013 (BGBl. I S. 3154).

116 *Isensee*, Die typisierende Verwaltung, 1976, 171.

117 Vgl *Peine*, Allg. Verwaltungsrecht, Rn 56; *Bull/Mehde*, Allgemeines Verwaltungsrecht mit Verwaltungslehre, Rn 239.

118 *Di Fabio*, Risikoentscheidungen im Rechtsstaat, S. 464.

stellt sich die Frage nach dem Rechtsschutz, der nicht vorschnell mit der Frage einer Bindungswirkung gleichgesetzt werden darf[119]. Wenn das BVerfG Verwaltungsvorschriften als „Gegenstand, nicht jedoch Maßstab gerichtlicher Kontrolle" qualifiziert[120], bedarf diese einprägsame Formulierung jedenfalls der Konkretisierung.

Eine ausdrückliche Regelung findet sich mit den **Regulierungskonzepten in § 15a TKG**. Nach § 2 Abs. 3 Nr 1 TKG (Art. 8 Abs. 5 lit. a der Rahmen-RL) hat die Regulierungsbehörde die Vorhersehbarkeit ihrer Regulierung durch einheitliche, über einen längeren Zeitraum beizubehaltende Regulierungskonzepte zu fördern[121]. § 15a Abs. 1 und 2 TKG ermächtigen zum Erlass entsprechender Verwaltungsvorschriften[122]. Das Verfahren wird im Vergleich zu den bisherigen „Eckpunkten"[123] insoweit erheblich aufgewertet, als ausdrücklich die Durchführung des Konsultations- und Konsolidierungsverfahrens nach § 12 vorgesehen ist[124]. Diese werden regelmäßig als normkonkretisierend zu interpretieren sein, da § 15a TKG insbesondere auf die Bereiche verweist, in denen der BNetzA ein Beurteilungsspielraum bzw Regulierungsermessen zusteht, vor allem dort wo sie wie in § 15a Abs. 2 TKG Grundsatzentscheidungen zum Gegenstand haben[125]. Auch im Bereich des Energierechts könnte man § 29 EnWG als Rechtsgrundlage für (normkonkretisierende) Verwaltungsvorschriften ansehen (s. unten Rn 573).

Die bisher größte praktische Relevanz haben Verwaltungsvorschriften im Bereich der BaFin. Unter unterschiedlicher Bezeichnung richtet sich die BaFin in **Rundschreiben, Mitteilungen, Verlautbarungen** uä an die zu beaufsichtigenden Institute (selten auch an ein einzelnes Institut) und teilen diesen mit, wie nach Ansicht der BaFin die gesetzlichen Anforderungen – insbesondere die unbestimmten Rechtsbegriffe – zu konkretisieren sind. In den meisten Fällen lassen sie sich weder als Verwaltungsakt noch als Rechtsverordnung einordnen und sind als Verwaltungsvorschriften zu qualifizieren.

Auch im **Fall 42a (Rn 509)** könnte der Wortlaut des Rundschreibens „Die Anforderungen des Rundschreibens *sind* von allen Instituten im Sinne von § 1 Abs. 1b KWG beziehungsweise im Sinne von § 53 Abs. 1 KWG *zu beachten*" für eine beabsichtigte Regelungswirkung sprechen. Auch ist dem Inhalt bei Prüfungen Rechnung zu tragen, so dass das Rundschreiben auch im Verhältnis zu Dritten (Wirtschaftsprüfern) Geltung beansprucht. Gleichwohl handelt es sich wohl nicht um eine Allgemeinverfügung; wenn dies beabsichtigt ist, versieht die BaFin die Schreiben mit Rechtsbehelfsbelehrung und stellt sie zu[126]. Zugleich tritt das Rundschreiben „in Kraft", was wiederum an eine Rechtsverordnung erinnert. Es fehlt für eine solche aber sowohl an einer Ermächtigungsgrundlage wie an den formellen Voraussetzungen ihres Erlasses. Im Ergebnis handelt es sich daher um eine Verwaltungsvorschrift. Sie übernehmen verschiedene

517

---

119 Dazu, dass es sich durchgesetzt hat, auch bei subjektivrechtlicher Relevanz des „internen" Verwaltungshandelns Rechtsschutz zu gewähren, vgl *Hufen*, Fehler im Verwaltungsverfahren, Rn 489, 491.
120 BVerfGE 78, 214, 227; NVwZ 2011, 1062 Rn 69.
121 Ausführlicher zu möglichen Gegenständen *Kühling*, JZ 2012, 341, 342. Diese sollen nach § 15a Abs. 1 die grundsätzlichen Strategien, Methoden und Maßnahmen für die Marktdefinition und Marktanalyse nach § 10 f TKG sowie die Regulierungsverfügungen für einen bestimmten Zeitraum beschreiben. Nach § 15a Abs. 2 TKG soll sich die BNetzA auch im Zusammenhang in Bezug auf „neue und verbesserte Infrastrukturen" der Regulierungskonzepte bedienen.
122 Zur Rechtsnatur der Regulierungskonzepte *Ruthig*, in: Arndt/Fetzer/Scherer, TKG § 2 Rn 20. Allerdings ist nach der Begründung des Gesetzentwurfes die Wahl dieser Handlungsform nicht verbindlich, vgl BT-Drucks. 17/5707 S. 43, 57.
123 Dazu *Roßnagel/Johannes/Kartal*, K&R 2012, 244, 245.
124 Vgl *Kühling*, JZ 2012, 341, 347.
125 *Ruthig*, in: Arndt/Fetzer/Scherer, § 2 TKG Rn 20; *Kühling*, JZ 2012, 341, 346.
126 Vgl *Sedlak*, Bankenaufsicht über Geschäftsorganisation, 2014, S. 162; *Michael*, VersR 2010, 141, 142 für die Versicherungsaufsicht.

Funktionen. Teilweise handelt es sich um norminterpretierende Verwaltungsvorschriften, die zB die Bankgeschäfte des § 1 KWG näher konkretisieren[127]. Im vorliegenden Fall geht ihre Funktion freilich über eine reine Norminterpretation hinaus. Auch wenn die gesetzliche Regelung bei der letzten Novelle umfangreicher geworden ist, lässt sich dem Gesetz gerade nicht entnehmen, was als „ordnungsgemäße Geschäftsorganisation" iSv § 25a Abs. 1 KWG zu betrachten ist[128]. Dieser Begriff braucht genauso wie der des Risikomanagements eine Konkretisierung. Entsprechend geht auch die MaRisk davon aus, dass europarechtliche Vorgaben in der Verwaltungsvorschrift „umgesetzt" werden (A.T. 1.2 und 1.3). In der Konsequenz des oben zu normkonkretisierenden Verwaltungsvorschriften Gesagten, muss man die MaRisk daher als „normkonkretisierend" erachten. Die Möglichkeit der Konkretisierung durch Rechtsverordnung hat der Gesetzgeber gerade nicht eröffnet, was schon deswegen kein Versehen sein kann, weil § 25a Abs. 6 S. 4 KWG für Vergnügungsregelungen eine solche begründet und der Gesetzgeber ganz offensichtlich bewusst auf die Konkretisierung verzichtet hat. Gleichwohl haben **Rechtsprechung und hM bislang bei Rundschreiben eine Bindungswirkung generell abgelehnt**[129]. Es stehe den Instituten frei, sich der Rechtsauffassung der BaFin anzuschließen oder nicht. Allerdings wird in der Praxis den Verlautbarungen im Allgemeinen gefolgt, um ein aufsichtsrechtliches Einschreiten zu vermeiden[130]. Im konkreten Fall könnte dies bis zum Entzug der Bankerlaubnis nach § 35 Abs. 2 Nr 6 KWG reichen. Insoweit entfalten die Rundschreiben zumindest „mittelbare Regelungs- bzw Bindungswirkung"[131]. Im Ergebnis ist daher zwischen der Bindungswirkung und der Frage der Zulässigkeit des Rechtsschutzes zu trennen. Da ihr das Abwarten von aufsichtsrechtlichen Maßnahmen nicht zugemutet werden kann, kann die B-Bank unmittelbar gegen das Rundschreiben vorgehen[132]. In Betracht kommen die allgemeine Leistungs-[133] und Feststellungsklage wenn man sie als Verwaltungsvorschriften, Realhandeln oder Rechtsverordnung zu qualifizieren hat[134]. Die Unzumutbarkeit des Abwartens ist dann eine Frage des Feststellungsinteresses. Im konkreten Fall ist eine Feststellungsklage, sofern sie sich auf ein konkretes Rechtsverhältnis bezieht, zulässig[135]. Darüber hinaus ist vorbeugender Rechtsschutz zur Abwehr bevorstehender Aufsichtsmaßnahmen denkbar[136].

---

127 Dies gilt beispielsweise für das BaFin-Merkblatt – Hinweise zum Tatbestand des Einlagengeschäfts (Stand: August 2011), das § 1 Abs. 1 S. 2 Nr 1 KWG interpretiert. Dazu BGH, BKR 2013, 256; NZG 2013, 814.

128 Dazu auch mwN *Sedlak*, Bankenaufsicht über Geschäftsorganisation, 2014, S. 151.

129 BGH, NZG 2008, 300, 308; VGH Kassel, WM 2007, 392, 393 f; *Gurlit*, ZHR 2014, 862, 894 ff; ausführlich zur Rechtsnatur der MaRisk (BA) *Sedlak*, Bankenaufsicht über Geschäftsorganisation, 2013, S. 158 ff, 180–182.

130 *Fülbier*, in: Boos/Fischer/Schulte-Mattler, KWG, § 6 Rn 15; *Fett*, WM 1999, 613, 615.

131 Vgl *Bruchner/Fischbeck*, in: Schimansky/Bunte/Lwowski, Bankrechts-Handbuch, § 42 Rn 47; *Achsnich/Teichmann*, in: Herzog/Mülhausen, Geldwäschebekämpfung und Gewinnabschöpfung, 2006, § 29 Rn 51; ein ähnliches Phänomen taucht beim sog. „Gefährderanschreiben" auf, dazu OVG Lüneburg, NJW 2006, 391.

132 Dies gilt nicht zuletzt überall dort, wo Rundschreiben als Auslegungshilfe für § 266 StGB herangezogen wurden, vgl *Schmitt*, BKR 2006, 125, 128; zum Ganzen *Fett*, WM 1999, 613, 617 f; vgl auch VG Berlin, WM 1987, 370, 372. AA *Fülbier*, in: Boos/Fischer/Schulte-Mattler, KWG, § 6 Rn 24.

133 *Fett*, WM 1999, 613, 618; *Pitschas*, WM 2000, 1121, 1129.

134 § 47 VwGO scheidet aus, da es sich jedenfalls nicht um eine Rechtsverordnung eines Landes handelt. Zum Rechtsschutz gegen Rechtsverordnungen des Bundes s. BVerfGE 115, 81, 95 ff; BVerwGE 111, 276, 278 f; BVerwG, NVwZ 2002, 1505; *Kopp/Schenke*, VwGO, § 43 Rn 8 ff.

135 Kein konkretes Rechtsverhältnis in diesem Sinne, sondern die Klärung einer abstrakten Rechtsfrage wäre die Feststellung, dass das Rundschreiben rechtswidrig und damit nicht anwendbar ist. Vielmehr besteht das Rechtsverhältnis darin, dass die B aufgrund des Rundschreibens (faktisch) verpflichtet ist, bestimmte dort vorgesehene Anforderungen an das Risikomanagement umzusetzen. Der Feststellungsantrag ist daher darauf zu richten, dass sie hierzu nicht verpflichtet ist. Dabei wird die Rechtmäßigkeit des Rundschreibens inzident überprüft, vgl *Kopp/Schenke*, VwGO § 43, Rn 8 ff.

136 *Fett*, WM 1999, 613, 619; *Pitschas*, WM 2000, 1121, 1130.

Von der Frage des Rechtsschutzes ist die Frage der Verbindlichkeit von Verwaltungs- **518**
vorschriften der BaFin zu unterscheiden. In der Tat sind die vom BVerwG aufgestellten Voraussetzungen für die Annahme einer Bindungswirkung der normkonkretisierenden Verwaltungsvorschriften streng[137]. Die Qualifikation als normkonkretisierend
scheitert aber gerade nicht an diesen[138], sondern viel grundsätzlicher daran, dass Beurteilungsspielräume der BaFin nach herkömmlicher Deutung generell abgelehnt
werden[139]. Ob dieses Ergebnis vor allem unionsrechtlich überzeugt, bleibt abzuwarten. Wenn man die Verbindlichkeit verneint, kann es sich nicht um eine ordnungsgemäße „Umsetzung" von Unionsrecht handeln; dann müsste sie zwingend in eine
Rechtsverordnung überführt werden[140]. Diese Fälle werden sich aber dadurch „erledi-
gen", dass die nationalen Verwaltungsvorschriften künftig durch Guidelines von EBA
und EZB ersetzt werden, bei denen sich vergleichbare Probleme stellen.

Davon zu unterscheiden ist die Frage der Selbstbindung der BaFin und insbes, ob sie über die **519**
in den MaRisk niedergelegten „Mindestanforderungen" hinausgehende Einzelfallmaßnahmen
zur Durchsetzung der gesetzlichen Pflichten erlassen kann (**Fall 42c, Rn 509**)[141]. Grds ist es
zum einen gerade Sinn der Rundschreiben der BaFin, den Instituten die aufsichtliche Herangehensweise mitzuteilen und so Vorhersehbarkeit und Vertrauensschutz zu generieren[142]. Jedoch befinden sich die Institute bei Beachtung der Vorschriften der MaRisk nicht nur faktisch
„auf der sicheren Seite" (sog. *safe harbour*-Prinzip). Die MaRisk führen jedenfalls nach Ansicht von Teilen des Schrifttums zu einer Selbstbindung der BaFin dergestalt, dass sie ihr Entschließungsermessen zum Einschreiten dann nicht ausübt, wenn die Vorschriften der MaRisk
befolgt werden[143]. Diese Fragen bedürfen näherer Prüfung. Da sie sich allerdings bei Vorliegen
sachlicher Gründe und entsprechender Revision davon wieder lösen kann und die MaRisk
selbst schon dynamisch ausgestaltet ist, ist der Gleichheitsanspruch bzw Vertrauensschutz im
Ergebnis jedenfalls erheblich eingeschränkt.

Im **Fall 42d (Rn 509)** zeigen sich die praktischen Konsequenzen des Nichtbefolgens von **520**
Rundschreiben: Es werden weitere Maßnahmen angedroht. Diesem Schreiben kommt aus
zwei Gründen Regelungswirkung zu, weshalb sie in der Rechtsprechung und Teilen der Literatur als **Verwaltungsakt** behandelt wird[144]: Zum einen enthält sie das – zumindest indirekte –
Gebot zu einem bestimmten Verhalten bzw zur Unterlassung eines bestimmten Verhaltens.

---

137 BVerwGE 107, 338, 342;110, 338, 344 f. Die Materie muss ein hohes Maß an technisch-wissen-
     schaftlichem Sachverstand voraussetzen, Zuständigkeit und das Verfahren des Erlasses von Verwal-
     tungsvorschriften in einer Art und Weise geregelt sein, die für eine besondere Richtigkeitsgewähr
     sorgen und daher die Rücknahme der gerichtlichen Kontrolldichte rechtfertigen, es bedarf einer Ver-
     öffentlichung und vor allem einer gesetzlichen Ermächtigungsgrundlage, BVerwGE 110, 216, 219.
138 Ausführlich dazu *Sedlak*, Bankenaufsicht über Geschäftsorganisation, 2014, S. 170 ff, der lediglich
     die erforderliche gesetzliche Rechtsgrundlage vermisst, die § 25a KWG in der Tat nicht enthält.
139 Vgl *Sedlak*, Bankenaufsicht über Geschäftsorganisation, 2014, S. 179 ff; *Gurlit*, ZHR 2014, 862,
     894 ff.
140 So unter Verweis auf die umweltrechtlichen Parallelfälle *Sedlak*, Bankenaufsicht über Geschäftsor-
     ganisation, 2014, S. 183.
141 Dazu ausf *Fekonja*, BaFin-Verlautbarungen, S. 170 ff.
142 S. nur *Hannemann/Schneider/Hanenberg*, MaRisk, S. 17 f.
143 Vgl *Fekonja*, BaFin-Verlautbarungen, S. 178; *Sedlak*, Bankenaufsicht über Geschäftsorganisation,
     2014, S. 166 f.
144 VGH Kassel, WM 2007, 392; VG Frankfurt am Main, NJW 2004, 1059; *Fischer*, in: Boos/Fischer/
     Schulte-Mattler, KWG, § 36 Rn 57; aA VG Berlin, WM 1992, 1059, 1061 ff; *Szagunn/Haug/Ergen-
     zinger*, KWG, § 36 Rn 19; *Beck/Samm*, KWG, § 36 Rn 59.

Dieses besteht darin, die Anforderungen des § 25a KWG und der MaRisk umzusetzen. Zum anderen kommt ihr belastende Rechtswirkung in Form der Erfüllung einer Voraussetzung für ein Abberufungsverlangen nach § 36 Abs. 2 KWG zu. Daher ist mit Widerspruch und Anfechtungsklage gegen die Androhung der Abberufung vorzugehen. Der entscheidende Grund für die damit verbundene Vorverlagerung des Rechtsschutzes liegt darin, dass es weder dem Institut noch den Geschäftsführern zuzumuten ist, die Abberufungsentscheidung abzuwarten (vgl zur parallelen Problematik bei der Androhung der Löschung in der Handwerksrolle oben Rn 485 ff).

3. Rechtsschutz

a) Öffentlichrechtliche Streitigkeiten

521 Rechtsschutzfragen tauchen in vielfältiger Art und Weise im Regulierungsrecht auf und strukturieren, wie auch sonst im öffentlichen Wirtschaftsrecht, die Fallbearbeitung. Da es sich bei den einschlägigen Normen, vor allem soweit sie die Regulierungsbehörden zu Maßnahmen ermächtigen, um Vorschriften des öffentlichen Rechts handelt, ist für die daraus resultierenden Streitigkeiten – sofern es keine Sonderzuweisungen gibt – nach § 40 VwGO der **Verwaltungsrechtsweg** gegeben. Dies ist im Telekommunikationsrecht, bei der Genehmigung nach § 4 EnWG und überwiegend bei Streitigkeiten um Maßnahmen der BaFin der Fall.

Zu beachten ist, dass im **Telekommunikationsrecht** ein Widerspruchsverfahren gegen Beschlusskammerentscheidungen nach § 137 Abs. 2 TKG ausgeschlossen ist und im Übrigen Widerspruch und Klage gegen Entscheidungen der Bundesnetzagentur keine aufschiebende Wirkung haben, § 137 Abs. 1 TKG. Soweit ein Widerspruch vorgeschrieben ist, ist Widerspruchsbehörde gem. § 73 Abs. 1 S. 1 Nr 2 VwGO die BNetzA selbst. Auch im Finanzmarktaufsichtsrecht schließen § 49 KWG und § 4 Abs. 7 WpHG die aufschiebende Wirkung von Widerspruch und Klage aus. Widerspruchsbehörde ist dort, wiederum wegen § 73 Abs. 1 S. 1 Nr 2 VwGO, die BaFin.

522 **Sonderzuweisungen** finden sich außer in § 48 Abs. 4 WpÜG[145] insbesondere für das **Energierecht in § 75 EnWG**[146]. Dogmatisch sind solche Sonderzuweisungen, wie sie politisch auch für das Telekommunikationsrecht gefordert wurden[147], wenig überzeugend[148]. Sie ändern im Übrigen nichts daran, dass die Rechtsstreitigkeiten schon aufgrund der Anforderungen der Richtlinien an effektiven Rechtsschutz[149] verwaltungsprozessualen Grundsätzen zu folgen haben. Dies gilt insbesondere auch für den Drittschutz.

---

145 Dabei ist nach dem WpÜG dem Beschwerdeverfahren ein Widerspruchsverfahren vorgeschaltet, § 41 WpÜG.
146 Krit dazu *Holznagel/Werthmann*, ZNER 2004, 17. De lege ferenda für eine differenzierende Lösung (Kartellrechtsweg nur für Missbrauchsaufsicht) *Becker/Riedel*, ZNER 2003, 170, 173.
147 S. Entschließung des BR v. 14.5.2004, BR-Drucks. 379/1/04; Entschließung des BT v. 27.5.2004, BT- Drucks. 15/3218.
148 Für rechtspolitisch verfehlt hält diese Kritik das verwaltungsrechtliche Schrifttum, s. *Gurlit*, in: Berliner Kommentar zum TKG, § 137 Rn 8 mwN; *Ruthig*, in: Arndt/Scherer/Fetzer, TKG, § 2 Rn 15 ff; *Holznagel*, MMR 2003, 513; *Knauff*, VerwArch. 2007, 382, 395 ff; *Röhl*, JZ 2006, 831, 836. Zuletzt war die Sonderzuweisung im Hinblick auf das Akteneinsichtsrecht Thema, vgl BGH, Beschl. v. 27.11.2013 – III ZB 59/13.
149 Vgl dazu und zum Verhältnis zu Art. 19 Abs. 4 GG *Ruthig*, in: Baur/Salje/Schmidt-Preuß, Regulierung in der Energiewirtschaft, Kap. 58 Rn 45 ff.

b) Die Sonderzuweisung im Energierecht: Die Beschwerde nach § 75 EnWG

Gegen „Entscheidungen der Regulierungsbehörde" ist nach § 75 EnWG die Beschwerde zulässig. Die §§ 75 ff EnWG enthalten also ein Sonderprozessrecht, das eine an sich verwaltungsrechtliche Materie den Zivilgerichten zuweist. Die Beschwerde ist zwar § 63 GWB nachgebildet, beide folgen aber im Wesentlichen dem Prüfungsaufbau einer verwaltungsgerichtlichen Klage[150] (zu einem Beispiel ▶ **Klausurenkurs Fall Nr 12**).   **523**

Die Beschwerde ist gegen die Regulierungsbehörde zu richten[151]. Ausschließlich **zuständig** ist gemäß § 75 Abs. 4 EnWG das für den Sitz der Regulierungsbehörde zuständige Oberlandesgericht; in den Fällen des § 51 Abs. 1 EnWG das für den Sitz der Bundesnetzagentur zuständige OLG Düsseldorf[152]. Die **Form- und Fristerfordernisse** ergeben sich aus § 78 EnWG; bei unterlassener oder fehlerhafter Rechtsmittelbelehrung (vgl zum Erfordernis einer solchen § 73 EnWG) gilt § 78 Abs. 1 S. 1 VwGO analog[153]. Die Beschwerde hat im Regelfall **keine aufschiebende Wirkung**, s. dazu § 76 Abs. 1 S. 1 EnWG. Allerdings gibt es auch hier **vorläufigen Rechtsschutz**. Nach § 77 Abs. 3 S. 4 iVm S. 1 Nr 2 EnWG ist die aufschiebende Wirkung der Beschwerde insbesondere dann anzuordnen, wenn an der Rechtmäßigkeit der angefochtenen Verfügung ernstliche Zweifel bestehen. Von der Beschwerde nach § 75 EnWG zu unterscheiden sind die – den Landgerichten zugewiesenen – zivilrechtlichen Streitigkeiten nach § 102 EnWG[154].

aa) Statthaftigkeit. „Entscheidung" im Sinne dieser Vorschrift sind Verwaltungsakte nach § 35 VwVfG. Die Rechtsschutzkonstellationen entsprechen der VwGO. Die Beschwerde ist nach **§ 75 Abs. 1 EnWG** als **Anfechtungsbeschwerde** gegen Entscheidungen der Regulierungsbehörde möglich. Gemäß § 75 Abs. 3 EnWG ist eine **Verpflichtungsbeschwerde** gegen die Unterlassung einer beantragten Entscheidung zulässig, wenn der Antragssteller einen Rechtsanspruch geltend macht[155]. Zulässig ist darüber hinaus eine **Fortsetzungsfeststellungsbeschwerde**. Auch wenn § 75 EnWG diese nicht regelt, ist sie nach § 83 Abs. 2 Satz 2 EnWG vorgesehen[156]. Zudem ist dies für den verwaltungsprozessualen Rechtsschutz in § 113 Abs. 1 Satz 4 VwGO kodifiziert und folgt für die kartellrechtliche Beschwerde aus dem Gebot effektiven Rechtsschutzes (Art. 19 Abs. 4 GG)[157]. Grundsätzlich wird wie bei der ver-   **524**

---

150   S. auch *Gussone*, in: Danner/Theobald, Energierecht, § 75 EnWG Rn 4: „dem Grunde nach um eine Klage in einem verwaltungsrechtlichen Verfahren".
151   *Salje*, EnWG, § 75 Rn 6.
152   Werden die Aufgaben der Regulierungsbehörde nach § 54 Abs. 2 EnWG von der Landesregulierungsbehörde wahrgenommen, ist für die örtliche Zuständigkeit des Beschwerdegerichts nach § 75 Abs. 4 EnWG deren Sitz maßgeblich, auch wenn sich das betreffende Land für die Wahrnehmung der in seine Zuständigkeit fallenden Regulierungsaufgaben im Wege der Organleihe der Bundesnetzagentur bedient, s. BGHZ 176, 256, 258 ff; *Franke*, in: Baur/Salje/Schmidt-Preuß, Regulierung in der Energiewirtschaft, Kap. 36 Rn 10.
153   *Gussone*, in: Danner/Theobald, Energierecht, § 75 EnWG Rn 7.
154   Dazu *Hilzinger*, in: Baur/Salje/Schmidt-Preuß, Regulierung in der Energiewirtschaft, Kap. 53 Rn 4 ff.
155   BGH, NVwZ-RR 2008, 315; zur entsprechenden Differenzierung im GWB vgl *Storr*, in: Loewenheim/Meessen/Riesenkampff, Kartellrecht Bd. 2 GWB, 2006, § 63 Rn 10 ff; *Schmidt*, in: Immenga/ Mestmäcker, GWB, § 63 Rn 8.
156   *Hanebeck*, in: Britz/Hellermann/Hermes, EnWG, § 75 Rn 11.
157   *Storr*, in: Loewenheim/Meessen/Riesenkampff, Kartellrecht Bd. 2 GWB, 2006, § 63 Rn 18; *Schmidt*, in: Immenga/Mestmäcker, GWB, 2014, § 63 Rn 10.

waltungsprozessualen Fortsetzungsfeststellungsklage vorausgesetzt, dass ohne das erledigende Ereignis eine Anfechtungs- oder Verpflichtungsbeschwerde zulässig gewesen wäre. Eine Erledigung liegt nicht vor, solange der mit der Verfügung erstrebte Erfolg noch nicht endgültig eingetreten ist. Die Regelungswirkung kann auch dann fortdauern, wenn durch das freiwillige Befolgen des Verwaltungsaktes keine irreversiblen Verhältnisse geschaffen werden, weil die Behörde andernfalls nicht in der Lage wäre, Folgenbeseitigungsansprüche abzuwehren[158]. Auch eine **Drittanfechtungsbeschwerde** muss grundsätzlich zulässig sein[159] und wirft nur die Frage der Beschwerdebefugnis auf.

Nicht erfasst sind verfahrensleitende Maßnahmen wie bloße Auskünfte, Anhörungen oder Abmahnungen. Entsprechend § 44a VwGO können derartige Maßnahmen grundsätzlich nur mit den die Sachentscheidung betreffenden Rechtsmitteln angegriffen werden[160]. Ausnahmen gelten auch hier für Beweiserhebungen nach § 68 Abs. 2 EnWG, Beschlagnahmeanordnungen nach § 70 EnWG und insbesondere auch für Auskunftsverlangen und Überprüfungsanordnungen nach § 69 EnWG[161]. Die Verpflichtungsbeschwerde ist nach § 75 Abs. 3 S. 1 EnWG gegen Ablehnungsbescheide zulässig, aber auch als Untätigkeitsbeschwerde gemäß § 75 Abs. 3 S. 2 EnWG, wenn die Regulierungsbehörde den Antrag auf Erlass einer Entscheidung ohne zureichenden Grund in angemessener Frist nicht beschieden hat.

525   Trotz des Wortlauts von § 75 beschränkt sich der Rechtsschutz aber nicht auf Entscheidungen bzw Verwaltungsakte. Auch wenn das EnWG eine **allgemeine Leistungsbeschwerde** nicht ausdrücklich nennt, ist sie doch – ebenso wie im Kartellverwaltungsverfahren[162] – immer dann statthaft, wenn nur durch sie ein lückenloser Rechtsschutz gewährleistet werden könnte[163]. Dadurch wird eine einheitliche Zuweisung der Rechtsstreitigkeiten zu einer Gerichtsbarkeit erreicht. Würde man den Rechtsschutz nach § 75 EnWG demgegenüber auf Verwaltungsakte beschränken und eine Leistungsbeschwerde für unzulässig halten, wäre in solchen Fällen der Verwaltungsrechtsweg eröffnet[164]. Wie beim Rechtsschutz nach dem GWB erfasst die abdrängende Sonderzuweisung des § 75 EnWG den Rechtsschutz insgesamt; für verwaltungsgerichtliche „Restkompetenzen" ist kein Raum[165].

---

158   BGH, NVwZ-RR 2008, 315.
159   S. dazu *Bien*, ZNER 2007, 295 in Auseinandersetzung mit deren Zulassung in der Fusionskontrolle durch BGHZ 169, 370.
160   *Storr*, in: Loewenheim/Meessen/Riesenkampff, Kartellrecht Bd. 2 GWB, 2006, § 63 Rn 6.
161   BGH, NVwZ-RR 2008, 315; zu den Parallelen zu § 44a VwGO *Ruthig*, ZWeR 2010, 219, 225.
162   BGHZ 117, 209, 210 f; dazu *Schmidt*, in: Immenga/Mestmäcker, GWB, § 63 Rn 5.
163   BGH v. 19.6.2007, KVZ 35/06; s. auch *Salje*, EnWG, § 75 Rn 19.
164   So konsequenterweise beim Rechtsschutz gegen eine Mitteilung der BNetzA VG Köln v. 12.2.2014 – 1 L 1311/13 unter nicht überzeugender Berufung auf BGH v. 19.6.2007 – KVZ 35/06. Das Urteil des BGH in der dortigen Konstellation (s. auch die Vorinstanz OLG Düsseldorf v. 2.11.2006, VI-3 Kart 284/06) erkannte kein Bedürfnis für eine allgemeine Leistungsbeschwerde an, da der Rechtsweg bereits in zweifacher Hinsicht bestand: Zum einen standen Schadensersatzansprüche gegen Dritte in Rede, die nach § 102 EnWG vor den Zivilgerichten geltend zu machen sind und zum anderen ging es um die Durchsetzung eines Auskunftsanspruchs nach § 1 I 1 IFG, der den Verwaltungsgerichten zugewiesen ist.
165   *Schmidt*, in: Immenga/Mestmäcker, GWB, § 63 Rn 1.

Würde man in **Fall 43 (Rn 510)** also mit dem OLG Düsseldorf die Entscheidungsqualität vernei- **526** nen, wäre eine solche allgemeine Leistungsbeschwerde, insbesondere auch eine vorbeugende Unterlassungsbeschwerde zu prüfen[166]. Denkbar wäre eine solche also etwa im Zusammenhang mit Auskunftsansprüchen. Sofern allerdings gegen die BNetzA der Informationsanspruch nach § 1 Abs. 1 S. 1 IFG geltend gemacht wird, sind gegen eine ablehnende Entscheidung der Behörde gem. § 9 Abs. 4 IFG Widerspruch und Verpflichtungsklage nach der VwGO zulässig. Dies schließt eine Leistungsbeschwerde nach § 75 EnWG aus[167].

bb) Beschwerdeberechtigung (Abs. 2) und Beschwer. Gemäß § 75 Abs. 2 EnWG **527** sind nur **die am Verfahren Beteiligten** beschwerdebefugt, Abs. 2 scheint also auf rein formelle Kriterien der Beteiligung abzustellen. Bei näherer Hinsicht gelten allerdings die gleichen Grundsätze wie bei § 42 Abs. 2 VwGO: Entweder handelt es sich dabei um eine notwendige Beteiligung nach § 66 Abs. 2 Nr 3 EnWG, die eine subjektive Rechtsposition verlangt, oder jedenfalls die Rspr fordert neben der einfachen Beiladung noch eine materielle Beschwer[168]. Entsprechend der kartellrechtlichen Beschwerde und den verwaltungsprozessualen Grundsätzen genügt es, wenn das Bestehen des Rechts möglich erscheint und nicht offensichtlich ausgeschlossen ist. Diese Voraussetzungen sind nicht erfüllt, wenn die materiellen Vorschriften nach dem gesetzgeberischen Willen ausschließlich dem öffentlichen Interesse dienen[169]. Die im Verhältnis zum TK-Verfahren im Ergebnis restriktivere Rechtsprechung des BGH zum drittschützenden Charakter der Vorschriften des EnWG ist nicht nur zum bisherigen Recht fragwürdig[170], sondern bedarf erst recht nach der jüngsten Novelle der Korrektur.

Die Regelung ist jedoch nicht abschließend; auch diejenigen, die durch einen Verwal- **528** tungsakt der Regulierungsbehörde belastet, jedoch **nicht förmlich am Verfahren beteiligt** wurden, können beschwerdebefugt sein. Nach der zwischenzeitlich gefestigten Rechtsprechung des BGH[171] ist dies insbesondere der Fall, wenn eine Beteiligung im Verfahren zwar beantragt, aber „allein aus verfahrensökonomischen Gründen abgelehnt worden ist und er geltend machen kann, durch die Entscheidung unmittelbar und individuell betroffen zu sein"[172]. Die Formulierung erklärt sich daraus, dass das deutsche Kartellrecht hier an das europäische Recht, also die Maßstäbe der Individualnichtigkeitsklage nach Art. 263 Abs. 4 AEUV (dazu Rn 94) angepasst wurde[173]. Dogmatisch überzeugender wäre freilich für das EnWG der Rekurs auf die VwGO. In der Sache allerdings sind die Unterschiede zwischen § 42 Abs. 2 VwGO und Art. 263 Abs. 4 AEUV überschaubar[174].

---

166 Dazu ausf OLG Düsseldorf v. 23.9.2009 – VI-3 Kart 25/08 (V), 3 Kart 25/08 unter I 2 der Entscheidungsgründe.
167 OLG Düsseldorf v. 2.11.2006, VI-3 Kart 285/06 (V), 3 Kart 285/06 (V).
168 Dazu *Schneider*, in: Fehling/Ruffert, Regulierungsrecht, § 22, Rn 12 mwN.
169 Vgl *Storr*, in: Loewenheim/Meessen/Riesenkampff, Kartellrecht Bd. 2 GWB, 2006, § 63 Rn 10 f.
170 *Schneider*, in: Fehling/Ruffert, Regulierungsrecht, § 22, Rn 14.
171 Zusammenfassend BGH v. 5.10.2010 – EnVR 52/09, RdE 2011, 59.
172 Diese Grundsätze knüpfen an die neuere Rechtsprechung zur Fusionskontrolle an, vgl dazu BGHZ 169, 370, Rn 11, 18 ff; *Neef*, GRUR 2008, 30; *Rößner/Schalast*, WuW 2007, 589. Krit zum Festhalten am Antragserfordernis aber bereits *Neef*, GRUR 2008, 30, 34.
173 Vgl zu diesem Zusammenhang die Materialien zu § 62 Abs. 2 GWB, BT-Drucks. 13/9720, S. 44.
174 S. dazu schon *Ruthig*, in: Kluth/Rennert (Hrsg.): Entwicklungen im Verwaltungsprozessrecht, 2008, S. 35, 38, 42.

529 Damit scheidet auch in **Fall 43** (Rn 510) die Beschwerdebefugnis des U nicht von vornherein aus. Allerdings hatte U keinen Beiladungsantrag gestellt, sondern lediglich im Verfahren eine Stellungnahme abgegeben. Auch in diesem Fall ließ der BGH die Beschwerdebefugnis nicht an dem fehlenden Antrag, sondern der seiner Ansicht nach fehlenden individuellen Betroffenheit scheitern. Insoweit argumentierte er verfassungsrechtlich mit Art. 12 und 14 GG. Im Ergebnis kommt es daher nicht mehr auf die Frage der Beteiligung am Verwaltungsverfahren, sondern nur noch auf die materielle Beschwer an, die Voraussetzung einer notwendigen Beiladung bzw der Drittbetroffenheit. Damit ist endgültig der Gleichlauf zwischen § 42 Abs. 2 VwGO und § 75 Abs. 2 EnWG erreicht.

c) Gerichtliche Kontrolldichte

530 **aa) Das sog. Regulierungsermessen.** Je mehr man Regulierungsrecht pauschal als Materie erachtet, für die sozusagen aus der Natur der Sache heraus besonderer Sachverstand und „Regulierungsermessen" der Behörde charakteristisch sein sollen, desto grundsätzlicher stellt sich die Frage nach der gerichtlichen Kontrolldichte[175]. Besonders deutlich findet sich dieser Ansatz in bundesverwaltungsgerichtlichen Entscheidungen zum Telekommunikationsrecht, wo aus der für (bestimmte) Regulierungsverfügungen erforderlichen umfassenden Abwägungsentscheidung eine Beschränkung der gerichtlichen Kontrolldichte abgeleitet wird[176]. Für das Energierecht folgte das OLG Düsseldorf im Zusammenhang mit einem behördlichen Auskunftsverlangen diesem Ansatz[177]. Der BGH hielt demgegenüber an der generell zurückhaltenden Auffassung von energierechtlicher Rechtsprechung und Literatur fest[178]. Auch Erforderlichkeit und Zweckmäßigkeit des Auskunftsverlangens unterlägen, so der BGH, „im Hinblick auf die Bestimmung des § 83 Abs. 5 EnWG" der uneingeschränkten richterlichen Kontrolle[179]. In dieser deutlichen Ablehnung eines grundsätzlichen Regulierungsermessens für das Energiewirtschaftsrecht liegt denn auch in der Tat die zentrale Bedeutung der Entscheidung[180]. Daher ist die Frage, ob es in einem konkreten Fall Beurteilungs- oder Ermessensspielräume gibt, nach allgemeinen verwaltungsprozess-

---

175 Ausf zu dieser Diskussion *Pielow*, in: Baur/Salje/Schmidt-Preuß, Regulierung in der Energiewirtschaft, Kap. 56 Rn 66 ff. Grundlegend in der Literatur *Masing*, Gutachten D, Deutscher Juristentag 2006, S. 152 ff; s. auch *Schneider*, in: Fehling/Ruffert, Regulierungsrecht, 2010, § 22 Rn 16 ff; *Eifert*, ZHR 2010, 449; 451 ff; *Knauff*, VerwArch. 2007, 382, 401 ff; *Oster*, Normative Ermächtigungen im Regulierungsrecht, 2010 jeweils mwN. Krit demgegenüber *Attendorn*, Die Regulierungsbehörde als freier Marktgestalter und Normsetzer?, 2008; *Burgi*, DVBl 2006, 269, 274 ff; *Gärditz*, NVwZ 2009, 1005, 1010 f; *Ludwigs*, JZ 2009, 290, 294.
176 Vgl insbes. BVerwGE 130, 39; 131, 41, 48, NVwZ 2009, 653; NVwZ 2011, 563. Zu § 21 TKG schon vorher *Röhl*, Die Regulierung der Zusammenschaltung, 2002, S. 191 ff.
177 OLG Düsseldorf, NJW-RR 2006, 1353, 1354 f in der Entscheidung, die BGH, NVwZ-RR 2008, 315 zugrunde lag; zustimmend *Börner*, RdE 2006, 166; *Britz*, in: Fehling/Ruffert, Regulierungsrecht, 2010, § 9 Rn 156. S. auch *Herzmann*, in: Britz/Hellermann/Hermes, EnWG, § 112a Rn 11.
178 S. nur *Schneider*, in: Fehling/Ruffert, Regulierungsrecht, 2010, § 22 Rn 16, 20 mwN.
179 BGHZ 172, 368 Rn 40 unter Verweis auf die kartellrechtliche Rechtsprechung, insbes. BGH, NJW 1968, 1037. Die Formulierung, möglicherweise nicht jedoch der Maßstab weichen hier zwischen § 83 Abs. 5 EnWG und § 71 Abs. 5 GWB einerseits und § 114 VwGO andererseits ab; für Gleichlauf allerdings *Britz*, in: Fehling/Ruffert, Regulierungsrecht, 2010, § 9 Rn 156.
180 Dazu *Ruthig*, ZWeR 2010, 219, 223 f; ebenso *Blohm*, N&R 2009, 40, 42, freilich verbunden mit dem Hinweis, die Entscheidung lasse sich nicht auf die anderen Bereiche des Regulierungsrechts übertragen. Krit auch *Britz*, in: Fehling/Ruffert, Regulierungsrecht, 2010, § 9 Rn 156.

rechtlichen Grundsätzen anhand der einzelnen Normen zu entscheiden. Auch das BVerwG differenziert sehr wohl zwischen den verschiedenen Normen des TKG[181] und betont zunehmend stärker auch die Grenzen, die es immer detaillierter nach dem Vorbild der Abwägungsfehlerlehre entwickelt[182]. Es lässt sich also mit dem BVerwG zwischen Abwägungsausfall, Abwägungsdefizit und -fehleinschätzung bzw -disproportionalität unterscheiden und auf die allgemeinen Grundsätze des § 114 VwGO zu deren gerichtlicher Kontrolle zurückgreifen.[183] Diese Anforderungen hat das BVerwG bereits weiter konkretisiert: Grundlage für die materielle Überprüfung der behördlichen Entscheidung ist deren Begründung.[184] Im Einklang mit den Grundsätzen des Planungsrechts folgt hieraus aber auch die Tatsachenfrage, dass sich die Regulierungsbehörde in der Begründung ihrer Entscheidung lediglich mit Belangen auseinandersetzen muss, die für die Behörde bei ihrer Entscheidung als abwägungsbeachtlich erkennbar sind. Weiterhin unterscheidet es auch zwischen dem Regulierungsermessen und (bloßen) Beurteilungsspielräumen[185]. Gerade vor dem Hintergrund des in Art. 19 Abs. 4 GG, aber auch Art. 4 RahmenRL enthaltenen Gebotes effektiven Rechtsschutzes, ist jedenfalls Vorsicht geboten. S. auch ▶ **Klausurenkurs Fall Nr 9**.

Auch diese Frage wird freilich zunehmend zu einer europäisch determinierten. Der novellierte europäische Rechtsrahmen hat die „Unabhängigkeit" der Regulierungsbehörde nach Innen (also insbes von der Exekutive s. Rn 186 f) und gleichzeitig die Abhängigkeit nach Außen (nämlich innerhalb des europäischen Regulierungsverbundes) gestärkt, so dass sich mit mehr Recht als bisher fragen lässt, inwieweit schon diese besondere Stellung Konsequenzen auch für die Kontrolldichte haben kann. Andererseits wurde mit der Einführung der sog. Regulierungsgrundsätze in § 2 Abs. 3 TKG 2011, bei denen der BNetzA vom Gesetzgeber anders als bei den Regulierungszielen auch vorgegeben wird, wie sie zu erreichen sind[186], die gesetzliche Steuerung des Verwaltungshandelns der BNetzA ausgebaut[187], was wiederum gegen eine Beschränkung der richterlichen Kontrolle spricht.

bb) Beschränkung der Beurteilungsgrundlage durch den Schutz von Betriebs- und Geschäftsgeheimnissen im gerichtlichen Verfahren. Herkömmlicherweise wird aber 531 die Kontrolldichte des Gerichtes auch dadurch eingeschränkt, dass ihm die Behörde bestimmte Unterlagen vorenthält. Nach der Regelung des § 99 VwGO begrenzt der Geheimnisschutz bereits die Vorlageverpflichtung der Behörde; die Berechtigung einer Zurückhaltung der Informationen wird im sog. In-camera-Verfahren, dh in einem Zwischenverfahren, überprüft. Dieser Grundsatz gilt auch dann, wenn das Zwischenverfahren abweichend von § 99 Abs. 2 VwGO nicht vor einem anderen Gericht ge-

---

181 Kein Regulierungsermessen bei § 40 TKG, BVerwG, NVwZ 2009, 653.
182 Vgl BVerwG, NVwZ 2011, 563 (bei Abweichen von Kommissionsempfehlung im Rahmen der Marktanalyse); ausf *Ruthig*, in: Arndt/Fetzer/Scherer, TKG § 2 Rn 13 ff.
183 Weitgehend parallele Grundsätze gelten für Ermessens- und Beurteilungsspielräume (s. *Kopp/Schenke*, VwGO, § 114 Rn 23 f), aber beispielsweise auch für die Kontrolle planerischer Abwägungsentscheidungen in Normenkontrollverfahren, s. *Kopp/Schenke*, VwGO, § 47 Rn 113 ff.
184 BVerwG, NVwZ 2014, 1229. Dieser muss zu entnehmen sein, dass die Behörde die erforderliche Abwägung in nicht zu beanstandender Weise vorgenommen hat.
185 BVerwG, NVwZ 2011, 563 Rn 31.
186 Dazu BT-Drucks. 17/5707 S. 83.
187 *Körber*, MMR 2011, 215, 216 weist zutreffend auf Parallelen zu dem europarechtswidrigen § 9a TKG aF hin.

führt wird. Für die Vorlage- und Auskunftspflichten enthalten § 138 TKG und § 84 EnWG Modifikationen des In-camera-Verfahrens[188]. Werden im Zwischenverfahren Unterlagen als Geschäftsgeheimnisse eingestuft, unterliegen sie einem Verwertungsverbot, vgl § 84 Abs. 2 S. 3 EnWG. Während sich in Deutschland BVerfG und BVerfG zunächst um die materielle Reichweite des Geheimnisschutzes stritten[189], hielt der EuGH das Verwertungsverbot für nicht richtlinienkonform. Vielmehr hat er aus Art. 4 der RahmenRL abgeleitet, „dass die Stelle, die zur Entscheidung über Rechtsbehelfe gegen die Entscheidungen der nationalen Regulierungsbehörde berufen ist [in Deutschland das zuständige Gericht], über sämtliche für die Prüfung der Begründetheit eines Rechtsbehelfs nötigen Informationen verfügen muss, einschließlich etwaiger vertraulicher Informationen, die die Regulierungsbehörde beim Erlass der Entscheidung, die Gegenstand des Rechtsbehelfs ist, berücksichtigt hat. Diese Stelle hat jedoch die vertrauliche Behandlung der betreffenden Angaben zu gewährleisten und dabei die Erfordernisse eines effektiven Rechtsschutzes zu beachten und die Wahrung der Verteidigungsrechte der am Rechtsstreit Beteiligten sicherzustellen"[190]. Während § 138 TKG in Abs. 2 dementsprechend novelliert worden ist[191], hat das EnWG 2011 die bisherige Regelung unverändert beibehalten. Dies genügt jedenfalls den europäischen[192], aber wohl auch den verfassungsrechtlichen Maßstäben aus Art. 19 Abs. 4 GG nicht.

III. Die Regulierung des Marktzutritts

532 **Fall 44:** Die Agrargenossenschaft A hat eine Biogas-Anlage errichtet und betreibt mit dem anfallenden Gas ein Blockheizkraftwerk. Den Strom möchte A nicht an die großen Stromerzeuger, sondern unmittelbar an Haushaltskunden verkaufen. A zeigt dies formlos bei der BNetzA an. Nachdem trotz Aufforderung keinerlei Nachweise für Leistungsfähigkeit und Zuverlässigkeit erbracht wurden, untersagt die BNetzA die weitere Lieferung von Strom. Wie ist die Rechtslage?

533 **Fall 45:** Die in London mit einem Stammkapital von 100 Pfund ordnungsgemäß gegründete G Ltd. erwirbt von der deutschen R AG, die ihre Tätigkeit komplett eingestellt hat, für 10 Millionen € deren Gasversorgungsnetz und möchte sich auf dem deutschen Markt als neuer Ener-

---

188 Ausf *Ruthig*, in: Baur/Salje/Schmidt-Preuß, Regulierung in der Energiewirtschaft, Kap 58 Rn 45 ff; *Fetzer/Groß*, in: Arndt/Fetzer/Scherer § 138 Rn 5 ff.
189 Noch zum TKG 1996 BVerwGE 118, 352, 358 und dagegen BVerfGE 115, 205.
190 EuGH v. 13.7.2006 – Rs. C-438/04, Slg 2006, I-6675 – *„Mobistar"*. Art. 4 der RahmenRL lautet wie folgt: „Die Mitgliedstaaten sorgen dafür, dass es auf nationaler Ebene wirksame Verfahren gibt, nach denen jeder Nutzer oder Anbieter elektronischer Kommunikationsnetze und/oder -dienste, der von einer Entscheidung einer nationalen Regulierungsbehörde betroffen ist, bei einer von den beteiligten Parteien unabhängigen Beschwerdestelle Rechtsbehelf gegen diese Entscheidung einlegen kann. Diese Stelle, die auch ein Gericht sein kann, muss über den angemessenen Sachverstand verfügen, um ihrer Aufgabe gerecht zu werden. Die Mitgliedstaaten stellen sicher, dass den Umständen des Falles angemessen Rechnung getragen wird und wirksame Einspruchsmöglichkeiten gegeben sind".
191 Zuvor schon die unionsrechtskonforme Auslegung von BVerwGE 127, 282, 293.
192 Zur Übertragbarkeit *Ruthig*, in: Baur/Salje/Schmidt-Preuß, Regulierung in der Energiewirtschaft, Kap 58 Rn 46a.

gieversorger positionieren. G beantragt bei der nach Landesrecht zuständigen Behörde eine Genehmigung. Diese wird ihr versagt, weil ihr zum einen als britische Limited die Rechtsfähigkeit in Deutschland fehle und zum anderen, weil angesichts des geringen Stammkapitals und der Tatsache, dass ihr gesamtes Betriebsvermögen in dem maroden Gasversorgungsnetz der R AG bestehe, ihre wirtschaftliche Leistungsfähigkeit nicht gegeben sei. Was kann G gegen die Entscheidung der Behörde unternehmen?

Fall 46: Das Studentenwerk Mainz verwaltet eine gemeinnützige Stiftung mit einem Volumen von über 1 Mio EUR, die bedürftigen Studenten zinslose Darlehen gewährt, die mit selbstschuldnerischen Bürgschaften zu besichern sind. Nach ihren Vergaberichtlinien beträgt die Höhe der Darlehen, auf deren Gewährung kein Rechtsanspruch besteht, bis zu 5000 EUR, in Ausnahmefällen bis zu 10 000 EUR. Die Laufzeit ist auf höchstens zwei Jahre begrenzt. Bei nicht rechtzeitiger Rückzahlung ist die Darlehenssumme mit 7 Prozent zu verzinsen. Nachdem die Stiftung darauf aufmerksam gemacht worden war, dass angesichts der über 100 gewährten Einzeldarlehen die Grenze zum erlaubnispflichtigen Kreditgeschäft im Sinne des KWG überschritten sei, wandte sich das Studentenwerk an die BaFin und beantragte die Feststellung, dass die Stiftung trotz des beabsichtigten Geschäftsvolumens nicht dem KWG unterliege. Wie ist die Rechtslage? Wie wird die BaFin entscheiden, wenn es sich tatsächlich um das unerlaubte Betreiben von Bankgeschäften handelt?

534

1. Historische Entwicklung: Die Verabschiedung der Bedürfnisprüfung

Am Beginn der Entwicklung stand der verfassungsrechtlich bedingte Abschied von der sog. Kontingentgenehmigung, also einer Bedürfnisprüfung als Instrument zur staatlichen Begrenzung des Marktzutrittes[193]. Ansatzweise fand sich eine solche sogar noch in § 3 Abs. 2 Nr 2 EnWG 1998. Danach durfte die Genehmigung versagt werden, wenn „die beantragte Versorgungstätigkeit zu ungünstigeren Versorgungsbedingungen für die betroffenen Abnehmer insgesamt führen würde oder sich für das verbleibende Gebiet des bisherigen Versorgers erhebliche Nachteile ergeben würden". Im KWG wurde bis in die 50er Jahre auf der Grundlage des KWG 1939 sogar bei der Errichtung von Zweigstellen eine Bedürfnisprüfung durchgeführt, die jedoch gegen Art. 12 GG verstieß[194]. Nunmehr stellt Art. 11 KapitaladäquanzRL explizit klar, dass die Mitgliedstaaten wirtschaftliche Bedürfnisse des Marktes nicht in die Zulassungsentscheidung einstellen dürfen. Auch die Bezeichnung der Genehmigung als Lizenz in § 6 TKG 1996[195] dürfte außer auf die englische Fassung letztlich auch auf diese historischen Wurzeln zurückzuführen sein. Eine kontingentierende Genehmigung erweist sich jedoch nicht nur bei einem von Monopolisten oder Oligopolisten beherrschten Markt als „monopolsichernde Marktzutrittsschranke"[196], sie steht auch grundsätzlich in einem Spannungsverhältnis zur (verfassungs- und unionsrechtlich geschützten) Berufsfreiheit. Daher wurden Genehmigungserfordernisse zunehmend

535

---

193 S. dazu ausf *Kühling*, Sektorspezifische Regulierung in den Netzwirtschaften, 2004, S. 168 ff.
194 BVerwG, NJW 1959, 590, 592. Das Erfordernis einer staatlichen Erlaubnis für das Betreiben von Bankgeschäften wurde mit dem ersten Reichs-KWG von 1934 eingeführt. Die Erlaubnispflicht wurde im KWG von 1961 übernommen.
195 S. dazu insbes. *Spoerr/Deutsch*, DVBl 1997, 300, 305 f.
196 S. auch *Spoerr*, in: Trute/Spoerr/Bosch (Hrsg.), TKG, Vor § 6 Rn 9.

reduziert; nur noch bei sog. natürlichen Monopolen wirken sie zugangsbeschränkend. Dort allerdings übernehmen sie vor allem die Funktion einer staatlichen Zuteilung knapper Güter.

Im **Telekommunikationsrecht** gibt es Einzelgenehmigungen nur noch bei der Zuweisung von Frequenzen und Nummern. Dort lässt sie sich insoweit rechtfertigen, als die knappe Ressource Frequenz eine staatliche Allokationsentscheidung erfordert; es handelt sich aus technischen und wirtschaftlichen Gründen (hohe Investitionskosten) um ein natürliches Monopol (s. schon Rn 19).

536 Daneben übernimmt das Genehmigungserfordernis auch andere Funktionen. Vor allem garantiert es, dass vor Aufnahme der Tätigkeit eine **Prüfung der persönlichen und sachlichen Voraussetzungen** erfolgen kann, was wie im allgemeinen Gewerberecht jedenfalls bei Tätigkeiten indiziert ist, die der Gesetzgeber als besonders überwachungsbedürftige ansieht (s. schon Rn 210). Außerdem können Nebenbestimmungen nähere **Vorgaben über die Ausgestaltung der Tätigkeit** machen oder eine **Betriebspflicht** konkretisieren.

Um ein besonders überwachungsbedürftiges Gewerbe handelt es sich insbesondere bei **Finanzdienstleistern**[197], so dass dort Genehmigungserfordernisse über die klassischen Konstellationen der Bankgeschäfte hinaus immer stärker ausgeweitet wurden. Versorgungspflichten, die als Ansatzpunkt für die Konkretisierung in einer Erlaubnis dienen könnten, gibt es im Energie- wie im Telekommunikationsrecht (s. § 2 Abs. 1 EnWG sowie § 61 Abs. 4 Nr 4 TKG): Im **Energiewirtschaftsrecht** ist der Betrieb eines Energieversorgungsnetzes genehmigungspflichtig, was einerseits mit den besonderen Anforderungen an die technische Sicherheit, aber auch im Interesse der Versorgungssicherheit zu rechtfertigen ist.

2. Anzeigepflichten

a) Telekommunikationsunternehmen (§ 6 TKG)

537 Das TKG folgt dem **Modell der genehmigungsfreien, aber anzeigepflichtigen Tätigkeit** und orientiert sich daher an der allgemeinen gewerberechtlichen Anzeigepflicht nach § 14 GewO[198]. Die Anzeige soll der Regulierungsbehörde nicht nur die Führung eines Verzeichnisses der Betreiber öffentlicher Telekommunikationsnetze und gewerblicher Telekommunikationsdienste ermöglichen, sondern vor allem auch die Überwachung ihrer Tätigkeit auf dem Markt und die Auferlegung von Verpflichtungen nach dem TKG[199]. Wer gewerblich öffentliche Telekommunikationsnetze betreibt oder gewerblich Telekommunikationsdienste für die Öffentlichkeit erbringt, muss gem. § 6 Abs. 1 TKG die Aufnahme, Änderung oder Beendigung seiner Tätigkeit bzw Änderungen seiner Firma unverzüglich bei der Regulierungsbehörde melden (zu europäischen Reformvorschlägen aber Rn 502).

Nach dem **technologieneutralen Ansatz** des TKG sind **Telekommunikationsnetze** nach näherer Maßgabe des § 3 Nr 27 TKG „sämtliche Einrichtungen bzw Ressourcen, die der Übertragung von

---

197 Zur Definition *Schäfer*, in: Boos/Fischer/Schulte-Mattler, KWG, § 1 Rn 115 ff.
198 Vgl auch die Regierungsbegründung, BT-Drucks. 15/2316, S. 98. Dabei bleibt die Anzeigepflicht nach § 14 GewO von der telekommunikationsrechtlichen Regelung unberührt, s. BT-Drucks. 15/2316, S. 60.
199 S. auch die Regierungsbegründung, BR-Drucks. 755/03, S. 82.

Signalen dienen", also zB auch Stromnetze, wenn sie auch zur Datenübertragung genutzt werden. Es kommt nicht auf die Größe eines Netzes an. Damit handelt es sich etwa auch bei einem WLAN-Hotspot um ein Telekommunikationsnetz. Betreiber ist dasjenige Unternehmen, „das ein öffentliches Kommunikationsnetz bereitstellt oder zur Bereitstellung hiervon befugt ist"[200]. **Telekommunikationsdienste** bestehen in der Übertragung von Signalen, ohne dass es auf Art und Inhalt der übertragenen Informationen ankommt. Angesichts des technologieneutralen Ansatzes des TKG versteht sich von selbst, dass vom Begriff der Telekommunikation im Sinne von § 3 Nr 22 TKG auch der Zugang zum Internet erfasst wird. Zu den Telekommunikationsdiensten gehören also außer den klassischen Telekommunikationsdienstleistungen insbesondere auch Internet-by-Call[201] genauso wie E-Mail-Portale[202] und die Internet-Telefonie[203].

Begrenzungen der Anzeigepflicht ergeben sich daraus, dass die Anzeigepflicht sich **538** (nur) an einen **Anbieter** richtet und **gewerbliche, an die Öffentlichkeit gerichtete Angebote** umfasst. Beide Begriffe sind im TKG nicht definiert. Von der Anzeigepflicht erfasst ist nur das *Erbringen* der Dienstleistung, das nach einer Mitteilung der BNetzA dann nicht vorliegt, wenn der Anbieter lediglich räumlich und zeitlich begrenzt die Mitbenutzung eines von einem anderen erbrachten Dienstes gestattet und insoweit an der Dienstleistungserbringung lediglich mitwirkt[204]. Dies hat auf die Anzeigepflicht aber jedenfalls dann keine Auswirkungen, wenn – wie etwa bei einem WLAN-Angebot eines Gastwirts – zugleich der Betrieb eines Telekommunikationsnetzes vorliegt und somit die erste Variante des § 6 Abs. 1 TKG einschlägig ist[205]. Die Frage des Vorhandenseins eines **Anbieters** wird beispielsweise bei der Internettelefonie (**Voice over IP**) relevant[206]. Während die Anbieter von Software, mittels derer man eine Verbindung zwischen zwei Rechnern herstellt (IP-zu-IP) keine Telekommunikationsdienstanbieter sind, ist dies bei Angeboten, die für Übertragung aus dem Internet in das herkömmliche Festnetz und umgekehrt sorgen, anders[207]. Über die Frage der Anzeigepflicht hinaus stellt das TKG für alle Diensteanbieter Anforderungen an die Beachtung des Fernmeldegeheimnisses (§§ 88 ff TKG), den Datenschutz (§§ 91 ff TKG) und die öffentliche Sicherheit (§§ 108 ff TKG). Gerade bei Voice over IP-Anbietern ergeben sich dann Herausforderungen in Form der techni-

---

200   Das TKG definiert den Begriff des Betreibers selbst nicht, so dass auf Art. 2 lit. c ZugangsRL zurückzugreifen ist; s. auch *Fetzer*, in: Arndt/Fetzer/Scherer, TKG, § 117 Rn 90 mwN; aA – für eine Orientierung am engeren Begriff des TKG 1996 – *Nolte*, in: Säcker, TKG, § 16 Rn 10.
201   BGH, CR 2004, 355 f; OVG Münster K&R 2003, 305; *Säcker*, in: Säcker, TKG, § 3 Rn 39; *Koenig/Loetz*, CR 1999, 438, 442; *Felixberger*, CR 1998, 143, 144.
202   Vgl Erwägungsgrund 10 der RahmenRL; *Säcker*, in: Säcker, TKG, § 3 Rn 42.
203   S. näher *Säcker*, in: Säcker, TKG, § 3 Rn 41; *Fetzer*, in: Arndt/Fetzer/Scherer, TKG, § 3 Rn 86 mwN zum Streit um die Einordnung der Internettelefonie.
204   So die Mitteilung der BNetzA Nr. 149/2015 v. 4.3.2015, ABl. 4/2015, S. 1140. Als Diensteanbieter gilt gem. § 3 Nr 6 TKG sowohl derjenige, der diese erbringt als auch derjenige, der an der Erbringung lediglich mitwirkt.
205   Vgl. *Schütz*, in: Beck'scher TKG-Kommentar, § 6 Rn 23; *Mantz/Sassenberg*, NJW 2014, 3537, 3538; daher geht die gerade auf diese Angebote zugeschnittene, sich aber auf die zweite Variante beschränkende Mitteilung der BNetzA insofern ins Leere. Zu unionsrechtlichen Privilegierungsbestrebungen sogleich.
206   Zu den Erscheinungsformen von VoIP *Martini/von Zimmermann*, CR 2007, 368; vor allem auch zu den auftretenden regulatorischen Fragen, die sich keinesfalls auf die Anzeigepflicht beschränken, *Oster*, CR 2007, 769.
207   *Säcker*, in: Säcker, TKG, § 3 Rn 42; *Meinberg/Grabe*, K&R 2004, 410, 412; *Oster*, CR 2007, 769 mwN.

schen und wirtschaftlichen Erfüllbarkeit dieser telekommunikationsrechtlichen Nebenpflichten[208].

Der Begriff der Gewerblichkeit orientiert sich weitgehend an demjenigen der GewO (s. oben Rn 214 ff), der Öffentlichkeitsbegriff ist angesichts des Zweckes des TKG weit zu verstehen. Erforderlich ist also die Erlaubtheit, Dauerhaftigkeit und Selbstständigkeit der Tätigkeit sowie Gewinnerzielungsabsicht. Die Gewinnerzielungsabsicht kann wie im Gewerberecht auch bei für den Kunden kostenlosen Angeboten gegeben sein, etwa wenn die Dienste werbefinanziert sind oder beispielsweise ein Gastwirt WLAN anbietet, um seine Gaststätte attraktiver zu machen und den Umsatz zu erhöhen. Anders als nach der hM im Gewerberecht (s. Rn 219 ff) soll bereits die Kostendeckungsabsicht genügen[209]. Eine Bagatellgrenze, wie sie teilweise vorgeschlagen wird[210], würde dieses Anliegen konterkarieren, stellt doch die gewerberechtliche Diskussion in erster Linie auf die Geringfügigkeit des Gewinnes ab[211]. Etwas anderes kann aber selbstverständlich durch den Gesetzgeber normiert werden: so sollen nach einem Verordnungsentwurf der Kommission gewerbliche Betreiber öffentlicher WLAN-Hotspots dann nicht als Anbieter öffentlicher Telekommunikation gelten, wenn dieser Betrieb (wie regelmäßig in der Gastronomie) lediglich untergeordneter Teil einer anderen gewerblichen Tätigkeit ist[212]. Diese Privilegierung erfolgt jedoch weniger aus Verhältnismäßigkeits- denn aus technisch-politischen Gründen (s. bereits Rn 506), was sehr anschaulich das Ineinandergreifen klassischer gewerberechtlicher Kategorien und moderner Anreizregulierung aufzeigt. Bereits aus dem Zweck des TKG ergibt sich, dass **auch Freiberufler, Behörden, Parteien, Bildungs-, Kultur- und Sozialeinrichtungen** erfasst sind, sofern sie die genannten Tatbestandsmerkmale erfüllen, also insbesondere mindestens mit Kostendeckungsabsicht arbeiten. Dies ist schon dann zu bejahen, wenn die Betriebskosten als Beitrag auf die einzelnen Nutzer aufgeteilt werden (zB im Rahmen der Zahlung entsprechender Mitgliedsbeiträge). Öffentlich ist ein Angebot, das sich an einen unbestimmten Personenkreis richtet[213]. Dabei ist die Öffentlichkeit von der **geschlossenen Benutzergruppe** abzugrenzen[214], die jedoch angesichts des weiten Begriffes der Öffentlichkeit eng zu interpretieren ist. Ähnlich wie im Gaststättenrecht (s. Rn 416) dürfte es daher ausreichen, wenn es sich um Angehörige einer bestimmten, aber zahlenmäßig nicht überschaubaren Personengruppe, zB die Mitglieder eines Vereins oder die Kunden eines Unternehmens handelt. Damit wird man von einer geschlossenen Benutzergruppe nur noch bei Nutzern sprechen können, die entweder alle einer juristischen Person oder zumindest verbundenen Unternehmen (§ 17 AktG) zugerechnet werden.

Nicht erfasst von der Anzeigepflicht sind **inhaltsbezogene Dienste**, die dem Telemediengesetz unterfallen (s. dazu bereits oben Rn 397)[215].

---

208 Besonders deutlich wird dies bei der kostenlosen Vorhaltung von Notrufdiensten und den entsprechenden Informationsübermittlungspflichten nach § 108 TKG, dazu *Eckhardt*, in: Beck'scher TKG-Kommentar, § 108 Rn 15; *Bergmann/Schaper*, MMR 2013, 230.

209 *Fetzer*, in: Arndt/Fetzer/Scherer, TKG, § 6 Rn 23; *Gosse*, in: Säcker, TKG, § 6 Rn 25; s. auch schon BT-Drucks. 15/2316, S. 60.

210 Für eine solche *Gosse*, in: Säcker, TKG, § 6 Rn 27.

211 *Kahl*, in: Landmann/Rohmer, GewO, Einl Rn 48.

212 Art. 14 Abs. 6 des Entwurfs COM(2013) 627 final; dazu *Mantz/Sassenberg*, MMR CR 2014, 370; allgemein zu WLAN-Hotspots *dies.*, NJW 2014, 3537.

213 Nach der Begründung des Regierungsentwurfs zu § 6 TKG ist unter Öffentlichkeit jeder unbestimmte Personenkreis zu verstehen; s. BT-Drucks. 15/2316, S. 60. S. auch *Gosse*, in: Säcker, TKG, § 6 Rn 26; ausf *Säcker*, in: Säcker, TKG, § 3 Rn 50 ff.

214 S. dazu *Schütz*, in: Beck'scher TKG-Kommentar, § 6 Rn 46 ff. Dass dies auch nach neuem Recht gilt, ergibt sich aus einer systematischen Auslegung der einzelnen Vorschriften, die auf die Öffentlichkeit rekurrieren (s. aaO Rn 48). Nicht übertragbar ist jedenfalls der Ansatz des OVG Münster, B. v. 13.3.2002 – Az. 13 B 32/02 zur alten Rechtslage.

215 *Fetzer*, in: Arndt/Fetzer/Scherer, TKG, § 3 Rn 85.

Die Anzeige hat gem. § 6 Abs. 2 TKG bestimmte Angaben zu enthalten. Der Umfang der Melde- **539** pflicht entspricht weitgehend § 14 Abs. 4 GewO und ist eine Umsetzung des Art. 3 Abs. 3 GenehmigungsRL. Sofern sie vollständig ist, wird gem. § 6 Abs. 3 TKG durch die BNetzA innerhalb von einer Woche die Vollständigkeit der Meldung und gleichzeitig die Tatsache bescheinigt, „dass dem Unternehmen die durch dieses Gesetz oder aufgrund dieses Gesetzes eingeräumten Rechte zustehen". Dies entspricht dem „Gewerbeschein" des § 15 GewO.

b) Anzeige der Energiebelieferung von Haushaltskunden (§ 5 EnWG)

Während nach § 3 EnWG 1998 die Aufnahme der Energieversorgung insgesamt ge- **540** nehmigungsbedürftig war[216], ist die Belieferung von Haushalten mit Energie nach § 5 EnWG 2005 nur noch anzeigepflichtig. Die Anzeigepflicht erstreckt sich wie bei § 14 GewO auf Aufnahme und Beendigung des Betriebes sowie die Änderung der Firma. Eine Besonderheit gegenüber § 14 GewO und § 6 TKG besteht darin, dass bei der Betriebsaufnahme das Vorliegen der personellen, technischen und wirtschaftlichen Leistungsfähigkeit sowie der Zuverlässigkeit der Geschäftsleitung nachzuweisen ist, § 5 S. 3 EnWG. Hält die Regulierungsbehörde diese Voraussetzungen nicht für gegeben, kann sie die weitere Geschäftätigkeit wegen Unzuverlässigkeit untersagen, § 5 S. 4 EnWG (s. auch ▶ **Klausurenkurs Fall Nr 12**).

Im **Fall 44 (Rn 532)** war daher A, als er die Belieferung von Haushaltskunden begann, nicht **541** nur zur Anzeige gegenüber der BNetzA verpflichtet[217], sondern gem. § 5 S. 3 EnWG auch zum Erbringen der Nachweise über wirtschaftliche Leistungsfähigkeit und Zuverlässigkeit. Fraglich ist jedoch, ob die **Nichterfüllung der Nachweispflicht** bereits die von der BNetzA ausgesprochene Betriebsuntersagung rechtfertigte. Der Wortlaut des § 5 S. 4 EnWG spricht dafür, dass es für die Zulässigkeit der Untersagung auf die tatsächlichen Umstände, nicht die Frage des Nachweises ankommt. Dafür spricht auch die Funktion des Anzeigeerfordernisses und der Vergleich mit der Anzeigepflicht nach § 14 GewO. Dort ist allgemein anerkannt, dass ihre Verletzung eine Gewerbeuntersagung nicht rechtfertigt (s. Rn 255). Selbst wenn § 5 S. 3 EnWG eine Mitwirkungsobliegenheit begründet, dürfen nachteilige Schlüsse aus der Nichtvorlage der Unterlagen im Rahmen der Beweiswürdigung (vgl § 26 Abs. 2 VwVfG) erst gezogen werden, wenn die Behörde sich um eine Durchsetzung der Vorlagepflicht bemüht hat. Folgt man den zu § 14 GewO entwickelten Grundsätzen, dann ergibt sich aus der Vorschrift zugleich eine Ermächtigungsgrundlage für einen Verwaltungsakt, mit dem zur Vorlage der Unterlagen aufgefordert wird. Im **Fall 44 (Rn 532)** war die Betriebsuntersagung daher rechtswidrig.

3. Genehmigungspflichten

a) Betrieb eines Energieversorgungsnetzes (§ 4 EnWG)

Die **Aufnahme des Betriebs eines Energieversorgungsnetzes** bedarf gem. § 4 **542** Abs. 1 EnWG der Genehmigung. Energieversorgungsnetze sind nach § 3 Nr 16 EnWG „Elektrizitätsversorgungsnetze und Gasversorgungsnetze über eine oder meh-

---

216 Diese Genehmigung war nach dem Vorbild des Gewerberechts, in dem das Energierecht auch seine Wurzeln hat, ein präventives Verbot mit Erlaubnisvorbehalt; s. *Tüngler*, JuS 2001, 739, 741.

217 Ausgenommen ist lediglich die Belieferung von Haushaltskunden innerhalb geschlossener Haushaltsnetze.

rere Spannungsebenen oder Druckstufen"; sie dienen also der Energieverteilung (vgl § 3 Nr 20, 37 EnWG), die von der Energielieferung an Letztverbraucher zu unterscheiden ist. Genehmigungsbedürftig ist also nur noch der Netzbetrieb, nicht die Versorgung[218]. Von § 4 EnWG ebenfalls nicht erfasst sind **Errichtung und Betrieb von Energieanlagen**[219].

Nach allgemeinen wirtschaftsverwaltungsrechtlichen Grundsätzen handelt es sich um eine **gebundene Entscheidung**, die nur bei fehlender personeller, technischer oder wirtschaftlicher Leistungsfähigkeit sowie bei Unzuverlässigkeit des Antragstellers verweigert werden darf. Zuständig für die Genehmigungserteilung sind nach § 4 Abs. 1 EnWG die **Landesregulierungsbehörden**. Obwohl die Genehmigung an den Betrieb eines Energieversorgungsnetzes anknüpft, handelt es sich um eine **höchstpersönliche Genehmigung**. Dies folgt schon daraus, dass die Leistungsfähigkeit und Zuverlässigkeit eines bestimmten Betreibers überprüft wird; mittelbar bestätigt wird dies durch § 4 Abs. 3 EnWG, der für einzelne Fälle einen Übergang der Genehmigung im Wege der Rechtsnachfolge vorsieht. Das EnWG enthält keine speziellen Vorschriften zu **Nebenbestimmungen** und **Rücknahme bzw Widerruf**, so dass insoweit uneingeschränkt die allgemeinen **Vorschriften des jeweiligen LVwVfG** anwendbar sind[220].

543   Transportnetzbetreiber bedürfen außerdem der **Zertifizierung** nach § 4a ff EnWG, die als selbstständige Entscheidung der Regulierungsbehörde[221] vor allem der Kontrolle der Entflechtungsvorgaben (s. § 4a Abs. 3 EnWG 2011) und der Gefährdung der Versorgungssicherheit durch den Aufkauf von Transportnetzbetreibern dient[222], was die Einbindung der Kommission in das Zertifizierungsverfahren erklärt. Für Betreiber aus Drittstaaten enthält § 4b besondere Voraussetzungen. Es handelt sich um einen Verwaltungsakt, für dessen Widerruf, Erweiterung und nachträgliche Ergänzung um Auflagen § 4d EnWG eine spezielle Regelung enthält.

544   Im **Fall 45 (Rn 533)** hat G lediglich das Gasversorgungsnetz übernommen. Da es sich um keine Gesamtrechtsnachfolge handelt, bedurfte die G Ltd. also einer eigenen Genehmigung[223]. Diese kann auch juristischen Personen erteilt werden. Unabhängig davon, ob die G Ltd. weiterhin in London ansässig ist oder ihre Niederlassung nach Deutschland verlagert hat, bestimmt sich ihre Rechtsfähigkeit jedenfalls nach britischem Recht (s. schon Rn 232). Damit konnte ihr die Genehmigung nicht mangels Rechtsfähigkeit versagt werden. Die wirtschaftliche Leistungsfähigkeit verlangt das Vorhandensein hinreichender ökonomischer Reserven zum Betrieb des Netzes, insbesondere eine hinreichende Eigenkapitalquote[224]. Diese darf

---

218   S. auch *Ziekow*, § 15 Rn 9.
219   Insoweit regeln die §§ 43 ff EnWG das Planfeststellungsverfahren für Hochspannungsfreileitungen von mind. 100 kV und Gasversorgungsleitungen mit einem Durchmesser von mehr als 300 mm; im Übrigen ergeben sich die Anforderungen aus dem Anlagenzulassungsrecht, vor allem dem BImSchG.
220   Wurde eine Genehmigung erteilt, kann diese mangels speziellerer Regelungen im EnWG nach den §§ 48, 49 LVwVfG aufgehoben werden. Soweit nach bisherigem Recht eine Genehmigung nicht erforderlich war, muss diese auch nicht nachträglich beantragt werden. In diesem Fall tritt die Betriebsuntersagung nach § 4 Abs. 2 EnWG an die Stelle von Rücknahme und Widerruf.
221   Insoweit weicht der Begriff vom typischen Fall einer durch Private durchgeführten Zertifizierung ab, s. zu Letzterer *Pünder*, ZHR 2006, 567.
222   Dazu *Schmidt-Preuß*, in: Baur/Salje/Schmidt-Preuß, Regulierung in der Energiewirtschaft, Kap. 89 Rn 12 ff.
223   S. näher *Koenig/Kühling/Rasbach*, Energierecht, S. 35 ff.
224   S. auch *Koenig/Kühling/Rasbach*, Energierecht, S. 38.

selbstverständlich nicht mit dem Stammkapital gleichgesetzt werden. Der Antragsteller muss zwar die entsprechenden Nachweise bringen, dennoch hätte die Behörde die Genehmigung auf der Grundlage der vorliegenden Informationen nicht ohne weiteres versagen dürfen. Sie hätte vielmehr die G Ltd. zum Führen der entsprechenden Nachweise auffordern müssen. Alternativ wäre an eine Erteilung mit Nebenbestimmung zu denken. Die Zulässigkeit von Nebenbestimmungen ergibt sich aus § 36 Abs. 1 2. Alt. LVwVfG. Danach darf eine Genehmigung unter der (aufschiebenden) Bedingung erteilt werden, dass ein Nachweis über die Eigenkapitalquote geführt wird; da diese Vorgehensweise die Kontrolle erschwert, ist die Behörde auch nicht zu dieser Lösung verpflichtet. Unzulässig wäre jedoch eine Auflage, jährlich über die angemessene Eigenkapitalausstattung zu berichten, da der Zweck des § 4 EnWG lediglich darin besteht, das Vorliegen von Leistungsfähigkeit und Zuverlässigkeit zum Zeitpunkt der Genehmigung festzustellen[221]. Da mithin mildere Mittel zur Verfügung standen, war die Versagung rechtswidrig. Der G Ltd ist daher zu gerichtlichem Rechtsschutz in Gestalt einer Verpflichtungsklage auf Erteilung der Genehmigung zu raten, die selbstverständlich nur Erfolg haben kann, wenn die wirtschaftliche Leistungsfähigkeit auch tatsächlich gegeben ist.

b) Kredit- und Finanzdienstleistungsinstitute (§§ 1, 32–38 KWG)

§ 32 Abs. 1 KWG stellt den Betrieb eines Bank- oder Finanzdienstleistungsinstituts unter **Genehmigungsvorbehalt**. Danach bedarf der Erlaubnis, wer „im Inland gewerbsmäßig oder in einem Umfang, der einen in kaufmännischer Weise eingerichteten Geschäftsbetrieb erfordert, Bankgeschäfte betreiben oder Finanzdienstleistungen erbringen will". Diese darf nur aus einem der in § 33 Abs. 1–2 KWG genannten Gründen versagt werden. Die Bankerlaubnis folgt damit schon seit dem KWG 1934 als besondere Form der Gewerbeaufsicht[226] den auch im allgemeinen Gewerberecht geltenden Grundsätzen für erlaubnispflichtige Tätigkeiten. Die **Zuständigkeit der EZB** für die Genehmigungserteilung (s. dazu ausf Rn 191 ff) lässt diese Genehmigungsvoraussetzungen unverändert, denn auch die EZB entscheidet über den Zulassungsantrag auf der Grundlage des nationalen Rechts, Art. 4 Abs. 3 UAbs. 1 S. 2 SSM-VO. Die **Genehmigungsvoraussetzungen** konkretisieren und erweitern die aus dem Gewerberecht vertrauten Kriterien der Zuverlässigkeit und (finanziellen) Leistungsfähigkeit. So muss beispielsweise nach § 33 Abs. 1 Nr 1d KWG bei einem CRR-Kreditinstitut ein **Startkapital** von 5 Mio. € vorhanden sein[227]. Auch die **Geschäftsleiter** müssen nicht nur persönlich zuverlässig (§ 33 Abs. 1 S. 1 Nr 2 KWG), sondern auch fachlich geeignet sein, § 33 Abs. 1 S. 2 Nr 4 KWG[228].

Wie im allgemeinen Gewerberecht besteht beim Vorliegen der Tatbestandsvoraussetzungen ein **Anspruch auf Erteilung der Erlaubnis** (vgl § 33 Abs. 3 KWG). **Nebenbestimmungen** sind gem. § 32 Abs. 2 KWG grundsätzlich zulässig[229]. Inhaber der Erlaubnis können natürliche oder juristi-

545

---

225 *Koenig/Kühling/Rasbach*, Energierecht S. 38.
226 *Rittner/Dreher*, § 32 Rn 39.
227 Die Anforderungen an andere Institute differieren. Zusätzlich sind die Anforderungen an Eigenkapitalausstattung und Liquidität zu beachten; s. mwN den Überblick bei *Rittner/Dreher*, § 32 Rn 57 ff.
228 Zu den personenbezogenen Anforderungen an die Erlaubniserteilung vgl auch den Überblick bei *H. Schäfer*, Bankenaufsichtsrecht in Deutschland, dem Vereinigten Königreich und den Vereinigten Staaten, 2011, S. 150 ff.
229 In Betracht kommen werden in erster Linie die im Gesetz ausdrücklich genannten Auflagen, s. dazu *Fischer*, in: Boos/Fischer/Schulte-Mattler, KWG, § 32 Rn 49. Wie für die vergleichbaren Konstella-

sche Personen sein, wobei allerdings § 2b Abs. 1 KWG den Betrieb eines Kreditinstituts in der Rechtsform des Einzelkaufmanns untersagt[230]. Die Erlaubnis erlischt automatisch, wenn von ihr nicht innerhalb eines Jahres Gebrauch gemacht wird, § 35 Abs. 1 KWG. Ferner kann sie unter den Voraussetzungen des § 35 Abs. 2 KWG bzw soll sie nach § 35 Abs. 2a KWG aufgehoben werden.

546 **aa) Die geschäftsbezogene Anknüpfung der Erlaubnispflicht (§ 1 Abs. 1, 1a KWG).**
Erlaubnispflichtig sind die in **§ 1 Abs. 1 S. 2 KWG** genannten Bankgeschäfte[231]. Zentrale Bankgeschäfte sind ua das in § 1 Abs. 1 S. 2 Nr 1 KWG legaldefinierte **Einlagengeschäft** (also die Annahme von Geldern)[232] und das **Kreditgeschäft** nach Nr 2. Die Erlaubnispflicht wird bereits dann ausgelöst, wenn auch nur eines der genannten Geschäfte betrieben wird, während nach dem sog. **Universalbankprinzip**[233] grundsätzlich alle von der Erlaubnis umfasst sind, sofern die Erlaubnis nicht nach § 32 Abs. 2 S. 2 KWG auf einzelne Geschäfte beschränkt wurde (bzw der Erlaubnisantrag sich auf bestimmte Geschäfte beschränkte). Neben den Bankgeschäften können auch **Nichtbankgeschäfte** betrieben werden. Für die Institutseigenschaft ist es dabei unerheblich, ob diese Geschäfte die Bankgeschäfte überwiegen, so dass die entsprechenden Unternehmen auch dann insgesamt der Bankaufsicht unterstehen, wenn die Bankgeschäfte sich als Hilfsgeschäfte darstellen[234].

Das Betreiben von Bankgeschäften (und nicht erst die Erlaubnis) macht das Unternehmen zum Kreditinstitut im Sinne von § 1 Abs. 1 KWG. Die Bezeichnung Kreditinstitut geht zurück auf die Verordnung des Reichspräsidenten über die Spar- und Girokassen sowie die kommunalen Giroverbände und kommunalen Kreditinstitute vom 5. August 1931 (RGBl. I S. 429) und fand von dort Eingang in das KWG 1934. **Kreditinstitut** ist nach dem weiten deutschen Verständnis des § 1 KWG jedes Institut, das nur eines der im Katalog des Abs. 1 genannten Geschäfte betreibt[235]. Damit geht der Anwendungsbereich des KWG über denjenigen des unionalen Bankrechts hinaus, das nur Unternehmen, die Einlagen entgegennehmen und Kredite gewähren als „**CRR-Kreditinstitut**" iSd § 1 Abs. 3d KWG bezeichnet[236]. Auf diese Institute (und damit auch Geschäfte) beschränkt sich die Zuständigkeit der EZB (Art. 4 Abs. 1 lit. a SSM-VO)[237]. Mit dem Begriff **Finanzdienstleistungsinstitut** wurde in § 1 Abs. 1a KWG ein neuer Typus von Unternehmen definiert; die Regelung ist wie Absatz 1 aufgebaut. Auch diese unterliegen der Aufsicht durch die BaFin. Demgegenüber unterliegen die **Finanzunternehmen** nach § 1 Abs. 3 KWG zwar der Aufsicht der BaFin, bedürfen jedoch nicht der Erlaubnis[238].

---

tionen nach dem EnWG werden unter den Voraussetzungen des § 36 Abs. 1 VwVfG auch aufschiebende Bedingungen für zulässig gehalten, die die Einhaltung der gesetzlichen Zulassungsvoraussetzungen sicherstellen sollen, s. *Fischer*, in: Boos/Fischer/Schulte-Mattler, KWG, § 32 Rn 52.

230 Damit stellt sich auch hier die Frage einer Erlaubnis für Personengesellschaften, wobei es sich allerdings immer um eine Personenhandelsgesellschaft handeln wird. Obwohl diese nach § 124 HGB unter ihrer Firma Rechtsgeschäfte abschließen und selbst Träger von Rechten sein kann, geht die hM unter Berufung auf die Regierungsbegründung und ebenso die Praxis der Bankenaufsicht davon aus, dass alle persönlich haftenden Gesellschafter eine Erlaubnis besitzen müssen, s. *Fischer*, in: Boos/ Fischer/Schulte-Mattler, KWG, § 32 Rn 24.
231 Zu den nicht erlaubnispflichtigen Finanzunternehmen s. § 1 Abs. 3 KWG.
232 Ausf auch zu den Abgrenzungen *Fülbier*, in: Boos/Fischer/Schulte-Mattler, KWG, § 1 Rn 32 ff.
233 *Stober*, BT, § 50 II.
234 *Fülbier*, in: Boos/Fischer/Schulte-Mattler, KWG, § 1 Rn 28.
235 Vgl zu deutschem Recht BVerwG, WM 2009, 1553, 1555. Zu den unterschiedlichen Begriffen des deutschen und europäischen Rechts schon *U. H. Schneider*, DB 1991, 1865, 1869.
236 S. Art. 4 Abs. 1 UAbs. 1 KapitaladäquanzVO. Dieser Begriff trat an die Stelle des früheren „Einlagenkreditinstituts".
237 S. a. die Gesetzesbegründung BT-Drucks. 18/2575, S. 196.
238 *Fülbier*, in: Boos/Fischer/Schulte-Mattler, KWG, § 1 Rn 165.

Die erfassten Bank- bzw Finanzdienstleistungsgeschäfte müssen gewerbsmäßig oder **547**
in einem Umfang betrieben werden, der einen kaufmännischen Geschäftsbetrieb erfordert. Da die **Gewerbsmäßigkeit** geringere Anforderungen stellt[239], hat die zweite
Variante in der Praxis kaum Bedeutung (s. aber Rn 548). Bankgeschäfte werden dann
gewerbsmäßig betrieben, wenn der Betrieb auf gewisse Dauer angelegt ist und Gewinnerzielungsabsicht vorliegt, es gilt also der allgemeine Gewerbebegriff[240]. Auch
die Tatsache, dass es sich um Geschäfte „im Freundes- und Bekanntenkreis" handelt,
schließt die Gewerbsmäßigkeit nicht aus[241]. Zudem setzt das Betreiben von Bankgeschäften ein **Handeln in eigenem Namen** voraus[242]. Auf die Art und Weise des Ver-
triebs kommt es dagegen nicht an[243].

Im **Fall 46 (Rn 534)**[244] vergibt das Studentenwerk Darlehen und betreibt damit ein Bankge- **548**
schäft; ähnliches gilt auch für die sog. „Bürgerdarlehen", die Bürger zweckgebunden für die
Finanzierung kommunaler Projekte gewähren. Hier handelt es sich um ein genehmigungspflichtiges Einlagengeschäft der Gemeinde[245]. Dass es sich wohl nur um ein Hilfsgeschäft handelt, spielt genauso wenig eine Rolle wie die Tatsache, dass mit der Darlehensvergabe öffentliche Aufgaben erfüllt werden[246]. Entscheidend ist allein die Frage der Gewerbsmäßigkeit, an
der es jedoch fehlt, da die Darlehen zinslos vergeben werden. Gleichwohl wäre das Studentenwerk dann ein Kreditinstitut, wenn das Erfordernis nach einem kaufmännisch eingerichteten
Geschäftsbetrieb **objektiv** besteht[247]. Davon geht die Verwaltungspraxis jedenfalls dann aus,
wenn mehr als 100 Einzeldarlehen bestehen oder angestrebt werden[248].

bb) Der Inlandsbezug und Internet-Sachverhalte. Schließlich müssen die **Bankge-** **549**
schäfte im Inland betrieben werden. Abzustellen ist dabei im Einklang mit den für
das Gewerberecht allgemein geltenden Grundsätzen (s. schon Rn 405) für die Lokalisierung des Angebots auf den **Sitz des Unternehmens**, s. auch § 53 Abs. 1 S. 1
KWG. Auch hier erweist sich das Internet als derzeit wohl bedeutendste Herausforde-

239 Der Gesetzgeber wollte mit der Einfügung des Begriffs „gewerbsmäßig" gerade solche Fälle erfas-
     sen, in denen der Umfang der Geschäftstätigkeit keine Anforderungen an die Einrichtung eines in
     kaufmännischer Weise organisierten Geschäftsbetriebes stellt, s. auch VGH Kassel v. 12.12.2007, 6
     TG 1743/07.
240 VGH Kassel v. 12.12.2007, 6 TG 1743/07; VG Frankfurt, WM 2005, 503, 506; *Fülbier*, in: Boos/
     Fischer/Schulte-Mattler, KWG, § 1 Rn 18.
241 BVerwG, BKR 2011, 208, 210.
242 Davon abzugrenzen ist die bloße Durchführung für andere, zB im Rahmen outgesourcter Aufgaben.
     Liegt dabei offene Stellvertretung vor, fordert die BaFin im Grundsatz keine Banklizenz, s. Rn 14 des
     Rundschreibens des BaKred 11/2001 zur Auslagerung von Bereichen auf ein anderes Unternehmen
     v. 6.12.2001; *Fülbier*, in: Boos/Fischer/Schulte-Mattler, KWG, § 1 Rn 23.
243 Dies kann durch Zweigstellen, an der Haustür, per Post oder über das Internet erfolgen; zu Letzterem
     Koch/Maurer, WM 2002, 2453, 2481 ff.
244 VG Berlin, NJW-RR 1997, 808.
245 Dazu *Prehn*, DÖV 2011, 174, ausf S. 181 ff zur Gewerbsmäßigkeit; s. auch *Erting*, NVwZ 2009, 1339.
246 Für ein ungeschriebenes Tatbestandsmerkmal allerdings am Beispiel der sog. Bürgerdarlehen *Erting*,
     NVwZ 2009, 1339, 1344; dagegen zu Recht auch *Prehn*, DÖV 2011, 174, 177.
247 Hierfür spielt der Umfang der Geschäfte eine Rolle und können die Anzahl der Geschäfte, Umsatz,
     Anlagekapital, Ertrag, Anzahl der Mitarbeiter, Einrichtungen des Unternehmens und Inanspruch-
     nahme von Kredit als Kriterien herangezogen werden, s. BGH, WM 1960, 935; BVerwG, GewArch.
     1981, 70; *Fülbier*, in: Boos/Fischer/Schulte-Mattler, KWG, § 1 Rn 20.
248 VG Berlin, NJW-RR 1997, 808, 810. Zu den Anforderungen an das Einlagengeschäft s. *Prehn*, DÖV
     2011, 174, 177.

rung für Recht und Rechtswissenschaft und symbolisiert geradezu die „**Überschreitung nationaler Grenzen und die Schwierigkeiten staatlicher Regulierung**"[249].

Problematisch ist das Tatbestandsmerkmal beim grenzüberschreitenden Geschäftsverkehr ohne inländische Präsenz, also vor allem bei **Internetangeboten**. Stellt man auch dort auf den Sitz ab (sog. institutsbezogener Ansatz), so bedarf diese Tätigkeit keiner Erlaubnis[250]. Die BaFin hingegen verlangt eine Genehmigung auch dann, wenn sich das Angebot „zielgerichtet an den Markt wendet, um gegenüber Unternehmen und/oder Personen, die ihren Sitz oder gewöhnlichen Aufenthalt im Inland haben, wiederholt und geschäftsmäßig Bankgeschäfte oder Finanzdienstleistungen anzubieten" (sog. vertriebsbezogener Ansatz)[251]. Es ist zwar richtig, dass ein solches Auswirkungsprinzip nach dem Vorbild des § 130 Abs. 2 GWB völkerrechtlich grundsätzlich zulässig ist und sich mit Anleger- und Kundenschutz auch eine hinreichend enge Verbindung begründen lässt[252]. Die entscheidende Frage ist jedoch, ob das geltende Recht eine solche vorsieht. Dagegen spricht schon der Wortlaut des § 33 Abs. 1 S. 1 Nr 6 KWG, der die Versagung der Erlaubnis vorschreibt, wenn das Institut seine Hauptverwaltung nicht im Inland hat; die Ausnahmen in den §§ 53 ff KWG sind abschließend. Dahinter steht aber auch das gewerberechtliche Verständnis von einer ausschließlichen Zuständigkeit der Aufsichtsbehörde am Sitz des Unternehmens, der vorbehaltlich anderweitiger gesetzlicher Regelungen auch zum Ansatzpunkt „kollisionsrechtlicher" Erwägungen zu nehmen ist (s. zu § 35 Abs. 7 GewO schon oben Rn 246). Ausf ▶ **Klausurenkurs Fall Nr 13**.

550 **cc) Entscheidungen nach § 4 KWG.** § 4 KWG berechtigt die BaFin zur Feststellung, ob ein Unternehmen generell vom Anwendungsbereich des KWG erfasst ist. In einer erweiternden Auslegung dieser Regelung beinhaltet sie ferner die Befugnis zu der Feststellung, ob ein dem KWG unterliegendes Unternehmen verbotene Geschäfte iSv § 3 KWG betreibt[253], nicht jedoch zur Feststellung einzelner sich aus dem KWG ergebenden Verpflichtungen.

551 **dd) Befreiung nach § 2 Abs. 4 KWG.** Vor allem infolge der sehr weit reichenden und ständig erweiterten Bank- und Finanzdienstleistungsgeschäfte sowie der Erweiterung um das (bloß) gewerbsmäßige Betreiben (s. Rn 547) werden auch solche Unternehmen erfasst, für die kein Interesse an einer vollumfänglichen Unterwerfung unter die KWG-Vorschriften besteht[254]. Es besteht daher gleichzeitig das Bedürfnis nach einer Flexibilisierung der Überwachung. Zu diesem Zweck kann die BaFin gem. § 2 Abs. 4 KWG im Einzelfall bestimmen, „dass auf ein Institut die §§ 1a, 2c, 10 bis 18, 24, 24a, 25, 25a bis 25e, 26 bis 38, 45, 46 bis 46c und 51 Absatz 1 dieses Gesetzes insgesamt nicht anzuwenden sind, solange das Unternehmen wegen der Art der von ihm betriebenen Geschäfte insoweit nicht der Aufsicht bedarf". Dazu gehören also auch die Vor-

---

249 *Trute*, VVDStRL 57 (1998), 213, 220. S. auch *Ruthig*, in: Gounalakis, § 5 Rn 1 ff; zu den Konsequenzen für das Wirtschaftsverwaltungsrecht *ders.*, aaO § 14 Rn 2.
250 S. VGH Kassel, BKR 2005, 160 m. Anm. *Hanten*; *Marwede*, in: Boos/Fischer/Schulte-Mattler, KWG, § 53 Rn 158 ff; dort ausf zum Meinungsstand in Rspr und Lit. in den Rn 122 ff.
251 Merkblatt – Hinweise zur Erlaubnispflicht nach § 32 Abs. 1 KWG in Verbindung mit § 1 Abs. 1 und Abs. 1a KWG von grenzüberschreitend betriebenen Bankgeschäften und/oder grenzüberschreitend erbrachten Finanzdienstleistungen v. 1.4.2005 (veröffentlicht auf der Homepage); ebenso VG Frankfurt, WM 2004, 1917; WM 2005, 503, 512 (Vorlage an den EuGH); BKR 2007, 341; *Ohler*, EuZW 2006, 691, 693.
252 *Ohler*, WM 2002, 162, 165 ff; *ders.*, EuZW 2006, 691, 693; *Rögner*, WM 2006, 745, 748.
253 VG Köln v. 2.3.2004, 14 K 1607/02; *Fülbier*, in: Boos/Fischer/Schulte-Mattler, KWG, § 4 Rn 2.
254 Vgl dazu näher und mwN *Fülbier*, in: Boos/Fischer/Schulte-Mattler, KWG, § 4 Rn 37 ff.

schriften über die Erlaubnispflicht. Dennoch bleibt ein freigestelltes Unternehmen Institut und hat die übrigen Vorschriften des KWG einzuhalten. Eine Befreiung kann nicht nur mit **Auflagen**, sondern auch mit einem **Widerrufsvorbehalt** versehen werden. Außerdem ist die **Rücknahme** der Entscheidung möglich, wenn gegen die Auflagen verstoßen wird oder etwa weitere Bankgeschäfte ohne Erlaubnis aufgenommen werden[255]. Von einer Befreiung zu unterscheiden sind die **gesetzlichen Ausnahmen in den § 2 Abs. 1 bis 3 und 6 bis 10 KWG.** Diese bestimmen, welche Unternehmen nicht als Institute iSd § 1 Abs. 1b KWG gelten und/oder in welchem Umfang sie KWG-Vorschriften anzuwenden haben.

Im **Fall 44 (Rn 532)**[256] liegen Bankgeschäfte vor, so dass eine Feststellung nach § 4 KWG ausscheidet. Allerdings kommt für das Studentenwerk die Erteilung einer Ausnahme in Betracht, auf die jedoch – anders als auf eine Entscheidung nach § 4 – kein Anspruch besteht. Maßgebliche **Kriterien** für die Befreiung können Art der Geschäfte, der Kundenkreis (zB nur eigene Gesellschafter) und Risiken für Dritte sein. Auf den Umfang der Geschäfte kommt es nach dem Wortlaut der Vorschrift nicht an. In der bisherigen **Verwaltungspraxis** hat die BaFin eine Freistellung nach Absatz 4 im Allgemeinen eingeräumt[257], wenn das Unternehmen Bankgeschäfte nur als Hilfs- oder Nebengeschäft von untergeordneter Bedeutung betreibt. Auch bei einer rechtlich selbstständigen Stiftung, die nur gemeinnützige Zwecke verfolgt, ging die BaFin davon aus, dass diese einer Aufsicht nicht bedarf[258]. Trotz der teilweisen Freistellung bleibt das Unternehmen Institut. Alle übrigen KWG-Vorschriften hat es einzuhalten (s. auch ▶ **Klausurenkurs Fall Nr 12**). | **552**

ee) Maßnahmen bei nicht erlaubtem Betreiben von Bankgeschäften oder Finanzdienstleistungen. | **553**

Werden Bankgeschäfte oder Finanzdienstleistungen ohne die erforderliche Erlaubnis betrieben, kann die BaFin nach § 37 Abs. 1 KWG nicht nur die sofortige Einstellung der Geschäfte verlangen[259], sondern auch die unverzügliche Abwicklung anordnen. Das Ermessen verdichtet sich grundsätzlich zu einer Pflicht zum Einschreiten[260]. Die Anordnung zur unverzüglichen Abwicklung kann dabei ohne Rücksicht auf die zivilrechtliche Wirksamkeit ergehen, ohne allerdings die zivilrechtlichen Rechtsverhältnisse unmittelbar umzugestalten[261].

Im **Fall 46 (Rn 534)**[262] stellt sich daher die Frage, ob auch die Rückzahlung der ausgezahlten Darlehen durch die Studenten angeordnet werden müsste, wenn es nicht zu einer Ausnahmeregelung gekommen wäre. Das VG Frankfurt ging von einem intendierten Ermessen aus, so | **554**

---

255 BVerwG, WM 1971, 1255.
256 VG Berlin, NJW-RR 1997, 808.
257 S. dazu *Fülbier*, in: Boos/Fischer/Schulte-Mattler, KWG, § 4 Rn 41 mwN.
258 VG Berlin, NJW-RR 1997, 808, 810.
259 Vgl auch BVerwG, NZG 2011, 114 zur Abwicklungsuntersagung betreffend bestimmte Portfoliogeschäfte gegenüber einer GbR. Zur erheblichen praktischen Bedeutung solcher Untersagungsverfügungen s. *Fischer*, in: Boos/Fischer/Schulte-Mattler, KWG, § 37 Rn 1. Erfasst werden nicht nur die ohne Erlaubnis nach § 32 KWG betriebenen, sondern auch nach § 3 KWG verbotene Geschäfte.
260 Zur Einstellungsverfügung BVerwGE 122, 29, 49; ebenso Urt. v. 22.4.2009, BVerwG 8 C 2.09; offengelassen für die Rückzahlungsanordnung von BVerwG, BKR 2011, 208.
261 BVerwG, BKR 2011, 208; VGH Kassel, WM 2009, 1889 qualifizierte die Anordnung nach § 37 KWG als privatrechtsgestaltenden Verwaltungsakt.
262 Zur Frage der Rückabwicklung s. die Grundsatzentscheidung BVerwG, BKR 2011, 208 m. Aufs. *Mai*, BKR 2011, 199.

dass im Fall des Vorliegens der Tatbestandsvoraussetzungen die Abwicklung auch regelmäßig geboten ist[263]. Allerdings könnte sich im vorliegenden Fall daraus etwas anderes ergeben, dass die Darlehen an Studierende erteilt wurden, die darauf angewiesen sind. Es stellt sich also die Frage, ob dieser besondere Aspekt und allgemein das Anlegerinteresse bei der Rücknahmeentscheidung zu berücksichtigen ist. Das BVerwG hat dies in einer aktuellen Entscheidung unter Hinweis auf den fehlenden subjektivrechtlichen Schutz der bankaufsichtsrechtlichen Vorschriften verneint[264], letztlich um ein „Schattenbanksystem" zu vermeiden. Im Fall der Bürgerdarlehen hat die BaFin allerdings auf eine Anordnung der sofortigen Rückzahlung verzichtet[265]. Allerdings stellt sich weiter die Frage, ob die BaFin an der Anordnung deshalb gehindert ist, weil das Verbot des § 32 KWG wohl nicht zur Nichtigkeit der zivilrechtlichen Verträge führt (s. bereits Rn 33). Das BVerwG hat zwischen der Anordnung nach § 37 KWG „im aufsichtsrechtlichen Verhältnis" der BaFin zu dem betroffenen Unternehmen und der zivilrechtlichen Wirksamkeit getrennt[266].

555 ff) Exkurs: Der Binnenmarkt für Finanzdienstleistungen. Ein in seinem Heimatland zugelassenes CRR-Kreditinstitut bzw Wertpapierhandelsunternehmen kann sich gem. § 53b Abs. 1 S. 1 KWG **in Deutschland ohne Erlaubnis des Aufnahmemitgliedstaats niederlassen und alle Geschäfte ausüben, die nach seinem Heimatrecht zulässig** sind (sog. europäischer Pass). Die Errichtung von Zweigstellen[267] ausländischer Banken ist lediglich (gegenüber der Heimatbehörde) anzeigepflichtig[268]. Dagegen gilt der europäische Pass nicht für die Gründung von rechtlich selbstständigen Tochterunternehmen im EWG-Ausland. In diesem Fall kommt das Recht des Aufnahmestaates voll zur Anwendung. Die Regelungen sind europarechtskonform auszulegen, insbesondere wirkt Art. 49 AEUV als Beschränkungsverbot. Der europäische Pass berechtigt ein zugelassenes Kreditinstitut zudem, in einem anderen Mitgliedstaat im Rahmen der **Dienstleistungsfreiheit** tätig zu werden; dafür bestehen ebenfalls Anzeigepflichten (Art. 39 KapitaladäquanzRL bzw § 24a Abs. 3 KWG). Die Anzeige ist jeweils bei der Behörde des Heimatmitgliedstaats zu erstatten und berechtigt im Falle der Zweigstellenerrichtung erst nach Ablauf der der zuständigen Behörde des Aufnahmemitgliedstaats zustehenden zweimonatigen Vetofrist (§ 53b Abs. 2 KWG) zur Erbringung der Bankgeschäfte bzw Finanzdienstleistungen. Die grenzüberschreitende Dienstleistungserbringung hingegen ist bereits nach Vornahme der Anzeige zulässig[269]. Deutsche Institute, die grenzüberschreitend tätig werden möchten, haben dagegen gem. § 24a Abs. 3 S. 4 KWG zumindest die Unterrichtung der Behörde des Aufnahmestaats (oder entsprechend den Ablauf dieser Frist) abzuwarten[270]; ein Vetorecht besteht indes auch hier nicht.

---

263 S. nur VG Frankfurt, Urt. v. 21.2.2008, Rs 1 E 5085/01.
264 BVerwG, BKR 2011, 208, 210; anders die Vorinstanz VGH Kassel, WM 2009, 1889, 1893.
265 Dazu *Prehn*, DÖV 2011, 174, 179.
266 BVerwG, BKR 2011, 208, 210; s. auch *Mai*, BKR 2011, 199.
267 Art. 4 Abs. 1 Nr 17 KapitaladäquanzVO definiert Zweigstelle als Betriebsstelle, die einen rechtlich unselbständigen Teil eines Instituts bildet.
268 Dies folgt aus Art. 35 KapitaladäquanzRL bzw der jeweiligen Umsetzungsnorm des Heimatmitgliedstaats; für deutsche Institute, die im EWR-Ausland Zweigstellen errichten wollen, ist in diesen Fällen § 24a Abs. 1 KWG einschlägig.
269 *Vahldiek*, in: Boos/Fischer/Schulte-Mattler, KWG, § 53b Rn 80.
270 Vgl auch *Braun*, in: Boos/Fischer/Schulte-Mattler, KWG, § 24a Rn 43. Dies bedeutet iE eine Schlechterstellung deutscher Institute.

An diesem System ändert sich im SSM – auch bei Vorhandensein einer EZB-Erlaubnis – abgesehen von den Mitteilungspflichten der Behörden ggü der EZB nichts. Bzgl bedeutender Institute steht jedoch der EZB das Vetorecht bei Zweigstellenerrichtung zu (Art. 11 Abs. 3 SSM-RahmenVO). Dieses Verfahren weist somit eine gewisse Ähnlichkeit zum Zulassungsverfahren nach Art. 14 SSM-VO, 73 ff SSM-RahmenVO auf, was insofern die Grenze zwischen den Instrumenten Genehmigungs- und Anzeigeverfahren verwischt (s. den Unterschied der Zweigstellenanzeige zur Anzeige nach § 14 GewO, dazu oben Rn 272 ff). Damit besitzt insofern auch der von der EZB ausgestellte „europäische Pass" keine größere Reichweite als der bisherige[271].

Auch die Beaufsichtigung der laufenden Geschäftstätigkeit der Zweigstellen obliegt primär der Aufsichtsbehörde des Herkunftslandes (Art. 49 KapitaladäquanzRL). Die Behörden des Herkunftsstaats bleiben bis zur weiteren Koordinierung mit der Überwachung der Liquidität der Zweigniederlassung eines Kreditinstituts in Zusammenarbeit mit der zuständigen Behörde des Aufnahmestaats beauftragt (zu den Einzelheiten Art. 50 ff KapitaladäquanzRL. Rechtsgrundlage für die Beaufsichtigung von Zweigstellen deutscher Kreditinstitute durch die BaFin im EU-Ausland ist dabei das KWG. Das Recht des Aufnahmestaates muss entsprechende Duldungspflichten vorsehen wie sie § 53b Abs. 6 KWG für den umgekehrten Fall der Prüfung durch ausländische Behörden enthält. Zu beachten ist insbes, dass sich § 24a KWG (bzw Art. 35 ff KapitaladäquanzRL) nur auf CRR-Kreditinstitute und Wertpapierhandelsunternehmen erstreckt, sodass andere Institute diesen Anzeigpflichten nicht unterliegen. Der Gedanke eines europäischen Passes wurde auf andere Bereiche der Finanzmarktdienstleistungsaufsicht übertragen, insbesondere bei der Umsetzung der EU-Finanzmarktrichtlinie (MiFID).

Diese Grundsätze gelten nicht für **Unternehmen aus Drittstaaten**. Unionsrechtlich **556** sind die Mitgliedstaaten verpflichtet, auf Zweigstellen von Kreditinstituten mit Sitz in einem Drittstaat für die Aufnahme und Ausübung ihrer Tätigkeiten keine Bestimmungen anzuwenden, welche diese günstiger stellen würden als die Zweigstellen von Banken mit Sitz in der Union. Daher unterliegen Kreditinstitute und deren Zweigstellen aus Drittstaaten grundsätzlich der Aufsicht und der Genehmigungspflicht nach dem KWG. Ob und inwieweit dies auch ohne physische Präsenz in Deutschland gilt, ist allerdings umstritten (s. schon Rn 549).

c) Die Frequenzvergabe als Beispiel einer staatlichen Allokationsentscheidung

Obwohl das TKG 2004 die Tätigkeit eines Telekommunikationsunternehmens nicht **557** mehr generell von einer vorherigen Genehmigung („Lizenz") abhängig macht, hält es grundsätzlich an der Erlaubnis als präventiver Marktzutrittskontrolle fest. Da der Vorrat an nutzbaren Frequenzen begrenzt ist und gleichzeitig die Einsatzmöglichkeiten ständig zunehmen, werden Frequenzen zu einer potentiell knappen Ressource, deren Nutzung der staatlichen Koordinierung und Steuerung bedarf: Jede Frequenznutzung erfordert eine vorherige Zuteilungsentscheidung, soweit im TKG nichts anderes bestimmt ist, § 55 Abs. 1 S. 1 TKG. Für die Frequenzzuteilung gibt es nach § 55 Abs. 2 und 3 TKG

---

271 Die Kongruenz ergibt sich bereits aus dem Wortlaut des Art. 4 Abs. 1 SSM-VO („Zulassung zur Aufnahme der Tätigkeit eines Kreditinstituts in einem teilnehmenden Mitgliedstaat"). Über die Tätigkeit in anderen Mitgliedstaaten wird damit trotz Vorliegen eines unionsrechtlichen Beschlusses nichts ausgesagt (vgl auch Art. 78 Abs. 5 SSM-RahmenVO), weswegen die allgemeinen Vorschriften greifen.

zwei Varianten. Die **Allgemeinzuteilung**[272] nach Abs. 2 regelt die Benutzung einer Frequenz durch die Allgemeinheit oder Teile derselben und ist der gesetzliche Regelfall; es handelt sich um eine Allgemeinverfügung im Sinne von § 35 S. 2 VwVfG.

Anknüpfungspunkt des § 55 TKG ist der Begriff der Frequenznutzung[273]. Nach § 3 Nr 9 TKG setzt Nutzung die *Ausstrahlung oder Abstrahlung* elektromagnetischer Wellen voraus; mangels Frequenznutzung ist also keine Frequenzzuteilung erforderlich, wenn sich die Verwendung der Frequenz nur innerhalb eines Gerätes vollzieht und keine elektromagnetischen Wellen freigesetzt werden. Die eigentliche Frequenzzuteilung ist eingebettet in die staatliche Frequenzplanung und -überwachung. **§ 52 Abs. 1 TKG bildet die Zentralnorm** dieses Abschnittes Frequenzordnung und enthält in komprimierter Form die **vollständige Systematik der Frequenzregulierung**, von den Zielen, die mit der Frequenzregulierung erreicht werden sollen, bis hin zu den dazu eingesetzten Mitteln. Danach werden die Frequenzbereichszuweisung, die Aufstellung des Frequenzplans nach § 54 TKG[274], die eigentliche Frequenzzuteilung sowie die Überwachung der Frequenznutzungen unterschieden. Mit der Better-Regulation-Richtlinie 2009 wurde das Frequenznutzungsregime weiter flexibilisiert[275].

558   Eine **Einzelzuteilung** nach § 55 Abs. 3 TKG erfolgt (nur) dann, wenn aus Gründen der effizienten und störungsfreien Frequenznutzung eine Allgemeinzuteilung nicht möglich ist[276]. § 55 Abs. 5 TKG enthält eine abschließende Aufzählung der **Voraussetzungen für den Erlass einer Frequenzzuteilung**. Die Frequenzzuteilung erweist sich als Berufszulassungsschranke und muss sich an den Vorgaben des Art. 12 GG messen lassen. Liegen die gesetzlichen Voraussetzungen vor, hat der Einzelne also einen Anspruch auf ihre Zuteilung[277]. Insoweit übernimmt die Frequenzzuteilung eine ähnliche Funktion wie die bereits vorgestellten Genehmigungstatbestände im EnWG und TKG: Sie ermöglichen eine präventive Kontrolle von Zuverlässigkeit, (wirtschaftlicher) Leistungsfähigkeit und Sachkunde eines Anbieters[278], die sich hinter dem wenig glücklichen[279] Verweis des § 55 Abs. 4 TKG auf Anhang B der Richtlinie 2002/20/EG verbergen. Der Vorrang der Allgemeinzuteilung und der nach § 58 TKG möglichen gemeinsamen Zuteilung beschränken diese präventive Kontrolle auf das unbedingt Erforderliche.

559   **aa) Das Verteilungsverfahren bei Frequenzknappheit.** In Fällen der Frequenzknappheit wird die Frequenzzuteilung zur staatlichen Allokationsentscheidung nach Maßgabe der §§ 55 Abs. 3 ff, 61 TKG. Art. 7 Abs. 3 GenehmigungsRL 2009 verlangt,

---

272   Vgl dazu die Leitlinien der BNetzA, Mitteilung 344/06 (abrufbar auf der Homepage, auf der auch die Allgemeinzuteilungen veröffentlicht werden).
273   Die Funktechnik nutzt die Ausbreitung elektromagnetischer Wellen zur Übertragung von Nachrichten. Diese lassen sich in verschiedene Frequenzen unterteilen. Frequenzen sind physikalische Merkmale von Schwingungen. Die Anzahl von Schwingungen in einer bestimmten Zeit wird als Frequenz bezeichnet und in Hertz gemessen.
274   Bei dem bisher als Frequenz*nutzungs*plan bezeichneten Frequenzplan handelt es sich um eine Verwaltungsvorschrift, s. BT-Drucks. 17/5707 S. 129; die FrequenznutzungsplanaufstellungsVO wird aufgehoben.
275   Zu den Auswirkungen auf die Einzelheiten des deutschen Rechts s. BT-Drucks. 17/5707 S. 197.
276   S. zur Allgemeinzuteilung nach § 55 Abs. 2 *Marwinski*, in: Arndt/Scherer/Fetzer, TKG, § 52 Rn 10 f.
277   Ausdrücklich auch BVerwG, NVwZ 2009, 1558, 1559. Dies ergibt sich auch aus Art. 5 Abs. 2 GenehmigungsRL (2002/20/EG).
278   S. auch *Marwinski*, in: Arndt/Fetzer/Scherer, TKG, § 55 Rn 11 ff.
279   S. dazu die berechtigte Kritik von *Jenny*, in: Heun (Hrsg.), Handbuch Telekommunikationsrecht, Rn D 128 ff.

dass die Zuteilung von Frequenzen generell auf objektiven, transparenten, nichtdiskriminierenden und angemessenen Kriterien beruht, schreibt jedoch kein bestimmtes Vergabeverfahren vor[280]. Sie kann also auf Antrag eines Interessenten nach dem Prioritätsgrundsatz erfolgen, sofern ausreichend Frequenzen zur Verfügung stehen. Ist allerdings Frequenzknappheit zu besorgen, vergibt die Regulierungsbehörde die entsprechenden Frequenzen in einem zweistufigen Vergabeverfahren[281]. Auf der ersten Stufe (Konzeptphase) wird über die Frage des „Wie" der Vergabe entschieden, bevor dann das eigentliche Vergabeverfahren stattfindet. In der Praxis entscheidet die Präsidentenkammer (§ 132 Abs. 3 TKG) zuvor über die Eröffnung des Verfahrens und fordert potentielle Antragsteller auf, innerhalb einer festgelegten Frist Anträge auf Frequenzzuteilung bei der Regulierungsbehörde zu stellen[282]. Nach Ablauf der Antragsfrist überprüft sie, ob tatsächlich Frequenzknappheit vorliegt.

Die **Konzeptphase** beginnt mit der Anordnung der **Durchführung eines Vergabe-** **560** **verfahrens nach § 55 Abs. 10 S. 1 TKG**. Mit dieser[283] verwandelt sich der Anspruch auf Einzelzuteilung von Frequenzen (§ 55 Abs. 3 S. 1, Abs. 5 S. 1 TKG) in einen Anspruch auf chancengleiche Teilnahme am Vergabeverfahren[284]. Zulässig ist die Durchführung eines Vergabeverfahrens daher schon wegen Art. 12 GG nur, wenn auch tatsächlich Frequenzknappheit vorliegt. Eine solche kann sich entweder aus der bereits feststehenden Tatsache eines Antragsüberhangs oder aus der Prognose einer mangelnden Verfügbarkeit von Frequenzen ergeben[285].

Ein **Beurteilungsspielraum** steht der Regulierungsbehörde bei der Feststellung als solcher nach Ansicht des BVerwG nicht zu, was sich vor allem aus der Grundrechtsrelevanz der Maßnahme ergibt[286]. Die Vergabeanordnung mit der Frequenzversteigerung als Regelfolge stelle sich, so das BVerwG, „als eine objektive Berufszulassungsschranke dar, die nur als Konsequenz einer durch Frequenzbewirtschaftung zu bewältigenden Knappheitssituation mit Art. 12 Abs. 1 GG vereinbar ist"[287]. Allerdings ist auch der Einsatz des Versteigerungsverfahrens in den Knappheitssituationen

280 S. auch *Ruthig*, in: Arndt/Fetzer/Scherer, TKG, § 61 Rn 1. Allerdings steht das Unionsrecht einem Einsatz des Versteigerungsverfahrens auch nicht entgegen, vgl *Koenig*, K&R 2001, 41; *Storr*, K&R 2002, 67, 72. In den anderen EU-Mitgliedstaaten wurde teilweise das Versteigerungsverfahren eingeführt (Frankreich, Polen, Österreich, Vereinigtes Königreich), teilweise aber auch am Ausschreibungsverfahren (beauty contest) festgehalten, s. auch *Kämmerer*, NVwZ 2002, 161, 165; ausführlicher *Sokol*, Va. J.L. & Tech, 6 (2001), 17.
281 S. näher *Marwinski*, in: Arndt/Fetzer/Scherer, TKG, § 55 Rn 45 ff.
282 Dieser Schritt ist allerdings nach § 55 Abs. 9 TKG nicht zwingend geboten, s. BVerwG v. 23.3.2011 – 6 C 6.10, 6 C 6/10 Rn 21.
283 Damit untrennbar verbunden ist die Entscheidung, welche Frequenzen in eine gemeinsame Versteigerung überhaupt einbezogen werden, die jedoch jedenfalls nicht isoliert angegriffen werden kann, s. dazu BVerwG v. 23.3.2011 – 6 C 6.10, 6 C 6/10 Rn 17.
284 BVerwG v. 23.3.2011 – 6 C 6.10, 6 C 6/10 Rn 13.
285 BVerwG v. 26.1.2011 – BVerwG 6 C 2.10; v. 23.3.2011 – 6 C 6.10, 6 C 6/10. Die BNetzA kann auch eine „künstliche" Knappheit hervorrufen. Dies ergibt sich insbesondere daraus, dass die Regulierungsbehörde bei der Zuteilung von Frequenzen dafür Sorge tragen muss, dass der Frequenzzuteilungsempfänger ein ausreichend großes Frequenzspektrum erhält, um seine beabsichtigten Nutzungen auch tatsächlich in einem wirtschaftlich sinnvollen Rahmen ausüben zu können, s. *Marwinski*, in: Arndt/Fetzer/Scherer, TKG, § 55 Rn 47.
286 BVerwG v. 23.3.2011 – 6 C 6.10, 6 C 6/10 Rn 19; ähnlich *Schulz*, Lizenzvergabe bei Frequenzknappheit, 2003, S. 59 ff. Einen Entscheidungsspielraum bejahten wegen des prognostischen Gehalts der Entscheidung OVG Münster, DVBl 2009, 51, 54; *Grzeszick*, ZUM 1997, 911, 915 f; *Wollenschläger*, Verteilungsgerechtigkeit, 2010, S. 433.
287 BVerwG v. 23.3.2011 – 6 C 6.10, 6 C 6/10 Rn 21.

grundrechtlich geboten. Liegt nämlich Frequenzknappheit vor, ist die Ermessensentscheidung („kann") der Bundesnetzagentur infolge der Grundrechtsbindung (Art. 12 Abs. 1, Art. 3 Abs. 1 GG) und des unionsrechtlichen Diskriminierungsverbotes (Art. 5 Abs. 2 UAbs. 2, Art. 7 Abs. 3 GenehmigungsRL) regelmäßig im Sinne des Erlasses einer Vergabeanordnung vorgeprägt[288].

561 Auf der Grundlage einer erneuten **Anhörung „der betroffenen Kreise"** entscheidet die Bundesnetzagentur über die **Wahl des Versteigerungs- oder des Ausschreibungsverfahrens**, § 61 Abs. 1 S. 2 TKG.

Nicht zulässig sind also die sonstigen denkbaren Verteilungsverfahren, der Prioritätsgrundsatz und die Lotterie (dh ein Losverfahren)[289]. Für die Entscheidung zwischen den beiden zulässigen Verfahren räumt das Gesetz der BNetzA kein Ermessen ein[290]. Vielmehr hat nach § 61 Abs. 2 S. 1 TKG das Versteigerungsverfahren Vorrang, falls es nicht ausnahmsweise zur Erreichung der Regulierungsziele nicht geeignet ist[291]. Dennoch nimmt das BVerwG auf der Tatbestandsseite eine Einschätzungsprärogative an, diese rechtfertige sich „aus der Notwendigkeit, zur Bestimmung der Geeignetheit bzw Ungeeignetheit des Versteigerungsverfahrens in eine komplexe Abwägung der Regulierungsziele einzutreten, was die Gewichtung und den Ausgleich gegenläufiger öffentlicher und privater Belange einschließt"[292]. Gleichzeitig jedoch leitet das BVerwG aus den nicht als abschließend zu verstehenden Regelbeispielen des § 61 Abs. 2 S. 2 TKG, in denen die Versteigerung ausnahmsweise ungeeignet sei, das Erfordernis einer Abgrenzung des sachlich und räumlich relevanten Marktes nach dem Bedarfsmarktkonzept (vgl auch § 10 TKG) ab. Die gesetzliche Regelung sei „als ein qualifizierter Prüfauftrag in dem Sinne zu verstehen, dass die Bundesnetzagentur die Verfahrensart in den angesprochenen Fallkonstellationen mit Blick auf die Sicherstellung der Regulierungsziele einer detaillierten Eignungsprüfung zu unterziehen hat"[293]. Obwohl die Marktabgrenzung nach neuem Recht entfällt[294], bleibt diese Verpflichtung wohl bestehen.

562 Außerdem muss die BNetzA die **Mindestvoraussetzungen** festlegen, die ein Antragsteller erfüllen muss (§ 61 Abs. 4 S. 2 Nr 1–4 TKG) sowie die **Modalitäten der Versteigerung**, das Auktionsdesign. Zu diesem gehört auch die Frage einer Mindestausstattung, aber auch von Bietrechtsbeschränkungen[295]. Bei der Gestaltung des Designs kommt der BNetzA nach zutreffender Ansicht ein Beurteilungsspielraum zu[296] (s. näher zum Versteigerungsverfahren Rn 564 f).

---

288 BVerwG v. 26.1.2011 – BVerwG 6 C 2.10, Rn 25 mwN.

289 Beide bedeuten praktisch einen Verzicht auf eine Auswahlentscheidung, da Leistungsfähigkeit und Sachkunde des Unternehmens als Auswahlkriterium keine Rolle spielen. Vor allem von einer Lotterie werden Interessenten angezogen, die die Frequenz nicht selbst nutzen, sondern veräußern wollen; dies ist wirtschaftlich durch eine Übertragung von Unternehmensanteilen selbst dann möglich, wenn das Recht zur Übertragung der Frequenz beschränkt wird und ein Sekundärmarkt nicht existiert. S. zur ökonomischen Bewertung näher *Felder*, Frequenzallokation in der Telekommunikation, 2004, S. 115 ff.

290 BVerwG v. 23.3.2011 – 6 C 6.10, 6 C 6/10 Rn 27.

291 Das ist zB zum einen der Fall, wenn schon Auswahlverfahren durchgeführt wurden, zum anderen, wenn gesetzlich begründete Ansprüche (wie zB Polizeifunk oder Ansprüche von Betreibern von Rundfunksendeanlagen auf Zuteilung von Frequenzen vorgehen. Ausdrücklich ausgeschlossen wurde seine Anwendung für die zur Übertragung von Rundfunk vorgesehenen Frequenzen, § 61 Abs. 2 S. 3 TKG. Zu einer weiteren Variante – Entscheidung für eine befristete Verlängerung bisheriger Frequenzzuteilungen, um später ein gesamtes Spektrum neu vergeben zu können, s. VG Köln v. 17.11.2010 – 21 K 5862/09.

292 BVerwG v. 23.3.2011 – 6 C 6.10, 6 C 6/10 Rn 27 mwN.

293 BVerwG v. 23.3.2011 – 6 C 6.10, 6 C 6/10 LS 2 und Rn 28 ff.

294 BT-Drucks. 17/5707 S. 133.

295 Obiter dazu BVerwG v. 23.3.2011 – 6 C 6.10, 6 C 6/10 Rn 36 ff.

296 BVerwG v. 23.3.2011 – 6 C 6.10, 6 C 6/10 Rn 37; zuvor schon *Ruthig*, in: Arndt/Fetzer/Scherer, TKG, § 61 Rn 22; *Wegmann*, in: Berliner Kommentar zum TKG, § 61 Rn 35.

Nachdem in der Konzeptphase die Bedingungen festgelegt wurden, erfolgt die eigent- **563** liche Vergabe[297], die mit der Bekanntmachung der Verfahrensart und der Modalitäten der Vergabe beginnt. Beim Versteigerungsverfahren steht mit Abschluss der Versteigerung der erfolgreiche Bewerber fest, (nur) beim Ausschreibungsverfahren hat die BNetzA eine Auswahlentscheidung zu treffen[298]. Während die vorbereitenden Entscheidungen einer Beschlusskammer übertragen sind, erfolgt die abschließende Frequenzzuteilung außerhalb des Beschlusskammerverfahrens nach § 55 TKG (§ 61 Abs. 1 S. 3 TKG).

bb) Insbesondere: Versteigerung als Verwaltungsverfahren. Bisher noch nicht höchst- **564** richterlich geklärt sind die Anforderungen an die Versteigerungsbedingungen. Wie beim Überblick über das Verfahren deutlich wurde, ersetzt die Versteigerung ein staatliches Vergabeverfahren nicht, sie wird vielmehr zu dessen integralem Bestandteil und ist daher Ausdruck einer **Ökonomisierung des Verwaltungsverfahrens** nach US-amerikanischem Vorbild (s. schon Rn 18). Die ökonomische Logik beruht auf der Erwartung des Gesetzgebers, das effizienteste Unternehmen werde auch die größte Zahlungsbereitschaft aufweisen[299]. Das zentrale rechtliche Problem ist in der Frage zu sehen, inwieweit das Versteigerungsverfahren sich als geeignetes *Verwaltungs*verfahren zur Allokation knapper Güter darstellt[300].

Die Regelung in § 61 TKG entspricht im Wesentlichen § 11 TKG aF, auf dessen Grundlage vor allem die Versteigerung der UMTS-Lizenzen 2001 für knapp 50 Mrd. EUR. durchgeführt worden war. Die damalige Kritik betraf aber primär finanzverfassungsrechtliche Aspekte, das Verhältnis von Versteigerungserlös und den Grundsätzen für Verwaltungsgebühren und vor allem die Verteilung der Versteigerungserlöse[301]. Im Zentrum muss demgegenüber Art. 12 GG stehen, wie die jüngsten Entscheidungen des BVerwG zur Verfahrensgestaltung deutlich gemacht haben. Der Anspruch auf Frequenzerteilung und damit Marktzutritt wird – wie in anderen Knappheitssituationen auch – zum **Anspruch auf Beteiligung an einem transparenten, nichtdiskriminierenden Vergabeverfahren** (s. schon oben Rn 109). Es ist also auch zu fragen, ob eine „staatliche Zuteilung durch Versteigerung" mit den Anforderungen des Art. 12 GG an ein solches transparentes und nichtdiskriminierendes Verfahren zu vereinbaren ist. Nach der Numerus clausus-Rechtsprechung[302] müssen *leistungs*bezogene Verteilungskriterien angelegt werden, was angesichts der hinter dem Verfahren stehenden ökonomischen Logik grundsätzlich bejaht werden kann. Im Ergebnis richten sich die Einwände daher nicht gegen die Versteigerung als solche, sondern allein gegen die konkrete Ausgestaltung der Verfahren, insb bei der UMTS-Versteigerung 2001. Die Verstei-

---

297 Ausf dazu *Wollenschläger*, Verteilungsgerechtigkeit, 2010, S. 437 ff.
298 Zu den Kriterien vgl § 61 Abs. 6 S. 2 TKG.
299 BT-Drucks. 13/3609, S. 39 zum TKG 1996; BR-Drucks. 755/03 S. 109 zur Novelle 2004. Dazu mwN *Ruthig*, in: Arndt/Scherer/Fetzer, TKG, § 61 Rn 2 ff; *Storr*, K&R 2002, 67, 70.
300 Ausf mwN *Ruthig*, in: Arndt/Scherer/Fetzer, TKG, § 61 Rn 4 ff mwN; *Martini*, Der Markt als Instrument hoheitlicher Verteilungslenkung, 2008, S. 283 ff; ferner *S. Bumke*, Frequenzvergabe nach dem Telekommunikationsgesetz, 2006; *Hess*, Das Versteigerungsverfahren nach dem Telekommunikationsgesetz, 2003; *Leist*, Versteigerungen als Regulierungsinstrument, 2004; *Schulz*, Lizenzvergabe bei Frequenzknappheit, 2003. S. auch als Fallbearbeitung (Hausarbeit) *Holznagel/Schulz*, NWVBl. 2003, 400.
301 In letztgenanntem Punkt teilte das BVerfG die verfassungsrechtlichen Bedenken nicht, vgl BVerfG, NJW 2002, 2020.
302 BVerfGE 33, 303 (338); 43, 291 (314, 324); s. auch mit Blick auf § 11 TKG aF *Scherer*, NJW 1996, 2953 (2958).

gerungsbedingungen waren schon deswegen diskriminierend, weil sie bereits durch die Zahlungsbedingungen kleinere und mittlere Unternehmen benachteiligten[303]. Außerdem war das Verfahren zur Ermittlung des effizientesten Anbieters bereits deswegen nicht geeignet, weil die konkrete Ausgestaltung einen Verdrängungswettbewerb zuließ[304], der erneut die kleineren Anbieter diskriminierte.

565 Da ein **Versteigerungsverfahren** jedenfalls nicht generell zur Erreichung des verfolgten Zweckes ungeeignet ist[305], konzentriert sich die verfassungsrechtliche Prüfung auf den **Wesentlichkeitsvorbehalt**. Der Gesetzgeber begnügte sich damit, „das Versteigerungsverfahren" vorzuschreiben und es der Regulierungsbehörde zu überlassen, „Regeln über die Durchführung des Versteigerungsverfahrens im Einzelnen" aufzustellen, s. § 61 Abs. 5 S. 1 TKG. Das Gesetz legt lediglich allgemein fest, dass sie „objektiv, nachvollziehbar und diskriminierungsfrei sein und die Belange kleiner und mittlerer Unternehmen berücksichtigen" müssen. Dies wirft die Frage nach dem Gesetzesvorbehalt auf[306]. Da es aber keineswegs „das" Versteigerungsverfahren gibt[307], könnte der Gesetzgeber auch gar nicht das Versteigerungsdesign einer konkreten Auktion festlegen und musste daher der Regulierungsbehörde einen Gestaltungsspielraum einräumen, wie er wohl auch an dieser Stelle europarechtlich gefordert ist. Allerdings bedarf es zum Ausgleich zumindest verfahrensmäßiger Absicherungen. Es wäre rechtspolitisch wünschenswert, ist aber wohl nicht verfassungsrechtlich zwingend, dass hier der Gesetzgeber tätig wird und zwar keine Versteigerungsbedingungen, wohl aber das Verfahren zu ihrer Generierung näher regelt. § 61 Abs. 5 TKG lässt sich zumindest im Wege **verfassungs- und unionsrechtskonformer Auslegung** um entsprechende **Verfahrensanforderungen** ergänzen[308].

Die bisherige Praxis[309] genügt diesen Vorgaben nur teilweise: In den Allgemeinverfügungen wurde eine mehrstufige (englische) Simultanversteigerung vorgeschrieben, bei der während der Auktion jeglicher Kontakt zwischen den Bietern untersagt ist. Außer einem Mindestgebot wurde für bisherige Versteigerungen auch die Hinterlegung von Kautionen bzw Bankbürgschaften vorgesehen. Ferner wurden Aktivitätsregeln für die jeweiligen Versteigerungsrunden festgelegt. Zusätzlich wäre vor allem die **Fälligkeit der Versteigerungserlöse** zu regeln. Die bisherige Lösung einer sofortigen Fälligkeit bevorzugt Großunternehmen und steht in ausdrücklichem Widerspruch

---

303   *Ruthig*, in: Arndt/Fetzer/Scherer, TKG, § 61 Rn 13; s. auch *Franzius*, EuR 2002, 660, 667.
304   Dazu näher *Ruthig*, in: Arndt/Fetzer/Scherer, TKG, § 61 Rn 5 mwN; *Martini*, Der Markt als Instrument hoheitlicher Verteilungslenkung, 2008, S. 360 ff.
305   S. *Ruthig*, in: Arndt/Scherer/Fetzer, TKG, § 61 Rn 6.
306   Bedenken unter dem Blickwinkel des Gesetzesvorbehalts bei *Martini*, Der Markt als Instrument hoheitlicher Verteilungslenkung, 2008, S. 446 f, 662 f; *Wollenschläger*, Verteilungsgerechtigkeit, 2010, S. 427.
307   Zu den unterschiedlichen Erscheinungsformen etwa *Martini*, Der Markt als Instrument hoheitlicher Verteilungslenkung, 2008, S. 313 ff; aus ökonomischem Blickwinkel *Felder*, Frequenzallokation in der Telekommunikation, 2002, S. 185 ff zur Auktionstheorie und S. 291 ff zu den konkreten Fragen der Versteigerung von Frequenzen.
308   *Ruthig*, in: Arndt/Scherer/Fetzer, TKG, § 61 Rn 15.
309   Die Versteigerungsbedingungen wurden schon für die ersten Versteigerungsverfahren vom damaligen Bundesministerium für Post und Telekommunikation konkretisiert und für die folgenden Versteigerungen im Wesentlichen unverändert übernommen. S. zum ersten Versteigerungsverfahren nach § 11 TKG aF die vom damaligen Bundesministerium für Post und Telekommunikation entwickelten Versteigerungsregeln, ABl. BMPT Nr 17 v. 17.7.1996, S. 948; dazu *Ruhle/Geppert*, MMR 1998, 175; *Hahn*, in: Scheuerle/Mayen, TKG, § 11 Rn 43 ff.

zu Erwägungsgrund 32 der GenehmigungsRL[310]. Das BVerwG problematisierte die – im konkreten Verfahren nicht entscheidungserhebliche – Verfahrensfrage allerdings nicht, sondern stellte lediglich darauf ab, dass „in § 61 Abs. 5 Satz 1 TKG […] ein Ausgestaltungsspielraum – auf der Rechtsfolgenseite der Norm – zwingend angelegt" sei[311].

cc) Rechtsschutz. Unproblematisch ist der **Rechtsschutz gegen die Zuteilungsent-** **566** **scheidung** nach § 55 Abs. 1 TKG. Der **Rechtsschutz unterlegener Mitbewerber** gegen die Frequenzzuteilung folgt den allgemeinen Grundsätzen für den Konkurrentenrechtsschutz in Knappheitssituationen. Folgt man der Rechtsprechung, ist der **Rechtsschutz durch eine Kombination von Anfechtungs- und Verpflichtungsklage** zu bewerkstelligen[312]. Dennoch stellen sich angesichts der Abschichtung des Verfahrens durch nach allgemeinen Grundsätzen der Bestandskraft fähigen Allgemeinverfügungen schwierige Rechtsfragen[313]. Dies betrifft die Entscheidung über die die Auswahl der Verfahrensart, die vom Antragsteller zu erfüllenden fachlichen und sachlichen Mindestvoraussetzungen, sowie die Festlegung der Rahmenregelungen bezüglich der Verfahrensdurchführung und ggf der konkreten Auktionsregeln des Versteigerungsverfahrens.

Hervorgerufen wird das Problem durch die Handlungsform. Auch die „Zwischenent- **567** scheidungen" ergehen durch die Beschlusskammer und damit wegen § 132 Abs. 2 TKG zwingend als Verwaltungsakt, obwohl Verfahrensvorschriften „an sich" Normqualität haben. Da die Bundesnetzagentur im TKG aber nicht zum Erlass von Rechtsverordnungen ermächtigt wurde, konnte sie sich das US-amerikanische *rulemaking* jedoch nicht zum Vorbild nehmen[314]. Dennoch lassen sich die Probleme angemessen lösen: Allein der VA-Charakter schließt es nämlich nicht aus, sie mit der im Schrifttum herrschenden Meinung und **entgegen der Rechtsprechung des BVerwG als Verfahrenshandlungen nach § 44a VwGO** einzustufen[315]. Sie treffen weder eine vorläufige Regelung des Gesamtkomplexes der Frequenzvergabe noch eine endgültige, bindende Teilentscheidung. Als solche sind sie der abschließenden, Zuschlags-

---

310 Die dort aufgenommene Vorgabe, es sollten „Zahlungsregelungen sicherstellen, dass diese Entgelte in der Praxis nicht zu einer Auswahl nach Kriterien führen, die nicht in Beziehung zu dem Ziel der optimalen Nutzung von Funkfrequenzen stehen", wurde gerade angesichts der deutschen Erfahrungen mit der UMTS-Versteigerung eingefügt, s. auch *Franzius*, EuR 2002, 660, 667. Auch hierbei könnte die Praxis in den USA als Vorbild dienen, s. zu einem Vergleich *Ruhle/Geppert*, MMR 1998, 175, 177. In den USA wurde bei der auf kleinere Unternehmen zugeschnittenen Block C-Versteigerung nur 10% der Summe sofort fällig, der Rest war über einen Zeitraum von 10 Jahren zu zahlen, s. *Fritts*, Fed. Comm. L.J. 51 (1999), 849.
311 BVerwG v. 23.3.2011 – 6 C 6.10, 6 C 6/10 Rn 37.
312 Ebenso für § 61 TKG *Wegmann*, in: Säcker, TKG, § 61 Rn 48; zu den Konsequenzen für den Eilrechtsschutz, siehe dort Rn 53 f. Ausf N. auch zur Kritik an dieser Rechtsprechung bei *Kopp/Schenke*, VwGO, § 42 Rn 48.
313 S. dazu am Beispiel der UMTS-Versteigerung *Ehlers*, K&R 2001, 10; *Sachs*, K&R 2001, 20.
314 Eine solche Subdelegation bedürfte einer gesetzlichen Grundlage; allgemeine verfahrensrechtliche Anforderungen an die untergesetzliche (exekutive) Normsetzung entwickelt aus dem Vergleich mit den USA *Pünder*, Exekutive Normsetzung in den Vereinigten Staaten von Amerika und der Bundesrepublik Deutschland, 1995, S. 293 f.
315 *Ruthig*, in: Arndt/Fetzer/Scherer, TKG, § 61 Rn 20; (zum früheren Recht) *Ehlers*, K&R 2001, 1, 10; *Sachs*, K&R 2001, 13, 20; aA BVerwG, NVwZ 2009, 1558: *Müller-Terpitz*, K&R 2002, 75. Dass es für die Anwendung des § 44a VwGO auf die Rechtsnatur der „Verfahrenshandlung" nicht ankommt, erkennt auch das BVerwG an, s. auch BVerwGE 115, 373.

entscheidung vorgeschaltet[316] und können daher nach allgemeinen Grundsätzen gem. § 44a VwGO unabhängig von ihrer Rechtsnatur grundsätzlich nur zusammen mit der abschließenden Entscheidung angefochten werden. Hierfür sprechen Gründe der Effektuierung des Rechtsschutzes. Es soll verhindert werden, dass ein Verwaltungsverfahren durch Rechtsbehelfe unnötig verzögert wird, obwohl noch offen ist, ob der Betroffene überhaupt im Ergebnis von der Entscheidung beschwert ist[317]. Aber auch aus Sicht des Rechtsschutzsuchenden erweist sich die Anwendbarkeit von § 44a VwGO nicht als Nachteil, sondern als Erweiterung bzw Effektuierung des Rechtsschutzes. Wäre nämlich eine Zwischenentscheidung der Bestandskraft fähig[318], hätte ein Rechtsmittel, das erst gegen die Endentscheidung eingelegt wird, regelmäßig keinen Erfolg, da der Betroffene die Rechtswidrigkeit der Zwischenentscheidung nicht mehr geltend machen kann. Anders verhält es sich aber bei einer Anwendung des § 44a VwGO, da die Rechtsmittelfristen erst mit der Endentscheidung zu laufen beginnen[319]. Das Gegenargument des BVerwG, der Gesetzgeber habe mit der Übertragung der Verfahrensentscheidungen auf die Beschlusskammer „diese (Zwischen-)Entscheidungen der Bundesnetzagentur zugleich qualitativ höherwertig ausgestaltet als die abschließende Sachentscheidung"[320] ist rein formalistisch und überzeugt nicht.

568 Selbstständig angreifbar sind solche Verfahrenshandlungen, durch die Beteiligte oder Dritte in ihrer Rechtsposition schon endgültig betroffen werden, wie sich in direkter oder analoger Anwendung des § 44a S. 2 VwGO ergibt[321]. Dies gilt beispielsweise für die **Ablehnung einer Beteiligung** am Anhörungsverfahren[322], aber insbesondere auch für die Entscheidung der Regulierungsbehörde über den Ausschluss eines Bewerbers vom Vergabeverfahren nach § 61 Abs. 3 TKG[323]. Entsprechendes gilt aber auch für die **Entscheidung, überhaupt ein Vergabeverfahren durchzuführen**, die daher durch ein Unternehmen, das einen Zuteilungsantrag gestellt hat, angegriffen werden kann[324]. Mit dieser wandelt sich nämlich der vorherige Zuteilungsanspruch in einen bloßen Teilhabeanspruch um (s. Rn 109).

569 **dd) Rücknahme und Widerruf.** Von besonderer Bedeutung ist der **Widerruf einer Frequenzzuteilung bei Nichtnutzung**[325]. Nach § 63 Abs. 1 TKG kann die Fre-

---

316 *Spoerr*, in: Trute/Spoerr/Bosch, TKG, § 10 Rn 10 beurteilt dies richtigerweise unabhängig von der Verwaltungsaktqualität.

317 *Kopp/Schenke*, VwGO, § 44a Rn 1 mwN.

318 Dafür *Hufeld*, JZ 2002, 871, 878.

319 Dies lag allerdings nicht in der Absicht der Regulierungsbehörde, die bei der Versteigerung der UMTS-Lizenzen die Bestandskraft der Festlegung der Versteigerungsbedingungen abwartete und dadurch zu erreichen hoffte, dass sie im Zusammenhang mit einer etwaigen Anfechtung der schließlich erteilten Lizenz nicht mehr angegriffen werden könnten. Für eine selbstständige Anfechtung der einzelnen, die Verfahrensstufen abschließenden Verwaltungsakte auch *Müller-Terpitz*, in: K&R 2002, 75.

320 BVerwG, NVwZ 2009, 1558, 1561.

321 *Kopp/Schenke*, VwGO, § 44a Rn 2, 8.

322 *Kopp/Schenke*, VwGO, § 44a Rn 4a mwN.

323 Ebenso *Geppert*, in: Beck'scher TKG-Kommentar, § 11 Rn 35; *Manssen*, in: Manssen, Telekommunikations- und Multimediarecht, § 11 TKG Rn 21.

324 Insofern überzeugend daher BVerwG v. 23.3.2011 – 6 C 6.10, 6 C 6/10.

325 Dazu VG Köln v. 25.4.2007, 21 K 3675/05; OVG Münster: Urteil v. 30.6.2009 – 13 A 2069/07.

quenzzuteilung unter anderem widerrufen werden, wenn die Frequenz länger als ein Jahr nicht im Sinne des mit der Zuteilung verfolgten Zwecks genutzt worden ist. § 63 Abs. 1 TKG normiert ein zweckgebundenes Nutzungsgebot. Bei Nichtaufnahme der Nutzung kann daher genauso wie bei der nachträglichen Nutzungseinstellung eine Frequenzzuteilung widerrufen werden, um einem Brachliegen von Frequenzen zu begegnen. Dies wiederum entspricht dem Gebot zur Sicherstellung einer effizienten Frequenznutzung, welches gem. §§ 2 Abs. 2 Nr 7, 52 Abs. 1 TKG eines der Ziele staatlicher Regulierung darstellt. Außerdem kann nach § 49 Abs. 2 Nr 3 VwVfG ein rechtmäßiger begünstigender Verwaltungsakt, auch nachdem er unanfechtbar geworden ist, ganz oder teilweise mit Wirkung für die Zukunft widerrufen werden, wenn die Behörde aufgrund nachträglich eingetretener Tatsachen berechtigt wäre, den Verwaltungsakt nicht zu erlassen, und wenn ohne den Widerruf das öffentliche Interesse gefährdet würde. Als solche nachträglich eingetretene Tatsache kommt die mangelnde wirtschaftliche Leistungsfähigkeit in Betracht. Fraglich ist jedoch, inwieweit der § 49 VwVfG im vorliegenden Fall überhaupt anwendbar ist. Das Verhältnis von § 63 TKG zu § 49 VwVfG ergibt sich aus § 63 Abs. 2 TKG. Die allgemeinen Widerrufsbestimmungen sind daher auf solche Sachverhalte nicht anwendbar, die bereits unter die speziellen telekommunikationsrechtlichen Widerrufsgründe fallen, ohne deren Voraussetzungen zu erfüllen[326]. Da die Entscheidung über die Frequenzzuteilung bzw -versagung erst nach Abschluss des Vergabeverfahrens erfolgt, ist sie nicht den Beschlusskammern vorbehalten, so dass uU ein Widerspruchsverfahren durchzuführen ist, weil § 137 Abs. 2 TKG nicht einschlägig ist[327]. S. auch ▶ **Klausurenkurs Fall Nr 10.**

IV. Zugangsregulierung und Preisregulierung in EnWG und TKG

Fall 47: B betreibt eine Großbäckerei und wird seit 1971 von dem überregionalen Energieversorger E mit Elektrizität in der Niederspannungsebene versorgt. Als B expandierte, stieg auch der Strombedarf. B verlangt daher von E Anschluss an das Mittelspannungsnetz, was ihr eine jährliche Ersparnis von Stromkosten in Höhe von 10 000 € bringe. E verweigerte den Anschluss mit der Begründung, der bestehende Netzanschluss sei bei Verlegung eines weiteren Anschlusskabels ausreichend, um den Mehrbedarf zu decken, außerdem könne man der B keine Sondervorteile gegenüber anderen Kunden gewähren; der Richtwert von mindestens 350 kVA für den Anschluss eines Letztverbrauchers an die Mittelspannungsebene werde von B nicht erreicht. Hat B einen Anspruch auf Anschluss an das Mittelspannungsnetz?

570

Fall 48: Bei den Unternehmen im Festnetzbereich herrscht Unmut über die hohen Entgelte, welche die Mobilfunkunternehmen für die Zustellung von Anrufen in ihre Netze verlangen (Terminierungsentgelte).

571

---

326 So *Ruthig*, in: Arndt/Fetzer/Scherer, TKG, § 63 Rn 4; vgl auch Regierungsbegründung, BT-Drucks. 15/2316, S. 110.

327 S. auch *Ellinghaus*, in: Arndt/Fetzer/Scherer, TKG, § 137 Rn 19; *Ruthig*, in: Arndt/Fetzer/Scherer, TKG, § 63 Rn 24; *Wegmann*, in: Säcker, TKG, § 61 Rn 49.

a) Die BNetzA möchte sich der Beschwerden annehmen. Was kann Sie tun?

b) Aufgrund einer Marktdefinition und Marktanalyse (§§ 10, 11 TKG) legt die BNetzA nach einem ordnungsgemäßen Verfahren nach § 12 TKG fest, dass die Mobilfunknetzbetreiber A, B, C, D auf dem Markt der Anrufzustellung über beträchtliche, nämlich 100%ige Marktmacht verfügen. Auf der Grundlage dieser Festlegungen ergehen sodann durch die zuständige Beschlusskammer gegenüber A bis D, wiederum nach Durchführung eines Verfahrens nach §§ 12, 13 TKG, Regulierungsverfügungen über die Zugangsverpflichtung nach § 21 TKG. Welche Rechtsschutzmöglichkeiten hat A?

c) *Variante:* Die Präsidentenkammer stellt im Verfahren nach § 12 TKG fest, dass keines der Unternehmen über beträchtliche Marktmacht verfügt und sieht deshalb vom Erlass von Regulierungsverfügungen ab. Die Kommission verzichtet auf ein Veto. Die DTAG, die als größter Festnetzanbieter von diesen Terminierungsentgelten betroffen ist und der Kunde K der DTAG fragen, ob sie diese Feststellungen vor nationalen oder europäischen Gerichten angreifen können.

1. Zugangs- und Entgeltregulierung als ökonomisches Herzstück des Regulierungsrechts

572 Der zentrale Baustein zur Förderung von Wettbewerb im Regulierungsrecht ist die Zugangsregulierung. Funktionierender Wettbewerb kann einerseits dadurch entstehen, dass die Marktteilnehmer zwischen einer Mehrzahl alternativer Anbieter wählen können, die jeweils ihre eigenen Infrastrukturen nutzen. Beispiel hierfür ist der Mobilfunkmarkt. Andererseits ist in bestimmten Märkten bzw bei sog. natürlichen Monopolen die Duplizierung von Infrastrukturen technisch unmöglich oder wirtschaftlich unvernünftig. Dies gilt insbesondere im Bereich des Festnetzes. Wenn die vorhandenen Leitungskapazitäten ausreichen, macht es ökonomisch wenig Sinn, parallele Netzinfrastrukturen aufzubauen und weitere Kabel zu verlegen. An die Stelle des sog. **Infrastrukturwettbewerbs** muss hier der **Dienstewettbewerb** treten. Die Zugangsregulierung umfasst dabei die Frage, wer unter welchen Voraussetzungen Zugang zum Netz zu gewähren und zu welchen Bedingungen dies zu geschehen hat. Vor allem stellt sich die Frage der Vergütung der Zugangsleistungen. Zugangs- und Entgeltregulierung sind daher miteinander verzahnt.

2. Regulierung des Netzzugangs nach dem EnWG

573 Kernstück der Netzregulierung nach dem EnWG ist die Verpflichtung der Netzbetreiber, jedermann diskriminierungsfrei zu vorab veröffentlichten Bedingungen **Zugang zum Netz** zu gewähren, § 20 EnWG. Dies ist die Antwort des Gesetzgebers auf die oligopolistische Struktur der Strom- und Gasnetze, die darauf zurückzuführen (und gleichzeitig damit zu legitimieren) ist, dass es sich um ein natürliches Monopol handelt[328]. Dieses ist gekennzeichnet durch hohe Fix- und vor allem Investitionskosten, die gleichzeitig irreversibel sind, da das Netz nicht zu anderen Zwecken genutzt wer-

---

328 BT-Drucks. 15/3917 S. 51. S. auch *Kühling*, Sektorspezifische Regulierung in den Netzwirtschaften, 2004, S. 35 ff; *Ziekow*, § 15 Rn 17.

den könnte. Obwohl in einem liberalisierten Markt grundsätzlich die Marktteilnehmer privatrechtlich die Zugangsbedingungen aushandeln, vollzog sich mit dem EnWG 2005 der „Paradigmenwechsel **vom verhandelten zum regulierten Netzzugang**"[329].

Das Gesetz enthält hierzu in den §§ 20–24 EnWG gemeinsame Grundsätze, die in den §§ 25–28a EnWG um Sondervorschriften für Gasversorgungsnetze ergänzt wurden. Die Details sind aber nicht im Gesetz, sondern in den beiden Zugangsverordnungen für das Strom- bzw Gasnetz geregelt[330]. Während die Rechtsverordnungen die materiellrechtlichen Voraussetzungen regeln, liefert § 29 EnWG die Grundlage für den Erlass von Regulierungsentscheidungen im Einzelfall[331]. Diese können nur nach § 29 Abs. 2 S. 1 EnWG abgeändert und ansonsten nach §§ 48, 49 VwVfG aufgehoben werden[332]. Über § 29 Abs. 2 EnWG kann die Genehmigung aber auch aufgrund geänderter Einschätzungen der BNetzA, etwa zum effizienten Netzbetrieb, angepasst werden[333]. Außerdem können auf der Grundlage des § 29 Abs. 1 EnWG von der BNetzA die Methoden reguliert werden, nach denen die Anschluss- und Zugangsbedingungen sowie die Entgelte zu bestimmen sind[334]. Die rechtlichen Beziehungen basieren auf Verträgen, s. § 20 Abs. 1a EnWG[335].

Berechtigter kann jedermann sein, wobei praktisch bedeutsam vor allem der Zugangsanspruch von Stromlieferanten sein dürfte; anspruchsverpflichtet sind die Betreiber von Energieversorgungsnetzen (s. § 3 Nr 4 EnWG), also Elektrizitäts- (s. § 3 Nr 2 EnWG) und Gasversorgungsnetzen (s. § 3 Nr 6 EnWG). Zur Durchsetzung des Anspruches sieht das Energiewirtschaftsrecht einen **Kontrahierungszwang** vor (§§ 24 Abs. 1, 25 Abs. 1 StromNZV, § 3 Abs. 2 GasNZV), der nach § 102 EnWG vor dem Landgericht durchzusetzen ist[336]. Daneben kann aber auch die Regulierungsbehörde einschreiten. Rechtsgrundlagen finden sich sowohl im Rahmen der Missbrauchsaufsicht nach § 30 Abs. 2 EnWG wie gestützt auf die allgemeine Eingriffsbefugnis des § 65 EnWG, die nach Abs. 4 neben § 30 Abs. 2 EnWG anwendbar ist. Ein **Anspruch auf Einschreiten der Regulierungsbehörde** kann gem. § 75 Abs. 4 EnWG vor dem OLG geltend gemacht werden. Die zivilgerichtliche Durchsetzung des Zugangsanspruches gegenüber dem Energieversorger und der Anspruch auf Einschreiten gegenüber der Behörde stehen nebeneinander[337].

574

Zuständig ist „die Regulierungsbehörde". Deren Aufgaben nimmt gem. § 54 EnWG die BNetzA wahr, soweit nicht eine der in Abs. 2 genannten Zuständigkeiten der Landesregulierungsbehörde (dazu oben Rn 188) begründet ist. Diese sind zuständig für Energieversorgungsunternehmen mit weniger als 100 000 Kunden soweit diese nicht über Landesgrenzen hinweg tätig wurden.

---

329 *Theobald/Theobald*, Energiewirtschaftsrecht, S. 222.
330 Verordnung über den Zugang zu Elektrizitätsversorgungsnetzen (Stromnetzzugangsverordnung) v. 25.7.2005, BGBl. I, S. 2243; Verordnung über den Zugang zu Gasversorgungsnetzen (Gasnetzzugangsverordnung) v. 25.7.2005, BGBl. I, S. 2210.
331 BT-Drucks. 15/3917 S. 61; *Britz/Hellermann/Hermes*, EnWG § 29 Rn 1 ff. Die Festlegung wird von der hM als Allgemeinverfügung betrachtet, vgl BGH, ZNER 2008, 228; sie ließe sich jedoch zumindest teilweise auch als (normkonkretisierende) Verwaltungsvorschrift qualifizieren, vgl näher *Britz/Herzmann*, in: Britz/Hellermann/Hermes, EnWG § 29 Rn 15 mwN.
332 Ausf *Chatzinerantzis*, in: Baur/Salje/Schmidt-Preuß, Regulierung in der Energiewirtschaft, Kap. 70 Rn 43 ff.
333 *Britz*, in: Britz/Hellermann/Hermes, EnWG § 29 Rn 20.
334 *Britz/Herzmann*, in: Britz/Hellermann/Hermes, EnWG § 29 Rn 5 ff.
335 S. im Einzelnen *Koenig/Kühling/Rasbach*, Energierecht, S. 56 ff.
336 S. BT-Drucks. 15/3917 S. 46; *Koenig/Kühling/Rasbach*, Energierecht, S. 58 f. Ausführlicher *Kühling/el Barudi*, DVBl 2005, 1470, 1474 f auch zur Frage, inwieweit im Gasbereich von einem gesetzlichen Schuldverhältnis auszugehen ist.
337 Ebenso *Ziekow*, § 15 Rn 29.

575 Voraussetzung des Netzzuganges ist der **Netzanschluss**. Während der Netzzugang ein Nutzungsrecht an einem fremden Leitungssystem ermöglicht, ist der Netzanschluss die technische Anbindung an ein Leitungsnetz bzw von Netzen untereinander. § 17 EnWG statuiert in Abs. 1 einen umfassenden Netzanschlussanspruch und normiert in Abs. 2 die formellen und materiellen Anforderungen an eine Ablehnung[338]. Als speziellerer Anspruch von Letztverbrauchern enthält § 18 EnWG eine allgemeine Anschlusspflicht. Spezielle **Vorschriften über den privilegierten Netzanschluss** finden sich in § 8 Abs. 1 EEG und § 4 Abs. 1 KWKG.

576 Im **Fall 47 (Rn 570)**[339] könnte B als Letztverbraucher (§ 3 Nr 25 EnWG) einen Netzanschlussanspruch nach § 17 EnWG haben, der nicht voraussetzt, dass eine Rechtsverordnung nach Abs. 3 bereits ergangen ist[340]. Dieser Anschluss könnte nur verweigert werden, wenn er aus betriebsbedingten oder sonstigen wirtschaftlichen oder technischen Gründen nicht möglich oder unzumutbar ist, § 17 Abs. 2 EnWG. Zu beachten ist jedoch, dass die Vorschrift des § 18 EnWG vorgeht[341]. Diese gilt für Betreiber von Energieversorgungsnetzen für Gemeindegebiete, in denen sie Energieversorgungsnetze zur allgemeinen Versorgung von Letztverbrauchern betreiben, so dass auch E erfasst wird. Danach ist E grundsätzlich zur Gleichbehandlung der angeschlossenen Letztverbraucher verpflichtet und darf einzelnen Kunden nicht wesentliche Sondervorteile zuwenden. Insofern hätte E lediglich einen Anspruch auf einen Niederspannungsanschluss. Leitet man hieraus ab, dass auch Letztverbraucher, die keine Haushaltskunden sind, auf diesen Anschluss beschränkt sind[342], ist ein Anschlussanspruch an das Mittelspannungsnetz vorliegend nicht gegeben.

3. Die Zugangsregulierung im TKG

a) Die Flexibilisierung staatlicher Kontrolle: Sektorspezifische und asymmetrische Marktregulierung

577 Ein Spezifikum des Telekommunikationsrechts ist die **Flexibilisierung der Interventionsschwelle** bzw die weitgehende Beschränkung auf die Kontrolle sog. marktmächtiger Unternehmen. Anders als noch nach dem TKG 1996 sind die zentralen Verpflichtungen von Telekommunikationsunternehmen nicht mehr normativ vorgegeben, sondern „Bestandteil eines flexiblen und dynamischen Regulierungsrahmens ..., in dem die Regulierungsbehörde die Verpflichtungen anordnen oder von ihr dispensieren kann – nach Maßgabe eines neuen, kooperativen Marktanalyseverfahrens"[343]. Daher beschränken die §§ 9 ff TKG die Regulierung auf solche Märkte, auf denen kein wirksamer Wettbewerb besteht (daher **„sektorspezifische Regulierung"**). Gleichzeitig folgt das TKG dem **Modell einer asymmetrischen Regulierung**. Marktbeherr-

---

338 Dazu *Buntscheck*, WuW 2006, 30.
339 LG Nürnberg-Fürth, RdE 2007, 325.
340 *Salje*, EnWG, § 17 Rn 66 f; aA LG Nürnberg-Fürth, RdE 2007, 325. Mittlerweile sind aber die NiederspannngsanschlussVO und die NiederdruckanschlussVO erlassen worden, s. dazu *Groß*, NJW 2007, 1030.
341 *Salje*, EnWG, § 17 Rn 22.
342 So LG Nürnberg-Fürth, RdE 2007, 325; *Bruhn*, in: Berliner Kommentar zum Energierecht, EnWG, § 18 Rn 17; anders wohl *Salje*, EnWG, § 18 Rn 21.
343 *Trute*, in: Trute/Spoerr/Bosch, TKG, Einl II Rn 40.

schende Unternehmen werden weitergehenden gesetzlichen Restriktionen und Verpflichtungen unterworfen als andere Unternehmen.

§ 9 Abs. 1 TKG enthält das „regulatorische Konzentrat" des TKG. Marktregulierung **578** verläuft in einem regulatorischen **„Dreischritt"**[344] **aus Marktdefinition, Marktanalyse und Verpflichtungsentscheidung (Drei-Kriterien-Test).** „Die Stufen eins (Marktabgrenzung) und drei (Marktanalyse) beantworten arbeitsteilig die Frage, ob Wettbewerbskräfte für die Marktauftrittsstrategie eines bzw mehrerer Unternehmen(s) hinsichtlich bestimmter Telekommunikationsleistungen und innerhalb bestimmter Räume derart bedeutungslos sind, dass sich dieses bzw diese Unternehmen in beträchtlichem Umfang unabhängig von Wettbewerbern, Kunden und letztlich Verbrauchern verhalten kann bzw können. In diese Untersuchung eingeschoben wird eine Stufe zwei, mit der die Frage beantwortet wird, ob die sachlich und räumlich abgegrenzten Telekommunikationsmärkte überhaupt für eine Regulierung nach dem zweiten Teil des TKG in Betracht kommen, dh, ob die Anwendung des Wettbewerbsrechts nicht ausreicht, um dem Marktversagen entgegenzuwirken"[345].

Im **Fall 48a (Rn 571)** muss daher zunächst eine **Marktanalyse** durchgeführt werden. Für die **579** Auswahl der möglicherweise zu regulierenden Märkte nennt § 10 Abs. 2 TKG die entscheidenden Kriterien; die Marktabgrenzung selbst erfolgt im Einklang mit den auch für das Wettbewerbsrecht geltenden Grundsätzen. Bei der Marktabgrenzung nach § 10 I TKG verfügt die BNetzA nach der Rechtsprechung des BVerwG über einen Beurteilungsspielraum, der vom Gericht ua darauf zu überprüfen ist, ob die Behörde von einem richtigen Verständnis des anzuwendenden Gesetzesbegriffs ausgegangen ist und den erheblichen Sachverhalt vollständig und zutreffend ermittelt hat[346]. Allerdings werden die relevanten Märkte unter „weitestgehender Berücksichtigung der Empfehlung der Kommission" festgelegt. Diese hat auf der Grundlage von Art. 15 Abs. 1 RahmenRL am 17.12.2007 eine Empfehlung herausgegeben, die die für eine Vorabregulierung in Betracht kommenden Märkte erheblich reduziert hat[347]. Es verbleiben lediglich ein einziger Endkundenmarkt (Zugang von Privat- und Geschäftskunden zum öffentlichen Telefonnetz an festen Standorten) und weitere sechs Vorleistungsmärkte[348]. Ihrer

---

344 Vgl die Begründung zum Gesetzentwurf, BT-Drucks. 15/2316, S. 61; s. auch *Geers*, in: Arndt/Fetzer/ Scherer, TKG § 9 Rn 7 ff.

345 *Geers*, in: Arndt/Fetzer/Scherer, TKG § 9 Rn 7. Die Neufassung von § 11 Abs. 1 TKG 2012 betont ausdrücklich, dass es sich bei Marktdefinition und -analyse um zwei zu unterscheidende Stufen handelt, s. auch BT-Drucks. 17/5707 S. 51.

346 BVerwGE 131, 41; BVerwG, NVwZ 2011, 563. S. schon BT-Drucks. 15/2316 S. 61; vgl außerdem *Ziekow*, § 14 Rn 20 ff; *Ladeur/Möllers*, DVBl 2005, 525, 533.

347 Empfehlung der Kommission vom 17. Dezember 2007 über relevante Produkt- und Dienstmärkte des elektronischen Kommunikationssektors, die aufgrund der Richtlinie 2002/21/EG des Europäischen Parlaments und des Rates über einen gemeinsamen Rechtsrahmen für elektronische Kommunikationsnetze und -dienste für eine Vorabregulierung in Betracht kommen, Abl. EG L 344 v. 28.12.2007, S. 65 ff. Vgl Nr 1: Die nationalen Regulierungsbehörden sollten bei der Festlegung der relevanten Märkte entsprechend den nationalen Gegebenheiten gemäß Artikel 15 Absatz 3 der Richtlinie 2002/ 21/EG die im Anhang dieser Empfehlung aufgeführten Produkt- und Dienstmärkte prüfen.

348 Im Einzelnen handelt es sich um: Verbindungsaufbau im öffentlichen Telefonnetz an festen Standorten, Anrufzustellung in einzelnen öffentlichen Telefonnetzen an festen Standorten, Vorleistungsmarkt für den (physischen) Zugang zu Netzinfrastrukturen (einschließlich des gemeinsamen oder vollständig entbündelten Zugangs) an festen Standorten, Breitbandzugang für Großkunden, Abschluss-Segmente von Mietleitungen für Großkunden, Anrufzustellung in einzelnen Mobilfunknetzen.

Rechtsnatur nach ist eine solche Empfehlung für die Mitgliedstaaten als Adressaten unverbindlich[349]. Dennoch entfaltet sie eine Vermutung dafür, dass die in ihr aufgeführten Märkte – vorbehaltlich der Marktanalyse (§ 11 TKG) – regulierungsbedürftig sind[350]. Im vorliegenden Fall sind die Terminierungsentgelte in Mobilfunknetzen auch in der neuen Empfehlung enthalten, so dass diese als sachlich relevanter Markt für eine Regulierung in Betracht kommen. Angesichts des Beurteilungsspielraums dürfte sich eine Marktanalyse kaum angreifen lassen, die auf der Grundlage der Kommissionsempfehlung ergeht[351]. Der Markt für Terminierungsentgelte in einzelnen Mobilfunknetzen kann daher reguliert werden, sofern kein wirksamer Wettbewerb besteht, § 11 Abs. 1 S. 1 TKG. Dies ist dann nicht der Fall, wenn ein **Unternehmen mit beträchtlicher Marktmacht** vorhanden ist. Ob ein Unternehmen über eine solche verfügt, ist nach den Marktanalyse-Leitlinien, die nach Art. 16 Abs. 1 RahmenRL, § 11 Abs. 1 S. 4 TKG von der Bundesnetzagentur weitestgehend zu berücksichtigen sind, anhand verschiedener Kriterien zu ermitteln. Ein wesentlicher Indikator für Marktmacht sind danach die Marktanteile des betreffenden Unternehmens. Dieser beträgt bei der Zustellung in das eigene Netz 100%. Auch wenn die beträchtliche Marktmacht nicht allein vom Marktanteil, sondern auch von einer Gesamtbewertung unter Berücksichtigung weiterer Gesichtspunkte abhängt (vgl Nr 78 der Marktanalyse-Leitlinien), ist auch insoweit ein Beurteilungsspielraum der BNetzA anzuerkennen. Hieraus hat das BVerwG abgeleitet, dass sich die gerichtliche Kontrolle „darauf erstrecken, aber auch begrenzen muss, ob die Behörde die gültigen Verfahrensbestimmungen eingehalten hat, von einem richtigen Verständnis des anzuwendenden Gesetzesbegriffs ausgegangen ist, den erheblichen Sachverhalt vollständig und zutreffend ermittelt hat und sich bei der eigentlichen Beurteilung an allgemeingültige Wertungsmaßstäbe gehalten, insbesondere das Willkürverbot nicht verletzt hat"[352].

580 Kommt die Bundesnetzagentur zum Ergebnis, dass eine beträchtliche Marktmacht vorliegt und wirksamer Wettbewerb nicht besteht, legt sie den marktbeherrschenden Unternehmen die daran anknüpfenden Verpflichtungen durch **Regulierungsverfügung** (s. § 13 Abs. 1 S. 1 TKG) auf. Diese Verpflichtungen reichen von der Zugangs- und Entgeltregulierung bis hin zur sog. Besonderen Missbrauchsaufsicht (§ 42 TKG). Wenn § 13 Abs. 3 TKG anordnet, dass die Verpflichtungsentscheidungen „mit den Ergebnissen des Verfahrens nach §§ 10 und 11 als **einheitlicher Verwaltungsakt**" ergehen, verzichtet der Gesetzgeber auf eine Umsetzung des Dreischrittes in ein gestuftes Verwaltungsverfahren. Damit konzentriert sich auch der **Rechtsschutz** auf die Verpflichtungsentscheidung. Eine isolierte Anfechtung der Marktanalyseentscheidung ist unabhängig von ihrer Rechtsnatur[353] ausgeschlossen, andererseits muss in jedem Fall einer Verpflichtungsentscheidung die „Entscheidung" über Marktdefinition und Marktanalyse erneut inzident geprüft werden[354] (s. ausf ▶ **Klausurenkurs Fall Nr 9**).

---

349 S. auch *Geers*, in: Arndt/Fetzer/Scherer, TKG, § 10 Rn 8.

350 Unabhängig davon führen die Befugnisse der Kommission im Konsolidierungsverfahren (§ 12 Abs. 2 Nr 1–3 TKG und Art. 7 der RahmenRL) und ihr Veto-Recht dazu, dass sich nationale Regulierungsbehörden kaum über diese hinwegsetzen werden; s. schon *Klotz*, MMR 2003, 495, 496: „faktisch bindender Charakter".

351 Eine Fehleinschätzung der Bundesnetzagentur in Bezug auf den Regelungsgehalt der Empfehlung, soweit er für die Abgrenzung des relevanten Marktes erheblich ist, kann zu einer Überschreitung der Grenzen des Beurteilungsspielraums führen, BVerwG, NVwZ 2011, 563 LS 2.

352 BVerwGE 131, 41, Rn 21; zur Überprüfung der Feststellung beträchtlicher Marktmacht s. dort Rn 32 ff.

353 Vgl *Gurlit*, in: Säcker, TKG, § 13 Rn 37: Realakt.

354 Kritisch gegen diese Lösung *Ladeur*, DVBl 2005, 525, 529.

Verfahrensrechtlich ist dieser Dreischritt durch die Notwendigkeit der Anhörung der „interessierten Parteien" (**Konsultierungsverfahren nach § 12 Abs. 1 TKG**) und durch die Kooperation zwischen Bundesnetzagentur und Kommission, GEREK und anderen nationalen Regulierungsbehörden (**Konsolidierungsverfahren nach § 12 Abs. 2 TKG**) weiter ausdifferenziert. Dies erfasst auch die abschließende Regulierungsverfügung.

b) Zugangsregulierung und Entgeltregulierung als Kontrollmechanismen gegenüber marktmächtigen Unternehmen

§ 3 Nr 32 TKG definiert den **Zugang** als „Bereitstellung von Einrichtungen oder   **581** Diensten für ein anderes Unternehmen unter bestimmten Bedingungen zum Zweck der Erbringung von Telekommunikationsdiensten". Nach dieser Definition betrifft Zugang nur das **Verhältnis zwischen Netzbetreibern,** nicht die Endkundenbeziehungen. Das Zugangsregime findet sich in den §§ 16 ff TKG, denen das **Konzept „regulierter Selbstregulierung"**[355] zugrunde liegt. Danach sind staatliche Eingriffe immer nur dann zulässig, wenn es zu keiner Einigung auf dem Verhandlungswege kommt[356]. Kommen freiwillige Vereinbarungen nicht zustande, kann die BNetzA Telekommunikationsunternehmen mit marktbeherrschender Stellung zur Zusammenschaltung verpflichten; außerdem können Teilnehmernetzbetreibern auch ohne beträchtliche Marktmacht Zusammenschaltungsverpflichtungen auferlegt werden (s. näher § 18 TKG). „Herzstück" der Zugangsregulierung[357] ist die Anordnung (abstrakter) Zugangsverpflichtungen nach § 21 TKG[358]. Ihrer Umsetzung im Einzelfall dient die Zusammenschaltungsanordnung nach § 25 TKG. Diese ersetzt die Willenserklärungen der Parteien und ist somit ein privatrechtsgestaltender Verwaltungsakt[359]. Gem. § 25 Abs. 5 TKG kann in ihr auch das Zusammenschaltungsentgelt festgelegt werden.

Im **Fall 48b (Rn 571)**[360] kann A als Adressat der Maßnahme selbstverständlich gegen die das   **582** Verfahren abschließende Regulierungsverfügung klagen. Angesichts des Beurteilungsspielraums der BNetzA (s. schon Rn 530) kann aber praktisch nur die Auferlegung der konkreten Regulierungsverpflichtung überprüft werden; insoweit wäre im Übrigen auch ein durch die entsprechenden Anordnungen (potentiell) begünstigtes Unternehmen klagebefugt[361]. Die isolierte Anfechtung der Festlegung als marktmächtiges Unternehmen ist wegen § 13 Abs. 3 TKG ausgeschlossen; danach ergeht die Regulierungsverfügung zusammen mit den Ergebnis-

355   Vgl auch *Franzius*, EuR 2002, 660, 669.
356   Das Gesetz gliedert das Verfahren weiter auf. Grundsätzlich besteht für alle Betreiber öffentlicher Telekommunikationsnetze eine Verhandlungspflicht über die Zusammenschaltung, § 16 TKG. Sofern solche Zusammenschaltungsvereinbarungen (zivilrechtliche Verträge) abgeschlossen werden, erledigt sich das Anordnungsverfahren.
357   *H. Jochum*, MMR 2005, 161.
358   Die – praktisch sehr wichtigen – weiteren Verpflichtungen (Diskriminierungsverbot § 19 TKG, Transparenzgebot § 20 TKG, Verpflichtung zu getrennter Rechnungsführung § 24 TKG) flankieren diese „Kernverpflichtungen" des § 21 TKG.
359   *Scherer*, in: Arndt/Fetzer/Scherer, TKG, § 25 Rn 20; *Geppert/Schütz*, in: Beck'scher TKG-Kommentar, § 25 Rn 65. S. schon zu § 37 Abs. 1 S. 1 TKG aF BVerwGE 120, 263 = NVwZ 2004, 1365.
360   S. zur Rechtsnatur der Verpflichtungsentscheidung schon nach altem Recht BVerwGE 120, 263 = NVwZ 2004, 1365. Zum Rechtsschutz gegen Regulierungsverfügungen *Gurlit*, in: Säcker TKG, § 13 Rn 44 ff.
361   BVerwG, NVwZ 2008, 575 zur Verpflichtungsklage auf Auferlegung weitergehender Verpflichtungen.

sen des Marktdefinitions- und Marktanalyseverfahrens als einheitlicher VA, der dann auch nur insgesamt angegriffen werden kann[362]. Schwieriger zu beurteilen ist allerdings der **Fall 48c (Rn 571)**, in dem die Regulierungsbehörde bereits keine beträchtliche Marktmacht festgestellt und die Kommission dies auch nicht beanstandet hat. Angesichts des Beurteilungsspielraums der Regulierungsbehörde und weil zwar die Auferlegung einer Regulierungsverpflichtung auch dem Schutze Dritter diene, nicht aber das Marktdefinitionsverfahren, verneinte das BVerwG insoweit bereits die Klagebefugnis[363]. Nach Ansicht des EuG[364] scheidet aber auch Rechtsschutz gegen das Unterlassen der Kommission aus, da dieses für die nationale Regulierungsbehörde nicht verbindlich sei und die Klägerin nicht unmittelbar belaste. Es kann aber nicht überzeugen, den Betroffenen hier völlig rechtsschutzlos zu stellen. Jedenfalls dann, wenn die Regulierungsbehörde – etwa weil sie sich mit der Marktdefinition der Kommission überhaupt nicht auseinander gesetzt hat – die Grenzen ihres Beurteilungsspielraums überschritten hat, muss das betroffene Unternehmen die Möglichkeit von Rechtsschutz haben (s. auch ▶ **Klausurenkurs Fall Nr 9**).

4. Grundzüge der Entgeltregulierung

583 Preisregulierung ist die **Beeinflussung der unternehmerischen Preisgestaltung durch staatliche Maßnahmen**[365]. Da sich das Marktversagen bei Märkten, die von einer monopolistischen bzw oligopolistischen Anbieterstruktur geprägt sind, vor allem in der Preisgestaltung äußert, markierte die Preisregulierung nicht nur historisch den Beginn des Regulierungsrechts[366], sie stellt vielmehr bis heute einen zentralen Baustein des Regulierungsrechts dar. Die Vorschriften über die Entgeltregulierung galten seit dem TKG 1996 als Kernstück der Liberalisierung des Telekommunikationsmarktes. Preisregulierung dient zum einen der Verwirklichung eines chancengleichen und funktionsfähigen Wettbewerbs und damit, vor allem in der Anfangsphase einer Demonopolisierung, dem Schutz der Neuunternehmen, zum anderen dem Schutz der Verbraucher vor überhöhten Entgelten (s. beispielhaft § 27 Abs. 1 TKG). Dennoch ist das moderne Regulierungsrecht insgesamt durch eine **Reduktion der staatlichen Preiskontrolle** gekennzeichnet. Dies gilt vor allem für die Endkundenentgelte,

---

362 Zum Rechtsschutz gegen eine unterlassene Veto-Entscheidung der Kommission EuG, Beschluss v. 22.2.2008, Rs. T-295/06 – *„Base ./. Kommission"*. Zum Konsolidierungsverfahren und dem Rechtsschutz *Geers*, in: Arndt/Fetzer/Scherer, TKG, § 12 Rn 14 ff; s. auch *Gurlit*, in: Säcker, TKG, § 12 Rn 52 ff.

363 BVerwG CR 2010, 722; 2012, 313 Rn 32; *Gurlit*, in: Säcker, TKG § 12 Rn 50.

364 Zur Klagebefugnis bei unterlassener Marktdefinition BVerwG, NVwZ 2008, 575, 576 f; kritisch hierzu *Ufer*, N&R 2008, 91, 92; *Schütze*, K&R Beiheft 3/2008, 18, 19 – beide jeweils unter Berufung auf EuGH v. 21.2.2008, Rs. C-426/05 – *„Tele2"*; allg. *Geers*, in: Arndt/Fetzer/Scherer, TKG, § 13 Rn 19 ff; *Gurlit*, in: Säcker, TKG, § 13 Rn 47 ff; *Geppert/Attendorn*, in: Beck'scher TKG-Kommentar, § 21 Rn 278 ff; *Scherer*, NJW 2004, 3001, 3004; zum Rechtsschutz von Endnutzern *Thomaschki/ Neumann*, in: Säcker, TKG, § 21 Rn 17.

365 Dies geschieht in der Tat in erster Linie durch staatliche Ge- und Verbote, s. auch *Berringer*, Regulierung als Erscheinungsform der Wirtschaftsaufsicht, 2004, S. 128; allerdings wäre eine generelle Beschränkung auf staatliche „Ge- und Verbote" angesichts der zunehmenden Bedeutung von Realakten zu eng.

366 Kurzer Überblick über das US-amerikanische Recht bei *Schorkopf*, JZ 2008, 20, 22 f; ausf *Masing*, AöR 128 (2003), 558. Bei der staatlichen Leistungserbringung tritt an ihre Stelle die Festlegung der öffentlichrechtlichen Gebühren, s. *Trute*, FS Brohm (2002), 169, 173.

die im Telekommunikationsrecht nur ansatzweise und im Energierecht[367] überhaupt nicht reguliert werden. Es gilt aber auch für die Vorleistungsentgelte im TK-Bereich, da auch die Entgeltregulierung die Durchführung einer Marktanalyse voraussetzt (s. unten Rn 577).

Glaubt man den ökonomischen Untersuchungen, besteht nämlich gerade auf einem regulierten Markt die besondere Gefahr überhöhter Preise[368]. Andererseits entscheidet gerade die Preisgestaltung im Zusammenhang mit Zugangsleistungen in besonderer Weise über die Entwicklung der entsprechenden Wirtschaftszweige. Sind Entgelte zu gering, verringern sich die Investitionen in die Infrastruktur und vor allem die Innovationsleistungen. Werden Entgelte zu hoch festgesetzt, behindern sie den Wettbewerb und begünstigen marktmächtige Unternehmen. Dies gilt insbesondere im Verhältnis zu vertikal integrierten Unternehmen, die sowohl Vorleistungen wie Endkundenleistungen erbringen, was sowohl im Energie- wie im Telekommunikationsrecht bei den marktbeherrschenden Unternehmen der Fall ist. Probleme ergeben sich insbesondere dann, wenn die Differenz zwischen den Vorleistungsentgelten und den eigenen Endkundenentgelten nicht ausreicht, um auch einem Konkurrenten einen angemessenen Gewinn zu ermöglichen (s. die Legaldefinition der sog. **Preis-Kosten-Schere** in § 28 Abs. 2 Nr 2 TKG). Daher sind die **Methoden der Preisbildung**[369] und damit zusammenhängend die **Frage der gerichtlichen Kontrolldichte** von besonderer Bedeutung. Im Bereich des TKG nimmt das BVerwG einen Beurteilungsspielraum an[370], im Bereich des EnWG stellt sich die Frage von Beurteilungsspielräumen nicht; hier hat die Bundesregierung im Wege der Rechtsverordnung nach § 24 S. 2 Nr 4 EnWG so detaillierte Vorgaben zur Berechnung der Netznutzungsentgelte gemacht, dass sich die Netzbetreiber die Entgelte praktisch selbst errechnen können[371]. Eine nachträgliche zivilgerichtliche Überprüfung der vom Netzbetreiber verlangten (nach § 23a EnWG genehmigten) Netznutzungsentgelte nach § 315 BGB ist regelmäßig ausgeschlossen[372].

a) Grundlagen der Preisbildung

aa) Kosten der effizienten Leistungserbringung. Sieht man die Aufgabe der Preisregulierung darin, die Gewinne eines Monopolisten zu begrenzen, so liegt es nahe, die entstandenen Kosten zum Ausgangspunkt zu nehmen und dem Monopolisten zusätzlich einen angemessenen Gewinn zu ermöglichen. Da allerdings dieser Ansatz den unwirtschaftlich handelnden Monopolisten begünstigt, hat es sich durchgesetzt, nicht auf die tatsächlich entstandenen Kosten, sondern auf die „Kosten der effizienten Leistungserbringung" abzustellen, s. § 21 Abs. 2 EnWG, § 31 Abs. 2 TKG.

584

Diejenigen Kosten, die **tatsächlich durch die Netznutzung entstehen**[373], spielen wegen der niedrigen Grenzkosten in den Netzinfrastrukturen kaum eine Rolle. Entscheidend sind die **nicht leis-**

---

367 Zur Strompreisaufsicht vor 2007 vgl *Salje*, in: Baur/Salje/Schmidt-Preuß, Regulierung in der Energiewirtschaft, Kap. 30 Rn 21 ff.

368 Dies ist insbesondere eine zentrale These der sog. capture theory, die davon ausgeht, dass von der staatlichen (Preis)Regulierung vor allem die regulierten Unternehmen profitieren. Sie wurde in den USA entwickelt von *Stigler*, The Theory of Economic Regulation, Bell Journal of Economics and Management Science, 1971, 1.

369 Zurückzuführen sind die Grundmodelle auf das US-amerikanische Regulierungsrecht; lesenswert insbes die Zusammenfassung von *Posner*, Economic Analysis of Law, 7. Aufl. 2007, S. 370 ff.

370 BVerwG, NVwZ 2012, 1047 unter Berufung auf EuGH v. 24.4.2008 – Rs. C-55/06 – *„Arcor"*, Slg. 2008, I- 2931; *Groebel/Seifert*, in: Säcker, TKG, § 30 Rn 29a; ausf (und im Ergebnis einen Beurteilungsspielraum ablehnend) *Kühling*, in: Beck'scher TKG-Kommentar, § 32 Rn 41 ff.

371 *Rittner/Dreher*, § 34 Rn 94; zu den Einzelheiten s. BGH v. 14.8.2008, KVR 27/07 ua.

372 OLG Naumburg, NJW 2012, 3092; *Scholtka*, NJW 2012, 2704, 2707.

373 Zu diesen „langfristigen zusätzlichen Kosten der Leistungsbereitstellung" s. *Fetzer*, in: Arndt/Fetzer/Scherer, TKG, § 31 Rn 26 ff.

tungsbezogenen Netz- bzw Kapitalkosten, die sich aus dem Wertverzehr eines Kapitalgutes und einer angemessenen Verzinsung zusammensetzen[374]. Noch schwieriger ist die Frage zu beantworten, was im Vergleich zu den von einem Anbieter angeführten Kosten die Kosten einer effizienten Leistungserbringung sind; nach dem **(ökonomischen) Effizienzbegriff** liegt die interne bzw produktive Effizienz dann vor, wenn die Produktionskosten für eine gegebene Outputmenge minimal sind. Da auf die Größe des Unternehmens abgestellt wird, erhalten kleinere Bewerber uU höhere Entgelte als das (größere) marktbeherrschende Unternehmen[375].

585 **bb) Anreizregulierung.** Einfacher zu handhaben ist für die Regulierungsbehörde die sogenannte Anreizregulierung. Hier erhält der Anbieter vorher festgelegte Entgelte, die – nach einer Bestimmung der effizienten Kosten zu Beginn einer Regulierungsperiode – von der tatsächlichen Kostenentwicklung abgekoppelt sind. Dadurch wird der Anreiz geliefert, durch möglichst effiziente Leistungserbringung (und Kostensenkung) den Gewinn zu erhöhen[376].

b) Formen staatlicher Preisregulierung

586 Bei der Entgeltregulierung lässt sich zwischen der vorherigen (ex ante) und der nachträglichen (ex post) Entgeltregulierung differenzieren. Den stärksten Eingriff in den Markt und die Vertragsautonomie stellt sicherlich die **ex-ante-Genehmigung von Entgelten** dar, die es der Regulierungsbehörde gestattet, im Voraus die Preise festzusetzen, die der Anbieter für eine bestimmte Leistung verlangen darf, § 23a EnWG. Daneben gibt es die sog. **ex-post-Kontrolle**, die missbräuchliches Verhalten im Nachhinein zu unterbinden versucht und ihr Grundmodell in den kartellrechtlichen Vorschriften der §§ 19, 20 GWB findet. Indem allerdings auch bei der nachträglichen Entgeltregulierung die Behörde Entgelte anordnen kann (s. § 38 Abs. 4 S. 2 TKG)[377], geht auch diese Variante über die traditionelle kartellrechtliche Missbrauchsaufsicht hinaus.

587 **aa) Das TK-Recht: Die Genehmigung von Entgelten für Zugangsleistungen (§ 30 ff TKG).** Im Zentrum der Vorschriften steht aus den dargestellten Gründen die Entgeltregulierung für Zugangsleistungen. Im Ergebnis ist die ex post-Regulierung der Regelfall, auch wenn die Norm von ihrem Ansatz her umgekehrt argumentiert. Nach Abs. 1 ist die ex ante-Regulierung als Regelverfahren vorgesehen für die Entgelte der nach § 21 TKG einem Betreiber mit erheblicher Marktmacht auferlegten Zugangsleistungen; auch hier kann sich die BNetzA auf eine ex post-Regulierung beschränken, wenn dies zur Erreichung der Regulierungsziele ausreicht. Für andere Zugangsleistungen ist lediglich eine ex post-Kontrolle vorgesehen, § 30 Abs. 2 TKG. Mit der **Anzeige mit Untersagungsvorbehalt (§ 38 Abs. 1 TKG)** wurde eine Zwischenkategorie geschaffen[378]. Die entsprechenden Entgelte können nicht erst nachträglich

---

374 Vgl *Fetzer*, in: Arndt/Fetzer/Scherer, TKG, § 31 Rn 30 ff.
375 *Winzer*, in: Beck'scher TKG-Kommentar, § 32 Rn 15 ff.
376 Zu den Vor- und Nachteilen s. am Beispiel des TKG *Höffler*, in: Arndt/Fetzer/Scherer, TKG, § 32 Rn 5 ff. Zum EnWG *Chatzinerantzis*, in: Baur/Salje/Schmidt-Preuß, Regulierung in der Energiewirtschaft, Kap. 70 Rn 61 ff.
377 Dies ist nach der Gesetzesbegründung erforderlich, um das verbotene Verhalten möglichst zeitnah zu ahnden, andererseits jedoch eine Phase zu vermeiden, in der das Unternehmen mit beträchtlicher Marktmacht Leistungen erbringen muss, ohne dafür ein Entgelt zu erhalten.
378 S. auch *Schneider*, in: Fehling/Ruffert, Regulierungsrecht § 8 Rn 36.

überprüft, sondern vor ihrer Einführung (bis zum Abschluss der Überprüfung) untersagt werden. Bei der Novelle 2012 wurde klargestellt, dass sich aus den Vorgaben der Art. 8, 13 ZugangsRL ergibt, dass die Entscheidung über das gewählte Modell der Entgeltregulierung im Ermessen der BNetzA steht, die hierüber in der Regulierungsverfügung zu entscheiden hat.

Die gesetzgeberische Wertung ist hierfür kein zwingender Maßstab. Sie kann lediglich zu einer verstärkten Begründungspflicht führen, wenn die Regulierungsverfügung davon abweicht[379]. Allerdings sieht das Gesetz selbst für die verschiedenen Formen der Genehmigung unterschiedliche Maßstäbe vor. Während sich die ex ante-Genehmigung an den Kosten effektiver Leistungserbringung orientiert, soll die nachträgliche Kontrolle lediglich Preismissbrauch iSv § 28 TKG verhindern. Die Richtlinien kennen derlei unterschiedliche Maßstäbe nicht, was vor allem angesichts der Tatsache, dass die von den Richtlinien eingeräumten Spielräume nach Ansicht des EuGH nicht vom Gesetzgeber, sondern von der Regulierungsbehörde auszufüllen sind, nicht unproblematisch ist[380].

Von der Genehmigungsbedürftigkeit zu unterscheiden ist die Frage der **Genehmigungsfähigkeit**. Genehmigungsfähig sind nur solche Entgelte, die die Kosten einer effizienten Leistungsbereitstellung nicht überschreiten, § 31 Abs. 1 S. 1 TKG. Mit dem TKG 2012 wurde die Möglichkeit der Berücksichtigung der Kosten des Netzausbaus ausdrücklich geregelt (vgl § 30 Abs. 3 S. 2–3 TKG); umstritten ist die Frage inwieweit auch die Kosten für die Frequenzzuteilung berücksichtigt werden können[381]. Für die Genehmigungserteilung sieht § 32 TKG zwei Verfahren vor. Zum einen kann eine Einzelgenehmigung „auf der Grundlage der auf die einzelnen Dienste entfallenden Kosten der effizienten Leistungsbereitstellung" (§ 32 Nr 1 TKG) erfolgen, zum anderen ist eine Genehmigung nach dem sog. Price-Cap-Verfahren nach Maßgabe von § 34 TKG möglich (§ 32 Nr 2 TKG). Nachdem zunächst das Ausgangsentgeltniveau ermittelt wurde, legt die BNetzA basierend auf der zu erwartenden gesamtwirtschaftlichen Preissteigerungsrate einerseits und den zu erwartenden Produktivitätsfortschritten andererseits (vgl § 34 Abs. 3 TKG) die „Marktgrößen für die durchschnittlichen Änderungsraten der Entgelte" fest, § 32 Nr 2 TKG. Beispiel einer Price-Cap-Regulierung ist eine prozentuale Absenkung der Preise infolge der Effektivitätssteigerungen aufgrund technischen Fortschrittes, aber auch der anzustrebenden Rationalisierungsmaßnahmen bei früheren Monopolisten. Diese ist eine Form der Anreizregulierung.

588

bb) Das Energierecht. Im Energiewirtschaftsrecht werden Verbraucherentgelte überhaupt nicht mehr reguliert, Netzzugangsentgelte unterliegen nach § 23a EnWG grundsätzlich der Genehmigungspflicht[382]. Die Genehmigung ist zu erteilen, wenn die Anforderungen des EnWG und der dazu ergangenen Verordnungen (**StromNEV und**

589

---

379 Dazu *Eifert*, in: Ehlers/Fehling/Pünder, § 23 Rn 79.
380 Für die Europarechtskonformität dieser Differenzierung *Geppert/Berger-Kögler*, Beck'scher TKG-Kommentar, § 38 Rn 18 ff.
381 Vgl *Fetzer*, in: Arndt/Fetzer/Scherer, TKG, § 31 Rn 56.
382 Vgl näher *Britz*, RdE 2006, 1; *Becker*, ZNER 2005, 190 ff; *Büdenbender*, DVBl 2006, 197. Überblick über die Rechtsprechung bei *Missling*, RdE 2008, 7.

GasNEV)[383] eingehalten werden. Mit der ARegV[384] ging man ab 1.1.2009 zur **Anreizregulierung** über. Damit wird nicht mehr allein auf die individuelle Kostensituation des einzelnen Betreibers, sondern auf die Kosten effizienter Netzbetreiber abgestellt[385]. Danach können auch die Kosten der „Energiewende", dh diejenigen Kosten, die zurechenbar durch die Integration dezentraler Anlagen zur Erzeugung erneuerbarer Energie verursacht werden, bundesweit umgelegt werden[386]. Der BGH billigte die Entscheidungspraxis der BNetzA zur Anreizregulierung nur teilweise[387].

c) Marktmechanismen zur Preisbestimmung: der Frequenzhandel

590 Der Handel mit Frequenznutzungsrechten nutzt genauso wie beispielsweise der Handel nach dem Treibhausgas-Emissionshandelsgesetz (TEHG) die **Steuerungs- und Preisbildungsinstrumente des Marktes für die staatliche Allokation knapper Güter**[388]. Sieht man in dem Versteigerungsverfahren nach § 61 TKG die Zuerkennung eigentumsrechtlich verfestigter Rechtspositionen[389], dann erwiese sich die Möglichkeit eines späteren Handels mit diesen als die konsequente und verfassungsrechtlich indizierte Fortsetzung dieses Gedankens. Jenseits der verfassungsrechtlichen Aspekte setzt sich der vor allem mit der Zulassung der Frequenzversteigerung verfolgte Trend zu einer Ökonomisierung des Telekommunikations- bzw Verwaltungsrechts fort.

Die ursprüngliche Fassung basierte auf Art. 9 Abs. 3 Rahmen-RL, der dem nationalen Recht die Möglichkeit eröffnet hatte, die Übertragung von Frequenznutzungsrechten zuzulassen[390]. § 62 aF schloss die kurzfristige Überlassung von Frequenzen (das sog. Frequenzleasing) aus, das beispielsweise in den USA den zentralen Bestandteil des Spectrum Trading ausmacht[391]. Dieser

---

383 Verordnung über die Entgelte für den Zugang zu Elektrizitätsversorgungsnetzen (Stromnetzentgeltverordnung) v. 25.7.2005, BGBl. I S. 2243 idF v. 21.7.2014, BGBl. I S. 1066; Verordnung über die Entgelte für den Zugang zu Gasversorgungsnetzen (Gasnetzentgeltverordnung) v. 25.7.2005, BGBl. I S. 2197 idF v. 14.8. 2013, BGBl. I S. 3250.

384 Verordnung über die Anreizregulierung der Energieversorgungsnetze (Anreizregulierungsverordnung) v. 29.10.2007, BGBl. I S. 2529 idF v. 21.7.2014, BGBl. I S. 1066.

385 Ausgangspunkt ist allerdings nach § 6 ARegV die Prüfung der individuellen Kostensituation, für die jedoch nicht auf die bestandskräftigen „letzten" Entgeltgenehmigungen nach § 23a EnWG, sondern die höchstrichterliche Rechtsprechung abzustellen ist, BGH v. 28.6.2011 – EnVR 34/10.

386 Vgl BT-Drucks. 17/6365 S. 33.

387 BGH, NVwZ-RR 2011, 862 L Beschl. v. 28.6.2011 –EnVR 34/10; der Verordnungsgeber reagiert mit einer (rückwirkenden) Änderung der Verordnung, dazu BGH, Beschl. v. 31.1.2012 –EnVR 16/10.

388 Vgl näher *Göddel/Geppert*, in: Beck'scher TKG-Kommentar, § 62 Rn 2; *Ruthig*, in: Arndt/Scherer/Fetzer, TKG, § 62 Rn 1. Zur novellierten RRL *Holznagel*, K&R 2010, 761 (764); *Klotz/Brandenberg*, MMR 2010, 147 (150). Zum bisherigen Recht und den ökonomischen Grundlagen *Bumke*, Frequenzvergabe nach dem Telekommunikationsgesetz. Unter besonderer Berücksichtigung der Integration ökonomischer Handlungsrationalität in das Verwaltungsverfahren, 2006; *Binzel*, Frequenzhandel in Deutschland und Großbritannien, 2006, S. 132 ff; *Franzius*, EuR 2002, 660 (665); *Wissmann/Kreitlow*, K&R 2003, 257; ausf *Stumpf/Nett/Martins/Ellinghaus/Scherer/Vogelsang*, Eckpunkte zur Ausgestaltung eines möglichen Handels mit Frequenzen, 2002.

389 Dazu *Ruthig*, in: Arndt/Scherer/Fetzer, TKG, § 61 Rn 2 mwN vor allem zur Diskussion in den USA.

390 Wohl unter dem Eindruck der UMTS-Versteigerung in Deutschland sah das Gemeinschaftsrecht davon ab, die Einführung des Frequenzhandels zwingend vorzuschreiben, eröffnete aber den Mitgliedstaaten eine entsprechende Möglichkeit. Siehe auch *Franzius*, EuR 2002, 660 (665). Von dieser Option hatte das frühere Recht eingeschränkt Gebrauch gemacht. Die fehlende praktische Relevanz ergab sich nicht nur aus den Übergangsvorschriften (vgl § 150 Abs. 8 TKG), sondern vor allem daraus, dass die Übertragung im Wege der Rechtsnachfolge eine unkomplizierte Alternative darstellte.

391 Dazu *Spies*, MMR 2003, 230.

Rechtsrahmen wurde in Art. 9b RRL in mehrfacher Hinsicht modifiziert. Die RRL sieht nun ausdrücklich auch das Frequenzleasing vor. Hinzu kommt in § 62 TGK nF die gemeinsame Nutzung von Frequenzen (Frequenzpooling). Angesichts des innovativen Charakters der Vorschrift sind ihre rudimentäre Ausgestaltung und das weitgehende Schweigen der Regierungsbegründung[392] erstaunlich. Die Vorschrift flexibilisiert allerdings die Frequenznutzung nur in persönlicher Hinsicht durch Austausch oder Ergänzung der Nutzungsberechtigten. Eine Flexibilisierung der zugelassenen Frequenznutzung ist damit gerade nicht verbunden[393].

V. Die laufende Überwachung der Geschäftstätigkeit mittels Generalklauseln

Fall 49: Die T AG und die mit ihr verbundenen Unternehmen verfügen auf dem Markt für den Zugang von Privat- und Geschäftskunden zum öffentlichen Telefonnetz an festen Standorten über beträchtliche Marktmacht. Auf dem benachbarten (unregulierten) Markt für Verbindungsleistungen steht T unter anderem mit solchen Anbietern in Wettbewerb, deren Leistungen von Endkunden durch Betreibervorauswahl („Pre-Selection") oder Voreinwahl („Call-by-Call") in Anspruch genommen werden. Zu diesen Anbietern gehört Wettbewerber W. Dieser verlangt von der BNetzA, der T zu untersagen, gegenüber Endkunden, mit denen sie nur einen Vertrag über einen Telefonanschlusstarif abgeschlossen hat, bei Beendigung des Tarifs andere Tarife zu bewerben als einen Telefonanschlusstarif. Zum anderen, dass der T aufgegeben wird, ihr sämtliche Endkunden zu bezeichnen, die von der Tarifbeendigung betroffen sind und über eine Preselection auf W verfügen. | 591

Fall 50: Im Zuge der Energiewende wird im Pfälzer Wald ein großer Windpark geplant. Das Leitungsnetz reicht nicht, um den Strom aufzunehmen. Kann die BNetzA den Leitungsnetzbetreiber zum Netzausbau verpflichten? | 592

Fall 51: Anleger A erlitt einen Schaden, da er sein Geld bei einer Bank angelegt hatte, die keinem Sicherungssystem für Einlagen angehört. Nach der Einleitung des Insolvenzverfahrens gegen die Bank klagt A gegen die Bundesrepublik Deutschland. Diese habe durch ihr Bundesaufsichtsamt die Aufsicht fehlerhaft ausgeführt. Die Bundesrepublik verweist auf § 4 Abs. 4 FinDAG, wonach die zum 1.5.2002 gegründete Bundesanstalt für Finanzdienstleistungsaufsicht genauso wie das vorher zuständige Bundesaufsichtsamt für das Kreditwesen ihre Aufsicht nur im öffentlichen Interesse wahrnehme. Besteht ein Staatshaftungsanspruch? | 593

1. „Besondere" Missbrauchsaufsicht in TKG und EnWG

Die **laufende Überwachung der Geschäftstätigkeit** ist im Telekommunikations- wie im Energierecht[394] von einem Nebeneinander von „kartellrechtlichem" und „gewerberechtlichem" Ansatz geprägt. Einerseits enthalten die §§ 30 ff EnWG und § 42 TKG Bestimmungen über eine **Missbrauchsaufsicht**, die sich am **kartellrechtlichen Vorbild der §§ 19, 20 GWB** orientieren[395] und zum Einschreiten gegen missbräuch- | 594

---

[392] BT-Drucks. 17/5707; S. 74 weist lediglich auf den erweiterten Anwendungsbereich hin, äußert sich aber ansonsten nicht.
[393] Ebenso *Göddel/Geppert*, in: Beckscher TKG-Kommentar, § 62 Rn 3.
[394] Dazu *Moser*, RdE 2007, 343.
[395] Vgl BT-Drucks. 15/2316 S. 71.

liches Verhalten ermächtigen[396]. Diese Regelungen gehen den Generalklauseln der §§ 126 Abs. 3 TKG und § 65 Abs. 2 EnWG vor[397].

Ein solcher Missbrauch liegt nach der **Vermutung des § 42 Abs. 1 S. 2 TKG** insbesondere dann vor, wenn andere Unternehmen unmittelbar oder mittelbar unbillig behindert oder ihre Wettbewerbsmöglichkeiten ohne sachlich gerechtfertigten Grund erheblich beeinträchtigt werden. Dieser Grundsatz wird durch die Vermutungen des § 42 Abs. 2 und 3 TKG konkretisiert. Die Regulierungsbehörde wird entweder von Amts wegen oder auf Antrag tätig (zur Antragsbefugnis s. § 42 Abs. 4 S. 6 TKG). Eine ähnliche Vorschrift enthält § 30 EnWG. Allerdings ist dessen Anwendungsbereich erheblich weiter als derjenige des § 42 TKG, da das Regime der Netzanschluss- und Netzzugangsregulierung nach dem EnWG anders als die parallelen Normen des TKG keine speziellen Ermächtigungsgrundlagen enthält. Diese sind vielmehr in § 30 EnWG zusammengefasst, der die zentralen **Befugnisse in den Regelbeispielen des § 30 Abs. 2 S. 3 EnWG** konkretisiert. Adressat der Missbrauchsaufsicht sind nur Betreiber von Energieversorgungsnetzen[398]. Inhaltlich erstreckt sich das Missbrauchsverfahren ausschließlich auf die Vorschriften des EnWG über Netzanschluss und Netzzugang, die auf Grund dieser Vorschriften ergangenen Rechtsverordnungen sowie die nach § 29 Abs. 1 EnWG festgelegten oder genehmigten Bedingungen und Methoden für Netzanschluss und Netzzugang[399].

595   In **Fall 49** (Rn 591) wird die BNetzA auf den Antrag des W der T das verlangte Verhalten nur auferlegen bzw untersagen, wenn die Voraussetzungen des § 42 TKG vorliegen. Das in Betracht kommende Diskriminierungsverbot und damit die widerlegliche Vermutung des § 42 Abs. 2 TKG ist allerdings nur betroffen, wenn T sich „den Zugang zu seinen intern genutzten oder zu seinen am Markt angebotenen Leistungen zu günstigeren Bedingungen oder zu einer besseren Qualität ermöglicht" als anderen Unternehmen. Dazu ist – nunmehr bestätigt durch das BVerwG[400] – ein funktionaler Bezug zwischen der Vorleistung des verpflichteten Unternehmens und dem vom Wettbewerber auf der Grundlage dieser Leistung gestalteten Endprodukts notwendig. Die Nutzung der Leistungen lediglich zur erfolgreicheren Werbung, die eben nicht die Erbringung eigener Dienstleistungen betrifft, ist demnach auch nicht von der Missbrauchsvermutung des § 42 Abs. 2 TKG erfasst. Dem steht auch Unionsrecht nicht entgegen, hier Art. 10 der Zugangsrichtlinie (s. Rn 497), dessen Umsetzung Abs. 2 dient. Auch außer-

---

396   Während aus kartellrechtlichem Blickwinkel der Charakter als Spezialgesetz – „besondere Missbrauchsaufsicht" – betont wird (*Säcker*, in: Säcker, TKG, Einl I Rn 39 ff; *Salje*, EnWG, § 30 Rn 1), übernimmt § 42 TKG innerhalb der Systematik der telekommunikationsrechtlichen Marktregulierung den Charakter einer Generalklausel, s. *Gersdorf*, in: Säcker, TKG, § 42 Rn 5 ff. Ob mit der Verneinung des § 42 TKG aber – so ausdrücklich der Leitsatz von BVerwG, NVwZ 2007, 1321 – automatisch auch der Anwendungsbereich der „allgemeinen" Missbrauchsaufsicht nach GWB eröffnet ist, bedürfte näherer Prüfung.

397   S. ausdrücklich § 65 Abs. 4 EnWG für das Missbrauchsverfahren nach § 30 EnWG. Das Verhältnis zwischen § 42 TKG und § 126 TKG wird zunächst einmal vom Anwendungsbereich der Missbrauchsaufsicht bestimmt. Aus der systematischen Stellung im Teil 2 ergibt sich, dass Maßnahmen nach § 42 TKG zwar nicht als einheitlicher VA nach § 13 TKG ergehen, sie aber sehr wohl die Durchführung eines Marktanalyseverfahrens voraussetzen, BVerwG, NVwZ 2007, 1321 mit krit Anmerkung *Jochum*, K&R 2007, 174. Ausf – auch zu möglichen systematischen Gegenargumenten – *Ellinghaus*, in: Arndt/Fetzer/Scherer, TKG, § 42 Rn 1 f; krit zur Praxistauglichkeit der derzeitigen Ausgestaltung *Ellinghaus*, CR 2007, 698. Daher verbleibt für § 42 TKG neben den spezielleren Maßnahmen der Netzzugangs- und Entgeltregulierung kaum ein Anwendungsbereich (zu Beispielen *Kühling/Elbracht*, Die Verwaltung 2007, 545, 571 f).

398   *Salje*, EnWG, § 30 Rn 6 f.

399   *Antweiler/Nieberding*, NJW 2005, 3673.

400   BVerwG, NVwZ 2013, 799 m. Bespr. *Bergmann*; s. auch *Ellinghaus*, in: Arndt/Fetzer/Scherer, TKG, § 42 Rn 30, 36; aA *Roth*, in: Scheuerle/Mayen, TKG, § 42 Rn 51 ff.

halb des Anwendungsbereichs von § 42 Abs. 2 TKG kann eine Ungleichbehandlung bei Vorleistungen missbräuchlich iS von § 42 Abs. 1 TKG sein[401]. Offen gelassen wurde die Frage, ob sich über § 42 Abs. 2 TKG neben einem Anspruch auf Gleichbehandlung bei Bedingungen und Qualitäten („Wie") auch der eigentliche Zugangsanspruch („Ob") durchsetzen lässt[402].

2. Generalklauseln

Daneben kennen TKG, EnWG und KWG auch „allgemeine" **Generalklauseln** nach dem **Vorbild des Gewerbe- bzw Polizeirechts**. § 126 Abs. 3 TKG eröffnet die Möglichkeit eines Einschreitens, wenn ein Unternehmen „seine Verpflichtungen nach diesem Gesetz oder auf Grund dieses Gesetzes nicht erfüllt". Die Vorschrift erlaubt ausdrücklich die Untersagung der Tätigkeit und wird von weiteren Maßnahmen flankiert, die letztlich den Verhältnismäßigkeitsgrundsatz konkretisieren und die Gewerbeuntersagung als ultima ratio erscheinen lassen[403]. Ausdrücklich nach dem Vorbild des § 126 TKG[404] hat die Regulierungsbehörde auch nach § 65 EnWG ein Anordnungsrecht, mit dem konkrete Verbots- (Abs. 1) bzw Gebotsverfügungen (Abs. 2) erlassen werden können[405], um die Einhaltung des EnWG sowie darauf gestützte Rechtsvorschriften[406] bzw Rechtsverordnungen zu gewährleisten. Für das **Bankaufsichtsrecht** findet sich die erst 1998 eingeführte Generalklausel in § 6 Abs. 3 KWG. Diese hat nicht nur potentielle Lücken geschlossen, sondern zugleich den Eingriffszeitpunkt im Vergleich mit den Spezialermächtigungen nach vorne verlagert, da die Spezialermächtigungen (mindestens) eine **konkrete Gefahr** verlangen[407].

Danach kann die Bundesanstalt „im Rahmen der ihr gesetzlich zugewiesenen Aufgaben gegenüber den Instituten und ihren Geschäftsleitern Anordnungen treffen, die geeignet und erforderlich sind, um Verstöße gegen aufsichtsrechtliche Bestimmungen zu unterbinden oder um Missstände in einem Institut zu verhindern oder zu beseitigen, welche die Sicherheit der dem Institut anvertrauten Vermögenswerte gefährden können oder die ordnungsgemäße Durchführung der Bankge-

596

---

401 Bedeutung hat dies vor allem für die Beweislast. In diesem Fall müssten allerdings die Voraussetzungen für das Vorliegen eines Missbrauchs von demjenigen nachgewiesen werden, der sich auf einen Missbrauch beruft. Anders als bei § 42 Abs. 2 TKG und § 20 GWB fällt die Beweislast für diese Tatbestandsmerkmale gerade nicht auf das marktmächtige Unternehmen zurück, vgl *Roth*, in: Scheuerle/Mayen, TKG, § 42 Rn 76 f, 85.

402 BVerwG, NVwZ 2013, 799, 800, Rn 10; für einen Zugangsanspruch *Schütz*, in: Beck'scher TKG-Kommentar, § 42 Rn 104, 106; *Ellinghaus*, in: Arndt/Fetzer/Scherer, TKG, § 42 Rn 30, 36; aA *Roth*, in: Scheuerle/Mayen, § 42 Rn 51 ff; diff. im Sinne einer Spezialität der Zugangsverpflichtung nach § 25 TKG *Gersdorf*, in: Säcker, TKG, § 42 Rn 15 ff, 45.

403 S. auch *Graulich*, in: Arndt/Fetzer/Scherer, TKG, § 126 Rn 198 ff.

404 Vgl *Wende*, in: Berliner Kommentar zum Energierecht, § 65 Rn 5.

405 Das Verhältnis der beiden Absätze zueinander und ihr Verhältnis zu den spezielleren Ermächtigungsgrundlagen ist schwierig. Zu Recht hatte der Bundesrat (s. dazu *Salje*, EnWG, § 64 Rn 4) gefordert, sie zusammenzufassen und den Charakter des § 65 EnWG als Auffangtatbestand deutlicher zu formulieren.

406 Ob unter „Rechtsvorschriften" auch Verwaltungsakte fallen, ist str, dagegen *Wende*, in: Berliner Kommentar zum EnWG, § 65 Rn 12 unter Verweis auf die Funktion, ein bereits bestehendes Verbot auf einen bestimmten Sachverhalt zu konkretisieren; aA *Hanebeck*, in: Britz/Hellermann/Hermes, § 65 Rn 4; *Salje*, EnWG, § 65 Rn 12; *Theobald/Wank*, in: Danner/Theobald, EnWG, § 65 Rn 2.

407 Vgl dazu *Albert*, in: Reischauer/Kleinhans, KWG, § 6 Rn 47 angefügt; ähnliche Vorschriften finden sich in § 3 Abs. 5 BörsenG, § 4 WpHG, § 4 Abs. 1 WpÜG sowie § 81 Abs. 2 VAG.

schäfte oder Finanzdienstleistungen beeinträchtigen". Erforderlich ist nach § 6 Abs. 3 KWG ein Verstoß gegen aufsichtsrechtliche Bestimmungen „oder" ein **Missstand** is des Gesetzes, dh eine erhebliche, nachhaltige Abweichung vom Standard, welcher auch soft law-Vorschriften erfasst[408]. Allerdings bedarf es zum Einschreiten aufgrund eines Missstandes weiterer schutzgutbezogener Voraussetzungen, die sich mit den Kategorien des Polizeirechts erfassen lassen: die Missstände müssen einem Institut anvertraute Vermögenswerte „gefährden können" bzw die Durchführung der Bankgeschäfte oder Finanzdienstleistungen „beeinträchtigen". Damit genügt zum Schutz von Vermögenswerten bereits das Vorliegen einer **abstrakten Gefahr**, wohingegen es einer tatsächlichen **Störung** der ordnungsgemäßen Geschäftsabläufe bedarf[409]. **Adressat** der Maßnahme sind das Institut und die Geschäftsleiter, wobei zumindest aus dem Verhältnismäßigkeitsgrundsatz folgt, dass diese auch für die Missstände verantwortlich sein müssen. Auf dieser „gewerbepolizeilichen" Grundlage können Verwaltungsakte aber entsprechend den allgemeinen Grundsätzen **auch als schlicht-hoheitliche Maßnahmen** (Realakte) ergehen[410]. Bei der laufenden Aufsicht arbeiten BaFin und Bundesbank zusammen, § 7 KWG. Allerdings werden die aufsichtsrechtlichen Maßnahmen nach § 7 Abs. 2 S. 4 KWG von der BaFin getroffen.

597 Bei der **Anwendung der Generalklauseln** gelten die **allgemeinen Grundsätze**. Insbesondere treten sie hinter den spezielleren Vorschriften zurück. Dies folgt bereits aus dem **Vorrang des Gesetzes**. Sie sind also nicht generell eng auszulegen[411], sondern wie ihr polizeirechtliches Vorbild einzelfallbezogen in Abhängigkeit insbesondere von den gefährdeten Rechtsgütern und der diesen drohenden Gefahren[412].

Die **spezielleren Ermächtigungsgrundlagen** in der telekommunikationsrechtlichen Netzzugangs- und Entgeltregulierung schließen daher sowohl einen Rückgriff auf § 42 TKG wie auf § 126 TKG aus[413]. Der Anwendungsbereich des § 126 TKG ist auch deswegen eng, da er nicht nur dann verdrängt wird, wenn Sonderregelungen greifen, sondern – ähnlich wie die polizeirechtliche Generalklausel – auch dann, wenn der entsprechende Sachverhalt vom Regelungsbereich einer spezielleren Vorschrift zwar erfasst wird, im Einzelfall aber deren Voraussetzungen nicht erfüllt sind[414]. Vor allem aber wird er auch durch die Vorschriften über Rücknahme bzw Widerruf einer Frequenzzuteilung verdrängt[415]. Davon zu unterscheiden ist aber die Frage, inwieweit anstelle einer Aufhebung der Frequenzzuteilung mildere Maßnahmen gefordert sein können und diese dann auf § 126 Abs. 1–2 TKG gestützt werden können[416]. Auch § 65 Abs. 2 EnWG tritt im Einklang mit allgemeinen Grundsätzen hinter die Spezialermächtigungen zurück[417]. Entsprechendes gilt – entgegen der im bankaufsichtlichen Schrifttum vertretenen Auffassung – auch für das KWG[418]

---

408 Vgl *Schäfer*, in: Boos/Fischer/Schulte-Mattler, KWG, § 6 Rn 35; dass „Missstand" keine Verletzung aufsichtsrechtlicher *Rechts*vorschriften verlangt, belegt bereits der Wortlaut des § 6 Abs. 3 KWG, der zwei Alternativen aufweist; zur Definition näher *Beck/Samm*, KWG, § 6 Rn 49.

409 S. *Schäfer*, in: Boos/Fischer/Schulte-Mattler, KWG, § 6 Rn 50.

410 S. *Schäfer*, in: Boos/Fischer/Schulte-Mattler, KWG, § 6 Rn 61; aA *Ohler*, in: Ehlers/Fehling/Pünder, § 32 Rn 64. Mit allgemeinen Grundsätzen der Abgrenzung von Aufgaben- und Befugnisnormen nicht vereinbar sind demgegenüber Bestrebungen, schlicht-hoheitliches Handeln auch auf der Grundlage der Aufgabennorm des Abs. 1 zuzulassen, s. zu dieser Kontroverse *Beck/Samm*, KWG, § 6 Rn 36 ff.

411 So aber zu § 4 WpHG *Weber*, NJW 2004, 3674, 3678 f.

412 Zu diesem „beweglichen" System des Polizeirechts zB *Schenke*, Polizei- und Ordnungsrecht, Rn 77.

413 *Meyer-Sebastian*, in: Beck'scher TKG-Kommentar, § 126 Rn 4.

414 Ebenso *Meyer-Sebastian*, in: Beck'scher TKG-Kommentar, § 126 Rn 4.

415 VG Köln v. 25.4.2007, 21 K 3675/05 Rn 92.

416 Dazu *Petersen*, MMR 2006, 515.

417 *Hanebeck*, in: Britz/Hellermann/Hermes, EnWG § 65 Rn 3; aA *Antweiler/Nieberding*, NJW 2005, 3676, 3674 (die offensichtlich von einer parallelen Anwendbarkeit ausgehen).

418 Ebenso *Ohler*, in: Ehlers/Fehling/Pünder, § 32 Rn 62; die Frage als nicht entscheidungserheblich offenlassend BVerwG, NJW-RR 2007, 492; s. auch *Binder*, WM 2006, 2114, 2118. In der Kommentar-

(näher dazu **Klausurenkurs Fall 14**). Ansonsten liefen die Voraussetzungen der immer häufiger eingeführten speziellen Vorschriften leer. Diese verdrängen daher die Generalklausel.

Vor allem aber müssen die weiteren **verfassungsrechtlichen Vorgaben** beachtet werden. Dies gilt für den **Grundsatz der Verhältnismäßigkeit**, aber auch den **Vorbehalt des Gesetzes**. Genauso wie Eingriffe in die Berufsfreiheit auf der Grundlage der polizeirechtlichen Generalklausel nicht nur aus kompetenzrechtlichen Gründen problematisch sind (s. schon Rn 167 f), ist auch der Anwendungsbereich der regulierungsrechtlichen „Generalklauseln" beschränkt.   **598**

Im **TKG** wird der Verhältnismäßigkeitsgrundsatz durch ein **gestuftes Verfahren** konkretisiert. Zunächst ist das Unternehmen nach § 126 Abs. 1 TKG zur Stellungnahme und Abhilfe aufzufordern. Erst wenn dies keinen Erfolg hat, kann die Regulierungsbehörde die erforderlichen Maßnahmen anordnen und schließlich, wenn auch dies nicht fruchtet, eine Untersagung der Tätigkeit aussprechen. Zuständig ist im Fall des § 126 TKG „die Bundesnetzagentur", es ist also gerade kein Beschlusskammerverfahren durchzuführen. Ein gestuftes Verfahren wie im TKG ist im EnWG nicht vorgesehen, gleichwohl ist selbstverständlich eine Verhältnismäßigkeitsprüfung durchzuführen[419]. § 65 Abs. 1 und 2 EnWG sprechen allerdings lediglich davon, dass ein entsprechendes Verhalten abzustellen ist, decken also jedenfalls nach ihrem Wortlaut keine völlige Untersagung der Geschäftstätigkeit[420]. Da es sich um Eingriffe in das Grundrecht aus Art. 12 GG handelt, genügt aber die Generalklausel jedenfalls nicht für vorhersehbare und typische Standardsituationen, die folglich einer ausdrücklichen Rechtsgrundlage bedürfen. Auch Rügen bzw Verweise lassen sich nach allgemeinen Grundsätzen nicht auf die Generalklauseln stützen[421]. Dies gilt auch für das Bankaufsichtsrecht, wo allerdings der Gesetzgeber eine Fülle von Ermächtigungsgrundlagen geschaffen hat. So sieht das KWG spezielle Eingriffsbefugnisse für Krisensituationen vor, zum einen Maßnahmen in besonderen Fällen (§§ 45 ff KWG), sowie Maßnahmen gegenüber Kreditinstituten bei Gefahren für die Stabilität des Finanzsystems (§ 48t KWG). Erstere reichen bis zur Schalterschließung bzw Einstellung des Kundenverkehrs (§ 46g Abs. 1 Nr 2 KWG) und der Stellung des Insolvenzantrages (§ 46b KWG). Auch für die Abberufung von Geschäftsführern (§ 36 KWG) gibt es spezielle Vorschriften.

In **Fall 50** (Rn 592) kann die Netzausbauverpflichtung aus verschiedenen Gründen nicht auf die Generalklausel gestützt werden. Mit § 65 Abs. 2a EnWG hat der Gesetzgeber eine speziellere Vorschrift erlassen, die der BNetzA eine ausdrückliche Befugnis zur Durchsetzung von Netzausbauverpflichtungen einräumt, diese aber an bestimmte Voraussetzungen knüpft[422]. Grundlage ist ein Netzentwicklungsplan, der von allen Übertragungsnetzbetreibern gemeinsam erstellt wird und alle in den nächsten zehn Jahren erforderlichen Maßnahmen zur bedarfsgerechten Optimierung, Verstärkung und zum Ausbau des Netzes enthalten muss. Hält die   **599**

---

literatur geht man davon aus, dass der BaFin das gesamte Arsenal von Maßnahme zur Verfügung steht, die von informellen Maßnahmen über Prüfungen bis hin zu den allgemeinen Maßnahmen nach § 6 Abs. 3 KWG und schließlich den schwerer wiegenden Maßnahmen reichen, die in einzelnen Vorschriften vorgesehen sind, *Braun*, in: Boos/Fischer/Schulte-Mattler, KWG § 25a Rn 50.

419   So ist zB bei einer Anordnungsverfügung zu beachten, dass das Unternehmen in seiner wirtschaftlichen Entscheidungsfreiheit eingeschränkt wird, vgl *Wende*, in: Berliner Kommentar zum Energierecht, EnWG, § 65 Rn 16.

420   Nach *Hanebeck*, in: Britz/Hellermamm/Hermes, EnWG § 65 Rn 10 ist vom Gesetzgeber in Angrenzung zur Untersagung eine „positive Tenorierung" gewollt, anders *Wende*, in: Berliner Kommentar zum EnWG, § 65 Rn 5, der in Abs. 1 die Ermächtigung zur „klassischen" Untersagung sieht.

421   S. zum Versicherungsaufsichtsrecht BVerwG, VersR 2000, 707 unter Hinweis auf die Parallele zu § 35 GewO; s. aber auch VG Frankfurt, NJW 2004, 1059 zum KWG.

422   Vgl dazu *Turiaux*, in: Kment, EuWG, § 65 Rn 25 ff. Krit *Kment*, ZVglRWiss 112 (2013), 123, 133 f.

BNetzA die vorgesehenen Maßnahmen für nicht ausreichend, kann (und hat) sie auf eine Ergänzung des Entwurfs hinzuwirken, § 12c Abs. 1 S. 2 EnWG. Die „Ersatzvornahme" durch die BNetzA erfolgt durch ein Ausschreibungsverfahren. Eine solche spezielle Rechtsgrundlage war auch aus verfassungsrechtlichen Gründen erforderlich, so dass vor Einführung dieser Vorschrift lediglich die Instandhaltung der Netze auf der Grundlage der Generalklausel des § 65 Abs. 2 EnWG durchgesetzt werden konnte (ausführlicher **Klausurenkurs Fall 11**).

600 Ferner stellt sich in all diesen Konstellationen die Frage, inwieweit es einen **Anspruch auf Einschreiten** gegen die Regulierungsbehörde geben kann, was vor allem im Energiewirtschaftsrecht bisher kaum eine Rolle spielte[423]. Im Kartellrecht haben Dritte keinen Rechtsanspruch auf Tätigwerden des Bundeskartellamts[424]; diese können allenfalls selbst (auf dem Zivilrechtsweg) tätig werden[425]. Dass sich diese Rechtsprechung nicht auf das Regulierungsrecht übertragen lässt[426], folgt für das **Missbrauchsverfahren** bereits aus § 42 Abs. 4 S. 6 TKG und § 31 EnWG, die ein Antragsrecht ausdrücklich vorsehen. Entsprechendes gilt nach § 66 EnWG für einen Antrag auf Einleitung von **Aufsichtsmaßnahmen nach § 65 EnWG**, so dass dieses Verhalten mit der Verpflichtungsbeschwerde auch gerichtlich überprüft werden kann[427]. Ein Anspruch auf Einschreiten besteht auch im Rahmen des § 126 TKG, obwohl dort kein Antragsrecht vorgesehen ist.

Das Ermessen der Behörde verdichtet sich zu einem Anspruch auf Einschreiten (**Ermessensreduktion auf Null**), wenn drittschützende Vorschriften missachtet und die geschützten Belange von Wettbewerbern oder Endverbrauchern[428] mehr als nur geringfügig berührt werden[429]. Für eine entsprechende Klage (bzw Beschwerde) fehlt insbesondere auch nicht das **Rechtsschutzbedürfnis**. Hier müssen dieselben Grundsätze gelten wie auch in den sonstigen Fällen, in denen Klagen auf ein Einschreiten der Behörde neben gleichgerichteten, uU sogar weiterreichenden zivilrechtlichen Ansprüchen unmittelbar gegen die „Störer" stehen[430].

601 Im **Fall 47 (Rn 570)** könnte B also einen eventuellen Anschlussanspruch nicht nur gerichtlich gegenüber E geltend machen, sondern auch von der Regulierungsbehörde ein Einschreiten verlangen. Wird der Netzanschluss zu Unrecht verweigert, so ist dies missbräuchlich, wie sich

---

423 S. zum Drittschutz im Energierecht *Peters*, Rechtsschutz Dritter im Rahmen des EnWG, 2007.
424 BGH, ZIP 2001, 807. Gerade die Hinweise des BGH auf die Rspr des EuGH zur Fusionskontrolle zeigen allerdings, dass diese Argumentation verkürzt ist: wenn man der Behörde ein Ermessen einräumt, kann dieses nach allgemeinen Grundsätzen auch reduziert werden. Die eigentliche Frage ist aber, ob die Möglichkeit der Rechtsverletzung des Dritten besteht.
425 BGH, NVwZ 1984, 265 – Internord.
426 AA *Salje*, EnWG, § 65 Rn 31.
427 *Hanebeck*, in: Britz/Hellermann/Hermes, EnWG, § 65 Rn 9; aA *Wende*, in: Berliner Kommentar zum Energierecht, EnWG, § 65 Rn 24 ua mit der fragwürdigen Begründung, es fehle „(a)nders als bei § 32 [sic]" an einem Antragsrecht.
428 Bestätigt wird dies im Übrigen durch Art. 12 Abs. 1 ZugangsRL, der insoweit davon spricht, dass „die Verweigerung des Zugangs oder unangemessene Bedingungen mit ähnlicher Wirkung die Entwicklung eines nachhaltig wettbewerbsorientierten Marktes auf Endverbraucherebene behindern oder den Interessen der Endnutzer zuwider laufen würden"; s. auch *Ellinghaus*, CR 2007, 698, 700.
429 Die Formulierung ist angelehnt an die baurechtliche Rechtsprechung zum Anspruch auf Einschreiten gegen genehmigungsfrei gestellte Bauvorhaben. S. dazu mwN *Kopp/Schenke*, VwGO, § 42 Rn 102a; aA *Wende*, in: Berliner Kommentar zum Energierecht, EnWG, § 65 Rn 24.
430 Dazu *Kopp/Schenke*, VwGO, Vor § 40 Rn 51b unter Hinweis insbesondere auf das Bau- und Immissionsschutzrecht.

aus § 31 Abs. 1 S. 2 EnWG ergibt, der auf die Vorschriften des Netzanschlusses (Abschnitt 2) verweist. Nicht erfasst wären aber Ansprüche auf Netzanschluss, die auf das EEG oder das KWKG gestützt werden. Diese können von der Regulierungsbehörde auch nicht mit einer Verfügung nach § 65 Abs. 2 EnWG durchgesetzt werden[431].

3. Aufsicht im öffentlichen Interesse? – Amtshaftung und Ansprüche auf Einschreiten

Rechtswidrige Aufsichtsmaßnahmen können Haftungsansprüche auslösen, für die im **602** deutschen Recht vor allem die Amtshaftung nach § 839 BGB iVm Art. 34 GG einschlägig ist. Während eine solche Haftung im Telekommunikations- und Energierecht bisher (noch) keine Rolle spielte, lieferte das Bankenaufsichtsrecht schon in den siebziger Jahren spektakuläre Fälle für die Amtshaftung[432]. In Reaktion darauf hat der Gesetzgeber in § 4 Abs. 4 FinDAG (aber auch in § 4 Abs. 2 WpÜG) im Einklang mit den Vorgängervorschriften in KWG und VAG festgelegt, die staatliche Aufsicht erfolge nur im öffentlichen Interesse, um so die Drittrichtung der entsprechenden Amtspflichten auszuschließen. Nach hM dient der **Anlegerschutz** daher „ausschließlich dem öffentlichen Interesse und ist auf einen objektivierten Schutz des Anlegerpublikums angelegt"[433]. Aufsichtsbefugnisse dienten auch nicht dem Schutz der Entschädigungseinrichtungen[434]. Ein solcher Ausschluss der Drittrichtung ist – entgegen der hM – allerdings verfassungs- und in den Fällen, in denen die entsprechenden Normen auf Richtlinienvorgaben beruhen, auch unionrechtswidrig[435]. Nicht von der Vorschrift erfasst werden allerdings auch nach der Rechtsprechung[436] die Ansprüche der beaufsichtigten Unternehmen, für die es im Rahmen der Bankenunion neue Anwendungsfälle geben wird. Denkbar ist insbesondere, dass ein Antragsteller den **Verzögerungsschaden** geltend macht, der ihm dadurch entsteht, dass die BaFin (zunächst) die Weiterleitung eines Antrages ablehnt (s. Rn 191 ff).

Folgt man der hM, scheiden in **Fall 51 (Rn 593)**[437] Haftungsansprüche von vornherein aus. **603** Gegen diese Auffassung wurden von Teilen der Literatur erhebliche verfassungs- und unions-

---

431 *Salje*, EnWG, § 65 Rn 32.
432 BGHZ 74, 144 ff = NJW 1979, 1354; BGHZ 75, 120 ff = NJW 1979, 1879. S. dazu und zum Zusammenhang mit den gefahrenabwehrrechtlichen Wurzeln des Aufsichtsrechts *Schenke/Ruthig*, NJW 1994, 2324, 2325 f.
433 Zuletzt BVerwG, BKR 2011, 208; zur Versicherungsaufsicht VG Frankfurt vom 28.3.2011 – 9 K 566/10.F. In einem solchen Fall ging konsequenterweise VG Frankfurt vom 21.1.2005, 1 E 1863/04 (juris) davon aus, § 4 Abs. 4 FinDAG bringe „für sich genommen bereits zum Ausdruck, dass insoweit subjektiv rechtliche Rechte nicht existieren".
434 BGHZ 181, 12; dazu *Binder*, WM 2010, 145.
435 Ausführlich dazu *Schenke/Ruthig*, NJW 1994, 2324; s. auch *Papier*, in: Maunz/Dürig, GG Art. 34, Rn 190.
436 Die Rechtsprechung geht davon aus, dass diese Vorschrift nichts zur Amtshaftung der überwachten Finanzunternehmen aussagt, BGHZ 162, 49.
437 Fall nach BGH, NJW 2005, 742; EuGH, NJW 2004, 3479 auf Vorlage von BGH, NJW 2002, 2464. Als Vorinstanz OLG Köln, NJW 2001, 2724; in einem schon vorher rechtskräftig abgeschlossenen Parallelverfahren auch LG Bonn, NJW 2000, 815. Zum BGH *von Danwitz*, JZ 2005, 729; *Schwintek*, EWiR 2005, 793; zum EuGH *Pott*, EWiR 2005, 219.

rechtliche Bedenken vorgebracht[438]. Darauf kommt es im Fall jedoch nicht an, da es jedenfalls eine anderweitige Ersatzmöglichkeit im Sinne von § 839 Abs. 1 S. 2 BGB gibt. Diese liegt darin begründet, dass die umzusetzende Richtlinie die Einrichtung eines Einlagensicherungssystems verlangte, das – ausdrücklich auch für den Fall fehlerhafter Aufsichtsmaßnahmen (vgl Erwägungsgrund 24) – einen der Höhe nach auf 20 000 € begrenzten Entschädigungsanspruch einräumt[439]. Insbesondere aus diesem Umstand hat der EuGH abgeleitet, dass die jeweiligen Einzelrichtlinien, die die „Rechte der Einleger" als Schutzgut nennen, keinen Drittschutz entfalten[440]. Ein weitergehender Anspruch wurde vom Unionsrecht nicht gefordert. Die Frage, ob unabhängig von einer solchen „anderweitigen Ersatzmöglichkeit" überhaupt ein Amtshaftungsanspruch gegeben sein kann, war nicht entscheidungserheblich. Damit lässt sich die EuGH-Entscheidung jedenfalls nicht für die generelle Unionsrechtskonformität des Ausschlusses von Haftungsansprüchen in § 4 Abs. 4 FinDAG in Anspruch nehmen[441]. Dieses Ergebnis stünde in deutlichem Gegensatz zur nicht nur im Umweltrecht, sondern gerade auch im Finanzmarktaufsichtsrecht zum Ausdruck gekommenen verbraucherschutzfreundlichen Grundhaltung des EuGH. Immerhin führte auch der BGH hilfsweise an, dass das Berufungsgericht die Auffassung der BaFin zur Bewertung der typisch stillen Beteiligung als Einlage bestätigt habe, so dass nach der „Kollegialitätsgerichts-Richtlinie" (vgl BGHZ 97, 97, 107) auch ein Verschulden ausscheide. Aber auch die Rechtsprechung zur Staatshaftung bei judikativem Unrecht bedarf der Überprüfung.

604 Die **Reichweite des § 4 Abs. 4 FinDAG** ist alles andere als klar. Im öffentlichrechtlichen Kontext stellt sich vor allem die Frage eines **Anspruchs auf Einschreiten**. Dabei ist zwischen möglichen Ansprüchen von Anlegern und denjenigen von Konkurrenten zu unterscheiden. Soweit öffentlichrechtliche Vorschriften die Belange Privater schützen, haben diese nach allgemeinen Grundsätzen jedenfalls einen **Anspruch auf fehlerfreie Ermessensausübung**, der sich ggf zu einem Anspruch auf Einschreiten verdichten kann. Wenn der Staat die Belange eines Privaten schützt, kann er sich eigentlich nicht darauf berufen, dies geschehe nur im öffentlichen Interesse[442]. Gleich-

---

438   Ausf zu § 6 Abs. 4 KWG bzw § 4 Abs. 4 FinDAG *Papier*, in: MünchKomm(BGB), Art. 34 Rn 251 ff; *Schenke/Ruthig*, NJW 1994, 2324 jeweils mwN; dem folgend *Gratias*, NJW 2000, 786, 788.

439   S. dazu Art. 7 Abs. 1 und 6 der RL 94/19/EG v. 30.5.1994 über Einlagensicherungssysteme, ABl. EG L 135 v. 31.5.1994, S. 5

440   Da in Deutschland ein solches Einlagensicherungssystem zum Zeitpunkt des Schadenseintritts nicht bestand, war A ein entsprechender Staatshaftungsanspruch in Höhe von 20 000 € zuzugestehen. Dieser wurde bereits erstinstanzlich zugesprochen (vgl aus einem Parallelverfahren LG Bonn, EuZW 1999, 732) und war damit nicht Gegenstand der Verfahren. Zusätzlich argumentiert der EuGH damit, dass es bei diesen Richtlinien nur um eine Teilharmonisierung ging und in diesem Zusammenhang „Koordinierung der nationalen Vorschriften über die Haftung der nationalen Behörden gegenüber den Einlegern im Fall einer unzureichenden Aufsicht" als nicht notwendig erschien, s. EuGH v. 12.10.2004, Rs. C-222/02 – „*Peter Paul ua ./. Bundesrepublik Deutschland*" = NJW 2004, 3479, 3481, Rn 43.

441   S. aber BGH, NJW 2005, 742 in der abschließenden Entscheidung sowie schon im Vorlagebeschluss BGH, NJW 2002, 2464; als Vorinstanz OLG Köln, NJW 2001, 2724; in einem Parallelverfahren auch LG Bonn, NJW 2000, 815.

442   S. besonders deutlich BHGZ 75, 120, 122. Diese Entscheidung zur Bankenaufsicht kann als konsequente Fortsetzung der Entwicklung im (allgemeinen) Polizei- und Ordnungsrecht verstanden werden, s. *Schenke/Ruthig*, NJW 1994, 2324, 2326. Auch dort veranlasste erst die Anerkennung grundrechtlicher Schutzpflichten die hM dazu, einen Anspruch auf polizeiliches Einschreiten überhaupt für möglich zu halten, s. BVerwGE 37, 112, 113. Gegen Drittschutz im Bereich der Versicherungsaufsicht aber schon BVerwGE 61, 59 (64 f).

wohl sah der Gesetzgeber jedenfalls im Verbraucherschutz eine Gefährdung seiner „marktwirtschaftskonformen Aufsichtskonzeption" und wollte auch mit der Verbraucherbeschwerde nach § 4b KwG keine subjektiven Rechte begründen[443]. Davon zu unterscheiden ist die Frage subjektiver Rechte von **Konkurrenten**. Selbst wenn man § 4 Abs. 4 FinDAG für nicht anwendbar erachtet, scheinen die allgemeinen (verfassungs- und gewerberechtlichen) Grundsätze gegen einen Drittschutz zu sprechen, gibt es doch gerade keinen Schutz vor Konkurrenz[444]. Da allerdings – ähnlich wie im Bereich des TKG und EnWG – auch das KWG dem Schutz des Wettbewerbs dient (s. Rn 504) und die regulierten Unternehmen als „Anbieter auf einem speziellen, weitgehend rechtlich regulierten" und europarechtlich vorstrukturieren Markt[445] agieren, sind Drittschutzkonstellationen sehr wohl in bestimmten Fällen denkbar[446]. Im Ergebnis entscheiden die jeweiligen Richtlinien über die Reichweite eines möglichen Drittschutzes und überall da, wo künftig die EZB zur zuständigen Behörde wurde, werden sich diese Fragen auf europäischer Ebene stellen.

Außerdem stellt sich die Frage zivilrechtlicher Haftungsansprüche. Der BGH sah den Zweck der Regelung ausschließlich im (fiskalisch motivierten) Ausschluss von Amtshaftungsansprüchen und bejahte – gestützt auf den Anlegerschutzzweck der zugrundeliegenden Richtlinien – im Zusammenhang mit § 823 Abs. 2 BGB den Schutzgesetzcharakter des Genehmigungserfordernisses nach § 32 KWG[447], obwohl eine solche Differenzierung widersprüchlich ist[448].

---

443 BT-Drucks. 17/10040, S. 13 und vorher schon BGHZ 162, 49; s. auch *Gurlit*, ZHR 177 (2013), 862, 866. Krit *Lenz*, NJW 2010, 29, 31.

444 S. auch schon zur Klage gegen die Zulassung eines Konkurrenzunternehmens für das Versicherungsrecht BVerwG, DVBl 1965, 364.

445 So ausdrücklich BVerfGE 124, 348 = NJW 2010, 35; zu möglichen amtshaftungsrechtlichen Konsequenzen schon *Lenz*, NJW 2010, 29, 31.

446 Zum Konkurrenzschutz ausf *Gerhardus*, Konkurrentenschutz im europäischen und nationalen Bankenaufsichtsrecht, 2013, S. 179 ff. Problematisch ist der Drittschutz auch im Bereich des WpÜG Vgl zu § 4 Abs. 2 WpÜG OLG Frankfurt NZG 2004, 243; NZG 2003, 729; NZG 2003, 829 L u. NZG 2003, 1120. S. ferner *Cahn*, ZHR 167 (2003), 262; *Fleischer*, BKR 2004, 339, 343; *Holzborn/Israel*, WM 2004, 1948, 1950; *Ihrig*, ZHR 167 (2003), 315; *Möller*, ZHR 167 (2003), 301; *Schnorbus*, ZHR 166 (2002), 72; *Uechtritz/Wirth*, WM 2004, 410; *Wagner*, NZG 2003, 718. Dort stellt sich insbesondere die Frage, ob die Gesellschaft, deren Aktien im Wege des Angebotsverfahrens übernommen werden sollen, einen Anspruch auf Einschreiten der BaFin bzw die Möglichkeit des Rechtsschutzes gegen die von der BaFin getroffenen Maßnahmen hat. Besonders deutlich wird dies im Zusammenhang mit den Befreiungstatbeständen des WpÜG, dazu *Oechsler*, in: Ehricke/Ekkenga/Oechsler, WpÜG, § 20 Rn 4; *Bülow*, in: Kölner Kommentar zum WpÜG, § 36 Rn 44.

447 BGH, NJW 2005, 2703. Dies begründete er damit, dass jeder Anhaltspunkt dafür fehle, dass die Funktion des § 4 Abs. 4 FinDAG über den Ausschluss der Amtshaftung hinausgehen und dem Erlaubniszwang nach § 32 Abs. 1 Satz 1 KWG „den – ihm nach der herkömmlichen, ganz überwiegenden Ansicht […] zukommenden – Schutzgesetzcharakter im Verhältnis der Betreiber von Bankgeschäften und der Finanzdienstleistungsunternehmen zu ihren Kunden nehmen wollte".

448 So zu Recht *Oechsler*, in: Ehricke/Ekkenga/Oechsler, WpÜG, § 4 Rn 9; anderes *Ihrig*, ZHR 2003, 315, 336.

§ 7 Das Recht der Privatisierung

I. Das Phänomen „Privatisierung"

605 Privatisierung ist kein Rechtsbegriff, sondern ein Phänomen. Im Kern geht es um die Verlagerung der Verantwortung und Erfüllung bestimmter Aufgaben und Angelegenheiten vom staatlichen in den privaten Bereich, zB indem der Staat bestimmte Angelegenheiten Privaten überlässt oder Aufgaben an einen Privaten oder ein privatrechtlich organisiertes Rechtssubjekt[1] überträgt. Die Gründe für eine Privatisierung können vielfältig sein, folgende sind wohl die wichtigsten:

– die Einführung von Wettbewerb in einem Marktsektor um eine größere Wirtschaftlichkeit der Marktversorgung zu erreichen;
– die Stärkung der Wettbewerbsfähigkeit einer öffentlichen Einrichtung;
– der unionsrechtliche Privatisierungsdruck (s. Rn 645);
– der steigende Finanzbedarf des Staates („Stopfen von Haushaltslöchern"; „Verschleuderung des Tafelsilbers").

Grundsätzlich unterscheidet man zwischen formeller, materieller und funktionaler Privatisierung:

1. Die formelle Privatisierung

606 Die formelle Privatisierung betrifft einen organisationsrechtlichen Sachverhalt; hier wird eine Aufgabe von einer Einheit des öffentlichen Rechts auf eine privatrechtlich organisierte Einrichtung, die der öffentlichen Hand zuzurechnen ist, überführt. Die Aufgabe selbst bleibt aber – bei funktionaler Betrachtung – in der Verantwortung der öffentlich-rechtlich oder privatrechtlich organisierten öffentlichen Hand.

Eine formelle Privatisierung war die Überführung des Sondervermögens Deutsche Bundesbahn in die Deutsche Bahn AG, deren Anteilseigner zu 100% der Bund ist. Die formelle Privatisierung wird Gegenstand des Rechts der öffentlichen Unternehmen (s. Rn 650 ff) sein.

2. Die materielle Privatisierung

607 Bei der materiellen Privatisierung zieht sich der Staat von einer Aufgabe zurück; die Angelegenheit wird nunmehr Privaten überlassen. Materielle Privatisierung muss nicht zwingend mit der Übertragung einer Verantwortung auf Private verbunden sein; vielmehr kann es sich auch so verhalten, dass sich der Staat zwar aus seiner Verantwortung zurückzieht, eine Verantwortung Privater für die Erfüllung einer Aufgabe aber nicht begründet wird. Es wäre also denkbar, dass sich der Staat einer Aufgabe entledigt, ohne dass sich ein anderer dieser Aufgabe annimmt.

---

1 *Storr*, Der Staat als Unternehmer, 2001, S. 89; *Ziekow*, Öffentliches Wirtschaftsrecht, 3. Aufl., 2013, S. 154.

328

Eine materielle Privatisierung ist die Veräußerung kommunaler Wohnungen. Die Stadt Dresden hat 2006 ihre kommunalen Wohnungen für € 1,7 Mrd. an einen amerikanischen Investor verkauft und war damit als erste deutsche Stadt schuldenfrei. Der Investor musste bestimmte Sozialpflichten übernehmen (ua lebenslanges Wohnrecht für über 60-Jährige, Verbot der Luxussanierung), über deren Einhaltung mehrere Rechtsstreite geführt wurden.

Ebenso denkbar ist, dass sich der Staat, wenn er die Erfüllung bestimmter Aufgaben **608** und Angelegenheiten dem privaten Bereich überlässt, eine Gewährleistungsverantwortung behält. Das ist Kern des sog. Regulierungsrechts als Privatisierungsfolgenrecht[2]. Die Rahmenbedingungen für Wettbewerb sollen so eingestellt sein, dass bestimmte im Allgemeininteresse liegende Ziele erreicht werden (s. Rn 503 f). Das Regulierungsrecht löst häufig Bereiche monopolisierter Daseinsvorsorge ab. Der Staat gewährleistet durch Regulierung, dass die allgemeine Versorgung in einem Markt im Wettbewerb erfolgt und ein bestimmtes Versorgungsniveau erreicht wird.

Die Gewährleistungsverantwortung des Staates kann auch als Universaldienstleistung konzipiert sein. Dann gewährleistet der Staat, dass flächendeckend Dienstleistungen einer bestimmten Qualität zu tragbaren Preisen angeboten werden (s. Rn 743 f).

3. Die funktionale Privatisierung

Bei der funktionalen Privatisierung bleibt der Staat für eine bestimmte Aufgabe ver- **609** antwortlich, entledigt sich ihr also nicht, sondern bindet lediglich einen Privaten in die Wahrnehmung der Aufgabenerfüllung ein. Hierfür gehen die öffentliche Hand und ein oder mehrere Private eine **Public-Private-Partnership** (PPP oder ÖPP: Öffentlich-Private-Partnerschaft) ein. Eine PPP (im engeren Sinne) ist eine längerfristige, idR vertraglich geregelte, wirtschaftliche Zusammenarbeit zwischen öffentlicher Hand und Privaten zur gemeinsamen Erfüllung von öffentlichen Aufgaben. Regelmäßig werden die erforderlichen Ressourcen von den Partnern gemeinsam aufgebracht und in einen gemeinsamen Organisationszusammenhang gestellt[3], zB wird ein gemeinsames Unternehmen gegründet, das von der öffentlichen Hand – zu einem gewissen Grade – gesteuert und von Privaten in mehr oder weniger großer Verantwortung geführt wird. Je nach Ausgestaltung von Organisation und staatlicher Verantwortung können grundlegend vier verschiedene Privatisierungsmodelle unterschieden werden: das Betriebsführungsmodell, das Betreibermodell, das Konzessionsmodell und das Kooperationsmodell.

Beim **Betriebsführungsmodell** wird der Private mit der kaufmännischen und techni- **610** schen Leitung des Betriebs einschließlich der Wartung und Instandhaltung der Anlagen beauftragt[4]. Gegenüber den Nutzern tritt aber nur die öffentliche Hand auf; der Private führt den Betrieb für die öffentliche Hand; diese bleibt Eigentümerin der Anlagen und Grundstücke, sie kann Weisungen an den Betreiber richten und trägt die Erfüllungsverantwortung (vgl auch ▶ **Klausurenkurs Fall Nr 15**).

---

2 *Stober*, in: FS Scholz, 2007, S. 943, 961.
3 *Burgi*, Privatisierung öffentlicher Aufgaben – Gestaltungsmöglichkeiten, Grenzen, Regelungsbedarf, Gutachten D für den 67. Deutschen Juristentag, D 37.
4 *Zacharias*, DÖV 2001, 454, 455.

611 Für das **Betreibermodell** ist charakteristisch, dass der Betreiber Planung, Finanzierung, Bau, Lieferung, Betrieb, Instandhaltung und sonstige Wartung übernimmt[5]. Der Private ist in diesem Fall entweder der Eigentümer oder es wird ihm ein Erbbaurecht bestellt. Der Betreiber tritt gegenüber den Nutzern auf, jedoch nur im Namen der öffentlichen Hand. Die Pflicht gegenüber den Nutzern, die öffentliche Aufgabe zu erfüllen, liegt bei der öffentlichen Hand; sie trägt die Erfüllungsverantwortung.

612 Noch mehr Verantwortung kommt dem Privaten im **Konzessionsmodell** zu. Der Konzessionsnehmer soll nicht nur die Pflichten aus dem Betreibermodell übernehmen, sondern die Leistung gegenüber Dritten eigenständig erbringen. Der Private tritt gegenüber den Nutzern im eigenen Namen auf. Regelmäßig wird der Betreiber das Nutzungsentgelt im eigenen Namen unmittelbar vom Nutzer einfordern, der die Dienstleistung in Anspruch nimmt[6]. Dafür kann dem Betreiber das Recht verliehen werden, im eigenen Namen Gebühren hoheitlich zu erheben. Die Erfüllungsverantwortung liegt beim Konzessionsnehmer.

613 Auf der Grundlage eines **Kooperationsmodells** sind öffentliche Hand und Private gemeinsam in einem Unternehmen organisiert, das die gestellten Aufgaben erfüllt (auch **institutionalisierte PPP** oder IÖPP). Die Kommission[7] versteht die institutionalisierte PPP als Zusammenarbeit zwischen öffentlichen und privaten Beteiligten, bei der gemischt-wirtschaftliche Unternehmen (s. Rn 671) gegründet werden, um auf der Grundlage von öffentlichen Aufträgen oder Konzessionen bestimmte Aufgaben wahrzunehmen. Der private Beitrag in einer institutionalisierten PPP besteht – neben der Einbringung von Kapital oder anderer Vermögensgegenstände – in der aktiven Teilnahme an der Ausführung der Aufgabe, die dem gemischt-wirtschaftlichen Unternehmen übertragen wurde, und/oder in der Geschäftsführung der Gesellschaft. Davon zu unterscheiden ist die reine Kapitalbeteiligung eines privaten Investors an einem öffentlichen Unternehmen, wobei Privater und öffentliche Hand eine Aufgabe nicht gemeinsam wahrnehmen.

Beachte: Diese Modelltypen sind nicht abschließend. § 3 Schleswig-Holsteinisches Gesetz über die Zusammenarbeit zwischen Trägern der öffentlichen Verwaltung und Privaten vom 19. Juni 2007, GVOBl. Schl.-H. S. 328, legaldefiniert weiter. Gegenstände vertraglicher Zusammenarbeit zwischen den Trägern der öffentlichen Verwaltung und Privaten können insbesondere sein:

1. Übernahme der Planung, des Baus, der Finanzierung und des Betriebs einer dem Träger der öffentlichen Verwaltung gegen regelmäßiges Nutzungsentgelt zur Nutzung zu überlassenden Immobilie durch den Privaten,

a) verbunden mit dem Eigentumsübergang zum Ende der Vertragslaufzeit (Erwerbermodell),

b) verbunden mit der Option zum Erwerb der Immobilie zum Ende der Vertragslaufzeit (Leasingmodell),

c) ohne Erwerbsoption zum Ende der Vertragslaufzeit (Mietmodell);

---

5 *Schoch*, DVBl 1994, 1, 10.
6 *Stober*, in: Wolff/Bachof/Stober, Verwaltungsrecht, Band 3, 5. Aufl., 2004, S. 617 f; *Schaffarzik*, Sächs-VBl 2006, 225 ff.
7 Mitteilung der Kommission in Bezug auf die Anwendung der gemeinschaftlichen Rechtsvorschriften für öffentliche Aufträge und Konzessionen auf institutionalisierte Öffentlich Private Partnerschaften (IÖPP), C 2007, 6661 v. 5.2.2008.

2. Übernahme der Planung, des Neu-, Aus- oder Umbaus oder der Sanierung, der Finanzierung und des Betriebs einer im Eigentum des Trägers der öffentlichen Verwaltung stehenden Immobilie durch den Privaten gegen regelmäßiges Nutzungsentgelt (Inhabermodell);

3. Übernahme von Bauarbeiten und betriebswirtschaftlichen Optimierungsmaßnahmen von bestimmten technischen Anlagen und Anlagenteilen durch den Privaten gegen ein regelmäßiges, zu Beginn der Zusammenarbeit festzulegendes Entgelt (Contractingmodell);

4. Übertragung von Aufgaben eines Trägers der öffentlichen Verwaltung auf eine Gesellschaft zur eigenverantwortlichen Erledigung, an der neben dem Träger der öffentlichen Verwaltung mindestens ein Privater gesellschaftsrechtlich beteiligt ist (Gesellschaftsmodell);

5. Übertragung von Aufgaben eines Trägers der öffentlichen Verwaltung auf einen Privaten zur eigenverantwortlichen Erledigung, verbunden mit der Übertragung oder Einräumung der Befugnis zur Erhebung von zivilrechtlichen Entgelten oder öffentlich-rechtlichen Gebühren (Konzessionsmodell);

6. Mischformen der in Nummer 1 bis 5 genannten Modelle.

II. Rechtsfragen der Privatisierung

1. Privatisierung und Wirtschaftlichkeit

Fall 52: Die kleine sächsische Gemeinde Oderwitz (O) beabsichtigte den Neubau einer Sporthalle. Wegen fehlender Eigenmittel sollte der Neubau – auf Betreiben des Bürgermeisters B – in Kooperation mit dem privaten Investor E auf der Grundlage eines Leasingmodells erfolgen. Im Vertrag, den B für O mit E abschloss, verpflichtete sich E, die Sporthalle für € 2 Mio. zu errichten und für 30 Jahre an O zu vermieten. Das Landratsamt des Landkreises L genehmigte als zuständige Genehmigungsbehörde das Rechtsgeschäft, obwohl – wie der Sächsische Rechnungshof später feststellte – der Vertrag offensichtlich unwirtschaftlich und im Vergleich zu einer Kreditfinanzierung viel zu teuer war. O verklagt L auf Schadensersatz.   614

Es muss der primäre Zweck jeder Privatisierung sein, Aufgaben im Ergebnis **wirtschaftlicher** zu erfüllen. Darauf zielt § 7 BHO ab: Bei Aufstellung und Ausführung des Haushaltsplans sind die Grundsätze der Wirtschaftlichkeit und Sparsamkeit zu beachten. § 7 Abs. 1 S. 2 BHO verpflichtet die öffentliche Hand zu prüfen, inwieweit staatliche Aufgaben oder öffentlichen Zwecken dienende wirtschaftliche Tätigkeiten durch Ausgliederung und Entstaatlichung oder Privatisierung erfüllt werden können.   615

Die Vorschrift nimmt Einrichtungen des Bundes – § 7 LHO entsprechend die der Länder – in die Pflicht, jegliches Verwaltungshandeln nach dem Wirtschaftlichkeitsgrundsatz auszurichten, um eine bestmögliche Nutzung von Ressourcen zu bewirken. Nach dem Grundsatz der Wirtschaftlichkeit ist die günstigste Relation zwischen dem verfolgten Zweck und den einzusetzenden Mitteln (Ressourcen) anzustreben. Dieser Grundsatz umfasst das **Minimalprinzip** – ein bestimmtes Ergebnis mit möglichst geringem Mitteleinsatz zu erzielen (auch Sparsamkeitsprinzip) – und das **Maximalprinzip** – mit einem bestimmten Mitteleinsatz das bestmögliche Ergebnis zu erzielen (auch Ergiebigkeitsprinzip). Die Wirtschaftlichkeitsuntersuchungen sollen von der Organisationseinheit durchgeführt werden, die mit der Maßnahme befasst ist.   616

„Ausgliederung", „Entstaatlichung" und „Privatisierung" in § 7 BHO sind keine konturierten juristischen Begriffe und schließen sich auch nicht gegenseitig aus. Ausgliederung meint die Separierung einer Organisationseinheit von einer anderen zur Erfüllung einer bestimmten Aufgabe (formelle Privatisierung, s. Rn 606); Entstaatlichung zielt auf die materielle Aufgabenentledigung der öffentlichen Hand ab. Beide Phänomene lassen sich auch dem Begriff der Privatisierung unterordnen, der generell die Überweisung von öffentlichen Aufgaben aus dem staatlichen in den privaten Raum betrifft.

617 § 7 Abs. 2 BHO konkretisiert die Pflicht zur Wirtschaftlichkeit für alle finanzwirksamen Maßnahmen dahingehend, dass angemessene Wirtschaftlichkeitsuntersuchungen durchzuführen sind. Das betrifft die Einzelwirtschaftlichkeit einer Maßnahme genauso wie die Gesamtwirtschaftlichkeit. Mit dem ÖPP-Beschleunigungsgesetz 2005[8] ist außerdem die Pflicht der Verwaltung eingeführt worden, die mit den Maßnahmen verbundene Risikoverteilung zu berücksichtigen. Denn eine Prüfung, ob die Verwaltung eine Maßnahme selbst durchführen, einen Dritten beauftragen oder eine PPP eingehen soll, wird nur dann erfolgversprechend sein, wenn der finanzielle Wert des Risikotransfers von der öffentlichen Hand auf den Privaten ermittelt wird und beim Kostenvergleich berücksichtigt werden kann[9].

Beispiel *Remanenzkosten:* Wenn Aufgaben auf einen Privaten übertragen werden, kann es sein, dass die öffentliche Hand die Kosten für bisher genutzte Infrastruktur und für eingestelltes Personal weiter zu tragen hat, weil der Private auf eigene Ressourcen und Kapazitäten zurückgreift.

Beispiel *Fortfaitierung:* Um eine günstige kommunalkreditähnliche Finanzierung von ÖPP-Bauprojekten zu ermöglichen, kann vereinbart werden, dass der Private seinen Entgeltanspruch gegen die öffentliche Hand an die Bank abtritt und die öffentliche Hand gegenüber der Bank auf die Einrede des nicht erfüllten Vertrages (§ 320 BGB) im Fall von Qualitätsmängeln verzichtet. Hier ist zu beurteilen, ob der günstigere Kredit bei Einredeverzicht wirtschaftlicher ist.

Beispiel *sale-and-lease-back:* Die öffentliche Hand verkauft ihre Infrastruktur an einen Privaten und least diese von ihm zurück. Hier ist von Bedeutung, ob die Infrastruktur am Ende der Vertragslaufzeit an die öffentliche Hand zurückfällt und ob und welcher Wertverlust bei der öffentlichen Hand zu Buche schlägt. In erhebliche Kritik geraten ist das sog. Cross-Border-Leasing, wo Leasingnehmer und Leasinggeber in zwei verschiedenen Staaten (Deutschland und USA) ansässig sind und besondere steuerliche Vorteile (in USA) in Anspruch nehmen. Cross-Border-Leasing-Verträge sind nicht selten sehr kompliziert[10] und überfordern Gemeinden. Die behauptete Risikolosigkeit hat sich in der Vergangenheit nicht immer bewahrheitet. Die amerikanischen Steuerbehörden haben Cross-Border-Leasing als Scheingeschäft beanstandet und damit die erhofften steuerlichen Vorteile versagt.[11]

618 Das **Interessenbekundungsverfahren** ermöglicht, den Markt nach wettbewerblichen Grundsätzen zu erkunden. Das Ergebnis ist mit staatlichen Lösungsvarianten zu vergleichen, um eine wirtschaftliche Bewertung zu gewährleisten. Das Verfahren zur Vergabe öffentlicher Aufträge wird dadurch nicht ersetzt. Wenn eine private Lösung

---

8 Gesetz zur Beschleunigung der Umsetzung von Öffentlich Privaten Partnerschaften und zur Verbesserung gesetzlicher Rahmenbedingungen für Öffentlich Private Partnerschaften (ÖPP-Beschleunigungsgesetz) v. 30.6.2005, BGBl. I S. 2676.
9 *Kleinlein/Stein*, in: Bürsch/Funken, Kommentar zum ÖPP-Beschleunigungsgesetz, 2007, Art. 4 Rn 8.
10 ZB 1600seitiger Vertrag in englischer Sprache: OVG Hamburg, NordÖR 2011, 122.
11 BVerwG, DVBl 2011, 501 f.

voraussichtlich wirtschaftlich ist, ist ein Verfahren zur Vergabe öffentlicher Aufträge durchzuführen (s. Rn 1003 f)[12].

Nach § 7 Abs. 2 S. 3 BHO ist privaten Anbietern in geeigneten Fällen die Möglichkeit zu geben, darzulegen, ob und inwieweit sie staatliche Aufgaben oder öffentlichen Zwecken dienende wirtschaftliche Tätigkeiten nicht ebenso gut oder besser erbringen können. Das Interessenbekundungsverfahren weist privaten Interessenten keine subjektiven Rechte zu, so dass im Fall unterbliebener Marktsondierung kein Anspruch auf Überprüfung im Rechtsweg besteht.   **619**

§ 7 BHO baut zwar einen „normativen **Privatisierungsdruck**"[13] auf; dieser darf aber nicht überbewertet werden, weil die Wirtschaftlichkeitsfeststellung eine – gerichtlich grds. nicht überprüfbare – Zweckmäßigkeitsentscheidung ist und die BHO nach überwiegender Auffassung nur das Innenverhältnis der Verwaltungsorganisation und -gebarung regelt.   **620**

Fall 52 (Rn 614)[14]: **a)** Zulässigkeit: Vorliegend ist der Zivilrechtsweg ausweislich der Sonderzuweisung in Art. 34 S. 3 GG iVm § 40 Abs. 2 S. 1 1. HS 3. Alt. VwGO einschlägig. Die sachliche Zuständigkeit des Landgerichts ergibt sich aus den §§ 23 Nr 1, 71 Abs. 2 Nr 2 GVG. Statthafte Klageart ist die Leistungsklage. O muss sich von einem Rechtsanwalt vertreten lassen, § 78 Abs. 1 ZPO.   **621**

b) Begründetheit: In Betracht kommt ein Schadensersatzanspruch aus § 839 BGB iVm Art. 34 GG.

aa) Das Leasinggeschäft ist kommunalaufsichtlich genehmigungspflichtig gewesen, weil es eine Zahlungsverpflichtung begründet hat, die wirtschaftlich einer Kreditaufnahme gleichgekommen ist (vgl § 82 Abs. 5 S. 1 SächsGemO). Der Mitarbeiter des Landratsamts, der die Genehmigung erteilt hat, ist „in Ausübung eines öffentlichen Amtes" tätig geworden; die Tätigkeit des Mitarbeiters wird dem Landratsamt zugerechnet. Das Landratsamt ist im übertragenen Wirkungskreis tätig geworden; Verwaltungsträger und Passivlegitimierter ist deshalb der Landkreis. Das Leasinggeschäft verstößt – auch bei Anerkennung eines Beurteilungs- und Prognosespielraums – offensichtlich gegen den Grundsatz der Wirtschaftlichkeit (§ 72 SächsGemO), weshalb es nicht genehmigungsfähig gewesen ist. Die Nichtbeachtung dieser Voraussetzungen ist eine Amtspflichtverletzung.

bb) Die Amtspflicht müsste zumindest auch gegenüber der geschädigten Gemeinde O bestanden haben und ihren Schutz bezweckt haben. Dafür müsste die Gemeinde Dritter im amtshaftungsrechtlichen Sinn sein. Zwar ist das Amtshaftungsrecht historisch wie dogmatisch am Staat-Bürger-Verhältnis orientiert; Verwaltungsträger können aber dann „Dritte" im amtshaftungsrechtlichen Sinne sein, wenn sie der Behörde, die ihre Amtspflicht verletzt, in Wahrnehmung eigener Rechte oder rechtlich geschützter Interessen gegenübertreten[15]. Diese Schutzwirkung gegenüber einer Behörde ist abzulehnen, wenn beide – schädigende und geschädigte – Behörden „arbeitsteilig", gemeinsam eine Aufgabe wahrnehmen. Vorliegend ist L auf repressive Aufsichtsmaßnahmen beschränkt; eine Genehmigungsversagung stellt eine Beeinträchtigung des Selbstverwaltungsrechts der O dar, die der Rechtfertigung bedarf. Eine „Gleichsinnigkeit" von L und O kann deshalb nicht angenommen werden[16].

---

12   Ausdrücklich Nr 4 VV-BHO zu § 7 BHO.
13   *Schröder*, Verwaltungsrechtsdogmatik im Wandel, 2007, S. 147.
14   BGHZ 153, 198 ff, dazu: *Pegatzky*, NVwZ 2005, 61 ff.
15   Krit *Stelkens*, DVBl 2003, 22, 24 unter Hinweis auf das Finanzausgleichsrecht.
16   Krit *v. Mutius/Groth*, NJW 2003, 1278, 1281.

cc) Der Mitarbeiter von L hat schuldhaft gehandelt. Im Amtshaftungsrecht werden die Anforderungen an ein pflichtgemäßes Verhalten von den persönlichen Kenntnissen und Fertigkeiten des Beamten losgelöst und am Maßstab des „pflichtgetreuen Durchschnittsbeamten" festgemacht. Hier ist zumindest von Fahrlässigkeit auszugehen.

dd) Als Rechtsfolge ist der aus der Amtspflichtverletzung entstandene Schaden zu ersetzen, soweit er in den Schutzbereich der verletzten Amtspflicht fällt. Der Schaden muss adäquat kausal durch die Amtspflichtverletzung herbeigeführt worden sein. Für die Feststellung der Kausalität kommt es darauf an, welchen Verlauf die Dinge bei pflichtgemäßem Handeln genommen hätten und wie sich die Vermögenslage des Betroffenen in diesem Fall darstellen würde. Hier ist der Schaden kausal zur Amtspflichtverletzung.

ee) Fraglich ist, ob sich O ein Mitverschulden anrechnen lassen muss (§ 254 BGB). In der Tat hat der Bürgermeister fahrlässig gehandelt, weil er selbst keine Wirtschaftlichkeitsprüfung vorgenommen hat. Nach OLG Dresden[17] soll dieses Verschulden aber durch das rechtswidrige und schuldhafte Verhalten des für das Landratsamt handelnden Bediensteten im Zuge der Genehmigungserteilung vollständig überlagert worden sein. O habe als kleine Gemeinde mit geringer Verwaltungskraft erwarten dürfen, dass die eingegangenen Verpflichtungen von den Bediensteten des Landratsamts inhaltlich auf ihre Wirtschaftlichkeit überprüft werden. Dem ist entgegenzuhalten, dass sich aus dem Genehmigungsverfahren zwar eine Beratungs- und Schutzpflicht der Aufsichtsbehörde gegenüber den Gemeinden herleiten lässt, diese aber nicht einem (zivilrechtlichen) Beratervertrag gleichzusetzen ist. Denn beim Beratervertrag ist das erhöhte Haftungsrisiko Folge der im Synallagma stehenden Leistungsverpflichtung des Beraters, welche wirtschaftlich durch eine entsprechend hohe Gegenleistungsverpflichtung ausgeglichen wird. Durch ein solches synallagmatisches Austauschverhältnis ist die Beziehung zwischen Aufsichtsbehörde und beaufsichtigter Gemeinde nicht geprägt. Außerdem sind die Organe der Gemeinde in gleicher Weise wie die Aufsichtsbehörde gem. Art. 20 Abs. 3 GG an Gesetz und Recht gebunden, dh auch an die Einhaltung der Haushaltsgrundsätze gem. § 72 SächsGemO, welche die Haushaltswirtschaft der Gemeinde zu Wirtschaftlichkeit und Sparsamkeit verpflichten und sich primär an die Gemeinde richten. Ist eine Gemeinde mangels Verwaltungskraft nicht in der Lage, die Wirtschaftlichkeit eines Vorhabens zu übersehen, kann sie sich nicht allein über das Genehmigungserfordernis exkulpieren. Ihr obliegt es dann, selbst fachkundigen Rat einzuholen. Andernfalls könnte die Gemeinde sogar bei extremen Verstößen gegen den Grundsatz der Wirtschaftlichkeit den entstandenen Schaden beim Rechtsträger der Kommunalaufsichtsbehörde liquidieren. Damit muss sich O ein Mitverschulden anrechnen lassen, adäquat erscheint hälftiges Mitverschulden.

ff) Eine Haftungsverlagerung gem. § 839 Abs. 1 S. 2 BGB auf den Bürgermeister scheidet aus. Zwar kommt eine Schadensersatzpflicht des Bürgermeisters nach § 48 BeamtStG iVm §§ 96, 97 SächsBG in Betracht, das setzt aber voraus, dass dieser vorsätzlich oder grob fahrlässig gehandelt hat; davon ist nicht auszugehen.

gg) Es ist nicht ersichtlich, dass O vorsätzlich oder fahrlässig unterlassen hat, den Schaden durch Gebrauch eines Rechtsmittels abzuwenden, § 839 Abs. 3 BGB.

c) Ergebnis: Die Klage ist zulässig und teilweise begründet. Ein Schadensersatzanspruch ist – wegen des Mitverschuldens des Bürgermeisters – zur Hälfte anzuerkennen (vgl ähnlichen Fall ▶ **Klausurenkurs Fall Nr 17**).

---

17   OLG Dresden, SächsVBl 2002, 63, 70.

2. Das Kooperationsrechtsverhältnis

Fall 53: Die sächsische Gemeinde O errichtet ein Blockheizwerk und Transportanlagen zur   **622**
Versorgung des Gemeindegebiets mit Fernwärme. Später schließt sie mit dem Unternehmen B
einen Vertrag, in dem sie das Blockheizwerk und die Transportanlagen an B verkauft. Im
Kaufvertrag verpflichtet sich B, das Gemeindegebiet mit Wärmeenergie/Warmwasser ganz-
jährig zu versorgen, mindestens für die Dauer von 15 Jahren. O erlässt daraufhin eine neue
Fernwärmesatzung:

§ 1 (1) Die Gemeinde betreibt durch B ein Fernwärmenetz zur Versorgung mit Wärme als öf-
fentliche Einrichtung. Betreiber B kann andere Unternehmen mit dem Betrieb der Fernwärme-
versorgungsanlagen beauftragen.

(2) Art und Umfang der Fernwärmeversorgungsanlagen, den Zeitpunkt ihrer Herstellung, Er-
weiterung und Erneuerung sowie Art und Zustand des Wärmeträgers bestimmt die Gemeinde
...

§ 5 (1) Jeder Eigentümer eines Grundstücks, das durch eine Straße erschlossen ist, in der sich
eine betriebsfertige Fernwärmeleitung befindet, ist verpflichtet, sein Grundstück an die Fern-
wärme anzuschließen ...

(2) Die Errichtung von Wärmeerzeugungsanlagen auf anschlusspflichtigen Grundstücken
zum Zwecke der Versorgung mit Wärme ist nicht gestattet ...

(3) Der gesamte auf den an die Fernwärme angeschlossenen Grundstücken anfallende Wär-
mebedarf ist ausschließlich aus dem Wärmeversorgungsnetz zu decken ...

Eigentümer E hält die Anordnung des Anschluss- und Benutzungszwangs für unzulässig. Was
kann er unternehmen?

Anmerkung:

§ 2 Abs. 1 SächsGemO: „Die Gemeinden erfüllen in ihrem Gebiet im Rahmen ihrer Leistungs-
fähigkeit alle öffentlichen Aufgaben in eigener Verantwortung und schaffen die für das soziale,
kulturelle und wirtschaftliche Wohl ihrer Einwohner erforderlichen öffentlichen Einrichtun-
gen, soweit die Gesetze nichts anderes bestimmen."

§ 10 Abs. 2 SächsGemO: „Die Einwohner sind im Rahmen der bestehenden Vorschriften be-
rechtigt, die öffentlichen Einrichtungen der Gemeinde nach gleichen Grundsätzen zu benutzen,
und verpflichtet, die Gemeindelasten mitzutragen."

§ 14 Abs. 1 SächsGemO: „Die Gemeinde kann bei öffentlichem Bedürfnis durch Satzung für
die Grundstücke ihres Gebiets den Anschluß an Anlagen zur Wasserversorgung, Ableitung
und Reinigung von Abwasser, Fernwärmeversorgung und ähnliche dem öffentlichen Wohl, ins-
besondere dem Umweltschutz dienende Einrichtungen (Anschlußzwang) und die Benutzung
dieser Einrichtungen, der Bestattungseinrichtungen, der Abfallbeseitigungseinrichtungen und
der Schlachthöfe (Benutzungszwang) vorschreiben."

Grundlage einer PPP ist eine kooperative Rechtsbeziehung zwischen der öffentlichen   **623**
Hand und einem Privaten. Das **Kooperationsrechtsverhältnis** umfasst sämtliche
Rechtsbeziehungen zwischen dem Privaten und der öffentlichen Hand zu einem konkreten Projekt. Das Rechtsverhältnis soll eine ganzheitliche, systematische Betrachtung der wechselseitigen Rechte und Pflichten unter Berücksichtigung spezifischer

Sachstrukturen, der zeitlichen Komponente, der Nebenpflichten und Obliegenheiten erleichtern. Das Rechtsverhältnis[18] kann gesetzlich, vertraglich oder durch VA, öffentlich-rechtlich und/oder privatrechtlich organisiert sein.

624 Inhalt und Gegenstand einer Regelung – gesetzlich, vertraglich oder durch VA – richten sich nach den **Anforderungen** und **Erwartungen**, die an eine PPP gestellt werden. Regelmäßig werden in Kooperationsrechtsverhältnissen zwischen öffentlicher Hand und Privaten folgende Agenden relevant sein[19]:

– der Aufgabenbereich, der von Privaten übernommen werden soll,
– die Handlungsbefugnisse, die Privaten zur Verfügung gestellt werden sollen, sowie die Möglichkeit einer Unterbevollmächtigung; ferner für den Privaten maßgebliche Abwägungsgesichtspunkte und Entscheidungskriterien bei der Erfüllung einer öffentlichen Aufgabe,
– die besonderen Voraussetzungen, die an Private im Rahmen einer Kooperation zu stellen sind (etwa Eignung, Befähigung, technische, finanzielle und fachliche Leistungsfähigkeit),
– das Controlling der öffentlichen Hand, insbesondere Aufsichts-, Einwirkungs- und Überwachungsrechte, ferner Haftungs- und Vergütungsregelungen und Rechenschaftspflichten,
– die Laufzeit des Vertrages,
– Rechtsfragen zu Leistungsstörungen, Auftragsbeendigung, Kündigung, Insolvenz des Privaten, Einritt höherer Gewalt[20].

625 Tatsächlich gibt es kein eigenes **PPP-Gesetz** und keine gesetzlich geregelten PPP-Typen. Allein Schleswig-Holstein kennt ein Gesetz über die Zusammenarbeit zwischen Trägern der öffentlichen Verwaltung und Privaten[21]. Eine gesetzliche Bereitstellung von PPP-Typen müsste kritisch hinterfragt werden, wenn sie Organisationsoptionen beschränken soll und dem Privatisierungsrecht seine Flexibilität nähme. Eine Kooperation zwischen öffentlicher Hand und Privaten muss auf den Einzelfall abgestimmt sein und erfordert deshalb eine differenzierte und angepasste Problembewältigung.

626 Ein Gesetz ist dort sinnvoll, wo ein Bedarf nach verbindlichen Verantwortungszuweisungen, Steuerungs- und Schutzpflichten besteht[22]. Der Gesetzgeber sollte die Rechtsformen, Institute, Verfahren und Organisationstypen als Rahmen bereitstellen, den die Verwaltung benötigt, damit sie ihre Aufgaben und Funktionen in Zusammenarbeit mit

---

18 *Schulte*, in: Dose/Voigt, Kooperatives Recht, 1995, S. 257 ff; *Gröschner*, DV 1997, 301 ff; *Storr/Schröder*, Allgemeines Verwaltungsrecht, 2010, S. 52.
19 *Storr*, DÖV 2005, 101, 102.
20 *Bauer*, in: Schuppert, Jenseits von Privatisierung und „schlankem" Staat. Verantwortungsteilung als Schlüsselbegriff eines sich verändernden Verhältnisses von öffentlichem und privatem Sektor, 1999, S. 252, 265.
21 Schleswig-Holsteinisches Gesetz über die Zusammenarbeit zwischen Trägern der öffentlichen Verwaltung und Privaten v. 19.6.2007, GVOBl. Schl.-H. S. 328.
22 *Burgi*, Privatisierung öffentlicher Aufgaben – Gestaltungsmöglichkeiten, Grenzen, Regelungsbedarf, Gutachten D für den 67. Deutschen Juristentag, D 109; vgl a. *Voßkuhle*, VVDStRL 62 (2003), S. 266, 327.

Privaten effektiv und bei Einhaltung gewisser Mindeststandards wahrnehmen kann[23]. Dazu hat das Gesetz der Verwaltung die Möglichkeit von Kooperationen anzubieten und den strukturellen Rahmen für Kooperationen vorzugeben.

§ 22 KrWG zB, das 2012 das Krw-/AbfG abgelöst hat, regelt die Möglichkeit einer funktionalen Privatisierung; die öffentliche Hand darf sich Dritter bedienen, kann sich damit aber nicht ihrer Verantwortung entledigen:

„Die zur Verwertung und Beseitigung Verpflichteten können Dritte mit der Erfüllung ihrer Pflichten beauftragen. Ihre Verantwortlichkeit für die Erfüllung der Pflichten bleibt hiervon unberührt und so lange bestehen, bis die Entsorgung endgültig und ordnungsgemäß abgeschlossen ist. Die beauftragten Dritten müssen über die erforderliche Zuverlässigkeit verfügen."

Freilich regelt die Bestimmung nicht nur eine funktionale Privatisierung: erstens, weil die zur Verwertung und Beseitigung Verpflichteten auch Private sein können (zB private Erzeuger und Besitzer von Abfällen iSv § 7 Abs. 2 KrWG), zweitens, weil „Dritte" auch Einrichtungen des öffentlichen Rechts sein können. Eine funktionale Privatisierung ist zB auch in § 56 WHG für die Abwasserbeseitigung geregelt.

3. Privatisierung und Verfassung

Staatstheoretisch herleitbare privatisierungsresistente **Staatsaufgaben** gibt es im Verfassungsstaat nicht; Ge- und Verbote müssen im Gesetz geregelt sein. Deshalb könnten im Prinzip selbst Justiz, Polizei und Militär privatisiert werden, was in Teilbereichen auch geschieht.   **627**

Privatisierung des Gerichtsvollzieherwesens[24], Bewachung militärischer Liegenschaften durch private Sicherheitsdienste (vgl dazu das UZwGBw); Bw-Fuhrpark.

Das **Grundgesetz** enthält nur vereinzelt Privatisierungsgebote oder Privatisierungsverbote, zB Art. 87e GG für Eisenbahnen und Art. 87f GG für Telekommunikation und Post. Art. 143a und Art. 143b GG regeln die Übergangszeit vom Monopol zum Wettbewerbsunternehmen. 2013 hat Bremen eine „Privatisierungsbremse" für öffentliche Unternehmen (s. Rn 662 ff) eingeführt. Eine Veräußerung öffentlicher Unternehmen kann nur unter bestimmten Voraussetzungen und nur durch Gesetz und Volksentscheid erfolgen.[25]   **628**

Aus den **Grundrechten** können Privatisierungsschranken grundsätzlich nicht hergeleitet werden[26]. Durch Privatisierung werden Aufgaben vom staatlichen in den privaten Bereich transferiert. Die Freiheit Privater wird also nicht beschränkt, sondern es wird ihnen mehr Raum für Unternehmenstätigkeiten gegeben. Allenfalls Anforderungen an den Privatisierungsvorgang können aus den Grundrechten entnommen werden   **629**

---

23 *Bauer*, DÖV 1998, 89, 92.
24 Vgl Entwurf eines Gesetzes zur Reform des Gerichtsvollzieherwesens v. 20.6.2007, BR-Drs. 16/5727.
25 Art. 70 Abs. 3 iVm Art. 42 Abs. 4 Brem LV: Wenn diese Unternehmen bestimmte öffentliche Aufgaben (zB der Daseinsvorsorge s. Rn 736) wahrnehmen und die Bürgerschaft das Gesetz mit weniger als zwei Dritteln ihrer Mitglieder beschlossen hat oder ein Viertel der Mitglieder der Bürgerschaft die Durchführung eines Volksentscheids beantragt oder ein Zwanzigstel der Stimmberechtigten die Durchführung eines Volksentscheides begehrt; krit *Boehme-Neßler*, LKV 2013, 481 ff.
26 BVerfG, NJW 1995, 514 ff.

(zB Gleichheitsgebot bei Gründung einer PPP; evtl. Schutzpflichten des Staates[27], außerdem Abwehrrechte im Fall einseitiger Aufgabenübertragung). Anders verhält es sich, wenn Hoheitsrechte an Private übertragen werden. Dann kann sich nicht nur die Frage stellen, ob die konkrete Maßnahme des Beliehenen in Grundrechte eingreift, sondern ob der Privatisierungsvorgang an sich grundrechtsrelevant ist[28].

630 Auch aus dem **demokratischen Prinzip** des Art. 20 Abs. 2 GG kann unmittelbar nicht hergeleitet werden, welche Aufgaben dem Staat – als staatliche Aufgaben im engeren Sinne – vorbehalten sind.[29] Ausdrücklich hebt das BVerfG hervor, dass selbst Aufgaben im Bereich der Daseinsvorsorge, wie die Trinkwasserversorgung, nicht allein deshalb zwingend unmittelbar vom Staat selbst erledigt werden müssen, weil sie von wesentlicher Bedeutung für das Allgemeinwohl sind[30].

631 Das BVerwG leitet in seiner sog. Weihnachtsmarkt-Entscheidung[31] aus der **kommunalen Selbstverwaltungsgarantie** Art. 28 Abs. 2 GG eine materielle Privatisierungsschranke ab. Die Gemeinde soll sich von Aufgaben, die zu den Angelegenheiten des örtlichen Wirkungskreises gehören, im Interesse einer wirksamen Wahrnehmung dieses örtlichen Wirkungskreises und „letztlich zum Wohle der Gemeindeangehörigen" nicht entledigen dürfen. Gegebenenfalls müsse sie sich „zumindest Einwirkungs- und Steuerungsmöglichkeiten vorbehalten". Das Gericht will zwischen wirtschaftlicher Betätigung („bei der von vornherein zweifelhaft sein kann, ob es sich um eine Angelegenheit der örtlichen Gemeinschaft handelt") und „öffentlichen Einrichtungen mit kulturellem, sozialem und traditionsbildendem Hintergrund, die schon lange Zeit in der bisherigen kommunalen Alleinverantwortung lagen", unterscheiden.

Diese Rechtsprechung überzeugt nicht: Weder aus dem Wortlaut noch mit systematischen oder teleologischen Argumenten kann eine solche Privatisierungssperre hergeleitet werden. Art. 28 Abs. 2 GG ist eine Organisationsnorm, die den Gemeinden das Recht auf kommunale Selbstverwaltung zuweist; zudem ist kein gegenständlich bestimmter Aufgabenkatalog verfassungsrechtlich gewährleistet, sondern der örtliche Aufgabenbereich an sich. Folglich kann es auch keine Verpflichtung geben, einzelne Angelegenheiten – wie im konkreten Fall einen Weihnachtsmarkt – als eine kommunale Aufgabe wahrnehmen zu müssen. Auch für die Differenzierung zwischen niedriger zu bewertenden „wirtschaftlichen" und höher zu bewertenden öffentlichen Einrichtungen „mit kulturellem, sozialem und traditionsbildendem Hintergrund" lässt sich im Grundgesetz kein Argument finden.[32]

632 Art. 33 Abs. 4 GG hat sich nicht als effektive Privatisierungsschranke erwiesen. Danach ist die Ausübung hoheitsrechtlicher Befugnisse als ständige Aufgabe in der Regel **Angehörigen des öffentlichen Dienstes** zu übertragen. Die Vorschrift soll die Kontinuität und Qualität hoheitlicher Funktionen des Staates sichern. Deshalb unterliegt dem grundgesetzlichen Funktionsvorbehalt nur die ständige Übertragung und

---

27 *Schröder*, Verwaltungsrechtsdogmatik im Wandel, 2007, S. 161.
28 Zu Art. 2 Abs. 1 iVm Art. 33 Abs. 4 GG: BVerfG, NJW 2012, 1563, 1564: Privatisierung des Maßregelvollzugs.
29 Zu Art. 2 Abs. 1 iVm Demokratieprinzip vgl BVerfG, NJW 2012, 1563, 1564.
30 BVerfG v. 5.12.2002, 2 BvL 5/98 – „Emscher Wasserverbände", Rn 171.
31 BVerwG, NVwZ 2009, 1305 ff.
32 Vgl *Kahl/Weißenberger*, LKRZ 2010, 81 ff; *Storr*, in: Pielow, Beck'scher Online-Kommentar zur GewO, § 70 Rn 14.

Ausübung hoheitlicher Befugnisse. Es kommt darauf an, ob die betreffenden hoheitlichen Aufgaben eine Wahrnehmung durch Berufsbeamte ausweislich bewährter Erfahrung erfordert oder ob dies aufgrund funktioneller Besonderheiten angezeigt ist. Die Übertragung von Hoheitsaufgaben auf Private muss die Ausnahme bleiben und muss durch sachliche Gründe gerechtfertigt sein, die das Regel-Ausnahme-Verhältnis nicht in Frage stellen. In jüngerer Rspr umschreibt das BVerfG die Grenzen in quantitativer und qualitativer Hinsicht: quantitativ dahingehend, dass – rein zahlenmäßig – der Ausnahmefall nicht zum Regelfall werden darf, und qualitativ, dass der Sicherungszweck des Funktionsvorbehalts einer Privatisierung nicht entgegensteht. Deshalb bedarf es für Abweichungen vom Grundsatz des Funktionsvorbehalts eines „besonderen sachlichen Grundes". Dabei spielen auch Erwägungen der Wirtschaftlichkeit und der Verhältnismäßigkeit eine Rolle, rein fiskalische Argumente sollen eine Ausnahme vom Funktionsvorbehalt aber nicht begründen können[33].

4. Steuerung und Verantwortung

„Steuerung" und „Verantwortung" sind Schlüsselbegriffe des Privatisierungsrechts[34]. **633** Denn die Befugnis der öffentlichen Hand, zur Erfüllung ihrer Aufgaben die ihr **geeignete Organisation** und am **effektivsten erscheinende Handlungsform** zu wählen, entbindet sie nicht von ihrer Verantwortung für eine Aufgabe. Je bedeutender und gewichtiger die Verantwortung der öffentlichen Hand für eine Aufgabe ist, umso intensiver muss diese die Erfüllung der Aufgabe steuern. Privatisierung ist immer auch mit Steuerungsverlusten verbunden.

Die Weisung ist das effektivste Steuerungsinstrument, weil sie initiativ und unmittelbar ergehen kann und Recht- und Zweckmäßigkeit des Handelns umfasst. Sie führt zur vollen Willensübereinstimmung der unteren Instanzen[35]. Eine Ausgliederung oder eine Einbindung Privater ist häufig mit dem Verlust der Möglichkeit, Weisungen zu erteilen, verbunden; es kommt zu „Einflussknicken"[36]. Selbst in öffentlichen Konzernen, in denen die Steuerung unterer Instanzen über gesellschaftsrechtliche Instrumente (zB Gesellschafterversammlung) erfolgt, kann die Einflussnahme oberster Instanzen auf unterste Instanzen durch die mehrfache Vermittlung über Zwischenunternehmen abgeschwächt sein[37].

Bei Kooperationen der öffentlichen Hand mit Privaten besteht grundsätzlich die Gefahr, **634**

– dass die öffentliche Hand Kompromisse eingehen muss, die Interessen des Privaten berücksichtigen muss und deshalb das Allgemeinwohl nicht optimal umsetzen kann,
– dass das Gebaren der Kooperation intransparent wird und die Verantwortung für eine konkrete Aufgabe oder auch nur für eine einzelne Entscheidung zwischen öf-

---

33 BVerfG, NJW 2012, 1563, 1564.
34 *Schröder*, Verwaltungsrechtsdogmatik im Wandel, 2007, S. 192 f; *Schmidt-Aßmann*, Das Allgemeine Verwaltungsrecht als Ordnungsidee, 2. Aufl., 2004, S. 192.
35 *Storr*, Der Staat als Unternehmer, 2001, S. 65.
36 *Huber*, Staatswissenschaften und Staatspraxis 1997, 423, 424.
37 EuGH v. 11.5.2006, Rs. C-340/04 – „*Carbotermo*", Rn 39.

fentlicher Hand und Privaten verwischt (zB bei Entscheidungen in gemeinsamen Gremien),

– dass die öffentliche Hand für Fehlentscheidungen Privater die Verantwortung (Haftung) übernehmen muss[38].

Die öffentliche Hand wird deshalb bei der Privatisierungsplanung ihre konkrete Verantwortung und die des Privaten in einem gemeinsamen Projekt zu analysieren und abzuschichten haben. Die konkrete Verantwortungszuweisung kann in einem Kooperationsvertrag festgelegt werden. Ob und welche Verantwortung die Verwaltung für eine Aufgabe hat, ergibt sich aus dem Gesetz und ist im Übrigen ihrer eigenen Entscheidung anheim gestellt. Nach dem Grad der Verantwortung richtet sich die Anforderung an die Steuerung des Privaten.

5. Privatisierungsrechtlich relevante Verwaltungsrechtsinstitute

635 Das Verwaltungsrecht kennt verschiedene Rechtsinstitute, auf die sich eine funktionale Privatisierung stützen kann:

a) Beleihung

636 Durch eine Beleihung werden einer natürlichen oder einer juristischen Person oder einer Personengemeinschaft des Privatrechts spezifische Verwaltungsaufgaben zur öffentlich-rechtlichen, **hoheitlichen** Wahrnehmung „aus eigener Hand"[39] übertragen. Der Beliehene übt die ihm übertragene hoheitliche Aufgabe als eigene Angelegenheit aus und ist Behörde iSv § 1 Abs. 4 VwVfG.

Beispiel: Prüfungsingenieure für Baustatik; Unternehmen, die Straßenbenutzungsgebühren als Autobahnmaut erheben (§ 1 FStrPrivFinG).

637 Die Erfüllung hoheitlicher Aufgaben durch Private erfordert eine Übertragung durch Gesetz oder aufgrund eines Gesetzes[40]. Es muss außerdem eine Staatsaufsicht bestehen und diese muss gesetzlich geregelt sein. Aus Gründen hinreichend demokratischer Legitimation wird regelmäßig eine Fachaufsicht erforderlich sein[41]; eine Rechtsaufsicht kommt nur in Einzelfällen in Betracht, etwa wenn dem Privaten wegen seines Sachverstandes ein Beurteilungsspielraum zugewiesen ist.

b) Verwaltungshilfe

638 Die **Verwaltungshilfe** ist eine Figur des Amtshaftungsrechts. Letztlich ist jeder Private, der Aufgaben für die Verwaltung wahrnimmt, ein Helfer der Verwaltung. Im Amtshaftungsrecht ist die Kategorisierung aber sinnvoll, wenn es um die Frage geht, ob der Staat oder der Private, der für den Staat Verwaltungsaufgaben wahrnimmt, im Fall fehlerhaften Tätigwerdens einem Dritten gegenüber zu haften hat. Anders als der

---

38 *Storr,* in: Bauer/Huber/Sommermann, Demokratie in Europa, 2005, S. 411, 415.
39 *Burgi,* in: Erichsen/Ehlers, AVerwR, S. 321 in Abgrenzung zur Handlung „im eigenen Namen".
40 BVerfG, NJW 1987, 2501, 2502; BVerwGE 97, 117, 119.
41 BVerfG, NJW 2012, 1563, 1569.

Beliehene, der selbst Behörde und Beamter im haftungsrechtlichen Sinn des § 839 Abs. 1 BGB ist, wird der Verwaltungshelfer privatrechtlich tätig. Es ist zwischen dem unselbstständigen und dem selbstständigen Verwaltungshelfer zu unterscheiden:

Der **unselbstständige Verwaltungshelfer** unterliegt umfassender Weisung der Verwaltung und tritt nach außen grundsätzlich nicht auf. Er nimmt lediglich Hilfsaufgaben für die Verwaltung wahr, ist somit ihr Vollzugshelfer (zB wenn die Ordnungsbehörde ein Abschleppunternehmen ruft, um ein straßenverkehrsrechtswidrig abgestelltes Fahrzeug zu entfernen; wenn Private Gebührenbescheide vorbereiten, ohne diese selbst zu erlassen). Plakativ ist die vom BGH verwendete Metapher des Privaten als „Werkzeug der Verwaltung"[42]. Hier liegt es nahe, dass der Verwaltungsträger, dessen Behörde den Privaten mit der Wahrnehmung von Verwaltungsaufgaben beauftragt hat, für dessen Fehlverhalten nach § 34 S. 2 GG zu haften hat (zB das von der Ordnungsbehörde gerufene Abschleppunternehmen beschädigt das zu verbringende Fahrzeug)[43]. **639**

Auch der **selbstständige Verwaltungshelfer** erfüllt Aufgaben für die Verwaltung, doch ist er den Behörden nicht (umfassend) weisungsunterworfen und auch sonst unabhängiger als der unselbstständige Verwaltungshelfer. Für eine Haftungsverlagerung nach Art. 34 S. 2 GG muss es darauf ankommen, inwiefern der Private in die öffentliche Aufgabenwahrnehmung eingebunden ist: Je stärker der hoheitliche Charakter der Aufgabe in den Vordergrund tritt, je enger die Verbindung zwischen den übertragenen Tätigkeiten und der von der Behörde zu erfüllenden hoheitlichen Aufgabe und je begrenzter der Entscheidungsspielraum des Unternehmers ist, desto näher liegt es, den Privaten im Fall einer rechtswidrigen Handlung als unselbstständigen Verwaltungshelfer und Beamten im haftungsrechtlichen Sinne zu erkennen. **640**

c) Konzession

Allgemein wird unter Konzession die Berechtigung verstanden, eine Aufgabe wahrzunehmen, doch wird der Begriff nicht einheitlich gebraucht[44]. Gemeint sein kann die Verleihung eines subjektiven Rechts, eine Zulassung (Genehmigung, Bewilligung, Erlaubnis, vgl § 15 Abs. 2 GewO) oder ein Sondernutzungsrecht (zB § 15 Abs. 3 FStrG). Im Beschaffungswesen meint die Konzession einen Vertrag, der von einem Auftrag nur insoweit abweicht, als die Gegenleistung für die Erbringung der Dienstleistung ausschließlich in dem Recht zur Nutzung der Leistung oder in dem selben Recht zuzüglich der Zahlung eines Preises besteht (vgl a. Art. 1 Abs. 3 und Abs. 4 RiL 2004/18 zur Baukonzession und zur Dienstleistungskonzession; s. Rn 1049). Regelmäßig ist die Konzession mit dem Auftrag an den Privaten verbunden, die betreffende Aufgabe nach bestimmten Vorgaben zu erfüllen. **641**

---

42 BGHZ 48, 98 ff.
43 BGHZ 121, 161 ff – „Abschleppunternehmen"; vgl a. BGHZ 161, 6 ff; OVG Schleswig, NordÖR 2006, 263 ff – „Gebührenabrechnung für Stadtwerke".
44 *Storr*, in: FS Stober, 2008, S. 417 ff.

642   **Fall 53 (Rn 622)**[45]: E könnte die Satzung zu gerichtlicher Überprüfung stellen.

a) Zulässigkeit: In Sachsen ist eine konkrete Normenkontrolle beim OVG nach § 47 Abs. 1 Nr 2 VwGO, § 24 SächsJustizG möglich (in den Ländern, die eine Normenkontrolle gegen Satzungen nicht kennen, ist eine Feststellungsklage, § 43 VwGO, in Betracht zu ziehen). E ist Antragsteller, die Gemeinde O richtige Antragsgegnerin (§ 47 Abs. 2 S. 2 VwGO). Den Antrag kann jede natürliche Person stellen, die geltend machen kann, durch die Rechtsvorschrift oder deren Anwendung in ihren Rechten verletzt zu sein oder in absehbarer Zeit verletzt zu werden (§ 47 Abs. 2 S. 1 VwGO). Der Anschluss- und Benutzungszwang könnte die Vertragsautonomie des E (Art. 2 Abs. 1 GG) und dessen Eigentumsgrundrecht (Art. 14 GG) verletzen. Die Frist beträgt ein Jahr ab Bekanntmachung der Satzung (§ 47 Abs. 2 S. 1 VwGO). Das Rechtsschutzbedürfnis von E ist nicht entfallen, weil Anschluss- und Benutzungszwang fortwirken.

b) Der Normenkontrollantrag wäre begründet, wenn E durch die Fernwärmesatzung in seinen Rechten verletzt würde. In Betracht kommt eine Verletzung von § 14 Abs. 1 iVm § 10 Abs. 2 und § 2 Abs. 1 SächsGemO durch die Anordnung des Anschluss- und Benutzungszwangs. Das würde voraussetzen, dass das Blockheizwerk und die Anlagen der Fernwärmeversorgung als „öffentliche Einrichtung" betrieben werden. Es liegt nahe, das Tatbestandsmerkmal der öffentlichen Einrichtung in § 14 SächsGemO wie in § 2 Abs. 1 und § 10 Abs. 2 SächsGemO, dh als eine Einrichtung der Gemeinde, zu verstehen. Das folgt zum einen aus dem gesetzessystematischen Zusammenhang von § 10 und § 14 SächsGemO: Beide Vorschriften befassen sich mit den Rechtsbeziehungen zwischen der Gemeinde und ihren Einwohnern; die durch § 14 SächsGemO ermöglichte Verpflichtung von Grundstücksberechtigten zur Benutzung einer Einrichtung knüpft an § 10 Abs. 2 SächsGemO an, der ein Recht auf Benutzung von öffentlichen Einrichtungen der Gemeinde im Rahmen ihrer Widmung einräumt. Zum anderen wird die Einheitlichkeit des Einrichtungsbegriffs vom Grundsatz der Verhältnismäßigkeit gefordert. Der in der Anordnung des Anschluss- und Benutzungszwangs liegende Eingriff in die Grundrechte der Anschluss- und Benutzungspflichtigen gemäß Art. 2 Abs. 1, Art. 14 Abs. 1 GG ist nur dann verhältnismäßig, wenn der Anschluss- und Benutzungspflicht ein Recht auf Anschluss und Benutzung entspricht[46]. Denn durch den Anschluss- und Benutzungszwang wird eine Abhängigkeit der Pflichtigen von der Einrichtung erzeugt und ihnen insbesondere untersagt, sich anderweitig zu versorgen. Folglich sind die Pflichtigen auf die Deckung ihres existenziell wichtigen Bedarfs angewiesen, dh der Zugang zu der Einrichtung muss rechtlich gesichert sein. Dies ist nur bei öffentlichen Einrichtungen im Sinne von § 2 Abs. 1, § 10 Abs. 2 SächsGemO der Fall, weil hier den Anschluss- und Benutzungspflichtigen unmittelbar gemäß § 10 Abs. 2 SächsGemO ein Anspruch auf Zugang zusteht, dessen Erfüllung zu angemessenen Bedingungen durch die Gemeinde zu gewährleisten ist.

Das bedeutet nicht, dass eine öffentliche Einrichtung im Sinne von § 2 Abs. 1, § 10 Abs. 2 SächsGemO notwendigerweise von der Gemeinde selbst oder einem Unternehmen der Gemeinde betrieben werden muss; auch ein privates Unternehmen kann Betreiber sein. Wenn es aber zutrifft, dass es eine wesentliche Funktion der öffentlichen Einrichtung ist, durch gesetzliche Zugangsansprüche und korrespondierende Verpflichtungen der Gemeinde den Zugang zu angemessenen Bedingungen zu gewährleisten, kann ein Betrieb in privater Trägerschaft nur dann eine öffentliche Einrichtung der Gemeinde darstellen, wenn diese in der Lage ist, ihren gesetzlichen Verpflichtungen nachzukommen. Die Gemeinde muss den Berechtigten die Benutzung des privaten Betriebs zu angemessenen Bedingungen verschaffen können; es muss ein maßgeblicher Einfluss der Gemeinde auf die wesentlichen betrieblichen Entscheidungen des privaten Unternehmens rechtlich sichergestellt sein.

---

45   OVG Bautzen, SächsVBl 2003, 143 ff.
46   *Tolkmitt*, SächsVBl 2005, 240 ff.

Sind die Rechtsbeziehungen zwischen dem Privaten und der Gemeinde in einem Betreibervertrag geregelt, muss dieser Vertrag die Verpflichtung des Betreibers enthalten, den Vertragsbeziehungen mit den Benutzungsberechtigten die Anforderungen von § 10 Abs. 2 SächsGemO und der Satzungen der Gemeinde zu Grunde zu legen. Dem Privaten muss ferner ein Kontrahierungszwang auferlegt werden. Die von der Gemeinde vorgegebenen Benutzungsbedingungen sind in den Vertragsbeziehungen mit den Benutzungsberechtigten zu übernehmen. Das Unternehmen muss sich verpflichten, Änderungen des Betriebs, die sich auf die Benutzung auswirken, und Änderungen der Benutzungsbedingungen, etwa der Benutzungsentgelte, nur im Einvernehmen mit der Gemeinde vorzunehmen.

Die rechtswidrige Satzung verletzt auch die Grundrechte (Art. 2 Abs. 1 und Art. 14 GG) des E. Denn aus dem Verhältnismäßigkeitsgrundsatz ist die Verpflichtung herzuleiten, dass die Wahrnehmung des Benutzungsrechts dauerhaft gesichert sein muss, die Einrichtung also funktionsfähig, dh technisch und organisatorisch geeignet ist, um die ihr zugedachte Versorgungsaufgabe zu bewältigen. Wird die öffentliche Einrichtung von einem Privaten betrieben, muss die Gemeinde Vorkehrungen treffen, um einen Ausfall des privaten Betreibers zu verhindern oder bei dessen Ausfall die Versorgung aufrecht erhalten zu können. Das erfordert Vorsorgemaßnahmen der Gemeinde dergestalt, dass sie die Anschluss- und Benutzungspflichtigen auf eine andere öffentliche Einrichtung verweisen oder den Betrieb kurzfristig in eigener Regie oder durch einen neuen Betreiber fortführen kann.

Im vorliegenden Kaufvertrag verpflichtet sich B zwar, das Gemeindegebiet mit Wärmeenergie/Warmwasser ganzjährig zu versorgen, O hat sich aber keinen maßgeblichen Einfluss auf den Versorgungsbetrieb und den Inhalt der Benutzungsverhältnisse vorbehalten. Außerdem fehlt eine Regelung für die Festlegung der Benutzungsentgelte (Fernwärmepreise). O hat sich auch kein Mitbestimmungsrecht in Bezug auf Änderungen des Betriebs und der Benutzungsbedingungen gesichert und keine Maßnahmen zur Gewährleistung der Versorgungssicherheit getroffen. O hat sich aus der Fernwärmeversorgung zurückgezogen; dann ist sie aber auch nicht mehr befugt, Anschluss- und Benutzungszwang vorzuschreiben. Die Anordnung des Anschluss- und Benutzungszwangs ist ungültig, die Fernwärmesatzung vom OVG für unwirksam zu erklären (§ 47 Abs. 5 VwGO) (vgl ähnlichen Fall ▶ **Klausurenkurs Fall Nr 15**).

6. Privatisierung im europäischen Rechtsrahmen

Fall 54: Ein spanisches Gesetz sieht vor, dass Beschlüsse von bestimmten Gesellschaften, die   643
früher ausschließlich in öffentlicher Hand waren, nun aber privatisiert sind und an denen der
spanische Staat beteiligt ist, einer staatlichen Genehmigungspflicht unterliegen, wenn der Gesellschaftszweck geändert werden soll oder die Anteilsstruktur und das zur Folge hat, dass der
Anteil der öffentlichen Hand an einem Unternehmen um mindestens 10% verringert wird. Das
Gesetz gilt für:

– Telefonica de Espana (Telekom)
– Corporation Bancaria de Espana (Bank)
– Repsol (Erdöl)
– Tabacalera (Tabakherstellung)
– Endesa (Energie)

In der Gesetzesbegründung heißt es, dass das Genehmigungsrecht in Einklang mit Unionsrecht ausgeübt werden soll.

644 Dem Binnenmarktkonzept des AEUV kommt eine Privatisierung in den Mitgliedstaaten grundsätzlich entgegen. Eine offene Marktwirtschaft mit freiem Wettbewerb (Art. 119 AEUV) setzt voraus, dass die Marktteilnehmer wettbewerbsfähig sind, was bei privatisierten Einrichtungen tendenziell eher anzunehmen ist. Privatisierungsverbote enthält der Vertrag deshalb nicht.

645 Auch Privatisierungsgebote können aus dem Vertrag nicht unmittelbar abgeleitet werden. Das gilt jedenfalls für die formelle Privatisierung. Für die funktionale und materielle Privatisierung von Bedeutung sind die **Grundfreiheiten** als Diskriminierungs- und Beschränkungsverbote (s. Rn 58 f). Staatliche Maßnahmen, die den Binnenmarkt beschränken, müssen zumindest zwingenden Allgemeinwohlinteressen dienen sowie geeignet und erforderlich sein (s. Rn 63). **Art. 37 AEUV** verpflichtet die Mitgliedstaaten nicht zur Privatisierung ihrer Handelsmonopole; sie haben sie aber so umzuformen, dass jede Diskriminierung in den Versorgungs- und Absatzbedingungen zwischen den Angehörigen der Mitgliedstaaten ausgeschlossen ist. Auch **Art. 106 AEUV** enthält kaum mehr als einen Privatisierungsimpuls[47], soweit eine Privilegierung öffentlicher Unternehmen unter Rechtfertigungszwang gestellt wird.

646 Ob und inwieweit die Union befugt ist, auf der Grundlage von Art. 114 AEUV, Art. 53 Abs. 2 iVm Art. 63 AEUV – unter der Voraussetzung, dass Wettbewerbshemmnisse und Wettbewerbsverzerrungen beseitigt werden sollen[48] – oder der Kompetenzabrundungsklausel in Art. 352 AEUV durch Sekundärrecht Privatisierungen voranzutreiben, ist eine Frage der Reichweite des **Art. 345 AEUV**. Danach lässt der AEUV *„die Eigentumsordnung in den verschiedenen Mitgliedstaaten unberührt"*. Der Regelungsinhalt dieser Bestimmung ist umstritten.

647 Der Wortlaut der Vorschrift scheint für einen **weiten Anwendungsbereich** zu sprechen. Mit „Eigentumsordnung" könnten alle verfassungsrechtlichen Vorschriften über das Privateigentum gemeint sein, insbesondere Enteignung, Sozialisierung und Schranken der Eigentumsnutzung. Einer derart weiten Interpretation steht aber entgegen, dass die Union ohne Befugnis zur Regelung der Eigentumsnutzung einen Binnenmarkt nicht schaffen kann. Das aber ist das vorrangige Ziel der EU (Art. 26 AEUV). Insbesondere die Kommission legt Art. 345 AEUV **eng** aus. Der Union sollen allein wirtschaftspolitisch motivierte Eigentumszuordnungen in öffentlicher oder privater Trägerschaft versagt sein, die Union soll Unternehmen weder privatisieren noch verstaatlichen dürfen[49]. Art. 345 AEUV regle die Neutralität des Vertrages in Bezug auf die Form der Unternehmensorganisation. Auch der EuGH hat wiederholt ausgeführt, dass die in den Mitgliedstaaten bestehende Eigentumsordnung durch Art. 345 AEUV den Grundprinzipien des Vertrages nicht entzogen sein soll[50]. In der Tat wollten die Mitgliedstaaten der Union keine Kompetenz zur formellen Privatisie-

---

47 *Burgi*, Funktionale Privatisierung und Verwaltungshilfe, 1999, S. 18.
48 EuGH v. 5.10.2000, Rs. C-376/98 – *„Tabakwerbung"*, Rn 95 f.
49 Mitteilung der Kommission, Leistungen der Daseinsvorsorge in Europa v. 20.9.2000, KOM (2000) 580 endg., Rn 21; *Kingreen*, in: Calliess/Ruffert, EUV/AEUV, 4. Aufl., 2011, Art. 345, Rn 11; *Hailbronner*, NJW 1991, 593, 598.
50 EuGH v. 4.6.2002, Rs. C-367/98 – *„Golden Shares Portugal"*, Rn 48; vgl a. EuGH v. 6.11.1984, Rs. 182/83 – *„Fearon"*, Rn 7; EuGH v. 1.6.1999, Rs. C-302/97 – *„Konle"*, Rn 38.

rung oder Verstaatlichung ihrer Unternehmen zuweisen[51] (erst in der Mitte des 20. Jh. hatten einige Mitgliedstaaten – vorneweg Frankreich und Italien – umfangreiche Sozialisierungen durchgeführt).

Die Entstehungsgeschichte legt die Reichweite des Art. 345 AEUV aber nicht auf eine enge Interpretation fest und auch der Wortlaut der Vorschrift stellt nicht auf einen Transfer zwischen privatem und öffentlichem Eigentum ab[52]. Art. 345 AEUV zielt auf *„die Eigentumsordnung"* an den Unternehmen wie sie *„in den verschiedenen Mitgliedstaaten"* besteht. Art. 83 des KS, der 2002 ausgelaufen ist, war deutlicher gefasst: *„Die Errichtung der Gemeinschaft berührt in keiner Weise die Ordnung des Eigentums an den Unternehmen, für welche die Bestimmungen dieses Vertrages gelten"*[53]. Nahe liegt daher eine **funktionale Interpretation**, die die Grundstrukturen der nationalen Eigentumsrechte schützt. Mit Art. 345 AEUV soll nicht die rechtliche Ausgestaltung des Eigentums dem Unionszugriff entzogen werden, sondern das Eigentum an den Unternehmen, wie sie durch die nationale Verfassungsordnung – in Deutschland durch Art. 14 GG – grundsätzlich gewährleistet wird. Art. 345 AEUV untersagt der Union eine Entscheidung über eine Eigentumszuordnung der Unternehmen[54]; Art. 345 AEUV ist aber nicht nur eine Sperre gegen einen formalen Eigentumsentzug durch die Union, auch jeder in materieller Hinsicht gleichgewichtige Eingriff in den Kern der nationalen Eigentumsgarantien ist unzulässig.

Allerdings führt Art. 345 AEUV nicht dazu, dass die in den Mitgliedstaaten bestehenden Eigentumsordnungen den Grundprinzipien des AEUV, wie zB der Nichtdiskriminierung, der Niederlassungsfreiheit und der Kapitalverkehrsfreiheit, entzogen sind. Deshalb kann Art. 345 AEUV allein ein Privatisierungsverbot als Eingriff in den freien Kapitalverkehr zwar nicht rechtfertigen, doch kann das Interesse des nationalen Gesetzgebers hinsichtlich einer bestimmten Zuordnung des Eigentums in öffentliche oder private Trägerschaft als zwingender Grund des Allgemeininteresses berücksichtigt werden[55].

648

Fall 54 (Rn 643)[56]**:** Vorliegend könnte die Kapitalverkehrsfreiheit (Art. 63 Abs. 1 AEUV) verletzt sein.

a) Zunächst ist zu überlegen, ob Art. 345 AEUV den Anwendungsbereich der Kapitalverkehrsfreiheit einschränkt. Der EuGH lehnt das ab. Das lässt sich damit begründen, dass die Kapitalverkehrsfreiheit als spezielle Grundfreiheit den Geltungsbereich des allgemeineren Art. 345 AEUV überlagert. Dafür sprechen auch systematische Argumente: Art. 345 AEUV steht im Teil „Allgemeine und Schlussbestimmungen"; diese Vorschriften sollen die Grundprinzipien des Vertrages nicht beschränken.

649

---

51 Begründung zum Zustimmungsgesetz, BT-Drs. 2/3440 S. 154.
52 Mitteilung der Kommission, Leistungen der Daseinsvorsorge in Europa v. 20.9.2000, KOM (2000) 580 endg., Rn 22.
53 *Storr*, EuZW 2007, 232, 235.
54 *Schmidt-Preuß*, EuR 2006, 463, 475.
55 EuGH v. 22.10.2013, Rs. C-105/12 – *„Essent"*, Rn 35 und 54.
56 EuGH v. 13.5.2003, Rs. C-463/00 – *„Golden Shares IV"*.

b) Dann ist der Schutzbereich zu prüfen: Nach Rspr des EuGH hat die RiL 88/361 mit der Nomenklatur in ihrem Anhang Hinweischarakter für die inhaltliche Bestimmung des Begriffs Kapitalverkehr. Anhang I RiL 88/361 nennt Direktinvestitionen in Form der Beteiligung an einem Unternehmen durch den Erwerb von Aktien und den Erwerb von Wertpapieren auf dem Kapitalmarkt als Kapitalverkehr im Sinne von Art. 63 AEUV. Die Direktinvestition ist insbesondere durch die Möglichkeit gekennzeichnet, sich tatsächlich an der Verwaltung einer Gesellschaft und an deren Kontrolle zu beteiligen.

c) Fraglich ist, ob die Genehmigungspflicht den Kapitalverkehr zwischen den Mitgliedstaaten beschränkt. Die spanische Vorschrift ist geeignet, den Erwerb von Aktien zu verhindern oder zu beschränken oder aber Investoren anderer Mitgliedstaaten davon abzuschrecken, in das Kapital dieser Unternehmen zu investieren.

Die „Keck-Formel" (s. Rn 61) greift nicht. Danach ist die Anwendung nationaler Bestimmungen des Einfuhrmitgliedstaats, die bestimmte Verkaufsmodalitäten beschränken oder verbieten, nicht geeignet, den Handel zwischen den Mitgliedstaaten zu behindern, sofern diese Bestimmungen für alle betroffenen Wirtschaftsteilnehmer gelten, die ihre Tätigkeit im Inland ausüben, und den Absatz der inländischen Erzeugnisse und der Erzeugnisse aus anderen Mitgliedstaaten rechtlich wie tatsächlich in der gleichen Weise berühren. Denn die Anwendung derartiger Regelungen ist nicht geeignet, den Marktzugang für diese Erzeugnisse im Einfuhrmitgliedstaat zu versperren oder stärker zu behindern als für inländische Erzeugnisse[57]. Die spanische Genehmigungspflicht gilt zwar für Investitionen von Gebietsansässigen und Gebietsfremden gleichermaßen, doch berührt sie den Erwerb einer Beteiligung und ist daher geeignet, Anleger aus anderen Mitgliedstaaten von solchen Investitionen abzuhalten und damit den Marktzugang zu beeinflussen.

Eine Beschränkung der Kapitalverkehrsfreiheit entfällt nicht, weil die Genehmigung – so die Gesetzesbegründung – in Einklang mit dem Unionsrecht erteilt werden soll. Die Begründung ist weder normativ verbindlich, noch hinreichend konkret. Die Genehmigungspflicht beschränkt deshalb die Kapitalverkehrsfreiheit.

d) Die Genehmigungspflicht könnte gerechtfertigt sein. Der freie Kapitalverkehr kann durch eine nationale Regelung beschränkt werden, wenn diese aus den in Art. 65 Abs. 1 AEUV genannten Gründen oder durch zwingende Gründe des Allgemeininteresses gerechtfertigt ist. Spanien könnte geltend machen, dass es sich einen gewissen Einfluss auf ursprünglich öffentliche und später privatisierte Unternehmen behalten möchte, insbesondere wenn diese Unternehmen Dienstleistungen von allgemeinem Interesse oder von strategischer Bedeutung erbringen.

Dann muss aber nach den einzelnen Unternehmen unterschieden werden: Vorliegend ist nicht erkennbar, dass das Unternehmen Tabacalera, das Tabak herstellt, Dienstleistungen von allgemeinem wirtschaftlichen Interesse erbringt oder strategische Bedeutung hat. Das könnte sich für die Corporation Bancaria de Espana SA, die ein Zusammenschluss von Geschäftsbanken ist und im herkömmlichen Bankensektor tätig ist, anders darstellen. Dann müsste Spanien geltend machen, dass der Bankenverband besondere Aufgaben wahrnimmt, etwa Aufgaben einer Zentralbank, einer Förderbank oder besondere Versorgungsaufgaben wie sie den Sparkassen obliegen. Eine solche Begründung fehlt hier aber. Hingegen erbringen Telefonica de Espana, Repsol und Endesa zweifellos Dienstleistungen von allgemeinem Interesse; insbesondere haben sie die Verpflichtung, die Versorgung mit Erdöl, Elektrizität und Telekommunikation auch im Krisenfall zu gewährleisten. Das ist ein Grund der öffentlichen Sicherheit, der eine Beeinträchtigung des freien Kapitalverkehrs rechtfertigen kann.

---

57 EuGH v. 10.5.1995, Rs. C-384/93 – *„Alpine Investments"*, Rn 37.

Die Beschränkung der Kapitalverkehrsfreiheit durch die nationale Genehmigungspflicht für Telefonica de Espana, Repsol und Endesa ist aber nur dann gerechtfertigt, wenn sie geeignet ist, die Verwirklichung des mit ihr verfolgten Zieles zu gewährleisten, und nicht über das hinausgeht, was zur Erreichung dieses Zieles erforderlich ist. Außerdem muss das Gesetz mit dem Grundsatz der Rechtssicherheit vereinbar sein. Das spanische Gesetz ist aber zu unbestimmt: Aus dem Gesetz ergibt sich nicht, nach welchen konkreten objektiven Voraussetzungen eine Genehmigung erteilt oder versagt wird. Der spanischen Verwaltung wird ein besonders weites Ermessen zugewiesen, das schwerwiegende Beeinträchtigungen des freien Kapitalverkehrs ermöglicht und sogar zu dessen Ausschluss führen kann. Damit geht das Gesetz auch über das hinaus, was zur Erreichung des Zieles Versorgungssicherheit erforderlich ist.

e) Eine Rechtfertigung nach Art. 106 Abs. 2 AEUV (s. Rn 736 f) scheidet aus. Denn hierfür hätte Spanien darlegen müssen, weshalb die Erfüllung der im allgemeinen wirtschaftlichen Interesse liegenden Aufgaben gefährdet wäre, wenn die Genehmigungspflicht nicht bestünde. Diese Begründung liegt hier aber nicht vor.

f) In Betracht kommt ferner eine Beeinträchtigung der Niederlassungsfreiheit (Art. 49 AEUV). Das ist primär eine Frage zur Konkurrenz zwischen Art. 49 AEUV und Art. 63 AEUV. Art. 49 Abs. 2 AEUV spricht für die Kapitalverkehrsfreiheit als speziellere Vorschrift, der EuGH scheint beide Vorschriften im Verhältnis der Parallelität zu sehen (vgl aber auch Rn 89). Im Ergebnis ist die Beschränkung der Niederlassungsfreiheit aus den gleichen Gründen wie die Beschränkung der Kapitalverkehrsfreiheit nicht gerechtfertigt.

§ 8 Das Recht der öffentlichen Unternehmen

I. Die öffentlichen Unternehmen

1. Historischer Überblick und gegenwärtige Privatisierung

650 Die Geschichte der staatlichen Unternehmen ist mit jener des Staates eng verbunden. Denn seit es Staaten gibt, existieren auch staatliche Unternehmen. Vor allem der **Merkantilismus** (s. Rn 9) war geprägt von einer ausgiebigen staatlichen Unternehmertätigkeit (Manufakturen), um die absolutistische Prachtherrschaft der Fürsten zu finanzieren. Die staatlichen Unternehmen wurden häufig durch Privilegien vor privater Konkurrenz geschützt. Nach der Einführung der Gewerbefreiheit (1810) waren zunächst die Weichen für eine liberale Wirtschaftsordnung gestellt. Doch schon in der zweiten Hälfte des 19. Jahrhunderts hat die Unternehmertätigkeit der öffentlichen Hand wieder zugenommen, insbesondere im Eisenbahnwesen und im Bergbau.

Bis in die 70er Jahre des 19. Jahrhunderts gab es ein gemischtes System staatlicher und privater Eisenbahnen in Deutschland. Ab 1873 kauften die Bundesstaaten die privaten Eisenbahnen zunehmend auf und gaben neue Streckenverbindungen in Auftrag. Diese Verstaatlichung des Eisenbahnwesens erfolgte zur Wirtschaftsförderung (Ausbau der Infrastruktur), aus militärischen Gründen sowie zur Sicherstellung des für den Eisenbahnbau erforderlichen Finanzbedarfs, weil das erforderliche Kapital von privater Seite nicht allein aufgebracht werden konnte (in der ersten Hälfte der 70er Jahre entfiel ein Viertel aller Nettoinvestitionen auf den Eisenbahnbau). Die Bundesstaaten konnten die Eisenbahnunternehmen lukrativ betreiben. Vor Ausbruch des ersten Weltkrieges stammte über die Hälfte der preußischen Staatseinnahmen aus eigenen Betrieben, nämlich 34% aus den Bahnen und 20% aus anderen Erwerbsbetätigungen[1].

651 **Während des ersten Weltkriegs** ging die öffentliche Hand zunehmend dazu über, private Unternehmen und Betriebe streng zu regulieren (Kriegswirtschaft), aber auch eigene Unternehmen zu gründen und zu betreiben (zB Stickstoffherstellung für Sprengstoff und Aluminiumproduktion). So wurden auf Veranlassung der Kriegsrohstoffabteilung im August 1914 die Kriegsmetall AG, die Kriegschemikalien AG und die Kriegswollbedarf AG gegründet. Dem Reich war es gelungen, während des Krieges nahezu die gesamte deutsche Aluminiumindustrie zu kontrollieren. Zur Versorgung der Stickstoff- und Aluminiumwerke waren neue elektrische Kraftwerke erforderlich, was eine Ausweitung der Reichsbeteiligungen an den Energieunternehmen zur Folge hatte.

652 **Nach dem ersten Weltkrieg** wurden die öffentlichen Unternehmen weitgehend auf eine Friedenswirtschaft umgestellt, nicht aber umfassend privatisiert oder aufgelöst. So wurden zB 1923 in der VIAG als Staatsholding die reichseigenen Deutsche Werke AG (eine Zusammenfassung der Heeres- und Marinebetriebe), Stickstoff- und Aluminiumwerke sowie Elektrizitätswerke gebündelt[2]. Die VEBA (1929) war eine Zusammenführung von PreußenElektra (Energie), Preussag (Bergwerk), Hibernia (Berg-

---

1 *Klein*, Die Teilnahme des Staates am wirtschaftlichen Wettbewerb, 1968, S. 61.
2 *Staudinger*, Der Staat als Unternehmer, 1932, S. 48.

werk) und der Bergwerks-AG Recklinghausen. Außerdem unterhielt das Reich eine Reihe von einflussreichen Banken.

Während sich das **Reich** um eine Trennung von seinen Industriebeteiligungen und eine Aufgabe seiner unmittelbaren Unternehmertätigkeit bemühte – insbesondere wurden Rüstungsbetriebe stillgelegt, auf die Produktion anderer Güter umgestellt oder verkauft –, weitete sich die Unternehmertätigkeit der **Kommunen** in den 20er Jahren erheblich aus. Wegen knapper finanzieller Mittel (Kriegsfolgelasten, allgemeine Wirtschaftskrise, Erzbergersche Finanzreformen) sollten kommunale Unternehmen über die Daseinsvorsorge (s. Rn 736) hinaus verstärkt zur Erwirtschaftung von Gewinnen für den allgemeinen Haushalt beitragen[3].

Zwischen 1933 und 1945 wurde die unternehmerische Tätigkeit des Staates im Zuge der Umstellung der Wirtschaft auf den Krieg wieder erheblich ausgeweitet. Die „Reichswerke Hermann Göring" beispielsweise, aus denen später die Salzgitter AG hervorgegangen ist, war im Jahre 1944 mit 410 Unternehmen der weltgrößte Konzern[4].

Nach dem zweiten Weltkrieg kam der Bund in den Besitz der Unternehmen des Reiches (Art. 134 Abs. 1 GG) sowie Preußens (Art. 135 Abs. 6 GG). Seither ist der Bund bemüht, seine Unternehmensbeteiligungen durch Privatisierung abzubauen. In den fünfziger und sechziger Jahren wurden an größeren Unternehmen Preussag, VW, VEBA, in den achtziger und neunziger Jahren VIAG, Salzgitter und Lufthansa ganz oder zum Teil privatisiert. Zudem wurden die bislang als öffentlich-rechtliche Sondervermögen geführte Deutsche Bundespost und Deutsche Bahn in Aktiengesellschaften umgewandelt und Aktien der Deutschen Telekom AG und Deutschen Post AG an der Börse gehandelt. Ferner wurden über die Treuhandanstalt die Staatsunternehmen der DDR privatisiert. **653**

In den vergangenen Jahren – nicht nur, aber auch wegen der globalen **Finanz- und Wirtschaftskrise** seit 2008 – ist es zu einer disparaten Entwicklung öffentlicher Unternehmen gekommen: Einerseits sind einige öffentlich-rechtliche Banken, vor allem Landesbanken, wegen erheblichen Zahlungsausfällen aufgrund von Geldgeschäften im Ausland überschuldet. Zum anderen sah sich der Bund aufgrund der Finanzkrise gezwungen, zur Sicherung der Finanzmarktstabilität sog. systemrelevante Unternehmen zu unterstützen und zum Zweck der Neuorganisation zu übernehmen oder sich an ihnen erheblich zu beteiligen (zB Hypo Real Estate und Commerzbank). Der Bund hat hierfür gesetzlichen Grundlagen für Enteignungen[5] und ein vereinfachtes squeeze-out[6], also das Herausdrängen privater Anteilsinhaber, geschaffen. **654**

Parallel zu dieser Entwicklung ist in einigen Bereichen der Daseinsvorsorge auch eine **Rekommunalisierung** zu beobachten, etwa ein Rückkauf privatisierter Versorgungs einrichtungen (Stadtwerke)[7] durch die Gemeinden. Rekommunalisierung ist sicher- **655**

---

3 *Backhaus*, Öffentliche Unternehmen, 2. Aufl., 1980, S. 173.
4 *Meyer*, Hitlers Holding – Die Reichswerke „Hermann Göring", 1999, S. 25, 312.
5 Rettungsübernahmegesetz v. 7.4.2009, BGBl. I S. 725, 729.
6 Finanzmarktstabilisierungsbeschleunigungsgesetz v. 17.10.2008, BGBl. I S. 1982, 1986.
7 *Storr*, ÖZW 2011, 2, 4; *Sodan*, LKV 2013, 433 ff.

lich eine Gegenbewegung zur Privatisierungseuphorie der 90er Jahre – aber nicht nur. Die Gründe für eine Rekommunalisierung sind vielfältig: enttäuschte Erwartungen einer vorangegangen Privatisierung, zB weil sich erhoffte Effizienzgewinne nicht eingestellt haben, die Versorgungssicherheit nicht hinreichend gewährleistet ist oder ganz grundsätzlich eine Reaktion auf die Befürchtung der Bürger, großen Konzernen „ausgeliefert" zu sein[8]. Rekommunalisierung ist zwar eine Erscheinung heutiger Tage, in rechtlicher Hinsicht aber nur ein Phänomen der öffentlichen Unternehmertätigkeit, für die es eine Rahmenordnung gibt.

2. Wirtschaftspolitische Einordnung öffentlicher Unternehmen

656   In wirtschaftspolitischer Hinsicht ist die Frage nach der öffentlichen Unternehmertätigkeit grundlegend für die Verfassung einer Volkswirtschaft. Gegen eine öffentliche Unternehmertätigkeit werden vor allem vier Argumente in Stellung gebracht[9]:

- In dem Maße, in dem die öffentliche Hand wirtschaftlich tätig wird, sind Private davon ausgeschlossen, mithin in ihrer Freiheit beeinträchtigt. Der Staat verzerrt den Wettbewerb zu Lasten privater Konkurrenzunternehmungen (**„Freiheitsargument"**).
- Staatliches Wirtschaften soll sich in der Regel mit der Effizienz von Märkten nicht messen können (**„Effizienzargument"**).
- Eine Kumulation von wirtschaftlicher Macht und politischer Entscheidungskompetenz bedroht die „dezentrale Struktur" einer Wirtschaftsordnung und gefährdet die horizontale Gewaltenteilung zwischen Staat und Gesellschaft (**„Demokratieargument"**).
- Eine politische Instrumentalisierung öffentlicher Unternehmen ist eine Art „Dritter Weg" zwischen Marktwirtschaft und Planwirtschaft (**„Argument wettbewerbswirtschaftlicher Klarheit"**).

657   Dem wird entgegengehalten[10], dass öffentliche Unternehmen in einer sozialen Marktwirtschaft unverzichtbar sind, weil sie öffentliche Aufgaben aktiv, gezielt, flächendeckend, sicher und dauerhaft erfüllen können und nicht von Privatautonomie geprägt, sondern dem Gleichheitsgrundsatz verpflichtet sind. Insoweit können sich öffentliche Unternehmen in eine Marktwirtschaft einfügen. Noch heute sind die öffentlichen Unternehmen als Instrumente staatlicher Wirtschaftspolitik in vielen Branchen vertreten:

- sie sind **Garant für eine Infrastruktur** (Daseinsvorsorge in den Bereichen Energie, Verkehr, Post, Telekommunikation, Sparkassen, Flughäfen);
- sie sind **Wirtschaftsförderer** (Kreditbanken, zB KfW, Tourismusförderungsunternehmen);
- sie sind **Wettbewerbsregulator**, um übermächtige private Marktmacht zu verhindern (teilweise haben sie selbst übermäßige Marktmacht oder sind (fast) Monopo-

---

8 *Leisner-Ebensperger*, NVwZ 2013, 1110, 1112.
9 Vgl 8. Monopolkommission 1988/1989, BT-Drs. 11/7582, Tz. 66.
10 ZB Wissenschaftlicher Beirat der Gesellschaft für öffentliche Unternehmen, ZögU 17 (1994), S. 195 ff.

listen: zB Deutsche Post AG, Deutsche Bahn AG; in regulierten Sektoren ist es Aufgabe der Regulierungsbehörde BNetzA, chancengleichen Wettbewerb herzustellen);

– sie verfolgen **kulturelle Ziele** (Museen, Betrieb und Unterhaltung von Ausstellungshallen);

– sie haben **sozialpolitische Aufgaben** (öffentliche Beschäftigungsgesellschaften, Auffanggesellschaften);

– sie fördern besondere **politische Ziele** (Umweltschutz, Frauenförderung, Integration von Langzeitarbeitslosen);

– sie sind generell dem **Gemeinwohl** verpflichtet.

3. Begriffsbestimmung

a) Zum Begriff „Unternehmen"

Der Begriff des Unternehmens ist in der Rechtsordnung nicht einheitlich definiert und kann je nach Rechtsgebiet (zB im Kartellrecht, im Haushaltsrecht, im Steuerrecht oder im Unionsrecht) unterschiedliche Bedeutung haben. Allgemein werden drei Begriffstypen unterschieden: **658**

Abgestellt werden kann auf **formale Rechtskriterien**, dh auf handels- und gesellschaftsrechtliche Tatbestände. Unternehmen sind danach Handelsgesellschaften und sonstige rechtlich selbstständige Unternehmen des Privatrechts oder des öffentlichen Rechts, wenn und soweit es sich um kaufmännisch eingerichtete Gewerbebetriebe handelt. Hierfür ist mindestens ein funktionsfähiges kaufmännisches Rechnungswesen vorauszusetzen (Führung von Handelsbüchern [§§ 238, 239 HGB], Führung eines Inventarverzeichnisses und Eröffnungsbilanz [§§ 240, 242 HGB]).   **659**

Bei einer **soziologischen Perspektive** wird auf die Gruppe von Menschen abgestellt, die dem Unternehmen angehören, also auf die Arbeitgeber, die Anteilseigner, das Management und die Arbeitnehmer. Ein „klassisch kapitalistisches Unternehmen" soll jede Institution sein, in der durch das Zusammenwirken der Unternehmensangehörigen vorhandene Probleme gelöst werden können.   **660**

Insbesondere der Rechtsprechung des EuGH liegt ein **funktionaler Ansatz** zugrunde: Der EuGH definiert Unternehmen als **„eine wirtschaftliche Tätigkeit ausübende Einheit, unabhängig von ihrer Rechtsform und der Art ihrer Finanzierung"**[11]. Die funktionale Betrachtungsweise hat eine organisatorische Komponente (Handeln durch eine Einheit), durch die Unternehmen von der Verwaltung abgegrenzt werden, und eine tätigkeitsbezogene Komponente (wirtschaftliche Tätigkeit), für die ein mit privater Unternehmertätigkeit vergleichbares Handeln (Handeln wie ein privates Unternehmen) bedeutsam ist. Im europäischen Recht liegt eine wirt-   **661**

---

11 EuGH v. 23.4.1991, Rs. C-41/90 – „*Höfner und Elser*", Rn 21; EuGH v. 21.9.1999, Rs. C-219/97 – „*Bokken*", Rn 67; EuGH v. 19.1.1994, Rs. C-364/92 – „*Eurocontrol*", Rn 18; EuGH v. 3.3.2011, Rs. C-437/09 – „*AG2R*", Rn 40.

schaftliche Tätigkeit vor, wenn Güter oder Dienstleistungen auf einem Markt angeboten werden[12].

Für ein grundsätzlich funktionales Unternehmensverständnis sprechen folgende Argumente:

- Die Schwierigkeit, unternehmerisches Handeln von anderen Formen wirtschaftsrechtlich relevanter Handlungsinstrumente abzugrenzen (Interventionen, geldmarktpolitische oder finanzpolitische Steuerungen, Subventionen, Bürgschaften, Finanzierungen, etc): Zwar ist der Begriff des „Wirtschaftens" selbst sehr weit (Bedürfnisbefriedigung, Produktion und Verwendung knapper Güter zum Zweck der Erfüllung menschlicher Bedürfnisse), jedenfalls impliziert er aber eine Tätigkeit „auf dem Markt". Während Unternehmen wirtschaftlich werthafte Leistungen am Markt anbieten und einen Preis als Gegenleistung erhalten, wird die öffentlich-rechtlich handelnde Verwaltung durch Steuern, Gebühren und Beiträge finanziert[13]. Allerdings müssen sich Verwaltung und Unternehmen nicht ausschließen. Auch die Verwaltung kann unternehmerisch tätig werden.
- Die Lösung von bestimmten Organisationsformen: Für ein funktionales Unternehmensverständnis kommt es nicht darauf an, ob ein Unternehmen privatrechtlich oder öffentlich-rechtlich organisiert ist, eine juristische Person ist oder als Eigenbetrieb (s. Rn 678) nicht rechtsfähig ist, solange es eine organisatorische Einheit darstellt. Auch der Regiebetrieb (s. Rn 679) ist als Verwaltung bei funktionaler, auf die Tätigkeit abstellender Betrachtung, ein Unternehmen.
- Die Lösung vom Kriterium der Gewinnerzielungsabsicht: Gewinnmaximierung ist bei Privaten nicht immer der alleinige oder generell überwiegende Zweck wirtschaftlicher Betätigung. Vor allem soll nach hA eine Gewinnerzielung durch öffentliche Unternehmen grundsätzlich ausgeschlossen sein (s. Rn 700).
- Die Lösung vom Kriterium der kaufmännischen Unternehmensführung: Allein Buchführungspflichten und Rechnungslegung können für eine Klassifizierung einer Einrichtung als Unternehmen nicht maßgeblich sein, wenn diesem oder ihrem Unternehmensträger die Möglichkeit zukommt, zwischen kaufmännischer und kameralistischer Buchführung zu wählen.
- Der funktionale Unternehmensbegriff ist zudem bei unionsrechtsrelevanten Sachverhalten verbindlich. Da das europäische Wettbewerbsrecht den maßgeblichen Rechtsrahmen für öffentliche Unternehmen vorgibt, ist eine Orientierung an diesen Maßgaben ohnehin geboten (s. Rn 728 f).

b) Öffentliche Unternehmen

662 Auch für den Begriff der „öffentlichen" Unternehmen finden sich unterschiedliche Ansätze.

663 **Widmung der Öffentlichkeit:** Nach *Otto Mayer*[14] konnte ein privates Unternehmen durch „Verleihung" zu einem öffentlichen Unternehmen werden. Ähnlich findet sich in den Kommunalordnungen der Begriff der „öffentlichen Einrichtung der Gemeinde"[15]; „öffentlich" bezieht sich auf das allgemeine Nutzungsrecht im Rahmen des bestimmungsgemäßen Gebrauchs der Einrichtung (Widmung).

664 **Erfüllung einer öffentlichen Aufgabe:** Öffentlich kann ein Unternehmen sein, wenn es öffentliche Aufgaben (zB der Daseinsvorsorge)[16] wahrnimmt und damit

---

12 EuGH v. 12.9.2000, Rs. C-180/98 – „*Pavlov*", Rn 78.
13 Zur Schwierigkeit, „Verwaltung" zu definieren: *Huber*, AVerwR, S. 1 ff.
14 *Mayer*, Deutsches Verwaltungsrecht, 2. Band, 3. Aufl., 1924, S. 243 f.
15 ZB §§ 14 Abs. 1, 20 Abs. 2 Nr 1 ThürKO.
16 *Scholz/Aulehner*, Archiv PT 1993, 103, 149.

der Allgemeinheit dient. Diesem Öffentlichkeitsbezug liegt keine öffentlich-rechtliche Widmung zugrunde, aber eine Bestimmung des Unternehmers, eine Aufgabe für die Allgemeinheit zu erbringen; das Unternehmen bietet eine öffentliche Leistung an.

So ist etwa der Begriff der „öffentlichen Eisenbahnverkehrsunternehmen" in § 3 Abs. 1 Nr 1 AEG zu verstehen. Diese werden gewerbs- oder geschäftsmäßig betrieben und können von jedermann nach ihrer Zweckbestimmung zur Personen- oder Güterbeförderung genutzt werden.

„Gemeinnützige" oder „freigemeinwirtschaftliche" Unternehmen erfüllen öffentliche Aufgaben, ohne die Gewinnerzielung als maßgebliches Unternehmensziel zu definieren. **665**

Eigentum und Besitz der öffentlichen Hand: Ferner findet sich die Definition, ein **666** öffentliches Unternehmen stehe zwingend im Eigentum oder Besitz der öffentlichen Hand[17]. Doch kann für einen funktionalen Unternehmensbegriff nur die instrumentalisierbare Anbindung an die öffentliche Hand maßgeblich sein. Die Eigentums- und Besitzverhältnisse spiegeln nicht unbedingt die Herrschaftsverhältnisse in einem Unternehmen wider. Wenn die öffentliche Hand beispielsweise nur eine Minderheitsbeteiligung an einer Aktiengesellschaft hält, bedeutet das noch nicht, dass sie damit das Unternehmen nicht maßgeblich steuern kann (zB bei Stimmrechtsbeschränkungen).

Beherrschung der öffentlichen Hand: Vorzugswürdig ist deshalb ein auf den Steu- **667** erungseinfluss der öffentlichen Hand abstellender Ansatz[18]. Letztlich muss es darauf ankommen, ob und inwieweit die öffentliche Hand ein Unternehmen instrumentalisieren kann. Erst dann ist eine überzeugende Trennung zu privaten Unternehmen möglich. Eine Steuerung erfolgt unternehmensintern durch unternehmensverfassungsrechtliche Kontroll- und Weisungsmechanismen (durch die Gesellschafterversammlung, §§ 48 ff GmbHG; durch die Hauptversammlung, §§ 118 ff AktG; durch den Aufsichtsrat, § 111 AktG; durch gesellschaftsvertraglich vereinbarte besondere Weisungsrechte, § 45 GmbHG etc) und durch externe Einflusssicherung (Beherrschungsverträge, §§ 291 ff AktG), wobei eine Beherrschung auch durch eine Kombination mehrerer Instrumente vorstellbar ist.

Dieser funktionale Ansatz liegt auch dem Konzernrecht zugrunde. Im „VEBA/Gelsenberg-Urteil" hat der BGH[19] einen beherrschenden Einfluss der Bundesrepublik Deutschland auf die VEBA angenommen. Obgleich der Bund nur 43,7% der Aktien gehalten hatte, hatte er eine beherrschende Stellung. Der BGH hat einen beherrschenden Einfluss des Landes Niedersachsen auf die Volkswagen AG sogar bei einer 20%-igen Beteiligung angenommen, weil sich das Land aufgrund bestimmter Sonderrechte und anderer Umstände (zB zwei Aufsichtsratsmandate; Erschwerung der Vertretung anderer Aktionäre durch das VW-Gesetz; die Tatsache, dass zumeist weniger als 40% der Aktionäre bei Hauptversammlungen vertreten sind) regelmäßig auf eine Hauptversammlungsmehrheit verlassen konnte[20].

---

17 *Schmidt-Aßmann*, BB Beilage 34, 1990, 1, 2.
18 *Ziekow*, Öffentliches Wirtschaftsrecht, 3. Aufl., 2013, S. 130.
19 BGHZ 69, 334 ff.
20 BGHZ 135, 107 ff; OLG Braunschweig, BB 1996, 1321, 1323.

668 Auf den beherrschenden Einfluss und damit die Fähigkeit der maßgeblichen Steuerung stellt schließlich das Unionsrecht in der Legaldefinition für ein öffentliches Unternehmen in der Sektoren-Richtlinie[21] und in der Transparenz-Richtlinie[22] ab.

Dort ist das öffentliche Unternehmen legaldefiniert als „… *jedes Unternehmen, auf das die öffentliche Hand aufgrund Eigentums, finanzieller Beteiligung, Satzung oder sonstiger Bestimmungen,
die die Tätigkeit des Unternehmens regeln, unmittelbar oder mittelbar einen beherrschenden Einfluss ausüben kann*".

669 **Beherrschung** meint die maßgebliche Leitung, Lenkung und Führung des Unternehmens. Mit dem Kriterium der Beherrschung durch die öffentliche Hand lassen sich öffentliche Unternehmen sachgerecht von privaten Unternehmen unterscheiden. Das
Kriterium der Beherrschung nimmt einerseits die Vielfältigkeit der Steuerungsein-
flussmöglichkeiten auf und gibt andererseits den Maßstab vor, um – zwangsläufig intendierte – Abgrenzungsprobleme zu lösen[23]. Damit ist das öffentliche Unternehmen
ein Oberbegriff für die Unternehmen der öffentlichen Hand.

Nach Art. 2 lit. b Transparenz-Richtlinie (RiL 2006/111) wird vermutet, dass ein beherrschender
Einfluss ausgeübt wird, wenn die öffentliche Hand unmittelbar oder mittelbar:
– die Mehrheit des gezeichneten Kapitals des Unternehmens besitzt oder
– über die Mehrheit der mit den Anteilen des Unternehmens verbundenen Stimmrechte verfügt
oder
– mehr als die Hälfte der Mitglieder des Verwaltungs-, Leistungs- oder Aufsichtsorgans des Unternehmens bestellen kann.

c) Eigengesellschaften

670 Eigengesellschaften sind besondere öffentliche Unternehmen, weil sie **ausschließlich
von einem öffentlichen Unternehmensträger gesteuert** werden. Die öffentliche
Hand ist nicht unbedingt dinglicher Inhaber einer Eigengesellschaft, hat aber die alleinige Steuerungskompetenz an den Unternehmen; sie verfügt über sämtliche Steue-
rungsinstrumente an dem Unternehmen. Das ist regelmäßig der Fall, wenn der Unternehmensträger alle Anteile hält[24].

d) Gemischt-wirtschaftliche Unternehmen

671 Gemischt-wirtschaftliche Unternehmen sind Unternehmen, an denen **die öffentliche
Hand und Private gemeinsam beteiligt** sind. Hierbei handelt es sich oftmals um Ge-
sellschaften in Privatrechtsform, wobei das Eigenkapital zwischen der öffentlichen
Hand und Privaten aufgeteilt ist. Allerdings können auch Private an Unternehmen in

---

21 Art. 2 Abs. 1 lit. b Richtlinie 2004/17/EG v. 31.3.2004 zur Koordinierung der Zuschlagserteilung
   durch Auftraggeber im Bereich der Wasser-, Energie- und Verkehrsversorgung sowie der Postdienste,
   ABl Nr L 134 v. 30.4.2004, S. 1.
22 Art. 2 lit. b Richtlinie 2006/111/EG v. 16.11.2006 über die Transparenz der finanziellen Beziehungen
   zwischen den Mitgliedstaaten und den öffentlichen Unternehmen sowie über die finanzielle Transparenz innerhalb bestimmter Unternehmen, ABl Nr L 318 v. 17.11.2006, S. 17.
23 *Krebs*, in: Schmidt-Aßmann/Hoffmann-Riem, Verwaltungsorganisationsrecht als Steuerungsres-
   source, 1997, S. 347.
24 ZB § 92 Abs. 2 Nr 3 BbgKVerf.

öffentlich-rechtlichen Rechtsformen beteiligt sein, etwa bei Zweckverbänden oder Anstalten des öffentlichen Rechts. Gemischt-wirtschaftliche Unternehmen sind zugleich öffentliche Unternehmen, wenn die öffentliche Hand das Unternehmen steuern kann.

Mit dem „gemischt-wirtschaftlichen Unternehmen" wird eine besondere Form von **„Public-Private-Partnership"** bezeichnet. Denn aus der unternehmerischen Kooperation der öffentlichen Hand mit Privaten ergeben sich eine Reihe von spezifischen Fragen, etwa welche Voraussetzungen an eine derartige Kooperation zu stellen sind, welches Rechtsregime gesellschaftsintern Anwendung finden soll und inwieweit die Gesellschafter auf die besonderen Interessen der Kooperationspartner Rücksicht zu nehmen haben – schließlich hat die öffentliche Hand das Gemeinwohl zu verfolgen, während Private regelmäßig die Mehrung ihres Gewinns im Blick haben – und ob der öffentlichen Hand Sonderrechte zukommen sollen (vgl §§ 394, 395 AktG). **672**

An **gemischt-öffentlichen Unternehmen** sind mehrere, voneinander zu unterscheidende Einrichtungen der öffentlichen Hand gemeinsam beteiligt. **673**

e) Öffentlich-rechtliche Unternehmen

Unter öffentlich-rechtlichen Unternehmen versteht man alle **öffentlich-rechtlich verfassten Unternehmen** wie Anstalten, Körperschaften und Stiftungen, ferner Eigen- und Regiebetriebe. **674**

Eine **Anstalt** ist eine organisatorische Zusammenfassung sachlicher und personeller Mittel, die vom sonstigen Behördenaufbau losgelöst ist und der Erfüllung spezifischer Verwaltungsaufgaben dient. Diejenigen, die die Leistungen der Anstalt im Rahmen der Zweckbestimmung in Anspruch nehmen, sind Benutzer. Zu unterscheiden sind rechtsfähige und nicht-rechtsfähige Anstalten. **675**

Beispiel: Ein kommunales Schwimmbad kann in Form einer nicht-rechtsfähigen Anstalt betrieben werden. Eine rechtsfähige Anstalt ist zB die Kreditanstalt für Wiederaufbau (KfW).

Körperschaften des öffentlichen Rechts sind juristische Personen, die durch die Verfassung selbst, durch oder aufgrund einfachen Gesetzes gebildet werden. Sie sind mitgliedschaftlich strukturiert, vom konkreten Mitgliederbestand jedoch unabhängig. **676**

Beispiel: Ein kommunaler Zweckverband (Abwasserentsorgungsverband).

Stiftungen sind Vermögenswerte, die vom Stifter für einen bestimmten Zweck dauernd rechtlich verselbstständigt sind. Dabei kann – wie bei den Anstalten – zwischen rechtsfähigen und nicht-rechtsfähigen Stiftungen unterschieden werden. **677**

Eigenbetrieb heißt jedes Unternehmen der öffentlichen Hand ohne eigene Rechtspersönlichkeit, das außerhalb der allgemeinen Verwaltung geführt wird[25]. Hierher gehören zB die Bundesbetriebe und Sondervermögen iSd § 26 BHO, aber auch die gemeindlichen wirtschaftlichen Unternehmen ohne eigene Rechtspersönlichkeit. Nach **678**

---

25   ZB Art. 88 Abs. 1 BayGO.

außen sind Eigenbetriebe unselbstständige Verwaltungseinheiten. Im Verwaltungsinnenverhältnis beziehen sie eine gewisse verselbstständigte Stellung; von der (übrigen) Verwaltung unterscheiden sich Eigenbetriebe durch ihre kaufmännische Führung. Für kommunale Eigenbetriebe ist Näheres in den Kommunalordnungen und in den Eigenbetriebsverordnungen geregelt.

679 Die **Regiebetriebe** sind rechtlich unselbstständige Verwaltungseinheiten, dh Abteilungen der Verwaltung. Anders als bei den Eigenbetrieben fehlt ihnen die ökonomische Selbstständigkeit. Während Eigenbetriebe als Sondervermögen geführt werden müssen, sind Regiebetriebe auch haushaltsrechtlich nicht verselbstständigt. Sie haben kein eigenes Rechnungswesen.

680 Der **Hoheitsbetrieb** ist ein steuerrechtlicher Begriff (zB § 4 Abs. 5 KStG). Hoheitsbetriebe dienen überwiegend der Ausübung öffentlicher Gewalt und sind keine Betriebe gewerblicher Art iSd § 4 Abs. 1 KStG.

II. Die verfassungsrechtlichen Rahmenbedingungen für öffentliche Unternehmen

1. Wirtschaftspolitische Neutralität des Grundgesetzes

681 Das **Grundgesetz** enthält wenige allgemeine und grundlegende Vorschriften zu öffentlichen Unternehmen. Art. 15, 74 Abs. 1 Nr 15, 105 Abs. 1, 106 Abs. 1, 108 Abs. 1, 110 Abs. 1 S. 2, 135 Abs. 6 GG regeln nur besondere Sachverhalte; aus ihnen kann allenfalls entnommen werden, dass öffentliche Unternehmen unter dem Grundgesetz nicht von vornherein unzulässig sind. Die Art. 87d, e und f, 88, 143a und 143b GG betreffen besondere Einrichtungen und Unternehmen und lassen ebenfalls keine darüber hinausgehenden allgemeinen Aussagen zu.

682 Nach ständiger Rechtsprechung des BVerfG gilt, dass das Grundgesetz „**wirtschaftspolitisch neutral**" (s. Rn 4) ist, dh dass sich der Verfassungsgeber nicht ausdrücklich für ein bestimmtes Wirtschaftssystem entschieden hat. Dies ermöglicht dem Gesetzgeber, die ihm jeweils sachgemäß erscheinende Wirtschaftspolitik zu verfolgen, sofern er dabei das Grundgesetz beachtet[26]. Konkreter ist im **Staatsvertrag zur Schaffung einer Währungs-, Wirtschafts- und Sozialunion** zwischen der Bundesrepublik Deutschland und der DDR vom 18.5.1990 – der allerdings nur den Rang eines einfachen Gesetzes hat – die soziale Marktwirtschaft umschrieben.

Danach zeichnet sich die soziale Marktwirtschaft durch Privateigentum, Leistungswettbewerb, freie Preisbildung und grundsätzlich volle Freizügigkeit von Arbeit, Kapital, Gütern und Dienstleistungen aus. Die gesetzliche Zulassung besonderer Eigentumsformen für die Beteiligung der öffentlichen Hand oder anderer Rechtsträger am Wirtschaftsverkehr soll dadurch nicht ausgeschlossen sein, soweit private Rechtsträger nicht diskriminiert werden. Wirtschaftliche Leistungen sollen aber vorrangig privatwirtschaftlich und im Wettbewerb erbracht werden, unternehme-

---

26 BVerfGE 4, 7, 17 f; zur Deutung dieser Rechtsprechung instruktiv: *Stober*, HdBWUR, S. 144 f.

rische Entscheidungen sollen frei von Planvorgaben sein, private Unternehmen und freie Berufe sollen nicht schlechter behandelt werden als staatliche Betriebe, Unternehmen im unmittelbaren oder mittelbaren Staatseigentum sollen nach den Grundsätzen der Wirtschaftlichkeit geführt werden.

In Rheinland-Pfalz (Art. 51 Verf. RP) und Thüringen (Art. 38 ThürVerf) hat die sozi-   **683** ale Marktwirtschaft unter Berücksichtigung ökologischer Belange **Verfassungsrang**. Das Koordinatensystem für die Wirtschaftsverfassung soll damit der freie Wettbewerb sein, der die möglichst breit gefächerte Chance auf privaten Gewinn ebenso einschließt wie Verlust. Marktwirtschaftlichen Zielen entspricht es, der Privatinitiative dort Vorrang zu geben, wo das gemeinsame Wohl der Einwohnerschaft eine eigene Wirtschaftätigkeit der öffentlichen Hand nicht erfordert. Freilich ist das Wirtschafts- und Wettbewerbsrecht weitgehend bundesrechtlich geregelt, so dass die landesverfassungsrechtlichen Bestimmungen nur sehr eingeschränkt Bedeutung haben.

2. Öffentliche Unternehmen als Träger von Grundrechten?

a) Keine Gewerbefreiheit der öffentlichen Hand

Träger privater Unternehmen genießen den Schutz der Gewerbefreiheit aus Art. 12   **684** Abs. 1 GG iVm Art. 19 Abs. 3 GG (s. Rn 116). Für die öffentliche Hand kann das nicht gelten, weil die Grundrechte „ihrem Wesen nach" (vgl Art. 19 Abs. 3 GG) nicht auf den Staat und seine Einrichtungen Anwendung finden. Die Grundrechte sind nach dem berühmten Diktum *G. Dürigs „Kampfrechte des Individuums"*[27] gegen den Staat. **Der Staat ist nicht Träger, sondern Adressat der Grundrechte** und zwar – wie aus Art. 1 Abs. 3 GG entnommen werden kann – in allen seinen Erscheinungsformen[28]. Es wäre zudem widersprüchlich, wenn der Staat als Grundrechtsverpflichteter zugleich Grundrechtsberechtigter sein könnte.

Der Staat kann sich für eine der grundrechtlichen Gewerbefreiheit vergleichbare   **685** Freiheitsgewährleistung auch nicht auf § 1 GewO berufen. Soweit man in dieser Bestimmung ein objektives Rechtsprinzip sieht[29], kann ein Rechtssubjekt daraus keine subjektiven Rechte ableiten. Begreift man § 1 GewO als einfach-gesetzliche Ausgestaltung des Art. 12 Abs. 1 GG, bedarf es einer grundrechtsdogmatischen Interpretation des § 1 GewO, weil dem verfassten Staat eine liberale „Freiheit" nicht zukommt.

b) Zum Grundrechtsschutz gemischt-wirtschaftlicher Unternehmen

Obgleich über diese grundrechtsdogmatische Einordnung weitgehend Übereinstim-   **686** mung besteht, ist zweifelhaft, wie gemischt-wirtschaftliche Unternehmen einzuordnen sind. Einerseits ließe sich argumentieren, dass die Berücksichtigung der grundrechtlich geschützten Interessen des Privaten ungeachtet der Beteiligung der

---

27 *Dürig*, MDHS, Art. 19 Abs. III, (1977) Rn 36.
28 *Dreier*, in: ders., GG, Art. 1 III, Rn 53, 67 f; *Wollenschläger*, in: Kirchhof/Korte/Magen, Öffentliches Wettbewerbsrecht, 2014, S. 183.
29 *Gröschner*, Das Überwachungsrechtsverhältnis, 1992, S. 18 f.

öffentlichen Hand eine umfassende Grundrechtsfähigkeit des gemischt-wirtschaftlichen Unternehmens erfordert[30]. Folgt man aber dem funktionalen Unternehmensverständnis, muss darauf abstellt werden, wer das Unternehmen steuert (beherrscht), ob es also der privaten (gesellschaftlichen) oder der öffentlichen (staatlichen) Sphäre zuzuordnen ist[31]. Das erfordert einen gedanklichen **„Durchgriff"** auf diejenigen Personen, die „hinter dem Unternehmen" stehen und die das Unternehmen maßgeblich steuern. Nur wenn Private das Unternehmen leiten und lenken, sich die Beteiligung der öffentlichen Hand gar als bloße Vermögensbeteiligung darstellt, kann eine Grundrechtsfähigkeit des gemischt-wirtschaftlichen Unternehmens angenommen werden.

Beispiel[32]: Die Freie und Hansestadt Hamburg hielt 72% der Anteile an den Hamburgischen Elektrizitätswerken. Das BVerfG hat eine Grundrechtsfähigkeit ua deshalb abgelehnt, weil bei diesem Beteiligungsverhältnis davon auszugehen sei, dass die Stadt die Möglichkeit gehabt habe, auf die Geschäftsführung entscheidenden Einfluss zu nehmen. Außerdem seien die HEW insbesondere im Hinblick auf Versorgungspflicht und Versorgungsbedingungen derart stark reglementiert gewesen, dass von einer privatrechtlichen Selbstständigkeit nahezu nichts übrig geblieben sei.

Nicht überzeugend ist das BVerwG, das eine Grundrechtsfähigkeit der Deutschen TELEKOM AG bereits wegen ihrer ausschließlich privatwirtschaftlichen Tätigkeit und Aufgabenstellung (Art. 87f Abs. 2 GG) angenommen hat. Es sei unerheblich, dass die DT AG aus dem öffentlich-rechtlichen Sondervermögen Deutsche Bundespost bzw dem öffentlich-rechtlichen Teilsondervermögen Deutsche Bundespost Telekom hervorgegangen ist und trotz der Veräußerung von Aktien an private Investoren (damals) mehrheitlich im Eigentum des Bundes stand[33].

687   Der **Grundrechtsschutz Privater** wird nicht unmittelbar beeinträchtigt, wenn gemischt-wirtschaftlichen Unternehmen die Grundrechtsfähigkeit abgesprochen wird. Der Grundrechtsschutz der privaten Anteilseigner bezieht sich zunächst nur auf ihren jeweiligen Gesellschaftsanteil (Art. 14 GG) und die Frage, inwieweit dieser Grundrechtsschutz auf das Unternehmen fortwirkt, ist davon unabhängig nach Art. 19 Abs. 3 GG zu beantworten.

688   Die Vielschichtigkeit möglicher Kooperationen der öffentlichen Hand mit Privaten muss sich in der Dogmatik niederschlagen (s. Rn 672). Es muss zB auch berücksichtigt werden, dass sich ein Kooperationspartner trotz prinzipieller Beherrschung nicht in jedem Fall durchsetzen kann[34]. Tritt das personale Substrat nicht bei jeder juristischen Person mit der gleichen **Intensität** hervor, muss sich diese Differenz auf den Grundrechtsschutz auswirken. Zwischen beiden Polen – umfassender Grundrechtsschutz und umfassende Grundrechtsbindung – gibt es **fließende Übergänge**[35].

---

30   *Vollmöller*, in: Schmidt/Vollmöller, Kompendium Öffentliches Wirtschaftsrecht, 3. Aufl., 2007, S. 162.
31   BVerfG v. 22.2.2011, 1 BvR 699/06.
32   BVerfG, NJW 1990, 1783 ff.
33   BVerwG, NVwZ 2001, 1399, 1406; bestätigt in BVerwG, NVwZ 2004, 742, 743.
34   BVerfG v. 22.2.2011, 1 BvR 699/06, Rn 52.
35   Ausführlich *Storr*, Der Staat als Unternehmer, 2001, S. 227 f.

c) Die Bedeutung der Garantie der kommunalen Selbstverwaltung für kommunale Unternehmen

Das Recht der unternehmerischen Betätigung ist für Gemeinden in Art. 28 Abs. 2 GG **689** garantiert. Die Garantie kommunaler Selbstverwaltung (s. Rn 162) gewährleistet den Gemeinden einen grundsätzlich alle Angelegenheiten der örtlichen Gemeinschaft umfassenden Aufgabenbereich sowie die Befugnis zur eigenverantwortlichen Führung der Geschäfte in diesem Bereich. Dies betrifft auch die wirtschaftliche Betätigung der Gemeinden, weil die sogenannte **Daseinsvorsorge** (s. Rn 736) zum überkommenen, typusprägenden Bild der kommunalen Selbstverwaltung gehört. Insbesondere wirtschaftliche Leistungen, deren der Bürger zur Sicherung seiner Existenz bedarf, wie etwa die Wasser- und Energieversorgung, wurden seit jeher den Aufgaben der kommunalen Gebietskörperschaften zugeordnet[36]. Die Verfassungsgeber in Bund und Ländern fanden bereits eine entfaltete kommunale Wirtschaftstätigkeit vor und wollten gerade auch diesen Bereich durch den – für Entwicklungen offen – Aufgabenbereich der Kommunen geschützt wissen.

Allerdings garantiert Art. 28 Abs. 2 GG die wirtschaftliche Betätigung der Gemein- **690** den nur im Rahmen der Gesetze. Dabei hat der Gesetzgeber einen erheblichen Ausgestaltungsspielraum. Diesem sind zwei Grenzen gezogen: Zum unantastbaren **Kernbereich** der kommunalen Selbstverwaltungsgarantie gehört kein gegenständlich bestimmter oder nach feststehenden Merkmalen bestimmbarer Aufgabenkatalog, wohl aber die Universalität des gemeindlichen Wirkungskreises als Rechtsprinzip. Der Gesetzgeber darf dieses Prinzip weder aufheben noch durch schleichenden Aufgabenentzug derart aushöhlen, dass die Gemeinden die Möglichkeit kraftvoller Betätigung verlieren. Das ist nicht schon dann der Fall, wenn die Rahmenbedingungen kommunalen Wirtschaftens verändert werden, zB die Voraussetzungen für gemeindliche Unternehmen verschärft oder kommunale Monopole abgeschafft und Märkte liberalisiert werden.

Schränkt der Gesetzgeber außerhalb des Kernbereichs die kommunalwirtschaftliche **691** Betätigung (**Randbereich**) ein, hat er das Gemeinwohlprinzip und den Verhältnismäßigkeitsgrundsatz (iS e. Angemessenheit) zu beachten. Art. 28 Abs. 2 GG enthält ferner den Grundsatz der sog. dezentralen Aufgabenansiedlung, dh dass Angelegenheiten der örtlichen Gemeinschaft grundsätzlich von den Gemeinden zu erfüllen sind.

Dieses Aufgabenverteilungsprinzip hat nur für einen Entzug kommunaler Aufgaben zur Übertragung auf übergeordnete staatliche Einrichtungen Bedeutung, nicht für eine staatlich geregelte Privatisierung von kommunalen Aufgaben (Liberalisierung), zB indem kommunale Monopole aufgebrochen werden, selbst wenn die Folgen für die Gemeinden ähnlich sein mögen. Art. 28 Abs. 2 GG ist nur ein Organisationsprinzip der öffentlichen Verwaltung.

---

36 VerfGH Rheinland-Pfalz, NVwZ 2000, 801 ff.

3. Öffentliche Unternehmen als Adressaten der Grundrechte

a) Grundrechtsbindung

692 Wie bereits angesprochen ist der Staat durch Art. 1 Abs. 3 GG in allen seinen Erscheinungsformen an die Grundrechte gebunden. Die Grundrechtsbindung gilt nicht nur für bestimmte Bereiche, Funktionen oder Handlungsformen staatlicher Aufgabenwahrnehmung, sondern „umfassend und insgesamt" wie das BVerfG in der „Fraport-Entscheidung" betont hat[37]:

Und weiter heißt es dort: „*Während der Bürger prinzipiell frei ist, ist der Staat prinzipiell gebunden ... Demgegenüber handelt der Staat in treuhänderischer Aufgabenwahrnehmung für die Bürger und ist ihnen rechenschaftspflichtig. Seine Aktivitäten verstehen sich nicht als Ausdruck freier subjektiver Überzeugungen in Verwirklichung persönlicher Individualität, sondern bleiben in distanziertem Respekt vor den verschiedenen Überzeugungen der Staatsbürger und werden dementsprechend von der Verfassung umfassend an die Grundrechte gebunden. Sobald der Staat eine Aufgabe an sich zieht, ist er bei deren Wahrnehmung auch an die Grundrechte gebunden, unabhängig davon, in welcher Rechtsform er handelt. Dies gilt auch, wenn er für seine Aufgabenwahrnehmung auf das Zivilrecht zurückgreift. Eine Flucht aus der Grundrechtsbindung in das Privatrecht mit der Folge, dass der Staat unter Freistellung von Art. 1 Abs. 3 GG als Privatrechtssubjekt zu begreifen wäre, ist ihm verstellt.*"

693 Diese Grundrechtsbindung betrifft auch gemischt-wirtschaftliche Unternehmen, wenn sie von der öffentlichen Hand beherrscht werden.[38] Nach BVerfG soll das („in der Regel") dann der Fall sein, wenn mehr als die Hälfte der Anteile im Eigentum der öffentlichen Hand sind. Es soll auf zivilrechtliche Wertungen zurückgegriffen werden können[39]. Dafür soll es weniger auf konkrete Einwirkungsbefugnisse als auf die Gesamtverantwortung ankommen. Grundsätzlich nicht maßgeblich ist, ob sich mehrere Träger öffentlicher Gewalt, die an dem Unternehmen beteiligt sind und jeweils Minderheitsgesellschafter sind, verbindlich koordinieren[40]. Denn für die Frage der Grundrechtsbindung muss es darauf ankommen, ob eine Einrichtung der staatlichen oder der gesellschaftlichen (freien) Sphäre zuzuordnen ist. Das muss aber nicht immer so sein: Wenn im konkreten Fall nicht die öffentlichen Mehrheitsgesellschafter, sondern private Minderheitsgesellschafter das gemischt-wirtschaftliche Unternehmen beherrschen, ist eine unmittelbare Grundrechtsbindung abzulehnen. Umgekehrt können auch öffentliche Minderheitsgesellschafter das Unternehmen beherrschen – und zwar in Übernahme einer Gesamtverantwortung –, zB weil die Mehrheit der Aktien im Streubesitz ist und die Hauptversammlung von der öffentlichen Hand dominiert wird[41].

---

37 BVerfG v. 22.2.2011, 1 BvR 699/06, Rn 47.
38 So schon BVerwG, NVwZ 1998, 1083; *Wollenschläger*, in: Kirchhof/Korte/Magen, Öffentliches Wettbewerbsrecht, 2014, S. 184.
39 Das BVerfG (v. 22.2.2011, 1 BvR 699/06, Rn 53) verweist auf §§ 16, 17 AktG und Art. 2 Abs. 1 lit. f RiL 2004/109.
40 So aber RiBVerfG *Schluckebier*, Sondervotum, BVerfG v. 22.2.2011, 1 BvR 699/06, Rn 113.
41 Zu einer anderen Interpretation *Gurlit*, NZG 2012, 249, 253.

Eine Grundrechtsbindung des gemischt-wirtschaftlichen Unternehmens betrifft die Rechte der privaten Anteilseigentümer nicht unmittelbar.

b) Die Wettbewerbsfreiheit

Das Grundrecht der **Wettbewerbsfreiheit** wird aus Art. 12 Abs. 1 GG abgeleitet. **694** Dem Einzelnen kommt die Freiheit zu, sich wirtschaftlich zu betätigen und dabei in Wettbewerb mit Konkurrenten zu treten. Art. 12 GG kommt aber nicht zum Tragen, wenn einem öffentlichen Unternehmen Monopolrechte durch die Verfassung zugewiesen sind (früher zB Exklusivrechte der Deutschen Post AG nach Art. 143b Abs. 2 S. 1 GG)[42]. Außerdem sind weder Marktchancen, Marktanteile oder Marktpositionen durch Art. 12 Abs. 1 GG oder Art. 14 Abs. 1 GG gewährleistet. Ebenso wenig sind Gewinn- und Umsatzerwartungen verfassungsrechtlich geschützte Rechtsgüter. Folglich ändern sich durch das Hinzutreten eines neuen Konkurrenten zwar die allgemeinen wirtschaftlichen Verhältnisse, der Schutzbereich der Freiheitsgrundrechte wird dadurch aber nicht betroffen[43]. Der Staat ist aber verpflichtet, alle Wettbewerber gleich zu behandeln[44].

c) BVerwG: Grundrechtseingriff nur bei Monopolisierung und Verdrängungswettbewerb

Umstritten ist, inwieweit aus dem grundrechtlichen Schutz der Wettbewerbsfreiheit **695** verfassungsrechtliche Anforderungen für öffentliche Unternehmen folgen. Im *„Bestattungsordner-Fall"*[45] hat das BVerwG grundlegend ausgeführt, dass allein im Hinzutreten des Staates als weiterer Konkurrenten die Wettbewerbsfreiheit nicht tangiert werde: *„Art. 12 Abs. 1 GG schützt nicht vor Konkurrenz, auch nicht vor dem Wettbewerb der öffentlichen Hand; das Grundgesetz garantiert der Privatwirtschaft nicht die Ausschließlichkeit des wirtschaftlichen Handelns".* Die Wettbewerbsfreiheit könne nicht verletzt werden, weil die öffentliche Hand durch ihre Teilnahme am Wettbewerb – als eine **natürliche Folge jeden Wettbewerbs** – lediglich die Erwerbschancen anderer Unternehmen vermindere. Das BVerwG[46] sieht im Hinzutreten des Staates als Konkurrent lediglich eine weitgehend systemimmanente Verschärfung des marktwirtschaftlichen Konkurrenzdrucks, vor dem Art. 12 Abs. 1 GG nicht bewahrt. Grundrechte würden erst verletzt, wenn die private wirtschaftliche Betätigung **unmöglich gemacht** oder **unzumutbar eingeschränkt** wird, zB bei einem **ruinösen Wettbewerb** oder bei einer **Monopolisierung**. Außerdem wird angeführt, dass es eines besonderen grundrechtlichen Schutzes nicht bedürfe, weil das Privatrecht und insbesondere das UWG sowie das GWB, ein weit differenzierteres und angemesseneres Regelungssystem für wettbewerbliche Ein- und Missgriffe zur Verfügung stellen.

---

42 BVerfGE 108, 379, 388 f.
43 *Huber*, Konkurrenzschutz im Verwaltungsrecht, 1991, S. 299.
44 BVerwGE 97, 79 ff.
45 BVerwGE 39, 329, 336.
46 BVerwG, DVBl 1996, 152, 153 mwN.

d) BVerfG: Mangelnde Eingriffsqualität bei marktkonformen Verhalten der öffentlichen Hand

696 Das BVerfG hat sich noch nicht deutlich dazu geäußert, ob und wie die unternehmerische Tätigkeit der öffentlichen Hand künftig am Grundrecht der Berufsfreiheit Privater gemessen werden soll. In jüngerer Zeit hat es aber wiederholt ausgeführt, dass die Reichweite des Freiheitsschutzes einer unternehmerischen Berufstätigkeit, die am Markt nach den Grundsätzen des Wettbewerbs erfolgt, auch durch die rechtlichen Regeln mitbestimmt wird, die den Wettbewerb ermöglichen und begrenzen. Art. 12 Abs. 1 GG soll *„in diesem Rahmen die Teilhabe am Wettbewerb nach Maßgabe seiner Funktionsbedingungen"* sichern[47]. Deshalb soll die grundrechtliche Gewährleistung nicht einen Schutz vor Einflüssen auf die wettbewerbsbestimmenden Faktoren umfassen. Insbesondere soll das Grundrecht keinen Anspruch auf Erfolg im Wettbewerb und auf Sicherung künftiger Erwerbsmöglichkeiten gewähren. Vielmehr sollen die Wettbewerbsposition und damit auch der Umsatz und die Erträge dem Risiko laufender Veränderung je nach den Marktverhältnissen unterliegen. Dieser Überlegung folgend hat das BVerfG einen grundrechtsrelevanten Eingriff durch eine staatliche Warnung vor bestimmten Produkten abgelehnt (s. Rn 118). Denn damit werde im Interesse des Wettbewerbs nur Markttransparenz geschaffen.

e) Wettbewerb als Interaktion: der mittelbare Grundrechtseingriff

697 Es ist schon zweifelhaft, ob sich diese Rechtsprechung des BVerfG auf die öffentliche Unternehmertätigkeit übertragen lässt. Denn öffentliche Unternehmertätigkeit fördert – anders als staatliche Marktinformationen – nicht die Markttransparenz; vor allem aber ist dem BVerfG – wie auch dem BVerwG – im Grundsätzlichen nicht zu folgen: Wenn Wettbewerb und Markt als Systementscheidungen nicht verfassungsrechtlich vorgegeben und die Grundrechte den Staat – anders als Private – nicht berechtigen, sondern verpflichten, kann **öffentliche Konkurrenz nicht mit privater Konkurrenz gleichgestellt werden**[48]. Der Staat übt als Unternehmer auch keinen Beruf aus, um seinen „Lebensunterhalt" zu verdienen. Ihm steht das Privileg der Steuererhebung zu. Daher lässt sich auch der persönlichkeitsrechtliche Kern der Berufsfreiheit als Teil individueller Selbstverwirklichung nicht auf den Staat übertragen. Art. 12 Abs. 1 GG darf auch nicht so verstanden werden, dass der Gesetzgeber Wettbewerb durch Regulierung erst schaffen und begrenzen soll, weil das Grundrecht keine institutionelle Garantie des Wettbewerbs enthält, sondern ein Freiheitsrecht des Bürgers zur Abwehr von staatlichen Eingriffen[49]. Richtig ist, dass sich auch andere (private) Unternehmer auf grundrechtlichen Schutz berufen können und wegen dieser Grundrechtskollision niemand Anspruch auf Erfolg im Wettbewerb haben kann. Art. 12 Abs. 1 GG schützt aber davor, dass die Wettbewerbsstellung Privater nicht durch staatliche Ingerenz be-

---

47 BVerfGE 105, 252 ff.
48 Vgl a. *Suerbaum*, DV 2007, 29, 48; *Fassbender*, DÖV 2005, 89, 99; *Wollenschläger*, in: Kirchhof/Korte/Magen, Öffentliches Wettbewerbsrecht, 2014, S. 189.
49 *Huber*, ZLR 1994, 241, 257; *Murswiek*, NVwZ 2003, 1 ff; *Fassbender*, DÖV 2005, 89, 99.

einträchtigt wird[50]. Folglich sind staatliche Einflussnahmen in den (freien) Wettbewerb grundsätzlich Eingriffe in die Berufsfreiheit Privater.

Die Dogmatik der Wettbewerbsfreiheit muss an der **sozialen Interaktion** ausgerichtet sein. Der Staat greift als Wettbewerbsteilnehmer nicht unmittelbar in die Grundrechte seiner Konkurrenten ein, sondern mittelbar, indem er Angebot oder Nachfrage beeinflusst und so über das Verhalten der Marktgegenseite (Verbraucher) Druck auf private Konkurrenten ausübt[51]. Durch die Konkurrenz der öffentlichen Hand wird private Initiative beschränkt, möglicherweise auch verdrängt. Der Einzelne wird bei der Ausübung seines Berufs beeinträchtigt. Denn wirtschaftliche Konkurrenz erfordert es, auf Konkurrenz reagieren zu müssen. Der Einzelne kann seinen Beruf nicht nach seinen Vorstellungen ausüben bzw nach seinem Gutdünken wirtschaftlich tätig werden. Dabei geht es nicht nur um Erwerbschancen und Gewinnerwartungen, im Vordergrund steht die freie berufliche Betätigung des privaten Unternehmers[52].

Das BVerfG[53] hat aber ausgeführt: *„Die Berufsfreiheit umfaßt das Recht der am Markt Tätigen, die Bedingungen ihrer Marktteilhabe selbst festzusetzen. Insbesondere kann der Anbieter Art und Qualität sowie den Preis der angebotenen Güter und Leistungen selbst festlegen. In gleicher Weise ist aber auch das Recht der Nachfrager geschützt, zu entscheiden, ob sie zu diesen Bedingungen Güter erwerben oder Leistungen abnehmen. Soweit Marktteilnehmer in ihrem Marktverhalten durch gesetzliche Regeln beschränkt werden, ist dies an ihren Grundrechten zu messen, nicht an denen der anderen Marktteilnehmer."* Dem kann nicht zugestimmt werden, weil das Marktverhalten Einzelner nicht nur durch gesetzliche Regeln beschränkt wird, sondern auch durch andere Formen staatlichen Handelns[54]. Darin liegt ja gerade der grundrechtsdogmatische Gewinn der Anerkennung des mittelbaren und faktischen Grundrechtseingriffs: die Dogmatik des Grundrechtseingriffs von formalen Voraussetzungen zu lösen und funktional äquivalente Maßnahmen herkömmlichen Eingriffen gleichzustellen. Vorauszusetzen ist, dass diese in der **Zielsetzung** und in ihren **Wirkungen** klassischen (unmittelbaren, hoheitlichen, imperativen) Grundrechtseingriffen gleichkommen[55]. Wenn das BVerfG deshalb an anderer Stelle darauf hingewiesen hat[56], dass *„bei gesetzlichem Einwirken auf Gewinnchancen"* Art. 12 Abs. 1 GG einschlägig sein könnte, gilt das – funktional äquivalent – auch für Maßnahmen durch öffentliche Unternehmen, die mit Privaten in Konkurrenz stehen und so ihre Gewinnchancen schmälern.

Für einen mittelbaren oder faktischen Grundrechtseingriff ist vorauszusetzen, dass die relevante Maßnahme dem Staat **zuzurechnen** ist und die Beeinträchtigung privater Freiheit **erheblich**, dh spürbar ist[57]. Dann kann von einem mittelbaren Grundrechtseingriff jedenfalls in folgenden Fallgruppen ausgegangen werden:

698

– Es liegt ein Fall der **Monopolisierung** oder des **Verdrängungswettbewerbs** vor (herkömmliche Fallgruppe der Rspr insbes. des BVerwG; vgl auch in den Gemeindeordnungen das Verbot für gemeindliche Unternehmen, Betriebe in Landwirtschaft, Handwerk, Handel, Gewerbe und Industrie wesentlich zu schädigen oder aufzusaugen, zB Art. 95 Abs. 2 BayGO);
– das öffentliche Unternehmen nimmt **besondere Wettbewerbsvorteile** in Anspruch (Informationsvorsprünge, Insolvenzunfähigkeit, Steuerprivilegien)[58];

---

50 BVerfGE 86, 28, 37.
51 *Huber*, Konkurrenzschutz im Verwaltungsrecht, 1991, S. 231 f; *Murswiek*, DVBl 1997, 1021 ff.
52 BVerfGE 32, 311, 317; 46, 120, 137.
53 BVerfGE 106, 275, 299; BVerfG v. 11.7.2006, 1 BvL 4/00, Rn 78.
54 BVerfG v. 22.2.2011, 1 BvR 699/06, Rn 47.
55 BVerfG v. 11.7.2006, 1 BvL 4/00, Rn 82.
56 BVerfG v. 20.11.2003, 1 BvR 1680/03, Rn 15.
57 *Suerbaum*, DV 2007, 29, 50; *Möstl*, WiVerw 2011, 231 ff.; *Shirvani*, DöV 2011, 865, 870.
58 *Selmer*, in: Stober/Vogel, Wirtschaftliche Betätigung der öffentlichen Hand, 2000, S. 75, 94; vgl a. *Löwer*, VVDStRL 60 (2001), S. 416, 446.

– das öffentliche Unternehmen benachteiligt **gezielt** (final) private Wettbewerber[59];
– darüber hinaus: Die Wettbewerbshandlung eines öffentlichen Unternehmens führt zu einer **spürbaren Behinderung der Ausübung** grundrechtlich geschützter Freiheit **privater Mitbewerber**[60]. Bei im Übrigen gleichbleibenden Marktfaktoren wird die Umsatzeinbuße des privaten Unternehmens nach Hinzutreten eines öffentlichen Unternehmens auf einen Markt ein Indiz für eine grundrechtsrelevante Freiheitsbeschränkung sein.

f) Konsequenzen der Grundrechtsrelevanz öffentlicher Unternehmen

699 Dieses grundrechtsdogmatische Verständnis führt zu drei wesentlichen Konsequenzen: Erstens ist staatliche Teilnahme am Wettbewerb nur zulässig, wenn sie zum **Nutzen des Gemeinwohls** erfolgt (vgl a. § 65 Abs. 1 Nr 1 BHO). Dem Gesetzgeber kommt bei der Bestimmung des Gemeinwohls ein erheblicher Beurteilungsspielraum zu (s. Rn 706). Seine Entscheidung kann gerichtlich nur dahingehend überprüft werden, ob sie von sachgerechten Erwägungen getragen wird, geeignet ist, den mit ihr verfolgten Zweck zu erreichen und nicht willkürlich ist[61]. Demzufolge kann der Erwerb von Unternehmen oder Unternehmensanteilen selbst dann zulässig sein, wenn die staatliche Beteiligung nur erfolgt, um Arbeitsplätze zu sichern.

Beispiel: Die Freie und Hansestadt Hamburg hat im Jahr 2003 10% Gesellschaftsanteile der Beiersdorf AG (Kosmetik, Nivea) erworben, weil sie befürchtet hat, dass ein anderer Investor das Unternehmen zerschlagen und Arbeitsplätze in Hamburg abbauen könnte.

700 An der Gemeinwohlorientierung fehlt es jedenfalls, wenn lediglich und isoliert Interessen einzelner Privater verfolgt werden. Nach hA soll es der öffentlichen Hand auch untersagt sein, ein Unternehmen allein aus Motiven der **Gewinnerzielung** zu betreiben. Eine Randnutzung soll hingegen zulässig sein, zB um Unternehmensressourcen wirtschaftlicher auszulasten[62]. Gewinnerzielung soll also nicht unmittelbarer Unternehmenszweck sein dürfen.

Die Unterscheidung zwischen unmittelbarer und mittelbarer Gewinnerzielung überzeugt nicht. Der Gewinn eines öffentlichen Unternehmens kann zur Entlastung der öffentlichen Haushalte beitragen und deshalb dem Gemeinwohl dienen, unabhängig davon ob er unmittelbar oder mittelbar erzielt wurde. Auch das Argument, die Finanzverfassung des Grundgesetzes gehe davon aus, dass der Staat seine Einnahmen über Steuern erziele, schließt eine erwerbswirtschaftliche Zielrichtung öffentlicher Unternehmen nicht a priori aus[63]. Vor allem aber dürfte der Fall der ausschließlichen Gewinnerzielung nur selten vorliegen, weil das öffentliche Unternehmen nicht nur Einnahmen erwirtschaftet, sondern auch Güter auf dem Markt anbietet. Schon in der Marktversorgung selbst liegt regelmäßig ein öffentlicher Zweck[64]. Ausdrücklich lässt die BayGO für bestimmte Fälle bloße Gewinnerzielung zu. Grundsätzlich gilt, dass alle Tätigkeiten oder Tätigkeitsbereiche, mit denen die Gemeinde oder ihre Unternehmen an dem vom Wettbewerb beherrschten Wirtschafts-

---

59 *Huber*, in: FS Badura, 2004, 897, 918.
60 *Storr*, Der Staat als Unternehmer, 2001, S. 176.
61 VerfGH Rheinland-Pfalz, NVwZ 2000, 801, 804.
62 *Ziekow*, Öffentliches Wirtschaftsecht, 3. Aufl., 2013, S. 138; *Mann*, JZ 2002, 819, 820 f; *Ehlers*, DVBl 1998, 497, 499; *Köhler*, BayVBl 2000, 1 ff; ausführlich *Scharpf*, Kommunales Unternehmensrecht in Bayern, 2004, S. 102 ff mwN.
63 Vgl allgemein die Untersuchung von *Franz*, Gewinnerzielung durch kommunale Daseinsvorsorge, 2005, S. 386 ff.
64 *Storr*, Der Staat als Unternehmer, 2001, S. 128; *Lechleitner*, in: Bungenberg/Danz/Heinrich, Recht und Ökonomik, 2004, S. 223, 237.

leben teilnehmen, um Gewinn zu erzielen, keinen öffentlichen Zweck verfolgen. Kommunale Unternehmen, die ausschließlich den Zweck haben, Gewinne zu erzielen, dürfen aber fortgeführt werden, wenn sie vor dem 1.9.1998 errichtet oder übernommen wurden[65].

Problematisch ist dagegen § 66 Abs. 2 ThürKO, wonach die Gemeinde Unternehmensbeteiligungen selbst dann weiter halten darf, wenn der öffentliche Zweck später entfallen ist („Fiskalunternehmen"[66]). Diese Regelung bedarf einer verfassungskonformen Auslegung. Sie kann nur insoweit zulässig sein, als es wirtschaftlicher Haushaltsführung nicht entsprechen würde, wenn die Gemeinde unverzüglich nach Wegfall des öffentlichen Zwecks ihre Anteile – sozusagen „um jeden Preis" – veräußern müsste. Es ist ihr nicht versagt, ein günstiges Kaufangebot abzuwarten, auf Dauer muss sie die Beteiligung aber ganz[67] veräußern.

Neuere Vorschläge gehen dahin, das **„Wettbewerbsunternehmen"** als eigenständige Kategorie für öffentliche Unternehmen einzuführen; seine Bindung an den öffentlichen Zweck soll gelockert werden, Gewinnerzielung also auch ausdrücklich zugelassen werden[68].

Zweitens führt die Grundrechtsrelevanz staatlicher Teilnahme am Wettbewerb zur **701** Anwendbarkeit des **Verhältnismäßigkeitsgrundsatzes**. Dieser Grundsatz setzt insbesondere der Intensität der Teilnahme der öffentlichen Hand am Wettbewerb Grenzen. Je stärker der Staat private Konkurrenz zurückdrängt und damit in die Grundrechte der privaten Wettbewerber eingreift, umso gewichtiger müssen die zu verfolgenden Gemeinwohlziele sein[69].

Schließlich folgt aus der hier vorgestellten grundrechtsdogmatischen Einordnung **702** staatlicher Unternehmertätigkeit, dass der Staat für seine wirtschaftliche Tätigkeit einer **gesetzlichen Grundlage** bedarf (str). Der Gesetzesvorbehalt hat den Zweck, subjektive Rechte zu schützen und die parlamentarische Verantwortung zu stärken. Zwar handelt es sich bei staatlicher Unternehmertätigkeit regelmäßig nicht um gezielte und unmittelbare Eingriffe, sondern um mittelbare Wirkungen staatlichen Handelns. Deshalb soll das Erfordernis einer gesetzlichen Grundlage entfallen, wenn der Geschehensablauf derart komplex ist, dass ihn der Gesetzgeber im Vorfeld nicht hinreichend steuern kann[70]. Der Gegenstand der öffentlichen Teilnahme am Wirtschaftsleben durch eigene Unternehmen ist staatlicher Normierung aber durchaus zugänglich. Der Gesetzgeber kann nicht nur die Aufgabe und die Voraussetzungen staatlichen Handelns normativ festlegen, sondern auch die zulässige Intensität der Teilnahme am Wettbewerb.

In der Tat sind spezifische Voraussetzungen für die Beteiligung der öffentlichen Hand in § 65 BHO und in den gleichlautenden Landeshaushaltsordnungen sowie in den Kommunalordnungen gesetzlich geregelt. Die Bestimmungen enthalten zB Vorgaben für den Aufgabenbereich der Unternehmen, für die Kontrolle durch die öffentlichen Hand und für die Besetzung der Organe (s. Rn 704 ff).

---

65 Art. 87 Abs. 1 S. 3 BayGO.
66 *Leder*, DÖV 2008, 173, 181.
67 Nach § 66 Abs. 2 S. 3 ThürKO soll die Beteiligung langfristig grundsätzlich in eine Minderheitsbeteiligung überführt werden.
68 *Jarass*, Kommunale Wirtschaftsunternehmen im Wettbewerb, 2002, S. 97; *Leder*, DÖV 2008, 173, 181; *Walendy*, Theorie kommunaler Wettbewerbsunternehmen, 2008, S. 223 f.
69 *Vollmöller*, in: Schmidt/Vollmöller, Kompendium Öffentliches Wirtschaftsrecht, 3. Aufl., 2007, S. 165.
70 BVerfGE 105, 252, 273.

4. Zulässigkeitsvoraussetzungen für öffentliche Unternehmensbeteiligungen

703   **Fall 55:** Die Stadtwerke-M GmbH, deren Alleingesellschafterin die Stadt M ist, führt für private Auftraggeber Elektroarbeiten aus, ua das Aufstellen und Entfernen von Stromverteilerschränken zur Umwandlung von Stromspannungen für fliegende Bauten auf Messen und Volksfesten. Da sie besonders preisgünstig anbieten kann, sind binnen kurzer Zeit viele Kunden zu den Stadtwerken gewechselt. E., der einen Betrieb des Elektrohandwerks betreibt, sieht darin eine unzulässige Konkurrenz durch die öffentliche Hand.

704   Die Unterschiede in den rechtlichen Voraussetzungen für eine Beteiligung der öffentlichen Hand an Unternehmen, wie sie in den Bundes- und Landeshaushaltsordnungen (§§ 65 ff) sowie in den Kommunalordnungen für Gemeinde und Landkreise geregelt sind, sind zwar zum Teil erheblich, dennoch gibt es übergreifende und gemeinsame Grundanforderungen (vgl auch ▶ **Klausurenkurs Fall Nr 16**).

a) Wirtschaftliche und nicht-wirtschaftliche Unternehmen

705   Die meisten Kommunalordnungen differenzieren zwischen wirtschaftlichen und nicht-wirtschaftlichen Unternehmen. Damit hat der jeweilige Gesetzgeber eine Vorauswahl über die Zulässigkeit kommunaler Unternehmen getroffen. Während besondere Tatbestandsvoraussetzungen nur für die Unterhaltung wirtschaftlicher Unternehmen gelten sollen, sind die Gemeinden zur Unterhaltung von nicht-wirtschaftlichen Unternehmen entweder **schon gesetzlich verpflichtet** oder deren **Gemeinnützigkeit steht typischerweise im Vordergrund** oder es handelt sich um **Hilfsbetriebe**, die ausschließlich der Deckung des Eigenbedarfs der Gemeinde dienen[71]. Dahinter steht die Überlegung, dass in diesen Fällen weitergehende Voraussetzungen an eine kommunale Unternehmertätigkeit keinen Sinn machen.

Die Unterscheidung geht auf *Johannes Popitz* zurück, der vorgeschlagen hatte, unter wirtschaftlichen Unternehmen solche Veranstaltungen zusammenzufassen, die ihrer Art nach auch durch Privatunternehmer mit der Absicht der Gewinnerzielung in den allgemeinen Verkehr gebracht zu werden pflegen. Davon sollten die Leistungen unterschieden werden, von denen allgemein erwartet wird, dass sie die öffentliche Hand anbietet[72]. Nicht-wirtschaftliche Unternehmen sind – je nach Kommunalordnung – etwa Einrichtungen auf den Gebieten Erziehung, Bildung, Kultur (zB Schulen, Volkshochschulen, Kindertagesstätten, Bibliotheken, Museen), Sport oder Erholung (zB Sportanlagen, botanische Gärten, Bäder), Gesundheits- oder Sozialwesen (Krankenhäuser, Sanatorien, Kurparks), Straßenreinigung oder solche, die Angelegenheiten der Wirtschaftsförderung wahrnehmen[73].

b) Das Erfordernis eines öffentlichen Zwecks

706   Das Erfordernis eines öffentlichen Zwecks (§ 65 Abs. 1 Nr 1 BHO: „wichtiges Interesse des Bundes") ist schon aus verfassungsrechtlichen Gründen geboten, weil Han-

---

71   Vgl zB § 97 SächsGO.
72   *Popitz*, Der künftige Finanzausgleich zwischen Reich, Ländern und Gemeinden, 1932, S. 49.
73   Vgl dezidiert: § 107 Abs. 2 GO NRW.

deln der öffentlichen Hand nur zulässig ist, wenn zumindest mittelbar öffentliche Aufgaben verfolgt werden. Die Festlegung des öffentlichen Zwecks ist vorrangig eine Angelegenheit der Gemeinde. Dabei kommt ihr ein **weiter Gestaltungsspielraum** zu. Im Grunde soll es sich um „eine Frage sachgerechter Kommunalpolitik"[74] handeln. Die Gerichte sollen nur prüfen, ob die Entscheidungen der Kommune offensichtlich fehlerhaft und eindeutig widerlegbar sind[75]. Dies wird nur äußerst selten der Fall sein.

Ein weites Verständnis vom „öffentlichen Zweck" schließt es nicht von vornherein **707** aus, dass ein gemeindliches Unternehmen zum Wohle der Gemeinde Aufgaben außerhalb des Gemeindegebiets erfüllt. Im Hinblick auf Art. 28 Abs. 2 GG müssen die Angelegenheiten der örtlichen Gemeinschaft dort nur „wurzeln" und auf sie einen „spezifischen Bezug" haben[76], was nicht heißt, dass die unternehmerische Tätigkeit auf das Gemeindegebiet beschränkt sein muss (str[77]). In vielen Gemeindeordnungen[78] ist das **Territorialitätsprinzip** sogar ausdrücklich aufgehoben worden. Schließlich ist auch die Wirtschaftlichkeit der Unternehmensführung (Nutzung von Synergieeffekten; Stärkung interkommunaler Finanz- und Verwaltungskraft) ein öffentlicher Belang. Selbst die Erschließung lukrativer Märkte, um die Einnahmen zur Quersubventionierung zu verwenden, kann eine kommunale Expansion legitimieren. Die Gemeindeordnungen sehen dann besondere Pflichten zur Rücksichtnahme auf andere Gemeinden vor. Diese Verpflichtung folgt schon aus Art. 28 Abs. 2 GG.

In den meisten Gemeindeordnungen wird bestimmt, dass der öffentliche Zweck das Unternehmen „rechtfertigen" muss[79], in Bayern[80] muss der öffentliche Zweck das Unternehmen „erfordern" (in Nordrhein-Westfalen musste bis Ende 2010 sogar ein dringender öffentlicher Zweck das Unternehmen erfordern[81]). Damit ist den Kommunen eine besondere Begründungslast überantwortet.

c) Geeignetheit der Aufgabenauslagerung auf Unternehmen

In einigen Gemeindeordnungen[82] ist weitere Voraussetzung, dass die dem Unternehmen zu übertragenden Aufgaben für die Wahrnehmung außerhalb der allgemeinen Verwaltung geeignet sein müssen. Damit soll gewährleistet werden, dass die Kommunen Aufgaben **nicht übermäßig externalisieren** und sich auf die Rolle einer bloßen Holding zurückziehen[83]. Da die kommunale Organisationshoheit Verfassungsrang hat, kommt den Gemeinden auch hier ein Einschätzungsspielraum zu. **708**

---

74 BVerwGE 39, 329, 334.
75 *Kluth*, in: Stober/Vogel, Wirtschaftliche Betätigung der öffentlichen Hand, 2000, S. 34; *Suerbaum*, DV 2007, 29, 38.
76 BVerfGE 97, 127, 151.
77 Vgl näher *Guckelberger*, BayVBl 2006, 293, 295; *Pünder/Dittmar*, JURA 2006, 760, 761.
78 ZB Art. 87 Abs. 2 BayGO; § 107 Abs. 3 GO NRW.
79 ZB § 71 Abs. 2 Nr 1 ThürKO 2013.
80 Art. 87 Abs. 1 Nr 1 BayGO.
81 § 107 Abs. 1 GO NRW aF.
82 ZB Art. 87 Abs. 1 Nr 3 BayGO.
83 Ausdrücklich: Thüringer Landesregierung, Gesetzentwurf zu einem Dritten Gesetz zur Änderung der Thüringer Kommunalordnung, LT-Drs. 3/333 v. 15.2.2000 und bereits: *Schoch*, DÖV 1993, 377, 383.

d) Art und Umfang des Unternehmens in Abhängigkeit zur Leistungsfähigkeit der Gemeinde und zum voraussichtlichen Bedarf

709 Wirtschaftliche Unternehmen müssen ferner nach Art und Umfang in einem angemessenen Verhältnis zur Leistungsfähigkeit der Gemeinde und zum voraussichtlichen Bedarf stehen[84]. Die Gemeindeordnungen lassen offen, wessen Bedarf gemeint ist: der der Gemeinde oder der des Marktes. Sieht man in dieser Voraussetzung eine **Schutzregel für die Gemeinde**, damit diese keine unkalkulierbaren wirtschaftlichen Risiken eingeht und unwirtschaftliche Investitionen unternimmt, ist auf den Bedarf des Marktes abzustellen. Angesichts der ausdrücklichen Aufgabe des Territorialitätsprinzips in vielen Gemeindeordnungen (s. Rn 707) und der Verpflichtung, Gewinn zu erwirtschaften[85], soll die Gemeinde ihr Engagement den Marktgegebenheiten anpassen.

e) Die Subsidiaritätsbestimmung

710 Alle Gemeindeordnungen sowie § 65 Abs. 1 Nr 1 BHO/LHO enthalten eine sog. Subsidiaritätsbestimmung. Nach den mehr oder weniger gleichlautenden Bestimmungen darf der Zweck **nicht besser oder wirtschaftlicher auf andere Weise erfüllt werden können**. Insbesondere ist regelmäßig zu prüfen, ob Private eine Aufgabe besser erfüllen können. Der Gemeinde kommt ein Beurteilungsspielraum zu. Dabei gilt, dass das Bedürfnis nach einem krisenfesten, dauerhaften und zuverlässigen Angebot zu sozial gerechtfertigten Bedingungen umso größer ist, je wichtiger eine Leistung für die Bürger ist[86]. In einigen Gemeindeordnungen werden die Gemeinden ausdrücklich dazu verpflichtet, ein Markterkundungsverfahren oder eine Marktanalyse durchzuführen[87].

711 **Fall 55 (Rn 703)**[88]**: a)** Fraglich ist zunächst, ob es sich um eine Verwaltungsrechtsstreitigkeit iSv § 40 Abs. 1 VwGO handelt. Da im vorliegenden Fall ein Unterlassungsanspruch (§ 1004 BGB analog, § 3 UWG; § 823 Abs. 2 BGB iVm der kommunalordnungsrechtlichen Voraussetzung für die Zulässigkeit öffentlicher Unternehmen) geltend gemacht wird, kommt es auf das dem Unterlassungsanspruch zugrunde liegende Rechtsverhältnis an. Nach Auffassung des BGH[89] sollen Wettbewerbsverhältnisse von einer Gleichordnung der Marktteilnehmer geprägt sein. Wo der Staat mit Privaten in Wettbewerb tritt und sich damit auf den Boden der Gleichordnung stellt, soll er auf der Ebene des Privatrechts handeln. Dann soll das UWG auf die öffentliche Hand Anwendung finden, selbst wenn dem öffentlichen Unternehmen besondere Privilegien zukommen.

Dieser Ansicht ist entgegenzuhalten, dass das Denken in „Über- und Unterordnungsverhältnissen" sowie „Gleichordnungsverhältnissen" rechtsverhältnistheoretisch überholt ist, weil sich die gegenseitigen Rechtsbeziehungen zwischen zwei Rechtssubjekten erst aus dem Recht selbst ergeben. Das UWG kann nicht schon deshalb Anwendung finden, weil sich die öffentliche Hand und ihre Konkurrenten auf einer „Ebene der Gleichordnung" gegenübertreten; viel-

---

84 ZB § 101 Abs. 1 Nr 2 GO-SH.
85 ZB § 109 Abs. 1 S. 2 GO NRW.
86 S.a. Kommission der Europäischen Gemeinschaften, Grünbuch zu den Dienstleistungen von allgemeinem Interesse v. 21.5.2003, KOM (2003) 270 endg., Rn 49 ff.
87 ZB § 71 Abs. 2 Nr 4 S. 3 ThürKO; § 107 Abs. 5 GO NRW; s.a. § 91 Abs. 3 BrbKomVerf.
88 BGH, NJW 2002, 2645 ff; vgl a. *Schlacke*, JA 2002, 48 ff.
89 BGHZ 66, 229; 67, 81; 82, 375; GmS-OVG, NJW 1988, 2295 f.

mehr sind es das UWG und die anderen einschlägigen Rechtsnormen, die das Rechtsverhältnis erst konstituieren. Zudem steht hier gerade nicht das Verhalten eines öffentlichen Unternehmens im Wettbewerb in Frage (Marktverhalten), sondern, ob das öffentliche Unternehmen am Wettbewerb überhaupt teilnehmen darf (Marktzutritt). Das ist in der Gemeindeordnung geregelt und nach der Sonderrechtstheorie eine Frage des öffentlichen Rechts[90]. Dahingestellt bleiben kann zunächst, ob sich ein Unterlassungsanspruch auch aus dem UWG ergeben kann, weil die Verwaltungsgerichte darüber jedenfalls nach § 17 Abs. 2 GVG zu entscheiden haben.

b) Die statthafte Klageart richtet sich nach dem Klagebegehren. E könnte sich gegen die Stadt wenden, weil diese die Stadtwerke mit dem Geschäftsfeld Elektroarbeiten unterhalten (dann Unterlassungsklage gegen die Stadt) oder gegen die bestimmte Tätigkeit der Stadtwerke-M-GmbH (dann Unterlassungsklage gegen die Stadtwerke oder allgemeine Leistungsklage gegen die Stadt, auf die Stadtwerke-M-GmbH einzuwirken)[91]. Fraglich ist, ob E nach § 42 Abs. 2 VwGO analog klagebefugt ist. Das richtet sich zunächst danach, ob die gemeinderechtlichen Vorschriften über kommunale Unternehmen drittschützende Wirkung haben. Die überwiegende Rspr und Lit.[92] stellt hierfür auf die jeweilige Subsidiaritätsbestimmung ab, lediglich das OVG Münster[93] zieht § 107 Abs. 1 Nr 1 GO NRW (aF) heran („... ein öffentlicher Zweck die Betätigung erfordert" – und erkennt iE auf einen Drittschutz). Zur Bestimmung, ob die jeweilige Subsidiaritätsvorschrift drittschützende Wirkung entfaltet, ist die Vorschrift auszulegen. Für einen Drittschutz kann sprechen, wenn (und soweit) in den Subsidiaritätsbestimmungen auf private Dritte ausdrücklich Bezug genommen wird[94]. Auch das Erfordernis einer Marktanalyse kann ein Argument für eine drittschützende Wirkung sein. Ferner ist der Gesetzeszweck zu analysieren, der aus der Gesetzesbegründung herzuleiten ist. Überwiegend wird von den Verwaltungsgerichten eine drittschützende Wirkung aber abgelehnt. So soll zB Art. 87 BayGO nur den Zweck haben, die Kommunen vor den Gefahren überdehnter unternehmerischer Tätigkeit zu schützen und zugleich einer „ungezügelten Erwerbstätigkeit der öffentlichen Hand zu Lasten der Privatwirtschaft" vorbeugen[95]. Nicht aber sollen einzelne Unternehmen vor einem Wettbewerb durch gemeindliche Unternehmen derart geschützt werden, dass ein Verstoß Individualansprüche auf Schadensersatz und Unterlassung begründen kann (Von den Gerichten ist als Private schützend zB § 85 Abs. 1 Nr 3 RP-GO[96] anerkannt; abgelehnt wird dies hingegen für § 102 BaWüGO[97], § 121 Abs. 1 HessGO[98], § 107 Abs. 1 Nr 3 GO NRW aF[99] und § 101 Abs. 1 Nr 3 SH-GO)[100]. Eine Klagebefugnis kann aber unter Rückgriff auf die Wettbewerbsfreiheit (Art. 12 Abs. 1 GG) begründet werden, jedenfalls wenn man der hier vertretenen Auffassung folgt, dass jede spürbare Wettbewerbsbeeinträchtigung durch öffentliche Unternehmen einen Grundrechtseingriff darstellt.

---

90 BVerwGE 39, 329, 337; OVG Münster, NVwZ 2003, 1520, 1521; vgl a. BGH, MDR 1987, 114.
91 *Pünder/Dittmar*, JURA 2006, 760, 765.
92 ZB *Lange*, Kommunalrecht, 2013, S. 876 mwN.
93 OVG Münster, NVwZ 2003, 1520 ff; krit *Ziekow*, Öffentliches Wirtschaftsrecht, 3. Aufl., 2013, S. 151 f.
94 ZB § 85 Abs. 1 Nr 3 RP-GO.
95 VGH München, BayVBl 1976, 628, 629.
96 VerfGH RP, NVwZ 2000, 801, 804.
97 BVerwG, DVBl 1996, 152, 153; VGH Mannheim, NJW 1995, 274; LG Offenburg v. 3.12.1999, Az. 5 O 183/98; zu § 85 BaWüGO aF: VGH Mannheim, NJW 1984, 251, 252; BVerwGE 39, 329, 336.
98 LG Kassel v. 19.3.1999, Az. 11 O 4033/99, einen kommunalen Entsorgungsbetrieb betreffend; offengelassen: OLG Frankfurt/M., GRUR 1999, S. 75.
99 BGH, GRUR 2003, 164, 166; das OVG Münster, NVwZ 2003, 1520 f.
100 *Schliesky*, Öffentliches Wettbewerbsrecht, 1997, S. 447.

c) Die Begründetheit der Klage ist von der Entscheidung über die drittschützende Wirkung der Subsidiaritätsbestimmung abhängig. Zieht man als Anspruchsgrundlage den öffentlich--rechtlichen Unterlassungsanspruch nach § 1004 BGB analog heran, muss ein rechtswidriges Handeln der öffentlichen Hand auf dem Gebiet des öffentlichen Rechts vorliegen und der Anspruchssteller muss in seinen Rechten verletzt sein. Zu prüfen ist daher, ob die Tatbestandsvoraussetzungen der jeweiligen Bestimmung in der Gemeindeordnung erfüllt sind. Für das Vorliegen eines öffentlichen Zwecks ist daran zu erinnern, dass der Stadt ein erheblicher Beurteilungsspielraum zukommt und auch Randnutzungen zulässig sind. Für die Installation von Verteilerkästen kann argumentiert werden, dass es sich hier um einen Randbereich der als Daseinsvorsorge anerkannten Energieversorgung handelt. Außerdem sind die Verteilerkästen erforderlich, um Messen und Volksfeste durchführen zu können, für die ein besonderes öffentliches Interesse besteht (vgl §§ 64 ff GewO; aA vertr.[101]). Aus dem Sachverhalt ergibt sich nicht, dass zwischen Art und Umfang des Unternehmens und der Leistungsfähigkeit der Gemeinde unter Berücksichtigung des voraussichtlichen Bedarfs ein Missverhältnis besteht. Hingegen liegen die Voraussetzungen der Subsidiaritätsbestimmung nicht vor, weil der Zweck der konkreten Unternehmenstätigkeit, die Versorgung mit Verteilerkästen, ebenso gut und wirtschaftlich durch einen Privaten erfüllt werden kann. Nach hM sind aber alle drei Voraussetzungen nicht drittschützend. Das ist jedenfalls für das Erfordernis des öffentlichen Zwecks und der hinreichenden Leistungsfähigkeit der Gemeinde allgemein aberkannt[102], str jedoch für die Subsidiaritätsbestimmung. Folgt man der hM, scheitert der öffentlich-rechtliche Unterlassungsanspruch.

d) Dann ist weiter zu prüfen, ob ein Unterlassungsanspruch aus § 8 iVm § 3 UWG folgt. Danach sind Wettbewerbshandlungen, die geeignet sind, den Wettbewerb zum Nachteil der Mitbewerber, der Verbraucher oder der sonstigen Marktteilnehmer nicht nur unerheblich zu beeinträchtigen, unzulässig. Nach § 4 Nr 11 UWG handelt insbesondere der unlauter, der einer gesetzlichen Vorschrift zuwiderhandelt, die dazu bestimmt ist, im Interesse der Marktteilnehmer das Marktverhalten zu regeln. Die Subsidiaritätsvorschriften regeln aber nicht das Marktverhalten, sondern den Marktzutritt. Auch ein unmittelbarer Rückgriff auf § 8 iVm § 3 UWG ist nicht möglich, weil ein Anspruch hieraus nicht immer schon dann gegeben ist, wenn ein Wettbewerber Vorschriften verletzt, bei deren Einhaltung er aus dem Markt ausscheiden müsste. Als Grundlage deliktsrechtlicher Ansprüche von Wettbewerbern bezweckt § 8 iVm § 3 UWG nur den Schutz vor unlauterem Wettbewerb (vgl § 1 UWG). Es ist nicht Sinn des UWG, den Anspruchsberechtigten zu ermöglichen, Wettbewerber unter Berufung darauf, dass ein Gesetz ihren Marktzutritt verbiete, vom Markt fernzuhalten, wenn das betreffende Gesetz den Marktzutritt nur aus Gründen verhindern will, die den Schutz des lauteren Wettbewerbs nicht berühren[103]. Unter dem Gesichtspunkt des Wettbewerbsrechts, zu dessen Zielen der Schutz der Freiheit des Wettbewerbs gehört, ist vielmehr jede Belebung des Wettbewerbs, wie sie unter Umständen auch vom Marktzutritt der öffentlichen Hand ausgehen kann, grundsätzlich erwünscht[104] (vgl hierzu auch ▶ **Klausurenkurs Fall Nr 18**).

e) Folgt man der hM, scheitert ein quasi-negatorischer Anspruch aus § 823 Abs. 2 BGB mangels Drittschutz der gemeinderechtlichen Bestimmung aus.

f) Fraglich bleibt, ob ein Unterlassungsanspruch unmittelbar aus Art. 12 Abs. 1 GG hergeleitet werden kann. Folgt man der Rechtsprechung, scheitert dieser schon daran, dass die Stadt-

---

101 Vgl LG München, GewArch. 1999, 413, 414.
102 AA nur OVG Münster, NVwZ 2003, 1520, 1521, das subjektive Rechte aus dem Zweckerfordernis herleiten will.
103 Vgl auch *Köhler*, in: ders./Bornkamm, UWG, 32. Aufl., 2014, § 4 Rn 11.47; *Scharpf*, Kommunales Unternehmensrecht in Bayern, 2004, S. 224; aA *Sack*, BB 2003, 1073, 1076.
104 BVerwG, NJW 1995, 2938, 2939; BGH, NJW 2002, 2645 ff.

werke im Bereich der Elektroarbeiten weder ein Monopol anstreben, noch sonst private Mitbewerber vom Markt drängen. Die Klage ist dann unbegründet. Der private Konkurrent könnte allenfalls bei der kommunalen Rechtsaufsichtsbehörde ein Einschreiten anregen. Auf ein Tätigwerden der Aufsichtsbehörde hat er aber keinen Anspruch. Wenn man einen weitergehenden Schutzgehalt des Art. 12 Abs. 1 GG annimmt und von einem Grundrechtseingriff bei einer spürbaren Wettbewerbsbeschränkung ausgeht, kommt es darauf an, ob dieser Eingriff gerechtfertigt ist. Dann sind die Bedeutung des zu verfolgenden öffentlichen Zwecks (Gewinnerzielung und wirtschaftliche Unternehmensführung) mit den Interessen des privaten Konkurrenten am Maßstab der Verhältnismäßigkeit und der Schwere des Eingriffs gegeneinander abzuwägen. Zu beachten ist aber folgendes: Der Ausgleich widerstreitender Rechtspositionen ist zunächst Aufgabe des Gesetzgebers. Diesen Ausgleich hat der Gesetzgeber in der Gemeindeordnung geregelt[105]. Daher kommt den gemeindeordnungsrechtlichen Bestimmungen gegenüber den Grundrechten Anwendungsvorrang zu. Unter grundrechtsdogmatischem Blickwinkel entfalten sie drittschützende Wirkung. Folglich ist der (zulässigen) Unterlassungsklage schon deshalb stattzugeben, weil die gemeinderechtlichen Voraussetzungen für die konkrete Tätigkeit (Installation der Verteilerkästen) des öffentlichen Unternehmens nicht vorliegen.

Ein Unterlassungsanspruch aus § 3 UWG gegen das Wettbewerbshandeln der öffentlichen Hand kann sich nur ergeben, wenn das öffentliche Unternehmen unlauter auf dem Markt auftritt. Dabei gelten für die öffentliche Hand grundsätzlich die gleichen wettbewerblichen Regeln wie für Private (zB das Verbot irreführender Werbung nach § 5 UWG, das Verbot, Mitbewerber gezielt zu behindern nach § 4 Nr 10 UWG). In der Rechtsprechung sind ferner vier besondere Fallgruppen entwickelt worden, die als unlauteres Marktverhalten öffentlicher Unternehmen zu qualifizieren sind[106]: **712**

– „**Vorsprung durch Rechtsbruch**" des für die öffentliche Hand besonders geltenden Rechts, soweit das Marktverhalten geregelt ist.
  Das gilt etwa für die Zweckentfremdung öffentlicher Mittel (zB eine Preisunterbietung wird unter Rückgriff auf öffentliche Mittel finanziert, die der öffentlichen Hand zu anderen Zwecken überlassen wurden)[107];
– „**Missbrauch amtlicher Autorität**", zB unlautere Ausnutzung amtlicher Informationen oder amtlicher Einflussmöglichkeiten[108];
– „**Unlautere Verquickung** öffentlicher und erwerbswirtschaftlicher Interessen".
  Wenn die öffentliche Hand ihre besondere Rechtsstellung als Hoheitsträger ausnutzt, um ein öffentliches Unternehmen zu fördern. Das ist grundsätzlich noch nicht der Fall, wenn sich die öffentliche Hand Standortvorteile für ihr Unternehmen zu Nutze macht. Eine klare Linie ist in der Rechtsprechung noch nicht zu erkennen: zulässig ist es, wenn ein kommunaler Bestattungsbetrieb im Friedhofsgebäude untergebracht wird und die Stadt auf eine Trennung zur Friedhofsverwaltung hinweist[109]; unzulässig ist es, wenn die Einrichtung eines kommunalen Kfz-Schilder-

---

105 *Huber*, in: FS Badura, 2004, 897, 923 f; *Schliesky*, Öffentliches Wirtschaftsrecht, 4. Aufl., 2013, S. 192.
106 Zu den Fallgruppen iE: *Storr*, Der Staat als Unternehmer, 2001, S. 506 f; *Huber*, Konkurrenzschutz im Verwaltungsrecht, 1991, S. 340.
107 BGH, GRUR 2003, 164 ff.
108 *Köhler*, in: Baumbach/Hefermehl, UWG, 29. Aufl., 2011, § 4 Rn 13.42.
109 BGH, GRUR 2005, 960 ff.

prägebetriebs im Gebäude der Kfz-Zulassungsstelle untergebracht ist, weil private Schilderprägebetriebe wegen der besonderen örtlichen Nähe erhebliche Umsatzeinbußen hinnehmen müssen[110].

– **„Marktstörung"** durch die öffentliche Hand,
zB Ausschaltung des Leistungswettbewerbs zB bei Augenoptikern, wenn Brillengestelle durch die gesetzlichen Krankenkassen selbst ausgegeben werden und über 90% der Bevölkerung bei gesetzlichen Krankenkassen versichert sind[111].

5. Öffentlich-rechtliches und privatrechtliches Gesellschaftsrecht

713   **Fall 56:** Der Ortsverband der extremistischen Partei P in der Stadt S möchte in der Stadthalle von S einen Parteitag abhalten. Die Stadthalle ist von S errichtet worden, um öffentliche Veranstaltungen wie Messen, Ausstellungen und Kongresse in S durchführen zu können und so die Attraktivität von S zu steigern. Die Stadthalle wird von der „Stadthallen-Betreibergesellschaft mbH" (SBG) betrieben, einer Eigengesellschaft der S. Die SBG lehnt den Antrag ab. Was ist P zu empfehlen?

a) Die Präferenz der öffentlichen Hand für privatrechtliche Gesellschaftsformen

714   Der Grundsatz der **Formenwahlfreiheit** der Verwaltung ermöglicht es der öffentlichen Hand, sich innerhalb des gesetzlichen Rahmens grundsätzlich privatrechtlicher und öffentlich-rechtlicher Organisations- und Handlungsformen gleichermaßen zu bedienen. Zur Zeit der Weimarer Republik waren Eigengesellschaften oder gemischtwirtschaftliche Unternehmen auf privatrechtlicher Grundlage noch Ausnahmen[112], inzwischen hat der Staat seine Unternehmen aber überwiegend auf privatrechtlicher Grundlage organisiert.

715   Diese **Flucht ins Privatrecht** hat verschiedene Gründe: Zunächst unterliegt die Errichtung verselbstständigter öffentlich-rechtlicher Organisationen dem institutionellen Gesetzesvorbehalt. Sofern das Land den Gemeinden keine entsprechende Rechtsgrundlage bereitstellt (vgl für Zweckverbände und Sparkassen des öffentlichen Rechts entsprechende Bestimmungen in den Gemeindeordnungen bzw in den Sparkassengesetzen; einige Länder kennen auch die Organisation des Kommunalunternehmens, eine Anstalt des öffentlichen Rechts (s. Rn 727) stehen den Gemeinden im öffentlich-rechtlichen Rechtskreis die Regie- und die Eigenbetriebe zur Verfügung. Ihre Nachteile liegen auf der Hand: es sind nicht-rechtsfähige, unselbstständige Einrichtungen. Die innerbetriebliche Verfassung der Eigenbetriebe ist durch die Eigenbetriebsverordnung maßgeblich vorgeprägt. Ihre Selbstständigkeit beschränkt sich auf eine eigene Haushaltsführung; die Regiebetriebe sind sogar nur Abteilungen der Verwaltung, denen selbst diese ökonomische Selbstständigkeit fehlt. Eine Beteiligung Dritter ist nicht möglich.

---

110   BGH, GRUR 2003, 167 ff; vgl a. BGH, GRUR 1987, 118 ff (kommunales Bestattungsunternehmen); abgelehnt in BGH, GRUR 1956, 227 ff (kommunales Reisebüro neben Passamt).
111   BGHZ 82, 375 ff.
112   Zu den Königsberger „Städtischen Werken GmbH" instruktiv *Mann*, VR 1996, 230.

Demgegenüber sind die Aktiengesellschaft und die Gesellschaft mit beschränkter **716** Haftung **unabhängiger**: sie sind rechtsfähig, verfügen über eigene Unternehmensorgane und ihre Organisation kann durch Satzung und Gesellschaftsvertrag individuell im Rahmen des AktG und GmbHG geregelt werden. Auch die Gründung, die Kooperation mit anderen Verwaltungsträgern und mit Privaten sowie der Gesellschafterwechsel sind bei einer Kapitalgesellschaft relativ unkompliziert.

Das Kapitalgesellschaftsrecht ist aber nicht spezifisch auf öffentliche Unternehmer **717** zugeschnitten:

- Tatsächlich besteht bei Kapitalgesellschaften eine besondere Gefahr, dass sie sich von ihrem öffentlichen Gesellschafter entfremden und der öffentliche Zweck durch Gewinnmaximierungsstreben überlagert wird oder dass sie eine andere Form der Eigendynamik entfalten[113]. Häufig fehlt es schon an einer hinreichenden Zweckprogrammierung; in den Satzungen und Gesellschaftsverträgen muss nur der Gesellschaftsgegenstand (zB „Vermietung von Wohnraum"), nicht das Unternehmensziel (zB „umfassende Versorgung der Bevölkerung mit attraktivem Wohnraum zu günstigen Preisen") angegeben werden.
- Bei der Aktiengesellschaft – mit Abstrichen auch bei der GmbH – sind die Möglichkeiten einer **Einwirkung** auf die Unternehmensführung und deren Aufsichtsorgane durch die öffentliche Hand beschränkt. Insbesondere hat der Vorstand einer Aktiengesellschaft nach § 76 AktG grundsätzlich unter eigener Verantwortung die Gesellschaft zu leiten und ist daher nicht an Weisungen Dritter gebunden.
- Das **privatrechtliche Gesellschaftsrecht** ist grundsätzlich (s. Rn 724 f) abschließend geregeltes Bundesrecht[114]. Es kann daher durch die Länder nicht modifiziert werden. Zwar kann durch Gesellschaftsvertrag oder Unternehmenssatzung auf die Unternehmensverfassung Einfluss genommen werden, aber nur soweit das durch AktG, GmbHG und andere Regelungen (zB Mitbestimmungsgesetze) zugelassen ist. Diese Regeln sind aber nicht spezifisch auf öffentliche Unternehmen zugeschnitten.
- Die **Kommunalaufsichtsbehörden** können nicht auf die Kapitalgesellschaften durchgreifen, sondern müssen sich an die Gemeinde halten, die über ihre Beteiligung auf das Unternehmen einwirken muss.
- Eine öffentlich-rechtliche Einrichtung kann sich öffentlich-rechtlicher und privatrechtlicher Handlungsformen bedienen; ein privatrechtliches Unternehmen bleibt – sofern keine besondere Beleihung erfolgt – auf privatrechtliche **Handlungsinstrumente** beschränkt. Insbesondere kann das privatrechtlich organisierte Unternehmen – sofern es nicht beliehen wurde – weder Gebühren erheben noch Verwaltungsakte erlassen.
- In steuerlicher Hinsicht können Kapitalgesellschaften keine Hoheitsbetriebe iSd § 4 Abs. 5 KStG und § 2 Abs. 3 UStG sein.
- Eine „inflationäre Nutzung" privatrechtlicher Organisationsformen ist vor Art. 33 Abs. 4 GG problematisch, weil die Ausübung hoheitsrechtlicher Befugnisse als

---

113 *Ehlers*, DVBl 1997, 137, 142; *Schoch*, DÖV 1993, 377, 381.
114 *v. Danwitz*, AöR 121 (1995), S. 595, 598.

ständige Aufgabe in der Regel Angehörigen des öffentlichen Dienstes zu übertragen ist, die in einem öffentlich-rechtlichen Dienst- und Treueverhältnis stehen[115].

b) Beteiligung der öffentlichen Hand an Unternehmen in Privatrechtsform

718 Die Haushaltsordnungen und die Kommunalordnungen stellen – weitgehend übereinstimmend – besondere Voraussetzungen für eine Beteiligung der öffentlichen Hand an privatrechtlichen Unternehmen auf. In § 65 BHO ist beispielsweise für eine Beteiligung des Bundes an einem privatrechtlich organisierten Unternehmen geregelt:

– Es soll ein wichtiges Interesse des Bundes vorliegen und der vom Bund angestrebte Zweck soll nicht besser und wirtschaftlicher auf andere Weise erreichbar sein (§ 65 Abs. 1 Nr 1 BHO, s. Rn 723; beachte, dass die entsprechende Voraussetzung in den Gemeindeordnungen allgemein für eine Beteiligung an Unternehmen gilt);
– die Einzahlung soll auf einen bestimmten Betrag begrenzt sein (§ 65 Abs. 1 Nr 2 BHO);
– die öffentliche Hand soll im Aufsichtsrat oder einem entsprechenden Überwachungsorgan einen angemessenen Einfluss erhalten (§ 65 Abs. 1 Nr 3 BHO);
– es soll sichergestellt sein, dass ein Jahresabschluss und der Lagebericht aufgestellt werden (§ 65 Abs. 1 Nr 4 BHO).

719 Grundsätzlich muss die öffentliche Hand um einen **optimalen Einfluss** in einem Unternehmen bemüht sein. Das folgt aus verschiedenen Gründen: So muss die öffentliche Hand im Fall einer Ausgliederung sicherstellen, dass sie **gesetzliche Ansprüche**, zB Leistungs- oder Teilhabeansprüche der Bürger auf Zugang zu öffentlichen Einrichtungen[116], erfüllen kann. Verliert sie nach einer formellen Privatisierung die Möglichkeit, den Zugangsanspruch des Bürgers durchzusetzen, handelt es sich nicht mehr um eine öffentliche Einrichtung.

720 **Fall 56 (Rn 713)**[117]: **a)** P könnte eine Verpflichtungsklage (regelm. eine Verbescheidungsklage; ggf auch Versagungsgegenklage) gegen die Stadt erheben. Dafür wäre der Verwaltungsrechtsweg zu beschreiten. Zwar sind die Gemeinden bundesrechtlich nicht gehindert, bei der Schaffung und Unterhaltung von Einrichtungen, die dem wirtschaftlichen, sozialen oder kulturellen Wohl ihrer Einwohner dienen, auf privatrechtliche Organisationsformen zurückzugreifen und zB eine selbstständige juristische Person des Privatrechts (AG, GmbH) zu gründen, der sie den Betrieb der Einrichtung übertragen. Allerdings ist die Benutzung dieser Einrichtung damit nicht ausschließlich dem Privatrecht zugeordnet und untersteht deshalb auch nicht von vornherein der Zuständigkeit der ordentlichen Gerichte. Vielmehr gilt nach der Zwei-Stufen-Theorie (s. Rn 811 f), vgl ▶ **Klausurenkurs Fall Nr 15**, dass sich das „Ob" des Zugangs nach öffentlichem Recht und das „Wie" der Ausgestaltung des Benutzungsverhältnisses nach bürgerlichem Recht richtet. Hier geht es um den eigentlichen Zugangsanspruch, wie er zB in § 5 PartG, in § 70 GewO für Volksfeste, Ausstellungen und Märkte (s. Rn 377 f) und in den Gemeindeordnungen geregelt ist. Nach Art. 21 BayGO sind zB alle Gemeindeangehö-

---

115 *Mann*, Die öffentlich-rechtliche Gesellschaft, 2002, S. 52.
116 § 14 ThürKO; *v. Danwitz*, AöR 120 (1995), S. 596, 606.
117 BVerwG, NJW 1990, 134 ff.

rigen nach den bestehenden allgemeinen Vorschriften berechtigt, die öffentlichen Einrichtungen der Gemeinde zu benutzen.

Der Anspruch gegen S wäre dem Grunde nach auch gegeben. Eine öffentliche Einrichtung liegt vor, wenn sie tatsächlich zu dem von der Gemeinde verfolgten öffentlichen Zwecken (**Zweckbindung**) zur Verfügung steht (**Widmung**) und wenn die Gemeinde die öffentliche Zweckbindung der Einrichtung nötigenfalls gegenüber der privatrechtlichen Betriebsgesellschaft durchzusetzen (**Ingerenzmöglichkeit**) vermag[118]. Daher können auch eine von einer juristischen Person des Privatrechts betriebene Einrichtung eine öffentliche Einrichtung und der Zulassungsanspruch infolgedessen Gegenstand einer Klage vor dem VG sein. Die Stadthalle ist errichtet worden, um Messen, Ausstellungen und Kongresse in S durchzuführen und die Attraktivität von S zum Nutzen der Gesamtwirtschaft zu fördern. Die SBG verwirklicht daher mit dem Betrieb der Stadthalle unmittelbar kommunale Verwaltungszwecke. Die Stadthalle ist der Durchführung öffentlicher Veranstaltungen gewidmet. Hierzu gehört auch die Abhaltung von Parteitagen. Die S ist ferner rechtlich wie tatsächlich in der Lage, die Praxis bei der Vergabe von Räumen durch die SBG zu lenken und zu überwachen, weil es sich um eine Eigengesellschaft handelt. Ist also bei der Stadthalle von einer öffentlichen Einrichtung auszugehen, ist der Zulassungsanspruch öffentlich-rechtlicher Art.

Zu beachten ist aber, dass der Zulassungsanspruch nicht vorbehaltlos besteht. Insbesondere bei Kapazitätsbeschränkungen kann und muss die öffentliche Hand das Zulassungswesen regulieren. Dabei ist sie an den Gleichheitsgrundsatz bzw das Gebot der Wettbewerbsneutralität gebunden (Art 3 Abs. 1 GG; hier: Art. 21 Abs. 1 GG iVm Art. 3 Abs. 1 GG, § 5 Abs. 1 S. 1 PartG). Als Verteilungskriterien und -verfahren kommen in Betracht: die Reihenfolge des Eingangs der Zulassungsanträge; das Kriterium „bekannt und bewährt" (insbes. bei öffentlichen Veranstaltungen wie Messen und Volksfeste), wobei auch „Newcomern" eine Zulassungsmöglichkeit eingeräumt sein muss, oder die Vergabe durch Los[119]. Für Parteien kann auf deren Bedeutung abgestellt werden (§ 5 Abs. 1 S. 2 und 3 PartG). Wegen des Parteienprivilegs (Art. 21 Abs. 2 GG) kann dem Zulassungsantrag einer Partei aber nicht entgegengehalten werden, sie verfolge verfassungsfeindliche Ziele. Über Verfassungswidrigkeit und Auflösung einer Partei entscheidet allein das BVerfG. Im Ergebnis heißt das: Wenn für diesen Tag kein anderer Zulassungsantrag zur Nutzung der Stadthalle gestellt ist oder unter Zugrundelegung allgemeiner Differenzierungskriterien anderen Bewerbern kein Vortrittsrecht zukommt, besteht ein Anspruch der P gegen S auf Zulassung zur Stadthalle. Andernfalls ist die Stadt zu verpflichten, unter Beachtung der Rechtsauffassung des Gerichts zu entscheiden und bei ihrer Auswahl sachgerechte Kriterien heranzuziehen.

b) Eine Versagungsgegenklage gegen die SBG vor den Verwaltungsgerichten scheidet nach dem Gesagten aus: Zum einen ist Adressat des kommunalen Zulassungsanspruchs die Stadt, die den Anspruch ggf durch Ingerenz gegenüber der SBG durchsetzen muss, zum anderen kann die SBG mangels Beleihung nicht öffentlich-rechtlich handeln. Insbesondere ist die Versagung der Zulassung durch die SBG kein Verwaltungsakt. Unmittelbar gegen die SGB könnte P nur auf dem ordentlichen Rechtsweg vorgehen. Ein Zulassungsanspruch der P gegenüber der SBG besteht nur dann, wenn diese einem Kontrahierungszwang unterliegt. Dieser kann sich nach den Grundsätzen des Verwaltungsprivatrechts aus Art. 3 Abs. 1 GG ergeben. Auf das Verwaltungsprivatrecht kann zurückgegriffen werden, weil die SBG ein öffentliches Unternehmen ist. Unter Umständen kommt der P auch ein Anspruch aus dem Nutzungs- und Betreibervertrag zwischen der S und der SBG zu, wenn es sich um einen echten Vertrag zugunsten Dritter (§ 328 Abs. 1 BGB) handelt.

---

118 OVG Bautzen, SächsVBl 2003, 143 ff; OVG Bautzen, SächsVBl 2005, 256 ff; vgl auch BVerwG, NVwZ 2005, 963 ff.
119 BVerwG, NVwZ 1984, 585.

721 Wenn der Gesetzgeber eine Aufgabe staatlicher Erfüllung zuweist („**Amtsauftrag**"), ist ein hinreichendes Legitimationsniveau (organisatorisch-personelle und sachlich-inhaltliche Legitimation) sicherzustellen (Art. 20 Abs. 2 GG). Das kann insbesondere bei der Ausübung hoheitlicher Gewalt der Fall sein. Das Demokratieprinzip steht einer Beteiligung nicht-demokratisch legitimierter oder unabhängiger Funktionsträger bei der Ausübung von Staatsgewalt – zB in einem gemischt-wirtschaftlichen Unternehmen – nicht unbedingt entgegen. In seinem Beschluss zum schleswig-holsteinischen Gesetz zur Mitbestimmung der Personalräte hat das BVerfG ausgeführt: in welcher Art und in welchen Fällen eine Beteiligung Dritter zulässig ist, ist unter Würdigung der privaten Interessen (**Schutzzweckgrenze**) und des Amtsauftrages (**Verantwortungsgrenze**) zu bestimmen. Drei Fallgruppen sind zu unterscheiden[120]:

– Für Maßnahmen, die typischerweise nicht oder nur unerheblich Amtsaufgaben gegenüber dem Bürger berühren, soll das Kollegialorgan zumindest an Gesetz und Recht gebunden sein und die Mehrheit der Mitglieder muss zu einem gewissen Grade demokratisch legitimiert sein.
– Für Maßnahmen, die die Wahrnehmung des Amtsauftrags typischerweise nicht nur unerheblich berühren, ist eine „doppelte Mehrheit" erforderlich: Die Mehrheit der Mitglieder eines Kollegialorgans muss uneingeschränkt personell demokratisch legitimiert und die Entscheidung muss von einer Mehrheit der so legitimierten Mitglieder getragen sein.
– Bei Maßnahmen, die schwerpunktmäßig die Erledigung von Amtsaufgaben betreffen, darf das Demokratieprinzip keine substantielle Einschränkung erfahren.

722 Damit zielt die Frage nach dem **hinreichenden Legitimationsniveau** materiell auf die wahrzunehmende Staatsaufgabe, die dem öffentlichen Unternehmen übertragen wird. Staatsaufgaben können durch die Verfassung ausdrücklich vorgegeben sein oder aus Verfassungsprinzipien abgeleitet werden. Staatsaufgaben können auch durch den parlamentarischen Gesetzgeber bestimmt werden, der das Legitimationsniveau festsetzt[121]. Eine demokratische Legitimation kann ferner funktionell wegen der Art und Weise der Aufgabenwahrnehmung geboten sein, weil hoheitliche Gewalt ausgeübt wird und der Rückgriff auf das staatliche Gewaltmonopol erfolgt, dh Entscheidungen autoritativ getroffen werden[122].

723 Schließlich bleibt die öffentliche Hand für ihre Beteiligung an einem Unternehmen verantwortlich, was eine entsprechende Kontrolle erfordert. Die „Flucht in das Privatrecht" darf weder dazu führen, dass öffentliche Gewalt nicht mehr vor dem Volk verantwortet werden muss, noch, dass Risiken für die öffentlichen Haushalte nicht mehr rechtzeitig abgewehrt werden können.

Erst vor diesem Hintergrund lässt sich die Frage beantworten, wann der Einfluss der öffentlichen Hand auf den Aufsichtsrat angemessen (zB § 65 Abs. 1 Nr 3 BHO) ist. Denkbar wäre, allein auf

---

120 BVerfGE 93, 37, 72.
121 BVerfGE 107, 59, 93.
122 *Britz*, VerwArch. 91 (2000), 418, 428.

die Rechtsform des Unternehmens und auf dessen Mehrheitsverhältnisse abzustellen[123]. Überzeugender ist es dagegen, das Steuerungsoptimierungsgebot vor dem Hintergrund der Verpflichtung zur Haftungsbeschränkung (§ 65 Abs. 1 Nr 2 BHO) zu sehen. Das führt dazu, dass der Zweck des Steuerungsoptimierungsgebots (vor allem) darin liegt, die öffentliche Hand vor unwirtschaftlichem Verhalten einer mehr oder weniger autonomen oder fremden Unternehmensführung zu schützen, wie es bei einem gemischt-wirtschaftlichen Unternehmen der Fall sein kann, an dem Dritte maßgeblich an der Unternehmenssteuerung mitwirken. Denn die Beteiligung an einem gemischt-wirtschaftlichen Unternehmen stellt sich für die öffentliche Hand als ein Risiko dar, mangels hinreichender eigener Steuerungskompetenz durch Steuerungseinflüsse Dritter wirtschaftlichen Schaden zu erleiden, weil und soweit sie die Konsequenzen aus dieser Fremdsteuerung tragen muss. Dem Gebot des angemessenen Einflusses im Aufsichtsrat und der Verpflichtung zur Haftungsbeschränkung liegt daher das Prinzip der **Konnexität von Steuerung und Haftung** zugrunde: Je größer das Risiko einer Haftung der öffentlichen Hand ist, umso größer muss ihr Steuerungseinfluss sein. Der Steuerungseinfluss Dritter bei gleichzeitiger Haftungsbeteiligung der öffentlichen Hand bedarf einer Rechtfertigung, wenn die öffentliche Hand einer Haftung für fremdes Handeln ausgesetzt wird. Die Gründe können sich aus der Besonderheit der Aufgabe oder der Erforderlichkeit einer Kooperation ergeben. Bei der Abwägung muss es um eine weitestmögliche Minimierung des Risikos einer potentiellen Haftung gehen. Umgekehrt bedeutet ein hohes Haftungsrisiko, dass die öffentliche Hand umso mehr und intensiver steuern soll[124].

c) Das Verwaltungsgesellschaftsrecht

Greift die öffentliche Hand für die Organisation ihrer Unternehmen auf privatrechtliche Organisationsformen zurück, ist sie an das privatrechtliche Rechtsregime gebunden. Dh, dass sie Weisungen an „ihre" Vertreter in den Unternehmensgremien (Hauptversammlung, Gesellschafterversammlung, Aufsichtsrat, Geschäftsführung, Vorstand) nur richten kann, wenn und soweit dies gesellschaftsrechtlich zulässig ist. **724**

Vertreter der öffentlichen Hand können in Hauptversammlungen und Gesellschafterversammlungen weisungsgebunden sein. Ebenso kann der GmbH-Geschäftsführer den Weisungen der Gesellschafterversammlung unterliegen. Nach ganz überwiegender Ansicht sollen die Mitglieder eines obligatorisch zu bestellenden Aufsichtsrats aber nicht weisungsgebunden sein[125].

Zwar sehen die Gemeindeordnungen möglichst weitgehende Steuerungsverpflichtungen vor (vgl zB Art. 92–95 BayGO, insbesondere Art. 93 BayGO für die Vertretung der Gemeinde in Privatrechtsform und Art. 95 Abs. 1 BayGO zur Bindung an den öffentlichen Zweck bei der Führung gemeindlicher Unternehmen; für Minderheitsbeteiligungen: Art. 92 Abs. 2; 95 Abs. 1 aE BayGO), da das Kapitalgesellschaftsrecht als Bundesrecht aber normenhierarchisch über dem Landesrecht und dem Kommunalrecht steht (Art. 31 GG), sind Widersprüche tendenziell dahingehend zu lösen, dass dem Bundesrecht Vorrang zukommt. **725**

Um öffentlich-rechtliche Steuerungsanforderungen dennoch in privatrechtlich organisierten Unternehmen durchsetzen zu können, wird eine entsprechende Modifizierung **726**

---

123 ZB Thüringer Landesregierung, Gesetzentwurf zu einem Dritten Gesetz zur Änderung der Thüringer Kommunalordnung, LT-Drs. 3/333 v. 15.2.2000.

124 *Storr*, Der Staat als Unternehmer, 2001, S. 79 f.

125 OLG Düsseldorf, DVBl 2001, 1284, 1286; BVerwG, DÖV 2001, 124, 128.

gefordert. Ähnlich dem Verwaltungsprivatrecht soll ein **Verwaltungsgesellschafts-recht** etabliert werden[126]. Denn erstens ist das Gesellschaftsrecht auch an verfassungs-rechtliche Vorgaben gebunden und damit einer verfassungskonformen Auslegung – zB den aus dem Demokratieprinzip abzuleitenden Steuerungs- und Kontrollanforde-rungen – zugänglich und zweitens ist die Ansicht der hM, dass das bundesrechtliche Gesellschaftsrecht auch für die öffentlichen Unternehmensbeteiligungen abschlie-ßend sein soll, kritisch zu hinterfragen. Denn gerade zu öffentlichen Unternehmen kennt auch die BHO spezifische Steuerungsanforderungen (§ 65 Abs. 1 Nr 3, Abs. 6 BHO; vgl a. §§ 53 und 54 HGrG). Eine besondere Bestimmung ist § 394 AktG, der regelt, dass Aufsichtsratsmitglieder, die auf Veranlassung einer Gebietskörperschaft in einen Aufsichtsrat gewählt oder entsandt worden sind, hinsichtlich der Berichte, die sie den Gebietskörperschaften zu erstatten haben, keiner Verschwiegenheitspflicht unterliegen (vgl a. § 395 AktG).

d) Das Kommunalunternehmen

727 In einigen Ländern[127] haben die Gesetzgeber Rechtsgrundlagen für die Kommunen geschaffen, damit diese Kommunalunternehmen als selbstständige Unternehmen in der Rechtsform einer **Anstalt des öffentlichen Rechts** errichten können. Damit sollen Vorteile beider Rechtsregime zum Tragen kommen und den Gemeinden der Weg zu-rück in das öffentliche Recht ermöglicht werden.

So können dem Kommunalunternehmen zB nach Art. 89 Abs. 2 BayGO einzelne oder alle mit ei-nem bestimmten Zweck zusammenhängende Aufgaben ganz oder teilweise übertragen werden. Dem Kommunalunternehmen ist dann die Verantwortung für die Erbringung einer Aufgabe um-fassend zugewiesen. Ferner kann die Gemeinde durch gesonderte Satzung einen Anschluss- und Benutzungszwang zugunsten des Kommunalunternehmens festlegen. Die Gemeinde kann das Kommunalunternehmen sogar ermächtigen, an ihrer Stelle Satzungen zu erlassen.

Das Kommunalunternehmen wird von einem Vorstand in eigener Verantwortung geleitet. Der Vorstand vertritt das Kommunalunternehmen nach außen. Die Geschäftsführung des Vorstands wird von einem Verwaltungsrat überwacht, der auch über grundlegende Angelegenheiten des Kommunalunternehmens zu entscheiden hat (Art. 90 BayGO). Grundsätzlich haftet die Ge-meinde für die Verbindlichkeiten des Kommunalunternehmens unbeschränkt, soweit nicht Befrie-digung aus dessen Vermögen zu erlangen ist (Gewährträgerschaft). Das Kommunalunternehmen besitzt Dienstherrenfähigkeit und übt öffentlich-rechtliche Verwaltungstätigkeit aus. Die Kommu-nalaufsicht erstreckt sich unmittelbar auf das Kommunalunternehmen.

---

126   *v. Danwitz*, AöR 120 (1995), 596, 625; *Krebs*, DV 29 (1996), 309, 320.
127   ZB Art. 89 BayGO; § 113a Nds.GO, § 106a GO SH; § 86a GO-RP (hierzu: *Storr*, NordÖR 2005, 94 ff).

III. Die europarechtlichen Rahmenbedingungen für öffentliche Unternehmen

1. Grundsätzliche Einordnung öffentlicher Unternehmen

Fall 57: Der Gesetzgeber hatte der Bundesanstalt für Arbeit (jetzt: Bundesagentur für Arbeit;   **728** BA) für die Arbeitsvermittlung ein Monopol eingeräumt. Hiergegen hatte sich ein privates Arbeitsvermittlungsunternehmen gewandt. In Deutschland hatte sich trotz des staatlichen Monopols ein Markt für die Vermittlung von Führungskräften für die Wirtschaft durch private Personalberater herausgebildet. Deren Tätigkeit war von der BA faktisch weitgehend geduldet worden.

Seit der Entscheidung „Costa/ENEL“[128] des EuGH gehört der **Grundsatz des An-**   **729** **wendungsvorrangs** des Unionsrechts zu den Fundamentalprinzipen der europäischen Rechtsordnung. Damit gilt für Deutschland, dessen Verfassung wirtschaftpolitisch neutral (s. Rn 4) ist – und für alle anderen Mitgliedstaaten der EU –, dass die Europäische Wirtschaftsverfassung, wie sie in den primärrechtlichen Bestimmungen der Europäischen Verträge vorgegeben und im Sekundärrecht umgesetzt und konkretisiert ist, das nationale Wirtschaftsrecht maßgeblich prägt.

Die Europäische Wirtschaftsverfassung enthält den Binnenmarkt (Art. 3 Abs. 3 EUV,   **730** Art. 26 Abs. 2 AEUV) als grundlegende Wirtschaftsordnung. Art. 119 Abs. 1 AEUV präzisiert dies dahingehend, dass die „Tätigkeit der Mitgliedstaaten und der Union … die Einführung einer Wirtschaftspolitik [umfasst], die … dem **Grundsatz einer offenen Marktwirtschaft mit freiem Wettbewerb** verpflichtet ist" und im Protokoll Nr 27 über den Binnenmarkt und den Wettbewerb wird festgehalten, dass damit ein System umfasst wird, das den Wettbewerb vor Verfälschungen schützt[129]. Diese Entscheidung für eine offene Marktwirtschaft mit freiem Wettbewerb findet in Art. 3, 18, 101 ff und 107 ff AEUV weitergehende Präzisierung. Öffentliche Unternehmen (s. Rn 661 u. 667 f) sind von diesem Markt nicht per se ausgeschlossen. Zwar sieht der EuGH bei Zugrundelegung eines funktionalen Unternehmensverständnisses in öffentlichen Unternehmen staatliche Handlungsinstrumente; das allein schließt sie aber von der Teilnahme an der *offenen* Marktwirtschaft nicht aus. Im Gegenteil, kann doch jeder Marktteilnehmer den Wettbewerb bereichern und daran teilhaben, die Vorzüge einer wettbewerblich organisierten Marktwirtschaft zum Tragen zu bringen. Allerdings gibt Art. 106 Abs. 1 AEUV den Mitgliedstaaten auf, in Bezug auf öffentliche Unternehmen und auf Unternehmen, denen sie besondere oder ausschließliche Rechte gewähren, keine dem Vertrag und insbesondere den Art. 18 und 101 bis 109 AEUV widersprechende Maßnahmen zu treffen oder beizubehalten. In Zusammenschau mit Art. 345 AEUV (s. Rn 646) verbietet noch fordert der AEUV öffentliche Unternehmen; für den Fall ihrer Existenz haben sie sich aber in den Regelungsrahmen des Binnenmarkts einzuordnen.

---

128 EuGH v. 15.7.1964, Rs. 6/64 – „*Costa/ENEL* ".
129 Zum weitgehend gleichgebliebenen Systemgehalt des Binnenmarktkonzepts nach Lissabon: *Nowak*, EuR 2009 Beiheft 1, S. 129 f.

731 Soweit nach unionsrechtlichen Vorschriften auf die Tätigkeit von „Unternehmen" abgestellt wird, muss bei staatlicher Tätigkeit analysiert werden, ob der Staat wirtschaftlich und damit unternehmerisch oder hoheitlich tätig wird. Als Unternehmen im Sinne des Unionsrechts gilt jede eine **wirtschaftliche Tätigkeit ausübende Einheit, unabhängig von ihrer Rechtsform und der Art ihrer Finanzierung** (s. Rn 661). Demzufolge kann der Staat zB Adressat der kartellrechtlichen Regeln Art. 101 und 102 AEUV sein, wenn er unternehmerisch handelt[130]. Obgleich die Abgrenzung zwischen hoheitlicher und wirtschaftlicher Tätigkeit für die Anwendbarkeit des Wettbewerbsrechts fundamental ist, ist sie keineswegs abschließend geklärt. Nicht wirtschaftlich sind jedenfalls die Bereiche, die per se dem Staat vorbehalten sind, wie die Wahrung der inneren und äußeren Sicherheit, die Justiz, die Pflege auswärtiger Beziehungen und andere **hoheitliche Aufgaben** sowie viele Tätigkeiten von Einrichtungen, die weitgehend **soziale Aufgaben** ohne Gewinnabsicht erfüllen und deren Zweck nicht in der Ausübung einer gewerblichen Tätigkeit liegt. Vor dem Hintergrund der unionsrechtlichen Wettbewerbsregeln, die die Unverfälschtheit des Binnenmarktes gewährleisten sollen, muss es darauf ankommen, ob ein Unternehmen funktional im Wettbewerb mit anderen Unternehmen steht und daher eine wirtschaftliche Tätigkeit vorliegt oder ob eine wirtschaftliche Tätigkeit im Wettbewerb ausgeübt werden könnte, aber aus Wettbewerb konkret ausschließenden rechtlichen oder faktischen Gründen verhindert wird (Monopol). Weder die Rechtsform oder die Handlungsform (öffentlich-rechtlich oder privatrechtlich) der fraglichen Einrichtung noch die Einrichtung insgesamt sind maßgeblich, sondern die konkrete Maßnahme[131].

Beispiel: Die Bekämpfung der Umweltverschmutzung durch eine Hafenbehörde erfolgt hoheitlich[132], das Be- und Entladen der Schiffe im Hafen unternehmerisch[133]. Die Flugüberwachung durch Eurocontrol, die mit Zwangsbefugnissen gegenüber Flugzeugführern verbunden ist, ist hoheitlich[134], der Betrieb öffentlicher Fernmeldeanlagen gegen eine Gebühr unternehmerisch[135].

2. Öffentliche Unternehmen und Grundfreiheiten

732 Öffentliche Unternehmen können zwar nicht Träger von Grundrechten, aber **Träger von Grundfreiheiten** sein, da die Grundfreiheiten schon strukturell nicht elementare Freiheits- und Gleichheitsrechte der Bürger garantieren, sondern und insbesondere diskriminierungsfreien Zugang zum Binnenmarkt gewährleisten sollen[136]. Für die Niederlassungs- und die Dienstleistungsfreiheit ist die Geltung der Grundfreiheiten für juristische Personen des öffentlichen und privaten Rechts, soweit sie Erwerbszwecke verfolgen, in Art. 54 Abs. 2 und 62 AEUV ausdrücklich festgelegt.

---

130 EuGH v. 18.3.1997, Rs. C-343/95 – „*Diego Cali*", Rn 18.
131 EuGH v. 30.4.1974, Rs. 155/73 – „*Sacchi*".
132 EuGH v. 18.3.1997, Rs. C-343/95 – „*Diego Cali*", Rn 19 f.
133 EuGH v. 10.12.1991, Rs. C-179/90 – „*Merci convenzionali porto di Genova*", Rn 9.
134 EuGH v. 19.1.1994, Rs. C-364/92 – „*Eurocontrol*", Rn 19 f.
135 EuGH v. 20.3.1985, Rs. 41/83 – „*British Telecommunications*", Rn 16 f.
136 *Storr*, Der Staat als Unternehmer, 2001, S. 298.

Da öffentliche Unternehmen aber Einrichtungen des Staates sind, sind sie auch **733**
Adressaten des an die Mitgliedstaaten gerichteten Unionsrechts. Sie sind Verpflichtete der Grundrechte und der Grundfreiheiten wie auch Adressaten von Richtlinien
(Art. 288 Abs. 3 AEUV).

3. Öffentliche Unternehmen als Dienstleister im allgemeinen wirtschaftlichen Interesse

a) Das Wettbewerbsbeschränkungsverbot des Art. 106 Abs. 1 AEUV

Art. 106 Abs. 1 AEUV richtet sich an die **Mitgliedstaaten** und untersagt ihnen in Be- **734**
zug auf öffentliche Unternehmen und auf Unternehmen, denen sie besondere oder
ausschließliche Rechte gewähren, keine dem AEUV und insbesondere dessen
Artikeln 18 und 101 bis 109 widersprechende Maßnahmen zu treffen oder beizubehalten.

Ausschließliche Rechte[137] sind solche Rechte, die ein Mitgliedstaat einem Unternehmen durch
Rechts- oder Verwaltungsvorschriften gewährt, wenn der Mitgliedstaat die Leistung eines Dienstes oder einer Tätigkeit in einem bestimmten Gebiet einem einzigen Unternehmen vorbehält (zB
wenn die öffentliche Hand ein Monopol gewährt[138]).

Besondere Rechte sind solche Rechte, die ein Mitgliedstaat durch Rechts- oder Verwaltungsvorschriften einer begrenzten Zahl von Unternehmen in einem bestimmten Gebiet gewährt, wenn der
Staat:

– die Zahl dieser Unternehmen auf zwei oder mehrere Unternehmen begrenzt, ohne sich dabei an
objektive, angemessene und nicht diskriminierende Kriterien zu halten, um eine Leistung zu
erbringen oder eine Tätigkeit zu betreiben, oder
– mehrere konkurrierende Unternehmen nach anderen als solchen Kriterien bestimmt, um eine
Leistung zu erbringen oder eine Tätigkeit zu betreiben, oder
– einem oder mehreren Unternehmen nach anderen als solchen Kriterien durch Rechts- oder Verwaltungsvorschriften besondere Vorteile einräumt, die die Fähigkeit anderer Unternehmen, die
gleiche Tätigkeit in demselben Gebiet unter gleichen Bedingungen zu leisten, wesentlich beeinträchtigen (zB wenn die öffentliche Hand den Eintritt eines Konkurrenten auf den Markt dahingehend überprüft, ob die Funktionsfähigkeit und die Wirtschaftlichkeit des bisherigen
Rechteinhabers beeinträchtigt wird)[139].

Art. 106 AEUV bezieht also den öffentlichen Sektor in die Wettbewerbsregeln des **735**
Unionsrechts ein (insbesondere das Verbot wettbewerbsbeschränkender Vereinbarungen und Verhaltensweisen, Art. 101 AEUV, das Verbot des Missbrauchs einer marktbeherrschenden Stellung, Art. 102 AEUV, und das Beihilfenrecht, Art. 107 AEUV)
und **verbietet grundsätzlich eine Besserstellung öffentlicher gegenüber privaten
Unternehmen**.

---

137 Art. 2 lit. f und g Richtlinie 2006/111/EG v. 16.11.2006 über die Transparenz der finanziellen Beziehungen zwischen den Mitgliedstaaten und den öffentlichen Unternehmen sowie über die finanzielle
Transparenz innerhalb bestimmter Unternehmen, ABl Nr L 318 v. 17.11.2006, S. 17.
138 EuGH v. 12.2.1998, Rs. C-163/96 – „*Raso*", Rn 23.
139 EuGH v. 25.10.2001, Rs. C-475/99 – „*Ambulanz Glöckner*", Rn 24.

b) Die Sicherstellung gemeinwirtschaftlicher Dienste im Binnenmarkt nach Art. 106 Abs. 2 AEUV

736 Dagegen wendet sich Art. 106 Abs. 2 AEUV nicht nur an die Mitgliedstaaten, sondern **auch an die Unternehmen,** die mit Dienstleistungen von allgemeinem wirtschaftlichen Interesse betraut sind oder den Charakter eines Finanzmonopols haben. Für sie gelten die Vorschriften des AEUV, insbesondere die Wettbewerbsregeln, soweit die Anwendung dieser Vorschriften nicht die Erfüllung der ihnen übertragenen besonderen Aufgabe rechtlich oder tatsächlich verhindert[140]. Der Begriff der „Dienstleistungen von allgemeinem wirtschaftlichen Interesse" ist zwar nicht klar definierbar, weist im Gegensatz zu dem der Daseinsvorsorge im deutschen Verwaltungsrecht aber schärfere Konturen auf[141].

Den Begriff **„Daseinsvorsorge"** hat Forsthoff in seinem 1938 erschienen Werk „Die Verwaltung als Leistungsträger" in das Verwaltungsrecht eingeführt. Seiner Überlegung liegt die Beobachtung zugrunde, dass der moderne Mensch nicht mehr im Besitz elementarer Lebensgüter ist, ohne die sein physisches Dasein nicht möglich ist und daher seine eigene Versorgung nicht mehr unmittelbar selbst bewerkstelligen kann, sondern auf eine Infrastrukturvorsorge angewiesen ist (Trinkwasserversorgung, Elektrizität, Gas, Post, Telekommunikation etc): Das Zeitalter der Industrialisierung, das dem Prinzip der spezialisierten Arbeitsteilung verpflichtet ist, erfordere eine sozialordnende Kraft. Obgleich sein Konzept für ein totalitäres Staatswesen entwickelt worden war[142], konnte es sich in der bundesdeutschen Verwaltungsrechtsdogmatik durchsetzen. Denn sein Konzept der Daseinsvorsorge läuft darauf hinaus, die Teilhabe des Einzelnen an den Leistungen der Verwaltung zu sichern; hierfür sind Kriterien und Maßstäbe zu entwickeln. Der Begriff der Daseinsvorsorge – so Forsthoff – sei formal nicht bestimmbar; eine Systematik könne dem Begriff nicht entnommen werden. Er sei aber nicht mit Fürsorge gleichzusetzen, weil keine persönliche Notlage vorausgesetzt werde[143].

737 Die **gemeinwirtschaftlichen Dienste** (oder missverständlich: öffentlichen Dienste) sollen die Befriedigung der Grundbedürfnisse der Bürger und die Erhaltung von Kollektivgütern in Fällen sicherstellen, in denen der Markt dazu nicht in der Lage ist. Mit Art. 14 AEUV wird den gemeinwirtschaftlichen Diensten in der Union ein besonderer Stellenwert eingeräumt als Ausdruck gemeinsamer Werte der Union und wegen ihrer Bedeutung bei der Förderung des sozialen und territorialen Zusammenhalts. Die Union und die Mitgliedstaaten haben „unbeschadet des Artikels 4 des Vertrags über die Europäische Union und der Artikel 93, 106 und 107" AEUV im Rahmen ihrer jeweiligen Befugnisse im Anwendungsbereich dieses Vertrags dafür Sorge zu tragen, „dass die Grundsätze und Bedingungen, insbesondere jene wirtschaftlicher und finanzieller Art, für das Funktionieren dieser Dienste so gestaltet sind, dass diese ihren Aufgaben nachkommen können." Damit hält die Union an den Vorzügen des Wettbewerbs grundsätzlich fest. Mit Art. 14 AEUV werden die gemeinwirtschaftlichen

---

140 EuGH v. 19.5.1993, Rs. C-320/91 – „*Corbeau*", Rn 14.
141 Vgl a. Mitteilung der Kommission über die Anwendung der Beihilfevorschriften der Europäischen Union auf Ausgleichsleistungen für die Erbringung von Dienstleistungen von allgemeinem wirtschaftlichem Interesse, ABl Nr C 8 v. 11.1.2012, S. 4, in der wesentliche Schlüsselbegriffe erläutert werden.
142 Vgl *Forsthoff*, Die Verwaltung als Leistungsträger, 1938, S. 1 f: „Die Grundrechte gehören der Geschichte an ...". Die Gesetzmäßigkeit der Verwaltung soll weiter bestehen.
143 *Forsthoff*, Rechtsfragen der leistenden Verwaltung, 1959, S. 11 f.

Dienste den Wettbewerbsregeln aber nicht „um jeden Preis" unterworfen; vielmehr müssen Dienstleistungen von allgemeinem wirtschaftlichen Interesse im Rahmen mitgliedstaatlicher Bedürfnisse gewährleistet werden können („kontrollierte Liberalisierung")[144].

In Art. 57 AEUV sind als **Dienstleistungen** im Sinne des AEUV Leistungen definiert, die in der Regel gegen Entgelt erbracht werden, soweit sie nicht den Vorschriften über den freien Waren- und Kapitalverkehr und über die Freizügigkeit der Personen unterliegen. Als Dienstleistungen gelten insbesondere gewerbliche, kaufmännische, handwerkliche und freiberufliche Tätigkeiten. Art. 106 Abs. 2 AEUV schließt ferner den Vertrieb von **Waren** ein[145]. Von **allgemeinem Interesse** sind Dienstleistungen, wenn sie im Interesse der Allgemeinheit erbracht werden. Die Verfolgung eigennütziger, privater Interessen ist damit ausgeschlossen. **Wirtschaftliche Tätigkeiten** sind von nicht-wirtschaftlichen abzugrenzen, auf die die Vorschriften über den Binnenmarkt grundsätzlich keine Anwendung finden (s. Rn 731). Da das Binnenmarktkonzept grenzüberschreitend angelegt ist, gilt das europäische Wettbewerbsrecht nur, wenn der **Handel zwischen Mitgliedstaaten beeinträchtigt** wird. Folglich finden die Vorschriften über den Wettbewerb keine Anwendung, wenn sich die betreffende Tätigkeit – in welcher Weise auch immer – auf einen einzelnen Mitgliedstaat beschränkt (De-minimis-Beihilfen s. Rn 919). Typischerweise gehören die großen netzgebundenen Dienstleistungen zu den gemeinwirtschaftlichen Diensten wie Telekommunikation, Verkehr, Post, Elektrizität, ferner andere der herkömmlichen Daseinsvorsorge zuzuschreibenden Bereiche wie Wasserversorgung und Abwasserentsorgung, Abfallwirtschaft und (öffentlich-rechtlicher) Rundfunk.

738

Art. 106 Abs. 2 AEUV lässt eine Privilegierung von Unternehmen zu, wenn und soweit dies erforderlich ist, um die Erfüllung der ihnen übertragenen besonderen Aufgabe von allgemeinem wirtschaftlichen Interesse rechtlich oder tatsächlich zu gewährleisten. **Art. 106 Abs. 3 AEUV** legt der Kommission die Verpflichtung auf, über die Anwendung des Art. 106 AEUV zu wachen und ermächtigt sie, erforderlichenfalls geeignete Richtlinien oder Entscheidungen an die Mitgliedstaaten zu richten. Damit ist der Kommission ein wichtiges Instrument in die Hand gegeben, um die Geltung der europarechtlichen Wettbewerbsregeln weitgehend sicherstellen zu können.

739

Nach der Systematik des Art. 106 Abs. 2 AEUV können zunächst die **Mitgliedstaaten** die Dienstleistungen von allgemeinem wirtschaftlichen Interesse definieren, deren Gewährleistung sie in ihrer Volkswirtschaft sichergestellt wissen wollen[146]. Die **Kommission** kann nur eine Missbrauchsprüfung dahingehend vornehmen, ob die Tatbestandsvoraussetzungen vorliegen. Insbesondere räumt der Vertrag der Union keine Kompetenz für eine eigene Wirtschaftspolitik ein (vgl Art. 120 ff AEUV) und auch Art. 106 Abs. 1 und 2 AEUV wendet sich primär an die Mitgliedstaaten, während der

740

---

144 Kommission, Grünbuch zu den Dienstleistungen von allgemeinem Interesse v. 21.5.2003, KOM (2003) 270 endg., S. 4.
145 EuGH v. 23.10.1997, Rs. C-159/94 – „*EDF/GDF*", Rn 45 f.
146 Kommission der Europäischen Gemeinschaften, Grünbuch zu den Dienstleistungen von allgemeinem Interesse v. 21.5.2003, KOM (2003) 270 endg., S. 20.

Kommission nur die Aufgabe zugewiesen ist, auf die Anwendung dieses Artikels zu „achten" (Art. 106 Abs. 3 AEUV).

Eine Tätigkeit von allgemeinem wirtschaftlichem Interesse muss sich von anderen Tätigkeiten des Wirtschaftslebens unterscheiden. Keine Dienstleistung von allgemeinem wirtschaftlichen Interesse ist zB die obligatorische Fortbildung geprüfter Buchhalter durch eine berufsständische Vertretung[147].

741   Aufgabe der Kommission ist es auch festzustellen, ob und inwieweit zur Gewährleistung einer Dienstleistung von allgemeinem wirtschaftlichen Interesse der Ausschluss oder die Beschränkung von Wettbewerb erforderlich ist. Mit Art. 106 AEUV sollen also mitgliedstaatliche und europäische Interessen in Ausgleich gebracht werden. Der Bestimmung liegt mithin ein besonderes **Kooperationsprinzip** zugrunde: mitgliedstaatliche und europäische Interessen sind gleichgewichtig und miteinander kooperativ in Ausgleich zu bringen[148].

Ob dieses Gefüge durch den Vertrag von Lissabon prinzipiell geändert wurde, muss sich erst noch zeigen: Einerseits enthält Art. 14 AEUV ausdrücklich eine Kompetenz von Parlament und Rat, durch Verordnung die Grundsätze und Bedingungen – insbesondere jene wirtschaftlicher und finanzieller Art – für das Funktionieren dieser Dienste zu regeln. Andererseits könnte diese Kompetenz der Union aber durch das Protokoll über die Dienste von allgemeinem Interesse (Nr 26) abgefedert werden. Dort werden als „gemeinsame Werte" der Union genannt:

– die wichtige Rolle und der weite Ermessensspielraum der nationalen, regionalen und lokalen Behörden in der Frage, wie Dienste von allgemeinem wirtschaftlichen Interesse auf eine den Bedürfnissen der Nutzer so gut wie möglich entsprechende Weise zur Verfügung zu stellen, in Auftrag zu geben und zu organisieren sind;
– die Vielfalt der jeweiligen Dienstleistungen von allgemeinem wirtschaftlichen Interesse und die Unterschiede bei den Bedürfnissen und Präferenzen der Nutzer, die aus unterschiedlichen geografischen, sozialen oder kulturellen Gegebenheiten folgen können;
– ein hohes Niveau in Bezug auf Qualität, Sicherheit und Bezahlbarkeit, Gleichbehandlung und Förderung des universellen Zugangs und der Nutzerrechte.

„Werte" sind aber weder Rechte noch Zuständigkeitsregeln. Eine künftige Aufgabe der Rechtswissenschaft und der Rechtsprechung wird es sein, die Kompetenzen von Mitgliedstaaten und Union schärfer abzugrenzen. Das wird maßgeblich davon abhängen, ob und wie der EuGH die Änderungen durch den Reformvertrag für die Auslegung des Sekundärrechts berücksichtigen wird. Dabei stimmt es nicht hoffnungsvoll, dass das Subsidiaritätsprinzip in Art. 5 Abs. 3 EUV und dessen Vorgängervorschrift Art. 16 EG aF, dem die Funktion einer stärkeren Kompetenzabgrenzung zwischen Union und Mitgliedstaaten eigentlich zukommen sollte, in der EuGH-Rechtsprechung kaum Bedeutung erlangt haben[149].

Auch von Art. 36 GR-Charta sind keine rechtsdogmatischen Impulse zu erwarten. Danach anerkennt und achtet die Union den Zugang zu Dienstleistungen von allgemeinem wirtschaftlichen Interesse, wie er durch die einzelstaatlichen Rechtsvorschriften und Gepflogenheiten im Einklang mit den Verträgen geregelt ist, um den sozialen und territorialen Zusammenhalt der Union zu fördern. Nach den Erläuterungen zur Grundrechte-Charta steht dieser Artikel „vollauf" im Einklang

---

147 EuGH v. 28.2.2013, Rs. C-1/12 – *„Ordem dos Técnicos Oficiais de Contas"*, Rn 105.
148 *Storr*, DÖV 2002, 357, 360 f; *ders.* in: Biernstiel/Bungenberg/Heinrich, Europäisches Beihilfenrecht, 2013, S. 801 f.
149 Ausführlicher: *Storr*, Europäische Wirtschaftsverfassung und Daseinsvorsorge, in: Fastenrath/Nowak, Der Lissabonner Reformvertrag, 2009, S. 119 ff; vgl auch *Knauff*, EuR 2010, 725 ff.

mit Art. 14 AEUV und begründet kein neues Recht. Er stellt lediglich den Grundsatz auf, dass die Union den Zugang zu den Dienstleistungen von allgemeinem wirtschaftlichen Interesse nach den einzelstaatlichen Bestimmungen achtet, so weit diese mit dem Unionsrecht vereinbar sind.

Die Sicherstellung einer Dienstleistung von allgemeinem wirtschaftlichen Interesse **742** kann es zB erforderlich machen, nicht nur die eigentliche, besonders zu gewährleistende Dienstleistung, sondern auch andere Bereiche vom Wettbewerb auszuschließen, um die Finanzierung der betreffenden Dienstleistung zu ermöglichen. Einem Marktteilnehmer, dem eine besondere Dienstleistungspflicht auferlegt ist, kann die Möglichkeit eingeräumt werden, Defizite in weniger rentablen Bereichen mit Gewinnen aus rentablen Bereichen auszugleichen, für die Wettbewerbsbeschränkungen bestehen. Eine Wettbewerbsbeschränkung rentabler Bereiche muss erlaubt sein, um ein „Rosinenpicken"[150] Privater zu verhindern und die Rentabilität einer Dienstleistung von allgemeinem wirtschaftlichen Interesse insgesamt sicherzustellen. Unzulässig ist es aber, Private von einer Dienstleistungserbringung auszuschließen, wenn das Unternehmen mit ausschließlichen Rechten in diesem Marktsegment ein Produkt oder eine Dienstleistung nicht anbietet[151].

Ferner kommt der Union insbesondere über Art. 114 und 59 AEUV die **Kompetenz** **743** **zur Harmonisierung** von Wirtschaftssektoren zu. Art. 114 AEUV ermächtigt die Union, Maßnahmen zur Angleichung der Rechts- und Verwaltungsvorschriften der Mitgliedstaaten zu treffen, welche die Errichtung und das Funktionieren des Binnenmarkts zum Gegenstand haben. Art. 59 AEUV gilt für den Bereich der Dienstleistungen. Die Union hat diese Kompetenzen genutzt und den Mitgliedstaaten idR über Richtlinien Regulierungsvorgaben für bestimmte Wirtschaftssektoren gemacht (Post, Telekommunikation, Energie, Eisenbahnwesen). Damit einerseits Wettbewerb weitgehend ermöglicht wird und andererseits die Funktionsfähigkeit der gemeinwirtschaftlichen Dienste – möglichst im Wettbewerb – sichergestellt werden kann, hat die Union für regulierte Wirtschaftssektoren das Konzept der **Universaldienstleistung** entwickelt. § 78 Abs. 1 TKG beispielsweise definiert Universaldienstleistungen in Umsetzung der Universaldienstleistungs-Richtlinie 22/2002 als ein Mindestangebot an Diensten für die Öffentlichkeit, für die eine bestimmte Qualität festgelegt ist und zu denen alle Endnutzer unabhängig von ihrem Wohn- oder Geschäftsort zu einem erschwinglichen Preis Zugang haben müssen und deren Erbringung für die Öffentlichkeit als Grundversorgung unabdingbar geworden ist. Hierzu haben die Mitgliedstaaten den effizientesten und am besten geeigneten Ansatz festzulegen, mit dem der Universaldienst sichergestellt werden kann, wobei die Grundsätze der Objektivität, Transparenz, Nichtdiskriminierung und Verhältnismäßigkeit einzuhalten sind. Marktverfälschungen sind zu minimieren, insbesondere die Erbringung von Diensten zu Preisen oder sonstigen Bedingungen, die von normalen wirtschaftlichen Gegebenheiten abweichen (zB Art. 3 Abs. 2 RiL 22/2002).

Das Konzept für Universaldienstleistungen ist nicht für jeden Wirtschaftssektor **744** gleich. Auf folgende Kriterien kommt es aber – zum Teil bereichsübergreifend – an:

---

150 *Wieland*, DV 28 (1995), 315, 329.
151 EuGH v. 19.5.1993, Rs. C-320/91 – „*Corbeau*", Rn 17 f.

– Die Dienstequalität ist grundsätzlich von den Mitgliedstaaten festzulegen. Allerdings kann auch die Union Mindeststandards festlegen, wenn sie sich auf eine Harmonisierungskompetenz stützen kann[152].

– Das Erfordernis der **Erschwinglichkeit** einer Dienstleistung sichert, dass das Leistungsangebot allen zugänglich ist.

– Für eine **Kontinuität** der Dienstleistung (Regelmäßigkeit und Versorgungssicherheit[153]; ständig flächendeckende postalische Dienstleistungen[154]) hat der Diensteerbringer sicherzustellen, dass das Angebot ohne Unterbrechungen besteht. Ferner ermöglicht die Elektrizitätsbinnenmarkt-Richtlinie die Auferlegung von gemeinwirtschaftlichen Pflichten, die sich auf **Umweltschutz** einschließlich Energieeffizienz, Energie aus erneuerbaren Quellen und Klimaschutz beziehen (Art. 3 Abs. 2 RiL 2009/72) können.

In diesem Sinne haben die Mitgliedstaaten für den Telekommunikationssektor beispielsweise sicherzustellen (vgl Art. 4 ff RiL 2002/22):

– Zugang zum öffentlichen Telefonnetz soweit zumutbar,
– Teilnehmerverzeichnisse,
– Auskunftsdienste,
– öffentliche Münz- und Kartentelefone,
– Möglichkeit der kostenlosen Notrufe unter der Nummer 112,
– besondere Maßnahmen für behinderte Nutzer.

Die RiL 2002/22 ist nicht abschließend. Die Mitgliedstaaten können weitere Universaldienste festlegen. In § 78 Abs. 2 Nr 1 TKG ist beispielsweise vorgesehen, dass der Anschluss an ein öffentliches Telefonnetz an einem festen Standort und der Zugang zu öffentlichen Telefondiensten an einem festen Standort mit – soweit technisch möglich – den Dienstemerkmalen „Anklopfen", „Anrufweiterschaltung" und „Rückfrage"/„Makeln" gewährleistet sein muss.

745 Die **Finanzierung von Dienstleistungen von allgemeinem wirtschaftlichen Interesse** kann unterschiedlich erfolgen, durch:

– unmittelbare staatliche Zuschüsse (Beihilfen s. näher Rn 915 f);
– Gebührenerhebung auf öffentlich-rechtlicher Grundlage;
– Beiträge von den Marktteilnehmern (Wettbewerber) im regulierten Markt zur Zahlung in einen Universaldienstleistungsfonds, über den die Erfüllung bestimmter Universaldienstleistungspflichten finanziert wird;
– Einräumung besonderer oder ausschließlicher Rechte an ein Unternehmen, damit dieses über Quersubventionen defizitäre Universaldienstleistungspflichten finanzieren kann.[155]

746 Jedoch müssen die Instrumente im Hinblick auf die Sicherstellung des Universaldienstes erforderlich sein.

---

152 Krit zu den weitreichenden Kompetenzanmaßungen der Union: *Storr*, DÖV 2002, 357, 365.
153 Vgl Art. 3 Abs. 2 RiL 2009/72/EU v. 13.7.2009 über gemeinsame Vorschriften für den Elektrizitätsbinnenmarkt und zur Aufhebung der Richtlinie 2003/54/EG, ABl Nr L 211 v. 14.8.2009, S. 55.
154 Art. 3 Abs. 1 RiL 97/67/EG v. 15.12.1997 über gemeinsame Vorschriften für die Entwicklung des Binnenmarktes der Postdienste der Gemeinschaft und die Verbesserung der Dienstequalität, ABl Nr L 15 v. 21.1.1998, S. 14.
155 ZB Zwangsmitgliedschaft: EuGH v. 3.3.2011, Rs. C-437/09 – „AG2R", Rn 80.

Fall 57 (Rn 728): Zu prüfen ist, ob das der BA zukommende Monopolrecht mit Art. 106   **747** AEUV vereinbar ist. Hier könnte ein Verstoß gegen Art. 106 Abs. 1 AEUV iVm Art. 102 AEUV vorliegen. Die BA müsste ein (öffentliches) Unternehmen iSd Art. 106 AEUV (s. Rn 734) sein. Das ist der Fall. Die Arbeitsvermittlung, insbesondere die Vermittlung von Führungskräften, ist eine wirtschaftliche Tätigkeit. Sie wurde nicht immer von öffentlich-rechtlichen Anstalten betrieben und muss auch nicht von ihnen betrieben werden[156]. Durch das Monopolrecht kommt der BA ein ausschließliches Recht zu. Ein mit einem gesetzlichen Monopol ausgestattetes Unternehmen kann als im Besitz einer beherrschenden Stellung iS des Art. 102 AEUV angesehen werden. Das Gebiet eines Mitgliedstaats, auf das sich dieses Monopol erstreckt, kann ein wesentlicher Teil des Binnenmarktes sein.

Allerdings erbringt die BA mit der Arbeitsvermittlung eine Dienstleistung von allgemeinem wirtschaftlichen Interesse. Daher könnte das Monopolrecht gem. Art. 106 Abs. 2 AEUV gerechtfertigt sein. Obgleich sich Art. 102 AEUV an Unternehmen richtet und in den Grenzen des Art. 106 Abs. 2 AEUV auf öffentliche Unternehmen oder Unternehmen mit ausschließlichen oder besonderen Rechten Anwendung findet, begründet der Vertrag doch auch für die Mitgliedstaaten die Verpflichtung, keine Maßnahmen zu treffen oder beizubehalten, die die praktische Wirksamkeit dieser Bestimmung ausschalten können (vgl Art. 106 Abs. 1 AEUV).

Aus Art. 106 Abs. 2 AEUV folgt, dass die Schaffung einer beherrschenden Stellung durch die Gewährung eines ausschließlichen Rechts iSd Art. 106 Abs. 1 AEUV als solche noch nicht mit Art. 102 AEUV unvereinbar ist. Ein Mitgliedstaat verstößt aber gegen Art. 106 Abs. 1 iVm Art. 102 AEUV, wenn das betreffende Unternehmen durch die bloße Ausübung des ihm übertragenen ausschließlichen Rechts seine beherrschende Stellung missbräuchlich ausnutzt. Ein Missbrauch kann vorliegen, wenn Leistungen zum **Schaden der Verbraucher beschränkt** werden (Art. 102 Abs. 2 lit. b AEUV). Das kann angenommen werden, wenn ein Mitgliedstaat die Leistung eines Unternehmens beschränkt, indem er einem anderen Unternehmen ein ausschließliches Recht überträgt, obwohl dieses die Nachfrage auf dem Markt nach solchen Leistungen offenkundig nicht befriedigen kann.

Das missbräuchliche Verhalten des öffentlichen Unternehmens muss außerdem zu einer Beeinträchtigung des Handels zwischen den Mitgliedstaaten führen. Dabei ist diese Voraussetzung nicht erst dann erfüllt, wenn missbräuchliches Verhalten den Handel tatsächlich beeinträchtigt hat. Es genügt der Nachweis, dass dieses Verhalten geeignet ist, eine derartige Wirkung zu entfalten. Da die BA offensichtlich nicht in der Lage ist, die Nachfrage auf dem Markt nach Führungskräften für die Wirtschaft zur Vermittlung zu befriedigen, verstößt das staatliche Monopol insoweit gegen Art. 106 Abs. 1 iVm Art. 102 AEUV.

---

156   EuGH v. 23.4.1991, Rs. C-41/90 – *„Höfner und Elser"*.

§ 9 Subventions- und Beihilfenrecht

I. Das Subventionsrecht

1. Überblick

748 Subventionen werden auf allen staatlichen Ebenen (Bund, Länder, Kommunen) und durch supranationale Einrichtungen (zB EU, ERP) gewährt. Das Subventionsvolumen der öffentlichen Hände in Deutschland lag 2014 bei € 44,2 Mrd. Allein der Bund hatte ausweislich des 24. Subventionsberichts des Bundes € 21,8 Mrd. vergeben. Die gewerbliche Wirtschaft war mit € 11,8 Mrd. der größte Subventionsempfänger in Deutschland. Es folgten Verkehr: € 2,6 Mrd.; Wohnungswesen: € 1,5 Mrd.; Ernährung, Landwirtschaft und Verbraucherschutz: € 1,2 Mrd.; Sparförderung und Vermögensbildung: € 0,9 Mrd. Das Subventionsvolumen (Verhältnis der Subventionen zum Bruttoinlandsprodukt) lag bei nominal 0,8.

749 Bund und Länder sind bemüht, **Subventionen abzubauen.** Zum einen hat sich über die Jahre eine Subventionsvielfalt entwickelt, die in ihren Auswirkungen kaum noch überschaubar ist, zum anderen ist eine nachhaltige Konsolidierung der öffentlichen Haushalte angesichts der weiterhin angespannten finanzpolitischen Lage Deutschlands erforderlich. In der Vergangenheit hat die Bundesregierung v.a. auf eine Rückführung der Finanzhilfen gesetzt. Seit 1998 wurden die Finanzhilfen mehr als halbiert.

2. Der Subventionsbegriff

a) Übersicht über mögliche Begriffsbestimmungen

750 Eine Legaldefinition für Subventionen enthält **§ 264 Abs. 7 StGB**. Diese Bestimmung definiert eine Subvention als eine Leistung aus öffentlichen Mitteln nach Bundes- oder Landesrecht an Betriebe oder Unternehmen, die wenigstens zum Teil ohne marktmäßige Gegenleistung gewährt wird und der Förderung der Wirtschaft dienen soll. Eine Subvention ist ferner eine Leistung aus öffentlichen Mitteln nach dem Recht der Europäischen Union, die wenigstens zum Teil ohne marktmäßige Gegenleistung gewährt wird. Diese Legaldefinition ist allerdings auf das Strafgesetzbuch beschränkt und nicht verallgemeinerungsfähig. Sie ist insoweit zu eng, als sie Subventionen an private Haushalte und soziale Einrichtungen nicht einschließt. Außerdem setzt der strafrechtliche Subventionsbegriff zumindest eine teilweise Förderung der Wirtschaft voraus.

751 **§ 14 HGrG** (vgl a. **§ 23 BHO/LHO**) definiert Zuwendungen als Ausgaben und Verpflichtungsermächtigungen für Leistungen an Stellen außerhalb der Verwaltung des Bundes oder des Landes zur Erfüllung bestimmter Zwecke. Zuwendungen sind nur positive Geldleistungen und keine Staatsgarantien wie Bürgschaften oder andere Gewährleistungen. Anders als beim strafrechtlichen Subventionsbegriff werden Zuwendungen an öffentliche Unternehmen nicht erfasst. Dafür ist die Zweckbindung nicht auf eine Förderung der Wirtschaft beschränkt.

Die Subventionsbestimmung der Bundesregierung ist maßgeblich durch ihre **Be-** 752
richtspflicht nach § 12 StWG[1] geprägt und eher eng. Danach hat die Bundesregierung dem Bundestag alle zwei Jahre einen Subventionsbericht vorzulegen. Diese
Übersicht muss gegliedert sein in Finanzhilfen, die der Erhaltung von Betrieben oder
Wirtschaftszweigen, der Anpassung von Betrieben oder Wirtschaftszweigen an neue
Bedingungen und der Förderung des Produktivitätsfortschritts und des Wachstums
von Betrieben oder Wirtschaftszweigen, insbesondere durch Entwicklung neuer Pro-
duktionsmethoden und -richtungen, dienen (Erhaltungs-, Anpassungs- und Produkti-
vitätshilfen). In entsprechender Gliederung ist eine Übersicht der Steuervergünstigungen zusammen mit den geschätzten Mindereinnahmen beizufügen. Daneben werden
auch Hilfen berücksichtigt, die in wichtigen volkswirtschaftlichen Bereichen bestimmte Güter und Leistungen für private Haushalte verbilligen und gleichzeitig mittelbar dem Wirtschaftsgeschehen zugerechnet werden können (zB Hilfen im Wohnungsbau). Nicht zu den Subventionen zählen dagegen nach dieser Abgrenzung
finanzielle Aufwendungen des Bundes für allgemeine Staatsaufgaben. Die Abgrenzung kann im Einzelfall schwierig sein, weil die staatlichen Aktivitäten als Subventionen qualifiziert werden sollen, die mittelbar und unmittelbar die Wirtschaft beeinflussen. Die Begriffsbildung der Bundesregierung ist nicht konsequent und durch die
gesetzliche Veröffentlichungspflicht des Subventionsberichts geprägt.

Beispiel: Die Grenzen einer juristisch operablen Begriffsbildung werden durch die Anerkennung
einer Nichtinternalisierung externer Kosten, wie es die Bundesregierung im 19. Subventionsbericht vorgeschlagen hat, gesprengt. Damit würde eine sog. ökologische Steuerreform zu einem
spürbaren Abbau der Subventionen führen, wenn sie den (subventionierten) Ressourcenverbrauch
belastet und so zur Internalisierung externer Kosten beiträgt. Keine Subventionen sollen dagegen
die Entfernungspauschale oder staatliche Zuschüsse zum Gesundheits- oder zum Bildungswesen
an Träger von sozialen Einrichtungen, Krankenhäusern und Bildungseinrichtungen sein[2].

In der Literatur hat sich ein weiter Subventionsbegriff durchgesetzt: **Subventionen** 753
sind alle Leistungen einer rechtsfähigen Einrichtung der öffentlichen Hand an
eine von ihr zu unterscheidende rechtsfähige Einrichtung oder an eine Person,
die ohne marktmäßige Gegenleistung gewährt werden und helfen sollen, Ziele im
öffentlichen Interesse zu verwirklichen[3]. Eine möglichst offene Definition ist schon
deshalb vorzugswürdig, weil es verschiedene Formen staatlicher Unterstützungen
gibt, die erfasst werden sollen. Subventionen können zB Zuschüsse, Kredite, Zinser-
leichterungen, Garantien oder Bürgschaften sein. Auch die Entbindung von einer
Leistungspflicht kann eine Subvention sein. Von **verlorenen Zuschüssen** spricht
man, wenn die Zuwendungen vom Subventionsempfänger nicht mehr zurückgezahlt
werden müssen. **Prämien** sind Subventionen, die für abgeschlossene wirtschaftliche
Vorgänge gewährt werden.

---

1 Gesetz zur Förderung der Stabilität und des Wachstums der Wirtschaft v. 8.6.1967, BGBl. I S. 582.
2 19. Subventionsbericht – Bericht der Bundesregierung über die Entwicklung der Finanzhilfen des Bundes und der Steuervergünstigungen für die Jahre 2001–2004, S. 137, und 24. Subventionsbericht – Bericht der Bundesregierung über die Entwicklung der Finanzhilfen des Bundes und der Steuervergünstigungen für die Jahre 2011–2014, S. 94.
3 Vgl mit Abweichungen zB *Haverkate*, in: Schmidt, Öffentliches Wirtschaftsrecht, Besonderer Teil I,
   1995, S. 336; *Vierhaus*, NVwZ 2000, 734; *Ziekow*, Öffentliches Wirtschaftsrecht, 3. Aufl. 2013, S. 78 f.

b) Der Subventionsgeber

754 Die Subvention ist dadurch charakterisiert, dass der Subventionsgeber eine Einrichtung der öffentlichen Hand ist. Das ist zB der Staat, eine rechtsfähige Einrichtung der kommunalen Selbstverwaltung, eine andere Einrichtung der mittelbaren Selbstverwaltung (zB Industrie- und Handelskammer, Absatzfonds der deutschen Land- und Ernährungswirtschaft) oder eine supranationale Organisation (zB EU, Europäische Investitionsbank, ERP). In Betracht kommen auch juristische Personen des Privatrechts, wenn sie dem Staat zuzuordnen sind (Fiskalverwaltung, öffentliche Unternehmen); vgl auch § 1 SubvG.

755 Der Subventionscharakter einer Vorteilsgewährung entfällt nicht dadurch, dass für die Abwicklung des Vergabeverfahrens auf **Private zurückgegriffen** wird. Vor allem der Bund bedient sich zur Vergabe von Subventionen häufig Privater, soweit er über keinen eigenen Verwaltungsapparat verfügt bzw darüber verfügen darf (zB weil die Verwaltungskompetenz bei den Ländern liegt oder Maßnahmen im Ausland finanziert werden sollen) oder der Aufbau einer eigenen Verwaltung unwirtschaftlich ist. Ferner sprechen auch ordnungspolitische Gründe für eine privatisierte Subventionsverwaltung, wenn gesellschaftliche Einrichtungen bestimmte Aufgaben sachgerechter und wirtschaftlicher wahrnehmen können.

Beispiel: Die Bereitstellung zinsgünstiger Finanzierungshilfen für Existenzgründer und mittelständische Betriebe der gewerblichen Wirtschaft erfolgt im Rahmen einer Kreditaufnahme bei einer privaten Bank (Hausbank), die mit den Subventionsempfängern individuelle Finanzierungspläne erarbeitet. Die Hausbank kann aufgrund größerer Kundennähe und langjähriger Geschäftsverbindungen größere Effektivität entfalten.

Beispiel: Die Abwicklung der Förderung von Großforschungsvorhaben wird häufig privaten Forschungseinrichtungen oder wissenschaftlichen Instituten überlassen, weil der Bund über kein ausreichendes Personal und über keine Behörde für diese Aufgabe verfügt.

c) Der Subventionsempfänger

756 Subventionsempfänger können alle **privaten Unternehmen und Haushalte** sein. Der Subventionsbegriff setzt damit nicht notwendig eine **Förderung wirtschaftlicher Einrichtungen** voraus. Nach herkömmlich deutschem Subventionsverständnis sollen Träger öffentlicher Gewalt aber keine Subventionsempfänger sein. Auch öffentliche Unternehmen sollen aus dem Kreis der Subventionsempfänger ausgeschlossen sein[4].

Beispiel: Die Deutsche Bundesbahn wurde ursprünglich als Sondervermögen im Rahmen der bundeseigenen Verwaltung geführt. Die Bahnreform hat zwar die Rechtsform der Bahn geändert, da der Bund aber auch nach der Reform Verpflichtungen für den Infrastrukturbereich hat (Art. 87e Abs. 3 S. 2 GG), sollen die für den Schienenwegeaus- und -neubau bereitgestellten Haushaltsmittel weiterhin nicht als Subventionen qualifiziert werden[5].

757 Das überzeugt aber nicht: Subventionen sind nicht nur deshalb problematisch, weil mit ihnen ein Mitteltransfer vom öffentlichen in den privaten Bereich erfolgt, der mit

---

4 BVerwG, NVwZ 1986, 42 f (Regiebetrieb Staatsbad).
5 Vgl 19. Subventionsbericht – Bericht der Bundesregierung über die Entwicklung der Finanzhilfen des Bundes und der Steuervergünstigungen für die Jahre 2001–2004, S. 137.

einer Belastung der öffentlichen Haushalte verbunden ist, sondern weil sie lenkend in Wirtschaftsprozesse eingreifen, die Rahmenbedingungen des Marktes verändern und so das Spiel der Marktkräfte beeinflussen. Das Europarecht stellt denn auch zielgerichteter auf die Verfälschung des Wettbewerbs ab (s. Rn 934). Diese Gefahr besteht gerade **auch bei öffentlichen Unternehmen**, wenn der Staat diese als Instrumente für eine Wirtschafts- und Strukturpolitik nutzt[6]. Zudem sind mit einem Verständnis, das streng zwischen einem öffentlichen und einem privaten Raum trennen will, erhebliche Abgrenzungsprobleme verbunden. Denn bei einem gemischt-wirtschaftlichen Unternehmen, dessen Gesellschaftsanteile mehrheitlich von der öffentlichen Hand gehalten werden und nur zu einer Minderheit von privaten Gesellschaftern, das also zugleich ein öffentliches Unternehmen ist (s. Rn 671), kommen Subventionen auch den privaten Gesellschaftern zugute. Der Ausschluss öffentlicher Unternehmen aus dem Kreis der Subventionsempfänger verkürzt deshalb die subventionsrechtliche Problemlage.

d) Die Subventionsleistungen

Der Subventionsbegriff ist durch eine Vorteilsgewährung in Form einer Vermögenszuwendung bestimmt. Das meint zunächst sämtliche finanziellen Leistungen. Richtigerweise fallen auch Sachleistungen unter den Subventionsbegriff, soweit durch die Sachzuwendung (zB Überlassung technischer Geräte zur Nutzung) eine Vermögensmehrung eintritt[7].   **758**

Finanzielle Leistungen lassen sich grundsätzlich in Finanzhilfen und Verschonungssubventionen unterscheiden. **Finanzhilfen** sind Geldleistungen der öffentlichen Hand an Stellen außerhalb der staatlichen Verwaltung. **Verschonungssubventionen** sind spezielle – idR steuerliche – Ausnahmeregelungen, die bei der öffentlichen Hand zu Mindereinnahmen führen (Steuervergünstigungen).   **759**

Beispiel: eine Sonderabschreibung, die nicht dem Wertausgleich dient, wie eine Steuerverschonung für den Erwerb eines Grundstücks oder eines Schiffs[8].

Die Unterscheidung in Finanzhilfen und Verschonungssubventionen ist rechtsdogmatisch sinnvoll, weil Finanzhilfen und Verschonungssubventionen unterschiedliche wirtschaftspolitische Instrumente sind und für sie **verschiedene rechtliche Anforderungen** bestehen.   **760**

So soll nach hM für die Gewährung von Finanzhilfen grundsätzlich keine gesetzliche Grundlage erforderlich sein (s. Rn 782), vielmehr genügt eine Einstellung in den Haushaltsplan. Das gilt für Verschonungssubventionen schon deshalb nicht, weil die Abgabepflicht als Eingriffsregelung durch Gesetz geregelt sein muss (vgl. § 3 Abs. 1 AO) und daher wegen des im Steuerrecht geltenden Legalitätsprinzips Ausnahmen ebenfalls einer gesetzlichen Grundlage bedürfen. Während Finanzhilfen nach der Sachkompetenz der Subventionsmaterie zu beurteilen sind (s. Rn 773), richtet sich die Zuständigkeit von Verschonungssubventionen nach der Gesetzgebungskompetenz

---

6 Vgl *Storr*, Der Staat als Unternehmer, 2001, S. 60 f; *Schorkopf*, in: Kirchhof/Korte/Magen, Öffentliches Wettbewerbsrecht, 2014, S. 386.
7 Ausgeschlossen zB nach VV-BHO zu § 23 Nr 1.2.1.
8 OVG Bautzen v. 5.1.1999, 3 S 619/97; *Vierhaus*, NVwZ 2004, 418, 419.

für Steuergesetze (vgl Art. 105 GG). Außerdem werden Finanzhilfen als pauschale Beträge gewährt. Steuerliche Verschonungssubventionen unterliegen hingegen regelmäßig dem Progressionsvorbehalt.

761 Allerdings sind **Transparenz, Rechtfertigungsdruck** und **Steuerungsmöglichkeiten** bei Verschonungssubventionen geringer, die Gefahr von **Mitnahme- und Gewöhnungseffekten** hingegen größer.

Gesetzliche Grundlagen für Verschonungssubventionen enthalten für die Empfänger zwar verlässliche Rechtsansprüche, deren Geltendmachung in der Regel einfach und unkompliziert ist, andererseits hat gerade die Vielzahl steuerlicher Ausnahmetatbestände im Laufe der Zeit wesentlich zur Verkomplizierung des Steuerrechts insgesamt beigetragen. Dabei haben einmal gewährte Steuervergünstigungen die Tendenz, sich zu verfestigen. Hat sich der Empfänger an die Steuervergünstigung gewöhnt, besteht die Gefahr, dass er sie nicht mehr als Subvention wahrnimmt. Außerdem sind Verschonungssubventionen schwer planbar, weil sie nicht gesondert im Haushaltsplan ausgewiesen werden müssen. Das Subventionsvolumen kann daher nur durch Schätzungen ermittelt werden. Finanzhilfen müssen dagegen als Ausgaben gesondert im Haushaltsplan ausgewiesen sein. Damit sind sie transparenter und können leichter Gegenstand parlamentarischer Beratung und Kontrolle sein. Der Gesetzgeber muss Finanzhilfen jedes Jahr erneut in den Haushaltsplan einstellen, dh über sie beraten und sie bewilligen. Finanzhilfen werden grundsätzlich befristet vergeben. Die Bundesregierung strebt an, Subventionen möglichst als Finanzhilfen zu vergeben[9].

e) Zur Anforderung „ohne marktmäßige Gegenleistung"

762 Subventionen sind Leistungen ohne marktmäßige Gegenleistung. Darin liegt ihr spezifisches Charakteristikum: Sie sind **einseitige Leistungen des Staates**. Keine Subvention sind daher angemessene Kaufpreiszahlungen der öffentlichen Hand für eine erbrachte Leistung. Subventionscharakter ist aber anzunehmen, wenn das von der öffentlichen Hand zu bezahlende Entgelt nach marktmäßigen Preisen überhöht ist. Die Realförderung – also die Vergabe öffentlicher Aufträge (s. Rn 1003 f) – ist demnach nicht von vornherein als Subvention zu charakterisieren[10]. Auch die Bevorzugung bestimmter Bewerbergruppen bei der öffentlichen Auftragsvergabe (zB Schwerbeschädigte, Flüchtlinge, Frauen) ist keine Subvention, wenn die Gegenleistung marktmäßig ist.

f) Förderung öffentlicher Zwecke

763 Subventionen sind das wichtigste **haushaltsrechtliche Förder- und Lenkungsinstrument** von Bund und Ländern: Durch sie sollen öffentliche Interessen unmittelbar oder mittelbar gefördert werden. Die Förderung durch Subventionen erstreckt sich auf fast sämtliche Bereiche des öffentlichen Lebens: zB Wirtschaft, Sport, Kultur, Bildung, Umwelt, Naturschutz.

Beispiel: Das CO_2-Gebäudesanierungsprogramm der Bundesregierung ist eines der wichtigsten Instrumente für Energieeinsparung und Klimaschutz im Gebäudebereich. Dieses Programm soll aber nicht nur beitragen, die Klimaschutzziele zu erreichen, sondern auch die Sanierungsquote erhöhen und den Mittelstand der gewerblichen Wirtschaft fördern.

---

9   24. Subventionsbericht – Bericht der Bundesregierung über die Entwicklung der Finanzhilfen des Bundes und der Steuervergünstigungen für die Jahre 2011–2014, S. 10.
10 *Bleckmann*, Subventionsrecht, 1978, S. 10.

Subventionen können helfen, den Export zu fördern (Absatzförderung), Investitions-anreize geben, um die Wettbewerbsfähigkeit von Unternehmen zu verbessern[11], oder besondere Nachteile ausgleichen (zB Subventionierung von Winzergenossenschaften, damit der Weinanbau unter erschwerten Bedingungen in Deutschland rentabel ge-macht werden kann[12]). Die Subventionsvergabe eignet sich besonders gut zur Über-windung psychologischer Hemmnisse oder zur Behebung wirtschaftlicher Wider-stände. Deshalb sind Zuschüsse für Existenzgründungen[13] oder die Übernahme von Kosten für Unternehmensberater bei Existenzgründungen[14] anerkannte Subventions-maßnahmen. Zur Überwindung der Finanz- und Wirtschaftskrise seit 2008 sieht die Bundesregierung in der Ausweitung von Subventionen ein alternativloses Instrument zur wirkungsvollen Unterstützung der Wachstumsdynamik.

764

Grundsätzlich wird zwischen **Verhaltens**- und **Erfolgszwecken** unterschieden. Der (primäre) Verhaltenszweck richtet sich an den Subventionsempfänger, in dem zB ein gewünschtes Verhalten angeregt wird. Der (sekundäre) Erfolgszweck bezieht sich auf die weiteren, vom Subventionsgeber angestrebten (idR volkswirtschaftlichen) Folgen. Die Zielorientierung am Verhaltenszweck ist damit nur Mittel zur Erreichung des Er-folgszwecks.

765

Beispiel: Der Verhaltenszweck von Zuschüssen des Bundes zur Förderung von Photovoltaikan-lagen ist es, Hauseigentümer zur Installierung einer Solarstromanlage zu bewegen. Der Erfolgs-zweck liegt im Klimaschutz und in der Wirtschaftsförderung (Förderung von Unternehmen, die Photovoltaikanlagen produzieren, liefern und aufbauen).

3. Die Grundlagen der Subventionsvergabe

Fall 58: Die Stadt S weist in ihrem Haushaltsplan € 500 000,– als Zuschuss an einen Verein aus. Dessen Vereinszweck ist das Beschaffen, Archivieren und Publizieren von Informationen zum Themenbereich Homosexualität. Außerdem soll homosexuellen Menschen die Möglich-keit einer angstfreien Selbstfindung und Selbstakzeptanz gegeben werden. Ist die Stadt befugt, einen derartigen Zuschuss zu gewähren?

766

Fall 59: Die sog. ökologische Steuerreform privilegiert das produzierende Gewerbe und die Land- und Forstwirtschaft bei der Stromsteuer weitgehend gleich. Lediglich der Spitzenaus-gleich ist ausschließlich Unternehmen des produzierenden Gewerbes vorbehalten. Landwirt L betreibt einen energieintensiven großen landwirtschaftlichen Betrieb zur Ferkelaufzucht und Schweinemast und hält diese besondere Privilegierung des produzierenden Gewerbes für un-zulässig.

767

Fall 60: Der Bund fördert einen privaten Verein, der sich mit sog. neuen religiösen und welt-anschaulichen Bewegungen kritisch befasst und in der Öffentlichkeit vor diesen warnt. Die Fördermittel sind in den Bundeshaushalt eingestellt.

768

---

11 Vgl das Investitionszulagengesetz v. 22.12.2009, BGBl. I S. 3950.
12 BVerwGE 30, 191 ff.
13 BVerwG, NVwZ 2003, 92 f.
14 BVerwGE 75, 109 ff; BGHZ 148, 55.

769 **Fall 61:** Eine Richtlinie des Wirtschaftsministeriums sieht vor, dass Handwerkermeistern, die innerhalb von zwei Jahren nach der Meisterprüfung einen Handwerksbetrieb gründen wollen, ein Zuschuss („Meistergründungsprämie") als Existenzgründungsbeihilfe gewährt werden kann. Für Handwerkermeisterinnen beträgt der Antragszeitraum fünf Jahre.

770 **Fall 62:** Die Gemeinde A hatte im Mai 2014 ein Musikfest durchgeführt. Hierfür hatte sie beim Ministerium angefragt, ob bei den Planungen für diese Veranstaltung davon ausgegangen werden könne, „dass von Landesseite ein Betrag von € 50 000,– bereitgestellt" werde. Das Ministerium hatte A mitgeteilt, dass die Planungen für 2014 eine Landesförderung in Höhe von € 50 000,– für das Musikfest vorsähen. Vorbehaltlich der Zurverfügungstellung der Mittel durch den Landtag könne A mit dieser Landesunterstützung rechnen. A sollte sich wegen der konkreten Antragstellung nach Verabschiedung des Landeshaushalts für 2014 mit dem Ministerium in Verbindung setzen. Der Haushalt wurde im Dezember 2013 verabschiedet. Bereits im Mai 2014 erging eine Haushaltssperre, die im Juni aber wieder aufgehoben wurde. Im Juni 2014 reichte A auf den hierfür vorgesehenen Formblättern den Antrag auf Gewährung einer Zuwendung für das Musikfest 2014 ein. Das Ministerium lehnte den Antrag ab, weil nach der Subventionsrichtlinie Voraussetzung für eine Förderung ist, dass das Vorhaben noch nicht begonnen wurde.

771 **Fall 63:** Ein Krankenhausbetreiber (K) erhält seit Jahrzehnten Zuschüsse vom Sozialministerium des Landes L gemäß den erlassenen und angewandten Richtlinien. Auch für dieses Jahr erwartet K Zuschüsse in der üblichen Höhe, zumal er bereits vor zwei Jahren mit einem Anbau begonnen habe und diesen zum Teil mit den bereits gewährten Subventionen finanziert habe. Das Sozialministerium ändert die Richtlinien aber kurzfristig und kürzt die Zuwendungen. Als Begründung gibt es an, dass seit der Strukturreform vor fünf Jahren einige Krankenhausbetreiber Überschüsse erzielen.

a) Zuständigkeit zur Subventionsvergabe

772 Die Frage nach der Zuständigkeit einzelner Hoheitsträger zur Vergabe von Subventionen ist differenziert zu beantworten. Die Abgrenzung der Zuständigkeit zwischen **Mitgliedstaat und EU** erfolgt nach Maßgabe des Art. 3 ff AEUV. Ferner enthält der AEUV Bestimmungen über Unionsbeihilfen in Art. 40 Abs. 3 zum Europäischen Ausrichtungs- und Garantiefonds für die Landwirtschaft, in Art. 162 AEUV zum Europäischen Sozialfonds, in Art. 176 AEUV zum Europäischen Fonds für regionale Entwicklung, in Art. 177 AEUV zum Kohäsionsfonds (Umwelt/transeuropäische Netze) und in Art. 179 AEUV zur Förderung von Forschung und technologischer Entwicklung. Ferner ist Art. 352 AEUV eine bedeutsame Rechtsgrundlage für Unionsbeihilfen.

Europäischer Sozialfonds, Europäischer Fonds für regionale Entwicklung und Kohäsionsfond heißen auch Strukturfonds.

773 Die föderale Kompetenzverteilung zwischen **Bund und Ländern** richtet sich nach der Handlungsform: Für Subventionsgesetze gelten die Zuständigkeitsregeln der Art. 70 ff GG. Die Gesetzgebungskompetenz für Steuergesetze ist in Art. 105 GG begründet und folgt nicht aus den allgemeinen Sachkompetenzen[15]. Strittig ist, ob steu-

---

15   BVerfGE 14, 76, 99.

erliche Lenkungsgesetze – was Verschonungssubventionen ja häufig sind – außerdem auf eine Sachkompetenz gestützt werden müssen[16]. Das BVerfG[17] lehnt das ab: Das **Grundgesetz trennt die Steuer- und die Sachgesetzgebungskompetenz** als jeweils eigenständige Regelungsbereiche und verweist die Lenkungssteuer wegen ihres verbleibenden Finanzierungszwecks und der ausschließlichen Verbindlichkeit ihrer Steuerrechtsfolgen in die Zuständigkeit des Steuergesetzgebers. Allerdings ist die Steuergesetzgebungskompetenz insoweit beschränkt, als die Rechtsordnung **nicht widersprüchlich** werden darf: Greift die steuerliche Lenkung auf eine Sachmaterie über, darf der Gesetzgeber nicht Regelungen herbeiführen, die den vom zuständigen Sachgesetzgeber getroffenen Regelungen widersprechen.

Beispiel[18]**:** Eine Gemeinde beschließt aus Gründen des Umweltschutzes auf der Grundlage des landesgesetzlich geregelten kommunalen Abgabenrechts eine kommunale Verpackungssteuer, bei der sie bestimmte Verpackungen von einer Abgabenpflicht befreit. Rechtsgrundlage für die kommunale Steuer ist Art. 105 Abs. 2a GG iVm dem KAG des Landes. Die kommunale Steuer und damit auch die Verschonungssubvention ist gleichwohl rechtswidrig, weil das bundesrechtliche KrwG die Abfallwirtschaft zwischen Staat, Industrie und Handel kooperativ regelt (§ 29 KrwG) und eine einseitige Abgabenbelastung dem bundesrechtlichen Konzept widersprechen würde.

Werden Abgaben erhoben, um auf diese Weise fehlgeleitete Subventionen wieder abzubauen, beruht die Gesetzgebungskompetenz nur dann auf Art. 105 GG, wenn es sich um ein Steuergesetz handelt. Für **Sonderabgaben** und **Ausgleichsabgaben** ist hingegen auf die allgemeine Sachgesetzgebungskompetenz (zB Art. 73, 74 Abs. 1 GG) zurückzugreifen. **774**

Beispiel[19]**:** Eine Fehlbelegungsabgabe als Ausgleich für die im sozialen Wohnungsbau gewährten Vergünstigungen ist von demjenigen zu bezahlen, der wegen der Höhe seines Einkommens die Förderungswürdigkeit verloren hat. Dieser Abbau der Fehlsubventionierung betrifft den Bereich des Wohnungsbauprämienrechts iSd Art. 74 Abs. 1 Nr 18 GG.

Für Subventionen, die nicht auf besonderer gesetzlicher Grundlage vergeben werden und für die lediglich Mittel in den Haushaltsplan eingestellt sind (s. Rn 760), kann nicht auf die grundgesetzliche Zuständigkeitsabgrenzung für den Gesetzgeber abgestellt werden. Grundsätzlich ist daher von Art. 30 GG auszugehen. Danach ist die Ausübung der staatlichen Befugnisse und die Erfüllung der staatlichen Aufgaben **Sache der Länder**, soweit das Grundgesetz keine andere Regelung trifft oder zulässt. Da Subventionen von der Verwaltung vergeben werden, richtet sich die Zuständigkeit von Bund und Ländern nach der Befugnis, Aufgaben für die Verwaltung festzulegen[20]. Haushaltssubventionen des Bundes sind mithin zulässig, wenn mit ihnen Agenden, für die die Bundesverwaltung zuständig ist, gefördert werden. **775**

Beispiel: Die Zuständigkeit des Bundes zur Förderung des Eisenbahnwesens folgt aus Art. 87e Abs. 4 GG, soweit nicht der Schienenpersonennahverkehr betroffen ist. Die Zuständigkeit des Bundes zur Förderung der Darstellung Deutschlands im Ausland folgt aus Art. 87 Abs. 1 GG.

---

16 Vgl bereits: *Selmer,* Steuerinterventionismus und Verfassungsrecht, 1972, S. 164.
17 BVerfGE 98, 106, 118.
18 BVerfGE 98, 106 ff.
19 BVerfGE 78, 249, 266 f.
20 *Rodi,* Die Subventionsrechtsordnung, 2000, S. 335.

776 Insbesondere über Art. 87 Abs. 3 GG kommt dem Bund eine nicht unbedeutende Kompetenz zu, sich neuer Verwaltungsaufgaben anzunehmen und in der Folge auch Subventionen in diesen Bereichen zu vergeben. Ferner können Bundeszuständigkeiten im Verwaltungsbereich aus ungeschriebenen Zuständigkeitsregeln folgen (Bundeskompetenz kraft Sachzusammenhangs, kraft Natur der Sache, Annexkompetenz). Eine Förderung durch den Bund ist auch zulässig, wenn es sich um eine Gemeinschaftsaufgabe handelt, wie die Verbesserung der regionalen Wirtschaftsstruktur und die Verbesserung der Agrarstruktur und des Küstenschutzes (Art. 91a GG; für Förderung der wissenschaftlichen Forschung vgl Art. 91b GG).

777 Eine besondere Zuständigkeit der **Gemeinden** und **Gemeindeverbände** ergibt sich aus Art. 28 Abs. 2 GG.

778 **Fall 58 (Rn 766)**[21]: Die Förderung des Vereins müsste eine gemeindliche Angelegenheit sein. Das wäre der Fall, wenn der private Verein eine Angelegenheit wahrnimmt, die zum Zuständigkeitsbereich der Gemeinde (Art. 28 Abs. 2 GG) gehört. Welche Aufgaben Teil der gemeindlichen Selbstverwaltung sind, kann nicht anhand eines gegenständlich bestimmten oder nach feststehenden Merkmalen bestimmbaren Aufgabenkatalogs ermittelt werden; hierunter fallen vielmehr alle Angelegenheiten der örtlichen Gemeinschaft, die nicht durch Gesetz bereits anderen Trägern öffentlicher Verwaltung übertragen sind. Angelegenheiten der örtlichen Gemeinschaft in diesem Sinn sind diejenigen Bedürfnisse und Interessen, die in der örtlichen Gemeinschaft wurzeln oder auf sie einen spezifischen Bezug haben, die also den Gemeindeeinwohnern gerade als solchen gemeinsam sind, indem sie das Zusammenleben und -wohnen der Menschen in der Gemeinde betreffen[22]. Der Verein nimmt eine Angelegenheit der örtlichen Gemeinschaft jedenfalls dann wahr, wenn er sich um die Interessen jeweils eines bestimmten Personenkreises innerhalb des Stadtgebiets von S kümmert. Bei der „Klientel" des Vereins kann es sich – so der VGH München – um Personenkreise handeln, deren Auftreten innerhalb der örtlichen Gemeinschaft zu Spannungen oder Konflikten führen kann. Ein regelndes Eingreifen durch zweckgebundene Zuwendungen kann daher ein Mittel sein, das entsprechende Konfliktpotential zu entschärfen. Folglich gehört die Gewährung finanzieller Zuschüsse an diesen Verein zu den gemeindlichen Aufgaben.

b) Rechtsgrundlage für Verschonungssubventionen und Gestaltungsspielraum des Gesetzgebers

779 Verschonungssubventionen bedürfen grundsätzlich einer **gesetzlichen Rechtsgrundlage**. Begrifflich handelt es sich um Befreiungen von einer Abgabepflicht. Da die Abgabepflicht als Eingriffsregelung auf gesetzlicher Grundlage beruhen muss, erfordert eine Befreiung von der Abgabepflicht zwangsläufig ebenfalls eine gesetzliche Grundlage (s. Rn 760).

780 Bei der Entscheidung, welche Personen oder Unternehmen wirtschaftlich gefördert werden sollen, ist der Gesetzgeber weitgehend frei. Subventionen müssen aber aus Gleichheitsgründen stets **gemeinwohlbezogen** sein[23]. Darüber hinaus stehen dem Ge-

---

21 VGH München, NVwZ-RR 1993, 373 ff.
22 BVerfGE 79, 127 ff.
23 BVerfGE 78, 249, 277 f; BVerfG, 1 BvR 1981/07 v. 4.11.2010.

setzgeber sachbezogene Differenzierungsgesichtspunkte in weitem Umfang zu Gebote. Solange die Regelung sich auf eine der Lebenserfahrung nicht geradezu widersprechende Würdigung der jeweiligen Lebensverhältnisse stützt und insbesondere der Kreis der von der Maßnahme Begünstigten sachgerecht abgegrenzt ist, kann sie verfassungsrechtlich nicht beanstandet werden[24].

Fall 59 (Rn 767)[25]: Mit der Steuerverschonung aufgrund des Spitzenausgleichs gewährt der Gesetzgeber dem produzierenden Gewerbe eine Verschonungssubvention. Unter Gleichheitsgesichtspunkten kommt dem Gesetzgeber ein weiter Gestaltungsspielraum zu. Es liegt grundsätzlich in der Zuständigkeit des Gesetzgebers, diejenigen Sachverhalte auszuwählen, die er im Rechtssinn als gleich ansehen will. Der Gesetzgeber muss allerdings seine Auswahl sachgerecht treffen. Eine vom Gesetz vorgenommene unterschiedliche Behandlung muss sich – sachbereichsbezogen – auf einen vernünftigen oder sonst wie einleuchtenden Grund zurückführen lassen. Mit der Verschonungssubvention sollen internationale Wettbewerbsnachteile des produzierenden Gewerbes ausgeglichen und die Belastung energieintensiver Unternehmen dieses Wirtschaftszweiges beschränkt werden. Zwar sind auch größere land- und forstwirtschaftliche Unternehmen energieintensiv und stehen im internationalen Wettbewerb. Nach Art, Struktur und Wertschöpfungsprozess unterscheiden sie sich vom produzierenden Gewerbe aber erheblich: Im Gegensatz zu den eher technischen Produktionsprozessen in Industrie- und Handwerksbetrieben dominieren in der Land- und Forstwirtschaft Wachstums- und Reifeprozesse. Charakterisierender Produktionsfaktor ist der Boden, dessen wirtschaftliche Nutzung – typisierend betrachtet – weniger energieintensiv ist als die gewerbliche Gütererzeugung. Daher ist die Beschränkung des Spitzenausgleichs auf das produzierende Gewerbe mit Art. 3 Abs. 1 GG vereinbar.

781

c) Rechtsgrundlage für Finanzhilfen und Entscheidungsrahmen der Behörde

Ein allgemeines Subventionsgesetz gibt es nicht. Zwar existieren einzelne gesetzliche Grundlagen wie Mittelstandsförderungsgesetze[26], das Filmförderungsgesetz[27], das Gesetz zur Durchführung der Gemeinsamen Marktorganisationen[28] oder das Investitionszulagengesetz[29]. Darin sind aber nur besondere Subventionen geregelt.

782

Lediglich §§ 14 HGrG, 23 und 44 BHO/LHO bestimmen, dass Zuwendungen nur veranschlagt werden dürfen, wenn der Bund oder das Land an der Erfüllung durch solche Stellen ein erhebliches Interesse hat, das ohne die Zuwendungen nicht oder nicht im notwendigen Umfang befriedigt werden kann.

783

---

24 BVerfGE 93, 319, 350.
25 BVerfG, 1 BvR 610/00 v. 20.4.2004; vgl auch VGH München, GewArch. 1999, 159 f: Aus Art. 3 Abs. 1 GG kann kein Anspruch von Handwerksbetrieben auf Zuschüsse zur handwerklichen Ausbildung von Auszubildenden im eigenen Betrieb abgeleitet werden mit dem Argument, für Hochschulpraktikanten sei keine Vergütung erforderlich.
26 ZB Thüringer Gesetz zur Förderung und Stärkung kleiner und mittlerer Unternehmen und der Freien Berufe (Thüringer Mittelstandsförderungsgesetz) vom 18.4.2011, GVBl S. 74.
27 Gesetz über Maßnahmen zur Förderung des deutschen Films idF d. Bek. v. 24.8.2004, BGBl. I S. 2278.
28 Gesetz zur Durchführung der gemeinsamen Marktorganisationen und der Direktzahlungen idF d. Bek. v. 24.6.2005, BGBl. I S. 1847.
29 Investitionszulagengesetz 2010 v. 7.12.2008, BGBl. I S. 2350.

Allerdings soll die Haushaltsordnung als ausführende Bestimmung des Haushaltsgrundsätzegesetzes nach hM ein Organgesetz sein, dem keine Außenwirkung zukommt[30]. Aus Art. 109 Abs. 3 GG lässt sich das nicht herleiten und ist dogmatisch auch nicht zwingend, wie die – inzwischen aufgehobene – Bestimmung zur Subventionsrückforderung in § 44a BHO/LHO zeigt. Aus der fehlenden Außenwirkung von Haushaltsgesetz und Haushaltsplan folgt auch nicht, dass sämtliche Bestimmungen der BHO/LHO ausschließlich das Verhältnis der Exekutive zur Legislative regeln (s. Rn 702).

784 Soweit es besondere rechtliche Regelungen zu Subventionen gibt, enthalten diese häufig keinen Anspruch auf eine bestimmte Subvention oder regeln das Subventionsvergabeverfahren nur teilweise.

Gesetzgeber und Rechtsprechung sind mit der Anerkennung von Ansprüchen auf Subventionen aus Gesetzen sehr zurückhaltend. So folgt zB weder aus dem Kooperationsgrundsatz in § 17 Abs. 3 SGB I (Zusammenarbeitsgebot zwischen öffentlichen Leistungsträgern und gemeinnützigen und freien Einrichtungen und Organisationen) noch aus Art. 4 Abs. 1 iVm Art. 140 GG und Art. 137 Abs. 3 WRV ein Subventionsanspruch für kirchliche Träger von Wohlfahrtseinrichtungen[31].

Beispiel: § 8 SächsDSchG, wonach der Freistaat Sachsen zur Erhaltungspflicht der Eigentümer und Besitzer von Kulturdenkmälern durch Zuschüsse beiträgt, begründet keinen Anspruch auf Zuwendung[32].

Beispiel für eine gesetzliche Regelung: § 74 SGB VIII zur Förderung der freien Jugendhilfe. Die Bestimmung enthält nicht nur Vorgaben zum „Ob", sondern auch zum „Wie" der Förderung[33].

785 Nach hM soll es für die Bewilligung einer Subvention grundsätzlich keiner **formellen Gesetzesgrundlage bedürfen**[34]. Das hat seinen Grund darin, dass mit Subventionen regelmäßig eine Leistung gewährt wird und kein Eingriff verbunden ist. Durch eine Subvention wird eine individuelle Teilhabe an der staatlichen Finanzkraft ermöglicht. Daher soll neben dem förmlichen Gesetz auch jede andere parlamentarische Willensäußerung als Rechtsgrundlage in Betracht kommen können. Insbesondere soll die **etatmäßige Bereitstellung** der zur Subvention erforderlichen Mittel eine hinreichende Legitimation verwaltungsmäßigen Handelns darstellen[35]. Zwar wird der Haushaltsplan erst durch das Haushaltsgesetz verbindlich, so dass die Rechtsgrundlage für eine Finanzhilfe dann das Haushaltsgesetz in Verbindung mit dem Haushaltsplan ist, das soll aber nichts daran ändern, dass der Haushaltsplan keine Rechtswirkungen außerhalb des Organbereichs von Parlament und Regierung entfaltet[36].

Eine bloß politische Erklärung der Bundesregierung dahingehend, dass die Bundesregierung für die Einlagen auf Konten von Sparerinnen und Sparern einstehe – so geschehen im Oktober 2008 – begründet keine einklagbaren Ansprüche. Es liegt mangels Schriftlichkeit keine Zusicherung iSv § 38 VwVfG vor und mangels Rechtsbindungswillen wird kein Vertrauen begründet. Auch fehlt es an einer rechtswidrigen Amtshandlung iSv § 839 BGB iVm Art. 34 GG.

---

30   *Siekmann*, in: Sachs, GG, 7. Aufl., 2014, Art. 109, Rn 44 mwN.
31   VGH Mannheim, NVwZ 2001, 1428 ff.
32   OVG Bautzen, DÖV 2002, 577 f.
33   OVG Münster, NVwZ-RR 2002, 127 f.
34   BVerwG, NJW 1974, 1838; OVG Saarlouis v. 16.2.2011, 1 B 2/11.
35   Grundlegend: BVerwGE 6, 282, 287.
36   BVerwGE 104, 220, 222.

Soweit Subventionen **Haushaltsansätze** betreffen, geben sie neben dem Gesamtbe- **786** trag der bereitgestellten Mittel regelmäßig nur noch den Förderzweck an, ohne die Voraussetzungen näher zu regeln, an die die Subvention geknüpft wird[37]. Sachliche Regelungen enthalten dann häufig nur noch die **Subventionsrichtlinien** (s. Rn 795).

Die Frage, ob und inwieweit für eine Subvention eine gesetzliche Grundlage erforder- **787** lich ist, beurteilt sich nach den Grundsätzen vom **Gesetzesvorbehalt** (s. Rn 114).

In der Weimarer Republik war der Gesetzesvorbehalt noch auf Eingriffe in Freiheit und Eigentum beschränkt[38], für die leistende Verwaltung bedurfte es daher keiner gesetzlichen Grundlage. In den 50er und 60er Jahren des 20. Jhr. wurde in der Literatur der Grundsatz vom Totalvorbehalt entwickelt[39]: Wegen des Zuwachses an Staatsaufgaben und der leistenden Verwaltung sowie der damit verbundenen Erweiterung des Aufgabenumfangs der Verwaltung, insbesondere in den Bereichen der sog. Daseinsvorsorge und wegen der Schwierigkeit, im Einzelfall Leistung und Eingriff klar trennen zu können, soll jegliches Verwaltungshandeln auf gesetzlicher Grundlage erfolgen müssen. Das freilich hätte das Parlament im Gefüge der Gewaltenteilung erheblich aufgewertet. Das BVerfG[40] hat die Konstruktion vom Totalvorbehalt verworfen. Dem Grundgesetz ist ein Gewaltenmonismus fremd. Das Parlament hat nur die wesentlichen Entscheidungen selbst zu treffen. Das sind die Entscheidungen, die wesentlich für die Verwirklichung der Grundrechte sind[41].

Eine Subvention ist für den Subventionsempfänger **grundsätzlich nicht mit einem** **788** **Eingriff verbunden.** Das mag vom Subventionsempfänger im Einzelfall anders gesehen werden, zB wenn ihn die Konkurrenzlage oder die allgemeine Marktsituation zur Annahme einer angebotenen Subvention und damit zu einer Abhängigkeit vom Staat zwingt, weil die Bewilligung der Subvention mit der Anerkennung belastender Vergabebedingungen verknüpft ist, die regelmäßig ein bestimmtes Verhalten zu bewirken versuchen, oder weil der Subventionsempfänger der Subventionskontrolle unterworfen wird[42]. Die Subvention ist aber schon begrifflich eine Vergünstigung, dergegenüber die geschilderten Nachteile nicht erheblich ins Gewicht fallen. Das gilt auch, wenn die Beihilfengewährung mit Nebenpflichten, die in Auflagen oder Bedingungen (§ 36 VwVfG) geregelt sind, gekoppelt ist. Es obliegt dem Subventionsempfänger, eine Subvention zu beantragen und entgegenzunehmen – oder es bleiben zu lassen. Aus den Grundrechten lässt sich regelmäßig auch kein Anspruch auf eine Subvention herleiten[43], weshalb eine Subvention mit Auflagen auch kein Freiheitseingriff sein kann.

Ein Eingriff kann aber gegenüber **Nichtsubventionierten** vorliegen. Das ist der Fall, **789** wenn eine staatliche Maßnahme gezielt die **Grundrechte eines Dritten** einschränken soll und sich als „funktionales Äquivalent"[44] eines unmittelbaren Grundrechtseingriffs darstellt[45]. Haushaltsgesetz und Haushaltsplan können dann als Rechtsgrundlage für eine Subventionierung nicht genügen.

---

37 BVerwGE 90, 112, 126.
38 *Mayer*, Deutsches Verwaltungsrecht, 3. Aufl., Bd. II, 1924, S. 2 f.
39 Vgl dazu *Jesch*, Gesetz und Verwaltung, 2. Aufl., 1968, S. 176 ff.
40 BVerfGE 49, 89, 125.
41 BVerfGE 47, 46, 49; BVerfG, DVBl 1989, 869, 870.
42 *Stober*, GewArch. 1993, 136, 142.
43 OVG Münster v. 10.2.2011, 13 A 648/10.
44 BVerfG v. 11.7.2006, 1 BvL 4/00, Rn 82.
45 BVerwGE 75, 109, 115.

790   **Fall 60 (Rn 788)**[46]**:** Wenn der Bund einen privaten Verein finanziert, dessen Aufgabe die Warnung vor den Praktiken einer als gefährlich eingestuften Sekte ist, greift er in deren Grundrecht auf Religions- und Weltanschauungsfreiheit (Art. 4 Abs. 1 und Abs. 2 GG) ein. Dabei kommt die Grundrechtsdogmatik des sog. mittelbaren Grundrechtseingriffs zum Tragen: Der Staat greift nicht unmittelbar in die Grundrechte der Sekte ein, sondern nutzt die Tätigkeit des privaten Vereins. Die kritischen Informationen des Vereins sind dem Staat wegen dessen gezielter Förderung zurechenbar. Folglich ist eine gesetzliche Grundlage erforderlich.

Beispiel: Eine Subvention an die Presse bedarf wegen der Grundrechtswesentlichkeit (vgl Art. 5 Abs. 1 S. 2 GG) jedenfalls dann einer gesetzlichen Grundlage, wenn damit eine erhebliche Gefahr für die Staatsfreiheit und Kritikbereitschaft der Presse verbunden ist oder wenn ohne eine solche Leistung die Aufrechterhaltung eines freiheitlichen Pressewesens nicht mehr gewährleistet ist. Eine gesetzliche Grundlage für Pressesubventionen ist nicht erforderlich, wenn derartige Gefahren nicht bestehen[47].

Beispiel: Staatliche Zuwendungen an Jugendorganisationen politischer Parteien bedürfen eines förmlichen Gesetzes, weil der Staat auf den Prozess politischer Willensbildung Einfluss nimmt, weil das staatliche Neutralitätsgebot und die damit zusammenhängende politische Chancengleichheit betroffen sind, weil in die Freiheits- und Gleichheitssphäre der Bürger eingegriffen wird und weil es sich um einen Fall staatlicher Parteienfinanzierung außerhalb des PartG handelt[48].

791   Eingriffsqualität ist aber auch dann anzunehmen, wenn der Staat einzelne Marktteilnehmer fördert, damit die Marktbedingungen einseitig ändert, und somit Konkurrenten benachteiligt[49]. Der Staat beeinträchtigt die **Chancengleichheit**, wenn er einem Unternehmer Vorteile zukommen lässt, die er dem Konkurrenten verweigert. Hier liegt ein Eingriff in die durch Art. 2 Abs. 1 GG[50] bzw Art. 12 Abs. 1 GG[51] gewährleistete Wettbewerbsfreiheit (s. Rn 118) und -gleichheit (Art. 3 Abs. 1 GG)[52]. In der Folge bedarf die Subventionierung von Unternehmen dann einer gesetzlichen Grundlage, wenn sie die Chancengleichheit der Marktteilnehmer verändert.

792   **Fall 61 (Rn 786):** Abzulehnen ist die Entscheidung des BVerwG, das eine Frauenförderung auch ohne besondere gesetzliche Grundlage für zulässig hält. Art. 3 Abs. 2 S. 2 GG enthalte einen hinreichenden Auftrag an den Staat, die tatsächliche Durchsetzung der Gleichberechtigung zu fördern. Damit sei es gerechtfertigt, Frauen bei der Betriebsgründung im Handwerk bessere Bedingungen einzuräumen als Männern, weil Frauen bei der selbstständigen Handwerksausübung drastisch unterrepräsentiert sind und in der Lebenswirklichkeit die Chancen zwischen Männern und Frauen unterschiedlich verteilt sind (stärkere Inanspruchnahme bei der Familienarbeit, Vorurteile insb. bei handwerklichen Berufen, fehlende weibliche Vorbilder,

---

46   BVerwGE 90, 112 ff; anders für staatliche Warnungen, weil sich die Vielgestaltigkeit staatlichen Informationshandelns gesetzlich nicht sinnvoll regeln lässt: BVerfGE 105, 279 ff.
47   BVerfGE DVBl 1989, 869, 870; enger: OLG Frankfurt/M., NVwZ 1993, 706, 707.
48   OVG Berlin-Brandenburg, NVwZ 2012, 1265 ff.
49   BVerwGE 51, 235, 239 für Verteilung limitierter Genehmigungen; enger *Ziekow,* Öffentliches Wirtschaftsrecht, 3. Aufl., 2013, S. 83; s. a. *Ehlers,* DVBl 2014, 1, 4.
50   BVerwGE 30, 191, 197; 65, 167, 174; 79, 326, 329.
51   BVerfGE 31, 311, 317.
52   Zur Bedeutung der Unionsgrundrechte und Grundfreiheiten: *Schorkopf,* in: Kirchhof/Korte/Magen, Öffentliches Wettbewerbsrecht, 2014, S. 395.

psychologische Hemmschwellen). Das BVerwG weist ferner darauf hin, dass die Männer durch diese Maßnahme keinen Nachteil erleiden würden, da diese „eingriffsneutral" sei[53]. Das trifft aber so nicht zu: Das BVerwG vernachlässigt die wettbewerbliche Dimension des Falls. Die Frauenförderung betrifft die Chancengleichheit im Wettbewerb; es wird in das Grundrecht der übergangenen männlichen Konkurrenten eingegriffen. Dieser Eingriff wiegt hier besonders schwer, weil die Finanzierung der Aufnahme einer beruflichen Tätigkeit dienen soll. Deshalb hätte es einer gesetzlichen Grundlage bedurft[54].

Soweit eine gesetzliche Grundlage nicht erforderlich ist und nicht besteht, richtet sich   **793** die Subventionsvergabe nach dem Haushaltsgesetz und dem Haushaltsplan, wo die finanziellen Mittel bereitgestellt werden. Der Behörde kommt ein **Gestaltungsspielraum**[55] zu, der wegen der beschränkten Verfügbarkeit der Haushaltsmittel unter dem Vorbehalt des finanziell Möglichen steht und dem v.a. durch den Gleichheitssatz Grenzen gezogen sind. Art. 3 Abs. 1 GG verpflichtet den Subventionsgeber, ein gleichheitsgerechtes Verteilungsprogramm zu erstellen und begründet zugunsten jedes Zuwendungsbewerbers einen Anspruch darauf, nach diesem aufgestellten Verteilungsprogramm behandelt zu werden[56].

Die Berücksichtigung des **Vorbehaltes des finanziell Möglichen** ist dabei eine sach-   **794** gerechte Erwägung, ob und inwieweit im Einzelfall eine Förderung durch die Vergabe von Subventionen erfolgen kann. Nicht gefordert ist eine Verteilung der Mittel nach dem **„Gießkannenprinzip"**, bei dem alle Bewerber einen geringen Zuschuss erhalten. Dies hätte nämlich zum Ergebnis, dass die zu vergebenden Zuschüsse in ihrer jeweiligen Höhe umso geringer sind, je mehr Anspruchsteller es gibt. Das würde nicht nur dem durch die Subventionsvergabe beabsichtigten Zweck einer effizienten Förderung entgegenstehen und wäre deshalb eine fehlerhafte Ausübung des Bewirtschaftungsermessens, es würde auch eine materielle Ungleichheit begründet werden, weil alle Subventionsempfänger ungeachtet der Verschiedenheit der Sachverhalte gleich behandelt würden. Das sog. Gießkannenprinzip steht damit in Widerspruch zum Gleichheitssatz, weil Ungleiches gleich behandelt würde. Sachgerecht ist es hingegen, wenn die Behörde ihre Entscheidung davon abhängig macht, bei welchem Vorhaben die jeweilige Zwecksetzung einer effizienten Förderung am besten erreicht werden kann[57].

In der Regel sind die Rahmenbedingungen für die Abwicklung des gesetzlich umris-   **795** senen Förderzwecks in **Richtlinien** näher umschrieben. Es handelt sich um Verwaltungsvorschriften, nicht um Rechtsnormen. Sie haben keinen Rechtssatzcharakter; ihnen fehlt die Außenwirkung. Subventionsrichtlinien werden zB durch Ministerien herausgegeben und enthalten v.a. eine nähere Konkretisierung des Förderziels und der geförderten Maßnahmen, eine Abgrenzung des Kreises der Zuwendungsempfänger,

---

53 BVerwG, NVwZ 2003, 92 f.
54 *Wernsmann*, JuS 2002, 959, 961.
55 OVG Lüneburg, NVwZ-RR 2013, 465, 468.
56 BVerwG, NJW 1979, 280.
57 OVG Bautzen, DÖV 2002, 577 f.

die zuwendungsfähigen Mittel, die Finanzierungsart, ferner Antragsverfahren und Antragsvoraussetzungen.

Verwaltungsvorschriften, die das Förderziel näher konkretisieren und Regel- und Ausnahmevoraussetzungen für eine Bewilligung festlegen, um die Subventionsvergabe der Behörde zu steuern, sind vor allem ermessenslenkender Art. Soweit normkonkretisierenden Verwaltungsvorschriften heute – insbesondere im Umweltrecht – Außenwirkung zuerkannt wird[58], lassen sich die dem zugrunde liegenden Überlegungen auf ermessenslenkende Verwaltungsvorschriften nicht übertragen: Denn die Norminterpretation ist eine Kernaufgabe des Richters, weshalb der Verwaltung grundsätzlich kein Beurteilungsspielraum zukommt[59]. Ermessensrichtlinien betreffen hingegen einen Bereich der Verwaltung, in dem sie eigene Akzente setzen kann. Die Subventionsrichtlinien enthalten zwar Verteilungsmaßstäbe, determinieren den behördlichen Entscheidungsrahmen aber nicht vollständig. Mangels Außenwirkung können sie auch nicht durch den übergangenen Subventionsbewerber oder durch sonstige Dritte unmittelbar vor Gericht zur Überprüfung gestellt werden. Die Gerichte haben die einzelne Ermessensentscheidung nur im Rahmen des § 114 S. 1 VwGO zu kontrollieren; sie können Verwaltungsvorschriften auch nicht auslegen[60].

Nur ausnahmsweise kann Förderrichtlinien, die zur Konkretisierung und Ergänzung einer ausfüllungsbedürftigen Gesetzesnorm erlassen worden sind (normenkonkretisierende Verwaltungsvorschriften), unmittelbare Außenwirkung zukommen: wenn die Konkretisierung Aufgabe des Gesetzgebers ist, dieser seiner Verpflichtung jedoch nicht nachgekommen ist und die entsprechenden Verwaltungsvorschriften somit an die Stelle des fehlenden Gesetzes getreten sind[61]. Zur Außenwirkung von Förderrichtlinien kommt es ferner, wenn die Behörde in einem Subventionsbescheid (Bewilligungsbescheid) auf die Richtlinien oder auf Teile davon Bezug nimmt[62].

Beispiel: Wenn die Behörde in den Bescheid aufnimmt, dass Vergabebestimmungen „zu beachten" sind, muss es sich nicht um einen deklaratorischen Hinweis handeln, sondern kann als Auflage mit Anwendungsverpflichtung zu interpretieren sein[63].

796 **Fall 61 (Rn 769):** Die Gerichte können zwar nicht unmittelbar die Subventionsrichtlinie überprüfen, allerdings haben sie darüber zu entscheiden, ob die Behörde ihr Ermessen bei der Subventionsvergabe richtig ausgeübt hat. Dieser gerichtlichen Überprüfung der Vergabemaßstäbe steht nicht entgegen, dass die Mittel als Existenzgründungszuschüsse im Haushaltsplan ausgewiesen sind, der unmittelbare Rechtswirkungen nur zwischen Parlament und Regierung entfalten kann. Zum einen ist der Haushaltsgesetzgeber an Art. 3 (hier Abs. 3) GG gebunden, zum anderen muss sich ein Bürger wegen Art. 19 Abs. 4 GG und des verfassungsrechtlichen Justizgewährungsanspruchs gegen eine behördliche Maßnahme zur Wehr setzen können, wenn sie seine Grundrechte verletzt. Daher ist das Verfahren der Subventionsvergabe gerichtlich überprüfbar[64].

---

58 Str, grundlegend: BVerwGE 72, 300, 320; 81, 185, 190 für das Atomrecht; BVerwG, NVwZ 2000, 440 f, für das Immissionsschutzrecht. Eine Außenwirkung wird damit begründet, dass die normenkonkretisierenden Verwaltungsvorschriften ein hohes Maß an wissenschaftlich-technischem Sachverstand verkörpern und zugleich auf abstrakt-genereller Abwägung beruhende Wertungen des hierzu berufenen Vorschriftengebers zum Ausdruck bringen. Der Gesetzesvorbehalt steht einer Regelung durch Verwaltungsvorschriften in diesen Fällen nicht entgegen (dynamischer Grundrechtsschutz).
59 *Jestaedt*, in: Erichsen/Ehlers, AVerwR, S. 364.
60 BVerwGE 58, 45, 51; OVG Greifswald, v. 31.5.2010, 2 L 281/06.
61 OVG Schleswig, NordÖR 2001, 303.
62 *Ehlers*, DVBl 2014, 1, 4.
63 OVG NRW, NVwZ-RR 2012, 671, 672.
64 BVerwG, NVwZ 2003, 92 f.

Verwaltungsvorschriften kann trotz ihrer Innenwirkung im Wege der sog. **Selbstbin-**   797
dung der Verwaltung auch eine anspruchsbegründende Außenwirkung im Verhältnis
der Verwaltung zum Bürger zukommen. Art. 3 GG wird zu einem Transmissionsrie-
men, der den Verwaltungsvorschriften mittelbar zur Außenwirkung verhilft. Dies setzt
aber voraus, dass die Behörde den Verteilungsvorschriften gemäß agiert. Damit gibt
sie zu erkennen, dass sie ihr Ermessen – wozu sie ja intern verpflichtet ist – entsprechend den Richtlinien ausübt. Über Art. 3 Abs. 1 GG schafft sie so die Grundlage,
gleichgelagerte Fälle künftig auch gleich entscheiden zu wollen[65]. Aus dogmatischen
Gründen ist es für einen Anspruch aus Art. 3 Abs. 1 GG erforderlich, dass die Verwaltung tatsächlich den Richtlinien gemäß vorgeht, mithin Usancen bereits herausgebildet hat. Das setzt zumindest eine bereits erfolgte und vergleichbare Subventionsvergabe voraus[66]. Abzulehnen ist hingegen die Auffassung, die über Art. 3 Abs. 1 GG
bereits mit der Veröffentlichung der Verwaltungsvorschriften[67] einen Anspruch auf
ein behördliches Verfahren gemäß dieser Bestimmungen annimmt.

Eine Bindung der Verwaltung an die Subventionsrichtlinien vor einer ersten und ver-   798
gleichbaren Subventionsvergabe kann nur über den **Vertrauensschutzgrundsatz** begründet werden (s. Rn 805, vgl auch ▶ **Klausurenkurs Fall Nr 20**). Ein entsprechendes Vertrauen, künftig nach den Subventionsrichtlinien verfahren zu wollen, kann die
Behörde beim Bürger nach der Rechtsprechung des BVerwG[68] begründen, indem sie
eine beabsichtigte Subventionsvergabe öffentlich bekannt macht. Denn Vertrauensschutz gegenüber staatlichem Handeln kommt in Betracht, wenn der Staat einen Vertrauenstatbestand geschaffen oder jedenfalls gebilligt hat, der Betroffene ein daran an-
knüpfendes schutzwürdiges Vertrauen gefasst und betätigt hat, und der Staat dann von
dem Vertrauenstatbestand ohne sachliche Gründe abweicht und damit das Vertrauen
des Betroffenen enttäuscht[69]. Durch die Bekanntmachung bindet sich die Verwaltung.
Der Bürger, an den sich die Verwaltungsbehörde im Rahmen des ihr gesetzlich zuge-
standenen Ermessens mit ihrer Ausschreibung wendet, muss sich aufgrund der Verfassungsprinzipien der Rechtssicherheit und Rechtsbeständigkeit darauf verlassen
können, dass sich die Behörde an ihre Bekanntmachung hält[70].

Der Konstruktion einer mittelbaren Außenwirkung durch Vertrauensschutz ist entge-   799
gengehalten worden, dass Verwaltungsvorschriften schon begrifflich nur an Verwal-
tungsorgane gerichtet seien[71]. Das verhält sich aber bei einer Veröffentlichung gerade
nicht so. Wenn die Behörde im Rahmen einer Ankündigung auf eine Subvention hinweist und hierfür auf die Subventionsrichtlinien Bezug nimmt, schafft sie entsprechendes Vertrauen, dass sie auch so verfahren wird.

---

65 VGH Kassel v. 7.12.2010, A 2758/09; auch die Kommission ist bei der Vergabe von Gemeinschafts-
    beihilfen an ihre Subventionsrichtlinien gebunden. Str, vgl zum Diskussionsstand: *Bleckmann*, NVwZ
    2004, 11, 15.
66 OVG Münster, DVBl 1980, 648, 649.
67 OVG Koblenz, DVBl 1962, 757 (allerdings nicht zu einer Subventionsvergabe).
68 BVerwGE 35, 159, 162.
69 VGH Mannheim, NVwZ 2001, 1428, 1430.
70 BVerwGE 35, 159, 162.
71 *Maurer*, AVerwR (16. Aufl.), S. 637; ausführlich: *Blanke*, Vertrauensschutz im deutschen und europä-
    ischen Verwaltungsrecht, 2000, S. 252 f.

Dabei ist zwischen Ministerialblättern und Bundesanzeiger bzw Staatsanzeiger zu unterscheiden: Ministerialblätter sollen lediglich nachgeordnete Behörden unterrichten; der Abdruck einer Richtlinie in einem Ministerialblatt ist deshalb keine Veröffentlichung. Von einer Veröffentlichung ist aber auszugehen, wenn die Richtlinie im Bundesanzeiger/Staatsanzeiger aufgenommen ist[72].

800 Die Rechtsprechung lehnt eine **Veröffentlichungspflicht von Verwaltungsvorschriften im Hinblick auf ihre Rechtsnatur als Innenrechtsakte grundsätzlich ab**[73]. Dem ist schon deshalb nicht zuzustimmen, weil der Bürger andernfalls von den Voraussetzungen einer Subventionsgewährung keine oder nur über Umwege Kenntnis erlangen kann und daher auch nicht zu beurteilen vermag, ob er zum Kreis der potentiell Begünstigten gehört[74]. Er kann nur einen (förmlichen) Antrag auf Subventionsgewährung stellen und damit ein entsprechendes Verfahren einleiten, ohne aber abschätzen zu können, wie aussichtsreich dieser ist. Eine Antragstellung „ins Blaue hinein" ist nicht nur ein psychologisches Hindernis, sondern ist auch mit entsprechendem Aufwand verbunden (Zusammenstellen der erforderlichen Antragsunterlagen), was befürchten lässt, dass sich nicht alle potentiellen Subventionsempfänger um eine Subvention bewerben. Dieser Mangel an Transparenz ist mit dem Gleichheitssatz nicht zu vereinbaren. Zudem besteht die Gefahr, dass die Subventionsvergabe nicht mehr nachvollziehbar und damit willkürlich erfolgt. Demgegenüber sind keine Gründe ersichtlich, weshalb die Behörde ihre Vergabemaßstäbe nicht aufdecken sollte. Ansprüche der Bürger aus Vertrauensschutzerwägungen kann sie durch entsprechende Hinweise über die Handhabung der Richtlinien abwenden[75].

801 Inhaltlich bedeutet die Bindung an den Gleichheitssatz, dass die subventionsvergebende Behörde vergleichbare Sachverhalte **nicht willkürlich ungleich** behandeln darf[76]. Eine das Gebot der Gleichbehandlung verletzende willkürliche Handhabung liegt auch dann vor, wenn ein subjektives Recht eines Dritten, zB eines anderen Subventionsbewerbers, nicht betroffen ist. Das kann zB der Fall sein, wenn die Behörde stets nach den Subventionsrichtlinien verfährt, in einem Einzelfall aber *zugunsten* eines Antragstellers von den Richtlinien abweicht und eine Subvention gewährt, obwohl die Voraussetzungen in den Richtlinien nicht erfüllt sind. Zwar führt diese Vergabe nicht zu einer Verletzung von Rechten des Subventionsempfängers, weil dieser begünstigt ist. Das ist für die Frage der Rechtmäßigkeit aber nicht entscheidend, weil die Verwaltung an den Grundsatz der Gesetzmäßigkeit gebunden ist. Es wäre mit dem Rechtsstaatsprinzip unvereinbar, wenn die Verwaltung bei der Verteilung öffentlicher Mittel willkürlich vorgehen könnte und eine richtlinienwidrige Gewährung von Subventionen letztlich zu Lasten eines anderen, wenngleich nicht bestimmbaren, potentiellen Subventionsempfängers gehen kann. Da die etatmäßig bereitgestellten Mittel beschränkt sind, kann die richtlinienwidrige Vergabe von Subventionen dazu führen, dass andere mögliche Bewerber, die die Voraussetzungen der Richtlinie, wie sie die

---

72 BVerwGE 104, 220, 224.
73 BVerwGE 104, 220, 224; zu restriktiv auch: BVerwGE 61, 40 ff.
74 Kritisch auch *Stober*, GewArch. 1993, 136, 190.
75 Gegen einen Subventionsanspruch aufgrund Folgenbeseitigungsanspruchs wegen falscher Auskunft: VGH Kassel, DÖV 2011, 288 f.
76 OVG Münster v. 1.3.2011, 9 A 1121/10.

Behörde grundsätzlich anwendet, erfüllen und daher Anspruch auf eine Förderung hätten, am Ende des Haushaltsjahres jedoch leer ausgehen[77].

Die mittelbare Außenwirkung einer Richtlinie über Art. 3 Abs. 1 GG bedeutet nicht, **802** dass sie von ihrer Wirkung her einem Gesetz gleichgestellt wird. **Die behördliche Selbstbindung** ist elastischer und flexibler. Während das Gesetz eine ausnahmslose Beachtung verlangt (Grundsatz der Gesetzesbindung der Verwaltung), kann die Behörde dort, wo ein Gesetz nicht besteht, in begründeten Ausnahmefällen von ihrer Selbstbindung abweichen. Richtlinien führen – selbst wenn sie als „Muss-Vorschriften" ausgestaltet sind – nicht zwangsläufig über Art. 3 Abs. 1 GG zu einer Ermessensreduzierung auf Null[78].

Fall 62 (Rn 770)[79]: Eine Zusicherung der Bewilligung des begehrten Zuschusses für das **803** Musikfest iSd § 38 Abs. 1 VwVfG liegt nicht vor. Mit dem Schreiben hat sich das Ministerium nicht bindend selbst verpflichtet, den Zuschuss zu bewilligen, sondern lediglich vorab im Sinne einer „Rahmenzusage" die Förderfähigkeit des Vorhabens anerkannt und die grundsätzliche Bereitschaft zum Ausdruck gebracht, dieses bis zu einer Höhe von € 50 000,– fördern zu wollen. Der fehlende Regelungswille kommt im Wortlaut des Schreibens hinreichend deutlich zum Ausdruck („… vorbehaltlich der Zurverfügungstellung der Mittel durch den Landtag …").

A kann den Anspruch auf Bewilligung des Zuschusses auch nicht auf das Gleichbehandlungsgebot des Art. 3 Abs. 1 GG stützen. Unmittelbar kann sich A als Hoheitsträgerin ohnehin nicht auf das Grundrecht berufen. Zwar gilt das der Rechtsstaatlichkeit und dem allgemeinen Gleichheitssatz immanente Willkürverbot auch im Verhältnis der Hoheitsträger zueinander, gleichwohl ergibt sich auch aus dem so anwendbaren Willkürverbot nicht der geltend gemachte Anspruch, weil das Ministerium die Subventionierung aus einem sachlich gerechtfertigten Grund abgelehnt hat: A hat nicht die vom Ministerium in ständiger Praxis zugrunde gelegten Bewilligungsvoraussetzungen der Verwaltungsvorschriften für Zuwendungen erfüllt. Danach dürfen Zuwendungen zur Projektförderung nur für solche Vorhaben bewilligt werden, die noch nicht begonnen worden sind. Mit dieser Bewilligungsvoraussetzung soll sichergestellt werden, dass Haushaltsmittel im Sinne der allgemeinen Haushaltsgrundsätze der Wirtschaftlichkeit und Sparsamkeit möglichst wirksam eingesetzt werden (Ausschluss sog. Mitnahmeeffekte[80]). Es gibt auch keine Verwaltungspraxis zum Verzicht auf das Verbot der Förderung bereits begonnener Projekte, auf die sich A im Rahmen des Willkürverbots berufen könnte. Schließlich zwingt die vorab erteilte „Rahmenzusage" zu keiner anderen Beurteilung.

d) Zur Änderung der Förderbedingungen durch die Behörde

Angesichts ihres Ermessensspielraums kann die Behörde ihr Subventionsprogramm **804** jederzeit ändern oder einstellen. Subventionen sind schon ihrem Wesen nach zeitlich begrenzt und von der jeweiligen Haushaltslage und den wirtschaftspolitischen Vorstellungen der amtierenden Regierung abhängig. Deshalb kann es **grundsätzlich keinen Anspruch auf Fortbestand einer Subvention** geben.

---

77 OVG Münster, NJW 1981, 2597, 2598; OVG Bremen, NVwZ 1988, 447.
78 OVG Münster, DÖV 1985, 204, 205.
79 OVG Münster v. 3.9.2002, Az: 15 A 2777/00.
80 VG Saarlouis v. 24.1.2011, 1 K 358/10.

805 Nur wenn die Behörde einen **schutzwürdigen Vertrauenstatbestand** geschaffen und der Betreffende daraufhin auch Vertrauen gefasst hat, kann die Behörde verpflichtet sein, auf dieses Vertrauen hinreichend Rücksicht zu nehmen. Dabei begründet die bloße Tatsache einer jahrelangen Subvention für sich allein noch kein schutzwürdiges Vertrauen. Es müssen besondere Umstände hinzutreten, etwa die Zusage einer Behörde, die die subventionierte Tätigkeit überhaupt erst ins Leben gerufen oder veranlasst hat, oder entsprechende Äußerungen in der Öffentlichkeit, die eine begründete Erwartung auf die Zuwendung geschaffen haben[81]. Schutzwürdig kann der Betroffene ferner sein, wenn er im Hinblick auf den Fortbestand der Rechtslage Dispositionen getroffen hat und billigerweise darauf vertrauen durfte, dass die zugrunde liegende Ermessensbindung auf Dauer Bestand haben werde[82]. Denn der Einzelne muss davon ausgehen können, dass die Verwaltung bei der Vergabe von Zuwendungen wirtschaftlich und sparsam handelt und langfristig angelegte Subventionsprojekte auch durchgehalten werden. Dieses Vertrauen ist aber dann nicht schutzwürdig, wenn dem Betroffenen Umstände bekannt oder grob fahrlässig unbekannt geblieben sind, die eine Änderung der Förderpraxis rechtfertigen[83].

806 Die Behörde kann von den **Förderbedingungen abgehen**, indem sie die **Auslegung der Subventionsrichtlinien ändert** oder generell von den **Subventionsrichtlinien abweicht**[84]. Entscheidend für eine Selbstbindung ist dann, wie die zuständige Behörde die Verwaltungsvorschrift im maßgeblichen Zeitpunkt in ständiger Praxis gehandhabt hat und in welchem Umfang sie infolge dessen durch den Gleichheitssatz und eine begründete Vertrauensposition gebunden ist[85]. Dabei handelt die Behörde erst dann willkürlich, wenn sie sich nicht von sachlichen Erwägungen leiten lässt. Nicht entscheidend ist, ob es bessere Alternativen gibt.

Beispiel: Stellt die Verwaltung ihre Subventionspraxis dahingehend um, dass ab einem bestimmten Termin nur noch vollständige Anträge entgegengenommen werden, liegt der sachliche Grund in der Beschleunigung der Entscheidungsabläufe[86].

807 Ferner kann die Behörde eine ermessenslenkende **Verwaltungsvorschrift insgesamt aufheben** oder in einzelnen Punkten **abändern**. In formeller Hinsicht ist hierzu erforderlich, dass die Verwaltungsvorschrift in jener Form abgeändert wird, in der sie ursprünglich ergangen ist[87]. Ist eine Subventionsrichtlinie im Bundesanzeiger bekanntgemacht worden, muss also auch die Änderungsvorschrift im Bundesanzeiger veröffentlicht werden. Ferner muss die Änderung aus sachgerechten Erwägungen erfolgen. Sachgerecht sind Änderungen insbesondere dann, wenn sich die allgemeinen Rahmenbedingungen von Subventionen grundlegend ändern und die Subventionspraxis daran angepasst werden soll[88]. Das kann zB bei einer Gefährdung des

---

81 VGH Mannheim, NVwZ 1991, 1199; VGH Mannheim, GewArch. 2004, 64 f.
82 VGH Mannheim, NVwZ 2001, 1428, 1430.
83 BVerwGE 104, 220, 229.
84 BVerwG, NVwZ 2012, 1262.
85 VG Frankfurt/M., NVwZ-RR 2001, 738 f.
86 OVG Greifswald, NVwZ-RR 2002, 406 f.
87 *Ossenbühl*, Verwaltungsvorschriften und Grundgesetz, 1968, S. 467.
88 BVerfGE 78, 249, 284.

Haushaltsgleichgewichts infolge unvorhergesehener Steuermindereinnahmen der Fall sein[89].

Fall 63 (Rn 771)[90]: Die Änderungen der Subventionsrichtlinien sind aus sachgerechten Er-   **808** wägungen erfolgt. Nach § 44 Abs. 1 iVm § 23 LHO dürfen Zuwendungen an Stellen außerhalb der Landesverwaltung nur gewährt werden, wenn das Land an der Erfüllung bestimmter Zwecke durch solche Stellen ein erhebliches Interesse hat, das ohne die Zuwendung nicht oder nicht im notwendigen Umfang befriedigt werden kann. Zuwendungen an Einrichtungen kommen daher grundsätzlich nicht in Betracht, wenn diese sich selbst tragen. Ändern sich die allgemeinen Rahmenbedingungen grundlegend, hat der Richtliniengeber seine Verwaltungsanweisung zu überprüfen. Die Tatsache, dass die Richtlinien hier noch über fünf Jahre unverändert angewandt wurden, schließt die Rechtmäßigkeit der späteren Änderung der Richtlinien nicht aus, weil die Verwaltung zur Gegensteuerung von Fehlentwicklungen stets befugt ist. Dass der einzelne Subventionsempfänger noch keine Überschüsse erwirtschaftet hat, ist für die Rechtmäßigkeit der allgemeinen Änderung der Subventionspraxis ohne Bedeutung.

Auch der Vertrauensschutzgrundsatz steht einer Änderung der Richtlinien nicht grundsätzlich entgegen. Ändern sich die allgemeinen, für die Subventionsvergabe relevanten Rahmenbedingungen grundlegend, muss der Subventionsempfänger damit rechnen, dass die Subventionen gekürzt werden. Hier könnte das Vertrauen des K aber möglicherweise im Hinblick auf den Anbau schutzwürdig sein, weil dieser in der Vergangenheit bereits subventioniert wurde. Handelt es sich um ein längerfristiges Subventionsprojekt, kann der Subventionsempfänger regelmäßig erwarten, dass die Bezuschussung im nächsten Jahr fortgesetzt wird. Dabei kommt es nicht darauf an, dass der jährliche Bewilligungsbescheid noch nicht ergangen ist. Jedoch dürfte das Vertrauen des K hier nicht schutzwürdig sein: Ihm konnte nicht verschlossen geblieben sein, dass einige Krankenhäuser nach der Strukturreform Überschüsse erwirtschaften und eine Änderung der Subventionspraxis somit bereits seit Jahren angezeigt war.

Nicht einfach zu beurteilen ist im Fall der Änderung der Vergabepraxis der für eine   **809** Subventionsvergabe **maßgebliche Rechtsrahmen**, wenn der Subventionsempfänger den Rechtsweg beschritten hat und das Gericht über einen Subventionsanspruch zu entscheiden hat. Grundsätzlich sind für die Entscheidung des Gerichts die Rechtsvorschriften maßgeblich, die im Zeitpunkt der gerichtlichen Entscheidung für die Beurteilung des Klagebegehrens gelten. Da sich die Subventionsbedingungen aber ändern können, kann es vor dem Gleichheitsgebot und wegen des Vertrauensschutzgrundsatzes erforderlich sein, von dieser Regel abzuweichen. Das kann insbesondere dann der Fall sein, wenn bereits zur Förderung gestellte Vorhaben betroffen sind und das konkrete Vorhaben mit dem Förderzweck vereinbar ist. Dann ist grundsätzlich auf die alten Vergaberegeln und -praxis abzustellen, wobei der maßgebliche Zeitpunkt nicht unbedingt der der letzten Behördenentscheidung sein muss, sondern auch der der Antragstellung oder der Durchführung des Vorhabens sein kann[91].

89 VGH Mannheim, NVwZ 2001, 1428 ff.
90 BVerwGE 104, 220 ff.
91 BVerwG, NVwZ 2003, 92.

e) Zur rechtlichen Qualifikation des Subventionsvergabeverfahrens

810 Bis Anfang der fünfziger Jahre des 20. Jhr ist die Subventionsvergabe der sog. **fiskalischen Verwaltung** zugerechnet worden, Subventionen wurden mithin überwiegend privatrechtlich vergeben[92]. Auch heute kommt es vor, dass der öffentlich-rechtliche Subventionsgeber mit dem Subventionsempfänger einen privatrechtlichen Vertrag über die Zuwendung abschließt. Die Zulässigkeit dieser Vorgehensweise folgt aus dem Grundsatz der Formenwahlfreiheit der Verwaltung[93]. Das heißt aber nicht, dass solche Subventionsrechtsverhältnisse nur nach Maßgabe des Privatrechts zu beurteilen sind. Eine rein privatrechtliche Sichtweise würde verkennen, dass die öffentliche Hand mit der Subventionsverwaltung öffentliche Aufgaben erfüllt und deshalb jedenfalls an die Grundzüge des öffentlichen Rechts (Grundrechte, v.a. Gleichheitssatz) gebunden sein muss. Ein Rückgriff auf das Verwaltungsprivatrecht ist zwar möglich, scheitert aber dann, wenn die Vergabe der Subvention nicht ausschließlich durch die öffentliche Hand erfolgt, weil diese sich für die Abwicklung der Subventionsvergabe privater Subventionsmittler (zB einer Kreditbank) bedient (s. Rn 755). Wenn der Private nicht mit hoheitlichen Befugnissen beliehen ist, ist das Rechtsverhältnis zwischen ihm und dem Subventionsempfänger ausschließlich privatrechtlich organisiert.

811 Zur dogmatischen „Rückführung" der Subventionsvergabe in das öffentliche Recht ist die **Zwei-Stufen-Theorie** entwickelt worden[94]. Danach soll der Vergabevorgang in Bewilligung und Abwicklung getrennt werden: Zunächst entscheidet die Behörde, ob eine Subvention vergeben wird (Entscheidung über das „Ob"). Diese Entscheidung über die Zuteilung oder die Versagung ist grundsätzlich öffentlich-rechtlich und daher ein Verwaltungsakt iSd § 35 VwVfG. Sie kann mit Widerspruch und Anfechtungs- bzw Verpflichtungsklage nach § 42 Abs. 1 VwGO bekämpft werden[95]. Die eigentliche Abwicklung (Regelung zum „Wie") kann – muss aber nicht – durch privatrechtliche Handlungsformen erfolgen, zB durch einen Darlehensvertrag iSd §§ 488 ff BGB.

812 Der Zwei-Stufen-Theorie wird entgegengehalten, dass sie einen einheitlichen Sachverhalt künstlich aufspalte und die Rückabwicklung zu Schwierigkeiten führe, wenn der Bewilligungsbescheid auf der ersten Stufe aufgehoben wird[96]. In der Tat wirkt die Zwei-Stufen-Theorie konstruiert, wenn sich das „Ob" und das „Wie" der Subventionsvergabe nicht klar trennen lassen[97] und die Behörde nicht nur über das „Ob" der Zuteilung einer Subvention entscheidet, sondern auch die Einzelheiten der Abwicklung regelt („Wie"), beide Vorgänge also zusammengezogen werden.

813 Es ist nicht erforderlich, die Zwei-Stufen-Theorie schematisch anzuwenden. Sie ist nur eine **dogmatische Konstruktion**, um die Einhaltung der Grundprinzipien des öffentlichen Rechts bei einer privatrechtlichen Abwicklung der Subventionsvergabe si-

---

92 *Götz*, Recht der Wirtschaftssubventionen, 1966, S. 57 ff.
93 BGH, NZBau 2012, 131.
94 Vgl grundlegend BVerwGE 1, 308, 310 und zur Entstehungsgeschichte: *Ipsen*, in: Vogel/Tipke, FS Wacke, 1972, S. 139 ff.
95 Zum verwaltungsgerichtlichen Rechtsweg: OVG Lüneburg v. 15.4.2011, 8 OB 32/11.
96 *Ehlers*, DVBl 2014, 1, 7 fordert „größte Zurückhaltung".
97 Vgl *Ehlers*, VerwArch. 74 (1983), S. 112, 116 f.

cherzustellen. Grundsätzlich bleibt es der Behörde vorbehalten, das Subventionsverhältnis durch Verwaltungsakt („Ob" und „Wie"), durch Verwaltungsakt („Ob") mit privatrechtlichem Vertrag („Wie"), durch Verwaltungsakt („Ob") mit öffentlich-rechtlichem Vertrag iSd §§ 54 ff VwVfG („Wie") oder nur durch einen öffentlich-rechtlichen Vertrag („Ob" und „Wie") zu regeln.

Zu beachten ist, dass Verwaltungsakt und öffentlich-rechtlicher Vertrag in einem Ausschließlichkeitsverhältnis stehen. Daher ist es der Behörde verwehrt, eine Subvention durch Verwaltungsakt zu gewähren und denselben Regelungsgegenstand zusätzlich durch öffentlich-rechtlichen Vertrag zu regeln[98].

In der Praxis haben sich **einheitlich durch öffentlich-rechtlichen Vertrag** gestaltete **814** Subventionsverhältnisse nicht durchgesetzt[99]. Bewährt hat sich aber die Zwei-Stufen-Theorie, die praktikable Lösungen ermöglicht, weil sie die Bindung der Verwaltung an das öffentliche Recht bei der Subventionsvergabe aufnimmt und dabei die Formenwahlfreiheit der Verwaltung nicht ignoriert. Die Zwei-Stufen-Theorie ist v.a. sinnvoll, wo private Subventionsmittler in das Subventionsverhältnis eingebunden sind oder die Gewährung einer Subvention ausdrücklich (auch) auf der Grundlage eines privatrechtlichen Vertrages erfolgen soll.[100]

Beispiel: Hermes-Kreditbürgschaften (Exportkreditgarantien) des Bundes[101].

Die Rechtsprechung geht heute regelmäßig davon aus, dass **verlorene Zuschüsse** ausschließlich durch Verwaltungsakt gewährt werden[102]. Das kann jedenfalls dann angenommen werden, wenn dem Subventionsempfänger ein Leistungsanspruch auf Zahlung unmittelbar aus dem Verwaltungsakt zukommen soll, der keiner weiteren Umsetzung bedarf[103].

Wenn die Subvention **Rechte Dritter**, zB von Konkurrenten, betrifft, wird ein (vorgeschalteter) Bewilligungsbescheid/Subventionsbescheid zweckmäßig sein, weil eine vertragliche Regelung die Zustimmung aller Betroffenen erfordert (zB § 58 VwVfG). Einzelheiten der Subvention können dann zwischen Subventionsgeber und Subventionsempfänger in einem zweiseitigen Vertrag geregelt werden. Da der Bewilligungs-VA Eingriffscharakter hat, bedarf es einer entsprechenden Rechtsgrundlage.

Beruht das Subventionsverhältnis (auch) auf einem **Vertrag**, ist zu prüfen, ob es sich **815** um einen privat-rechtlichen oder einen öffentlich-rechtlichen Vertrag handelt. Der BGH will die Abgrenzung danach vornehmen, ob Behörde und Subventionsempfänger auf der Ebene der Gleichordnung (dann privatrechtlicher Vertrag) oder in einem Über-Unterordnungsverhältnis (dann öffentlich-rechtlicher Vertrag) stehen[104]. Diese Differenzierung ist rechtsverhältnisdogmatisch schon deshalb abzulehnen, weil eine Gleichordnung oder eine Über-Unterordnung nicht vorgegeben, sondern erst durch das der konkreten Rechtsbeziehung zugrunde liegende Rechtsverhältnis konstruiert wird[105]. Daher kommt es auf den Willen der Vertragsparteien, den jeweiligen Vertrags-

---

98   VGH Kassel, NVwZ 1990, 879.
99   *Grziwotz*, Vertragsgestaltung im öffentlichen Recht, 2002, S. 145.
100   Instruktiv: BVerwG, NVwZ-RR 2012, 628 ff.
101   BGH, NJW 1997, 328.
102   BVerwG, NJW 1969, 809, BVerwG, NJW 1974, 1838, 1839.
103   BGH, WM 1999, 150, 151.
104   BGH, NJW 1997, 328 f.
105   *Storr*, Der Staat als Unternehmer, 2001, S. 491.

gegenstand, den Inhalt des Vertrages und die Umstände des Vertragsschlusses an. Erfüllt die Behörde die ihr aufgetragenen öffentlichen Aufgaben, spricht eine Vermutung dafür, dass sie sich öffentlich-rechtlicher Maßnahmen bedient und nicht auf privatrechtliche Handlungsformen ausweichen will[106]. Hat die Behörde mit dem Subventionsempfänger einen Vertrag geschlossen, liegt dem Subventionsverhältnis daher im Zweifel kein privatrechtlicher, sondern ein öffentlich-rechtlicher Vertrag zugrunde.

816 Erfolgt die Subventionsvergabe unter Inanspruchnahme eines **Subventionsmittlers**, kann dessen Rechtsstellung unterschiedlich ausgestaltet sein: Häufig wird der Subventionsmittler nur im Vorfeld oder nur zur eigentlichen Abwicklung der Subventionsvergabe als (unselbstständiger) **Verwaltungshelfer** (s. Rn 639) tätig. Er übt keine Hoheitsgewalt aus, die eigentliche Förderentscheidung ist staatlichen Stellen vorbehalten, er übernimmt nur die Auszahlung. Entsprechend beschränkt sind die Rechtsbeziehungen zum Subventionsempfänger. Der Subventionsmittler wird auf der Grundlage eines privatrechtlichen Geschäftsbesorgungsvertrages mit der öffentlichen Hand tätig (§ 675 BGB).

817 Möglich ist aber auch, dass die öffentliche Hand über das „Ob" entscheidet, und dem Privaten **Entscheidungsbefugnisse** zur Regelung des Abwicklungsverhältnisses (des „Wie") zukommen. Dieses dreipolige Rechtsverhältnis kann durch die Zwei-Stufen-Theorie interessengerecht systematisiert werden.

818 § 44 Abs. 3 BHO/LHO sieht ferner die Möglichkeit vor, juristischen Personen des Privatrechts die Befugnis zu verleihen, Verwaltungsaufgaben bei der Subventionsvergabe im eigenen Namen und in den Handlungsformen des öffentlichen Rechts wahrzunehmen, wenn sie die Gewähr für eine sachgerechte Erfüllung der ihnen übertragenen Aufgaben bieten und die **Beleihung** im öffentlichen Interesse liegt. Dabei ist § 44 Abs. 3 BHO/LHO die nach dem institutionellen Gesetzesvorbehalt[107] erforderliche Rechtsgrundlage für die Beleihung, die Beleihung selbst kann durch öffentlich-rechtlichen Vertrag oder durch Verwaltungsakt erfolgen.

819 Nicht selten ist eine vierte Konstruktion, die dem Privaten einerseits Entscheidungs- und Gestaltungsfreiheit gibt, ihn andererseits aber im privatrechtlichen Rechtskreis belässt. Hierzu wird der **Private selbst** Subventionsempfänger mit der **Auflage, die erhaltenen Subventionen nach bestimmten Kriterien an Dritte weiterzureichen**. Um eine zweckgerichtete Förderung zu bewirken, muss der Staat die Bewilligungsvoraussetzungen, nach der die private Subventionsvergabestelle verfahren soll, im Bewilligungsbescheid an diese vorgeben.

Beispiel: Stipendien für Studenten durch den Deutschen Akademischen Austauschdienst, der die Mittel ganz überwiegend von Bund, Ländern und EU erhält.

f) Die Subventionskontrolle

820 Nach § 44 BHO/LHO ist bei der Subventionsgewährung zu bestimmen, dass der Subventionsempfänger die Verwendung der Finanzhilfen mit einem **Verwendungsnach-**

---

106 OLG Naumburg, NVwZ-RR 2001, 334, 335.
107 Vgl OVG Münster, NJW 1980, 1406, 1407.

weis zu belegen hat. Der Verwendungsnachweis ist für die abschließende Erfolgskontrolle notwendig. Außerdem ist ein Prüfungsrecht der zuständigen Dienststelle festzulegen. Die Bewilligungsbehörde wird damit berechtigt, Bücher, Belege und sonstige Geschäftsunterlagen anzufordern.

Die **Erfolgskontrolle** ist ein systematisches Prüfverfahren und dient dazu, während 821 der Durchführung (begleitende Erfolgskontrolle) und nach Abschluss (abschließende Erfolgskontrolle) einer Maßnahme festzustellen, ob und in welchem Ausmaß die angestrebten Ziele erreicht wurden, ob die Maßnahme ursächlich für die Zielerreichung war und ob die Maßnahme wirtschaftlich war. Zur Erfolgskontrolle gehören drei Kontrollverfahren:

– Die Zielerreichungskontrolle ist ein Vergleich der geplanten Ziele mit der tatsächlich erreichten Zielrealisierung (Soll-Ist-Vergleich).
– Mit der Wirkungskontrolle wird ermittelt, ob die Maßnahme für die Zielerreichung geeignet und ursächlich war.
– Mit der Wirtschaftlichkeitskontrolle wird untersucht, ob der Vollzug der Maßnahme im Hinblick auf den Ressourcenverbrauch wirtschaftlich war (Vollzugswirtschaftlichkeit) und ob die Maßnahme im Hinblick auf übergeordnete Zielsetzungen insgesamt wirtschaftlich war (Maßnahmenwirtschaftlichkeit)[108].

Grundsätzlich soll nur die Zielerreichungskontrolle durchgeführt werden, alle drei Kontrollprüfungen sind bei institutioneller Förderung und bei Projektförderung mit übergeordneter Zielsetzung vorgeschrieben[109]. Zur besseren Kontrolle wurde eine standardisierte Zuwendungsdatenbank eingeführt[110].

g) Rechtsschutz durch Konkurrenten

Ein Konkurrent des Subventionsempfängers kann gegen die Subventionierung vorge- 822 hen, wenn und soweit er geltend machen kann, in einem subjektiven öffentlichen Recht, zB in seinem Grundrecht auf Wettbewerbsfreiheit und -gleichheit (s. Rn 118), verletzt zu sein. Die Rspr verlangt eine **„schwere und unerträgliche"**[111] Grundrechtsbeeinträchtigung.

Für die richtige Klageart ist idR zwischen drei Konstellationen zu unterscheiden: 823

– Mit der **negativen Konkurrentenklage** kann sich der Kläger gegen die Begünstigung eines Konkurrenten wenden (regelm. Anfechtungsklage, § 42 Abs. 1 1. Alt. VwGO, ggf auch Unterlassungsklage).
– Mit der **positiven Konkurrentenklage** kann der Kläger einen Anspruch auf Gewährung einer Subvention an sich selbst geltend machen (Bewilligungsbescheid als drittbelastender VA; regelm. Verpflichtungsklage § 42 Abs. 1 2. Alt. VwGO, ggf auch allgemeine Leistungsklage).
– Sind die öffentlichen Mittel beschränkt und ausgeschöpft, muss der Kläger für die Gewährung einer Subvention an sich selbst gestuft vorgehen: zunächst muss er die

---

108 Vgl Nr 2.2 zu § 7 BHO VV-BHO.
109 Nr 11a zu § 7 BHO VV-BHO; näher: *Dommach*, DÖV 2008, 282 ff.
110 VV Nr 9 zu § 44 BHO.
111 BVerwGE 65, 167, 174.

Subventionsgewährung an den Wettbewerber angreifen; erst dann kann er die Gewährung an sich selbst verfolgen (**gestufte Konkurrentenklage:** regelm. kombinierte Anfechtungs- und Verpflichtungsklage).

Ist die Subvention durch einen öffentlich-rechtlichen Vertrag gewährt worden und hat der Dritte, obgleich erforderlich, nicht zugestimmt (§ 58 VwVfG), wird im Wege der Feststellungsklage (§ 43 Abs. 1 VwGO) vorzugehen sein.

4. Die Änderung und Aufhebung von gesetzlich geregelten Verschonungssubventionen

824   Einer Kürzung oder Aufhebung von Verschonungssubventionen durch den Gesetzgeber wird durch den Vertrauensschutzgrundsatz Grenzen gezogen. Denn die **Rechtssicherheit** gehört zu den wesentlichen Elementen des Rechtsstaatsprinzips[112]. Der Staatsbürger soll die ihm gegenüber möglichen staatlichen Eingriffe voraussehen und sich dementsprechend einrichten können; er muss darauf vertrauen können, dass sein dem geltenden Recht entsprechendes Handeln von der Rechtsordnung mit allen ursprünglich damit verbundenen Rechtsfolgen anerkannt bleibt. Für den Bürger bedeutet Rechtssicherheit in erster Linie Vertrauensschutz.

825   Der Bürger kann noch nicht allein deshalb auf den unbegrenzten Fortbestand einer einmal gewährten Subvention vertrauen, weil er **Dispositionen** mit weit in die Zukunft reichenden Wirkungen getroffen hat. Vielmehr muss er damit rechnen, dass grundlegende Änderungen in den allgemeinen Rahmenbedingungen der Förderung nicht unberücksichtigt bleiben und folglich der Gesetzgeber unter veränderten wirtschaftlichen Rahmenbedingungen, insbesondere bei zunehmendem Finanzmangel, Subventionen kürzt. Nur wenn das Vertrauen auf die Fortgeltung der bestehenden Rechtslage Vorrang verdient, ist die Regelung unzulässig.

Beispiel: Die Einführung der Fehlbelegungsabgabe ist eine Subventionskürzung, die durch gewichtige öffentliche Interessen (Finanzmangel) gerechtfertigt ist. Das Vertrauen in den Fortbestand der Subvention kann demgegenüber keinen Vorrang beanspruchen, zumal die Steigerung des allgemeinen Realeinkommens dazu geführt hat, dass sich die Wohnkostenbelastung der Subventionsempfänger proportional vermindert hat[113].

826   In seinem Vertrauen wird der Bürger aber verletzt, wenn der Gesetzgeber an **abgeschlossene Tatbestände** ungünstigere Folgen knüpft als der Bürger bei seinen Dispositionen erwarten durfte und durch diese rückwirkende Verschlechterung der Rechtsposition des Bürgers gegen den Grundsatz der Rechtssicherheit verstößt. Eine **Rückwirkung** liegt vor, wenn der Beginn des zeitlichen Anwendungsbereichs einer Rechtsnorm auf einen Zeitpunkt festgelegt ist, der vor dem Zeitpunkt liegt, zu dem die Norm gültig geworden ist. Der Bürger orientiert sich bei seinen Dispositionen an den jeweils geltenden Gesetzen. Soweit Steuertatbestände an Handlungen anknüpfen, muss also die Rechtsfolge bereits im Augenblick des Handelns gesetzlich vorgesehen

---

112   BVerfGE 7, 89, 92.
113   BVerfGE 78, 249, 284.

sein. Folglich dürfen belastende Steuergesetze ihre Wirksamkeit grundsätzlich nicht auf abgeschlossene Tatbestände erstrecken.

Die Schutzwürdigkeit des Vertrauens in den Bestand der bisherigen Rechtsfolgenlage **827**
entfällt nach ständiger Rechtsprechung des BVerfG[114] in der Regel schon im Zeitpunkt des endgültigen **Gesetzesbeschlusses** über die Neuregelung. Mit dem Tag des Gesetzesbeschlusses müssen die Betroffenen mit der Verkündung und dem Inkrafttreten der Neuregelung rechnen; es ist ihnen von diesem Zeitpunkt an zuzumuten, ihr Verhalten auf die beschlossene Gesetzeslage einzurichten. Der Gesetzgeber ist deshalb berechtigt, den zeitlichen Anwendungsbereich einer Regelung auch auf den Zeitraum vom Gesetzesbeschluss bis zur Verkündung zu erstrecken.

Der Vertrauensschutz muss zurückstehen, wenn die Berücksichtigung des Vertrauens **828**
im Hinblick auf eine bestimmte Rechtslage sachlich nicht gerechtfertigt wäre. Das BVerfG unterscheidet zwischen zwei Formen der Rückwirkung: Die gesetzliche Anordnung, dass eine Rechtsfolge schon für einen Zeitraum eintreten soll, der vor dem Zeitpunkt der Verkündung der Norm liegt (**Rückbewirkung von Rechtsfolgen**, „echte" Rückwirkung), ist grundsätzlich unzulässig. Als Ausnahmen sind nur folgende Fälle anerkannt[115]:

– Der Staatsbürger musste in dem Zeitpunkt, auf den der Eintritt der Rechtsfolge vom Gesetz zurückbezogen wird, mit der neuen Regelung rechnen.
– Die Rechtslage war unklar und verworren, systemwidrig oder unbillig.
– Die rückwirkend zu ändernde Rechtsnorm war von vornherein nichtig.
– Es entsteht kein oder nur ein ganz unerheblicher Schaden beim Bürger.
– Zwingende Gründe des gemeinen Wohls, die dem Gebot der Rechtssicherheit übergeordnet sind, erfordern eine Rückwirkungsanordnung.

Beispiel: Eine wirtschaftlich unsinnige Schiffbausubvention soll aufgegeben werden. Nach Rechtsprechung des BVerfG benötigt der Gesetzgeber zur Verwirklichung des gemeinen Wohls einen Gestaltungsraum, um aufgetretenen Missständen einer Gesetzeslage alsbald abhelfen zu können, ohne dass Dispositionen der Gesetzesadressaten die Neuregelung kurz vor ihrem Erlass durch Ausnutzung der bisherigen Regelung unterlaufen können. Deshalb konnte ausnahmsweise bereits die Ankündigung (!) einer Gesetzesänderung durch die Bundesregierung genügen, um das Vertrauen des Bürgers in die bisherige Gesetzeslage zu erschüttern[116].

Demgegenüber betrifft die **tatbestandliche Rückanknüpfung** („unechte" Rückwir- **829**
kung) nicht den zeitlichen, sondern den sachlichen Anwendungsbereich einer Norm. Die Rechtsfolgen eines Gesetzes treten erst nach Verkündung der Norm ein, deren Tatbestand erfasst aber Sachverhalte, die bereits vor Verkündung „ins Werk gesetzt" wurden. Diese Tatbestände, die den Eintritt ihrer Rechtsfolgen von Gegebenheiten aus der Zeit vor ihrer Verkündung abhängig machen, berühren vorrangig Grundrechte – beispielsweise werden bei wirtschaftsverwaltungsrechtlichen Sachverhalten häufig

---

114 BVerfGE 97, 67, 79.
115 BVerfGE 30, 367, 387 f mwN.
116 BVerfGE 97, 67 ff; krit *Leisner-Egensperger*, NVwZ 2012, 985.

Art. 12 und 2 Abs. 1 GG und unter Umständen auch Art. 14 GG[117] betroffen sein – und unterliegen weniger strengen Beschränkungen als die Rückbewirkung von Rechtsfolgen[118].

Steht der Vertrauensschutz des Bürgers einer Änderung oder Aufhebung der Subvention nicht grundsätzlich entgegen, kann der Gesetzgeber dennoch aufgrund des rechtsstaatlichen Grundsatzes der Verhältnismäßigkeit verpflichtet sein, eine angemessene **Übergangsregelung** zu treffen. Dabei hat er einen weiten Gestaltungsspielraum[119].

830   Im Einkommensteuerrecht gilt die Besonderheit, dass die Einkommensteuerpflicht in der Regel erst mit Ablauf des Kalenderjahres als **Veranlagungszeitraum** entsteht (§ 36 Abs. 1 iV mit § 25 Abs. 1 EStG). Ist daher der gesamte gesetzliche Steuertatbestand nicht schon vor Inkrafttreten des Gesetzes verwirklicht worden, finden bei einer Änderung der Steuergesetze im laufenden Kalenderjahr grundsätzlich die Regeln der tatbestandlichen Rückanknüpfung Anwendung. Anders liegt der Fall aber, wenn das Steuergesetz dem Steuerpflichtigen eine Verschonungssubvention anbietet, die dieser nur während des Veranlagungszeitraums annehmen kann. Denn dieses Angebot schafft für den vorgegebenen zeitlichen Rahmen eine Vertrauensgrundlage, auf die der Steuerpflichtige seine Entscheidung über das subventionsbegünstigte Verhalten stützt. Er entscheidet sich um des steuerlichen Vorteils willen für ein bestimmtes wirtschaftliches Verhalten, das er ohne den steuerlichen Anreiz so nicht gewählt hätte. Mit dieser Entscheidung ist die Lenkungs- und Gestaltungswirkung des Subventionsangebots abschließend erreicht. Deshalb führen die Dispositionsbedingungen vom Tag der Entscheidung an zu einer schutzwürdigen Vertrauensgrundlage (str).

5. Der Widerruf von rechtmäßig bewilligten Subventionen wegen Zweckverfehlung

831   **Fall 64:** Unternehmer U hat zur Verlagerung seiner Betriebsstätte und zur Schaffung von 10 Dauerarbeitsplätzen eine Subvention erhalten. Einige Zeit nach Auszahlung der Subvention und Investition der Mittel meldet er Insolvenz an. Kann die Subvention widerrufen werden?

832   **Fall 65:** Der kirchliche Orden K, eine Körperschaft des öffentlichen Rechts, betreibt ein Krankenhaus. Zur Schaffung von billigem Wohnraum für Krankenpflegekräfte ist K nach bestimmten Förderrichtlinien ein Baukostenzuschuss bewilligt worden. Durch die Subventionierung von Wohnraum soll geholfen werden, Pflegekräfte für eine Beschäftigung im Krankenhaus anzuwerben. In den Förderrichtlinien ist vorgesehen, dass nur Pflegekräfte in den Genuss der Förderung kommen sollen, deren Einkommen einen bestimmten Betrag nicht überschreitet. Die Behörde widerruft die Bewilligung, weil in die geförderten Wohnungen Ordensschwestern statt angestellte Krankenpflegerinnen eingezogen sind.

---

117   Vgl BVerfGE 93, 121 ff.
118   BVerfGE 92, 277, 344.
119   BVerfGE 78, 249, 285.

Fall 66: Landwirt L beantragt einen Grünbrache-Zuschuss für ein Flurstück. In dem Antrag   833
hat er sich verpflichtet, das Flurstück als Grünbrache zu behandeln, dh es nicht zu düngen, den
Aufwuchs nicht zu Futterzwecken zu verwenden oder sonst zu vermarkten. Im Bewilligungsbescheid hatte die Behörde hierauf Bezug genommen. Als L auf dem Flurstück Schafe weiden
lässt, fordert die Behörde den Zuschuss mit dem Schreiben zurück: *„Sehr geehrter Herr L.,
Sie haben das Grundstück als Weide für Ihre Schafe genutzt und damit gegen die Förderbedingungen verstoßen. Der Bewilligungsbescheid ist aufgehoben. Mit freundlichen Grüßen ...".*

a) Anwendungsbereich von § 49 VwVfG

Die Rückforderung von Subventionen durch die öffentliche Hand führt in der Praxis   834
häufig zu gerichtlichen Auseinandersetzungen. Rechtsgrundlagen sind – sofern es
keine spezialgesetzlichen Bestimmungen gibt – §§ 48, 49 und 49a VwVfG. Dabei
lassen sich typische Rückforderungsfälle unterscheiden. Grundsätzlich ist zwischen
rechtmäßigen, rechtswidrigen und **nichtigen Bewilligungsbescheiden** zu differenzieren. Der Widerruf eines rechtmäßigen Bewilligungsbescheids ist in § 49
VwVfG geregelt. Ist der Bewilligungsbescheid rechtswidrig, kommt zunächst eine
Rücknahme nach § 48 VwVfG (s. Rn 866) in Betracht. Subsidiär ist ein Widerruf eines rechtswidrigen Bewilligungsbescheids in analoger Anwendung des § 49 VwVfG
möglich, weil der durch einen rechtswidrigen Verwaltungsakt Begünstigte nicht
besser gestellt werden darf als der durch einen rechtmäßigen Verwaltungsakt Begünstigte[120].

Besonders zu beachten ist, dass § 48 Abs. 1 S. 2 und Abs. 2–4 sowie § 49 Abs. 2–4 und 6 VwVfG
nicht zur Anwendung kommen, wenn ein begünstigender Verwaltungsakt, der von einem Dritten
angefochten worden ist, während des Vorverfahrens oder während des verwaltungsgerichtlichen
Verfahrens aufgehoben wird, soweit dadurch dem Widerspruch oder der Klage abgeholfen wird
(§ 50 VwVfG).

Wenn der Bewilligungsbescheid **nichtig** ist (§ 44 VwVfG), ist die Subvention ohne   835
Rechtsgrundlage gewährt worden und nach den Grundsätzen über den öffentlich-
rechtlichen Erstattungsanspruch zurückzufordern (s. Rn 881 ff). Eine Rücknahme
scheidet hingegen aus[121], weil ein nichtiger Verwaltungsakt nach § 43 Abs. 3 VwVfG
unwirksam ist. Die Nichtigkeit von Verwaltungsakten ist nach § 44 Abs. 5 VwVfG
oder § 43 Abs. 1 VwGO festzustellen.

Die im Subventionsrecht bedeutsamste Widerrufsbestimmung ist **§ 49 Abs. 3**   836
VwVfG. Subventionen werden vergeben, weil die Behörde den Subventionsempfänger mittelbar oder unmittelbar fördern will. Damit verfolgt sie einen bestimmten im
öffentlichen Interesse liegenden Zweck. Werden die Subventionen vom Subventionsempfänger aber **nicht zweckgemäß** eingesetzt, ist die Behörde zur Rückforderung berechtigt. § 49 Abs. 3 VwVfG lässt den Widerruf zu, wenn der Bewilligungsbescheid

---

120   VGH Kassel, NVwZ 1984, 382, 383; OVG Münster, NVwZ-RR 2003, 803, 804.
121   AA *Ule/Laubinger*, VerwVfR, S. 610; *Sachs*, in: SBS, VwVfG, § 48 Rn 67: zumindest analoge An-
      wendung von § 48 VwVfG.

eine (einmalige oder laufende) Geldleistung oder eine teilbare Sachleistung zur Erfüllung eines bestimmten Zwecks gewährt und

- die Leistung nicht für den in dem Verwaltungsakt bestimmten Zweck verwendet wird (§ 49 Abs. 3 S. 1 Nr 1, 1. Alt. VwVfG),
- die Leistung nicht alsbald nach der Erbringung für den in dem Verwaltungsakt bestimmten Zweck verwendet wird (§ 49 Abs. 3 S. 1 Nr 1, 2. Alt. VwVfG),
- die Leistung nicht mehr für den in dem Verwaltungsakt bestimmten Zweck verwendet wird (§ 49 Abs. 3 S. 1 Nr 1, 3. Alt. VwVfG) oder
- wenn mit dem Verwaltungsakt eine Auflage verbunden ist und der Begünstigte diese nicht oder nicht innerhalb einer ihm gesetzten Frist erfüllt hat (§ 49 Abs. 3 S. 1 Nr 2 VwVfG).

b) Der zu widerrufende Bewilligungsbescheid

837   Wie ausgeführt setzt ein Widerruf nach § 49 Abs. 3 VwVfG einen **rechtmäßigen** Bewilligungsbescheid voraus; in analoger Anwendung der Bestimmung kann aber auch ein **rechtswidriger Bewilligungsbescheid** widerrufen werden. Der Widerruf setzt nicht voraus, dass noch Rechtsbehelfe eingelegt werden können und ist daher auch dann möglich, wenn der Bewilligungsbescheid bestandskräftig ist. Bei einem noch nicht bestandskräftigen Bewilligungsbescheid ist aber § 50 VwVfG zu beachten (s. Rn 834).

838   Der Bewilligungsbescheid muss eine **Geldleistung** oder **teilbare Sachleistung** gewähren. Geldleistung meint jede in Geld bezifferbare Leistung und erfasst deshalb Finanzhilfen ebenso wie Verschonungssubventionen, zB eine Stundung oder Nichterhebung einer Abgabe, wenn diese durch einen Verwaltungsakt festgesetzt werden. Geld- und Sachleistung müssen zur Erfüllung eines bestimmten öffentlichen Zwecks gewährt werden. Da es sich beim VwVfG um ein allgemeines Verwaltungsverfahrensgesetz handelt, ist diese Voraussetzung weit zu verstehen[122]. Daher sind nicht nur solche Leistungen, mit denen unmittelbar oder mittelbar ein öffentlicher Zweck verfolgt wird, sondern auch solche, bei denen die Leistung selbst der Zweck ist, unter § 49 Abs. 3 VwVfG subsumierbar[123].

Wenn ein privatrechtlicher Subventionsvertrag abgeschlossen wurde, gelten die Grundsätze des Verwaltungsprivatrechts. Die Behörde kann einen Subventionsvertrag nicht schon wegen einer Vertragsverletzung kündigen und die Rückzahlung der Subvention verlangen, sondern nur, wenn in entsprechender Anwendung des § 49 Abs. 3 VwVfG eine Zweckverfehlung vorliegt[124].

c) Der Tatbestand der Zweckverfehlung

839   § 49 Abs. 3 S. 1 Nr 1, 1. Alt. VwVfG betrifft als erste Regelfallgruppe die **zweckfremde** Verwendung der Subventionsmittel. Doch sind nicht alle Subventionszwecke widerrufsrelevant, sondern nur solche, die von der Behörde vorher **ausdrücklich be-**

---

122   Vgl auch Bundesregierung, Gesetzesbegründung, BT-Drs. 13/1534, S. 6.
123   Str, aA *Suerbaum*, VerwArch. 90 (1999), 361, 367.
124   BGH, NVwZ 2007, 246, 248.

nannt wurden. Das können auch mehrere Zwecke sein; dann müssen alle der benannten eingehalten werden[125]. Denn Subventionen zielen zwar auf einen bestimmten Erfolg ab, sind aber Instrumente der Verhaltenslenkung. Der Subventionsempfänger muss deshalb wissen, wie er sich verhalten soll, um in den Genuss einer Förderung zu kommen, und unter welchen Voraussetzungen er die Förderung behalten darf. § 49 Abs. 3 VwVfG setzt daher voraus, dass die maßgeblichen Subventionszwecke im Bewilligungsbescheid spezifisch festgelegt sind. Der Subventionszweck kann auch in den Subventionsrichtlinien näher bestimmt sein, wenn diese ausdrücklich Bestandteil des Bescheids wurden, der Subventionszweck hinreichend deutlich und konkret ist und der Adressat des Bescheids der Richtlinie entnehmen kann, was von ihm gefordert wird[126].

§ 49 Abs. 3 S. 1 Nr 1, 2. Alt. VwVfG stellt die nicht **alsbaldige Mittelverwendung** 840 der Zweckverfehlung gleich. Letztlich handelt es sich auch um einen Fall der Zweckverfehlung, wenn die ausgereichten Mittel nicht zeitgerecht verwendet werden. Das unbestimmte Tatbestandsmerkmal „alsbald" wird häufig in den Subventionsrichtlinien konkretisiert (regelmäßig zwei Monate[127]). „Alsbald" ist eine Mittelverwendung jedenfalls, wenn sie kurz nach der Auszahlung erfolgt. Auf ein Verschulden des Subventionsempfängers kommt es nicht an (keine Unverzüglichkeit iSd § 121 BGB), insbesondere ist nicht maßgeblich, ob dieser die Mittel überhaupt zweckentsprechend einsetzen konnte. Sinn des § 49 Abs. 3 S. 1 Nr 1, 2. Alt. VwVfG ist es, zu verhindern, dass der Subventionsempfänger die Mittel nicht oder interimsweise zweckfremd einsetzt und daraus Früchte zieht, die eigentlich dem Subventionsgeber zugestanden hätten, wenn dieser erst später ausbezahlt hätte[128]. Vor einem Widerruf nach § 49 Abs. 3 S. 1 Nr 1, 2. Alt. VwVfG ist als mildere Reaktionsmöglichkeit der Anspruch des Subventionsgebers auf Zinsen nach § 49a Abs. 4 VwVfG (s. Rn 893) zu prüfen.

§ 49 Abs. 3 S. 1 Nr 1, 3. Alt. VwVfG ermöglicht einen Widerruf, wenn die subventi- 841 onszweckmäßige Verwendung der ausgereichten Subventionen **nicht dauerhaft sichergestellt** ist. Das ist der Fall, wenn der Subventionsempfänger die erhaltenen Mittel zwar zunächst zweckentsprechend einsetzt, sie später aber einer zweckfremden Verwendung zuführt. Ist dem Subventionsempfänger dagegen aufgegeben, die Mittel bloß für einen bestimmten Zeitraum zweckgerecht zu verwenden, hat ein Widerruf wegen zweckwidrigen Mitteleinsatzes während dieses Zeitraums nach § 49 Abs. 3 S. 1 Nr 1, 1. Alt. VwVfG zu erfolgen. Ist nur ein Teil der Mittel zweckwidrig verwendet worden, wird nur ein teilweiser Widerruf in Betracht kommen.

Fall 64 (Rn 831)[129]: Rechtsgrundlage für einen Widerrufsbescheid kann § 49 Abs. 3 S. 1 842 Nr 1, 3. Alt. VwVfG sein. Ein Widerrufsgrund liegt aber nicht vor: Weder der Antrag, das Insolvenzverfahren zu eröffnen, noch die Eröffnung des Gesamtvollstreckungsverfahrens bedeuten, dass der Zuwendungszweck verfehlt wird. Allein die Gefährdung der Zweckerreichung

---

125 Gegen die Maßgeblichkeit eines „Primärzwecks": OVG Magdeburg v. 20.1.2011, 1 L 77/10.
126 BVerwGE 116, 332, 334.
127 OVG Weimar, NVwZ-RR 1999, 438, 439; OVG Magdeburg, NVwZ-RR 2001, 284.
128 BVerwGE 116, 332, 333 f.
129 OVG Greifswald, NVwZ-RR 2002, 805 ff.

genügt nicht; vielmehr muss festgestellt werden, dass der Zuwendungszweck nicht erreicht wird oder nicht mehr erreicht werden kann. Im vorliegenden Fall kann aber nicht ausgeschlossen werden, dass das Gesamtvollstreckungsverfahren durch Einstellung wieder beendet wird, mit der Folge, dass der Betrieb weitergeführt werden kann und eine Zweckerfüllung möglich ist.

843   Für § 49 Abs. 3 S. 1 Nr 2 VwVfG (Auflagenverstoß) kommt es auf den Inhalt der **Auflage** an. Gemeint ist eine Auflage iSd § 36 VwVfG. ZB kann dem Subventionsempfänger aufgegeben sein, die zweckentsprechende Verwendung des Zuschusses innerhalb einer bestimmten Frist nachzuweisen. Erbringt er den Verwendungsnachweis nicht rechtzeitig, ist eine Rückforderung möglich, ohne dass es noch darauf ankommt, ob die Mittel tatsächlich zweckentsprechend verwendet wurden. Andernfalls würde der Sinn des Nachweisverfahrens verfehlt werden, da der Subventionsempfänger sonst für einen längeren Zeitraum – möglicherweise auf Jahre hinaus – Mittel blockieren könnte[130]. Da die Auflage ein eigenständiger Verwaltungsakt ist (str), kommt es nicht darauf an, ob sie rechtmäßig ist, sofern sie bestandskräftig und nicht nichtig ist[131]. Die Rechtswidrigkeit einer Auflage wird aber im Rahmen des Widerrufermessens zu berücksichtigen sein. Auch hier ist Verschulden keine Voraussetzung[132].

844   **Fall 65 (Rn 832)**[133]: Rechtsgrundlage für einen Widerrufsbescheid kann § 49 Abs. 3 S. 1 Nr 1 oder Nr 2 VwVfG sein. Das würde insbesondere voraussetzen, dass der Bewilligungsbescheid rechtmäßig war, der Förderzweck im Bewilligungsbescheid konkretisiert, die Leistung aber nicht dem Zweck entsprechend verwendet oder die mit der Bewilligung verbundene Auflage nicht erfüllt wurde. Hier liegen beide Widerrufvoraussetzungen vor. Der Bewilligungsbescheid ist rechtmäßig: Ungeachtet der Frage, ob ein Zuschuss auch bei einem Einzug von Ordensschwestern in die Wohnungen nach den Förderrichtlinien zulässig war, war zum Zeitpunkt der Bewilligung jedenfalls nicht absehbar, dass Ordensangehörige in die Wohnungen einziehen würden. Durch den Verweis auf die Förderrichtlinien wurde auf den Förderzweck Bezug genommen und dieser Inhalt des Bewilligungsbescheids. Zweck der Subvention war es, zur Verbesserung der Attraktivität der Pflegeberufe Wohnungen für Pflegekräfte zu schaffen, die an Krankenhäusern beschäftigt sind. Begünstigt werden sollten mit der Förderung also nicht der Zuwendungsempfänger oder der Bauherr, sondern die Pflegekräfte, deren Einkommen die in den Förderrichtlinien bestimmten Grenzen nicht überschreitet. Dieser Förderzweck wurde mit der Belegung der Wohnungen durch Ordensschwestern verfehlt: Ordenskrankenschwestern gehören nicht zu dem vom Richtliniengeber begünstigten Personenkreis, weil sie als Ordensangehörige für die Wohnkosten nicht selbst aufkommen müssen. Für eine Unterbringung der Ordensangehörigen hat der Orden zu sorgen. Nutznießer der Subvention wäre somit der Orden, und nicht die Wohnungsinhaber. Der Richtliniengeber will aber nur dem Krankenhausträger Fördermittel zukommen lassen, der Pflegekräfte beschäftigt, die aus ihrem Einkommen aus dem Beschäftigungsverhältnis die Wohnungen selbst bezahlen müssen.

---

130   VGH Mannheim, NVwZ 1987, 520; OVG Münster, NVwZ-RR 2003, 803, 805; OVG Magdeburg, NVwZ 2000, 585, 586.
131   *Suerbaum*, VerwArch. 90 (1999), 361, 371; *Sachs*, in: SBS, VwVfG, § 49 Rn 53.
132   OVG Lüneburg Az. 8 LA 123/12.
133   VGH München, Urteil v. 9.4.2002 – 24 B 00.2744.

d) Das intendierte Widerrufsermessen

§ 49 Abs. 3 VwVfG räumt der Behörde für den Widerruf ein Ermessen ein. Die   845
Rechtsprechung geht davon aus, dass § 49 Abs. 3 VwVfG ein sog. **gelenktes bzw intendiertes Ermessen** zugrunde liegt. Von einem intendierten Ermessen spricht man,
wenn im Gesetz selbst eine Ermessenausübung für den Regelfall angelegt ist. Das Ergebnis der Abwägung steht dann regelmäßig schon fest. Um eine gegenteilige Entscheidung zu rechtfertigen, müssen besondere Gründe vorliegen[134]. Das intendierte
Ermessen in § 49 Abs. 3 VwVfG wird damit begründet, dass bei der Aufstellung und
Ausführung des Haushaltsplans die Grundsätze der Wirtschaftlichkeit und Sparsamkeit zu beachten sind (§ 7 Abs. 1 BHO/LHO und § 6 Abs. 1 HGrG). Daraus folgt, dass
bei Verfehlung des mit der Gewährung von öffentlichen Zuschüssen verfolgten
Zwecks im Regelfall das Ermessen nur durch eine Entscheidung für den Widerruf feh-
lerfrei ausgeübt werden kann. Diese Haushaltsgrundsätze überwiegen im Allgemeinen das Interesse des Begünstigten, den Zuschuss behalten zu dürfen, und verbieten
einen großzügigen Verzicht auf den Widerruf von Subventionen[135]. Allerdings bleibt
der Behörde auch beim intendierten Ermessen ein Ermessensspielraum, eine Ermessensreduzierung auf Null liegt gerade nicht vor. Die entscheidende Behörde muss daher erkennen, dass ihr ein – wenngleich gelenkter – Ermessensspielraum zusteht. Sie
darf sich nicht von vornherein zum Widerruf verpflichtet halten[136]. Die Behörde muss
lediglich keine Ermessenserwägungen anstellen, solange ihr keine besonderen Umstände des Falles erkennbar oder bekannt geworden sind, die eine andere Entscheidung möglich erscheinen lassen[137].

> **Fall 66 (Rn 833)**[138]: Grundsätzlich hat die Behörde, wenn ihr Ermessen eingeräumt ist, dieses   846
> ordnungsgemäß auszuüben und in der Begründung ihre Ermessenwägungen anzugeben (§§ 39
> Abs. 1 S. 3, 40 VwVfG). Fehlt die Begründung, liegt ein Verfahrensfehler vor, der zur Rechts-
> widrigkeit des Verwaltungsakts führt. Das ist aber nicht bei einem sog. intendierten Ermessen
> wie in § 49 Abs. 3 VwVfG der Fall. Denn liegt ein vom Regelfall abweichender Sachverhalt
> nicht vor, versteht sich das Ergebnis der Abwägung von selbst. Versteht sich aber das Ergebnis
> von selbst, so bedarf es insoweit auch keiner das Selbstverständliche darstellenden Begrün-
> dung.

e) Der Adressat des Widerrufsbescheids

Ein Widerrufsbescheid kann an den Adressaten des Bewilligungsbescheids oder an ei-   847
nen anderen Subventionsbegünstigten gerichtet werden. Der andere muss aber durch
den Bewilligungsbescheid in den Kreis der **Begünstigten** einbezogen worden sein.
Das ist zB der Fall, wenn dem Adressaten eines Bewilligungsbescheids aufgegeben
wurde, die Subvention an einen Dritten weiterzuleiten. Begünstigter ist ein Dritter
aber noch nicht allein deshalb, weil die Forderung aus dem Subventionsverhältnis –

---

134   Kritisch zum intendierten Ermessen: *Volkmann*, DÖV 1996, 282 ff.
135   BVerwGE 105, 55, 57; OVG Münster, NVwZ-RR 2003, 473; VGH München, NVwZ 2001, 931, 933.
136   OVG Bautzen, SächsVBl 2004, 157, 159.
137   OVG Magdeburg, LKV 2000, 545, 546.
138   BVerwGE 105, 55, 57.

zB an eine Bank – abgetreten wird. Auch durch die Auszahlung der Fördermittel auf ein Konto des Abtretenden wird die kontoführende Bank nicht in den Adressatenkreis für einen Widerrufsbescheid einbezogen[139]. Begünstigter kann aber der Rechtsnachfolger des Adressaten des Bewilligungsbescheids sein[140].

f) Inhalt des Widerrufsbescheids

848   Die Behörde kann den Bewilligungsbescheid **ex tunc** oder **ex nunc, teilweise** oder **ganz** widerrufen. § 49 Abs. 3 VwVfG lässt einen Widerruf nur „dem Grunde nach", wobei der Umfang des Widerrufs einem weiteren Bescheid vorbehalten sein soll, nicht zu[141].

g) Widerrufsfrist

849   § 49 Abs. 3 S. 2 VwVfG verweist auf § 48 Abs. 4 VwVfG („gilt entsprechend"). Nach § 48 Abs. 4 S. 1 VwVfG ist die Rücknahme eines begünstigenden Verwaltungsakts nur innerhalb eines Jahres seit dem Zeitpunkt, in dem die zuständige Behörde Kenntnis **von Tatsachen** erhalten hat, welche die Rücknahme eines (rechtswidrigen) Verwaltungsakts rechtfertigen, möglich.

§ 48 Abs. 4 S. 1 VwVfG ist eine **Entscheidungsfrist**. Das heißt, dass die Frist erst dann zu laufen beginnt, wenn die Behörde ohne weitere Sachaufklärung objektiv in der Lage ist, unter sachgerechter Ausübung ihres Ermessens über den Widerruf/die Rücknahme des Verwaltungsakts zu entscheiden.

Soll ein **rechtmäßiger Bewilligungsbescheid** widerrufen werden, steht der Fristbeginn unter der Bedingung, dass der Behörde sämtliche für die Widerrufsentscheidung erheblichen Tatsachen vollständig bekannt sind. Hierzu gehören die für die Ermessensausübung wesentlichen Umstände. Die Behörde muss sich also der Notwendigkeit, über den Widerruf entscheiden zu müssen, bewusst sein, zB muss sie auch Kenntnis über die Verwaltungsaktqualität des Bewilligungsbescheids haben[142].

850   Nach der Rechtsprechung des BVerwG meint die Kenntnis der Behörde iSv § 48 Abs. 4 VwVfG eine sog. **positive Kenntnis**. Es soll nicht genügen, dass die eine Aufhebung der Subvention rechtfertigenden Tatsachen aus den Akten ersichtlich sind, weil der Behörde die Jahresfrist zur sachgerechten Entscheidung über den Widerruf eingeräumt ist und deshalb nicht in Lauf gesetzt werden soll, bevor sich die Behörde der Notwendigkeit bewusst geworden ist, über den Widerruf entscheiden zu müssen. Positive Kenntnis soll die Behörde erst erlangen, wenn der nach der innerbehördlichen Geschäftsverteilung zur Rückforderung oder zur Überprüfung der Subvention berufene Amtswalter die die Aufhebung des Bewilligungsbescheids rechtfertigenden Tatsachen feststellt. Diese Rechtsprechung ist aber abzulehnen, weil die Behörde mit der Aktenkundigkeit bereits im Besitz der relevanten Informationen ist und somit entscheiden kann[143]. Die Jahresfrist ist auch eine Schutzfrist des Bürgers: Dieser kann das

---

139   OVG Frankfurt/O., NVwZ-RR 2002, 479, 480; OVG Magdeburg, NVwZ-RR 2001, 214; BVerwG, NVwZ-RR 2000, 196.
140   Ehlers, GewArch. 1999, 305, 314.
141   BVerwG, NVwZ 2001, 556.
142   OVG Münster, NVwZ-RR 2010, 630.
143   Vgl zu Abgrenzungsproblemen: OVG Frankfurt/O., NVwZ-RR 2002, 479, 483.

Vorliegen einer positiven Kenntnis des zuständigen Amtswalters aber nicht beurteilen, der Fristbeginn wäre also unsicher. Diese Auslegung des § 48 Abs. 4 VwVfG – wie sie die Rechtsprechung unternimmt – ist auch für den Zweck der Fristsetzung, nämlich Rechtssicherheit herzustellen, kontraproduktiv. Im Übrigen muss Aktenkundigkeit der Informationen schon deshalb ausreichen, weil Organisation und Geschäftsverteilung Angelegenheit der Behörde sind.

Umstritten ist, ob neben § 48 Abs. 4 VwVfG noch eine allgemeine dreißigjährige Verjährungsfrist aus dem Rechtsgedanken des § 195 BGB aF analog herzuleiten ist. Das BVerwG hat das ausdrücklich offengelassen, aber auf einen allgemeinen Rechtsgrundsatz hingewiesen, demzufolge nach Ablauf von dreißig Jahren einmal getroffene Regelungen keinesfalls mehr in Frage gestellt werden dürfen[144].

6. Der Widerruf von rechtmäßig bewilligten Subventionen aus anderen Gründen

a) Anwendungsbereich des Widerrufs nach § 49 Abs. 2 VwVfG

§ 49 Abs. 3 VwVfG enthält für die Aufhebung von Bewilligungsbescheiden eine spezielle Rechtsgrundlage; das schließt einen Rückgriff auf § 49 Abs. 2 VwVfG aber nicht aus[145]. Allerdings ist Abs. 3 nicht nur eine weitere Fallgruppe von § 49 Abs. 2 VwVfG. Während diese Bestimmung nur einen Widerruf für die Zukunft zulässt, ermöglicht § 49 Abs. 3 VwVfG auch einen Widerruf für die Vergangenheit (zur Bedeutung für den Erstattungsanspruch s. Rn 887).　　**851**

Für einen Widerruf nach § 49 Abs. 2 VwVfG ist Voraussetzung, dass der Bewilligungsbescheid begünstigend ist. Begünstigend ist ein Verwaltungsakt, wenn er ein Recht oder einen rechtlich erheblichen Vorteil begründet oder bestätigt (§ 48 Abs. 1 S. 2 VwVfG). Das ist im Zwei-Personen-Verhältnis zwischen Subventionsgeber und Subventionsempfänger regelmäßig unproblematisch. Für den Konkurrenten eines Subventionsempfängers kann sich eine Subventionsbewilligung indes als belastender VA darstellen. Wie aus § 50 VwVfG zu entnehmen ist, ist der Bewilligungsbescheid gleichwohl als begünstigender VA zu behandeln. Anders liegt es nur, wenn einzelne Nebenbestimmungen aufgehoben werden sollen, die lediglich gegenüber einem Betroffenen Rechtswirkungen entfalten. Dann kommt es darauf an, inwieweit die Nebenbestimmung diesem gegenüber begünstigend oder belastend ist.　　**852**

b) Die Widerrufsgründe des § 49 Abs. 2 VwVfG

Ein Widerruf auf der Grundlage von § 49 Abs. 2 VwVfG ist aus fünf Gründen möglich (vgl auch ▶ **Klausurenkurs Fall Nr 20**). Nach § 49 Abs. 2 S. 1 Nr 1 VwVfG ist ein Widerruf zulässig, wenn er durch **Rechtsvorschrift zugelassen** oder im **Verwaltungsakt vorbehalten** ist. Eine Rechtsvorschrift iSd Bestimmung ist jedes materielle Gesetz (Parlamentsgesetz, Rechtsverordnung, Satzung), weil der Vorbehalt Rechts-　　**853**

---

144 BVerwG v. 21.10.2010, 3 C 4.10 unter Hinweis auf BVerwGE 132, 324.
145 *Kopp/Ramsauer*, VwVfG, § 49 Rn 62.

wirkung gegenüber dem Subventionsempfänger haben muss. Ausgeschlossen ist daher ein Widerruf unmittelbar aufgrund einer Bestimmung in einer Verwaltungsvorschrift[146]. Auch eine Rechtsprechungsänderung erfüllt den Tatbestand nicht. Ferner gibt ein Widerrufsvorbehalt iSv § 36 Abs. 2 Nr 3 VwVfG der Behörde die Befugnis, bei Vorliegen bestimmter, im Bewilligungsbescheid selbst näher bezeichneter Umstände, diesen ganz oder teilweise zu widerrufen und dadurch seine Wirksamkeit zu beenden. Bei einem Widerrufsvorbehalt in den Subventionsrichtlinien muss im Bewilligungsbescheid hierauf Bezug genommen worden sein.

Beispiel: Der Widerruf von Fördermitteln des Landes ist für den Fall vorbehalten, dass der Bund Finanzhilfen nach dem Strukturhilfegesetz nicht gewährt oder kürzt. Tritt dieser Fall ein, kann das Land die Förderung widerrufen. Bei der Verteilung der Restmittel kommt dem Land ein Ermessensspielraum zu. Es ist nicht zu einer gleichmäßigen Kürzung aller Mittel für geförderte Maßnahmen verpflichtet[147].

854 § 49 Abs. 2 S. 1 Nr 2 VwVfG **(Nichterfüllung einer Auflage)** kommt angesichts § 49 Abs. 3 S. 1 Nr 2 VwVfG (s. Rn 843) keine eigenständige Bedeutung zu.

855 § 49 Abs. 2 S. 1 Nr 3 VwVfG ermöglicht einen Widerruf bei **Änderung der Sachlage**, vorausgesetzt die Behörde wäre auf Grund nachträglich eingetretener Tatsachen berechtigt, den Verwaltungsakt nicht zu erlassen und das öffentliche Interesse wäre ohne den Widerruf gefährdet. Eine Änderung der Sachlage liegt vor, wenn Tatsachen, die im Zeitpunkt des Erlasses des früheren Bescheides vorlagen und für die behördliche Entscheidung objektiv bedeutsam waren, nachträglich wegfallen oder wenn neue, für die Entscheidung erhebliche Tatsachen nachträglich eintreten. Die Sachlage kann sich zB ändern, wenn inzwischen neue naturwissenschaftliche Erkenntnisse gewonnen wurden[148].

856 Im Einzelfall zu klären ist, ob die Veränderung der Haushaltslage der öffentlichen Hand eine neue Tatsache im Sinne dieser Vorschrift ist oder ob es sich – angesichts der andauernden Haushaltskrise in Bund, Ländern und Kommunen – lediglich um eine neue Beurteilung der letztlich unverändert gebliebenen Verhältnisse darstellt[149]. Für einen Widerruf wegen Änderung der Sachlage wird man zumindest eine erhebliche und unerwartete Verschlechterung der Haushaltslage fordern müssen. Außerdem muss das öffentliche Interesse ohne Widerruf gefährdet sein. Die sparsame Verwendung öffentlicher Mittel ist zwar im öffentlichen Interesse (vgl § 6 HGrG, § 7 BHO)[150]; zu beachten ist aber, dass die Rückforderung nicht nur im öffentlichen Interesse liegen, sondern dass das öffentliche Interesse ohne den Rückruf gefährdet sein muss. Folglich hat der widerrufende Subventionsgeber einen drohenden Schadenseintritt für ein wichtiges Gemeinschaftsgut anzuführen, zB eine mangelnde finanzielle Leistungsfähigkeit. Das kann etwa anzunehmen sein, wenn es um eine Vielzahl von Fällen oder um hohe Summen in Einzelfällen geht[151].

---

146 Offengelassen: OVG Bautzen, NJW 2000, 1057, 1059.
147 OVG Lüneburg, DÖV 1999, 564 ff.
148 BVerfG, NVwZ 2002, 718, 719.
149 In diesem Sinne etwa: OVG Bautzen, NJW 2000, 1057, 1059.
150 BVerwG, DÖV 1986, 202.
151 VGH Kassel, NVwZ-RR 1999, 798, 801.

Für einen Widerruf nach § 49 Abs. 2 S. 1 Nr 4 VwVfG müssen drei Voraussetzungen 857
erfüllt sein: Erstens hätte die Behörde auf Grund einer **geänderten Rechtsvorschrift**
berechtigt gewesen sein müssen, den Bewilligungsbescheid nicht zu erlassen. Erforderlich ist, dass ein materielles Gesetz geändert worden ist, die Änderung einer Verwaltungsvorschrift genügt hingegen nicht. Zweitens darf der Subventionsempfänger
von der Vergünstigung noch keinen Gebrauch gemacht oder auf Grund des Verwaltungsaktes noch keine Leistungen empfangen haben. Der Subventionsempfänger hat
von der ausgezahlten Leistung noch nicht schon deshalb Gebrauch gemacht, weil er
sie erhalten hat. Vielmehr ist die Widerrufsmöglichkeit dem Wortlaut nach erst ausgeschlossen, wenn er sie investiert, anderweitig einsetzt oder verplant. Drittens muss
ohne den Widerruf das öffentliche Interesse gefährdet sein (s. Rn 870).

Restriktiv auszulegen ist § 49 Abs. 2 S. 1 Nr 5 VwVfG, der einen Widerruf zur Ver- 858
hütung oder Vermeidung **schwerer Nachteile für das Gemeinwohl** zulässt. Die Bestimmung enthält eine Art „Notstandsrecht" des Staates und ist Ausdruck eines
Rechtsverständnisses, wonach das individuelle Interesse eines Bürgers in dringenden
Fällen hinter dem Gemeinwohlinteresse zurückzustehen hat. Das können Katastro-
phenfälle oder ähnliche außergewöhnliche Umstände sein, nicht aber bloße Haus-
haltsinteressen des Staates[152].

c) Besondere Vorgaben bei einem Widerruf nach § 49 Abs. 2 VwVfG

Erfolgt der Widerruf auf der Grundlage von § 49 Abs. 2 VwVfG, sind drei Vorgaben 859
besonders zu beachten: Erstens gilt für einen Widerruf nach § 49 Abs. 2 VwVfG die
Entscheidungsfrist des § 48 Abs. 4 VwVfG (s. Rn 849 f).

Zweitens bestimmt § 49 Abs. 5 VwVfG, dass nach Unanfechtbarkeit des Bewilli- 860
gungsbescheids die nach **§ 3 VwVfG zuständige Behörde** über den Widerruf entscheidet, und zwar auch dann, wenn der zu widerrufende Verwaltungsakt von einer
anderen Behörde erlassen worden ist. Die Zuständigkeit richtet sich also nach der im
Zeitpunkt des Widerrufs bestehenden Sachlage und den dann geltenden Rechtsvorschriften.

Zu beachten ist drittens, dass ein Widerruf in den Fällen des § 49 Abs. 2 Nr 3–5 861
VwVfG zu einem **Entschädigungsanspruch** des Subventionsempfängers führen
kann (§ 49 Abs. 6 VwVfG). Danach hat die Behörde den Betroffenen auf Antrag für
den Vermögensnachteil zu entschädigen, den dieser dadurch erleidet, dass er auf den
Bestand des Verwaltungsaktes vertraut hat, soweit sein Vertrauen schutzwürdig ist.

Soweit Eigentumsrechte betroffen sind, ist § 49 Abs. 6 VwVfG eine verfassungsrechtlich gebotene Eigentumsinhaltsbestimmung iSv Art. 14 Abs. 1 und 2 GG. Eine Entschädigung kommt aber
auch dann in Betracht, wenn eine Eigentumsposition nicht betroffen ist, dh als schlichte Billig-
keitsentschädigung für enttäuschtes Vertrauen.

Der Entschädigungsanspruch ist kein Schadensersatzanspruch. Weil sich die Höhe 862
nach dem Vertrauen des Betroffenen richtet, sind weder der entgangene Gewinn noch

---

152 OVG Berlin, NVwZ-RR 1988, 6, 8 f; *Kopp/Ramsauer*, VwVfG, § 49 Rn 56.

immaterielle Nachteile auszugleichen. Im Übrigen verweist das Gesetz auf § 48 Abs. 3 S. 3–5 VwVfG. Eine Behörde kann nicht Antragstellerin nach § 49 Abs. 6 VwVfG sein, weil sie kein schutzwürdiges Vertrauen bilden kann[153].

Die Ausführungen lassen zugleich klar werden, weshalb ein Entschädigungsanspruch im Fall eines Widerrufsvorbehalts und einer Auflage (§ 49 Abs. 2 Nr 1 und 2 VwVfG) ausgeschlossen ist: Das Vertrauen ist nicht schutzwürdig, weil der Subventionsempfänger in diesen Alternativen mit dem Widerruf rechnen muss.

d) Weitere Widerrufstatbestände

863 Innerhalb des VwVfG sind § 49 Abs. 2 und 3 VwVfG abschließend. Sofern es keine besonderen Rechtsgrundlagen in spezielleren Gesetzen gibt, kann ein Widerruf auf keine weiteren Gründe gestützt werden.

Insbesondere kommt der allgemeine Rechtsgrundsatz des **Wegfalls der Geschäftsgrundlage** daneben nicht zum Tragen[154].

§ 49 Abs. 1 VwVfG hat im Subventionsrecht keine Bedeutung, weil Subventionen begünstigende Bescheide sind.

Ist noch kein Bewilligungsbescheid ergangen, sondern lediglich die **Zusicherung** zum Erlass einer Subventionsbewilligung (§ 38 VwVfG), gilt zwar auch § 49 VwVfG, die Fallgruppen in Abs. 2 Nr 3 und 4 werden nach § 38 Abs. 3 VwVfG jedoch insoweit modifiziert, als die Behörde an die Zusicherung nicht mehr gebunden ist, wenn sich die Sach- oder Rechtslage nach Abgabe der Zusicherung derart geändert hat, dass sie bei Kenntnis der nachträglich eingetretenen Änderung die Zusicherung nicht gegeben hätte oder aus rechtlichen Gründen nicht hätte geben dürfen.

7. Die Rücknahme von rechtswidrig bewilligten Subventionen

864 **Fall 67:** Um die Überproduktion von Milch im Binnenmarkt abzubauen, werden Subventionen für die Umstellung von Milchkuhbeständen auf Viehbestände zur Schlachtung gewährt. Die Höhe der Subvention bemisst sich nach der Nichtvermarktung von Milch und Milcherzeugnissen von Milchkühen. Landwirt L beantragt bei der Bezirksregierung eine Prämie für den Verzicht auf die Vermarktung von Milch und Milcherzeugnissen. Unmittelbar nach Antragstellung teilt L der Landwirtschaftskammer, die für die Entgegennahme der Anträge zuständig ist, mit, dass er – bereits vor Antragstellung – 10 Kühe verkauft und dafür 10 neue Kühe gekauft habe. Die Landwirtschaftskammer schreibt L, dass diese Angaben für die Subventionsbewilligung nicht relevant seien. Nachdem die Bezirksregierung erfahren hat, dass L zehn Milchkühe verkauft und 10 Schlachtkühe gekauft hat, will sie den Bescheid zurücknehmen.

865 **Fall 68:** R ist Mitglied des Wohlfahrtsverbandes W. W erwirbt ein Hausgrundstück und überlässt es R für den Betrieb einer Wohlfahrtseinrichtung. R beantragt bei der Stiftung für Wohlfahrtspflege des Landes L, die für ihre großzügige Subventionspraxis bekannt ist, eine Zuwendung zum Erwerb und Umbau dieses Hausgrundstücks. Die Stiftung gewährt die Subvention, weil sie den Antrag des R so versteht, dass dieser das Hausgrundstück von W noch erwerben wolle. Tatsächlich hatte R diese Absicht nie, sondern meinte den Erwerb durch W.

---

153   VG Minden, NVwZ-RR 2000, 269.
154   AA OVG Bautzen, NJW 2000, 1057, 1059.

a) Anwendungsbereich des § 48 VwVfG

Ein **rechtswidriger Bewilligungsbescheid** kann auf der Grundlage von § 48 Abs. 1 **866**
S. 1 VwVfG zurückgenommen werden. Die Rechtswidrigkeit eines Bewilligungsbescheids kann sich aus der **Verletzung einer Rechtsnorm** ergeben, vorausgesetzt, es
liegt kein wegen offenbarer Unrichtigkeit berichtigter (§ 42 VwVfG) oder geheilter
(§ 45 VwVfG) Fehler vor. Handelt es sich um einen unbeachtlichen Form-, Zustän-
digkeits- oder Verfahrensfehler, kann der Bescheid zwar zurückgenommen werden,
der Einzelne hat hierauf aber keinen Anspruch (§ 46 VwVfG)[155]. Der Bewilligungsbescheid kann ferner wegen **fehlerhafter Anwendung der Subventionsrichtlinien**
rechtswidrig sein, soweit diese über den Gleichheitssatz und den Vertrauensschutzgrundsatz Bindungswirkung entfalten. Nicht erforderlich ist, dass zugleich subjektive
Rechte Dritter verletzt werden, so dass ein Bewilligungsbescheid auch dann rechtswidrig ist, wenn die Behörde von den Subventionsrichtlinien abweicht und im Einzelfall zugunsten eines Antragstellers eine Subvention bewilligt[156] (s. Rn 795).

Nach hM muss die Rechtswidrigkeit **von Anfang an**, dh grds. zum Zeitpunkt der letz- **867**
ten Behördenentscheidung bzw der Widerspruchsentscheidung über den Bewilligungsbescheid (§ 79 Abs. 1 VwGO), bestanden haben. Umstritten ist, wie bei einer
späteren Änderung der Sach- oder Rechtslage zu verfahren ist[157] (vgl a. ▶ **Klausurenkurs Fall Nr 20**). Richtigerweise ist der Fall des ursprünglich rechtmäßigen, aber
rechtswidrig gewordenen Verwaltungsakts in § 49 Abs. 2 S. 1 Nr 3 und 4 VwVfG
(Änderung der Sach- und Rechtslage) geregelt. Nur ein ursprünglich rechtmäßiger
Bescheid, der nachträglich rückwirkend rechtswidrig geworden ist, ist nach § 48
VwVfG zurückzunehmen[158]. Ein ursprünglich rechtswidriger Verwaltungsakt, der
nachträglich rechtmäßig geworden ist, kann schon aus Gründen der Verhältnismäßigkeit nur bei Vorliegen der Voraussetzungen des § 49 VwVfG (s. Rn 834 ff) widerrufen
werden[159].

Für die Rücknahme eines begünstigendes Verwaltungsakts müssen ferner die Voraus- **868**
setzungen des § 48 Abs. 2 VwVfG vorliegen (vgl § 48 Abs. 1 S. 2 VwVfG). Wie sich
aus § 50 VwVfG ergibt, ist der Bewilligungsbescheid auch dann nach den Regeln
über die Rücknahme begünstigender Verwaltungsakte zu behandeln, wenn er aus
Sicht des Konkurrenten belastend ist (s. Rn 852). Dafür spricht ferner, dass § 48
Abs. 1 S. 1 VwVfG keinen Spielraum gibt, um das Vertrauen des begünstigten Subventionsempfängers berücksichtigen zu können.

---

155 Allerdings soll die Möglichkeit der Rücknahme beschränkt sein; zB ist von einer Rücknahme abzu-
     sehen, wenn ein VA mit identischem Inhalt ergehen müsste; anders wenn ein fehlerfreies Verwal-
     tungsverfahren von erheblicher Bedeutung ist: Übersicht mwN bei *Schwarz*, in: Fehling/Kastner,
     VerwR, § 46 Rn 35.
156 BVerwG, NVwZ 2003, 1384; ThürOVG, 2 KO 433/03 v. 27.4.2004.
157 Vgl nur *Schenke*, BayVBl 1990, 107, 108 einerseits und *Dickersbach*, GewArch. 1993, 177, 179 an-
     dererseits jeweils mwN.
158 BVerwGE 82, 98, 99 (Zurückstellung eines Wehrpflichtigen).
159 *Sachs*, in: SBS, VwVfG, § 48 Rn 65.

b) Zum Vertrauensschutz in § 48 Abs. 2 VwVfG

869 Nach § 48 Abs. 2 S. 2 VwVfG ist das Vertrauen des Subventionsempfängers nur unter zwei Voraussetzungen zu berücksichtigen. Erstens muss dieser auf den Bestand des Verwaltungsaktes **tatsächlich vertraut** haben. Der Subventionsempfänger hat auf den Bewilligungsbescheid vertraut, wenn er fest damit gerechnet hat, dass dieser Bestand haben wird. Zweitens muss sein Vertrauen unter Abwägung mit dem öffentlichen Interesse an einer Rücknahme **schutzwürdig** sein. Es sind also das öffentliche und das private Interesse einander gegenüberzustellen und abzuwägen.

870 Das **öffentliche Interesse** liegt insbesondere in der Gesetzmäßigkeit der Verwaltung und damit der Erhaltung oder Wiederherstellung eines rechtmäßigen Zustands, ferner in der sparsamen Verwendung öffentlicher Mittel und in der Vermeidung rechtsgrundloser Ausgaben. Bei einem rechtswidrigen Verwaltungsakt mit Dauerwirkung überwiegt regelmäßig das Interesse der Allgemeinheit an der Aufhebung – jedenfalls mit Wirkung für die Zukunft[160]. Ein besonders großes Gewicht kommt dem öffentlichen Rücknahmeinteresse zu, wenn es um die Durchsetzung der unionsrechtlichen Wettbewerbsordnung geht (s. Rn 899)[161].

871 Das **Vertrauen des Subventionsempfängers** ist nur schutzwürdig, wenn er dieses in irgendeiner Weise manifestiert hat, den Bewilligungsbescheid „ins Werk" gesetzt hat. § 48 Abs. 2 S. 2 VwVfG bestimmt den für das Subventionsrecht besonders wichtigen Fall, dass das Vertrauen in der Regel schutzwürdig ist, wenn der Begünstigte gewährte Leistungen verbraucht oder eine Vermögensdisposition getroffen hat, die er nicht mehr oder nur unter unzumutbaren Nachteilen rückgängig machen kann.

872 Auf Vertrauen kann sich der Begünstigte nicht berufen, wenn er den Verwaltungsakt durch **arglistige Täuschung, Drohung oder Bestechung erwirkt** hat (§ 48 Abs. 2 S. 3 Nr 1 VwVfG). Aus der Formulierung ergibt sich, dass ein auf die unrichtige Subventionsbewilligung zweck- und zielgerichtetes Handeln vorliegen muss. Unbeabsichtigtes Handeln scheidet aus. Außerdem müssen die Angaben in diesem Sinne entscheidungserheblich gewesen sein. Dabei muss sich die Kausalität auf die Fehlerhaftigkeit des Verwaltungsakts, nicht auf den Erlass als solchen beziehen[162]. Arglistig ist eine Täuschung, wenn der Täuschende damit rechnet und billigend in Kauf nimmt, dass die Behörde aufgrund der Täuschung irren wird und deshalb und insoweit es die Täuschung betrifft, den Bewilligungsbescheid erlassen wird[163].

873 Auf Vertrauen kann sich der Subventionsempfänger ferner nicht berufen, wenn er den Bewilligungsbescheid durch **Angaben erwirkt hat, die in wesentlicher Beziehung unrichtig oder unvollständig waren.** Wie zu § 48 Abs. 2 S. 3 Nr 1 VwVfG muss der Betreffende zweck- und zielgerichtet gehandelt haben und die Angaben müssen entscheidungserheblich gewesen sein. Allerdings genügt eine objektive Unrichtigkeit der

---

160 Ausdrücklich § 48 SGB X.
161 BVerwGE, 92, 81, 86.
162 VGH München, NVwZ 2001, 931, 932.
163 OVG Bautzen, SächsVBl 1994, 269, 270 zu einer beamtenrechtlichen Ernennung.

Angaben; auf ein Verschulden kommt es nicht an[164]. Dann ist unter Berücksichtigung sämtlicher Umstände des Einzelfalls darauf abzustellen, in wessen Sphäre die unrichtigen oder unterbliebenen Angaben fallen. Auf der einen Seite hat die Behörde nach § 24 VwVfG die Verfahrensherrschaft und den Sachverhalt von Amts wegen zu ermitteln und gemäß § 25 Abs. 1 VwVfG soll sie die Abgabe von Erklärungen anregen, wenn sie offensichtlich nur versehentlich oder aus Unkenntnis unterblieben oder unrichtig abgegeben oder gestellt worden sind. Auf der anderen Seite bedeutet das aber nicht, dass der Subventionsempfänger nur zu offenbaren braucht, was ihn die Behörde fragt, weil ihm nach § 26 Abs. 2 VwVfG eine Mitwirkungspflicht zukommt. Auch besteht Vertrauensschutz noch nicht deshalb, weil die Behörde auf Angaben nicht angewiesen war oder von Amts wegen hätte ermitteln müssen. Die Unvollständigkeit eines Bescheids hat der Antragsteller aber dann nicht zu vertreten, wenn der Antrag auf amtlichem Formblatt einzureichen ist, das von der Behörde herausgegebene Formular unvollständig ist und der Antragsteller die Wesentlichkeit der fehlenden Angabe nicht beurteilen kann[165].

Fall 67 (Rn 864)[166]: Fraglich ist, ob das Vertrauen des L schutzwürdig war, obgleich er die Milch- gegen Schlachtkühe ausgetauscht hat. Das Vertrauen wäre nach § 48 Abs. 2 S. 3 Nr 2 VwVfG nicht schutzwürdig, wenn L den Bewilligungsbescheid durch Angaben erwirkt hätte, die in wesentlicher Beziehung unrichtig oder unvollständig waren. Abzustellen ist also darauf, in wessen Verantwortungssphäre es fällt, wenn bestimmte Angaben unterbleiben. Hier hat die Behörde auf bestimmte Informationen erkennbar keinen Wert gelegt. Dann kann der Subventionsempfänger durch seine unklare Auskunft nicht die Tatbestandsmerkmale des § 48 Abs. 2 S. 3 Nr 2 VwVfG erfüllen. Nicht entscheidend ist, dass die Landwirtschaftskammer die Erklärung abgegeben hat. Da sich die Staatsbehörden für die Entgegennahme von Anträgen Stellen außerhalb der Staatsverwaltung bedient haben, müssen sie sich deren Verhalten zurechnen lassen.

874

Schließlich kann sich der Begünstigte auf Vertrauensschutz nicht berufen, wenn er die Rechtswidrigkeit des Verwaltungsaktes **kannte oder infolge grober Fahrlässigkeit nicht kannte** (§ 48 Abs. 2 S. 3 Nr 3 VwVfG). Als grobe Fahrlässigkeit ist es anzusehen, wenn die gebotene Sorgfalt in besonders schwerer Weise verletzt worden ist, insbesondere einfachste, ganze nahe liegende Überlegungen nicht angestellt wurden. Eine grobe Fahrlässigkeit kann zB vorliegen, wenn der Subventionsempfänger Verhaltenspflichten vernachlässigt hat, die ihm mit dem Bewilligungsbescheid auferlegt wurden[167].

875

Fall 68 (Rn 865)[168]: Ein Widerruf kommt nach § 48 Abs. 1 S. 1, Abs. 2 VwVfG in Betracht. Fraglich ist, ob das Vertrauen des R in den Bestand des Bewilligungsbescheides schutzwürdig ist. Der Vertrauensschutz entfällt nach § 48 Abs. 2 S. 3 Nr 2 VwVfG nicht schon deshalb, weil R eine eindeutige und unmissverständliche Stellungnahme zu seiner Erwerbsabsicht vermie-

876

---

164 BVerwG 74, 357, 364.
165 BVerwGE 10, 12, 15; 95, 213, 226 f.
166 BVerwGE 88, 278 ff.
167 OVG Bautzen, SächsVBl 1998, 288, 291.
168 OVG Münster, NVwZ-RR 1997, 585 ff.

den hat. Diese gesetzliche Alternative greift nur, wenn der Begünstigte entscheidungserhebliche Umstände verschwiegen hat, von deren Nichtvorliegen die bewilligende Behörde erkennbar ausgeht, oder wenn er trotz rechtlicher Verpflichtung oder behördlicher Aufforderung Angaben zu einem bestimmten entscheidungserheblichen Punkt unterlässt. Davon kann hier aber nicht ausgegangen werden, zumal die Vergabepraxis der Stiftung bislang großzügig war und Erwerbe auch rückwirkend gefördert wurden. Es liegt auch keine Irreführung iSd § 48 Abs. 2 S. 3 Nr 1 VwVfG vor. Schließlich wird R nicht in Bezug auf die Fehlinterpretation der Stiftung Kenntnis oder grob fahrlässige Unkenntnis vorzuwerfen sein (§ 48 Abs. 2 S. 3 Nr 3 VwVfG). Das würde voraussetzen, dass R wusste, dass die Stiftung die Subvention von einem Eigentumserwerb durch ihn abhängig machen würde.

877 Bei der **Abwägung** der öffentlichen Interessen mit den privaten Interessen des Subventionsempfängers und ggf Dritter sind sämtliche Umstände des Einzelfalls zu berücksichtigen. Gründe, die für ein Überwiegen des Vertrauensinteresses des Begünstigten sprechen, können zB sein:

– der Fehler, der zur Rechtswidrigkeit des Bewilligungsbescheids geführt hat, liegt in der Verantwortungssphäre der Behörde;
– der Subventionsempfänger kannte den Fehler nicht und konnte ihn auch nicht kennen;
– der Erlass des Bewilligungsbescheids liegt schon eine längere Zeit zurück;
– der Begünstigte wäre bei einer Rücknahme besonders schwerwiegenden Folgen ausgesetzt.

c) Zum Rücknahmeermessen

878 Die Rücknahme steht im Ermessen der Behörde (§ 48 Abs. 1 S. 1 VwVfG). Anders als der Widerruf nach § 49 Abs. 2 VwVfG kann eine Rücknahme mit Wirkung für die Zukunft oder für die Vergangenheit erfolgen. Ist das Vertrauen des Subventionsbegünstigten wegen Vorliegens eines der Regelbeispiele des § 48 Abs. 2 S. 3 VwVfG nicht schutzwürdig, ist der Verwaltungsakt in der Regel mit Wirkung für die Vergangenheit zurückzunehmen (§ 48 Abs. 2 S. 4 VwVfG). Die Bestimmung bezieht sich nicht nur auf die **zeitliche Dimension** einer Aufhebung ex tunc, sondern reduziert auch das **Entschließungsermessen** der Behörde. Abgesehen von dieser besonderen Regelung für eine Rücknahme folgt aus dem gesetzlichen Gebot, bei der Aufstellung und Ausführung des Haushaltsplans die Grundsätze der Wirtschaftlichkeit und Sparsamkeit (§ 7 BHO, § 6 HGrG) zu beachten, dass auch sonst im Regelfall das Ermessen nur richtig ausgeübt wird, wenn der Bescheid zurückgenommen wird (s. Rn 845).

879 Eine Rücknahme nach § 48 Abs. 3 VwVfG ist zwar auch im Subventionsrecht nicht ausgeschlossen, hat angesichts des spezielleren § 48 Abs. 2 VwVfG aber keine praktische Bedeutung. Gegebenenfalls ist zu beachten, dass die Behörde dem Rücknahmeadressaten eine Vermögensentschädigung zu gewähren hat.

d) Rücknahmefrist

§ 48 Abs. 4 S. 1 VwVfG bestimmt, dass die Rücknahme eines begünstigenden Ver-   **880**
waltungsakts nur innerhalb eines Jahres seit dem Zeitpunkt, in dem die zuständige Behörde Kenntnis **von Tatsachen** erhalten hat, welche die Rücknahme eines rechtswidrigen Verwaltungsakts rechtfertigen, möglich ist. Das schließt die **Kenntnis von der
Rechtswidrigkeit des Verwaltungsakts** ein. Eine solche Rechtswidrigkeit beruht
stets auf einem konkreten, für den Inhalt dieses Verwaltungsakts ursächlichen Rechtsanwendungsfehler. Dieser besteht darin, dass die Behörde entweder den entscheidungserheblichen Sachverhalt nicht, nicht vollständig oder in sonstiger Weise verfälscht ihrer Entscheidung zugrunde gelegt (**Tatsachenirrtum**) oder den von ihr
zutreffend ermittelten Sachverhalt unzureichend berücksichtigt oder unrichtig gewürdigt hat (**Rechtsirrtum**). § 48 Abs. 4 S. 1 VwVfG erfasst also auch Rechtsanwendungsfehler.

Für diese Auslegung sprechen folgende Argumente: § 48 Abs. 4 S. 1 VwVfG differenziert nicht
zwischen „Tatsachenirrtum" und „Rechtsirrtum", sondern stellt auf die Rechtswidrigkeit des Verwaltungsakts allgemein ab. Die verschiedenen Arten von Rechtsanwendungsfehlern lassen sich
häufig nicht oder nur mit erheblichen Schwierigkeiten voneinander abgrenzen. § 48 Abs. 4 S. 2
VwVfG (unrichtige Entscheidung der Behörde infolge arglistiger Täuschung, Drohung oder Bestechung) betrifft regelmäßig Rechtsanwendungsfehler. Schließlich unterwirft § 48 Abs. 4
VwVfG die zuständige Behörde einer Jahresfrist, weil der Behörde die Notwendigkeit einer Entscheidung über Rücknahme/Widerruf bewusst und ihr diese Entscheidung infolge vollständiger
Kenntnis des hierfür erheblichen Sachverhalts auch möglich geworden ist. Die Jahresfrist dient
der im Interesse der Rechtssicherheit nötigen Klarstellung, ob ein Verwaltungsakt zurückgenommen wird oder ob und von welchem Zeitpunkt an der jeweilige Einzelfall durch Nichtrücknahme/
Nichtwiderrufs des Verwaltungsakts endgültig abgeschlossen ist[169].

8. Die Rückerstattung von Subventionen

Fall 69: Die Behörde hat Unternehmer U ein zinsloses Darlehen durch Bescheid bewilligt   **881**
und mit U einen privatrechtlichen Darlehensvertrag abgeschlossen. Darin hat sie ein Kündi-
gungsrecht für den Fall vereinbart, dass der Bescheid aufgehoben oder unwirksam wird. Nachdem die Behörde davon Kenntnis erhalten hat, dass U nicht förderfähig ist, widerruft sie den
Förderbescheid und ordnet die Rückzahlung des Darlehens zzgl. Zinsen an.

Fall 70 Das Ministerium gewährt Subventionen für die Erhaltung denkmalwerter Bauten. Der   **882**
Bewilligungsbescheid ist an die Voraussetzung geknüpft und insoweit mit einem Widerrufs-
vorbehalt verbunden, dass die Zuwendung nicht abgetreten wird. Der Subventionsempfänger
B tritt die Zuwendung gleichwohl an eine Bank ab, die ihm bereits im Vorfeld ein Darlehen zur
Sanierung des denkmalgeschützten Gebäudes gewährt hat. Das Ministerium fordert die Sub-
vention zurück.

Fall 71: Unternehmer U stellt Magermilchpulver für Viehfutter her. Für das hergestellte Pro-   **883**
dukt hat die Behörde U eine Beihilfe nach der Beihilfen-VO-Magermilch bewilligt. Es stellt
sich heraus, dass das Magermilchpulver, das U hergestellt hat, verfälscht ist, weil der Vorlie-

---

169   BVerwGE 70, 356 ff; VGH München, NVwZ 2001, 931, 932.

ferant des U fehlerhafte Zutaten geliefert hat. Die Behörde fordert von U die Subvention zurück und verlangt ferner den von U erzielten Gewinn. U führt an, ihm sei die Fehlerhaftigkeit der Zutaten und die Verfälschung des Magermilchpulvers unbekannt gewesen; den Gewinn hätte er auch dann erzielt, wenn er unverfälschtes Magermilchpulver hergestellt und verkauft hätte.

a) Der Erstattungsbescheid

884 Soweit ein Verwaltungsakt mit Wirkung für die Vergangenheit zurückgenommen oder widerrufen wurde oder infolge einer auflösenden Bedingung unwirksam geworden ist, sind **bereits erbrachte Leistungen nach § 49a Abs. 1 VwVfG zu erstatten.** Die zu erstattende Leistung ist durch einen eigenen Verwaltungsakt schriftlich festzusetzen. Der Rückerstattungsanspruch nach § 49a VwVfG ist dogmatisch ein besonderer öffentlich-rechtlicher Erstattungsanspruch. Für diesen ist Voraussetzung, dass eine Vermögensverschiebung ohne rechtlichen Grund erfolgt ist. Einen rechtlichen Grund stellt aber der Bewilligungsbescheid dar, der folglich zunächst aufgehoben werden muss. Der eigentlichen Rückforderung liegen daher zwei Verwaltungsakte zugrunde: der Aufhebungsbescheid (Widerrufs-/Rücknahmebescheid) und der Erstattungsbescheid.

Ein eigenständiger Widerruf bzw eine Rücknahme soll nicht erforderlich sein, wenn das endgültige Behaltendürfen im Bewilligungsbescheid von weiteren Voraussetzungen abhängig gemacht wurde, zB einer nicht zweckwidrigen Subventionsverwendung. Denn bei einer zweckwidrigen Verwendung soll es am Rechtsgrund für ein Behaltendürfen fehlen[170].

885 Ist ein gesonderter Aufhebungsbescheid nicht ergangen, ist zu prüfen, ob mit dem Rückforderungsbescheid (bzw -erstattungsbescheid) ein Aufhebungsbescheid verbunden ist.

Dem Rückforderungsbescheid kann konkludent ein Aufhebungsbescheid zugrunde liegen. Dafür ist die im öffentlichen Recht entsprechend anwendbare Auslegungsregel § 133 BGB heranzuziehen. Maßgeblich ist dann nicht, was die Behörde gedacht hat (innerer Wille), sondern wie der Adressat die Erklärung unter Berücksichtigung der ihm bekannten oder erkennbaren Umstände bei objektiver Auslegung verstehen musste.

Möglicherweise kann ein Rückerstattungsbescheid aber auch umgedeutet werden, so dass er einen Widerrufsbescheid enthält. Die Voraussetzungen für eine Umdeutung richten sich nach § 47 VwVfG. Danach ist eine Umdeutung möglich, wenn – bei Vorliegen der übrigen Tatbestandsvoraussetzungen des § 47 VwVfG – das Ermessen für den Erlass eines Aufhebungsbescheids auf Null reduziert ist. Der Rückerstattungsbescheid ist ein gebundener Verwaltungsakt und eine gebundene Entscheidung kann nicht in eine Ermessensentscheidung umgedeutet werden (§ 47 Abs. 3 VwVfG). Das kann zB bei der Rückforderung einer gegen Unionsrecht verstoßenden Beihilfe angenommen werden (s. Rn 974 f)[171]. Dass das Ermessen für den Erlass eines Aufhebungsbescheids intendiert ist, genügt noch nicht, weil damit keine Ermessensreduzierung auf Null verbunden ist. Die Abwägung kann im Regelfall zwar unterbleiben, eine Verpflichtung der Behörde zur Rückforderung besteht aber nicht generell.

---

170 B VerwGE 62, 1, 3; krit *Ehlers*, GewArch. 1999, 305, 310.
171 B VerwGE 67, 305, 311 zu § 48 VwVfG.

Fall 69 (Rn 881)[172]: Die Behörde könnte die Rückzahlung der Darlehenssumme und die Zah- | **886**
lung der Zinsen auf der Grundlage von § 49a VwVfG angeordnet haben (öffentlich-rechtlicher
Erstattungsanspruch). Dann müsste der Bewilligungsbescheid unwirksam geworden sein, entweder durch Eintritt einer aufschiebenden Bedingung oder durch Widerruf. Der Bewilligungsbescheid allein ist aber nicht die Rechtsgrundlage für das Behaltendürfen des Darlehens. Das
Darlehen ist auf der Grundlage des Darlehensvertrages ausgezahlt worden. Dieser Rechtskon-
struktion liegt die Zwei-Stufen-Theorie (s. Rn 811) zugrunde. Obwohl der Gesetzestext des
§ 49a VwVfG dies nicht ausdrücklich sagt, setzt er voraus, dass die zu erstattenden Leistungen
auf der Grundlage eines Verwaltungsakts erbracht worden sind, der ihren Rechtsgrund darstellt. Leistungen, die auf einem anderen Rechtsgrund – wie etwa auf einem privatrechtlichen
Vertrag – beruhen, können deshalb nicht nach § 49a VwVfG zurückgefordert werden. Denn
aus dem Bewilligungsbescheid folgt nur ein Anspruch auf Abschluss des Darlehensvertrags,
aus dem sich dann der Anspruch auf die Auszahlung der Darlehenssumme ergibt. Folglich
muss auch die Rückerstattung als actus contrarius zur Auszahlung dem bürgerlichen Recht zugeordnet werden. Dafür spricht auch, dass ein Wegfall des Bewilligungsbescheids nicht automatisch zur Unwirksamkeit des Darlehensvertrages führt; die Parteien haben nur ein Kündi-
gungsrecht vereinbart. Diese Sicht ermöglicht es, Störungen der Rechtsbeziehungen, die auf
der Ebene des Darlehensvertrages eintreten, auch auf dieser Ebene zu beurteilen. Im vorliegenden Fall ist der Darlehensvertrag die unmittelbare Grundlage für die Auszahlung des Darlehens. Folglich muss die Behörde den Darlehensvertrag kündigen und dann auf schuldrechtli-
cher Grundlage ihren Anspruch geltend machen.

b) Der Erstattungsanspruch nach § 49a VwVfG als besonders geregelter Fall des öffentlich-rechtlichen Erstattungsanspruchs

§ 49a VwVfG ist nicht abschließend[173]. Für andere als in Abs. 1 S. 1 geregelte Fälle | **887**
finden deshalb die Grundsätze des allgemeinen öffentlich-rechtlichen Erstattungsanspruchs weiterhin Anwendung. Das gilt zB bei schlichter **Überzahlung**, wenn der Subventionsempfänger also mehr erhalten hat, als ihm nach dem Bewilligungsbescheid gewährt werden sollte, **anfänglicher Rechtsgrundlosigkeit**, zB bei Nichtigkeit des
Bewilligungsbescheids und **Aufhebung des Bewilligungsbescheids** im verwaltungsgerichtlichen Verfahren sowie im Fall des **vorläufigen Bewilligungsbescheids**, dessen
Besonderheit darin liegt, dass er mit Erlass eines endgültigen Bescheids ohne weiteres
Zutun erlischt[174]. Der öffentlich-rechtliche Rückerstattungsanspruch unterliegt der
dreißigjährigen Verjährung nach dem Rechtsgedanken des § 195 BGB aF analog[175].

Ferner hat das BVerwG – bevor der Gesetzgeber die Möglichkeit des Widerrufs wegen Zweckverfehlung nach § 49 Abs. 3 VwVfG geregelt hatte – Erstattungsanforderungen ex tunc auch bei
einem Widerruf ex nunc zugelassen, weil andernfalls ausbezahlte Subventionen nicht mehr zurückgefordert werden könnten, obgleich der Subventionsempfänger die gewährten Mittel zweck-
verfehlt eingesetzt hat. Voraussetzung hierfür war, dass die zweckentsprechende Mittelverwendung über eine gewisse Dauer Bewilligungsbedingung war. Nach dieser Rechtsprechung war der
Bewilligungsbescheid also nicht nur Rechtsgrundlage für die Gewährung der Subvention; deren
endgültiges Behalten setzte auch voraus, dass der Bewilligungsbescheid innerhalb der Zeit, die

---

172 BVerwG, NJW 2006, 536 ff.
173 ZB *Sachs*, in: SBS, VwVfG, § 49a Rn 9 f mwN.
174 BVerwGE 67, 99, 103.
175 BVerwG v. 21.10.2010, 3 C 4.10.

für die Zweckbindung des auf seiner Grundlage Geleisteten vorgesehen war (Bindungszeit), wirksam blieb. Ergab sich dann ein Widerrufsgrund, so sollte die behördliche Erklärung des Widerrufs den Erstattungsanspruch auch dann auslösen können, wenn der Widerruf lediglich für die Zukunft galt[176]. Diese Rechtsprechung wird seit Inkrafttreten des § 49 Abs. 3 VwVfG als überholt angesehen[177]; es kann aber nicht ausgeschlossen werden, dass sie in den Fällen des § 49 Abs. 2 VwVfG noch Gültigkeit haben kann.

888 **Fall 70 (Rn 882)**[178]: Ein Widerruf nach § 49 Abs. 3 S. 1 Nr 1 und Nr 2 VwVfG scheidet aus, weil B die Subvention weder zweckwidrig noch verspätet verwendet hat und auch nicht gegen eine Auflage verstoßen hat. In Betracht kommt ein Widerruf nach § 49 Abs. 2 Nr 1 VwVfG. Problematisch ist, dass der Widerrufsbescheid nur ex nunc ergehen kann. Da § 49a Abs. 1 VwVfG dem folgend eine Erstattungsanforderung auch nur ex nunc zulässt, könnte die Subvention nicht zurückverlangt werden. Folgt man aber der Rechtsprechung des BVerwG, wonach für das Behaltendürfen einer Leistung nicht nur ein Bewilligungsbescheid erforderlich ist, der über die Rechtmäßigkeit der Leistungsgewährung entscheidet, sondern auch vorauszusetzen ist, dass der Bescheid über eine bestimmte Bindungszeit wirksam bleibt, ist eine Erstattungsanforderung auf der Grundlage des allgemeinen öffentlich-rechtlichen Erstattungsanspruchs möglich. Dieser Fall ließe sich auch über § 49a VwVfG lösen, wenn man in dem Abtretungsverbot eine (auflösende) Bedingung iSd § 36 Abs. 2 Nr 2 VwVfG erkennt; dann ist ausnahmsweise die Möglichkeit der Rückerstattungsforderung nach § 49a Abs. 1 S. 1, 3. Alt. VwVfG gegeben.

c) Zum Umfang der Herausgabepflicht

889 Für den Umfang der Erstattung gelten die Vorschriften über die Herausgabe einer ungerechtfertigten Bereicherung nach §§ 812 ff BGB entsprechend (Rechtsfolgenverweisung). Der Subventionsempfänger hat daher nach § 812 BGB (regelmäßig Leistungskondiktion nach § 812 Abs. 1 S. 1, 1. Alt BGB) und § 818 Abs. 1 BGB nicht nur die **eigentliche Subvention**, sondern auch die **gezogenen Nutzungen** herauszugeben. Ist der Subventionsempfänger nicht mehr erstattungsfähig, erstreckt sich der Rückerstattungsanspruch auf das Surrogat, zB auf die Abtretung eines Erstattungsanspruchs gegenüber Dritten. Rechtsgeschäftliche Surrogate wie die Gegenleistung oder Schadensersatzansprüche wegen nicht ordnungsgemäßer Vertragserfüllung sollen nicht herauszugeben sein[179].

890 Auf den **Wegfall der Bereicherung** nach § 818 Abs. 3 BGB kann sich der Subventionsempfänger in Abweichung von den bürgerlich-rechtlichen Vorschriften nicht berufen, soweit er die Umstände kannte oder infolge grober Fahrlässigkeit nicht kannte, die zur Rücknahme, zum Widerruf oder zur Unwirksamkeit des Verwaltungsaktes geführt haben (§ 49a Abs. 2 VwVfG), m.a.W. kann er sich bei Wegfall der Bereicherung nur dann gegen einen Rückerstattungsanspruch schützen, wenn er in Bezug auf die Aufhebung des Bewilligungsbescheids entweder schuldlos war oder ihm nur einfaches Verschulden vorgeworfen werden kann. Öffentlich-rechtliche Verwaltungsträger

---

176 BVerwG, DVBl 1983, 810, 812; vgl bereits, BVerwG 61, 1, 3; dem anschließend: VGH Kassel, NVwZ 1989, 165, 166; ablehnend: OVG Greifswald, NVwZ-RR 2002, 805 f.
177 *Sachs*, in: SBS, VwVfG, § 49a Rn 9 f.
178 Ähnlich: BVerwG, DVBl 1993, 256 f.
179 BVerwG, NJW 1992, 329.

können sich auf einen Wegfall der Bereicherung generell nicht berufen, weil sie dem Grundsatz der Gesetzmäßigkeit der Verwaltung verpflichtet sind und ihr Interesse darauf gerichtet sein muss, eine ohne Rechtsgrund eingetretene Vermögensverschiebung zu beseitigen und den rechtmäßigen Zustand wiederherzustellen[180].

Fall 71 (Rn 883)[181]: Als Rechtsgrundlage für die Rücknahme des Bewilligungsbescheids kommt § 48 Abs. 2 VwVfG in Betracht, weil die Zuwendung für verfälschtes Magermilchpulver rechtswidrig war. Einem Widerruf wird allerdings § 48 Abs. 2 S. 2 VwVfG entgegenstehen, weil die Subvention verbraucht ist. Sollte der Widerrufsbescheid bestandskräftig werden, wird eine Rückerstattungsforderung der Subvention jedenfalls an § 49a Abs. 2 VwVfG iVm § 812 BGB scheitern, wenn U den Beihilfebetrag an seinen Abnehmer voll weitergegeben hat und ihm eine Gegenleistung nicht zugeflossen ist. Strittig ist, ob der Anspruch aus Gewinnherausgabe über § 818 Abs. 1 BGB verfolgt werden kann. Dann müsste der erzielte Gewinn als gezogener Nutzen der Herausgabepflicht unterliegen. Allerdings soll eine Gewinnherausgabe dann ausscheiden, wenn die rechtsgrundlos erworbene Subvention ohne weiteres substituierbar ist, wenn der Subventionsempfänger also darlegen kann, dass er denselben Gewinn auch durch bei der Veräußerung unverfälschten Magermilchpulvers erzielt hätte. Zu beachten ist, dass diese Rechtsprechung des BVerwG nur noch bei innerstaatlichen Sachverhalten Anwendung finden kann (s. Rn 985).   891

d) Verzinsung

Der zu erstattende Betrag ist vom Eintritt der Unwirksamkeit des Verwaltungsaktes an mit fünf Prozentpunkten über dem Basiszinssatz jährlich zu verzinsen (§ 49a Abs. 3 S. 1 VwVfG). Der Basiszinssatz ist in § 247 Abs. 1 BGB geregelt und verändert sich halbjährlich entsprechend der Hauptrefinanzierungsoperation der Europäischen Zentralbank. Besonders hervorzuheben ist, dass die Behörde den **Zeitpunkt der Wirksamkeit des Widerrufs** nach § 49 Abs. 4 VwVfG bestimmen kann. Obgleich das Verzinsungsgebot als Pflicht (Muss-Vorschrift) formuliert ist, lässt § 49a Abs. 3 S. 2 VwVfG die Möglichkeit zu, von der Geltendmachung des Zinsanspruchs abzusehen. Ausdrücklich hat der Gesetzgeber den Fall genannt, dass der Begünstigte die Umstände, die zur Rücknahme, zum Widerruf oder zur Unwirksamkeit des Verwaltungsaktes geführt haben, nicht zu vertreten hat und den zu erstattenden Betrag innerhalb der von der Behörde festgesetzten Frist geleistet hat.   892

Wie bereits ausgeführt (s. Rn 840), kann sich auch aus **§ 49a Abs. 4 VwVfG** ein **Zinsanspruch** ergeben, wenn eine Leistung nicht alsbald nach der Auszahlung für den bestimmten Zweck verwendet wird. Die Zinsen können für die Zeit bis zur zweckentsprechenden Verwendung verlangt werden. Entsprechendes gilt, soweit eine Leistung in Anspruch genommen wird, obwohl andere Mittel anteilig oder vorrangig einzusetzen sind. Die Zinshöhe richtet sich nach § 49a Abs. 3 VwVfG. Wie zu § 48 und § 49 VwVfG liegt § 49a Abs. 4 VwVfG ein intendiertes Ermessen zugrunde[182]. Die Zinsen können für die Zukunft oder für die Vergangenheit verlangt werden. Es   893

---

180 BVerwGE 71, 85, 89.
181 BVerwGE 74, 357 ff.
182 OVG Weimar, NVwZ-RR 1999, 435, 436.

folgt schon aus dem Zweck der Bestimmung, ungerechtfertigt gezogene Zinsen oder Zinsen, die gezogen hätten werden können, weil die Mittel zur Verfügung gestellt wurden, abzuschöpfen.

Gemäß § 195 BGB analog verjähren Ansprüche auf Rückstände von Zinsen in drei Jahren vom Schluss des Jahres an, in welchem der Zinsanspruch entstanden war[183].

9. Die Rückforderung von aufgrund öffentlich-rechtlichen Vertrages gewährter Subvention

894   Ist eine Subvention nicht aufgrund eines Bewilligungsbescheides, sondern aufgrund eines öffentlich-rechtlichen Vertrages geleistet worden, scheidet eine Rückforderung über §§ 48, 49, 49a VwVfG aus. Eine aufgrund öffentlich-rechtlichen Vertrages geleistete Subvention darf nicht durch Verwaltungsakt zurückgefordert werden. Ein solches Vorgehen bedarf vielmehr einer besonderen gesetzlichen Rechtsgrundlage[184].

895   Eine Beendigung und Rückabwicklung eines öffentlich-rechtlichen Vertrages ist möglich, wenn der Vertrag eine entsprechende **Vorbehaltsklausel**, zB eine (auflösende) Bedingung, enthält, wenn der Vertrag **nichtig** ist oder wenn er **gekündigt** wurde. Der Vertrag ist nichtig, wenn einer der Nichtigkeitsgründe des § 59 Abs. 2 VwVfG oder des § 59 Abs. 1 VwVfG iV mit einer Nichtigkeitsbestimmung des BGB (zB § 134 oder § 138) vorliegt. Nichtig ist ein Vertrag ferner, wenn er in Rechte eines Dritten eingreift und dieser endgültig seine Zustimmung verweigert oder wenn der Vertrag anstatt eines Verwaltungsaktes geschlossen wird, bei dessen Erlass nach einer Rechtsvorschrift die Genehmigung, die Zustimmung oder das Einvernehmen einer anderen Behörde erforderlich ist, diese andere Behörde aber in der vorgeschriebenen Form nicht mitgewirkt hat und die erforderliche Mitwirkung endgültig verweigert (§ 58 VwVfG). Davor ist der Vertrag schwebend unwirksam.

896   Außerdem können beide Vertragsparteien den Vertrag **kündigen**, wenn sich die Verhältnisse, die für die Festsetzung des Vertragsinhalts maßgebend gewesen sind, seit Abschluss des Vertrags so wesentlich geändert haben, dass einer Vertragspartei das Festhalten an der ursprünglichen vertraglichen Regelung nicht zuzumuten ist. Eine Kündigung ist aber erst zulässig, wenn eine Anpassung des Vertragsinhalts an die geänderten Verhältnisse nicht möglich oder nicht zumutbar ist. Die Behörde kann den Vertrag außerdem kündigen, um schwere Nachteile für das Gemeinwohl zu verhüten oder zu beseitigen (§ 60 VwVfG).

897   Ist die auflösende Bedingung eingetreten, der öffentlich-rechtliche Vertrag nichtig oder gekündigt worden, kann ein Rückforderungsanspruch aus dem **öffentlich-rechtlichen Erstattungsanspruch** folgen. Auf § 62 S. 2 VwVfG, der auf das BGB verweist, ist nicht zurückzugreifen, weil die Bestimmung nur subsidiär zur Anwendung

---

183   BVerwG v. 21.10.2010, 3 C 4.10 will hier die Verkürzung der Verjährungsfrist aufgrund der Schuldrechtsreform im öffentlichen Recht nachvollziehen.
184   VG Frankfurt/M., NVwZ-RR 2003, 69 f; OVG Weimar v. 29.6.2010, 3 KO 524/08.

gelangen soll, wenn das öffentliche Recht keine eigenständige Regelung kennt[185]. Insbesondere kann sich ein öffentlich-rechtlicher Subventionsempfänger nicht auf § 818 Abs. 3 BGB berufen (s. Rn 889). Der Erstattungsanspruch ist mit einer allgemeinen Leistungsklage gerichtlich durchzusetzen.

10. Die Rückforderung vorläufig bewilligter Subventionen

Ein Bewilligungsbescheid kann vorläufig ergehen, zB weil im Zeitpunkt der Zuwen-   **898**
dungszusage über die zu treffende endgültige Entscheidung noch Ungewissheit besteht und die Rechtslage noch ungeklärt ist[186]. Denkbar ist folgende Konstruktion: Eine Subvention wird zunächst **vorläufig gewährt und ausbezahlt** bis zum Erlass eines **endgültigen Bescheids**, der von einer noch durchzuführenden Betriebsprüfung abhängt. Deckt die Betriebsprüfung Mängel auf (zB einen zweckwidrigen Mitteleinsatz), wird der endgültige Bescheid als Ablehnungsbescheid ergehen. Dann kann eine Rückabwicklung der vorläufig ausbezahlten Mittel über den öffentlich-rechtlichen Erstattungsanspruch ohne Inanspruchnahme der §§ 48 und 49 VwVfG erfolgen; § 49a VwVfG ist aber entsprechend anwendbar. Auslegungsschwierigkeiten dieser Tatbestände fallen weg und dem Subventionsempfänger ist der Entreicherungseinwand (§ 818 Abs. 3, Abs. 4 BGB) wegen der Vorläufigkeit der Auszahlung abgeschnitten[187]. Das BVerwG hat den **vorläufigen Verwaltungsakt** (Verwaltungsakt, der eine vorläufige Regelung trifft) anerkannt[188]. Vorläufige VA sind grundsätzlich auch ohne gesetzliche Grundlage zulässig. Auch die gesetzlichen Regelungen zu Nebenbestimmungen, Rücknahme und Widerruf gelten nicht. Deshalb kann er nur in Ausnahmefällen zulässig sein.

II. Das europäische Beihilfenrecht

1. Beihilfen und Binnenmarkt

Der Binnenmarkt umfasst ein System, das den **Wettbewerb vor Verfälschungen**   **899**
schützt (Protokoll Nr 27). Dabei kommt den beihilferechtlichen Vorschriften der Art. 107–109 AEUV eine wichtige Bedeutung zu. Einerseits können staatliche Beihilfen den Wettbewerb erheblich verfälschen, andererseits können sie ein wirksames Förderinstrument sein, um Ziele des Umweltschutzes, der Regionalpolitik, der Wirtschafts- oder der Sozialpolitik zu verfolgen. Insbesondere als politisches Lenkungsinstrument des Staates sind Beihilfen heute nicht mehr wegzudenken. Daher werden Beihilfen durch den AEUV auch nicht gänzlich verboten, sondern einer besonderen Kontrolle durch die Kommission unterworfen.

185 *Ehlers*, GewArch. 1999, 305, 319.
186 BVerwG, NVwZ 2010, 643; *Bultmann*, Beihilfenrecht und Vergaberecht, 2004, S. 247.
187 *Dickersbach*, NVwZ 1993, 846, 850.
188 BVerfGE 74, 357, 365; BVerwG, NVwZ 2010, 643.

Aus Sicht der EU soll der Anteil staatlicher Beihilfen am Bruttoinlandsprodukt verringert und die Beihilfen auf Ziele von gemeinsamem Interesse wie Regionalentwicklung, Umweltschutz, Ausbildung, Forschung und Entwicklung sowie die Unterstützung kleiner und mittlerer Unternehmen umgelenkt werden.

900 Die Gesamthöhe der staatlichen Beihilfen lag in den 80er Jahren bei rund 2% BIP-EU. Im Jahr 2011 wurden nicht-krisenbedingte Beihilfen in Höhe von € 67,3 Mrd. gewährt. Das entspricht 0,5% BIP-EU. Auf die Sektoren verarbeitendes Gewerbe und Dienstleistungen entfielen € 52,9 Mrd., auf Landwirtschaft und Fischerei € 8,8 Mrd. und auf Verkehr € 2,2 Mrd. In Deutschland ist der Subventionsabbau weiter vorangeschritten, obgleich Deutschland – absolut gesehen – immer noch am meisten Beihilfen (€ 13,6 Mrd.), gefolgt von Frankreich (€ 12,3 Mrd.), dem Vereinigten Königreich (€ 4,8 Mrd.), Spanien (€ 4,5 Mrd.) und Italien (€ 3,8 Mrd.) gewährt hat. Im Verhältnis zu seinem BIP führt Malta die Liste an (1,4%), gefolgt von Griechenland (1,2%), Finnland (1,2%), Ungarn (1,1%) und Slowenien (1,1%)[189].

901 Während sich der Anteil der für horizontale Zielsetzungen bestimmten Beihilfen EU weit erhöht hat, insbesondere zur Förderung der Regionalentwicklung und zur Förderung des Umweltschutzes, bestehen nach wie vor erhebliche Unterschiede in den Förderquoten von Mitgliedstaat zu Mitgliedstaat. Diese reichten im Jahr 2011 von 0,2% des BIP in Luxemburg bis zu 2,0% des BIP in Malta[190].

902 Auch zur Überwindung der Finanzkrise haben die Mitgliedstaaten Beihilfen in erheblichem Umfang zur Verfügung gestellt. Allein zwischen Oktober 2008 und März 2010 hat die Kommission Krisenbeihilfen für den Finanzsektor in Höhe von € 3,181 Bio. genehmigt; das sind 25% BIP-EU, davon € 2,747 Bio. als Garantieregelungen, € 338,2 Bio. als Rekapitalisierungsmaßnahmen, € 54 Mrd. als Entlastungsmaßnahmen für wertgeminderte Vermögenswerte und € 41,9 als Liquiditätshilfen. € 950 Mrd. sind außerdem als sog. Ad-hoc-Beihilfen an einzelne Finanzinstitute genehmigt worden[191] (siehe Rn 959).

2. Der Beihilfenbegriff

903 **Fall 72:** Sind Anstaltslast und Gewährträgerhaftung der Gemeinden für ihre Unternehmen Beihilfen?

904 **Fall 73:** Der Landkreis L betreibt ein Busunternehmen, das überörtliche Strecken bedient. Für die zu erbringenden Dienstleistungen gewährt der Landkreis dem Busunternehmen Zuschüsse. Handelt es sich bei den Zuschüssen um Beihilfen?

905 **Fall 74:** Nach dem deutschen Stromeinspeisungsgesetz – einem Vorläufer des Erneuerbare-Energien-Gesetzes – sind Elektrizitätsversorgungsunternehmen verpflichtet, den in ihrem Ver-

---

189 Kommission, Anzeiger für staatliche Beihilfen – Herbstausgabe 2012, KOM (2012) 778 endg.
190 http://ec.europa.eu/competition/state_aid/scoreboard/index_en.html.
191 Kommission, Anzeiger für staatliche Beihilfen – Bericht über aktuelle Entwicklungen bei den Krisenbeihilfen für den Finanzsektor, Frühjahrsausgabe 2010, KOM (2010) 255, S. 6.

sorgungsgebiet erzeugten Strom aus erneuerbaren Energien von anderen Unternehmen abzunehmen und nach einem gesetzlich festgelegten Tarif zu bezahlen. Dieser Tarif ist so angesetzt, dass er den Erzeugern von Strom aus erneuerbaren Energien einen wirtschaftlichen Vorteil verschafft, weil er ihnen ohne jedes Risiko höhere Gewinne sichert, als sie ohne eine solche Regelung erzielen könnten.

Fall 75: Die öffentlich-rechtlichen Rundfunkanstalten – Anstalten des öffentlichen Rechts – **906** können zur Finanzierung ihres verfassungsrechtlich aufgegebenen Auftrags der Grundversorgung (Art. 5 Abs. 1 S. 2 GG) Rundfunkgebühren erheben. Handelt es sich hierbei um Beihilfen?

Fall 76: Nach einem italienischen Gesetz konnten große Industrieunternehmen im Fall der In- **907** solvenz unter Sonderverwaltung gestellt werden, vorausgesetzt sie hatten bei öffentlichen Unternehmen oder Sozialversicherungen erhebliche Verbindlichkeiten. Im Rahmen der Sonderverwaltung waren sie von der Zahlung von Steuern und Zwangsgeldern (zB Geldbußen wegen säumiger Sozialabgaben) befreit. Die Entscheidung über die Anordnung einer Sonderverwaltung lag im Ermessen des Industrieministers.

Nach Art. 107 Abs. 1 AEUV sind staatliche oder aus staatlichen Mitteln gewährte **908** Beihilfen, gleich welcher Art, die durch Begünstigung bestimmter Unternehmen oder Produktionszweige den Wettbewerb verfälschen oder zu verfälschen drohen, mit dem Binnenmarkt unvereinbar, soweit sie den Handel zwischen Mitgliedstaaten beeinträchtigen. Damit enthält Art. 107 Abs. 1 AEUV ein **grundsätzliches Beihilfeverbot**. Besondere Vorschriften gibt es für den Bereich der Landwirtschaft (Art. 42 AEUV) – wobei der Geltungsbereich der Art. 107 ff AEUV durch sekundäre Rechtsakte hierauf erstreckt wurde – ferner für den Verkehrsbereich (Art. 93 AEUV) und den Atombereich (Art. 4 ff, 45 ff EA).

Die **Grundfreiheiten** sind gegenüber Art. 107 ff AEUV grundsätzlich subsidiär. **909** Zwar sind unionswidrige Beihilfen prinzipiell auch Beschränkungen der Grundfreiheiten gem. der Dassonville-Formel (s. Rn 59), einer Anwendbarkeit der Grundfreiheiten steht aber entgegen, dass das differenzierte System des Beihilfenrechts und v.a. das Notifizierungsverfahren dann kaum mehr Bedeutung hätten. Ein Rückgriff auf die Grundfreiheiten ist zulässig, wenn nicht die Beihilfe selbst, sondern das Verfahren der Vergabe von Beihilfen in Frage steht[192].

Der Begriff der Beihilfe wird im AEUV nicht definiert. Deshalb ist auf die Rechtspre- **910** chung des EuGH und auf konkretisierende Rechtsakte zurückzugreifen. Die Kommission hat verschiedene **Mitteilungen** erlassen, um den Grundtatbestand des Art. 107 Abs. 1 AEUV näher zu konkretisieren und den Rechtsanwendern allgemeingültige Maßstäbe an die Hand zu geben[193].

---

192 EuGH v. 24.11.1982, Rs. 249/81 – *„Buy Irish"*, Rn 18 f; *Bungenberg*, in: Biernstiel/Bungenberg/
Heinrich, Europäisches Beihilfenrecht, 2013, S. 77.
193 Gute Übersicht in Mitteilung der Kommission, Entwurf – Bekanntmachung der Kommission zum
Begriff der staatlichen Beihilfe nach Artikel 107 Absatz 1 AEUV vom 17.1.2014.

Mitteilungen sind zwar nicht unmittelbar verbindlich, soweit der Kommission aber Beurteilungs- und Ermessensspielräume zu Teil werden – die der EuGH prinzipiell weit fasst –, kommt ihnen eine nicht unerhebliche Bedeutung zu, weil sich die Kommission damit – gerichtlich nachprüfbar – selbst bindet (s. Rn 947).

911 Für die Anwendbarkeit des Beihilfenregimes müssen fünf Kriterien erfüllt sein:

- der Empfänger muss durch einen Vorteil begünstigt worden sein,
- der Vorteil muss vom Staat oder aus staatlichen Mitteln gewährt worden sein,
- der Vorteil muss bestimmten Unternehmen oder Produktionszweigen zugute kommen,
- die Beihilfe verfälscht den Wettbewerb oder droht ihn zu verfälschen und
- die Beihilfe kann den Handel zwischen Mitgliedstaaten beeinträchtigen.

a) Begünstigung

912 Unter Beihilfe ist **jeder besondere Vorteil** zu verstehen, den der Empfänger von der öffentlichen Hand erhält, den er sonst nicht erhalten hätte. Das schließt direkte Geldzahlungen ebenso ein wie Minderungen von Belastungen. Dabei kommt es nicht auf den Zweck der Maßnahme an, sondern auf ihre Wirkung, so dass auch mittelbare Vorteile[194] eine Beihilfe darstellen können, solange das begünstigte Unternehmen einen geldwerten Vorteil erhält (vgl auch ▶ **Klausurenkurs Fall Nr 19**).

Beihilfen können zB sein:

- ein Investitionszuschuss[195];
- eine Krediterleichterung wie ein zinsloses oder zinsverbilligtes Darlehen[196];
- ein Vorzugstarif[197];
- eine Kapitalbeteiligung[198];
- ein Steuervorteil[199];
- eine Zahlungserleichterung (zB Stundung)[200];
- eine Bürgschaft oder eine andere staatliche (beschränkte oder unbeschränkte) Haftungszusage[201];
- der Verzicht des Staates auf eine Prämie zur Abdeckung des Risikos einer Haftung;
- die Übertragung eines Kundenstamms ohne Gegenleistung, weil dieser einen immateriellen Vermögenswert hat, der auch einen wirtschaftlichen Wert hat[202].

913 Ferner hat der EuGH die **logistische und kommerzielle Unterstützung** als beihilfefähigen Vorteil erkannt[203], wenn dieser monetär berechnet werden kann und die normale Vergütung für die betreffende Leistung übersteigt. Damit ist der Beihilfenbegriff

---

194 *Soltész/Hellstern*, EuZW 2013, 489 ff.
195 BGH, EuZW 2004, 252 ff („Investitionszuschuss").
196 EuG v. 29.9.2000, Rs. T-55/99 – *„CETM"*, Rn 4.
197 BGH, EuZW 2004, 254 ff („subventionierter Erwerb landwirtschaftlicher Grundstücke").
198 EuGH v. 14.11.1984, Rs. 323/82 – *„Intermills"*, Rn 32.
199 EuGH v. 19.9.2000, Rs. C-156/98 – *„Steuererleichterung beim Erwerb von Unternehmensbeteiligungen"*.
200 EuGH v. 29.6.1999, Rs. C-256/97 – *„DMT"*, Rn 19.
201 EuGH v. 3.4.2014, Rs. C-559/12 P – *„La Poste"*.
202 EuG v. 7.6.2006, Rs. T-613/97 – *„Ufex II"* – Rn 165.
203 EuGH v. 11.7.1996, Rs. C-39/94 – *„SFEI"*, Rn 60 f.

weiter als der (europarechtliche) Subventionsbegriff, weil er nicht nur positive Geld-leistungen[204] umfasst, sondern eben auch Maßnahmen, die in verschiedener Form Be-lastungen vermindern und damit zwar keine Subventionen im strengen Sinne des Wortes darstellen, diesen aber nach Art und Wirkung gleichstehen[205].

Fall 72 (Rn 903): Anstaltslast bedeutet, dass die Errichtungskörperschaft verpflichtet ist, die Anstalt für die gesamte Dauer ihres Bestehens funktionsfähig zu halten (Instandhaltungs-pflicht) und etwaige Unterbilanzen durch Zuschüsse oder auf andere Weise auszugleichen (Bi-lanzausgleichspflicht)[206]. Gewährträgerhaftung heißt, dass der Gewährträger ähnlich wie bei einer Ausfallbürgschaft für die Verbindlichkeiten des öffentlichen Unternehmens unbe-schränkt haftet[207]. Eine solche staatliche Garantie ermöglicht es Unternehmen, Gelder auf den Finanzmärkten zu günstigeren finanziellen Konditionen aufzunehmen als sie normalerweise auf den Finanzmärkten verfügbar sind. Damit kann der Aufbau neuer Unternehmen erleichtert werden, der Geschäftsbereich leichter ausgeweitet werden oder Unternehmen können in die Lage versetzt werden, im Geschäft zu bleiben, anstatt umzustrukturieren oder aufgelöst zu werden. Es liegt daher nahe, dass diese Art von staatlicher Beihilfe leicht zu Wettbewerbsver-zerrungen führt[208]. Die Kommission hat dezidierte Voraussetzungen aufgestellt, wann eine Staatsgarantieregelung keine staatliche Beihilfe sein soll[209].

Für öffentliche Sparkassen und Landesbanken haben die Kommission und Deutschland am 17.7.2001 eine Verständigung erzielt, wonach die Gewährträgerhaftung abzuschaffen und die Anstaltslast abzuändern ist. Insbesondere darf sich die finanzielle Beziehung zwischen dem öffentlichen Eigner und dem öffentlichen Kreditinstitut nicht von einer normalen wirtschaftli-chen Eigentümerbeziehung nach marktwirtschaftlichen Grundsätzen unterscheiden, muss also so ausgestaltet sein wie zwischen einem privaten Anteilseigner und einem Unternehmen in ei-ner Gesellschaftsform mit beschränkter Haftung. Jegliche Verpflichtung des öffentlichen Eig-ners zu wirtschaftlicher Unterstützung soll ausgeschlossen sein, insbesondere soll keine unbe-schränkte Haftung des Eigners für Verbindlichkeiten des öffentlichen Kreditinstituts bestehen. Für die öffentlichen Kreditinstitute gilt das Insolvenzrecht nunmehr wie für private Kreditin-stitute.

An einem spezifischen Vorteil fehlt es aber, wenn die Zuwendung lediglich eine Ge-genleistung für eine von ihrem Empfänger erbrachte Leistung ist[210]. Das kann insbe-sondere der Fall sein, wenn eine staatliche Zuwendung die Gegenleistung für eine **Dienstleistung von allgemeinem wirtschaftlichen Interesse** nach Art. 106 Abs. 2 und 14 AEUV (s. Rn 736 f) ist. Dann muss die betreffende Leistung für die erbrachte Gegenleistung angemessen sein.

914

915

---

204 Verordnung (EG) Nr 2026/97 des Rates v. 6.10.1997, ABl Nr L 288 v. 21.10.1997, S. 1.
205 EuGH v. 17.6.1999, Rs. C-295/97 – *„Piaggio"*, Rn 34.
206 *Oebbecke*, DVBl 1981, 960, 961.
207 *Gruson*, EuZW 1997, 357; *Herdegen*, WM 1997, 1130.
208 Vgl ausführlich: *Storr*, Der Staat als Unternehmer, 2001, S. 398 f; *Huber*, in: Bitburger Gespräche, 2003, S. 199 ff.
209 Vgl iE Mitteilung der Kommission über die Anwendung der Artikel 87 und 88 EG auf staatliche Bei-hilfen in Form von Haftungsverpflichtungen und Bürgschaften, ABl Nr C 71 v. 11.3.2000, S. 14 f.
210 EuGH v. 7.2.1985, Rs. 240/83 – *„ADBHU"*, Rn 18.

916 **Fall 73 (Rn 904):** Eine Beihilfe könnte vorliegen, wenn der Zuschuss das Busunternehmen begünstigt. Das wäre aber nicht der Fall, wenn der Zuschuss als Gegenleistung (Entgelt) für eine zu erbringende gemeinwirtschaftliche Dienstleistung zu verstehen wäre. In der Entscheidung „*Altmark Trans*"[211] hat der EuGH hierfür vier Kriterien aufgestellt:

– erstens ist das begünstigte Unternehmen tatsächlich mit der Erfüllung gemeinwirtschaftlicher Verpflichtungen betraut worden und diese Verpflichtungen sind klar definiert worden;
– zweitens sind die Parameter, anhand deren der Ausgleich berechnet wird, zuvor objektiv und transparent aufgestellt worden;
– drittens geht der Ausgleich nicht über das hinaus, was erforderlich ist, um die Kosten der Erfüllung der gemeinwirtschaftlichen Verpflichtungen unter Berücksichtigung der dabei erzielten Einnahmen und eines angemessenen Gewinns aus der Erfüllung dieser Verpflichtungen ganz oder teilweise zu decken;
– viertens ist die Höhe des erforderlichen Ausgleichs, wenn die Wahl des Unternehmens, das mit der Erfüllung gemeinwirtschaftlicher Verpflichtungen betraut werden soll, nicht im Rahmen eines Verfahrens zur Vergabe öffentlicher Aufträge erfolgt, auf der Grundlage einer Analyse der Kosten bestimmt worden, die ein durchschnittliches, gut geführtes Unternehmen, das so angemessen mit Transportmitteln ausgestattet ist, dass es den gestellten gemeinwirtschaftlichen Anforderungen genügen kann, bei der Erfüllung der betreffenden Verpflichtungen hätte, wobei die dabei erzielten Einnahmen und ein angemessener Gewinn aus der Erfüllung dieser Verpflichtungen zu berücksichtigen sind[212].

917 Wie in der vierten Voraussetzung der „Altmark-Trans-Entscheidung" anklingt, ist für die Feststellung der Angemessenheit einer Gegenleistung für die Übernahme einer gemeinwirtschaftlichen Verpflichtung auf die Marktüblichkeit abzustellen, wofür es prinzipiell zwei Verfahren gibt: Grundsätzlich kann von einem marktüblichen Preis ausgegangen werden, wenn ein Verfahren zur Vergabe **öffentlicher Aufträge** (s. Rn 1003 ff) oder ein anderes, Wettbewerbsgrundsätzen folgendes Angebotsermittlungsverfahren durchgeführt wurde und der Zuschlag dem wirtschaftlichsten Angebot erteilt wurde. Die Angemessenheit kann aber auch mit dem sog. **private investor test** (Kriterium des privaten Kapitalgebers) festgestellt werden. Danach ist zu fragen, ob ein privater, vernünftiger Kapitalgeber die fraglichen Mittel zur Verfügung gestellt hätte. Zwar darf die Kommission keine Entscheidung an Stelle des Investors treffen; dieser Test scheint aber insofern nicht unproblematisch, als der Kommission dadurch ein erheblicher Beurteilungsspielraum eingeräumt ist.

Ein privater Kapitalgeber von vergleichbarer Größe und in einer – vor allem unter sozialen Gesichtspunkten – vergleichbaren Situation wie die öffentliche Hand existiert praktisch nicht. Das Kriterium des „vernünftigen Investors" – im Gegensatz zum „gewöhnlichen Investor" – hilft kaum weiter. „Vernünftig" kann die Verlustübernahme einer Muttergesellschaft für Schulden ihrer Tochtergesellschaft sein, wenn dies für einen beschränkten Zeitraum erfolgt. Solche Entscheidungen können mit der Wahrscheinlichkeit eines mittelbaren materiellen Gewinns begründet werden, aber zB auch mit dem Bemühen um Imagepflege des Konzerns oder weil dieser seine Tätigkeit neu ausrichten möchte.

---

211 EuGH v. 24.7.2003, Rs. C-280/00 – „*Altmark Trans*", Rn 88 ff.
212 Vgl relativierend EuG v. 4.3.2005, Rs. T-259/03 – „*BUPA*": Das dritte und das vierte Kriterium könnten nicht exakt herangezogen werden. Vgl auch *Storr* in: Biernstiel/Bungenberg/Heinrich, Europäisches Beihilfenrecht, 2013, S. 825, 828.

Die Kommission[213] differenziert zwischen einem Minderheits- und einem Mehrheitsgesellschafter. Eine Minderheitsbeteiligung kann eher spekulativer und kurzfristiger Natur sein; ein vernünftiger Mehrheitsgesellschafter wird eher eine längerfristige Rentabilitätspolitik verfolgen. Eine Holding, die für die Produktivität des Unternehmens verantwortlich ist, wird die Beschäftigungslage und die wirtschaftliche Entwicklung in ihre Überlegungen einbeziehen. Mithin können Beihilfen an einen Umstrukturierungsplan gebunden sein[214].

Der private investor test (bzw. Kriterium des privaten Kapitalgebers) wird vor allem bei Kapitalerhöhungen und Gesellschaftsdarlehen angewendet. Nach der Rspr des EuGH soll das Kriterium des privaten Kapitalgebers auch dann herangezogen werden, wenn der fragliche wirtschaftliche Vorteil eine hoheitliche Privilegierung ist (zB eine Steuerentlastung)[215], obwohl ein Privater diese Maßnahme nicht treffen könnte.

Zur Überwachung der Geldzuflüsse der öffentlichen Hand an ihre Unternehmen hat die Kommission die Transparenzrichtlinie[216] erlassen, die die Mitgliedstaaten verpflichtet, die Transparenz der finanziellen Beziehungen zwischen der öffentlichen Hand und ihren öffentlichen Unternehmen zu gewährleisten. Der Kommission offen zu legen ist die unmittelbare Bereitstellung öffentlicher Mittel durch die öffentliche Hand an öffentliche Unternehmen, die mittelbare Bereitstellung über öffentliche Unternehmen oder Finanzierungsinstitute an öffentliche Unternehmen sowie die tatsächliche Verwendung dieser öffentlichen Mittel (vgl auch ▶ **Klausurenkurs Fall Nr 16**).

Beim Verkauf von Vermögensgütern zieht die Kommission den **private vendor test** heran, der dem private investor test entspricht. Wenn der Staat beim Verkauf eines Unternehmens das zweithöchste Angebot wählt, muss er begründen können, weshalb er das höchste Angebot ablehnt. Allein, dass die Bieter, die das erste Angebot abgegeben haben, möglicherweise keine Genehmigung von der Aufsichtsbehörde erhalten, oder dass sich ihr Genehmigungsverfahren lange hinziehen kann, genügt als Ausschlusskriterium nur, wenn es auch (vom Mitgliedstaat) belegt werden kann[217].

Die **gerichtliche Kontrolle** der Kommissionsentscheidung ist beschränkt, wenn diese **918**
– wie regelmäßig im Beihilfenrecht – komplexe wirtschaftliche Beurteilungen anzustellen hat. Die Unionsgerichte dürfen die wirtschaftliche Beurteilung seitens der Kommission nicht durch ihre eigene ersetzen. Allerdings kommt der Einhaltung des Verfahrens eine besondere Bedeutung zu[218]. Die gerichtliche Kontrolle bezieht sich daher darauf,

– ob die Vorschriften über das Verfahren und die Begründung eingehalten worden sind,
– ob der Sachverhalt, der der beanstandeten Entscheidung zugrunde gelegt wurde, zutreffend festgestellt worden ist und

---

213 Mitteilung der Kommission an die Mitgliedstaaten – Anwendung der Artikel 91 und 93 EWG-Vertrag und des Artikels 5 der RiL 80/723/EWG der Kommission über öffentliche Unternehmen in der verarbeitenden Industrie, ABl Nr C 273 v. 18.10.1991, S. 10.
214 EuGH v. 21.3.1991, Rs. C-303/88 – „*ENI/Lanerossi*", Rn 21; EuGH v. 21.3.1991, Rs. C-305/89 – „*Alfa Romeo*", Rn 19.
215 EuGH v. 5.6.2012, Rs. C-124/10 P – „*EDF*".
216 RiL 80/723/EWG v. 25.6.1980 über die Transparenz der finanziellen Beziehungen zwischen den Mitgliedstaaten und den öffentlichen Unternehmen, ABl Nr L 195 v. 29.7.1980, S. 35 (Grundfassung); vgl a. Rn 668, Fn 22.
217 EuG v. 28.2.2010, Rs. T-268/08 – „*Bank Burgenland*", Rn 82.
218 EuGH v. 21.11.1991, Rs C-269/90 – „*TU München*", Rn 14.

– ob keine offensichtlich fehlerhafte Würdigung dieses Sachverhalts oder ein Ermessensmissbrauch vorliegt[219].

919 Die „Altmark-Trans-Entscheidung" ist zu Recht kritisch gewürdigt worden[220]. Letztlich ist die Reduktion des Beihilfenbegriffs mit einer erheblichen Rechtsunsicherheit verbunden, wenn das Vorliegen einer Beihilfe nicht eindeutig ausgeschlossen werden kann: Denn liegt eine Beihilfe vor, besteht eine Notifizierungspflicht bei der Kommission nach Art. 108 Abs. 3 AEUV. Der betreffende Mitgliedstaat darf die beabsichtigte Maßnahme nicht durchführen, bevor die Kommission eine abschließende Entscheidung getroffen hat (Art. 108 Abs. 3 S. 3 AEUV). Mit dem reduzierten Beihilfenbegriff werden nur eindeutige Fälle rechtssicher gelöst werden können; bei unklaren Kompensationsleistungen wird das Risiko der Fehlinterpretation aber auf den Zuwendungsempfänger abgewälzt (s. Rn 986).

Die Kommission hat 2011/2012 das sog. **DAWI-Paket** (Daseinsvorsorge-Paket) erlassen, in dem auf der Grundlage der Altmark-Trans-Rechtsprechung die Finanzierung von Dienstleistungen von allgemeinem wirtschaftlichen Interesse nach Maßgabe des beihilfenrechtlichen Rahmens geregelt, bzw. konkretisiert und beschrieben wird. Im Einzelnen sind vier Rechtsakte von Bedeutung:

Der Beschluss 2012/21 der Kommission über die Anwendung von Artikel 106 Abs. 2 AEUV auf staatliche Beihilfen in Form von Ausgleichsleistungen zugunsten bestimmter Unternehmen, die mit der Erbringung von Dienstleistungen von allgemeinem wirtschaftlichem Interesse betraut sind[221]. In diesem sog. **Freistellungsbeschluss** ist festgelegt, unter welchen Voraussetzungen staatliche Beihilfen, die bestimmten, mit der Erbringung von Dienstleistungen von allgemeinem wirtschaftlichem Interesse betrauten Unternehmen als Ausgleich gewährt sowie als mit dem Binnenmarkt vereinbar angesehen werden und demzufolge von der Anmeldepflicht nach Artikel 108 Absatz 3 AEUV befreit sind[222].

Die **De-minimis-VO** über die Anwendung der Artikel 107 und 108 AEUV auf Beihilfen an Unternehmen, die Dienstleistungen von allgemeinem wirtschaftlichem Interesse erbringen[223]. Eine De-minimis-Beihilfe liegt vor, wenn (ua) ein Unternehmen Dienstleistungen von allgemeinem wirtschaftlichem Interesse erbringt und der Gesamtbetrag in drei Steuerjahren € 500 000 nicht übersteigt. De-minimis-Beihilfen sind ebenfalls von der Anmeldepflicht nach Artikel 108 Abs. 3 AEUV befreit.

Der **EU-Rahmen 2012/C 8/03** für staatliche Beihilfen in Form von Ausgleichsleistungen für die Erbringung öffentlicher Dienstleistungen[224]. Wenn eine Maßnahme eine Beihilfe darstellt, dh nicht in den Anwendungsbereich des Beschlusses 2012/21 und nicht unter die De-minimis-VO

---

219 EuGH v. 6.10.2009, Rs. C-501/06 P – *„GlaxoSmithKline"*, Rn 146; EuGH v. 2.9.2010, Rs. C-290/07 P – *„Scott"*, Rn 66.

220 *Kämmerer*, NVwZ 2004, 28 ff; eher zustimmend dagegen: *Bartosch*, EuZ 2004, 295 ff.

221 Beschluss der Kommission v. 20.12.2011 über die Anwendung von Artikel 106 Absatz 2 des Vertrags über die Arbeitsweise der Europäischen Union auf staatliche Beihilfen in Form von Ausgleichsleistungen zugunsten bestimmter Unternehmen, die mit der Erbringung von Dienstleistungen von allgemeinem wirtschaftlichem Interesse betraut sind, ABl Nr L 7 v. 11.1.2012, S. 3.

222 Näher *Storr* in: Biernstiel/Bungenberg/Heinrich, Europäisches Beihilfenrecht, 2013, S. 830.

223 VO 360/2012 v. 25.4.2012 über die Anwendung der Artikel 107 und 108 des Vertrags über die Arbeitsweise der Europäischen Union auf De-minimis-Beihilfen an Unternehmen, die Dienstleistungen von allgemeinem wirtschaftlichen Interesse erbringen, ABl Nr L 114 v. 26.3.2012, S. 8.

224 Mitteilung der Kommission, Rahmen der Europäischen Union für staatliche Beihilfen in Form von Ausgleichsleistungen für die Erbringung öffentlicher Dienstleistungen (2011), ABl Nr C 8 v. 11.1.2012, S. 3.

fällt, muss sie bei der Kommission nach Maßgabe des Art. 108 Abs. 3 AEUV notifiziert werden. In der Rahmenregelung wird klargestellt, unter welchen Voraussetzungen diese staatlichen Beihilfen gem. Art. 106 Abs. 2 AEUV als mit dem Binnenmarkt vereinbar gelten können[225].

In der **Mitteilung über die Anwendung der Beihilfevorschriften auf Ausgleichsleistungen für die Erbringung von Dienstleistungen von allgemeinem wirtschaftlichem Interesse**[226] werden wichtige Schlüsselbegriffe konkretisiert und erläutert, unter anderem der Begriff der Beihilfe, der der Dienstleistung von allgemeinem wirtschaftlichem Interesse und die Höhe der Ausgleichsleistungen.

Art. 107 AEUV gilt nur für **staatliche** Beihilfen. Dabei kommt es nicht darauf an, **920** ob die finanziellen Hilfen unmittelbar aus einem mitgliedstaatlichen Budget stammen, von den Ländern oder Einrichtungen der mittelbaren Staatsverwaltung (Gemeinden, Landkreise, staatliche Banken zB in der Organisationsform der Anstalt des öffentlichen Rechts (Kreditanstalt für Wiederaufbau, Aufbaubanken)) oder von öffentlichen Unternehmen (auf die öffentliche Stellen einen beherrschenden Einfluss ausüben).

Die in Art. 107 Abs. 1 AEUV vorgenommene Unterscheidung zwischen „staatlichen" **921** und „aus staatlichen Mitteln gewährten" Beihilfen bedeutet auch nicht, dass alle von einem Staat gewährten Vorteile unabhängig davon Beihilfen darstellen, ob sie aus staatlichen Mitteln finanziert werden, sondern dient nur dazu, in den Beihilfebegriff die unmittelbar vom Staat gewährten Vorteile sowie Vorteile, die über eine vom Staat benannte oder errichtete öffentliche oder private Einrichtung gewährt werden, einzubeziehen[227]. Der EuGH geht davon aus, dass eine allein auf die unmittelbare Finanzierungsquelle abstellende Betrachtungsweise nicht maßgeblich ist, weil es wesentlich auf die **Auswirkungen der Beihilfe** auf die begünstigten Unternehmen oder Erzeuger ankommt und nicht auf die Stellung der für die Verteilung und Verwaltung der Beihilfe zuständigen Einrichtungen. Aus staatlichen Mitteln können deshalb auch solche Begünstigungen sein, die von privaten Unternehmen lediglich weitergeleitet werden. Auch verliert eine staatliche Maßnahme ihre Qualifikation als Beihilfe noch nicht allein deshalb, weil sie aus Beiträgen finanziert wird, die von Staatswegen von den betroffenen Unternehmen erhoben werden, wenn sie durch eine vom Staat benannte oder errichtete Einrichtung gewährt werden[228].

Finanzielle Vergünstigungen können aber nur dann als Beihilfen im Sinne des **922** Art. 107 Abs. 1 AEUV eingestuft werden, wenn sie unmittelbar oder mittelbar aus staatlichen Mitteln gewährt werden und dem Staat zuzurechnen sind. Die bloße Tatsache, dass eine finanzielle Zuwendung von einem öffentlichen Unternehmen erfolgt ist, das der Mitgliedstaat also beherrschen kann, bedeutet noch nicht, dass es sich um eine Beihilfe handelt. Entscheidend ist vielmehr, dass die staatliche Verwaltung tatsächlich Kontrolle über das öffentliche Unternehmen ausgeübt hat; die Behörden des

---

225 Näher *Storr* in: Biernstiel/Bungenberg/Heinrich, Europäisches Beihilfenrecht, 2013, S. 834.
226 Mitteilung der Kommission über die Anwendung der Beihilfevorschriften der Europäischen Union auf Ausgleichsleistungen für die Erbringung von Dienstleistungen von allgemeinem wirtschaftlichem Interesse, ABl Nr C 8 v. 11.1.2012, S. 4.
227 EuGH v. 7.5.1998, Rs. C-52/97 – „*Viscido*", Rn 13.
228 EuGH v. 22.3.1977, Rs. 78/76 – „*Steinike und Weinlig*", Rn 21 f.

Mitgliedstaats müssen an der Maßnahme also beteiligt sein; eine konkrete Anordnung ist aber nicht zu fordern.

Nach EuGH ist auf den Einzelfall abzustellen, dh auf einen „Komplex von Indizien", die sich aus den Umständen des konkreten Falles und aus dem Kontext ergeben, in dem diese Maßnahme ergangen ist; etwa ob ein öffentliches Unternehmen eine Entscheidung nur nach Rückfrage bei öffentlichen Stellen treffen darf oder ob Richtlinien einzuhalten sind. Weitere Indizien können die Eingliederung des öffentlichen Unternehmens in die Strukturen der öffentlichen Verwaltung sein, die Art seiner Tätigkeit und deren Ausübung auf dem Markt unter normalen Bedingungen des Wettbewerbs mit privaten Wirtschaftsteilnehmern, der Rechtsstatus des Unternehmens – ob es also dem öffentlichen Recht oder dem allgemeinen Gesellschaftsrecht unterliegt –, die Intensität der behördlichen Aufsicht über die Unternehmensführung oder jedes andere Indiz, das im konkreten Fall auf eine Beteiligung der Behörden oder auf die Unwahrscheinlichkeit einer fehlenden Beteiligung am Erlass einer Maßnahme hinweist, wobei auch deren Umfang, ihr Inhalt oder ihre Bedingungen zu berücksichtigen sind[229].

923 In „PreußenElektra" hat der EuGH ferner darauf abgestellt, dass eine Belastung öffentlicher Haushalte erfolgen muss. Nicht jede Vergünstigung, auch wenn sie staatlich angeordnet ist, kann als Beihilfe qualifiziert werden. Andernfalls wäre nahezu jede wirtschaftsrechtliche Preisregelung eine Beihilfe. Das würde den Anwendungsbereich der Art. 107 ff AEUV überdehnen.

924 **Fall 74 (Rn 905):** Der EuGH lehnt in „PreußenElektra"[230] eine Beihilfe ab: Zwar führe das Stromeinspeisungsgesetz zu Vorteilen der Erzeuger von Strom aus erneuerbaren Energiequellen, die Mittel sind aber von den abnahmepflichtigen Unternehmen aufzubringen und stammen nicht aus öffentlichen Haushalten. Nicht maßgeblich ist, dass die Abnahmepflicht auf einem staatlichen Gesetz beruht. Auch die Überlegung, dass die finanzielle Belastung durch die Abnahme zu Mindestpreisen negative Auswirkungen auf das wirtschaftliche Ergebnis hat und deshalb die Steuereinnahmen des Staates verringern kann, wird vom EuGH verworfen: Diese Folge ist einer derartigen Regelung immanent und kann nicht als Mittel angesehen werden, den Erzeugern von Strom aus erneuerbaren Energiequellen auf Kosten des Staates einen bestimmten Vorteil zu gewähren.

925 Richtig ist, dass eine extensive Auslegung des Tatbestandsmerkmals „staatliche oder aus staatlichen Mitteln" gewährte Beihilfen dieses praktisch nivellieren würde. Gleichwohl muss eine weite Auslegung auch weiterhin bestimmend sein, weil nur so eine **Umgehung der Beihilfevorschriften** verhindert werden kann. Entscheidend muss sein, ob – im weitesten Sinne – staatliche Ressourcen transferiert werden[231].

Eine **Garantieerklärung** eines Mitgliedstaats, Schulden eines Unternehmens zu übernehmen, kann den Staatshaushalt belasten und daher als Beihilfe zu qualifizieren sein. Die Ankündigung eines Ministers, der Staat werde für ein Unternehmen, wenn dieses Finanzprobleme hat, die zur Überwindung erforderlichen Entscheidungen treffen, ist aber grundsätzlich zu vage und unbe-

---

229 EuGH v. 16.5.2002, Rs. C-482/99 – „*Stardust Marine*", Rn 55 f.
230 EuGH v. 13.3.2001, Rs. C-379/98 – „*PreussenElektra*"; zur Förderung erneuerbarer Energien aus der jüngeren Rspr: EuGH v. 19.12.2013, Rs. C-262/12 – „*Vent De Colère*" und EuGH v. 1.7.2014, Rs. C-573/12 – „*Ålands Vindkraft*".
231 *Rydelski*, Handbuch EU-Beihilferecht, 2003, S. 62.

stimmt[232]. Bei einer Gesamtbetrachtung aller Umstände (zeitliche Abfolge, Zweck der Äußerung usw.) kann aber auch mit einer solchen Aussage der Beihilfentatbestand erfüllt sein[233].

Bei **parafiskalischen Abgaben** müssen Erhebung und Verwendung ganzheitlich beurteilt werden[234]. Staatliche Ressourcen werden nicht transferiert, wenn die Finanzierung von Aufgaben einer öffentlichen Einrichtung über parafiskalische Abgaben erfolgt und diese Mittel zweckgebunden verwendet werden, vorausgesetzt durch die Abgabenfinanzierung wird ihrem Zweck und ihrer allgemeinen Systematik nach nicht auf die Schaffung eines Vorteils abgezielt, der eine zusätzliche Belastung für den Staat oder diese Einrichtung darstellen würde[235]. Aus staatlichen Mitteln sind aber Branchenbeiträge zu qualifizieren, die durch eine Entscheidung eines berufsübergreifenden Komitees zur Finanzierung einer Beihilfe für bestimmte Erzeuger der betreffenden Branche geschaffen wurden, wenn der Staat voll und ganz in der Lage ist, durch die Ausübung seines beherrschenden Einflusses auf das genannte Komitee die Verwendung der Mittel dieser Einrichtung zu steuern, um gegebenenfalls besondere Vorteile zugunsten bestimmter Unternehmen zu finanzieren[236].

Fall 75 (Rn 906): Für eine Qualifikation der Rundfunkgebührenfinanzierung als Beihilfe sprechen zwei Argumente: Erstens wird durch den Staat ein Nebenhaushaltskreislauf organisiert. Die unmittelbare Finanzierung durch die parafiskalische Rundfunkgebühr erscheint mit der mittelbaren Finanzierung aus steuergespeisten staatlichen Haushalten auswechselbar zu sein. Dabei ist zu berücksichtigen, dass dem Staat nach deutschem Verfassungsrecht ein besonderer Funktionsauftrag zukommt, für eine angemessene Finanzierung der öffentlich-rechtlichen Rundfunkanstalten zu sorgen. Dafür hat er den Rundfunkanstalten das (Hoheits-)Recht eingeräumt, öffentlich-rechtlich Gebühren zu erheben. Da die öffentlich-rechtlichen Rundfunkunternehmen mit den privaten Rundfunkunternehmen im Wettbewerb stehen, stellt das Gebührenaufkommen für diese einen Vorteil dar, der letztlich mit einer Belastung durch den Staat korrespondiert, bzw wegen des verfassungsrechtlichen Funktionsauftrags einer solchen gleichzustellen ist. Zweitens ist das Rundfunkgebührenrecht staatlich geregelt und sein Vollzug von staatlichen Stellen abhängig[237]. Die Rundfunkgebühr wird auf der Grundlage der Rundfunkstaatsverträge erhoben; dort ist auch der Vollzug der Abgabenerhebung durch die öffentlich-rechtlichen Rundfunkanstalten geregelt.

926

Ihrer Definition nach können auch **Quersubventionen** öffentlicher Unternehmen Beihilfen sein. Darunter werden Fallgestaltungen verstanden, in denen ein Unternehmen Geschäftsaktivitäten auf einem Markt mit Gewinnen aus einem anderen Markt finanziert. Die Problematik von Quersubventionen liegt darin, dass Wettbewerber auf dem subventionierten Markt durch Angebote aus dem Markt gedrängt werden können, die nicht auf höhere Leistungsfähigkeit oder Effizienz zurückzuführen sind[238]. Das Kriterium „staatliche oder aus staatlichen Mitteln" ist erfüllt, weil die Quersubvention vom öffentlichen Unternehmen stammt.

927

---

232 EuG v. 21.5.2010, Rs. T-425/04 – „*France Télécom*", Rn 273; *Kassow*, EuZW 2010, 856 ff; vgl auch EuGH v. 15.2.2011, Rs. C-99/98 – „*Siemens Bauelemente*".

233 EuGH v. 19.3.2013, Rs. C-399/10 P – „*Bouygues*"; *Reese*, EuR 2013, 572 ff.

234 *Jaeger*, ZfV 2007, 18, 24.

235 EuGH v. 15.7.2004, Rs. C-345/02 – „*Pearle*", Rn 36; EuGH v. 17.3.1993, Rs. C-72/91 – „*Sloman Neptun*", Rn 21.

236 EuG v. 20.9.2007, Rs. T-136/05 – „*EARL Salvat père & fils*", Rn 140 f.

237 Mitteilung der Kommission über die Anwendung der Vorschriften über staatliche Beihilfen auf den öffentlich-rechtlichen Rundfunk, ABl Nr C 257 v. 27.10.2009, S. 1 Rn 21; vgl auch *Storr*, K&R 2002, 464 ff; aA *Koenig/Kühling*, ZUM 2001, 537, 543; für Österreich: *Egger*, BRZ 2010, 156 ff.

238 *Montag/Leibenath*, in: Heidenhain, Handbuch des Europäischen Beihilfenrechts, 2003, S. 557.

Beispiel: Das staatliche Postunternehmen, dem das Briefmonopol eingeräumt ist, verwendet Gewinne hieraus zur Unterstützung seiner Tätigkeit auf dem liberalisierten Markt für Paketzustellungen.

928 Zu beachten ist, dass sich Art. 107 AEUV nur auf **Maßnahmen der Mitgliedstaaten** bezieht. Nicht erfasst sind damit Maßnahmen, die durch das Unionsrecht veranlasst sind.

Beispiel: Eine Vorschrift des Mineralölsteuergesetzes, die Kraftfahrstoffe für den Luftverkehr von der Steuer befreit und die auf eine unionsrechtliche Richtlinie zurückzuführen ist, stellt keine Beihilfe iSv Art. 107 Abs. 1 AEUV dar, obwohl der Luftverkehr gegenüber dem Bahnverkehr (dessen Kraftstoff besteuert wird) besser gestellt wird[239].

929 Auch Beihilfen der Union sind ausgeschlossen. Für sie gelten die allgemeinen vertraglichen Bestimmungen (Grundfreiheiten, Art. 18 AEUV), ferner das WTO-Recht.

b) Bestimmte Unternehmen oder Produktionszweige

930 Ein **Unternehmen** ist „jede eine wirtschaftliche Tätigkeit ausübende Einheit, unabhängig von ihrer Rechtsform und der Art ihrer Finanzierung"[240]. Die Ausübung hoheitlicher Gewalt ist ausgeschlossen. Im Übrigen ist die Definition aber weit; auch Sportvereine[241], Flughäfen[242] und Naturschutzorganisationen[243] können Unternehmen sein. Anders als nach überkommenem deutschem Subventionsverständnis (s. Rn 756) können auch öffentliche Unternehmen Beihilfenempfänger sein, nicht hingegen private Haushalte. „**Produktionszweige**" ist weit zu verstehen und nicht auf die Gütererzeugung beschränkt. Vom Beihilfenbegriff sollen Begünstigungen an ganze Wirtschaftssektoren einschließlich des Dienstleistungsbereichs erfasst werden[244].

931 Eine Beihilfe ist wettbewerbsrechtlich nur problematisch, wenn sie **selektiv wirkt**. Kommen staatliche Fördermaßnahmen unterschiedslos der gesamten Wirtschaft zugute, handelt es sich um keine Beihilfen, weil der Wettbewerb nicht verfälscht wird. Selektiv wirkt aber eine Förderung einzelner Branchen, zB der Textilindustrie oder der Filmbranche (da Produktionszweige).

Eine selektive Förderung wurde zB bei Vorzugstarifen für Gas zugunsten von Ammoniakherstellern[245] oder bei Steuervergünstigungen zugunsten gewerblicher Güterkraftverkehrsunternehmen angenommen[246].

932 Eine spezifische Begünstigung kann auch dann angenommen werden, wenn eine Maßnahme zwar auf einer gesetzlichen Grundlage beruht und dem Wortlaut nach ei-

---

239 EuG v. 5.4.2006, Rs. T-351/02 – „*Deutsche Bahn*", Rn 102.
240 EuGH v. 23.4.1991, Rs. C-41/90 – „*Höfner und Elser*"; Rn 21; *Mederer*, in: v. d. Groeben/Schwarze, EUV, Art. 87 Abs. 1 Rn 31.
241 Kommission v. 6.3.2013, SA.33584, ABl Nr C 116, S. 19.
242 EuGH v. 19.12.2012, Rs. C-288/11 – „*Mitteldeutsche Flughafen AG*", Rn 50.
243 EuG, v. 12.9.2013, Rs. T-347/09 – „*Naturschutzorganisationen*".
244 *Mederer*, in: v. d. Groeben/Schwarze, EUV, Art. 87 Abs. 1 Rn 35.
245 EuGH v. 12.7.1990, Rs. C-169/84 – „*CDF Chimie AZF*".
246 EuGH v. 19.5.1999, Rs. C-6/97 – „*italienische Steueranrechnung Güterkraftverkehr*".

nen allgemeinen Charakter haben soll, tatsächlich aber nur für **bestimmte Unternehmen** gelten soll.

Fall 76 (Rn 907): Die Bestimmung ist schon deshalb selektiv, weil sie nur zugunsten solcher   **933**
großen Industrieunternehmen angewendet werden soll, die sehr hohe Schulden gegenüber bestimmten Gläubigern, insbesondere der öffentlichen Hand, haben. Die Entscheidung über die Anordnung einer Sonderverwaltung steht im Ermessen des Industrieministers, wobei für die Fortführung eines Unternehmens Erwägungen staatlicher Industriepolitik ausschlaggebend sein sollen. Angesichts der besonderen Belastung öffentlicher Haushalte erfüllt die Bestimmung den Tatbestand der Beihilfe[247].

c) Wettbewerbsverfälschung

Eine Wettbewerbsverfälschung liegt vor, wenn die Beihilfe die Marktbedingungen der   **934**
Wettbewerber verändert oder verändern kann. Die Kommission geht von einer „Naturgemäßheit"[248] der Wettbewerbsverfälschung durch eine Beihilfe aus. Der EuGH fordert dagegen, dass die Kommission die Umstände für eine Wettbewerbsverfälschung wenigstens in der **Begründung** ihrer Entscheidung zu nennen hat[249]. Liegt jedoch die Zuwendung eines unentgeltlichen Vorteils vor, kann grundsätzlich vermutet werden, dass die Beihilfe den Wettbewerb verfälscht oder zu verfälschen droht und den Handel zwischen den Mitgliedstaaten beeinträchtigt. Eine tatsächliche Wettbewerbsverfälschung muss die Kommission jedenfalls nicht nachweisen[250].

Die Kommission hat durch Verordnung festgelegt, dass Beihilfen, die einen Gesamt-   **935**
betrag von € 200 000,– innerhalb von drei Jahren nicht übersteigen, grds. nicht als Maßnahmen gelten, die alle Tatbestandsmerkmale von Art. 107 Abs. 1 AEUV erfüllen und daher nicht der Anmeldepflicht nach Art. 108 Abs. 3 AEUV unterliegen (**De-minimis-Schwelle**)[251].

Der Dreijahreszeitraum soll fließend sein, dh bei jeder Neubewilligung einer De-minimis-Beihilfe ist die Gesamtsumme der im laufenden Steuerjahr sowie in den vorangegangenen zwei Steuerjahren gewährten De-minimis-Beihilfen festzustellen. Diese Regel gilt ua nicht für die Bereiche Landwirtschaft, Fischerei und Aquakultur. Ferner sollen bestimmte Ausfuhrbeihilfen und Beihilfen, die heimische Erzeugnisse gegenüber Importwaren begünstigen nicht unter diese Verordnung fallen. Zur Überwindung der Finanzkrise hatte die Kommission die De-minimis-Schwelle zeitweilig auf € 500 000 heraufgesetzt[252]. Auch für Ausgleichleistungen für die Erbringung von Dienstleistungen von allgemeinem wirtschaftlichen Interesse gelten höhere Schwellenwerte (s. Rn 919).

---

247   EuGH v. 1.12.1998, Rs. C-200/97 – „*Ecotrade*", Rn 37 f.
248   EuGH v. 24.2.1987, Rs. C-304/85 – „*Falck*", Rn 24.
249   EuGH v. 13.3.1985, Rs. 296/82 – „*Leeuwarder Papierwarenfabrik*", Rn 22.
250   EuG v. 9.9.2009, Rs. T-369/06 – „*Holland Malt*", Rn 37.
251   Verordnung (EG) Nr 1407/2013 der Kommission v. 18.12.2013 über die Anwendung der Artikel 107 und 108 des Vertrages über die Arbeitsweise der Europäischen Union auf „De-minimis"-Beihilfen, ABl Nr L 352 v. 24.12.2013, S. 1 f; s. a. VO 1408/2013 der Kommission vom 18.12.2013 über die Anwendung der Artikel 107 und 108 des Vertrages über die Arbeitsweise der Europäischen Union auf De-minimis-Beihilfen im Agrarsektor, ABl Nr L 352 v. 24.12.2013, S. 9.
252   Mitteilung der Kommission, Vorübergehender Gemeinschaftsrahmen für staatliche Beihilfen zur Erleichterung des Zugangs zu Finanzierungsmitteln in der gegenwärtigen Finanz- und Wirtschaftskrise, ABl Nr C 83 v. 7.4.2009, S. 1.

Eine Wettbewerbsverfälschung kann nur für einen bestimmten Markt (relevanter Markt) festgestellt werden. Der **relevante Markt** wird v.a. durch die Faktoren **Austauschbarkeit** auf der Nachfrageseite und Angebotsumstellungsflexibilität auf der Angebotsseite bestimmt. Die Austauschbarkeit auf der Nachfrageseite ist ein Faktor, anhand dessen festgestellt wird, inwieweit die Verbraucher bereit sind, das fragliche Produkt durch andere Produkte zu ersetzen. Die **Angebotsumstellungsflexibilität** betrifft die Frage, ob andere Anbieter als die des fraglichen Produkts oder Dienstes direkt oder kurzfristig in der Lage sind, ihre Produktion umzustellen bzw die relevanten Produkte anzubieten, ohne dass erhebliche Zusatzkosten für sie entstehen. Zu berücksichtigen kann ferner sein, ob sonstige Anbieter bereit sind, in den Markt einzutreten **(potentieller Wettbewerb)**[253]. Der Unterschied zwischen potentiellem Wettbewerb und Angebotsumstellungsflexibilität liegt darin, dass bereits aktive Wettbewerber sofort auf eine Preiserhöhung reagieren können, wohingegen potentielle Markteinsteiger uU mehr Zeit benötigen, um ihr Angebot auf den Markt zu bringen. Häufig wird eine staatliche Maßnahme verschiedene relevante Märkte betreffen.

Beispiel: Die Mitgliedstaaten stellen umfangreiche öffentliche Mittel zur Unterstützung der Ausfuhren von Produkten ihrer Industrien zur Verfügung, ua in der Form kurzfristiger Exportkreditversicherungen. Diese Exportbeihilfen beeinträchtigen den Wettbewerb zwischen den auf dem Markt konkurrierenden potentiellen Lieferanten (Exporteuren) von Waren und Dienstleistungen innerhalb der Union sowie den Markt von kurzfristigen Exportkreditversicherungen, in dem staatliche und private Kreditversicherungsunternehmen miteinander im Wettbewerb stehen[254].

936 Der relevante Markt ist räumlich und sachlich zu bestimmen. **Der räumlich relevante Markt** ist das Gebiet, in dem die beteiligten Unternehmen die relevanten Produkte oder Dienstleistungen anbieten, in dem die Wettbewerbsbedingungen hinreichend homogen sind und das sich von den benachbarten Gebieten durch spürbar unterschiedliche Wettbewerbsbedingungen unterscheidet. Der **sachlich relevante Produktmarkt** umfasst sämtliche Erzeugnisse und/oder Dienstleistungen, die von den Verbrauchern hinsichtlich ihrer Eigenschaften, Preise und ihres vorgesehenen Verwendungszwecks als austauschbar oder substituierbar angesehen werden[255]. Grundsätzlich ist dabei vom sog. Bedarfsmarkt auszugehen, dh, es ist darauf abzustellen, welche Produkte die Nachfrager als substituierbar ansehen.

Aus verfahrensmäßigen und praktischen Erwägungen steht bei der Marktabgrenzung der Preis im Mittelpunkt. Zu beurteilen ist, ob die Kunden als Reaktion auf eine angenommene kleine, bleibende Erhöhung der relativen Preise (zwischen 5 und 10%) für die betreffenden Produkte und Gebiete auf leicht verfügbare Substitute ausweichen würden. Ist die Substitution so groß, dass durch den damit einhergehenden Absatzrückgang eine Preiserhöhung nicht mehr einträglich wäre, so werden in den sachlich und räumlich relevanten Markt so lange weitere Produkte und Gebiete einbezogen, bis kleine, dauerhafte Erhöhungen der relativen Preise einen Gewinn einbringen würden.

---

253 Bekanntmachung der Kommission über die Definition des relevanten Marktes im Sinne des Wettbewerbsrechts der Gemeinschaft, ABl Nr C 372 v. 9.12.1997, S. 5 f.

254 Mitteilung der Kommission an die Mitgliedstaaten zur Anwendung der Artikel 107 und 108 des Vertrags über die Arbeitsweise der Europäischen Union auf die kurzfristige Exportkreditversicherung, ABl Nr C 392 v. 19.12.2012, S. 1.

255 Bekanntmachung der Kommission über die Definition des relevanten Marktes im Sinne des Wettbewerbsrechts der Gemeinschaft, ABl Nr C 372 v. 9.12.1997, S. 5.

Soll beispielsweise bei Produkten der Erfrischungsgetränkeindustrie der relevante Markt ermittelt werden, ist zu prüfen, ob Konsumenten des Produktes A zu Produkten mit anderem Geschmack übergehen würden, wenn der Preis für A dauerhaft um 5 bis 10% erhöht würde. Wechseln die Verbraucher in einem so starkem Ausmaß – zB zum Produkt B –, dass die Preiserhöhung für A wegen der Absatzeinbußen keinen Zusatzgewinn einbringt, umfasst der Markt zumindest die Produkte A und B. Der Vorgang ist für weitere Produkte zu wiederholen.

Beispiel: Isoglukose, das vorwiegend aus Maisstärke hergestellt wird, und Inulinsirup, der aus Zichorienwurzeln erzeugt wird, sind direkte Substitutionserzeugnisse für flüssigen Zucker, der durch Verarbeitung von Zuckerrüben oder Zuckerrohr gewonnen wird. Die Märkte für Zucker, für Inulinsirup und für Isoglukose sind eng miteinander verknüpft. Jede Wettbewerbsentscheidung, die eines der Erzeugnisse betrifft, wirkt sich auch auf die anderen aus. Die EU hat deshalb eine gemeinsame Marktorganisation für Zucker, Inulinsirup und Isoglukose geschaffen[256]. Damit handelt es sich jetzt um einen Markt, der alle drei Erzeugnisse umfasst.

d) Beeinträchtigung des Handels zwischen den Mitgliedstaaten

Angesichts des zunehmenden Zusammenwachsens der Märkte kann eine Beeinträchtigung des Handels zwischen den Mitgliedstaaten bei einer Wettbewerbsverfälschung grundsätzlich angenommen werden. Vorauszusetzen ist aber, dass die Auswirkungen der Beihilfe **grenzüberschreitend** sind. Daran fehlt es bei Wirtschaftsförderungsprojekten mit lediglich regionalen Auswirkungen.   **937**

Die Kommission hat den Zuschuss einer Stadt für ein privat betriebenes Freizeitbad nicht als Beihilfe klassifiziert, weil der Einzugsbereich des Bades 50 km betragen hat und damit die Grenze zum nächsten Mitgliedstaat nicht geschnitten oder berührt worden ist[257].

Allerdings kommt es nicht auf die räumliche Erstreckung des Angebots an, sondern darauf, ob die betreffende Maßnahme **Auswirkungen auf ausländische Wettbewerber** hat. Örtliche oder regionale Verkehrsdienste beispielsweise werden nicht nur von inländischen Unternehmern angeboten. Gewährt ein Mitgliedstaat einem Verkehrsunternehmen einen öffentlichen Zuschuss, kann dadurch die Erbringung von Verkehrsdiensten durch dieses Unternehmen beibehalten oder ausgeweitet werden, so dass sich die Chancen der in anderen Mitgliedstaaten niedergelassenen Unternehmen, ihre Verkehrsdienste auf dem Markt dieses Staates zu erbringen, verringern[258].   **938**

Nach der Rechtsprechung gibt es keine Schwelle und keinen Prozentsatz, bis zu der oder dem man davon ausgehen könnte, dass der Handel zwischen den Mitgliedstaaten nicht beeinträchtigt wäre. Weder der verhältnismäßig geringe Umfang einer Beihilfe noch die verhältnismäßig geringe Größe des begünstigten Unternehmens schließt die Beeinträchtigung des Handels zwischen den Mitgliedstaaten von vornherein aus[259].   **939**

---

256 Vgl Erwägungsgrund 1 Verordnung (EG) Nr 1260/2001 v. 19.6.2001 über die gemeinsame Marktorganisation für Zucker, ABl Nr L 178 v. 30.6.2001, S. 1; EuG v. 21.2.1995, Rs. T-472/93 – *„Campo Embro Industrial"*, Rn 83.
257 Staatliche Beihilfe Nr N 258/00 – Deutschland, Freizeitbad Dorsten v. 12.1.2001.
258 EuGH v. 24.3.2003, Rs. C-280/00 – *„Altmark Trans"*.
259 EuGH v. 21.3.1990, Rs. C-142/87 – *„Tubemeuse"*, Rn 43; s.a. EuG v. 29.9.2000, Rs. T-55/99 – *„CETM"*, Rn 92.

3. Legalausnahmen, Art. 107 Abs. 2 AEUV

940 Art. 107 Abs. 2 und 3 AEUV kennt Legal- und Ermessensausnahmen. Aus der Grundstruktur des Beihilfenregimes – Beihilfen sind grundsätzlich unzulässig und nur ausnahmsweise zulässig – folgt, dass die Ausnahmen **eng auszulegen** sind. Die Kommission hat in einem streng regulierten Verfahren die staatliche Beihilfengewährung zu überprüfen.

941 In Art. 107 Abs. 2 AEUV sind **Legalausnahmen** vom Beihilfenverbot geregelt. Das sind Beihilfen, die kraft Vertrages mit dem Binnenmarkt vereinbar sind:

– Beihilfen sozialer Art an einzelne Verbraucher, wenn sie ohne Diskriminierung nach der Herkunft der Waren gewährt werden;
– Beihilfen zur Beseitigung von Schäden, die durch Naturkatastrophen oder sonstige außergewöhnliche Ereignisse entstanden sind;
– Beihilfen für die Wirtschaft bestimmter, durch die Teilung Deutschlands betroffener Gebiete der Bundesrepublik Deutschland, soweit sie zum Ausgleich der durch die Teilung verursachten wirtschaftlichen Nachteile erforderlich sind.

a) Beihilfen sozialer Art an einzelne Verbraucher

942 Da der Beihilfebegriff unternehmensbezogen ist, setzt eine Beihilfe nach Art. 107 Abs. 2 lit. a AEUV voraus, dass mittelbar auch bestimmte Unternehmen oder Produktionszweige begünstigt werden. Nicht gemeint sind daher **soziale Hilfen** an Endverbraucher – etwa Zuschüsse für Nahrungsmittel –, wenn sie nicht zugleich eine Beihilfe für bestimmte Unternehmen oder Produktionszweige sind. Nicht gemeint sind ferner Beihilfen, die unmittelbar an Unternehmen gewährt werden, mittelbar aber den Endverbrauchern zugutekommen (str).

b) Katastrophenbeihilfen

943 **Naturkatastrophen** sind zB Erdbeben, Lawinen, Erdrutsche, Überschwemmungen, Wirbelstürme, Orkane, Vulkanausbrüche und Flächenbrände natürlichen Ursprungs. Als **außergewöhnliche Ereignisse** gelten Kriege, innere Unruhen oder Streiks. Die Kommission hat unter Vorbehalt und in Abhängigkeit vom Ausmaß des Ereignisses auch schwere nukleare Unfälle oder Industrieunfälle und Brände als außergewöhnliche Ereignisse gelten lassen, wenn sie umfangreiche Verluste verursacht haben[260]. Kein außergewöhnliches Ereignis stellt aber ein Brand in einem einzelnem Betrieb dar, für den eine übliche Feuerversicherung besteht.

c) Beihilfen, die ihren Grund in der Teilung Deutschlands haben

944 Art. 107 Abs. 2 lit. c AEUV ist nach der Herstellung der Einheit Deutschlands nicht gegenstandslos geworden, sondern gilt bestimmungsgemäß nun unter den gleichen Voraussetzungen für die neuen wie für die alten Länder. Die durch die Teilung verur-

---

260 Rahmenregelung der Europäischen Union für staatliche Beihilfen im Agrar- und Forstsektor und in ländlichen Gebieten 2014–2020, ABl Nr C 204 v. 1.7.2014, S. 1, Rn 330.

sachten wirtschaftlichen Nachteile sind dabei nur diejenigen, die durch die Isolierung aufgrund der **Errichtung der physischen Grenze zwischen den beiden deutschen Staaten** in davon besonders betroffenen Gebieten Deutschlands entstanden sind, zB weil die Verkehrswege unterbrochen wurden oder Absatzgebiete wegen des Abbruchs der gegenseitigen Handelsbeziehungen verloren gingen. Der EuGH hat es unter Hinweis auf den Ausnahmecharakter der Bestimmung und der ratio legis abgelehnt, Art. 107 Abs. 2 lit. c. AEUV als umfassende Bereichsausnahme zu verstehen, die es erlaubt, den Rückstand der neuen Länder vollständig auszugleichen. Denn die unterschiedliche Entwicklung der alten und neuen Bundesländer beruht nicht in erster Linie auf der Teilung Deutschlands, sondern auf den unterschiedlichen politisch-wirtschaftlichen Systemen, die in den beiden deutschen Staaten errichtet worden waren²⁶¹.

Mit dem Vertrag von Lissabon wurde die Befugnis des Rates eingeführt, nach fünf Jahren auf Vorschlag der Kommission diese Legalausnahme durch Beschluss aufzuheben.

d) Sonderfall: Beihilfen im Verkehrsbereich

Art. 93 AEUV bestimmt als weitere Legalausnahme Beihilfen, die den Erfordernissen   **945** der **Koordinierung des Verkehrs** oder der **Abgeltung bestimmter, mit dem Begriff des öffentlichen (gemeinwirtschaftlichen) Dienstes** (s. Rn 737) zusammenhängender Leistungen entsprechen. Dieser Bestimmung kommt als Legalausnahme zu Art. 107 Abs. 1 AEUV aber praktisch keine Bedeutung mehr zu, weil Rat und Parlament mit der VO Nr 1370/2007²⁶² abschließend geregelt haben, unter welchen Voraussetzungen die Behörden der Mitgliedstaaten Beihilfen im Sinne von Art. 97 AEUV gewähren können²⁶³.

4. Ermessensausnahmen, insbes. Art. 107 Abs. 3 AEUV

a) Ermessensspielraum der Kommission

Die **Ermessensbeihilfen** sind in Art. 107 Abs. 3 AEUV geregelt. Danach können be-   **946** stimmte Regionalbeihilfen, Beihilfen für Vorhaben von gemeinsamem europäischem Interesse oder zur Behebung einer beträchtlichen Störung im Wirtschaftsleben eines Mitgliedstaats, Beihilfen zur Förderung der Entwicklung gewisser Wirtschaftszweige oder Wirtschaftsgebiete, Beihilfen zur Förderung der Kultur und der Erhaltung des kulturellen Erbes sowie sonstige Arten von Beihilfen, die der Rat durch eine Entscheidung mit qualifizierter Mehrheit auf Vorschlag der Kommission bestimmt, für zulässig erklärt werden. Grundlegend zu unterscheiden sind Regionalbeihilfen, sektorale Beihilfen und horizontale Beihilfen.

---

261 EuGH v. 28.1.2003, Rs. C-334/99 – „*Gröditzer Stahlwerke*"; EuGH v. 19.9.2000, Rs. C-156/98 – „*Volkswagen*".
262 Verordnung (EG) Nr 1370/2007 v. 23.10.2007 über öffentliche Personenverkehrsdienste auf Schiene und Straße und zur Aufhebung der Verordnungen (EWG) Nr 1191/69 und (EWG) Nr 1107/70 des Rates, ABl Nr L 315 v. 3.12.2007, S. 1 f.
263 EuGH v. 24.7.2003, Rs. C-280/00 – „*Altmark Trans*", Rn 108 zu den Vorgängervorschriften VO Nr 1191/69 und VO Nr 1107/70.

947 Anders als bei den Bereichsausnahmen nach Abs. 2 kommt der Kommission in Art. 107 Abs. 3 AEUV wegen der notwendigen komplexen wirtschaftlichen Erwägungen ein weiter, wenngleich nicht unbegrenzter **Ermessensspielraum** zu. Die Kommission hat ihr Ermessen nach Maßgabe wirtschaftlicher und sozialer Wertungen auszuüben, die auf die Union als Ganzes zu beziehen sind[264]. Daher hat sie die Ziele der Union (Art. 3 AEUV) sachgerecht zu berücksichtigen. Außerdem kann die Kommission aufgrund der VO Nr 994/98[265] bestimmte horizontale Beihilfen und bestimmte Regionalbeihilfen vom Notifizierungsverfahren ausschließen. Die Kontrolle der europäischen Gerichte ist darauf beschränkt, ob die Verfahrens- und Begründungsvorschriften eingehalten worden sind, ob der Sachverhalt, der der getroffenen Ermessensentscheidung zugrunde gelegt wurde, zutreffend festgestellt worden ist, ob keine offensichtlich fehlerhafte Würdigung dieses Sachverhalts und schließlich kein Ermessensmissbrauch vorliegt. Dabei darf das Gericht nicht seine wirtschaftliche Würdigung an die Stelle derjenigen des Verfassers der Entscheidung setzen[266].

Die Kommission hat verschiedene Mitteilungen, Leitlinien und Gemeinschaftsrahmen veröffentlicht, in denen sie die maßgeblichen Kriterien ihrer Entscheidungen niedergelegt hat. Eine eindeutige Unterscheidung zwischen **Mitteilungen** und **Leitlinien** gibt es nicht. Umstritten ist, ob es sich um unverbindliche Stellungnahmen und Empfehlungen (Art. 288 Abs. 5 AEUV) oder um Rechtsakte sui generis handelt[267]. Jedenfalls sind sie schon deshalb nicht mit den deutschen Verwaltungsvorschriften zu vergleichen, weil sie nicht das innerbehördliche Entscheidungsermessen lenken sollen, sondern vornehmlich der Transparenz dienen; die eigentlichen Adressaten sind regelmäßig die Mitgliedstaaten und die betroffenen Unternehmen[268]. Eine Gemeinsamkeit besteht aber insofern, als sich die Kommission bei der Ausübung ihres Ermessens durch diese Maßnahmen selbst binden kann, sofern diese – nach Auffassung des EuG – Regeln enthalten, die auf den Inhalt der Ermessensbindung hinweisen und nicht gegen den AEUV verstoßen[269], oder – nach Auffassung des EuGH –, nicht von den Vorschriften des AEUV abweichen und soweit sie von den Mitgliedstaaten akzeptiert werden[270]. In diesen Fällen ist eine Entscheidung der Kommission auf ihre Vereinbarkeit mit diesen Mitteilungen und Leitlinien gerichtlich zu überprüfen. **Gemeinschaftsrahmen** bedürfen einer Zustimmung durch die Mitgliedstaaten nach Art. 19 VO 994/98 und binden dann Kommission und Mitgliedstaaten. Inzwischen hat die Kommission eine Vielzahl von Mitteilungen, Leitlinien und Gemeinschaftsrahmen erlassen, in denen sie ihre Vorgehensweise bei der Beihilfenkontrolle näher festgelegt hat.

948 Mit dem Aktionsplan für staatliche Beihilfen (2005)[271] hat die Kommission ihre Beihilfenpolitik neu skizziert. Die Wirkungen von Beihilfen auf den Binnenmarkt sollen

---

264 EuGH v. 17.9.1980, Rs. C-730/79 – *„Philip Morris"*.
265 Verordnung (EG) Nr. 994/98 vom 7. Mai 1998 über die Anwendung der Artikel 107 und 108 des Vertrags über die Arbeitsweise der Europäischen Union auf bestimmte Gruppen horizontaler Beihilfen, ABl Nr. L 142 v. 14.5.1998, S. 1
266 EuG v. 12.12.1996, Rs. T-380/94 – *„AIUFASS"*, Rn 56.
267 *Brohm,* Die „Mitteilungen" der Kommission im Europäischen Verwaltungs- und Wirtschaftsraum, 2012.
268 EuGH v. 24.2.1987, Rs. T-310/85 – *„Deufil"*, Rn 22; s.a.: Mitteilung der Kommission an den Rat und das Europäische Parlament – Der Zugang kleiner und mittlerer Unternehmen zu Finanzmitteln v. 1.12.2003, KOM (2003) 713 endg.
269 EuG v. 30.1.2002, Rs. T-35/99 – *„Keller"*, Rn 77.
270 EuGH v. 29.4.2004, Rs. C-91/01 – *„Solar Tech"*, Rn 45.
271 Kommission, Aktionsplan für staatliche Beihilfen v. 7.6.2005, Weniger und besser ausgerichtete staatliche Beihilfen – Roadmap zur Reform des Beihilferechts 2005–2009 (Konsultationspapier), KOM(2005) 107 endg.

stärker berücksichtigt werden. Bei der Beurteilung der Vergabe- oder Verteilungseffekte staatlicher Beihilfen soll ihr tatsächlicher Beitrag zu gemeinsam beschlossenen, politisch wünschenswerten Zielen berücksichtig werden. Dazu sollen staatliche Beihilfen weniger und besser ausgerichtet werden und nicht nur eine rechtliche Prüfung vorgenommen, sondern auch die wirtschaftliche Betrachtungsweise verfeinert werden (sog. **more economic approach**)[272]. Die positiven Auswirkungen der Beihilfe (Verwirklichung eines Ziels von gemeinsamem Interesse, zB Lissabon-Strategie[273]) sollen gegen etwaige negative Nebeneffekte (Handels- und Wettbewerbsverzerrungen) abgewogen werden. Hierzu gehört auch eine intensive Analyse und Berücksichtigung des Marktversagens: externe Effekte, asymmetrische Informationen, Abstimmungsprobleme etc.

Gegen den more economic approach ist zu Recht eingewendet worden, dass offenbleibt, welche ökonomischen Analyserahmen die Kommission konkret heranzieht und damit im Hinblick auf den Grundsatz der **Rechtssicherheit** Defizite anzumelden sind. Art. 107 Abs. 1 AEUV nennt als Prüfungsmaßstäbe die Wettbewerbsverfälschung und die Handelsbeeinträchtigung, nicht ein Marktversagen, dem entgegenzuwirken ist. Auch ist es nicht Aufgabe der Kommission, eine effiziente Verwendung mitgliedsstaatlicher Budgets zu kontrollieren. In ökonomischer Hinsicht ist zu kritisieren, dass nicht jede Einschränkung der Funktionsfähigkeit eines Marktes gleich ein Marktversagen ist und dass die Auswirkungen einer Beihilfe auf den Markt nicht immer präzise festgestellt werden können[274]. Auch tatsächlich hat die Kommission ihre Genehmigungspolitik noch nicht konsequent umgestellt[275] und auch die Gerichte folgen dem more economic approach nicht. Allerdings hat die Kommission bei der Genehmigung von Beihilfen zur Überwindung der Finanzkrise intensiv wirtschaftspolitische Ziele berücksichtigt (Rn 959). **949**

Im Jahr 2012 hat die Kommission eine Mitteilung zur **Modernisierung des Beihilfenrechts**[276] veröffentlicht. Es sollen drei Ziele verfolgt werden: Durch die Beihilfenpolitik sollen ein nachhaltiges, intelligentes und integratives Wachstums in einem wettbewerbsfähigen Binnenmarkt gefördert, die Ex-ante-Prüfung der Kommission auf Fälle mit besonders großen Auswirkungen auf den Binnenmarkt und die Stärkung der Zusammenarbeit zwischen den Mitgliedstaaten bei der Durchsetzung der EU-Beihilfevorschriften konzentriert, die Beihilfenregeln gestrafft und der Erlass von Beschlüssen beschleunigt werden. Dafür will sie zwischen „schlechten" und „guten" Beihilfen unterscheiden. „Schlechte Beihilfen" sind Beihilfen, die den Wettbewerb verzerren, Innovationen hemmen, notwendige Anpassungen verzögern und zu einer Fragmentierung des Binnenmarktes führen[277]. „Gute Beihilfen" sind „gut konzipiert", **950**

---

272 *Siebert*, More Economic Approach in der Europäischen Beihilfenaufsicht, 2012; *Behrens*, in: Biernstiel/Bungenberg/Heinrich, Europäisches Beihilfenrecht, 2013, S. 85 f.
273 Europäischer Rat v. 23. und 24.3.2000 in LISSABON, Schlussfolgerungen des Vorsitzes.
274 *Fehling*, EuR 2010, 598, 613; *Jungheim*, BRZ 2010, 123, 126; *Jaeger*, WuW 2008, 1064 ff.
275 Vgl nur EuG v. 9.9.2009, Rs. T-369/06 – „*Holland Malt*".
276 Mitteilung der Kommission, Modernisierung des EU-Beihilfenrechts, KOM(2012) 0209, Anm. 8.
277 Arbeitsunterlage der Kommissiondienststellen – Zusammenfassung der Folgenabschätzung – Begleitunterlage zur Mitteilung der Kommission, Leitlinien für Regionalbeihilfen 2014–2020, S. 1.

weil sie entweder auf ausgewiesenes Marktversagen oder auf Ziele von gemeinsamem Interesse ausgerichtet sind und weil sie den Wettbewerb möglichst wenig verzerren[278]. Solche Beihilfen werden – so die Kommission – am stärksten zum Wachstum beitragen, wenn sie auf ein Marktversagen abzielen und private Mittel ergänzen, aber nicht ersetzen. Staatliche Beihilfen sollen **Anreizwirkung** haben, das heißt, dass sie die Beihilfeempfänger dazu veranlassen, Tätigkeiten durchzuführen, die sie ohne die Beihilfe nicht durchgeführt hätten. Die Wettbewerbsverzerrungen müssen auf ein Minimum beschränkt, der Binnenmarkt muss wettbewerbsfähig und offen sein[279].

b) Regionalbeihilfen

951   Es gehört zu den Zielen der Union, ihren wirtschaftlichen und sozialen Zusammenhalt zu entwickeln und zu stärken, um eine harmonische Entwicklung der Union als Ganzes zu fördern. Daher hat sich die Union insbesondere zum Ziel gesetzt, die **Unterschiede im Entwicklungsstand der verschiedenen Regionen** und den Rückstand der am stärksten benachteiligten Gebiete oder Inseln, einschließlich der ländlichen Gebiete, zu verringern (Art. 174 AEUV). Regionalbeihilfen sind bestimmten geografischen Gebieten vorbehalten und zielen durch die Förderung von Investitionen und die Schaffung von Arbeitsplätzen speziell auf die wirtschaftliche Entwicklung dieser Gebiete ab. Die Kommission hat die Genehmigungsfähigkeit von Regionalbeihilfen in den Leitlinien für Regionalbeihilfen 2014–2020[280] näher bestimmt.

952   Für Beihilfen mit regionaler Zielsetzung gibt es zwei **Freistellungsmöglichkeiten**:

–   zur Förderung der wirtschaftlichen Entwicklung von Gebieten, in denen die Lebenshaltung außergewöhnlich niedrig ist oder eine erhebliche Unterbeschäftigung herrscht (Freistellung im Rahmen von Art. 107 Abs. 3 lit. a AEUV – sog. A-Fördergebiete).
–   zur Förderung der Entwicklung gewisser Wirtschaftsgebiete, soweit sie die Handelsbedingungen nicht in einer Weise verändern, die dem gemeinsamen Interesse zuwiderläuft (Freistellung im Rahmen von Art. 107 Abs. 3 lit. c 2. Alt. AEUV – sog. C-Fördergebiete).

Aus der Beschränkung auf „außergewöhnlich niedrige" Lebenshaltung und „erhebliche" Unterbeschäftigung (Art. 107 Abs. 3 lit. a AEUV) folgt, dass nur Gebiete gemeint sein sollen, in denen die wirtschaftliche Lage im Vergleich zur gesamten Union äußerst ungünstig ist. Das betrifft die Gebiete, deren Pro-Kopf-Bruttoinlandsprodukt den Schwellenwert von 75% des Gemeinschaftsdurchschnitts nicht überschreitet.

Auf der Grundlage von Art. 107 Abs. 3 lit. c 2. Alt. AEUV ist es möglich, Beihilfen zur Förderung der Gebiete eines Mitgliedstaats zu genehmigen, die im Vergleich zur durchschnittlichen wirtschaftlichen Lage in diesem Staat benachteiligt sind[281]. Es müssen die Grundsätze des Ausnahmecharakters und der geografischen Konzentration besonders beachtet werden und solche Beihilfen müssen sich in den Rahmen einer kohärenten Regionalpolitik des Mitgliedstaats einfügen.

---

278   Mitteilung der Kommission, Modernisierung des EU-Beihilfenrechts, KOM(2012) 0209, Anm. 12; Erläuterungen zum Entwurf der Leitlinien für Regionalbeihilfen 2014–2020 (Arbeitspapier der GD Wettbewerb), S. 1.
279   Mitteilung der Kommission, Modernisierung des EU-Beihilfenrechts, KOM(2012) 0209, Anm. 12.
280   Kommission, Leitlinien für Regionalbeihilfen 2014–2020, ABl Nr C 209 vom 23.7.2013, S. 1.
281   EuGH vom 14.1.1987, Rs 248/84 – *„Deutschland/Kommission"*, Rn 19.

Die Fördergebiete sollen höchstens 46,53% der Gesamtbevölkerung der Union um- **953**
fassen[282]. Für jeden Mitgliedstaat wird eine Fördergebietskarte erstellt, die die Fördergebiete und die Beihilfehöchstintensitäten enthält; diese wird von der Kommission genehmigt. Für die Periode 2014–2020 gibt es in Deutschland nur noch C-
Fördergebiete. In der Periode 2007–2013 waren die neuen Länder noch A-Fördergebie-
biete. Inzwischen überschreitet das Pro-Kopf-Bruttoinlandsprodukt der neuen Länder den Schwellenwert von 75% des Unionsdurchschnitts. In den aktuell ausgewiesenen Fördergebieten leben 21,1 Mio. Einwohner, dh 25,85% der Bevölkerung
Deutschlands.

Zu unterscheiden sind Investitionsbeihilfen und Betriebsbeihilfen: **954**

– **Investitionsbeihilfen** sind eine Erstinvestition in eine Anlage zur Errichtung einer
 neuen Betriebsstätte, zur Erweiterung einer bestehenden Betriebsstätte, zur Diversifizierung der Produktion einer Betriebsstätte in vorher dort nicht hergestellte
 Produkte oder zur grundlegenden Änderung des gesamten Produktionsprozesses
 einer bestehenden Betriebsstätte. Um einen tatsächlichen und nachhaltigen Beitrag der Investition zur Entwicklung des betreffenden Gebiets zu gewährleisten,
 muss die Investition nach ihrem Abschluss mindestens fünf Jahre (drei Jahre bei
 KMU) in dem betreffenden Gebiet erhalten bleiben. Zur Gewährleistung der Rentabilität der Investition soll der Mitgliedstaat sicherstellen, dass der Beihilfeempfänger entweder aus eigenen oder aus fremden Mitteln einen Eigenbeitrag von
 mindestens 25% der beihilfefähigen Kosten leistet, der keinerlei öffentliche Förderung enthält[283].
– **Betriebsbeihilfen** sind Beihilfen, die zur Senkung der nicht mit einer Erstinvestition in Zusammenhang stehenden laufenden Kosten eines Unternehmens dienen.
 Dazu zählen Kostenpositionen wie Personal-, Material-, Fremdleistungs-, Kommu-
 nikations-, Energie-, Wartungs-, Miet- und Verwaltungskosten, nicht aber der Ab-
 schreibungsaufwand und Finanzierungskosten, wenn diese bei Gewährung der regionalen Investitionsbeihilfe als beihilfefähige Kosten berücksichtigt wurden[284].

c) Sektorale Beihilfen

Sektorale Beihilfen sind nach Art. 107 Abs. 3 lit. c 1. Alt. AEUV Beihilfen zur Förde- **955**
rung der **Entwicklung gewisser Wirtschaftszweige**, soweit sie die Handelsbedingungen nicht in einer Weise verändern, die dem gemeinsamen Interesse zuwiderläuft.
Sie sollen den Strukturwandel von Branchen sozial abfedern oder unfairen Preiswett-
bewerb auf den Weltmärkten (zB im Schiffsbau) ausgleichen. Da die Unionsorgane
den Grundsatz der intersektoralen Neutralität zu wahren haben, sind sektorale Beihilfen grundsätzlich abzulehnen.

---

282 Kommission, Leitlinien für Regionalbeihilfen 2014–2020, ABl Nr C 209 vom 23.7.2013, S. 1, Tz
 148.
283 Kommission, Leitlinien für Regionalbeihilfen 2014–2020, ABl Nr C 209 vom 23.7.2013, S. 1, Tz
 31 f.
284 Kommission, Leitlinien für Regionalbeihilfen 2014–2020, ABl Nr C 209 vom 23.7.2013, S. 1,
 Tz. 20.

Besondere Mitteilungen gibt es zB für Schließungsbeihilfen für die Stahlindustrie[285], für den Breitbandausbau[286], für den Schiffsbau[287], für Eisenbahnunternehmen,[288] für den öffentlich-rechtlichen Rundfunk[289] oder für den audiovisuellen Sektor[290].

d) Horizontale Beihilfen

956 Horizontale Beihilfen sollen Probleme lösen, die sich in **allen Branchen und Regionen stellen können**, verfolgen also ein von Regionen und Sektoren unabhängiges Förderziel. Es sind Beihilfen zugunsten kleiner und mittlerer Unternehmen, Umstrukturierungs- und Rettungsbeihilfen, Forschungs- und Entwicklungsbeihilfen, Umweltschutzbeihilfen, Ausbildungsbeihilfen, Beschäftigungsbeihilfen sowie Ausfuhrbeihilfen. Rechtsgrundlage für horizontale Beihilfen ist insbesondere Art. 107 Abs. 3 lit. c AEUV.

957 Auf der Grundlage von Art. 1 VO Nr 994/98[291] hat die Kommission in der allgemeinen Gruppenfreistellungsverordnung 651/2014[292] festgelegt, dass bestimmte staatliche Beihilfen unter gewissen Voraussetzungen mit dem Binnenmarkt vereinbar sind und nicht der Anmeldepflicht nach Art. 108 Abs. 3 AEUV unterliegen. Das gilt zB für Investitionsbeihilfen an **kleine** und **mittlere Unternehmen (KMU)**[293]. Die KMU haben eine besondere Bedeutung bei der Schaffung von Arbeitsplätzen und sind eine der Säulen für soziale Stabilität und wirtschaftliche Dynamik. Wegen der geringen Risikobereitschaft bestimmter Finanzmärkte und ihrer begrenzten Möglichkeiten, Garantien zu bieten, haben KMU aber häufig Schwierigkeiten bei der Beschaffung von Kapital oder Krediten. Durch die Freistellung von der Notifizierungspflicht soll die wirtschaftliche Tätigkeit dieser Unternehmen gefördert werden, sofern die Handelsbedingungen nicht in einem Maß beeinträchtigt werden, das dem gemeinsamen Interesse zuwiderläuft.

Kleine und mittlere Unternehmen (KMU) werden definiert als Unternehmen, die weniger als 250 Personen beschäftigen und einen Jahresumsatz von höchstens € 50 Mio. oder eine Jahresbi-

---

285 Rettungs- und Umstrukturierungsbeihilfen und Schließungsbeihilfen für die Stahlindustrie, ABl Nr C 70 v. 19.3.2002, S. 21 f.
286 Leitlinien der EU für die Anwendung der Vorschriften über staatliche Beihilfen im Zusammenhang mit dem schnellen Breitbandausbau, ABl Nr C 25 v. 26.1.2013, S. 1 ff.
287 Rahmenbestimmungen über Beihilfen für den Schiffbau, ABl Nr C 364 v. 14.12.2011, S. 6 ff.
288 Gemeinschaftliche Leitlinien für staatliche Beihilfen an Eisenbahnunternehmen, ABl Nr C 184 v. 22.7.2008 S. 13 ff.
289 Mitteilung der Kommission über die Anwendung der Vorschriften über staatliche Beihilfen auf den öffentlich-rechtlichen Rundfunk, ABl Nr C 257 v. 27.10.2009, S. 1 ff.
290 Mitteilung der Kommission über staatliche Beihilfen für Filme und andere audiovisuelle Werke, ABl Nr C 332 v. 15.11.2013, S. 1.
291 Verordnung (EG) Nr 994/98 v. 7.5.1998 über die Anwendung der Artikel 92 und 93 des Vertrags zur Gründung der Europäischen Gemeinschaft auf bestimmte Gruppen horizontaler Beihilfen ABl Nr L 142 v. 14.5.1998, S. 1 ff.
292 Verordnung (EU) Nr 651/2014 der Kommission vom 17. Juni 2014 zur Feststellung der Vereinbarkeit bestimmter Gruppen von Beihilfen mit dem Binnenmarkt in Anwendung der Artikel 107 und 108 des Vertrags über die Arbeitsweise der Europäischen Union, ABl Nr L 187 v. 26.6.2014, S. 1 ff.
293 Weitere Voraussetzungen in Art. 17 Verordnung (EU) Nr 651/2014 der Kommission vom 17. Juni 2014 zur Feststellung der Vereinbarkeit bestimmter Gruppen von Beihilfen mit dem Binnenmarkt in Anwendung der Artikel 107 und 108 des Vertrags über die Arbeitsweise der Europäischen Union, ABl Nr L 187 v. 26.6.2014, S. 1 ff.

lanzsumme von höchstens € 43 Mio. haben. **Kleine** Unternehmen sind Unternehmen, die weniger als 50 Personen beschäftigen und deren Jahresumsatz € 10 Mio. nicht übersteigt. **Kleinstunternehmen** sind Unternehmen mit weniger als zehn Beschäftigten, wenn ihr Jahresumsatz bzw Jahresbilanz € 2 Mio. nicht überschreitet[294].

Rettungs- und Umstrukturierungsbeihilfen können für Unternehmen, die in Schwierigkeiten geraten sind, gewährt werden. Ein **Unternehmen ist in Schwierigkeiten**, wenn sicher davon ausgegangen werden kann, dass es ohne Eingreifen des Staates nicht in der Lage ist, einen kurz- oder mittelfristig drohenden wirtschaftlichen Untergang abzuwenden.   **958**

Das ist insbesondere der Fall,

– wenn bei Gesellschaften mit beschränkter Haftung mehr als die Hälfte des gezeichneten Stammkapitals infolge aufgelaufener Verluste verlorengegangen ist;
– wenn bei Gesellschaften, in denen mindestens einige Gesellschafter unbeschränkt für die Schulden der Gesellschaft haften, mehr als die Hälfte der in den Geschäftsbüchern ausgewiesenen Eigenmittel verschwunden ist;
– wenn unabhängig von der Unternehmensform die im innerstaatlichen Recht vorgesehenen Voraussetzungen für die Eröffnung eines Insolvenzverfahrens erfüllt sind;
– wenn im Fall eines Unternehmens, das kein KMU ist, der buchwertbasierte Verschuldungsgrad des Unternehmens mehr als 7,5 beträgt und die EBITDA-Rate des Unternehmens im Verhältnis zu seinen Zinsaufwendungen in den vergangenen beiden Jahren unter 1,0 lag.

Eine **Rettungsbeihilfe** ist dringend und hat eher kurzfristigen Charakter (grundsätzlich max. sechs Monate) und soll die Weiterführung eines in Schwierigkeiten geratenen Unternehmens während eines Zeitraums ermöglichen, der zur Aufstellung eines Umstrukturierungs- oder Liquidationsplans notwendig ist. **Umstrukturierungsbeihilfen** dienen der Wiederherstellung der langfristigen Rentabilität des begünstigten Unternehmens auf der Grundlage eines realistischen, kohärenten und weitreichenden Umstrukturierungsplans. Dafür müssen eine angemessene Lastenverteilung und die Begrenzung etwaiger Wettbewerbsverfälschungen gewährleistet sein. **Vorübergehende Umstrukturierungshilfen** sind Liquiditätshilfen, mit der die Umstrukturierung des begünstigten Unternehmens gefördert werden soll, indem die Voraussetzungen geschaffen werden, die das jeweilige Unternehmen für die Erarbeitung und Umsetzung geeigneter Maßnahmen zur Wiederherstellung seiner langfristigen Rentabilität benötigt[295].

e) Sonderrechtsregime zur Überwindung der Finanzkrise

Mit der Finanzkrise, die in dem Zusammenbruch der Bank Lehman-Brothers 2008 ihren Anfang nahm, musste die restriktive europäische Beihilfengenehmigungspolitik umgestellt werden. Die Mitgliedstaaten sahen sich gezwungen, auf einen zu erwarten-   **959**

---

294 Anhang I der Verordnung (EU) Nr 651/2014 der Kommission vom 17. Juni 2014 zur Feststellung der Vereinbarkeit bestimmter Gruppen von Beihilfen mit dem Binnenmarkt in Anwendung der Artikel 107 und 108 des Vertrags über die Arbeitsweise der Europäischen Union, ABl Nr L 187 v. 26.6.2014, S. 1 ff.
295 Kommission, Leitlinien für staatliche Beihilfen zur Rettung und Umstrukturierung nichtfinanzieller Unternehmen in Schwierigkeiten, ABl Nr C 249 v. 31.7.2014, S 1.

den Anstieg der Arbeitslosenrate, einem Rückgang der Nachfrage und einer Verschlechterung der allgemeinen Haushaltslage reagieren zu müssen. Wie schon ausgeführt (Rn 902), wurden deshalb in kurzer Zeit über € 3 Bio. an Beihilfen gewährt, überwiegend in Form von Garantien, aber auch direkte Finanzhilfen. Die Kommission hat die ersten Fälle noch auf der Grundlage von **Art. 107 Abs. 3 lit. c AEUV** als Rettungs- und Umstrukturierungsbeihilfen genehmigt[296]. Doch dieser Genehmigungsrahmen war nicht auf die Bewältigung dieser Krise zugeschnitten[297]. Staatliche Beihilfen zur Rettung und Umstrukturierung von Unternehmen sind zulässig, wenn einzelne Unternehmen in Schwierigkeiten sind und sie einen Restrukturierungs- oder Liquidationsplan aufstellen. Die Finanzkrise zeichneten aber strukturelle Probleme aus, die Sofortmaßnahmen erforderten.

960 Die Kommission stellte ihre Genehmigungspolitik auf **Art. 107 Abs. 3 lit. b AEUV** um (Behebung einer beträchtlichen Störung im Wirtschaftsleben eines Mitgliedstaats) und interpretierte die Vorschrift so, dass sie nicht nur Notmaßnahmen zur Stützung des Finanzsystems, sondern auch außergewöhnliche wettbewerbspolitische Maßnahmen erlaubt. Beihilfen sollten aber nur für begrenzte Zeit gerechtfertigt sein, um die gegenwärtige Krise zu überwinden.

Zwischen 2008 und 2013 sind sieben Mitteilungen ergangen:
- drei Bankenmitteilungen[298],
- die Rekapitalisierungsmitteilung[299],
- die Impaired-Assets-Mitteilung[300],
- die Umstrukturierungsmitteilung[301],
- die Mitteilung über die Stützung von Finanzinstituten[302].

Darin stellt die Kommission **verschiedene Voraussetzungen** an eine Beihilfengewährung auf. Für eine Rekapitalisierung zur Schließung von Kapitallücken gilt zB (nicht abschließend)[303]:

---

296 Bericht der Kommission, Anzeiger für Staatliche Beihilfen, Frühjahrsausgabe 2009, Sonderausgabe „Staatliche Beihilfen in der gegenwärtigen Finanz- und Wirtschaftskrise", KOM (2009) 164 endg., S. 6.

297 *Fehling*, EuR 2010, 598 ff; *Zimmer/Blaschczok*, WuW 2010, 142 ff; *Lindenlauf*, Staatliche Zuwendungen an Banken und Versicherungen im Zeichen der Finanzkrise, 2014.

298 Mitteilung der Kommission, Die Anwendung der Vorschriften für staatliche Beihilfen auf Maßnahmen zur Stützung von Finanzinstituten im Kontext der derzeitigen globalen Finanzkrise, ABl Nr C 270 v. 25.10.2008, S. 8; s. auch Mitteilung der Kommission über die Anwendung der Vorschriften für staatliche Beihilfen auf Maßnahmen zur Stützung von Banken ab dem 1. Januar 2012, ABl Nr C 356 v. 6.12.2011, S. 7; Mitteilung der Kommission über die Anwendung der Vorschriften für staatliche Beihilfen ab dem 1. August 2013 auf Maßnahmen zur Stützung von Banken im Kontext der Finanzkrise („Bankenmitteilung"), ABl Nr L 216 v. 30.7.2013, S. 1 ff.

299 Mitteilung der Kommission, Die Rekapitalisierung von Finanzinstituten in der derzeitigen Finanzkrise: Beschränkung der Hilfen auf das erforderliche Minimum und Vorkehrungen gegen unverhältnismäßige Wettbewerbsverzerrungen, ABl Nr C 10 v. 15.1.2009, S. 2 ff.

300 Mitteilung der Kommission über die Behandlung wertgeminderter Aktiva im Bankensektor der Gemeinschaft, ABl Nr C 72 v. 26.3.2009, S. 1 ff.

301 Mitteilung der Kommission über die Wiederherstellung der Rentabilität und die Bewertung von Umstrukturierungsmaßnahmen im Finanzsektor im Rahmen der derzeitigen Krise gemäß den Beihilfevorschriften, ABl Nr C 195 v. 19.8.2009, S. 9 ff.

302 Mitteilung der Kommission über die Anwendung der Vorschriften für staatliche Beihilfen auf Maßnahmen zur Stützung von Finanzinstituten im Kontext der Finanzkrise ab dem 1.1.2011, ABl 329 v. 7.12.2010, S. 7 ff.

303 Mitteilung der Kommission über die Anwendung der Vorschriften für staatliche Beihilfen ab dem 1. August 2013 auf Maßnahmen zur Stützung von Banken im Kontext der Finanzkrise („Bankenmitteilung"), ABl Nr L 216 v. 30.7.2013, S. 1 ff., Tz. 28–49.

– es ist der Nachweis erforderlich, dass alle Möglichkeiten, um die Unterstützung auf das erforderliche Mindestmaß zu beschränken, ausgeschöpft wurden;
– es sollen Anreize an das Management gesetzt werden, in Zeiten günstiger Konjunktur eine umfassende Umstrukturierung vorzunehmen;
– die Vergütung aller Mitarbeiter ist auf das Fünfzehnfache des landesweiten Durchschnitts (Obergrenze) zu beschränken;
– es soll eine angemessene Lastenverteilung durch einen Eigenbeitrag vorhandener Kapitalgeber erfolgen;
– aggressive Geschäftsstrategien sind verboten;
– mit staatlicher Unterstützung zu werben ist verboten.

Der Zweck der vorübergehenden Maßnahmen sollte darin liegen, die **Kreditgewäh-** 961
rung an Unternehmen wieder anzukurbeln und dadurch zu gewährleisten, dass die Unternehmen nach wie vor Zugang zu Kapital haben und um Unternehmen darin zu bestärken, weiterhin zu investieren. Die Kommission verband ihre Beihilfenpolitik außerdem iSd more economic approach (Rn 948) damit, dass die Beihilfen einen Beitrag zu einem ökologisch nachhaltigen Wirtschaftswachstum und zur Entwicklung „grüner Produkte" leisten sollten[304]. Gegenwärtig ist die Kommission um ein „phasing-out" bemüht.

f) Beihilfengenehmigung durch den Rat

Nur ausnahmsweise kann auch der **Rat** Beihilfen für zulässig erklären: 962

– nach Art. 107 Abs. 3 lit. e AEUV sonstige Arten von Beihilfen auf Vorschlag der Kommission;
– nach Art. 108 Abs. 2 UAbs. 3 S. 1 AEUV kann er einstimmig auf Antrag eines Mitgliedstaats beschließen, dass eine von diesem Staat gewährte oder geplante Beihilfe in Abweichung von Art. 107 AEUV oder von den nach Art. 109 AEUV erlassenen Verordnungen als mit dem Binnenmarkt vereinbar gilt, wenn außergewöhnliche Umstände eine solche Entscheidung rechtfertigen.

Beispiel für ein Schema zur Prüfung der Zulässigkeit einer Beihilfe:

1. Vorliegen einer Beihilfe iSv Art. 107 Abs. 1 AEUV
2. Ausnahme nach Art. 107 Abs. 2 AEUV?
3. Ermessensausnahme nach Art. 107 Abs. 3 AEUV?
   a) Überschreiten der De-Minimis-Schwelle?
   b) Überschreiten der AGVO-Schwelle?
   c) Grundprüfung nach einschlägigen Leitlinien, Mitteilungen und Gemeinschaftsrahmen unter Berücksichtigung von Beihilfenintensität und Anreizeffekt
   d) bei Überschreiten der Schwellen in Leitlinie, Mitteilung oder Gemeinschaftsrahmen: Abwägungstest
      aa) Dient die Beihilfemaßnahme einem klar definierten Ziel von gemeinsamem Interesse?
      bb) Ist die geplante Beihilfemaßnahme zielführend ausgestaltet, dh, dient sie der Beseitigung des Marktversagens oder anderen Zielen?

---

304 Mitteilung der Kommission, Vorübergehender Unionsrahmen für staatliche Beihilfen zur Erleichterung des Zugangs zu Finanzierungsmitteln in der gegenwärtigen Finanz- und Wirtschaftskrise, ABl Nr C 6 v. 11.1.2011, S. 5 ff.

- Ist die Beihilfemaßnahme ein geeignetes Instrument, um das betreffende Ziel zu erreichen?
- Hat die Beihilfemaßnahme einen Anreizeffekt, dh, veranlasst sie den Beihilfeempfänger zu einer Verhaltensänderung?
- Ist die Beihilfemaßnahme angemessen, dh, könnte dieselbe Verhaltensänderung mit einer geringeren Beihilfe nicht erreicht werden?

cc) Sind die Wettbewerbsverzerrungen und die Handelsbeeinträchtigungen so gering, dass die Gesamtbilanz positiv ausfällt?

5. Das Verfahren der Beihilfenkontrolle

963 **Fall 78:** Bereits im Jahr 2001 war zu vermuten, dass der Betrieb des Unternehmens U wegen des ungünstig gelegenen Betriebsstandorts nicht mehr profitabel produzieren kann. Wegen eines drohenden Stellenabbaus reichte das Land L im Jahr 2002 eine Beihilfe über € 20 Mio. zur Investition in neue Maschinen aus. Die Kommission, die erst viel später durch die Tagespresse von der Beihilfe erfuhr, stellte die Rechtswidrigkeit der Beihilfe fest und forderte Deutschland im März 2003 auf, den Beihilfebescheid zurückzunehmen und die Mittel von U zurückzuverlangen. Daraufhin erlässt L im Dezember 2004 an U einen Rückforderungsbescheid. U verweigert die Zahlung, weil die Gelder bereits für den Kauf der Maschinen verwendet worden seien. Die erworbenen Maschinen seien inzwischen technisch überholt, außer Dienst gestellt und praktisch wertlos.

964 **Fall 79:** Die Kommission genehmigt eine Beihilfe Deutschlands zur Förderung von Dämmstoffen aus nachwachsenden Rohstoffen im Rahmen eines Markteinführungsprogramms nach Art. 4 Abs. 3 VO 659/99. Die Beihilfe in Höhe von € 1 000 000,– bezieht sich auf ein Dämmstoffvolumen von ca. 30 000 m³. In Deutschland werden ca. 30 Mio. m³ Dämmstoffe verwendet. Eine Vereinigung von Herstellern und Vertriebshändlern von Dämmstoffen aus Mineralfasern beantragt beim EuG, die Entscheidung der Kommission für nichtig zu erklären. Die Beihilfe sei unzulässig; außerdem hätte die Kommission das förmliche Prüfverfahren nach Art. 108 Abs. 2 AEUV eröffnen müssen. Ist eine Klage zulässig?

965 **Fall 80:** Konkurrent K möchte sich gegen eine Beihilfe, die ein Ministerium des Landes L dem Unternehmer U gewährt hat, wenden. Die Beihilfe ist nicht notifiziert worden. Wie wird er gerichtlich vorzugehen haben?

a) Notifizierungspflicht bei der Kommission

966 Nach Art. 108 Abs. 1 AEUV ist es primär Aufgabe der Kommission, fortlaufend in Zusammenarbeit mit den Mitgliedstaaten die bestehenden Beihilferegelungen zu überprüfen. Hierfür schlägt sie ihnen die zweckdienlichen Maßnahmen vor, welche die fortschreitende Entwicklung und das Funktionieren des Binnenmarktes erfordern. Außerdem ist die Kommission nach Art. 108 Abs. 3 AEUV von jeder beabsichtigten Einführung oder Umgestaltung von Beihilfen so rechtzeitig zu unterrichten, dass sie sich dazu äußern kann (**Notifizierungspflicht**). Der betreffende Mitgliedstaat darf die beabsichtigte Maßnahme nicht durchführen, bevor die Kommission eine abschließende Entscheidung erlassen hat (**Durchführungsverbot** und **Abwartenspflicht**). Die Auszahlung einer Beihilfe vor Genehmigung durch die Kommission ist rechtswidrig.

Diese Anforderung wird grundsätzlich streng verstanden. Denn würde die Nichtein- **967**
haltung der Notifizierungspflicht keine größeren Unannehmlichkeiten oder Strafen
für die Mitgliedstaaten nach sich ziehen, wäre deren Anreiz erheblich gemindert, die
Beihilfe zu notifizieren und eine Vereinbarkeitsentscheidung abzuwarten. Entsprechend eingeschränkt wäre die Wirkung einer Kontrolle durch die Kommission[305]. Deshalb müssen die Auswirkungen der Rechtswidrigkeit, die aus dem Verstoß gegen das
Durchführungsverbot folgen, auch dann beseitigt werden, wenn die Kommission eine
bereits ausbezahlte Beihilfe später genehmigt. Das bedeutet nicht, dass ein Mitgliedstaat eine rechtswidrig ausgereichte Beihilfe zurückzufordern hat[306]; der Beihilfenempfänger wird aber jedenfalls für die Dauer der Rechtswidrigkeit Zinsen zu zahlen
haben[307].

b) Grundzüge des Genehmigungsverfahrens

Art. 109 AEUV ermächtigt den Rat, auf Vorschlag der Kommission und nach Anhö- **968**
rung des Europäischen Parlaments, die Bedingungen für das Notifizierungsverfahren
zu konkretisieren. Auf dieser Grundlage hat er die Verfahrensordnung für die Beihilfennotifizierung (**VO 659/99**)[308] erlassen.

Nach Art. 2 VO 659/99 und Art. 108 Abs. 1 AEUV sind die Mitgliedstaaten ver- **969**
pflichtet, der Kommission ihre Vorhaben zur Gewährung neuer Beihilfen rechtzeitig
mitzuteilen. Die Anmeldung muss alle sachdienlichen Auskünfte enthalten, damit die
Kommission ohne eingehende Prüfung feststellen kann, dass die staatlichen Maßnahmen mit dem Vertrag vereinbar sind[309]. Die Kommission hat den betreffenden Mitgliedstaat unverzüglich vom Eingang einer Anmeldung zu unterrichten. Der Mitgliedstaat darf anmeldungspflichtige Beihilfen nicht durchführen, bevor die Kommission
eine diesbezügliche Genehmigungsentscheidung erlassen hat oder die Beihilfe als genehmigt gilt (Art. 3 VO 659/99 – sog. **Durchführungsverbot** s.o.).

Sodann unternimmt die Kommission unmittelbar nach Eingang der Anmeldung eine **970**
Vorprüfung (vorläufige Prüfung). Sie kann drei Entscheidungen treffen (vgl Art. 4 VO
659/99):

– Kommt die Kommission zu dem Schluss, dass die angemeldete Maßnahme keine
  Beihilfe darstellt, hat sie dies durch Entscheidung festzustellen („**Entscheidung
  keine Beihilfe**").
– Kommt die Kommission zu dem Schluss, dass die angemeldete Maßnahme zwar
  eine Beihilfe darstellt, aber kein Anlass zu Bedenken hinsichtlich ihrer Vereinbarkeit mit dem Binnenmarkt besteht, entscheidet sie, dass die Maßnahme mit dem
  Binnenmarkt vereinbar ist („**Entscheidung, keine Einwände zu erheben**").

---

305 EuGH v. 5.10.2006, Rs. C-368/04 – *„Transalpine Ölleitung"*, Rn 42.
306 So aber zunächst die Interpretation von EuGH v. 21.10.2003, Rs. C-261/01 – *„van Calster"*, Rn 75.
307 EuGH v. 18.12.2008, Rs. C-384/07 – *„Wienstrom"*, Rn 28; vgl a. EuGH v. 12.2.2008, Rs. C-199/06
     – *„CELF"*, Rn 40 f.
308 Verordnung (EG) Nr 659/1999 v. 22.3.1999 über besondere Vorschriften für die Anwendung von
     Artikel 93 des EG-Vertrags, ABl Nr L 83 v. 27.3.1999, S. 1 ff.
309 EuGH v. 15.2.2001, Rs. C-99/98 – *„Siemens"*, Rn 54.

– Kommt die Kommission zu dem Schluss, dass die angemeldete Maßnahme eine Beihilfe darstellt und Bedenken hinsichtlich ihrer Vereinbarkeit mit dem Binnenmarkt bestehen, entscheidet sie, das Verfahren nach Art. 108 Abs. 2 AEUV zu eröffnen (**„Entscheidung über die Eröffnung des förmlichen Prüfverfahrens"**).

Die Vorprüfung muss innerhalb von **zwei Monaten** abgeschlossen sein, wobei die Frist erst nach Eingang der vollständigen Anmeldung zu laufen beginnt. Die Frist kann verlängert oder verkürzt werden. Hat die Kommission innerhalb dieser Frist keine Entscheidung getroffen, gilt die Beihilfe als von der Kommission genehmigt. Die betreffenden Maßnahmen darf der Mitgliedstaat aber erst dann durchführen, wenn er die Kommission hiervon in Kenntnis gesetzt hat und diese nicht innerhalb einer Frist von 15 Arbeitstagen eine Entscheidung erlassen hat.

Neu eingeführt wurde die Möglichkeit für die Kommission, nach Einleitung des förmlichen Prüfverfahrens unmittelbar Auskunftsersuchen an einen anderen Mitgliedstaat, ein Unternehmen oder eine Unternehmensvereinigung zu richten (Art. 6a VO 659/99). Das gilt aber nur, wenn sich nach Einschätzung der Kommission das förmliche Prüfverfahren als wirkungslos erwiesen und – sofern das Ersuchen an den Beihilfenempfänger gerichtet ist – der betreffende Mitgliedstaat zugestimmt hat. Es ist zwischen **einfachen Auskunftsersuchen** und **Auskunftsersuchen durch Beschluss** zu unterscheiden. Macht das Unternehmen oder die Unternehmensvereinigung aufgrund einfacher Auskunftsersuchen unrichtige oder irreführende Angaben oder macht es aufgrund eines Auskunftsersuchens durch Beschluss unrichtige, unvollständige oder irreführende Angaben oder gibt es die Auskunft nicht fristgerecht, kann die Kommission Geldbußen zur Sanktionierung verhängen. Bei Auskunftsersuchen durch Beschluss kann sie außerdem Zwangsgelder zur Durchsetzung des Auskunftsersuchens festsetzen (Art. 6b VO 659/99).

Kommt es zur Eröffnung des förmlichen Prüfverfahrens, hat die Kommission in der Entscheidung die wesentlichen Sach- und Rechtsfragen zusammenzufassen, den Beihilfecharakter der geplanten Maßnahme vorläufig zu würdigen und ihre Bedenken zur Vereinbarkeit mit dem Binnenmarkt auszuführen. Der betreffende Mitgliedstaat und die anderen Beteiligten sind zu einer Stellungnahme aufzufordern (Art. 6 VO 659/99; Art. 108 Abs. 2 AEUV). Der Adressatenkreis ist dabei weit: Zu den Beteiligten gehören nicht nur das Unternehmen, das die Beihilfe erhalten hat, sondern auch durch die Beihilfe möglicherweise verletzte Dritte (natürliche Personen, Unternehmen, Vereinigungen), insbesondere die konkurrierenden Unternehmen und Berufsverbände[310]. Nach EuGH soll die **Eröffnungsentscheidung** der Kommission im Vorprüfungsverfahren („Entscheidung über die Eröffnung des förmlichen Prüfverfahrens") für die mitgliedstaatlichen Gerichte bindende Wirkung haben[311]. Die mitgliedstaatlichen Gerichte müssen also der Kommission folgen, ebenfalls von einer Beihilfe ausgehen und eine Rückforderung anordnen, selbst wenn tatsächlich keine Beihilfe vorliegt. Eine eigenständige Prüfung ist ihnen damit verwehrt. Das wird in der Literatur zu Recht kritisiert, weil die Eröffnungsentscheidung nach Art. 6 VO 659/1999 nur eine vorläufige ist[312].

971 Das förmliche Prüfverfahren kann abgeschlossen werden:

– durch eine **Rücknahme der Anmeldung** durch den Mitgliedstaat (Art. 8 VO 659/99);
– durch die Feststellung der Kommission, dass die angemeldete Maßnahme **keine Beihilfe** darstellt (Art. 7 Abs. 2 VO 659/99);

---

310 EuG v. 21.3.2001, Rs. T-69/96 – *„Hamburger Hafen- und Lagerhaus AG"*.
311 EuGH v. 21.11.2013, Rs. C-284/12 – *„Deutsche Lufthansa"*, Rz 32.
312 *Soltész*, NJW 2013, 3774; *Traupel*, EWS 2014, 1 ff.

– durch eine **Positiventscheidung**, in der die Kommission feststellt, dass die Bedenken hinsichtlich der Vereinbarkeit der angemeldeten Maßnahme mit dem Binnenmarkt ausgeräumt sind (Art. 7 Abs. 3 VO 659/99);
– durch eine **Negativentscheidung**, in der die Kommission feststellt, dass die angemeldete Beihilfe mit dem Binnenmarkt unvereinbar ist und nicht eingeführt werden darf (Art. 7 Abs. 5 VO 659/99).

Die Kommission darf ihre Entscheidungen erst treffen, wenn die Bedenken hinsichtlich der Vereinbarkeit mit dem Binnenmarkt ausgeräumt sind. Eine Positiventscheidung kann sie gegebenenfalls mit **Bedingungen** und **Auflagen** verbinden. Nebenbestimmungen darf sie aber nur erlassen, wenn diese mit dem Gegenstand der Beihilfe in sachlichem Zusammenhang stehen und erforderlich sind, zB Kontrollauflagen[313]. **972**

Die Kommission soll sich „bemühen" (Art. 7 Abs. 6 VO 659/99), eine Entscheidung möglichst innerhalb von 18 Monaten nach Eröffnung des Prüfverfahrens zu erlassen. Die Frist kann aber im Einvernehmen mit dem betreffenden Mitgliedstaat verlängert werden. Nach Ablauf dieser Frist kann die Kommission auf Antrag des betreffenden Mitgliedstaats auf der Grundlage der ihr zur Verfügung stehenden Informationen eine Entscheidung treffen. Reichen die ihr vorgelegten Informationen nicht aus, um die Vereinbarkeit festzustellen, hat sie im Zweifel eine Negativentscheidung zu erlassen.

Wenn eine Entscheidung auf übermittelten unrichtigen Informationen beruht und diese für die Entscheidung ausschlaggebend waren, kann die Kommission dem betreffenden Mitgliedstaat Gelegenheit zur Stellungnahme geben, das förmliche Prüfverfahren erneut eröffnen und die Entscheidung **widerrufen** (Art. 9 VO 659/99). **973**

c) Das Verfahren bei rechtswidrigen Beihilfen

Eine rechtswidrige Beihilfe ist eine Beihilfe, die entgegen Art. 108 Abs. 3 AEUV, dh vor Abschluss des Notifizierungsverfahrens oder entgegen einer Negativentscheidung eingeführt wurde. Die Kommission hat sämtliche **Informationen** über angebliche rechtswidrige Beihilfen, die sie erhält, unverzüglich zu prüfen. Der betreffende Mitgliedstaat ist ihr gegenüber **auskunftspflichtig** (Art. 10 VO 659/99). **974**

Sowohl ein Verstoß gegen die Notifizierungspflicht (Art. 108 Abs. 3 S. 1 AEUV) als auch eine Verletzung der Abwartenspflicht (Art. 108 Abs. 3 S. 3 AEUV) führen zur Unzulässigkeit einer bereits erfolgten Beihilfengewährung. Die Kommission kann als vorläufige Maßnahme eine **Aussetzungsanordnung** (Art. 11 Abs. 1 VO 659/99) erlassen, in der dem Mitgliedstaat aufgegeben wird, eine rechtswidrige Beihilfe bis zu einer Entscheidung nicht auszuzahlen. Sie kann ferner eine **Rückforderungsanordnung** (Art. 11 Abs. 2 VO 659/99) erlassen, durch die der Mitgliedstaat verpflichtet wird, alle rechtswidrigen Beihilfen einstweilig zurückzufordern, vorausgesetzt **975**

– hinsichtlich des Beihilfecharakters der betreffenden Maßnahme bestehen nach geltender Praxis keinerlei Zweifel,
– ein Tätigwerden ist dringend geboten und

---

313 *Bleckmann*, NVwZ 2004, 11, 14.

    – es ist ein erheblicher und nicht wiedergutzumachender Schaden für einen Konkurrenten ernsthaft zu befürchten.

976 Eine Rückforderungsanordnung verstößt nicht schon deshalb gegen den Verhältnismäßigkeitsgrundsatz, weil sich die Beihilfe später als materiell-rechtlich unbedenklich herausstellt[314], denn auch die zeitweise Überlassung von Begünstigungen stellt einen Vorteil dar. Eine Verletzung von Art. 108 Abs. 3 S. 1 oder 3 AEUV wird durch eine spätere, abschließende und positive Entscheidung der Kommission **nicht geheilt**, weil die nationalen Behörden, die die vorläufige Rückforderung durchzusetzen haben, nicht über die Vereinbarkeit der Beihilfenmaßnahmen mit dem Binnenmarkt zu befinden haben. Es besteht eine **Aufgabenteilung**: Die Kommission ist zuständig für die Beurteilung der Vereinbarkeit einer Maßnahme mit dem Binnenmarkt, die nationalen Behörden haben hierfür die Voraussetzungen zu schaffen, indem sie das Notifizierungsverfahren einleiten und solche Maßnahmen verhindern, die einer Entscheidung der Kommission vorgreiflich sind[315]. Allein schon um feststellen zu können, ob das in Art. 108 Abs. 3 AEUV vorgesehene Vorprüfungsverfahren durchzuführen ist, haben innerstaatliche Behörden oder Gerichte den in Art. 107 Abs. 1 AEUV enthaltenen Begriff der Beihilfe auszulegen und anzuwenden[316]. Damit äußern sich nationale Behörden bei einer vorläufigen Rückforderung nicht über die Vereinbarkeit einer Maßnahme mit dem Binnenmarkt. Eine vorläufige Rückforderung ist grundsätzlich geboten, weil andernfalls eine Missachtung von Art. 108 Abs. 3 S. 3 AEUV den betreffenden Mitgliedstaat begünstigt und der Vorschrift ihre **praktische Wirksamkeit** genommen würde[317]. Sie hat aber dann zu unterbleiben, wenn sie aufgrund außergewöhnlicher Umstände **sachlich ungerechtfertigt** wäre[318].

977 Die Kommission hat im Weiteren ein vorläufiges und gegebenenfalls ein förmliches Prüfverfahren durchzuführen. Im Gegensatz zu den nationalen Behörden kann sie die Rückforderung einer Beihilfe nicht allein mit der Begründung verfügen, sie sei von dieser nicht gem. Art. 108 Abs. 3 AEUV unterrichtet worden[319].

978 Hat die Kommission zu einer rechtswidrigen Beihilfe eine **Negativentscheidung** getroffen, hat sie dem Mitgliedstaat aufzugeben, alle notwendigen Maßnahmen zu ergreifen, um die Beihilfe vom Empfänger unverzüglich zurückzufordern (**Rückforderungsentscheidung**, vgl Art. 14 VO 659/99). Mit der Rückforderung soll wieder der ursprüngliche Zustand hergestellt werden. Daher sind auch Zinsen für die bloße Überlassung von Geldern (Funktion eines Darlehens) für einen bestimmten Zeitraum zu fordern. Der Zinssatz wird von der Kommission festgelegt.

979 Diese Rückforderung hat nach dem Verfahrensrecht des betreffenden Mitgliedstaats zu erfolgen, sofern hierdurch die sofortige und tatsächliche Vollstreckung der Kom-

---

314   Vgl aber *Dickersbach*, GewArch. 1993, 177, 180.
315   Zur Bedeutung der nationalen Gerichte vgl a. EuGH v. 21.10.2003, Rs. C-261/01 – *„van Calster"*, Rn 75.
316   EuGH v. 18.7.2007, Rs. C-119/05 – *„Lucchini"*, Rn 50.
317   EuGH v. 21.11.1991, Rs. C-354/90 – *„FNCE"*, Rn 14 f.
318   EuGH v. 11.7.1996, Rs. C-39/94 – *„SFEI"*, Rn 71.
319   EuGH v. 21.10.2003, Rs. C-261/01 – *„van Calster"*, Rn 76.

missionsentscheidung ermöglicht wird (Art. 14 Abs. 3 VO 659/99). In der Entscheidung des EuGH v. 21.9.1983, Rs. 205/82 – *„Deutsche Milchkontor"* heißt es wörtlich:

„Im Einklang mit den allgemeinen Grundsätzen, auf denen das institutionelle System der Gemeinschaft beruht und die die Beziehungen zwischen der Gemeinschaft und den Mitgliedstaaten beherrschen, ist es gem. Artikel 5 EWG-Vertrag [Anm.: jetzt: Art. 4 Abs. 3 EUV] Sache der Mitgliedstaaten, in ihrem Hoheitsgebiet für die Durchführung der Gemeinschaftsregelungen ... zu sorgen. Soweit das Gemeinschaftsrecht einschließlich der allgemeinen gemeinschaftsrechtlichen Grundsätze hierfür keine gemeinsamen Vorschriften enthält, gehen die nationalen Behörden bei dieser Durchführung der Gemeinschaftsregelungen nach den formellen und materiellen Bestimmungen ihres nationalen Rechts vor, wobei dieser Rechtssatz freilich, ... mit den Erfordernissen der einheitlichen Anwendung des Gemeinschaftsrechts in Einklang gebracht werden muss, die notwendig ist, um zu vermeiden, dass die Wirtschaftsteilnehmer ungleich behandelt werden."

Der EuGH fordert die Einhaltung des Äquivalenzgrundsatzes und des Effektivitätsgrundsatzes[320]. Die Mitgliedstaaten haben Sorge zu tragen, dass die Bedingungen für die Rückforderung von unionsrechtswidrigen Beihilfen nicht weniger günstig sind als diejenigen, die Rechte betreffen, die ihren Ursprung in der innerstaatlichen Rechtsordnung haben (**Äquivalenzgrundsatz**). Die Rückforderung richtet sich in Deutschland – sofern die Beihilfengewährung durch Verwaltungsakt erfolgt ist – grundsätzlich nach den §§ 48, 49a VwVfG (s. Rn 834 f). Art. 14 VO 659/99 selbst ist keine hinreichende gesetzliche Grundlage, auf die ein Rückforderungsbescheid einer nationalen Behörde gestützt werden kann[321]. Die unionsrechtliche Unzulässigkeit einer Beihilfe führt noch nicht zur Nichtigkeit des Bewilligungsbescheids, weil dem Unionsrecht lediglich Anwendungs-, jedoch kein Gültigkeitsvorrang zukommt[322]. Eine Nichtigkeit nach § 44 Abs. 1 VwVfG scheitert ferner an § 44 Abs. 3 Nr 4 VwVfG, denn ein Verwaltungsakt ist nach deutschem Recht noch nicht deshalb nichtig, weil die nach einer Rechtsvorschrift erforderliche Mitwirkung einer anderen Behörde unterblieben ist. Zwar kann ein Verstoß gegen die sachliche Zuständigkeit zur Nichtigkeit führen, allein die Nichtunterrichtung der Kommission soll aber kein Zuständigkeitsfehler der nationalen Subventionsbehörde sein[323]. **980**

Die Anwendung des nationalen Rechts darf die unionsrechtlich vorgeschriebene Rückforderung nicht **praktisch unmöglich** machen oder übermäßig erschweren (**Effektivitätsgrundsatz**). Der EuGH verlangt von den nationalen Behörden, dass rechtswidrige Beihilfen grundsätzlich zurückgefordert werden. Insbesondere muss das **Interesse der Union** in vollem Umfang berücksichtigt werden. Im Übrigen muss das nationale Recht genauso angewendet werden wie bei einem rein innerstaatlichen Sachverhalt und die nationalen Behörden müssen ebenso sorgfältig vorgehen wie bei vergleichbaren nationalen Fällen. **981**

Die Rolle der nationalen Behörden beschränkt sich auf die Durchführung der Entscheidung der Kommission. Sie haben sicherzustellen, dass die Beihilfen nur unter den Bedingungen der Unionsregelungen gewährt werden und jede Verletzung der uni- **982**

---

320 EuGH v. 5.10.2006, Rs. C-368/04 – *„Transalpine Ölleitung"*, Rn 45.
321 OVG Weimar v. 29.6.2010, 3 KO 524/08 gegen OVG Berlin-Brandenburg, NVwZ 2006, 104.
322 BVerwGE 138, 322 ff.
323 *Kokott*, DVBl 1993, 1235, 1237.

onsrechtlichen Vorschriften angemessen geahndet wird[324]. Insbesondere verfügen sie über keinerlei Ermessen[325]. § 48 Abs. 1 VwVfG, der der widerrufenden Behörde bei rechtswidrigen Verwaltungsakten ein Ermessen einräumt, ist deshalb unionsrechtskonform dahingehend auszulegen, dass eine unionsrechtswidrige Beihilfe grundsätzlich zu widerrufen ist (**Ermessensreduzierung auf Null**).

983 Allerdings darf eine Rückforderungsentscheidung nicht ergehen, wenn damit gegen einen allgemeinen Grundsatz des Unionsrechts verstoßen würde (Art. 14 Abs. 1 S. 2 VO 659/99). Die im Beihilfenrecht bedeutendsten Grundsätze des Unionsrechts sind der **Verhältnismäßigkeitsgrundsatz** und der richterrechtlich entwickelte Vertrauensschutzgrundsatz. Nach Art. 5 Abs. 4 EUV dürfen Maßnahmen der Union nicht über das für die Erreichung der Ziele dieses Vertrags erforderliche Maß hinausgehen. Regelmäßig ist die Rückforderung einer rechtswidrigen Beihilfe aber nicht unverhältnismäßig, weil die Aufhebung einer rechtswidrigen Beihilfe durch Rückforderung die logische Folge der Feststellung der Rechtswidrigkeit ist. Wenn die Rückforderung einer zu Unrecht gewährten staatlichen Beihilfe die frühere Lage wiederherstellen soll, kann sie grundsätzlich nicht außer Verhältnis zu den Zielen der Vertragsbestimmungen über staatliche Beihilfen stehen[326]. Eine Beihilfenrückforderung ist auch nicht deshalb unverhältnismäßig, weil das Unternehmen durch die Rückzahlungsverpflichtung in eine schwierige wirtschaftliche Lage kommen könnte. Selbst wenn das Unternehmen hierfür liquidiert werden müsste, ist eine Beihilfenrückforderung nicht unzulässig[327].

984 Der Grundsatz des **Vertrauensschutzes** im Beihilfenrecht ist maßgeblich durch die „*Alcan*"-Rechtsprechung geprägt[328]. Hatte der EuGH zunächst in „*Deutsche Milchkontor*"[329] festgestellt, dass das Unionsrecht nationalen Vorschriften wie § 48 VwVfG nicht entgegensteht, die für den Ausschluss einer Rückforderung von zu Unrecht gezahlten Beihilfen Vertrauensschutz berücksichtigen, so hat er diese Rechtsprechung in „*Alcan*" dahingehend ergänzt, dass das Vertrauen auf die Ordnungsgemäßheit einer Beihilfe nur dann schutzwürdig ist, wenn die Beihilfe unter Einhaltung des dafür vorgesehenen Verfahrens gewährt wurde, dh nach Notifizierung bei der Kommission gem. Art. 108 AEUV und der VO 659/99. Das hat erhebliche Konsequenzen für die Unternehmen: Von einem sorgfältigen Gewerbetreibenden wird regelmäßig zu erwarten sein, dass er sich vergewissert, ob das Notifizierungsverfahren durchgeführt wurde. Obwohl also der Mitgliedstaat notifizierungspflichtig ist und nicht der einzelne Gewerbetreibende, wird das Fehlverhalten des Mitgliedstaats letztlich dem Gewerbetreibenden zugerechnet. Das ist auch sachgerecht, weil der Gewerbetreibende Begünstigter ist und grundsätzlich keinen Anspruch auf die Beihilfe hat. Daher ist es ihm auch zumutbar, sich zu vergewissern, ob die Zuwendung der öffentlichen Hand rechtmäßig ist.

---

324 EuGH v. 21.9.1983, Rs. 205/82 – „*Deutsche Milchkontor*", Rn 18.
325 EuGH v. 20.3.1997, Rs. C-24/95 – „*Alcan*", Rn 34.
326 EuGH v. 14.1.1997, Rs. C-169/95 – „*Piezas y Rodajes*", Rn 47.
327 EuGH v. 15.1.1986, Rs. C-52/84 – „*SA Boch*", Rn 14.
328 EuGH v. 20.3.1997, Rs. C-24/95 – „*Alcan*", Rn 25 ff.
329 EuGH v. 21.9.1983, Rs. 205/82 – „*Deutsche Milchkontor*", Rn 30.

Ist das Vertrauen des Gewerbetreibenden nicht schutzwürdig, zB weil der Mitglied- **985**
staat die Beihilfe nicht angemeldet hat und das Verfahren nach Art. 108 AEUV und
der VO 659/99 nicht durchgeführt wurde, kann sich der Beihilfenempfänger weder
auf **Treu und Glauben** (zB § 48 Abs. 2 VwVfG) noch auf den **Wegfall der Bereicherung**[330] (zB § 48 Abs. 2 S. 2 VwVfG, § 49a Abs. 2 VwVfG) berufen. Auch die **Aus-
schlussfrist** von einem Jahr in § 48 Abs. 4 S. 1 VwVfG[331] kann bei der Rückforderung rechtswidriger Beihilfen keine Anwendung finden.

Fall 78 (Rn 963): Da es keine unionsrechtlichen Rechtsgrundlagen für die Rückforderung **986**
von staatlich gewährten Beihilfen bei Beihilfenempfängern gibt, ist auf nationales Verwaltungsrecht zurückzugreifen, also auf die §§ 48, 49, 49a VwVfG. Die maßgebliche Rechtsgrundlage für die Rücknahme ist § 48 VwVfG, weil die Beihilfe von der Kommission nicht genehmigt wurde, und damit der Beihilfebescheid rechtswidrig ist. Da die Beihilfe auf einem
Beihilfebescheid beruht, der auf eine Geldleistung gerichtet ist und begünstigenden Charakter
hat, richtet sich die Rücknahme nach § 48 Abs. 1 S. 1 und Abs. 2 VwVfG (vgl § 48 Abs. 1 S. 2
VwVfG).

Bei Anwendung und Auslegung der Bestimmung ist zu berücksichtigen, dass die Durchsetzung der Art. 107 f AEUV nicht praktisch unmöglich gemacht werden darf und das Unionsinteresse voll berücksichtigt werden muss. Deshalb ist das Ermessen der Behörde (§ 48 Abs. 1
S. 1 VwVfG) auf Null reduziert.

Die Rückforderung der Beihilfe könnte ausgeschlossen sein, wenn sich U auf Vertrauensschutz nach § 48 Abs. 2 VwVfG berufen kann. Dabei ist das Vertrauen in der Regel schutzwürdig, wenn der Begünstigte Leistungen verbraucht oder eine Vermögensdisposition getroffen hat, die er nicht mehr oder nur unter zumutbaren Nachteilen rückgängig machen kann
(§ 48 Abs. 2 S. 2 VwVfG). Diese Regelwertung ist bei der Rückforderung unionsrechtswid-
riger Beihilfen zu modifizieren. U kann sich im vorliegenden Fall schon deshalb nicht auf
Vertrauensschutz berufen, weil die Beihilfe von der öffentlichen Hand nicht notifiziert wurde.
Dann stellt sich aber das Problem, wie diese unionsrechtliche Wertung bei der Anwendung
des § 48 VwVfG einzufließen hat: (1) Möglich wäre eine Verdrängung von § 48 Abs. 2
VwVfG durch Unionsrecht[332]. Dem steht aber entgegen, dass auch der EuGH den Grundsatz
des Vertrauensschutzes anerkannt hat, weshalb eine vollständige Verdrängung der Vertrau-
ensschutzbestimmungen nicht angebracht ist. (2) Möglich ist auch eine Ergänzung des § 48
Abs. 2 S. 3 Nr 3 VwVfG um einen ungeschriebenen Vertrauenstatbestand dahingehend, dass
kein Vertrauensschutz besteht, wenn das Notifikationsverfahren nach Art. 108 Abs. 3 AEUV
nicht durchgeführt wurde[333]. Dem steht entgegen, dass § 48 Abs. 2 S. 3 VwVfG selbst ein
Ausnahmetatbestand ist, der daher eng auszulegen ist. (3) Das BVerwG[334] will das besondere
Unionsinteresse im Rahmen der Abwägung zwischen privatem und öffentlichem Interesse
nach § 48 Abs. 2 S. 1 VwVfG besonders berücksichtigen. (4) Vorzugswürdig ist aber der Weg
über § 48 Abs. 2 S. 3 Nr 3 VwVfG und zu unterstellen, dass U die Rechtswidrigkeit der Beihilfe kannte bzw in grober Fahrlässigkeit nicht kannte. Das BVerwG meint zwar, dass das
bloße Unterlassen einer Nachforschung, ob das Notifizierungsverfahren ordnungsgemäß
durchgeführt wurde, keine Böswilligkeit begründen könne[335], tatsächlich wird diese Pflicht

---

330 EuGH v. 20.3.1997, Rs. C-24/95 – „*Alcan*", Rn 39 ff, 44 ff.
331 EuGH v. 20.9.1990, Rs. C-5/89 – „*BUG-Alutechnik*", Rn 18.
332 OVG Münster, JZ 1992, 1080, 1081; *Winkler*, DVBl 1979, 263, 267.
333 Vgl *Triantafyllou*, NVwZ 1992, 436, 440.
334 BVerwGE 92, 81, 85; s. a. BVerwGE 106, 328, 336.
335 BVerwGE 92, 81, 84.

dem Unternehmer aber abgefordert[336]. Außerdem ist der Wegfall der Bereicherung – der nach Unionsrecht kein Hindernis für die Rückforderung einer rechtswidrigen Beihilfe sein kann – dann nach § 49a Abs. 2 S. 2 VwVfG nicht zu berücksichtigen.

Zu prüfen ist ferner, ob die Rücknahme gegen die Einjahresfrist nach § 48 Abs. 4 S. 1 VwVfG verstößt. Im Hinblick auf das Erfordernis der positiven Kenntnis (s. Rn 849) geht das BVerwG[337] davon aus, dass die Jahresfrist frühestens im Zeitpunkt der Zustellung der Kommissionsentscheidung zu laufen beginnt, in der festgestellt ist, dass die Beihilfe nicht nur formell, sondern auch materiell rechtswidrig ist und dem Subventionsgeber daher kein Ermessen zusteht, von einer Rücknahme abzusehen. Hier wäre die Jahresfrist abgelaufen. Nach Rechtsprechung des EuGH muss aber auch § 48 Abs. 4 S. 1 VwVfG im Lichte des Unionsrechts interpretiert werden[338]. Bei einer staatlichen Beihilfe, von der die Kommission festgestellt hat, dass sie mit dem Binnenmarkt unvereinbar ist, beschränkt sich die Rolle der nationalen Behörden auf die Durchführung der Kommissionsentscheidung. Die nationalen Behörden verfügen also über kein Ermessen. Folglich weiß der Beihilfenempfänger bereits ab Erlass der Kommissionsentscheidung, dass die Beihilfe zurückzufordern sein wird. Dann kann er sich auch nicht auf den Grundsatz der Rechtssicherheit berufen, wenn die nationalen Behörden eine Subvention verspätet zurückfordern. Dieses Ergebnis lässt sich auch dogmatisch mit einer unionsrechtskonformen Auslegung des § 48 Abs. 4 S. 1 VwVfG begründen: Weil Rücknahme und Widerruf grundsätzlich im Ermessen der Behörde stehen und es sich bei der Jahresfrist um eine Entscheidungsfrist handelt, die (insbesondere) dem Beihilfenempfänger Klarheit über das weitere Vorgehen der staatlichen Behörden verschaffen will, kann die Bestimmung dann nicht angewendet werden, wenn der Behörde kein Ermessen zukommt und sie zur Rückforderung verpflichtet ist.

Aufgrund der Rücknahme des Bewilligungsbescheids hat L außerdem eine Rückerstattung nach § 49a VwVfG zzgl. Zinsen anzuordnen (vgl zu Rückforderung und Unionsrecht auch ▶ **Klausurenkurs Fall Nr 19**).

987 Deutlich stärker ist der Vertrauensschutz des Unternehmers aber gegenüber **Unionsorganen** ausgestaltet. Dabei ist die Rechtsprechung keineswegs konsistent.

So hat der EuGH einerseits zB ein schutzwürdiges Vertrauen eines Unternehmens anerkannt, als die Kommission ohne triftigen Grund 26 Monate bis zum Erlass einer Rückforderungsentscheidung zuwartete. Dieses säumige Verhalten der Kommission konnte beim Beihilfenempfänger ein berechtigtes Vertrauen dahingehend erwecken, dass die Kommission die Beihilfe nicht zurückfordern werde[339]. Andererseits soll noch kein schutzwürdiges Vertrauen des Beihilfenempfängers bestehen, wenn die Kommission im Beihilfeverfahren zunächst auf die Erhebung von Einwendungen verzichtet, die europäischen Gerichte dann aber die Kommissionsentscheidung für nichtig erklären[340]. Wenig überzeugend ist auch die Rechtsprechung des EuGH, dass der Beihilfenempfänger bei einer Unionsbeihilfe – anders als bei einer nationalen Beihilfe – die Berufung auf den Wegfall der Bereicherung zulässt. Allerdings müssen vier Voraussetzungen erfüllt sein[341]:

– der Empfänger muss bereits zum Zeitpunkt der Bewilligung der Beihilfe den sich daraus ergebenden Vermögensvorteil durch die Zahlung des nach Unionsrecht vorgesehenen Richtpreises weitergegeben haben,

---

336 *Fastenrath*, JZ 1992, 1082, 1083.
337 BVerwGE 92, 81, 87.
338 EuGH v. 20.3.1997, Rs. C-24/95 – „Alcan“, Rn 34 f.
339 EuGH v. 24.11.1987, Rs. C-223/55 – „RSV“, Rn 12 f.
340 Wenig überzeugend: EuGH v. 14.1.1997, Rs. C-169/95 – „Piezas y Rodajes“, Rn 53.
341 EuGH v. 16.7.1998, Rs. C-298/96 – „Oelmühle“, Rn 31, 37.

– ein eventueller Regressanspruch gegen den Lieferanten muss wertlos sein,
– der gute Glaube des Empfängers muss nachgewiesen sein,
– es müssen insoweit die gleichen Voraussetzungen gelten wie bei der Rückforderung rein nationaler finanzieller Leistungen.

Schutzwürdiges Vertrauen, das eine Begrenzung der Verpflichtung des Beihilfenempfängers zur Rückerstattung dieser Beihilfe rechtfertigen könnte, ist nicht dadurch entstanden, dass eine Beihilfe dreimal nacheinander von der Kommission genehmigt und diese Genehmigungen von einem Unionsgericht jedes Mal für nichtig erklärt wurden. So funktioniere eben das gerichtliche System[342].

Einer Rückforderung kann entgegengehalten werden, dass ihre Durchsetzung **unmöglich** ist. Der EuGH fordert eine „absolute Unmöglichkeit"[343] und legt diese Voraussetzung eng aus. Eine Rückforderung ist auch dann zu veranlassen, wenn der betreffende Mitgliedstaat selbst haftbar gemacht werden könnte[344]. Auch die Rechtskraft eines Urteils eines mitgliedstaatlichen Gerichts steht einer Rückforderung noch nicht entgegen[345]. Sogar **„unüberwindbare Schwierigkeiten"** müssen nicht unbedingt ein Fall der Unmöglichkeit sein.   **988**

Eine der Unmöglichkeit gleichzustellende unüberwindbare Schwierigkeit kann jedoch vorliegen, wenn die Verwaltung funktionsunfähig wird, zB weil aufgrund eines terroristischen Angriffs Einrichtungen oder Daten der Behörde vernichtet wurden. Allerdings kann der Einwand nur solange angeführt werden, wie die Verwaltung bei Anwendung gewöhnlicher Sorgfalt objektiv benötigt, um wieder funktionsfähig zu werden[346]. Ferner kann der Fall eintreten, dass ein Mitgliedstaat auf unvorhergesehene und unvorhersehbare Schwierigkeiten stößt oder erkennt, dass Folgen eintreten, die von der Kommission nicht beabsichtigt sind. In diesem Fall wird die Beihilferückforderung noch nicht rechtswidrig. Vielmehr hat der Mitgliedstaat gemäß dem Grundsatz der loyalen Zusammenarbeit (Art. 4 Abs. 3 EUV) mit den Unionsorganen redlich zusammenzuwirken, um die Schwierigkeiten zu überwinden[347].

Die Kommission kann Anordnungen zur Rückforderung einer Beihilfe innerhalb von zehn Jahren treffen (Art. 15 VO 659/99).   **989**

Diese **Verjährungsfrist** beginnt mit dem Tag, an dem die rechtswidrige Beihilfe dem Empfänger entweder als Einzelbeihilfe oder im Rahmen einer Beihilfenregelung gewährt wird. Durch jede Maßnahme, die die Kommission oder ein Mitgliedstaat auf Antrag der Kommission bezüglich der rechtswidrigen Beihilfe ergreift, wird die Frist unterbrochen, dh die Frist läuft dann von Neuem an. Die Frist wird ausgesetzt, solange die Entscheidung der Kommission Gegenstand von Verhandlungen vor dem EuGH ist. Ist die Frist abgelaufen, gilt die Beihilfe als bestehende Beihilfe.

Bei einer Subvention, die durch (öffentlich-rechtlichen oder privatrechtlichen) **Vertrag** gewährt wurde, ist zu beachten, dass der Vertrag nicht schon deshalb nichtig ist, weil mit ihm eine mit dem Binnenmarkt unvereinbare Beihilfe iSd Art. 107 Abs. 1 AEUV gewährt wird. **Art. 107 Abs. 1 AEUV ist kein Verbotsgesetz iSd § 134 BGB**; andernfalls hätten die nationalen Gerichte und Behörden über die Zu-   **990**

342 EuGH v. 11.3.2010, Rs. C-1/09 – „*CELF*", Rn 52.
343 EuGH v. 27.6.2000, Rs. C-404/97 – „*EPAC*", Rn 52.
344 EuGH v. 27.6.2000, Rs. C-404/97 – „*EPAC*", Rn 53.
345 EuGH v. 18.7.2007, Rs. C-119/05 – „*Lucchini*", Rn 63.
346 EuGH v. 11.7.1985, Rs. 101/84 – „*Fahrzeugkartei*", Rn 16.
347 EuGH v. 15.1.1986, Rs. C-52/84 – „*SA Boch*", Rn 16.

lässigkeit einer Beihilfe zu entscheiden. Das aber ist Aufgabe der Kommission (Art. 108 AEUV)[348].

991 Richtigerweise muss daher auf die **fehlende Notifizierung** und **Abwartenspflicht nach Art. 108 Abs. 3 AEUV** abgestellt werden. Umstritten ist, ob dann eine schwebende Unwirksamkeit des Vertrages anzunehmen ist. Diese könnte sich bei öffentlich-rechtlichen Verträgen aus § 58 Abs. 2 VwVfG ergeben[349]. Auch bei privatrechtlichen Verträgen könnte bei fehlender Genehmigung durch die Kommission zunächst von einer schwebenden Unwirksamkeit iSv § 184 Abs. 1 BGB ausgegangen werden.

Wie ausgeführt besteht bei unterlassener Notifizierung ein Durchführungsverbot. Sobald die Kommission aber eine Positiventscheidung erlassen hat, kann die Beihilfe nicht nur für die Zukunft an den Beihilfenempfänger geleistet werden[350]; auch die vor Erlass der positiven Entscheidung geleistete Beihilfe muss nicht mehr zurückgefordert werden. Allerdings müssen, wenn die Beihilfe bereits ausbezahlt wurde, für die Dauer der Rechtswidrigkeit Zinsen bezahlt werden[351].

992 Denkbar erscheint schließlich ein dritter Weg, der eine Nichtigkeit über **§ 134 BGB** (bei öffentlich-rechtlichen Verträgen iVm § 59 Abs. 1 VwVfG) begründet. Allerdings enthält **Art. 108 Abs. 3 S. 3 AEUV** unmittelbar kein Vertragsabschlussverbot, sondern nur ein Durchführungsverbot. Da die Mitgliedstaaten und die nationalen Gerichte aber bei Verletzung der Notifizierungspflicht gehalten sind, sämtliche Folgerungen bezüglich der Gültigkeit der der Auszahlung zugrunde liegenden Rechtsakte als auch bezüglich der Beitreibung der unter Verletzung dieser Bestimmungen gewährten finanziellen Unterstützungen zu ziehen, muss die Rechtsfolge eines solchen Vertrages nach Auffassung des BGH gleichwohl Nichtigkeit sein. Die unterlassene Notifizierung stellt so gesehen zwar nur einen formellen Verstoß dar, mangels abschließender positiver Kommissionsentscheidung kommt ihr aber materielle Bedeutung zu, weil das Durchführungsverbot des Art. 108 Abs. 3 AEUV im Interesse gleicher Wettbewerbsvoraussetzungen eine solche verfrühte Beihilfengewährung verhindern soll[352]. Dem steht nicht entgegen, dass sich Art. 108 Abs. 3 AEUV nur an eine Vertragspartei, nämlich den Mitgliedstaat wendet, weil der Zweck dieser Vorschrift anders nicht erreicht werden kann[353].

Diese Auffassung ist wegen ihrer sehr einschneidenden Rechtsfolge kritisiert worden[354], zumal die häufig finanziell schwierige Lage angeschlagener Unternehmen eine schnelle Auszahlung erforderlich mache. Außerdem müsse eine Unwirksamkeit nationaler Rechtsakte im unionsrechtlichen Sinne nicht mit einer Nichtigkeit im Sinne von § 43 Abs. 3 VwVfG gleichgesetzt werden. Das Beihilfenrechtsverhältnis und die Interessen des Beihilfenempfängers weniger belastend – bei gleicher Eignung – sei die Annahme einer schwebenden Unwirksamkeit. Dem ist aber entgegenzuhalten, dass diese strenge Sanktion letztlich in der Systematik des Beihilfenrechts angelegt

---

348 BGH, EuZW 2003, 444, 445.
349 *Schneider*, NJW 1992, 1197, 1999.
350 EuGH v. 18.12.2008, Rs. C-384/07 – „*Wienstrom*", Rn 30.
351 EuGH v. 12.2.2008, Rs. C-199/06 – „*CELF*", Rn 54.
352 BGH, EuZW 2004, 252, 253; BGHZ 188, 326 ff.
353 BGH, EuZW 2003, 444, 445.
354 *Quardt/Nielandt*, EuZW 2004, 201 ff.

ist und insbesondere mangels Heilungsmöglichkeiten eine schwebende Unwirksamkeit des Vertrages nicht möglich ist[355].

Im Ergebnis nicht anders stellt sich daher der Fall dar, dass die Kommission eine **Negativentscheidung** erlassen hat und damit feststeht, dass die Beihilfe rechtswidrig ist. Auch dann muss der Mitgliedstaat alles unternehmen, damit die Beihilfe nicht gewährt wird. Hier ist die Kommissionsentscheidung das Verbotsgesetz iSd § 134 BGB[356]. Ist die Beihilfe bereits ausbezahlt, hat die Rückforderung über den öffentlich-rechtlichen Erstattungsanspruch zu erfolgen (s. Rn 897).   **993**

Die Rückforderung kann auch in einer **Zahlungspflicht** bestehen, wenn die Beihilfe eine Verschonungssubvention war oder in einem Vorzugstarif, zB bei einem Grundstückserwerb, begründet war[357].   **994**

d) Die Beteiligten des Beihilfenkontrollverfahrens

Die Pflicht zur Beihilfennotifizierung ist den Mitgliedstaaten auferlegt. Daher sind grds. auch die Mitgliedstaaten Adressaten der Rückforderungsentscheidungen sowie anderer Anordnungen der Kommission, vgl Art. 25 VO 659/99. Die Rückforderung nach nationalem Recht erfolgt gegenüber dem **Beihilfenempfänger**, die mitgliedstaatliche Rückforderungsentscheidung ist also regelmäßig an das begünstigte Unternehmen zu adressieren, ausnahmsweise ist die Beihilfe von einem Dritten zurückzufordern, wenn dieser Begünstigter ist.   **995**

Beispiel: Wird das Unternehmen, das die Beihilfe erhalten hat, verkauft, kommen als Rückforderungsadressaten der Verkäufer (früherer Anteilseigner) und der Käufer (Anteilserwerber) in Betracht. Entscheidend ist, ob die Beihilfe im Kaufpreis „eingerechnet" ist: Hat der Käufer das Unternehmen im Rahmen einer offenen und wettbewerblich durchgeführten Ausschreibung erworben, wurde das Beihilfenelement zum Marktpreis bewertet und in den Kaufpreis einbezogen. Dann ist der Zuschlagsempfänger nicht Nutznießer des Vorteils, der Vorteil der Beihilfe liegt beim Verkäufer[358].

Beteiligte eines Beihilfengenehmigungsverfahrens können sein: Mitgliedstaaten, Personen, Unternehmen oder Unternehmensvereinigungen, deren Interessen aufgrund der Gewährung einer Beihilfe beeinträchtigt sein können, insbesondere der Beihilfenempfänger, Wettbewerber und Berufsverbände (Art. 1 lit. h VO 659/99). Die Rechte der Beteiligten beschränken sich auf die Möglichkeit, bei Eröffnung des förmlichen Prüfverfahrens eine Stellungnahme abgeben zu können[359]. Außerdem dürfen sie der Kommission Mitteilung über mutmaßlich rechtswidrige Beihilfen und über eine mutmaßlich missbräuchliche Verwendung von Beihilfen machen (Art. 20 VO 659/99). Die Kommissionsentscheidung ist ihnen zur Kenntnis zu bringen.   **996**

---

355 EuGH v. 21.11.1991, Rs. C-354/90 – „*FNCE*", Rn 16.
356 *Ehlers*, GewArch. 1999, 305, 318.
357 BGH, EuZW 2004, 254 ff.
358 EuGH v. 20.9.2001, Rs. C-390/98 – „*Banks*", Rn 77 f.
359 Krit *Ruthig*, ZG 2014, 136, 143.

e) Rechtsschutz

997 Grundsätzlich muss unterschieden werden zwischen Klagen gegen Beihilfegenehmigungen durch die Kommission und Klagen gegen nicht notifizierte oder genehmigte Beihilfen. Gegen **Entscheidungen der Kommission** wird regelmäßig Nichtigkeitsklage (Art. 263 iVm Art. 256 Abs. 1 AEUV) vor dem EuG erhoben werden können, ggf auch eine Untätigkeitsklage (Art. 265 AEUV). Klagebefugt ist derjenige, der unmittelbar und individuell betroffen ist (Art. 263 Abs. 4 AEUV). Das ist grundsätzlich der Adressat der Kommissionsentscheidung; für alle anderen gilt die sog. Plaumann-Formel:

„Wer nicht Adressat einer Entscheidung ist, kann nur dann geltend machen, von ihr individuell betroffen zu sein, wenn die Entscheidung ihn wegen bestimmter persönlicher Eigenschaften oder besonderer ihn aus dem Kreis aller übrigen Personen heraushebender Umstände berührt und ihn daher in ähnlicher Weise individualisiert wie den Adressaten"[360].

Wenn die Kommission anordnet, dass Beihilfen von einem Mitgliedstaat zurückzufordern sind, sind sämtliche **tatsächlich Begünstigten**, die also die Beihilfe erhalten haben, iSd Plaumann-Formel individualisiert. Sie sind bereits vom Zeitpunkt des Erlasses der Kommissionsentscheidung an dem Risiko einer Wiedereinziehung der von ihnen empfangenen Vorteile ausgesetzt und damit in ihrer rechtlichen Stellung beeinträchtigt[361].

Wettbewerber, die nicht Bescheidadressaten sind, sind regelmäßig nur dann individuell betroffen, wenn sie sich im Prüfverfahren vor der Kommission aktiv beteiligt haben und darlegen können, dass die Beihilfe ihre Marktstellung erheblich gefährdet[362]. Die Kasuistik hierzu ist sehr differenziert[363] (vgl zum Rechtsschutz auch ▶ **Klausurenkurs Fall Nr 19**).

Eine Klage gegen eine **nicht notifizierte oder genehmigte Beihilfe** durch einen Wettbewerber muss vor dem Verwaltungsgericht geführt werden. Die Anforderung an eine aktive Teilnahme am förmlichen Prüfverfahren kann hier für **Wettbewerber** freilich nicht gelten. Nach Rspr des BGH kann Wettbewerbern des begünstigten Unternehmens bei Verstoß gegen das Durchführungsverbot des Art. 108 Abs. 3 S. 3 AEUV ein zivilrechtlicher Anspruch auf Rückforderung der Beihilfe zukommen (Stärkung des private enforcement[364]). Art. 108 Abs. S. 3 AEUV ist ein Schutzgesetz iSv § 823 Abs. 2 BGB. Ein Beseitigungsanspruch kann auch auf §§ 3, 4 Nr 11 UWG gestützt werden[365].

998   **Fall 79 (Rn 964)**[366]**:** Möglich ist eine Nichtigkeitsklage (Art. 263 Abs. 4 iVm Art. 256 Abs. 1 AEUV). Die Klagebefugnis von Vereinigungen ist nur in drei Fällen gegeben:

– wenn die Vereinigung Interessen von Personen wahrnimmt, die selbst klagebefugt wären,
– wenn sie wegen der Berührung ihrer eigenen Interessen als Vereinigung individualisiert ist, insbesondere weil ihre Position als Verhandlungsführer durch die angefochtene Handlung berührt worden ist oder

---

360   EuGH v. 15.7.1963, Rs. 25/62 – *„Plaumann"*.
361   EuGH v. 9.6.2011, Rs. C-71/09 P – *„ Comitato ‚Venezia vuole vivere' "*, Rn 56.
362   EuGH v. 21.2.2006, Rs. C- 367/04 – *„Deutsche Post"*, Rn 38; EuGH v. 28.1.1986, Rs. C-169/84 – *„COFAZ"*, Rn 24 f.
363   Weiterführend *Gundel*, WiVerw 2011, 242 ff.
364   *Birnstiel/Heinrich*, BRZ 2011, S. 67 ff.
365   BGH v. 10.2.2011, I ZR 136/09.
366   EuG v. 20.9.2007, Rs. T-375/03 – *„Dämmstoffe"*.

– wenn ihr eine Rechtsvorschrift ausdrücklich eine Reihe von Verfahrensrechten einräumt[367].

Es kann die erste Alternative einschlägig sein. Dann müssten die Mitglieder der Vereinigung
klagebefugt sein. Möglicherweise könnte sich die Vereinigung gegen die Begründetheit der
Entscheidung wenden, mit der die Beihilfe beurteilt wird, und dabei die Interessen ihrer Mitglieder vertreten. Dann müsste sie eine Beschwer im Sinne der „Plaumann-Formel" geltend
machen können. Diese läge vor, wenn die Marktposition eines Beteiligten durch die Beihilfe,
die Gegenstand der auf der Grundlage von Art. 108 Abs. 3 AEUV ergangenen Entscheidung
ist, mit der die Vereinbarkeit einer Beihilfe mit dem Binnenmarkt festgestellt wird, spürbar beeinträchtigt würde[368]. Die Wettbewerbsrelevanz der Beihilfe ist hier aber nicht spürbar. Zwar
hat die Subventionierung von Dämmstoffen aus nachwachsenden Rohstoffen Auswirkungen
auf Dämmstoffe aus Mineralfasern, in einer Größenordnung von € 1 Mio. bei ca. 30 Mio. m³
sind aber nur 0,1 % des relevanten Marktes betroffen.

Die Vereinigung könnte möglicherweise geltend machen, dass Verfahrensrechte der Mitglieder durch das Verfahren der Beihilfengewährung beeinträchtigt sind. Dafür ist im Beihilfenrecht zwischen der Vorprüfungsphase nach Art. 108 Abs. 3 AEUV und der in Art. 108 Abs. 2
AEUV geregelten Hauptprüfungsphase zu unterscheiden. Die Vorprüfungsphase dient nur
dazu, der Kommission eine erste Meinungsbildung über die teilweise oder völlige Vereinbarkeit der fraglichen Beihilfe mit dem Binnenmarkt zu ermöglichen. Dritte müssen von der
Kommission nicht gehört werden. Erst die Hauptprüfungsphase nach Art. 108 Abs. 2 AEUV
soll es der Kommission ermöglichen, sich umfassende Kenntnis von allen Gesichtspunkten des
Falles zu verschaffen; nur in diesem Verfahren ist die Kommission verpflichtet, den Beteiligten Gelegenheit zur Äußerung zu geben[369]. Das heißt aber: Stellt die Kommission im Vorprüfungsverfahren fest, dass eine Beihilfe mit dem Binnenmarkt vereinbar ist, können die Beteiligten ihre Verfahrensgarantien nicht mehr durchsetzen. Das ist nur dann möglich, wenn ihnen
bereits im Vorprüfungsverfahren die Möglichkeit gegeben wird, sich an den Unionsrichter zu
wenden. Deshalb muss eine von einem Dritten erhobene Klage auf Nichtigerklärung einer solchen Entscheidung abweichend von der Plaumann-Formel schon dann zulässig sein, wenn dieser mit der Erhebung der Klage die Verfahrensrechte wahren möchte, die ihm nach Art. 108
Abs. 2 AEUV für das Hauptprüfungsverfahren zustehen. MaW muss es für Rechtsbehelfe gegen Entscheidungen der Kommission im Vorprüfungsverfahren, die darauf gerichtet sind, Verfahrensrechte geltend zu machen, genügen, dass die Wettbewerbsposition der Konkurrenten
des begünstigten Unternehmens überhaupt beeinträchtigt ist.

Dann muss die Vereinigung die Verletzung des Verfahrens geltend machen. Die Kommission
könnte Art. 4 Abs. 4 VO 659/99 verletzt haben. Danach muss die Kommission das förmliche
Prüfverfahren durchführen, wenn sie nach vorläufiger Prüfung „Bedenken" ob der Vereinbarkeit einer Beihilfe mit dem Binnenmarkt hat. Eine förmliche Prüfung ist nur dann nicht durchzuführen, wenn die Kommission der Überzeugung ist, dass eine Beihilfe nicht vorliegt oder
eine Beihilfe mit dem Binnenmarkt vereinbar ist. Die klagende Vereinigung muss also zumindest geltend machen, dass „ernstliche Schwierigkeiten" vorliegen, weshalb die Kommission
ein Prüfverfahren nach Art. 108 Abs. 2 AEUV hätte eröffnen müssen.

Kommt der betreffende Staat einer Rückforderungsentscheidung innerhalb der festgesetzten Frist nicht nach, so kann die Kommission oder jeder betroffene Staat nach
Art. 108 Abs. 2 AEUV als Sonderregelung zu Art. 258 und 259 AEUV unmittelbar

999

---

367 EuG v. 20.9.2007, Rs. T-375/03 – „*Dämmstoffe*", Rn 52.
368 EuG v. 20.9.2007, Rs. T-375/03 – „*Dämmstoffe*", Rn 47.
369 EuGH v. 19.5.1993, Rs. C-198/91 – „*Cook*", Rn 22.

den EuGH anrufen (**Vertragsverletzungsverfahren**). Allerdings kann auch der Rat einstimmig auf Antrag eines Mitgliedstaats entscheiden, dass eine von diesem Staat gewährte oder geplante Beihilfe in Abweichung von Art. 107 AEUV oder von den nach Art. 109 AEUV erlassenen Verordnungen als mit dem Binnenmarkt vereinbar gilt, wenn außergewöhnliche Umstände eine solche Entscheidung rechtfertigen.

Da es sich um eine Ausnahmevorschrift handelt, ist die Bestimmung eng zu verstehen. Der Rat ist nicht mehr zuständig, wenn die Kommission bereits entschieden hat, der Mitgliedstaat keinen Antrag gestellt hat oder die Drei-Monatsfrist abgelaufen ist[370].

1000 Hat die Kommission bezüglich dieser Beihilfe das Vertragsverletzungsverfahren bereits eingeleitet, so bewirkt der Antrag des betreffenden Mitgliedstaats an den Rat die Aussetzung dieses Verfahrens, bis sich der Rat geäußert hat. Äußert sich der Rat nicht binnen drei Monaten nach Antragstellung, so beschließt die Kommission (Art. 108 Abs. 2 UAbs. 3 AEUV).

An die europäischen Gerichte kann sich nur wenden, wer behauptet, durch einen Rechtsakt eines Unionsorgans oder eine Untätigkeit eines Unionsorgans in seinen Rechten verletzt worden zu sein. Andernfalls ist Rechtsschutz vor den nationalen Gerichten zu suchen:

1001 **Fall 80 (Rn 965): a)** K wird sich an die deutschen Gerichte zu wenden haben. Der Verwaltungsrechtsweg (§ 40 VwGO) ist eröffnet, weil sich K gegen die Gewährung der Beihilfe („Ob") durch L wendet. Dabei handelt es sich nach der Zwei-Stufen-Theorie um eine Maßnahme des öffentlichen Rechts.

b) Die statthafte Klageart richtet sich nach dem Klagebegehren des K. Im Beihilfenrecht ist grundsätzlich zwischen der negativen Konkurrentenklage, der positiven Konkurrentenklage und der gestuften Konkurrentenklage zu unterscheiden (s. Rn 823). Vorliegend wendet sich K lediglich gegen die Beihilfengewährung an U; folglich ist die negative Konkurrentenklage in Gestalt der Anfechtungsklage (§ 42 Abs. 1, 1. Alt. VwGO) die richtige Klageart.

c) K ist klagebefugt, wenn er geltend machen kann, durch die Beihilfengewährung an U möglicherweise in seinen Rechten verletzt zu sein (§ 42 Abs. 2 VwGO). Die Adressatentheorie hilft nicht weiter, weil K nicht Adressat des Beihilfenbescheids ist. K könnte möglicherweise eine Verletzung von Art. 107 und Art. 108 AUV anführen.

aa) Nach EuGH kann sich der Einzelne auf eine Vorschrift berufen, wenn diese „inhaltlich unbedingt und hinreichend genau ist" („Plaumann-Formel" Rn 997). Danach könnte K seine Klage nicht allein auf Art. 107 AEUV stützen, denn die Vorschrift wirkt nicht unmittelbar und ist auch wegen Art. 107 Abs. 2 und Abs. 3 AEUV nicht hinreichend bestimmt. Vielmehr bedarf es zunächst der Durchführung eines Notifizierungsverfahrens nach Art. 2 ff VO 659/99. Möglicherweise kann K aber geltend machen, dass das Notifizierungsverfahren nach Art. 108 Abs. 3 AEUV nicht durchgeführt worden ist oder dass gegen ein von der Kommission ausgesprochenes Beihilfeverbot verstoßen worden ist[371]. Denn die nationalen Gerichte sind verpflichtet, zugunsten der Dritten nach dem jeweiligen nationalen Recht sämtliche Konsequenzen aus einer Verletzung des Art. 108 Abs. 3 S. 3 AEUV bezüglich der Gültigkeit der Durchführungsakte und der Beitreibung der unter Verletzung dieser Bestimmung gewährten finanziellen Unterstützungen oder eventueller vorläufiger Maßnahmen zu ziehen[372].

---

370 Vgl EuGH v. 29.6.2004, Rs. C-110/02 – *„Schweinesektor"*, Rn 31 f.
371 *Wahl*, in: Schoch/Schmidt-Aßmann/Pietzner, VwGO, 2010, § 42 Rn 303.
372 EuGH v. 11.7.1996, Rs. C-39/94 – *„SFEI"*, Rn 48.

bb) Nach der deutschen Schutznormtheorie muss K die Verletzung einer Bestimmung geltend machen können, die subjektive Rechte vermittelt, dh nicht nur im öffentlichen Interesse erlassen wurde, sondern – zumindest auch – dem Schutz der Interessen einzelner Bürger zu dienen bestimmt ist[373]. Das kann der Rspr des EuGH folgend für Art. 108 Abs. 3 AEUV angenommen werden. Ein drittschützender Charakter kann außerdem für Art. 107 AEUV angenommen werden, weil das europäische Beihilfenrecht nicht nur den Binnenmarkt an sich schützen soll, sondern einen freien und unverfälschten Wettbewerb im Interesse der Unternehmen gewährleisten soll (str). Folglich kann sich K unmittelbar auf Art. 107 AEUV stützen. Allerdings darf – wie hier – keine Entscheidung der Kommission vorliegen, da über deren Rechtmäßigkeit mitgliedstaatliche Gerichte nicht zu befinden haben[374].

Schließlich kann K auch eine Verletzung von Grundrechten und Grundfreiheiten geltend machen. In europarechtlicher Hinsicht könnte K insbesondere den Gleichheitssatz anführen (ggf Art. 18 AEUV)[375], uU auch Art. 34 AEUV und Art. 56 AEUV. Für eine mögliche Verletzung der Art. 12 Abs. 1, Art. 2 Abs. 1 und Art. 3 Abs. 1 GG muss K nach Rspr: des BVerwG eine „schwere und unerträgliche"[376] Grundrechtsbeeinträchtigung behaupten.

d) Ein Widerspruchsverfahren ist vorbehaltlich landesrechtlicher Vorgabe nicht durchzuführen (§ 68 Abs. 1 S. 2 Nr 1 VwGO); für die Klagefrist gilt § 74 Abs. 1 S. 2 VwGO. Ggf ist auch vorläufiger Rechtsschutz zu gewähren (§ 80 Abs. 5 VwGO; für Rückforderung: § 123 VwGO).

f)   Altbeihilfen

Bestehende Beihilfen (Altbeihilfen) sind solche, die vor Inkrafttreten des EG oder   **1002** dem Beitritt des betreffenden Mitgliedstaats zur EU eingeführt wurden, die unter den in Art. 108 Abs. 3 AEUV genannten Voraussetzungen ordnungsgemäß durchgeführt wurden oder die auf einem Markt eingeführt wurden, auf dem es mangels Liberalisierung bislang keinen Wettbewerb gab[377]. Dann nämlich konnte die Beihilfe den Handel zwischen den Mitgliedstaaten nicht beeinträchtigen und keine Auswirkungen auf den Wettbewerb dieses Marktes haben. Eine Altbeihilfe hat zur Konsequenz, dass eine ggf erforderliche Rückforderung nicht ex tunc – wie bei einer Neubeihilfe –, sondern ex nunc zu ergehen hat.

---

373   BVerwGE 27, 29, 31 f.
374   EuGH v. 22.10.1987, Rs 314/85 – „*Foto Frost*".
375   EuG v. 5.4.2006, Rs. T-351/02 – „*Deutsche Bahn*", Rn 130 f.
376   BVerwGE 65, 167, 174.
377   EuG v. 15.6.2000, Rs. T-298/97 – „*Alzetta*", Rn 142 f.

§ 10 Das Recht der öffentlichen Auftragsvergabe

I. Systematik des Vergaberechts

1. Überblick

1003 Das Recht der öffentlichen Auftragsvergabe (Vergaberecht) befasst sich mit den Rechtsgrundlagen der **Beschaffung von Waren und Dienstleistungen** durch öffentliche Auftraggeber. Genaue Angaben zum Umfang der Beschaffung durch öffentliche Haushalte in Deutschland gibt es nicht. Im Jahr 2011 gaben die 27 EU-Mitgliedstaaten rund € 2405 Mrd. (dh 17,7% des BIP) für öffentliche Beschaffung aus. Zwischen den Mitgliedstaaten variiert der Anteil der öffentlichen Auftragsvergaben am BIP zwischen 5,5% (Niederlande) und 87,2% (Estland und Lettland). In Deutschland liegt der Wert bei 6,8%[1].

1004 Der Einkauf von Waren und Dienstleistungen durch die öffentliche Hand ist nicht nur ein Beschaffungsvorgang, sondern auch ein wirksames Instrument der **Wirtschaftsförderung** und der **Wirtschaftslenkung**[2]. Ein Unternehmen wird allein schon dadurch gefördert, dass es überhaupt den Zuschlag erhält und den Auftrag ausführen darf (Realförderung). Öffentliche Auftraggeber können ein Interesse daran haben, Aufträge an heimische Unternehmen zu vergeben. Ferner kann die öffentliche Hand die Voraussetzungen für eine Auftragserteilung festlegen und damit über den Beschaffungsvorgang hinaus politische Ziele verfolgen, zB einen Auftragnehmer aufgeben, in besonderem Maße zum Schutz der Umwelt beizutragen, Arbeitnehmer besonders zu entlohnen (Mindestentlohnung, Tariftreue s. Rn 1086 f) oder bestimmte Arbeitnehmergruppen zu fördern (zB Frauen, Auszubildende, Langzeitarbeitslose)[3].

2. Grundstruktur des Vergaberechts

a) Die Beschaffung als privatrechtlicher und als haushaltsrechtlicher Vorgang

1005 Der Beschaffung von Waren und Dienstleistungen liegt regelmäßig ein **privatrechtlicher Vertrag zugrunde**. Das hat seinen Grund darin, dass die öffentliche Auftragsvergabe in Deutschland lange Zeit als rein fiskalisches Handeln des Staates begriffen worden ist. Der Staat trete – so die Vorstellung – bei der Beschaffung von Waren und Dienstleistungen nicht in seiner Eigenschaft als Träger von Hoheitsgewalt auf, sondern werde wie ein Privater tätig. Demzufolge soll das Rechtsverhältnis zwischen Bieter und Auftraggeber maßgeblich privatrechtlich geregelt sein. An das öffentliche Recht soll der Staat prinzipiell nicht gebunden sein. Zudem sei es widersinnig, Klein- und Kleinstaufträge übermäßig zu regulieren.

---

1 Europäische Kommission, Public Procurement Indicators 2011 v. 5.12.2012 nach Maßgabe der Veröffentlichung im Tenders Electronic Daily (TED).
2 *Bultmann*, Beihilfenrecht und Vergaberecht, 2004, S. 93 f.
3 *Burgi*, in: Storr, Öffentliche Unternehmen im Wettbewerb und Vergaberecht, 2002, S. 98.

Von öffentlich-rechtlicher Seite war das Vergaberecht zunächst in **Haushaltsgesetzen** **1006** (vgl §§ 16, 29, 30 HGrG, §§ 24, 54, 55 BHO/LHO) und **Verwaltungsvorschriften** (Verdingungsordnungen) geregelt. Verwaltungsvorschriften und prinzipiell auch Haushaltsgesetze regeln aber nur innerbehördliche Vorgänge (vgl aber Rn 784). Die Verwendung öffentlicher Mittel für eine Beschaffung war vor allem am **Wirtschaftlichkeitsprinzip** zu messen (§ 6 HGrG, § 7 BHO/LHO). In der Verwaltungsvorschrift zu § 55 BHO ist als Ziel der öffentlichen Ausschreibung von Lieferungen und Leistungen die sparsame Verwendung verfügbarer Haushaltsmittel genannt. Das Wirtschaftlichkeitsprinzip ist nur schwer einer gerichtlichen Kontrolle zugänglich, weil es von einem Beurteilungsspielraum der Behörde ausgeht und relationsbezogen ist. Es enthält das Minimal- und das Maximalprinzip (s. Rn 616). Das Haushaltsrecht soll keine Außenwirkung haben, sodass weder dem Auftragnehmer noch dem Konkurrenten über das privatrechtliche Rechtsregime hinausgehende Rechte zukommen, die sie gerichtlich einklagen können[4].

Noch heute ist das deutsche Vergaberecht weitgehend in den sog. **Vergabe- und Ver-** **1007** **tragsordnungen** geregelt, die Bestimmungen über die Ausgestaltung des Verfahrens, Fristen, Zulassung von Angeboten, Zuschlagskriterien etc enthalten und von Auftraggebern und Auftragnehmern zu beachten sind. Die Vergabe- und Vertragsordnungen sind nicht von der öffentlichen Hand erstellt worden. Vielmehr handelt es sich um Regelungskataloge, die von sog. Vergabe- und Vertragsausschüssen (zB Deutscher Vergabe- und Vertragsausschuss für Lieferungen und Leistungen – DVAL) entwickelt wurden. Die Vergabe- und Vertragsausschüsse setzen sich aus Vertretern der Auftraggeber (Ressorts und Spitzenbehörden des Bundes, Wirtschaftsressorts der Bundesländer, die Kommunalen Spitzenverbände) und der Auftragnehmer (bundesweit tätige Institutionen, die als Spitzenorganisation die Interessen der Auftragnehmer im Bereich des öffentlichen Auftragswesens vertreten) zusammen. Es handelt sich also zunächst um externe Normungen. Diese wurden aber von der öffentlichen Hand (vgl zB § 4 VgV) als **Verwaltungsvorschriften** übernommen. Damit sind sie zwar für die öffentlichen Auftraggeber verbindlich, gewähren den Bietern aber keine subjektiven Rechte.

Mit einer Regelung des Beschaffungswesens sollen zwei Funktionen erfüllt werden: **1008**

– Erstens muss das Verfahren so ausgestaltet sein, dass die Behörde in der Lage ist, das für sie beste Angebot zu ermitteln. Hierfür soll das Ausschreibungsverfahren dem Auftraggeber einen Marktüberblick ermöglichen. Das beste Angebot muss nicht unbedingt das billigste sein, es wird aber regelmäßig das wirtschaftlichste sein[5].

– Zweitens besteht bei der öffentlichen Auftragsvergabe die spezifische Gefahr, dass bestimmte Bieter aus persönlichen Gründen („Vetternwirtschaft") oder politischen Gründen – zB einheimische Bieter („Hoflieferantentum") – bevorzugt werden. Der

---

4 Vgl Nr 2.2 VV-BHO zu § 55 BHO für Aufträge unter den Schwellenwerten.
5 *Bungenberg*, in: Behrens/Braun/Nowak, Europäisches Wettbewerbsrecht im Umbruch, 2004, S. 111.

Gleichheitssatz verlangt aber, dass die öffentliche Hand bei der Bieterauswahl nicht willkürlich vorgeht, sondern unter Zugrundelegung sachgerechter Maßstäbe entscheidet. Zu diesem Zweck bedarf es Regeln und Verfahren, die sicherstellen, dass das Vergabeverfahren nicht unsachlich erfolgt. Allen Bietern müssen die gleichen Chancen im Verfahren zukommen. Es darf weder zu unzulässigen Bieterabsprachen noch zu Vereinbarungen oder zu einem Informationsaustausch zwischen Auftraggeber und einzelnen Bietern kommen. Diese Regeln dienen nicht nur der Gewährleistung von Chancengleichheit unter den Bietern, sondern sollen auch die Wirtschaftlichkeit des staatlichen Handelns sicherstellen. Ferner schützt ein transparentes und faires Verfahren vor Korruption.

b) Die europäischen Vergabe-Richtlinien

1009 Das haushaltsrechtliche, maßgeblich an der Wirtschaftlichkeit des staatlichen Handelns ausgerichtete, überkommene deutsche Verständnis des Beschaffungswesens unterscheidet sich grundlegend von der **europarechtlichen Perspektive**. Das Europarecht zielt auf die Einhaltung der Grundsätze des Binnenmarktes (Art. 26 AEUV). Bei einer Beschaffung sind regelmässig die Warenverkehrsfreiheit (Art. 34 f AEUV), die Niederlassungsfreiheit (Art. 49 f AEUV) oder die Dienstleistungsfreiheit (Art. 56 f AEUV) einschlägig und damit die Grundsätze der Gleichbehandlung und gegenseitigen Anerkennung von Bedeutung. Art. 18 AEUV enthält ausdrücklich das Diskriminierungsverbot aus Gründen der Staatsangehörigkeit und Art. 101 und 102 AEUV schützen vor einer missbräuchlichen Ausnutzung einer marktbeherrschenden Stellung, insbesondere vor diskriminierenden Vorgehensweisen, wenn der Wettbewerb in der Union verhindert, eingeschränkt oder verfälscht wird. Ferner gelten der Grundsatz der Verhältnismäßigkeit, der Grundsatz der Transparenz und die Begründungspflicht bei ablehnenden Entscheidungen.

1010 Um die Wirksamkeit der genannten Grundsätze sicherzustellen, die innerstaatlichen Beschaffungsmärkte für den Wettbewerb zu öffnen und um die nationalen Verfahren zur Auftragsvergabe zu koordinieren, hat der Unionsgesetzgeber Koordinierungs- und Rechtsschutzrichtlinien für die Auftragsvergabe oberhalb bestimmter **Schwellenwerte** (s. Rn 1012) erlassen: Die **RiL 2004/18** über die Koordinierung der Verfahren zur Vergabe öffentlicher Bauaufträge, Lieferaufträge und Dienstleistungsaufträge[6] sowie für den Sektorenbereich die **RiL 2004/17**[7]. In den Vergabe-Richtlinien sind zB die grundsätzliche Verpflichtung zur öffentlichen Ausschreibung, die Arten der Vergabeverfahren, die Grundzüge der jeweiligen Vergabeverfahren sowie Fristen für die Angebotserstellung, Mindestinhalte der Vergabeunterlagen und die zulässigen Kriterien für eine Zuschlagserteilung geregelt. Flankiert werden diese Richtlinien durch die

---

6 RiL 2004/18/EG v. 31.3.2004 über die Koordinierung der Verfahren zur Vergabe öffentlicher Bauaufträge, Lieferaufträge und Dienstleistungsaufträge, ABl Nr L 134 v. 30.4.2004, S. 114.
7 RiL 2004/17/EG v. 31.3.2004 zur Koordinierung der Zuschlagserteilung durch Auftraggeber im Bereich der Wasser-, Energie und Verkehrsversorgung sowie der Postdienste, ABl Nr L 134 v. 30.4.2004, S. 1.

Rechtsmittel-**RiLen 89/665**[8] und **92/13**[9], die durch die **RiL 2007/66**[10] erheblich verändert wurden. Eine besondere Richtlinie gibt es für den Bereich der Verteidigung und der Sicherheit[11].

Im April 2014 sind die **RiL 2014/24** über die öffentliche Auftragsvergabe und zur Aufhebung der Richtlinie 2004/18[12], die **RiL 2014/25** über die Vergabe von Aufträgen durch Auftraggeber im Bereich der Wasser-, Energie- und Verkehrsversorgung sowie der Postdienste und zur Aufhebung der Richtlinie 2004/17[13] sowie die **RiL 2014/23** über die Konzessionsvergabe[14] in Kraft getreten. Diese drei Richtlinien sind bis 18.4.2016 in mitgliedstaatliches Recht umzusetzen. Weil der deutsche Gesetzgeber die Umsetzung noch nicht vorgenommen hat, wird in diesem Lehrbuch von der Ende 2014 geltenden Rechtslage ausgegangen.

c) Grundstruktur des geltenden Vergaberechts

Der deutsche Gesetzgeber hat sich bei der Umsetzung europäischer Vergabe-Richtlinien zunächst schwer getan, weil die europäische Konzeption wettbewerblich, die herkömmliche deutsche hingegen fiskalisch und haushaltsrechtlich angelegt war. **1011**

Der Verpflichtung, die europäischen Vergabe-Richtlinien bis 1989 bzw 1990 in nationales Recht umzusetzen, war der Gesetzgeber lange Zeit nicht hinreichend nachgekommen. Erst 1993 hatte er die – inzwischen wieder aufgehobenen – §§ 57a-c HGrG eingefügt. Darin war das Vergaberecht aber nur rudimentär geregelt; im Übrigen sollten Verdingungsordnungen (Verwaltungsvorschriften) gelten. Diese **haushaltsrechtliche Lösung** war unzureichend, weil Bewerbern und Bietern keine Rechte im Verfahren eingeräumt waren und es keinen gerichtlichen Rechtsschutz für sie gab. Der Gesetzgeber hatte befürchtet, die Einräumung individueller, einklagbarer Rechtsansprüche der Bieter könnte das Vergabeverfahren bei Inanspruchnahme eines gerichtlichen Rechtsschutzes unverhältnismäßig verzögern und damit schließlich den Versorgungsauftrag der öffentlichen Hand gefährden oder die Planungs- und Investitionssicherheit der Auftragnehmer beeinträchtigen. Erst nach Verurteilung Deutschlands durch den EuGH[15] ist der deutsche Gesetzgeber auf die **wettbewerbliche Lösung** umgeschwenkt und hat mit einer Neuregelung in den §§ 97 ff GWB das sog. Kartellvergaberecht geschaffen. Den Bedenken wegen eines überlangen

---

8   RiL 89/665/EWG des Rates v. 21.12.1989 zur Koordinierung der Rechts- und Verwaltungsvorschriften für die Anwendung der Nachprüfungsverfahren im Rahmen der Vergabe öffentlicher Liefer- und Bauaufträge, ABl Nr L 395 v. 30.12.1989, S. 33.
9   RiL 92/13/EWG des Rates v. 25.2.1992 zur Koordinierung der Rechts- und Verwaltungsvorschriften für die Anwendung der Gemeinschaftsvorschriften über die Auftragsvergabe durch Auftraggeber im Bereich der Wasser-, Energie- und Verkehrsversorgung sowie im Telekommunikationssektor, ABl Nr L 76 v. 23.3.1992, S. 14.
10 RiL 2007/66/EG v. 11.12.2007 zur Änderung der RiLen 89/665/EWG und 92/13/EWG im Hinblick auf die Verbesserung der Wirksamkeit der Nachprüfungsverfahren bezüglich der Vergabe öffentlicher Aufträge, ABl Nr L 335, S. 31.
11 RiL 2009/81 über die Koordinierung der Verfahren zur Vergabe bestimmter Bau-, Liefer- und Dienstleistungsaufträge in den Bereichen Verteidigung und Sicherheit und zur Änderung der Richtlinien 2004/17/EG und 2004/18/EG, ABl Nr L 216 v. 20.8.2009. S. 76.
12 RiL 2014/24/EU v. 26.2.2014 über die öffentliche Auftragsvergabe und zur Aufhebung der Richtlinie 2004/18/EG, ABl Nr L 94 v. 28.3.2014, S. 65.
13 RiL 2014/25/EU v. 26.11. 2014 über die Vergabe von Aufträgen durch Auftraggeber im Bereich der Wasser-, Energie- und Verkehrsversorgung sowie der Postdienste und zur Aufhebung der Richtlinie 2004/17/EG, ABl Nr L 94, S. 243.
14 RiL 2014/23/EU v. 26.2.2014 über die Konzessionsvergabe, ABl Nr L 94 v 28.3.2014, S. 1.
15 EuGH v. 11.8.1995, Rs. C-433/93 – *„Vergaberichtlinien“*.

Rechtsschutzes (s. Rn 1095 f) ist durch kurze Nachprüfungs- und Verfahrensfristen sowie der Möglichkeit von Schadensersatz (§ 125 GWB) bei missbräuchlicher Einlegung von Rechtsbehelfen Rechnung getragen worden.

1012 Das deutsche Vergaberecht ist nunmehr zweigeteilt: Das Kartellvergaberecht gilt nur für Auftragsvergaben oberhalb der **Schwellenwerte**. Die Schwellenwerte sind in den Vergabe-Richtlinien als Mindestschwellenwerte vorgegeben. § 100 Abs. 1 GWB iVm § 2 VgV[16] verweist (dynamische Verweisung) auf Art. 7 RiL 2004/18. Dem Schwellenwertsystem liegt die Überlegung zugrunde, dass ausländische Anbieter erst ab einem gewissen Mindestvolumen an einem öffentlichen Auftrag Interesse haben. Außerdem ist das formalisierte und europaweit durchzuführende Vergabeverfahren sehr aufwendig, weshalb sich Einsparpotentiale bei kleineren Aufträgen kaum realisieren lassen und die Durchführung des Verfahrens unter Wirtschaftlichkeitskriterien sogar kontraproduktiv sein kann.

Maßgeblich sind die geschätzten Auftragswerte (ohne Umsatzsteuer, § 1 VgV). Bei der Schätzung des Auftragswerts ist von der geschätzten Gesamtvergütung für die vorgesehene Leistung einschließlich etwaiger Prämien oder Zahlungen an Bewerber oder Bieter auszugehen (§ 3 Abs. 1 VgV). Der Wert eines beabsichtigten Auftrags darf nicht in der Absicht geschätzt oder aufgeteilt werden, den Auftrag dem vergaberechtlichen Regime zu entziehen (§ 3 Abs. 2 VgV).

Die Schwellenwerte belaufen sich zB für Bauaufträge auf € 5 186 000,–; für bestimmte Liefer- und Dienstleistungsaufträge oberster und oberer Bundesbehörden auf € 134 000,–, für andere Liefer- und Dienstleistungsaufträge auf € 207 000,–.

Unterhalb der Schwellenwerte bleibt es bei der haushaltsrechtlichen Lösung. Um die 90% der Auftragsvergaben sollen unterhalb der Schwellenwerte erfolgen[17].

1013 Zu unterscheiden ist außerdem zwischen öffentlichen Auftragsvergaben und **Sektorenauftragsvergaben**. Für Auftragsvergaben in den Sektoren Verkehr, Trinkwasserversorgung und Energieversorgung gilt die Sektorenverordnung[18]. Im Übrigen gilt die Vergabeverordnung.

Auch im Sektorenbereich sind die Schwellenwerte durch eine dynamische Verweisung (§ 1 SektorenV iVm RiL 2004/18) geregelt. Sie betragen für Liefer- und Dienstleistungsaufträge € 414 000,– und für Bauaufträge € 5 186 000.

Die §§ 4–6 VgV regeln weiter (**Schubladensystem**), welche Vergabeordnung im Einzelnen für eine Auftragsvergabe zur Anwendung kommt. Durch die VgV erlangen die Vergabe- und Vertragsordnungen zudem für den Bereich oberhalb der Schwellenwerte Außenwirkung. Es gibt drei Vergabe- und Vertragsordnungen:

---

16 Bekanntmachung der Neufassung der Vergabeverordnung v. 11.2.2003, BGBl. I, S. 169.
17 *Dreher*, NZBau 2002, 419, 420; *Dörr*, JZ 2004, 703, 713; für eine europaweite Betrachtung: *Opitz*, NZBau 2003, 184, 185; *Wollenschläger*, in: Müller-Wrede, Kompendium des Vergaberechts, 2. Aufl., 2013, S. 706.
18 Verordnung zur Neuregelung der für die Vergabe von Aufträgen im Bereich des Verkehrs, der Trinkwasserversorgung und der Energieversorgung anzuwendenden Regeln v. 23.9.2009, BGBl. I, S. 3110.

– die Vergabe- und Vertragsordnung für Bauleistungen (VOB/A)[19],
– die Vergabe- und Vertragsordnung für Leistungen (VOL/A)[20] und
– die Vergabeordnung für freiberufliche Leistungen (VOF)[21].

Die VOL/A ist in zwei Abschnitte untergliedert: **1014**

– Abschnitt I: Bestimmungen über die Vergabe von Leistungen unterhalb der Schwellenwerte,
– Abschnitt II: Bestimmungen für die Vergabe von Leistungen im Anwendungsbereich der RiL 2004/18, also oberhalb der Schwellenwerte.

Die VOB/A ist in drei Abschnitte gegliedert:

– Abschnitt I: Basisparagrafen (Bauleistungen unterhalb der Schwellenwerte),
– Abschnitt II: Vergabebestimmungen im Anwendungsbereich der RiL 2004/18, also oberhalb der Schwellenwerte
– Abschnitt III enthält Vergabebestimmungen im Anwendungsbereich der RiL 2009/81, die die Bereiche Verteidigung und Sicherheit[22] betrifft.

Lediglich die VOF für freiberufliche Leistungen enthält keine Untergliederung.

Damit ist das Vergaberecht **kaskadenartig** aufgebaut. Oberhalb der Schwellenwerte **1015** stehen auf der ersten Ebene der vergaberechtlichen Normenhierarchie die europäischen Richtlinien, die durch das GWB auf der zweiten Ebene umgesetzt werden. § 127 GWB enthält die Rechtsgrundlage für die nähere Konkretisierung durch die Vergabeverordnung. Die §§ 4–6 VgV enthalten die Verweise auf die Vergabe- und Vertragsordnungen (VOB/A und VOL/A jeweils 2. Abschnitt).

Unterhalb der Schwellenwerte können die allgemeinen europäischen Rechtsgrundsätze einschlägig sein (s. Rn 1009); jedenfalls gelten das Haushaltsrecht des Bundes bzw das des jeweiligen Landes und die Vergabe- und Vertragsordnungen (VOB/A und VOL/A jeweils 1. Abschnitt)

Ferner ist das Vergaberecht in internationalen Abkommen geregelt, wobei dem **GPA** **1016** (Agreement on Government Procurement) vom 15.4.1994 als Teil der WTO-Übereinkommen die größte Bedeutung zukommt[23].

---

19 Bundesanzeiger v. 15.10.2009 (Nr 155), zul. geändert und gefasst als Ausgabe 2012 vom 26.6.2012 Bundesanzeiger v. 13.7.2012.
20 Bundesanzeiger v. 29.12.2009 (Nr 196a).
21 Bundesanzeiger v. 8.12.2009 (Nr 185a).
22 Für die Vergabe bestimmter Bau-, Liefer- und Dienstleistungsaufträge im Bereich Verteidigung und Sicherheit vgl die Vergabeverordnung Verteidigung und Sicherheit (VSVgV) v. 12.7.2012, BGBl. I 1509.
23 *Bungenberg*, Vergaberecht im Wettbewerb der Systeme, 2007, S. 96 f.

Oberhalb der Schwellenwerte	Unterhalb der Schwellenwerte
Allg. europäische Rechtsgrundsätze, konkretisiert durch Richtlinien – Vergabe-RiL 2007/18 – Sektoren-RiL 2007/17 – ferner: Grundfreiheiten – Art. 18 AEUV …	Allg. europäische Rechtsgrundsätze (insbes. aus Grundfreiheiten und Art. 18 AEUV) – Diskriminierungsverbot – Transparenzgebot – Objektivität

↓   ↓

Gesetze	Gesetze
– GWB – Vergabegesetze der Länder (zB Tariftreueregelungen)	– § 55 BHO/LHO – Vergabegesetze der Länder

↓   ↓

Rechtsverordnung	Rechtsverordnung
– VgV (Vergabeverordnung) – SektorenV (Sektorenverordnung) – VSVgV (Vergabeverordnung Verteidigung und Sicherheit)	– evtl. Vergabedurchführungsverordnung

↓   ↓

Vergabe- und Vertragsordnungen	Vergabe- und Vertragsordnungen
– VOB/A (Abschnitt 2) – VOL/A (Abschnitt 2) – VOF – ggf VV der Länder	– VOB/A (Basisparagrafen, Abschnitt 1) – VOL/A (Abschnitt 1) – VOF – VV der Länder

II. Der Anwendungsbereich des GWB, der öffentliche Auftraggeber und der öffentliche Auftrag

1017   **Fall 81:** Das Bayerische Rote Kreuz (BRK), eine Körperschaft öffentlichen Rechts, über das das Bay. Sozialministerium die Rechtsaufsicht führt, möchte Defibrillatoren und Herzschrittmacher für Rettungswagen einkaufen. Nach dem BayBRK-Gesetz erstattet der Freistaat Bayern den Durchführenden des Rettungsdienstes die notwendigen Kosten der Anschaffung von Krankenkraftwagen für die Notfallrettung, soweit die Anschaffungskosten nicht durch Zuwendungen Dritter gedeckt sind. Ist das BRK ein öffentlicher Auftraggeber?

1018   **Fall 82:** Die Stadtwerke-M GmbH, deren einzige Gesellschafterin die Stadt M ist, möchte ein neues Videoüberwachungsnetz für ihre U-Bahnhöfe erwerben. Im Gesellschaftsvertrag der Stadtwerke-M GmbH ist als Gegenstand des Unternehmens die Versorgung der Bevölkerung mit Strom, Gas, Wasser und Wärme, der Betrieb von öffentlichen Verkehrsmitteln und Bädern sowie die Telekommunikation angegeben. Muss die Stadtwerke-M GmbH den Auftrag ausschreiben?

Fall 83: Die Stadt M betreibt ein Heizkraftwerk. Sie schließt mit dem privaten Unternehmen R einen Vertrag, in dem sie sich verpflichtet, R den Transport der Abfälle von den Übergabestellen zum Kraftwerk zu übertragen, falls sie den Zuschlag zur Entsorgung der Abfälle von der Stadt D erhält. Im Rahmen eines ordnungsgemäß durchgeführten Ausschreibungsverfahrens erhält M den Zuschlag und überträgt vereinbarungsgemäß R den Auftrag. War die Auftragsleistung durch M ausschreibungspflichtig? **1019**

Fall 84: Die Stadt M beschließt im Juni, die AbfallGmbH als Eigengesellschaft zu gründen. Das Unternehmen soll Dienstleistungen auf dem Gebiet der Abfallentsorgung erbringen. Im September wird der AbfallGmbH das ausschließliche Recht zur Erbringung von Dienstleistungen der Abfallwirtschaft im Stadtgebiet von M übertragen. Der Vertrag sieht ein Entgelt in Form eines Fixbetrages pro Müllbehälter oder Tonne vor, das die Stadt M der AbfallGmbH zu zahlen hat; andere Tätigkeiten als für M soll die AbfallGmbH nicht ausüben. Im Oktober beschließt der Stadtrat von M, 49% der Anteile an der AbfallGmbH an die private „Dienstleistungs-Aktiengesellschaft S" abzutreten; die Abtretung erfolgt wenige Tage nach der Beschlussfassung im Stadtrat. Ist der Vorgang ausschreibungspflichtig? **1020**

Fall 85: Der Landkreis L ist Alleingesellschafter der „Altpapier-GmbH" (A). Dieser hat L die umfassende Wahrnehmung der Abfallentsorgung übertragen, die ihm als entsorgungspflichtiger Körperschaft obliegt. A erwirtschaftet ungefähr 70% seines Umsatzes mit der übernommenen Entsorgung. Später unterbreitet A dem L das Angebot, das Altpapier aus der kommunalen Sammlung für die Dauer von fünf Jahren zu einem vergleichsweise niedrigen Festpreis abzukaufen, um es (gewinnbringend) weiter zu verwerten. L ist von der „Entsorgung aus einer Hand" begeistert und überlegt, ob er das Angebot ohne Ausschreibung annehmen kann. **1021**

1. Anwendungsbereich des GWB

Für die Feststellung, ob der Anwendungsbereich des GWB eröffnet ist, sind vier Vorfragen zu klären: **1022**

– Wird durch einen öffentlichen Auftraggeber beschafft? (s. sogleich Nr 2)
– Liegt ein öffentlicher Auftrag vor? (s. sogleich Nr 3)
– Werden die in der VgV festgelegten Schwellenwerte für einen Auftrag erreicht oder überschritten (§ 100 Abs. 1 GWB)?
– Liegen Ausnahmetatbestände nach § 100 Abs. 2 GWB vor?

Ausgeschlossen sind zB Arbeitsverträge, bestimmte Forschungs- und Entwicklungsdienstleistungen, der Erwerb oder die Miete von Grundstücken etc.

2. Der öffentliche Auftraggeber

a) Der institutionelle Auftraggeber

Oberhalb der Schwellenwerte nennt § 98 Nr 1 GWB als **institutionelle Auftraggeber** die Gebietskörperschaften, also Bund, Länder, Bezirke, Landkreise, Gemeinden, außerdem ihre Sondervermögen. **1023**

Auch im Bereich unterhalb der Schwellenwerte sind öffentlicher Auftraggeber der öffentlich-rechtlich verfasste Staat und seine Untergliederungen sowie die Kommunen **1024** mit ihren Eigenbetrieben. Keine öffentlichen Auftraggeber sind privatrechtlich organisierte Einrichtungen, auch wenn es öffentliche Unternehmen sind[24].

b) Der funktionale Auftraggeber

1025 Oberhalb der Schwellenwerte sind nach § 98 Nr 2 GWB andere, nicht als Gebietskörperschaften subsumierbare juristische Personen des öffentlichen und privaten Rechts öffentliche Auftraggeber, wenn sie zu dem besonderen Zweck gegründet wurden, im Allgemeininteresse liegende Aufgaben nichtgewerblicher Art zu erfüllen und wenn sie aus Gebietskörperschaften und deren Verbänden bestehen, von ihnen überwiegend finanziert werden oder über sonstige Steuerungsmechanismen von diesen beaufsichtigt oder sonst wie bestimmt werden. § 98 Nr 2 GWB liegt ein **funktionaler Auftraggeberbegriff** zugrunde. Entscheidend ist, ob die Einrichtung gegründet wurde, um im Allgemeininteresse liegende Aufgaben nichtgewerblicher Art zu erfüllen, und ob die öffentliche Hand die Einrichtung beherrschen kann.

1026 Für das Tatbestandsmerkmal **„im Allgemeininteresse liegende Aufgaben nichtgewerblicher Art"** sind in Literatur und Rechtsprechung kaum greifbare Kriterien entwickelt worden. Umschreibungen dahingehend, dass „originär staatliche Aufgaben", „Gemeinwohlaufgaben", Aufgaben, „die eng mit der öffentlichen Ordnung und dem institutionellen Funktionieren des Staates verknüpft sind"[25] gemeint sein sollen, helfen kaum weiter. Klar ist jedenfalls, dass es sich um zwei Kriterien handelt und dass das Merkmal der „Nichtgewerblichkeit" die „Allgemeininteressen" präzisieren soll[26]. Letztlich können nur Sinn und Zweck der Vergabe-Richtlinien und des GWB weiterhelfen. Dem Auftragsvergaberegime sollen die potentiell nicht-wirtschaftlich handelnden Staatseinrichtungen unterfallen, weil vornehmlich bei ihnen die Gefahr besteht, dass sie bei der Beschaffung unwirtschaftlich und willkürlich vorgehen. Denn im Wettbewerb stehende – regelmäßig private – Unternehmen sind schon wegen der Konkurrenz auf dem Markt Rentabilitätszwängen ausgesetzt. Diese Sichtweise hat die Sektorenrichtlinie 93/38 gut umschrieben, weil es dort geheißen hat, dass das fragliche Unternehmen einen anderen „Charakter als den eines Handels- bzw Industrieunternehmens" haben muss[27]. Diese Formulierung schließt es nicht aus, dass im „Allgemeininteresse liegende Aufgaben nichtgewerblicher Art" auch von Privatunternehmen erfüllt werden oder erfüllt werden können[28]. Das Vorliegen eines **entwickelten Wettbewerbs** und insbesondere der Umstand, dass die betreffende Einrichtung im Wettbewerb steht, können aber Indizien dafür sein, dass es sich nicht um eine im Allgemeininteresse liegende Aufgabe nichtgewerblicher Art handelt. Für eine Qualifikation als öffentlicher Auftraggeber spricht es hingegen, wenn eine Einrichtung

---

24 *Puhl*, VVDStRL 2001, S. 456, 475.
25 VÜ Bund, VergabeR 1997, 25; VÜ Bund, ZfBR 1996, 271, 272; EuGH v. 15.1.1998, Rs. C-44/96 – *„Mannesmann Anlagenbau Austria"*, Rn 24.
26 EuGH v. 10.11.1998, Rs. C-360/96 – *„BFI-Holding"*, Rn 29 und 32.
27 Art. 1 Nr 1 RiL 93/38/EWG v. 14.6.1993 zur Koordinierung der Auftragsvergabe durch Auftraggeber im Bereich der Wasser-, Energie- und Verkehrsversorgung sowie im Telekommunikationssektor, ABl Nr L 199 v. 9.8.1993, S. 84.
28 EuGH v. 10.11.1998, Rs. C-360/96 – *„BFI-Holding"*, Rn 53.

nicht nach **Leistungs-, Effizienz- und Wirtschaftlichkeitskriterien** gesteuert wird und sie das wirtschaftliche Risiko ihrer Tätigkeit nicht zu tragen hat[29].

Eine Staatsdruckerei nimmt eine im Allgemeininteresse liegende Aufgabe nichtgewerblicher Art wahr, wenn ihre Druckprodukte eng mit der öffentlichen Ordnung und dem institutionellen Funktionieren des Staates verknüpft sind und deshalb eine Versorgungsgarantie und Produktionsbedingungen verlangen, die die Beachtung der Geheimhaltungs- und Sicherheitsvorschriften gewährleisten (zB Reisepässe)[30].

Das Unternehmen muss **gegründet** worden sein, um im Allgemeininteresse liegende **1027** Aufgaben nichtgewerblicher Art wahrzunehmen. Maßgeblich für das Vergaberecht ist deshalb nicht der Einzelne zu vergebende Auftrag, sondern ob die juristische Person ihrem Gründungszweck nach die betreffenden Aufgaben wahrnimmt[31]. Um Missbrauchsmöglichkeiten auszuschließen, müssen auch solche Einrichtungen hierunter subsumiert werden, die zwar zunächst nicht gegründet wurden, um die betreffenden Aufgaben wahrzunehmen, die aber später ihren Aufgabenbereich umstellen, zB indem sie ihr Statut entsprechend ändern oder kraft vertraglicher Vereinbarung Aufgaben übernehmen, die einer Gründung zu diesem besonderen Zweck gleichzustellen ist[32]. Umgekehrt muss eine Einrichtung ihre Auftraggebereigenschaft auch wieder verlieren, wenn sich ihr Aufgabenbereich entsprechend ändert.

Für die Qualifikation als öffentlicher Auftraggeber nach § 98 Nr 2 GWB ist ferner er- **1028** forderlich, dass die Einrichtung von der öffentlichen Hand (einem institutionellen Auftraggeber oder einem Verband, deren Mitglieder institutionelle Auftraggeber sind), einzeln oder gemeinsam durch Beteiligung oder auf sonstige Weise überwiegend finanziert wird oder dass diese Stellen über die Leitung Aufsicht ausüben können oder mehr als die Hälfte der Mitglieder eines ihrer zur Geschäftsführung oder zur Aufsicht berufenen Organe bestimmt haben. Im Kern geht es also darum, dass die öffentliche Hand den funktionalen Auftraggeber **beherrschen** muss. Es liegt nahe, auf § 17 AktG zurückzugreifen; entscheidend sind Sinn und Zweck: Die öffentliche Hand soll sich dem speziellen Vergaberechtsregime nicht entziehen können, indem sie Aufgaben externalisiert. Auch private Einrichtungen können daher öffentliche Auftraggeber sein, wenn hinter ihnen die öffentliche Hand steht. Maßgeblich ist der Grad des Einflusses auf die Geschäftsführung. Dieser kann durch Fachaufsicht, unter Umständen aber auch schon bei einer Rechtsaufsicht gegeben sein, wenn die Überwachung der Geschäftsführung sehr detailliert ist[33]. Das Kriterium der überwiegenden Finanzierung durch die öffentliche Hand ist aber noch nicht erfüllt, wenn lediglich eine Leistung entgolten wird. Nur die Leistungen, die als Finanzhilfe ohne spezifische Gegenleistung die Tätigkeiten der betreffenden Einrichtung finanzieren oder unterstützen, können zur Qualifizierung als öffentlicher Auftraggeber führen[34]. Die Finanzie-

---

29 EuGH v. 10.5.2001, Rs. C-223/99 – „*Agorà*", Rn 38 f.
30 EuGH v. 15.1.1998, Rs. C-44/96 – „*Mannesmann Anlagenbau Austria*", Rn 24.
31 *Bungenberg*, in: Storr, Öffentliche Unternehmen im Wettbewerb und Vergaberecht, 2002, S. 137.
32 EuGH v. 12.12.2002, Rs. C-470/99 – „*Universale-Bau*", Rn 63.
33 EuGH v. 1.2.2001, Rs. C-237/99 – „*OPAC*", Rn 52.
34 EuGH v. 3.10.2000, Rs. C-380/98 – „*University of Cambridge*", Rn 21.

rung muss überwiegend – mehr als die Hälfte – durch die öffentliche Hand erfolgen (vgl dazu ▶ **Klausurenkurs Fall Nr 18**).

> Einer Ärztekammer (Körperschaft des öffentlichen Rechts) ist kein funktioneller Auftraggeber iSv § 98 Nr 2 GWB, wenn sie überwiegend durch Beiträge ihrer Mitglieder finanziert wird und ihr deshalb eine erhebliche Autonomie zukommt. Das gilt jedenfalls dann, wenn die Ärztekammer zwar zur Festsetzung und Erhebung durch ein Gesetz ermächtigt ist, dieses aber nicht den Umfang und die Modalitäten der Tätigkeiten regelt, die die Ärztekammer im Rahmen der Erfüllung ihrer gesetzlichen Aufgaben ausübt. Auch die Genehmigungsbefugnis der Aufsichtsbehörde ist nicht mit der in § 98 Nr 2 GWB geforderten Kontrolle gleichzusetzen, wenn lediglich geprüft wird, ob der Haushalt der betreffenden Einrichtung ausgeglichen ist und auf Auftragsvergaben kein Einfluss genommen werden kann[35].

1029   **Fall 81 (Rn 1017)**[36]: Das BRK als Körperschaft des öffentlichen Rechts – und damit eine juristische Person – ist zu dem besonderen Zweck gegründet worden, im Allgemeininteresse liegende Aufgaben nichtgewerblicher Art zu erfüllen (§ 98 Nr 2 GWB). Im Allgemeininteresse liegende Aufgaben sind solche, die hoheitliche Befugnisse, die Wahrnehmung der Belange des Staates und damit letztlich Aufgaben betreffen, die der Staat selbst erfüllen oder bei denen er einen entscheidenden Einfluss behalten möchte. Nach der Rspr soll bei einer juristischen Person des öffentlichen Rechts eine tatsächliche Vermutung dafür sprechen, dass ihre Gründung zum Zweck der Erfüllung von im Allgemeininteresse liegenden Aufgaben erfolgt ist.

Das BRK müsste von einer der in § 98 Nr 1 GWB genannten Gebietskörperschaften beherrscht werden. Hier könnte eine vollständige oder überwiegende Finanzierung durch den Freistaat Bayern gegeben sein. Das ist aber abzulehnen, weil der Freistaat nur bei Anschaffungen auf dem Gebiet des Rettungsdienstes die Kosten trägt, wenn diese nicht durch Zuwendungen Dritter gedeckt sind. Für eine Beherrschung genügt das aber nicht, weil auf die juristische Person insgesamt und nicht nur auf die einzelne von ihr durchzuführende Aufgabe abzustellen ist. Eine juristische Person ist nur dann einem staatlichen Auftraggeber gleichzustellen, wenn sie in einer derartigen Weise staatsgebunden ist, dass zwischen der staatlichen Stelle und der juristischen Person praktisch kein Unterschied besteht.

Auch üben staatliche Stellen keine eine der Beherrschung vergleichbare Aufsicht über die Leitung des BRK aus. Auch hier ist auf den Rechtsträger und nicht auf die einzelne von der juristischen Person durchzuführende Aufgabe abzustellen. Der Grund dafür ist wiederum die Überlegung, dass eine Gleichstellung von juristischen Personen mit staatlichen Stellen nur dann stattfinden kann, wenn die juristische Person ähnlich wie eine staatliche Stelle handelt. Die Rechtsaufsicht führt aber grundsätzlich nicht zu einer Beherrschung des BRK.

c)   Der Sektorenauftraggeber

1030   § 98 Nr 4 GWB bestimmt, dass **Sektorenauftraggeber** natürliche oder juristische Personen des privaten Rechts sein können, die auf dem Gebiet der Trinkwasser- oder Energieversorgung oder des Verkehrs tätig sind, wenn entweder Auftraggeber, die unter § 98 Nr 1–3 GWB fallen, auf diese Personen einzeln oder gemeinsam einen **be-**

---

35   EuGH v. 12.9.2013, Rs. C-526/11 – *„Ärztekammer Westfalen-Lippe"*.
36   BayObLG, NZBau 2003, 348 ff.; iE aA VergK Südbayern v. 27.3.2014, Z3–3–3194–1–01–01/14.

herrschenden Einfluss ausüben können (s. Rn 669) oder wenn diese Tätigkeiten auf der Grundlage von **besonderen oder ausschließlichen Rechten** ausüben, die von einer zuständigen Behörde gewährt wurden. Durch das Vergaberechtsmodernisierungsgesetz 2009[37] wurde dieses Tatbestandsmerkmal konkretisiert: Besondere oder ausschließliche Rechte sind Rechte, die dazu führen, dass die Ausübung dieser Tätigkeiten einem oder mehreren Unternehmen vorbehalten wird und dass die Möglichkeit anderer Unternehmen, diese Tätigkeit auszuüben, erheblich beeinträchtigt wird. Gemeint sind also Unternehmen, denen Privilegien oder ein Monopolrecht zukommen, wenn also die Ausübung einer Tätigkeit in den Sektoren einem oder mehreren Auftraggebern vorbehalten ist[38]. Das Gesetz verweist für Tätigkeiten auf dem Gebiet der Trinkwasser- und Energieversorgung sowie des Verkehrs auf die Anlage im Gesetz.

Fall 82 (Rn 1018)[39]: Die Stadtwerke-M GmbH könnte öffentliche Auftraggeberin nach § 98 Nr 4 GWB sein. Als GmbH ist sie juristische Person des privaten Rechts. Sie betreibt unter anderem das U-Bahn-Netz der Stadt M; dies stellt eine Tätigkeit im Sektorenbereich dar (Verkehrsbereich gem. § 1 SektorenVO). Ferner unterliegt sie aber auch dem beherrschenden Einfluss der Stadt M (einer § 98 Nr 1 GWB unterfallenden Gebietskörperschaft), die ausweislich des Gesellschaftsvertrags ihre einzige Gesellschafterin ist. Damit erfüllt die Stadtwerke-M GmbH grundsätzlich den Tatbestand des § 98 Nr 4 GWB (Sektorenauftraggeber).

1031

Die Stadtwerke-M GmbH könnte aber auch öffentliche Auftraggeberin nach § 98 Nr 2 GWB sein, denn sie wird nicht nur von der Stadt M beherrscht, sondern ist auch zu dem besonderen Zweck gegründet worden, im Allgemeininteresse liegende Aufgaben nicht gewerblicher Art zu erfüllen. Ihr Gründungszweck ergibt sich aus dem Gesellschaftsvertrag; danach ist der Gegenstand des Unternehmens die Versorgung der Bevölkerung mit Strom, Gas, Wasser und Wärme, der Betrieb von öffentlichen Verkehrsmitteln und Bädern sowie die Telekommunikation. Das hier im Mittelpunkt stehende Betreiben des U-Bahn-Netzes in der Großstadt M ist eine im Allgemeininteresse liegende Aufgabe. Auch diese Aufgabe ist nichtgewerblicher Art. Zwar kommt es insoweit nicht allein auf das Vorhandensein oder Fehlen einer Gewinnerzielungsabsicht an, im vergaberechtlichen Kontext ist vielmehr darauf abzustellen, ob sich die Aufgabenerfüllung abweichend von marktmäßigen Mechanismen vollzieht. Das Kriterium der Nichtgewerblichkeit ist jedenfalls dann erfüllt, wenn der Auftraggeber bei Erfüllung der Aufgabe nicht dem Wettbewerb am Markt ausgesetzt ist. Das ist hier der Fall.

Die Frage, ob ein Auftraggeber § 98 Nr 2 GWB oder § 98 Nr 4 GWB zuzuordnen ist, muss beantwortet werden, weil ein öffentlicher Auftraggeber nach § 98 Nr 2 GWB einem strengeren Vergaberegime unterworfen wird als ein Sektorenauftraggeber (vgl § 101 Abs. 7 GWB). § 2 Abs. 2 VgV bestimmt, dass für Auftraggeber nach den § 98 Nr 1 bis GWB, die Sektorentätigkeiten ausführen, die SektorenV gilt. Daraus folgt, dass das Vergaberegime für Sektorentätigkeiten lex specialis ist. Folglich ist die Stadtwerke-M GmbH als Auftraggeberin nach § 98

37 Gesetz zur Modernisierung des Vergaberechts v. 20.4.2009, BGBl. I S. 790 ff.
38 IE Art. 2 Abs. 3 RiL 93/38/EWG v. 14.6.1993 zur Koordinierung der Auftragsvergabe durch Auftraggeber im Bereich der Wasser-, Energie- und Verkehrsversorgung sowie im Telekommunikationssektor, ABl Nr L 199 v. 9.8.1993, S. 84; zwischen ausschließlichen und besonderen Rechten differenzierend dagegen Art. 2 Abs. 1 lit. f und lit. g RiL 80/723/EWG v. 25.6.1980, ABl Nr L 195 v. 29.7.1980, idF der RiL 2000/52/EG v. 26.7.2000 zur Änderung der RiL 80/723/EWG über die Transparenz der finanziellen Beziehungen zwischen den Mitgliedstaaten und den öffentlichen Unternehmen, ABl Nr L 193 v. 29.7.2000, S. 75.
39 BayObLG, NZBau 2003, 342 ff.

Nr 4 GWB zu behandeln. Da es sich um einen Lieferauftrag handelt (§ 99 Abs. 2 GWB) ist der Auftrag ausschreibungspflichtig, wenn der Schwellenwert von € 414 000,– (§ 1 Abs. 2 SektorenVO) überschritten ist. Sie kann das offene, das nicht offene oder das Verhandlungsverfahren durchführen, § 101 Abs. 7 GWB (s. Rn 1068 f).

Beispiel: Ein Sektorenauftraggeber für das Erbringen von Verkehrsleistungen, das Bereitstellen oder das Betreiben von Infrastruktur ist auch die Deutsche Bahn AG[40].

d) Der projektbezogene Auftraggeber

1032 **Projektbezogene Auftraggeber** sind natürliche oder juristische Personen des privaten Rechts, die keine funktionellen Auftraggeber sind, bestimmte gemeinwohlnützige Aufträge vergeben (Tiefbaumaßnahmen, Errichtung von Krankenhäusern, Sport-, Erholungs- oder Freizeiteinrichtungen, Schul-, Hochschul- oder Verwaltungsgebäuden oder damit in Verbindung stehende Dienstleistungen) und dafür Mittel von öffentlichen Auftraggebern iSd § 98 Nr 1 bis 3 GWB erhalten, wenn damit diese Vorhaben zu mehr als 50% finanziert werden. Mit der Erstreckung des Vergaberechts auf private projektbezogene Auftraggeber soll verhindert werden, dass sich die öffentliche Hand ihrer Ausschreibungsverpflichtung durch Ausgliederung und Privatisierung entzieht[41].

1033 Öffentliche Auftraggeber sind ferner natürliche oder juristische Personen des privaten Rechts, die mit Stellen, die unter § 98 Nr 1 bis 3 GWB fallen, einen Vertrag über eine **Baukonzession** abgeschlossen haben, hinsichtlich der Aufträge an Dritte (§ 98 Nr 6 GWB). Eine Baukonzession ist ein Vertrag über die Durchführung eines Bauauftrags, bei dem die Gegenleistung für die Bauarbeiten statt in einem Entgelt in dem befristeten Recht auf Nutzung der baulichen Anlage, gegebenenfalls zuzüglich der Zahlung eines Preises besteht (§ 99 Abs. 6 GWB).

Beispiel: Privater Straßenbau, der mit dem Recht verbunden ist, Nutzungsentgelte von Autofahrern einzufordern.

3. Der öffentliche Auftrag

a) Entgeltlicher Vertrag

1034 Öffentliche Aufträge sind in § 99 Abs. 1 GWB definiert als **entgeltliche Verträge** von öffentlichen Auftraggebern mit Unternehmen über die Beschaffung von Leistungen, die Liefer-, Bau- oder Dienstleistungen zum Gegenstand haben, Baukonzessionen und Auslobungsverfahren, die zu Dienstleistungsaufträgen führen sollen. Es muss sich um Verträge zwischen zwei voneinander zu unterscheidenden Vertragspartnern handeln (öffentlicher Auftraggeber und Auftragnehmer, der ein vom öffentlichen Auftraggeber verschiedenes Unternehmen ist). Kein öffentlicher Auftrag ist die ein-

---

40 AA noch VK Bund VK 2–126/03 v. 21.1.2004.
41 *Dörr*, JZ 2004, 704, 706.

seitige Auferlegung einer Handlungspflicht. Es ist nicht erforderlich, dass mit dem öffentlichen Auftrag eine Beschaffung für eigene Zwecke verfolgt wird.

Fall 83 (Rn 1019)[42]: M ist öffentliche Auftraggeberin nach § 98 Nr 2 GWB. Der Fall des § 100 Abs. 3 GWB liegt nicht vor. Danach gilt das Kartellvergaberecht nicht für Aufträge, die an eine Person vergeben werden, die ihrerseits Auftraggeber nach § 98 Nr 1, 2 oder 3 ist und ein auf Gesetz oder Verordnung beruhendes ausschließliches Recht zur Erbringung der Leistung hat. Ein derartiges ausschließliches Recht zur Erbringung der Entsorgungsleistung für D hat M nicht.

Fraglich ist dann, ob es sich bei der Vergabe von Nachunternehmerleistungen um einen öffentlichen Auftrag (Dienstleistungsauftrag) nach § 99 Abs. 1, Abs. 4 GWB handelt. Nach Auffassung des OLG Düsseldorf liegt es im Wesen des öffentlichen Auftrags, dass der öffentliche Auftraggeber mit der Vergabe einem in seinem Verantwortungsbereich auftretenden eigenen Beschaffungsbedarf Rechnung trägt. Mit dem Beschaffungsvorgang für eigene Zwecke sei in der Regel als weiteres Element verknüpft, dass die beschafften Leistungen aus eigenen oder zugewiesenen Haushaltmitteln des öffentlichen Auftraggebers zu bezahlen seien (funktionaler Auftragsbegriff).

Dem hat der EuGH[43] entgegengehalten, dass auch die Beauftragung des Subunternehmers (R) durch den Auftragnehmer (M) ein entgeltlicher Vertrag über eine Dienstleistung ist. Dem Umstand, dass der Auftragnehmer selbst als Dienstleistungserbringer tätig sein will, ist keine Bedeutung beizumessen. Es kann nicht ausgeschlossen werden, dass der Auftragnehmer die Auswahl des Subunternehmers nach anderen als wirtschaftlichen Überlegungen trifft. Da der Auftragnehmer hier zugleich die Tatbestandsvoraussetzungen des Auftraggebers erfüllt, hätte der Auftrag der M an R ausgeschrieben werden müssen. Letztlich war also eine Doppelausschreibung erforderlich.

Die öffentlichen Aufträge müssen auf einer **vertraglichen Grundlage** beruhen. **1036** Keine öffentlichen Aufträge sind daher Leistungen, die ihren Rechtsgrund in Gesetzen haben.

Die Verträge werden in der Regel privatrechtliche Kauf- oder Werkverträge sein, sodass für den Vertragsabschluss, den Inhalt des Vertrages, seine Abwicklung und für das Vertragsstörungsrecht das BGB einschlägig ist.

Voraussetzung für einen Auftrag ist außerdem eine Beschaffung (vgl auch ▶ **Klausurenkurs Fall Nr 21**).

Auch durch einen **öffentlich-rechtlichen Vertrag** kann eine Beschaffung erfolgen[44]. **1037** Der Anwendungsbereich des Kartellvergaberechts ist aber nicht eröffnet, wenn **hoheitliche Gewalt**, zB durch Beleihungsverträge, übertragen werden soll (arg. Art. 62 iVm 51 und 45 Abs. 4 AEUV)[45]. Der EuGH legt diese Ausnahmeklauseln sehr eng aus. Es sollen nur solche Tätigkeiten betroffen sein, die unmittelbar und spezifisch mit der Teilnahme an der Ausübung öffentlicher Gewalt (zB hoheitliche Zwangsmaßnahmen) verbunden sind[46].

---

42 OLG Düsseldorf, NZBau 2004, 400 f.
43 EuGH v. 18.1.2004, Rs. C-126/03 – *„Abfalltransportvertrag München"*.
44 OLG Düsseldorf, NZBau 2004, 398, 399.
45 *Burgi*, NZBau 2002, 57, 61.
46 EuGH v. 13.7.1993, Rs. C-42/92, – *„Thijssen"*, Rn 9.

b) In-house-Vergaben

1038   Kein öffentlicher Auftrag liegt bei sog. In-house-Vergaben vor, wenn ein Auftrag der öffentlichen Hand also an einen Eigenbetrieb oder an eine untergeordnete Dienststelle vergeben wird, sodass es sich um eine **interne Beschaffungsmaßnahme** handelt. Problematisch sind aber zwei Fallkonstellationen:

1039   Beabsichtigt der öffentliche Auftraggeber, den Auftrag an eine Eigengesellschaft oder an ein **gemischt-öffentliches Unternehmen** (s. Rn 673) zu vergeben, an dem er neben anderen Einrichtungen der öffentlichen Hand beteiligt ist, kann von einer internen Beschaffungsmaßnahme nur gesprochen werden, wenn der Auftraggeber maßgeblichen Einfluss auf den Auftragnehmer ausüben kann und die Auftragsvergabe keine wettbewerbsverfälschende Wirkung hat. Der EuGH hat in der Rs. *„Teckal"* drei Voraussetzungen aufgestellt[47]:

- Ein öffentlicher Auftraggeber schließt einen Vertrag mit einem anderen Rechtsträger ab, an dem er beteiligt ist[48],
- der öffentliche Auftraggeber muss über diesen anderen Rechtsträger eine Kontrolle wie über seine eigenen Dienststellen ausüben und
- dieser Rechtsträger muss im Wesentlichen Tätigkeiten für[49] den öffentlichen Auftraggeber oder die öffentlichen Stellen verrichten, die seine Anteile innehaben.

1040   Die beiden zuletzt genannten Voraussetzungen sind eng auszulegen. Das Kriterium der „Kontrolle wie über eine eigene Dienststelle" ist freilich unscharf, auf bestimmte Beteiligungsverhältnisse ist nicht abzustellen. Worauf es ankommt ist, dass das abhängige Unternehmen gegenüber dem Auftraggeber **keine eigenständige Entscheidungsgewalt** hat[50]. Der Auftragnehmer muss einer Kontrolle unterworfen sein, die es dem Auftraggeber ermöglicht, auf die Entscheidungen des Auftragnehmers einzuwirken, dh er muss auf dessen strategische Ziele und dessen wichtigste Entscheidungen ausschlaggebenden Einfluss nehmen können. Um das Vorliegen dieser Voraussetzungen zu beurteilen, ist eine Analyse des konkreten Einzelfalls erforderlich. Entscheidend ist dabei der Umfang der Vertretung in Verwaltungs-, Leitungs- oder Aufsichtsgremien, diesbezügliche Bestimmungen in der Satzung, Eigentumsrechte und tatsächlicher Einfluss auf und tatsächliche Kontrolle über strategische Entscheidungen und einzelne Managemententscheidungen. Gehört das Unternehmen zu einem Konzern, können auch die Rechtsform des Unternehmens, die bestehenden Beteiligungsverhältnisse und die Kompetenzen der Unternehmensorgane von Bedeutung sein[51].

---

47   EuGH v. 18.11.1999; Rs. C-107/98 – *„Teckal"*, Rn 50.
48   Insoweit die „Teckal-Rechtsprechung" konkretisierend: EuGH v. 11.1.2005, Rs. C-26/03 – *„Stadt Halle"*, Rn 47 und 49.
49   In dem Urteil EuGH v. 11.1.2005, Rs. C-26/03 – *„Stadt Halle"*, Rn 49 heißt es „... mit der oder den öffentlichen Stellen". Gemeint ist das Gleiche: der Auftragnehmer kooperiert im Wesentlichen mit dem Auftraggeber. In der englischen Übersetzung heißt es in beiden Entscheidungen: „... carries out the essential part of its activities with the controlling public authority or authorities ...".
50   BGHZ 148, 55 ff.
51   EuGH v. 11.5.2006. Rs. 340/04 – *„Carbotermo"*, Rn 36; bereits: EuGH v. 13.10.2005, Rs. C-458/03 – *„Parking Brixen"*, Rn 65.

Das erste Teckal-Kriterium kann auch erfüllt werden, wenn eine von mehreren öffentlichen Stellen gemeinsam gehaltene Einrichtung beauftragt werden soll. Es ist nicht notwendig, dass die Kontrolle von jeder Stelle einzeln ausgeübt wird, sie muss aber gemeinsam ausgeübt werden[52]. Daraus folgt zweierlei: Erstens genügt es nicht, wenn allein der Mehrheitsgesellschafter (wenn es einen gibt) die Kontrolle ausübt. Denn dann würde das Konzept der gemeinsamen Kontrolle ausgehöhlt werden. Zweitens darf ein öffentlicher Auftraggeber innerhalb einer gemeinsam gehaltenen beauftragten Einrichtung nicht eine Stellung inne haben, die ihm nicht die geringste Möglichkeit einer Beteiligung an der Kontrolle über diese Einrichtung sichert. Andernfalls würde schon ein rein formaler Beitritt zu einer solchen Einrichtung diesen öffentlichen Auftraggeber von der Verpflichtung befreien, ein Ausschreibungsverfahren nach den Unionsvorgaben durchzuführen. Damit könnten die unionsrechtlichen Vorschriften über öffentliche Aufträge leicht umgangen werden.

Zudem muss der Auftragnehmer seine Tätigkeit **im Wesentlichen für die Gebietskörperschaft oder den Auftraggeber verrichten**, der seine Anteile innehat. Diese Voraussetzung hat ihren Grund in Art. 106 Abs. 1 AEUV, wonach öffentliche Unternehmen grundsätzlich nicht besser behandelt werden dürfen als private Konkurrenz. Das wäre aber der Fall, wenn der Auftragnehmer am Markt mit anderen Unternehmen konkurriert und der Auftraggeber diesen privilegiert. Um sich wettbewerbsneutral zu verhalten, muss die öffentliche Hand diese Aufträge in einem Vergabeverfahren ausschreiben[53]. Nach EuGH soll ein quantitativer und qualitativer Maßstab angelegt werden, andere Tätigkeiten sollen „rein nebensächlich"[54] sein. Erbringt das Unternehmen 90% seiner Tätigkeiten für die Auftraggeber, soll die Anforderung erfüllt sein[55]. **1041**

Mit Art. 12 RiL 2014/24 wird die EuGH-Rspr zur In-house-Vergabe übernommen werden, allerdings wird dann darauf abgestellt, dass mehr als 80% der Tätigkeiten der kontrollierten juristischen Person der Ausführung von Aufgaben dienen, mit denen sie von dem die Kontrolle ausübenden öffentlichen Auftraggeber oder von anderen von diesem kontrollierten juristischen Personen betraut wurden. Grundsätzlich darf keine direkte private Kapitalbeteiligung an der kontrollierten juristischen Person bestehen. Eine Ausnahme soll aber zulässig sein, wenn die Kapitalbeteiligung nicht beherrschend ist, keine Sperrminorität vermittelt, gesetzlich vorgeschrieben ist und keinen maßgeblichen Einfluss auf die kontrollierte juristische Person vermittelt.

Art. 12 Abs. 2 RiL 2014/24 lässt es zu, dass – sozusagen umgekehrt – das Tochterunternehmen dem Mutterunternehmen ein Auftrag erteilt. Die genannten Anforderungen gelten entsprechend.

---

52 EuGH v. 29.11.2012, Rs. C-182/11 – „*Econord*", Rn 25 f.
53 *Storr*, LKV 2005, 521, 524.
54 EuGH v. 11. 5 2006, Rs. C-340/04 – „*Carbotermo*", Rn 63; vgl zur Rechtsprechungsanalyse ferner *Storr*, SächsVBl 2006, 234, 236.
55 EuGH v. 19.4.2007, Rs. C-295/05 – „*Asemfo*", Rn 63.

1042 **c) Public-Private-Partnership**

Wenn der Auftragnehmer eine **Public-Privat-Partnership** ist, ist eine Freistellung vom Vergaberecht nicht möglich. Leading case ist die EuGH-Entscheidung „Stadt Halle": Ein öffentlicher Auftraggeber erteilte einer Gesellschaft, an deren Kapital er gemeinsam mit privaten Gesellschaftern beteiligt war (**gemischt-wirtschaftliches Unternehmen**), einen Auftrag. In so einer Fallkonstellation besteht für den öffentlichen Auftraggeber stets die Verpflichtung, ein Ausschreibungsverfahren durchzuführen. Dieser Fall kann nicht einer Beauftragung einer Eigengesellschaft oder eines gemischt-öffentlichen Unternehmens gleichgestellt werden. Denn erstens unterscheiden sich öffentliche Auftraggeber und private Anleger: Die öffentliche Hand ist dem öffentlichen Interesse verpflichtet, während die Anlage von privatem Kapital regelmäßig der Gewinnerzielung dient; zweitens würde die Vergabe eines öffentlichen Auftrags an ein gemischt-wirtschaftliches Unternehmen ohne Ausschreibung das Ziel eines freien und unverfälschten Wettbewerbs sowie den Grundsatz der Gleichbehandlung der Interessenten beeinträchtigen, insbesondere weil ein solches Verfahren einem am Kapital dieses Unternehmens beteiligten privaten Unternehmen einen Vorteil gegenüber seinen Konkurrenten verschaffen würde[56]. Diese Rechtsprechung gilt für Dienstleistungskonzessionen (s. Rn 1049) entsprechend[57] (vgl auch ▶ **Klausurenkurs Fall Nr 16**).

1043 **Fall 84 (Rn 1020)**[58]: Die Stadt M ist öffentliche Auftraggeberin nach § 98 Nr 1 GWB. Zu prüfen ist, ob ein entgeltlicher Vertrag iSv § 99 Abs. 1 GWB vorliegt, möglicherweise ein Dienstleistungsauftrag (§ 99 Abs. 4 GWB). Drei Maßnahmen der Stadt M sind zu unterscheiden:

1. Die Gründung der AbfallGmbH: Ein Dienstleistungsauftrag liegt nicht vor, weil die bloße Unternehmensgründung kein Beschaffungsvorgang ist. Insbesondere wird auch kein entgeltlicher Vertrag mit der AbfallGmbH geschlossen.
2. Die Aufgabenübertragung an die AbfallGmbH: Ein entgeltlicher Vertrag iSv § 99 Abs. 1 GWB liegt vor, insbesondere ist die AbfallGmbH ein von M zu unterscheidender Rechtsträger. Die Aufgabenübertragung an die AbfallGmbH ist aber ein „In-house-Geschäft": Die AbfallGmbH ist eine Eigengesellschaft von M und wird von dieser wie „eine eigene Dienststelle" gesteuert; die AbfallGmbH soll ausschließlich Aufgaben für M wahrnehmen.
3. Die Beteiligungsveräußerung an S: Eine Auftragsvergabe liegt nicht vor, weil S kein Auftrag erteilt wird. Der Dienstleistungsauftrag ist der AbfallGmbH übertragen worden.

Die Besonderheit des vorliegenden Falls liegt darin, dass die drei Vorgänge offensichtlich aufgespalten wurden, um eine Ausschreibungspflicht zu umgehen. Bei einer anderen Reihenfolge (zB erst Gründung der AbfallGmbH, dann Anteilsübertragung an S, schließlich Aufgabenübertragung an die AbfallGmbH) wäre der dritte Vorgang ausschreibungspflichtig gewesen. Bei einer ganzheitlichen Betrachtung, unter Berücksichtigung der Zielsetzung des Privatisierungsvorgangs sowie der Bedeutung des Vergaberechts unter Gesichtspunkten des effet utile muss die Aufgliederung der Privatisierung als „künstliche Konstruktion" (EuGH) erscheinen. Das Vergaberecht muss sich auf den Gesamtvorgang erstrecken; eine Ausschreibungspflicht besteht also.

---

56 EuGH v. 11.1.2005, Rs. C-26/03 – „*Stadt Halle*", Rn 50 f.
57 EuGH v. 6.4.2006, Rs. C-410/04 – „*ANAV*", Rn 31.
58 EuGH v. 10.11.2005, Rs. C-29/04 – „*Mödling*".

Die RiL 2014/24 hält die strenge „Stadt-Halle-Rspr" nicht aufrecht. Wie bereits ausgeführt (Rn 1041) schließt eine private direkte Kapitalbeteiligung eine Befreiung von den Vergaberechtsbestimmungen zwar grundsätzlich aus, eine Ausnahme besteht aber dann, wenn die private Kapitalbeteiligung keine Beherrschung oder Sperrminorität vermittelt, gesetzlich vorgeschrieben ist und keinen maßgeblichen Einfluss auf die kontrollierte juristische Person ermöglicht.

d) Public-Public-Partnership

Eine Sonderfall sind **Public-Public-Partnerships**, also der Fall einer Kooperation öffentlicher Einrichtungen. Im Kern geht es um die Frage, ob und ggf unter welchen Voraussetzungen Kooperationsvereinbarungen zwischen öffentlichen Einrichtungen bzw ihren Verwaltungsträgern – auch unter Rückgriff auf die Gesetze über kommunale Zusammenarbeit – dem Vergaberecht unterliegen[59]. Zu unterscheiden sind zwei Fälle: **1044**

Erstens, ausgehend von der Teckal-Rechtsprechung, der Fall, dass nicht ein einzelner öffentlicher Auftraggeber für sich – zB wegen einer Minderheitsbeteiligung – sondern *gemeinsam* mit anderen öffentlichen Kooperationspartnern die Kontrolle über das beauftragte Unternehmen ausübt[60] (**Wesensmerkmal ist die gemeinsamen Kontrolle**). In der Rs. „Coditel Brabant" hat der EuGH das erste „Teckal-Kriterium" dahingehend modifiziert, dass auch solche Aufträge vom Unionsvergaberecht befreit sein können. **1045**

In Art. 12 Abs. 3 RiL 2014/24 wird diese Konstellation näher geregelt. Dadurch ist es möglich, dass zB die Tochter eines Unternehmens eine andere Tochter beauftragt, ohne dass ein Vergabeverfahren durchgeführt werden müsste. Das setzt voraus, dass drei Voraussetzungen erfüllt sind:

– Der öffentliche Auftraggeber übt gemeinsam mit anderen öffentlichen Auftraggebern über den Auftragnehmer eine ähnliche Kontrolle aus wie über seine eigenen Dienststellen
– mehr als 80% der Tätigkeiten des Auftragnehmers dienen der Ausführung der Aufgaben, mit denen er von den die Kontrolle ausübenden öffentlichen Auftraggebern oder von anderen von denselben öffentlichen Auftraggebern kontrollierten juristischen Personen betraut wurde
– es besteht keine direkte private Kapitalbeteiligung am Auftragnehmer (mit Ausnahme s.o.).

Was die gemeinsame Kontrolle betrifft, stellt die RiL 2014/24 drei Voraussetzungen auf:

– die beschlussfassenden Organe des Auftragnehmers setzen sich aus Vertretern sämtlicher teilnehmender öffentlicher Auftraggeber zusammen. Einzelne Vertreter können mehrere oder alle teilnehmenden öffentlichen Auftraggeber vertreten
– diese öffentlichen Auftraggeber können gemeinsam einen maßgeblichen Einfluss auf die strategischen Ziele und wesentlichen Entscheidungen des Auftragnehmers ausüben und
– der Auftragnehmer verfolgt keine Interessen, die denen der kontrollierenden öffentlichen Auftraggeber zuwiderlaufen.

Der zweite Fall betrifft eine **Verwaltungskooperation** im engeren Sinn (**Wesensmerkmal ist die gemeinsamen Aufgabe**). **1046**

---

59 EuGH v. 13.1.2005, Rs. C-84/03 – „*Kooperationsvereinbarungen*", Rn 40; OLG Düsseldorf, NZBau 2004, 398; OLG Frankfurt/M., NZBau 2004, 692; vgl weitergehend bei Zweckvereinbarung: OLG Naumburg, NZBau 2006, 58, 60; klarstellend: OLG Düsseldorf, NZBau 2006, 662, 664.
60 EuGH v. 13.11.2008, Rs. C-324/07 – „*Coditel*", Rn 31.

Diese Ausnahme lag der Rs. „Stadtreinigung Hamburg"[61] zugrunde: Eine Kooperation mehrerer Landkreise und einer Eigengesellschaft, die einen Entsorgungsvertrag mit einem privaten Unternehmen im Bereich der Abfallbeseitigung geschlossen hatte, wurde vom EuGH nicht als ausschreibungspflichtiger Vorgang qualifiziert. Vertragsgegenstand war die Verpflichtung der Stadtreinigung Hamburg, den Landkreisen jährlich eine Kapazität von 120 000 Tonnen Abfall zur thermischen Verwertung bei dem privaten Unternehmen einzuräumen. Der Vertrag wurde ausschließlich zwischen öffentlichen Stellen und ohne Beteiligung des privaten Unternehmens geschlossen.

1047 Eine Befreiung von den Vergabe-RiLen setzt nach EuGH voraus, dass ein solcher Vertrag ausschließlich zwischen öffentlichen Einrichtungen ohne Beteiligung Privater geschlossen wird, dass kein privater Dienstleistungserbringer besser gestellt wird als seine Wettbewerber und dass die darin vereinbarte Zusammenarbeit nur durch Erfordernisse und Überlegungen bestimmt wird, die mit der Verfolgung von im öffentlichen Interesse liegenden Zielen zusammenhängen.

Diese Voraussetzungen hat der EuGH später strenger interpretiert: Die öffentliche Aufgabe, die gemeinsam erfüllt werden soll, muss als eine den **Vertragspartnern gemeinsam obliegende öffentliche Aufgabe** wahrgenommen werden. Das ist zB nicht bei einem Forschungsauftrag über die Erdbebensicherheit von Gebäuden der Fall, den eine staatliche Sanitätsverwaltung einer Universität erteilt[62]. Diese Aufgabe kann auch durch Ingenieure und Architekten wahrgenommen werden. An einer gemeinsamen Aufgabe fehlt es auch, wenn ein Landkreis eine Stadt mit der Reinigung von Verwaltungsgebäuden des Landkreises beauftragt[63]. Eine Befreiung vom Vergaberecht ist ferner nicht möglich, wenn im Vertrag nicht ausgeschlossen ist, dass der Auftragnehmer **private Dienstleistungserbringer heranzieht** (vgl auch ▶ **Klausurenkurs Fall Nr 21**).

Die Einbeziehung von In-state-Geschäften in das Vergaberecht hat in jüngster Vergangenheit dazu geführt, dass viele Kommunen einer Kooperation mit anderen Behörden oder einer Privatisierung kritisch gegenüberstehen, weil sie die Durchführung eines – von ihnen als kompliziert und fehleranfällig empfundenen – Vergabeverfahrens scheuen. Auf gesetzlicher Ebene gibt es deshalb Ansätze, die strenge EuGH-Rechtsprechung zu korrigieren. In der VO 1370/07[64] über öffentliche Personenverkehrsdienste auf Schiene und Straße etwa wurde das „Kontroll-Kriterium" für öffentliche Dienstleistungsaufträge im Personenverkehrssektor modifiziert: Wörtlich heißt es: *„Im Einklang mit dem Gemeinschaftsrecht ist zur Feststellung, dass eine Kontrolle ... gegeben ist, – insbesondere bei öffentlich-privaten Partnerschaften – nicht zwingend erforderlich, dass die zuständige Behörde zu 100% Eigentümer ist, sofern ein beherrschender öffentlicher Einfluss besteht und aufgrund anderer Kriterien festgestellt werden kann, dass eine Kontrolle ausgeübt wird".* Allerdings darf der Auftragnehmer (ua) nur innerhalb des Zuständigkeitsbereichs des Auftraggebers tätig werden (vgl ie Art. 5 Abs. 2 VO 1370/07).

---

61 EuGH v. 9.6.2009, Rs. C-480/06 – „*Stadtreinigung Hamburg*", Rn 31 f.
62 EuGH v. 19.12.2012, Rs. C-112/05 – „*ASL*", Rn 22 f.
63 EuGH v. 13.6.2013, Rs. C-386/11 – „*Piepenbrock*".
64 Verordnung (EG) Nr 1370/2007 v. 23.10.2007 über öffentliche Personenverkehrsdienste auf Schiene und Straße und zur Aufhebung der Verordnungen (EWG) Nr 1191/69 und (EWG) Nr 1107/70 des Rates, ABl Nr L 315 v. 3.12.2007, S. 1.

In Art. 12 Abs. 4 VO 1014/24 ist auch dieser Fall neu geregelt: Ein ausschließlich zwischen zwei oder mehreren öffentlichen Auftraggebern geschlossener Vertrag muss nicht im Vergabeverfahren vergeben werden, wenn drei Bedingungen erfüllt sind:

– der Vertrag begründet oder erfüllt eine Zusammenarbeit zwischen den beteiligten öffentlichen Auftraggebern mit dem Ziel sicherzustellen, dass von ihnen zu erbringende öffentliche Dienstleistungen im Hinblick auf die Erreichung gemeinsamer Ziele ausgeführt werden;
– die Durchführung dieser Zusammenarbeit wird ausschließlich durch Überlegungen im Zusammenhang mit dem öffentlichen Interesse bestimmt;
– die beteiligten öffentlichen Auftraggeber erbringen auf dem offenen Markt weniger als 20% der durch die Zusammenarbeit erfassten Tätigkeiten.

e) Liefer-, Dienstleistungs- oder Bauaufträge bzw Auslobung

Es muss sich um Liefer-, Dienstleistungs- oder Bauaufträge bzw Auslobung iSd § 99 GWB handeln. Der Abschluss anderer Verträge wie zB Subventionsverträge oder Sondernutzungsverträge ist nicht ausschreibungspflichtig. Das Gesetz definiert Lieferaufträge als Verträge zur Beschaffung von Waren, die insbesondere Kauf oder Ratenkauf oder Leasing, Miet- oder Pachtverhältnisse mit oder ohne Kaufoption betreffen. Diese Verträge können auch Nebenleistungen umfassen (§ 99 Abs. 2 GWB). Bauaufträge sind Verträge über die Ausführung oder die gleichzeitige Planung und Ausführung eines Bauvorhabens oder eines Bauwerkes für den öffentlichen Auftraggeber, das Ergebnis von Tief- oder Hochbauarbeiten ist, und eine wirtschaftliche oder technische Funktion erfüllen soll, oder einer dem Auftraggeber unmittelbar wirtschaftlich zugutekommenden Bauleistung durch Dritte gemäß den vom Auftraggeber genannten Erfordernissen (§ 99 Abs. 3 GWB). Dienstleistungsaufträge werden demgegenüber negativ definiert als Verträge über Leistungen, die keine Lieferaufträge oder Bauaufträge sind (§ 99 Abs. 4 GWB). Auslobungsverfahren sind Verfahren, die dem Auftraggeber auf Grund vergleichender Beurteilung durch ein Preisgericht mit oder ohne Verteilung von Preisen zu einem Plan verhelfen sollen (§ 99 Abs. 5 GWB). **1048**

Bei gemischten Verträgen ist auf den Schwerpunkt (Hauptgegenstand) abzustellen (vgl § 99 Abs. 10 S. 1 GWB). Ein öffentlicher Auftrag, der Liefer- und Dienstleistungen zum Gegenstand hat, gilt als Dienstleistungsauftrag, wenn der Wert der Dienstleistungen den Wert der zu liefernden Waren übersteigt. Ein öffentlicher Auftrag, der Dienstleistungen und Bauleistungen umfasst, gilt als Dienstleistungsauftrag, wenn die Bauleistungen nur Nebenarbeiten sind (§ 99 Abs. 10 S. 2 GWB).

f) Dienstleistungskonzession

An der Entgeltlichkeit fehlt es insbesondere, wenn die Gegenleistung nicht aus einer von dem Auftraggeber zu leistenden Vergütung, sondern aus dem Recht zur Verwertung der eigenen Leistung besteht. Eine **Dienstleistungskonzession** unterfällt daher – anders als die Baukonzession (vgl § 99 Abs. 6 GWB) – nicht dem Kartellvergaberecht (Art. 17 RiL 2004/18). **1049**

Im Einzelfall kann es schwierig zu ermitteln sein, ob ein (ausschreibungspflichtiger) öffentlicher Dienstleistungsauftrag oder eine (nach Kartellvergaberecht ausschreibungsfreie) Dienstleistungskonzession vorliegt. Die Kommission stellt für eine Dienstleistungskonzession auf folgende Kriterien und Indizien ab[65]:

- der Unternehmer erhält seine Vergütung nicht vom Auftraggeber, sondern von Dritten, die seine Dienstleistung nutzen;
- der öffentliche Auftraggeber hat die Verantwortung für die Dienstleistung dem Unternehmer übertragen;
- eine Dienstleistungskonzession hat üblicherweise Tätigkeiten zum Inhalt, die nach ihrer Natur, ihrem Gegenstand und den Vorschriften, denen sie unterliegen, in den Verantwortungsbereich des Staates fallen und Gegenstand von ausschließlichen Rechten sein können;
- der Unternehmer trägt die mit der Erbringung der Dienstleistung verbundenen wirtschaftlichen Risiken.

In Art. 1 Abs. 4 RiL 2004/18[66] ist „Dienstleistungskonzession" als Vertrag definiert, der von einem öffentlichen Dienstleistungsauftrag *nur* insoweit abweicht, als die Gegenleistung für die Erbringung der Dienstleistung *ausschließlich* in dem Recht zur Nutzung der Dienstleistung oder in diesem Recht zuzüglich der Zahlung eines Preises besteht. Das bedeutendste Kriterium ist deshalb, wer das wirtschaftliche Risiko trägt: Auftraggeber (dann Dienstleistungsauftrag) oder Auftragnehmer (dann Dienstleistungskonzession).

Allerdings ist der Auftraggeber bei der Erteilung einer Dienstleistungskonzession nicht gänzlich von der Einhaltung unionsrechtlicher Verpflichtungen freigestellt. Er muss weiterhin die Grundregeln des AEUV und insbesondere das **Verbot der Diskriminierung** aus Gründen der Staatsangehörigkeit beachten. Ferner muss das Vergabeverfahren transparent erfolgen, damit festgestellt werden kann, ob das Vergabeverfahren diskriminierungsfrei durchgeführt wurde[67]. Die Kommission geht davon aus, dass die Grundsätze nur in einem Vergabeverfahren eingehalten werden können, weshalb Dienstleistungskonzessionen gleichwohl ausschreibungspflichtig sein sollen[68].

1050   **Fall 85 (Rn 1021)**[69]**:** Fraglich ist, ob es sich beim Verkauf des Altpapiers um einen öffentlichen Auftrag iS eines Dienstleistungsauftrags (§ 99 Abs. 4 GWB) handelt oder um einen – mangels Beschaffung der öffentlichen Hand nicht ausschreibungspflichtigen – Kaufvertrag. Der Begriff des Dienstleistungsauftrags ist weit zu verstehen, so dass alle gegenseitigen Verträge erfasst sind, mit denen der öffentliche Auftraggeber im Rahmen der Bedarfsdeckung die Leistungserbringung gegen Entgelt vereinbart. Während es bei einem Kaufvertrag im Belieben des Käufers steht, was er mit der in sein Eigentum übergegangenen Sache macht, soll das Altpapier hier nicht nur angekauft werden, sondern anschließend einer (weiteren) Verwertung zugeführt werden. Hier soll letztlich mit Abschluss des „Kaufvertrags" dasselbe Ziel erreicht werden wie mit dem Entsorgungsvertrag (Entsorgung durch Verwertung). L kann sich als Entsorgungsträger auch nicht allein durch den Verkauf des Altpapiers an Dritte von seinen Pflichten nach §§ 7 und 22 KrWG entbinden, sondern muss weiterhin sicherstellen, dass das Altpapier den abfallrechtlichen Bestimmungen gemäß der beabsichtigten Verwertung zugeführt wird. Daher ist davon auszugehen, dass L Dienstleistungen der A in Anspruch nehmen will.

Fraglich ist aber, ob die Dienstleistung gegen Entgelt erfolgen soll. Auch der Begriff des Entgelts ist weit auszulegen und nicht im wörtlichen Sinne zu verstehen. Erfasst ist jede Art von

---

65 Mitteilung der Kommission zu Auslegungsfragen im Bereich Konzessionen im Gemeinschaftsrecht, ABl Nr C 121 v. 29.4.2000, S. 2 f, Ziff. 2.2.
66 Vgl a. die Neudefinition in Art. 5 Ziff 1 b RiL 2014/23.
67 EuGH v. 7.12.2000, Rs. C-324/98 – „*Teleaustria*", Rn 59 f; EuGH, v. 21.7.2005, Rs. C-231/03 – „*Co.Na.Me*", Rn 21; EuGH v. 13.10.2005, Rs. C-458/03 – „*Parking Brixen*", Rn 49.
68 Kommission v. 14.1.2005, IP/04/44.
69 OLG Düsseldorf, NVwZ 2004, 510 ff.

Vergütung, die einen Geldwert haben kann. Hier liegt der geldwerte Vorteil, den A erhalten soll, im besonders niedrigen Anschaffungspreis für das Altpapier, der unter dem Marktwert des geldwerten Nutzens liegt, den die A durch Weiterverkauf erzielen kann.

Möglicherweise könnte es sich beim beabsichtigten „Verkauf" des Altpapiers um eine nachträgliche, vergabefreie Erweiterung des Entsorgungsvertrags handeln. Nach Auffassung des OLG Düsseldorf soll die Erweiterung eines ursprünglich erteilten Auftrags nur dann dem Vergaberecht unterfallen, wenn die die Anpassung oder Abänderung ausmachenden vertraglichen Regelungen in ihren wirtschaftlichen Auswirkungen bei wertender Betrachtung einer Neuvergabe gleichkommen, wie es bei Leistungserweiterungen und Laufzeitänderungen nicht unerheblicher Art der Fall sein kann[70]. Hier würde das bisherige Leistungsspektrum aber erheblich geändert werden.

Es könnte eine Dienstleistungskonzession vorliegen. Von einer Dienstleistungskonzession ist auszugehen, wenn eine Aufgabe, deren Erfüllung grundsätzlich einem öffentlichen Auftraggeber obliegt, auf einen Privaten übertragen wird. Der Auftragnehmer (Konzessionär) muss das Recht zur Verwertung seiner eigenen Leistung übertragen bekommen und ein Entgelt für seine Leistung nicht vom Auftraggeber, sondern von den Nutzern der von ihm erbrachten Leistung erhalten. Schließlich muss das Verwertungs- und Betriebsrisiko im Wesentlichen beim Konzessionär liegen. Diese Voraussetzungen sind indes schon deshalb nicht erfüllt, weil A von den Abfallbesitzern und -erzeugern keine Vergütung erhalten soll, sondern von der ankaufenden Papierfabrik, dergegenüber sie ihre Leistung aber nicht erbringt. Die A verwertet auch nicht ihre gegenüber L zu erbringende Dienstleistung; vielmehr soll ihr L als Gegenleistung für die zu erbringenden Dienste einen geldwerten Sachwert, nämlich das Altpapier, überlassen.

Es könnte ein vergaberechtsfreies Eigengeschäft (In-house-Vergabe) des L vorliegen. Das wäre der Fall, wenn der öffentliche Auftraggeber eine Einrichtung mit Dienstleistungen beauftragt hat, die sich in seinem alleinigen Anteilsbesitz befindet, über die er eine Kontrolle wie über eine eigene Dienststelle ausübt und die ihre Tätigkeit im Wesentlichen für diesen öffentlichen Auftraggeber verrichtet. Voraussetzung ist also außer einer Beherrschung oder Einhaltung gewisser Anteilsquoten, dass die A ihre geschäftliche Tätigkeit nahezu ausschließlich für den oder die öffentlichen Auftraggeber als Anteilseigner erbringen muss. A erbringt ihre Tätigkeit jedenfalls nicht im Wesentlichen für L. Das OLG Düsseldorf legt einen strengen Prüfungsmaßstab an, weil ein staatlich kontrolliertes Unternehmen, das in nicht ganz unerheblichem Umfang auch für Dritte tätig wird, in Wettbewerb zu anderen Unternehmen tritt. Eine Befreiung der Auftragserteilung an ein solches Unternehmen von der Ausschreibungspflicht würde daher eine Diskriminierung im Vergleich zu potentiellen Mitbewerbern bedeuten. Im Ergebnis handelt es sich um einen ausschreibungspflichtigen Dienstleistungsauftrag.

g) Die Rahmenvereinbarung

Rahmenvereinbarungen sind Aufträge, die ein oder mehrere Auftraggeber an ein **1051** oder mehrere Unternehmen vergeben sind, um die Bedingungen für Einzelaufträge, die während eines **bestimmten Zeitraumes** vergeben werden sollen, festzulegen, zB über den in Aussicht genommenen Preis (zB § 4 VOL/A-EG). Die Rahmenvereinbarung begründet keine Abnahmeverpflichtung; sie ermöglicht aber, nach Abgabe von Angeboten eine Leistung von einem Unternehmen mit oder ohne erneuten Aufruf zum Wettbewerb zu beziehen. Der Wert einer Rahmenvereinbarung ist auf der Grundlage des geschätzten Höchstwertes aller für diesen Zeitraum geplanten Aufträge zu berechnen.

---

70 OLG Düsseldorf, NZBau 2001, 696 f.

III. Grundsätze des Vergabeverfahrens

1. Der Wettbewerbsgrundsatz

1052 Der Wettbewerbsgrundsatz war schon vor der Einführung des Kartellvergaberechts in den Vergabe- und Vertragsordnungen (vgl § 2 Abs. 1 VOL/A; § 2 Abs. 1 VOL/A-EG) enthalten. Für den Bereich oberhalb der Schwellenwerte regelt § 97 Abs. 1 GWB, dass öffentliche Auftraggeber Waren-, Bau- und Dienstleistungen im Wettbewerb zu beschaffen haben. Wettbewerb ist für Auftraggeber vorteilhaft, weil eine **Vielzahl von Angeboten** und ihre gegenseitige **Vergleichbarkeit** Voraussetzung für eine möglichst wirtschaftliche Zuschlagserteilung ist. Außerdem lässt größtmöglicher Wettbewerb eine **breite Beteiligung der Wirtschaft** an der Versorgung der öffentlichen Institutionen und Unternehmen zu. Für die Auftragnehmer ist Wettbewerb von Vorteil, weil jeder Bieter die Chance auf einen Auftrag erhält. Daher ist das Vergabeverfahren grundsätzlich offen und nicht von vornherein auf einzelne Bieter beschränkt durchzuführen, um Angebote von einer möglichst hohen Zahl an Bietern erhalten zu können (§ 101 Abs. 7 S. 1 GWB).

2. Der Transparenzgrundsatz

1053 In § 97 Abs. 1 GWB ist auch der Grundsatz der Transparenz festgelegt. Transparenz ist die Voraussetzung von Wettbewerb. Sie fördert das **Vertrauen in die Ordnungsgemäßheit des Vergabeverfahrens**, ermöglicht eine **bessere Kontrolle**, erlaubt es, einen größeren **Bewerberkreis** anzusprechen, und verschafft den Bietern erst die Gelegenheit, **angepasste Gebote** abzugeben. Dem Grundsatz der Transparenz entspricht es, wenn die Vergabeankündigung möglichst weit bekannt gemacht wird.

Die Leistungsbeschreibung ist eindeutig und erschöpfend abzufassen, so dass alle Bewerber die Beschreibung im gleichen Sinne verstehen müssen und miteinander vergleichbare Angebote zu erwarten sind (§ 8 VOL/A-EG). Nach Bekanntgabe seiner Vergabekriterien darf der Auftraggeber hiervon nicht mehr abweichen[71]. Das für die elektronische Übermittlung gewählte Netz muss allgemein verfügbar sein und darf den Zugang der Bewerber oder Bieter zu den Vergabeverfahren nicht beschränken. Dafür müssen die zu verwendenden Programme und ihre technischen Merkmale allgemein zugänglich, kompatibel mit allgemein verbreiteten Erzeugnissen der Informations- und Kommunikationstechnologie und nichtdiskriminierend sein (§ 13 Abs. 2 VOL/A-EG). Außerdem ist das Vergabeverfahren von Anbeginn fortlaufend zu dokumentieren, so dass die einzelnen Stufen des Verfahrens, die einzelnen Maßnahmen sowie die Begründung der einzelnen Entscheidungen festgehalten werden (§ 24 VOL/A-EG).

3. Der Gleichbehandlungsgrundsatz

1054 § 97 Abs. 2 GWB enthält den Gleichbehandlungsgrundsatz. Die Gleichbehandlung gehört zu den elementaren Prinzipien des Verfassungsrechts (Art. 3 Abs. 1 GG) und des Unionsrechts (Art. 18 AEUV), wonach ausländische Bieter anderer EU-Mitgliedstaaten gegenüber Inländern nicht benachteiligt werden dürfen. Ausnahmen sind nur

---

71 BGH, NJW 1998, 3644, 3646.

zulässig, wenn es auf Grund des GWB ausdrücklich geboten oder gestattet ist (§ 97 Abs. 2 GWB aE). Einen Differenzierungsgrund enthält § 97 Abs. 3 S. 1 GWB, wonach **mittelständische Interessen** „vornehmlich" zu berücksichtigen sind. Unter Gleichheitsaspekten von besonderer Bedeutung ist die **Einhaltung der Verfahrensvorschriften**. Ein Verstoß gegen den Gleichbehandlungsgrundsatz liegt zB vor, wenn die Behörde Informationen nur an einzelne Bieter weitergibt. Aus dem Gleichbehandlungsgebot ist das Verhandlungsverbot abzuleiten. Im offenen bzw nicht-offenen Verfahren darf grundsätzlich nicht mit einzelnen Bietern verhandelt werden (vgl zB § 18 VOL/A-EG, Auftraggeber dürfen aber Aufklärung über die Eignung von Bietern verlangen).

Der Gleichbehandlungsgrundsatz wird noch nicht dadurch verletzt, dass eine Einrichtung der öffentlichen Hand selbst, zB ein öffentliches Unternehmen, an einer Ausschreibung einer anderen Einrichtung der öffentlichen Hand als Bieter teilnimmt. Auch wenn der Auftraggeber oder andere Auftraggeber einzelnen Bietern Beihilfen gewähren, die es diesen ermöglichen, zu Preisen anzubieten, die erheblich unter denen ihrer Mitbewerber liegen, ist das noch kein Gleichheitsverstoß[72].

4. Das Gebot, den Zuschlag auf das wirtschaftlichste Angebot zu erteilen

Der Zuschlag wird auf das wirtschaftlichste Angebot erteilt (§ 97 Abs. 5 GWB). Das wirtschaftlichste Angebot ist nicht das im Preis niedrigste (was die RiL 2004/18 auch zugelassen hätte[73], vgl zB die Wahlmöglichkeit in Österreich nach § 130 B VergG), sondern das, welches das **beste Preis-Leistungs-Verhältnis** bietet. Dabei können auch Kriterien wie Lieferfrist, Ausführungsdauer, Betriebskosten, Rentabilität, Qualität, Ästhetik, Zweckmäßigkeit, technischer Wert, Kundendienst und technische Hilfe zu berücksichtigen sein[74]. Dem Auftraggeber kommt ein Beurteilungsspielraum zu, wie er die einzelnen Kriterien gewichten will. Er muss aber die maßgeblichen Kriterien vorher bekannt gegeben haben.

1055

5. Der Grundsatz der Bieterqualifikation

Der Grundsatz der Bieterqualifikation besagt, dass Aufträge an **fachkundige**, **leistungsfähige**, **gesetzestreue** und **zuverlässige** Unternehmen zu vergeben sind (§ 97 Abs. 4 GWB). Der Inhalt dieser Eignungskriterien steht nicht von vornherein und für alle Aufträge fest. Dem Auftraggeber kommt dabei ein Bewertungsspielraum im Einzelfall zu.

1056

Fachkundig ist der Bieter, der über die erforderlichen technischen und kaufmännischen Kenntnisse verfügt, die für die Vorbereitung und die Ausführung der Leistung erforderlich sind. Maß-

---

72 EuGH v. 7.12.2000, Rs. C-94/99 – „*ARGE Gewässerschutz*", Rn 32; *Fuchs*, in: Kirchhof/Korte/Magen, Öffentliches Wettbewerbsrecht, 2014, S. 513.
73 Nicht aber Art. 67 RiL 2014/24.
74 Künftig können außerdem berücksichtigt werden: Organisation, Qualifikation und Erfahrung des mit der Ausführung des Auftrags betrauten Personals, wenn die Qualität des eingesetzten Personals erheblichen Einfluss auf das Niveau der Auftragsausführung haben kann, sowie Kundendienst und technische Hilfe, Lieferbedingungen wie Liefertermin, Lieferverfahren sowie Liefer- oder Ausführungsfrist, vgl Art. 67 Abs. 2 RiL 2014/24.

geblich sind seine Ausbildung und Erfahrung[75], gegebenenfalls auch die seines ausführenden Personals und der Führungsschicht. Die **Leistungsfähigkeit** betrifft die finanzielle und wirtschaftliche Leistungsfähigkeit – der Bieter soll in der Lage sein, den Auftrag auszuführen. Er muss aber auch in fachlicher, technischer und personeller Hinsicht leistungsfähig sein. Technisch leistungsfähig ist ein Unternehmen zB, wenn ihm die für die Auftragserfüllung erforderlichen Maschinen und Geräte zur Verfügung stehen. **Zuverlässig** (s. Rn 250 f zum gewerberechtlichen Begriff) ist der Bewerber, der seine gesetzlichen Verpflichtungen erfüllt, also insbesondere in wirtschaftsverwaltungsrechtlicher, steuerrechtlicher und sozialversicherungsrechtlicher Hinsicht. Eine Frage der Zuverlässigkeit ist auch, ob der Bewerber die Gewähr dafür bietet, den Auftrag sorgfältig und ordnungsgemäß auszuführen und ob er in der Vergangenheit vertragsbrüchig geworden ist. **Gesetzestreue** erfordert die Einhaltung der geltenden Rechtsregeln. Diese Anforderung wird bereits durch das Zuverlässigkeitskriterium abgedeckt, soll deshalb nur klarstellende Bedeutung haben[76].

1057 Für die Auftragsausführung können zusätzliche Anforderungen an Auftragnehmer gestellt werden, die insbesondere soziale, umweltbezogene oder innovative Aspekte betreffen, wenn sie im sachlichen Zusammenhang mit dem Auftragsgegenstand stehen und sich aus der Leistungsbeschreibung ergeben. Andere oder weitergehende Anforderungen dürfen an Auftragnehmer nur gestellt werden, wenn dies durch Bundes- oder Landesgesetz vorgesehen ist.

1058 Zur Vereinfachung der Eignungsprüfung der Auftraggeber und der Nachweiserbringung der Bieter können die Auftraggeber Präqualifikationssysteme einrichten (§ 97 Abs. 4a GWB). Infolgedessen werden in einem vorgezogenen Verfahren – nicht bezogen auf ein bestimmtes Vergabeverfahren – die Eignungskriterien überprüft. Das Ergebnis kann für weitere Vergabeverfahren herangezogen werden.

6. Das Mittelstandsförderungsgebot

1059 Um den Mittelstand zu fördern, sollen mittelständische Interessen vornehmlich durch Teilung der Aufträge in Fach- und Teillose angemessen berücksichtigt werden (**Gebot der Losvergabe**, § 97 Abs. 3 GWB)[77].

Unter **Los** versteht man einen Teil der Gesamtleistung. Ein **Teillos** ist eine mengenmäßige oder räumliche Unterteilung der Gesamtleistung (zB ein Streckenabschnitt beim Straßenbau[78]). Ein **Fachlos** ist eine Leistung, die von einem bestimmten Gewerk ausgeführt wird (zB Gebäudereinigung und Glasreinigung[79])[80].

a) Rechtslage oberhalb der Schwellenwerte

1060 § 97 Abs. 7 GWB ist die Vorschrift, die am deutlichsten die Abkehr von der haushaltsrechtlichen Lösung zum Ausdruck bringt. Danach haben die Unternehmen **Anspruch**

---

75 VÜA Bund Az. 1 VU 7/96.
76 *Fehling*, in: Pünder/Schellenberg, Vergaberecht, 2011, § 97 Rn 123.
77 *Storr*, SächsVBl 2005, 298 ff.
78 VergK BezReg Lüneburg v. 29.10.2010, VgK-52/201.
79 OLG Koblenz, ZfBR 2012, 416.
80 *Bungenberg*, in: Loewenheim/Meessen/Riesenkampff, GWB, 2. Aufl., § 97 Rn 36; *Fehling*, in: Pünder/Schellenberg, Vergaberecht, 2011, § 5 VOB/A, Rn 12.

darauf, dass der Auftraggeber die Bestimmungen über das Vergabeverfahren einhält. Den Bietern werden subjektive Rechte zugestanden, die einer gerichtlichen Überprüfung zugänglich sind.

b) Rechtslage unterhalb der Schwellenwerte

Höchst umstritten ist, ob und inwieweit Bietern im Unterschwellenbereich subjektive Rechte zukommen. Nach überwiegender Auffassung soll das nicht der Fall sein, weil die öffentliche Verwaltung im Bereich des sog. fiskalischen Handelns grundsätzlich nicht an die Grundrechte gebunden sein soll[81]. Dem kann so aber nicht zugestimmt werden. Die Beschaffung durch die öffentliche Hand erfolgt zwar auf der Grundlage privatrechtlicher Verträge, das bedeutet aber nicht, dass sie „privatautonom" handeln könnte[82]. Auch bei der privatrechtlichen Auftragsvergabe ist die öffentliche Hand an die Grundrechte gebunden (Art. 1 Abs. 3 GG)[83]. Die Gegenansicht lässt sich mit dem Wesen der Grundrechte als umfassende Freiheits- und Gleichheitsrechte vor jeder Form staatlicher Tätigkeit nicht vereinbaren; sie verkennt auch die besondere Funktion der Auftragsvergabe als Instrument der Wirtschaftslenkung und dessen grundrechtsdogmatische Wirkung als faktischer Grundrechtseingriff[84]. Der öffentliche Auftraggeber ist nicht nur an den Gleichheitssatz, sondern auch – da es sich um eine Verteilungsentscheidung handelt, die andere Bewerber zurücksetzt – bei entsprechender berufsregelnder Tendenz an Art. 12 Abs. 1 GG[85] gebunden (s. Rn 118).

1061

Nach BVerfG[86] soll der übergangene Bieter in seinem Grundrecht der Berufsfreiheit (Art. 12 Abs. 1 GG) nicht verletzt sein. Denn bei der Vergabe eines öffentlichen Auftrags beeinflusse die handelnde staatliche Stelle den Wettbewerb nicht „von außen", sondern werde selbst auf der Nachfrageseite wettbewerblich tätig und eröffne so einen Vergabewettbewerb zwischen den potentiellen Anbietern. Ein solches Verhalten einer staatlichen Stelle stehe mit den „Funktionsbedingungen der bestehenden Wirtschaftsordnung" in Einklang. Es sei ein Wesenselement dieser Wirtschaftsordnung, dass ein Nachfrager den auf der Angebotsseite bestehenden Wettbewerb zu seinen Zwecken nutzt, indem er konkurrierende Angebote vergleicht und sich für das entscheidet, das ihm am günstigsten erscheint. Ein Grundrechtseingriff liege darin nicht.

1062

Diese Rechtsprechung kann nicht überzeugen. Bei der Auftragsvergabe geht es grundsätzlich nicht um die Abwehr staatlicher Eingriffe, sondern um **Leistungsentscheidungen** im bipolaren Rechtsverhältnis Auftraggeber/Auftragnehmer und um **Verteilungsentscheidungen** in multipolaren Rechtsverhältnissen zwischen Auftraggebern und Bietern. Bei der Vergabe öffentlicher Aufträge sind drei grundrechtsrelevante Konstellationen zu unterscheiden:

1063

---

81 Vgl BGHZ 36, 91, 93 f; VGH Mannheim, DÖV 1999, 79 f.
82 *Kempen*, Die Formenwahlfreiheit der Verwaltung, 1989, S. 66 f.
83 *Wolff/Bachof/Stober*, AVerwR I, S. 302 f; *Jarass*, Wirtschaftsverwaltungsrecht mit Wirtschaftsverfassungsrecht, 3. Aufl., 1997, S. 179; *Dreier*, in: ders., GG, Art. 1 III, Rn 67.
84 BVerwGE 75, 109, 115; vgl auch BVerfG v. 12.8.2003, Az. 1 BvR 1044/93.
85 *Huber*, in: Storr, Öffentliche Unternehmen im Wettbewerb und Vergaberecht, 2002, S. 150.
86 BVerfG v. 13.6.2006, Az. 1 BvR 1160/03.

– Für den Auftragnehmer ist eine Beauftragung nicht belastend, weil er den Auftragsbedingungen durch seine Angebotsabgabe zugestimmt hat. Im Übrigen hat er **keinen Anspruch** darauf, dass der Staat überhaupt Aufträge erteilt[87].

– Davon zu unterscheiden ist der Fall, dass die öffentliche Hand eine **marktbeherrschende Position** innehat[88]. Denn bei Vorliegen überragender Nachfragemacht der öffentlichen Hand besteht bei der Auftragsvergabe ein besonderes Abhängigkeitsverhältnis. Anforderungen des Auftraggebers sind dann einer besonderen Rechtfertigungspflicht vor Art. 12 GG unterworfen.

– Für den übergangenen Bieter kann der Zuschlag an den Konkurrenten die Grundlage für eine **Realförderung** sein, die ihn zurücksetzt[89]. Davor schützt ihn die aus Art. 12 GG abzuleitende Wettbewerbsfreiheit und -gleichheit; unzulässig ist eine staatliche Verzerrung des Wettbewerbs durch Privilegierung eines Bieters zu Lasten anderer Bieter (s. Rn 118)[90].

1064 Die hier vertretene grundrechtliche Wertung lässt für das Vergabeverfahren als Verteilungsentscheidung drei bedeutsame Schlussfolgerungen zu:

– Erstens ist eine **willkürliche Benachteiligung** oder Privilegierung einzelner Bieter unzulässig[91];

– Zweitens hilft ein **formalisiertes Ausschreibungsverfahren** eine sachgerechte Entscheidung zu treffen. Dieses ist aber nicht zwingend geboten. Die Vergabe muss jedenfalls objektiv, unparteiisch, fair und transparent sein[92];

– Drittens führt die grundrechtlich garantierte Wettbewerbsgleichheit (Art. 12 GG/ Art. 3 GG) über den Grundsatz der **Selbstbindung der Verwaltung** zu einer mittelbaren Bindung an die Vergabe- und Vertragsordnungen, auf deren Einhaltung sich übergangene Bieter berufen können.

1065 Auch unterhalb der Schwellenwerte können die **Grundfreiheiten**, namentlich die Warenverkehrsfreiheit, die Niederlassungsfreiheit und die Dienstleistungsfreiheit, Bedeutung haben. Das setzt voraus, dass der Auftrag einen Binnenmarktbezug hat, dh es muss ein grenzüberschreitendes Interesse an dem Auftrag bestehen. Das ist nicht ausgeschlossen, wenn die Auftragshöhe unterhalb der Schwellenwerte liegt. Es ist Sache des Auftraggebers, dies zu prüfen[93]. Irrelevant ist, ob sich ein ausländischer Bieter an der Ausschreibung beteiligt[94]. Mit den Grundfreiheiten gelten die Grundsätze des Diskriminierungsverbots, der Objektivität und der Transparenz[95].

---

87 *Burgi*, NZBau 2001, 64, 66.
88 *Fuchs*, in: Kirchhof/Korte/Magen, Öffentliches Wettbewerbsrecht, 2014, S. 514.
89 *P.M. Huber*, Konkurrenzschutz im Verwaltungsrecht, 1991, S. 446; *Bungenberg*, Vergaberecht im Wettbewerb der Systeme, 2007, S. 240.
90 *Storr*, GewArch. 2007, 183, 191.
91 BVerfG v. 13.6.2006, Az. 1 BvR 1160/03; *Burgi*, GewArch. 2007, 173, 180.
92 Vgl grundlegend BVerfG 33, 303, 341 (numerus clausus) zur Zulassung zur Hochschule.
93 EuGH v. 15.5.2008, Rs. C-147/06 – „SECAP", Rn 30.
94 *Wollenschläger*, in: Müller-Wrede, Kompendium des Vergaberechts, 2. Aufl., 2013, S. 709.
95 Die Kommission hat eine Mitteilung zur Auftragsvergabe unterhalb der Schwellenwerte herausgegeben, in der die geltende Rechtslage zusammenfasst wird: Mitteilung der Kommission zu Auslegungsfragen in Bezug auf das Gemeinschaftsrecht, das für die Vergabe öffentlicher Aufträge gilt, die nicht oder nur teilweise unter die Vergaberichtlinien fallen, ABl Nr C 179 v. 1.8.2006, S. 2. Diese ist nicht verbindlich: EuG v. 20.5.2010, Rs. T- 258/06 – „Auslegungsmitteilung".

IV. Das Verfahren der Auftragsvergabe

Fall 86: § 1 des Berliner Vergabegesetzes idF v. 1.7.1999 regelt: **1066**

„(1) Aufträge von Berliner Vergabestellen im Sinne des § 98 GWB über Bauleistungen sowie über Dienstleistungen bei Gebäuden und Immobilien werden an fachkundige, leistungsfähige und zuverlässige Unternehmen vergeben. Die Vergabe von Bauleistungen sowie von Dienst-leistungen bei Gebäuden und Immobilien soll mit der Auflage erfolgen, dass die Unternehmen ihre Arbeitnehmer bei der Ausführung dieser Leistungen nach den jeweils in Berlin geltenden Entgelttarifen entlohnen und dies auch von ihren Nachunternehmern verlangen.

(2) Von der Teilnahme an einem Wettbewerb um einen Bauauftrag oder Dienstleistungsauf-trag im Sinne des Absatzes 1 sollen Bewerber bis zu einer Dauer von zwei Jahren ausgeschlos-sen werden, die ihre Arbeitnehmer entgegen einer Auflage nach Absatz 1 Satz 2 nicht nach den jeweils in Berlin geltenden Entgelttarifen entlohnen.

Art. 3 RiL 96/71 über die Entsendung von Arbeitnehmern im Rahmen der Erbringung von Dienstleistungen bestimmt:

„(1) Die Mitgliedstaaten sorgen dafür, dass unabhängig von dem auf das jeweilige Arbeits-verhältnis anwendbaren Recht die in Artikel 1 Absatz 1 genannten Unternehmen den in ihr Hoheitsgebiet entsandten Arbeitnehmern bezüglich der nachstehenden Aspekte die Arbeits-und Beschäftigungsbedingungen garantieren, die in dem Mitgliedstaat, in dessen Hoheitsge-biet die Arbeitsleistung erbracht wird

– durch Rechts- oder Verwaltungsvorschriften und/oder

– durch für allgemein verbindlich erklärte Tarifverträge oder Schiedssprüche im Sinne des Absatzes 8, sofern sie die im Anhang genannten Tätigkeiten betreffen,

festgelegt sind:

c) Mindestlohnsätze einschließlich der Überstundensätze; dies gilt nicht für die zusätzlichen betrieblichen Altersversorgungssysteme ...;

Ist § 1 Abs. 1 S. 2 BerlVergG verfassungsgemäß und europarechtskonform?

1. Arten von Vergabeverfahren

In § 101 GWB sind vier verschiedene Typen von Vergabeverfahren geregelt: das of- **1067** fene Verfahren, das nicht-offene Verfahren, das Verhandlungsverfahren und der wett-bewerbliche Dialog. Die Terminologie geht auf die EU-Vergabe-RiLen zurück. In Ab-schnitt I VOL/A und Abschnitt I VOB/A ist von Öffentlicher Ausschreibung, Beschränkter Ausschreibung und Freihändiger Vergabe die Rede. Die Verfahren der Vergabe- und Vertragsordnungen (Abschnitt I) entsprechen jedoch denen des Kartell-vergaberechts. Ferner gibt es dynamische Beschaffungssysteme, die im GWB nicht geregelt sind.

a) Das offene Verfahren

Im sog. offenen Verfahren (bzw Öffentliche Ausschreibung) ist eine **unbeschränkte** **1068** **Anzahl von Unternehmen öffentlich zur Abgabe von Angeboten aufzufordern** (§ 101 Abs. 2 GWB). Dieses Verfahren ermöglicht die größte Transparenz und stellt

Wettbewerb am effektivsten her. Daher haben die öffentlichen Auftraggeber grundsätzlich das offene Verfahren anzuwenden, sofern ihnen nicht durch die Vergabegesetze etwas anderes gestattet ist. Sektorenauftraggeber sind nicht an diesen Grundsatz gebunden.

b) Das nicht-offene Verfahren

1069 Im nicht-offenen Verfahren (bzw Beschränkte Ausschreibung mit Teilnahmewettbewerb) wird **zunächst öffentlich zur Teilnahme am Vergabeverfahren eingeladen**. Der vorgeschaltete Teilnahmewettbewerb dient v.a. dazu, die Eignungsvoraussetzungen (s. Rn 1069) der Bieter festzustellen. Aus dem Bewerberkreis wird sodann nur eine beschränkte Anzahl von Unternehmen zur Angebotsabgabe aufgefordert (§ 101 Abs. 3 GWB).

Lädt der öffentliche Auftraggeber Unternehmen zur Angebotsabgabe ein, obwohl diese nicht am Teilnahmewettbewerb teilgenommen haben, liegt ein Verfahrensfehler vor, der eine Schadensersatzpflicht (s. Rn 1107 f) begründen kann.

1070 Eine Beschränkte Ausschreibung mit Teilnahmewettbewerb ist für öffentliche Auftraggeber (vgl die Legitimationskette: § 101 Abs. 7 S. 1 GWB, „auf Grund dieses Gesetzes", iVm § 97 Abs. 6 GWB, §§ 4 ff VgV, die auf VOL/A und VOB/A verweisen) zulässig zB,

– wenn die Leistung nach ihrer Eigenart nur von einem beschränkten Kreis von Unternehmen in geeigneter Weise ausgeführt werden kann, besonders wenn außergewöhnliche Eignung erforderlich ist oder
– wenn eine Öffentliche Ausschreibung aus anderen Gründen (zB Dringlichkeit, Geheimhaltung) unzweckmäßig ist (§ 3 Abs. 3 VOL/A).

1071 Im Oberschwellenbereich ist ein nicht-offenes Verfahren darüber hinaus zulässig,

– wenn das offene Verfahren für den Auftraggeber oder die Bewerber einen Aufwand verursachen würde, der zu dem erreichbaren Vorteil oder dem Wert der Leistung im Missverhältnis stehen würde oder
– wenn ein offenes Verfahren kein wirtschaftliches Ergebnis gehabt hat (§ 3 VOL/A-EG).

c) Das Verhandlungsverfahren

1072 Im Verhandlungsverfahren (bzw. Freihändige Vergabe) wendet sich der Auftraggeber an **ausgewählte Unternehmen**, um mit einem oder mehreren von ihnen zu verhandeln (§ 101 Abs. 5 GWB). Vor dem Verhandlungsverfahren kann ein Teilnahmewettbewerb durchgeführt werden. Das Verhandlungsverfahren ist bei öffentlichen Auftraggebern zulässig, wenn in einem offenen oder einem nicht-offenen Verfahren keine oder keine wirtschaftlichen Angebote abgegeben worden sind, sofern die ursprünglichen Bedingungen des Auftrags nicht grundlegend geändert werden, oder wenn es sich um die Lieferung von Waren handelt, die nur zum Zwecke von Forschungen, Versuchen, Untersuchungen, Entwicklungen oder Verbesserungen hergestellt werden (vgl ie § 3 Abs. 4 lit. a bis j VOL/A-EG)[96].

d) Der wettbewerbliche Dialog

§ 101 Abs. 4 GWB regelt den wettbewerblichen Dialog für **besonders komplexe**   **1073**
Aufträge, etwa wenn über die Machbarkeit bestimmter Vorstellungen des Auftraggebers in technischer, rechtlicher oder finanzieller Hinsicht noch keine Klarheit besteht. Beim wettbewerblichen Dialog können sich alle Wirtschaftsteilnehmer um die Teilnahme bewerben; der öffentliche Auftraggeber führt dann einen Dialog mit ausgewählten Unternehmen über alle Einzelheiten des Auftrags, um eine seinen Bedürfnissen entsprechende Lösung herauszuarbeiten. Auf dieser Grundlage sollen die ausgewählten Unternehmen dann zu einer Angebotsabgabe aufgefordert werden. Die Auftraggeber können einen wettbewerblichen Dialog durchführen, wenn sie objektiv nicht in der Lage sind, die technischen Mittel anzugeben, mit denen ihre Bedürfnisse und Ziele erfüllt werden können oder wenn sie die rechtlichen oder finanziellen Bedingungen des Vorhabens nicht angeben können (§ 3 Abs. 7 VOL/A-EG).

e) Elektronische Auktion und dynamische Beschaffung

Die RiL 2004/18 lässt elektronische Auktionen und dynamische Beschaffungssys   **1074**
teme zu. Der deutsche Gesetzgeber hat die elektronische Auktion in § 101 Abs. 6 GWB eingeführt: Sie soll der **elektronischen Ermittlung des wirtschaftlichsten Angebotes** dienen. Ein dynamisches elektronisches Verfahren ist ein **zeitlich befristetes, ausschließlich elektronisches offenes Vergabeverfahren zur Beschaffung marktüblicher Leistungen**, bei denen die allgemein auf dem Markt verfügbaren Spezifikationen den Anforderungen des Auftraggebers genügen. Die Bewerber können vorläufige und nach einer Auswahl endgültige Angebote abgeben.

2. Grundstruktur des Ablaufs eines Vergabeverfahrens

Der Ablauf der Vergabeverfahren ist dezidiert in den Vergabe- und Vertragsordnungen   **1075**
geregelt und sehr unterschiedlich ausgestaltet. Ein Grundmuster lässt sich gleichwohl erkennen. Im Folgenden wird der Ablauf eines Vergabeverfahrens schwerpunktmäßig für Lieferungen und Leistungen, für die die VOL/A Abschnitt II einschlägig ist – dh öffentlicher Auftrag oberhalb der Schwellenwerte, offenes Verfahren –, abrissartig vorgestellt; auf einige Besonderheiten anderer Verfahren wird nur sporadisch eingegangen:

a) Vorinformation, Bekanntmachung

Sobald wie möglich nach Beginn des jeweiligen Haushaltsjahres veröffentlichen die   **1076**
Auftraggeber eine unverbindliche **Vorinformation** über alle für die nächsten 12

---

96 Zur künftig flexibleren Handhabe des Verhandlungsverfahrens vgl § 26 Abs. 4 RiL 2014/24.

Monate beabsichtigten Aufträge mit einem Wert von mindestens € 750 000 (§ 15 Abs. 6 VOL/A).

Das Ausschreibungsverfahren beginnt aber erst mit der **Veröffentlichung der Aufforderung** zur Abgabe von Angeboten im Supplement zum Amtsblatt der Europäischen Union in der jeweiligen Originalsprache. Außerdem ist eine Zusammenfassung der wichtigsten Bestandteile davon in den anderen Amtssprachen der Union zu veröffentlichen (§ 15 Abs. 3 VOL/A-EG). Dafür hat der Auftraggeber ein Standardformular zu verwenden. Zulässig sind darüber hinaus auch Veröffentlichungen in Tageszeitungen, amtlichen Veröffentlichungsblättern, Fachzeitschriften oder Internetportalen (vgl § 12 VOL/A), doch dürfen diese Veröffentlichungen nicht vor dem Tag der Versendung der Bekanntmachung an das Amt für amtliche Veröffentlichungen der EU erfolgen, um Informationsvorsprünge deutscher Bieter auszuschließen.

In der Regel wird in der Bekanntmachung darauf hingewiesen, wer der Auftraggeber ist und welche Lieferung oder Leistung benötigt wird. Ggf werden Angaben zum Verfahren, wo und wann die Ausschreibungsunterlagen angefordert werden können und die Angebote einzureichen sind gemacht.

Künftig haben die gesamte Kommunikation sowie der gesamte Informationsaustausch, insbesondere das Einreichen von Anträgen, grds. unter Anwendung elektronischer Kommunikationsmittel zu erfolgen[97].

b) Die Vergabeunterlagen

1077 Die Vergabeunterlagen bestehen aus der Aufforderung zur Angebotsabgabe (sog. **Anschreiben**), den **Bewerbungsbedingungen** und den **Vertragsunterlagen** (§ 9 VOL/A-EG). Die Bewerbungsbedingungen enthalten die Beschreibung der Einzelheiten der Durchführung des Verfahrens, außerdem die Angabe der Zuschlagskriterien und deren Gewichtung, sofern diese nicht in der Bekanntmachung bereits genannt wurden. Die Vertragsunterlagen bestehen aus der **Leistungsbeschreibung** und den **Vertragsbedingungen**. In der Leistungsbeschreibung hat der Auftraggeber anzugeben, welche Leistung er beschaffen möchte. Damit gibt er den Inhalt des Beschaffungsvertrages maßgeblich vor. Die Leistung ist eindeutig und erschöpfend zu beschreiben, so dass alle Bewerber die Beschreibung im gleichen Sinne verstehen müssen und dass miteinander vergleichbare Angebote zu erwarten sind. Die Angaben sollen ein klares Bild vom Auftragsgegenstand vermitteln und den Auftraggebern die Erteilung des Zuschlags ermöglichen. Dafür muss die Leistung nach Art, Beschaffenheit und Umfang beschrieben sein (§ 8 VOL/A-EG). Nur wenn alle beeinflussenden Umstände angegeben werden, ist eine einwandfreie Preisermittlung möglich. Bedarfs- und Eventualpositionen, also Angaben über Leistungen, die noch nicht feststehen, dürfen nur ausnahmsweise angeführt werden[98].

---

97 Art. 22 RiL 2014/24.
98 *Prieß*, NZBau 2004, 20, 25.

Für europaweite Ausschreibungen sind die technischen Anforderungen unter Bezugnahme auf europäische Spezifikationen (**CPV** – Common Procurement Vocabulary[99]) festzulegen (§ 8 Abs. 2 VOL/A-EG). Diese Standardisierung der Anforderungskriterien soll die Qualität der Bekanntmachungen verbessern, zur Effizienz des Vergabeverfahrens beitragen und die elektronische Vergabe erleichtern.

Bei Bauaufträgen kann der Auftraggeber die Leistungsbeschreibung mit einem Leistungsprogramm verbinden (**funktionale Leistungsbeschreibung**; § 7 Abs. 13 VOB/A). Der Unternehmer soll dann nicht nur die Ausführung der Leistung (zB Errichtung eines Bauwerks), sondern auch die Planung dieses Vorhabens (Erstellung von Entwurfs- und Ausführungsplänen) übernehmen. Der Auftraggeber gibt dann nur die Funktion vor, die das Werk erfüllen soll; die technisch, wirtschaftlich und gestalterisch beste Lösung dafür ist erst zu ermitteln.

In den Vergabe- und Vertragsordnungen ist vorzuschreiben, dass die **Allgemeinen Vertragsbedingungen** (zB VOL/B) grundsätzlich Bestandteil des Vertrags werden. Von diesen Allgemeinen Vertragsbedingungen soll nur ausnahmsweise abgewichen werden (§ 11 VOL/A-EG).

c) Die Angebotsabgabe

Die Bieter können innerhalb der **Angebotsfrist** Angebote abgeben. **1078**

Die **Angebote** müssen die geforderten Angaben, Erklärungen und Preise enthalten (§ 16 Abs. 3 VOL/A-EG).

Nach VOL/A und VOB/A kann der Auftraggeber **Nebenangebote** zulassen. Ein Nebenangebot liegt vor, wenn eine Leistung inhaltlich zwar anders angeboten wird, als in der Leistungsbeschreibung vorgegeben, diese aber gleichwertig ist. Preisnachlässe und Skontoangebote sind keine Nebenangebote.

Änderungen an den Verdingungsunterlagen sind nicht zulässig. Sollte der Bieter Änderungen an seinen Eintragungen vor Ablauf der Angebotsfrist vornehmen, müssen diese zweifelsfrei erkennbar sein.

Die **Angebotsfrist** ist grundsätzlich vom Auftraggeber festzulegen, muss aber so bemessen sein, dass sie der Komplexität des Auftrags gerecht wird (zB wenn es erforderlich ist, dass Bieter zusätzliche Unterlagen für die Angebotserarbeitung beibringen oder Erprobungen und Besichtigungen durchführen müssen). Die Frist kann an bestimmte Mindestzeiten gebunden sein. ZB beträgt die Angebotsfrist beim offenen Verfahren europaweiter Ausschreibungen mindestens 52 Tage. Unter bestimmten Voraussetzungen kann hiervon abgewichen werden (§ 12 VOL/A-EG).

Die VOB/A kennt außerdem die **Zuschlagsfrist** (§ 10 Abs. 5 VOB/A), die mit dem Eröffnungstermin beginnt. Sie umfasst den Zeitraum, innerhalb dessen die Beschaffungsstelle die eingegangenen Angebote zu prüfen, zu bewerten und den Zuschlag zu erteilen hat. Die Zuschlagsfrist soll so kurz wie möglich sein und nicht länger dauern als der Auftraggeber für eine zügige Prüfung und Wertung der Angebote benötigt, grds. nicht mehr als 30 Tage. Es ist vorzusehen, dass die Bieter bis zum Ende der Zuschlagsfrist an ihr Angebot gebunden sind (**Bindefrist**).

d) Das Prüfungs- und Bewertungsverfahren

1. Verfahrensschritt: Der Auftraggeber darf die eingegangenen Angebote zunächst **1079** nicht öffnen. Die Umschläge sind mit einem **Eingangsvermerk** zu versehen und bis zum Ablauf der Angebotsfrist unter Verschluss zu halten (§ 16 VOL/A-EG).

---

99 VO (EG) 2195/2002 v. 5.11.2002 über das Gemeinsame Vokabular für öffentliche Aufträge (CPV), ABl Nr L 340 v. 16.12.2002, S. 1.

Um Korruption und anderem Missbrauch entgegenzuwirken, ist die Öffnung der Angebote von mindestens zwei Vertretern des Auftraggebers gemeinsam durchzuführen und zu dokumentieren (§ 17 Abs. 2 VOL/A-EG). Die Angebote, ihre Anlagen und die Dokumentation sind über die Angebotsöffnung auch nach Abschluss des Vergabeverfahrens sorgfältig zu verwahren und vertraulich zu behandeln. Bieter sind bei der Öffnung der Angebote nicht zugelassen, damit diese keine Kenntnis über die Preise anderer Bieter erlangen.

1080 2. *Verfahrensschritt:* In den folgenden Verfahrensschritten ist zu prüfen, welchen Angeboten weiter nachzugehen ist. Dazu sind die Angebote auf **Vollständigkeit** sowie auf **rechnerische und fachliche Richtigkeit** zu kontrollieren. **Auszuschließen sind** Angebote:

– die nicht die geforderten oder nachgeforderten Erklärungen und Nachweise enthalten,
– die nicht unterschrieben bzw nicht elektronisch signiert sind,
– in denen Änderungen des Bieters an seinen Eintragungen nicht zweifelsfrei sind (vgl auch zur Möglichkeit der Aufklärung: § 18 VOL/A-EG),
– bei denen Änderungen oder Ergänzungen an den Vertragsunterlagen vorgenommen worden sind,
– die nicht form- oder fristgerecht eingegangen sind, es sei denn, der Bieter hat dies nicht zu vertreten,
– von Bietern, die in Bezug auf die Vergabe eine unzulässige, wettbewerbsbeschränkende Abrede getroffen haben,
– nicht zugelassene Nebenangebote sowie Nebenangebote, die die verlangten Mindestanforderungen nicht erfüllen.

1081 3. *Verfahrensschritt:* In einem gesonderten Prüfungsgang **sind** die Bieter **auszuschließen**, die die für die Erfüllung der vertraglichen Verpflichtungen erforderliche Fachkunde, Leistungsfähigkeit, Zuverlässigkeit und Gesetzestreue (**Eignungsmerkmale** s. Rn 1056) nicht besitzen (§ 97 Abs. 4 GWB).

Der Auftraggeber kann verlangen, dass der Bewerber, die für die Beurteilung seiner Eignung erforderlichen Unterlagen vorlegt. Es dürfen nur Unterlagen und Angaben gefordert werden, die durch den Gegenstand des Auftrags gerechtfertigt sind (§ 7 VOL/A-EG). Als Nachweis seiner **Leistungsfähigkeit in finanzieller** und **wirtschaftlicher Hinsicht** kann der Auftraggeber zB die Vorlage von Bankauskünften, eine Berufshaftpflichtversicherungsdeckung, die Vorlage von Bilanzen oder Bilanzauszügen des Unternehmens oder Erklärungen über den Gesamtumsatz oder den Umsatz bzgl der besonderen Leistungsart verlangen. In **fachlicher** und **technischer Hinsicht** kann das Unternehmen seine Leistungsfähigkeit zB durch eine Liste der wesentlichen in den letzten drei Jahren erbrachten Leistungen erbringen, durch die Beschreibung der technischen Ausrüstung, der Maßnahmen des Unternehmens zur Gewährleistung der Qualität sowie der Untersuchungs- und Forschungsmöglichkeiten des Unternehmens. Ferner durch Muster, Beschreibungen und/oder Fotografien. Kann ein Wirtschaftsteilnehmer die vom öffentlichen Auftraggeber geforderten Nachweise nicht beibringen, so kann er den Nachweis seiner finanziellen und wirtschaftlichen Leistungsfähigkeit durch Vorlage jedes anderen vom öffentlichen Auftraggeber für geeignet erachteten Belegs erbringen[100].

Ausgeschlossen werden **können** Angebote von Bietern (vgl § 19 Abs. 4 VOL/A iVm § 6 Abs. 6 VOL/A-EG),

– über deren Vermögen das Insolvenzverfahren oder ein vergleichbares gesetzliches Verfahren eröffnet oder die Eröffnung beantragt oder dieser Antrag mangels Masse abgelehnt worden ist,

---

100 Art. 47 Abs. 5 RiL 2004/18; EuGH v. 18.10.2012, Rs. C-218/11 – *„Édukövízig"*.

– die sich in Liquidation befinden,
– die nachweislich eine schwere Verfehlung begangen haben, die ihre Zuverlässigkeit als Bewerber in Frage stellt,
– die ihre Verpflichtung zur Zahlung von Steuern und Abgaben sowie der Beiträge zur gesetzlichen Sozialversicherung nicht ordnungsgemäß erfüllt haben,
– die im Vergabeverfahren vorsätzlich unzutreffende Erklärungen in Bezug auf ihre Eignung abgegeben haben.

Nur die Angebote geeigneter Bieter werden gewertet. Der Auftraggeber hat nach pflichtgemäßem Ermessen zu entscheiden. Bei den Eignungsmerkmalen handelt es sich um **Zulassungskriterien**, nicht um Bewertungskriterien. Unzulässig ist es deshalb, bei der Bewertung mehrerer geeigneter Bieter auf ein „Mehr an Eignung" eines Bieters abzustellen[101]. Nach § 4 Abs. 2 S. 2 und 3 VgV ist es unter bestimmten Voraussetzungen aber zulässig, den Erfolg und die Qualität bereits erbrachter Leistungen bei der Zuschlagsentscheidung dennoch zu berücksichtigen. Die Gewichtung der Organisation, der Qualifikation und der Erfahrung des mit der Durchführung des betreffenden Auftrags betrauten Personals soll aber zusammen 25% der Gewichtung aller Zuschlagskriterien nicht überschreiten. **1082**

e) Der Zuschlag

4. Verfahrensschritt: Die Bewertung der Angebote hat nach der Maßgabe zu erfolgen, dass der Zuschlag auf das **wirtschaftlichste Angebot** zu erteilen ist (§ 21 VOL/A-EG, § 97 Abs. 5 GWB). Dabei sind alle Umstände zu berücksichtigen. Der niedrigste Angebotspreis allein ist nicht entscheidend (nicht das billigste Angebot). Dem Auftraggeber kommt bei der Beurteilung der Wirtschaftlichkeit der Angebote ein Beurteilungsspielraum zu. Er kann unter Berücksichtigung verschiedener, durch den Auftragsgegenstand gerechtfertigter Kriterien wie zB Qualität, Preis, technischer Wert, Ästhetik, Zweckmäßigkeit, Umwelteigenschaften, Betriebskosten, Lebenszykluskosten, Rentabilität, Kundendienst und technische Hilfe, Lieferzeitpunkt und Lieferungs- oder Ausführungsfrist (vgl § 19 Abs. 9 VOL/A-EG) das wirtschaftlichste Angebot ermitteln. **1083**

Aus Gründen des Korruptionsschutzes darf der Zuschlag nicht auf Angebote erteilt werden, deren Preise in offenbarem Missverhältnis zur Leistung stehen. Erscheint ein Angebot im Verhältnis zu der zu erbringenden Leistung ungewöhnlich niedrig, verlangen die Auftraggeber vom Bieter Aufklärung (§ 19 Abs. 6 VOL/A-EG). Angebote, die aufgrund einer staatlichen Beihilfe ungewöhnlich niedrig sind, können nur dann zurückgewiesen werden, wenn das Unternehmen nicht nachweisen kann, dass die betreffende Beihilfe rechtmäßig gewährt wurde (§ 19 Abs. 7 VOL/A-EG).

Überwiegend wird das Gebot des Bieters als **Angebotsabgabe** iSv § 145 BGB qualifiziert, der Zuschlag als **Annahme des Antrags** nach § 147 BGB. Dem liegt die im Grunde unstrittige Qualifikation des Beschaffungsvorgangs als privatrechtlicher Vertrag zugrunde. Die hM geht davon aus, dass Zuschlag und Vertragsabschluss in einem Rechtsakt zusammenfallen[102]. Der hM ist grundsätzlich zuzustimmen. Doch kann der Beschaffungsvorgang nicht ausschließlich auf privatrechtlicher Grundlage erfolgen, **1084**

---

101   BGH, BauR 1998, 1246, 1248.
102   *Brinker*, NZBau 2000, 174 ff.

weil der öffentlichen Hand keine Privatautonomie zukommt. Der Staat ist an die spezifischen Bindungen des Vergaberechts (§§ 97 ff GWB, VgV, Vergabe- und Vertragsordnungen, jedenfalls soweit nicht Sektorenauftraggeber betroffen sind) und an die Grundprinzipien des öffentlichen Rechts gebunden. Dann aber ist der (öffentlich-rechtliche) Zuschlag nur Voraussetzung für die zivilrechtliche Annahme eines Angebots. Die dogmatische Konstruktion ist mit der **Zwei-Stufen-Theorie** (s. Rn 811 f)[103] bekannt und findet in § 101a GWB auch positiv-gesetzliche Unterstützung: Danach muss der Auftraggeber die Bieter, deren Angebote nicht berücksichtigt werden sollen, vor beabsichtigter Angebotsannahme über den **Zuschlag informieren**. Zwar regelt § 101a GWB nicht den Zuschlag, der mit dem Vertragsabschluss zusammenfällt, setzt aber offensichtlich voraus, dass die Auswahlentscheidung schon getroffen ist und die Entscheidung über den Vertragsabschluss feststeht.

Diese rechtsdogmatische Beurteilung hat eine wesentliche Konsequenz: Läuft das Vergabeverfahren auf eine öffentlich-rechtliche Auswahlentscheidung hinaus, handelt es sich beim Vergabeverfahren um ein Verwaltungsverfahren nach § 9 VwVfG. In der Folge finden subsidiär die Verfahrensvorgaben des VwVfG Anwendung. In einem Fall waren zB dieselben Personen auf der Auftraggeber- und auf der Auftragnehmerseite aufgetreten. Das OLG Brandenburg[104] war noch von einer entsprechenden Anwendbarkeit des § 20 VwVfG ausgegangen. Nach hier vertretener Auffassung wäre eine unmittelbare Anwendung richtig gewesen, weil die Vergaberechtsgesetze nicht abschließend sind. Inzwischen ist der Fall des Doppelmandats in § 16 VgV ausdrücklich geregelt. Nach aA soll es sich bei der Vergabe um ein besonderes Verwaltungsverfahren handeln („neues Verwaltungsverfahren"[105]), dessen Schwerpunkt im Zivilrecht liegt und das deshalb kein Verwaltungsverfahren iS § 9 VwVfG sein soll.

1085   Die **Informationspflicht nach § 101a GWB** hat erhebliche Bedeutung für den Rechtsschutz im Vergaberecht[106]. Denn Zuschläge – auch wenn sie rechtswidrig erfolgt sind – können nach § 114 Abs. 2 S. 1 GWB nicht mehr aufgehoben werden. Der Bieter kann sich deshalb gegen eine Auswahlentscheidung nur vor dem Zuschlag wehren.

3. Beschaffungsfremde Kriterien

1086   Unter sog. beschaffungsfremden Kriterien werden solche Vergabemaßstäbe verstanden, durch die bei der Auftragsvergabe über den Zweck der Beschaffung hinaus weitere Ziele (**Sekundärzwecke**) verfolgt werden sollen, indem sich ein Bieter mit seinem Angebot zB zur Tariftreue, zur Frauenförderung oder zur Umweltschutzförderung verpflichtet oder verspricht, sich von Sekten zu distanzieren.

Es gibt verschiedene Möglichkeiten, wie Sekundärzwecke im Rahmen des Vergabeverfahrens berücksichtigt werden können:

---

103   *Huber*, JZ 2000, 877, 882; *Kahl*, in: Schmidt-Aßmann/Hoffmann-Riem, Verwaltungsverfahren und Verwaltungsverfahrensgesetz, 2002, S. 74 f; *Hermes*, JZ 1997, 909, 915; bereits: BVerwGE 35, 103 ff; krit etwa *Ruthig*, NZBau 2005, 497, 499 und *Ziekow*, Öffentliches Wirtschaftsrecht, 3. Aufl., 2013, S. 202.
104   OLG Brandenburg, NVwZ 1999, 1142, 1146.
105   *Ziekow/Siegel*, ZfBR 2004, 30, 33.
106   EuGH v. 24.6.2004, Rs. C-212/02 – *„Informationspflicht"*, Rn 21.

– bei der Definition des Auftragsgegenstandes;
– bei der Festlegung der Anforderungen an die Auftragsausführung durch den Auftragnehmer;
– bei der technischen Spezifikation im Rahmen der Leistungsbeschreibung;
– (eingeschränkt) bei der Feststellung der Eignung der Bieter;
– bei der Zuschlagsentscheidung.

Insbesondere in den ersten drei Fällen kommt dem Auftraggeber naturgemäß ein erheblicher Gestaltungsspielraum zu, weil er die Eigenschaften des zu beschaffenden Produkts festlegen kann. So kann er zB aus Umweltschutzgründen solarbetriebene Verkehrsampeln oder eine Zusatzvorrichtung für Blinde ausschreiben. Die Festlegungen dürfen aber nicht diskriminierend sein und müssen im Vorfeld der Ausschreibung hinreichend transparent gemacht werden[107]. **1087**

In Art. 23 RiL 2004/18[108] hat der europäische Gesetzgeber weitergehende Anforderungen an technische Spezifikationen aufgestellt. Wo immer es möglich ist, sollten diese technischen Spezifikationen so festgelegt werden, dass den Zugangskriterien für Behinderte oder der Konzeption für alle Benutzer Rechnung getragen wird. Ferner dürfen zwar keine bestimmten Umweltgütezeichen verlangt werden, es können aber detaillierte Spezifikationen als Leistungs- oder Funktionsanforderungen vorgegeben werden[109]. § 4 Abs. 7 VgV verpflichtet bestimmte Auftraggeber bei der Beschaffung von Straßenverkehrsfahrzeugen Energieverbrauch und Umweltauswirkungen zu berücksichtigen: Energieverbrauch, Kohlendioxid-Emissionen, Emissionen von Stickoxiden, Emissionen von Nichtmethan-Kohlenwasserstoffen und partikelförmige Abgasbestandteile (vgl § 4 Abs. 7 bis 10 VgV). **1088**

Für das vierte Kriterium (Eignung der Bieter) ist zu berücksichtigen, dass § 97 Abs. 4 S. 3 GWB für den Oberschwellenbereich einen Gesetzesvorbehalt anordnet. Der Gesetzesvorbehalt scheint nach dem ausdrücklichen Wortlaut nicht für soziale, umweltbezogene oder innovative Aspekte zu gelten. Die Aufstellung anderer oder weitergehender Anforderungen an die Bieter steht jedenfalls nicht im Ermessen des Auftraggebers und kann im Oberschwellenbereich auch nicht durch Verwaltungsvorschriften geregelt werden. Der EuGH geht zudem davon aus, dass die Eignungskriterien in den Vergabe-Richtlinien abschließend geregelt sind[110]. **1089**

Von erheblicher Bedeutung für die Verfolgung von Sekundärzwecken ist der Beurteilungsspielraum des Auftraggebers bei der **Zuschlagsentscheidung**, denn nur hier kann er die einzelnen Angebote bewerten und gewichten. Im Grundsatz gilt aber – so die EU-Richtlinien – für den Oberschwellenbereich, dass der Zuschlag auf das wirtschaftlichste Angebot bzw auf das Angebot mit dem niedrigsten Preis erfolgen soll (vgl spezifischer § 97 Abs. 5 GWB). Das bedeutet nicht, dass soziale, ökologische **1090**

---

107 Vgl für Maßnahmen zur Bekämpfung von Langzeitarbeitslosigkeit bereits EuGH v. 20.9.1988, Rs. 31/87 – *„Beentjes"*, Rn 28 f.
108 Vgl künftig Art. 42 RiL 2014/24.
109 EuGH v. 10.5.2012, Rs. C-368/10 – *„Gütezeichen"*.
110 EuGH v. 20.9.1988, Rs. 31/87 – *„Beentjes"*, Rn 17; künftig abschließend Art. 58 Abs. 1 S. 2 RiL 2014/24.

oder andere beschaffungsfremde Zwecke bei der Zuschlagsentscheidung gänzlich außen vor zu bleiben haben. Nicht jedes Vergabekriterium, das der Auftraggeber festgelegt hat, um das wirtschaftlich günstigste Angebot zu ermitteln, muss notwendigerweise *rein* wirtschaftlicher Art sein[111].

1091 In „*Concordia Bus Finnland*"[112] hatte der EuGH zu beurteilen, ob Umweltschutzkriterien bei der Zuschlagserteilung berücksichtigt werden können und dabei klargestellt: Der Auftraggeber hat zwar die Wahl, welche Kriterien er seiner Zuschlagsentscheidung zugrunde legen will; die Kriterien müssen aber der **Ermittlung des wirtschaftlich günstigsten Angebots dienen**. Umweltschutzkriterien dürfen berücksichtigt werden, sofern

– diese Kriterien mit dem Gegenstand des Auftrags zusammenhängen,
– dem Auftraggeber keine unbeschränkte Entscheidungsfreiheit eingeräumt wird,
– diese Kriterien ausdrücklich im Leistungsverzeichnis oder in der Bekanntmachung des Auftrags genannt sind und
– alle wesentlichen Grundsätze des Unionsrechts, insbesondere das Diskriminierungsverbot, beachtet werden.

Die erste Voraussetzung – die Auftragsbezogenheit des Zuschlagskriteriums – ist besonders hervorzuheben. Denn unter Inbezugnahme auf den Wirtschaftlichkeitsgrundsatz meint der EuGH damit ein subjektives Wirtschaftlichkeitsverständnis des öffentlichen Auftraggebers[113]. Es kommt darauf an, ob ein Kriterium *für* den Auftraggeber einen Wert hat. Was zB Umweltkriterien betrifft, sind diese als Zuschlagskriterien zulässig, wenn über den Aspekt der Nachhaltigkeit externe Kosten bei der Auftragsvergabe internalisiert werden sollen. So hatte die Stadt Helsinki in dem „Concordia Bus Finnland"-Fall angeführt, dass sie auf umweltschonende Busse Wert lege, weil sich Umwelt- und Gesundheitsschäden bei ihr auch langfristig wirtschaftlich bemerkbar machten.

Nach Art. 26 RiL 2004/18[114] können die öffentlichen Auftraggeber zusätzliche Bedingungen – insbesondere soziale und umweltbezogene Aspekte – für die Ausführung des Auftrags vorschreiben, sofern diese mit dem Unionsrecht vereinbar sind und in der Bekanntmachung oder in den Verdingungsunterlagen angegeben werden. Mit der RiL 2004/18 sind Bedingungen für die Ausführung eines Auftrags vereinbar, sofern sie nicht unmittelbar oder mittelbar zu einer Diskriminierung führen und in der Bekanntmachung oder in den Verdingungsunterlagen angegeben sind[115]. Sie können insbesondere dem Ziel dienen,

– die berufliche Ausbildung auf den Baustellen sowie
– die Beschäftigung von Personen zu fördern, deren Eingliederung besondere Schwierigkeiten bereitet,
– die Arbeitslosigkeit zu bekämpfen[116] oder
– die Umwelt zu schützen.

---

111 EuGH v. 4.12.2003, Rs. C-448/01 – „*Wienstrom*", Rn 32.
112 EuGH v. 17.9.2002, Rs. C-513/99 – „*Concordia Bus Finnland*", Rn 55 f, 59.
113 *Bungenberg*, NVwZ 2003, 314, 315; weiter iSv volkswirtschaftlich relevanten Zielen: *Bultmann*, ZfBR 2004, 134, 137.
114 Vgl künftig Art. 70 RiL 2014/24.
115 Erwägungsgrund Nr 33 RiL 2004/18/EG v. 31.3.2004 über die Koordinierung der Verfahren zur Vergabe öffentlicher Bauaufträge, Lieferaufträge und Dienstleistungsaufträge, ABl Nr L 134 v. 30.4.2004, S. 114.
116 Vgl bereits: EuGH v. 26.9.2000, Rs. C-225/98 – „*Calais*" als Zuschlagskriterium.

Aus der RiL 2004/18 lässt sich nicht eindeutig entnehmen, ob Sekundärzwecke bei der Zuschlagserteilung einen – wenn auch nur mittelbaren – wirtschaftlichen Bezug haben müssen.

Die Verfolgung mehrerer Sekundärzwecke kann das Vergabeverfahren verkomplizieren, die Chancengleichheit der Bieter gefährden und öffentliche Auftraggeber überfordern[117].

Fall 86 (Rn 1066)[118]**: a)** Zu prüfen ist die Verfassungsmäßigkeit des § 1 Abs. 1 S. 2 Berl-VergG. Fraglich ist zunächst, ob das Land Berlin überhaupt gesetzgebungskompetent ist. Das könnte nach Art. 70 iVm Art. 72 Abs. 1 GG der Fall sein und würde voraussetzen, dass dem Bund keine Gesetzgebungsbefugnis zukommt oder dass er nicht abschließend von ihr Gebrauch gemacht hat. § 1 Abs. 1 S. 2 BerlVergG könnte als vergaberechtliche Vorschrift dem „Recht der Wirtschaft" (Art. 74 Abs. 1 Nr 11 GG) zuzuordnen sein oder nach Maßgabe seines Sekundärzwecks (Schutz der Tariftreue) dem „Arbeitsrecht" (Art. 74 Abs. 1 Nr 12 GG). Abzustellen ist in erster Linie auf den Regelungsgegenstand und den Gesamtzusammenhang der Regelung im jeweiligen Gesetz. Vergaberecht gehört seinem Gegenstand nach zum Recht der Wirtschaft. Das sind nicht nur die Vorschriften, die sich auf die Erzeugung, Herstellung und Verteilung von Gütern des wirtschaftlichen Bedarfs beziehen, sondern auch alle anderen das wirtschaftliche Leben und die wirtschaftliche Betätigung als solche regelnden Normen, insbesondere auch Gesetze mit wirtschaftsregulierendem oder wirtschaftslenkendem Charakter. Auch der Regelungszusammenhang (GWB) und die vergaberechtliche Sanktion (§ 1 Abs. 2 BerlVergG) spricht für den Kompetenzgegenstand „Recht der Wirtschaft". Der Bundesgesetzgeber hat von seiner Regelungskompetenz aber nicht abschließend Gebrauch gemacht. Das folgt bereits aus § 97 Abs. 4 GWB, der die Aufstellung von Eignungskriterien in die Kompetenz des Bundes- und des Landesgesetzgebers stellt. Das Land Berlin war also gesetzgebungskompetent.

b) § 1 Abs. 1 S. 2 BerlVergG könnte gegen das Grundrecht der (negativen) Koalitionsfreiheit in Art. 9 Abs. 3 GG verstoßen. Das ist aber abzulehnen: Das Tariftreuegesetz schränkt das Recht der bietenden Unternehmer, einer Koalition fernzubleiben, nicht ein; es wird auch kein faktischer Zwang oder erheblicher Druck zum Beitritt ausgeübt. Auch die Koalitionen selbst werden durch § 1 Abs. 1 S. 2 BerlVergG nicht in Art. 9 Abs. 3 GG verletzt. Zwar ist das Aushandeln von Tarifverträgen ein wesentlicher Zweck der Koalitionen, die Betätigungsfreiheit der Koalitionen wird aber nicht beeinträchtigt: Erstens bezieht sich § 1 Abs. 1 S. 2 BerlVergG nicht auf tarifgebundene Arbeitgeber und Arbeitnehmer, sondern nur auf Außenseiter und zweitens ordnet das Gesetz keine tarifliche Geltung von Arbeitsentgelten an.

c) In Betracht kommt eine Verletzung von Art. 12 Abs. 1 GG in Form der Vertragsfreiheit, weil eine bestimmte Ausgestaltung der Arbeitsverträge Zuschlagsbedingung ist. Ein klassischer Eingriff liegt aber nicht vor: Die bietenden Unternehmen werden nicht (imperativ) zur Einhaltung der Tarifverträge verpflichtet. Dennoch nimmt das BVerfG eine „eingriffsgleiche Beeinträchtigung" an; die bietenden Unternehmen sollen angehalten werden, die Tarifverträge einzuhalten. Gegen diese Interpretation spricht aber, dass die Vergabe öffentlicher Aufträge im multipolaren Rechtsverhältnis Auftraggeber/Bieter keine Eingriffs-, sondern eine Verteilungskonstellation betrifft. Kein Bieter hat Anspruch darauf, dass die öffentliche Hand überhaupt ausschreibt. Beteiligt sich ein Unternehmen an einem Vergabeverfahren und gibt ein Angebot ab, stimmt es den Angebotsbedingungen zu. Etwas anderes kann nur angenommen werden, wenn der Auftraggeber eine überragende Marktstellung hat (s. Rn 1078). Eine Verteilungsentscheidung aber ist eine Auswahlentscheidung und muss anderen Anforderungen Genüge tun als eine Eingriffsmaßnahme. Unter dem Gesichtspunkt der Wettbewerbsgleichheit muss sie willkürfrei sein.

1092

---

117 *Fuchs*, in: Kirchhof/Korte/Magen, Öffentliches Wettbewerbsrecht, 2014, S. 499.
118 BVerfG v. 11.7.2006, Az. 1 BvL 4/00 zu Berl VergabeG aF; EuGH v. 3.4.2008, Rs. C-346/06 – *„Rüffert"*.

§ 1 Abs. 1 S. 2 BerlVergG kann gerechtfertigt werden; es lassen sich Gründe des Allgemeinwohls anführen: Die Erstreckung der Tariflöhne auf Außenseiter soll einem Verdrängungswettbewerb über die Lohnkosten entgegenwirken. Diese Maßnahme soll zur Bekämpfung der Arbeitslosigkeit im Bausektor beitragen. Sie dient dem Schutz der Beschäftigung der Arbeitnehmer (Art. 12 Abs. 1 GG), der Entlastung der bei hoher Arbeitslosigkeit oder bei niedrigen Löhnen verstärkt in Anspruch genommenen Systeme der sozialen Sicherheit und unterstützt zugleich das Tarifvertragssystem als Mittel zur Sicherung sozialer Standards (Sozialstaatsprinzip, Art. 20 Abs. 1 GG). Ferner bedeutet Arbeit für den Einzelnen, sich in seiner Persönlichkeit zu entfalten und darüber Achtung und Selbstachtung zu erfahren. Insofern wird das gesetzliche Ziel auch von Art. 1 Abs. 1 und Art. 2 Abs. 1 GG getragen. Die Tariftreueregelung ist zur Erreichung dieser Ziele geeignet, dem Gesetzgeber kommt ein Einschätzungs- und Prognosespielraum zu. Sie ist auch erforderlich; die Allgemeinverbindlicherklärung (§ 5 TVG) ist kein weniger belastendes Mittel, weil es die Vertragsfreiheit der Bieter stärker beeinträchtigt. Sie ist angemessen: Zwar ist die Freiheit, den Inhalt der Vergütungsvereinbarungen mit Arbeitnehmern und Subunternehmern frei aushandeln zu können, ein wesentlicher Bestandteil der Berufsausübung, weil diese Vertragsbedingungen in besonderem Maße den wirtschaftlichen Erfolg der Unternehmen bestimmen; die Belastung wird aber dadurch abgemildert, dass sie den Unternehmen nicht per legem auferlegt wird, sondern ihnen eine Wahlfreiheit lässt und außerdem auch nur für den jeweiligen Auftrag gilt. Demgegenüber haben die sozialen Zwecke, die mit § 1 Abs. 1 S. 2 BerlVergG verfolgt werden, erhebliches Gewicht.

d) § 1 Abs. 1 S. 2 BerlVergG verstößt auch nicht gegen § 5 TVG, weil keine unmittelbare und zwingende Geltung eines Tarifvertrags angeordnet wird; die Vorschrift verstößt ferner nicht gegen das Verbot einer unbilligen Behinderung oder sachlich nicht gerechtfertigten unterschiedlichen Behandlung bei marktbeherrschender Stellung des Landes Berlin (§ 20 Abs. 1 GWB), denn das Tariftreuegesetz selbst ist die Rechtfertigung für eine Ungleichbehandlung von Anbietern.

e) Zu prüfen bleibt die Vereinbarkeit mit Europarecht. § 1 Abs. 1 S. 2 BerlVergG müsste mit der Entsenderichtlinie 96/71 in Einklang stehen. Das ist aber nicht der Fall: Das Tariftreuegesetz ist keine Rechtsvorschrift iSd Art. 3 Abs. 1 UAbs. 1 erster Gedankenstrich RiL 96/71, denn sie legt selbst keinen Mindestlohnsatz fest. Auch der maßgebliche Tarifvertrag ist keine Rechtsvorschrift iSd RiL, weil er nicht allgemeinverbindlich erklärt ist. Darüber hinaus ist das Tarifvertragstreuegesetz auch nicht mit Art. 56 AEUV vereinbar. Eine Beeinträchtigung der Dienstleistungsfreiheit der bietenden Unternehmen liegt vor. Die Ziele des Arbeitnehmerschutzes oder des Schutzes der Koalitionsfreiheit sind aber keine zwingenden Gründe des Allgemeininteresses, die eine Beeinträchtigung rechtfertigen könnten. Das Tariftreuegesetz gilt nur für einen Teil der Bautätigkeit; es ist nur auf die Vergabe öffentlicher Aufträge anwendbar und gilt nicht für die Vergabe privater Aufträge. Der EuGH hat ferner die finanzielle Stabilität der sozialen Versicherungssysteme als zwingenden Grund anerkannt. Das setzt aber voraus, dass eine erhebliche Gefährdung des finanziellen Gleichgewichts des Systems der sozialen Sicherheit verhindert werden soll. Um dieses Ziel zu erreichen, erscheint § 1 Abs. 1 S. 2 BerlVergG aber nicht erforderlich.

f) Im Ergebnis ist § 1 Abs. 1 S. 2 BerlVergG mit dem Grundgesetz und deutschem Recht vereinbar, verstößt aber gegen europarechtliche Vorschriften. Ein Mindestlohn könnte staatlicherseits nur auf gesetzlicher Grundlage durchgesetzt werden[119].

---

119   Vgl auch *Storr*, SächsVBl 2005, 298, 293.

V. Das fehlerhafte Vergabeverfahren

Fall 87: Auftraggeber A hat Dienstleistungen im Bereich der Rohölbeschaffung im offenen   1093
Verfahren (oberhalb der Schwellenwerte) ausgeschrieben. Unternehmen U rügt gegenüber A
die Fehlerhaftigkeit der Leistungsbeschreibung. Diese sei in einigen Punkten unverständlich.
U gibt gleichwohl ein Angebot ab. Noch vor Zuschlagserteilung, die für den 15.12. vorgesehen
ist, stellt U einen Nachprüfungsantrag bei der Vergabekammer, der als unbegründet zurückgewiesen wird. Gegen den am 4.12. zugestellten Beschluss legt U am gleichen Tag sofortige Beschwerde ein und begründet diese. Zugleich begehrt er die Anordnung der Verlängerung der
aufschiebenden Wirkung seines Rechtsmittels bis zu einer endgültigen Entscheidung. A beantragt, den Antrag des U auf Verlängerung der aufschiebenden Wirkung zurückzuweisen und
ihm die Erteilung des Zuschlags mit Ablauf des 15.12. zu gestatten. Er führt an, dass einige
Bieter erklärt haben, mit Ablauf der Bindefrist ihre Angebote wegen gestiegener Preise für
Rohöl nicht aufrechterhalten zu können; eine spätere Auftragsvergabe könnte sich erheblich
verteuern. Rechtslage?

Im Fall eines fehlerhaften Vergabeverfahrens kommen behördliche und gerichtliche   1094
Nachprüfungen als Primärrechtsschutz und Schadensersatz als Sekundärrechtsschutz
in Betracht.

1. Rechtsschutz

a) Rechtsschutz unterhalb der Schwellenwerte

Der Rechtsschutz des erfolglosen Bieters ist davon abhängig, ob es sich um ein Ver-   1095
gabeverfahren unterhalb oder oberhalb der Schwellenwerte handelte. Denn den
Rechtsschutz oberhalb der Schwellenwerte hat der Gesetzgeber in Umsetzung der Ri-
Len 89/665 und 92/13 in den §§ 102 ff GWB geregelt. Unterhalb der Schwellenwerte
sollen den Bietern nach überwiegender Auffassung – wie ausgeführt (s. Rn 1061 f) –
keine subjektiven Rechte zukommen. In der Folge soll ihnen auch die Möglichkeit
des Rechtsschutzes abgeschnitten sein. Allein die Aufsichtsbehörden sollen bei einem
fehlerhaften Ausschreibungsverfahren im Wege der Rechts- oder Fachaufsicht einschreiten können. Ein gegen die Aufsichtsbehörde gerichteter Anspruch des einzelnen
Bieters auf eine entsprechende Prüfung gibt es grundsätzlich nicht.

Nach der Rechtsprechung des BVerfG[120] soll insbesondere die **Rechtsschutzgarantie**   1096
Art. 19 Abs. 4 GG nicht auf Vergaben durch die öffentliche Hand Anwendung finden. Das Grundrecht soll Rechtsschutz nur dort gewährleisten, wo der Einzelne sich
zu dem Träger staatlicher Gewalt in einem Verhältnis „typischer Abhängigkeit und
Unterordnung" befindet. Die besondere Rechtsschutzgarantie in Art. 19 Abs. 4 GG ist
aufgrund historischer Erfahrungen zum Schutz vor Missachtungen des Rechts durch
die dem Bürger übergeordnete und gegebenenfalls mit den Mitteln des Zwangs arbei-
tende Exekutive eingeführt worden. Vor diesem spezifischen Schutzzweck soll der
Begriff der öffentlichen Gewalt im Sinne des Art. 19 Abs. 4 GG bestimmt werden.
Als Nachfrager am Markt, um seinen Bedarf an bestimmten Gütern oder Leistungen

---

120   BVerfG v. 13.6.2006, Az. 1 BvR 1160/03.

zu decken, soll die Vergabestelle nicht als Trägerin öffentlicher Gewalt im Sinne des Art. 19 Abs. 4 GG handeln.

Diese Interpretation stellt den privatrechtlich handelnden Staat unzulässigerweise einem Privaten gleich (vgl bereits Rn 697). Das ist schon deshalb unzutreffend, weil der Staat nicht ausschließlich „wie ein Privater" als Nachfrager am Markt auftritt. Allein, weil er das Vergaberecht, an das alle Auftraggeber und Bieter gebunden sind, regelt, greift er auf seine besondere Rechtsmacht zurück. Vor allem aber ist die Beschaffung durch die öffentliche Hand auch ein wirtschaftspolitisches Steuerungsinstrument (s. Rn 1086 f)[121]. Es ist weder überzeugend noch erforderlich, die öffentliche Gewalt iSv Art. 19 Abs. 4 GG vom Adressatenkreis des Art. 1 Abs. 3 GG zu unterscheiden.

1097 Stattdessen soll der durch den Rechtsstaatsgrundsatz (Art. 20 Abs. 3 GG) verbürgte **allgemeine Justizgewährungsanspruch** zur Anwendung kommen. Die verfassungsrechtlichen Anforderungen sollen geringer sein als bei Art. 19 Abs. 4 GG. Der Justizgewährungsanspruch ermöglicht und verlangt in Lagen, in denen unterschiedliche Interessen Mehrerer betroffen sind, keine schlichte Maximierung der Rechtsschutzmöglichkeiten des einzelnen Rechtsuchenden, sondern zielt auf eine sachgerechte Gewichtung und Zuordnung der betroffenen rechtlich geschützten Belange. Dem Gesetzgeber kommt ein Einschätzungs- und Beurteilungsspielraum zu; er hat die Vor- und Nachteile für die jeweils betroffenen Güter und die Folgen für die verschiedenen rechtlich geschützten Interessen zu berücksichtigen. Das sind einerseits die Interessen der erfolglosen Bieter an einem effektiven Rechtsschutz und andererseits die öffentlichen Interessen und die Interessen des erfolgreichen Bieters an einer zügigen und wirtschaftlichen Beschaffung. Er kann das Interesse an einer raschen Vergabeentscheidung, den zeitlichen und sachlichen Aufwand, den ein Nachprüfungsverfahren erfordert und die Gefahr, dass ein erfolgloser Bieter den Rechtsschutz in sachwidriger oder sogar missbräuchlicher Weise nutzt, berücksichtigen. Deshalb soll der Gesetzgeber den Rechtsschutz auf Sekundärrechtsschutz (Schadensersatz) beschränken können.

1098 Der Einzelne kann sich auf die Rechtsschutzgarantie nur berufen, wenn er die Verletzung einer Rechtsposition geltend macht, die ihm die Rechtsordnung gewährt. Diese Rechte können aus dem einfachen Gesetz folgen oder aus Grundrechten herzuleiten sein. Die Vergabe eines öffentlichen Auftrags soll nach der Rspr des BVerfG grundsätzlich nicht den Schutzbereich des Art. 12 GG berühren[122] – anders in der Tariftreue-Entscheidung[123]. Allerdings gilt Art. 3 Abs. 1 GG. Die Interessen des erfolglosen Bieters dürfen als weniger gewichtig bewertet werden. Eine verfassungswidrige Ungleichbehandlung zwischen Bietern, die sich um Aufträge im Unterschwellen- und im Oberschwellenbereich bewerben, sieht das BVerfG nicht. Zum einen folgt die Verpflichtung zum Primärrechtsschutz aus dem Europarecht und ist daher von einem anderen Gesetzgeber initiiert, zum anderen kann der Gesetzgeber davon ausgehen, dass

---

121 *Dörr*, GewArch. 2007, 211, 213; vgl ferner: *Dreher*, NZBau 2002, 419, 425; *Huber*, JZ 2000, 877, 882; OVG Koblenz, NZBau 2005, 411; *Ruthig*, NZBau 2005, 497 ff, der Art. 19 Abs. 4 GG für einschlägig hält, dem auch durch den Zivilrechtsweg entsprochen werden kann.
122 BVerfG v. 13.6.2006, Az. 1 BvR 1160/03.
123 BVerfG v. 11.7.2006, Az. 1 BvL 4/00.

der Verlust an Wirtschaftlichkeit durch ein Vergabekontrollverfahren oberhalb der Schwellenwerte wegen der Kosten geringer ist als unterhalb der Schwellenwerte, weshalb die Unterscheidung auch sachlich gerechtfertigt ist.

Soweit Rechtschutz unterhalb der Schwellenwerte zugelassen ist, soll dieser durch die ordentlichen Gerichte gewährt werden. Nach hier vertretener Auffassung folgt ein Anspruch des Bieters auf gerichtliche Nachprüfung eines fehlerhaft durchgeführten Vergabeverfahrens aus Art. 19 Abs. 4 GG. Dabei handelt es sich unter Zugrundelegung der Zwei-Stufen-Theorie (s. Rn 1084) bis zur Zuschlagsentscheidung – entgegen BVerwG[124] – um eine **verwaltungsrechtliche Streitigkeit** (§ 40 Abs. 1 VwGO). Der erfolglose Bieter kann seine Rechte (insbesondere aus Art. 3 Abs. 1 GG und ggf auch aus Art. 12 Abs. 1 GG) nach Widerspruch (§§ 68 ff VwGO) deshalb einer verwaltungsgerichtlichen Nachprüfung zuführen. Zu beachten ist aber, dass Rechtsbehelfe gegen behördliche Verfahrenshandlungen nur gleichzeitig mit den gegen die Sachentscheidung zulässigen Rechtsbehelfen geltend gemacht werden können (§ 44a S. 1 VwGO). Der Bieter muss anführen können, eine reelle Chance gehabt zu haben, den Zuschlag zu erhalten. **1099**

b) Rechtsschutz oberhalb der Schwellenwerte

Oberhalb der Schwellenwerte greift das besondere Nachprüfungsrechtsregime des GWB. Behördlicher Rechtsschutz erfolgt durch die Aufsichtsbehörden und durch die Vergabekammern (§§ 102, 104 GWB). Die **Vergabekammern** sind behördliche Einrichtungen, deren Aufgabe die Nachprüfung von Vergabeentscheidungen ist. Für den Bund sind Vergabekammern beim Bundeskartellamt eingerichtet (zur Zuständigkeit vgl § 106a GWB). Die Vergabekammern bestehen aus drei Mitgliedern, die richterliche Unabhängigkeit genießen. Das Verfahren vor der Vergabekammer ist gerichtsprozessähnlich ausgestaltet. Die Vergabekammer wird nicht von Amts wegen tätig, sondern leitet ein Nachprüfungsverfahren nur auf Antrag ein. Antragsbefugt ist jedes Unternehmen, das ein Interesse an dem Auftrag hat und eine Verletzung seiner Rechte (§ 97 Abs. 7 GWB) wegen Nichtbeachtung von Vergabevorschriften geltend macht. Allerdings obliegen dem Antragsteller Mitwirkungs- und Förderpflichten bereits während des Vergabeverfahrens: **1100**

Der Nachprüfungsantrag ist unzulässig, soweit der Antragsteller den Verstoß gegen Vergabevorschriften im Vergabeverfahren erkannt und gegenüber dem Auftraggeber nicht **unverzüglich gerügt** hat. Er ist ferner unzulässig, wenn Verstöße gegen Vergabevorschriften, die aufgrund der Bekanntmachung erkennbar sind, nicht spätestens bis Ablauf der in der Bekanntmachung benannten Frist zur Angebotsabgabe oder zur Bewerbung gegenüber dem Auftraggeber gerügt werden. Ein weiterer Fall der Unzulässigkeit liegt vor, wenn Verstöße gegen Vergabevorschriften, die erst in den Vergabeunterlagen erkennbar sind, nicht spätestens bis zum Ablauf der in der Bekanntmachung benannten Frist zu Angebotsabgabe oder zur Bewerbung gegenüber dem Auftraggeber gerügt werden. Unzulässig ist ein Antrag außerdem, wenn mehr als 15 Kalender- **1101**

---

124 BVerwG, NVwZ 2007, 820; vgl auch *Ziekow*, Öffentliches Wirtschaftsrecht, 3. Aufl., 2013, S. 202 f.

tage nach Eingang der Mitteilung des Auftraggebers, einer Rüge nicht abhelfen zu wollen, vergangen sind. Unberührt davon bleibt der Fall der unterlassenen Informationspflicht und der Feststellung der Unwirksamkeit des Vertrages nach § 101b Abs. 1 Nr 2 GWB (vgl ie § 107 Abs. 3 GWB).

1102 Die Vergabekammer erforscht den Sachverhalt **von Amts wegen**, kann sich aber darauf beschränken, was von den Beteiligten vorgebracht wurde oder ihr sonst bekannt sein muss. Sie entscheidet binnen fünf Wochen aufgrund mündlicher Verhandlung durch Verwaltungsakt. Sie trifft die geeigneten Maßnahmen, um eine Rechtsverletzung zu beseitigen und eine Schädigung der betroffenen Interessen zu verhindern. Allerdings kann sie einen bereits erteilten Zuschlag nicht wieder aufheben (§ 114 Abs. 2 S. 1 GWB). Daher verbietet § 115 Abs. 1 GWB dem Auftraggeber, den Zuschlag vor einer Entscheidung der Vergabekammer und dem Ablauf der Beschwerdefrist zu erteilen, wenn die Vergabekammer den öffentlichen Auftraggeber in Textform über den Antrag auf Nachprüfung informiert hat. Die Vergabekammer kann dem Auftraggeber den Zuschlag aber nach einer dem Verfahren des vorläufigen Rechtsschutzes entsprechenden Interessensabwägung gestatten (§ 115 Abs. 2 GWB).

1103 Gegen Entscheidungen der Vergabekammer ist die sofortige Beschwerde an das **Oberlandesgericht** zulässig (§ 116 GWB). Beim OLG sind eigene **Vergabesenate** gebildet. Die sofortige Beschwerde ist binnen zwei Wochen einzulegen und hat aufschiebende Wirkung. Die aufschiebende Wirkung entfällt zwei Wochen nach Ablauf der Beschwerdefrist; das OLG kann die aufschiebende Wirkung auf Antrag des Beschwerdeführers verlängern (§ 118 GWB). Bei seiner Entscheidung hat das Gericht die Erfolgsaussichten der Beschwerde zu berücksichtigen. Es lehnt den Antrag ab, wenn unter Berücksichtigung aller möglicherweise geschädigten Interessen sowie des Interesses der Allgemeinheit an einem raschen Abschluss des Vergabeverfahrens die nachteiligen Folgen einer Verzögerung der Vergabe bis zur Entscheidung über die Beschwerde die damit verbundenen Vorteile überwiegen.

1104 Auch der Auftraggeber kann auf das Vergabeverfahren während der Rechtsanhängigkeit Einfluss nehmen: Er kann beantragen, den weiteren Fortgang des Vergabeverfahrens und den Zuschlag zu gestatten. Das Gericht hat wie im Verfahren auf Antrag gem. § 118 GWB bei seiner Entscheidung die Erfolgsaussichten des Verfahrens zu berücksichtigen. Es kann den Zuschlag auch dann gestatten, wenn unter Berücksichtigung aller möglicherweise geschädigten Interessen sowie des Interesses der Allgemeinheit an einem raschen Abschluss des Vergabeverfahrens die nachteiligen Folgen einer Verzögerung der Vergabe bis zur Entscheidung über die Beschwerde die damit verbundenen Vorteile überwiegen (§ 121 GWB). Die Entscheidung ist grundsätzlich binnen fünf Wochen zu treffen.

1105 Der **BGH** ist nur für Entscheidungen über Divergenzvorlagen zuständig (§ 124 GWB).

1106 Dem Gesetzgeber war daran gelegen, einen **möglichst schnellen** und **effektiven** Rechtsschutz zu gewähren. Langwierige Gerichtsprozesse sollten aus Gründen der Planungs- und Investitionssicherheit vermieden und insbesondere sollte die Möglichkeit missbräuchlicher Inanspruchnahme von Rechtsschutz verhindert werden. Rechtssicherheit sollte bald hergestellt werden. Diesen Anforderungen ist der Gesetzgeber mit einer Reihe von Maßnahmen nachgekommen:

- Einrichtung von fachlich spezialisierten VergK und VergS bei OLG (§§ 104, 116 Abs. 3 GWB),
- Beschränkung der Nachprüfung auf grundsätzlich zwei Instanzen (VergK, OLG; §§ 104, 116 GWB),
- Rügepflicht des Antragstellers schon während des Vergabeverfahrens (§ 107 Abs. 3 GWB),
- Pflicht des Antragstellers, seinen Antrag unverzüglich zu begründen (§ 108 GWB),
- Möglichkeit der Abweisung a limine bei offensichtlich unzulässigem oder unbegründetem Antrag (§ 110 Abs. 2 GWB),
- Entscheidung aufgrund einer mündlichen Verhandlung in einem Termin (§ 112 Abs. 1 GWB),
- Verhandlung auch bei Nichterscheinen der Beteiligten (§ 112 Abs. 2 GWB),
- Entscheidung der VergK und Begründung grds. binnen fünf Wochen (§ 113 Abs. 1 GWB),
- Geltung des Untersuchungsgrundsatzes (§ 110 GWB) bei Mitwirkungspflicht der Beteiligten (§ 113 Abs. 2 GWB),
- Möglichkeit der VergK, auf die Rechtmäßigkeit des Vergabeverfahrens einzuwirken, ohne an die Anträge gebunden zu sein (§ 114 Abs. 1 GWB),
- Entscheidung der VergK nur bei noch nicht erteiltem Zuschlag (§ 114 Abs. 2 GWB; vgl a. § 101b GWB),
- Möglichkeit der vorläufigen Gestattung des Zuschlags (§ 115 Abs. 2 GWB),
- Beschränkung der Frist für sofortige Beschwerde beim OLG auf eine zwei-wöchige Notfrist (§ 117 Abs. 1 GWB),
- Pflicht des Antragstellers, seine Beschwerde zugleich zu begründen (§ 117 Abs. 2 GWB),
- Anwaltszwang (§§ 117 Abs. 3, 120 GWB),
- Entfallen der aufschiebenden Wirkung der Beschwerde zwei Wochen nach Ablauf der Beschwerdefrist (§ 118 Abs. 1 GWB); aber Möglichkeit der Verlängerung durch gerichtliche Entscheidung auf Antrag des Auftraggebers (§ 118 Abs. 2 und 3 GWB),
- Möglichkeit der Vorabentscheidung über den Zuschlag auf Antrag des Auftraggebers (§ 121 GWB),
- Beendigung des Vergabeverfahrens mit Ablauf einer zehntägigen Frist nach Zustellung der VergS-Entscheidung bei Unterliegen des Auftraggebers, wenn dieser keine Maßnahmen zur Herstellung der Rechtmäßigkeit des Verfahrens trifft (§ 122 GWB),
- Schadensersatzpflicht bei rechtsmissbräuchlicher Inanspruchnahme von Rechtsschutz (§ 125 GWB).

Fall 87 (Rn 1093)[125]**: a)** Gegen die ablehnende Entscheidung der Vergabekammer ist die sofortige Beschwerde statthaft (§ 116 Abs. 1 S. 1 GWB). U ist beschwerdebefugt und kann eine mögliche Verletzung seiner Rechte im Vergabeverfahren anführen (§ 97 Abs. 7 GWB). U hat auch ein Interesse am Auftrag; ein Zuschlag ist noch nicht erteilt (vgl § 114 Abs. 2 S. 1 GWB). Der behauptete Fehler ist bei A noch im laufenden Vergabeverfahren und damit rechtzeitig gerügt worden (vgl § 107 Abs. 3 GWB). Die Beschwerdefrist beträgt zwei Wochen (Notfrist) ab Zustellung der Entscheidung (§ 117 Abs. 1 GWB); U hat bereits am gleichen Tag (4.12.) Beschwerde erhoben. Die Beschwerde ist schriftlich einzureichen und zu begründen (§ 117 Abs. 2 GWB). Es besteht Anwaltszwang (§ 117 Abs. 3 GWB).

Die Beschwerde ist begründet. Die Leistungsbeschreibung muss eindeutig und erschöpfend sein, damit alle Bewerber die Beschreibung im gleichen Sinne verstehen müssen und dass miteinander vergleichbare Angebote zu erwarten sind (§ 8 Abs. 1 VOL/A-EG). Nach Maßgabe des europäischen Rechts ist die Leistungsbeschreibung mit technischen Spezifikationen nach CPV zu versehen (§ 8 Abs. 2 VOL/A-EG). Deshalb wird die Beschwerde Erfolg haben.

b) A hat ferner einen Antrag auf Anordnung der Verlängerung der aufschiebenden Wirkung seiner Beschwerde bis zur endgültigen Entscheidung in der Hauptsache des gerichtlichen Verfahrens gestellt. Der Antrag ist gem. § 118 Abs. 1 S. 3 GWB statthaft. Die Vergabekammer hat den Antrag auf Nachprüfung (§ 107 GWB) zurückgewiesen (§ 114 Abs. 1 GWB). Besondere Anforderungen an die Form bestehen nicht (aber Anwaltszwang, vgl § 120 GWB); der Antrag ist bis zur OLG-Entscheidung über die Beschwerde zulässig.

In der Sache hat das OLG unter Berücksichtigung der Erfolgsaussichten der sofortigen Beschwerde alle möglicherweise geschädigten Interessen sowie das Interesse der Allgemeinheit an einem raschen Abschluss des Vergabeverfahrens gegeneinander abzuwägen (§ 118 Abs. 2 GWB). Dabei berücksichtigt das Gericht auch, dass eine Vorabgestattung der Zuschlagserteilung – bei Wahrnehmung dieser Option durch den Auftraggeber – vollendete Tatsachen schafft, dh Primärrechtsschutz endgültig und irreparabel nicht mehr erreicht werden kann.

Vorliegend ist – bei gebotener summarischer Prüfung – auf Seiten des U zu berücksichtigen, dass die Leistungsbeschreibung unklar, das Vergabeverfahren daher fehlerhaft ist. Ein Zuschlag vor endgültiger Entscheidung würde die subjektiven Rechte (§ 97 Abs. 7 GWB iVm § 8 VOL/A-EG) des U irreparabel verletzen. Andererseits kann auch A gewichtige Interessen anführen: Eine Verzögerung der Vergabe über den 15.12. hinaus kann die Beschaffung verteuern. Dennoch werden die Interessen des U stärker zu gewichten sein, insbesondere weil seine Beschwerde voraussichtlich Erfolg haben wird. A betreffend wird zu bedenken sein, dass eine spätere Vergabe der Leistungen nicht unmöglich ist. A könnte den Zuschlag später erteilen und den Auftrag unter den verbliebenen Bietern vergeben. Möglich ist auch, dass A den Auftrag zunächst nur provisorisch vergibt und eine Entspannung der Rohstoffpreise abwartet. Damit wird dem Antrag des A auf Verlängerung der aufschiebenden Wirkung stattzugeben sein.

c) Seinem Wortlaut nach ist der Antrag des A auf Gestattung des sofortigen Zuschlags auf § 121 Abs. 1 GWB gestützt. Problematisch ist die Antragsbefugnis: Der Antrag setzt voraus, dass dem Auftraggeber eine Zuschlagserteilung innerhalb der Zuschlagsfrist untersagt ist. Vorliegend greift das Zuschlagsverbot des § 118 Abs. 1 S. 1 GWB. U hat sofortige Beschwerde am 4.12. eingelegt; die aufschiebende Wirkung endet zum 18.12. Zu beachten ist, dass die Beschwerde zwar weder zulässig noch begründet sein muss, der Suspensiveffekt aber nicht ausgelöst wird, wenn die sofortige Beschwerde offensichtlich unzulässig oder unbegründet ist[126]. Das ist hier nicht erkennbar.

---

125 Nach OLG Naumburg, NZBau 2001, 642 ff.
126 *Storr*, in: Loewenheim/Meessen/Riesenkampff, GWB, 2. Aufl., § 118 Rn 3.

Ein Antrag nach § 121 Abs. 1 GWB könnte aber unzulässig sein, weil die Frist nach § 118 Abs. 1 S. 2 GWB noch nicht abgelaufen ist. Nach OLG Naumburg muss der Ablauf der Beschwerdefrist grundsätzlich abgewartet werden. Das soll aus § 118 Abs. 3 GWB entnommen werden; demnach soll das Antragsverfahren nach § 121 Abs. 1 GWB grundsätzlich nur dann eröffnet sein, wenn der Auftraggeber vor der Vergabekammer unterlegen und so die Erteilung des Zuschlags bis auf Weiteres gem. § 118 Abs. 3 GWB untersagt ist. Dieser Rechtsprechung kann aber nicht gefolgt werden, weil mit Beendigung der aufschiebenden Wirkung nach Ablauf der Beschwerdefrist (§ 118 Abs. 1 S. 2 GWB) der Zuschlag erteilt werden kann, ein Antrag nach § 121 GWB folglich unzulässig wird. Aus dem Gesetz ist nicht zu entnehmen, dass § 121 GWB lediglich auf die Fälle § 118 Abs. 1 S. 3 und Abs. 3 GWB beschränkt sein soll. Zwar stehen dem Auftraggeber über das Antragsverfahren vor der Vergabekammer nach § 115 Abs. 2 S. 1 GWB sowie – im Falle einer Erfolglosigkeit – vor dem OLG nach § 115 Abs. 2 S. 6 GWB rechtliche Instrumente zur Verfügung, um einen baldigen Zuschlag zu erreichen; das schränkt den Geltungsbereich des § 121 GWB aber nicht ein.

Der Antrag ist jedenfalls unbegründet. Denn es ist dem Antrag des U stattzugeben (vgl b.). Damit kann ein Zuschlag nicht mehr vorläufig gestattet werden.

2. Schadensersatzansprüche des übergangenen Bieters

a) Der Schadensersatzanspruch aus § 126 GWB

Der Gesetzgeber hat in § 126 GWB eine besondere Schadensersatzpflicht des Auftraggebers für den Fall geregelt, dass dieser das **Vergabeverfahren fehlerhaft** durchführt. Vier Anspruchsvoraussetzungen müssen erfüllt sein: **1107**

– der Auftraggeber muss gegen eine den Schutz von Unternehmen bezweckende Vorschrift verstoßen haben;
– das Unternehmen hätte ohne diesen Verstoß bei der Wertung der Angebote eine echte Chance gehabt, den Zuschlag zu erhalten;
– diese Chance ist durch den Rechtsverstoß beeinträchtigt worden;
– dadurch hat der Bieter einen Schaden erlitten.

Grundsätzlich sind die Vergabe- und Vertragsordnungen Schutzvorschriften der Bieter, sofern es sich nicht um bloße Ordnungsvorschriften handelt (vgl a. § 97 Abs. 7 GWB). Eine „echte Chance" hat ein Bieter nicht schon deshalb, weil er die formalen Angebotskriterien erfüllt. Überwiegend wird darauf abgestellt, ob der Bieter in die „engere Auswahl" gekommen ist, dh „zur Spitzengruppe" gehört, ohne dass diese Begriffe näher einzugrenzen wären[127]. Die Haftung ist verschuldensunabhängig. Der Schadensersatz ist auf das negative Interesse beschränkt, dh auf die Kosten der Vorbereitung des Angebots und die Teilnahme an dem Vergabeverfahren.

b) Weitere Schadensersatzansprüche

Neben § 126 S. 1 GWB sind – wie § 126 S. 2 GWB klarstellt – weitere Schadensersatzansprüche nicht ausgeschlossen. Denkbar sind Schadensersatzansprüche aus **§ 823 Abs. 1 BGB** (Eingriff in den eingerichteten und ausgeübten Gewerbebetrieb), **1108**

---

127 IE *Stockmann*, in: Immenga/Mestmäcker, GWB, 4. Aufl., 2007, § 126, Rn 13 f; *Bungenberg*, in: Loewenheim/Meessen/Riesenkampff, GWB, 2. Aufl., § 126, Rn 7.

§ 823 Abs. 2 BGB iVm den drittschützenden Bestimmungen des Vergaberechts und des Kartellrechts (zB § 20 GWB), § 826 BGB und § 9 UWG.

1109   Insbesondere bei einem fehlerhaft durchgeführten Vergabeverfahren kommen außerdem Schadensersatzansprüche aus **culpa in contrahendo** (§ 280 iVm § 311 Abs. 2 Nr 1 BGB) in Betracht. Voraussetzung für einen Schadensersatzanspruch aus cic ist,

– dass ein Vertrauensverhältnis mit dem Auftraggeber besteht (was schon auf Grund der öffentlichen Ausschreibung der Fall ist, § 311 BGB),
– dass dieses Vertrauen berechtigt und schutzwürdig ist,
– dass der Auftraggeber dieses Vertrauen schuldhaft enttäuscht hat, indem er eine ihm obliegende Pflicht verletzt hat, und
– es dadurch zu einem Schaden bei einem Bieter gekommen ist.

Das Vertrauen ist nicht schutzwürdig, wenn der Bieter bei der ihm jeweils zumutbaren Prüfung der einschlägigen Bestimmungen erkannt hat oder erkennen hätte müssen, dass der Auftraggeber von den für ihn geltenden Bestimmungen abweicht. Das Vertrauen soll nicht mehr schutzwürdig sein, wenn sich dem Bieter die ernste Gefahr eines Regelverstoßes aufdrängen musste, ohne dass eine Abweichung durch den Auftraggeber schon sicher ist[128].

1110   Der Anspruch richtet sich grundsätzlich auf Ersatz des **Vertrauensschadens** (negatives Interesse). Nur ausnahmsweise erstreckt sich der Schadensersatz auf den **Ersatz entgangenen Gewinns** (positives Interesse), und zwar dann, wenn der ausgeschriebene Auftrag tatsächlich erteilt wurde und bei ordnungsgemäßem Ablauf dem übergangenen Bieter hätte zugeschlagen werden müssen[129].

3. Sonderprobleme

a) Das Problem der De-facto-Vergabe

1111   Das Problem der De-facto-Vergabe, also der Vergabe ohne Durchführung eines Vergabeverfahrens, ist im Zuge der Modifizierung der Rechtsmittel-RiLen durch die **RiL 2007/66** mit § 101a und § 101b GWB neu geregelt worden. § 101b GWB ordnet die Unwirksamkeit eines Vertrages ex tunc an, wenn ein Auftraggeber entweder gegen die Informations- und Wartepflicht des § 101a GWB verstoßen hat oder einen öffentlichen Auftrag unmittelbar an ein Unternehmen erteilt hat, ohne andere Unternehmen am Vergabeverfahren zu beteiligen und ohne dass dies aufgrund des Gesetzes gestattet und dieser Verstoß in einem Nachprüfungsverfahren festgestellt worden ist. Diese Unwirksamkeit kann in einem Nachprüfungsverfahren aber nur festgestellt werden, wenn sie innerhalb von 30 Kalendertagen ab Kenntnis des Verstoßes, jedoch nicht später als sechs Monate nach Vertragsschluss, geltend gemacht worden ist. Nur wenn der Auftraggeber die Auftragsvergabe im Amtsblatt der Europäischen Union bekannt gemacht hat, endet die Frist zur Geltendmachung der Unwirksamkeit 30 Kalendertage nach Veröffentlichung der Bekanntmachung der Auftragsvergabe im Amtsblatt der Europäischen Union (§ 101b Abs. 2 GWB).

---

128   BGHZ 124, 64 ff; BGH, NZBau 2004, 517 ff.
129   BGH, NZBau 2003, 168 ff.

b) Aufhebung der Ausschreibung

Eine Aufhebung der Ausschreibung ist nur unter den in den Vergabeordnungen gere- **1112**
gelten Voraussetzungen möglich (vgl § 20 VOL/A-EG), zB weil kein Angebot eingegangen ist, das den Bewerbungsbedingungen entspricht, sich die Grundlagen der
Vergabeverfahren wesentlich geändert haben, sie kein wirtschaftliches Ergebnis gehabt haben oder andere schwerwiegende Gründe vorliegen. Für den Bereich oberhalb der Schwellenwerte hat der EuGH aus den Vergabe-Richtlinien und dem
Gleichheitssatz abgeleitet, dass eine Aufhebung der Ausschreibung in einem Nachprüfungsverfahren auf Verstöße gegen das Unionsrecht im Bereich des öffentlichen
Auftragswesens oder gegen einzelstaatliche Vorschriften, die dieses Recht umsetzen,
überprüft und gegebenenfalls selbst wieder aufgehoben werden kann[130] („**Aufhebung der Aufhebung**").

Doch folgt aus § 97 Abs. 5 GWB **kein Anspruch des Bieters auf Vertragsab-** **1113**
schluss. Ein Bieter kann nicht darauf vertrauen, dass das Ausschreibungsverfahren
in jedem Fall mit der Erteilung eines Zuschlags und damit der Vergabe des Auftrags
endet[131]. Das Vergaberecht enthält weder eine Verpflichtung zur Auftragserteilung
nach rechtswidriger Aufhebung, noch ist mit der Ausschreibung ein Kontrahierungszwang verbunden. Das Vertrauen des Bieters ist grundsätzlich darauf beschränkt,
dass er durch seine Teilnahme an der Ausschreibung nicht von vornherein nutzlos
Unkosten aufwendet[132]. Allenfalls kann er den Ersatz dieser Unkosten auf der
Grundlage von cic vom Auftraggeber verlangen.

---

130   EuGH v. 18.6.2002, Rs. C-92/00 – *„Hospital Ingenieure",* Rn 29 ff.
131   BGHZ 139, 259, 264 f.
132   BGHZ 139, 280, 283.

Stichwortverzeichnis

Die Angaben beziehen sich auf die Randnummern.

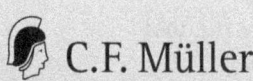